MICROECONOMICS
個體經濟學

DAVID A. BESANKO
RONALD R. BRAEUTIGAM 著

謝振環 譯

東華書局

國家圖書館出版品預行編目資料

個體經濟學／David A. Besanko, Ronald R. Braeutigam 著；謝振環譯. -- 二版. --
臺北市：臺灣東華，民95
　面；　公分
譯自：Microeconomics, 2nd ed
ISBN 978-957-483-402-0（平裝）

1. 經濟

551　　　　　　　　　　　　　　　　95021935

MICROECONOMICS, Second Edition

Copyright © 2005 by John Wiley & Sons, Inc. All rights reserved.
AUTHORIZED TRANSLATION OF THE EDITION PUBLISHED BY JOHN
WILEY & SONS, New York, Chichester, Brisbane, Singapore AND Toronto.
NO part of this book may be reproduced in any form without the written
Permission of John Wiley & Sons Inc.
Orthodox Chinesc copyright @ 2007 by Tung Hua Book Co.,Ltd 台灣東華書局股份
有限公司 and John Wiley & Sons(Asia) Ptc Ltd 新加坡商約翰威立股份有限公司

版權所有・翻印必究

中華民國九十六年二月二版

個體經濟學

定價　新臺幣柒佰伍拾元整
（外埠酌加運費匯費）

著　者　DAVID A. BESANKO
　　　　RONALD R. BRAEUTIGAM
譯　者　謝　　振　　環
發行人　卓　劉　慶　弟
出版者　臺灣東華書局股份有限公司
　　　　臺北市重慶南路一段一四七號三樓
　　　　電話：(02)2311-4027
　　　　傳真：(02)2311-6615
　　　　郵撥：0006４813
　　　　網址：http://www.tunghua.com.tw
印刷者　瑞　明　印　刷　廠

行政院新聞局登記證　局版臺業字第零柒貳伍號

作者簡介

David Besanko 是西北大學凱洛格管理學院管理與策略的傑出學者。1977 年從俄亥俄大學獲得政治學學士，1980 年得到西北大學管理經濟與決策科學碩士，並於 1982 年獲得西北大學管理經濟與決策科學博士。在 1991 年加入凱洛格學院教學陣容之前，Besanko 教授在 1982 年到 1991 年為印第安納大學商學院教授。此外，1985 年，他曾在貝爾實驗室進行博士後研究。Besanko 教授擔任管理與策略、競爭策略，以及管理經濟課程的教學。在 1995 年，凱洛格研究所畢業班頒給 Besanko 教授年度最佳優良教師獎 (L.G. Lavengood)，這是凱洛格學院的最高教學獎項。在凱洛格學院，他又獲得 Sidney J. Levy Teaching Award(1998, 2000) 及 Chair's Core Teaching Award (1999, 2001, 2003) 兩個教學獎。從 2001 到 2003 年，Besanko 教授擔任凱洛格管理學院學術課程教學委員會副院長。

Besanko 教授的研究與競爭策略、產業組織、廠商理論，和管制經濟學有關。他曾出版過二本著作以及在經濟商學領域的最主要期刊上發表 40 篇以上的論文。此外，他的作品發表於 *American Economic Review*，*Quarterly Journal of Economics*、*RAND Journal of Economics*、*Review of Economic Studies* 與 *Management Science*。Besanko 教授並與 David Dranove、Mark Shanley 及 Scott Schaefer 合著策略經濟學 (Economics of Strategy) 一書。

Ronald R. Braeutigam 是西北大學商學院經濟學系與運輸中心教授。他現任 Welnberg 藝術科學學院大學部副院長。1970 年，他獲得圖沙大學 (University of Tulsa) 石油工程學士學位，後進入史丹福大學取得工程碩士，並於 1976 年獲經濟學博士。他曾任教於史丹福大學和加州理工學院，也曾在柏林科學中心 (Wissenschaftszentrum Berlin) 任職資深研究員。他亦曾在政府和民間企業任職，首先是印第安納州標準石油 (現在是 BP 石油) 的石油工程師，且為白宮通訊政策辦公室的研究員，與國會和許多政府單位的經濟顧問，以及眾多企業與產業有關訂價、成本制定、管理策略，反托辣與管制等領域的顧問。

Braeutigam 教授接受到許多優良教師獎，包括西北大學校友會優良教師獎 (Northwestern University Alumni Association Excellence in Teaching Award)(1991)，以及西北大學教師最高教學獎項 (Charles Deering McCormick Professor of Teaching Excellence)(1997-2000)。

　　Braeutigam 教授的研究領域是在個體經濟與產業組織。大部分的創作著重於管制經濟學和管制改革，特別是在電話、運輸和能源部門領域。他出版過兩本書。期刊文章散見於各主要專業經濟期刊，包括 *American Economics Review*、*the RAND Journal of Economics*、*the Review of Economics and Statistics*，以及 *International Economic Review*。他與 Bruce Owen 合著管制賽局(the Regulation Game)，以及與 Jordan J. Hillman 合著 *Price Level Regulation for Diversfied Pulic Utilitilies*。他亦擔任歐洲產業經濟研究協會主席。

序 言

在大學部和企業管理碩士班教授個體經濟學許多年後,我們得到一個結論:教授個體經濟學最有效的方式是利用不同的應用,以及大量的練習與習題。應用可做為實際世界的理論基礎,而練習與習題能讓學生更熟悉經濟分析的工具並使他們能夠自己分析。文字和圖形來解釋應用與習題可以讓這些應用與習題更為有用。這種方式足以讓學生更清楚關鍵概念的交互作用,透過許多的練習更能掌握這些概念,並瞭解它們如何在現實生活和市場中運作。

第一版的使用者及審閱者告訴我們這種方式相當有效。第二版仍繼續這種作法並增加更多的應用與練習。我們修正每一個解釋,每一個圖形和每一個邊做邊學例子,期能使課文更清楚明確。譬如,我們重新整理第 5 章的效用函數和無異曲線。另外,我們大量簡化第 9 章的生產者剩餘。總之,我們認為說明更加地清楚與聚焦,能讓學生更容易接受。

答案在問題裡 本書強調的練習題和許多不同的習題有別於其它教科書。圖形、文字解釋和實例應用是學生學習個體經濟學的要素。他們需要許多有數字和方程式的例子來練習。任何精通運動或學有專精者,如鋼琴、芭蕾或高爾夫球。他們知道學習過程中最基本的要件是不斷地重複練習,即使在"實際"操作上看似毫無關連。我們相信個體經濟學的問題鑽研會達到相同目的。學生讀完個體經濟學章節可能從未練習比較靜態的分析。然而,他們可透過數字和方程式的運用,具體瞭解供給或需求的移動如何影響均衡,學生將會更清楚比較靜態分析的意涵,且更有能力解釋真實市場所發生的事件。

每章課文會有則邊做邊學習題。這些習題透過特殊的數字練習來引導學生。我們利用 3 到 9 則邊做邊學習題來說明每章的重要概念。藉結合圖形、文字說明、實際數字和代數關係,使每位學生更能夠瞭解所學。這些練習題在每章的最後,其目的為讓學生能夠練習相同和更困難的分析型習題。

我們加上章節末的習題讓學生和老師更有機會評估學生的熟悉程度。第 1 章-13

章有 20 到 25 題章末習題，第 14 – 15 章有 15 到 20 題章末習題。每一節至少會有一個習題可供練習，且習題的次序與章節次序相符。本書後面將附上部分的習題解答。

理論可行，但實際生活是否可行？ 許多"現實世界"的例子闡明個體經濟學如何應用到企業決策和公共政策議題。我們在每章的開始會有一則延伸案例介紹該章的主題，並利用實際市場和公司來加強特殊概念和工具。每一章平均有六則範例，稱為應用。中間穿插故事或在邊欄說明。在第二版，我們更新應用並加入新的材料，現在我們有超過 100 則應用。新的應用包括 2000 – 2001 年的加州能源危機，2002 – 2003 年布希政府的鋼鐵關稅，墨西哥的玉米餅是否為季芬財，利他主義的研究以及日本的混合相撲。多數的例子集中在新經濟範圍。除了第 1 章，每章大約有六則範例，或編入課文敘述或以邊欄標題顯示。

看圖說故事 我們運用圖形和表格的比率較其它教科書為多，因為它們對經濟分析是非常關鍵的，能夠化繁為簡地說明複雜經濟現況。在經濟學裡，圖形的價值相當於千言萬語。在第二版，我們讓圖形能夠對學生更有用和更清楚。

說重點 通常，對許多學生而言，經濟概念的圖形解釋似乎迂迴曲折不夠直接。表格與圖形是強有力的經濟分析工具，但許多學生一開始就是無法接受。我們認為圖形背後的經濟概念說明能夠清楚且更能讓人接受。在第二版，本書的每一行文字都用來達成上述的目的。耐心的以範例每個步驟來解釋，能夠讓無法在腦海形成圖畫的學習者，瞭解圖形是如何建構以及圖形的意義為何。

架構與範圍 從架構與範圍角度觀察，本書是傳統個體經濟學教科書。我們某種程度上做了取捨，更詳細闡述傳統課題或加入範圍更廣的其它個體經濟學課題。因此後者並無法在一學期或一季講授完畢。因此，一學期的個體經濟學課程可以教完本書所有或大部分的章節，而一季的個體經濟學課程只能教完本書的三分之二。下表列出本書的架構。

個體經濟學介紹	消費者理論	生產與成本理論	完全競爭	市場力量	不完全競爭與策略行為	特殊主題
1 概述與介紹受限最適化，均衡分析，以及比較靜態分析	**3** 偏好與效用函數	**6** 邊際和平均產量，以及規模報酬	**9** 價格接受者，廠商利潤極大化、產量選擇和長短期均衡價格	**11** 獨占理論與獨買價格制定	**13** 不完全競爭市場的價格決定	**15** 風險，不確定性和資訊，包括以效用理論觀點分析不確定與自由決策
2 介紹需求曲線、供給曲線、市場均衡及彈性	**4** 預算線、效用極大，及顯示性偏好分析	**7** 成本、生產因素和成本極小觀念	**10** 利用競爭市場模型分析公共政策干預	**12** 差別訂價	**14** 同時行動賽局和依序行動賽局	
	5 消費者選擇的比較靜態分析和消費者剩餘	**8** 總成本、平均成本，以及邊際成本曲線的建構				

目 次

第 1 章　經濟問題及其分析　1
新經濟真的新嗎？　1
1.1 為什麼要學習個體經濟學　3
1.2 個體經濟學的主要分析工具　4
　受限最適化　5
　均衡分析　12
　比較靜態　14
1.3 實證與規範分析　18
邊做邊學習題
1.1 受限最適化：農夫的籬笆　6
1.2 受限最適化：消費者選擇　7
1.3 美國玉米市場均衡的比較靜態　15
1.4 受限最適化的比較靜態分析　17

第 2 章　供給與需求分析　25
玉米價格透露那些訊息？　25
2.1 需求、供給與市場均衡　28
　需求曲線　28
　供給曲線　31
　市場均衡　32
　供給與需求的移動　34
2.2 需求的價格彈性　42
　特殊需求曲線的彈性　45
　需求的價格彈性與總收入　47

需求彈性的決定因素　47
需求的價格彈性：市場角度相對品牌角度　49
2.3 其它彈性　51
　需求的所得彈性　51
　需求的交叉價格彈性　51
　供給的價格彈性　53
2.4 長期和短期的需求與供給　55
　長期彈性比短期彈性更大　55
　短期彈性比長期彈性更大　59
2.5 輕鬆簡單的計算　60
　利用數量、價格與彈性資訊配適直線型需求曲線　60
　從價格與數量移動確認供給與需求曲線　61
　從供給移動確認需求的價格彈性　64
附錄　固定彈性需求曲線上的需求價格彈性　73
邊做邊學習題
2.1 畫出需求曲線　30
2.2 畫出供給曲線　31
2.3 計算均衡價格與數量　33
2.4 市場均衡的比較靜態分析　36
2.5 需求的價格彈性　44
2.6 特殊需求曲線的斜率　46

第 3 章　消費者偏好與效用的概念　75

為什麼你喜歡你喜歡的東西？　75

3.1 **偏好的表示**　77
　　消費者偏好的假設　77
　　序列與計數排列　78

3.2 **效用函數**　79
　　單一商品的偏好：邊際效用的偏好　79
　　多種商品的偏好：邊際效用、無異曲線和邊際替代率　83
　　特殊效用函數　95

邊做邊學習題

3.1 邊際效用　85
3.2 邊際效用沒有遞減　86
3.3 $MRS_{x,y}$ 遞減無異曲線　93
3.4 $MRS_{x,y}$ 遞增無異曲線　94

第 4 章　消費者如何做選擇　105

你應該買多少你喜歡的物品？　105

4.1 **預算限制**　107
　　所得改變如何影響預算線？　109
　　價格變動如何影響預算線？　110

4.2 **最適選擇**　112
　　運用相切條件瞭解當一籃商品不是最適的情況　115
　　找出最適消費組合　116
　　兩種思考最適化的方式　117
　　角　點　119

4.3 **合成商品的消費者選擇**　123
　　應用：折價券與現金補貼　124
　　應用：參加俱樂部　127
　　應用：貸款與借款　130
　　應用：數量折扣　133

4.4 **顯示性偏好**　135
　　已觀察到的選擇是否符合效用極大化？　137

附錄　消費者選擇的數學分析　146

邊做邊學習題

4.1 預算線的好消息與壞消息　111

4.2 找出內部最適均衡　116
4.3 找出角點解　120
4.4 完全替代的角解　122
4.5 消費者選擇不符合效用極大化　138
4.6 顯示性偏好的其它用途　140

第 5 章　需求理論　149

是否因賠償而提高價格？　149

5.1 **最適選擇與需求**　150
　　價格變動的影響　151
　　所得變動的影響　154
　　價格或所得變動的影響：代數觀點　160

5.2 **商品價格的改變：所得與替代效果**　163
　　替代效果　163
　　所得效果　164
　　商品非正常財的所得與替代效果　166

5.3 **商品價格的改變：消費者剩餘的概念**　175
　　從需求曲線瞭解消費者剩餘　176
　　從最適選擇圖形瞭解消費者剩餘：補償變量與對等變量　178

5.4 **市場需求**　186

5.5 **網路外部性**　188

5.6 **勞動與休閒的選擇**　192
　　當工資上升時，休閒時間先減少，然後增加　192
　　後彎的勞動供給　193

5.7 **消費者物價指數**　196

邊做邊學習題

5.1 正常財有正的需求所得彈性　158
5.2 尋找需求曲線 (非角點情形)　160
5.3 尋找需求曲線 (角解情形)　162
5.4 以代數求解所得與替代效果　170
5.5 價格上漲的所得與替代效果　172
5.6 準線性效用函數的所得與替代效果　173
5.7 消費者剩餘：藉由檢視需求曲線　177
5.8 零所得效果的補償變量與對等變量　181
5.9 所得效果存在下的補償變量與對等變量　183

第 6 章　投入與生產函數分析　205

他們能夠更好且更便宜嗎？　205

6.1　投入與生產函數的介紹　206

6.2　單一投入的生產函數　209
　總生產函數　209
　邊際與平均產量　210
　邊際與平均產量的關係　213

6.3　多種投入的生產函數　214
　兩種投入的總產量與邊際產量　214
　等產量線　216
　生產的經濟與非經濟區域　220
　邊際技術替代率　222

6.4　要素間的替代性　225
　以圖形描述廠商的替代機會　225
　替代彈性　227
　特殊生產函數　229

6.5　規模報酬　234
　定　義　235
　規模報酬與邊際報酬遞減　238

6.6　技術進步　239

附錄　科布-道格拉斯生產函數的替代彈性　246

邊做邊學習題

6.1　推導等產量線方程式　220
6.2　邊際技術替代率與邊際產量的關聯性　224
6.3　科布-道格拉斯生產函數的規模報酬　236
6.4　技術進步　241

第 7 章　成本與成本極小　249

自助服務的背後隱藏了什麼？　249

7.1　決策制定的成本概念　250
　機會成本　251
　經濟成本與會計成本　254
　沉沒 (無法避免的) 成本與非沉沒 (可避免的) 成本　255

7.2　成本極小問題　259
　長期與短期　259
　長期成本極小化的問題　259
　等成本線　260
　長期總成本極小問題的圖解　262
　角　解　264

7.3　成本極小問題的比較靜態分析　266
　生產因素價格變動的比較靜態分析　266
　產量變動的比較靜態分析　269
　總結比較靜態分析：生產因素需求曲線　271
　生產因素需求的價格彈性　273

7.4　短期成本極小化　276
　短期成本　276
　短期成本極小化　278
　比較靜態分析：短期生產因素需求與長期生產因素需求　279
　多個變動生產因素與一個固定生產因素　280

附錄　成本極小化的進階課題　287

邊做邊學習題

7.1　利用成本概念在大學校園企業上　257
7.2　尋找成本極小的最適內部解　263
7.3　完全替代下的角解　265
7.4　從生產函數推導生產因素需求曲線　273
7.5　單一變動生產因素的短期成本極小化　280
7.6　兩個變動生產因素的短期成本極小化與生產因素需求函數　281

第 8 章　成本曲線　289

如何才能控管成本？　289

8.1　長期成本曲線　290
　長期總成本曲線　290
　當生產因素價格改變時，長期總成本曲線如何移動　293
　長期平均成本與長期邊際成本曲線　297

8.2　短期成本曲線　307
　短期總成本曲線　307
　長期與短期總成本曲線的關係　308

短期平均成本與邊際成本　309
長期與短期平均與邊際成本曲線的關係　311

8.3 成本的特殊課題　316
多角化經濟　316
經驗經濟：經驗曲線　319

8.4 成本函數的估計　322
固定彈性的成本函數　322
Translog 成本函數　323

附錄　Shephard's Lemma 與對偶性　329

邊做邊學習題
8.1 從生產函數求出長期總成本曲線　292
8.2 從長期總成本曲線推導長期平均成本與長期邊際成本　298
8.3 推導短期總成本曲線　307
8.4 短期與長期平均成本曲線的關係　314

第 9 章　完全競爭市場　333

玫瑰花農應種植多少玫瑰？　333

9.1 什麼是完全競爭　334
9.2 價格接受廠商的利潤極大化　336
經濟利潤與會計利潤　336
價格接受廠商的利潤極大化產出選擇　338
9.3 如何決定市場價格：短期均衡　341
價格接受廠商短期成本結構　342
價格接受廠商短期供給曲線：所有固定成本都是沉沒成本　343
價格接受廠商短期供給曲線：有些固定成本是沉沒成本，有些是非沉沒成本　346
短期市場供給曲線　351
完全競爭的短期均衡　354
短期均衡的比較靜態分析　356
9.4 市場價格如何決定：長期市場均衡　359
現有廠商的長期產量與工廠規模的調整　360
廠商長期供給曲線　361

自由進入與長期完全競爭均衡　362
長期市場供給曲線　365
固定成本、遞增成本及遞減成本產業　369
完全競爭教導我們什麼樣的功課？　373
9.5 經濟租與生產者剩餘　374
經濟租　374
生產者剩餘　378
經濟利潤，生產者剩餘，經濟租　384

附錄　利潤極大隱含成本極小　391

邊做邊學習題
9.1 推導價格接受廠商的短期供給曲線　346
9.2 當價格接受廠商擁有部分非沉沒固定成本時，短期供給曲線的推導　349
9.3 短期市場均衡　355
9.4 計算長期均衡　363
9.5 生產者剩餘的計算　383

第 10 章　完全競爭市場的理論應用　393

保證是件好事嗎？　393

10.1 導　論　394
10.2 一隻看不見的手　396
10.3 貨物稅　397
稅收負擔　401
10.4 補貼　405
10.5 價格上限 (最高價格管制)　408
10.6 價格下限 (最低價格管制)　417
10.7 生產配額　424
10.8 農業部門的價格支持　428
限耕面積政策　429
政府購買政策　430
10.9 進口配額與關稅　432
配額限制　432
關　稅　435

邊做邊學習題
10.1 貨物稅的衝擊　401
10.2 補貼的影響　408
10.3 價格上限的衝擊　415

10.4 價格下限的衝擊 423
10.5 比較貨物稅，價格下限與生產配額的衝擊 427
10.6 進口關稅的影響 438

第 11 章　不完全市場的競爭　447

廠商如何扮演獨占？　447

11.1 獨占廠商的利潤極大化　449
利潤極大化條件　449
進一步觀察邊際收益：邊際單位與超邊際單位　451
平均收益與邊際收益　453
以圖形顯示獨占廠商利潤極大化條件　456
獨占廠商沒有供給曲線　457

11.2 需求價格彈性的重要性　458
需求的價格彈性與利潤極大的價格　458
邊際收益與需求的價格彈性　460
邊際成本與需求價格彈性：反彈性價格法則　461
獨占廠商始終在市場需求曲線有彈性的區域生產　465
IEPR 不僅適用於獨占廠商　466
量化市場力量：Lerner 指數　467

11.3 獨占的比較靜態分析　468
市場需求的移動　468
邊際成本的變動　471

11.4 多廠獨占　474
兩家工廠的產量選擇　474
卡特爾的利潤最大化　477

11.5 獨占廠商的福利經濟學　479
獨占均衡不同於完全競爭均衡　479
獨占的無謂損失　480
競租活動　481

11.6 為何獨占市場能夠存在　481
自然獨占　482
進入障礙　483

11.7 獨買　485
獨買利潤最大化條件　486
獨買的反彈性訂價法則　488
獨買的無謂損失　489

邊做邊學習題

11.1 直線型需求曲線的邊際與平均收益　455
11.2 應用獨占的利潤最大化條件　457
11.3 計算固定彈性需求曲線的最適獨占市場價格　462
11.4 計算直線型需求曲線的獨占市場最適價格　463
11.5 利用獨占中點法則計算最適價格　470
11.6 多廠獨占的最適價格、產量與分工　476
11.7 計算獨買市場的均衡　488

第 12 章　獲取剩餘　497

為什麼你的票價比我便宜得多？　497

12.1 獲取剩餘　499
12.2 第一級差別訂價：從每一個消費者賺取更多　501
12.3 第二級差別訂價：數量折扣　506
整批訂價法　507
基本訂費與使用者付費　512
12.4 第三級差別訂價：不同市場區隔不同訂價　514
二個不同市場區隔，兩個價格　514
篩　選　517
12.5 搭　售　520
整批出售　522
混合式整批出售　524
12.6 廣　告　526

邊做邊學習題

12.1 單一訂價第一級差別訂價的剩餘計算　503
12.2 第一級差別訂價的邊際收益　505
12.3 差別訂價下的利潤增加　509
12.4 鐵路運輸的第三級差別訂價　516
12.5 機票價格的制定　518

12.6　加成與廣告-銷售比率　530

第 13 章　競爭與市場結構　537

競爭始終相同嗎？若否，為什麼不是？　537

13.1　市場結構的種類　538

13.2　齊質商品寡占　540
　　寡占的 Cournot 模型　540
　　寡占的 Bertrand 價格競爭模型　551
　　為什麼 Cournot 與 Bertrand 均衡不同？　552
　　寡占的 Stackelberg 模型　553

13.3　強力廠商市場　556

13.4　水平異質商品寡占　560
　　什麼是異質商品？　560
　　水平異質商品的 Bertrand 價格競爭模型　563

13.5　壟斷性競爭　569
　　壟斷性競爭市場的短期與長期均衡　569
　　需求的價格彈性，加成，與市場廠商家數　571
　　當更多廠商加入時，商品價格是否下跌？　571

附錄　Cournot 均衡與反彈性訂價法則　580

邊做邊學習題

13.1　Cournot 均衡的計算　543

13.2　兩家或兩家以上廠商直線型需求線 Cournot 均衡的計算　548

13.3　水平異質商品 Bertrand 均衡的計算　566

第 14 章　賽局理論與策略行為　583

賽局裡有什麼東西？　583

14.1　聶徐均衡的觀念　584
　　簡單賽局　584
　　聶徐均衡　585
　　囚犯兩難　586
　　優勢策略與劣勢策略　587
　　超過一個以上聶徐均衡的賽局　592
　　混合策略　596
　　結論：在兩個參賽者的同時行動賽局中尋找聶徐均衡　597

14.2　重複囚犯兩難賽局　598

14.3　依序-行動賽局與策略行動　604
　　依序-行動賽局的分析　604
　　限制某選擇的策略價值　608

邊做邊學習題

14.1　找出聶徐均衡：可口可樂與百事可樂　590

14.2　找出賽局中的所有聶徐均衡　595

14.3　進入賽局　607

第 15 章　不完全資訊與風險　621

我贏的機率為何？　621

15.1　敘述風險結果　623
　　樂透彩券與機率　623
　　期望值　625
　　變異數　625

15.2　評估風險結果　627
　　效用函數與風險偏好　627
　　風險中立與風險愛好的偏好　631

15.3　承擔與消除風險　634
　　風險溢酬　634
　　風險厭惡者何時會選擇消除風險？保險需求　638
　　保險市場的不對稱資訊：道德風險與逆向選擇　639

15.4　分析風險性決策　643
　　決策樹基本分析　643
　　依序決策的決策樹　645
　　資訊的價值　648

15.5　拍　賣　650
　　拍賣種類與喊價環境　650
　　當喊價者有私人價值時的拍賣　651
　　當喊價者有共同價值時的拍賣：贏家的咀咒　657

邊做邊學習題
15.1 計算風險厭惡決策者兩種樂透的預期效用　630
15.2 計算兩種樂透的預期效用：風險中立與風險愛好決策者　633
15.3 從效用函數中計算風險溢酬　637
15.4 願意支付的保險　639
15.5 在擁有私人價值的最高價暗標拍賣方式下，證明你的聶徐均衡　654

1 經濟問題及其分析

1.1
為什麼要學習個體經濟學

1.2
個體經濟學的主要分析工具

1.3
實證與規範分析

新經濟真的新嗎？

　　在 1990 年代末期的科技泡沫期間，新舊廠商投資數十億美元在網際網路創造商機。許多高知名度的新公司，如亞馬遜網路書店 (Amazon.com)，儘管依然存在但尚未賺取任何利潤。極少數不但存活且獲取鉅額利潤，如著名的 eBay。大量的資金投注在網路經濟摧毀如康寧 (Corning) 等光纖製造業，而其它如 Walgreen 則因為成功加入新科技而享有獲利。

　　在那一段期間令人興奮的年代，許多大師主張經濟法則已經改變，而植基於網際網路的新經濟也有別於過往的舊經濟。由於新的網路公司無法創造足夠的需求，或無法控制成本或面臨新競爭者而退出產業，在在指出預言並非真實。本書的主題──個體經濟學的原理原則並沒有改變，它們不僅適用於科技發展前的舊經濟，並適用於寬頻，無線，網路的新經濟。

　　為了要更進一步地闡明，讓我們詳細地檢視那些投入鉅額資金在網際網路的公司。

● 網路拍賣公司 eBay 從事的是和過去幾世紀拍賣公司相同的企業行為。它將商品的買方與賣方湊在一起。在 eBay 交易的商品，從 Beanie Baby、棒球卡到高性能汽車，應有盡有。為了尋求讓市場交易更為順利，eBay 投資包括顧客評價，防偽和仲裁服務等使傳統市場便利交易的機制。

● 網路書店亞馬遜面臨和傳統企業相同的問題。它必須制定書籍售價，尤其是面對強勁競爭對手邦諾連鎖書店 (Barnes & Noble)、Columbia House 和沃爾瑪 (Wal-Mart)。它同時必須思考資源的有效使用，這點也和傳統企業相同。在這其中，亞馬遜要決定雇用多少員工來維持網站，租用多少倉庫儲放書籍。亞馬遜網路書店希望在未來幾年可以獲利。

● 康寧或許是最著名派熱克斯 (Pyrex) 玻璃的製造商，但在 1990 年代末它將康寧餐具及其它賺錢的部門賣掉以達到顯著的光纖製造業市占率。在 Level 3，Global Grossing 和 Worldcom 等電信公司計畫建設全國光纖網路的同時，康寧在 1990 年代末期的賭注似乎合情合理。有一段時間，市場也給與康寧相對的報酬：在 2000 年 9 月底，每股康寧的股價為 $113 (在 2003 年夏天不到 $10)。不幸地是，康寧成為通訊部門高期待下的犧牲者。受到每三個月網路將倍數成長的預測，許多公司計畫進入通訊產業並建立大量的光纖網路。但是這些預測其實過度誇張，在 2000 年到 2002 年間有 60 家公司宣告破產。就康寧而言，其光纖部門營收在 2000 年到 2001 年間下降 40%，導致美林證券的分析師將這種景況比喻成核子的寒冬（在核武戰爭後，生命大量死亡和景象殘破不堪）。

個體經濟學的主題正是上述故事中顯眼的部分。eBay 的成功描繪出市場和價格的重要性。事實上，eBay 賺錢是因為它成功創造市場，並讓價格成為那隻看不見的手。亞馬遜面臨未來挑戰描繪出企業廠商所面對的限制。亞馬遜對組織營運和價格制定做決策，他認識到無法完全控制公司的命運。毫無疑問地，主管階層希望每個月銷售額成倍數成長 (如 1997 和 1998 年的成長)，並能夠在成本與售價間維持較大差異。但美夢無法成眞。亞馬遜受限於市場需求、競爭者行動，以及技術上的瓶頸。通訊市場的崩潰使得康寧經歷前所未有的危機，這件事說明市場力量阻止公司獲利。通訊市場的競爭網路零售業的強力競爭不斷地在過去歷史和世界其它國家出現：當所有廠商可以毫不費力地享有利潤契機，邊際利潤無法持續，或甚至根本不會出現。這是個體經濟學最重要的功課之一。

個體經濟學教你認識周遭的世界。首先，本章會解釋何謂個體經濟學。其次，討論個體經濟學爲何能成爲一門特殊的學問，幾乎所有個體經濟學的研究，無論是網際網路的競爭，個別家計單位的購買行爲或犯罪或婚姻等社會現象的經濟分析，均須依賴三項有用工具——受限最適化、均衡分析，及比較靜態分析，稍後本章均將提及。

本章預習　在本章，你將

- 學習個體經濟學與總體經濟學的不同。
- 瞭解經濟學爲何是一受限科學，並處理稀少性資源的分配。
- 介紹受限最適化和邊際思考。
- 介紹均衡分析。
- 學習比較靜態如何應用到受限最適化和均衡分析。
- 學習實證分析和規範分析的差異。

1.1 為什麼要學習個體經濟學

　　經濟學是一門科學，主要是分配稀少的資源以滿足人類無窮的慾望。人類的慾望是指個人想要的商品與服務，包括食物、衣服、居所，及任何可以改善生活品質的商品。因爲人類總是能夠生產更多或更佳品質的商品與服務來增進福利，我們的慾望是無窮的。然而，我們需要資源，包括勞動、管理才能、資本和原料來生產商品與服務。資源的稀少是因爲資源供給是有限的。資源稀少性意味不論是廠商生產商品與服務，或消費者進行消費以滿足慾望時，經濟單位的選擇是有限制的。這也是爲什麼經濟學通常被描述成受限選擇的科學。

　　廣義地說，經濟學包含兩個分類，個體經濟學 (microeconomics) 與總體經濟學 (macroeconomics)。字首 *micro* 是希臘字的 *mikros*，意指 "小的"。因此，個體經濟學是研究個別經濟決策者，如消費者、勞工、廠商或公司經理的經濟行爲。同時，它也分析個別家計單位、產業、市場、工會、產業公會的行為。相反地，字首 macro 源於希臘字 makros，意指"大的"。因此，總體經濟學分析整體國家經濟如何運作。總體經濟學課程是檢視總所得與就業水準、利率與物價水準、通貨膨脹率，以及一個國家的景氣循環現象。

受限選擇在個體經濟學和總體經濟學的兩個領域，都是重要的。例如，在總體經濟學中，若一充分就業的經濟體系多生產國防商品，就會少生產民生用品。社會如果選擇今天將無法再生的資源，如天然氣、煤和石油投入生產商品，這些資源就無法保留作明日之用。在個體經濟學中，消費者若決定分配更多的時間在工作上，用在休閒的時間就會減少。消費者若決定今天多消費，儲蓄就會減少。企業經理若決定支用較多資源在廣告上，則能夠做為研究發展的資源就會減少。

每一個經濟社會有自己的方式來決定如何分配稀少的資源。有些國家依賴中央集權組織。例如，冷戰時期，東歐與蘇聯政府部門嚴格管制資源的分配。其它國家，如美國與西歐國家，尊重自由市場機能來分配資源。無論市場體制為何，每個經濟社會必須回答下列有關如何分配稀少資源的問題：

- 何種商品與服務會被生產，以及生產多少數量？
- 誰將生產商品與服務，及如何生產？
- 誰能享受商品與服務？

個體經濟分析藉研究個別經濟單位的行為來回答上述問題。回答消費者與生產者如何做經濟決策，個體經濟分析協助我們建構經濟模型。個體經濟分析也提供檢視政府角色與政府政策的基礎。個體經濟工具通常被用來說明當今社會的重要議題；包括污染、房租管制、最低工資立法、進口關稅與配額、稅收與補貼、食物津貼券、政府住宅與教育協助計畫、政府健保政策、工作環境安全，及私人企業的管制。

1.2 個體經濟學的主要分析工具

為了要研究錯綜複雜的經濟問題，經濟學家會建構、分析經濟模型，或對問題做正式陳述。經濟模型如同一張地圖。地圖將複雜的地形地物 (岩層、道路、住家、商店、停車場、小巷道，及其它特徵) 精簡成必要元素：主要街道與高速公路。地圖是一個抽象模型且有特殊用途——它告訴我們現在身在何處及如何前往我們的目的地。為了要清楚說明實際狀況，地圖"忽略"或"抽離"豐富內涵(美麗榆樹座落地點或宏偉建築)，這些讓城鎮更具特色或更迷人的內涵無法呈現在地圖上。

經濟模型也具相同特色。例如，要瞭解哥倫比亞發生乾旱如何影響美國咖啡價格，經濟模型必須忽略產業的豐富內涵，包括咖啡產業歷史或咖啡農夫的個人特質。這些內涵或許能夠在商業週刊 (Business Week) 成為一篇引人入勝的文章，但卻無法幫助我們瞭解咖啡價格決定的基本因素。

任何模型，不論是用來研究物理、化學或經濟學，必須設定那些變數是外生，那些變數是內生。**外生變數**與**內生變數**的區別十分重要。**外生變數** (exogenous variable) 是指變數值是由模型外給定。**內生變數**(endogenous variable)是變數值由模型本身決定。

想要瞭解兩者的區別，假設一模型想要預測從高樓丟球的距離。某些變數，如地心引力，和空氣密度，在分析時視為固定。固定外生變數，模型將能描述球掉落距離與掉落時間的關係。距離與時間是由模型預測而得，屬於內生變數。

幾乎所有的個體經濟模型都依賴三個重要分析工具。我們相信這些工具讓個體經濟學成為獨特領域。無論議題如何特殊——美國的咖啡價格，或網際網路企業決策——個體經濟學都是利用相同的三個分析工具：

- 受限最適化
- 均衡分析
- 比較靜態

本書從頭到尾，我們將這些工具應用在個體經濟問題上。本節將介紹這三個工具，並提供範例來說明如何操作。不要期待讀完本章便可精通這些工具。而是你應該學習在稍後的章節中認識它們。

受限最適化

前面曾經提到，經濟學是一門受限下選擇的科學。當一決策者在考慮任何可能的限制時，**受限最適化** (constrained optimization) 是他作出最佳選擇的工具。我們認為受限最適化問題有兩個部

> **外生變數** 在分析經濟體系時，將變數值視為既定的變數。
>
> **內生變數** 在分析經濟體系時，由經濟體系決定變數值的變數。

> **受限最適化** 一個考慮面臨限制時，做最佳選擇的分析工具。

目標函數 決策者尋求極大或極小的關係。

限制 在受限最適化問題中決策者所賦與的限制。

分：目標函數和一組限制式。**目標函數** (objective function) 是決策者尋求"最適化"，亦即，極大或極小的函數關係。例如，消費者購買商品是要滿足程度最大。在此，目標函數是消費者購買任何特定商品組合所呈現的滿足程度關係。同樣地，生產者希望擬定生產計畫以使生產成本最小。這裡的目標函數是總生產成本，取決於廠商不同的生產計畫。

決策者同時也知道，在進行抉擇時會面臨許多限制。這些限制反映出資源稀少性，或因為某些原因，僅有少數選擇可供決定。受限最適化問題中的**限制** (constraint) 條件代表決策者所面臨的限制。

受限最適化的例子

我們使用三個例子說明目標函數與限制條件間的差異。檢視你能否分辨出目標函數和限制式。(不要嘗試求解，稍後幾章將會有求解方法。本階段重點在瞭解受限最適化問題的範例。)

邊做邊學習題 *1.1*
受限最適化：農夫的籬笆

假設一農夫計畫搭蓋長方形圍籬來圈住羊群。他有 F 呎的籬笆且沒有能力再購買多餘圍籬。然而，他可以決定羊欄的尺寸，長度是 L 呎和寬度是 W 呎。他想要選擇 L 呎和 W 呎使羊欄的面積最大。同時，他必須確定圍籬的總長度不會超過 F 呎。

問題
(a) 問題中目標函數是什麼？
(b) 限制式是什麼？
(c) 模型中的 (L，W 和 F) 那些變數是內生？那些變數是外生？請解釋之。

討論
(a) 目標函數是農夫企圖極大的函數——本例中，是面積 LW。換言之，農夫將選擇 L 和 W，讓目標函數 LW 面積最大。
(b) 限制式是農夫面臨的限制。例題中農夫僅有 F 呎的籬笆可供使用。限制式是說明羊欄的周邊是 $2L + 2W$ 不得超過總長度 F。因此，限制式是 $2L + 2W \leq F$。
(c) 農夫只有 F 呎的籬笆可以使用。因此，周長 F 呎為外生變數，理由是在模型中視為固定。內生變數為 L 和 W，理由是長度由農夫決定

(由模型決定數值)。

依過去慣例，經濟學家將農夫的籬笆範例中農夫面臨的受限最適化以下式表示：

$$\max_{(L,\ W)} LW$$
$$\text{subject to}：2L + 2W \leq F$$

第一行是目標函數，面積 LW，並告訴我們是極大或是極小。(若目標函數要極小化，則將 "max" 改成 "min")。在 "max" 底下的是決策者 (農夫) 控制的內生變數；在本例，(L, W) 是農夫選擇羊欄的長度與寬度。

第二行是羊欄周長的限制式。限制式的經濟意義是農夫選擇 L 和 W 只要 ("subject to" 是受限於) 周長不超過 F。兩式相加是告訴我們，農夫選擇 L 和 W 以使面積最大，但是必須在圍籬總長度的限制下進行這些選擇。

現在我們以個體經濟學中著名的例子，消費者選擇，來說明受限最適化。(消費者選擇將於第 3，4，5 章深入討論。)

邊做邊學習題 1.2
受限最適化：消費者選擇

假設消費者只購買兩種商品，食物與衣服。消費者必須決定每個月要購買多少單位的食物與衣服。令 F 是她每個月會購買食物的數量，C 是衣服的數量。她選擇兩種商品消費的滿足程度最大。假設消費者購買 F 單位食物和 C 單位衣服的滿足程度，以乘積 FC 來衡量，因為她必須在每個月有限的預算下進行消費，每個月她只能購買有限數量的商品。商品購買需要金錢支出，而消費者所得是有限的。為了讓說明簡單起見，假設消費者每個月的所得固定為 I，且每個月消費支出不得超過 I。食物每單位價格是 P_F，每單位衣服價格為 P_C。

問題
(a) 本題的目標函數為何？
(b) 限制式是什麼？
(c) 變數 (P_F，F，P_C，C 和 I) 那些是外生？那些是內生？請解釋之。
(d) 寫出受限最適化的方程式，並說明之。

討論

(a) 目標函數是消費者尋找極大化的函數。本例中,她選擇食物和衣服數量讓滿足程度 FC 最大。因此,目標函數是 FC。

(b) 限制式代表她每個月以其所得購買食物及衣服。若她以 P_F 的價格購買 F 單位食物,食物支出是 $(P_F)(F)$。若其以 P_C 的價格購買 C 單位衣服,衣服支出為 $(P_C)(C)$。因此,總支出是 $(P_F)(F)+(P_C)(C)$。由於總支出不能超過總所得,限制式是 $(P_F)(F)+(P_C)(C) \leq I$。

(c) 外生變數是當她進行購買決策時,視為固定的變數。由於每月所得固定,I 是外生變數。食物價格 P_F 和衣服價格 P_C 則非消費者可以控制,P_F 和 P_C 也是外生變數。消費者僅有的選擇是食物和衣服的數量;因此,F 和 C 是內生變數。

(d) 受限最適化問題的方程式是

$$\max_{(F,\, C)} FC$$

$$\text{subject to} : (P_F)(F)+(PC)(C) \leq I$$

第一行代表消費者想要選擇極大化 FC,她選擇 F 與 C。第二行描述限制式:總支出不得超過總所得。

類似問題:1.3

範例 1.1

電力生產:每年 8760 個決策

我們的周遭,受限最適化的例子不勝枚舉。電力公司是電力公司的所有者與經營者。公司必須決定每一座電廠要生產多少電力以滿足消費者需求。

電力公司的受限最適化問題可能較複雜:

- 公司必須創造足夠電力以確保消費者全天每個小時都有電力使用。
- 為了制定良好生產決策,公司必須預測電力需求。每一小時,甚至每一季的電力需求都不相同。例如,夏季電力需求最高的時間可能發生在下午當消費者使用空調冷氣以降低室內和辦公室溫度時。當夜晚溫度下降時,電力需求可能下跌甚多。
- 某些電廠的營運成本較高。例如,使用石油比使用天然氣生產電力的成本昂貴許多。核能發電的營運成本較低。若公司想要以最低成本生產電力,目標函數就必須將成本差異列入考量。
- 若電力公司預測長期電力需求會減少,它可能要關閉某些電廠以減少產量。但電廠試車和關廠成本都很高。因此,若需求是短暫下跌 (亦即,幾小時),當電廠可以生產將來所需電力,它可能不想關閉電廠。
- 電力公司也必須將由發電機送至消費者家中的電力運輸成本考慮在內。
- 每小時都有電力的現貨市場。電力公司可以從別家公司買進或賣出電力給別家公司。若公司能以低廉成本買進足夠電力，她或許不需自己生產，藉買入電力即可降低電力服務成本。若公司能以較高價格賣出電力，電力公司會發現生產超過消費者需要的電力是有利可圖的。其公司會銷售多餘電力給其他的電力公司。

電力公司通常是每小時制定生產決策──即一年是 8760 個生產決策(365 天乘 24 小時)。[1]

邊際思考與受限最適化

受限最適化分析能夠指出經濟問題的"明顯"答案，不一定都是對的。我們將運用邊際思考求解受限最適化問題來說明這個現象。

想像你自己是一家小型啤酒公司的生產經理，專門生產高品質麥芽釀造啤酒。你有 $1 百萬做為明年廣告的預算，且你打算在當地電視和廣播電台間做一分配。儘管電台費用較低，電視廣告無遠弗屆。電視廣告效果較好，通常比較能夠刺激帶動新銷售量。

為了要瞭解電視與電台廣告花費的衝擊效果，你必須研究市場。表 1.1 是研究成果，估計出固定金額花費在電視廣告和電台廣告，所能額外增加的啤酒銷售量。例如，假設花費 $1 百萬在電視廣告，每年會增加 25,000 桶啤酒的銷售量。相反地，若 $1 百萬花

表 1.1　電視與電台廣告支出所新增的啤酒銷售量

總支出	新增啤酒銷售量 (每年桶裝啤酒數量)	
	電視	電台
$ 0	0	0
$ 100,000	4,750	950
$ 200,000	9,000	1,800
$ 300,000	12,750	2,550
$ 400,000	16,000	3,200
$ 500,000	18,750	3,750
$ 600,000	21,000	4,200
$ 700,000	22,750	4,550
$ 800,000	24,000	4,800
$ 900,000	24,750	4,950
$ 1,000,000	25,000	5,000

---

[1] 一本電力市場結構完整討論的書籍，請見 P. Joskow and R. Schmalensee, *Markets for Power: An Analysis of Electric Utility Deregulation* (Cambridge, Mass: MIT Press, 1983).

在電台廣告促銷，每年新增 5,000 桶啤酒銷售量。當然，你也可以將經費分攤在兩種媒體廣告上。例如，如果你花費 $40 萬在電視廣告和 $60 萬在電台廣告，電視廣告會為你帶來 16,000 桶的新增銷售量，而電台廣告會帶來 4,200 桶的新增銷售量，總共是 16,000 + 4,200 = 20,200 桶啤酒。

根據表 1.1 的資訊，假設目標是讓銷售量極大，你會如何分配廣告預算？

這是受限最適化的問題。你希望分配電視與電台廣告預算，以使目標極大 (啤酒新銷售量)，限制條件是電視和電台廣告總支出不得超過 $1 百萬。利用上節相同的表示方式，當你支出 T 元在電視廣告和 R 元在電台廣告時，若 $B(T, R)$ 代表啤酒新的銷售數量，受限最適化問題可以寫成

$$\max_{(T, R)} B(T, R)$$

$$\text{subject to}: T + R = 1{,}000{,}000$$

檢視表 1.1，可以得到"明顯"的答案：將所有的錢投入電視廣告，而不做電台廣告。畢竟，如表 1.1 所示，固定金額投入電視廣告總是能夠比電台廣告創造更多的啤酒銷售量。(實際上，同樣金額投入電視廣告比投入電台廣告，能夠多創造五倍的啤酒銷售量。) 然而，答案是錯的。不正確的理由恰好凸顯受限最適化在經濟分析中的重要性。

假設你打算將所有錢投入電視廣告。在這個計畫下，預期新增 25,000 桶啤酒。但現在，如果將 $90 萬投入電視廣告和 $10 萬投入電台廣告，其結果會是如何？從表 1.1，電視廣告可創造 24,750 桶啤酒，而電台廣告可創造 950 桶啤酒。因此，新計畫所帶來啤酒新銷售量等於 25,700 桶。比以前多 700 桶。實際上，你還可以做得更好。如果花費 $80 萬在電視廣告和 $20 萬在電台廣告，則你能夠創造 25,800 桶啤酒新銷售量。即使表 1.1 隱含電台廣告的影響力遠低於電視廣告，有鑑於你的目標，將廣告預算分開在電視與電台是合理的。

這個例子突顯個體經濟學不斷重複出現的重點：任何受限最適化問題的答案取決於決策變數對目標函數值的邊際衝擊。電視廣告支出的邊際衝擊是每增加一塊錢在電視廣告能夠新增多少數量的桶裝啤酒。電台廣告支出的邊際衝擊是額外增加一塊錢在電

台廣告能夠額外增加桶裝啤酒銷售量的比率。儘管電視廣告的生產力較高，你仍希望將部分經費分配在電台廣告上；你知道，一旦將 $1 百萬預算中的 $80 萬分配在電視廣告，額外增加 $10 萬在電視廣告的邊際衝擊會小於額外 $10 萬在電台廣告的邊際衝擊。為什麼會如此？因為當我們分配額外的 $10 萬在電視廣告，所帶來啤酒新增銷售量的比率是 (24,750 − 24,000)/100,000，或是額外增加一元在電視廣告是 0.0075 桶啤酒。但是當我們將額外 $10 萬投入電台廣告，新增桶裝啤酒銷售比率是 (24,000 ＋ 950 − 24,000)/100,000 或額外一元在電台廣告是 0.0095 桶啤酒。因此，電台廣告的邊際衝擊超過電視廣告的邊際衝擊。有鑒於此，現在我們希望分配額外的 $10 萬給電台而非電視。(事實上，你希望更進一步地將最後的 $20 萬預算分配給電台。)

在廣告故事中，邊際思考導致一個不是那麼明顯的結論，可能讓你覺得不舒服或是懷疑。沒有關係──通常學生在個體經濟學課堂上第一次接觸邊際思考的反應都是如此。但不論你是否能夠體會，在日常生活中邊際思考方式常常出現。例如，披薩是你喜愛的食物，即使你比較喜歡吃披薩而不喜歡蔬菜，如胡蘿蔔和花椰菜，你大概不會一個星期每天每餐都吃披薩。為什麼不會？理由是在某一個時點 (或許是從週一到週六，每個晚上都吃披薩)，額外再花 $10 在披薩消費的滿足程度會低於同樣 $10 花在其它食物上的滿足程度。雖然你可能無法切身感受，這就是邊際思考出現在受限最適化問題之中。

個體經濟學名詞邊際告訴我們額外增加一單位自變數如何引起應變數改變的數量。自變數和應變數對你而言或許是新的專有名詞。想要瞭解這兩個名詞，假設有兩個變數間的關係，如生產數量 (經濟學家稱為產出) 和產品的生產成本間的關係。我們會預期當廠商提高生產，總成本會隨之增加。在這個例子，總成本歸類成應變數，係因其值取決於生產數量的多寡，而總產量是自變數。

邊際成本衡量最後一單位自變數 (產出) 對應變數 (總成本) 的增加衝擊。例如，若增加一單位產出需額外增加 $5 成本，邊際成本將是 $5。同樣地，邊際成本可以視為自變數 (產出) 的變動引起應變數 (總成本) 變動的比率。若邊際成本是 $5，當產出增加 1 單位時，總成本是以 $5 速率上升。

本書從頭到尾都會用到邊際的概念。例如，在第 4 章和第 5 章，我們會利用它來找到邊做邊學習題 1.2 所提到的消費者選擇問題的答案。

均衡分析

個體經濟學中第二項重要的分析工具是均衡，均衡概念出現在許多學科中。**均衡** (equilibrium) 是只要外生因素維持固定不變，狀態或條件會永遠持續下去——亦即，沒有外在因素會擾亂均衡。為了要闡明均衡概念，想像一物理系統，一顆球在杯子裡，如圖 1.1 所繪。地心引力會將球推向杯子的底部。一開始將球固定在點 A，當手放開時，球不會固定在點 A。確切地說，球會來回滾動直到在點 B 停止。因此，球在點 A 放開時，系統並非處於均衡狀態。因為球不會在點 A 停留。如果在點 B 將球放開，系統會處在均衡狀態。當球在點 B 時，系統會一直維持均衡。除非有外生因素變動；例如，假設有人傾倒杯子，圓球會從點 B 移到另外一點。

> **均衡** 只要外生變數固定，狀態或條件將永遠持續的情況。

你可能在大一經濟學的競爭市場章節中，已經遇到均衡的概念。在第 2 章，我們將詳細討論市場、供給與需求。但現在讓我們簡短複習供需分析如何能夠闡明市場均衡的概念。

想像咖啡豆的全球市場。假設咖啡豆的供給和需求曲線，如圖 1.2 所示。需求曲線是在既定市場價格下，消費者願意購買的咖啡豆數量 (Q)。將需求曲線想像成回答一組"如果"的問題。例如，若咖啡豆每磅 $2.5，咖啡豆的需求數量是多少？圖 1.2 的需求曲線告訴我們，如果咖啡豆每磅 $2.5，消費者會購買 Q_2 磅咖啡豆。需求曲線也告訴我們，如果咖啡豆每磅是 $1.5，需求數量是 Q_4 磅。負斜率的需求曲線代表價格愈高，咖啡豆消費數量愈低。

供給曲線所示為在既定市場價格下，生產者願意提供咖啡豆的數量。你也可以將供給曲線視為一組"如果"的問題。例如，

圖 1.1 圓球與杯子的均衡

當球在杯子底部的點 B 時，物理系統處於均衡狀態。圓球會一直停留在點 B。當球在點 A 時，系統並未達到均衡，理由是地心引力會將球推向點 B。

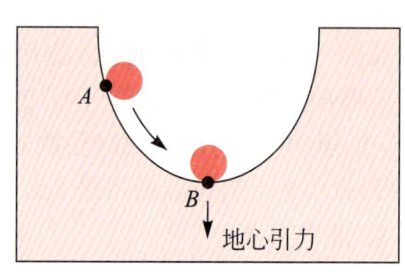

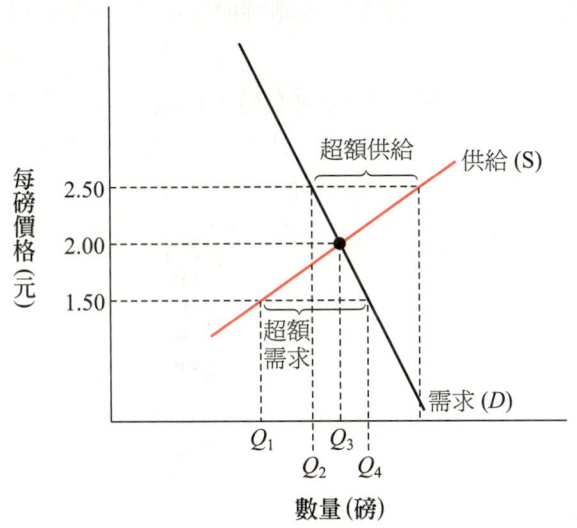

圖 1.2　咖啡豆市場均衡

咖啡豆均衡價格是每磅 $2。在此價格下，市場處於均衡狀態 (供給數量等於需求數量，等於 Q_3 磅)。當價格等於 $2.5 時，因為有超額供給，市場並未達到均衡。超額供給的數量是 $(Q_5 - Q_2)$。當價格等於 $1.5 時，因為有超額需求，市場沒有達到均衡。超額需求數量為 $(Q_4 - Q_1)$。

若咖啡豆每磅價格為 $1.5，廠商會提供多少數量的咖啡豆？圖 1.2 的供給曲線告訴我們，價格為 $1.5 的供給數量是 Q_1 磅。同時供給曲線也指出價格為 $2.5 的供給數量是 Q_5 磅。正斜率的供給曲線代表市場價格愈高，愈能夠刺激生產，產量提供因此會愈高。

　　均衡的概念和供給與需求有什麼關係？在一競爭市場中，當價格讓市場清結 (clear) 時市場已達均衡——亦即，均衡價格讓廠商提供的數量恰好等於消費者需求的數量。就圖 1.2 的咖啡豆市場而言，當價格等於 $2 時，市場會達到均衡。在此價格，生產者願意提供 Q_3 磅，而消費者恰好願意購買 Q_3 磅咖啡。(就此圖形來說，均衡發生在供需曲線相交的地方，如圖 1.2 所示。) 所有願意支付每磅 $2 的消費者都能夠買到需要的咖啡數量，而所有生產者願意以 $2 生產的都能夠找到買主。因此，$2 的價格可以永遠維持，理由是沒有任何外在力量讓價格向上或向下移動。換言之，市場處於均衡狀態。

　　明瞭系統處於均衡狀態的原因，可以幫助我們瞭解為何其它狀態不是均衡的原因。假設在圖 1.1，圓球是在點 B 以外的地方放開，地心引力會將球推回杯子底部。如果在競爭市場中，價格不等於均衡價格時會發生什麼狀況？例如，若每磅咖啡是 $2.5，此時咖啡市場是否為均衡狀態？若價格等於 $2.5，需求只有 Q_2 磅的咖啡，而 Q_5 磅的咖啡在市場銷售。因此，市場有超額供給。有些銷售者找不到消費者購買他們的咖啡。為了銷售咖啡，這些廠商

願意提供比 $2.5 更低的價格出售咖啡。咖啡價格必須下跌到 $2，才能消除超額供給。

同樣地，當價格低於 $2 時則非均衡價格。假設價格是 $1.5。需求數量為 Q_4，但只有 Q_1 咖啡出售。市場會出現超額需求。有些消費者無法買到咖啡。這些無法滿足的消費者願意出比 $1.5 更高的價格購買咖啡。市場價格會因此上升，直到價格上升到 $2，市場超額需求才會消失。

比較靜態

比較靜態 用來檢視一經濟體系外生變數如何影響內生變數的分析

比較靜態 (comparative statics) 分析是用來檢視經濟模型中，外生變數的變動如何影響內生變數數值的變動。(請見第 1.2 節有關內生與外生變數的討論。) 比較靜態分析適用於受限最適化問題或均衡分析。藉比較經濟模型的兩個快照，比較靜態能夠做"之前和之後"的經濟分析。第一個快照是給定外生變數的起始值後的內生變數水準。第二個快照是外生突發事件——亦即，某些外生變數發生變動如何引起內生變數數值的改變。

讓我們用一個例子說明比較靜態如何運用在均衡模型。1997 年春天，大雨侵襲整個中南美洲，哥倫比亞發生罷工事件及巴西春天下冰雹。這些外生的突發事件影響咖啡豆的國際市場，引發紐約咖啡、糖及可可期貨交易所的咖啡報價驟漲至 20 年的高點。咖啡豆價格從年初的每磅 $1，到 5 月時每磅報價超過 $3。

我們可以利用比較靜態來說明發生在咖啡豆市場的影響。大雨、罷工和冰雹均導致全球咖啡豆的供給減少(供給曲線左移)。在這些事件發生之前，供給曲線是 S_1，需求曲線是 D_1，如圖 1.3 所示。市場的第一個快照指出咖啡豆均衡價格 (內生變數) 是 $1，和均衡數量 (內生變數) 是 Q_1。外生突發事件讓供給曲線向左移至 S_2。然而，由於大雨、罷工和冰雹不會影響消費者對咖啡的需求，故需求曲線不會移動是合理的推測。市場的第二個快照指出咖啡豆每磅均衡價格是 $3，均衡數量是 Q_2。比較靜態分析顯示外生突發事件導致價格由每磅 $1 上漲至 $3。而均衡數量由 Q_1 減少至 Q_2。

幾乎每天你都可以在華爾街日報 (The Well Street Journal) 或本地報紙的商業版，找到比較靜態的例子。典型的例子有外生事件會影響農產品 (如玉米、大豆、小麥、咖啡和棉花)、牲畜和金屬

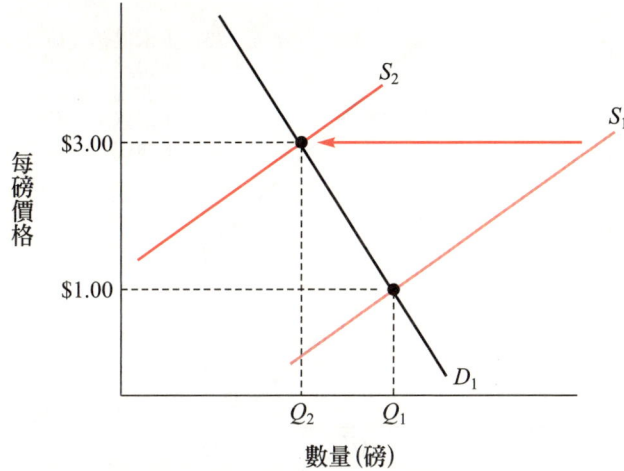

圖 1.3 咖啡豆市場的比較靜態

中南美洲大雨，哥倫比亞罷工及巴西下冰雹使全球咖啡市場的供給曲線由 S_1 向左移至 S_2 (供給下跌)。咖啡豆均衡價格由 1 美元上漲至 3 美元，均衡數量由 Q_1 減少至 Q_2。

(如銅、白銀、和黃金) 的價格。頭版標題出現"哥倫比亞勞工罷工引發咖啡價格三級跳"，"出口需求增加使棉花價格劇漲"，"乾旱造成大豆價格激增"，以及"白銀供應不足釋放白銀價格上漲訊號"，並不是不尋常的事。當你看到類似的標題，請以比較靜態分析的角度思考。

以下二個例子說明比較靜態分析如何運用市場均衡模型及受限最適化模型。

邊做邊學習題 1.3
美國玉米市場均衡的比較靜態

假設在美國玉米需求量 Q^d 取決於兩件事：玉米價格 P 和國民所得水準 I。假設玉米需求曲線斜率為負。因此當玉米價格下降時，玉米需求量上升。同時也假設若所得上升需求曲線向右移動 (亦即，高所得提高玉米需求)。玉米需求量決定於玉米價格及所得的需求函數為 $Q^d(P, I)$。

假設玉米銷售量 Q^s 也受兩件事影響：玉米價格 P 和在成長季節的降雨量 r。供給曲線斜率為正，玉米價格上升，玉米銷售量上升。若降雨量愈多，供給曲線向右移動 (生產出更多的玉米)。顯示玉米供給量與降雨量在任何價格下的關係為供給函數 $Q^s(P, r)$。

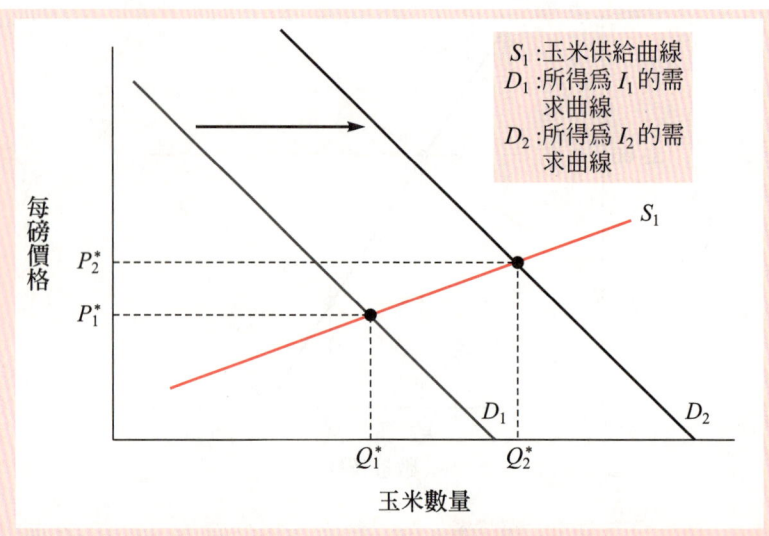

圖 1.4　比較靜態：所得增加

當所得由 I1 增加至 I2，需求曲線會由 D_1 右移至 D_2。市場均衡價格由 P_1^* 上漲至 P_2^*，均衡數量由 Q_1^* 增加至 Q_2^*。

在均衡時，玉米價格調整至使市場清結 ($Q^s = Q^d$)。我們稱均衡數量為 Q^* 和均衡價格為 P^*。我們可以假設玉米市場只是美國經濟的一小部分，所以國民所得不會顯著地被玉米市場事件所影響。

問題

(a) 假設所得由 I_1 上升至 I_2。請在圖形上，標示出這個外生變數的改變如何影響每一個內生變數。

(b) 假設所得水準維持在 I_1，但降雨量由 r_1 增加至 r_2。雨量的增加使玉米成長得更好。請用另一個圖形，標示出外生變數的改變如何影響內生變數。

解答

(a) 如圖 1.4 所示，所得變動讓需求曲線往右移動 (需求增加)，由 D_1 移至 D_2。因為供給 Q^s 不受 I 所得影響，供給曲線 S_1 不會變動仍維持在原來位置。衡價格會由 P_1^* 上升至 P_2^*。所以，所得增加導致均衡價格上漲。

　　均衡數量也會上升，由 Q_1^* 至 Q_2^*。所以所得變動也導致均衡數量變動。

(b) 如圖 1.5 所示，降雨量增加會讓供給曲線向右移動 (供給增加)，從 S_1 移至 S_2。因為需求 Q^d 不受降雨量 r 影響，需求曲線位置 D_1 不會變動，因此均衡價格從 P_1^* 下跌至 P_2^*。所以降雨量增加導致均衡價格下跌。

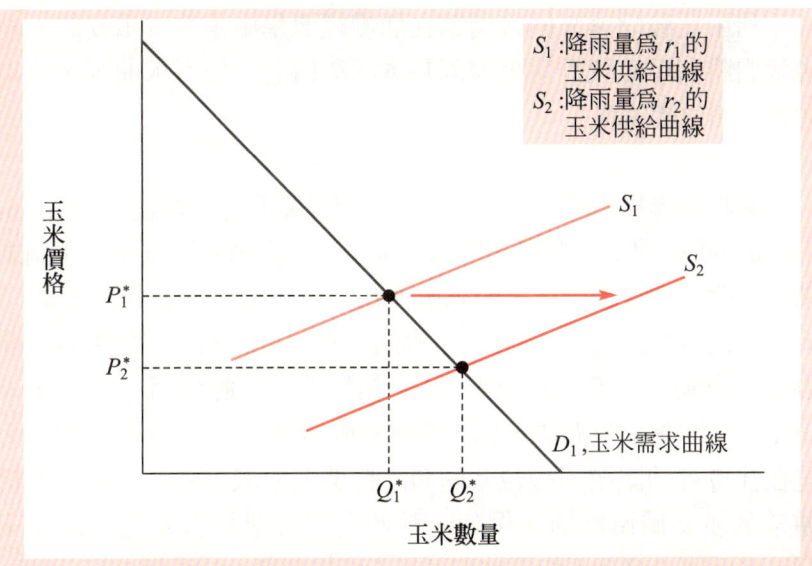

圖 1.5　比較靜態：降雨量增加
當雨量由 r_1 增加到 r_2 時，供給曲線向右移動 (供給增加)，從 S_1 右移至 S_2 均衡市場價格由 P_1^* 下跌至 P_2^*。均衡市場數量由 Q_1^* 增加至 Q_2^*。

均衡數量上升，由 Q_1^* 至 Q_2^*。所以降雨量改變導致均衡數量改變。

類似問題：1.2，1.4，1.5 和 1.6

邊做邊學習題 1.4
受限最適化的比較靜態分析

在農夫籬笆的問題中 (邊做邊學習題 1.1)，外生變數是圍籬的周長 F，內生變數是羊圈的長度 L 和寬度 W。你或許在從前求解過類似的問題：當農夫要蓋羊圈時的最大面積是正方形。(你毋須在這個問題中找答案，就接受這答案是正方形。)

問題　若農夫得到多餘的籬笆 ΔF (其中 Δ 為希臘字，意謂"改變")，羊圈的面積會作怎樣的改變？換言之，外生變數 ΔF 的變動如何引起內生變數 ΔL 和 ΔW 的變動？

解答　因為羊圈最適面積是正方形，所以羊圈的長度和寬度各是周長的四分之一，即 $L = F/4$ 和 $W = F/4$。因此，$\Delta L = \Delta F/4$ 和 $\Delta W = \Delta F/4$。比較靜態的結果告訴我們：若圍籬的周長增加 4 呎，則羊圈的長度與寬度各會增加 1 呎。

類似問題：1.7，1.8 和 1.11

1.3 實證與規範分析

實證分析 企圖解釋經濟體系如何運作或隨時間經過如何變化的分析。

規範分析 通常著重於檢視共同商品如何增加或減少社會福利議題的分析。

利用比較靜態來回答問題在個體經濟學中是非常重要的。稍後我們將利用比較靜態來瞭解基本經濟概念，如需求曲線、成本曲線，和供給曲線。

個體經濟學分析常用來研究實證與規範問題。**實證分析** (positive analysis) 嘗試解釋經濟體系如何運作或隨著時間經過，預測未來如何改變。實證分析是問說明性的問題，如"發生了什麼事？"或"現在發生什麼事？"。它也會問可預測的問題："如果外生變數發生變動，會發生什麼事？"。相反地，**規範分析** (normative analysis) 問規定的問題，如"應該做些什麼？"。規範研究通常著重在社會福利議題，檢視共同商品會增加或減少福利。規範分析通常牽涉到價值判斷。例如，執政者會考慮是否要提高最低工資，來保障最沒有工作經驗和最無工作技術勞工的生活。

在本章，我們見到許多實證問題。在農夫籬笆的問題中 (邊做邊學習題 1.1)，實證問題是"什麼樣的羊圈規模會讓羊圈的面積最大？"另一個實證問題是"若農夫多一呎的籬笆長度，羊圈面積將如何改變？"在消費者選擇問題中 (邊做邊學習題 1.2)，實證分析告訴我們消費者購買商品是決定於所有商品的價格及所得水準。實證分析幫助電廠經理 (範例 1.1)，用最低成本來生產既定的商品或服務。最後，實證分析讓我們明白為何某些商品價格，如咖啡豆，處於均衡狀態，而有些卻不是均衡價格。它也解釋為何大雨、罷工，以及下冰雹會導致商品價格提高。

所有的例子都建議運用個體經濟原則做預測，不論是對消費者或企業經理都是異常重要。實證分析對公共政策研究也相當有用。例如，執政者想要瞭解在市場課徵新稅，政府對生產者的補貼，及關稅或配額對進口的影響。它們也想要知道生產者與消費者如何受影響，以及這些公共政策對政府財政預算衝擊的大小。

規範研究檢視某些人認為社會福利最大的目標如何達成。假設執政者希望低所得家庭能夠住者有其屋。他們會問，是否直接給低所得家庭住屋券，讓他們在出租公寓市場租到房子，或實施租金管制，以法律規定來防止房東索取過高租金。那一種政策措施比較好？或者，若政府認為降低污染有益社會大眾，它應該課徵污染排放稅或嚴格限制汽車和工廠的污染排放標準？

這些例子說明先做實證分析再做規範分析是十分重要的。政策制定者想知道"我們是否應該實施房租管制措施或實施住屋券發放計畫？"想要充分瞭解這些選擇方案，政策制定者必須明白如果實施房租管制會發生什麼事，並且要瞭解住屋券的影響。實證分析讓我們知道誰會受政策影響，以及如何受影響。

個體經濟學能夠協助執政者瞭解和比較不同政策對消費者與生產者的衝擊。因此，個體經濟學可以讓政策辯論愈來愈清晰分明且因此啟發公共政策。

總　結

- 經濟學是一門研究如何分配有限資源以滿足人類無窮慾望的學問。通常描述成受限選擇的科學。
- 個體經濟學檢視個別經濟單位的經濟行為，如一個消費者或一個廠商，及一群經濟單位，如家計單位或產業。
- 經濟學的研究是分析和建構特定問題的經濟模型。由於現實世界非常複雜，經濟模型是複雜現象的抽象表達。
- 當分析任何模型時，必須知道什麼變數是給定的 (外生變數)，以及什麼變數由模型內決定 (內生變數)。
- 個體經濟分析的三個重要工具分別是 (1) 受限最適化，決策者在面臨限制情況，想要使目標函數極大或極小的工具。(**LBD 習題 1.1，1.2**)；(2) 均衡分析，用來描述系統可持續維持的狀態，除非外生變動，否則狀態會一直持續下去。(3) 比較靜態，用來檢視經濟模型中，外生變數的改變如何影響內生變數的變動，包括均衡分析 (**LBD 習題 1.5**) 和受限最適化 (**LBD 習題 1.4**)。
- 個體經濟學的專有名詞邊際，是衡量自變數變動，額外增加一單位時，引起應變數的變動。
- 個體經濟學提供分析工具讓我們能從事實證和規範分析。實證分析嘗試解釋經濟體系如何運作，以及預測外生變數變動如何引起內生變數變動。規範分析是考慮規範的問題，例如"應該做什麼？"。規範分析是將價值判斷放入經濟分析中。

複習題

1. 什麼是個體經濟學與總體經濟學的差異？
2. 為什麼經濟學被描述成是一門受限制的科學？
3. 受限最適化工具如何協助決策者做選擇？在受限最適化模型中，目標函數和限制式扮演何種角色？
4. 假設小麥市場是競爭市場，有一正斜率供給曲線，和負斜率的需求曲線，均衡價格是每浦式耳 $4。為什麼更高的價格 (如，每浦式耳 $5) 不是均衡價格？為什麼較低的價格 (如，每浦式耳 $2.5) 不是均衡價格？
5. 經濟模型中內生變數和外生變數有何差異？如果一經濟模型只有外生變數 (沒有內生變數) 是

否有用？
6. 為什麼經濟學家要做比較靜態分析？在比較靜態分析中，內生變數和外生變數扮演什麼樣的角色？
7. 實證分析和規範分析有何差異？回到本章一開始的網際網路公司範例，下列那些問題屬於實證分析？那些是規範分析？
   (a) 網路拍賣公司對當地車商利潤的影響為何？
   (b) 政府是否應該針對網路商品交易課徵特別稅？

問　題

1.1 請討論下列的敘述"因為供給與需求曲線始終在移動，市場沒有真正的均衡。因此，均衡概念是無用的。"

1.2 華爾街日報一篇標題為"玉米資料，出口需求導致玉米價格飛漲"的文章，指出許多外生突發事件讓美國玉米價格劇幅上揚。[2] 假設玉米市場是一競爭市場，有正斜率供給曲線和負斜率需求曲線。對下列敘述，請以圖形說明外生事件如何造成美國玉米價格的上揚。
   (a) 美國農業部門宣布玉米出口到台灣和日本是出乎意料地好，比平時高約 30%。
   (b) 許多分析師預測天氣乾旱，會使玉米收成創六年來的新低記錄。
   (c) 氣候變化，使中南美洲氣流 (El Niño) 將暖空氣送到西部海岸，美國以外市場的玉米產量減少。國外對美國玉米需求依賴日益加深。

1.3 廠商使用設備和勞動生產行動電話通訊服務。當它使用機器工時 E 和勞動工時 L，它可以生產 Q 單位的通訊服務。Q，E 和 L 的關係可寫成 $Q = \sqrt{EL}$。廠商支付 P_E 使用每單位機器工時和 P_L 來使用每單位勞動工時。假設經理被告知生產 $Q = 200$ 單位的通訊服務，而她希望能選擇 E 和 L 來極小成本以達生產目標。
   (a) 本題的目標函數為何？
   (b) 限制式為何？
   (c) 那些變數 (Q，E，L，P_E 和 P_L) 是外生？那些是內生？請解釋。
   (d) 請寫出受限最適化的方程式。

1.4 在美國，鋁的供給受鋁價格與電力價格 (生產鋁的重要生產因素) 的影響。假設電力價格上升使得鋁供給曲線向左移動 (亦即，較高的電價減少鋁的供給)。在美國，鋁的需求受鋁價與國民所得的影響。假設國民所得上升使鋁需求曲線向右移動 (亦即，高所得增加鋁的需求)。相較 2003 年，2004 年美國的國民所得上升而電價下跌。請問 2004 年鋁的均衡價格較 2003 年的鋁均衡價格上升或下跌？2004 年的鋁均衡數量相較 2003 年鋁均衡數量增加或減少？

1.5 假設羊毛供給曲線是 $Q^s = P$，其中 Q^s 是供給數量，P 為價格。羊毛需求函數是 $Q^d = 10 - P + I$，其中 Q^d 是羊毛的需求數量，且 I 是所得水準。假設 I 是外生變數。
   (a) 假設所得水準 $I = 20$，請畫出供給與需求曲線。並在圖形指出均衡價格與數量。

---

2 請見 Aaron Lucchetti 1997 年 8 月 22 日的文章。

(b) 請解釋當羊毛價格是 $18 時，為何市場未處於均衡狀態？
(c) 請解釋羊毛價格是 $14 時，為何市場未達均衡？

1.6 假設羊毛供給與需求函數和問題 1.5 相同。此時所得上升，由 $I_1 = 20$ 增加至 $I_2 = 24$。
(a) 請利用比較靜態分析，找出所得變動對均衡價格的衝擊。
(b) 請利用比較靜態分析，找出所得變動對均衡數量的衝擊。

1.7 假設你是宿舍錄影帶出租的管理員。其它宿舍管理員會告訴你一年要租多少數量的錄影帶。你的職責是找到最便宜的方式來出租錄影帶。經過許多研究，你找到三種不同的租賃方式可供選擇。

方案 A：每個錄影帶租金 $3，無任何附加費用。
方案 B：加入常看會員俱樂部。每年年費 $50，每租 1 片付 $2 租金。
方案 C：加入經常看會員俱樂部。每年年費 $150，每租 1 片付 $1 租金。

(a) 如果你打算租 75 支錄影帶，成本最低的方案為何。
(b) 如果你打算租 125 支錄影帶，成本最低的方案為何。
(c) 錄影帶的數量是內生或外生？請解釋之。
(d) 方案 A，B 或 C 是內生或外生？請解釋之。
(e) 錄影帶的總租金費用是內生或外生？請解釋之。

1.8 重新思考問題 1.7。假設宿舍管理員給你一筆錢，希望你能用這筆預算，租到最多的錄影帶。問題 1.7 的方案 A，B 和 C 仍然可供選擇。
(a) 假設預算一年是 $125，在追求錄影帶租賃數量最大目標下，你會選擇那一個方案？
(b) 假設預算一年是 $300，在追求錄影帶租賃數量最大目標下，你會選擇那一個方案？
(c) 錄影帶出租數量是內生或外生？請解釋。
(d) 方案 A，B 或 C 是內生或外生？請解釋。
(e) 錄影帶租金費用是內生或外生？請解釋。

1.9 一主要的汽車製造商正考慮如何將 2 百萬美元的預算分配在兩種型態的電視廣告：美式足球 NFL 和職業高爾夫球 PGA。下表顯示當一定數量金錢投入 NFL 和 PGA 時，運動休旅車的銷售數量。

總支出 (百萬)	運動休旅車 (每年千輛)	
	NFL	PGA
$0	0	0
$0.5	10	4
$1.0	15	6
$1.5	19	8
$2.0	20	9

車商的目標為分配 2 百萬美元以使得運動休旅車的銷售數量達到最大。令 F 和 G 分別為投入 NFL 和 PGA 的廣告金額，而 $C(F, G)$ 為運動休旅車銷售數量。
(a) 目標函數為何？

(b) 限制式為何？
(c) 請以文字敘述受限最適化問題？
(d) 根據上表資料，車商應如何分配廣告預算？

1.10 桃子的需求方程式為 $Q^d = 100 - 4P$，其中 P 為桃子價格，單位：分/磅。Q^d 為桃子需求量，單位：千蒲式耳/年。桃子的供給曲線為 $Q^s = RP$，其中 R 是降雨量 (生長季節每月的時數)，而 Q^s 為桃子供給量，單位：千蒲式耳/年。令 P^* 和 Q^* 分別為市場均衡價和和數量。請完成下表，顯示如何在不同降雨量下，均衡價格與數量的變動。證明當 $R = 1$ 時，均衡價格是每磅 20 美分，而均衡數量為每年 20 (千蒲式耳)。

R	1	2	4	8	16
Q^*	20				
P^*	20	16.67			

1.11 回到邊做邊學習題 1.4，農夫的籬笆的比較靜態分析。羊欄的長度為 L，寬度是 W，面積是 $A = LW$。

(a) 假設圍籬的周長是 $F_1 = 200$ 呎。請完成下表。證明圍籬的最適設計 (最大羊欄面積) 是正方形。

L	10	20	30	40	50	60	70	80	90
W	90	80							
A	900								

(b) 假設圍籬的周長是 $F_2 = 240$ 呎。請完成下表。在追求最大圍籬面積下，長度 L 會增加多少？

L	20	30	40	50	60	70	80	90	100
W	100	90							
A	2000								

(c) 當圍籬長度增加 ($\Delta F = 40$) 時，最適長度的變動 (ΔL) 是多少？
(d) 當圍籬長度增加 ($\Delta F = 40$) 時，最適面積 (ΔA) 會增加多少？面積 A 是內生或外生？請解釋。

1.12 下列敘述何者是實證分析，何者是規範分析？
(a) 假設美國對進口古巴雪茄解禁，雪茄價格將下跌。
(b) 佛羅里達州發生霜害，導致柳橙汁價格上漲。

(c) 為了籌措公共財的財源，政府應對菸草、酒類和賭博提高稅率而非增加所得稅。
(d) 電話公司應該被准許提供有線電視 (第四台) 服務和電話服務。
(e) 如果電話公司可以提供有線電視服務，電話及第四台服務的價格將下跌。
(f) 政府對農民補助太高，在未來十年，應該逐漸減少。
(g) 如果政府對每包香菸徵收 $0.5 的稅，香菸均衡價格每包會上漲 $0.3。

2 供給與需求分析

2.1
需求、供給與市場均衡

2.2
需求的價格彈性

2.3
其它彈性

2.4
長期和短期的需求與供給

2.5
輕鬆簡單的計算

附錄
固定彈性需求曲線上的需求價格彈性

玉米價格透露那些訊息？

　　過去，美國的玉米市場平淡單調且容易預測。一蒲式耳 (合 8 加侖) 價格介於 $2 至 $2.5 間，很少人會預期玉米價格會高過此。但在 1990 年代中期，故事有些改變，如圖 2.1 所示。在 1995 年年底，玉米價格高達每蒲式耳 $3，到了 1996 年 7 月，平均價格接近 $4.5。玉米價格的巨幅上揚讓有經驗的期貨交易者警告投資者遠離玉米期貨，因為價格變動太劇烈。[1] 然而，到了 1990 年代末期，大多數的玉米市場新客戶注意的不

---
[1] "Hedge Row: As Corn Prices Soar, A Futures Tactic Brings Rancor to Rural Towns," *Wall Street Fournal* (July 2, 1996), pp. A1, A6.

是空前玉米新高價格,而是歷史新低的玉米價格。[2] 在 1996 年 7 月達到高峰後,玉米價格在 1997、1998 到 1999 年持續地下跌。到 1999 年底,玉米平均價格跌到十年來的最低水準。而在 2003 年年中僅稍微上揚。

這個故事說明競爭市場的價格奇幻無常變動劇烈。價格以無法預測的行徑上漲和下跌,個別交易者 (即,種植玉米的農夫、穀倉、期貨交易者) 都不知如何是好。然而,我們知道為何市場價格是如此的變動。在這個例子,圖 2.1 的玉米價格走勢,和 1990 年代玉米供給和需求的重要發展有關。1990 年代初,多年的惡劣氣候摧毀美國的玉米收成。1996 年年初,庫存玉米能夠應付未來銷售的數量,創歷史新低。因為亞洲經濟強勁成長,及世界許多國家玉米收穫量大減。海外市場對美國玉米的需求暴增,且庫存玉米供給不足,在 1996 年夏初,玉米價格巨幅飛漲。

但是在 1997 年,亞洲經濟走勢趨緩,降低海外市場的玉米需求。1998 年的全球金融風暴加上美元升值,使俄羅斯和巴西等國減少對美國玉米的需求。1990 年代末期,曾是全球最大農產品進口國的中國大陸,所採取主要行動是,決定在基本食物上自給自足。結果,到 1999 年,中國大陸從美國玉米最主要的進口國變成玉米的出口國。這也是在 1990 年代後半期,美國玉米市場需求的重大衝擊。最後,自 1996 年以後,玉米生長季節 (春夏兩季) 的天氣良好,使玉米年年豐收。到 1999 年底,美國庫存玉米的供給數量是 1995 年底的兩倍。[3] 玉米供給的增加,加上需求的減少,解釋了為何在 1996 年到 2003 年間,玉米價格下滑的原因。玉米價格在 2002 年和 2003 年初微幅上揚,反映出 2002 年玉米生產下跌 5%,導致供給減少的事實。

第 1 章介紹的供給與需求分析工具可以幫助我們瞭解過去十年美國玉米市場的情形。事實上,它們可以幫助學生明白其它市

---

[2] 例如,見 "Weather Goes Against the Grain: Farmers Sweat as Prices Fall to 27-Year Low," *Chicago Tribune* (July 7, 1999), Section 3, pp. 1 and 3.

[3] Frederic Suris and Dennis Shields, "The Ag Sector: Yearend Wrap-up" *Agricultural Outlook, Rconmic Research Service*, U.S. Department of Agriculture (December 1999).

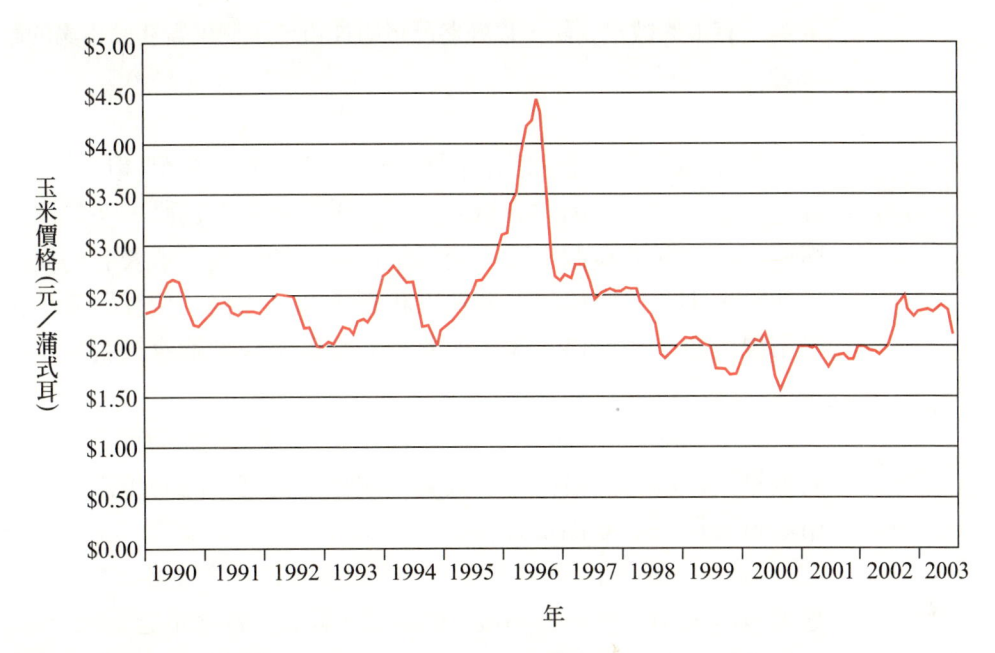

圖 2.1　美國的玉米價格：1990 — 2003

美國在 1990 年 1 月到 2003 年 7 月，每月玉米價格；1996 年 7 月，每蒲式耳玉米價格達到高點 $4.43。資料來源：Feed Grain Yearbook, *Economic Research Service*, U.S. Department of Agriculture (ers.usda.gov/data/sdp/view).

場的價格走勢，包括新鮮的玫瑰花到電腦的動態隨機存取記憶體 (DRAM)。

本章預習　在本章，你可以

- 學習供需分析的三個主要基石：需求曲線、供給曲線、與市場均衡的概念。
- 瞭解當供需曲線移動時，市場均衡的變動。
- 學習需求價格彈性以及其如何沿著不同種類的需求曲線而有不同彈性。
- 研究總收入與需求價格彈性間的關係。
- 研究需求價格彈性的決定因素。
- 學習市場與品牌需求價格彈性間的差異。
- 學習其它彈性，包括所得彈性，需求的交叉價格彈性，及供給價格彈性。
- 瞭解長期與短期彈性的區別。

2.1 需求、供給與市場均衡

● 利用有限的數學資訊，以輕鬆簡單的技巧來預測供需變動市場的影響。

第 1 章介紹均衡和比較靜態分析。在本章，我們運用這些工具進行完全競爭市場的分析。完全競爭市場包含為數眾多的買者與賣者。相對於整個市場的交易量而言，個別買者或賣者的交易是非常地小，以致於每一個買者和賣者都是價格"接受"者，接受市場所決定的價格。因為如此，完全競爭模型通常被視為是價格接受行為的模型。

圖 2.2 說明完全競爭市場的基本模型。橫軸是特定商品 (玉米) 的數量、市場的供給與需求數量。縱軸是特定商品的售價。一個市場可以用三個層面加以描繪：商品——商品的購買與銷售 (圖 2.2 的商品是玉米)；地理位置——商品購買的位置 (圖 2.2 的地點是美國)；和時間——交易發生的時間 (圖 2.2 的時間是 1996 年，玉米價格是十年來的最高)。

需求曲線

市場需求曲線 顯示消費者在不同價格下願意購買數量的曲線。

圖 2.2 的曲線 D 是玉米的**市場需求曲線** (market demand curve)。需求曲線是消費者在不同價格下願意購買的玉米數量。例如，當價格為每蒲式耳 $3 時，每年的玉米需求量是 20 億蒲式耳。當價格是每蒲式耳 $4 時，每年的玉米需求量僅剩 15 億蒲式

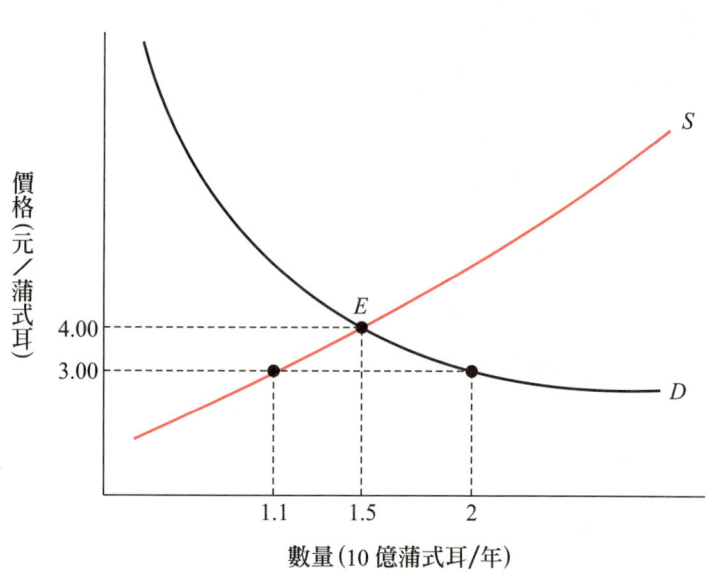

圖 2.2 美國玉米市場，1996 年
曲線 D 為玉米的需求曲線。曲線 S 是玉米的供給曲線。點 E 是兩線的交點，也是市場均衡點。

耳。

　　玉米被公司 (如 Archer Daniels，Midland 和 GeneralMills) 收購，經過處理，製成中間產品或成品 (即，高果糖玉米糖漿或玉米粒)，然後再製成最終消費商品 (即，飲料或早餐穀類食品)。圖 2.2 的需求有一部分是**引申式需求** (derived demand) ——亦即，由其它商品的生產和銷售引申而得。例如，對高果糖玉米糖漿的需求是來自於對飲料的需求，因為飲料使用甜味劑 (代替糖)。玉米被經紀商和批發商收購，然後轉賣給零售商，再賣給最終消費者。因此，圖 2.2 需求的另一部分是**直接需求** (direct demand) ——對商品本身的需求。需求曲線 D 是市場需求曲線，代表美國玉米市場所有購買者的總合需求。

　　在圖 2.2，縱軸是價格，橫軸是數量。這種呈現方式強調需求曲線的另一個有用的解釋，稍後我們會回到這點。需求曲線告訴我們價格愈高，在一定生產或供給數量下"市場會處於熊市"。因此，在圖 2.2，如果玉米供應商提供 20 億蒲式耳，玉米最高可賣到一蒲式耳 $3。

　　除了價格外，其它因素也會影響商品的需求量。我們預期其它相關商品的價格、消費者所得、消費者偏好與廣告都會影響一典型商品的需求量。然而，需求曲線僅著重於商品價格與需求量間的關係。當我們畫出一條需求曲線，我們是假設其它影響需求量的因素不變。

　　圖 2.2 的需求曲線是負斜率，代表玉米價格愈低，玉米需求量愈高，而玉米價格愈高，玉米需求量愈少。假設其它影響需求的因素不變，價格與需求量的負向關係稱為**需求法則** (law of demand)。難以計數的實證研究確認市場需求曲線是負斜率，這也就是為什麼我們稱這種關係為法則。當然，你可能對某些奢侈品，如香水，設計師服飾或水晶的價格與需求量關係存疑。有些人認為高價格象徵較高的品質，價格愈高，購買數量會愈多。[4] 然而，這些例子並未違反需求法則，因為當價格發生變動時，影響需求的其它因素會隨著變動。消費者對商品品質的認知也跟著變動。如果消費者的品質認知維持不變，我們預期奢侈品價格上漲，奢侈品的購買數量會減少。

引申式需求　一商品的需求是由銷售和生產其他商品引申而來。

直接需求　一商品需求是由消費者直接願意消費該商品而來。

需求法則　在影響需求的其它條件不變下，商品價格與需求量的負向關係。

---

[4] Michael Schudson, *Advertising, The Uneasy Persuasion: Its Dubious Impact on American Society* (New York: Basic Books), pp. 113-114. 1984.

邊做邊學習題 2.1

畫出需求曲線

假設美國新車需求方程式可寫成

$$Q^d = 5.3 - 0.1P \tag{2.1}$$

其中 Q^d 是每年新車的數量 (百萬)，P 是新車的平均價格 (千元)。(在此，毋需擔心供需方程式中的係數——5.3 和 −0.1 的經濟意義。)

問題

(a) 當平均車價等於 $15,000 時，新車需求數量是多少？當價格為 $25,000 時，需求數量是多少？當車價是 $35,000 時，需求數量又是多少？

(b) 請畫出新車的需求曲線。此需求曲線是否遵循符合需求法則？

解答

(a) 當價格等於 $15,000 時，要找出新車需求數量，我們利用式 (2.1)：

每輛車的平均價 (P)	利用式 (2.1)	需求量 (Q^d)
$15,000	$Q^d = 5.3 - 0.1(15) = 3.8$	3.8 百萬輛
$25,000	$Q^d = 5.3 - 0.1(25) = 2.8$	2.8 百萬輛
$35,000	$Q^d = 5.3 - 0.1(35) = 1.8$	1.8 百萬輛

(b) 圖 2.3 畫出汽車的需求曲線。要描繪出需求曲線，你可以利用 (a) 求得的價格與需求數量組合，將他們繪在平面座標圖上，這幾個點的連線，就是需求曲線。圖 2.3 中，負斜率的需求曲線告訴我們，當汽車價格上漲，消費者會減少對汽車的需求。

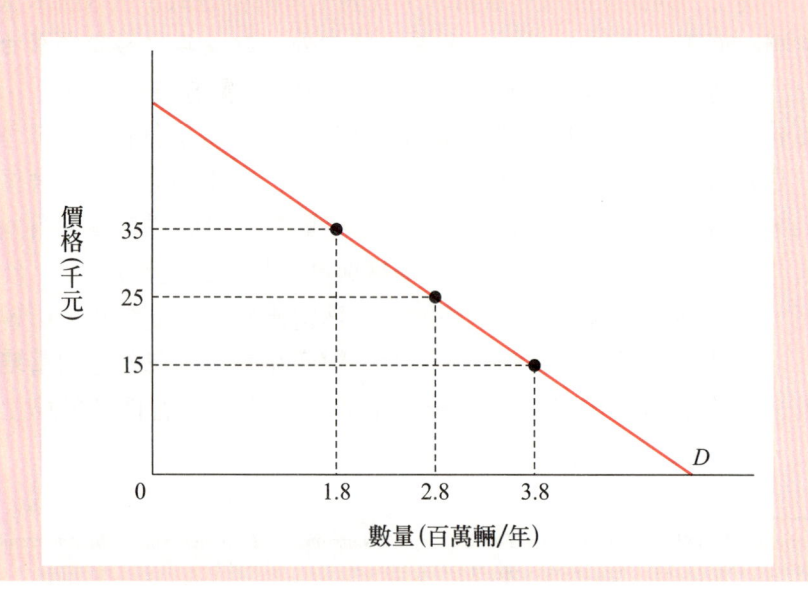

圖 2.3 美國全新汽車的需求曲線

因為需求曲線是負斜率，需求法則成立。

類似問題：2.1 和 2.2

供給曲線

圖 2.2 的曲線 S 是玉米的**市場供給曲線** (market supply curve)。供給曲線是指生產者在不同價格下所願意提供的數量。例如，供給曲線指出，在 1996 年的玉米每蒲式耳價格是 $3 時，玉米的供給數量是 11 億蒲式耳。當玉米每蒲式耳是 $4 時，該年的供給數量是 15 億蒲式耳。

美國玉米的供給主要來自全國各地種植玉米的農夫。在固定時間內玉米的供給包括該年玉米的收穫量加上玉米的庫存量。美國玉米的市場供給曲線是個別生產者玉米供給的水平加總。

供給曲線是正斜率的，代表價格愈高，生產者愈願意提供更多的玉米，而價格愈低，願意提供的玉米數量就愈少。這種價格與供給量正向的關係稱為**供給法則** (law of supply)。市場供給曲線的實證研究證實，價格與供給量的確存在正向關係。這也是為什麼稱這項關係為法則的原因。

除價格外，其它因素也會影響生產者的供給量，這點和影響需求的因素類似。例如，**生產因素** (factors of production) 的價格——資源，如勞工、原料等可用來生產商品——會影響到生產者願意提供的商品數量。其它商品的價格也會影響供給數量。例如，原油價格上漲，天然氣供給會增加。因為油價上漲會刺激更多的石油生產，天然氣是石油的副產品，因此產量隨之提高。當我們畫出類似如圖 2.2 的供給曲線時，我們會假設其它因素不變而繪出價格與供給量的關係。

市場供給曲線 顯示供給者在不同價格不願意銷售商品總數量的曲線。

供給法則 在影響供給的其他條件不變下，價格與供給量的正向關係。

生產因素 用來生產商品的資源，如勞動和原料。

邊做邊學習題 2.2

畫出供給曲線

假設加拿大小麥供給可以下列方程式表示

$$Q^s = 0.15 + P \qquad (2.2)$$

其中 Q^s 是加拿大小麥生產數量 (10 億蒲式耳)，P 是小麥價格 (元/蒲式耳)。

問題

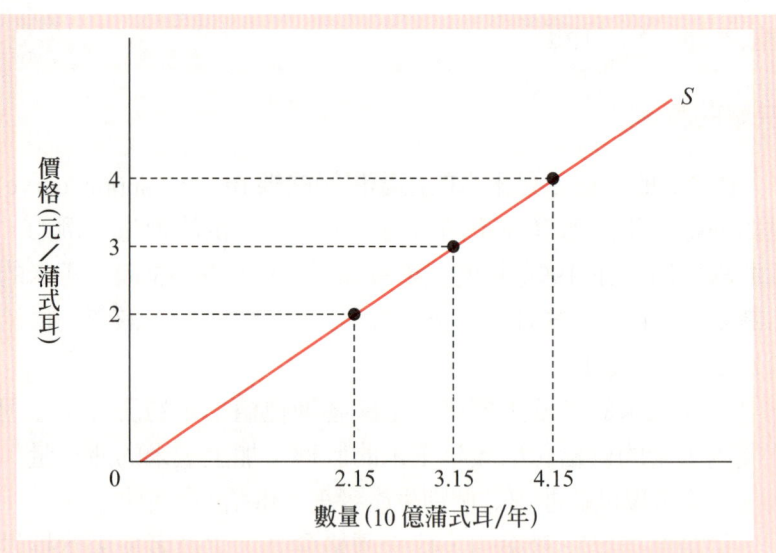

圖 2.4　小麥的供給曲線

因為供給曲線是正斜率，供給法則成立。

(a) 當小麥價格是每蒲式耳 $2 時，小麥的供給量是多少？當價格是 $3 時，供給量是多少？當價格是 $4 時，小麥供給量又是多少？

(b) 請畫出小麥的供給曲線。此供給曲線是否符合供給法則？

解答

(a) 由式 (2.2)，我們可以找到不同價格下的供給數量：

平均價格 (P)	利用式 (2.2)	供給量 (Q^s)
$2	$Q^s = 0.15 + 2 = 2.15$	2.15 百萬蒲式耳
$3	$Q^s = 0.15 + 3 = 3.15$	3.15 百萬蒲式耳
$4	$Q^s = 0.15 + 4 = 4.15$	4.15 百萬蒲式耳

(b) 圖 2.4 顯示供給曲線。從 (a) 價格與供給量的組合，我們將它們畫在平面座標圖上，並用直線連起來，就能得到供給曲線。圖 2.4 供給曲線是正斜率的事實，代表供給法則成立。

市場均衡

　　圖 2.2 中，供給與需求在點 E 相交，價格是每蒲式耳 $4，數量是 15 億蒲式耳。在點 E，市場是**均衡** (equilibrium) 的 (需求量等於供給量，故市場清結)。我們在第 1 章曾經提到，均衡是穩定的——只要外生變數 (如降雨量、國民所得) 維持固定不變，市場價格就不會變動。只要價格偏離均衡價格，價格就會持續調整。

均衡　只要外生變數固定不變市場價格也不會改變的狀態。

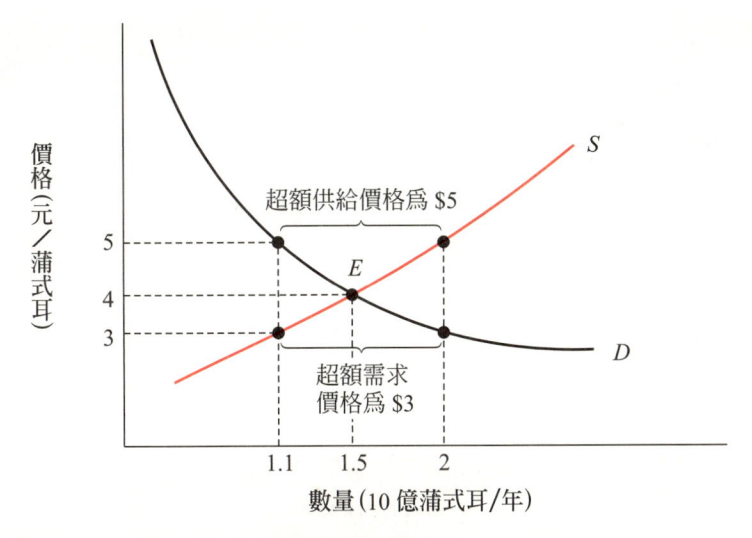

圖 2.5　玉米市場的超額需求與超額供給

若玉米價格是 $3，市場會發生超額需求，因為需求量是 22 億蒲式耳，而供給量僅有 11 億蒲式耳。若價格是 $5，市場會發生超額供給，是因為供給量是 20 億蒲式耳，需求量是 11 億蒲式耳。

例如，如圖 2.5 所示，假設每蒲式耳小麥是 $5，就會出現**超額供給**——供給量 (20 億蒲式耳) 超過需求量 (11 億蒲式耳)。當生產者無法銷售所有想要銷售的數量，故價格有往下調整的壓力。當價格下跌時，需求量增加，供給量減少，市場會回到原來的均衡價格為每蒲式耳 $4。如果每蒲式耳小麥價格是 $3，就會發生**超額需求**——需求數量 (20 億蒲式耳) 超過供給數量 (11 億蒲式耳)。玉米購買者無法完全獲得他們想要的數量，因此價格有往上調漲的壓力。當價格上漲，供給量會增加，需求量會減少，市場會回到原來的均衡價格，$4。

超額供給　在既定價格下，供給量大於需求量的狀態。

超額需求　在既定價格下，需求量大於供給量的狀態。

邊做邊學習題 2.3
計算均衡價格與數量

假設在美國，蔓越莓的市場需求曲線方程式是 $Q^d = 500 - 4P$，蔓越莓的市場供給曲線 ($P \geq 50$) 方程式為 $Q^s = -100 + 2P$，其中 P 是每桶蔓越莓的價格，元/桶，及數量 (Q^d 或 Q^s) 是百萬桶/年。

問題　蔓越莓市場的均衡價格與數量是多少？請繪圖並指出均衡價格與數量。

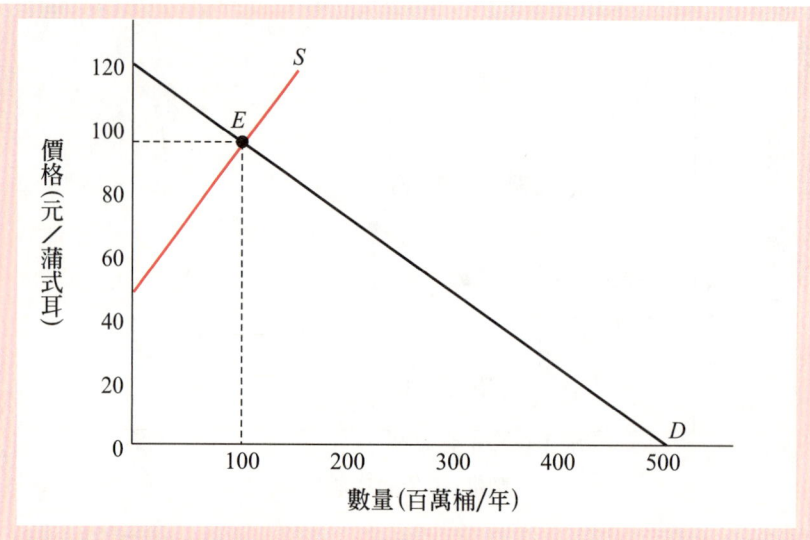

圖 2.6　蔓越莓市場的均衡

市場均衡在點 E，亦即供給線和需求線的交點，均衡價格是每桶 $100，均衡數量是每年 1 億桶蔓越莓。

解答　當供給等於需求時，我們利用這個關係可以得到均衡價格 P：$Q^d = Q^s$，或 $500 - 4P = -100 + 2P$，意味 $P = 100$。因此，均衡價格是每桶 $100。我們將均衡價格代入供給函數或需求函數可得均衡數量：

$$Q^d = 500 - 4(100) = 100$$
$$Q^s = -100 + 2(100) = 100$$

因此，均衡數量是每年 1 億桶蔓越莓，圖 2.6 說明此一平均圖表。

類似問題：2.3

供給與需求的移動

供給或需求的移動

　　本章到目前為止，需求與供給曲線是假設除價格外，其它影響因素不變的條件下所繪製的圖形。然而，事實上，這些因素並非固定不變，所以需求和供給曲線的位置和市場均衡點的位置都會受到其它因素的影響。圖 2.7 與圖 2.8 說明如何在考慮這些其它因素對市場均衡的影響，讓我們的分析更多元化。這些圖形是在闡述第 1 章提到的比較靜態分析。在這個案例，我們會探討外生變數 (亦即，消費者所得或工資率) 的變動如何改變內生變數 (價格與數量) 的均衡數值。

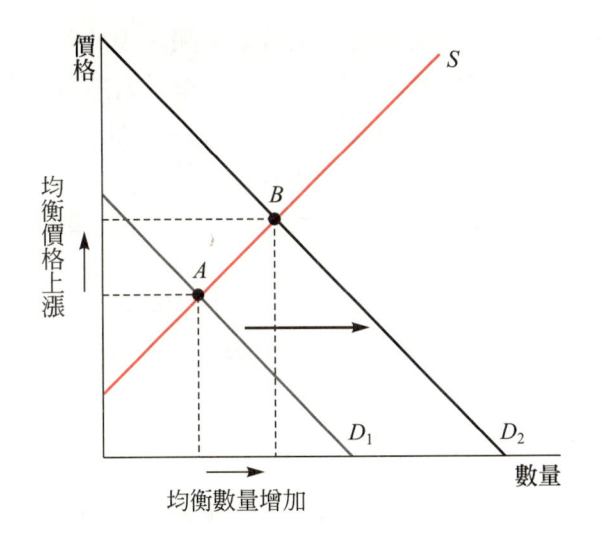

圖 2.7 可支配所得增加造成需求增加
假設消費者可支配所得的提高讓商品需求增加，需求曲線向右移動，由 D_1 移至 D_2 (亦即遠離縱軸)，市場均衡由點 A 移至點 B。均衡價格上漲且均衡數量增加。

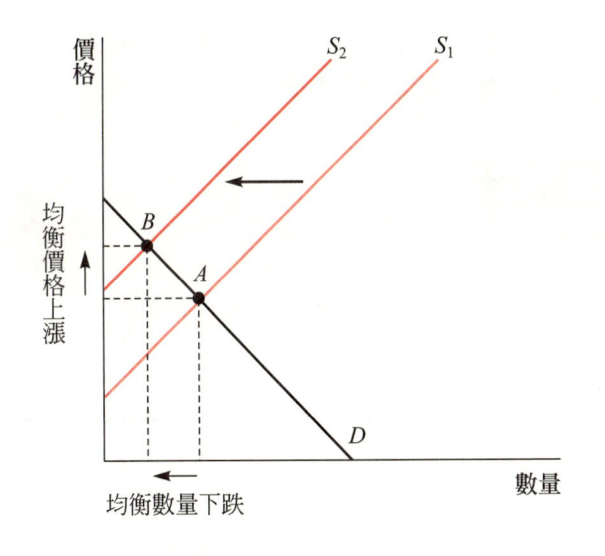

圖 2.8 勞動價格上漲引起供給曲線移動
勞動價格上漲引起供給線向左移動。從 S_1 移至 S_2 (亦即，往縱軸方向移動)。市場均衡由點 A 移到點 B。均衡價格上漲，但均衡數量下跌。

　　為了要進行市場均衡的比較靜態分析，首先你必須決定外生變數是會影響需求或供給或二者皆是。然後再以圖形說明外生變數的改變，是會引起需求曲線移動、供給曲線移動或兩者皆移動。例如，消費者所得的提高會使商品的需求增加。可支配所得增加對市場均衡的影響，會讓需求曲線向右移動 (亦即，往遠離縱軸的方向移動)，如圖 2.7 所示。[5] 這個移動是指在任一價格下，數量的增加。市場均衡會從點 A 到點 B。所得提高導致需求增加，均衡價格和數量都會增加。

---
[5] 移動並不一定是平行移動，雖然圖 2.7 是需求線平行往右移動。

36　個體經濟學

另一個例子，假設某一產業的勞動工資率上漲。由於勞動成本上升使生產成本增加，許多廠商會降低生產水準。有些廠商甚至會退出市場。勞動成本提高讓供給曲線向左移動 (亦即，往縱軸方向移動)，如圖 2.8 所示。這個移動表示在任一價格下，廠商會生產較少的數量，市場均衡會由點 A 移至點 B。勞動價格的上漲會使均衡價格上升而均衡數量下跌。

圖 2.7 所示為需求增加和供給曲線不變，使均衡價格上漲和均衡數量提高。圖 2.8 是供給減少和需求曲線不變，使均衡價格上漲和均衡數量減少。對需求減少和供給增加，我們也用比較靜態做同樣的分析，可以得到供給與需求的四個基本法則：

1. 需求增加＋供給曲線不變＝均衡價格上漲和均衡數量增加
2. 需求減少＋供給曲線不變＝均衡價格下跌和均衡數量減少
3. 供給增加＋需求曲線不變＝均衡價格下跌和均衡數量增加
4. 供給減少＋需求曲線不變＝均衡價格上漲和均衡數量減少

邊做邊學習題 2.4
市場均衡的比較靜態分析

假設美國對鋁的需求以方程式 $Q^d = 500 - 50P + 10I$ 表示，其中 P 是每噸鋁的價格，I 是美國每人平均所得 (千元/年)。平均所得是汽車需求及其它以鋁為原料的產品需求的重要決定因素，因此平均所得也是鋁需求的決定因素。其次，假設美國對鋁的供給 (當 $P \geq 8$) 以方程式 $Q^s = -400 + 50P$ 表示。在供給與需求方程式中，數量的單位是每年以百萬噸來衡量。

問題
(a) 當 $I = 10$ (亦即，每年 \$1 萬)，鋁的市場均衡價格是多少？
(b) 若每人平均所得僅 \$5,000 (亦即，$I = 5$，而不是 $I = 10$)，需求曲線有何變化？請以圖形說明需求曲線的移動。請計算需求曲線移動對市場均衡價格和數量的衝擊，並畫出衝擊前後的供需曲線 ($I = 10$ 和 $I = 5$)。

解答
(a) 當我們將 $I = 10$ 代入需求方程式：$Q^d = 600 - 50P$。
　　然後根據均衡的定義 $Q^d = Q^s$ 可以得到均衡價格：$600 - 50P = -400 + 50P$，即 $10 = P$。均衡價格是每噸 \$10。均衡數量是 Q

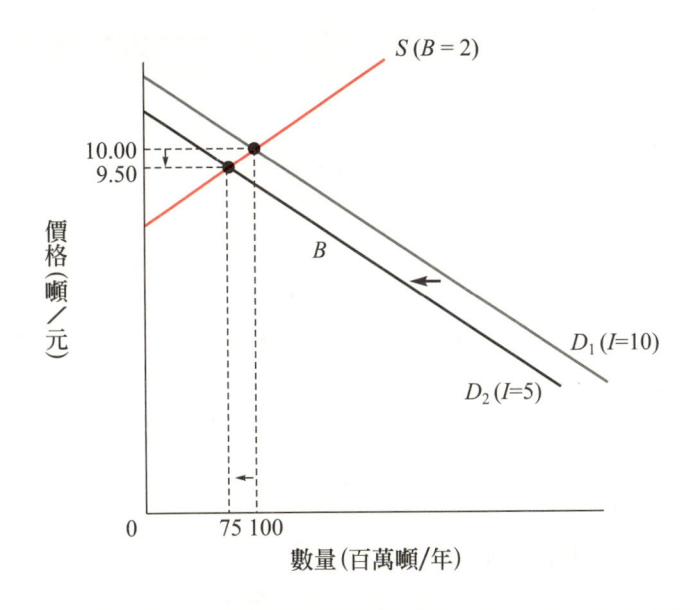

圖 2.9 鋁的市場均衡

起初的市場均衡是在均衡價格等於每噸 $10 和數量等於 1 億噸的地方。當平均所得降低 (亦即所得 $I = 10$ 到 $I = 5$)，鋁的需求曲線向左移動。新的均衡價格現在是每噸 $9.5，新的均衡數量是 7500 萬噸。

$= 600 − 50(10)$，或 $Q = 100$。因此，均衡數量是每年 1 億噸。

(b) 若將 $I = 5$ 代入需求方程式，可得新的需求曲線：$Q^d = 550 − 50P$。圖 2.9 顯示這條需求曲線及 $I = 10$ 的需求曲線。根據前述，$Q^d = Q^s$，可以得到均衡價格：$550 − 50P = − 400 + 50P$，即 $9.5 = P$。這意味均衡價格由每噸 $10 下跌至每噸 $9.5。均衡數量是 $Q = 550 − 50(9.50)$，即 7500 萬噸。因此，均衡數量由每年 1 億噸減少到每年 7,500 萬噸。圖 2.9 繪出這個變化。注意這符合供給與需求的第三法則：需求減少加上供給曲線不變，會產生較低的均衡價格和較少的均衡數量。

類似問題：2.7

範例 2.1

新鮮玫瑰和情人節效應

如果你曾經買過新鮮玫瑰花，你可能會注意到新鮮玫瑰在一年當中價格變動幅度異常。特別是，在情人節新鮮玫瑰——尤其是紅玫瑰——的購買價格是其它時間價格的三到五倍。圖 2.10 說明兩個不同時段：1991，1992 和 1993 年的二月和八月——玫瑰花價格與數量的走勢。[6] 玫瑰花價格在情人節暴漲是否意味花商和花農有向羅漫蒂克氣息的消費者敲竹槓？可能

---

[6] 圖 2.11 的資料來自 "Fresh Cut Roses from Colombia and Ecuador" Publication 2766, International Trade Commission (March 1994) 的表 12 與表 17。) 實際上二月的資料包含一月份的最後兩週與二月份頭兩週的資料。

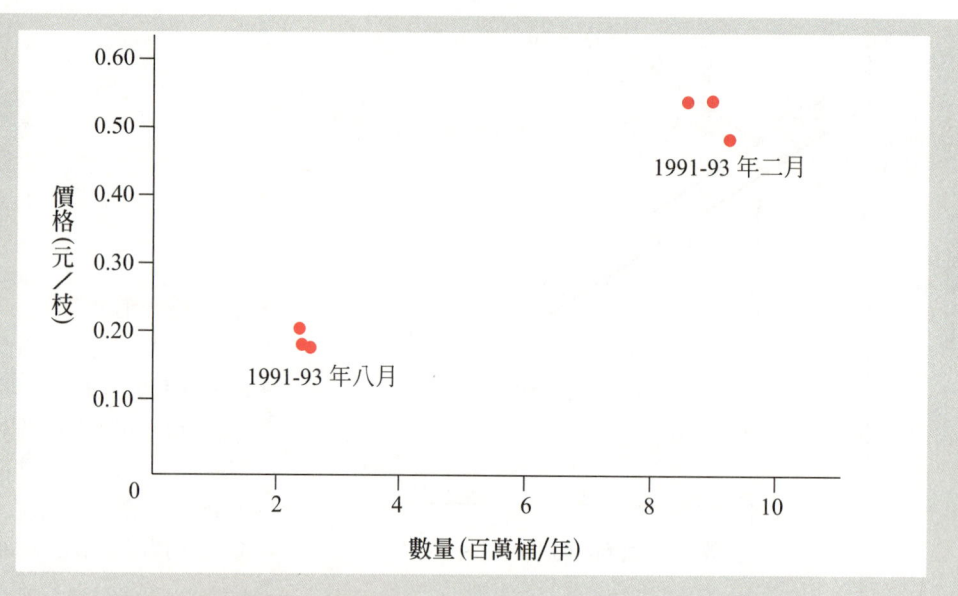

圖 2.10　新鮮玫瑰花的價格與數量

1991－1993 年 2 月份和 8 月份的玫瑰花價格與數量──2 月份的價格與數量要高於 8 月份的價格與數量。

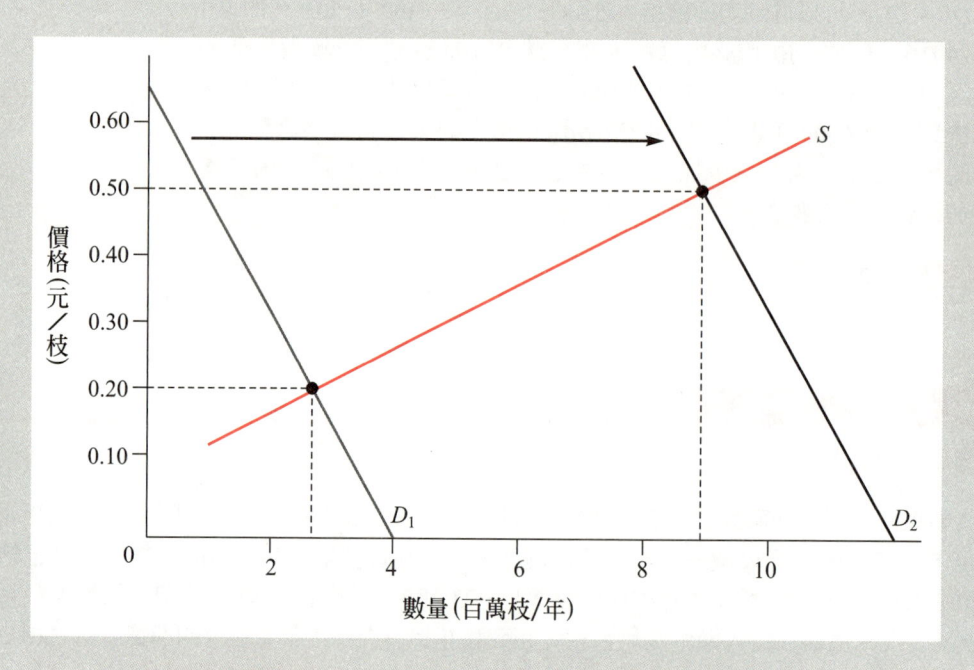

圖 2.11　新鮮玫瑰的市場

在"平常"的月份，新鮮玫瑰花的均衡市場價格是每枝 $0.2。然而，在情人節附近的幾週，玫瑰花的需求曲線向右移動，由 D_1 右移至 D_2。均衡價格與數量均增加。

不是。玫瑰花的訂價行為可以用比較靜態分析來瞭解。

圖 2.11 畫出美國在 1990 年代初期，玫瑰花的市場均衡。在這段期間，紅色混種茶玫瑰的批發價格每枝 $0.2。[7] 每年，在情人節時市場會發生變動。在情人節的前夕，紅色玫瑰需求強烈，引起玫瑰需求曲線向右移，由 D_1 移至 D_2。移動的主因是情人節，很多人平時並不想購買紅色玫瑰給她 (他) 的配偶或甜心。需求曲線的右移使均衡價格上漲為每枝 $0.5。即使價格上漲，均衡數量還是比以前多。這並不違反需求法則，它反映出一個事實，情人節效應是在新均衡點上與舊均衡點反映情人節前後的均衡價格並不相同。

圖 2.11 說明為什麼情人節的玫瑰花價格達到高峰的原因 (情人節的出現是一個顯著影響紅玫瑰花需求的外生變數)。圖 2.11 也幫忙解釋其他的玫瑰花市場：白玫瑰與黃玫瑰的價格。白玫瑰與黃玫瑰的花價在情人節時也會上漲，但上漲幅度比紅玫瑰價格低。整體而言，它們的價格要比紅玫瑰價格穩定，因為在情人節送白玫瑰與黃玫瑰並不普遍。它們比較適合用在婚禮及其它特殊場合。這些場合在一年四季都可能發生，所以白玫瑰與黃玫瑰的需求波動幅度明顯要低於紅玫瑰需求的波動幅度。結果，它們的均衡價格比較穩定。

供給與需求的移動

到目前為止，我們著重於供給曲線或需求曲線的移動。但有時候市場價格與數量的調整牽涉到供給與需求曲線的同時移動。

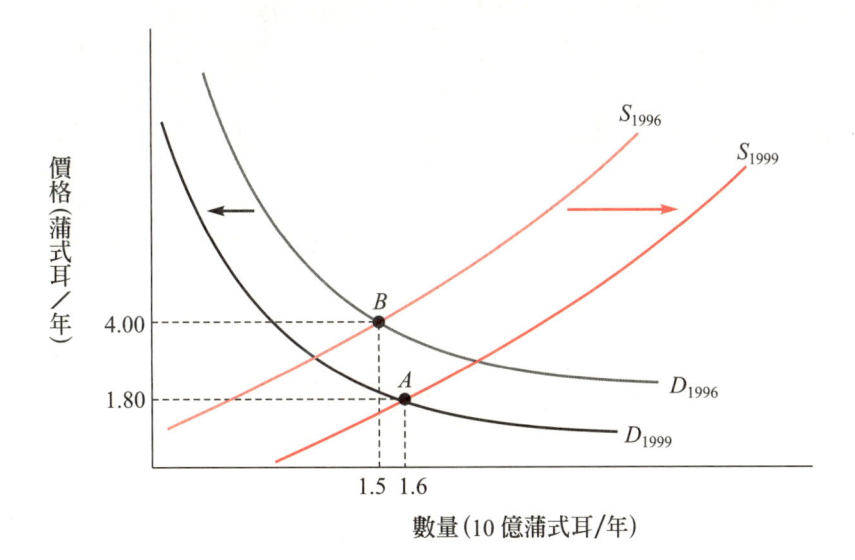

圖 2.12　美國玉米市場 1996 － 1999

美國玉米價格的下跌可以由供給曲線移動和需求曲線移動的聯合效果來解釋。明確地說，需求曲線從 D_{1995} 左移到 D_{1999}，供給曲線從 S_{1996} 右移至 S_{1999}，均衡由點 A 移至點 B。結果是均衡價格由每蒲式耳 $4，下跌至每蒲式耳 $1.8。

---

[7] 這些是批發價格 (零售商付給上游批發商的價格)，而非最終消費者的購買價格。

範例 2.2

每一只鍋子內的嫩雞[8]

嫩雞是年輕的雞隻,主要用途是雞肉而非雞蛋。就美國農業的標準而言,飼養烘烤用的嫩雞 是相當新的產業。在 1900 年代初期,大部分農夫養雞的目的是為了雞蛋。雞肉被視為奢侈品,只有在節日或特殊節慶,如安息日才會食用。胡佛 (Herbert Hoover) 總統在 1928 年競選時承諾"家家有雞吃"(A chicken in every pot),反映出雞肉在當時的美國是高檔貨。但是第二次世界大戰時,雞隻事業開始興起。牛肉在當時是配給肉類,消費者便轉向以雞肉代替。第二次世界大戰所創造的需求在戰後仍持續成長。在 1940 年,每人平均消費雞肉數量,每年恰好是 2 磅。[9] 到了 1945 年,成長到 5 磅。從 1960 年代到 1980 年代,雞肉需求暴增。到了 1990 年,平均消費數量達 70.1 磅,雞肉成為美國消費最多的肉類。

圖 2.13 說明美國在 1950－1990 年,烘烤用嫩雞的實質價格和平均雞肉數量。[10] 在 1950 年到 1990 年間,烘焙用嫩雞的實質價格巨幅下滑,在 1970 年到 1990 年間,實質價格是穩定地下跌。在整段期間,平均每人消費數量是增加的。何種圖形可以解釋價格與數量的走勢?

圖 2.14 說明發生了什麼事。從 1950 到 1990 年,嫩雞需求曲線往右移動。雞肉在 1950 年代初仍屬奢侈的肉類,消費者所得提高使雞肉需求日增,如雞胸肉。最近,消費者偏好的改變也使嫩雞需求提高。許多消費者認為去掉雞皮且不要油炸,雞肉料理要比牛肉和豬肉健康。對於高脂肪食物的關心,讓美國家庭以雞肉來取代牛肉和豬肉。

我們知道,供給曲線不變,需求的增加會使均衡價格上漲。嫩雞價格在 1950 和 1990 年是下跌的,這表示除了需求曲線,還有其它曲線會移動。圖 2.14 指出嫩雞價格與數量的走勢和供給與需求曲線同時右移的結論是一致的。是什麼引起嫩雞的供給增加?一方面,供給曲線右移是因為技術進步,讓現代化廠商能夠比家庭農場以更低的成本來生產較瘦且品質較優良的嫩雞。另一方面,是因為嫩雞生產者人數也增加的緣故。例如,在 1947 年,有 330 家美國公司生產嫩雞來賣給消費者。七年後,廠商數目增加三倍。技術進步和新的廠商加入市場,使嫩雞供給曲線往右移動的幅度,等於或超過需求曲線右移的幅度。結果是價格與數量的長期走勢如圖 2.13 及 2.14 所示。

我們回到 1990 年代美國玉米市場的例子來說明這點。圖 2.12 指出 1996 年玉米市場的均衡價格為每蒲式耳 $4 (點 A),在 1999

---

[8] 這個例子取自於 Richard T. Rogers,"Broilers: Differentiating a Commodity," in Larry L. Deutsch (ed.), Industry Studies (Englewood Cliffs, NJ: Prentice Hall, 1993), pp.3-32 。尤其是圖 2.15 是 Rogers 文章中的圖 1 。

[9] 平均每人數量是平均每人消費的數量。因此,假設烘焙用嫩雞一年是 20 億磅和總人口是 2 億,平均每人消費 肉的數量 2,000,000,000/200,000,000 ＝ 10,每人 10 磅雞肉。

[10] 實質價格是經通貨膨脹調整後的價格。例如,烘焙用嫩雞價格,在 1985 年是 $1,到了 1990 年上漲至 $1.2。假設,在這段期間,所有的商品與服務價格平均也上漲 20%(即通貨膨脹率是 20%)。我們可以說烘焙用嫩雞的實質價格不變。因為真實價格上漲幅度等於通貨膨脹率。當烘焙用嫩雞價格上漲幅度小於通貨膨脹率,實質烘焙用嫩雞價格下跌。假如烘焙用嫩雞價格上漲幅度超過通貨膨脹率,實質烘焙用嫩雞價格上升。

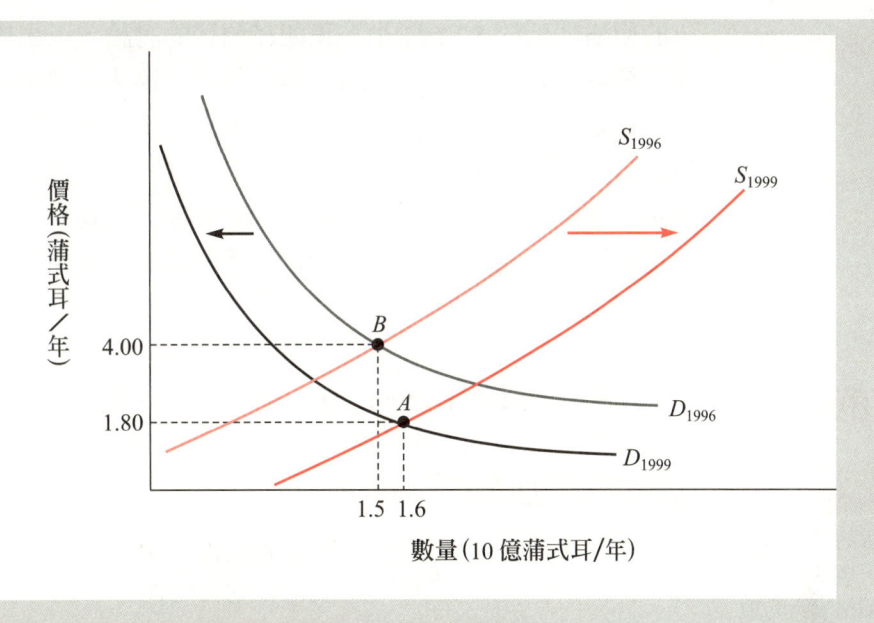

圖 2.13　適於烘焙的嫩雞價格與數量，1950－1990

在 1950 年，嫩雞每磅售價是 $2.4，平均家庭消費數量是每年 10 磅。在 1990 年，價格跌至每磅 $0.7，平均家庭消費數量增加至每年 70 磅。

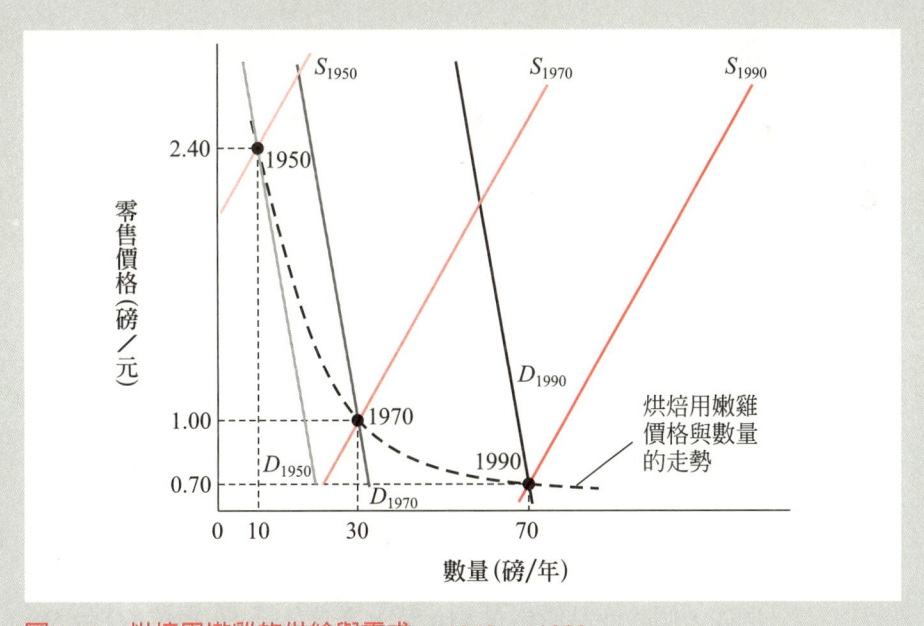

圖 2.14　烘焙用嫩雞的供給與需求，1950－1990

圖 2.13 價格與數量的走勢，可以用需求與供給曲線同時右移來解釋。供給曲線從 S_{1950} 右移至 S_{1970}，然後再右移至 S_{1990}。需求曲線由 D_{1950} 右移至 D_{1970}，然後再右移至 D_{1990}。

年的價格則低於 $2 (點 B)。正如在預習的討論，玉米價格下跌的原因是需求的減少 (即，全球金融危機和中國大陸農業自給自足的政策) 及供給的增加 (在 1996－1998 年，天氣良好造成玉米收穫量提高)。兩條線都移動的結果是均衡價格的下跌。相反地，均衡數量的變動比較複雜。需求減少會使均衡數量減少，而供給增加會提高均衡數量。圖 2.12 所示為均衡數量的淨效果是玉米每年從 15 億蒲式耳增加到每年 16 億蒲式耳。

2.2 需求的價格彈性

需求的價格彈性 在影響需求的其它因素不變下，衡量需求量變動對價格變動的敏感度。

需求的價格彈性 (price elasticity demand) 衡量需求數量對價格的敏感度。需求的價格彈性 (以 $\epsilon_{Q,P}$ 表示) 是價格 (P) 變動 1% 引起需求數量 (Q) 變動的百分比：

$$\epsilon_{Q,P} = \frac{數量變動百分比}{價格變動百分比}$$

若 ΔQ 是數量的變動而 ΔP 是價格的變動，則

$$數量變動百分比 = \frac{\Delta Q}{Q} \times 100\%$$

及

$$價格變動百分比 = \frac{\Delta P}{P} \times 100\%$$

因此，需求價格彈性為

$$\epsilon_{Q,P} = \frac{\frac{\Delta Q}{Q} \times 100\%}{\frac{\Delta P}{P} \times 100\%}$$

或

$$\epsilon_{Q,P} = \frac{\Delta Q}{\Delta P} \frac{P}{Q} \tag{2.3}$$

例如，假設商品價格是 $10 時，需求量是 50 單位 ($Q = 50$)，且當價格增至 $12 時 ($\Delta P = 2$)，需求量減至 45 單位 ($\Delta Q = -5$)。若我們將這些數字全部代入式 (2.3)，需求價格彈性為

$$\epsilon_{Q,P} = \frac{\Delta Q}{\Delta P} \frac{P}{Q} = \frac{-5}{2} \frac{10}{50} = -0.5$$

就像這個例子的說明，$\epsilon_{Q,P}$ 必定為負，這反映出價格與數量正向關係的需求曲線：價格上升，數量下降，且反之亦然。下表將 $\epsilon_{Q,P}$ 可能的下降範圍作一整理。

$\epsilon_{Q,P}$	分類	意義
0	**需求**完全無彈性	需求對價格完全不敏感
介於 -1 與 0 之間	**需求**無彈性	需求量對價格不敏感
-1	**需求**單一彈性	需求量增加的百分比等於價格下跌的百分比
介於 $-\infty$ 與 -1 之間	**需求**有彈性	數量變動對價格是敏感的
$-\infty$	**需求**完全無彈性	價格上升導致需求量減少至零而任何價格下降導致需求量增至無窮大

圖 2.15 指出需求的價格彈性和需求曲線形狀的關係。在圖 2.15，需求曲線 D_1 和 D_2 相交於點 A，價格是 P 和數量是 Q。(目前先不看 D_3。) 從點 A 出發，就固定的價格變動百分比 $\Delta P/P$ 沿需求曲線 D_2，需求數量減少的百分比 $\Delta Q_2/Q$ 會大於沿需求曲線 D_1，需求數量減少的百分比，$\Delta Q_1/Q$——亦即，在點 A，需求價格彈性在 D_2 比在 D_1 負的更大。這表示任何兩條需求曲線相交於某點，從該點出發，需求曲線愈平坦，需求的價格彈性愈大。

圖 2.15 的需求曲線 D_3 顯示當需求變得愈來愈有彈性時的極端例子。D_3 是代表需求完全有彈性 (亦即，$\epsilon_{Q,P} = -\infty$)。沿完全有彈性的需求曲線 D_3，任何正的數量都可以價格 P 出售，所以需求曲線是一水平線。完全有彈性的相反是完全無彈性 (亦即，$\epsilon_{Q,P} = 0$)。需求數量對價格完全不敏感。[11]

需求的價格彈性對一般企業、非營利組織，和其它機構是非常有用的，可做為商品或服務訂價的資訊。它也是產業內競爭結構與本質的重要決定因素。最後，需求的價格彈性在政府不同的干預政策效果中，如價格上限、關稅及進口配額，扮演極為重要的角色。稍後幾章，我們對這些問題的分析都會利用到需求的價格彈性。

需求完全無彈性 需求價格彈性等於零

需求無彈性 需求價格彈性介於 0 與 -1 之間

單一需求彈性 需求價格彈性等於 -1

需求有彈性 需求價格彈性介於 $-\infty$ 與 -1 之間

需求完全有彈性 需求價格彈性等於 $-\infty$

---

[11] 在本章末問題 2.8。將會要求你繪出完全無彈性的需求曲線。

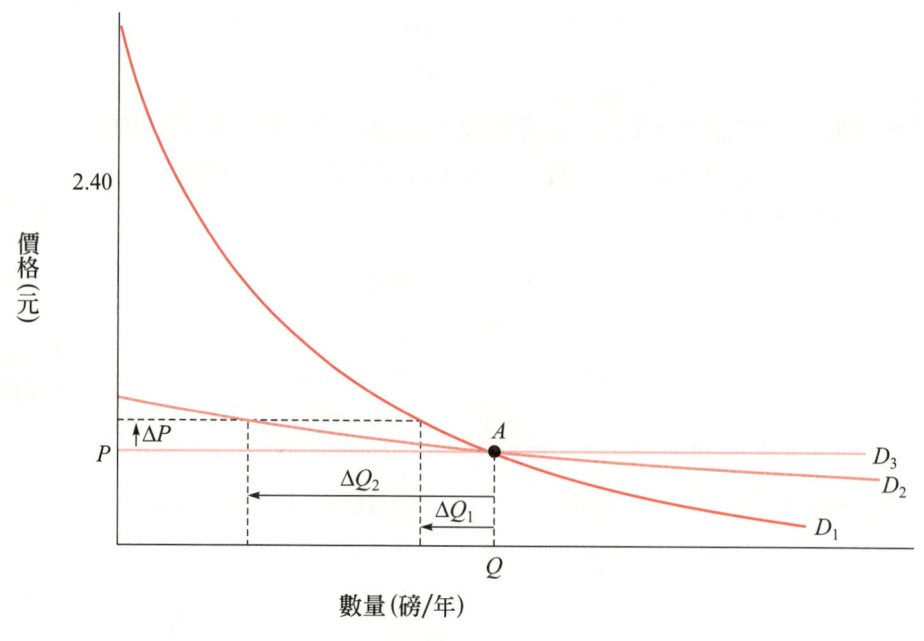

圖 2.15　比較不同需求曲線的需求彈性

假設從點 A 出發，固定的價格變動百分比，沿 D_1 會有較小的需求數量變動百分比 $\Delta Q_1/Q$。相同幅度的價格變動百分比，沿 D_2 會有較大的需求量變動百分比，$\Delta Q_2/Q$。因此，在點 A，需求曲線 D_2 比需求曲線 D_1 相對有彈性。需求曲線 D_3 是完全有彈性，需求的價格彈性是負無窮大。

邊做邊學習題 2.5

需求的價格彈性

假設一開始價格是 $5，需求數量是 1000 個單位。如果價格上升至 $5.75，需求量下跌至 800 個單位。

問題　需求的價格彈性是多少？需求是有彈性或無彈性？

解答　在此例，價格變動 $\Delta P = 5.75 - 5 = 0.75$ 及 $\Delta Q = 800 - 1000 = -200$，所以

$$\epsilon_{Q,P} = \frac{\Delta Q}{\Delta P} \frac{P}{Q} = \frac{200}{\$0.75} \frac{\$5}{1000} = -1.33$$

因此，當價格介於 $5 和 $5.75 之間，價格增加 1%，需求量會以 1.33% 比率下跌。因為需求的價格彈性是在 -1 與 $-\infty$ 之間，在這個價格範圍內，需求是有彈性的 (亦即，需求對價格是比較敏感的)。

特殊需求曲線的彈性

直線型需求曲線

一個經常見到的需求曲線是**直線型需求曲線** (linear demand curve)，其方程式為 $Q = a - bP$，其中 a 與 b 是正的常數。上式的常數 a 是包含除了價格外，其它影響商品需求的所有因素 (即，所得，其它商品價格)。係數 b，是需求曲線的斜率，反映商品價格如何影響需求量。[12]

任何負斜率需求曲線有一對應的**逆需求曲線** (inverse demand)，其係以價格為需求數量的函數。要找出逆需求曲線，可以將上述直線型需求曲線加以整理，寫成 P 在等號左邊，Q 在等號右邊。逆需求曲線可寫成

$$P = \frac{a}{b} - \frac{1}{b}Q$$

a/b 稱為**窒息價格** (choke price)。這是當數量等於 0 的價格。[13]

利用式 (2.3)，我們可以求出圖 2.16 的直線型需求曲線上的需

> **直線型需求曲線** 型式為 $Q = a - bP$ 的需求曲線
>
> **逆需求曲線** 以價格為數量函數的需求曲線
>
> **窒息價格** 需求量為零時的價格。

$$Q = a - bP$$
或
$$P = \frac{a}{b} - \frac{Q}{b}$$

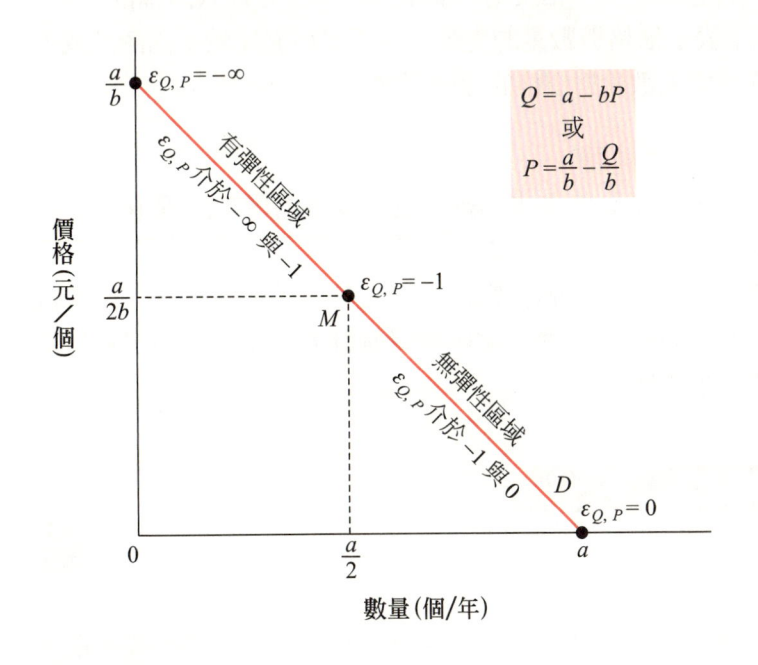

圖 2.16 直線型需求曲線上的需求彈性

在中點以上西北方的線段，需求是有彈性的，需求的價格彈性是介於 $-\infty$ 與 -1 之間。在中點 M 以下東南方的線段，需求是無彈性的，需求的價格彈性是介於 -1 與 0 之間。

---

[12] 然而，你即將見到，$-b$ 並不是需求的價格彈性。

[13] 你可以證明，當價格是窒息價格，需求量會等於零。將 $P = a/b$ 代入需求曲線：不同。

$$Q = a - b\left(\frac{a}{b}\right) = a - a = 0$$

求彈性可得：

$$\epsilon_{Q,P} = \frac{\Delta Q}{\Delta P}\frac{P}{Q} = -b\frac{P}{Q} \qquad (2.4)$$

上式告訴我們，沿著直線型需求曲線移動，需求價格彈性會有所不同。價格介於窒息價格 a/b (其中 $Q=0$) 與中點 M 的價格 $a/2b$，需求價格彈性介於 -1 與 $-\infty$ 之間。此為需求曲線有彈性的區域。價格介於 $a/2b$ 與 0 之間，需求價格彈性介於 0 與 -1 之間。此為需求曲線無彈性的區域。

直線型需求曲線上任一點的需求彈性公式，式 (2.4) 凸顯出需求曲線斜率 $-b$ 和需求價格彈性 $-b(P/Q)$ 的差異。斜率衡量 1 單位價格變動引起需求量 (以數量單位衡量) 的絕對變動。反之，需求價格彈性衡量價格變動 *1%* 引起需求量的變動百分比。

你可能會覺得奇怪為什麼不直接用斜率來衡量數量對價格的敏感程度。問題是需求曲線斜率受價格與數量單位的影響。因此，在不同商品 (數量單位不同) 或不同國家 (各國幣值不同) 間，比較斜率的意義不大。相反地，需求價格彈性是以共同單位 (即，百分比) 來表示價格與數量的變動。這可以用來比較不同商品或不同國家間，需求數量對價格的敏感程度。

固定彈性的需求曲線

固定彈性的需求曲線
一型式為 $Q=aP^{-b}$ 的需求曲線，其中 a 和 b 為正的常數。係數 b 為需求價格彈性。

另一個經常用到的需求曲線是**固定彈性的需求曲線** (constant elasticity demand curve)，函數型式為：$Q = aP^{-b}$，其中 a 和 b 是正的常數。關於固定彈性需求曲線，其需求彈性始終等於指數 $-b$。[14] 因為如此，經濟學家經常以統計方法來估計固定彈性需求曲線的需求彈性。

邊做邊學習題 2.6
特殊需求曲線的斜率

問題
(a) 假設一需求曲線的函數型式是 $Q = 200P^{-\frac{1}{2}}$。需求的價格彈性等於多少？

---

[14] 在附錄 A 會證明這個結果。

(b) 假設需求曲線的函數型式是 $Q = 400 - 10P$。當價格 $P = 30$ 時，需求的價格彈性是多少？價格 $P = 10$，需求彈性又是多少？

解答

(a) 由於這是固定彈性的需求曲線，需求的價格彈性在需求曲線上的任一點都是 $-1/2$。

(b) 就此直線型需求曲線，我們利用式 (2.4)：$\epsilon_{Q,P} = (-b)(P/Q)$ 來求出需求價格彈性。由於 $b = -10$ 和 $Q = 400 - 10P$，當 $P = 30$，

$$\epsilon_{Q,P} = -10\left(\frac{30}{400 - 10(30)}\right) = -3$$

$$\epsilon_{Q,P} = -10\left(\frac{10}{400 - 10(10)}\right) = -0.33$$

注意在 $P = 30$，需求是有彈性的，但 $P = 10$，需求是無彈性的 (換言之，$P = 30$ 是位於需求曲線有彈性的區域，而 $P = 10$ 是在無彈性的區域。)

類似問題：2.9

需求的價格彈性與總收入

企業、管理顧問和政府部門經常使用需求價格彈性。為了要瞭解為什麼企業會關心需求彈性，讓我們思考價格上漲如何影響企業的**總收入** (total revenue)，亦即，總收入等於價格乘以商品數量，或 PQ。你可能以為價格上漲，總收入會增加，但價格上漲會讓需求數量減少。因此，價格上升的"利益"會被數量減少的"成本"抵銷，當企業思考價格上漲時，必須面臨收入的取捨。如果需求有彈性 (需求量對價格高度敏感)，數量減少超過價格上升的利益，總收入會下跌。如果需求無彈性 (需求量對價格不敏感)，數量減少不會太嚴重，總收入會增加。因此，熟悉需求彈性能夠協助企業預測價格上漲對總收入的衝擊。

總收入
銷售價格乘以銷售數量

需求彈性的決定因素

運用統計方法可以估計許多商品的需求的價格彈性。表 2.1 呈現美國不同種類的食物、酒和菸草的需求彈性估計值，表 2.2 則呈現不同交通工具的需求彈性估計值。這些彈性值的決定因素為何？

表 2.1　不同食物、酒類，和香菸商品的需求彈性估計 *

產品	$\epsilon_{Q,P}$ 估計值
雪茄	− 0.756
罐頭與加工處理的海鮮食物	− 0.736
新鮮及冷凍魚類	− 0.695
起司	− 0.595
冰淇淋	− 0.349
啤酒和麥芽飲料	− 0.283
麵包和烘焙製品	− 0.220
酒和白蘭地	− 0.198
甜餅乾與薄脆餅	− 0.188
烘焙咖啡	− 0.120
香菸	− 0.107
咀嚼菸草	− 0.105
寵物食物	− 0.061
早餐穀類食品	− 0.031

* 來源：Pagoulatos, Emilio, and Robert Sorensen, "What Determines the Elasticity of Industry Demand," *International Journal of Industrial Organization*, 4(1986): 237-250.

表 2.2　不同交通工具的需求彈性估計 *

類別	$\epsilon_{Q,P}$ 估計值
飛機旅行，休閒	− 1.52
火車旅行，休閒	− 1.40
飛機旅行，商務	− 1.15
火車旅行，商務	− 0.70
都市交通運輸	介於 − 0.04 與 − 0.34

* 來源：橫剖面研究的彈性估計值來自於 Oum, Tae Hoon, W. G. Waters II 的表 2，3，4 及 Jong-Say Yong, "Concepts of Price Elasticities of Transport Demand and Recent Empirical Estimates," *Journal of Transport Economics and Policy* (May 1992): 139-154.

考慮表 2.1 香菸的彈性估計值是 − 0.107，表示香菸價格上漲 10%，香菸的需求量會下跌 1.07%。這告訴我們香菸需求是無彈性的：當所有品牌的香菸價格上漲 (可能是因為香菸稅)，香菸總需求不會改變許多。這個結論是合理的。當香菸變得比較貴時，消費者會發覺減少香菸消費數量是非常困難的，因為香菸容易使人上癮。

在許多情況，決策者並沒有運用統計方法估計的需求彈性估計值。因此，他們必須依賴對產品的知識以及市場本質的瞭解，以便合理預測價格的敏感程度。

底下有一些決定需求價格彈性的因素——亦即，需求對價格是相對敏感還是不敏感。

- 當一商品有許多相似替代品，需求比較有彈性 (或，當商品並無近似替代品或很少有替代品，需求比較無彈性)。純休閒的飛機旅行價格有彈性 (如表 2.2 所示) 的一個原因是，休閒度假者通常認知到他們有許多的替代交通方式；例如，他們可以汽車替代空中旅行。對商務旅行者而言，汽車不是一個很好的替代品，係因汽車旅行花費較長時間，不利商業運作。這解釋為何商務旅行的需求彈性 (絕對值) 小於休閒旅行的需求彈性，如表 2.2 所示。
- 當商品消費支出很大 (不論以金額表示或以占總支出的比例表示)時，需求比較有彈性。例如，冰箱或汽車的需求對價格比較有彈性。相反地，當商品消費支出很小時，需求比較無彈性，如表 2.1 上的許多項目。當一消費者必須花費大量金錢購買商品時，仔細評估購買價格所得到的利益遠大於僅需少量金錢購買價格評估的利益。
- 當一商品被消費者視為必需品時，需求比較無彈性。例如，家計單位水電的需求對價格並不敏感，因為沒有家計單位是可以不用水電而能生存。

需求的價格彈性：市場角度相對品牌角度

使用需求彈性普遍犯的錯誤是假設一商品需求無彈性，每一個銷售者面對的商品需求也是無彈性。例如，香菸。前面提到，香菸需求對價格並不敏感：所有品牌的香菸價格上漲，僅輕微影響香菸總需求。然而，如果只是單一品牌香菸 (如 Salem) 價格上漲，該品牌香菸的需求量可能大幅減少，因為消費者轉而購買價格較低的香菸。因此，即使需求在市場層面可能無彈性，在品牌層面的需求卻可能彈性很大。

需求彈性的市場角度與品牌角度差異反映出替代可能對消費者價格敏感度的衝擊。例如，在香菸的例子，典型抽菸者需要香菸，因為香菸並無良好替代品。但吸煙者並不一定需要 Salem 香菸，因為，當 Salem 香菸價格上漲，消費者購買他牌的香菸也能

範例 2.3

汽車市場品牌角度的需求彈性

利用現代的統計技巧，Steven Berry、James Levinsohn 和 Ariel Pakes 最近估計眾多汽車廠牌需求的價格彈性。[15] 表 2.3 是彈性估計係數。這些估計係數說明個別型號汽車需求相當有彈性 (介於 − 3.5 與 − 6.5 間)。相反地，市場角度的汽車需求彈性落在 − 1 與 − 1.5 之間。[16] 這凸顯出品牌角度需求彈性與市場角度需求彈性的差異。

品牌角度的需求彈性會大於市場角度的需求彈性，因為當只有一家廠商漲價時，消費者有許多的替代可能。這表示市場角度下需求彈性最大的汽車，應該是在市場區隔中，消費者能夠找到最多替代可能的車種。表 2.3 的資料證實了這點。在小型車市場 (馬自達 323，日產 Sentra) 的需求彈性通常最大，因為市場消費人數最多。相反地，在高級車市場 (凌志 LS400，寶馬 BMW 725i) 的需求較無彈性，因為它們的替代車種很少。

表 2.3　不同廠牌汽車需求彈性估計：1990 年 *

型號	價格	$\epsilon_{Q,P}$ 估計值
馬自達 323	$ 5,039	− 6.358
日產 Sentra	$ 5,661	− 6.528
福特 Escort	$ 5.663	− 6.031
雪佛蘭 Cavalier	$ 5,797	− 6.433
本田 Accord	$ 9,292	− 4.798
福特 Taurus	$ 9,671	− 4.220
別克 Century	$ 10,138	− 6.755
日產 Maxima	$ 13,695	− 4.845
本田 Acura Legend	$ 18,944	− 4.134
林肯 Town Car	$ 21,412	− 4.320
凱迪拉克 Seville	$ 24,544	− 3.973
凌志 LS400	$ 27,544	− 3.085
寶馬 BMW 735i	$ 37,490	− 3.515

* 來源：Table V in S. Berry, J. Levinsohn, and A. Pakes, "Automobile Prices in Market Equilibrium," *Econometrica* 63 (July 1995): 841-890.

獲得相似滿足程度。

在評估價格變動時，廠商應該看市場角度或是品牌角度的需求彈性？答案取決於廠商冀望其競爭者的行為。如果廠商預期對

---

[15] S. Berry, J. Levinsohn, and A. Pakes, "Automobile Prices in Market Equilibrium," *Econometrica*, 63 (July 1995): 841-890.

[16] 例如，請見：Hymans, S. H., "Consumer Durable Spending: Explanation and Prediction," *Brookings Papers on Economic Activity*, 2 (1970): 173-199.

手緊緊跟隨價格變動，則市場角度的需求彈性比較適合衡量價格變動對該廠商產品需求量的影響。相反地，如果廠商預期對手不會跟隨調整售價 (或很長一段時間才調整價格)，則品牌角度的彈性比較合適。

2.3 其它彈性

我們可以用彈性來描述需求量對需求決定因素的反應。除了需求的價格彈性，兩個比較常見的彈性是需求的所得彈性與需求的交叉價格彈性 (crosspriceelasticity of demand)。

需求的所得彈性

需求的所得彈性 (in-come elasticity of demand) 是在所有價格與其它因素不變情形下，所得變動 1% 引起需求量變動的百分比。

$$\epsilon_{Q,P} = \frac{\frac{\Delta Q}{Q} \times 100\%}{\frac{\Delta I}{I} \times 100\%}$$

或，重新整理，

$$\epsilon_{Q,I} = \frac{\Delta Q}{\Delta I} \frac{I}{Q} \tag{2.5}$$

需求的所得彈性 在價格與其它影響需求因素不變的情況下，需求量變動百分比除以所得變動百分比。

表 2.4 列出不同商品需求所得彈性的估計值。如表所示，所得彈性可以是正值或負值。正的所得彈性 (如，蘋果、橘子、奶油) 是指消費者所得提高，商品的需求量會增加；負的所得彈性 (如，植物性奶油、麵粉) 是指消費者所得增加，商品需求量會減少。

需求的交叉價格彈性

需求的交叉價格彈性 (cross-price elasticity of demand) 商品 i 需求量對商品 j 價格的交叉價格彈性是衡量當商品 j 價格變動 1% 時，引起商品 i 需求量變動的百分比：

$$\epsilon_{Q_i, P_j} = \frac{\frac{\Delta Q_i}{Q_i} \times 100\%}{\frac{\Delta P_j}{P_j} \times 100\%}$$

需求的交叉價格彈性 一商品需求量變動百分比除以另一商品價格變動百分比。

表 2.4　不同種類食物需求所得彈性的估計 *

產品	$\epsilon_{Q,I}$ 估計值
乳狀奶油	1.72
梨	1.43
蘋果	1.32
新鮮碗豆	1.05
橘子	0.83
洋蔥	0.58
蛋	0.44
牛奶	0.50
奶油	0.37
馬鈴薯	0.15
植物性奶油	− 0.20
麵粉	− 0.36

* 來源：表 2.4 前十項商品的所得彈性估計值來自 Daniel B. Suits, "Agriculture," 表 1-1。*The Structure of American Industry*, 9th edition 的第 1 章 Walter Adams and James Brock, eds. (Englewood Cliffs, NJ: Prentic Hall), 1995；最後兩項商品的彈性估計值取自 H. S. Houthhakker and Lester D. Taylor, *Consumer Demand in the United States*, 1929－1970 (Cambridge, MA: Harvard University Press), 1966.

或，重新整理，

$$\epsilon_{Q_i, P_j} = \frac{\Delta Q_i}{\Delta P_j} \frac{P_j}{Q_i} \tag{2.6}$$

其中 P_j 表商品 j 起始價格，Q_i 為商品 i 起始的需求量。表 2.5 列出不同肉類商品需求的交叉價格彈性。

交叉價格彈性可以是正值或負值。若 $\epsilon_{Q_i, P_j} > 0$，商品 j 價格上漲，會增加商品 i 的需求。商品 i 與 j 是**需求替代** (demand substitutes)。表 2.5 顯示有替代品的例子。例如，雞肉需求對牛肉價格的交叉價格彈性是正的 (0.12)，這表示當牛肉價格上漲，雞肉的需求量增加。明顯地，牛肉變得比較昂貴，消費者會多買雞肉而少買牛肉。

相反地，若 $\epsilon_{Q_i, P_j} < 0$，商品 j 價格上漲，會減少對商品 i 的需求。商品 i 與商品 j 間的關係說明 i 與 j 是**需求互補** (demand complements)。早餐穀類食品和牛奶是互補品的例子。當早餐穀類食品價格上漲，消費者減少購買穀類食品，導致用來加在穀類的牛奶消費數量隨之減少。因此，牛奶需求將下跌。

需求替代　兩商品之間的關係是一商品價格上升導致另一商品需求增加。

需求互補　兩商品之間的關係是一商品價格上升導致另一商品需求減少。

表 2.5　不同肉類商品需求交叉價格彈性的估計 *

	牛肉價格	豬肉價格	雞肉價格
牛肉需求	−0.65**	0.01***	0.20
豬肉需求	0.25	−0.45	0.16
雞肉需求	0.12	0.20	−0.65

* 在 Daniel B. Suits, "Agriculture," 表 1-4。*The Structure of American Industry*, 8th edition 第 1 章 Walter Adams and James Brock, eds. (Englewood Cliffs, NJ: Prentice Hall, 1990).
** 這是牛肉需求的價格彈性。
*** 這是牛肉需求對豬肉價格需求的交叉價格彈性。

範例 2.4

人們如何購車：價格的重要性

表 2.6 估計表 2.3 中某些汽車廠牌需求的交叉價格彈性。(表 2.3 包括不同廠牌汽車需求彈性。)。例如，如表所示，福特 Escort 對日產 Sentra 價格的交叉價格彈性是 0.054，這表示日產 Sentra 價格上漲 1%，福特 Escort 的需求量會上升 0.054%。雖然所有的交叉價格彈性估計值都很小，注意小型車 (Sentra，Escort) 與高級車 (Lexus LS400，BMW 735i) 的交叉價格是零或趨近零。這是合理的：小型車與高級車有市場區隔。購買 BMW 與買福特 Escort 的消費群不同，所以對某一車種的需求比較不會受其它車種價格的影響。相反地，小型車市場內的交叉價格彈性相對較高。這意味小型車市場的消費者視 Sentra 與福特 Escort 互為替代品。

表 2.6　不同汽車廠牌需求交叉價格彈性 *

	Sentra 的價格	Escort 的價格	LS400 的價格	BMW 735i 的價格
Sentra 的需求	−6.528**	0.078***	0.000	0.000
Escort 的需求	0.054	−6.031	0.001	0.000
LS400 的需求	0.000	0.001	−3.085	0.093
BMW 735i 的需求	0.000	0.001	0.032	−3.515

* 取自 S. Berry, J. Levinsohn, and A. Pakes, "Automobile Prices in Market Equilibrium," *Econometrica* 63 (july 1995):841-890。
** 這是 Sentra 需求的價格彈性。
*** 這是 Sentra 需求對 Escort 價格的交叉價格彈性估計值。

供給的價格彈性

供給的價格彈性 (price elasticity of supply) 衡量供給量對價格的敏感程度。供給的價格彈性——以 $\epsilon_{Q^s, P}$ 表示——是價格上

供給的價格彈性　在影響供給其它因素不變的條件下，價格變動 1% 引起供給量變動的百分比。

漲 1% 時，引起供給量變動的百分比：

$$\epsilon_{Q^s,P} = \frac{\dfrac{\Delta Q^s}{Q^s} \times 100\%}{\dfrac{\Delta P}{P} \times 100\%} = \frac{\Delta Q^s}{\Delta P} \frac{P}{Q^s}$$

此方程式可以應用到廠商角度與市場角度。廠商角度的供給彈性告訴我們個別廠商供給對價格的敏感度，市場角度的供給彈性衡量市場供給對價格的敏感度。

範例 2.5

可口可樂與百事可樂[17]

如果可口可樂價格下跌，百事可樂的需求有何影響？且若百事可樂價格下跌，可口可樂需求有何變動？Farid Gasmi，Quang Vuong 和 Jean-Jacques Laffont (GVL) 研究美國冷飲市場間的競爭，並估計可口可樂與百事可樂的需求函數。[18] 利用研究中價格與其它變數的平均值，我們可以計算表 2.7 的可口可樂與百事可樂的需求價格彈性，所得彈性及交叉價格彈性。[19]

從表 2.7 可以看到，需求的交叉價格彈性是正值 (0.52 與 0.64)。這告訴我們，可口可樂價格下跌將減少百事可樂的需求，而百事可樂價格下跌，會減少對可口可樂的需求。因此，消費者視這些產品互為替代品，一品牌價格下跌會傷害另一品牌的需求量。此外，消費者所得提高，兩種飲料的需求均會提高。最後，兩個品牌需求的價格彈性落在 -1 與 $-\infty$ 之間。因此，可口可樂與百事可樂的品牌角度的需求是有彈性的。

表 2.7 可口可樂與百事可樂需求的價格、交叉價格及所得彈性

彈性	可口可樂	百事可樂
需求的價格彈性	-1.47	-1.55
需求的交叉價格彈性	0.52	0.64
需求的所得彈性	0.58	1.38

---

[17] 這例子是取自 F. Gasmi, J.J. Laffont, and Q. Vuong, "Econometric Analysis of Collusive Behavior in a Soft Drink Market," *Fournal of Economics and Management Strategy*, 1 (Summer 1992):278－311.，由於過去的同事 Matthew Jockson 的課堂筆記，才有這個例子。

[18] 在第 13 章，我們將利用這些需求函數來學習可口可樂與百事可樂間的價格競爭。

[19] GVL 是在不同市場行為的假設下，估計這些需求函數。本書作者將最好的模型結果呈現在本書中。

長期彈性比短期彈性更大

消費者始終無法對價格調整作出立即反應。例如，消費者面對天然氣價格上漲，在短期，可以關掉溫度自動調節器以減少天然氣消費。但隨時間經過，消費者可用更節省能源的壁爐取代天然氣，以節省能源消耗。因此，二種有用的方法是區分商品**長期需求曲線** (long-run demandcurve)——一段期間，消費者面對價格變動能夠完全調整購買決策——與**短期需求曲線** (short-run demand curve)——一段期間，消費者面對價格變動無法完全調整購買決策。我們預期商品消費必須搭配固定資產使用，如天然氣，長期需求曲線比短期需求曲線更具價格彈性。圖 2.17 說明這種現象。長期需求曲線比短期需求曲線更"平坦"。

同樣地，廠商有時無法面對價格作出立即反應。例如，在短期，半導體廠商面對晶片價格上漲，無法立即供應大量晶片，係因其面臨產能限制——晶圓廠的產量有一定限制，僱用再多員工也無法提高產量。然而，若晶片價格長期看漲，廠商可以擴充現有廠房或興建新的晶圓廠。價格上升引起長期供給數量增加的幅度要比短期供給數量增加的幅度大。圖 2.18 說明區分**長期供給曲線** (long-run supply curve)——一段期間，廠商面對價格變動能夠完全調整生產決策，與**短期供給曲線** (short-run supply curve)——一段期

2.4 長期和短期的需求與供給

長期需求曲線 面對價格變動，消費者能夠完全調整其購買決策的期間的需求曲線。

短期需求曲線 面對價格變動，消費者無法完全調整其購買決策的期間的需求曲線。

長期供給曲線 面對價格變動，生產者能夠完全調整供給決策期間的供給曲線。

短期供給曲線 面對價格變動，生產者無法完全調整供給決策期間的供給曲線。

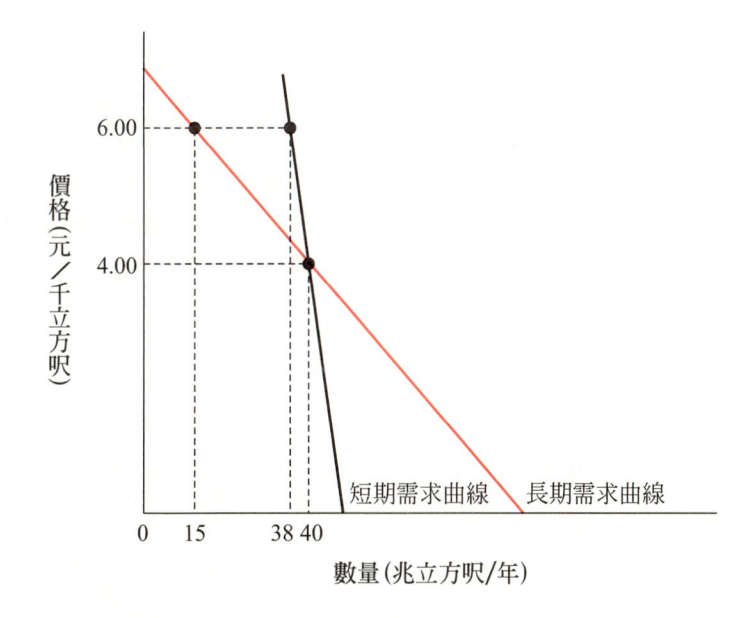

圖 2.17 天然氣的短期與長期需求曲線

在短期，天然氣價格由 $4 漲至 $6 (每千立方呎)，消費者會減少數量需求，每年從 40 兆立方呎到 38 兆立方呎。在長期，當消費者可以完全調整，天然氣需求數量會跌到每年 15 兆立方呎。

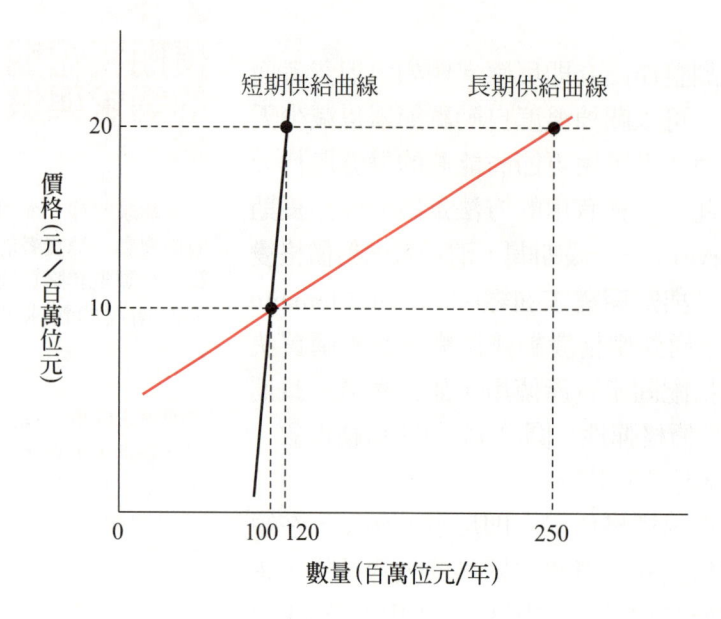

圖 2.18 半導體的短期與長期供給曲線

在短期,半導體每一百萬位元的價格由 $10 漲至 $20,供給量會少量增加 (從每年 1 億的百萬位元晶片增加至 1 億 2 千萬的百萬位元晶片)。長期,當生產者可以完全調整,產量沿長期供給曲線,增加到 2 億 5 千萬晶片的百萬位元。

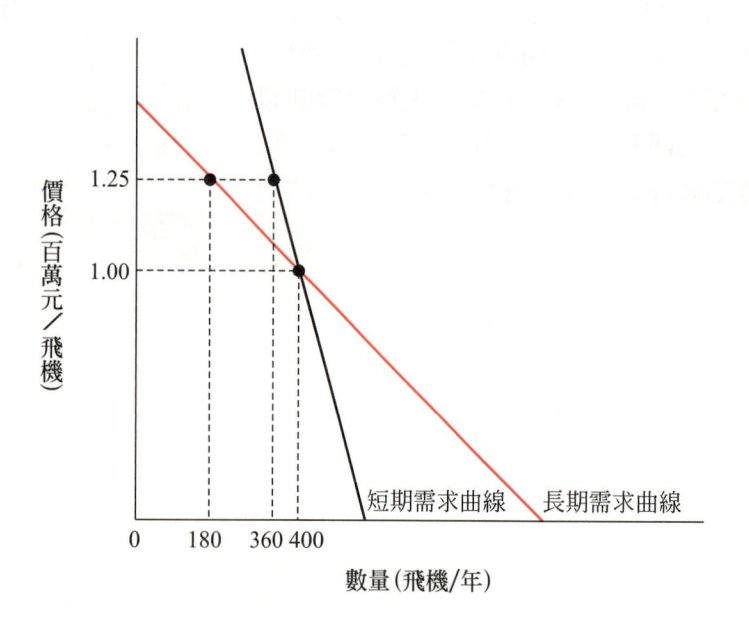

圖 2.19 商務飛機的短期與長期需求曲線

每架商務飛機由 $1 百萬上漲至 $125 萬,可能降低少許的長期需求,從每年 400 架到 360 架飛機,如圖的長期需求曲線所示。然而,在短期 (例如,價格上漲後的一年),需求會減少很多,從每年 400 架減少到 180 架飛機,如圖的短期需求曲線所示。當現有飛機淘汰後,飛機價格在 $125 萬,需求會回到長期水準 (每年 360 架飛機)。

間,廠商面對價格變動,無法完全調整生產決策。圖 2.19 指出商品,如半導體,長期供給曲線比短期供給曲線更為平坦。

範例 2.6

原油：價格與需求

利用 1970 年到 2000 年石油價格與消費的資料，John C. B. Cooper 估計 23 個國家原油需求的短期與長期需求彈性。[20] 表 2.8 顯示部分國家的估計數據。例如，日本對石油的短期需求價格彈性為 − 0.071，而長期需求價格彈性估計值為 − 0.357。

對所有國家而言，短期需求對價格相當不敏感。即使在長期，需求對價格也不敏感。這個現象符合石油消費者面對價格上漲或下跌，在長期比在短期更能夠調整消費數量。

表 2.8 部分國家原油的長期與短期需求彈性

國家	短期	長期
澳洲	− 0.034	− 0.068
法國	− 0.069	− 0.568
德國	− 0.024	− 0.279
日本	− 0.071	− 0.357
韓國	− 0.094	− 0.178
荷蘭	− 0.057	− 0.244
西班牙	− 0.087	− 0.146
英國	− 0.068	− 0.182
美國	− 0.061	− 0.453

範例 2.7

1996 年動態隨機存取記憶體價格的崩跌[21]

DRAM (動態隨機存取記憶體) 是個人電腦使用的記憶體。DRAM 晶片製造廠商有三星、NEC 和日立，是個人電腦廠商，及行動電話手機廠商、電腦遊戲及其它數位設備等都需要 DRAM。

圖 2.20 顯示在 1993 到 1996 年間，DRAM 晶片市場是穩定的。每百萬位元的價格約在 $30 左右。但在 1996 年，價格突然崩跌。1996 年年底，每百萬位元的價格跌到 $5。DRAM 價格驟降尤其令人吃驚，因為在 1995 年夏末，分析師與產業觀察者都預測價格會上漲。事實上，有許多分析師相信 DRAM 市場會經歷前所未有的價格大漲。

到底發生什麼事？1996 年 DRAM 價格崩跌是由很多因素造成，我們可以利用供給與需求曲線加以分析。首先，大部分主要生產者相信從 1992 到 1995 年，個人電腦 (PC) 的強勁需求 (一年超過 20%) 不僅會持續，且會加速成長。此外，大家都認為 1995 年八月份視窗 95 的上市

---

[20] John C. B. Cooper, "Price Elasticity of Demand for Crude Oil: Estimates for 23 Countries," *OPEC Review* (March 2003), pp.3-8.

[21] 這個例子取自 E. Capocchi, B. Firsov, and L. Pachano, "The DRAM Industry," unpublished term paper, Kellogg Graduate School of Management, (March 1997)

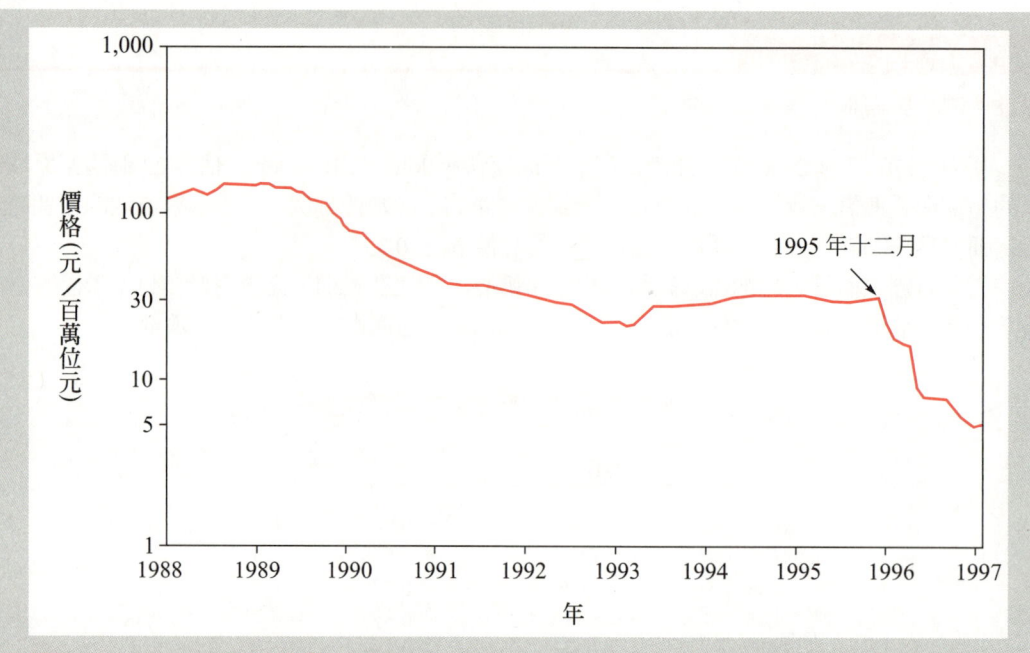

圖 2.20　DRAM 晶片市場，1988－1996

在 1995 年 12 月，DRAM 晶片價格約是每百萬位元 $30。在 1996 年，市場崩跌，價格在 12 月時，下滑至每百萬位元 $5。

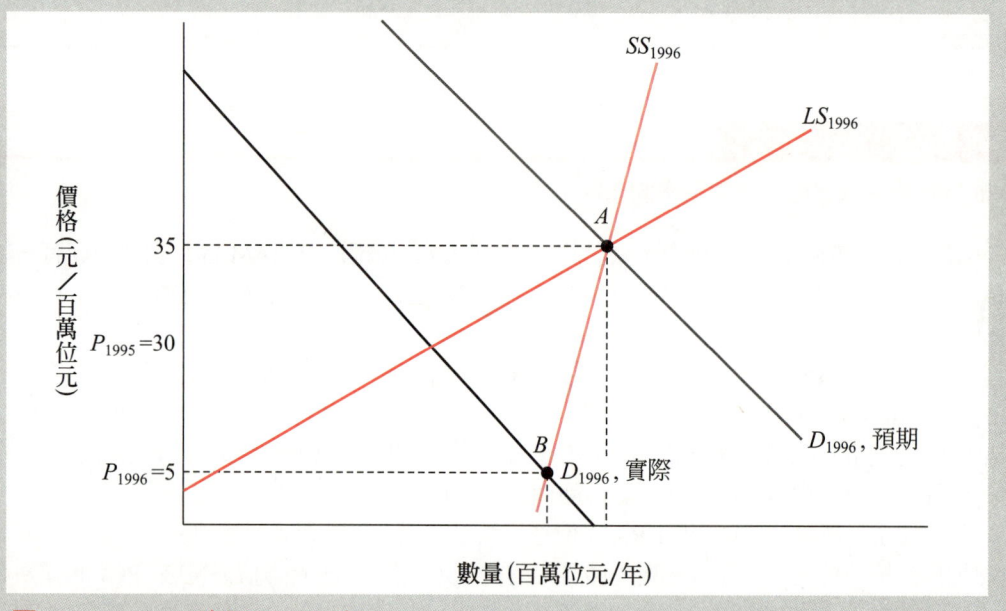

圖 2.21　DRAM 市場，1996 年

DRAM 供給廠商，預期 1996 年 DRAM 價格會上漲至 $35，而興建新的晶圓廠，產量會沿長期供給曲線 LS_{1996} 增加。如果需求預測正確，市場均衡在點 A。然而，當新廠開始生產而需求在 1996 年未如預期的增加，DRAM 價格下跌，生產者會沿短期供給曲線 SS_{1996} 生產。在 1996 年中，當 DRAM 市場處於短期均衡的點 B，DRAM 價格跌至每百萬位元 $5。

會刺激個人電腦對記憶體升級的強烈需求。基於這些預測，大多數生產者預計 DRAM 價格將比 1995 年的每百萬位元 $30，再上漲 $5，達到每百萬位元 $35 的水準。如圖 2.21 所示，根據這些預期，生產者沿長期市場供給曲線 LS_{1996}，擴充產能以增加 DRAM 市場產量。若對市場需求是正確的，1996 年的市場均衡是在點 A。

但是 DRAM 晶片的需求並未成長。在美國，1995 年聖誕節期間個人電腦需求疲弱不振，且在 1996 年仍然毫無起色。此外，消費者升級視窗 95 的動作比多數分析師預期還要緩慢，所以記憶體升級的大量需求並未出現。結果，生產者在 1995 年的下半年，開始大量生產 DRAM 並累積存貨，以因應可能發生的供給短缺，現在卻有過多的 DRAM 存貨。當消費者對晶片需求甚至低於 1995 年的水準，1996 年實際的需求曲線 (圖 2.21 的 D_{1996} 實際) 遠在預期需求曲線 (D_{1996} 預期) 的右邊。

當 1996 年初新產能開始上線，生產者是在短期市場供給曲線生產，如圖 2.21 的 SS_{1996} 所示。陡的短期供給曲線反映 DRAM 生產廠商在現有晶圓廠的規模下，願意以較低晶片價格來生產 DRAM。1996 年的均衡 (圖 2.21 的 B 點) 是每百萬位元約 $5，遠低於 1995 年每百萬位元 $30 的水準。

供給與需求分析預測 DRAM 價格會從 1996 年的低點回升。半導體產量會隨現有晶圓廠的淘汰而降低，廠商更會沿長期供給曲線生產。這正是所發生的事。許多主要晶片大廠減少產出水準，而 DRAM 價格逐漸上升。

短期彈性比長期彈性更大

就某些商品，長期市場需求比短期市場需求較無彈性。對特別可能發生的商品如汽車或飛機──**耐久財** (durable goods) 可以提供多年的服務。為了說明這點，我們以商務客機為例。假設波音和空中巴士 (全球生產商業用飛機的兩大廠商) 提高新飛機的售價。這不太可能在長期會巨幅改變對飛機的需求：航空公司，如美國聯合航空與英國航空，需要飛機才能營運。它們沒有其它替代品。[22] 但是在短期，飛機售價高漲的衝擊可能頗大。15 年機齡的飛機現在可能要多飛 2 年或 3 年才會淘汰更新。因此，長期對新飛機的需求相對無彈性，在短期 (價格改變的 2 年或 3 年內)，需求相對有彈性。圖 2.19 說明這種現象。比較陡的需求曲線對應價格上漲對飛機的長期需求；比較平坦的需求曲線顯示價格上漲的第一年後，對飛機新訂單增加的影響。

對某些商品而言，長期市場供給可能比短期市場供給較無彈

耐久財 可提供許多年有用服務的商品，如汽車和飛機。

---

[22] 這並非對需求沒有影響。飛機價格上升會大幅地提高進入航空事業的成本，以致於有些潛在的競爭者會選擇不進入該產業。

性。這種情況特別會發生在二手商品市場 (亦即，市場專門流通舊貨或使用過的商品)。例如，短期鋁價上漲誘使供給從兩個來源增加：額外新的鋁產品或回收的廢鋁產品。然而，在長期，廢鋁產品存量遞減，且價格上漲引起的數量增加，主要來自新的鋁製品的生產。

2.5 輕鬆簡單的計算

需求曲線從何而來，你如何從實際商品市場中得到實際商品需求函數？一個求得需求曲線的方法是蒐集商品購買數量、商品售價，及其它影響需求的決定因素，然後利用統計方法找到最能說明資料的需求函數。這種方法是資料密集：分析人員必須蒐集足夠的數量、價格，其它影響因素的資料，統計結果才有意義。然而，現實生活中分析人員通常缺乏可靠資訊來進行精準的統計分析，所以他們需要某些技巧從片段的價格、數量與彈性資訊中，去推論正確的需求曲線或需求函數。這些技巧稱爲輕鬆簡單的計算，因爲它們簡單到只要在信封背後，就可搞定。

利用數量、價格與彈性資訊配適直線型需求曲線

通常，你可以獲得商品市場的現在價格與購買數量資訊，以及需求價格彈性的估計值。這些估計值可能取自於統計研究 (這就是表 2.1，2.2 和 2.3 的彈性係數的來源)，或是市場靈通人士 (市場參與者、投資分析師，及管理顧問) 的判斷。若需求曲線以直線來估計 (即 $Q = a - bP$)，則你就能從這三個資訊 (現行價格、現行數量，與彈性估計值) 導出直線型需求曲線 (亦即，a 和 b 係數)。

從數量、價格與彈性資料，配適出直線型需求曲線的方法如下。假設 Q^* 與 P^* 是已知市場數量與價格，且 $\epsilon_{Q,P}$ 爲已知的需求價格彈性，回顧直線型需求曲線的需求彈性方程式。

$$\epsilon_{Q,P} = -b \frac{P^*}{Q^*} \tag{2.7}$$

從式 (2.7) 可得係數 b 爲

$$b = -\epsilon_{Q,P} \frac{P^*}{Q^*} \tag{2.8}$$

因爲 Q^* 與 P^* 都在同一條直線型需求曲線上。因此，$Q^* = a -$

bP^*，或 $a = Q^* + bP^*$

將式 (2.8) 的 b 代入上式，可得

$$a = Q^* + \left(-\epsilon_{Q,P} \frac{P^*}{Q^*}\right)P^*$$

然後，消掉 P^*，將 Q^* 作集項，我們得到

$$a = (1 - \epsilon_{Q,P})Q^* \qquad (2.9)$$

將式 (2.8) 與 (2.9) 二式合併，可以得到直線型需求曲線的方程式。

我們以範例 2.2 嫩雞市場的資料來說明整個過程。在 1990 年，美國平均每人嫩雞消費數量是 70 磅，通貨膨脹調整後的平均零售價格是每磅 $0.7。嫩雞需求價格是相對無彈性，$\epsilon_{Q,P}$ 的估計值在 -0.5 到 -0.6 之間。[23] 因此，

$$Q^* = 70$$
$$P^* = 0.70$$
$$\epsilon_{Q,P} = -0.55 \quad (兩個估計值中間)$$

利用式 (2.8) 和 (2.9)，我們得到

$$b = -(0.55)\frac{70}{0.70} = 55$$

$$a = [1 - (-0.55)]70 = 108.5$$

因此，1990 年嫩雞需求曲線的直線方程式是 $Q = 108.5 - 55P$。

這是圖 2.22 的需求曲線。

從價格與數量移動確認供給與需求曲線

在本章一開始，我們曾討論需求與供給的外生移動如何改變均衡市場價格與數量。在本節，我們將說明如何運用供給與需求移動，及價格的變動導出供給與需求曲線。

我們利用特別的例子來說明分析的邏輯。讓我們考慮 1990 年

---

[23] 所有資料摘自 Richard T. Rogers (1993). "Broilers: Differentiating a Commodity," in Duetsch, Larry (ed.), *Industry Studies* (Englewood Cliffs, NJ: Prentice Hall), pp. 3-32. 資料總結於 pp.4－6。

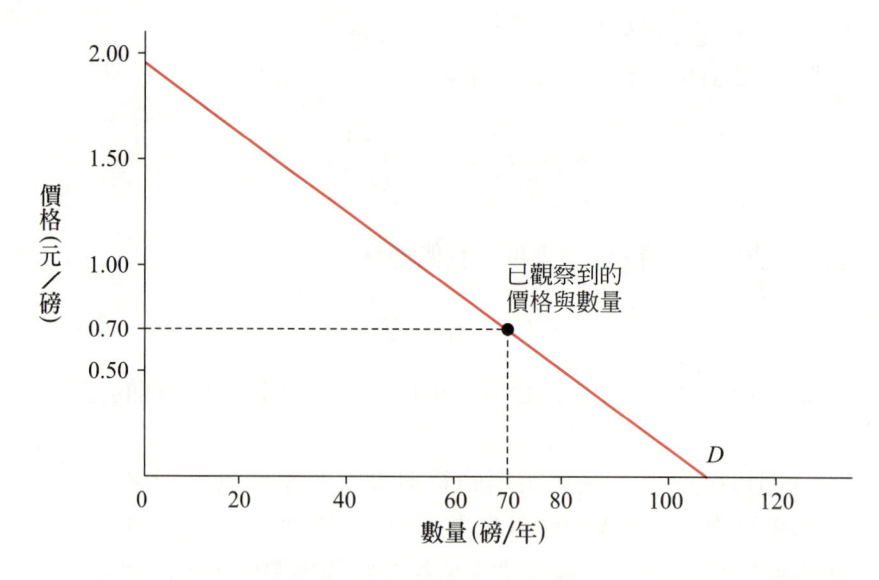

圖 2.22　運用可觀察到的市場資料配適直線型需求曲線與固定彈性需求曲線
運用美國嫩雞市場的資料來配適固定彈性需求曲線與直線型需求曲線。

代末期美國碎石子市場。假設碎石子的市場需求與供給曲線都是直線：$Q^d = a - bP$ 和 $Q^s = f + hP$。由於我們預期需求曲線是負斜率而供給曲線是正斜率，我們預期 $b > 0$ 且 $h > 0$。

現在，假設我們有碎石子市場在 1995 到 1999 年間的資訊如下：

- 在 1995 到 1997 年間，市場平靜無波，每噸碎石子售價 $9，每年成交量是 3 千萬噸碎石子。
- 在 1998 年，大量興建高速公路的一年。使碎石子市場價格上升至每噸 $10，而成交數量是 3 千 3 百萬噸。
- 到 1999 年，新的營建工程結束。另一項新的工會合約提高碎石子產業勞工的薪資水準。市場價格是每噸 $10，市場數量是 2 千 8 百萬噸。

現在讓我們集合所有資訊來做簡單計算。1998 年高速公路的大量興建會使碎石子的需求曲線向右移動。假設曲線平行移動，如圖 2.23 所示。基於 1995－1998 年間並沒有任何明顯因素讓供給曲線移動，需求的右移能讓我們計算供給曲線的斜率，係因 1995－1997 年和 1998 年的市場均衡都落在最初的供給曲線上，如圖 2.23 的 S_{1997}。

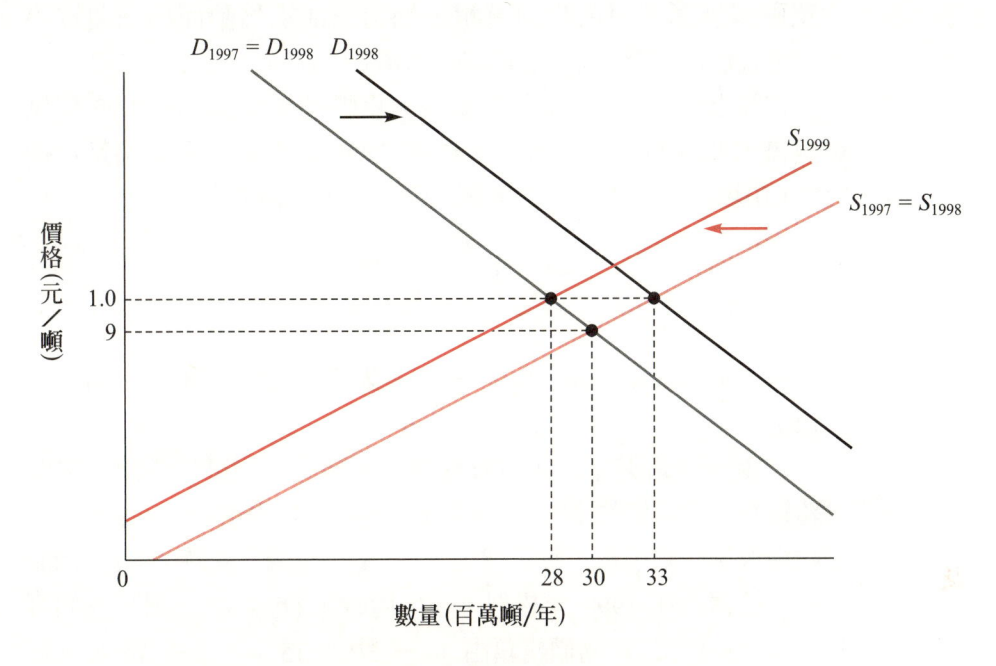

圖 2.23　從可觀察的價格與數量變動來確認需求與供給曲線

在 1995 到 1997 年間，碎石子市場處於均衡狀態。這是需求曲線 D_{1997} 和供給曲線 S_{1997} 的交點。在 1998 年，高速公路的大量興建使需求曲線右移至 D_{1998}。市場沿供給曲線 S_{1997} 移動，所以，均衡價格與數量的變動可確認供給曲線 S_{1997} 的斜率。在 1999 年，需求曲線回到 D_{1997}，但碎石子產業勞工薪資上漲，使供給曲線左移至 S_{1999}。市場沿需求曲線 D_{1997} 移動，所以均衡價格與數量變動確認需求曲線 D_{1997} 的斜率。

$$h = S_{1997} \text{ 的斜率} = \frac{\Delta Q^*}{\Delta P^*} = \frac{33 \text{ 百萬} - 30 \text{ 百萬}}{10 - 9} = 3 \text{ (百萬公噸)}$$

因此，需求的移動可以確認供給曲線的斜率。以需求移動來提供供給線的資訊似乎有些奇怪，但仔細思考，一點也不令人驚訝。需求移動讓市場沿供給曲線移動，因此說明供給量對價格的敏感度。同樣地，工資上漲引起碎石子市場供給的移動，可以確認需求曲線的斜率，如圖 2.23 的 D_{1997}。注意高速公路的營運工程在 1999 年告一段落，所以當年的碎石子需求回復到當初的水準 (同時假設平行)，因此供給移動讓市場沿需求曲線 D_{1997} 移動。

$$-b = D_{1997} \text{ 的斜率} = \frac{\Delta Q^*}{\Delta P^*} = \frac{28 \text{ 百萬} - 30 \text{ 百萬}}{10 - 9}$$
$$= -2 \text{ (百萬公噸)}$$

注意兩個計算都使用相同邏輯。知道一曲線移動而另一曲線不動，讓我們能夠計算未移動曲線的斜率。

在算出需求與供給曲線斜率後，我們現在可以計算 1999 年供給與需求曲線的截距 a 和 f。由於 1999 年的碎石子價格是每噸 \$10，市場數量是 2 千 8 百萬噸，下列式子必需成立：

$$28 = a - (2 \times 10) \quad (需求)$$
$$28 = f + (3 \times 10) \quad (供給)$$

解方程式可算出 $a = 48$ 與 $f = -2$。因此，1999 年的需求與供給曲線是 $Q^d = 48 - 2P$ 和 $Q^s = -2 + 3P$。

在確認供給與需求曲線方程式後，現在我們可以預測需求與供給變動如何影響均衡價格與數量。例如，我們預期 2000 年新公路建造會讓碎石子需求每年增加 1 千 5 百萬噸。同時，假設 2000 年的供給情況和 1999 年相似。在均衡時，$Q^d = Q^s$，所以我們可以預測 2000 年的均衡價格藉由 $48 - 2P + 15 = -2 + 3P$ 可求解均衡價格 $P^* = 13$ 每噸。2000 年的均衡數量等於 $-2 + 3(13) = 3$ 千 7 百萬噸。這種輕鬆簡單的計算提供我們一個"暫時湊合使用"的方式預測未來的均衡價格與數量。

這種分析有一嚴重限制。我們只有在需求曲線固定時，供給移動才能確認需求曲線的斜率。只有在供給曲線固定時，需求移動才能確認供給曲線的斜率。若兩條線同時移動，我們就不是沿固定需求曲線移動或沿固定供給曲線移動，所以均衡價格與數量的變動就無法確認供給與需求曲線的斜率。

從供給移動確認需求的價格彈性

在上一節，我們使用價格與數量變動的實際資料來確認需求與供給函數。然而，在某些情況，或許無法得知均衡數量的變動，但我們可能知道供給曲線移動的幅度 (財經報紙，如華爾街日報或金融時報，通常會報導農產品、金屬商品及能源商品的供給狀況)。如果我們也知道市場價格變動的幅度 (價格報導也經常見諸報紙)，我們可以利用這些資訊來評估判斷商品需求是有價格彈性或無價格彈性。

圖 2.24 說明這種現象。圖 2.24(a) 的需求相對有彈性，供給的移動 (從 S_1 到 S_2) 只會對均衡價格造成輕微衝擊。當需求是相對無

(a) 供給移動的影響：需求相對有彈性

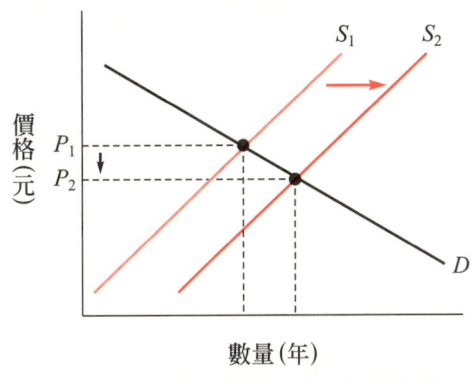

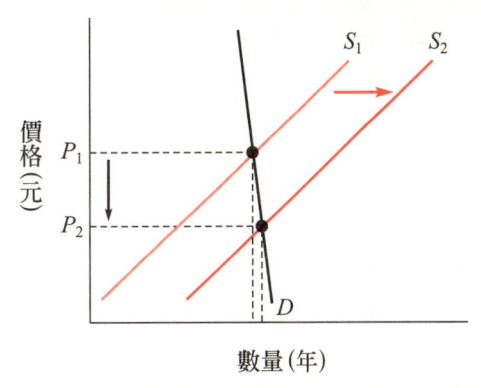

(b) 供給移動的影響：需求相對無彈性

圖 2.24　供給移動對價格的影響決定於需求的價格彈性
在 (a) 圖需求相對有彈性，供給移動對價格衝擊較小。在 (b) 圖需求相對無彈性，同樣幅度的供給移動對均衡價格衝擊較大。

彈性，如圖 2.24(b) 所示，同樣幅度的供給移動對均衡價格造成顯著衝擊。圖 2.24 指出，當供給微幅改變造成市場價格大幅改變，商品需求的價格是相對無彈性的。相反地，當供給大幅移動造成商品價格輕微改變，商品需求的價格是相對有彈性的。

範例 2.8

胡椒的價格

在 1999 年初，胡椒市場觀察者預測全球胡椒收穫量增加 6%，主要是因為印度與越南大幅增加胡椒產量的緣故。觀察者同時預期供給增加會使價格下跌 40% 或 50%，一個相當大的衝擊。[24] 但胡椒價格巨幅波動不是一件不尋常的事。圖 2.25 指出胡椒價格，在 1982 到 1994 年間，劇烈波動的情形。[25] 特別是，在 1987 到 1994 年間，胡椒價格從每磅 $2.37 跌至每磅 $0.56。由於美國的胡椒需求 (美國是世界最大胡椒進口國) 每年不會變化很大，胡椒價格的大幅波動原因應來自於供給的變動而非需求的變動。[26] 在 1987 到 1994 年間胡椒價格下跌正是供

---

[24] 這些預測的報導，請見 "Big Fall Expected This Year in World Pepper Prices," *Financial Times* (February 19, 1999)。結果是專家預測錯誤，1999 年發生未預料到的大雨，使印尼胡椒收成減少近 40%，以及印度胡椒收成減少近 30%。結果，胡椒價格在 1999 年是上漲而非大跌。請見 "Rains Bring Pepper Shortfall," *Financial Times* (August 18, 1999), p.28.
[25] 這些資料取自 Peter J. Buzzanell and Fred Gray, "The Spice Market in the UnitedStates: Recent Developments and Prospects," *Agricultural Information Bulletin*, Number 709, Foreign Agriculture Service, U.S. Department of Agriculture, July 1995.
[26] 這並非說胡椒需求一點都不會減少，只是需求移動不會像供給移動如此顯著。

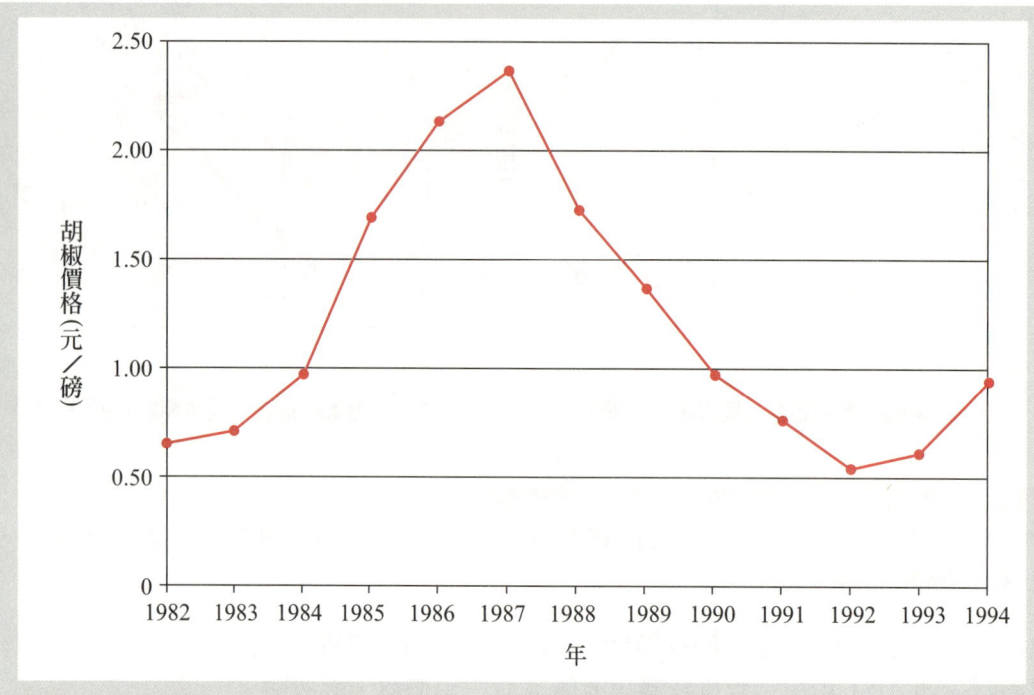

圖 2.25　胡椒價格，1982－1994

在 1982 年到 1994 年間，胡椒價格波動劇烈，在 1987 年達到高點，每磅 2.37 美元，而在 1992 年低到每磅 0.56 美元。

給移動所造成。新的胡椒栽種國家如印度等國於 1980 年代中期 (當時胡椒價格頗高) 大量種植胡椒，到 1990 年初期胡椒的生產量達到最高峰。

為什麼供給的變動對胡椒價格造成如此大的衝擊？上一節的分析告訴我們胡椒需求可能相當無價格彈性。事實上，若為說明起見，假設專家對 1999 年的預測正確，我們可以決定胡椒需求是如何的無彈性。圖 2.26 說明為什麼。

胡椒供給增加 6%，以圖形看為供給曲線右移，從 S_{1996} 至 S_{1999}。若供給曲線向右移動幅度固定 (6%)，均衡需求量一定增加，但增加幅度會小於供給移動幅度，如圖 2.26 所示。因此，如果接受專家預測的數值，可得下列的結論：

- 均衡胡椒價格變動的百分比 (%ΔP) ＝ － 45% (專家預測值的平均)。
- 均衡胡椒需求數量變動的百分比 (%ΔQ) 是介於大於 0 及小於 6% 之間。

兩者合併，這些預測隱含需求的價格彈性 (%ΔQ)/(%ΔP) 是介於 0/(－ 45) 與 6/(－ 45) 間；亦即，0 與 － 0.133 之間。這告訴我們胡椒需求是相當無彈性。胡椒需求相對無價格彈性是合理的。胡椒僅占消費者雜貨預算或餐廳廚房預算的一小部分。我們使用胡椒烹調食物時，也很難找到其它替代品。所以當胡椒價格上漲，家計單位及餐廳對胡椒的需求量不會改變很多。

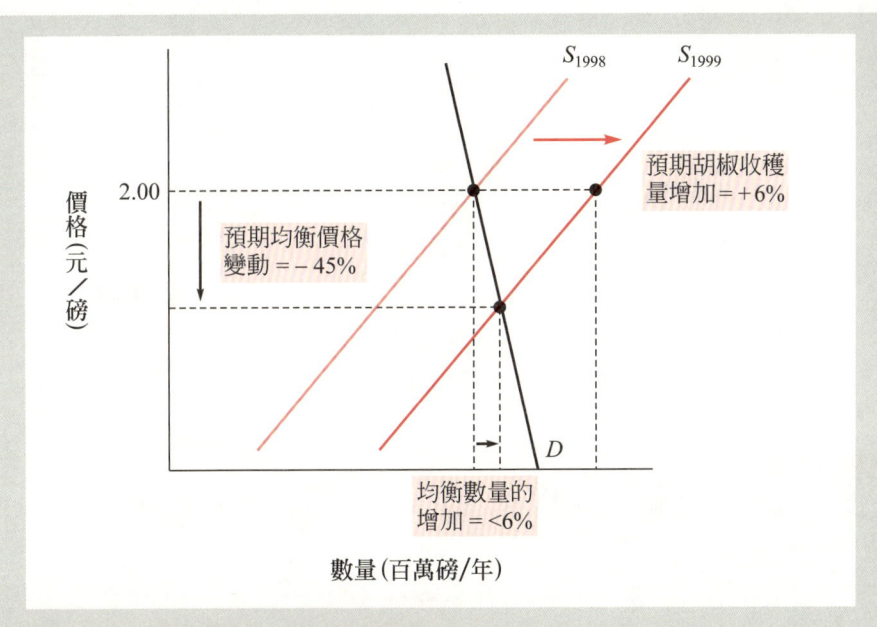

圖 2.26　1998 和 1999 年的胡椒市場

專家預期 1999 年全球胡椒收成比 1998 年增加 6%。這反映在供給曲線從 S_{1998} 右移至 S_{1999}，幅度是 6% (1998 年的均衡價格是每磅 $2)。假設需求曲線固定不動，供給向右移動 6%，會使均衡數量往右移動幅度小於 6%。專家也預測胡椒價格會下跌 45%。這隱含沿需求曲線，45% 的價格下跌，導致數量的增加幅度介於 0 到 6% 間。

範例 2.9

加州能源危機[27]

　　加州的能源危機受到全球矚目。在 2001 年前四個月的電力平均批發價格是 1998 和 1999 年的 10 倍。即使面臨高電價，許多消費者會因為供應不足被迫減少對電力的消費。加州的前兩大電力公司，Pacific Gas Electric 和 Southern Caligornia Edizar 購買電力的批發價比之前賣給下游的零售價還高。電力產業正瀕臨破產邊緣，究竟危機是如何發生的？

　　圖 2.27 簡單地描繪電力產業的結構。電力是由其它能源 (如核能、水力、天然氣、石油、煤、太陽能和風力) 產生。在加州，有四家大廠和其它小廠共同生產電力。這些發電者以批發價銷售電力。其透過輸電網路，傳送電力給本地的電力公司和大型的工廠。電力公司再將電力分配給下游消費者，包括住宅和商用消費者等。

　　在 1990 年代初期，加州電力公司受政府嚴格的管制。加州的公用事業委員會 (PUC) 在審

---

[27] This discussion draws from Paul Joskow, "Califormia's Energy Crisis," *Oxford Review of Economic Policy*, vol. 17, no. 3 (2001), pp.365-388.

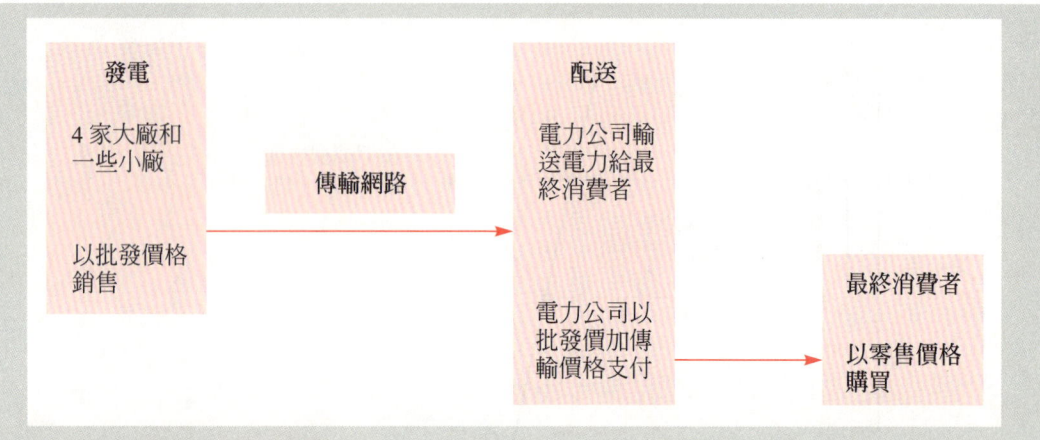

圖 2.27 加州電力產業結構

電力流程從生產電力的廠商；以批發價格銷售大型工業與本地電力公司的廠商。電力公司以零售價格配送電力給最終消費者。

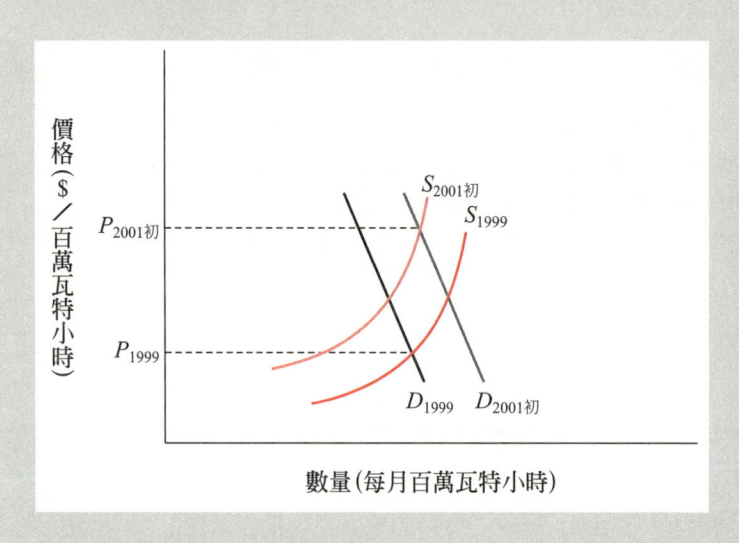

圖 2.28 加州能源危機：批發市場

在 1999 到 2001 年初批發市場的電力供給隨著水力發電減少 50%，天然氣價格上漲 600% 和電力供應中斷而左移。電力需求曲線也向右移。因為供需曲線相當陡峭，兩者的移動造成批發市場的電力價格大漲。

閱生產成本後再制訂電力價格。由於生產成本和價格在全國屬於前面幾名，在 1993 年 PUC 開始重新檢討。經過 4 年的政治辯論，一項新的複雜法令來規範加州的電力市場。批發價格不再管制，但 PUC 繼續制訂零售價格，且幾乎使其固定不動。在重整後，電力公司必須賣掉大部分的發電廠並以未管制的批發價格買入電力。

這項改革似乎頗為成功，直至 1999 年到 2001 年初，有許多事件同時衝擊電力市場。由於水力發電量減少 50%，天然氣價格上漲六倍，且電力供應中斷使得發電廠被迫停止供電，電力供給曲線向左移動。從別州進口的電力也下降。電力需求同時也增加約 12%，使得電力需求向右移動。

圖 2.28 的陡峭供需曲線可協助解釋為何在面臨危機的期間，批發價上漲地如此迅速。由於加州在過去 20 年來對新供電設備數量嚴格限制，供給曲線是相對無彈性。當發電廠需要生產更多電力時，他們必須使用老舊且沒有效率的設備，這些設備多使用天然氣發電。對消費者

和商家而言，電力是必需品，所以電力需求也是相對無彈性。由於供需曲線都很陡峭，兩者的移動造成 2001 年初批發價格的鉅幅上揚。

當危機出現時，加州政府開始尋求方法來確保未來不再發生同樣情事。它威脅其融資可能性，並以高價長期合約來購買電力，這是一項錯誤的決定。在 2001 年末，批發價格重新回到危機發生前的水準。價格下跌的部分原因是供給曲線向右移動，如天然氣價格下跌，新發電廠開始在 2001 年夏季供電，以及在 2001 年供應中斷的電廠重新恢復生產等。此外，在危機發生期間，電力節省的衡量指標也往下調，這使得電價再度下降。

關於電力產業的公共政策制有諸多缺點，其中有兩個最嚴重。第一，由於 PUC 將零售價格訂定在較低的水準，即使批發價格高漲，消費者並沒有誘因而減少其消費。如 Paul Joskow 的觀察"如果消費者完全與批發市場價格無關，競爭性的電力市場無法良好地運作。…這不僅造成批發價在 2000 年一月份高於固定的零售價使電力公司瀕臨破產，而且零售供應商也不願競爭來吸引客戶，而消費者對高價也不會減少電力消費。"第二，在危機發生期間，有些人認為，四家大供應商之間並沒有一直競爭，某些生產者策略性地減少生產而使電力漲得更快。有些分師建議，在解除管制之前，電力產業的發電部門應該重新調整為更多的小發電廠，以確保生產者是價格接受者，而非價格制訂者。

總　結

- 市場需求曲線是指消費者在不同價格下，願意購買商品與服務的數量。市場供給曲線是指生產者在不同價格下，願意提供商品與服務的數量。**(LBD 習題 2.1 和 2.2)**
- 市場均衡發生在供給數量等於需求數量之處。供給曲線與需求曲線相交決定均衡價格與數量。**(LBD 習題 2.3)**
- 市場均衡的比較靜態分析包括追溯外生變數的改變，如消費者所得、其它商品價格或生產因素價格等因素的變動，對市場均衡價格與數量的影響。**(LBD 習題 2.4)**
- 需求的價格彈性衡量需求量對價格的敏感程度。它是需求量變動百分比除以價格變動百分比。**(LBD 習題 2.5)**
- 經常使用的需求曲線包括固定彈性需求曲線與直線型需求曲線。固定彈性需求曲線上任何一點的彈性都是固定，且直線型需求曲線每一點的彈性都不相同。**(LBD 習題 2.6)**
- 當一商品有許多良好近似替代品及該商品占消費者總支出很大的比例，商品需求相對有價格彈性。當一商品只有少數替代品，商品僅占消費者總支出的一小部分，消費者視該商品為必需品。
- 市場角度與品牌角度需求彈性的區分十分重要。需求可能在市場角度無價格彈性，但從品牌角度觀察，卻有高度價格彈性。
- 其它重要的彈性包括需求的所得彈性與需求的交叉價格彈性。
- 對於許多商品，長期需求比短期需求較有價格彈性。然而，對耐久財，如商務飛機，長期需求比短期需求較無價格彈性。
- 同樣地，對許多商品而言，長期供給比短期供給較有價格彈性。然而，就可回收商品而言，長期供給比短期供給較無價格彈性。

● 許多輕鬆簡單的計算技巧可用已觀察到的資料來配適需求與供給曲線。如果你有價格、數量，及需求價格彈性的資料，你可以求得直線型或對數直線型的需求曲線。價格移動的資訊加上對需求移動的認知，可用來確認供給曲線。供給曲線移動的資訊可用來確認需求曲線。

複習題

1. 請解釋為何超額需求會導致市場價格上升。為何超額供給導致市場價格下跌？
2. 利用供給與需求曲線說明下列事件對咖啡市場的衝擊：
   (a) 紅茶價格上漲 100%。
   (b) 研究指出咖啡因與癌症發生可能性有關。
   (c) 嚴霜摧毀哥倫比亞近半數的咖啡樹。
   (d) 乙烯泡沫塑膠咖啡杯價格上漲 300%。
3. 假設我們觀察到大豆價格上揚，大豆銷售數量也增加，利用供給與需求曲線來闡述兩種可能的解釋。
4. 汽車價格上漲 10%，引起汽車需求量減少 8%。汽車需求的價格彈性是多少？
5. 一直線型需求曲線的函數型式是 $Q = 50 - 100P$。請問窒息價格為何？
6. 請解釋為何快艇需求的價格彈性高於電燈泡需求的價格彈性？
7. 許多商務旅行者搭乘飛機時，公司會給予津貼，而休閒旅行者必須自己付機票錢。這兩種不同的作法如何影響到商務旅行者與休閒旅行者的航空需求的價格彈性？
8. 請解釋為何整個商品類別 (如優格) 的需求彈性大於特殊品牌 (如 Dannon) 的需求彈性。
9. 兩個商品間的關係與需求的交叉價格彈性符號有什麼關係？
10. 請解釋為何需求曲線移動能夠確認供給曲線而非需求曲線。

問題

2.1 日本啤酒的需求可以下列表示：$Q^d = 700 - 2P - P_N + 0.1I$ 其中 P 是啤酒價格，P_N 是乾果價格，和 I 是消費者平均所得。
   (a) 當乾果價格上漲時，對啤酒需求有何影響？啤酒與乾果是需求替代品或需求互補品？
   (b) 當消費者平均所得提高時，對啤酒需求有何影響？
   (c) 請繪出當 $P_N = 100$ 和 $I = 10{,}000$ 的啤酒需求曲線。
2.2 假設一市場需求曲線為 $Q = 5 - 0.5P$。
   (a) 請繪出需求曲線。
   (b) 需求為單一彈性之價格為何？
2.3 咖啡的需求與供給函數如下：$Q^d = 600 - 2P$ 和 $Q^s = 300 + 4P$。
   (a) 請畫出供給與需求曲線，並指出均衡點。
   (b) 請用代數來求解咖啡的均衡價格與數量。
2.4 每一年超級足球盃在門票價格 P_0 時，總是供不應求。一般而言，黑市價格 (如黃牛) 會比官方價格高出許多。請用供給與需求分析回答下列問題：
   (a) 這種中間剝削的存在，是否隱含官方售價 P_0 與均衡價格間的關係？
   (b) 若政府嚴格取締黃牛，黑市平均票價有何影響？

2.5 如果你想要研究新鮮櫻桃的市場。過去 10 年，櫻桃價格一直上漲，且櫻桃購買數量也增加。這似乎有矛盾之處，因為個體經濟學課本說，價格上升，需求會減少。請解釋這種看似奇怪的價格與數量走勢？

2.6 請問解釋為何需求價格彈性為正的商品違反需求法則？

2.7 假設玉米供給數量受玉米價格 (P) 與降雨量 (R) 的影響。玉米需求數量受玉米價格 (P) 與可支配所得水準 (I) 的影響。供給與需求函數為：$Q^s = 20R + 100P$ 和 $Q^d = 4000 - 100P + 10I$。

　(a) 請繪出需求與供給曲線，並指出降雨量增加對均衡價格與數量的影響。

　(b) 請繪出需求與供給曲線，並指出可支配所得減少對均衡價格與數量的影響。

2.8 當需求完全無彈性時，需求曲線上任何一點的彈性都等於零，$\epsilon_{Q,P} = 0$。

　(a) 請繪出完全無彈性的需求曲線。

　(b) 假設 1961 年羅傑馬里斯棒球員卡供給完全無彈性。假設馬奎爾與索沙在 1998 年相繼打破美國職棒大聯盟保持多年的全壘打記錄，掀起大家對馬里斯的回憶，因此對 1961 年馬里斯球員卡需求增加。請問馬里斯球員卡的均衡價格有何影響？均衡數量有何影響？

2.9 假設一直線型需求曲線 $Q = 350 - 7P$。

　(a) 請求出對應的逆需求曲線。

　(b) 窒息價格是多少？

　(c) 在 $P = 50$，需求的價格彈性是多少？$P = 20$ 時，又是多少？

2.10 一廠商其產品售價是 \$100，而收入 (價格乘以數量) 是 \$70,000。

　在此價格下，廠商面對的需求是有彈性 ($\epsilon_{Q,P} < -1$)。若廠商提高售價 \$2，下列何種產出比較有可能？請解釋之。

　(a) 400

　(b) 600

　(c) 800

　(d) 1,000。

2.11 吉娜通常支付每加侖冰淇淋的價格約在 \$5 到 \$7 間。在這個價格區間，吉娜每月的支出隨著冰淇淋價格下跌，冰淇淋支出會增加。這隱含冰淇淋的需求價格彈性為何？

2.12 請討論下列事件，你認為 (如具體的供給或需求) 彈性在短期或長期比較大。

　(a) 本地電影院的座位供給。

　(b) 對鎮上唯一眼科的視力檢查需求。

　(c) 對香菸的需求。

2.13 考慮下列有關高爾夫球供需函數：$Q^d = 90 - 2P - 2T$ 與 $Q^s = -9 + 5P - 2.5R$，其中 T 是鈦金屬價格，可用來製造高爾夫球桿的金屬，而 R 是橡膠價格。

　(a) 若 $R = 2$ 和 $T = 10$，請算出高爾夫球的均衡價格和數量。

　(b) 在均衡時，請計算供給與需求的價格彈性。

　(c) 在均衡時，請計算高爾夫球對鈦金屬價格的需求交叉價格彈性。彈性值的符號是否可分辨高爾夫球與鈦金屬為互補品或替代品？

2.14 就下列商品，你認為需求交叉價格彈性為正或負？請簡短解釋原因。

(a) Tylenol 和 Advil (兩者皆為止痛藥)。
(b) DVD 放影機和 VCR。
(c) 熱狗和熱狗麵包。

2.15 假設有兩家航空公司：聯合航空與美國航空，提供往返芝加哥與達拉斯的航線服務。經濟學家研究兩家航空公司來回機票的需求曲線如下：

$Q_U^d = 10000 - 100P_U + 99P_A$　(聯合航空的需求)

$Q_A^d = 10000 - 100P_A + 99P_U$　(美國航空的需求)

其中 P_U 是聯合航空的票價，和 P_A 是美國航空的票價。

(a) 假設兩家航空公司的芝加哥與達拉斯來回機票價格都訂在 $300。請問聯合航空芝加哥及達拉斯間的需求價格彈性是多少？
(b) 當兩家航空公司票價都是 $300 時，請問市場角度的芝加哥及達拉斯間需求彈性是多少？(提示：聯合航空與美國航空是唯一允許飛行芝加哥－達拉斯的航空公司。假設票價相同，芝加哥與達拉斯間航空旅行的總需求函數是多少？)

2.16 假設你有下列資訊：

- 香菸需求的價格彈性是 -0.5。
- 香菸的價格是每包 $0.05。
- 香菸每年的購買數量是 1 千萬包。

(a) 在這些資訊下，請求出直線型需求曲線方程式，並畫出此需求曲線。
(b) 在這些條件下，請求出固定彈性需求曲線，並畫出此需求曲線。

2.17 就下列商品，請指出需求價格彈性較大的商品，請簡短解釋原因。
(a) 奶油與蛋。
(b) 國會議會飛到華盛頓 (如到眾議院投票) 或到夏威夷度假旅遊。
(c) 一般的柳橙汁與純品康納 (Tropicana) 的柳橙汁。

2.18 許多年來，一城市的大眾運輸 (如捷運或市公車) 價格是 10 披索。假設市場的長期需求函數：$Q = 30 - 2P$；在短期：$Q = 15 - P/2$。請證明長期需求曲線比短期"平坦"。這可以告訴我們需求對價格敏感度的何種資訊？為什麼？

2.19 假設在 1998－2000 年間，美國草莓市場的情形如下：

- 1998 年：平靜無波。市場價格是每蒲式耳 (合 8 加侖) $5，總共有 4 百萬蒲式耳成交。
- 1999 年：密西根州發生草莓受污染事件。市場價格是每蒲式耳 $4.5，有 250 萬蒲式耳成交。
- 2000 年：年初，草莓污染事件平息，報導發現根本是一場惡作劇。然而，中西部洪水摧毀淹沒愛荷華州、伊利諾州及密蘇里州的草莓農園。市場價格是每蒲式耳 $8，成交量是 350 萬蒲式耳。

請找出適合這些資訊的需求與供給曲線。

附錄：固定彈性需求曲線上的需求價格彈性

本節，我們將證明固定彈性需求曲線上任何一點的需求價格彈性都相同。固定彈性的需求函數型式為：$Q = aP^{-b}$。對此需求曲線：

$$\frac{dQ}{dP} = -baP^{-(b+1)}$$

將上式代入需求點彈性公式，可得

$$\epsilon_{Q,P} = \frac{dQ}{dP}\frac{P}{Q}$$

$$= -baP^{-(b+1)} \times \frac{P}{aP^{-b}} \text{ (將 } Q = aP^{-b} \text{ 代入分母)}$$

$$= -b \text{ (相互抵銷共同項後)}$$

這證明固定彈性需求曲線的需求彈性是需求函數的指數 $-b$。

3 消費者偏好與效用的概念

3.1
偏好的表示

3.2
效用函數

為什麼你喜歡你喜歡的東西？

如果你想要買車，你會有許多選擇：你應該買車或租車？新車或舊車？跑車、房車、轎跑車或箱型車？是否要有天窗或四輪傳動？對一部汽車有很好的二手車價錢，你願意多付多少金額購買這種車？每一車種的預期費用——保險、維修、汽油等的費用是多少？最後，如果要買車，你所放棄的其它機會是什麼？你如何決定分配金錢使用，是用在今天還是未來？

消費者對產品有眾多選擇，要做購買決定並不容易。例如，在買車之前，你會借助家人和朋友的經驗，看廣告，到經銷商處看車、試車。你會在網路上對許多車種進行研究，包括性能、貸款條件，勤讀消費者報導、暢銷車種的保險費率，或上聊天室請教愛車人士的意見。

身為一個消費者，生命中的每一天都要做決定。除了選擇汽車，你還要決定租或買什麼樣的房子，購買何種款式衣服及什麼種類食物，念多少年書，等等。消費者選擇是第 1 章受限最適化課題的絕佳例子。人們有無窮的慾望，卻面對有限的資源。消費者選擇理論著重於消費者在有限資源下如何選擇商品與服務。

在以下三章，我們將學習消費者選擇。本章將檢視消費者偏好。研究消費者偏好是為了要瞭解消費者如何比較 (或排列) 不同商品的喜好程度。目前的討論，暫時忽略不計商品購買成本。因此，消費者偏好是指在購買成本為零的假設下，消費者是否比較偏好一組商品，而不喜歡另一組商品。

當然，現實生活中，消費者要花錢才能消費商品，且消費者所得是有限的。這種現實考量是消費者選擇理論的第二個部分將於第 4 章討論。當商品的價格高昂時，消費者的所得限制她能購買的數量。第 4 章將描述在消費者所得和商品價格固定下，有能力消費的商品集合。然後我們將運用消費者偏好來回答下列的問題：消費者有能力購買的商品組合中，他(她)會選擇那些商品？

為什麼要如此深入討論消費者選擇？消費者並不是唯一關心消費者選擇的族群。在第 5 章我們將利用消費者選擇理論來推導消費者對任一商品或服務的需求曲線。企業關心消費者選擇，因為需求曲線可以透露消費者願意支付多少錢購買商品。政府也關心消費者偏好與需求。例如，政府如果想要幫助低收入戶購買食物，執政者要知道如何制定與執行政策。政府是否應該直接貼補現金，讓他們依自己意願從事消費活動？或政府以憑證型式，如食物券，指定購買用途？我們將會看到，政府政策的成本與有效性決定於消費者偏好

本章預習 在本章，你將

- 學習如何以一籃商品與服務代表消費者偏好。
- 學習消費者偏好的三個基本假設：偏好是完整的，偏好是遞移的，以及多就是好。
- 學習序列與計數偏好的不同。
- 探討以效用函數代表偏好，分析邊際效用和邊際效用遞減的概念。
- 應用效用函數分析單一商品與多數商品的偏好。
- 學習以簡化型式的無異曲線來代表效用函數。
- 分析以一商品替代另一商品的邊際替代率。
- 探討某些特殊的效用函數。

3.1 偏好的表示

在現代經濟中,消費者能夠購買許多種類的商品與服務。首先讓我們考慮一市場**籃子** (basket) (有時稱做包裹),定義成消費者消費的商品與服務的集合。例如,一籃商品可以包括一條牛仔褲、兩雙鞋,及 5 磅巧克力糖。第二個籃子可能有兩條牛仔褲、一雙鞋及 2 磅的巧克力糖。通常,一籃商品能包含的商品不僅止於牛仔褲、鞋子及巧克力糖,還包括房子、電器用品、音樂會與運動比賽門票,及其它許多項目。

籃子 消費者可能消費的商品與服務的組合。

為清楚說明一籃商品的觀念,假設一簡單例子,消費者只能購買兩種商品,食物與衣服。圖 3.1 指出七種可能消費組合。若消費者購買籃 E,每週會消費 20 單位食物和 30 單位衣服。如果選擇籃 B,每週會消費 60 單位食物與 10 單位衣服。一籃可以只有一種商品,如籃 J(只有食物) 或籃 H(只有衣服)。

消費者偏好 (consumer preferences) 告訴我們個人如何排列 (亦即,比較兩籃商品的慾望) 任何兩籃商品的順序。在此假設商品購買費用為零。當然,消費者實際選擇取決於許多因素,包括偏好、所得,與商品購買成本。但目前我們只考慮消費者偏好。

消費者偏好 假設消費者免費消費一籃商品,消費者如何排列(比較優劣)任何兩種可能的商品與服務組合。

消費者偏好的假設

我們研究消費者偏好首先從消費者選擇理論的三個基本假設開始。進行假設之前,我們認為消費者是理性的。稍後我們會討論假設不成立的情況。

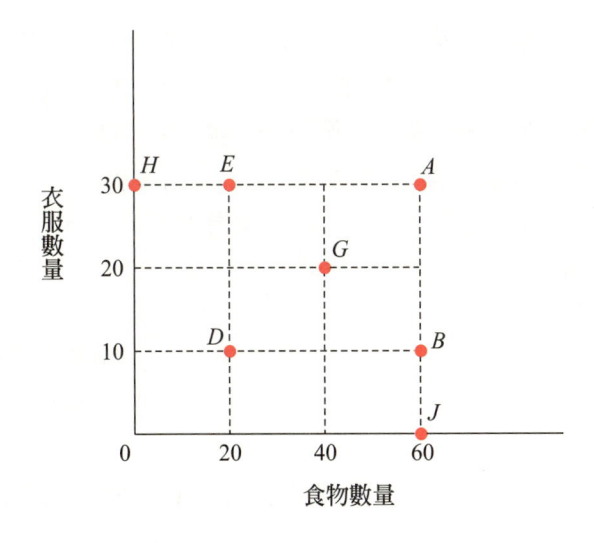

圖 3.1 每週食物與衣服的組合
消費者可以購買七種不同的食物與衣服組合,分別以點 A,B,D,E,G,H,J 表示。

1. 偏好是完全的。亦即，消費者能夠排列任何兩籃商品。例如，就籃 A 與籃 B 而言，消費者根據以下的可能性來呈現其偏好：
   她偏好籃 A 而非籃 B (寫成 A ≻ B)
   她偏好籃 B 而非籃 A (寫成 B ≻ A)
   籃 A 與籃 B 並無差異，或籃 A 與籃 B 帶給她相同滿足程度 (A ≈ B)。
2. 偏好是遞移的。這表示消費者進行消費行為時是一致的。假設一消費者比較喜歡籃 A 甚於籃 B，且她喜歡籃 B 甚於籃 E。運用第一點所介紹的符號，遞移性可以表示成：若 A ≻ B 且若 B ≻ E，則 A ≻ E。
3. 多就是好。換言之，消費更多的商品有益於消費者。假設消費者考慮消費圖 3.1 的商品組合。如果多就是好，她喜歡食物多些而非食物少些，和她喜歡多些衣服而非少些衣服。若是如此，她會偏好籃 A 而非籃 B 或籃 J，因為在她這三個籃子得到相同的食物數量，但是籃 A 的衣服數量最多。她會偏好籃 A 而非籃 G 或籃 D，因為籃 A 比籃 G 或籃 D 帶給她更多的食物和更多的衣服。因此，在七個商品組合中，她最喜歡籃 A。然而，如果沒有消費者偏好更進一步資訊，我們便無從得知她將如何排列每一個商品組合。例如，沒有更進一步資訊，我們不知是否她偏好籃 E 而非籃 G，因為她在籃 G 得到更多的食物但較少的衣服。

序列與計數排列

序列排列 排列消費者是否比較喜歡一籃商品而比較不喜歡另一籃，其並未包含任何偏好強度的數字資訊。

計數排列 以數字來衡量消費者比較喜歡一籃商品而不喜歡另一籃商品。

本書將介紹兩種偏好排列方式：序列與計數排列。**序列排列**(ordinal rankings) 提供我們消費者排列商品組合順序的資訊。例如，以圖 3.1 的籃 A 而言，消費者在籃 A 比在籃 D 多購買三倍食物及三倍衣服。消費者偏好籃 A 而非籃 D，因為多就是好。然而，序列排列無法告訴我們籃 A 的喜好程度是籃 D 的幾倍。

計數排列(cardinal rankings) 提供我們消費者偏好的強度。計數排列不僅讓我們知道她喜歡籃 A 而非籃 D，且可以更進一步知道她喜歡籃 A 超過籃 D 的強度是多少。我們能夠做一數量陳述"消費者喜歡籃 A 的程度是籃 D 的兩倍"。[1] 計數排列比序列排列包含更多的資訊。

對消費者而言，回答序列排列的問題比較容易，如"你喜歡漢堡與薯條的商品組合或是熱狗與洋圈的商品組合？"消費者通常難以描述他們喜歡一商品組合的程度比另一商品組合多的程度是多少。因為他們並沒有一標準可以衡量不同商品組合的喜好程度。幸運的是，消費者行為理論並不需要知道消費商品滿足程度的確實數字。雖然我們經常用計數排列來幫助說明，序列排列已提供足夠的資訊來解釋消費者決策。

三個假設——偏好是完全的、遞移的，及多就是好——讓我們以**效用函數** (utility function) 來表示偏好。效用函數是衡量消費者購買一籃商品的滿足水準。我們可以用代數或圖形來表示效用函數。

3.2 效用函數

效用函數 衡量消費者購買任一籃商品與服務滿足程度的函數

單一商品的偏好：邊際效用的偏好

為了要說明效用函數的概念，讓我們以一簡單例子開始，消費者莎拉只購買一種商品，漢堡。令 y 表其每週購買漢堡的數量，$U(y)$ 為衡量莎拉購買 y 單位漢堡所得到的滿足水準。

圖 3.2(a) 描繪莎拉對漢堡的效用函數。圖形是根據莎拉的偏好以效用函數 $U(y) = 10\sqrt{y}$ 表示。我們看到莎拉的效用函數符合三個偏好的基本假設。它們是完整的，因為她可以設定的值 y 表示滿足水準。假設多就是好也可成立，因為漢堡消費愈多，效用水準愈高。例如，假設漢堡的數量在籃 A 是 1，籃 B 的漢堡數量是 4，籃 C 的漢堡數量是 5。莎拉的偏好排列是：$C \succ B$ 與 $B \succ A$，我們可以看到莎拉在 C 點的效用高於在 B 點的效用，而她在 B 點的效用高於在 A 點的效用。最後，莎拉的偏好符合遞移性：因為她偏好籃 C 而非籃 B，且偏好籃 B 甚於籃 A，她也偏好籃 C 而非籃 A。

邊際效用

在研究消費者行為時，我們通常想知道消費水準變動 (Δy) 引起滿足水準變動 (ΔU) 的幅度 (Δy 的 Δ 讀成 "變動")。經濟學家將當消費水準增加導致總效用變動的比率 $\Delta U / \Delta y$ 稱為**邊際效用** (marginal utility, MU)。因此商品 y (MU_y) 的邊際效用可寫成：

邊際效用 隨著消費水準上升，總效用變動的比率

---

[1] 課文中提及，消費者在籃 A 比籃 D 多買三倍的食物與衣服。然而，這不必然意謂消費者喜好籃 A 的程度是喜好籃 D 的三倍。如果多買三倍數量商品，你的滿足程度是否增加三倍？大多數消費者滿足程度會上升，但少於三倍。

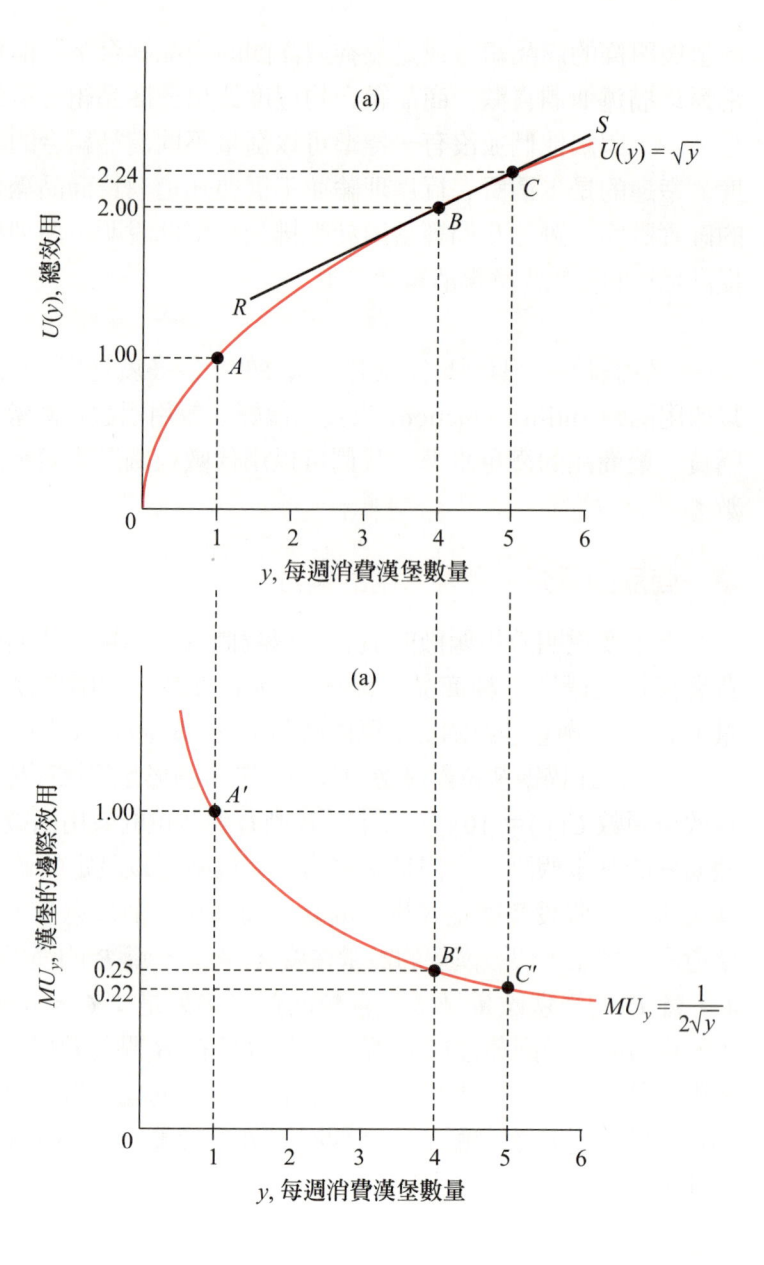

圖 3.2 單一商品的總效用與邊際效用——圖形範例

效用函數 $U(y) = \sqrt{y}$ 是在上面圖形，對應的邊際效用是在下面的圖形。圖 (a) 效用曲線的斜率是邊際效用。例如，當 $y = 4$，效用函數的斜率等於 0.25 (點 B 切線 $\overline{RS}$ 的斜率)。因此，當 $y = 4$，邊際效用等於 0.25。

$$MU_y = \frac{\Delta U}{\Delta y} \tag{3.1}$$

從圖形上看，一特定點的邊際效用是由該點效用函數的切點斜率來表示。例如，圖 3.2(a)，莎拉在 $y = 4$ 的邊際效用是切線 RS 的斜率。由於切點的斜率隨著我們沿效用函數 $U(y)$ 的移動而改變，莎拉的邊際效用接受她的漢堡購買量的影響。從這方面看，莎拉就像大多數的人：多消費商品數量所得到的滿足程度是視她已經消費多少數量的商品而定。

在圖 3.2，由效用函數為 $U(y) = \sqrt{y}$，如圖 (a) 所示，邊際效用是 $MU_y = 1/(2\sqrt{y})$，如圖 (b) 所示。[2] 這個方程式反映邊際效用如何受 y 數量的影響。

邊際效用遞減法則

當你畫總效用與邊際效用曲線時，要注意下列幾點：

- 總效用與邊際效用不要畫在同一個圖形上。圖 3.2(a) 與 (b) 的橫軸相同 (每週漢堡消費數量，y)，但兩個圖形的縱軸則不相同。總效用是從效用水準 U 層面看 (不論它是多少)，邊際效用是從每個漢堡所增加的效用層面看 (ΔU 除以 Δy)。因此，總效用曲線與邊際效用曲線必須分開以兩個圖形表示。

- 邊際效用是 (總) 效用函數的斜率。圖 3.2(a) 總效用曲線任何一點的斜率是 $\Delta U/\Delta y$。斜率是消費增加或減少引起總效用在該點變動的比率，這變動率正是邊際效用 (注意在任何一點的 $\Delta U/\Delta y$ 也是效用函數在該點切線的斜率)。例如，在圖 (a) 的點 B：效用函數的斜率是 $U(y) = 0.25$，(亦即，當 $= 4$ 時，$\Delta U/\Delta y = 0.25$) $= RS$ 切線的斜率 $=$ 在那一點的邊際效用 $=$ 圖 (b) 邊際效用曲線 MU_y 點 B' 的縱軸座標。

- 邊際與總函數間的關係也適用於其它經濟變數。邊際函數值的概念通常只是總函數的斜率。這個關係在本書其它章節也會出現。

在圖 3.2(b)，當莎拉吃更多漢堡，她的邊際效用會遞減。這種現象說明**邊際效用遞減法則** (principle of diminishing marginal utility)：商品消費數量持續增加，在某個消費水準之後，邊際效用會開始下跌。邊際效用遞減反映人類基本特質。商品消費數量愈多，不論是購買漢堡、糖果、鞋子，或棒球電玩遊戲，額外的消費會使滿足程度增加幅度愈來愈少。邊際效用可能不會在第一個，第二個，甚至第三個單位下降。但在某一消費水準之後通常

邊際效用遞減法則
隨著商品消費數量增加，在某一點後該商品邊際效用開始下降的法則。

---

[2]. 數學附錄中邊做邊學習題 A.4 顯示，當我們知道總效用函數時，如何推導邊際效用函數。為了要得到這個例子裏的邊際效用式子 $MU_y = 1/(2\sqrt{y})$，讓我們以邊際效用數字來證明。假設 y 的消費從 4 增至 4.01，所以 $\Delta y = 0.01$。則效用水準會從 $U(4) = \sqrt{4} = 2$ 增加 $U(4.01) = \sqrt{4.01} \approx 2.0025$。因此，效用增加 $\Delta U \approx 0.0025$，邊際效用 $\Delta U/\Delta y = 0.0025/0.01 = 0.25$，此為我們以 $y = 2$ 代入 $MU_y = 1/(2\sqrt{y})$ 的數字。

會遞減。

為了要瞭解邊際效用遞減法則，想像你多消費一個漢堡所額外增加的滿足程度。如果你吃第二個漢堡，你的效用會增加。這是第二個漢堡的邊際效用。如果你在這一週已經吃了五個漢堡，將要吃第六個，額外新增的效用是第六個漢堡的邊際效用。如果你和別人一樣，第六個漢堡的邊際效用會小於第二個漢堡的邊際效用。在這個案例，漢堡的邊際效用是遞減的。

多始終好嗎？

多就是好的假設與邊際效用有什麼關係？若商品愈多愈好，則商品消費增加，總效用會隨之提高。換言之，邊際效用一定是正的。

事實上，這個假設並非永遠正確。讓我們回到消費漢堡的例子。莎拉可能發現每週吃第一個、第二個和第三個漢堡時，她的總效用會增加。消費這些漢堡，她的邊際效用為正，即使每多吃一個，邊際效用遞減。但在某一個消費水準，額外的漢堡消費不再帶給她滿足。例如，她可能覺得第七個漢堡的邊際效用是零，而第八個或第九個漢堡的邊際效用可能是負的。

圖 3.3 描繪這種情況下商品的總效用與邊際效用。起初 (y 值 < 7 個漢堡) 消費增加，總效用也增加，效用曲線的斜率是正的 (當莎拉購買第二個漢堡，效用曲線上點 A 的切線 RS 斜率大於零)；因此，邊際效用是正的 (如點 A' 所述者)。然而，當消費持續增加，邊際效用逐漸遞減。當消費第七個漢堡時，莎拉吃太多漢堡使邊際效用等於零 (點 B')。因為邊際效用為零，總效用曲線的斜率也會是零。(效用曲線上點 B 的切線 MN，斜率等於零。) 如果莎拉購買漢堡數量超過七個，她的總滿足程度會下跌。(亦即，總效用曲線的點 C 斜率是負的，因此邊際效用是負的，如點 C' 所述。)

雖然多不見得始終是好，針對消費者實際購買商品的數量，多就是好的假設仍然比較合理。例如，在圖 3.3，我們只需要畫出前七個漢堡的效用函數。消費者必須考慮購買超過七個漢堡以上的決策，因為花錢購買漢堡來減少自己的滿足程度是沒有意義的行為。

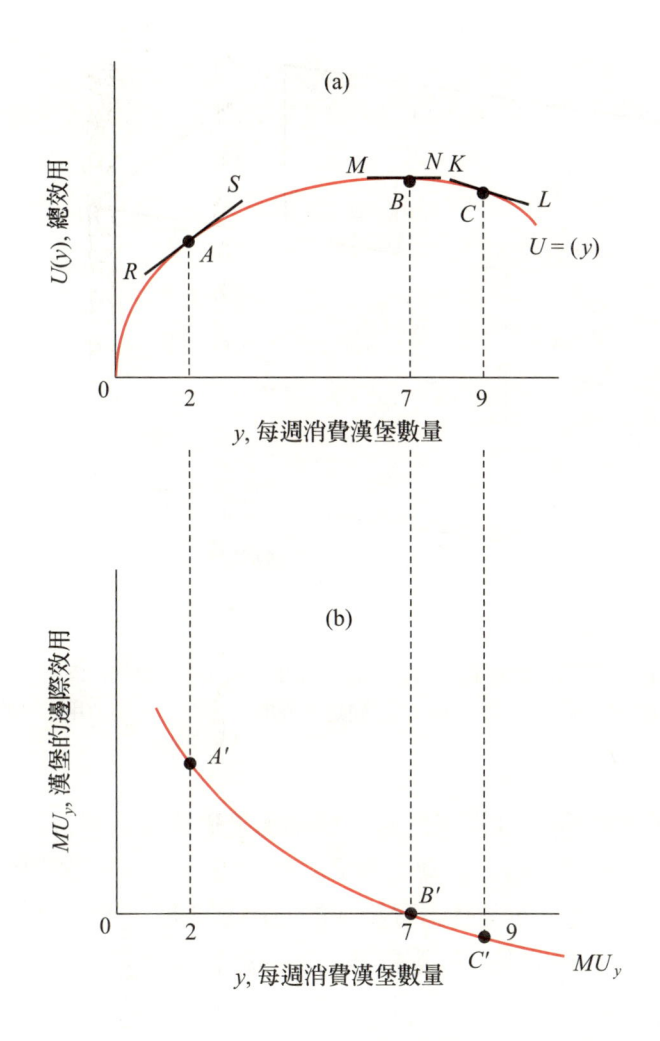

圖 3.3　邊際效用可能是負值

圖 (a) 的效用曲線 U，圖 (b) 是對應的邊際效用曲線。效用曲線在點 A 的斜率是正的；因此，圖 (b) 對應的是點 A'。在點 B，效用曲線的斜率為零，意味邊際效用為零，如對應的點 B'。在點 C，效用函數的斜率是負的；因此，邊際效用為負，如對應的點 C'。

多種商品的偏好：邊際效用，無異曲線和邊際替代率

讓我們來檢視如何將總效用與邊際效用觀念運用到更實際的案例。在現實生活中，消費者選擇各式各樣的商品與服務。為了要研究消費者選擇最適商品組合所面臨的取捨，我們有必要知道消費者多種商品的效用函數。

我們可以利用比較簡單案例來說明消費者多種商品選擇的許多重要性質。布蘭登必須決定每個月購買多少數量的食物與衣服。令 x 為每個月食物的購買數量及 y 表每個月衣服的購買數量。同時，假設布蘭登對任一籃商品 (x, y) 的效用函數是 $U = \sqrt{xy}$。這名消費者的效用函數曲線圖示於圖 3.4。因為現在有兩個商品，效用函數必須在三度空間中呈現。在圖 3.4，食物消費數量 x 在右邊

84 個體經濟學

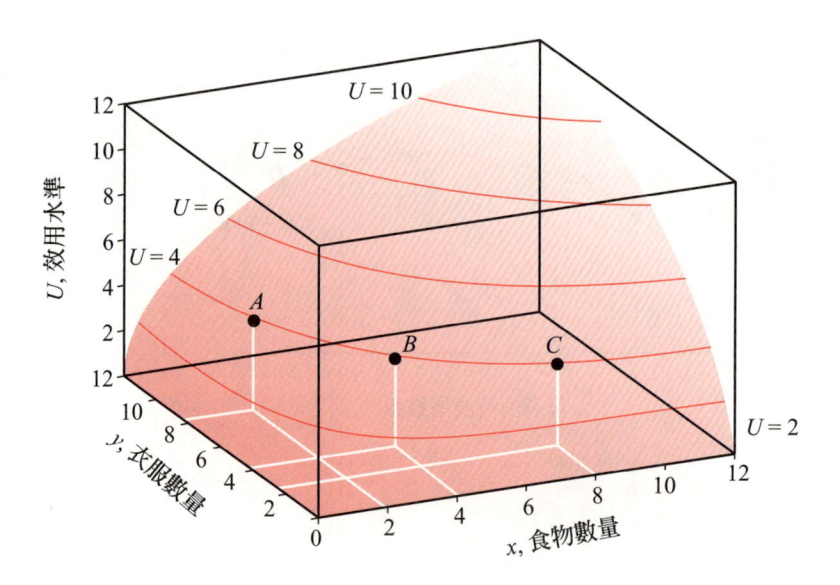

圖 3.4　效用函數圖形，$U=\sqrt{xy}$
效用水準在縱軸，食物與衣服數量分別在右邊和左邊的軸 (等高線代表固定效用水準，例如，消費者在籃 A，B，和 C 之間是無異的，因為三者的效用水準相同 ($U = 4$))。

的軸，衣服消費數量 y 在左邊的軸。縱軸衡量購買商品組合的消費者效用水準。例如，籃 A 包含二個單位食物 ($x = 2$) 和八個單位衣服 ($y = 8$)。因此，布蘭登購買籃 A 的效用水準是 $U = \sqrt{(2)(8)} = 4$。如圖所示，布蘭登可以選擇其它商品組合以達到相同效用水準，如籃 B 和籃 C。

邊際效用的概念很容易運用到多種商品上。假設其它商品消費水準不變，任一商品的邊際效用是商品消費數量增加引起總效用變動的水準。例如，當只有兩個商品與效用函數是 $U(x, y)$，食物的邊際效用 (MU_x) 是假設 y 數量不變，食物消費數量變動 (Δx) 引起滿足水準變動(ΔU) 的幅度：

$$MU_x = \left.\frac{\Delta U}{\Delta x}\right|_{y \text{固定}} \quad \textbf{(3.2)}$$

同樣地，衣服的邊際效用 (MU_y) 是假設食物數量 (x) 不變，衡量衣服消費數量的變動 (Δy) 如何引起滿足水準的改變 (ΔU)。

$$MU_y = \left.\frac{\Delta U}{\Delta y}\right|_{x \text{固定}} \quad \textbf{(3.3)}$$

式 (3.2) 與 (3.3) 可用來推導效用函數 $U(x, y)$ 的邊際效用 MU_x 與 MU_y 的值。[3] 當消費者購買商品組合 (x, y) 的效用函數是 $U = \sqrt{xy}$，邊際效用為 $MU_x = \sqrt{y}/(2\sqrt{x})$ 與 $MU_y = \sqrt{x}/(2\sqrt{y})$。所以，在籃 A ($x = 2$ 與 $y = 8$)，$MU_x = \sqrt{8}/(2\sqrt{2}) = 1$ 與 $MU_y = \sqrt{2}/(2\sqrt{8}) = 1/4$。

邊做邊學習題 3.1 所示為效用函數 $U = \sqrt{xy}$ 是否滿足多就是好的假設，以及商品的邊際效用是否遞減。由於消費者偏好具有合理的特性，我們通常利用此效用函數來說明消費者偏好理論的概念。

邊做邊學習題 3.1

邊際效用

讓我們來觀察一效用函數能夠符合多就是好的假設，及邊際效用遞減法則。假設消費者對食物與衣服的偏好以效用函數 $U = \sqrt{xy}$ 表示，其中 x 是食物數量，y 是衣服數量。x 與 y 的邊際效用可以下式表示：$MU_x = \sqrt{y}/(2\sqrt{x})$ 與 $MU_y = \sqrt{x}/(2\sqrt{y})$。

問題

(a) 請說明效用函數符合多就是好的假設。
(b) 請說明食物的邊際效用遞減，也證明衣服的邊際效用遞減。

解答

(a) 當檢視效用函數時會發現，當 x 或 y 增加時，U 也會隨之增加。這表示消費者喜歡多消費兩商品中的任一商品。注意我們藉檢視邊際效用 MU_x 與 MU_y 時也會發現每項商品多就是好，因為 x 和 y 的平方根始終為正 (所有的平方根都大於零)。這意味消費者購買愈來愈多食物及/或衣服時，消費者的效用水準始終增加。
(b) 在邊際效用函數，隨著分母值的增加 (假設分子固定)，邊際效用遞減。因此，MU_x 和 MU_y 均遞減。

類似習題：3.3

邊做邊學習題 3.2 指出決定商品的邊際效用是否為正的兩種方法。第一，你可以觀察總效用函數。若總效用隨著商品消費數增加而

---

[3] 數學附錄中的邊做邊學習題顯示如何推導本例的 MU_x 和 MU_y。

增加,邊際效用為正。第二,你可觀察邊際效用看它是否為正。當邊際效用為正數,總效用隨商品消費數量增加而增加。

邊做邊學習題 3.2

邊際效用沒有遞減

有些效用函數符合邊際效用並未遞減,但多就是好的假設。假設消費者購買漢堡與沙士的效用函數是 $U = \sqrt{H} + R$,其中 H 是漢堡消費數量和 R 是沙士消費數量。邊際效用分別為

$$MU_H = \frac{1}{2\sqrt{H}}$$

$$MU_R = 1$$

問題

(a) 消費者對每一種商品是否相信多就是好?
(b) 消費者的漢堡邊際效用是否遞減?沙士的邊際效用是否遞減?

解答

(a) 當 H 或 R 增加時 U 會增加。因此每種商品必須符合多就是好的假設。同時,MU_H 與 MU_R 均為正,再一次證明偏好的確符合多就是好的。

(b) 當 H 增加時,MU_H 下跌,因此消費者對漢堡的邊際效用遞減。然而,$MU_R = 1$ (不管 R 為多少),因此消費者有固定的 (而非遞減) 的沙士邊際效用,MU_R。(亦即,消費者購買另一罐沙士時,他的邊際效用始終增加相同幅度。)

無異曲線

要說明消費者選擇所面臨的取捨,我們可以將布蘭登的效用函數三度空間圖形,簡化成如圖 3.4 的二度空間圖形,如圖 3.5 所示。兩個圖形都代表相同效用函數 $U = \sqrt{xy}$。在圖 3.5 的每一個等高線都代表一籃商品帶給布蘭登相同的滿足程度。每一個等高線都稱為**無異曲線** (indifference curve),因為在無異曲線上的任一商品組合都帶給布蘭登相同的滿足程度 (或選擇無差異)。例如,布蘭登對籃 A,B 和 C 的消費同樣滿足,因為三籃商品都在同一無異曲線上,效用水準 $U = 4$ (比較圖 3.4 與 3.5 觀察同樣效用函數在 $U = 4$ 時的二度空間與三度空間圖形),圖 3.5 有時稱為無異曲

無異曲線 連結所有相同滿足程度的消費籃的曲線。

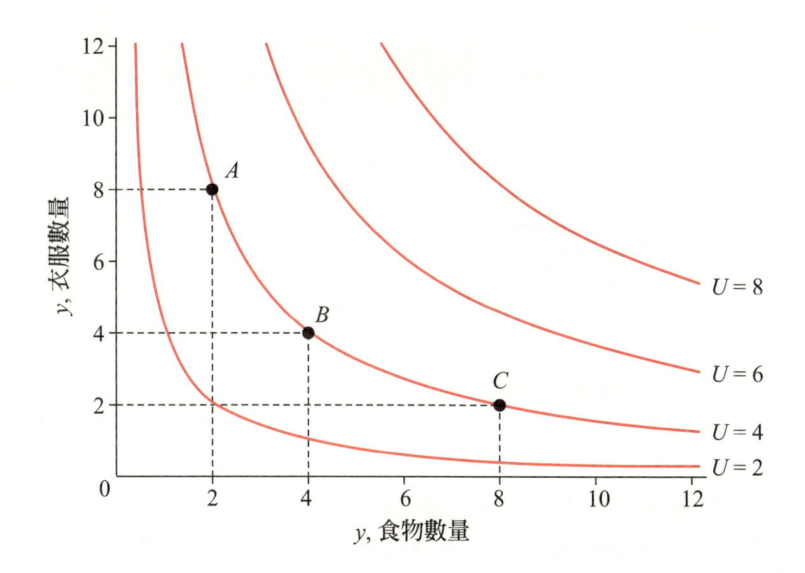

圖 3.5　效用函數 $U=\sqrt{xy}$ 的無異曲線

圖形闡明無異曲線，亦即，無異曲線上的效用是固定的。無異曲線上任一商品組合的效用水準都相同。例如，消費者購買籃 A，B 和 C 是無差異的，因為它們的效用水準都相同 ($U = 4$)。

線圖譜 (indifference map)，因為它是許多無異曲線的集合。

　　無異曲線圖譜的無異曲線有四個特性：

1. 當消費者喜歡兩個商品 (即，MU_x 和 MU_y 均為正)，無異曲線會有負斜率。
2. 無異曲線不能相交。
3. 每一籃消費商品只能在唯一一條無異曲線上。
4. 無異曲線並不"厚"。

我們將詳細討論這四個特性。

1. 當消費者喜歡兩個商品 (即，MU_x 與 MU_y 皆為正數) 時，無異曲線斜率為負。觀察圖 3.6 的圖形。假設消費者最近選籃 A。由於消費者喜歡這兩種商品，任何商品組合在點 A 的北方、東方或東北方皆比點 A 好。我們在圖形上以箭頭表示偏好的方向。箭頭指向東方，反映出 $MU_x > 0$。箭頭指向北方反映出 $MU_y > 0$。
　　位於籃 A 東北方或西南方的點不可能與 A 在同一條無異曲

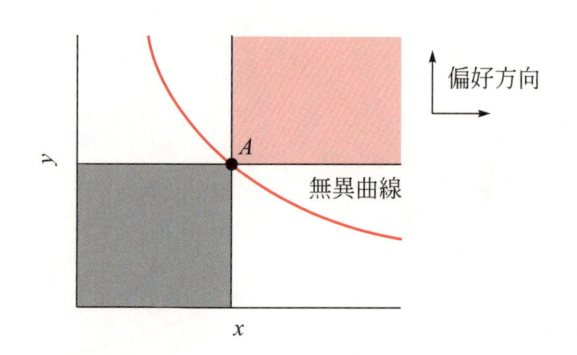

圖 3.6　無異曲線的斜率

假設消費者喜歡商品 x 和 y ($MU_x > 0$ 和 $MU_y > 0$)。如果是這樣，消費者會偏好多些 y 與多些 x。所以，無異曲線有負斜率。位於 A "東北方" 的點不會與 A 在同一條無異曲線上，因為它們都比 A 好。"＋" 的符號代表這個區域的商品組合都比 A 好。位於 A "西南方" 的點也不會和 A 在同一條無異曲線上，因為 A 都比它們好。"－" 的符號代表這區域的商品組合都比 A 更差。因此，要和 A 一樣好的商品組合必定位於 A 的 "西南方" 與 "東南方"。因此，通過點 A 的無異曲線斜率為負。

線上，因為它們都比 A 好或比不上 A。因此，和籃 A 在同一條無異曲線上的其它商品組合，必定是在點 A 的西北方或東南方。這表示當兩個商品邊際效用為正時，無異曲線的斜率為負。

2. **無異曲線不能相交。** 要瞭解為什麼，檢視圖 3.7。兩條無異曲線 (效用水準 U_1 和 U_2) 相交會發生邏輯不一致的現象。籃 S 比位於 U_2 的籃 T 要好，因為 S 位於 T 的東北方；因此，$U_1 > U_2$。同樣地，位於 U_2 的籃 R 也比位於 U_1 的籃 Q 要好 (R 位於 Q 的東北方)；因此，$U_2 > U_1$。很明顯地，$U_1 > U_2$ 與 $U_2 > U_1$ 不可能同時成立。因為 U_1 與 U_2 相交會產生邏輯不一致性；所以，無異曲線一定不會相交。

3. **每一籃消費商品只能位於唯一一條無異曲線上。** 這是從無異曲線不能相交的特性而來。在圖 3.7，籃 A 位於兩條無異曲線 (U_1 和 U_2) 相交之處，只有兩條無異曲線相交才可能出現一籃商品位於兩條無異曲線上。因為無異曲線不能相交，每一個消費籃必定位於單一無異曲線上。

4. **無異曲線不 "厚"。** 要知道為什麼以圖 3.8 說明，有一厚的無異曲線通過籃 A 與籃 B。因為 B 位於 A 的東北方，B 的效用水準

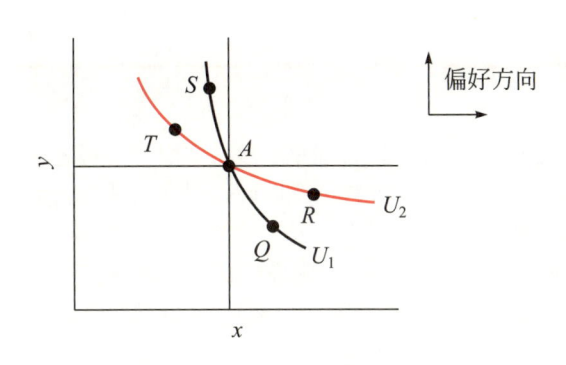

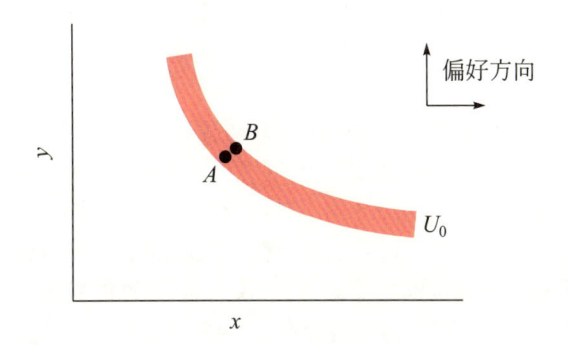

圖 3.7　無異曲線不能相交

假設有兩條無異曲線 (U_1 與 U_2) 相交，那麼會發生邏輯不一致的情形。因為 S 位於 T 的東北方，所以 $U_1 > U_2$。但 R 在 Q 的東北方，所以 $U_2 > U_1$。如果無異曲線相交，邏輯不一致就會發生 ($U_1 > U_2$ 與 $U_2 > U_1$)。

圖 3.8　無異曲線不"厚"

厚的無異曲線，是指籃 A 與籃 B 位於同一無異曲線上。但是 B 位於 A 的東北方，B 的效用會比 A 的效用高。因此，A 與 B 不可能在同一無異曲線上。

會高於 A 的效用水準。因此，A 與 B 不可能在同一條無異曲線上。

邊際替代率

消費者願意以一個商品替代另一個商品而維持滿足程度不變時，稱為**邊際替代率** (marginal rate of substitution)。例如，消費者的漢堡對檸檬水邊際替代率是在相同的滿足程度下，消費者願意放棄多少杯檸檬水以多消費一個漢堡。

當兩個商品有正的邊際效用，負斜率的無異曲線說明消費取捨的重要經濟觀念。想要瞭解為什麼，考慮圖 3.9 艾力克每週消費漢堡與檸檬水數量的無異曲線 U_0。當艾力克從任何一籃出發，如籃 A，到相同滿足程度的一籃，如籃 B，如果消費者想要多消費一個商品 (漢堡) 而又要停留在同一條無異曲線上，則她必須放棄其它商品 (即檸檬水數量) 的消費數量。無異曲線任何一點的斜率 (該點切線的斜率) 是 $\Delta y/\Delta x$ —— y 的變動率除以 x 的變動率。但這正是艾力克漢堡對檸檬水的邊際替代率——為了多得到漢堡 (Δx) 所放棄檸檬水的數量 (Δy)。

邊際替代率　在效用水準不變下，消費者為了多得到一商品而放棄另一商品的比率。

範例 3.1

影響你的偏好

消費者行為理論假設消費者無異曲線是外在決定，且在分析時固定不變。然而，消費者偏好會隨時間經過而有所變動。消費者嗜好會因年齡、教育程度或經驗不同而改變。某些針對消費者購買商品與服務行為所設計的活動可能也會改變消費者偏好。

廠商通常會支付一大筆金額來做廣告，企圖改變消費者偏好。例如，1998 年超級盃 (美式足球賽) 的電視轉播，NBC (國家廣播公司) 平均每 30 秒廣告時間可以賣到 $130 萬。為什麼廣告時間值這麼多錢？無論比賽結果如何，超級盃的收視率是無庸置疑的。收視率高，表示廣告所散佈的訊息可深入每一個家庭。在 1998 年的閉幕賽，丹佛野馬隊與綠灣包裝人隊在美國國家足球聯盟 (NFL) 冠軍戰中的比數非常接近。比賽的刺激吸引廣大群眾收看電視轉播。平均有超過 4 千 4 百萬家庭收看超級盃冠軍決賽。

廠商願意贊助 2001 年超級盃支付的廣告費用持續增加。在 2001 年超級盃，哥倫比亞廣播公司 (CBS) 每 30 秒電視廣告平均售價是 $240 萬。在一較困難的經濟環境下，2004 年廣告價格下跌至 $2 百萬左右。

政府與利益團體也能夠影響消費者偏好。例如，政府可以要求生產廠商在產品上標識消費商品可能導致的危險。或是私立機構也可發佈警語，如美國癌症協會在 1953 年發表抽菸導致癌症的報導。政府也可能禁止某種產品的促銷活動，如聯邦傳播委員會在 1968 和 1970 年，要求每四個促銷香菸的廣告必須搭配一則反菸廣告。一項針對政府政策對美國香菸產業的衝擊研究指出，這兩項政策對消費者香菸需求的減少有顯著的影響。[4]

例如，艾力克無異曲線在點 A 的斜率是 -5，這意謂在籃 A 消費水準，艾力克願意以 5 杯檸檬汁換取額外一個漢堡：因此檸檬汁對漢堡的邊際替代率在節點 A 為 5。在點 D，無異曲線的斜率是 -2：在此消費水準，艾力克的邊際替代率是 2——他願意只放棄二杯檸檬汁換取額外一個漢堡。

上述討論指出的 x 對 y 的邊際替代率 (以 $MRS_{x,y}$ 表示)，與無異曲線斜率有很清楚的關係。在圖中，商品 x 在橫軸而商品 y 在縱軸，任一籃商品的 $MRS_{x,y}$ 是通過該點無異曲線斜率的負數。

邊際替代率也可以表示成兩個商品邊際效用的比率。要瞭解為什麼，讓我們考慮無異曲線 U_0 上的一特定商品組合。假設消費者改變商品 x 與 y 的消費水準，變動幅度分別是 Δx 與 Δy。對總效用水準變動 ΔU 的衝擊為

---

[4] 請見 R. Porter, "The Impact of Government Policy on the U.S. Cigarette Industry," in Ippolito, P. and Scheffman, D., eds., *Empirical Approaches to Consumer Protection Economics* (Federal Trade Commission, Washington, D. C., 1984).

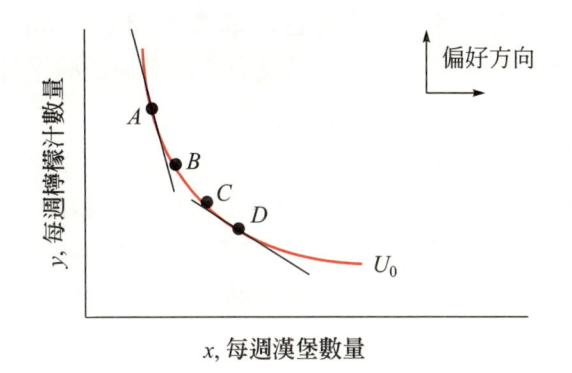

圖 3.9　x 對 y 的邊際替代率 ($MRS_{x,y}$)

商品 x 對 y 的邊際替代率 ($MRS_{x,y}$) 是假設效用水準不變，消費者願意放棄 y 來多消費 x 的比率。圖形 x 在橫軸 y 在縱軸，$MRS_{x,y}$ 是通過任一商品組合的無異曲線的斜率絕對值。無異曲線在點 A 的斜率是 -5，所以點 A 的 $MRS_{x,y} = 5$。無異曲線在點 D 的斜率是 -2。所以 $MRS_{x,y} = 2$。

$$\Delta U = MU_x(\Delta x) + MU_y(\Delta y)^5 \quad (3.4)$$

但一定是 $\Delta U = 0$，由於 x 與 y 的變動仍停留在相同的無異曲線 U_0 上，效用水準必須維持不變。所以 $\Delta U = 0$。$0 = MU_x(\Delta x) + MU_y(\Delta y)$ 可改寫成 $MU_y(\Delta y) = -MU_x(\Delta x)$。無異曲線的斜率 $\Delta y / \Delta x$ 可以表示成：

$$\left. \frac{\Delta y}{\Delta x} \right|_{\text{效用水準固定不變}} = -\frac{MU_x}{MU_y}$$

最後，因 $MRS_{x,y}$ 為無異曲線斜率 $(-\Delta y/\Delta x)$ 的負數，我們得到，

$$\left. -\frac{\Delta y}{\Delta x} \right|_{\text{效用水準固定不變}} = \frac{MU_x}{MU_y} = MRS_{x,y} \quad (3.5)$$

邊際替代率遞減

對許多 (並非所有) 商品而言，當 x 沿無異曲線增加時，$MRS_{x,y}$ 將遞減。要知道為什麼，再回到圖 3.9。在籃 A，為了多得一個漢堡，艾力克願意放棄 5 杯檸檬汁。這是合理的，因為在點 A，消費檸檬汁的數量較多，而漢堡消費數量較少。所以，我們預期 $MRS_{x,y}$ 很大。然而，如果艾力克移至籃 D，有較多的漢堡和較少的檸檬汁。他可能不願意放棄太多杯的檸檬汁以換取額外的漢堡。因此，籃 D 的 $MRS_{x,y}$ 會低於籃 A 的 $MRS_{x,y}$。上一小節已經知道籃 D 的 $MRS_{x,y}$ 等於 2，的確是小於籃 A 的 $MRS_{x,y}$。在這種情

---

[5] 你可能知道此方程式是效用改變的近似式。效用改變是由 x 與 y 同時變動 Δx 與 Δy 所引起。當 Δx 與 Δy 很小，此近似值會愈來愈正確。因為 x 與 y 的微小變動導致的邊際效用為固定的。

邊際替代率遞減
消費者偏好的一個特性，它說明沿著無異曲線移動，當增加一商品消費時該商品替代另一商品的邊際替代率。

況，艾力克的偏好呈現出 x 對 y 的**邊際替代率遞減** (diminishing marginal rate of substitu-tion)。換言之，當艾力克沿無異曲線增加商品 x 的消費時，x 對 y 的邊際替代率會逐漸減少。

邊際替代率遞減隱含無異曲線的形狀是什麼？x 對 y 的邊際替代率只是無異曲線斜率的負數。若消費者沿同一無異曲線增加 x 購買量，導致 $MRS_{x,y}$ 遞減，則無異曲線一定會愈來愈平坦 (負的愈小)。因此，$MRS_{x,y}$ 遞減，無異曲線會凸向原點，如圖 3.9 所示。

範例 3.2

人們如何買車：特性的重要

本章一開始討論當你決定購買汽車所面臨的不同選擇。其中一組重要的選擇與你可能購買的汽車特性有關。車子應該買大或小？應買大馬力或小馬力省油的車子？

換言之，當你買汽車，實際上你是購買一堆車子的特性。當消費者買車時常詢問那些問題都是瞄準汽車的特性車子的操控性如何？每小時從 0 到 60 哩加速需要多少時間？哩程數如何？是否有空調？)。當消費者報導 (Consumer Reports) 評比汽車時，他們會將不同廠牌的車子分別評比每輛汽車特性的品質。

正如同我們藉著商品的效用函數來建構消費者選擇理論，我們也可以藉著商品特性的效用函數來建構同一商品不同種類特性 (如汽車) 的消費者選擇。譬如，消費者從不同廠牌汽車所得到的滿足程度可以由此不同廠牌汽車的重要特性，如馬力哩程數，行李箱空間等。[6] 以特性為基礎的消費者選擇研究通常被市場研究者用在公司企圖預測新產品的市場。正如同多種商品效用函數中不同商品間的邊際替代率，以特定商品不同特性的效用函數中的邊際替代率也可適用於不同特性。

Nestor Arguea、Cheng Hsiaso 和 Grant Taykor (AHT) 利用實際汽車價格來研究美國的汽車市場，他們估計汽車特性價格。[7] 特性價格的討論是屬於進階的計量課程，因此我們不會詳細討論 AHT 方法的細節。大致說，特性價格是某特定商品特性的邊際效用。[8] 基於這種認知，兩種不同汽車特性，如馬力與哩程數的特性價格代表一般消費者這些特性的邊際替代率。

根據 AHT 的估計，在 1969 年一典型汽車消費者馬力對哩程數的邊際替代率是 0.264。這意謂一典型消費者願意放棄 0.264 的馬力來換取額外每加侖汽油省一哩。(從實際角度觀察，放棄馬力意味購買較小引擎的汽車，如無法像大馬力車子般加速的車子。) 相反地，在 1986 年，馬力對哩程數的邊際替代率為 1.4，隱含一典型消費者在 1986 年願意放棄 1.4 匹馬力以換取額外每加侖省一哩。

---

[6] 效用函數也包括 "類別" 特性，如汽車類別 (跑車和轎車) 或品牌名稱(福特和雪佛蘭)。

[7] N. M. Arguea, C. Hsiao, and G. A. Taylor, ''Estimating Consumer Preferences Using Market Data-An Application to U. S. Automobile Demand,'' *Fournal of Applied Econometrics*, 9 (1994). pp.1-18.。

[8] 研究者利用實際價格為產品特性函數的資訊來估計特性價格。

第 3 章　消費者偏好與效用的概念　93

這些估計值顯示隨著時間經過，消費者對汽車特性偏好的不同。在 1960 年代，當油價較便宜時，對許多美國人而言，哩程數並非一重要產品特性。因此汽車購買者不願意犧牲引擎的表現來得到較佳的哩程數。然而，在 1973 年和 1979 年的石油危機，除油價的上漲，消費者在買車時對汽油的哩程數變得較敏感。一典型消費者比較願意犧牲引擎表現來換取每加侖可跑更多哩程的事實，一點也不令人驚訝。

邊做邊學習題 3.3

$MRS_{x,y}$ 遞減無異曲線

假設消費者對兩種商品的偏好，可以效用函數 $U = xy$ 表示。邊際效用是 $MU_x = y$ 與 $MU_y = x$。[9]

問題

(a) 請在圖形上繪出效用水準為 $U_1 = 128$ 的無異曲線。然後回答下列問題：

1. 無異曲線是否與兩座標軸相交？
2. 無異曲線形狀是否隱含 $MRS_{x,y}$ 遞減？

(b) 在同樣圖形上，請畫出 $U_2 = 200$ 的無異曲線。請說明 $MRS_{x,y}$ 是 x 與 y 的函數，並利用這資訊來決定邊際替代率是否遞減。

解答

(a) 為了要畫出效用函數 $U = xy$ 的效用水準 $U_1 = 128$ 的無異曲線，我們將點描出——例如，點 $G(x = 8, y = 16)$，點 $H(x = 16, y = 8)$，和點 $I(x = 32, y = 4)$——然後再以平滑曲線將點連結，圖 3-10 顯示此一無異曲線。

無異曲線 U_1 是否與橫軸或縱軸相交？因為 U_1 為正，x 與 y 必須皆為正 (假設消費者對商品購買量皆為正)。如果 U_1 與 x 軸相交，則 y 值為零；同樣地，若 U_1 與 y 軸相交，則 x 值為零。若 x 或 y 值為零則 U_1 也會等於零，而非 128。因此，無異曲線並不會與兩個座標軸相交。

圖 3.10 說明無異曲線是凸向原點；因此，對應 U_1，$MRS_{x,y}$ 遞減。

(b) 圖 3-10 也指出無異曲線 $U_2 = 200$ 是在 $U_1 = 128$ 的右上方。

注意當 x 與 y 皆為正數時，MU_x 與 MU_y 皆為正。因此，無異曲線為負斜率。這意謂消費者沿無異曲線增加 x 消費時，y 的消費量會減少。因為 $MRS_{x,y} = MU_x/MU_y = y/x$，我們知道 $MRS_{x,y} = MU_x/MU_y = y/x$。當我們沿無異曲線移動來增加 x 與減少 y 時 $MRS_{x,y} = y/x$ 將遞

---

[9] 想要瞭解如何從效用函數推導邊際效用，你可以利用數學附錄邊做邊學習題 A.7 的微分。

圖 3.10 $MRS_{x,y}$ 遞減的無異曲線形狀
這圖形是畫出效用函數 $U = xy$，邊際替代率 $MRS_{x,y} = y/x$。在籃 G 的 $MRS_{x,y}$ 是 $16/8 = 2$；因此，無異曲線在點 G 的斜率是 -2。在籃 I 的 $MRS_{x,y}$ 是 $4/32 = 1/8$；所以，無異曲線在點 I 的斜率是 $-1/8$。因此，對應 U_1（及對應 U_2）當 x 增加時，$MRS_{x,y}$ 遞減，無異曲線凸向原點。

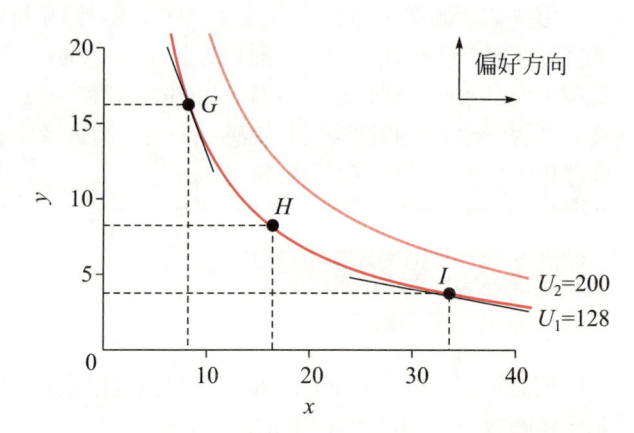

減。所以，$MRS_{x,y}$ 受 x 與 y 的影響，我們得到 x 對 y 的邊際替代率遞減。

類似問題：3.7, 3.8

邊做邊學習題 3.4 是邊際替代率遞增的無異曲線。這種無異曲線在理論上成立，但實務上並不會存在。

邊做邊學習題 3.4

$MRS_{x,y}$ 遞增無異曲線

在這個習題，我們要學習一效用函數有遞增的邊際替代率。

問題 假設消費者在兩項商品 (x 和 y) 的偏好可以效用函數 $U = Ax^2 + By^2$ 表示，其中 A 與 B 都是常數且大於零。邊際效用分別是 $MU_x = 2Ax$ 與 $MU_y = 2By$。請證明 $MRS_{x,y}$ 是遞增的。

解答 由於 MU_x 和 MU_y 都是正的，無異曲線斜率為負。這表示沿無異曲線增加 x，y 會減少。我們知道 $MRS_{x,y} = MU_x/MU_y = (2Ax)/(2By) = Ax/By$。這意味當我們沿相同無異曲線增加 x 和減少 y 時，$MRS_{x,y}$ 會增加。所以我們有遞增的 x 對 y 的邊際替代率。圖 3.11 描繪這種效用函數的無異曲線。由於 $MRS_{x,y}$ 遞增，無異曲線凹向原點。

類似問題：3.7, 3.8

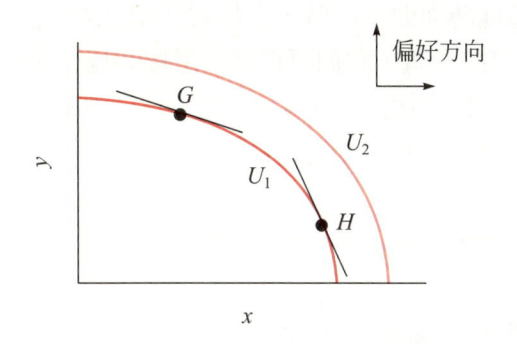

圖 3.11　$MRS_{x,y}$ 遞增的無異曲線的形狀
如果 $MRS_{x,y}$ 在籃 H 比籃 G 要高，則無異曲線斜率在點 H 比點 G 負 (陡) 得更大。因此，遞增的 $MRS_{x,y}$，無異曲線會凹向原點。

特殊效用函數

消費者願意以一商品替代另一商品必須視商品本身而定。例如，消費者可能視可口可樂與百事可樂為完全替代，且願意用一罐可口可樂替代一罐百事可樂。若果真如此，可口可樂對百事可樂的邊際替代率一定是常數且等於 1，而非遞減。有時消費者並不願意以一商品替代另一商品。例如，消費者總是希望有一盎斯的花生醬與一盎斯的果醬塗在三明治上，而不願用其它比例的花生醬及果醬塗在三明治上。要說明這些事例，需要有特殊的效用函數。這裡將討論四種：效用函數在完全替代的例子及完全互補的例子，柯布-道格拉斯效用函數及準線性效用函數。

完全替代

在某些情況下，消費者視兩個商品為**完全替代** (perfect substitutes)。當兩商品間的邊際替代率固定時，此二商品是完全替代的關係。例如，假設大衛喜歡奶油 (B) 與植物性奶油 (M)，且其總是使用一磅的奶油替代一磅的植物性奶油。所以 $MRS_{B,M} = MRS_{M,B} = 1$。我們以利用效用函數如 $U = aB + aM$，其中 a 是常數且為正，代表這種偏好。(由於效用函數，$MU_B = a$ 與 $MU_M = a$。同時 $MRS_{B,M} = MU_B/MU_M = a/a = 1$。無異曲線的斜率會是常數且等於 -1。)

一般而言，完全替代的無異曲線是直線且其邊際替代率是固定常數，雖然並不必然等於 1。例如，假設消費者喜歡薄煎餅 (pancake) 與鬆餅 (waffle)，且通常願意以二塊薄煎餅來替代一個鬆餅。這種偏好的效用函數可寫成 $U = P + 2W$，其中 P 是薄煎餅的數量及 W 是鬆餅的數量。由於這種偏好 $MU_P = 1$ 與 $MU_W = 2$，

完全替代(消費)
兩商品間的邊際替代率是固定的；因此，無異曲線為直線。

每一個鬆餅的邊際效用是二塊薄煎餅。同時，邊際替代率 $MRS_{P,W}$ = MU_P/MU_W = 1/2。根據這些資訊，我們可以畫出怎樣的無異曲線？圖 3.12 繪出兩條無異曲線。因為 $MRS_{P,W}$ = 1/2，在橫軸是 P 與縱軸為 W 的圖形，無異曲線的斜率是 $-1/2$。

範例 3.3

偏好測試

如果你看電視廣告，你可能會以為啤酒是高度異質化產品，且多數消費者強烈偏好某一品牌，並有品牌忠誠度。為了確定啤酒間有差異，並非所有的啤酒售價都一樣，但啤酒品牌差異是否大到售價提高而不會損失大部分的客戶？

在觀察美國的啤酒產業，Kenneth Elzinga 看到，"許多研究指出，在遮蓋啤酒品牌標誌的測試下，大多數喝啤酒的人無法分辨啤酒的品牌。"他同時注意到啤酒廠花費 "相當多資源與人才來促銷啤酒間實質或虛擬的差異。"最後，Elzinga 建議，儘管啤酒廠努力區隔自己的產品與競爭者產品的差異，大部分消費者願意在品牌間替換，特別是其中一品牌提高啤酒售價時。[10]

Elzinga 的分析並非建議所有消費者都認為啤酒各品牌間是完全替代。然而，當消費者並非對某一品牌有強烈偏好時，品牌 A 對品牌 B 的邊際替代率可能近乎固定，且接近 1，理由是消費者會放棄一罐品牌 A 的啤酒，來換取品牌 B 的啤酒。

完全互補

在某些情況，消費者可能不願意以一項商品替代另一商品。圖 3.13 說明消費者對左腳球鞋與右腳球鞋的偏好。消費者買鞋時

圖 3.12 完全替代的無異曲線

假設消費者喜歡薄煎餅與鬆餅，其效用函數 $U = P + 2W$，消費者會以二塊薄煎餅來完全替代一個鬆餅。$MRS_{P,W}$ = 1/2，且無異曲線是直線且斜率等於 $-1/2$。

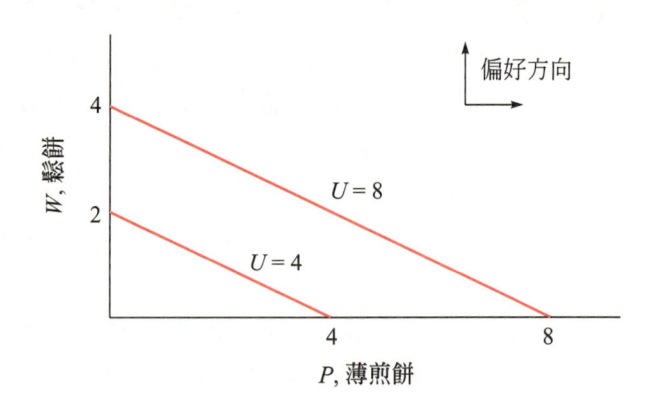

---

[10] K. Elzinga, "The Beer Industry," in Adams, W., *The Structure of American Industry*. 8th ed. (New York: MacMillan Publishing Company, 1990)

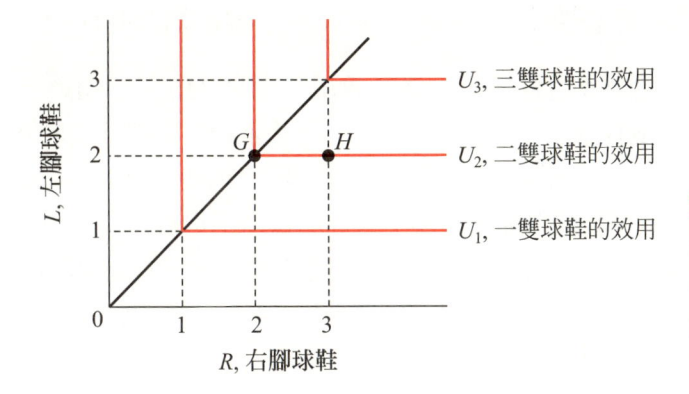

圖 3.13　完全互補無異曲線的形狀
消費者想要一隻左腳鞋配一隻右腳鞋。例如，在籃 G，其 2 隻左腳與 2 隻右腳鞋的效用，移到籃 H，2 隻左腳與 3 隻右腳鞋，並不會增加。

希望是成雙的，一隻左腳與一隻右腳。完整的一雙球鞋會帶給消費者滿足，但多一隻右腳球鞋或多一隻左腳球鞋並不會多帶來額外的效用。這種情況下的無異曲線是垂直的直線，如圖 3.13 所示。

圖 3.13 的消費者偏好視左腳鞋與右腳鞋是消費上**完全互補** (perfect complements)。完全互補是消費者願意以固定比例消費商品；在這個例子，左腳球鞋與右腳球鞋的固定比例是 1：1。[11]

完全互補效用函數——在這個案例，左腳鞋 (L) 及右腳鞋 (R)——為 $U(R, L) = 10 \min(R, L)$，其中符號 "min" 是指 "從括弧內兩數字取最小值"。例如，在籃 G，$R = 2$ 與 $L = 2$；所以 R 與 L 的極小值是 2，且 $U = 10(2) = 20$。在籃 H，$R = 3$ 與 $L = 2$；所以 R 與 L 的極小值仍是 2，且 $U = 10(2) = 20$。這個表示籃 G 與籃 H 在同一無異曲線上，U_2（其中 $U_2 = 200$）。

完全互補 (消費)
消費者始終以固定比率消費兩種商品。

柯布-道格拉斯效用函數

效用函數 $U = \sqrt{xy}$ 與 $U = \sqrt{xy}$ 都是**柯布-道格拉斯效用函數** (Cobb-Douglas utility function) 的例子。就兩項商品而言，柯布-道格拉斯效用函數的一般式可以寫成 $U = Ax^\alpha y^\beta$，其中 A，α 與 β 是常數且大於 0。[12]

柯布-道格拉斯效用函數　一型式為 $U = AX^\alpha Y^\beta$ 的函數，其中 U 衡量消費者購買 x 單位與 y 單位商品的效用。A, α, β 皆為常數且大於零。

---

[11] 固定比例的效用函數有時稱做李昂鐵夫效用函數 (Leontief utiliey function)，以經濟學家李昂鐵夫 (Wassily Leontief) 為名。李昂鐵夫曾以固定比例的生產函數來建構總體經濟不同部門的生產關係。我們將在第 6 章討論李昂鐵夫生產函數。

[12] 這種型態的效用函數是以安赫斯學院數學家柯布 (Charles Cobb) 與芝加哥大學經濟學教授道格拉斯 (Paul Douglas) 為名 (道格拉斯稍後成為伊利諾州參議員)。這種函數形式通常用在描繪生產函數，我們將在第 6 章生產理論看到。柯布-道格拉斯效用函數很容易推展至兩個以上的商品。例如，三個商品的效用函數可以描述成 $U = Ax^\alpha y^\beta z^\gamma$，其中 z 代表第三個商品的數量，且 A，α，β，與 γ 都是常數且大於零。

在研究消費者選擇時柯布-道格拉斯效用有三項重要的特性。

- 兩個商品的邊際效用皆爲正。邊際效用分別是 $MU_x = \alpha A x^{\alpha-1} y^{\beta}$ 和 $MU_y = \beta A x^{\alpha} y^{\beta-1}$；因此，當 α，β 與 A 皆爲常數且大於 0 時，MU_x 與 MU_y 皆爲正。這符合 "多就是好" 假設。
- 因爲兩個商品邊際效用都大於零，無異曲線斜率爲負。
- 柯布-道格拉斯效用函數也呈現邊際替代率遞減。無異曲線因此凸向原點，如圖 3.10 所示。本章末問題 3.14 是要證明此效用函數的邊際替代率遞減。

準線性效用函數

準線性效用函數

效用函數中至少有一個商品的消費是線性而另外的商品是非線性函數。

準線性效用函數 (quasi-linear utility function) 的特性通常可以簡化分析。此外，研究指出在許多環境下可以合理地描述消費者偏好。例如，我們在第 5 章將看到，準線性效用函數可以描述消費者偏好，具有購買相同商品數量 (如牙膏或咖啡) 且不論所得水準是多少的無異曲線。

圖 3.14 所示爲準線性效用函數的無異曲線。準線性效用函數的重要特性是當我們固定商品數量，使無異曲線往北移動時，x 對 y 的邊際替代率都會相同。亦即，在任一商品 x 數量下，無異曲線的斜率都是一樣，無異曲線彼此間是平行的。

準線性效用函數型式是 $U(x, y) = v(x) + by$，其中 b 爲正的常數且 $v(x)$ 是 x 的遞增函數——亦即，隨著 x 的增加，$v(x)$ 也增加 [即，$v(x) = x^2$ 或 $v(x) = \sqrt{x}$]。效用函數，對 y 而言是線性的，但對 x 不是線性，這就是爲什麼稱爲準線性的原因。

圖 3.14 準線性效用函數的無異曲線

準線性效用函數型式是 $U(x, y) = v(x) + by$，其中 $v(x)$ 是 x 的遞增函數且 b 是常數。無異曲線爲平行。對任一 x (如 x_1)，所有無異曲線的斜率都一樣。(即籃 A，B 與 C 的無異曲線斜率皆相同。)

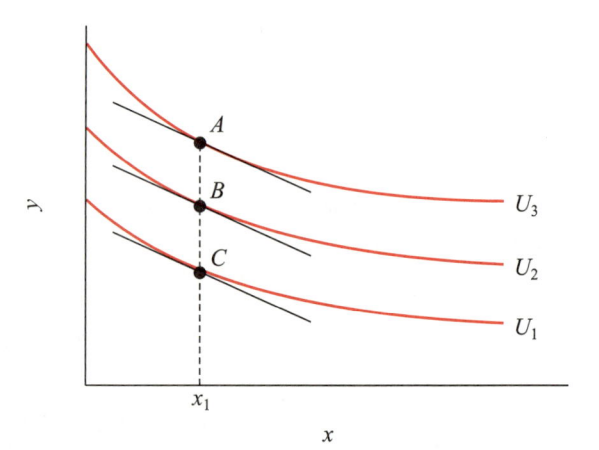

範例 3.4

呼拉圈與石頭寵物

單一消費者偏好會受一時狂熱的影響，一時的狂熱是指商品或服務在短期間內廣泛受到市場注意，且為大眾狂熱追逐。在上一個世紀，消費者狂熱追逐的商品之一就是呼拉圈，在 1957 年由 Wham-O 發展出圓筒狀管子的塑膠圓圈，呼拉圈是以澳洲學童上體育課套在手腕上的竹環為設計籃本，且是以夏威夷的草裙舞中相同的動作為名。

雖然學童經常以滾動、拋擲，或旋轉方式來玩木環或金屬環，Wham-O 發現輕且耐用的塑膠呼拉圈特別受歡迎。當 Wham-O 在加州首度測試呼拉圈市場反應，呼拉圈大受消費者注目。在 1958 年的前幾個月，2 千 5 百萬個呼拉圈銷售一空。日本與歐洲消費者狂熱需求，使訂單額外增加 1 千萬個。在 1958 年末，狂熱追逐現象不再，Wham-O 公司則發展另一個新產品，飛士比 (Frisbee)。

當然，過去有許多消費者狂熱追逐現象發生。在 1975 年，Gary Dahl 創造石頭寵物 (Pet Rocks) 有別於傳統寵物，如狗、貓、與金魚。剛開始，石頭寵物只是一般石頭、臉部繪成寵物樣子。Dahl 建議他的作品是完全無瑕疵的寵物，因為它們不會弄髒家，行為乖巧，餵食費用

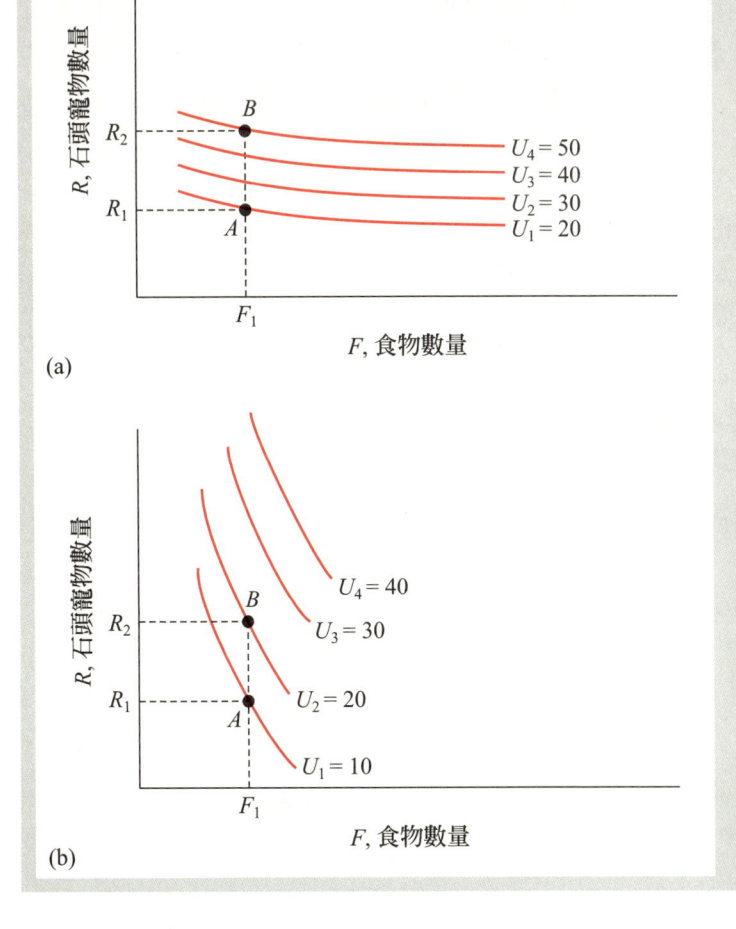

圖 3.15 狂熱追逐與偏好

在石頭寵物風靡時期，消費者購買更多的石頭寵物(從籃 A 到籃 B) 滿足程度會增加很多 (從無異曲線 U_1 到 U_4)，如圖 (a) 所示。當狂熱退燒，從籃 A 到籃 B，滿足程度只會增加一點 (效用水準從 U_1 到 U_2)，如圖 (b) 所示；消費者對石頭寵物興趣降低。無異曲線會隨興趣減少而變得更陡。

低，且毋需特別照顧。石頭寵物抓住消費者的想像力。Dahl 接受就在今夜節目兩次訪問，有關石頭寵物報導也屢見於報章雜誌。在狂熱退燒之前，已經賣出數以百萬計石頭寵物。最近狂熱現象出現，包括 1980 年代的椰菜娃娃 (Cabbage Patch Doll) 及 1990 年代的豆袋公仔 (Beanie Babies)。

狂熱會改變消費者偏好。例如，假設消費者只購買兩種商品，石頭寵物與食物。在狂熱追逐期間，如圖 3.15(a) 所示，當消費者購買更多數量的石頭寵物，消費者效用明顯提高 (即，改變其消費從籃 A 到籃 B)，無異曲線相對平坦。退燒之後，如圖 13.5(b) 所示，當消費者購買石頭寵物額外所增加的滿足程度有限 (亦即，良物對石頭寵物的邊際替代率增加)。注意在圖 (b) 無異曲線變得比較陡峭，消費者仍然對石頭寵物有興趣；若其喪失對石頭寵物的興趣，無異曲線變成垂直，無異曲線愈往右邊，滿足程度愈高。[13]

在本章，我們藉討論兩種商品的消費者偏好 (包括圖形) 來簡化分析。但前面的分析也適用在分析更複雜的消費者選擇問題，包括許多不同商品間的選擇。例如，本章最前面的預習部分提到，消費者購買汽車會考慮許多因素，包括汽車外觀、引擎馬力、省油程度、省油效率、可靠性、配備的選擇，及安全特性。利用本章發展的架構，我們瞭解消費者購買汽車的效用視汽車的特性而定。如範例 3.2 指出，消費者通常願意以汽車某種特性交換另一特性。

總 結

- 消費者偏好是假設購買成本為零時，消費者如何排列評比 (比較滿足程度) 任意兩種商品組合。在大多數情形下，消費者偏好會滿足三個基本假設：

  1. 偏好是完全的，所以消費者可排列所有商品組合。
  2. 偏好具遞移性，意思是若籃 A 比籃 B 好，籃 B 比籃 E 好，則籃 A 比籃 E 好。
  3. 多就是好，增加任一商品消費數量均能提高消費者滿足程度。

- 效用函數衡量消費任何商品組合的滿足水準。偏好是完全、遞移及多就是好的三個基本假設隱含偏好能以效用函數表示。
- 商品 x 的邊際效用 (MU_x) 是 x 消費數量增加引起總效用變動的比率 (**LBD 習題 3.1 和 3.2**)。
- 無異曲線是指消費任一組商品組合能得相同的滿足水準。無異曲線不能相交。若消費者喜歡商品 x 與 y (MU_x 與 MU_y 皆為正)，則無異曲線斜率為負。
- x 對 y 的邊際替代率 ($MRS_{x,y}$)，是在效用水準固定不變下，消費者願意放棄 y 以換取 x 的比

---

[13] 有關狂熱追逐現象更多的討論，請見 J. Stern and M. Stern, *Fane & Michael Stern's Encyclopedia of Pop Culture: an A to Z Guide of Who's Who and What's What, from Aerobics and Bubble Gum to Valley of the Dolls and Moon Unit Zappa* (New York: Harper Collins Publishers, 1992).

率。$MRS_{x,y}$ 是無異曲線斜率的負數 (**LBD 習題 3.3 與 3.4**)。
- 如果兩商品消費是完全替代，商品間的邊際替代率是固定常數，無異曲線是直線。
- 如果兩商品消費是完全互補，消費者會以固定比例同時消費兩商品，無異曲線是 L 型。
- 若效用函數為準線性 (例如，對 y 是線性，x 是非線性)，無異曲線彼此相互平行。在任一 x 數量下，無異曲線的斜率 (且因此 $MRS_{x,y}$) 都會相等。

複習題

1. 什麼是一籃 (或一個包裹) 商品？
2. 為什麼偏好具完全性假設意謂消費者能夠排列任何兩籃商品？
3. 回到圖 3.1，如果多就是好的假設成立，是否可以說七個漢堡是消費者最不喜歡的數量？
4. 請舉出偏好 (亦即，偏好的排列) 不符合遞移性假設的例子？
5. 多就是好的假設隱含邊際效用是正或負？
6. 序列排列與計數排列有何差異？
7. 假設消費者只購買一種商品：漢堡。同時假設她的邊際效用始終為正且遞減。請畫出總效用曲線的圖形，總效用水準在縱軸，漢堡數量在橫軸，請解釋你如何決定邊際效用。
8. 為什麼邊際效用與總效用不畫在同一圖形上？
9. 亞當消費兩種商品：食物與房子。
   (a) 假設我們已知亞當房子的邊際效用與食物的邊際效用。我們能否得到房子對食物的邊際替代率？
   (b) 假設我們有亞當房子的對食物的邊際替代率。我們是否可以知道房子的邊際效用與食物的邊際效用？
10. 假設一消費者只購買兩種商品，漢堡 (H) 與可口可樂 (C)。
    (a) $MRS_{H,C}$ 與邊際效用 MU_H 及 MU_C 的關係是什麼？
    (b) 請繪出無異曲線可以表示兩商品有正的邊際效用與邊際替代率遞減的特性。利用這個圖形，請解釋無異曲線與邊際替代率的關係。
    (c) 假設漢堡對可樂的邊際替代率是固定常數。在此情形，漢堡與可樂是完全替代或完全互補？
    (d) 假設消費者吃兩個漢堡總是搭配一罐可樂。請繪出無異曲線，在此情況下，漢堡與可樂是完全替代或完全互補？
11. 假設消費者目前購買 47 種不同商品，其中一項是房屋。房子的數量以 H 表示。請解釋為何在衡量房子的邊際效用 (MU_H) 的同時，要假設其它 46 項商品的消費水準固定。

問題

3.1 考慮單一商品的效用函數 $U(x)=3x^2$，其邊際效用為 $MU_x=6x$。請分別畫出效用與邊際效用二個圖形。此效用函數是否符合邊際效用遞減？請解釋。

3.2 吉米的熱狗效用函數為：$U(H)=10H - H^2$，$MU_H=10 - 2H$。
(a) 請分別畫出效用與邊際效用圖形。
(b) 假設吉米可以盡情地免費享用熱狗。以幾何和圖形顯示他停止吃熱狗的 H 值。

3.3 一效用函數 $U(x, y) = y\sqrt{x}$，其邊際效用 $MU_x = y/(2\sqrt{x})$ 與 $MU_y = \sqrt{x}$。
(a) 消費者是否相信兩商品都符合多就是好的假設？
(b) 商品 x 是否符合邊際效用遞減？商品 y 是否符合邊際效用遞減？

3.4 請就下列商品，畫出兩條無異曲線 U_1 與 U_2，$U_2 > U_1$ 將第一個商品畫在橫軸。
(a) 熱狗與辣肉醬 (消費者喜歡兩個商品，熱狗對辣肉醬的邊際替代率遞減)。
(b) 糖與代糖 (消費者喜歡兩商品，一盎斯糖與一盎斯代糖帶給消費者相同滿足程度)。
(c) 花生醬與果醬 (消費者喜歡 2 盎斯花生醬搭配 1 盎斯果醬)。
(d) 乾果 (消費者喜不喜歡都一樣) 與冰淇淋 (消費者喜歡)。
(e) 蘋果 (消費者喜歡) 與豬肝 (消費者不喜歡)。

3.5 考慮一效用函數 $U(x, y) = x - 2y^2$，$MU_x = 1$，$MU_y = -4y$。
(a) 請畫出一些無異曲線並指出效用增加的方向。
(b) 此函數違反三個基本假設中的那些假設？

3.6 茱莉與東尼消費兩種商品的效用函數如下：

$U^{茱莉} = (x + y)^2$，$MU_x^{茱莉} = 2(x + y)$，$MU_y^{茱莉} = 2(x + y)$。
$U^{東尼} = x + y$，$MU_x^{東尼} = 1$，$MU_y^{東尼} = 1$。

(a) 請畫出各個效用函數的無異曲線。
(b) 當其中一函數顯示籃 A 比籃 B 好，茱莉與東尼擁有相同的序列偏好。對不同 x 與 y 的商品組合而言，是否東尼與茱莉仍具有相同的序列偏好？

3.7 茱莉消費食物 F 與衣服 C 的效用函數 $U(F, C) = FC$，邊際效用 $MU_F = C$ 與 $MU_C = F$。
(a) 在一橫軸為 F，縱軸為 C 的圖形上，請畫出 $U = 12$，$U = 18$ 與 $U = 24$ 的無異曲線。
(b) 無異曲線形狀是否隱含邊際替代率遞減？請解釋之。
(c) 利用邊際效用，證明 $MRS_{F,C} = C/F$，在無異曲線 $U = 12$，有 2 單位食物與 6 單位衣服的組合時的斜率是多少？在 4 單位食物與 3 單位衣服的斜率是多少？無異曲線的斜率是否隱含邊際替代率遞減？(請確認 (b) 與 (c) 答案一致)。

3.8 珊蒂只消費漢堡 (H) 與奶昔 (M)。在籃 A，包含 2 個漢堡與 10 個奶昔，邊際替代率 $MRS_{H,M}$ 等於 8。在籃 B，包含 6 個漢堡與 4 杯奶昔，$MRS_{H,M}$ 是 1/2。籃 A 與籃 B 在同一無異曲線上。請繪出無異曲線，並利用 $MRS_{H,M}$ 的資訊來確定無異曲線的弧度可以正確地被畫出來。

3.9 詹姆士龐德喜歡他的伏特加馬提尼酒包括 10 份伏特加和 1 份苦艾酒。請在圖形的橫軸是伏特加酒數量與縱軸是苦艾酒數量，畫出兩條無異曲線 U_1 與 U_2，且 $U_2 > U_1$。

3.10 請畫出無異曲線來代表下列消費者的偏好。
(a) 我喜愛花生醬與果醬，從 1 盎斯花生醬額外得到的滿足水準與消費 2 盎斯果醬的滿足水準相同。
(b) 我喜愛花生醬，但對果醬則無所謂喜歡或不喜歡。
(c) 我喜愛花生醬，但不喜歡果醬。
(d) 我喜愛花生醬與果醬，但 2 盎斯花生醬一定要搭配 1 盎斯果醬。

3.11 齊瓦哥醫生只買食物 (F) 與衣服 (C) 兩種商品。兩者的邊際效用皆為正，而 $MRS_{F,C}$ 是遞增。請畫出齊瓦哥醫生的無異曲線，U_1 與 U_2，且 $U_2 > U_1$。

下列習題可讓你練習不同種類的效用函數與邊際效用，並協助你瞭解如何畫出無異曲線。

3.12 一效用函數 $U(x, y) = 3x + y$，且 $MU_x = 3$ 與 $MU_y = 1$。
(a) 多就是好的假設對 x 與 y 而言，是否成立？
(b) 當 x 消費數量增加時，x 的邊際效用是遞減、固定，或遞增？請解釋之。
(c) $MRS_{x,y}$ 等於什麼？
(d) 當消費者沿相同無異曲線以 x 替代 y 時，$MRS_{x,y}$ 是遞減、固定或遞增？
(e) 在一圖形的橫軸是 x 商品與縱軸是 y 商品，請繪出無異曲線 (雖然不用照尺度畫，但仍要精確畫出無異曲線的形狀，不算 $MRS_{x,y}$ 是否遞減)。同時，請標識無異曲線 U_1。指出是否和兩座標軸相交。
(f) 在同一圖形上，畫出第二條無異曲線 U_2，且 $U_2 > U_1$。

3.13 假設效用函數 $U(x, y) = \sqrt{xy}$，邊際效用分別是 $MU_x = y/(2\sqrt{x})$ 與 $MU_y = x/(2\sqrt{y})$，請回答問題 3.12 的所有問題。

3.14 假設效用函數 $U(x, y) = xy + x$，邊際效用分別是 $MU_x = y + 1$ 與 $MU_y = x$，請回答問題 3.12 的所有問題。

3.15 假設一效用函數 $U(x, y) = x^{0.4} y^{0.6}$，邊際效用分別是 $MU_x = 0.4(y^{0.6}/x^{0.6})$ 與 $MU_y = 0.6(x^{0.4}/y^{0.4})$。請回答問題 3.12 的所有問題。

3.16 假設一效用函數 $U(x, y) = \sqrt{x} + 2\sqrt{y}$，邊際效用分別是 $MU_x = 1/(2\sqrt{x})$ 與 $MU_y = 1/\sqrt{y}$。請回答問題 3.12 的所有問題。

3.17 假設一效用函數 $U(x, y) = x^2 + y^2$，邊際效用分別是 $MU_x = 2x$ 與 $MU_y = 2y$。請回答問題 3.12 的所有問題。

3.18 假設消費者偏好可以柯布-道格拉斯效用函數 $U = Ax^\alpha y^\beta$ 來表示，其中 A，α 與 β 皆為常數且大於零。邊際效用分別是 $MU_x = \alpha A x^{\alpha-1} y^\beta$ 與 $MU_y = \beta A x^\alpha y^{\beta-1}$。請回答問題 3.12 的所有問題。

3.19 假設消費者偏好可以準線性效用函數 $U(x, y) = 2\sqrt{x} + y$ 表示。邊際效用分別為 $MU_x = 1/\sqrt{x}$ 與 $MU_y = 1$。
(a) 就兩個商品而言，多就是好的假設是否成立？
(b) 當 x 消費數量增加時，商品 x 的邊際效用會遞減、固定不變或遞增？請解釋之。
(c) $MRS_{x,y}$ 如何表示？
(d) 當消費者沿相同無異曲線以 x 替代 y 時，$MRS_{x,y}$ 是遞減，固定不變或遞增？
(e) 在一圖形的橫軸是商品 x 與縱軸是商品 y，請畫出無異曲線 (雖然不用照尺度畫，但仍要精確畫出無異曲線形狀，不管 $MRS_{x,y}$ 是否遞減)。請指出無異曲線是否和兩座標軸相交。
(f) 請證明在 $x = 4$ 時，每一條無異曲線的斜率都相等。斜率等於多少？

3.20 請下列商品而言，請畫出無異曲線。
(a) 25 美分硬幣與一美元：消費者始終願意以 (美元換 4 個 25 美分硬幣)。
(b) 腳踏車架子與輪胎：消費者始終願意以 2 個輪胎配一副腳踏車架子。

3.21 柯布-道格拉斯效用函數的一種型式為 $U(x, y) = x^\alpha y^{1-\alpha}$，其中 $MU_x = \alpha x^{\alpha-1} y^{1-\alpha}$，$MU_y = (1-\alpha) x^\alpha y^{-\alpha}$。假設某人告訴你柯布-道格拉斯偏好的 $MRS_{x,y}$ 在 $x = 4$ 和 $y = 8$ 時好 4。請求出 α 值？

4 消費者如何做選擇

4.1
預算限制

4.2
最適選擇

4.3
合成商品的消費選擇

4.4
顯示性偏好

附錄
消費者選擇的數學分析

你應該買多少你喜歡的物品？

　　根據美國勞工統計局的資料，2001 年美國有 1 億零 7 百萬個家庭。每年平均稅後所得剛好超過 $44,600。家庭中的消費者面臨許多決定。所得中有多少金額拿來消費，與多少金額作為儲蓄？平均而言，其消費支出剛好超過 $41,400。她們也必須決定如何分配支出在各種不同的商品與服務，包括食物、房子、衣服、交通運輸工具、健康保險、娛樂，及其它項目。

　　當然，統計報告的平均值掩蓋因年齡、居住地、所得水準、婚姻狀況與家庭組成不同所造成消費型態的差異。表 4.1 會比較所有家庭與不同所得水準的支出型態。

　　非正式的檢視表 4.1 發現一些有趣的消費型態。低所得消費者傾向現在支出超過稅後所得，選擇在今天貸款而在未來償還。例如，家庭所得在 $20,000－$30,000 者，每年支出超過其稅後所得約 $4,700。相反地，家庭所得超過 $70,000 者，會將其稅後所得的四分之一做為儲蓄。表 4.1 同時指出大學學歷的消費者預期能夠賺取高額所得，這個事實會影響上大學的選擇。

消費者的決定對整個經濟與個別廠商和機構有深遠的衝擊。例如，消費者對交通運輸工具的支出影響汽車與航空業的資本預算和營運資金，以及相關項目如汽油和保險的需求。健康保險的支出水準不僅影響提供健保服務的私人單位，也會影響公共部門的政策，如老年醫療保健制度與醫療補助制度。

本章將發展消費者選擇理論，解釋消費者在所得有限的情形下如何分配選擇商品與服務。本章從第 3 章剩下的部分開始。在第 3 章，我們學習消費者選擇的第一個基石：消費者偏好。然而，消費者偏好單獨無法解釋為什麼消費者會做這種選擇。消費者偏好告訴我們，假設所有商品的"購買"不用成本，是否她偏好一特定商品與服務更甚於另外的商品組合。但是消費者必須支出金錢纔能買到商品與服務，且消費者面臨有限資源來購買這些東西。

本章預習　　在本章，你將

- 學習有關預算限制，可決定預算線──消費者以有限所得可購買的一籃商品與服務。
- 瞭解價格與所得改變如何影響預算線。
- 探討最適選擇，追求效用最大的商品與服務組合概念。
- 學習切點條件，可用來分辨最適與非最適商品與服務組合。
- 學習如何在不同條件下找出最適商品組合。
- 分析效用最大或支出最小的最適化。
- 利用真實世界合成商品概念的例子研究消費者選擇，現實世界的例子有：政府補貼(現金及折價券)，加入俱樂部，借貸，與數量折扣。
- 探討顯示性偏好的概念，學習如何從可觀察到的消費者選擇來萃取資訊以及瞭解消費者選擇是否符合效用極大化。

表 4.1　美國平均消費者支出，1999

	所有家庭	家庭所得 $20,000–$29,999	家庭所得 $40,000–$49,999	家庭所得 $90,000以上
家庭數目	$110,339,000	12,091,000	7,518,000	18,892,000
家庭平均人數	2.5	2.4	2.7	3.1
參考者年齡[a]	48	48.6	44.5	45.5
上大學百分比 (參考者)	56	47	64	50
稅前所得	$42,770	$24,561	$44,304	$139,168
稅後所得	$39,346	$23,544	$41,143	$123,165
每年平均支出	$36,267	$28,394	$40,379	$87,623
不同類別的每年支出				
食物	$4,921	$4,196	$5,671	$9,415
房子 (包括房屋、水電費、維修、裝潢與設備)	$11,843	$9,293	$12,268	$26,693
衣服與服務	$1,708	$1,441	$1,872	$4,236
運輸	$6,815	$5,404	$7,911	$14,768
健康保險	$1,931	$1,930	$2,051	$3,121
娛樂	$1,844	$1,277	$1,944	$4,690

來源：Bureau of Labor Statistics. Table 7050. *Income Before Taxes: Average Annual Expenditures and Characteristics*, Consumer Expenditure Survey, 1998-1999.

注意：

[a] 參考者：受訪者當被問到"請說出擁有房子或租房子的人名"所提到的第一個人。由此人與家庭其它成員關係決定。

4.1 預算限制

預算限制 (budget constraint) 定義成消費者利用其有限所得能夠購買所有商品與服務組合的集合。假設有一消費者艾力克只買兩種商品，食物與衣服。令 x 是每月購買食物的數量，與 y 是每月購買衣服的數量。P_x 是每單位食物的價格，P_y 為每單位衣服的價格。最後，為了簡化分析，假設艾力克每月所得是 I。

艾力克每個月食物總支出為 $P_x x$ (每單位食物價格乘以食物購買數量)。同樣地，每月衣服總支出為 $P_y y$ (每單位衣服價格乘以衣服購買數量)。

預算線 (budget line) 是指如果艾力克花費所有可支配所得在食物與衣服上，其所能夠購買這兩種商品的所有組合的軌跡。他可以寫成：

$$P_x x + P_y y = I \quad (4.1)$$

根據下列假設圖 4.1 所示為艾力克預算線的圖形：艾力克每月

預算限制　在有限所得下，消費者能購買的商品與服務組合。

預算線　消費者花光他或她的所得，能購買的商品與服務組合。

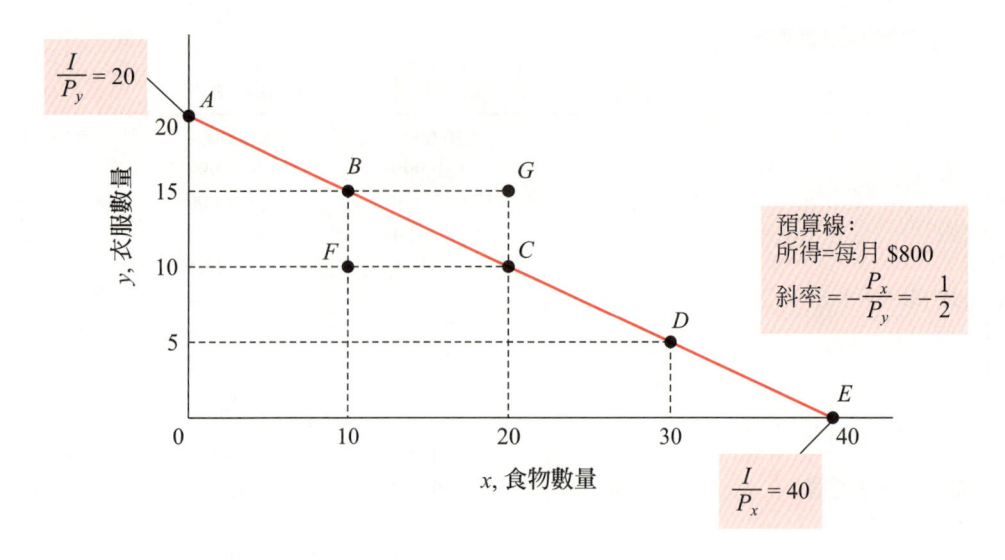

圖 4.1 預算線的例子

連結籃 A 與籃 E 的直線是艾力克的預算線，其中艾力克每月所得 $I = \$800$，食物價格 $P_x = \$20$，及衣服價格 $P_y = \$40$。預算線程式是 $P_x x + P_y y = I$，亦即，$20x + 40y = 800$。艾力克可購買任何在預算線上或預算線內的商品組合。商品組合 A，B，C，D 和 E 都在預算線上，因為這些是艾力克花費所有所得能夠購買的商品。他也能夠購買任何預算線內的商品組合，如籃 F 的預算為 600，10 單位食物與 10 單位衣服的總支出等於 \$600。然而，他不能購買預算線外的商品組合，如籃 G 的預算為 \$1,000，20 單位食物和 15 單位衣服的總支出是 \$1000，超過他的每月所得。

所得 $I = \$800$，每單位食物價格 $P_x = \$20$ 與每單位衣服價格 $P_y = \$40$。如果他將 \$800 用來購買食物，他最多可以購買 $I/P_x = 800/20 = 40$ 單位的食物。所以預算線橫軸的截距是 $x = 40$，同樣地，如果艾力克只買衣服，他最多可買 $I/P_y = 800/40 = 20$ 單位衣服。所以預算線縱軸的截距是 $y = 20$。

如圖 4.1 的解釋，艾力克的所得讓他能夠購買任何預算線上或預算線內的商品組合 (籃 A-F)，但他不能購買預算線外的商品組合，如籃 G。購買籃需要支出 \$1000，超過其每月所得。這兩組商品組合——艾力克可以及不可以購買——說明預算限制的意義。

由於預算線允許消費者購買線上和線內的商品組合，預算限制與式 (4.1) 的預算線有些不同。預算限制可寫成

$$P_x x + P_y y \leq I \tag{4.1a}$$

預算線斜率會透露什麼訊息？預算線的斜率是 $\Delta y/\Delta x$。假設艾力克在圖 4.1 的籃 B——即，消費 10 單位的食物 (x) 和 15 單位的

衣服 (y)——而他想要移至籃 C，為了要得到 10 單位食物 ($\Delta x = 10$) 他必須放棄 5 單位衣服 ($\Delta y = -5$)。我們可以看到，一般而言，因為食物是衣服價格的二分之一，艾力克必須放棄 1/2 單位的衣服以換取一單位的食物，且預算線斜率反映這個事實 ($\Delta y/\Delta x = -5/10 = -1/2$)。

因此，預算線的斜率告訴我們，為了得到額外一單位食物 (橫軸的商品)，他必須放棄衣服的數量 (縱軸的商品)。

注意，預算線的斜率是 $\Delta y/\Delta x = -P_x/P_y$。[1] 若商品 x 的價格是商品 y 價格的三倍，消費者必須放棄 3 單位 y 以多換取 1 單位 x，故斜率是 −3。若兩商品的價格相等，預算線的斜率等於 −1 ——消費者放棄 1 單位 y 來換取 1 單位 x。

所得改變如何影響預算線？

如前所述，預算線的位置取決於所得水準與購買商品的價格。你可能預期，當所得增加，消費者可選擇商品的集合擴大了。讓我們檢視所得變動如何影響預算線變動。

讓我們修改前面的例子，艾力克每月所得由 $I_1 = \$800$ 增至 $I_2 = \$1000$，且價格 $P_x = \$20$ 與 $P_y = \$40$ 固定不變。如圖 4.2 所示，若艾力克只買衣服，他可買 $I_2/P_y = 1000/40 = 25$ 單位的衣服，也是新預算線縱軸的截距。因為 $P_x = \$40$，額外的 \$200 所得可讓他多買 5 單位 y。

如果他只買食物，他能夠買 $I_2/P_x = 1000/20 = 50$ 單位，這是新預算線橫軸的截距。因為 $P_x = \$20$，額外的 \$200 所得可讓他多買 10 單位 x。消費者有 \$1000 所得，他可以購買籃 G。籃 G 在先前是在預算線的外面。

因為食物與衣服價格不變，兩條預算線的斜率都是不變的 ($\Delta y/\Delta x = P_x/P_y = -1/2$)。

因此，所得增加使預算線平行向外移動。消費者能夠選擇的商品組合擴大了。同樣地，所得減少，使預算線平行向內移動，消費商品可能的集合縮減。

---

[1] 想要瞭解為何如此，首先求解式 (4.1) 的 y，$y = (I/P_y)x$，以往在討論直線方程式 $y = mx + b$ 時，其中 m 是斜率 ($\Delta y/\Delta x$)，b 是縱軸 (y 軸) 的截距。因此，就預算線而言，縱軸的截距 $b = I/P_y$，斜率 m 是 $-P_x/P_y$。

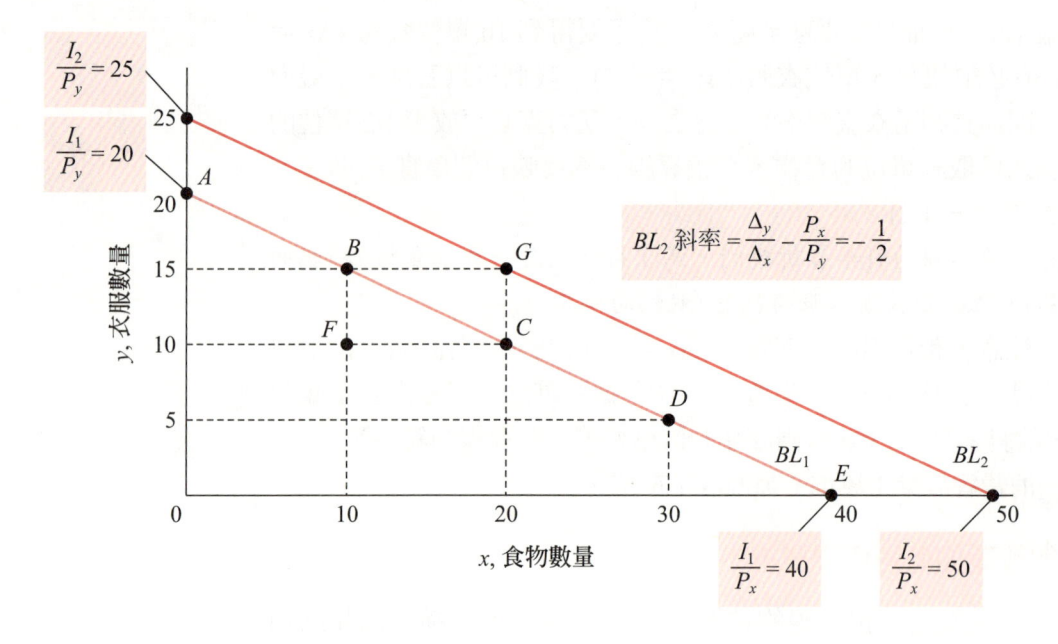

圖 4.2 所得變動對預算線的影響

假設一開始，消費者每月所得 $I_1 = \$800$，食物價格 $P_x = \$20$，及衣服價格 $P_y = \$40$，則圖中的預算線為 BL_1，縱軸截距 $y = 20$，橫軸截距 $x = 40$，及斜率＝$-1/2$。若每月所得增加到 $I_1 = \$1000$，則新預算線是 BL_2，縱軸截距 $y = 25$，橫軸截距 $x = 50$，及斜率＝$-1/2$。雖然，消費者無法以 \$800 所得購買商品組合 G，但所得提高至 \$1000，他就能夠買得起籃 G。

價格變動如何影響預算線？

若食物價格上升，每單位由 $P_{x1} = \$20$ 漲至 $P_{x2} = 25$，所得與衣服價格固定不變，艾力克的預算線如何改變？如圖 4.3 所示，因為 I 與 P_y 沒有改變，預算線的縱軸截距不會變動。然而，橫軸截距將從 $I/P_{x1} = 800/20 = 40$ 單位減少到 $I/P_{x2} = 800/25 = 32$ 單位。食物價格提高代表艾力克將所得全部用來購買食物，只能買到 32 單位的食物。預算線的斜率從 $-(P_{x1}/P_y) = -(20/40) = -1/2$ 變成 $-(P_{x2}/P_y) = -(25/40) = -5/8$。新預算線 BL_2 的斜率比 BL_1 陡。其意味艾力克要多購買一單位食物，必定放棄比以前更多的衣服數量。當食物價格是 \$20，艾力克需要放棄 1/2 單位衣服；在更高的食物價格 (\$25)，他必須放棄 5/8 單位衣服。

因此，一商品價格上升會使該商品的截距往原點方向移動。相反地，一商品價格下跌，該商品的截距會從原點向外移動。在這個例子，預算線斜率變動，反映兩商品間新的抵換關係。

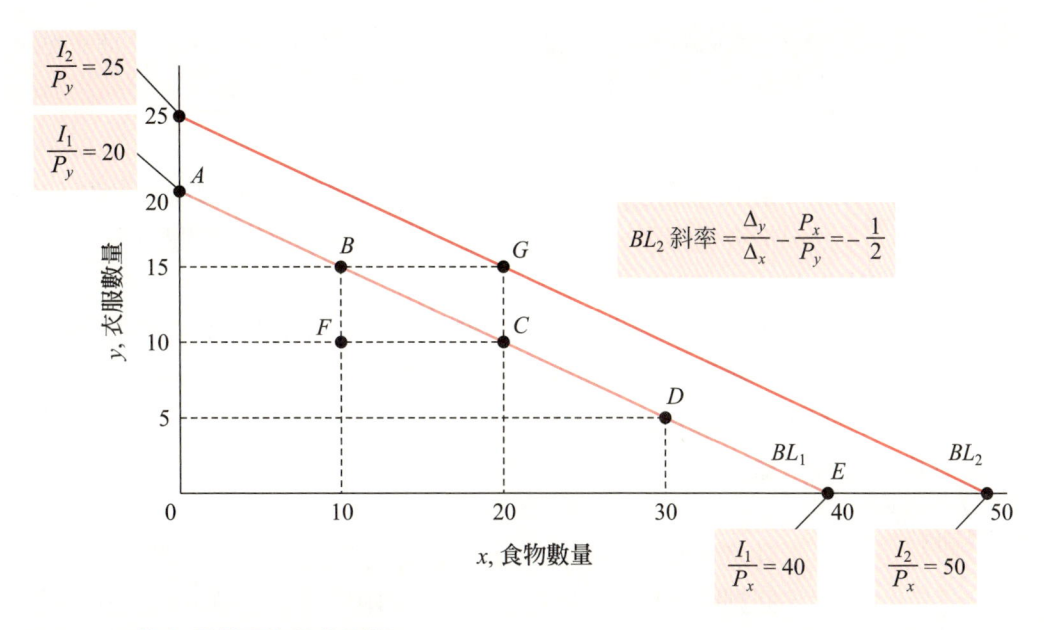

圖 4.3 　價格上漲對預算線的影響

當每單位食物價格從 $20 漲至 $25 時，預算線會順時鐘向內旋轉，從 BL_1 到 BL_2，假設 $800 全部購買食物，橫軸截距從 40 減少至 32 。因為所得與衣服價格不變，縱軸截距不會改變。因為食物價格上漲，新預算線 BL_2 斜率較陡。

當預算線向內旋轉，消費者購買力下降，因為消費者選擇商品的集合縮小。當預算線向外旋轉，消費者能夠比以前購買更多商品時，我們說消費者購買能力提高。如我們所瞭解的，所得提高或價格下跌，可使購買力提高。當價格上升或所得減少，消費者購買能力降低。

邊做邊學習題 4.1

預算線的好消息與壞消息

若消費者的收入 (I) 及商品價格 (P_x 及 P_y) 都上漲一倍。他會認為所得加倍是好消息，因為購買力會提高。然而，價格上漲一倍是壞消息，因為購買力下降。

問題 　好消息與壞消息的淨效果是什麼？

解答 　預算線的位置決定於 x 軸截距與 y 軸截距。在所得與價格上漲前，y 軸的截距是 I/P_y。若 I 與 P_y 都上漲一倍，縱軸截距 $2I/2P_y = I/P_y$，所以 y 截距不會改變。同樣地，x 軸截距也不會改變。因此，預算線位置不變，即預算線斜率，因為 $-(2P_x/2P_y) = -(P_x/P_y)$ 也不會改變。所有商品價格與所得上漲一倍，預算線位置不會變動。兩商品的抵換關係並未改變，消費者購買力也不會改變。

4.2 最適選擇

最適選擇 消費者購買一籃商品 (1) 滿足程度 (效用) 最大且 (2) 在預算限制內。

我們學習到消費者可選擇在預算線上或預算線內的任何商品。他會選擇那一個商品組合？現在即將回答這個問題。

如果消費者做理性的購買決策且我們知道消費者偏好與預算限制，我們可以決定消費者的**最適選擇** (optimal choice)——亦即，每項商品的最適購買數量。更精確地說，最適選擇意謂消費者選擇一籃商品是要 (1) 滿足程度 (效用) 最大，且 (2) 在預算限制考量下。

注意，最適消費商品組合必須位於預算線上。要瞭解為何如此，回到圖 4.1。假設艾力克很喜歡兩種商品 (食物與衣服)，則籃 F 並非最適，因為如果艾力克購買籃 F，他不會將所得花光。這些未用完的所得可以拿來購買額外的衣服或食物，而提高滿足水準。[2] 基於這個原因任何位於預算線內的商品組合皆非最適點。

當然，消費者在一定時間內不見得會花光所有的錢。他們通常會儲蓄一部分錢供作未來消費之用。將時間因素引入消費者選擇分析中，意味消費者選擇面臨的商品超過兩個，包括今天的食物消費數量、今天的衣服、明天的食物，及明天的衣服。然而，目前為了讓分析單純，假設沒有明天。稍後，時間因素 (貸款與儲蓄的可能) 會列入消費者選擇分析。

為了要說明消費者最適選擇問題，令 $U(x, y)$ 代表消費者購買 x 單位食物與 y 單位衣服的效用函數。消費者選擇商品 x 與 y 必須符合預算限制 $P_x x + P_y y \leq I$。消費者最適選擇問題可表示成：

$$\max_{(x, y)} U(x, y) \tag{4.2}$$

$$\text{subject to} : P_x x + P_y y \leq I$$

其中符號 "$\max_{(x, y)} U(x, y)$" 是指 "選擇 x 與 y 來極大效用"，符號 "subject to $P_x x + P_y y \leq I$" 的意思是 "x 與 y 的購買支出不得超過消

---

[2] 這個觀察可以推廣到一般化的例子，消費者購買的商品超過兩個，如 N 個商品，所有商品都產生正的邊際效用。在最適消費組合，所得必定全部用罄。

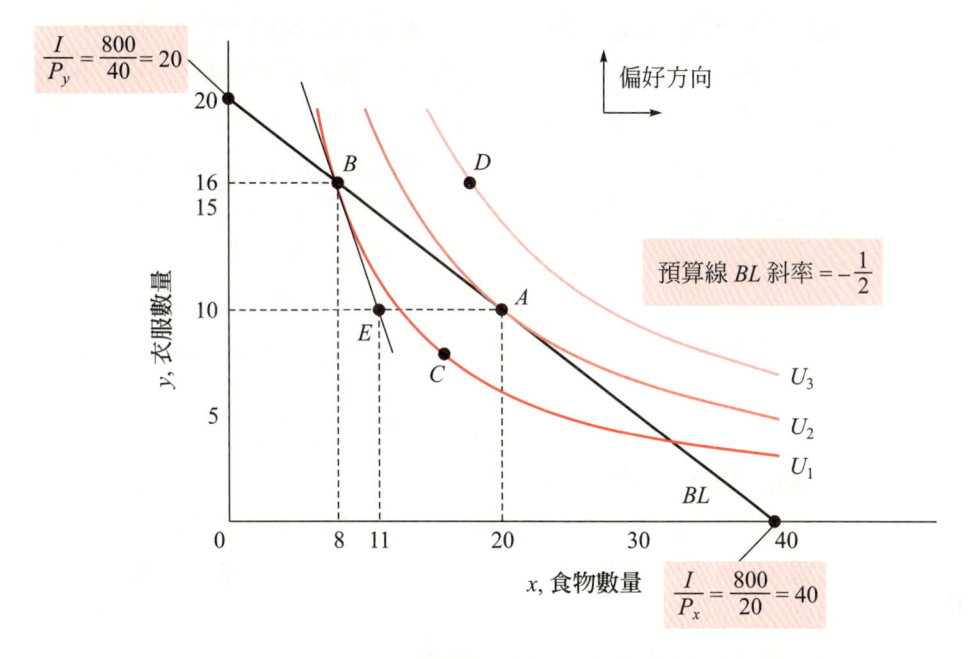

图中标注：
- $\frac{I}{P_y} = \frac{800}{40} = 20$
- 偏好方向
- y, 衣服數量
- 預算線 BL 斜率 $= -\frac{1}{2}$
- $\frac{I}{P_x} = \frac{800}{20} = 40$
- x, 食物數量

圖 4.4　最適選擇：固定預算下的效用極大

若消費者每個月預算是 $800，在此預算限制下，他應該選擇那一個商品組合以使效用最大？他應選擇籃 A，效用水準是 U_2。任何其它商品組合在預算線上或預算線內 (如 B，F，或 C)，都是可消費的，但會導致較低的滿足水準。預算線外的商品組合 (如 D) 是買不起的。

在最適商品組合點 A，預算線與無異曲線相切。A 點預算線與無異曲線 U_2 的斜率都是 $-1/2$。

費所得"。如果消費者喜歡多消費兩商品，食物與衣服的邊際效用皆為正。在一最適商品組合，所得將全部用完 (亦即，消費者會在預算線 $P_x x + P_y y = I$ 選擇一籃商品)。

圖 4.4 以圖形分析艾力克最適選擇的問題。其每月所得 $I = \$800$，每單位食物價格 $P_x = \$20$，每單位衣服價格 $P_y = \$40$。預算線縱軸截距在 $y = 20$，如果他用全部所得拿來購買衣服，每個月他能夠買 20 單位的衣服。同樣地，橫軸截距在 $x = 40$，代表艾力克將所有錢購買食物，每個月他可獲得 40 單位食物。預算線斜率是 $-P_x/P_y = -1/2$。艾力克的三條無異曲線為 U_1，U_2 與 U_3。

如果要追求效用最大，同時要滿足預算限制，艾力克會選擇預算線上或預算線內的商品組合，讓它能夠達到最高的無異曲線。在圖 4.4，最適商品組合是點 A，效用水準為 U_2。任何其它的點位於預算線或在預算線以內，都會得到比較低的效用水準。

要瞭解為什麼籃 A 是最適選擇，讓我們探討為何其它商品組合不是最適。首先，商品組合在預算線以外，如籃 D，並非最適，原因是艾力克根本買不起。因此我們的討論可以限制在預算線內或預算線上的商品組合。任何在預算線內的商品組合，如 E 或 C，皆非最適。如圖偏好方向的箭頭所指，消費者喜歡多消費兩種商品 (邊際效用都是正的)。因為有其它買得起的商品組合位於 F 或 C 的東北方，所以籃 F 與 C 不是最適選擇。因此，最適選擇一定在預算線上。

如果艾力克從點 A 沿預算線移向別處，即使是微小變動，他的滿足程度會下降，因為無異曲線是凸向原點 (以經濟術語言之，因為 x 對 y 的邊際替代率遞減)。在最適籃 A，預算線剛好與無異曲線 U_2 相切。這表示預算線斜率 $-(P_x/P_y)$ 等於無異曲線斜率。回想式 (3.5)，無異曲線的斜率是 $-MU_x/MU_y = -MRS_{x,y}$。因此，在最適商品組合點 A，相切條件需要

$$\frac{MU_x}{MU_y} = P_x P_y \tag{4.3}$$

或 $MRS_{x,y} = P_x/P_y$。

內部最適均衡 消費者購買所有商品數量皆大於零的最適籃子。

在圖 4.4，最適商品組合 A 是**內部最適均衡** (interior optimum)，亦即，消費者可以購買兩種商品 ($x > 0$ 與 $y > 0$) 的最適點。最適點是發生在預算線與無異曲線相切點。換言之，在內部最適商品組合，消費者選擇的商品會讓邊際效用的比率 (即，邊際替代率) 等於價格的比率。

式 (4.3) 相切條件可改寫成下式：

$$\frac{MU_x}{P_x} = \frac{MU_y}{P_y} \tag{4.4}$$

這種型式的相切條件係指，在最適商品組合下，消費者選擇的商品，是讓每一元花在兩個商品的邊際效用都相等。從另一個角度看，在內部最適均衡，每一元花在商品 x 得到額外的效用等於每一元花在商品 y 得到的額外效用。因此，在最適商品組合，每一商品帶給消費者"花錢得到相同價值"。

雖然，我們強調消費者只有購買兩種商品：食物及衣服，消

費者最適選擇可以在多種商品下進行分析。例如，假設消費者選擇三個商品。若所有商品的邊際效用都是正的，則在最適商品組合會在預算線上消費者將花光其所得。若最適商品組合是內部最適均衡，消費者的選擇會讓每一元花在三個商品的邊際效用都相等。同樣的原則也可以運用到購買為數眾多的商品上。

運用相切條件瞭解當一籃商品不是最適的情況

讓我們利用式 (4.3) 與 (4.4) 來瞭解為何圖 4.4 的內部商品組合點 B 不是最適組合。圖中的無異曲線圖譜，係由效用函數 $U(x, y) = xy$ 而來。我們曾在邊做邊學習題 3.3 指出，邊際效用 $MU_x = y$ 與 $MU_y = x$。例如，在籃 B ($y = 16$ 與 $x = 8$)，邊際效用 $MU_x = 16$ 與 $MU_y = 8$。我們已知 $P_y = \$40$ 與 $P_x = \$20$。

為什麼切點條件可說明籃 B 不是最適選擇？考慮式 (4.3)。式 (4.3) 等號右邊告訴我們在籃 B，$MU_x/MU_y = 16/8 = 2$，亦即，在籃 B，艾力克 x 對 y 的邊際替代率是 2。在籃 B，他願意放棄二單位衣服 (y) 以獲取額外一單位的食物 (x)。[3] 但是，在商品價格固定下，艾力克是否必須放棄二單位衣服以多得一單位食物？式 (4.3) 等號右邊式子告訴我們 $P_x/P_y = 20/40 = 1/2$，因為衣服價格是食物價格二倍。所以，多買一單位食物，必須放棄 1/2 單位衣服。因此，在籃 B，為了多得到一單位食物，他願意放棄二單位衣服，但只需要放棄 1/2 單位衣服。因為在籃 B，他願意放棄更多的衣服，其實他不需要這麼做，以得到額外的食物。這就是為什麼籃 B 並不是最適選擇。

現在讓我們用另一種相切條件的型式 [式 (4.4)] 來檢視為何在一最適內部均衡點，每一元花在所有商品的邊際效用必須相等。這是為何籃 B 不是最適選擇的另外一個原因。

如果我們比較籃 B 中兩個商品的邊際效用與價格比，會發現 $MU_x/P_x = 16/20 = 0.8$ 與 $MU_y/P_y = 8/40 = 0.2$。艾力克每一元花在食物的邊際效用 (MU_x/P_x) 高於每一元花在衣服的邊際效用 (MU_y/P_y)。他應該將花在衣服上的最後一元，轉而花在食物消費上。這樣的所得重分配會如何影響總效用？減少一元支出購買衣服，會減少 0.2 單位的效用，但增加一元支出購買食物，會增加

---

[3] 記得 $MRS_{x,y} = MU_x/MU_y = -$(無異曲線的斜率)。在圖 4.4，無異曲線在點 B 的斜率是 -2。(且過與點 B 無異曲線切線斜率相同)。

0.8 單位的效用；淨效果是效用增加 0.6 單位。[4] 所以若艾力克購買籃 B，絕非是最適選擇。

找出最適消費組合

據我們的瞭解，當兩商品的邊際效用為正，最適消費組合會在預算線上。再者，當邊際替代率是遞減時，最適內部消費組合發生在無異曲線與預算線的切點。此例即圖 4.4 的籃 A。

下列習題說明如何利用消費者偏好及預算線找出他的最適消費組合。

邊做邊學習題 4.2

找出內部最適均衡

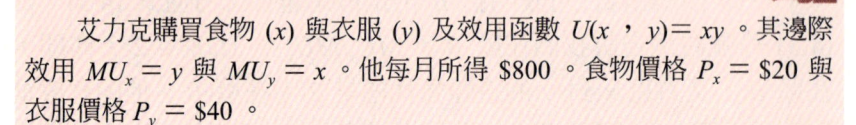

艾力克購買食物 (x) 與衣服 (y) 及效用函數 $U(x, y) = xy$。其邊際效用 $MU_x = y$ 與 $MU_y = x$。他每月所得 $800。食物價格 $P_x = $20 與衣服價格 $P_y = $40。

問題 請找出他的最適消費組合。

解答 在邊做邊學習題 3.3，我們知道此效用函數的無異曲線是凸向原點且不會和兩座標軸相交。所以，最適消費組合一定是內部解，衣服與食物消費數量都大於零。

我們如何能找到最適消費組合？在最適均衡必須符合兩個條件：

- 最適消費組合在預算線上。這表示 $P_x x + P_y y = I$，或在給定數字資訊下，$20x + 40y = 800$
- 因為最適均衡是內部解，無異曲線必定與預算線相切。從式 (4.3)，相切條件是 $MU_x/MU_y = P_x/P_y$，或在給定數字資訊下，$y/x = 20/40$，或 $x = 2y$

因此我們有兩個方程式和兩個未知數。若將 $x = 2y$ 代入預算線方程式，可得 $20(2y) + 40y = 800$。所以 $y = 10$ 與 $x = 20$。艾力克的最適消費組合是每月購買 20 單位食物與 10 單位衣服，如圖 4.4 的籃 A 所示。

類似問題：4.1 與 4.2

---

[4] 因為 $P_x = $20，多增加一元購買食物意謂消費者能多買 1/20 單位食物，所以 $\Delta x = +1/20$。同樣地，因為 $P_y = $40，減少一元購買衣服表示衣服消費量降低 1/40，所以 $\Delta y = -1/40$。回想式 (3.4)，消費變動對總效用的影響可以寫成 $\Delta U = (MU_x \cdot \Delta x) + (MU_y \cdot \Delta y)$。如果 Δx 與 Δy 都很小，則 MU_x 與 MU_y 不會變動很大。且一元重新由衣服分配到食物會影響到總效用水準，大約是 $\Delta U = (16) \times (+1/20) + (8) \times (-1/40) = 0.6$。

兩種思考最適化的方式

圖 4.4 的籃 A 是最適消費組合，因為它回答下列問題：在每個用 $800 的預算限制下，消費者應該選擇什麼樣的商品組合使效用最大？在這種情況，因為消費者追求效用極大而選擇 x 與 y，同時二種商品的支出未超過 $800，最適化可以寫成下式：

$$\max_{(x,y)} 效用 = U(x，y) \quad (4.5)$$
$$\text{subject to}：P_x x + P_y y \leq I = 800$$

在這個例子，內生變數是 x 和 y (消費者選擇的消費組合)。效用水準也是內生。外生變數是價格 P_x，P_y 及所得 (即，支出水準)。圖形方式是找出位於預算線上的一籃商品，而讓消費者可達最高的無異曲線。這無異曲線是圖 4.4 的 U_2。

還有另外一種方式來觀察最適化。藉詢問一個不同的問題：消費者能夠選擇什麼樣的商品組合，使其支出 ($P_x x + P_y y$) 極小且同時達到固定效用水準 U？式 (4.6) 以代數型式描述：

$$\min_{(x,y)} 支出 = P_x x + P_y y \quad (4.6)$$
$$\text{subject to}：U(x，y) = U_2$$

這稱為**支出極小化問題** (expenditure minimization problem)。在這個問題的內生變數還是 x 與 y，但外生變數為價格 P_x，P_y，及固定效用水準 U_2。支出水準也是內生。圖 4.5 的籃 A 是最適消費組合，因為它能夠解出支出極小化問題。

利用圖 4.5，讓我們觀察一籃商品需要支出極小來達到無異曲線 U_2。(圖 4.5 中，U_2 的效用水準是 200。)

圖 4.5 中，有三條不同預算線。若消費者每個月支出 $640，他能夠購買預算線 BL_1 的任何商品組合。不幸的是，BL_1 上的任一商品籃都無法讓他達到無異曲線 U_2。所以他需要支出高於 $640 的所得來達到 U_2。每月所得 $1000 可否讓他達到無異曲線 U_2？每月所得 $1000 可以買到預算線 BL_3 的任一商品組合，如籃 R 與籃 S，的確可以讓他達到無異曲線 U_2。但有其它商品組合在 U_2 上，且支出成本低於 $1000。要找到支出極小的商品組合，我們要找到預算線與無異曲線 U_2 的切點。預算線是 BL_2，且與預算線 BL_2 相切於 A 點。因此，剛好能讓消費者找到籃 A 而達到無異曲

支出極小問題 在一定效用水準下，消費者選擇總支出最小的商品組合。

118 個體經濟學

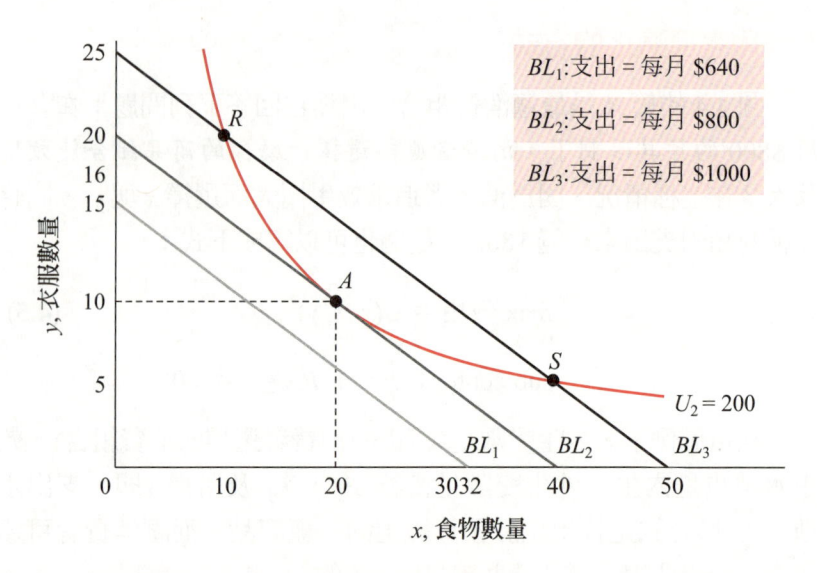

圖 4.5　最適選擇：效用水準固定的支出極小化

如果消費者想要在固定效用水準下，追求支出極小，他應選擇什麼樣的商品組合？他應該選籃 A，每月支出是 \$800。其它在 U_2 上的商品組合支出將超過 \$800。例如，購買 R 或 S (也在 U_2 上)，消費者每月支出是 \$1000 (因為 R 與 S 在預算線 BL_2)，任何支出低於 \$800 (例如，\$640，預算線 BL_1)，都無法讓消費者達到無異曲線 U_2。

線 U_2，且支出等於 \$800。任何支出低於 \$800，不會帶給消費者足夠金額去購買位於 U_2 上的商品組合。

式 (4.5) 的效用極大化問題與式 (4.6) 的支出極小化問題稱為對偶命題。消費者在預算限制下，追求效用極大所選擇的最適消費組合，讓消費者可以達到效用水準 U_2。同樣的最適消費組合可以讓消費者面臨固定效用水準 U_2 下，追求支出極小。

我們已經看到圖 4.6 的籃 B 不是最適選擇，因為預算線與無異曲線在該點並未相切。如果消費者在籃 B，他如何改善消費者選擇假設我每月花 \$800，如果在籃 B，每個月花 \$800 且效用水準為 $U_1 = 128$，如何能改善消費者選擇？我們可以從兩方面來回答這個問題：效用最大或支出極小。因此，消費者會問"如果我每月花 \$800，那種消費組合可讓我的滿足水準最大？"他會選擇籃 A 而達到較高的效用水準 U_2。同樣地，如果消費者在無異曲線 U_1 上選擇籃 B，他可能會問，"如果我很滿意目前的效用水準 U_1。最小支出金額是多少可讓我們停留在 U_1 上？"如圖 4.6 所示，答案是籃 C，每月只要支出 \$640。

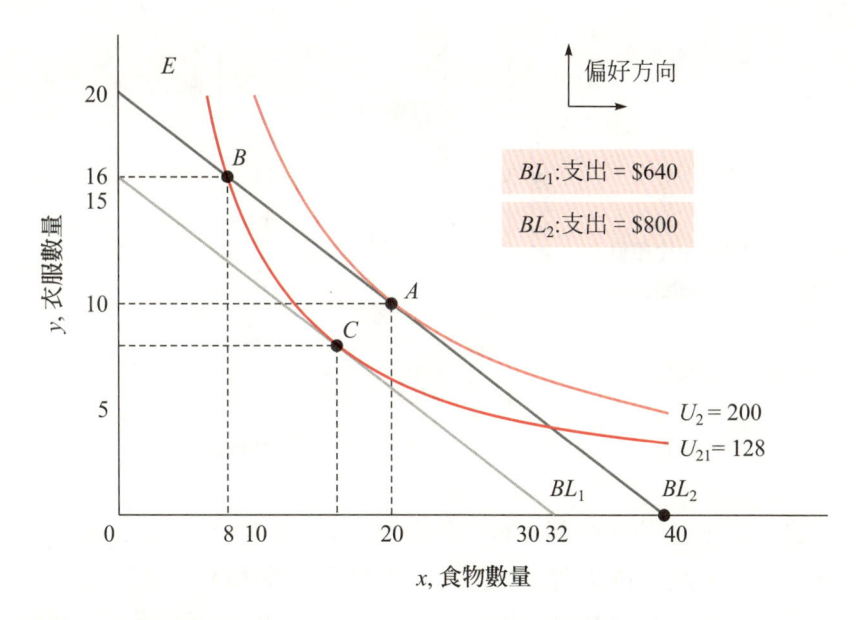

圖 4.6 非最適選擇

在籃 B，消費者每月支出 \$800，且少於效用水準為 U_1。有兩個方式可觀察籃 B 不是最適選擇。消費者每月支出 \$800 追求效用極大的目標下可達到較高效用而選擇籃 A，而達到無異曲線 U_2。或消費者可以停留在 U_1，但每月支出不用高於 \$800 而選擇籃 C。

所以不是最適選擇的籃 B 可以兩種方式表現：若消費者每月支出為 \$800，他可以增加總效用水準，或他可以使用較小金額，達到與籃 B 相同的效用水準。

角　點

目前所有的例子，消費者最適消費組合都是內部均衡，即消費者會購買數量大於零的兩個商品。實際上，消費者不一定會購買所有商品數量皆大於零。例如，並非所有消費者擁有房子或汽車。有些消費者不會購買菸酒。如果消費者無法找到無異曲線與預算線相切的內部均衡解，則消費者最適消費組合可能在**角點**(corner point)，亦即，商品組合在座標軸上，其中一商品購買數量為零。若最適選擇發生在角點，預算線與無異曲線不會在最適消費組合相切。

要瞭解為何如此，讓我們再假設消費者只消費兩種商品，食物與衣服。如果他的無異曲線如圖 4.7 所示，沒有任何無異曲線能與預算線相切。就預算線上的任一內部商品組合，如籃 S，無異

角點 消費者最適選擇問題的一種解答，某些商品的消費數量為零，亦即，最適籃位於座標軸上。

圖 4.7　角點

在籃 S，無異曲線 U_1 的斜率 (負得更大) 比預算線斜率陡。這表示每元花在購買食物的邊際效用高於衣服，所以消費者會多買食物而少買衣服。他會沿預算線，繼續地以食物替代衣服消費，直到達到角點籃 R，在籃 R，進一步替代已不可能發生，因為籃 R 已經沒有任何衣服的數量。

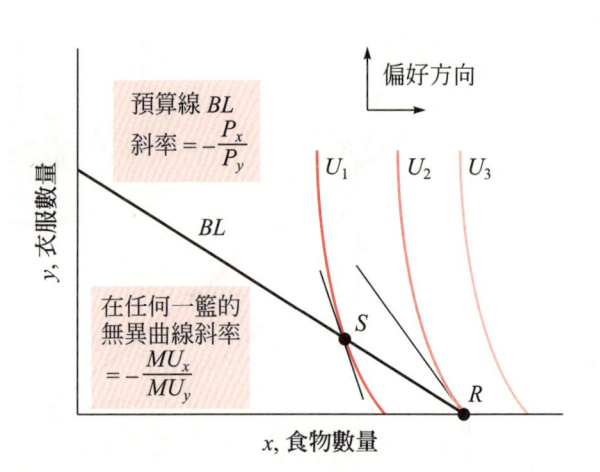

曲線的斜率比預算線斜率陡 (負得更大)。這表示 $-MU_x/MU_y < -P_x/P_y$。或 (將不等式左右兩邊的負號拿掉)，$MU_x/MU_y > P_x/P_y$。然後，交叉相乘，可得 $MU_x/P_x > MU_y/P_y$，每一元花在購買食物的邊際效用會大於每一元花在購買衣服的邊際效用，所以消費者偏好多購買食物，少買衣服。這項結論不僅發生在籃 S，也發生在所有位於預算線的商品組合。消費者會持續地以食物替代衣服，沿預算線往橫軸方向移動，直至籃 R 時才停止。在籃 R，無異曲線 U_2 的斜率仍比預算線斜率陡。他還是想以食物來替代衣服消費，但是更進一步的替代不可能發生，因為籃 R 的衣服數量等於零。因此，消費者最適選擇是籃 R，因為籃 R 讓消費者在預算限制下，達到最高的無異曲線 (U_2)。

邊做邊學習題 4.3

找出角點解

大衛考慮購買食物 (x) 與衣服 (y)。他的效用函數 $U(x, y) = xy + 10x$，邊際效用 $MU_x = y + 10$ 與 $MU_y = x$。其所得為 $I = \$10$，他面對的食物價格 $P_x = \$1$，衣服價格 $P_y = \$2$。

問題　請找出大衛的最適消費組合。

解答　圖 4.8 預算線的斜率 $-(P_x/P_y) = -1/2$。預算線方程式寫成 $P_x x + P_y y = I$ 或 $x + 2y = 10$。要找最適組合，我們必須知道無異曲線的形狀，兩商品的邊際效用都是正的，所以無異曲線是負斜率。商品 x 對 y 的邊際替代率 $[MRS_{x,y} = MU_x/MU_y = (y+10)/x]$ 會隨 x 增加與 y 減少而遞減。因此無異曲線是凸向原點。最後，無異曲線會和 x 軸相交，因

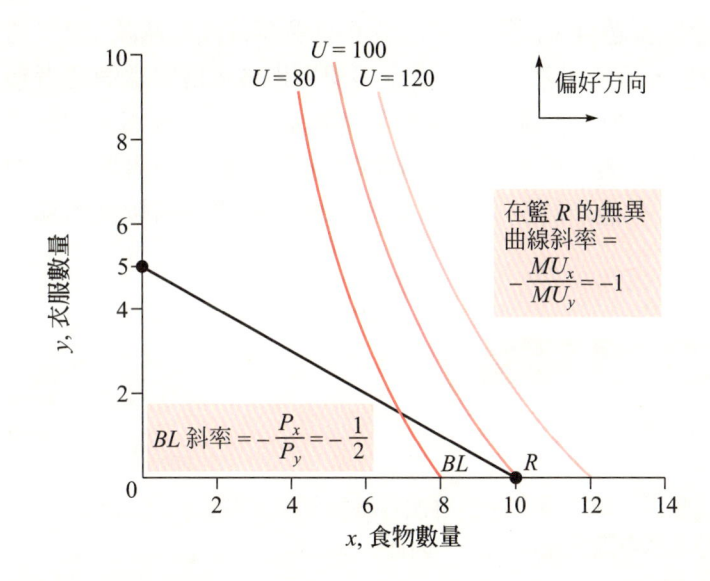

圖 4.8 角點解 (邊做邊學習題 4.3)

預算線：消費者所得為 10，價格 $P_x = 1$ 與 $P_y = 2$，預算線斜率為 $-1/2$。

無異曲線圖譜：有三條無異曲線，$U = 80$，$U = 100$，與 $U = 120$。

最適消費組合：最適消費組合在籃 R，其無異曲線斜率是 -1。

圖中標示：
- $U = 100$，$U = 80$，$U = 120$
- 偏好方向
- 在籃 R 的無異曲線斜率 = $-\dfrac{MU_x}{MU_y} = -1$
- BL 斜率 $= -\dfrac{P_x}{P_y} = -\dfrac{1}{2}$
- y, 衣服數量；x, 食物數量

為當只購買食物 ($x > 0$) 而不買衣服 ($y = 0$) 時，效用水準仍然為正。這意謂消費者最適消費組合可能發生在 x 軸上的角點。我們在圖 4.8 得出大衛的三條無異曲線。

假設我們錯以為大衛最適選擇是內部解，在預算線與無異曲線的切點。若最適消費組合在預算線上，它必須滿足預算線方程式

$$x + 2y = 10$$

若最適消費組合是在切點，則 $MU_x/MU_y = P_x/P_y$，或 $(y + 10)/x = 1/2$，可簡化成

$$x = 2y + 20$$

大衛將其所得全部拿來消費食物，所以可得 $x = 15$ 與 $y = -2.5$。但這個"解答"建議大衛購買負的衣服數量。這沒有意義，因為 x 與 y 不可能是負值。代數方法告訴我們預算線上，沒有一個商品組合能夠滿足無異曲線與預算線相切的條件。因此最適消費組合不是內部解，而是發生在角點。

最適消費組合在那裡？從圖中觀察，最適選擇在籃 R (角點)，大衛將其收入全部花費在食物上，故 $x = 10$ 與 $y = 0$。在籃 R，$MU_x = y + 10 = 10$ 和 $MU_y = x = 10$。所以每一元花在購買食物 (x) 的邊際效用 $MU_x/P_x = 10/1 = 10$，而每一元花在購買衣服 (y) 的邊際效用 $MU_y/P_y = 10/2 = 5$。在籃 R，大衛想要多買食物 (x)，而少買衣服 (y)。但並不可能，因為籃 R 是角點在 x 軸上。籃 R 是在預算線上且大衛已經達到最高的無異曲線。

類似問題：4.5

邊做邊學習題 4.3 說明，當消費者有邊際替代率遞減 (無異曲線凸向原點)，角解仍然存在。邊做邊學習題 4.4 指出當消費者願意以一商品替代另一商品時，角點通常是最適的。(例如，假設你認為植物性奶油與一般奶油是完全替代，且你會以一盎斯的其中一種商品替代一盎斯的另一個商品，則你只會買價格較低的那種商品。)

邊做邊學習題 4.4
完全替代的角解

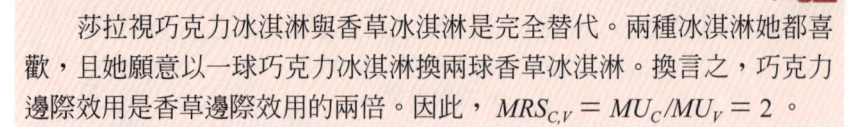

莎拉視巧克力冰淇淋與香草冰淇淋是完全替代。兩種冰淇淋她都喜歡，且她願意以一球巧克力冰淇淋換兩球香草冰淇淋。換言之，巧克力邊際效用是香草邊際效用的兩倍。因此，$MRS_{C,V} = MU_C/MU_V = 2$。

問題 若巧克力冰淇淋一球的價錢 (P_C) 是香草冰淇淋一球價錢 (P_V) 的三倍，莎拉是否兩種冰淇淋都會購買？如果不是，她會買那一種？

解答 如果莎拉兩種冰淇淋都買，則會有內部最適均衡，且相切條件必須符合。但是無異曲線的斜率都是 -2，預算線的斜率等於 $-3(P_C/P_V = 3)$，所以預算線與無異曲線永遠不會相切。如圖 4.9 所示：無異曲線是直線，且較預算線平坦。因此，最適消費組合在角點 (籃 A)，莎拉只會買香草冰淇淋。

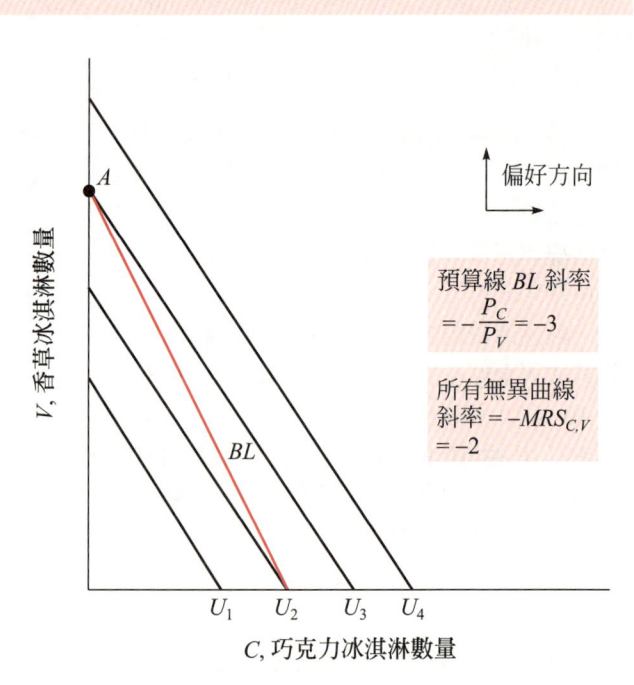

圖 4.9 完全替代
每一元花在購買香草冰淇淋的邊際效用始終大於每一元花在購買巧克力冰淇淋的邊際效用。因此，最適消費組合 A 在角點。

預算線 BL 斜率
$= -\dfrac{P_C}{P_V} = -3$

所有無異曲線斜率 $= -MRS_{C,V}$
$= -2$

另一種方式是觀察莎拉每一元花在巧克力冰淇淋的邊際效用小於每一元花在香草冰淇淋的邊際效用；$(MU_C/MU_V = 2) < (P_C/P_V = 3)$。故 $MU_C/MU_V < P_C/P_V$ 或 $MU_C/P_C < MU_V/P_V$。莎拉總是以香草替代巧克力，這會導致角解，如籃 A。

4.3 合成商品的消費者選擇

雖然消費者一般會購買許多商品與服務，經濟學家通常會注意在消費者對特定商品與服務的選擇，如消費者對房屋或教育水準的選擇。在這種情況，可利用平面圖形來說明消費者選擇，將有興趣的商品 (如，房子) 置於橫軸，其它商品支出放在縱軸。在縱軸的商品稱為**合成商品** (composite good)，因為它代表所有其它商品的支出。按照慣例，合成商品的單位價格 $P_y = 1$。因此，縱軸不僅代表合成商品的數量 (以 y 表示)，也是合成商品的總支出 $(P_y y)$。

本節我們將利用合成商品來闡明消費者選擇理論的四個應用。讓我們先就圖 4.10 而論。我們對消費者的選擇房子有興趣。橫軸是房屋 h 的單位 (即，以平方呎表示)。房屋價格是 P_h。縱軸是合成商品，以 y 表示其單位，且價格 $P_y = 1$。如果消費者將其所得 I 全部拿來購買房子，他可以買 I/P_h 單位的房子，I/P_h 是預算線在橫軸的截距。如果他將所得全部購買其它商品，他能夠買 I 單

合成商品 除了正考慮的商品以外代表其它商品總支出的商品。

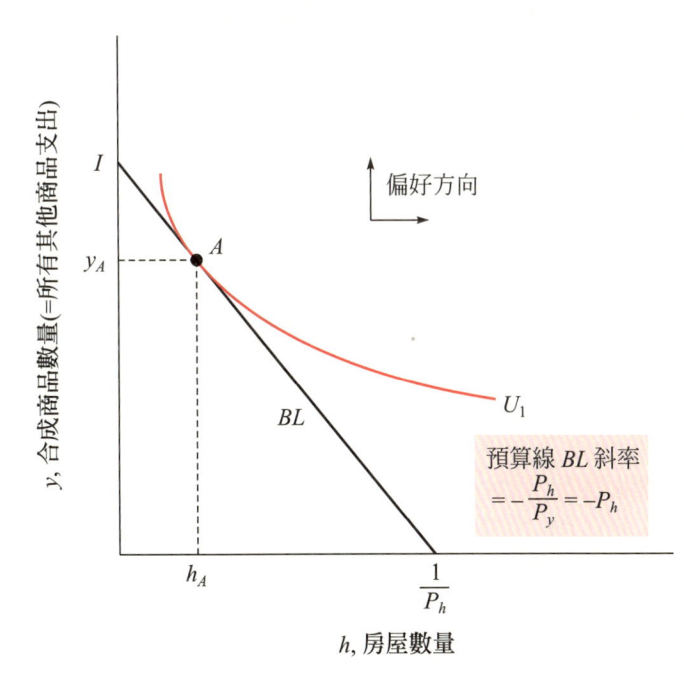

圖 4.10 房子的最適選擇 (合成商品)

橫軸是房子數量 h，房屋價格是 P_h。若消費者所得為 I，最多他可以購買 I/P_h 單位的房屋 (預算線橫軸的截距)，縱軸是合成商品的數量 y，合成商品價格 $P_y = 1$。因此，縱軸也是消費者對所有其它商品的支出。若消費者將所得拿來全部購買合成商品，他可以買 I 個單位。因此，預算線在縱軸的截距是 I，所得水準。預算線斜率 $-P_h/P_y = -P_h$。若消費者偏好是無異曲線 U_1，最適消費組合是籃 A。消費者會購買 h_A。消費者會購買 h_A 單位房子與 y_A 單位合成商品。

預算線 BL 斜率 $= -\dfrac{P_h}{P_y} = -P_h$

位合成商品，是預算線縱軸的截距。最適商品組合在無異曲線與預算線的切點籃 A。

應用：折價券與現金補貼

政府通常制定某些政策來幫助低所得消費者來購買民生必需品，如食物、房屋或教育。例如，美國政府有一用來補貼食物與飲料的食物券政策，(見範例 4.1)。美國政府也會提供協助讓低所得收入戶有能力租房子。讓我們以消費者選擇理論來檢視政府政策如何增加房屋消費數量。

假設消費者對房屋與其它商品的偏好，如圖 4.11 的無異曲線所示。消費者的所得是 I，且每一"單位"(即，平方呎) 的房屋租金價格是 P_h，每單位"其它商品"的價格是 $P_y = 1$。預算線是 KJ。如果他花費全部所得在房子，他可購買 I/P_h 單位的房子。如

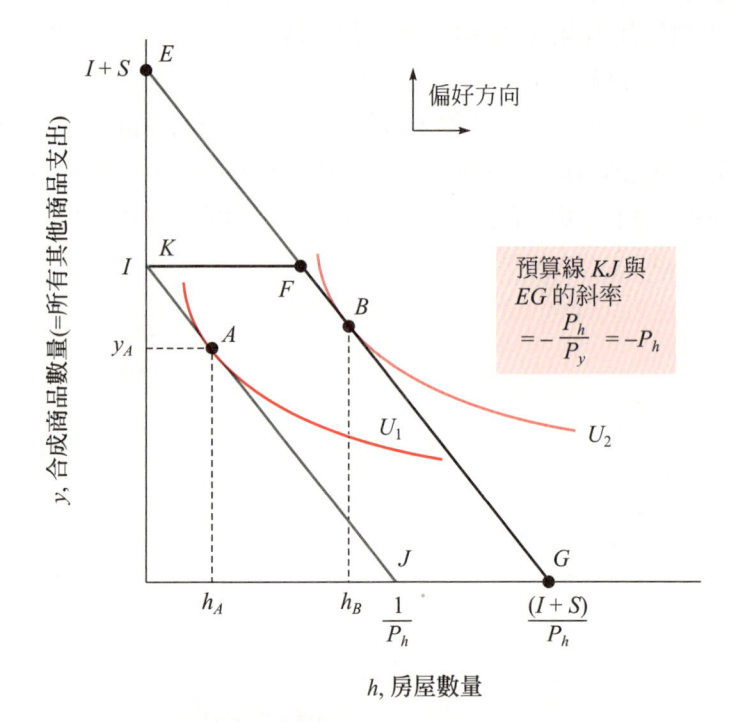

預算線 KJ 與 EG 的斜率
$= -\dfrac{P_h}{P_y} = -P_h$

圖 4.11 房屋的最適選擇：現金補貼與房屋券補貼

假設有兩種政策可以增加消費者對房屋的購買。所得補貼：如果消費者收到來自政府的現金補貼 S。預算線會從 KJ 移至 EG。房屋券：如果政府給消費者房屋券價值 S 元，房屋券只能用在房屋支出。預算線從 KJ 移至 KFG。若無異曲線如圖 4.11 所示，接受所得補貼與房屋券補貼是一樣的。他會選擇籃 B。

果他花費全部所得購買其它商品，他可以買 $I/P_y = I$ 單位合成商品。消費者最適消費組合是無異曲線與預算線 KJ 的切點，他選擇籃 A，h_A 單位的房子與效用水準 U_1。

現在假設政府認為房屋 h_A 單位無法提供適當生活水準，強制規定每位消費者至少要有房子的 h_B 單位，其中 $h_B > h_A$。政府如何誘使消費者增加從 h_A 到 h_B 的房屋消費？

一個可能方法是給消費者現金補貼 S 元。這會使預算線從 KJ 向外移至 EG，如圖 4.11。若消費者將所得 I 與現金補貼 S 全部購買合成商品，他會購買籃 E，包括 $I + S$ 單位的合成商品與 0 單位房子。如果他將全部所得與現金補貼拿來購買房子，他會購買籃 G，包括 $(I + S)/P_h$ 單位的房子。在籃 G 有 $(I + S)/P_h$ 單位房屋和零單位合成商品。在預算線是 EG 和無異曲線，如圖 4.11。他的最適選擇是籃 B，有 h 單位的房子且無異曲線是 U_2。注意現金補貼 S 恰好足夠讓消費者，符合政府房屋標準 h_B。

另外一種刺激房屋消費方法是給房屋券(有時稱為房屋券)，即憑證值等值貨幣且只能用在房屋消費。假設房屋券價值是 S 元。現在預算線是 KFG，因為消費者無法用房屋券購買其它商品，能夠用來購買其它商品的最高所得是 I。所以在房屋券政策下，消費者無法購買位於 KF 北邊的商品組合。

如果他將所得 I 全部拿來購買其它商品，只用房屋券購買房子，他會在籃 F 消費。在籃 F，他會購買 I 單位合成商品，租賃 S/P_h 單位房子。若他將全部所得及房屋券用在房屋消費，他會在籃 G，租賃 $(I + S)/P_h$ 單位房子與零單位合成商品。

所得補貼 S 元或房屋券補貼 S 元對政府或消費者有何影響？若無異曲線如圖 4.11 所示，兩種政策措施帶給消費者相同消費程度，最適消費組合選擇是籃 B，無異曲線是 U_2。

但假設無異曲線如圖 4.12 所示。則不同政策有不同效果。沒有政府政策，預算線是 KJ，且消費者選擇籃 A，房屋消費水準是 h_A。現金補貼 S 可以誘使房屋消費數量增至 h_B。在此情況的最適消費組合是籃 T，無異曲線是 U_4。然而，政府也可以誘使消費者租 h_B 單位房子的房屋券補貼價值是 V 元 (注意 $V < S$)。預算線現在成為 KRG。消費者消費籃 R 在無異曲線 U_2。[5]

---

[5] 無異曲線 U_2 在點 R 的斜率可以求出，然而，預算線斜率卻無法定義。因為預算"線"在點 R 轉折。因此，相切條件在籃 R 無法適用。

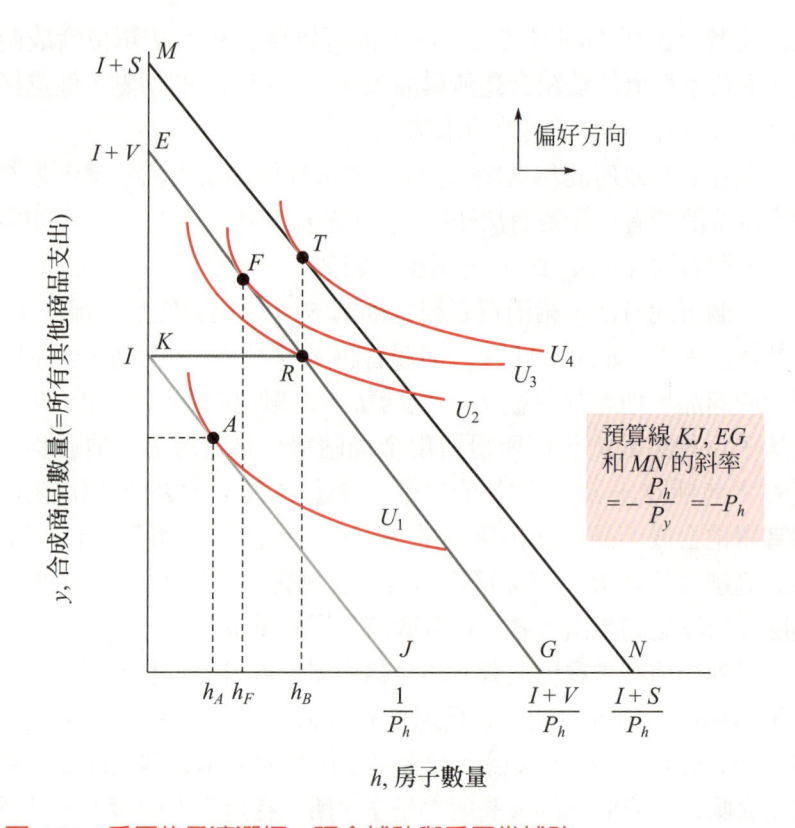

[圖：預算線與無異曲線分析，縱軸為 y, 合成商品數量(=所有其他商品支出)，橫軸為 h, 房子數量。標示點 M, E, K, I, F, T, R, A，無異曲線 U_1, U_2, U_3, U_4，橫軸標示 $h_A, h_F, h_B, \frac{I}{P_h}, \frac{I+V}{P_h}, \frac{I+S}{P_h}$]

預算線 KJ, EG 和 MN 的斜率 $= -\frac{P_h}{P_y} = -P_h$

圖 4.12　房屋的最適選擇：現金補貼與房屋券補貼

若消費者所得是 I，他會選擇 h_A 單位房屋，政府可以下列兩個政策引導消費者選擇 h_B 單位的房屋：

- 給他所得補貼 S 元，預算線會移至 MN。最適消費組合為籃 T。
- 給他房屋券價值 V 元，房屋券只能用來購買 (租) 房子。預算線會移至 KRG。最適消費組合為籃 R。

因為點 T 的無異曲線高於點 R 的無異曲線，消費者會比較偏好所得補貼 S 元而非房屋券補貼 V 元。然而，政府會選擇房屋券政策，因為成本較低。假如政府決定實施現金補貼政策，則必須多花 $(S-V)$ 元才能引導消費者選擇 h_B 單位房屋。

圖 4.12 的無異曲線圖形分析指出，房屋券補貼方式 V 元帶給消費者的滿足程度會低於所得補貼 S 元。但若政府的首要目標是引導消費者購買 (或租賃) h_B 單位房屋，房屋券的成本會小於所得補貼成本。若實施房屋券政策，政府可節省 $(S-V)$ 元。

我們可能想問，若現金補貼是 V 元而非 S 元，消費者會有何反應？則預算線平行移至 EG，消費者會在無異曲線 U_3 上選擇籃 F。消費者會偏好現金補貼 V 元，讓他選擇籃 F，而達到無異曲

線 U_3，而非房屋券補貼 V 元，讓他選擇籃 R，而達到無異曲線 U_2。然而，在現金補貼 V 元下，消費者最適房屋選擇 (h_F) 低於政府目標水準 (h_B)。

範例 4.1

食物券與現金

食物券政策是美國最大的食物援助政策。在 1964 年年初，美國通過食物券法案後開始實施。政策設計是改善低收入者的營養與食物購買能力。

食物券是政府發行的紙張或電子型式憑證。食物券可以在經過授權的商店購買食物、飲料、食物種子或植物。然而，它不能用在非食物，如酒、香菸、寵物食品與非處方箋藥品的消費。

政府在 2001 年提供 745 萬人，每人每月 $163 的補助，總金額高達 $178 億。聯邦政府主要提供資金來兌現食物券。政策行政成本是由聯邦、州與地方政府共同負擔。

獲得食物券的資格是，家庭資產與所得必須低於某水準。自 1979 年以來，拿到食物券的人毋需付分文來擁有食物券。然而，個人或家庭擁有食物券數量的多寡是受家庭人口數、家庭組成及居住地影響。在 2001 年，平均每戶家庭的食物券補貼金額價值 $624。在美國本土，一家四口可以獲得最大食物券的利益是每月 $434。

食物券政策對消費者的影響，可以圖 4.11 與圖 4.12 為說明，食物消費量在橫軸，合成商品在縱軸。如圖 4.11 的分析指出，接受食物券補貼與接受現金補給，消費者滿足程度相同。然而，如圖 4.12 分析指出，某些消費者會偏好現金補貼方式，而不喜歡食物券補貼。[6]

許多人認為政府應該以現金補貼而非實物補貼，如發行憑證來幫助低收入戶。贊成現金補貼方式者辯稱實物補貼的行政成本非常昂貴，且政府不適合干涉消費者選擇。贊成實物補貼者主張實物補貼對納稅者造成的負擔遠低於現金補貼。[7]

應用：參加俱樂部

消費者加入俱樂部可以讓他們以較便宜價格購買商品與服務。假設某喜好音樂的大學生每個月花 $300 買音樂 CD 和其它商品。CD 和其它商品都帶給他正的邊際效用，且邊際替代率遞減。每張 CD 的價格是 $20，他每個月買 10 張 CD，然後剩下的 $100 是在其它商品消費上。

他收到信箱裡的廣告宣傳單上註明可以加入 CD 俱樂部成為會

---

[6] 這個例子的某些資料來自 "Characteristics of Food Stamp Households: Fiscal Year 2001," United States Department of Agriculture, Office of Analysis, Nutrition, and Evaluation, January 2003.

[7] 有關食物券的分析與相關討論請見 Joseph Stiglitz, *Economics of the Public Sector* (New York: W.W. Norton & Company, 1986)。

128 個體經濟學

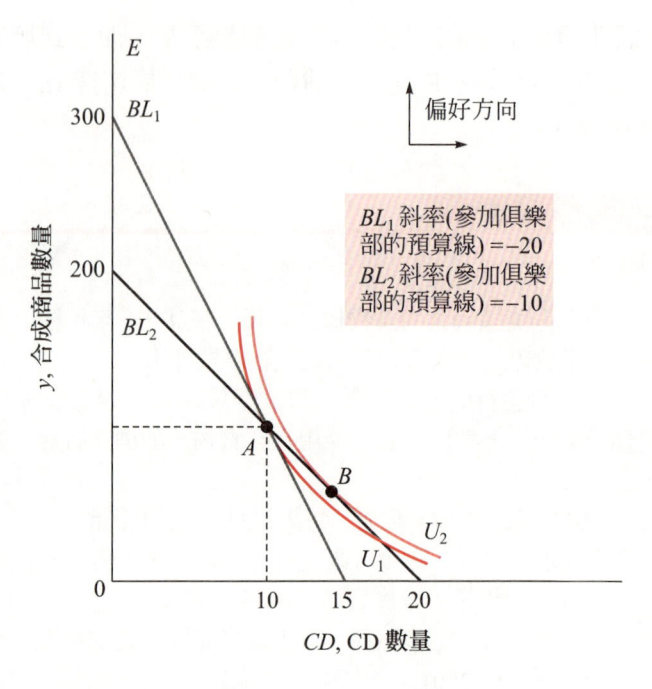

BL₁ 斜率(參加俱樂部的預算線) = −20
BL₂ 斜率(參加俱樂部的預算線) = −10

圖 4.13 參加俱樂部

若消費者未參加俱樂部，面對的預算線是 BL_1。他是俱樂部會員時，最適消費組合是籃 A，無異曲線是 U_1。當他加入俱樂部後，面對的預算線是 BL_2。籃 B，他的最適消費組合是消費者加入音樂俱樂部後，可以購買更多 CD 亦即將會達到的滿足程度。

員。他支付每個月的會費是 $100，並可以用 $10 購買 CD。消費者選擇理論能夠解釋為什麼要加入俱樂部，及會員資格如何影響消費者最適選擇。

圖 4.13 說明消費者選擇問題。橫軸是每個月 CD 的消費數量，縱軸是合成商品數量 (y)。一片 CD 的價格是 P_{CD}，與合成商品價格 $P_y = 1$。消費者加入俱樂部前，預算線是 BL_1。他可以將所有的 $300 全部用來購買其它商品。或他將所有的錢全部用來買 15 張 CD。預算線 BL_1 的斜率是 $-P_{CD}/P_y = -20$。消費者最適選擇是籃 A，無異曲線 U_1 與預算線 BL_1 的相切點。切點條件告訴我們 $MRS_{CD,\,y} = 20 = P_{CD}/P_y$。

若消費者選擇加入音樂俱樂部，預算線是 BL_2。若他加入俱樂部，他必須支付的會費是每月 $100。這意味他只有 $200 能夠買 CD 與其它商品。他可能買 20 張 CD (BL_2 的橫軸截距)。或者，他將全部所得 $200 用來購買其它商品 ($BL_2$ 的縱軸截距)。預算線

BL_2 的斜率是 $-P_{CD}/P_y = -10$。

如圖 4.13 所示，預算線 BL_1 與 BL_2 相交於點 A。這表示消費者加入音樂俱樂部後，仍可選擇籃 A 消費。消費者支出 $100 參加音樂俱樂部成為會員，然後支出 $100 買 CD (以會員價 $10 買 10 片 CD) 與 $100 購買其它商品。這告訴我們，消費者加入俱樂部後，滿足程度不會下降，因為他仍然可以購買未加入俱樂部前的商品籃。

然而，若消費者加入俱樂部成為會員後，籃 A 不再是最適消費組合。在點 A，$MRS_{CD,y} = 20$；在新的 CD 價格，$P_{CD} = \$10$，所以在點 A，新預算線 BL_2 不會與無異曲線相切。消費者會選擇新的最適消費組合，籃 B，為預算線 BL_2 與無異曲線 U_2 的切點 (及 $MRS_{CD,y} = 10 = P_{CD}/P_y$)。消費者在加入俱樂部後滿足程度提高在籃 B (達到效用水準 U_2)，且可以購買更多的 CD (15)。

消費者購買其它商品時，會做類似的消費決策。例如，當消費者要訂購大哥大通訊服務，他可以選擇較低的月租費與支付較高的每分鐘通話費，或是較高的月租費與較低的每分鐘通話費反之亦然。同樣地，消費者支付會員費加入鄉村俱樂部，每回打高爾夫球的費用比未加入者要低。

範例 4.2

電話方案的訂價

提供大哥大通訊及其它無線通訊服務的公司，通常會提供一些價格與服務選擇方案給消費者選擇。消費者可以從中選擇有利的方案撥打手機。例如，電話公司對芝加哥郊區 PCS 在 2003 年 9 月推出通話方案 "自由與清晰的視野"：[8]

- 方案 A 是每月付基本費 $50，可以打 300 分鐘。如果超過 300 分鐘，每分鐘 $0.45。[9]
- 方案 B 為每月付基本費 $95，可以打 1100 分鐘。如果超過 1100 分鐘，每分鐘 $0.40。

追求效用極大的消費者會選擇那一個方案？回答這個問題的第一步是畫出兩個方案的預算線。在圖 4.14，橫軸是大哥大的通話時間，縱軸是合成商品數量的價格為 $1。消費者每月所得是 $400。如果將全部所得拿來購買合成商品，他可以買 400 單位 (籃 E)。

假設消費者選擇方案 A。在支付基本費 $50 後，他可以購買 350 個單位的合成商品，只要每個月的通話時間不超過 300 分鐘。在通話時間 300 分鐘前，預算線是水平的。這意味消費者付基本月租費，相當於 PCS 電話服務的前 300 分鐘價格等於零。的確，這些電話公司的廣

---

[8] 這個例子摘錄自 Sprint 的網站 www//sprintpcs.com。
[9] 方案實際的月租費是 $49.99。在此，四捨五入是為了簡化分析。

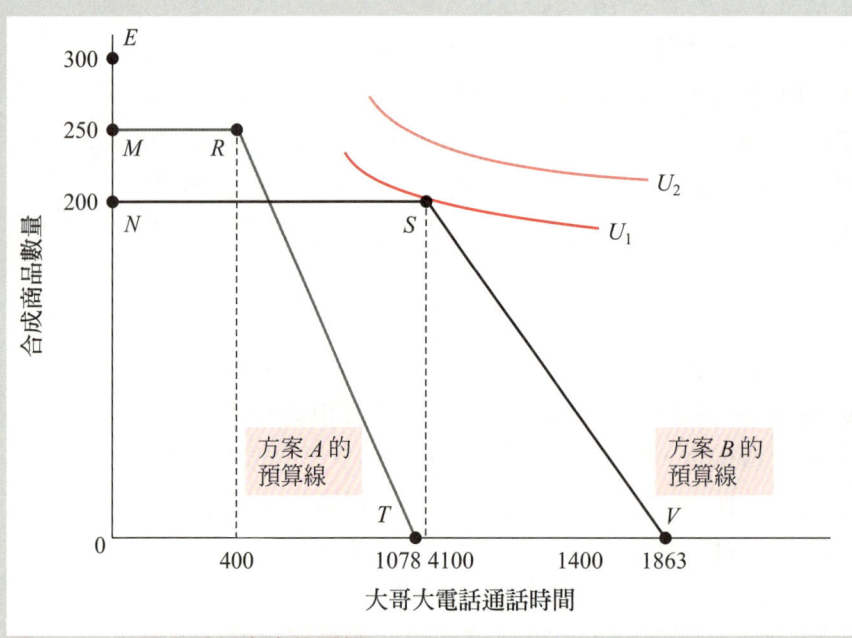

圖 4.14 大哥大通話方案的選擇

方案 A 的基本費是 $50，每個月可以打大哥大 300 分鐘。超過 300 分鐘，每分鐘是 $0.45。其預算線是 MRT。方案 B 的基本費是 $95，每個月可以打大哥大 1100 分鐘，超過 1100 分鐘，每分鐘是 $0.40。他的預算線是 NSV。在這個例子，消費者選擇方案 B。消費者的方案選擇不僅受預算線影響，也受無異曲線的影響。

告內容通常註明"付 $50，前 300 分鐘免費"。因為方案 A 載明超過 300 分鐘，每分鐘付 $0.45，預算線在點 R 右邊的斜率是 −0.45。若消費者選方案 A 而使用 500 分鐘，大哥大帳單費用是 $140 [即，$50 + $0.45 (500 − 300)]。方案 A 的預算線是 MRT。如果他將全部所得用來打電話，每個月他可以消費 1078 分鐘 (籃 T)。

圖 4.14 也畫出方案 B 的預算線 NSV。

圖 4.14 幫助我們瞭解為何有些消費者會選擇方案 A，有些人會選方案 B。如果消費者每個月通話時間是 300 分鐘，他可選方案 A 而在籃 R 消費。他的大哥大每月帳單是 $50。當然他也可以選方案 B，但成本顯然較高 (300 分鐘方案 B 的費用是 $95)。

同樣地，若消費者每個月通話時間是 1100 分鐘，他會選擇方案 B，且在籃 S 消費。其方案 B 的大哥大費用是 $95。他可以選擇方案 A，但就其所需服務的成本比較昂貴 ($410)。

若消費者的無異曲線如圖 4.14 所示者。他會選擇方案 B 且在籃 S 消費，每個月大哥大通訊時間是 1100 分鐘。

應用：貸款與借款

截至目前為止，我們做了簡化假設，消費者所得固定，不會貸款與借款。利用合成商品觀念，可以修正消費者選擇模型。(在下列分析，注意儲蓄——將錢存入銀行——實際上，是以銀行提供的利率貸款給銀行)。

假設消費者今年的所得是 I_1，明年的所得是 I_2。若消費者不能貸款或借款，他今年花費在商品與服務的支出是 I_1，而明年的支出是 I_2。

現在我們可以利用合成商品來說明 2 年內，在有與無借貸的情況下消費者商品選擇的問題。在圖 4.15，橫軸顯示消費者在今年 (C_1) 合成商品的支出金額；因為合成商品的價格為 $1，橫軸也是今合成商品的購買數量。同樣地，縱軸顯示消費者明年 (C_2) 對合成商品的支出，相當於該年的合成商品顯示購買量。在沒有借貸下，消費者能夠在 2 年期間購買籃 A。

現在假設消費者能夠將錢存入銀行內賺取利率 r，且今年的年利率是 10% ($r = 0.1$)。如果他在今年儲蓄 $100，則明年他會收到 $100 加上利息 $10 (0.1 × $100)，總共是 $110。所以，如果他從點 A 出發，今年每減少 $1 消費 (沿預算線往左移動)，明年他能夠增加消費 $(1 + r)$ 元 (沿預算線往上移動)。預算線的斜率是 $\Delta C_2/\Delta C_1 = (1 + r)/-1 = -(1 + r)$。

假設消費者今年貸款利率同樣也是 10% ($r = 0.1$)。如果他在今年的貸款 $100，他在明年必須償還 $110。若從點 A 出發，今年消費每增加 $1 (沿預算線往右移動)，明年會減少 $(1 + r)$ 元的消費 (沿預算線往下移動)。再者，這隱含預算線斜率是 $-(1 + r)$。

想要決定預算線的位置，我們必須找到縱軸與橫軸的截距。若消費者的支出今年是零，且將所得 I_1 存入銀行，明年他能夠支出的金額是 $I_2 + I_1(1 + r)$；這是預算線縱軸的截距。同樣地，如果他今年貸款的最高金額是 $I_2/(1 + r)$，且儲蓄為零，則其今年的最大支出金額是 $I_1 + I_2/(1 + r)$；這是預算線橫軸的截距。

圖 4.15 是消費者的無異曲線，其最適選擇是籃 B，今年向銀行貸款 ($C_{1B} - I_1$)，明年再償還貸款，明年他只能消費 C_{2B}。貸款使其效用由 U_1 增至 U_2。

這個分析指出消費者偏好與利率決定那些消費者是貸款者，和那些消費者是借款者。你是否能夠畫出消費者在第一期進行儲蓄的無異曲線與最適選擇？

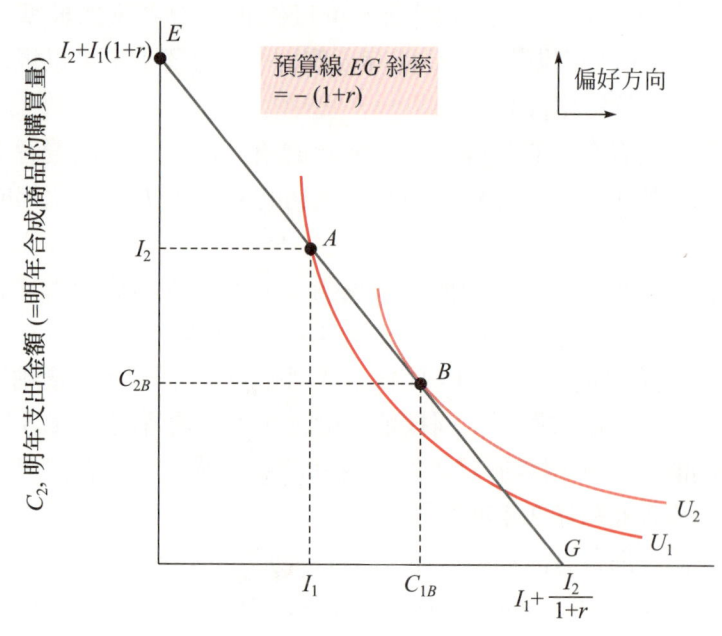

圖 4.15 貸款與借款

消費者今年所得是 I_1，明年所得是 I_2。如果沒有借貸，他的最適選擇在籃 A。假設他能夠以利率 r 進行借貸。若無異曲線如圖所示，消費者最適選擇在籃 B，今年向銀行貸款 $(C_{1B} - I_1)$，明年還清貸款。貸款使其效用從 U_1 增至 U_2。

範例 4.3
借或不借？

目前所討論消費者借款與貸款是假設他的存款利率 (借錢給銀行) 等於貸款利率。然而，事實上，是貸款利率高於存款利率。金融機構是靠借款與貸款利率的差異賺取利潤。

讓我們討論不同的存款與貸款利率如何影響消費者的預算線。假設馬克第 1 年的所得是 $10,000，第 2 年所得是 $13,200。如果他沒有借貸，他會選擇籃 A，如圖 4.16。

讓我們求出預算線縱軸的角點，代表馬克第一年將錢存入銀行並完全不消費，且在第二年才進行消費的商品組合。其存款利率是 5% $(r_L = 0.05)$。明年他的總所得是 $23,700 (第 1 年所得 $10,000，加上利息收入 $500，加上第 2 年所得 $13,200) 且能夠買籃 E。籃 E 與點 A 間預算線的斜率是 $-(1 + r_L) = -1.05$，這個斜率反映馬克今年每儲蓄一元，明年他會多出 $1.05 的所得用來消費。

讓我們來討論預算線橫的角點代表馬克第 2 年不會消費，且第 1 年儘可能地購買。假設第 1 年他向銀行貸款，然後在第 2 年償還貸款而年利率是 10% $(r_B = 0.1)$，則第 1 年貸款的最高金額是 $12,000，因為第 2 年他必須償還是他的全部所得 $13,200，包括本金 $12,000 和利息

第 4 章　消費者如何做選擇　**133**

$23,700 E

$13,200 A

預算線 EA 斜率 = −1.05
預算線 EG 斜率 = −1.1

$10,000　$22,000　G

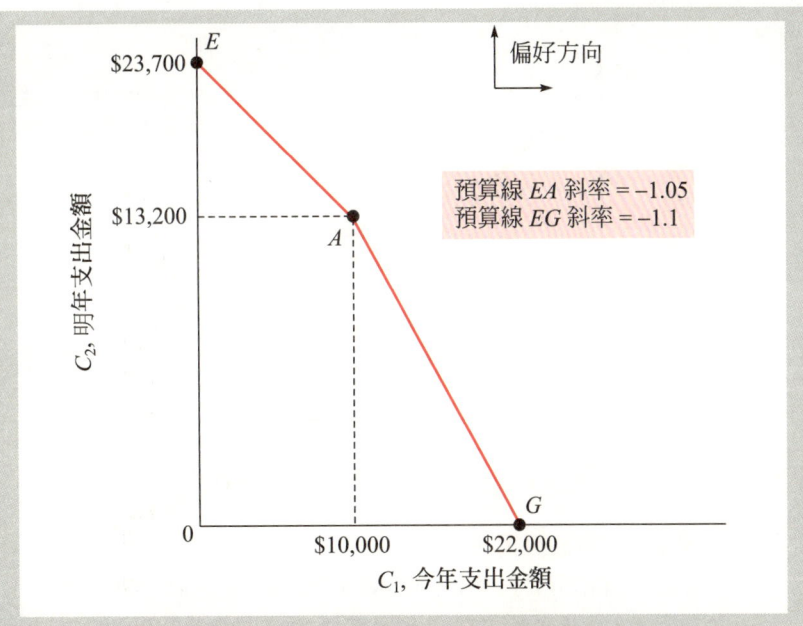

C_2, 明年支出金額
C_1, 今年支出金額
偏好方向

圖 4.16　不同借款利率與貸款利率的消費者選擇
消費者今年所得是 $10,000，明年所得是 $13,200。如果他不借款也不貸款，最適選擇在點 A。假設存款利率是 5% (借錢給銀行的利率)。今年每儲蓄一元，明年可得 $1.05，預算線在點 E 到點 A 的斜率是 −1.05。同樣地，如果他今年向銀行貸款一元，明年必須償還 $1.10。預算線在點 A 到點 G 的斜率是 −1.1。

$1,200 (0.1 × $12,000)。因此，第 1 年最高消費金額是 $22,000 (所得 $10,000 加貸款 $12,000)。若從點 A 出發，今年他每增加消費 $1 (沿預算線右移)，明年他必須減少消費 (1 + r_B) 元。利用圖 4.16，可以證明從點 A 到點 G 的預算線斜率是 −1.1。

　　貸款與存款利率決定預算線的兩個部分 (圖 4.16 的 EG 與 AG)。要知道消費者是貸款者或借款者，我們必須要有消費者的無異曲線。你可否畫出消費者第 1 年希望儲蓄者的無異曲線圖譜？就此偏好而言，消費者能夠達到最高的無異曲線是位於預算線的點 A 與點 E 之間的預算線相切。

　　你可否畫出消費者在第 1 年是貸款者的無異曲線？消費者能夠達到最高的無異曲線是位於點 A 與點 G 間的預算線。

應用：數量折扣

　　在許多商品市場廠商會提供消費者數量折扣。我們可以利用消費者選擇理論來瞭解數量折扣如何影響消費者行為。
　　廠商提供各種型式的數量折扣。我們在此以電力產業最常見

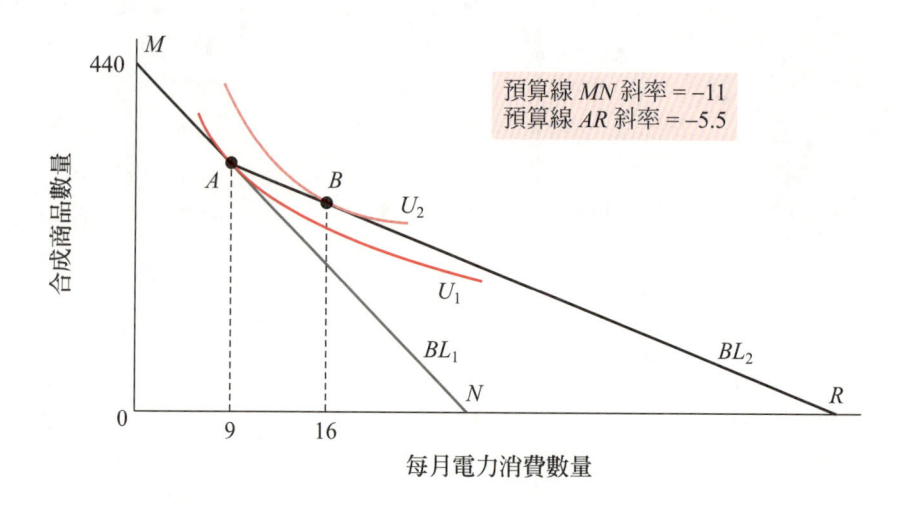

圖 4.17 數量折扣

若電力價格每單位為 $11，消費者面對的預算線是 MN，斜率是 -11。消費者選擇籃 A，消費 9 單位電力。假設電力公司提供數量折扣方案，前 9 個單位，每單位收 $11，超過 9 單位，每單位收 $5.5。預算線現在包括兩個部分，$MA$ 與 AR。AR 的斜率是 -5.5。當有數量折扣時，她會消費 16 個單位電力 (籃 B)。換言之，數量折扣誘使她多消費 7 個單位電力。圖形指出，數量折扣方案能讓消費者達到比以前更高的滿足水準。

的數量折扣為例。在圖 4.17，橫軸是衡量每月消費者使用電力數量。縱軸是衡量合成商品的數量，價格是 $1。消費者每月所得是 $440。

現在假設電力公司每單位電力價格是 $11，且沒有數量折扣。消費者面對的預算線是 MN，且預算線斜率為 -11。圖 4.17 的無異曲線與預算線的切點，她選擇籃 A，電力消費是 9 單位。

現在假設電力公司提供數量折扣方案：消費者消費前 9 個單位的電力，每單位收費 $11，超出 9 單位者是 $5.5。預算線有兩個線段。第一個線段是 MA。第二個線段是 AR，其斜率為 -5.5，因為電力消費數量大於 9 單位，故每單位電力消費的價格是 $5.5。以圖 4.17 的無異曲線而言，在數量折扣方案下消費者會消費 16 個單位電力 (籃 B)。數量折扣誘使消費者多消費 7 個單位的電力。

數量折扣擴張消費可能集合。在圖 4.17，數量折扣方案擴張的消費可能集合面積是 RAN。如圖所示，折扣讓消費者能夠購買商品組合而達到其比以前更高的滿足水準。

範例 4.4

免費飛行

在 1981 年美國航空首次提出累積哩程計畫，AAdvantage Travel Awards。同年稍晚，聯合航空也提出其累積哩程計畫，United Airlines Mileage Plus。世界上許多航空公司相繼推出同類的計畫。這些計畫是鼓勵消費者搭乘同一家航空公司飛機。會員可以累積飛行哩程數，在累積一定的哩程數，即可以升級艙等與兌換免費機票。航空公司也提供其它優惠，包括優先艙等升級服務、優先訂位、櫃台訂位特別服務與免費使用貴賓室。

累積哩程計畫有不同等級的會員制度，會員卡等級是取決於一年內飛行哩程的數目。例如，AAdvantage 計畫中，消費者每年飛行哩程數低於 25,000 哩可以繼續累積飛行哩程數。每年飛行哩程數介於 25,000 到 50,000 哩間，消費者可以獲得明年的 AAdvantage 金卡。且每飛行 1 哩，可以再加 25% 的紅利哩程數。飛行哩程數在 50,000 到 100,000 之間，可以獲得明年的 AAdvantage 白金卡。白金卡會員每飛行 1 哩，可以再加 100% 的紅利哩程數。還有一種更高等級的會員卡 (Executive 白金卡)，發給每年飛行哩程數超過 100,000 哩的人士。

累積哩程計畫通常是複雜的，有一些特殊規定與獎勵並未在此討論。重要的概念是：飛行哩程愈多，額外飛行費用會愈低——亦即，你收到數量折扣。這也是為什麼累積哩程計畫大受歡迎的緣故。在 2001 年，美國航空 AAdvantage Program 的全球會員人數已經超過 4 千 3 百萬人。

4.4 顯示性偏好

在預算線與無異曲線 (無差異曲線圖譜) 為已知的情況下，我們可以找到最適消費組合。換言之，如果你知道消費者如何排列商品組合，你可以決定在任何預算限制下的最適消費組合。

但是假設你並不知道消費者的無異曲線圖譜。你是否可以藉觀察所得變動與消費者行為的改變來推論消費者如何排列商品組合？換言之，消費者商品的選擇是否顯示消費者偏好的資訊？

顯示性偏好 (revealed preference) 背後的主要概念非常簡單：如果購買籃 B 的支出金額與籃 A 相同，而消費者選擇籃 A，則我們知道 A 為弱性偏好於 B (至少和 B 一樣好)。(可以寫成 $A \succeq B$，亦即 $A \succ B$ 或 $A \approx B$。) 當籃 C 比籃 D 昂貴時，消費者選擇 C，我們可以說消費者強烈偏好 C 而非 D ($C \succ D$)。當價格與所得變動使我們有足夠消費者選擇的觀察值，即使無從得知無異曲線的形狀，也可以知道消費者如何排列商品組合。顯示性偏好分析假設消費者始終選擇最適商品組合，雖然價格與所得變動，消費者偏好不會改變。

圖 4.18 說明消費者如何顯示偏好的資訊。在商品 (房屋與衣服) 價格與所得起始值固定的情形下，消費者面對預算線 BL_1 會選

顯示性偏好 藉觀察當所得與價格變動時，消費者選擇變動的序列排列商品組合分析。

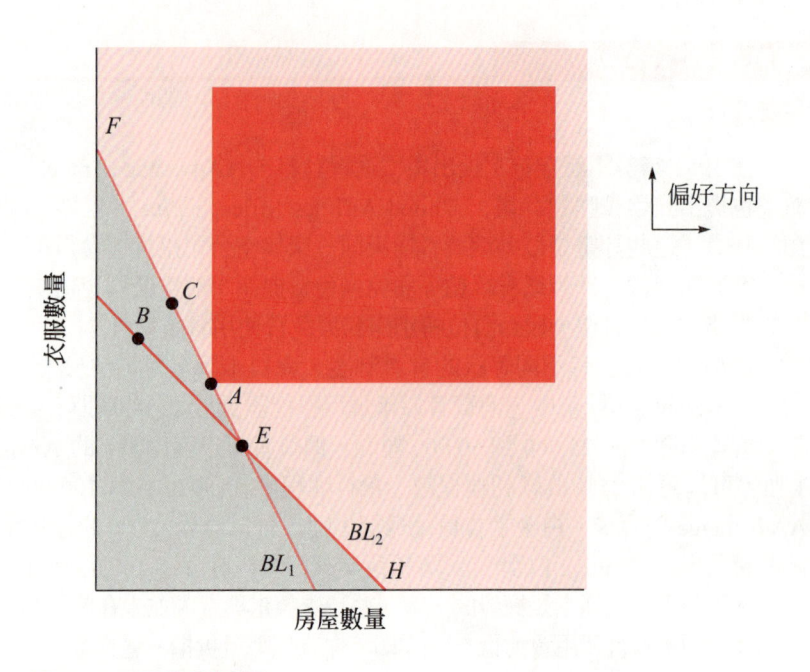

圖 4.18 顯示性偏好

假設我們不知道消費者的無異曲線圖譜，但我們觀察到兩條不同預算線時的消費者選擇。當預算線是 BL_1 時，消費者選擇籃 A。當預算線是 BL_2 時，消費者選擇籃 B。消費者選擇顯示出什麼樣的偏好資訊？如文中分析，通過 A 的消費者無異曲線必須通過色面積，向包括其它在 EF 的商品組合。

擇籃 A。假設價格與所得變動，使預算線變動成 BL_2 時他會選擇籃 B。消費者選擇顯示出偏好的什麼資訊？

首先，當消費者在預算線 BL_1 上或線內，如籃 B 時，消費者選擇籃 A。因此，A 至少和 B 一樣好 ($A \succcurlyeq B$)。但是他透露出更多有關如何排列 A 與 B 的資訊。考慮籃 C。由於消費者選擇籃 A，當其可以購買籃 C 時，我們知道 $A \succcurlyeq C$。且因為 C 在 B 的東北方，消費者必須強烈偏好 C 而非 B ($C \succ B$)。則，根據遞移性，A 必須強烈地偏好於 B (若 $A \succcurlyeq C$ 與 $C \succ B$，則 $A \succ B$)。

消費者行為也幫助我們知道通過點 A 的無異曲線形狀。所有位於籃 A 北方、東方及東北方的商品組合強烈偏好於 A (商品組合位於深色陰影面積的部分)。A 強烈偏好於淺色陰影面積的所有商品組合，且至少和點 F 到點 E 的商品組合一樣好。我們還知道 A 強烈偏好於任何位於 EH 的商品組合，因為 A 強烈偏好於 B，且 B 至少和任何位於 BL_2 的商品組合一樣好。因此，即使我們不知道通過點 A 無異曲線的確實形狀，無異曲線一定會通過紅色區域，

可能包括除了點 E 外,線 EF 上的任一商品組合。但不包括籃 E。

已觀察到的選擇是否符合效用極大化?

在我們顯示性偏好的討論中,我們假設在預算限制為已知時,消費者會藉著最適選擇追求效用最大。但消費者可能以其它方式選擇最適組合。顯示性偏好分析可否告訴我們,消費者的選擇是否符合效用極大化?或讓我們從不同角度質疑,對消費者選擇的觀察是否可以得到消費者不一定追求效用極大的結論?

考慮一個消費者只購買兩項商品的效用極大化例子。假設商品的起始價格是 (P_x, P_y),消費者會選擇籃 1,包含 (x_1, y_1)。在第二組商品價格 $(\tilde{P}_x, \tilde{P}_y)$,他會選擇籃 2,包含 (x_2, y_2)。

在起始價格,籃 1 的消費者支出金額是 $P_x x_1 + P_y y_1$。假設籃 2 也可以起始價格購買,所以

$$P_x x_1 + P_y y_1 \geq P_x x_2 + P_y y_2 \tag{4.7}$$

式 (4.7) 左邊告訴我們消費者在起始價格購買籃 1 的支出金額。式 (4.7) 的右邊衡量以起始價購買籃 2 的支出金額。

因為在起始價格,消費者選擇籃 1 (雖然他也可以購買籃 2),這顯示他喜歡籃 1 至少和喜歡籃 2 一樣多。

我們也知道在第二組商品價格,他選擇籃 2 而非籃 1。因為他已經表示籃 1 至少和籃 2 一樣好,他必須知道新價格下的籃 2 不會比籃 1 更貴。否則,在新價格下他會選擇籃 1。式 (4.8) 說明在新價格下,籃 2 的支出金額不會超過籃 1 的支出金額。

$$\tilde{P}_x x_2 + \tilde{P}_y y_2 \leq \tilde{P}_x x_1 + \tilde{P}_y y_1 \tag{4.8}$$

若消費者選擇符合效用極大化,為何式 (4.8) 一定要成立?若不成立,則

$$\tilde{P}_x x_2 + \tilde{P}_y y_2 > \tilde{P}_x x_1 + \tilde{P}_y y_1 \tag{4.9}$$

若式 (4.9) 成立,則在新價格下,籃 2 會比籃 1 昂貴。由於消費者在第二個價格選擇籃 2 (雖然也買得起籃 1),消費者會強烈偏好籃 2 而非籃 1。但這與稍早的討論,籃 1 至少與籃 2 一樣好的說法相互矛盾。要消除矛盾,式 (4.8) 必定成立 (相當於式 (4.9) 一定不成立)。

因此,若式 (4.8) 不成立,消費者選擇必定不符合效用極大

化。下列習題說明如何使用顯示性偏好分析來檢查不符合效用極大的消費者行為。

邊做邊學習題 4.5
消費者選擇不符合效用極大化

問題 消費者每週所得 $24，且買兩種商品 x 與 y。起初，他面對的價格是 $(P_x, P_y) = (\$4, \$2)$，而選擇籃 A 包含 $(x, y) = (5, 2)$。稍後價格改變，新價格 $(\tilde{P}_x, \tilde{P}_y) = (\$3, \$3)$，他選擇籃 B，包含 $(x_2, y_2) = (2, 6)$。所得仍是每週 $24。其預算線與消費者選擇示於圖 4.19。在選擇固定下，請指出他無法在兩個期間的選擇皆符合效用極大化。

解答 有兩種方法可以說明消費者並未追求效用極大。第一，使用圖解法。預算線為 BL_1，當他買得起籃 C 時，卻選擇籃 A。因此籃 A 至少和籃 C 一樣好 $(A \succcurlyeq C)$。再者，因為籃 C 是位於籃 B 的東北方，他必須強烈偏好籃 C 而非籃 B $(C \succ B)$。利用遞移性，我們可得籃 A 強烈偏好於籃 B (若 $A \succcurlyeq C$ 與 $C \succ B$，則 $A \succ B$)。

我們可以用同樣的方式推理當預算線是 BL_2 時，消費者選擇籃 B。當他可以買得起籃 D 時，消費者卻選擇籃 B。因此籃 B 至少和籃 D 一樣好。再者，因為籃 D 位於籃 A 東北方，消費者必須強烈偏好籃 D 而非籃 A。我們根據遞移性可得籃 B 強烈偏好於籃 A (若 $B \succcurlyeq D$ 與 $D \succ A$，則 $B \succ A$)。

籃 A 強烈偏好於籃 B 及籃 B 強烈偏好於籃 A 不可能同時成立。因

圖 4.19 消費者選擇無法符合效用極大

當預算線是 BL_1，在消費者可以選擇籃 C，卻選擇籃 A；因此 $A \succ C$。因為籃 C 在籃 B 的東北方，其必須為 $C \succ B$。這隱含 $A \succ B$ (若 $A \succcurlyeq C$ 與 $C \succ B$，則 $A \succ B$)。

在 BL_2 消費者可以選籃 D，卻選籃 B。因此，$B \succcurlyeq D$。因為籃 D 位於籃 A 的東北方，其必定為 $D \succ A$。這隱含 $B \succ A$ (若 $B \succcurlyeq D$ 與 $D \succ A$，則 $B \succ A$) 可得籃 B 強烈偏好於籃 A。

因為 $A \succ B$ 及 $B \succ A$ 不可能同時成立。消費者不可能始終有最適選擇。

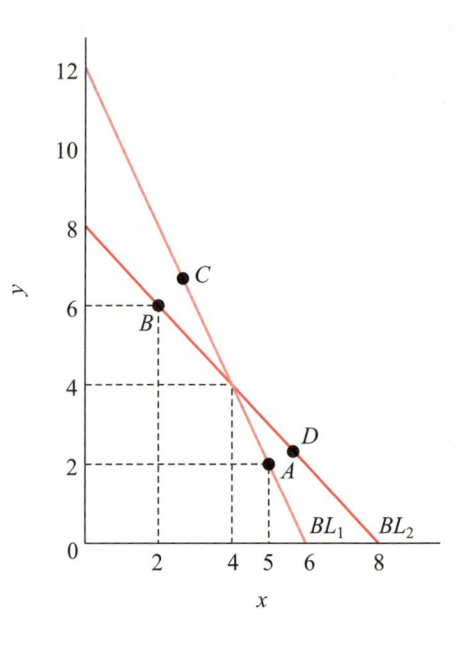

此，消費者無法在每一個預算線上做最佳選擇。

我們也可利用式代數的方法來得到相同的結論。在價格為起始價 $(P_x, P_y)=(\$4, \$2)$ 時，當消費者買得起籃 B，他卻選擇籃 A。他本可花費 $P_x x_2 + P_y y_2 = \$4(2)+ \$2(6)= \$20$ 購買籃 B，他卻花費 $P_x x_1 + P_y y_1 = \$4(5)+ \$2(2)= \$24$ 購買籃 A。這隱含他會選擇籃 A 而非籃 B。(注意，式 (4.7) 成立：$P_x x_1 + P_y y_1 \geq P_x x_2 + P_y y_2$。)

然而，在新價格 $(\tilde{P}_x, \tilde{P}_y)=(\$3, \$3)$ 下，他可以選擇籃 A 卻選了籃 B。他花費 $\tilde{P}_x x_1 + \tilde{P}_y y_1 = \$3(5)+ \$3(2)= \$21$ 購買籃 B，當他本可花費 $\tilde{P}_x x_2 + \tilde{P}_y y_2 = \$3(2)+ \$3(6)= \$24$ 購買籃 A。這表示他強烈偏好籃 B 甚於籃 A。

因此，在兩個不同價格水準，他的行為相互矛盾，這意味她不是做最適選擇。(注意式 (4.8) 不成立：$P_x x_2 + P_y y_2 > P_x x_1 + P_y y_1$。)

類似問題：4.5，4.15，4.16 和 4.17

範例 4.5

利他主義是合理性？

利他主義是否符合效用極大化行為？在閱讀過第 3 與第 4 章後，你可能希望回答：不。畢竟，在我們目前所發展的消費者選擇理論中，個人追求的自我效用的最大。這種行為是自私自利，並不符合施惠予他人的概念。然而，在真實世界，個人的確呈現利他行為。在實驗室中的人們若有機會表現自私或利他時，他們通常 (自願地) 選擇利他。

一種利他主義符合消費者選擇理論的解釋為個人效用為自我消費與朋友消費的遞增函數。若果真如此，某種程度的利他主義也符合個人最適行為。利用實驗方法與顯示性偏好理論，Andreoni 與 John Miller 共同測試利他主義是否為效用極大化行為的結果。[10] 在他們的實驗中，實驗對象是分配硬幣 (每個人有固定金額) 給他或她與另一個實驗觀象。藉著改變硬幣數量，主題被分配，以及贈送別人硬幣與保有硬幣的相對價格，Andreoni 與 Miller 能夠移動實驗對象的預算線，以顯示性偏好理論來測試實驗對象的行為是否符合效用極大化。

Andreoni 與 Miller 發現幾乎所有的實驗對象——不管利他與否——都符合效用最大。約有 22% 的實驗對象是非常自私的。他們的行為符合只包括自我分配硬幣的效用函數。大多數其它呈現利他的實驗對象符合預算限制下追求效用最大的效用函數。例如，有 16% 的實驗對象總是會將硬幣平分。符合這種行為的效用函數反映出自我與他人消費的完全互補：$U = \min(x_s, x_o)$，其中 x_s 是分配硬幣給自己，x_o 是分配硬幣給別人。

學到什麼功課？並不是每個人都是利他——世界的確有某些自私自利者——人們不應假設利他行為不符合效用極大。慷慨的念頭，與想要追求自我效用最大是並行不悖的。

---

[10]. J. Andreoni, and J. H. Miller, "Analyzing Choice with Revealed Preference: Is Altruism Rational?," in Handbook of Experimental Ecomomics Results, C. Plott and V. Smith, eds. (Amsterdam: Elsevier), 2004.

邊做邊學習題 4.5 是顯示性偏好分析最重要的應用之一，即使我們無從得知消費者無異曲線，我們仍然可以利用消費者選擇來觀察消費者是否追求效用最大。我們以邊做邊學習題 4.6 做為本節的結論，你可以從顯示性偏好分析推論消費者選擇行為。

邊做邊學習題 4.6
顯示性偏好的其它用途

圖 4.20 的每個圖形描繪出個別消費者消費商品 x 與 y 的選擇。消費者都喜歡 x 及 y (x 愈多愈好及 y 愈多愈好)。在每一個圖形，預算線是 BL_1 時，消費者選擇籃 A。當預算線是 BL_2 時，消費者選擇籃 B。

問題 消費者選擇籃 B。消費者在每個圖形中，排列商品組合，透露出何種訊息？

解答 案例 1：預算線為 BL_2，消費者可以買籃 A，卻選擇籃 B (我們知道因為 A 在 BL_2 之內)；因此 $B \succeq A$。

但考慮籃 C 也在 BL_2 上。當消費者選擇籃 B 更甚於籃 C，其必須 $B \succ C$。此外，因為籃 C 位於籃 A 的東北方，C 必定為 $C \succ A$。因此，$B \succ A$ (若 $B \succeq C$ 與 $C \succ A$，則 $B \succ A$)。

這個練習讓我們知道，任一商品組合在預算線上，一定比預算線內的任一商品組合要好。

案例 2：在 BL_2，消費者可以買籃 A，她卻選擇籃 B (我們知道因為 A 位於 BL_2 之內)。根據案例1的原因，因為 A 在 BL_2 內，我們知道

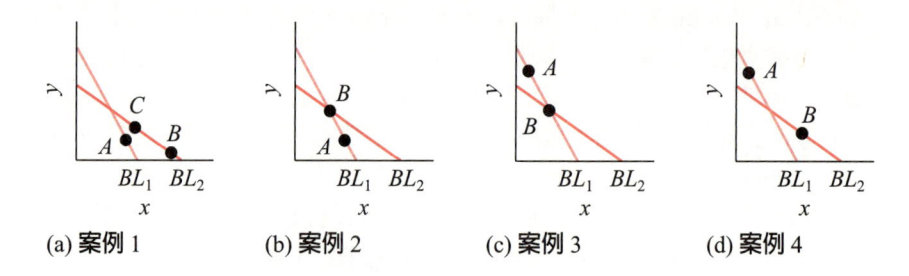

(a) 案例 1　　(b) 案例 2　　(c) 案例 3　　(d) 案例 4

圖 4.20　顯示性偏好

每一案例中，當預算線是 BL_1 時，消費者選籃 A。當預算線是 BL_2 時，消費者選籃 B。從不同預算線下的選擇，我們可否知道消費者如何排列商品組合？在案例 1，我們的結論是 B 強烈偏好於 A，因為 B 弱性偏好於 C 且 C 強烈偏好於 A。在案例 2，消費者選擇並不符合效用極大化行為。圖形隱含 B 強烈偏好於 A 且 A 弱性偏好於 B。這兩個排列不能同時成立。在案例 3，我們的推論是 A 弱性偏好於 B。在案例 4，我們無法推論出偏好的排列。

$B \succ A$。

現在考慮 BL_1。籃 A 和籃 B 都在 BL_1 上，且消費者選擇 A。因此，$A \succeq B$。

這個矛盾 ($B \succ A$ 和 $A \succeq B$ 不可能同時存在) 指出消費者並未藉由購買最佳商品組合來追求效用最大。

案例 3：預算線是 BL_1，消費者可以買籃 B，卻選擇籃 A (兩者皆在 BL_1 上)。因此 $A \succ B$。

在預算線為 BL_2 時，我們並未知道新的訊息。她選擇籃 B，卻買不起籃 A。排列 $A \succeq B$ 是所有我們能夠決定的。

案例 4：預算線是 BL_1 時，消費者選擇籃 A 卻買不起籃 B；預算線是 BL_2 時，消費者選擇籃 B 卻買不起籃 A。兩種選擇無法告訴我們如何排列籃 A 與籃 B。(想要瞭解消費者對兩商品組合的排列，我們必須知道消費者能買得起兩種商品組合而選擇其中一種。)

類似問題：4.14 與 4.15

顯示性偏好理論包含一有用的觀念。它讓我們利用效用極大化的消費者選擇資訊來推論消費者偏好的順序。它也能夠讓我們明瞭，在預算線已知的情形下，消費者無法得到最適消費組合。在不知道無異曲線與效用函數的情形下，仍然可以得出最適消費組合。

總　結

- 預算線是代表消費者花費全部所得，所能購買商品組合的集合。若消費者得到更多所得，預算線會平行向外移動。若橫軸的商品價格改變 (假設消費者所得與縱軸商品價格不變)，預算線會以橫軸為定點，向外或向內旋轉。(**LBD 習題 4.1**)
- 如果消費者面對預算限制來追求效用極大 (亦即，在預算線上或預算線內選擇商品組合)，且所有商品的邊際效用為正，最適消費組合會在預算線上。(**LBD 習題 4.2**)
- 當一追求效用極大的消費者對兩商品的購買數量都大於零，最適商品組合是在兩商品的邊際效用比率等於價格比率之處。(**LBD 習題 4.2**)
- 當一追求效用極大消費者購買正的商品數量，她會選擇的最適商品組合是在每一元花在購買兩商品的邊際效用都相等的地方。(**LBD 習題 4.3 與 4.4**)
- 當一追求效用極大消費者行為不符合，每一元花在購買兩商品邊際效用均相等的條件，最適消費組合將會在角點。(**LBD 習題 4.3 與 4.4**)
- 顯示性偏好分析，讓我們在不知道無異曲線的情形下，能夠推論消費者如何排列商品組合。我們可以藉觀察消費者在價格與所得變動下的最適選擇推論消費者偏好。當籃 A 與籃 B 的花費金額相同且消費者選擇籃 A 時，則 A 至少和 B 一樣好。當籃 C 比籃 D 的支出金額更高時，消費者選擇籃 C，則消費者會強烈偏好 C，而非 D。顯示性偏好分析也幫助我們瞭解到消費

者行為不符消費者追求效用最大的假設。(**LBD 習題 4.5 與 4.6**)

複習題

1. 若消費者購買兩個商品都有正的邊際效用,為什麼消費者總是在預算線上選擇商品?
2. 所得變動如何影響預算線的位置?
3. 當其中一商品價格變動時,預算線會如何變動?
4. 在消費者理論中,內部最適解與角解有何差異?
5. 為什麼在最適消費組合處,預算線斜率一定會等於無異曲線的斜率?
6. 為什麼在最適消費組合處,每一元花在購買所有商品的邊際效用一定會相等?
7. 為什麼在角解處,每一元花在購買所有商品的邊際效用不一定要相等?
8. 假設消費者所得是 $1000,在預算限制下,消費者追求效用極大,會選擇籃 A 消費,而達到的效用水準是 U_1。為什麼追求支出極小的效用水準仍為 U_1?
9. 何謂合成商品?
10. 在不知道消費者效用函數情況下,顯示性偏好分析如何協助我們明瞭消費者偏好?

問 題

4.1 第 3 章問題 3.7 曾提到茱莉對食物 F 與衣服 C 的偏好。她的效用函數 $U(F, C) = FC$。邊際效用 $MU_F = C$ 與 $MU_C = F$。問題 3 曾畫出 $U = 12$,$U = 18$ 和 $U = 24$ 的無異曲線並證明邊際替代率遞減 (食物對衣服)。假設食物的價格 $P_F = \$1$ 和衣服價格 $P_C = \$2$。茱莉在食物與衣服的預算是 $12。

(a) 運用圖形 (不用要代數) 來找最適 (效用極大) 的食物與衣服組合。讓食物數量在橫軸與衣服數量在縱軸。
(b) 運用代數 (相切條件與預算線),找出食物與衣服的最適組合。
(c) 在最適消費組合時,食物對衣服的邊際替代率是多少?
(d) 假設茱莉想以 $12 購買 4 單位食物與 4 單位衣服。則每一元花在購買食物的邊際效用是大於或小於每一元花在購買衣服的邊際效用?如果她想要在不增加支出情形下,提高效用水準,她應該如何以食物替代衣服的消費?

4.2 安對食物 F 與衣服 C 的效用函數 $U(F, C) = FC + F$。邊際效用分別是 $MU_F = C + 1$ 與 $MU_C = F$。食物價格 $P_F = \$1$,衣服價格 $P_C = \$2$,及安的所得是 $22。

(a) 安預備將所得全部用完。若其買 8 單位食物,她應該消費多少單位的衣服?
(b) 請畫出預算線。將衣服數量畫在縱軸,食物數量在橫軸。請畫出現在的消費商品組合。
(c) 請畫出 $U = 36$ 與 $U = 72$ 的無異曲線圖形。無異曲線是否凸向原點?
(d) 運用圖形 (不要用代數),找出效用極大的食物與衣服組合。
(e) 運用代數,找出效用極大的食物與衣服組合。
(f) 當效用極大時,食物對衣服的邊際替代率是多少?請分別以圖形與代數證明。
(g) 食物對衣服的邊際替代率是否遞減?請以圖形與代數證明。

4.3 考慮消費者的效用函數 $U(x, y) = \min(3x, 5y)$,亦即,兩完全互補商品比率為 3:5。兩商品

的價格分別為 $P_x = \$5$ 和 $P_y = \$10$，而消費者所得是 $220。請決定最適消費組合。

4.5 海倫對 CD(C) 與三明治 (S) 的效用函數為 $U(S,C) = SC + 10(S + C)$，而 $MU_C = S + 10$ 和 $MU_S = C + 10$，若 CD 的價格是 \$9，三明治的價格是 \$3，而海倫每天花 \$30 購買這兩種商品，請找出海倫的最適消費組合。

4.4 珍喜歡吃漢堡 (H) 與奶昔 (M)。她的無異曲線是凸向原點且與兩座標軸沒有相交。奶昔的價格 $P_M = \$1$，漢堡價格 $P_H = \$3$。她預備將全部所得用來購買奶昔與漢堡，且漢堡對奶昔的邊際替代率是 2。請問這是否為最適消費組合？若是，請說明為什麼？若否，她是否應該少買漢堡與多買奶昔？或是相反？

4.6 若邊際替代率沒有遞減，這個問題將幫助你瞭解會發生何事。齊瓦哥醫生只買兩種商品：薯條 (F) 與熱狗 (H)。兩種商品的邊際效用都大於零，且 $MRS_{H,F}$ 為遞增的。熱狗價格是 P_H，薯條價格是 P_F。
(a) 請畫出齊瓦哥醫生的無異曲線圖譜，包括有與預算線相切的無異曲線在內。
(b) 請指出，在預算限制下，不代表效用最大的切點。利用所畫的無異曲線並指出最適消費組合的位置。

4.7 東尼喜歡往返舊金山與洛杉磯之間，他會購買往返機票與合成商品，其所得是 \$10,000。幸運地是，美國航空提供累積哩程計畫。來回機票一張是 \$500，但是消費者一年往返十次，再飛一次的來回機票價格是 \$200。
(a) 請畫出預算線。圖形的橫軸是來回機票數量，縱軸是"其它商品"數量。(提示：這問題指出預算線並非一定是直線。)
(b) 請在同一圖形上畫出無異曲線，並指出為什麼東尼參加累積哩程計畫比較好。
(c) 請在新圖形上畫出預算線與無異曲線，並指出為什麼不參加累積哩程計畫比較好。

4.8 消費者喜歡吃漢堡 (H) 與奶昔 (M)，他的效用函數是 $U = \sqrt{H} + \sqrt{M}$。邊際效用是 $MU_H = 1/2\sqrt{H}$ 與 $MU_C = 1/2\sqrt{M}$。
(a) 效用函數是否呈現邊際替代率遞減？
(b) 請畫圖說明無異曲線的形狀。並標明 U_1。無異曲線是否與兩座標軸相交？在同樣圖形，請畫出第二條無異曲線 U_2。$U_2 > U_1$。
(c) 消費者每週所得是 \$24。漢堡價格 $P_H = \$2$，奶昔價格 $P_M = \$1$，若消費者追求效用極大，奶昔與漢堡的最適消費數量是多少？請以圖形說明。

4.9 假設一學生消費兩種商品，沙士與合成商品 (y)，$P_y = \$1$。如果政府針對每半打沙士課徵貨物稅 \$0.5，學生每月會購買 20 個半打沙士 (將貨物稅視為每半打沙士價格上漲 \$0.5)。政府考慮取消貨物稅，並改以定額稅替代，每個月 \$10 的定額稅。(亦即，不管沙士購買數量是多少，每個月固定繳 \$10 的稅。) 如果實施新的稅制方案，學生的消費型態 (特別是沙士數量) 與福利有何影響？(假設沙士對合成商品的邊際替代率遞減。)

4.10 當汽油每加侖是 \$2 時，喬治每年消費 1000 加侖。假設每加侖汽油價格上漲至 \$2.5，為抵銷負面影響，政府每年給喬治 \$500 的現金補貼。汽油價格上升與政府補貼是否讓喬治的滿足程度提高？補貼政策對汽油消費量影響為何？(假設邊際替代率是遞減的)。

4.11 保羅只消費兩種商品，披薩 (P) 和漢堡 (H)，兩者為完全替代，其效用函數為：$U(P, H) = P + 4H$。披薩的價格是 \$3，漢堡價格是 \$6，而保羅每個月的所得是 \$300。由於知道誰喜歡吃披薩，她的祖母給他必勝客 $60 的兌換券。僅管保羅很高興能收到這份禮物，他祖母並不知道她可以用較少的花費而讓他得到相同的快樂。祖母需要給多少現金而能夠讓保羅興拿到兌換券相同的快樂？

4.12 傑克每兩個月做一次消費與儲蓄決策。本月所得是 $1,000，而他知道下個月的加薪將使其所得增至 $1,050。現在的利率 (他可以自由借貸) 是 5%。若以 x 和 y 分別代表本月與下個月的消費，就下列函數，傑克在本月將選擇貸款、借款或不做任何借貸。(提示：在各個情況下，一開始可假設傑克在每個月不借也不貸，這是否為最適？)
(a) $U(x, y) = xy^2$，$MU_x = y^2$，$MU_y = 2xy$。
(b) $U(x, y) = x^2y$，$MU_x = 2xy$，$MU_y = x^2$。
(c) $U(x, y) = xy$，$MU_x = y$，$MU_y = x$。

4.13 下圖顯示消費者在兩個期間的預算集合，其貸款利率為 r_B，借款利率為 r_L，而 $r_L < r_B$。消費者在期間 1 和期間 2 購買 C_1 單位和 C_2 單位的合成商品。下列是有關消費者在兩個期間做消費決策的一般事實：令 A 為消費者在每個期間花光其所得（在預算線的拗折點）的商品組合。一具有遞減 MRS_{C_1, C_2} 的消費者，若在籃 A，$MRS_{C_1, C_2} > 1 + r_B$ 將選擇在第 1 個期間貸款，而若在籃 A，$MRS_{C_1, C_2} < 1 + r_L$，將選擇在第 1 個期間借款。若 MRS_{C_1, C_2} 介於這兩個值之間，則他不會借貸（若你喜歡可嘗試證明：記得 MRS 遞減在此證明中扮演相當重要的角色）。

利用這種法則，考慮梅格本月所得 $2,000 和下月所得 $2,200，效用函數為 $U(C_1, C_2) = C_1C_2$，其中 C 代表每個月的消費。假設 $r_L = 0.05$ (借款利率是 5%)，而 $r_B = 0.12$ (貸款利率是 12%)。梅格在本月是借款，貸款或不借貸？若貸款利率下跌至 8%，情況又如何？

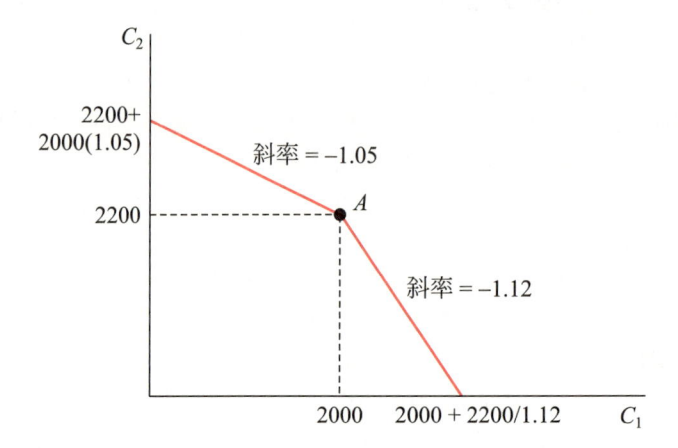

4.14 莎莉購買房屋 (以房屋數量 h 表示) 與其它商品 (合成商品，以 y 表示)，兩者她都喜歡。起初莎莉的所得是 $100，每單位房屋價格 (Ph) 是 $10。起初她購買 2 單位房屋。幾個月後，她的所得上升至 $120，不幸的是，房屋價格也上升至 $P_h = $15。合成商品價格並未改變。"最終"的選擇是 1 單位房屋。請運用顯示性偏好分析 (無須畫無異曲線) 說明最初與最終的消費組合？

4.15 如上圖所示一消費者購買兩種商品，食物與房屋，且兩者都喜歡。當預算線是 BL_1 時，最適選擇是籃 A。當預算線是 BL_2 時，她選擇籃 B。當預算線是 BL_2 時，她選擇籃 C。

(a) 請問消費者對 A，B 和 C 的排列顯示什麼資訊？如果你可以排列出偏好順序，請解釋你是如何排列？如果你無法排列出偏好順序，請解釋為何無法排列？

(b) 在圖形上，請將比籃 B 效用水準更低的商品組合標識出 (或塗成陰影)，並解釋為何是這些區域？

(c) 在圖形上，請將比籃 B 效用水準更高的商品組合標識出 (或塗成陰影)，並解釋為何是這些區域？

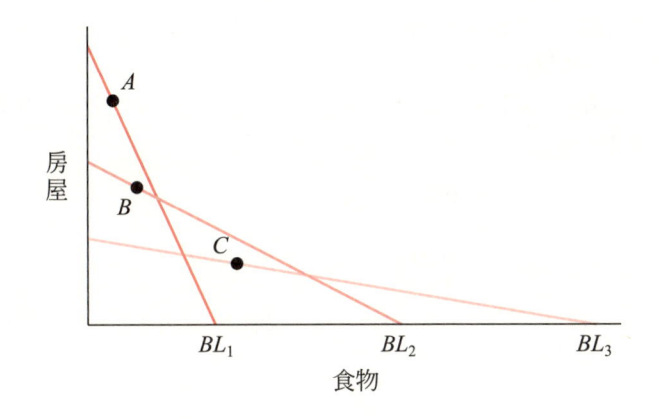

4.16 下圖顯示商品 x 與 y 的消費決策，商品他都喜歡。當他面對預算線 BL_1 時，他選擇籃 A，而當他面對預算線 BL_2 時，他選擇籃 B。若他面對預算線 BL_3，要符合效用最大，他會選擇何種商品組合？

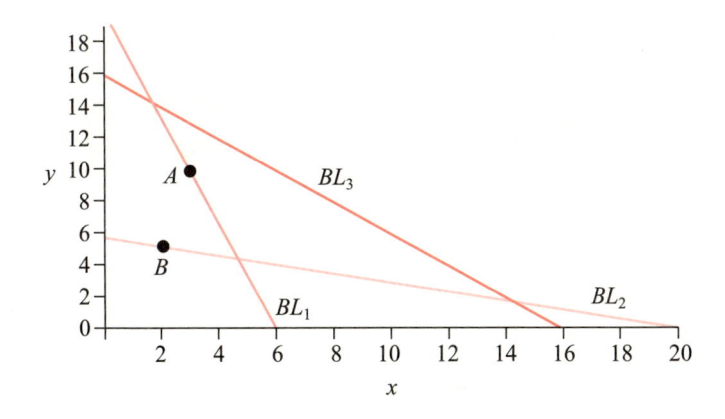

4.17 戴格每月所得是 $60，他每將錢花在打電話回家 (以分鐘計) 與其它商品上。他的大哥大公司提供兩種方案：

- 方案 A：不用付月租費，每分鐘 $0.5。
- 方案 B：付 $20 月租費，每分鐘 $0.2。

請畫出兩種方案的預算限制。若方案 A 較佳，戴格追求效用最大的商品組合為何？若方案 B 較佳，他將購買何種商品組合？

4.18 圖 4.17 說明數量折扣提高消費者的滿足程度，你是否可繪出在數量折扣方案下，消費者滿足程度下跌的無異曲線？

附錄：消費者選擇的數學分析

本附錄將利用拉氏乘數 (Lagrange multiplier) 微積分技巧來求解消費者選擇的問題。假設消費者只購買兩種商品，x 表第一個商品的購買數量，y 表第二個商品的購買數量。第一個商品的價格是 P_x，第二個商品的價格是 P_y。消費者所得是 I。

假設兩個商品的邊際效用皆為正，所以我們知道消費者會選擇在預算線上消費。基於這些假設，消費者選擇問題可以寫成

$$\max_{(x,y)} U(x, y) \tag{A4.1}$$

$$\text{subject to}：P_x x + P_y y = I$$

拉氏函數 (Λ) 可以定義成 $\Lambda(x, y, \lambda) = U(x, y) + \lambda(I - P_x x - P_y y)$，其中 λ 是拉氏乘數。最適內部均衡 ($x > 0$ 與 $y > 0$) 的一階必要條件是

$$\frac{\partial \Lambda}{\partial x} = 0 \Rightarrow \frac{\partial U(x, y)}{\partial x} = \lambda P_x \tag{A4.2}$$

$$\frac{\partial \Lambda}{\partial y} = 0 \Rightarrow \frac{\partial U(x, y)}{\partial y} = \lambda P_y \tag{A4.3}$$

$$\frac{\partial \Lambda}{\partial \lambda} = 0 \Rightarrow I - P_x x - P_y y = 0 \tag{A4.4}$$

偏微分 $\partial U(x, y)/\partial x$ 是商品 x 的邊際效用 (MU_x) 的數學表示。MU_x 是在 y 不變下，增加商品 x 消費數量，使總效用增加的幅度。同樣地，$\partial U(x, y)/\partial y$ 為商品 y 的邊際效用 (MU_y) 的數學表示。在 x 不變下，MU_y 是增加商品 y 消費數量，使總效用增加的幅度。

我們將 (A4.2) 與 (A4.3) 相除可消去拉氏乘數，一階條件可縮減成

$$\frac{MU_x}{MU_y} = \frac{P_x}{P_y} \tag{A4.5}$$

$$P_x x + P_y y = I \tag{A4.6}$$

式 (A4.5) 是每一元花在購買 x 與 y 的邊際效用都相等 ($MU_x/P_x = MU_y/P_y$)，或相當於無異曲線與預算線相切 ($MU_x/MU_y = P_x/P_y$)。這兩個條件都是最適消費組合的條件。所以消費者選擇問題的數學解答告訴我們，最適內部均衡必須符合相切條件且在預算線上。這與課本正文中運用圖形求取最適內部均衡的條件完全一致。

5 需求理論

5.1
最適選擇與需求

5.2
商品價格的變動：所得與替代效果

5.3
商品價格的變動：消費者剩餘的概念

5.4
市場需求

5.5
網路外部性

5.6
勞動與休閒的選擇

5.7
消費者物價指數

是否因賠償而提高價格？

　　在 1990 年代與 2000 年代初，由於吸菸所造成的損失使菸草產業逐漸陷入官司訴訟的糾纏中。許多州政府對香菸公司提出告訴，要求賠償因吸菸造成的健康損害成本。許多香菸公司答應給付數以億計的美元給明尼蘇達州、佛羅里達州、密西西比州、德州、紐約州及其它各州。香菸公司面臨一個很難解決的問題。他們如何支付龐

大的費用？這些公司的反應是不斷地提高香菸售價。

　　為什麼香菸公司認為售價提高可以增加公司收入？香菸公司需要何種資訊來評估香菸價格提高，如五美分，能增加多少收入？我們由第 2 章知道，如果公司知道需求曲線的形狀就可以預測提高售價的影響效果。華爾街日報的一篇專欄曾經綜合整理出香煙市場需求的相關研究。"香菸的平均售價是 $2，因為稅率不同，各州的菸價會有差異。分析師指出，香菸價格每上漲 10%，銷售數量便下跌約 3.5% 到 4.5%。他們認為香菸價格微幅上揚並不會讓多數消費者戒菸，而是每天少抽香菸。"[1]

　　根據這樣的資訊，我們的結論是香菸需求的價格彈性大約在 －0.35 到 －0.45 之間。因此香菸需求是相對無價格彈性。從第 2 章我們知道，當需求相對無彈性，價格微幅上升導致銷售收入提高。在香菸市場，若價格上漲 10%，銷售量會減少 4%。這表示價格上漲 10%，香菸銷售收入會增加 6%。這解釋了為什麼香菸製造商相信，如果提高售價，香菸銷售收入會提高的原因。

章節預習　在本章，你將

- 研究消費者對商品的需求如何受所得與所有商品價格的影響。
- 檢視商品價格改變如何透過替代效果與所得效果影響消費者。
- 檢視商品價格改變如何透過消費者剩餘、補償變量和對等變量影響消費者。
- 瞭解如何利用個人需求曲線推導市場需求曲線。
- 研究網路外部性對需求曲線的影響。
- 檢視消費者如何將時間分配在休閒與工作上。

5.1 最適選擇與需求

　　需求曲線從何而來？在第 4 章，我們指出如何決定最適消費組合。在消費者偏好、所得與所有商品價格為已知的情形下，我

---
[1] Tara Parker-Pope, "Major Tobacco Companies Increase Cigarette Prices by Five Cents a Pack," *The Wall Street Fournall* (May 12, 1998), page B15.

們會問,如果冰淇淋一加侖賣 5 美元,消費者每個月會購買多少冰淇淋?這將會是冰淇淋需求曲線上的一點。如果我們重複相同問題:當每加侖冰淇淋是 $4、$3 或 $2 時,其每個月的購買量,就可以得到需求曲線上其它的點。讓我們利用一個簡單模型說明如何得到需求曲線。消費者只購買兩個商品,食物與衣服。

價格變動的影響

在衣服價格與所得固定不變情形下,當食物價格變動,消費者食物購買數量有何改變?我們有兩種方式回答這個問題,一是利用圖 5.1(a) 的最適選擇圖形,二是利用圖 5.1(b) 的需求曲線。

檢視最適選擇圖形

圖 5.1(a) 所示的橫軸是食物消費數量 (x),縱軸是衣服消費數量 (y)。它也顯示三條消費者無異曲線 (U_1,U_2 和 U_3)。假設消費者每週所得為 $40,衣服每單位價格為 P_y = $4。

考慮三個不同食物價格下的消費者對食物與衣服數量的選擇。首先,假設食物價格 P_x = $4。當 P_x = $4,$P_y$ = $4,及 I = $40 時,消費者面臨的預算線是圖 5.1(a) 的 BL_1。BL_1 的斜率是 $-P_x/P_y = -4/4 = -1$。消費者的最適消費組合是籃 A,每週最適消費 2 單位食物與 8 單位衣服。

當食物價格下跌至 P_x = $2 時,消費組合會發生什麼改變?因為食物價格與所得不變,預算線的縱軸截距不會改變。然而,如同第 4 章所見,食物價格下跌會使橫軸截距向右移動 (到 BL_2)。預算線 BL_2 的斜率是 $-P_x/P_y = -2/4 = -1/2$。最適消費組合是籃 B,每週消費 10 單位食物與 5 單位衣服。

最後,假設食物價格下跌至 P_x = $1。預算線會向外旋轉至 BL_3,其斜率為 $-P_x/P_y = -1/4$。最適消費組合是籃 C,每週消費 16 單位食物與 6 單位衣服。

一個描述食物價格變動如何影響食物與衣服消費數量變動的方式,是將三個最適消費組合用一曲線聯結起來 (假設衣服價格與所得固定不變)。這條曲線稱為**價格消費線** (price consumption curve)。[2] 在圖 5.1(a),籃 A,B 與 C 都在價格消費線上。

價格消費線 在所得與其它商品價格不變下,隨著商品價格改變,效用最大商品組合集合。

---

[2] 在某些教科書稱價格消費線為"價格擴張線"。

152 個體經濟學

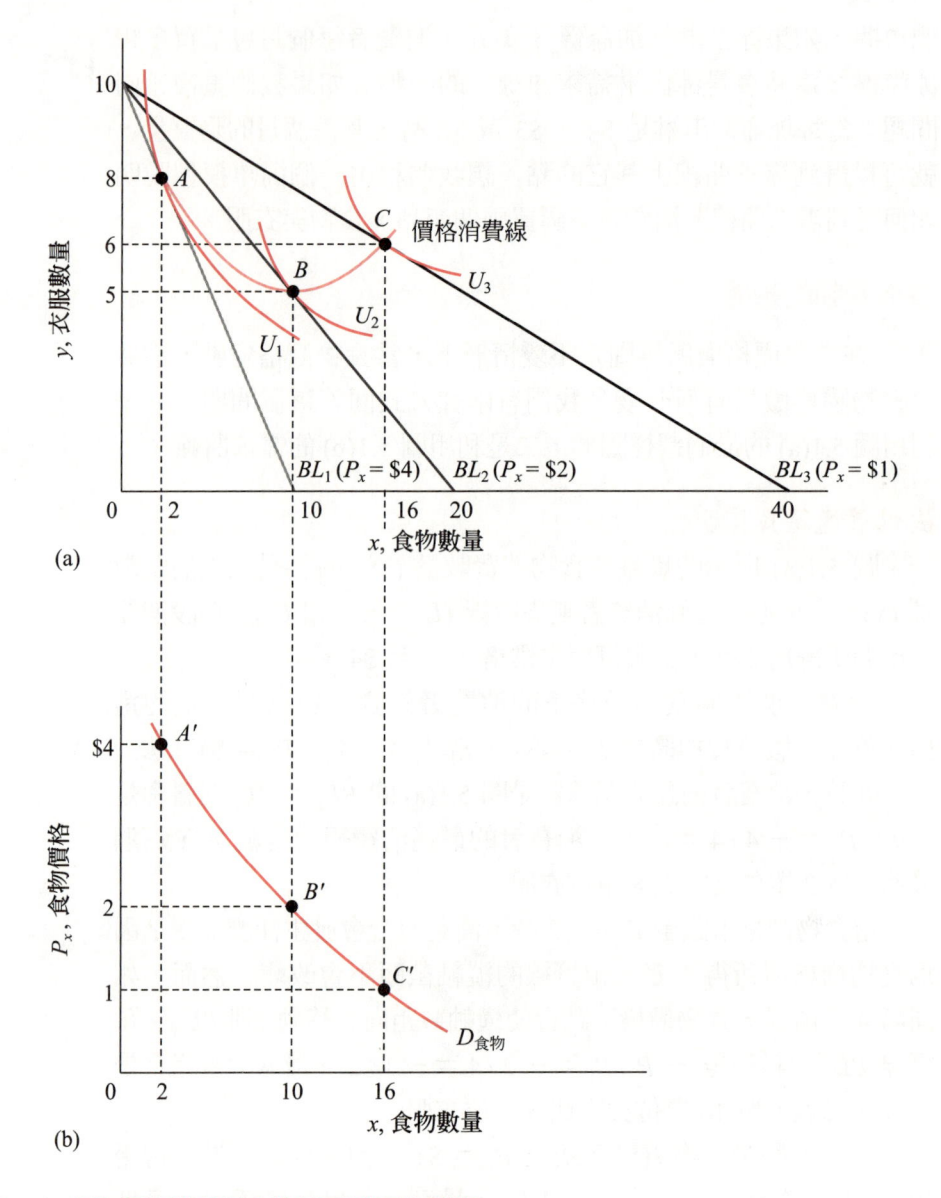

圖 5.1 食物價格變動對食物消費數量的影響

消費者每週所得 $40。每單位衣服價格 P_y 為 $4。

(a) 最適選擇圖形。當食物價格 P_x 為 $4，預算線是 BL_1。當食物價格是 $2 與 $1 時，預算線分別是 BL_2 與 BL_3。最適消費組合是籃 A，B 及 C。聯結最適消費組合的曲線稱為價格消費線。

(b) 食物的需求曲線 (依據上面的最適選擇圖形而來)。當食物價格下跌，消費者會購買更多的食物。所以食物需求曲線的斜率為負。

當食物價格下跌則消費者會更有餘裕。當食物價格是 $4 (且她會選擇籃 A)，她達到無異曲線 U_1。當食物價格是 $2 時 (她選擇籃 B)，其效用水準上升至 U_2。若食物價格跌至 $1，其效用水準會上升至 U_3。

價格改變：沿需求曲線移動

我們可以利用圖 5.1(a) 的最適消費組合畫出圖 5.1(b) 的食物需求曲線。食物價格在縱軸，食物數量在橫軸。

現在來看兩圖的關係。當食物價格爲 $4，消費者選擇圖 5.1(a) 的籃 A，包含 2 單位食物。這對應於圖 5.1(b) 上食物需求曲線的點 A′。同樣地，在圖 5.1(a) 的籃 B，當食物價格是 $2 時，消費者購買 10 單位食物，這對應於圖 5.1(b) 的點 B′。最後，如果食物價格跌至 $1，消費者會買 16 單位食物，這對應於圖 5.1(b) 的點 C′。總之，食物價格下跌會導致消費者沿需求曲線向右下方移動。

需求曲線也是一"願意支付價格"曲線

當你學習經濟學時，你會發現將需求曲線視爲消費者的"願意支付"價格曲線是非常有用的。要瞭解這個概念，讓我們會問，當消費者在圖 5.1(a)的籃 A 時，她願意支付多少錢來額外購買一單位的食物 (目前已有 2 單位食物)。答案是她願意多付 $4 購買額外一單位食物。爲什麼？在籃 A，食物對衣服的邊際替代率是 $MRS_{x,y} = 1$。[3] 因此，在籃 A，額外一單位食物的價值等於額外 1 單位衣服的價值。因爲衣服的價格是 $4，額外一單位食物的價值也會是 $4。這個推理讓我們瞭解爲何在圖 5.1(b) 的點 A′ 縱軸食物價格是 $4。當消費者購買 2 單位食物，額外一單位食物對她的價值 (亦即，她"願意支付"額外 1 單位食物的價格) 是 $4。

注意其 $MRS_{x,y}$ 在籃 B 下跌至 1/2，在籃 C 爲 1/4。在籃 B 額外一單位食物的價值是 $2 (當她購買 10 單位食物時)，而在籃 C 只有 $1 (當她購買 16 單位食物)。換言之，她購買的食物愈多，她願意購買額外一單位食物的價格就愈低。

---

[3] 在籃 A，無異曲線 U_1 與預算線 BL_1 相切，兩者斜率會相等。預算線的斜率是 $-P_x/P_y = -1$。$MRS_{x,y}$ 在點 A 的是無異曲線斜率的負數。因此，$MRS_{x,y} = 1$。

範例 5.1

我們訂閱有線電視的目的為何？

有線電視產業是美國家庭電視節目的重要來源之一。競爭者包括傳統廣播電台、衛星電視、無線電視及錄影帶。然而，美國約有三分之二的家庭訂購有線電視。

政府在過去二十年對有線電視產業的公共政策時有改變。在 1984 年，有線電視解除管制，有線電視服務蓬勃發展。然而，在 1990 年代早期，國會關心有線電視的地方業者索取過高費用，且美國家庭缺乏頻道選擇。在 1992 年，國會不顧老布希總統的反對，通過一連串嚴格管制有線電視產業的法案。然而，在 1996 年，國會再度解除大部分的管制，承認競爭會使節目頻道數增加。

有線電視公共政策辯論通常著重在有線電視的需求面。消費者訂購基本頻道需要支付多少錢？消費者對月租費變動的敏感度如何？在一項從 1992 年的有線電視需求資料研究中，Robert Crandall 和 Harold Furchtgott-Roth 發現基本頻道需求的價格彈性約 -0.8。[4] 因此，基本頻道月租費上漲 10%，有線電視業者 (系統業者) 會損失 8% 的訂閱戶。有些客戶會選擇其它節目來源，有些客戶則選擇不看電視節目。當其它來源 (包括網際網路及從衛星接收電視訊號) 的節目播出愈來愈密集，有線電視的需求變得更有彈性。

所得變動的影響

當所得改變時，消費者對食物與衣服的選擇有何改變？讓我們來觀察圖 5.2(a) 的最適選擇圖形，橫軸為食物消費數量 (x)，縱軸是衣服消費數量 (y)。假設食物價格 $P_x = \$2$ 與衣服價格 $P_y = \$4$，令衣服與食物價格固定不變。預算線的斜率 $-P_x/P_y = -1/2$。

在第 4 章，我們看到所得增加使預算線平行向外移動。圖 5.2(a) 說明在三種不同所得水準及三條不同無異曲線（U_1、U_2、和 U_3）的消費者預算線與最適消費組合。起初，當消費者的每週所得是 $I_1 = \$40$，其預算線是 BL_1。她會選擇籃 A，每週消費 10 單位食物與 5 單位衣服。當其所得上漲至 $I_2 = \$68$，預算線會向外移至 BL_2。她會選擇籃 B，每週消費 18 單位食物與 8 單位衣服。若其所得增加至 $I_3 = \$92$，預算線是 BL_3。其最適消費組合是籃 C，每週消費 24 單位食物與 11 單位衣服。

一個描述所得改變如何影響消費者選擇的方法是將所得改變後 (假設商品價格不變) 的最適消費組合，用一條線聯結起來。這

---

[4] 請見 R. Crandall, and H. Furchtgott-Roth, Cable TV: *Regulation or Competition*? (The Brookings Institution, Washington D.C. 1996), especially Chapter 3.

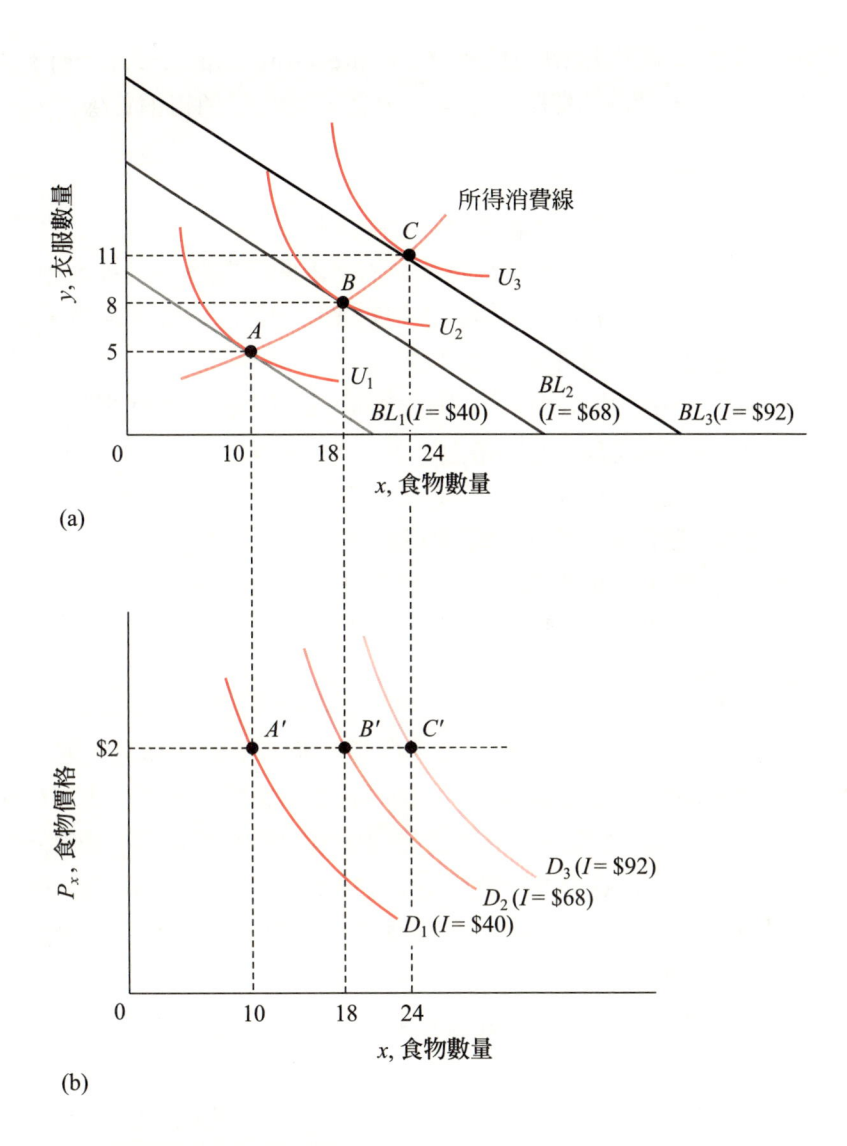

圖 5.2 所得變動對消費的影響

每單位食物價格 $P_x = \$2$ 與每單位衣服價格 $P_y = \$4$。兩種商品在所得變動時，價格維持固定不變。(a) 最適選擇圖形。預算線反映出三種不同所得水準。所有預算線的斜率都是 $-(P_x/P_y) = -1/2$。BL_1 是每週所得 $40 的預算線。$BL_2$ 與 BL_3 分別是每週所得是 $68 與 $92 的預算線。當所得改變，我們以一條線將最適消費組合 (A，B 和 C) 連在一起，這條曲線稱為所得消費線。(b) 食物的需求曲線。當所得增加，消費者的食物需求曲線向右移動。

所得消費線 在價格固定不變下，隨著所得改變，效用最大化商品組合的集合。

條曲線稱為**所得消費線** (income consumption curve)。[5] 在圖 5.2(a)，最適消費組合籃 A，B 與 C 均位於所得消費線上。

所得變動：需求曲線的移動

在圖 5.2(a)，消費者所得增加，她會增加對衣服與食物的購買。換言之，所得提高讓商品的需求曲線右移。在圖 5.2(b)，我們藉所得改變來說明如何影響她對食物的需求曲線。食物價格 (保持不變的 $2) 在縱軸，食物數量在橫軸。當消費者的每週所得是 $40，每週她會購買 10 單位食物，對應於圖 5.2(b) 需求曲線 D_1 的 A′ 點。若消費者的所得上升至 $68，她會購買 18 單位食物，對應至需求曲線 D_2 的 B′ 點。最後，若消費者所得上升至 $92，她會購買 24 單位的食物，對應到需求曲線 D_3 的 C′ 點。

利用相同方法，你也可以畫出當所得改變時的衣服需求曲線。你可自己練習 (請見本章末問題 5.1)。

恩格爾曲線

恩格爾曲線 在所有商品價格不變情況下，連結商品購買數量與所得水準的曲線。

另外一個顯示消費者選擇如何隨著所得變動而改變是畫出**恩格爾曲線** (Engel curve)，一個將食物消費數量與所得水準相關連的圖形。圖 5.3 顯示恩格爾曲線是讓食物消費數量與消費者所得相關的曲線。在圖中食物數量 (x) 在橫軸，所得水準 (I) 在縱軸。恩格爾曲線上的點 A″ 指出，當消費者每週所得是 $40 時，她會購買 10 單位食物。點 B″ 代表當消費者每週所得是 $68 時，她會購買 18 單位的食物。若消費者每週所得上升至 $92，她會購買 24 單位的食物 (點 C″)。請注意，我們畫恩格爾曲線時，是假設所有商品價格維持固定不變 (食物價格是 $2，及衣服價格是 $4)。不同的商品價格會有不同的恩格爾曲線。

正常財 隨著所得增加，消費數量增加的商品。

圖 5.2(a) 的所得消費線顯示當消費者所得增加時，她會購買更多的食物。若是如此，商品 (食物) 是一種**正常財** (normal good)。正常財的恩格爾曲線斜率為正，如圖 5.3 所示。

從圖 5.2(a) 你也能看出衣服也是一正常財。因此，如果你想畫出衣服的恩格爾曲線，所得在縱軸，衣服數量在橫軸，恩格爾曲線的斜率為正的。

你可能會懷疑，當所得上升時，消費者對每項商品的購買數

---

[5] 有些教科書稱所得消費線為"所得擴張線"。

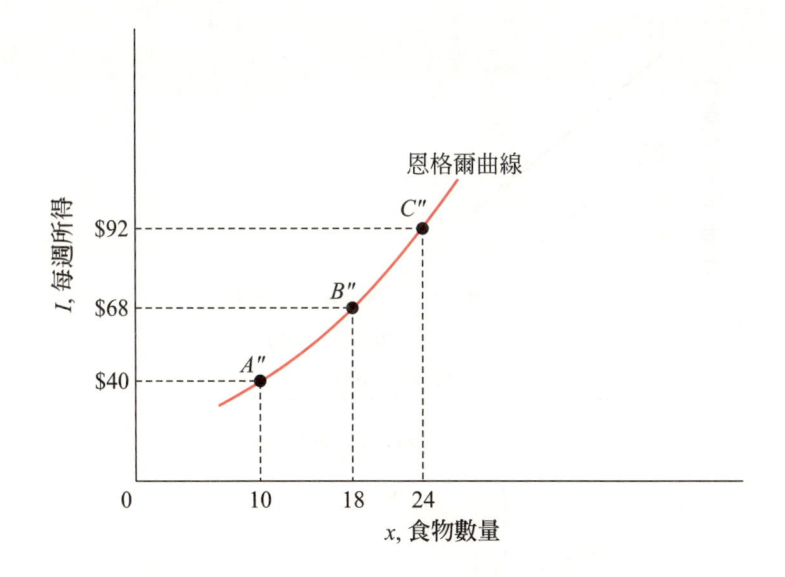

圖 5.3　恩格爾曲線

恩格爾曲線是假設所有商品價格固定不變，一商品購買數量 (課本例子是食物) 與所得水準相關的曲線。每單位食物價格是 $2，每單位衣服價格是 $4。

量不一定都增加。若消費者所得上升卻想要購買更少數量的商品時，則此商品為**劣等財** (inferior good)。想像消費者對熱狗與合成商品（"其它商品"）的偏好，如圖 5.4(a) 所示。所得水準較低時，消費者視熱狗為正常財。例如，當月薪從 $200 上升至 $300 時，消費者的最適消費組合從籃 A 移至籃 B，購買更多的熱狗。然而，當所得持續上漲，消費者可能會少買熱狗，而購買更多的其它商品 (如牛排或海鮮)。圖 5.4(a) 的所得消費線說明發生在籃 B 與籃 C 之間的可能性。超過這個範圍的所得消費線，熱狗將是劣等財。

劣等財　隨著所得增加，消費數量減少的商品。

圖 5.4(b) 所示為熱狗的恩格爾曲線。請注意，當熱狗是正常財時，恩格爾曲線在該段所得的斜率為正。當熱狗是劣等財時，恩格爾曲線在該段所得的斜率為負。

這個練習揭示一個普遍的論點：若商品為正常財，其需求的所得彈性為正。反之亦然：若商品需求的所得彈性為正，則商品為正常財。

利用相同的推理，你也可證明下列敘述也是正確的：(1) 劣等財的需求所得彈性是負的。(2) 負的商品需求所得彈性則為一劣等財。

(a)

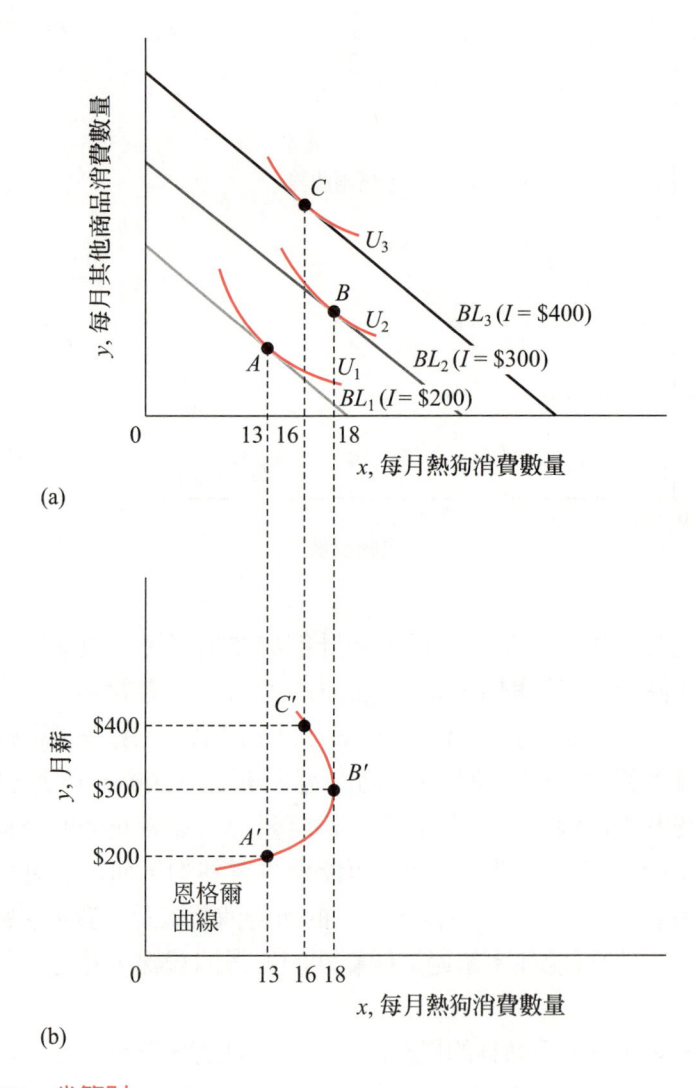

(b)

圖 5.4 劣等財

(a) 指出當所得從 $200 上升至 $300 時，消費者每週熱狗消費數量從 13 (籃 A) 增加至 18 (籃 B)。然而，當所得從 $300 上升至 $400 時，消費者每週熱狗消費數量從 18 下跌至 16 (籃 C)。(b) 在點 A′ 與 B′ 之間 (亦即，所得在 $200 和 $300 之間) 熱狗是正常財，恩格爾曲線斜率為正。但在點 B′ 和 C′ 之間 (亦即，所得在 $300 與 $400 之間) 熱狗是劣等財，恩格爾曲線為負斜率。

邊做邊學習題 5.1

正常財有正的需求所得彈性

問題 某消費者喜歡參加搖滾演唱會及消費其它商品。假設 x 代表一年參加搖滾演唱會的次數，I 表示消費者年所得。請證明下列敘述是正確的：若其視搖滾演唱會為正常財，則搖滾演唱會的需求所得彈性必定為正。

解答 在第 2 章我們知道，當所有商品價格不變時，需求的所得彈性定義成 $\epsilon_{x,I} = (\Delta x / \Delta I)(I/x)$。若搖滾音樂會是正常財，則所得 I 提高 x 也會提高。所以 $(\Delta x / \Delta I) > 0$。因為所得 I 與參加搖滾演唱會的次數 x 均為正，$(I/x) > 0$ 也一定為真。所以，$\epsilon_{x,I} > 0$。

類似問題：5.3

範例 5.2

愛爾蘭馬鈴薯荒

在十九世紀初，愛爾蘭人口成長迅速。幾乎一半的愛爾蘭人居住在小農莊內賺取微薄的收入。許多其它買不起農田的人只能向大地主租地耕種。但那些地主的佃租高到佃農毫無利潤可言。

因為生活非常窮困，許多愛爾蘭人依賴便宜的馬鈴薯做為營養補充的來源。著名經濟歷史學家 Joel Mokyr 在 *Why Ireland Starved* 一書中，曾描述在 1840 年代，馬鈴薯逐漸成為愛爾蘭人營養的重要來源：

在十九世紀前半期，愛爾蘭人日常營養改變是非常明顯的。十八世紀的平常飲食，馬鈴薯儘管日益重要，仍有一些蔬菜、乳製產品，甚至還有豬肉和魚做為營養補充……雖然十八世紀愛爾蘭美食烹飪的生動報導並無代表性，因為它們只屬於極少部分的農夫，情況到十九世紀卻變得非常糟糕。某些供給減少，如乳製產品、魚，和蔬菜，使日常營養全面惡化，但主要原因是愛爾蘭可以買得起像樣食物的民眾相對減少。對馬鈴薯的依賴程度是不分階級的，而依賴程度最深的是三分之二所得分配較低的愛爾蘭人口。[6]

Mokyr 的說明建議典型愛爾蘭消費者的所得擴張線如圖 5.4 所示 (以馬鈴薯數量放在橫軸而非熱狗)。對所得較低者而言，馬鈴薯是正常財。但高所得的消費者可以買得起其它種類的食物，因此馬鈴薯消費量會減少。

因為過度依賴馬鈴薯做為食物與所得來源的事實，在 1845 到 1847 年間發生植物病蟲害導致馬鈴薯歉收，危機發生一點也不令人驚訝。在愛爾蘭馬鈴薯荒的期間，愛爾蘭人死於饑餓或疾病者約有 750,000 人，數以萬計的愛爾蘭人遷徙到別處以逃避貧窮與饑荒。

---

[6] Joel Mokyr, *Why Ireland Starved: A Quantitative and Analytical History of the Irish Economy, 1800－1850*, George Allen and Unwin (London: 1983), pages 11 and 12.

價格或所得變動的影響：代數觀點

本章到目前為止，我們利用圖形說明商品消費數量如何受價格與所得水準的影響。我們已經說明當消費者所得固定不變時，如何得到需求曲線 (如圖 5.1 所示)，以及當所得改變時的需求曲線如何移動 (如圖 5.2 所示)。

我們也可以用代數來描述需求曲線。換言之，在已知效用函數與預算線的情形下，我們可以證明商品消費數量如何受價格與所得影響。下面兩則習題說明這種代數方法。

邊做邊學習題 5.2
尋找需求曲線 (非角點情形)

消費者購買兩種商品，食物與衣服。效用函數為 $U(x, y) = xy$，其中 x 是食物消費數量，y 是衣服消費數量。邊際效用為 $MU_x = y$ 與 $MU_y = x$。食物價格是 P_x，衣服價格是 P_y，及所得為 I。

問題
(a) 請證明食物需求曲線的方程式是 $x = I/(2P_x)$。
(b) 食物是否為正常財？當所得水準 $I = 120$ 時，請畫出食物的需求曲線，標識為 D_1。並畫出 $I = 200$ 的需求曲線，標識為 D_2。

解答
(a) 在邊做邊學習題 3.3，我們知道無異曲線效用函數 $U(x, y) = xy$ 是凸向原點，且不與兩座標軸相交。所以最適消費組合一定是內部均衡解，亦即，消費者會購買正的食物與衣服數量。
我們如何決定最適的食物數量？我們知道最適內部均衡必須符合兩個條件：

- 最適消費組合會在預算線上。這意謂式 (4.1) 必需成立：$P_x x + P_y y = I$。
- 因為最適組合是內部解，相切條件必須符合，式 (4.3)，也必須符合：$MU_x/MU_y = P_x/P_y$，或當邊際效用已知時，$y/x = P_x/P_y$，或 $y = (P_x/P_y)x$。

現在我們求解 x 是將 $y = (P_x/P_y)x$ 代入預算線方程式 $P_x x + P_y y = I$。這可以得到

$$P_x x + P_y \left(\frac{P_x}{P_y} x \right) = I$$

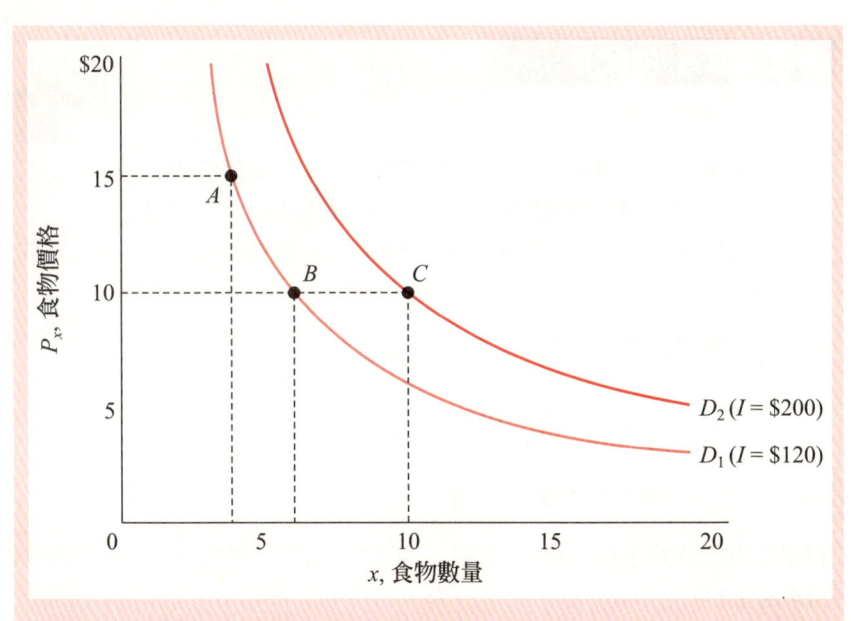

圖 5.5 不同所得水準下的食物需求曲線

食物需求數量 x，受食物價格 P_x 與所得水準 I 的影響。食物需求曲線的方程式是 $x = I/(2P_x)$。當所得是 $120，對應的需求曲線是 D_1。若食物價格為 $15，消費者會買 4 單位食物 (點 A)。如果食物價格大跌到 $10，她會買 6 單位食物 (點 B)。若所得增加到 $I = $200，則需求曲線右移至 D_2。在這種情況下，若食物價格為 $10，消費者會買 10 單位食物 (點 C)。

或 $x = I/(2P_x)$。

這是食物需求的方程式。在已知消費者所得及食物價格，我們就可以輕鬆求出消費者購買的食物數量。

(b) 若所得為 $120，食物需求曲線 D_1 的方程式為 $x = 120/(2P_x) = 60/P_x$。我們可以描繪出需求曲線上的消費點，如圖 5.5 所示。

所得增至 $200 使需求曲線右移至 D_2，其方程式為 $x = 200/(2P_x) = 100/P_x$。因此，食物是正常財。

類似問題：5.5 和 5.7

本習題 (a) 的解答看起來非常類似邊做邊學習題 4.2，我們在特定的價格與所得水準下，求出食物與衣服的最適消費組合。然而，邊做邊學習題 5.2 則更進一步。藉由利用外生變數 (P_x，P_y，和 I) 而非實際數據，我們求出需求曲線的方程式，而讓我們決定任何價格與所得下的食物需求量。

邊做邊學習題 5.3

尋找需求曲線（角解情形）

消費者購買兩種商品，食物與衣服。其效用函數是 $U(x, y) = xy + 10x$，其中 x 是食物消費數量，y 為衣服消費數量。邊際效用為 $MU_x = y + 10$ 和 $MU_y = x$。消費者所得是 \$100，食物價格是 \$1，衣服價格是 P_y。

問題 請證明消費者的衣服需求方程式是

$$y = \frac{100 - 10 P_y}{2 P_y}，當 P_y < 100，$$

$$y = 0，當 P_y \geq 10$$

利用此方程式將下列每種衣服價格下的衣服消費數量填滿（這些點都在需求線上）：

P_y	2	4	5	10	12
y					

解答 在邊做邊學習題 4.3，我們已經檢視過無異曲線效用函數 $U(x, y) = xy + 10x$ 是凸向原點。它們亦和 x 軸相交，因為消費者購買食物 ($x > 0$) 但不買衣服 ($y = 0$) 有正的效用水準。所以如果衣服價格太高，他不會購買任何衣服（選擇角點）。

我們如何決定最適衣服消費數量？若為內部均衡解，最適消費組合會在預算線上。這意謂 x 價格及所得為已知，必定成立：式 (4.1)，$x + P_y y = 100$。在最適內部均衡，相切條件也必須成立：式 (4.4)，$MU_x/MU_y = P_x/P_y$，或邊際效用已知情形下，$(y + 10)/x = 1/P_y$，或更簡單些，$x = P_y y + 10 P_y$。

我們求解 y 將 $x = P_y y + 10 P_y$ 代入預算線方程式 $x + P_y y = 100$。可以得到 $2 P_y y + 10 P_y = 100$ 或 $y = (100 - 10 P_y)/(2 P_y)$。這是消費者衣服需求曲線的方程式。請注意，但如果 $P_y \geq 10$，則 $100 - 10 P_y$ 是零或為負的。而消費者不會購買任何衣服（事實上，當 $P_y \geq 10$ 時，$y = 0$，因為消費者不會只需求負的衣服數量）。換言之，當 $P_y > 10$，消費者在角點且只購買食物。

利用需求曲線方程式，表格可以完成如下：

P_y	2	4	5	10	12
y	20	7.5	5	0	0

類似問題：5.14

5.2 商品價格的改變:所得與替代效果

在前一節,我們已經分析商品價格變動的總效果。在本節,我們將更進一步將總效果分成兩個部分:替代效果與所得效果。

- 當商品價格下跌時,相對於其它商品而言,價格比較便宜。相反地,價格上升使商品較其他商品變得昂貴。在任何一種情況,消費者都經歷**替代效果** (substitution effect)——在價格變動後,為達相同滿足程度,消費者對商品購買數量的變動。例如,若食物價格下跌,消費者為達相同滿足程度,以食物替代其它商品消費 (亦即,在價格變動後為達相同滿足程度,消費者對商品購買量的變動);同樣地,若食物價格上升,消費者會以其它商品替代食物消費以達到相同滿足水準。

- 當價格下跌,消費者的購買力提高,因為消費者能夠以較少的金錢購買相同數量商品,而拿剩下的金錢購買更多商品。相反地,價格上升使消費者購買力下降 (亦即,消費者沒有能力購買相同數量的商品組合)。因為購買力上升影響消費者的方式與所得增加影響消費者的方式一樣,這種改變稱為**所得效果** (income effect);亦即,由於購買力的升降,造成消費者效用的升降,在價格變動時,可以購買更多或更少的商品。所得效果說明總效果中不由替代效果解釋的部分。

替代效果 在其中商品價格與效用水準不變下,價格變動造成商品消費數量變動的部分。

所得效果 在所有商品價格不變下,購買力變動引起商品消費數量變動的部分。

當商品價格改變時,所得效果與替代效果同時發生,消費者的消費從最初商品 (價格變動前) 到最終商品 (價格變動後)。想要更加瞭解價格變動的總效果,我們將說明如何將其分成兩部分——替代效果與所得效果。

在下面幾節,我們將以價格下跌做為分析基礎 (邊做邊學習題 5.5,將說明價格上升的分析)。

替代效果

假設一消費者購買兩種商品,食物和衣服,二種商品的邊際效用皆為正。替代效果告訴我們,當食物價格相對衣服價格更便宜時,消費者會多購買多少單位的食物。圖 5.6 所示為三個最適選擇圖形來說明價格改變引起替代效果的三個步驟。

步驟 1. 找出最初的商品組合 (亦即,食物價格未改變前 P_{x1} 的最適消費組合)。如圖 5.6(a) 所示,當食物價格為 P_{x1} 時,消費者面臨的預算線是 BL_1 當消費者追求效用極大時,她會在無異曲線 U_1 上選擇籃 A。她的食物購買數量是 x_A。

步驟 2. 找出最終的商品組合 (食物價格改變後 P_{x2} 的最適消費組合)。如圖 5.6(b) 所示,當食物價格下跌至 P_{x2},預算線往外旋轉至 BL_2,消費者的效用最大會在無異曲線 U_2 選擇籃 C。食物消費數量是 x_C。因此,當食物價格下跌,食物消費數量的總效果是 $x_C - x_A$。如先前預測,消費者在價格改變後可以達到較高的效用水準,這可以最初商品組合 A 位於新預算線 BL_2 來表示。

步驟 3. 找出分解的商品組合,能夠讓我們確認替代效果引起的數量變動。我們可以記住兩件事來找到這個商品組合。第一,分解商品組合反映價格下跌,所以它位於與 BL_2 平行的預算線上。第二,分解商品組合反映在價格下跌後,消費者達到最初效用水準的假設,因此商品組合必須位於預算線與無異曲線 U_1 相切點。如圖 5.6(c)所示,預算線 BL_d (分解預算線) 上籃 B (分解商品組合) 的兩個條件都滿足。在籃 B,消費者購買食物數量 x_B。因此,替代效果說明消費者從籃 A 移至籃 B──亦即,替代效果引起食物購買量變動的部分,$x_B - x_A$。

所得效果

仍然看圖 5.6,假設消費者所得為 I。當食物價格是 P_{x1},她可以買到 BL_1 上的任何商品組合,當食物價格是 P_{x2} 時,她可以買到 BL_2 上的任何商品組合。注意分解預算線 BL_d 位於 BL_2 內,這意謂用來購買 BL_d 上消費籃的所得 I_d 小於用來購買 BL_2 上消費籃的所得 I。同時注意籃 A (在 BL_1 上) 與 B (在 BL_d 上) 位於相同無異曲線 U_1 (所以兩者給予消費者相同滿足程度),這意謂下列兩種情況對消費者而言是無差異的:(1) 較高所得水準 I 與較高食物價格 P_{x1} (亦即,買籃 A) 及 (2) 較低的所得水準 I_d 與較低食物價格 P_{x2} (亦即,買籃 B)。另一種說明方式是若她能夠比較後價格 P_{x2} 購買食物,消費者願意讓其所得降至 I_d。

基於上面的說明,讓我們找出所得效果,隨著消費者效用改

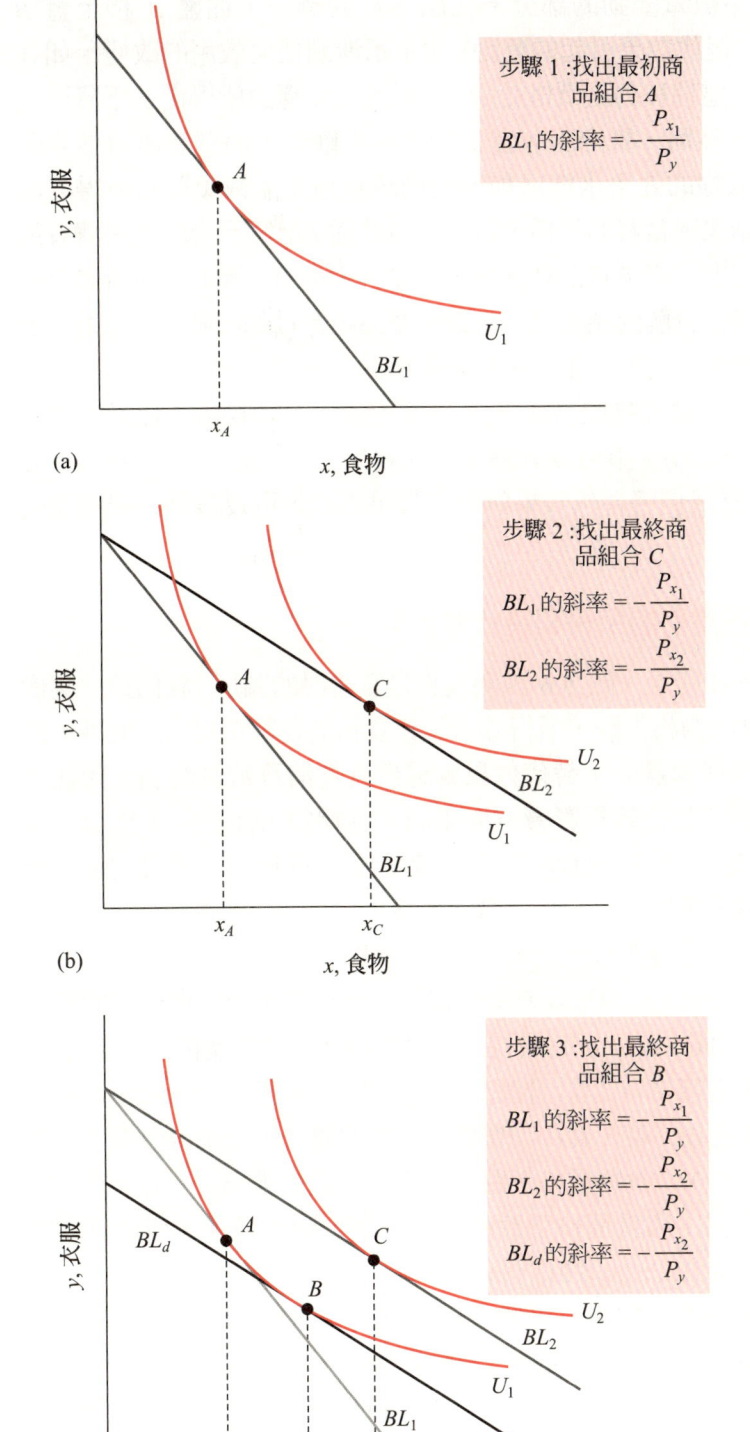

圖 5.6 所得與替代效果案例 1 (x 是正常財)

當食物價格由 P_{x1} 下跌至 P_{x2}，替代效果導致食物消費數量從 x_A 增加至 x_B (所以替代效果是 $x_B - x_A$)。因為食物是正常財，所得效果導致食物消費數量從 x_B 增至 x_C (所以所得效果是 $x_C - x_B$)。食物消費增加的總效果為 $x_C - x_A$。當一商品是正常財時，所得與替代效果同一方向變動，增強彼此間的效果。

(a) 步驟 1：找出最初商品組合 A
BL_1 的斜率 $= -\dfrac{P_{x_1}}{P_y}$

(b) 步驟 2：找出最終商品組合 C
BL_1 的斜率 $= -\dfrac{P_{x_1}}{P_y}$
BL_2 的斜率 $= -\dfrac{P_{x_2}}{P_y}$

(c) 步驟 3：找出最終商品組合 B
BL_1 的斜率 $= -\dfrac{P_{x_1}}{P_y}$
BL_2 的斜率 $= -\dfrac{P_{x_2}}{P_y}$
BL_d 的斜率 $= -\dfrac{P_{x_2}}{P_y}$

變,商品數量變動的部分。在圖 5.6 的例子,從籃 A 移至籃 B (亦即,替代效果引起的變動)並未牽涉到任何效用的改變,如我們所見,這種移動是價格從 P_{x1} 下跌至 P_{x2} 導致所得從 I 下降至 I_d 所造成。然而,實際上,當食物價格下跌時,消費者所得並未下降,所以她的效用水準增加,我們認為這是"恢復"其所得"減少"的結果。當我們這樣做時,預算線從 BL_d 移至 BL_2,消費者最適商品組合從籃 B (在 BL_d) 移至籃 C (在 BL_2)。因此,所得效果說明消費者從分解商品組合 B 到最終商品組合 C 的移動——亦即,因為數量變動的總效果中的所得效果為 $x_C - x_B$。

總之,當食物價格從 P_1,下跌至 P_{x2},食物消費數量的總變動是 $(x_C - x_A)$。這可以分解成替代效果 $(x_B - x_A)$ 與所得效果 $(x_C - x_B)$,當我們將替代效果與所得效果相加,可以得到消費的總變動。

商品非正常財的所得與替代效果

如先前所見,圖 5.6 說明食物是正常財的圖形 (我們稱為案例 1)。當食物價格下跌,所得效果導致食物消費數量提高。此外,因為邊際替代率遞減,替代效果會導致食物消費數量增加。因此,所得效果與替代效果影響方向相同。食物需求曲線斜率為負,因為食物價格下跌導致食物購買數量增加。(同樣地,若食物價格調漲,兩個效果皆為負。食物價格較高,食物消費數量減少。)

然而,所得與替代效果不一定是同方向變動。考慮圖 5.7 的案例 2 (不像圖 5.6 的三條無異曲線,我們只畫出最初與最終的無異曲線 [類似圖 5.6(c)],有最初、分解與最終三個商品組合)。注意最終商品組合籃 C,位於分解商品組合籃 B 的正上方。當預算線從 BL_d 右移至 BL_2 時,食物消費數量沒有改變。因此所得效果等於零 $(x_C - x_B = 0)$。食物價格下跌導致正的替代效果 $(x_B - x_A > 0)$,與零所得效果。因為價格下跌時,食物購買數量增加,所以食物需求曲線為負 $(x_C - x_A > 0)$。

所得與替代效果有可能是相反方向的移動,當商品是劣等財時,會發生這種情形。如圖 5.8 的案例 3。當一商品是劣等財時,無異曲線顯示所得效果為負 (亦即,最終商品組合籃 C 位於分解商品組合籃 B 的左邊);當預算線從 BL_d 外移至 BL_2 時,食物消費數量減少 $(x_C - x_B < 0)$。相反地,替代效果仍為正 $(x_B - x_A > 0)$。在

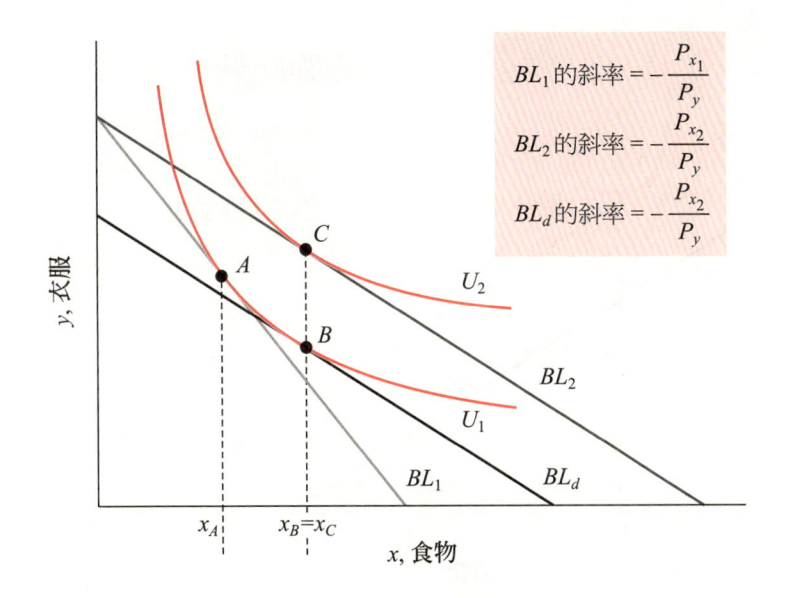

圖 5.7　所得與替代效果案例 2 (x 既非正常財也非劣等財)

當食物價格從 P_{x1} 下跌至 P_{x2}，替代效果導致食物消費數量由 x_A 增加至 x_B。(所以替代效果是 $x_B - x_A$)。食物消費的所得效果是零，因為 x_B 和 x_C 的數量相同。

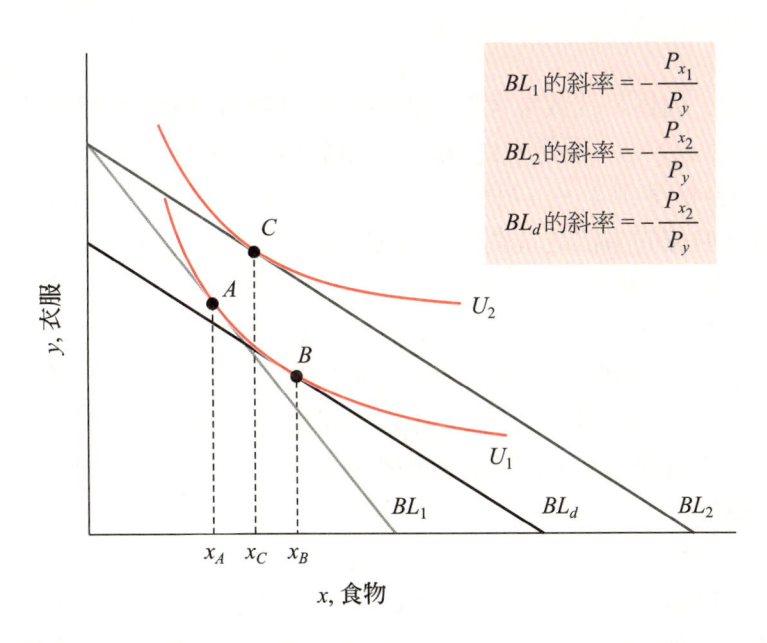

圖 5.8　所得與替代效果案例 3 (x 是劣等財而需求曲線斜率為負)

當食物價格從 P_{x1} 下跌至 P_{x2} 時，替代效果使食物消費數量由 x_A 增加至 x_B。(所以替代效果是 $x_B - x_A$)。食物消費的所得效果為負，當一商品是劣等財時，所得與替代效果是相反方向變動。

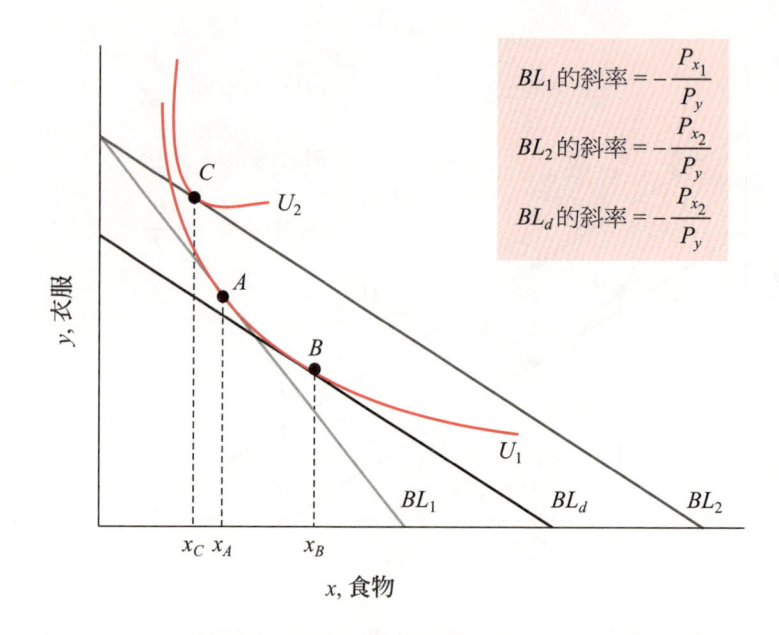

BL_1 的斜率 $= -\dfrac{P_{x_1}}{P_y}$

BL_2 的斜率 $= -\dfrac{P_{x_2}}{P_y}$

BL_d 的斜率 $= -\dfrac{P_{x_2}}{P_y}$

圖 5.9　所得與替代效果案例 4 (x 是季芬財)

當價格從 P_{x1} 下跌至 P_{x2}，替代效果導致食物消費數量從 x_A 增加至 x_B。(所以替代效果為 $x_B - x_A$)，食物消費的所得效果為負 ($x_C - x_B < 0$)，食物消費的總效果為 $x_C - x_A < 0$。

這種情況，因為替代效果大於所得效果，食物消費數量的變動仍為正 ($x_C - x_A > 0$)，因此，食物需求曲線斜率仍為負。

季芬財 一商品是強烈的劣等財以致於所得效果大於替代效果，使得在某段價格，需求曲線斜率為正。

圖 5.9 的案例 4，說明**季芬財** (giffen good) 的情況。在這種情況，無異曲線的畫法是讓食物成為強烈劣等財，最終商品組合籃 C，不僅是在分解商品組合籃 B 的左邊，但也在最初商品組合籃 A 的左邊。所得效果為負，其幅度超過正替代效果的幅度。

圖 5.9 隱含食物需求曲線斜率為何？當食物價格從 P_{x1} 下跌至 P_{x2}，食物消費數量卻由 x_A 下跌至 x_C。因此，在 P_{x1} 與 P_{x2} 間，食物需求曲線斜率為正。因此在該價格範圍內，食物需求曲線斜率為正。季芬財是指一商品需求曲線斜率是正的。

過去曾經討論，某些商品在某段價格範圍內對部分消費者是劣等財。例如，如果所得增加，你的熱狗消費數量可能減少，而牛排消費數量可能提高。但劣等財的支出通常僅占消費者所得的一小部分。個別商品的所得效果通常不大，且最大的所得效果通常發生在正常財，如食物與房子。對於劣等財的所得效果大到足以抵銷替代效果，則其需求所得彈性會是負的，且劣等財支出金額會占消費者預算很大一部分。因此，雖然季芬財在理論上十分吸引人，實際上卻沒有很大意義。

儘管研究人員並未證實季芬財存在於人類中，有些經濟學家建議，愛爾蘭馬鈴薯荒 (請見範例 5.2) 非常接近一良好實驗環境。然而，就 Joel Mokyr 的觀察，"某些低所得者，馬鈴薯有可能是一正常財。但是高所得消費者買得起其它種類食物，所以少消費馬鈴薯。"因此，當馬鈴薯支出構成消費者支出的絕大部分，在低所得時，馬鈴薯不會是劣等財。這解釋了為什麼當時研究人員並未證實馬鈴薯是季芬財。

範例 5.3

老鼠如何對價格改變作出反應？

在第 2 章，我們指出曾有文獻認為商品與服務的需求曲線斜率為負，和許多商品有良好近似替代品。在 1980 年代初期，許多經濟學家進行實驗，決定老鼠對相對價格變動的反應為何。其中一項著名實驗，在不同的籠子提供沙士與柯林斯酒 (蘭姆酒、果汁、蘇打水，和糖調配)給白老鼠食用。為了要獲得 1 單位飲料，老鼠必須"付出代價"，要推槓桿許多次。研究者允許老鼠每天擁有特定次數，這是老鼠的所得。

每一隻老鼠能夠選擇最初的飲料組合。然後實驗藉改變老鼠為獲得 1 單位飲料必須推槓桿的次數，來改變飲料的相對價格，老鼠的所得可以被調整到剛好在最初飲料組合消費。研究者發現當相對價格較低時，老鼠會改變消費型態而選擇較多的飲料。老鼠的選擇指出，當相對價格改變，他們願意以其中一種飲料替代另外一種飲料。

另外一個實驗，提供類似的組合，給老鼠食物與水。當相對價格改變，老鼠願意提供有限數量來替代相對價格較高的商品。這個實驗中的需求交叉價格彈性遠低於上一個實驗的交叉價格彈性，因為食物與水並非食物近似替代品。

在第三個實驗，研究者設計一個實驗，嘗試能否找到適合老鼠的季芬財。當老鼠有奎寧水和沙士兩種商品可供挑選，研究者發現奎寧水是劣等財。他們降低老鼠所得，且制定價格到讓老鼠將大部分的預算用在奎寧水。這是一個可以發現季芬財的好環境，理論預測，當一劣等財(奎寧水) 占消費者支出絕大比例，這項商品可能是季芬財。當研究者降低奎寧水的價格，他們發現老鼠確實少食用奎寧水。利用其新增財富來消費更多數量的沙士。研究者的結論是奎寧水是一季芬財。[7]

---

[7] 請見 J. Kagel, R. Battalio, H. Rachlin, L. Green, R. Basmann, and W. Klemm, "Experimental Studies of Consumer Demand Behavior," *Economic Inquiry* (March, 1975); and J. Kagel, R. Battalio, H. Rachlin, and L. Green, "Demand Curves for Animal Consumers," *Quarterly Journal of Economics* (February 1981); and R. Battalio, J. Kagel, and C. Kogut, "Experimental confirmation of the Existence of a Giffen Good," *American Economic Review* (September 1991).

邊做邊學習題 5.4
以代數求解所得與替代效果

在邊做邊學習題 4.2 與 5.2，我們假設消費者只購買兩種商品，食物與衣服。消費者效用函數 $U(x, y) = xy$，其中 x 表示食物消費數量和 y 為衣服消費數量。邊際效用分別是 $MU_x = y$ 與 $MU_y = x$。現在假設每週所得是 $72，每單位衣服價格 $P_y = \$1$。假設食物最初的價格是 $9 ($P_{x1} = \$9$)，然後跌至每單位 $4 ($P_{x2} = \$4$)。

問題 請找出食物消費的所得與替代效果的實際數值，並畫圖說明。

解答 要找出所得與替代效果，我們要以本節提到的三個步驟進行。

步驟 1. 找出食物價格是 $9 的最初消費商品籃 A。要找到食物與衣服消費數量，我們知道最適消費組合必須符合兩個條件。第一，最適組合在預算線上。這意謂 $P_x x + P_x y = I$，或在數字已知下，$9x + y = 72$。

第二，因為最適消費組合是內部解，相切條件必須符合。從式 (4.3)，我們知道，在切點時，$MU_x/MU_y = P_x/P_y$，或在數字已知下，$y = 9x$。

當我們有兩條方程式、兩個未知數，聯合求解，可得 $x = 4$ 與 $y = 36$。所以在籃 A 消費者最適選擇是每週購買 4 單位食物與 36 單位衣服。

步驟 2. 找出在食物價格是 $4 的最終消費組合籃 C。重複步驟 1，現在食物的價格為 $4，我們有兩條方程式和兩個未知數：

$$4x + y = 72 \text{ (來自預算線)}$$
$$y = 4x \text{ (來自相切條件)}$$

當我們求解這二個方程式，可得 $x = 9$ 和 $y = 36$。所以在籃 C，每週購買 9 單位食物與 36 單位的衣服。

步驟 3. 找出分解商品組合籃 B。分解商品組合必須符合兩個條件。第一，它會在原來 (最初) 的無異曲線 U_1 和籃 A 上。記得消費者效用是 $U(x, y) = xy$，所以在籃 A，效用 $U_1 = 4(36) = 144$。在籃 B，食物與衣服數量會滿足 $xy = 144$。第二，分解商品組合必須在無異曲線與分解預算線相切之處。記得在分解預算線的食物價格是最終價格 $4。當 $MU_x/MU_y = P_x/P_y$ 或 當 $y/x = 4/1$ 時，無異曲線與分解預算線彼此相切。亦即，$y/x = 4/1$ 或 $y = 4x$。是最終會格 $y = 4x$。當我們求解兩個方程式 $xy = 144$ 與 $y = 4x$，我們發現分解商品組合籃 B，包括 6 單位的食物與 24 單位的衣服 ($x = 6$ 與 $y = 24$)。

現在我們可以找出所得與替代效果。替代效果是指食物價格下跌

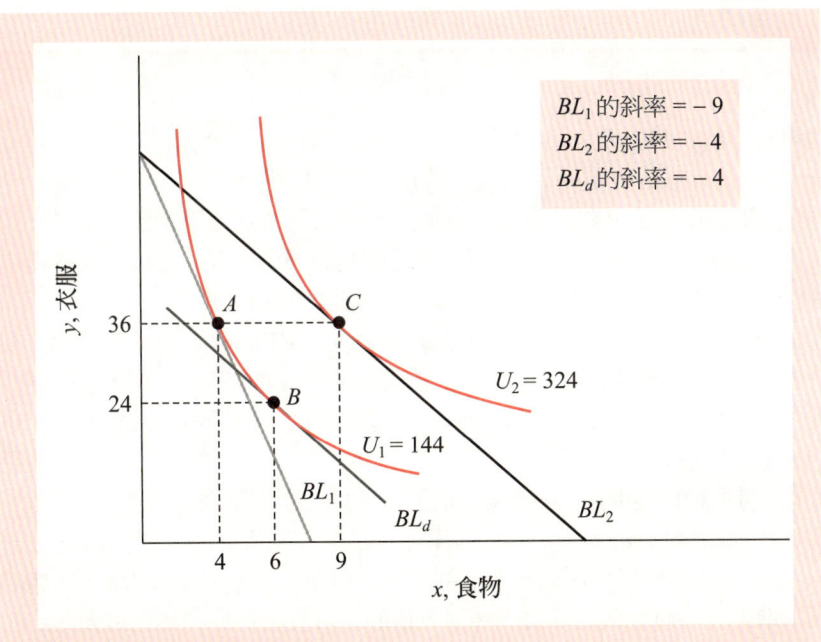

BL_1 的斜率 = -9
BL_2 的斜率 = -4
BL_d 的斜率 = -4

圖 5.10　所得與替代效果

當食物價格從 \$9 跌至 \$4 時，替代效果導致食物消費數量從 4 單位 (在最初商品組合籃 A) 增加至 6 單位 (在分解組合籃 B)。替代效果是 6 − 4 = 2 單位。所得效果是以分解商品組合籃 B (6 單位食物) 到最終商品組合籃 C (9 單位食物) 來衡量。所得效果是 9 − 6 = 3 單位。

時，消費者沿最初的無異曲線下移，從籃 A (他購買 4 單位食物) 移至籃 B (他購買 6 單位食物) 所增加的食物購買量。替代效果是 6 − 4 = 2 單位的食物。

所得效果是指消費者從籃 B (他購買 6 單位食物) 移至籃 C (他購買 9 單位食物) 所增加的食物購買量。所得效果是 9 − 6 = 3 單位食物。

圖 5.10 繪出所得與替代效果。在這個例子，食物是正常財。一如預期，所得效果與替代效果有相同符號，呈同向變動。消費者食物需求曲線是負斜率，因為食物價格下跌，導致食物購買量增加。

截至目前為止，所有有關替代與所得效果的例子和討論都集中在價格下跌。邊做邊學習題 5.5 顯示價格上漲的影響。

範例 5.4

墨西哥玉米粉薄烙餅好吃，但是季芬財嗎？[8]

玉米薄烙餅是墨西哥日常飲食的主要食品，平均一位居民每年消費 220 磅。在 1990 年代末期，在墨西哥政府分階段取消補貼與價格管制後，薄烙餅的價格飆漲。例如，在 1996 到 1998 年間，薄烙餅價格上漲超過 40%。對墨西哥最貧窮的家庭而言特別難過，他們是最大的消費族群。有些人甚至抱怨薄烙餅成本上揚排擠掉購買別種商品的機會。有一位消費者悲嘆道"我沒有其它選擇，只能多買薄烙餅，少買肉、雞、和蔬菜"（強調再三）。[9]

這段話提高墨西哥薄烙餅為季芬財的可能性。經濟學家 David MCkenzie 的研究藉由檢視墨西哥家庭面對薄烙餅價格與所得變動如何。Mckenzie 的資料來自 1990 年代後期，這段期間調整其對薄烙餅消費提供相當豐富的資訊來確認季芬財。在這段期間不僅薄烙餅價格大漲，也因為 1994 － 1996 年的披索危機造成家庭所得大幅下降。在 1995 年，墨西哥實質 GNP 指數超過 9%。我們可以想像墨西哥消費者經歷所得與物價的鉅幅波動足以影響家庭消費行為。

但是，Mckenzie 無法找到任何支持薄烙餅為季芬財的證據。他的確發現薄烙餅是劣等財。事實上，Mckenzie 估計的薄烙餅恩格爾曲線類似圖 5.4(b)，在所得處於極低水準，薄烙餅為一正常財。但在較高水準，薄烙餅變成劣等財。然而，他的分析發現在控制其它影響薄烙餅需求因素包括所得與人口因素後薄烙餅價格上漲，對其消費量有顯著負的影響，這個事實對所有家庭及對不同所得水準的家庭都成立。

邊做邊學習題 5.5

價格上漲的所得與替代效果

圖 5.11 的無異曲線家族描繪消費者對房屋 x 與合成商品 y 的偏好。消費者兩項商品的邊際效用皆為正。

問題 在圖形上，顯示房屋價格上漲使得預算線從 BL_1 移至 BL_2 的替代與所得效果。

解答 在最初的房屋價格，消費者的預算線是 BL_1 消費者的最適商品組合是籃 A，這使得消費者達到的無異曲線是 U_1。當食物價格上漲，消費者的預算線是 BL_2。消費者購買籃 C，而達到無異曲線 U_2。

要畫出分解預算線 BL_d，記住 BL_d 是與最終預算線 BL_2 平行。分解商品組合籃 B 是位於 BL_1 與最初無異曲線 U_1 彼此相切的地方。(學生經常誤將分解商品組合畫在最終無異曲線而非最初無異曲線上。) 當我們從最初商品組合籃 A 移至最終商品組合籃 B，房屋消費數量從 x_A 下降

---

[8] 這個例子取自 David McKenzie, "Are Tortillas a Giffen Good in Mexico?" *Economics Bulletin*, 15(1)(2002), pp.1-7.

[9] "Tortilla Price Hike Hits Mexico's Poorest; Cost of Traditional Staple Soared when Government Ended Subside," *Washington Post* (January 12, 1999), p. A11.

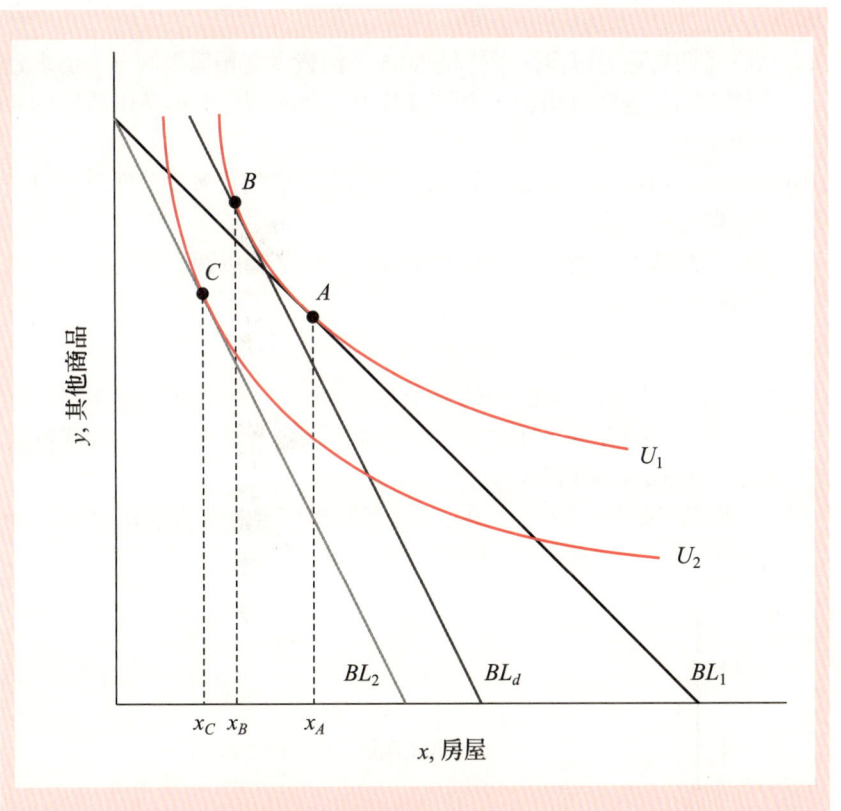

圖 5.11 價格上漲的所得與替代效果

在預算線 BL_1 上的起始商品組合 A，消費者購買 x_A 單位的食物。在預算線 BL_2 上的最終商品組合 C，消費者購買 x_C 單位的食物。在預算線 BL_d 上的分解商品組合 B，消費者購買 x_B 單位的食物。替代效果是 $x_B - x_A$。所得效果是 $x_C - x_B$。

至 x_B。替代效果是 $x_B - x_A$。所得效果是衡量從分解商品組合籃 B 移至最終商品組合籃 C 的房屋消費變動量。所得效果是 $x_C - x_B$。

類似問題： 5.8

邊做邊學習題 5.6

準線性效用函數的所得與替代效果

大學生喜歡吃巧克力，每天的預算是 \$10，她會買兩種商品，巧克力 x 與合成商品 y。合成商品價格等於 \$1。

準線性效用函數 $U(x, y) = 2\sqrt{x} + y$ 衡量學生的偏好。(見第 3 章有關這種效用函數的討論。) 邊際效用 $MU_x = 1/\sqrt{x}$ 與 $MU_y = 1$。

問題

(a) 假設最初巧克力每盎斯價格是 $0.5。消費者在預算限制下,追求效用極大的最適消費組合,會購買多少盎斯的巧克力與多少單位的合成商品?

(b) 假設每盎斯巧克力價格跌至 $0.2,消費者會購買多少盎斯巧克力與多少單位的合成商品?

(c) 價格下跌導致的所得與替代效果各是多少?請以圖形說明。並清楚標識兩種效果。

解答

(a) 在最適內部均衡,$MU_x/MU_y = P_x/P_y$,或 $1/\sqrt{x} = P_x$。學生對巧克力的需求曲線是 $x = 1/(P_x)^2$。當巧克力每盎斯是 $0.5,每天購買數量是 $1/(0.5)^2 = 4$ 盎斯巧克力。

從預算限制式 $P_x x + P_y y = I$ 可以得到合成商品數量。將 $P_x =$

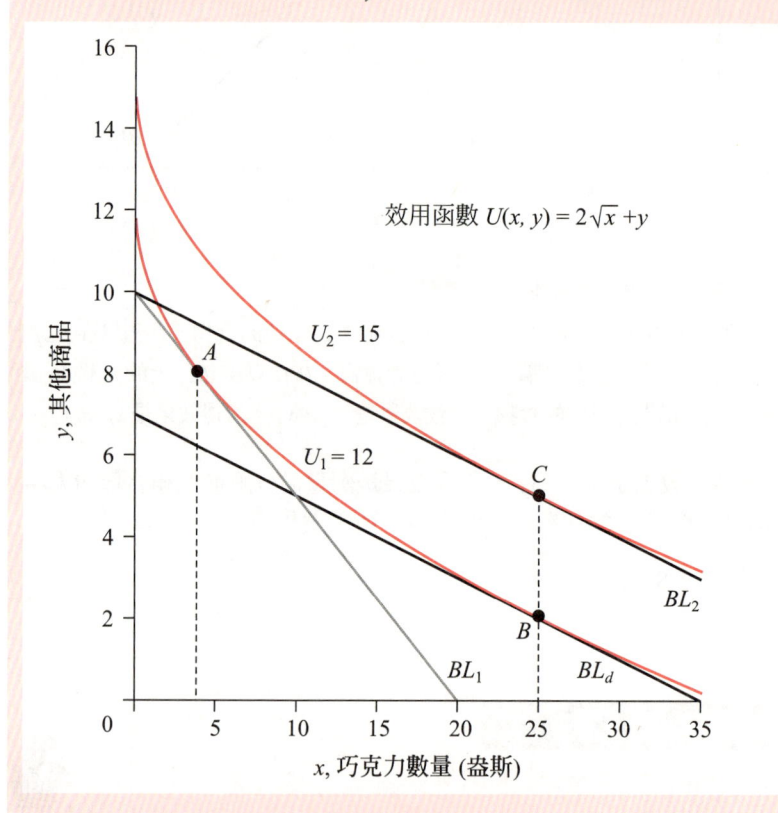

圖 5.12　準線性效用函數的所得與替代效果

在預算線 BL_1 上的起初籃 A,消費者以每盎斯 $0.5 購買 4 盎斯巧克力。在預算線 BL_d 上的最終籃 C,消費者以每盎斯 $0.2 購買 25 盎斯巧克力。在預算線 BL_d 的分解籃 B,消費者以每盎斯 $0.2 購買 25 盎斯巧克力。替代效果為 $25 - 4 = 21$ 盎斯。所得效果是 $25 - 25 = 0$ 盎斯。

0.5 與 $x = 4$ 代入預算線，$(0.5)(4)+(1)y = 10$，合成商品 y 的購買數量是 8 個單位。

(b) 我們可以利用 (a) 所求出的巧克力需求函數來找到價格是 $0.20 的巧克力購買量。消費者的購買量是 $1/(0.2)2 = 25$ 盎斯巧克力。合成商品的數量為 $(0.2)(25)+(1)y = 10$，所以 $y = 5$。

(c) 在前面兩個部分，我們已經有最初商品組合籃 A 與最終商品組合籃 C 的資料。圖 5.12 畫出這些商品組合。

為了要找出所得與替代效果，我們需要分解商品組合籃 B 的資訊。在籃 B，有兩個條件必須符合。第一，消費者在籃 B 的效用水準與籃 A 的效用水準相同，其中 $x = 4$，$y = 8$。因此，效用是 $U_1 = 2\sqrt{4} + 8 = 12$ 因此，$2\sqrt{x} + y = 12$。第二，分解預算線在籃 B 與最終預算線在籃 C 的斜率相同——亦即，$MU_x/MU_y = P_x/P_y$，在 $MU_x = 1/\sqrt{x}$ 和 $MU_y = 1$，以及在籃 C，$P_x = \$0.2$ 和 $P_y = \$1$ 下，這條方程式簡化成 $1/\sqrt{x} = 0.2$。當我們求解兩條方程式兩個未知數時，在籃 B，$x = 25$ 和 $y = 2$。圖 5.12 也顯示籃 B 的位置。

替代效果是以最初商品組合籃 A (消費 4 盎斯巧克力) 到分解商品組合，籃 B (消費 25 盎斯巧克力) 來衡量巧克力購買量的變動，因此巧克力的替代效果是 $25 - 4 = 21$ 盎斯，所得效果是以分解的籃 B 移至來衡量巧克力購買量的變動。因為她在籃 B 和籃 C 消費相同數量巧克力，所得效果為零。

類似問題： 5.8

邊做邊學習題 5.6 指出，準線性效用函數的一個特性，即商品 y 的邊際效用固定且無異曲線凸向原點。當商品價格變動時，在最適內部均衡、所得變動、商品 x 的消費數量不會改變。換言之，所得消費線將會是垂直線。這表示價格改變對商品 x 的所得效果為零。如圖 5.7 所示。

消費者剩餘 (consumer surplus) 是消費者願意支付的最高價格與實際支付價格的差異。因此，其為衡量消費者購買商品所增加的滿足程度。消費者剩餘衡量消費者購買商品所增加的滿足程度，因此，其為價格改變對消費者福利的影響的有用工具。在本節，我們將從兩種不同觀點來看這種衝擊，藉著檢視需求曲線，以及透過最適選擇圖形。

5.3 商品價格的改變：消費者剩餘的概念

消費者剩餘 消費者購買商品願意支付的最高價格與實際支付價格的差額。

從需求曲線瞭解消費者剩餘

在前一節，我們已經瞭解價格變動如何影響消費者決策與效用水準。如果效用函數未知，但知道需求曲線的方程式，我們可以利用消費者剩餘的概念來衡量價格改變對消費者福利水準的影響。

讓我們從例子開始。假設你考慮買一部汽車，你的決策是買或不買。你願意支付 $15,000 購買一部汽車。但你能夠在市場上以 $12,000 買進一部同款汽車。因為你願意付的價格超過實際支付的價格，你會購買汽車。當你決定購買，你從市場得到消費者剩餘 $3,000，消費者剩餘是購買汽車的淨經濟利益，亦即，你願意支付的最高價格 ($15,000) 減去你實際支付的價格 ($12,000)。

當然，對多數商品而言，消費數量不會只有一個單位。你會有商品的需求曲線，正如過去討論，它代表你願意支付的價格。例如，假設你喜歡打網球，每次你都必須租網球場打網球。圖 5.13 是你租場地時間的需求曲線。它指出每個月你願意支付 $25 租用第一個小時。第二個小時，你願意付 $23，第三個小時，你願意付 $21，等等。你的需求曲線是負斜率，因為打網球的邊際效用遞減。

假設你每小時必須付 $10 租用網球場。在這個價格，你的需求曲線指出每個月打網球的時間是 8 小時。你願意支付 $11 租用第八個小時的場地，但只願意付 $9 租第九小時，甚至願意支付的

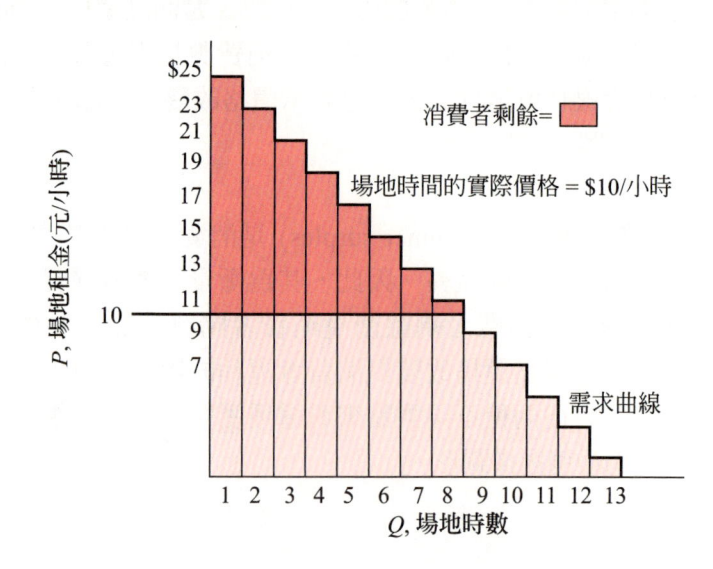

圖 5.13 消費者剩餘

需求曲線以下是消費者剩餘。指出每多增一小時的場地租用的消費者剩餘 $10。租 8 小時場地的消費者剩餘是 $64。

第 5 章　需求理論　177

價格愈來愈低。

每個月你打 8 小時網球的消費者剩餘是多少？要得到答案，你必須將消費每一單位的消費者剩餘加總。第一個小時的消費者剩餘是 $15 (你願意支付的 $25 減去實際支付的 $10)。第二個小時的消費者剩餘是 $13。每個月使用網球場地 8 小時的消費者剩餘是 $64 (每一小時產生的消費者剩餘的加總，或 $15 + $13 + $11 + $9 + $7 + $5 + $3 + $1)。

正如這個例子的說明，消費者剩餘是需求曲線以下與商品實際價格以上所圍成的面積。圖 5.13 的需求曲線是"階梯狀"的需求曲線，能夠協助說明消費者每購買一個單位的消費者剩餘。然而，事實上，需求函數是一平滑曲線，通常以代數方程式表示。消費者剩餘的概念適用在下滑的需求曲線。

我們即將在底下說明，只有在所得效果等於零時，消費者剩餘恰好能夠衡量消費者的淨經濟利益。這通常是一個合理的假設，但如果假設不成立，則需求曲線以下的面積無法正確衡量消費者的淨利益。在目前假設無所得效果，我們毋需考慮此複雜情形。

邊做邊學習題 5.7

消費者剩餘：藉由檢視需求曲線

假設消費者每個月的牛奶需求曲線為 $Q = 40 - 4P$，其中 Q 是每個月消費的牛奶加侖數量，P 為每加侖的牛奶價格。

問題
(a) 若每加侖牛奶是 $3，每個月的消費者剩餘是多少？
(b) 若每加侖牛奶下跌至 $2，消費者剩餘會增加多少？

解答
(a) 圖 5.14 畫出牛奶的需求曲線。當價格是 $3，消費者購買 28 加侖的牛奶。消費者剩餘是需求曲線以下與 $3 以上所圍成的面積──亦即，衡量消費者剩餘的面積是三角形 G，或 $(1/2)(10 - 3)(28) = $98。
(b) 若價格從 $3 下跌至 $2，消費者會買 32 加侖的牛奶。消費者剩餘將增加面積 H ($28) 與 I ($2)，或 $30。總消費者剩餘等於 $128 ($G + H + I$)。

$10

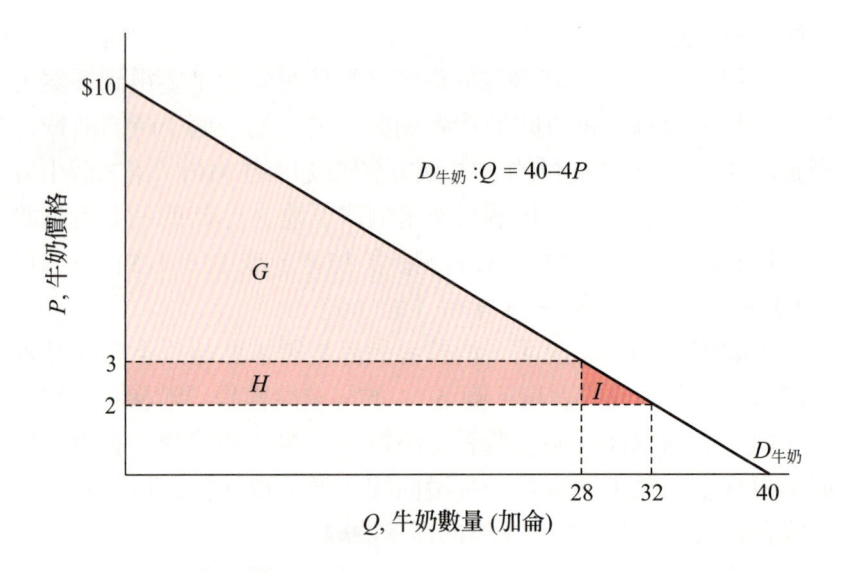

$D_{牛奶} : Q = 40 - 4P$

G

3
2
H   I

28 32   40 $D_{牛奶}$

P, 牛奶價格

Q, 牛奶數量 (加侖)

圖 5.14　消費者剩餘與需求曲線

當每加侖牛奶價格是 $3 時，消費者剩餘是三角形面積 $G = \$98$。若牛奶價格跌至 $2，消費者剩餘會增加面積 H ($28) 與面積 I ($2)= $30。當每加侖牛奶價格是 $2 時，總消費剩餘＝ $98 ＋ $30 ＝ $128。

從最適選擇圖形瞭解消費者剩餘：補償變量與對等變量

我們已經顯示價格變動如何影響效用水準。然而，效用單位並沒有自然的衡量指標。因此經濟學家通常以貨幣來衡量價格變動對消費者福利的影響。我們如何衡量商品變動後的貨幣價值？在本節，我們使用兩種兩效的方法回答這個問題。

- 第一，我們可以看價格下跌後，消費者願意放棄多少錢，或在價格上漲後，需要給消費者多少錢，才能維持與價格變動前，相同的滿足水準？我們稱這種所得變動為**補償變量** (compensating variation)(因為它是所得變動恰好可以補償價格的變動)。

- 第二，我們可以來看價格下跌前應該給消費者多少錢，或價格上漲前消費者願意放棄多少錢，才能維持與價格變動後，相同的滿足程度。我們稱這種所得變動前為**對等變量** (equivalent variation)（因為這是補償消費者面對價格變動衝擊的所得）。

圖 5.15 的最適選擇圖形說明消費者購買兩種商品，食物 x 和衣服 y 的情況。衣服的價格是 $1。食物的價格最初是 P_{x1} 然後下跌至 P_{x2}。在消費者所得固定情況下，預算線從 BL_1 到 BL_2，消費

補償變量　衡量消費在商品價格下降後願意放棄多少貨幣以維持與價格下降前相同的滿足水準。

對等變量　衡量消費者在價格下降前，需要多少貨幣以維持與價格下降後相同的滿足程度。

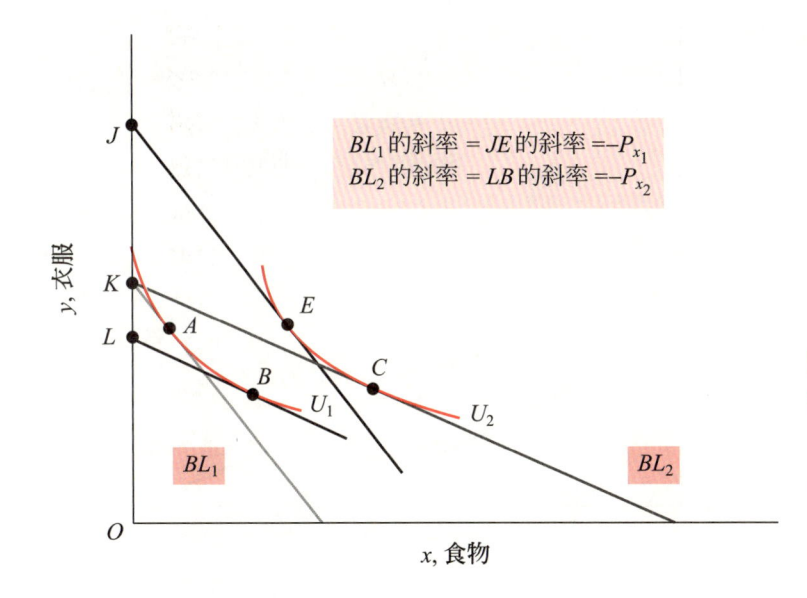

BL_1 的斜率 = JE 的斜率 = $-P_{x_1}$
BL_2 的斜率 = LB 的斜率 = $-P_{x_2}$

圖 5.15　正的所得效果的補償與對等變量

價格從 P_{x1} 變動至 P_{x2}，有正的所得效果，所以補償變量 (KL) 與對等變量 (JK) 並不相等。在此圖中，$JK > KL$。

者最適商品組合從籃 A 到籃 C。

　　補償變量是消費者所得最初價格 P_{x1} 購買籃 A 與用新價格 P_{x2} 購買分解商品組合籃 B。籃 B 是與最終預算線平行的分解預算線 BL_2，與原來最初無異曲線 U_1 的切點。

　　對等變量是消費者以最初價格 P_{x1} 購買 A 或與用最初價格 P_{x1} 購買籃 E 的所得。籃 E 是與最初預算線 BL_1 平行的新預算線和最終無異曲線 U_2 相切的切點。

　　以圖形而言，補償變量與對等變量僅是兩種衡量最初與最終無異曲線距離的不同方式。因為 y 的價格為 \$1，OK 代表消費者所得。OL 表示消費者面對新的食物價格 P_{x2}，購買籃 B 的支出金額。差額 (KL) 是補償變量。籃 B 與籃 A 位於同一無異曲線 U_1 上。如果消費者能夠用較低價格購買食物，則消費者可以接受所得減少 KL。

　　相要找到對等變量，如前述，因為 $P_y = \$1$，$OK$ 代表消費者所得。OJ 是消費者面對舊的食物價格，購買籃 E 所需的所得。差額 (KJ) 是對等變量。籃 E 與籃 C 都在相同無異曲線上，故消費者以原先較高價格購買食物，需要額外所得 KJ，而非較低最終價格。

　　一般而言，補償變量 (KL) 並不一定會等於對等變量 (KJ)。因為價格變動後的所得效果不為零。(在圖 5.15，C 位於 B 的右邊，

圖 5.16 零所得效果的補償與對等變量 (準線性效用函數)

效用函數為準線性，所以無異曲線 U_1 與 U_2 互相互行，且無所得效果(C 位於 B 正上方，E 位於 A 正上方)。補償變量(KL) 與對等變量(JK) 相等。

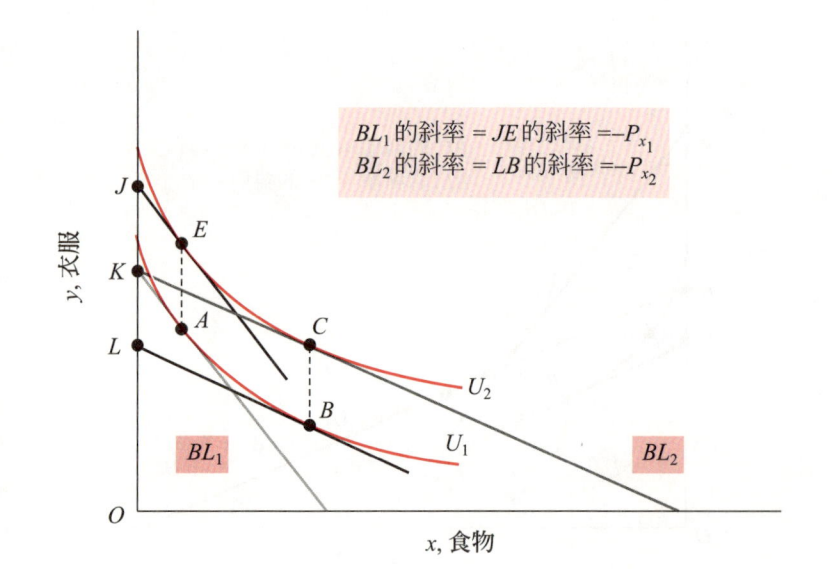

BL_1 的斜率 = JE 的斜率 = $-P_{x_1}$
BL_2 的斜率 = LB 的斜率 = $-P_{x_2}$

故所得效效果為正) 這就是為什麼，當我們衡量價格變動後，必須小心貨幣價值改變的原因。

然而，如圖 5.16 所示，若效用函數為準線性效用函數，補償變量始終會等於對等變量，因為價格變動後的所得效果為零 (如邊做邊學習題 5.6 所示)。從圖形上看，對一準線性效用函數的無異曲線相互平而言，無論食物消費數量多寡，任何兩條無異曲線的垂直距離 x 都相同。[10] 因此，在圖 5.16，籃 C 始終位於籃 B 的正上方，籃 E 始終位於籃 A 的正上方，不論是以 AE 或 BC 的長度衡量，無異曲線的垂直距離都相等。注意圖上的補償變量以 JK 表示 (等於 EA) 而對等變量以 KL 表示 (等於 CB)。若 $JK = EA$，$KL = CB$，及 $EA = CB$，則 $JK = KL$——亦即，對等變量和補償變量必須相等。

此外，如果沒有所得效果，補償變量等於對等變量也等於消費者剩餘 (價格變動引起需求曲線以下，實際支付價格以上面積的變動)。我們將以邊做邊學習題 5.8 說明這點，討論將會列於習題後。

---

[10] 假設效用函數 $U(x, y)$ 是準線性，所以 $U(x, y) = f(x) + ky$，其中 k 是正的常數。當 y 增加 1 單位，U 會增加 k 個單位，我們知道 $MU_y = k$。因此，y 的邊際效用是固定的。對任一固定的 x 而言，$\Delta U = k\Delta y$。所以，無異曲線的垂直距離是 $y_2 - y_1 = (U_2 - U_1)/k$。請注意，對所有的 x 值而言，無異曲線的垂直距離都相同。這就是為什麼 y 增加，無異曲線平行的原因。

邊做邊學習題 5.8

零所得效果的補償變量與對等變量

在邊做邊學習題 5.6，學生消費兩種商品，巧克力及"其它商品"。效用函數是準線性效用函數 $U(x, y) = 2\sqrt{x} + y$。她每日所得是 $10，合成商品 y 每單位價格是 $1。就此效用函數，$MU_x = 1/\sqrt{x}$，$MU_y = 1$。假設巧克力每盎斯為 $0.5，然後跌至每盎斯 $0.2。

問題

(a) 巧克力價格下跌的補償變量是多少？
(b) 巧克力價格下跌的對等變量是多少？

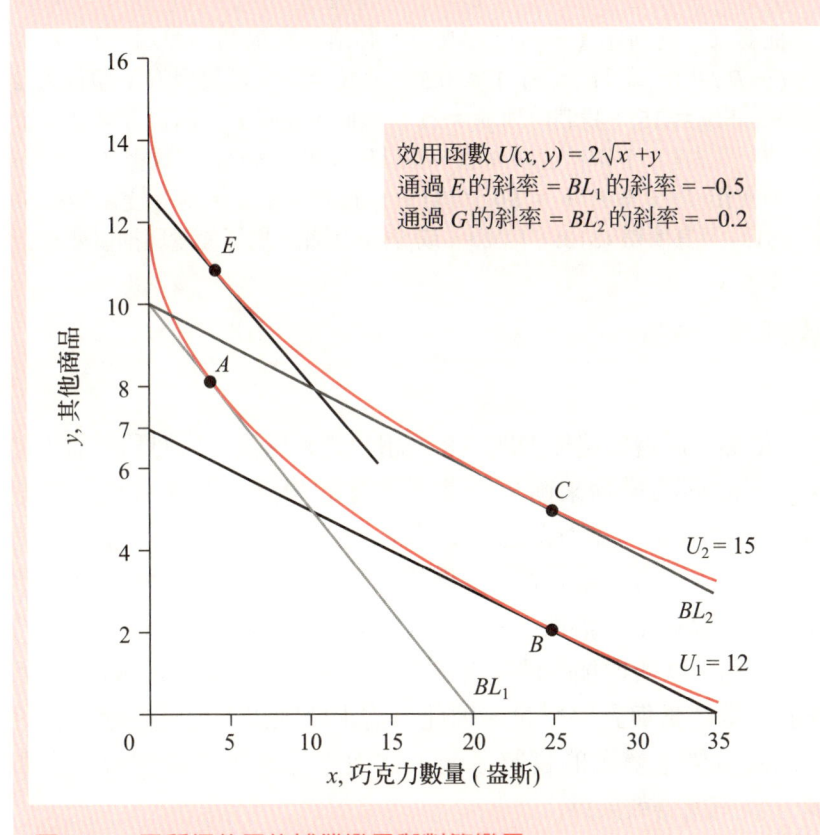

效用函數 $U(x, y) = 2\sqrt{x} + y$
通過 E 的斜率 = BL_1 的斜率 = -0.5
通過 G 的斜率 = BL_2 的斜率 = -0.2

圖 5.17　零所得效果的補償變量與對等變量

消費者所得是 $10，合成商品價格是 $1。當巧克力價格每盎斯是 $0.5，消費者預算線是 BL_1，如購買籃 A，效用為 U_1。在價格跌至每盎斯 $0.2，她的預算線是 BL_2，其購買籃 C 效用為 U_2。當價格下跌後，她以 $7 購買籃 B 而達 U_2 的效用，因此，其補償變量是 $10 − $7 = $3。當價格下降前，她以 $13 購買籃 E 而達 U_2 的效用，因此其對等變量是 $13 − $10 = $3。在沒有所得效果(因為效用是準線性)時，對等變量等於補償變量。

解答

(a) 考慮圖 5.17 的最適選擇圖形。補償變量是消費者所得 ($10) 及以巧克力新價格 $0.20 購買分解商品組合籃 B 的支出之間的差額。在籃 B，她買 25 單位的巧克力和 2 單位的合成商品，故她的支出為 $P_x x + P_y y = (\$0.20)(25) + (\$1)(2) = \$7$。如果巧克力價格每盎斯從 $0.50 下降至 $0.20，她願意減少所得從 $10 下降至 $7 ($3 的改變)。因此，補償變量是 $3。

(b) 在圖 5.17，對等變量是她以原來價格每盎斯巧克力 $0.5 購買籃 E 的所得與實際所得 ($10) 之間的差額。想要找到對等變量，我們需要決定籃 E 的位置。我們知道籃 E 位於最終無異曲線 U_2 上。其值為 15。因此，在籃 E，$2\sqrt{x} + y = 15$。我們也知道，在籃 E 最終無異曲線 U_2 的斜率 ($-MU_x/MU_y$)，必須等於最初預算線 BL_1 斜率 ($-P_x/P_y$)，或 $(1/\sqrt{x})/1 = 0.5/1$，$x = 4$。當我們將 x 值代入 $2\sqrt{x} + y = 15$，我們得到 $y = 11$。因此，在籃 E，消費者購買 4 單位巧克力和 11 單位合成商品，要以原來價格 $0.50 購買籃 E，她必須支出 $P_x x + P_y y = \$0.50(4) + \$1(11) = \$13$。對等變量是總數 ($13) 及其所得 ($10) 的差額，或 $3。因此，對等變量與補償變量相等。

類似問題：5.20

依然考慮邊做邊學習題 5.8，讓我們來檢視，如何利用需求曲線以下的面積變動來衡量消費者剩餘的變動。在邊做邊學習題 5.6，我們知道巧克力每日需求是 $x = 1/(P_x)^2$。圖 5.18 畫出巧克力需求曲線。當巧克力價格每盎斯從 $0.50 下跌至 $0.20，巧克力每日消費數量從 4 盎斯上升至 25 盎斯。圖中陰影部分的面積是巧克力價格下跌所增加的消費者剩餘。陰影部分的面積是 $3，恰好等於補償變量與對等變量。因此，需求曲線以下面積的變動恰好可以衡量價格變動的貨幣價值，當效用函數是準線性效用函數 (即，沒有所得效果)。

前面我們已經提及，若所得效果存在，補償變量及對等變量是兩種不同衡量價格變動引起貨幣價值變動的方式。此外，這兩種衡量方式通常與需求曲線以下的面積並不相同。然而，若所得效果很小，補償變量與對等變量非常接近，因此需求曲線以下的面積將是補償變量與對等變量的良好近似值 (即使並非百分之百精確)。

需求, $x = \dfrac{1}{(P_x)^2}$

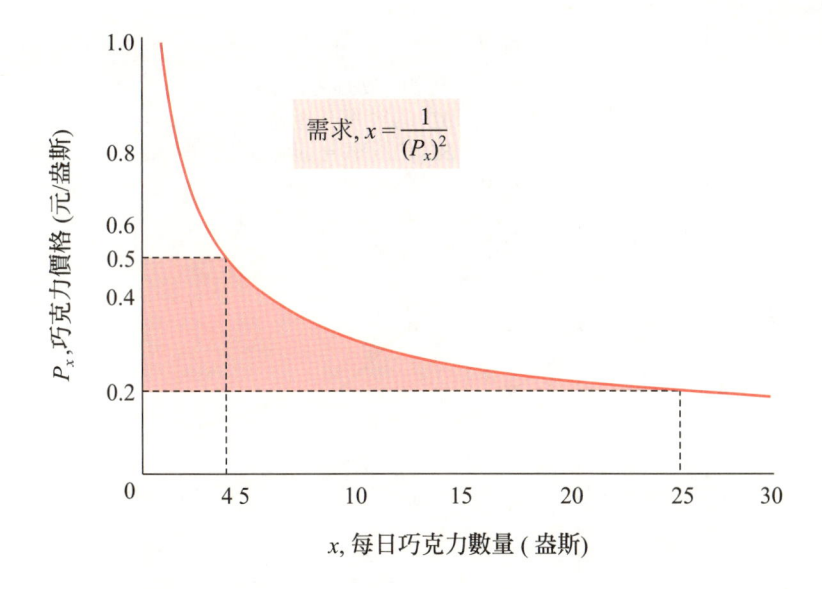

圖 5.18　消費者剩餘

當每盎斯巧克力價格從 $0.50 下跌至 $0.20 時，巧克力每日消費數量會從 4 盎斯增加至 25 盎斯。消費者剩餘增加 $3，以陰影部分的面積表示。

邊做邊學習題 5.9

所得效果存在下的補償變量與對等變量

如邊做邊學習題 5.4，消費者購買兩種商品，食物 x 和衣服 y。消費者效用函數是 $U(x, y) = xy$。他的每週所得是 $72，每單位衣服的價格是 $1。他的邊際效用是 $MU_x = y$ 和 $MU_y = x$。假設每單位食物價格從 $9 下降至 $4。

問題
(a) 食物價格下跌後的補償變量是多少？
(b) 食物價格下跌後的對等變量是多少？

解答
(a) 考慮圖 5.19 的最適選擇圖形。補償變量是消費者所得 ($72) 及以新食物價格 $4 購買分解商品組合籃 B 的所得差異。在籃 B，他購買 6 單位食物和 24 單位合成商品，故他需要 $P_x x + P_y y = \$4(6) + \$1(24) = \$48$。若食物價格從 $9 下跌至 $4，消費者願意接受所得從 $72 減少至 &48 ($24 的變動)。因此，價格下跌的補償變量是 $24。
(b) 在圖 5.19，對等變量是他以最初食物價格每單位 $9 購買籃 E 及其最終所得 ($72) 的差額。想要找到籃 E，我們需要決定籃 E 的位

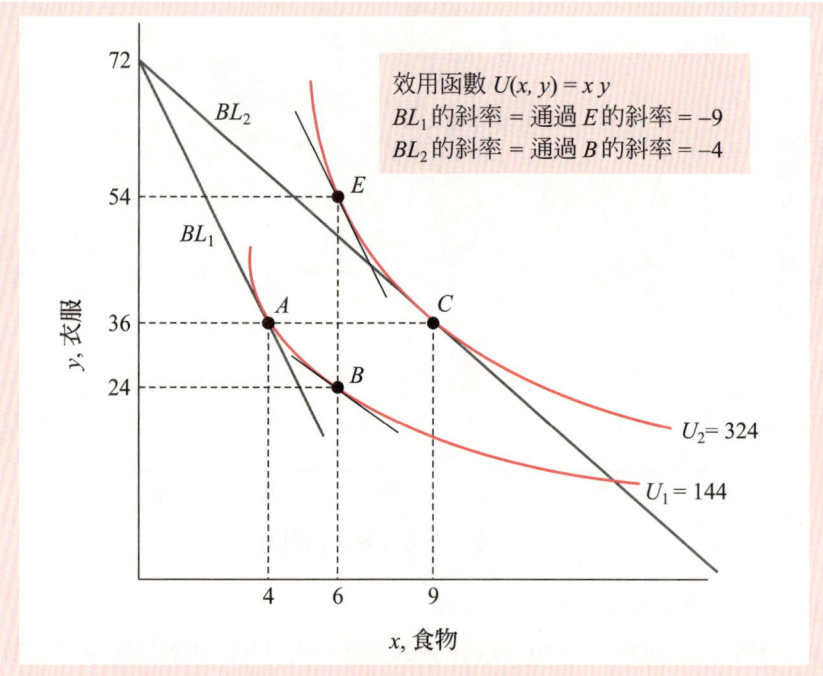

效用函數 $U(x, y) = xy$
BL_1 的斜率 = 通過 E 的斜率 = -9
BL_2 的斜率 = 通過 B 的斜率 = -4

圖 5.19　所得效果存在下的補償變量與對等變量

消費者所得是 $72，合成商品每單位價格是 $1。當食物每單位價格為 $9 時，消費者預算線是 BL_1，他購買籃 A，效用為 U_1。在每單位食物價格下跌至 $4 時，他的預算線是 BL_2，而她購買籃 C，效用為 U_2。為了在價格下跌後達到 U_1 的效用，他需要 $48 的所得來買籃 B，故其補償變量是 $72 − $48 = $24。為了在價格下跌前達到 U_2 的效用，他需要 $108 的所得購買籃 E，故其對等變量是 $108 − $72 = $36。當所得效果存在時 (籃 E 並非位於籃 A 正上方，籃 C 也未位於籃 B 正上方)，補償變量一般不會等於對等變量。

置。我們知道籃 E 是位於最終無異曲線 U_2 上，其值為 324。因此，在籃 E，$xy = 324$。我們也知道，在籃 E 無異曲線 U_2 的斜率 $(-MU_x/MU_y)$ 必須等於最初預算線的斜率 $(-P_x/P_y)$，或 $y/x = 9/1$。可得 $y = 9x$。當我們求解兩個未知數的兩條方程式時，我們得到 $x = 6$ 和 $y = 54$。因此，在籃 E，消費者購買 6 單位食物和 54 單位衣服。消費者想以食物的每單位舊價格 $9 購買籃 E 他需要所得 $P_x x + P_y y = $9(6) + $1(54) = $108。對等變量是總數 ($108) 與消費者所得 ($72) 的差額，或 $36。因此，對等變量 ($36) 與補償變量 ($24) 並不相等。

依舊考慮邊做邊學習題 5.9，如果我們以食物需求曲線以下的面積來衡量消費者剩餘，會發生什麼狀況。在邊做邊學習題 5.4，

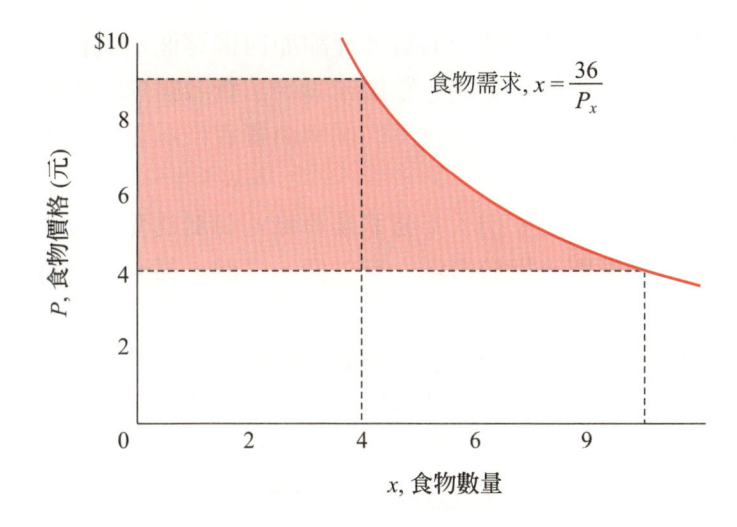

圖 5.20 所得效果下的消費者剩餘

當食物價格由 $9 下跌至 $4 時，食物消費數量由 4 單位增加至 9 單位。消費者剩餘會增加陰影面積 $29.20。

食物的需求函數為 $x = I/(2P_x)$。圖 5.20 說明他的所得是 $72 的需求曲線。當食物價格從每單位 $9 下跌至 $4 時，他對食物的消費數量從 4 單位上升至 9 單位。以圖 5.20 的陰影面積來衡量消費者剩餘增加量，等於 $29.20 。請注意增加的消費者剩餘 ($29.20) 與補償變量 ($24) 與對等變量 ($36) 並不相同。因此，當所得效果不為零時，需求曲線以下的面積變動無法正確衡量補償變量或對等變量。

範例 5.5

汽車出口限制與消費者福利

在 1981 年，美國汽車產業面臨空前的財務危機，克萊斯勒公司瀕臨破產邊緣而成為目的焦點。面對改善產業體質的壓力，美國政府與日本政府協商自願性的出口限制，限制日本製小客車在美國的總銷售額。[11]

Clifford Winston 及其同事檢視出口限制對美國生產者與消費者的影響。他們發現在 1984 年，限制顯著地減低美國市場的競爭，使得日本汽車與美國汽車比限制前分別上漲 20% 和 8%。在 1984 年，限制使美國生產者利潤增加近 90 億美元。然而，高價卻對美日消費者不利。研究估計高價的補償變量約 − 140 億美元。換言之，汽車消費者面對高價需花費 140 億美元才能維持與先前相同的滿足水準。

不去估計汽車市場價格變動的消費者剩餘，而來估計對等或補償變量可能是一個較好的主義。一般人認為汽車的所得需求彈性為正。對大多數而言，購買汽車是一大筆支出，價格變動的所得效果可能頗為顯著。如我們在邊做邊學習題 5.9 和圖 5.19 所示，當所得效果顯著時，消費者剩餘無法正確衡量價格變動的影響。

---

[11] 此例大多來自 Clifford Winston and associates, *Bind Intersection? Policy and the Automobile Industry*, The Brookings Institution, Washington, D.C. (1987)

5.4 市場需求

在本章的前一節，我們顯示消費者理論如何推導個別消費者的需求曲線。但企業和政府更關心整個市場的消費者需求。由於市場可能包括數千，或甚至好幾百萬的個別消費者市場需求曲線從何而來？

本節，將說明一重要原則：市場需求曲線是個別消費者需求的水平加總。這個原則適用於市場上有二個、三個，甚至一百萬消費者。

讓我們用一個例子來說明如何從個別消費者需求出市場需求。為了讓分析簡單，假設柳橙汁市場只有兩個消費者。第一個消費者有"健康意識"且喜歡喝柳橙汁，理由是柳橙的營養成份與口感。表 5.1，第二欄是健康意識消費者面對不同價格，每個月購買的柳橙汁數量。第二個消費者 (柳橙汁的"偶然消費者") 也喜歡柳橙汁的口感，但比較不關心營養成份。表 5.1 第 3 欄是偶然消費者面對不同價格時，她每個月購買的柳橙汁數量。

我們發現只要將每個消費者在該價格下的購買量相加，就可得到市場在任何價格下的總消費量。例如，若市場價格為每公升 $5，兩個消費者購買量皆為零。如果市場價格是介於 $3 至 $5 間，只有健康意識消費者會買柳橙汁。因此，若市場價格是每公升 $4，她會買 3 公升，且市場需求也是 3 公升；若市場價格是每公升 $3，市場需求將是 6 公升。最後，若市場價格低於 $3，兩位消費者都會購買柳橙汁。因此，若價格為每公升 $2，市場需求將是 11 公升；若價格是 $1 時，市場需求是 16 公升。

圖 5.21 我們畫出個別消費者及市場的需求曲線 (D_h 和 D_c)，(粗線，D_m)。

最後，我們以數學來描述三條需求曲線及如何求出市場需求函數。令 Q_h 是健康意識消費者的需求數量，Q_c 是偶然消費者的需求數量，Q_m 是整個市場的需求數量 (在本例，只有兩個消費

表 5.1 柳橙汁的市場需求

價格 (元/公升)	健康意識 (公升/月)	偶然 (公升/月)	市場需求 (公升/月)
5	0	0	0
4	3	0	3
3	6	0	6
2	9	2	11
1	12	4	16

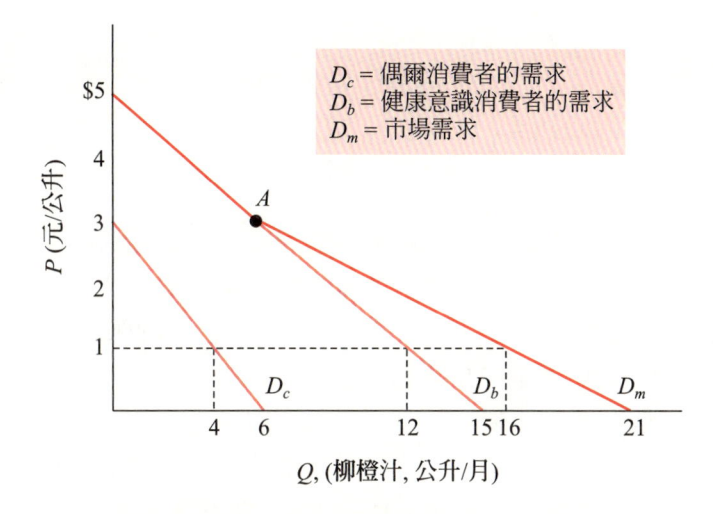

圖 5.21　市場與個別消費者需求曲線

市場需求 (粗線) 是個別消費者需求曲線 (D_h 和 D_c) 的水平加總。

者)。需求函數 $Q_h(P)$，$Q_c(P)$ 與 $Q_m(P)$ 為何？

你可以檢視圖 5.21，健康意識消費者的需求曲線 D_h 是一條直線；只有當每公升價格低於 \$5，他纔會購買柳橙汁。你可以求得需求曲線的方程式為：

$$Q_h(P) = \begin{cases} 15 - 3P, & \text{當 } P \leq 50 \\ 0, & \text{當 } P > 5 \end{cases}$$

偶然消費者的需求曲線也是一條直線；她只有在每公升價格低於 \$3 時，纔會購買柳橙汁。需求曲線的方程式為：

$$Q_c(P) = \begin{cases} 6 - 2P, & \text{當 } P \leq 3 \\ 0, & \text{當 } P > 3 \end{cases}$$

如圖 5.21 所示，當價格高於 \$5 時，沒有消費者會購買柳橙汁；當價格是介於 \$3 至 \$5 間，只有健康意識消費者會購買。因此，在這個價格範圍內，市場需求曲線與健康意識消費者需求曲線重疊。最後，當價格低於 \$3 時，兩位消費者都會購買柳橙汁。(這解釋了為何市場需求曲線 D_m 在 A 點轉折，這也是偶爾購買消費者需求開始加入處。) 所以市場需求 $Q_m(P)$ 是個別消費者需求的加總，$Q_h(P) + Q_c(P) = (15 - 3P) + (6 - 2P) = 21 - 5P$。因此，市場需求 $Q_m(P)$ 是

$$Q_m(P) = \begin{cases} 21 - 5P, & \text{當 } P < 3 \\ 15 - 3P, & \text{當 } 3 \leq P < 5 \\ 0, & \text{當 } P \geq 5 \end{cases}$$

這個討論指出，當你要加總個別消費者需求以得到市場需求時必須小心。第一，因為建構市場需求曲線是數量加總，你必須先將個別消費者需求函數以正常方式寫出 (Q 是 P 的函數)，而非需求的反函數型式 (P 是 Q 的函數)。

第二，當你進行加總時，要留意各個價格範圍內個別需求的數量的變化。在上面的例子，若你是簡單地將個別需求加總，市場需求 $Q_m(P) = Q_h(P) + Q_c(P) = 21 - 5P$，在價格大於 \$3 時不會成立。例如，若價格為 \$4，$Q_m = 21 - 5P$，告訴我們市場需求數量 $Q_m = 1$。然而，根據表 5.1，真實的市場數量應該是 3 公升。檢視一下，你是否知道為什麼這個方法有錯。(如果你放棄，請見附註。)[12]

5.5 網路外部性

截至目前為止，我們假設個人需求與其它人需求無關。例如，消費者對巧克力購買數量的需求，受消費者所得、巧克力價格，及其它商品價格的影響，但是不受其它人對巧克力需求的影響。這個假設讓我們能夠加總個別消費者需求來得到市場需求。

然而，有某些商品，消費者需求確實是受其它人購買數量的影響。這個情況，係存在於**網路外部性** (network externality)。若一消費者對某商品的需求會隨其它消費者需求的增加而提高，外部性是正的。若消費者需求隨其它消費者需求的減少而增加，外部性是負的。許多商品與服務都有網路外部性。

網路外部性 當一消費者對商品需求量受其它消費者購買該商品影響的特性。

雖然我們通常可以在實體網路中找到網路外部性的例子 (如範例 5.6)，我們也可以在其它例子找到 (有時稱為虛擬網路，因為消費者之間並無實際網路相連)。例如，電腦軟體微軟 Word 文書處理系統對文章寫作是有價值的，即使只有一名使用者。然而，使用人數愈多，軟體的價值就愈高。虛擬網路的使用者能夠使個人

---

[12] 錯誤的發生是因為我們將 $Q_h(P) = 15 - 3P$ 與 $Q_c(P) = 6 - 2P$ 直接加總，得到 $Q_m = 21 - 5P$。根據這些區隔 (個別) 需求函數，當 $P = 4$ 時，$Q_h(P) = 3$ 與 $Q_c(P) = -2$。當然，加總後是 1。但是你假設 $P = \$4$ 時，偶然消費者購買數量是 -2，這沒有經濟意義。偶然消費者需求函數 $Q_c(P) = 6 - 2P$，在價格是 \$4，沒有需求。在 $P = \$4$，$Q_c(P) = 0$ 而非 -2。

及其它人使用軟體來處理與交換文章。

　　如果一項商品或服務需要兩個互補零件結合才有價值，虛擬網路仍可以存在。例如，電腦作業系統，如微軟視窗 2000 (Windows 2000)，只有在其它軟體與 Win 2000 相容時才有價值。當有許多應用軟體可以在 Win 2000 使用時，作業系統顯得更有價值。若應用軟體能與接受度高的作業系統相容，其價值也會更高。因此，愈多的人使用作業系統將導致更多的應用軟體，使得作業系統的需求增加等等。

　　最後，如果一項商品或服務在市場上造成風潮，會發生正的網路外部性。我們通常會看到風潮會影響生活型態，如流行的時裝、兒童玩具或啤酒。廣告與行銷員通常會試著凸顯產品流行度為其品牌形象的一部分。

　　圖 5.22 說明正的網路外部性的影響。需求曲線是網際網路連線的需求。就本例而言，上網是指向網際網路服務提供者 (Internet Service Provider, ISP) 申請上網連線的服務，如向美國線上或微軟網路訂購。需求曲線 D_{30} 是指消費者相信有 3 千萬人上網。需求曲線 D_{60} 代表消費者相信有 6 千萬人上網。假設起初每個月上網費用是 $20，有 3 千萬個使用者上網 (圖中的點 A)。

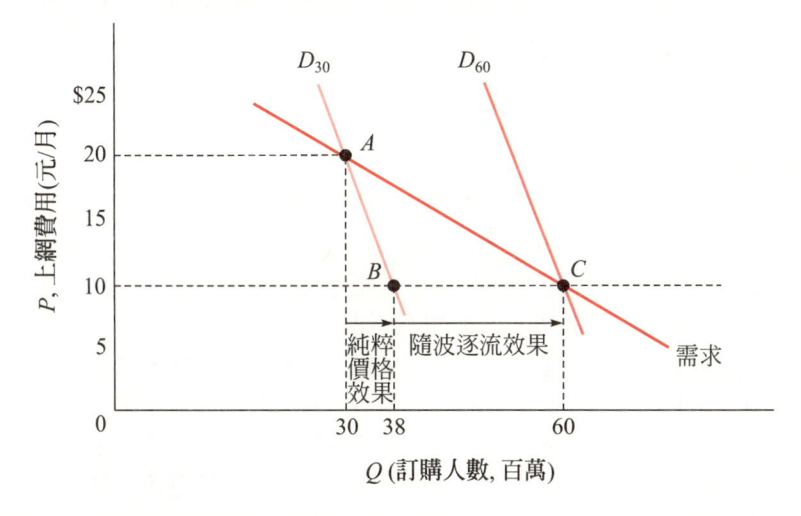

圖 5.22　正的網路外部性：隨波逐流效果

若每月上網費用從 $20 下降至 $10，對上網需求有何影響？如果沒有網路外部性，純粹價格效果使需求數量由 3 千萬增至 3 千 8 百萬個訂戶。但是訂戶的增加導致更多人想要上網，理由是大家可以用電子郵件彼此聯絡。正的網路外部性 (隨波逐流效果) 額外增加 2 千 2 百萬上網人口。

假設每個月上網費用下跌至 $10，對上網人數有何影響？如果沒有正的網路外部性，需求數量會沿 D_{30} 向下移動至其它點。在這種情況下，訂購數量將增加至 3 千 8 百萬個用戶 (圖中的點 B)。然而，正的網路外部性是存在的；當愈多人使用電子郵件，即時通訊，及其它網路功能，會有更多的人想要使用網際網路。因此，上網費用降低，上網用戶會超過 D_{30} 點 B 的人數。當價格是 $10 時，總上網人數會增加至 6 千萬人 (圖上的點 C)。價格下跌的總效果是增加 3 千萬個上網人數。總效果是純粹價格效果，8 百萬個新用戶 (從點 A 到點 B) 加上隨波逐流效果，2 千 2 百萬個新用戶 (從點 B 到點 C)。**隨波逐流效果** (bandwagon effect) 是指當有更多消費者上網時，上網的需求會愈多。因此，具有正的網路外部性需求曲線 (如圖 5.22，粗的需求曲線) 相對於沒有網路外部性的需求曲線 (如 D_{30}) 較有彈性。

隨波逐流效果 正的網路外部性是指隨著愈來愈多消費者購買商品，個別消費者的需求會增加。

對某些商品而言，當愈多人擁有該商品時，商品需求數量會減少——這是存在負的網路外部性。某些稀有商品，如史特拉斯小提琴、貝比魯斯棒球卡及名貴轎車都是屬於這類商品。這些商品具有**鄉愿效果** (snob effect) 的特性，為負的網路外部性，是指當愈多消費者購買時，需求數量會減少。鄉愿效果發生在少數消費者擁有一商品，且特別珍惜時。若商品或服務的價值因為在更多人購買商品或服務造成擁擠增加而遞減時，我們或許可以看到鄉愿效果。

鄉愿效果 負的網路外部性，是指隨著愈來愈多消費者購買商品，個別消費者的需求會減少。

範例 5.6

通訊網路的外部性

我們很容易瞭解為什麼電話或傳真機有正的外部性。電話是沒有用的，除非有另一具電話與它通話。對多數人而言，電話使用人數增加，電話的價值就會提高。

想像一電話通話網路只有兩個訂戶。每個人可以打電話給另一個人。因此，電話網路上可以打二通電話。如果增加第三個訂戶，每一個訂戶可以打給其它兩個訂戶。現在電話網路上可以打六通電話，因為每一個訂戶可以打給其它兩人，總共有三個訂戶。一般而言，有 N 個訂戶的電話網路，再加一個訂戶，就可以打 $2N$ 通電話。若消費者的價值是以打電話次數為衡量，則個人通話價值會隨訂戶人數增加而增加。

許多超越電話網路的設定均有網路外部性。可能沒有比網際網路做為正的網路性的最佳案例。在 1990 年代，網站與上網的消費者和廠商人數遽增。對多數人而言，上網的價值是隨網站與上網人數的增加而增加。這種強烈正的網路外部性，在 1990 年代後期，網際網路的流量快速成長的關鍵因素。

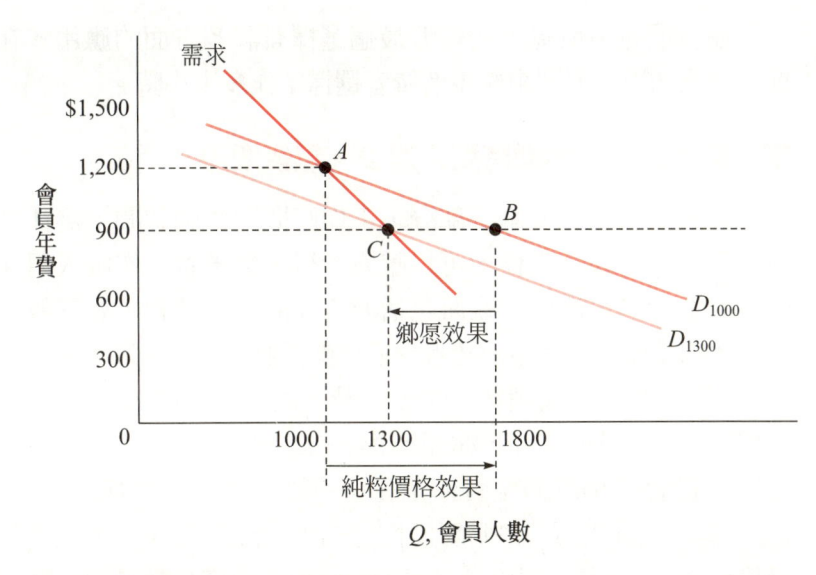

圖 5.23 負的網路外部性：鄉愿效果

假設年費從 $1,200 下跌至 $900，對健康俱樂部的需求數量有何影響？若無網路外部性，純粹價格效果使會員人數增加 800 人 (從 1000 到 1,800)。但人數的增加造成俱樂部使用的擁擠，某些人喪失加入的意願。負的網路外部性 (鄉愿效果) 引起會員人數減少 500 人 (從 1,800 降至 1,300)，因此價格下跌的淨效果是會員增加 300 人。

　　圖 5.23 指出鄉愿效果的影響。圖形中的需求線是消費者對健身俱樂部的需求。需求曲線 D_{1000} 代表消費者認為俱樂部有 1,000 名會員。需求曲線 D_{1300} 是消費者相信俱樂部有 1,300 名會員。假設一開始，俱樂部的年費是 $1,200，且俱樂部有 1,000 名會員 (圖上點 A)。

　　若年費下跌至 $900，對俱樂部會員人數有何影響？如果消費者認為會員人數會停留在 D_{1000} 的需求線上，將有 1,800 名會員會加入俱樂部 (圖中點 B)。然而，愈多會員加入會讓健身房更擁擠，使需求曲線往內移動。當年費是 $900 時，實際會員人數僅成長至 1,300 人 (圖中點 C)。年費下跌的總效果是純粹價格效果，800 名會員 (從點 A 移至點 B) 加上鄉愿效果，− 500 名會員 (從點 B 到點 C)，或僅成長 300 名會員。具有負網路外部性的需求曲線 (圖 5.23 連結點 A 和點 C 的曲線) 相對無網路外部性的需求曲線 (如 D_{1000}) 是比較沒有彈性的。

5.6 勞動與休閒的選擇

如我們過去所見，消費者最適選擇有許多方面的應用。在本節，我們利用該模型來檢視消費者選擇工作多少小時。

當工資上升時，休閒時間先減少，然後增加

假設一天可分成兩個部分，工作時間與休閒時間。為什麼消費者要工作？因為工作，可以賺取所得，然後將工作收入用在休閒時間進行消費活動。休閒包括非工作的全部活動，如吃飯、睡覺、休閒及娛樂。假設消費者喜愛休閒活動。

假設消費者每天選擇工作 L 小時。因為一天有 24 小時，休閒是扣除工作以外的時間，亦即，$24 - L$ 小時。

消費者每小時的工資率是 w。因此，消費者的每日所得為 wL。他可以利用所得來購買價格為 \$1 的合成商品 y。合成商品的價格是 \$1。消費者效用是受休閒時間與合成商品數量的影響。圖 5.24 是消費者最適選擇圖形。橫軸是每日休閒時數，不能超過 24 小時。縱軸代表其所得所能購買的合成商品數量。因為合成商品的價格是 \$1，縱軸也是消費者所得。

要找出最適的休閒與其它商品組合，我們需要一組無異曲線與預算線。圖 5.24 顯示休閒與合成商品的邊際效用皆為正的無異曲線。因此，$U_5 > U_4 > U_3 > U_2 > U_1$。

消費者的預算線告訴我們消費者能夠選擇合成商品 y 與休閒時間 $(24 - L)$ 的所有可能組合。如果消費者不工作，他會有 24 小時的休閒時間，但沒有所得可以購買合成商品。這是圖 5.24 預算線上的點 A。

其餘預算線的位置受工資率 w 的影響。假設每小時時薪是 \$5。這表示消費者放棄一小時的休閒去工作，他能夠買 5 單位的合成商品。因此預算線的斜率是 -5。若消費者每天工作 24 小時，其每日所得是 \$120，能夠購買 120 單位的合成商品，對應於預算線上的點 B。消費者最適選擇將在籃 E；因此，當時薪是 \$5 時，消費者會工作 8 小時。

對任一工資率而言，預算線的斜率是 $-w$。圖形有五條不同的預算線，對應五種不同的工資率 (\$5，\$10，\$15，\$20 及 \$25)。圖形也畫出不同時薪下的最適選擇。當工資率從 \$5 上升至 \$15 時，休閒時數下跌。然而，當時薪繼續上漲，消費者開始增加他的休閒時間。

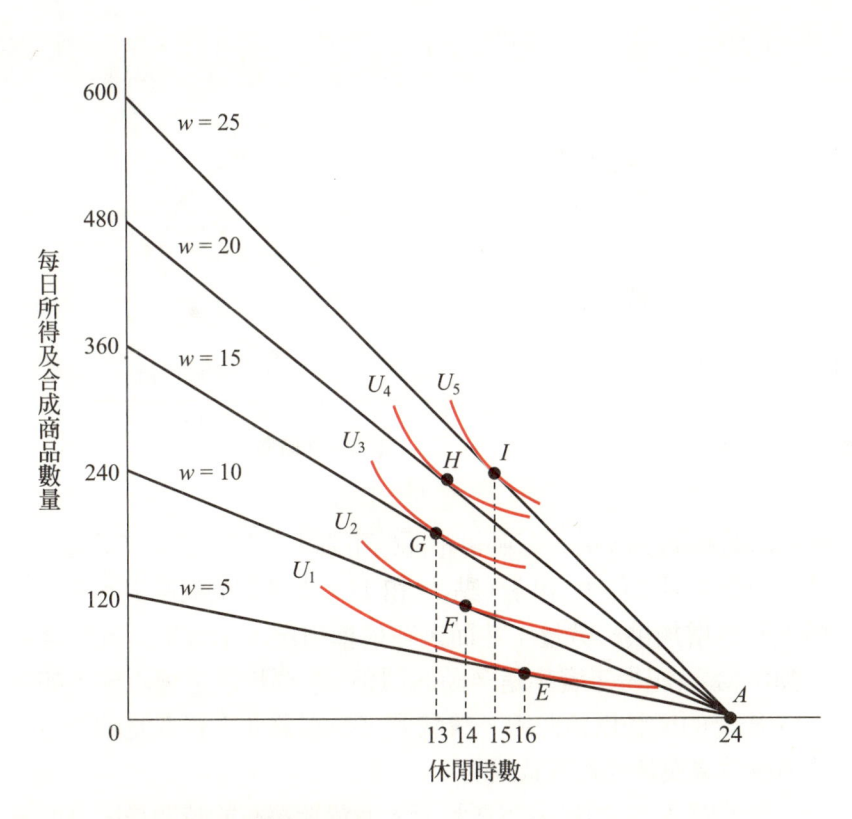

圖 5.24 勞動與休閒的最適選擇

隨著工資 w 從 $5 上升到 $10 再到 $15，消費者逐漸地減少休閒和增加工作時間，他從籃 E (16 小時休閒，8 小時工作) 移至籃 F (14 小時休閒，10 小時工作) 再移至籃 G (13 小時休閒，11 小時工作)。但當工資從 $15 上升至 $20 再升至 $25，他逐漸地選擇更多的休閒與更少的工作時間，從籃 G 到籃 H 再到籃 I (在籃 I，他只工作 9 小時，和 15 小時的休閒)。

後彎的勞動供給

因為一天只有 24 小時，消費者對休閒時數的選擇，同時也是對工作時數的選擇。圖 5.24 的最適選擇圖形，包含足夠的資訊，讓我們可以建構在不同工資率下的消費者願意工作時數。換言之，我們可以繪出消費者的勞動供給曲線，如圖 5.25 所示。

圖 5.25 的 E'，F'，G'，H' 和 I' 分別對應於圖 5.24 的點 E，F，G，H 和 I。當時薪是 $5，消費者的勞動供給為 8 小時 (點 E' 和 E)。在時薪介於 $5 至 $15 之間，勞動供給會隨工資率上升而增加——在時薪是 $15 時，勞動供給為 11 小時 (點 G' 和 G)。

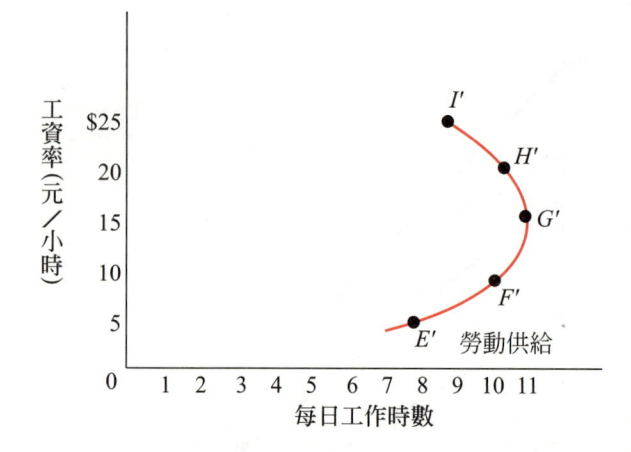

圖 5.25　後彎的勞動供給

點 E'，F'，G'，H' 和 I' 分別對應於圖 5.24 的點 E，F，G，H 和 I。在時薪大於 $15 時，勞動供給會後彎。

但當時薪超過 $15 時，勞動供給開始下降，最後，直到時薪是 $25 時，消費者只工作 9 小時（點 I' 和 I）。大多數的商品與服務，價格上升會增加供給數量；然而，在這種情況，工資率上升卻降低勞動供給。(記得工資率是勞動的價格。) 要瞭解這種現象，如圖 5.25 後彎的勞動供給曲線，讓我們來檢視藉助工資率變動所引起的所得效果與替代效果做說明。

再看圖 5.24 的最適選擇圖形。消費者擁有的時間是固定的，一天 24 小時，而所得並非固定。這是為什麼不論工資率是多少，預算線的橫軸截距始終是 24 小時。無論工資率的高低，消費者工作一個小時意謂消費者少一個小時的休閒。

然而，工資率上漲讓合成商品消費顯得較不昂貴。若工資率上漲一倍，消費者的工作時數可以減少一半，且購買和以前相同數量的合成商品。這就是為什麼縱軸截距隨工資率提高而向上移動的原因。因此工資率上漲會使預算線往上方旋轉，如圖 5.24 所示。

工資上漲使得購買合成商品所需的工作時數減少，而這導致替代效果和所得效果。勞動供給的替代效果為正——會讓消費者以合成商品替代休閒，進而導致休閒時間減少，工作時間增加。相反地，勞動供給的所得效果為負——它導致更多的休閒與更多的勞動，因為對大多數人而言，休閒是正常財 (亦即，當消費者所得上升時，他想要更多的休閒)。

現在讓我們來檢視時薪從 $15 上升至 $25 的替代效果與所得效果。圖 5.26 顯示最初預算線是 BL_1 (時薪為 $15)，最適選擇在籃

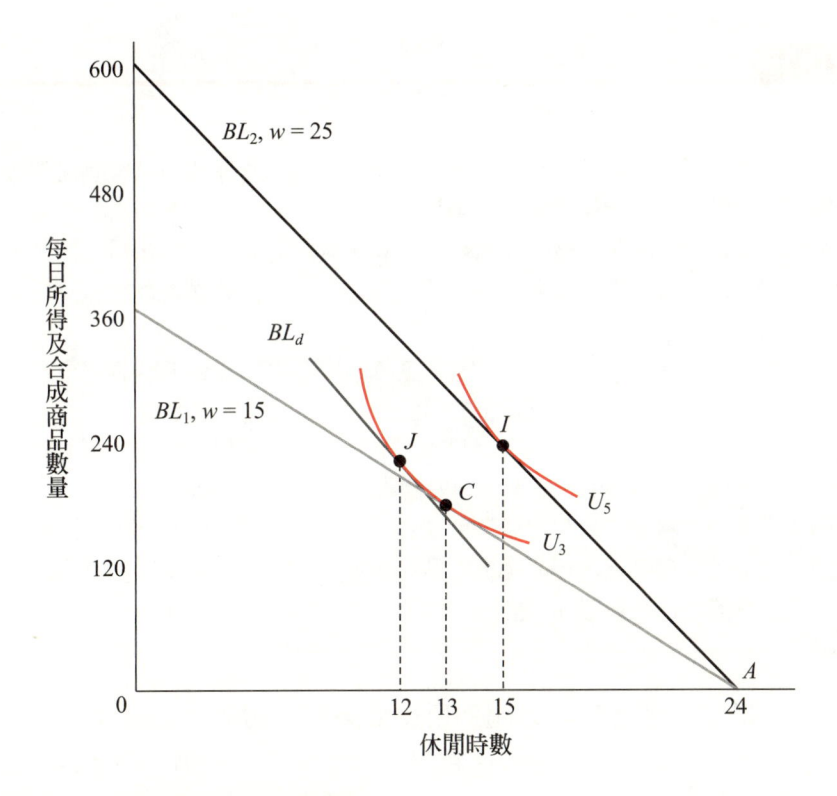

圖 5.26 工作與休閒的最適選擇

在預算線 BL_1 上的最初籃 G，消費者休閒 13 小時 (工作 11 小時)。在預算線上的最終籃 I，消費者休閒 15 小時 (工作 9 小時)。在預算線 BL_d 上的分解籃 J，消費者休閒 12 小時 (工作 12 小時)。休閒的替代效果是 −1 (在 G 和 J 之間休閒的變動)。所得效果是 ＋3 (J 和 I 之間休閒的變動)。因此，休閒的總效果是 ＋2，而對應的勞動總效果是 −2。

G，休閒時數是 13 小時，因此，工作時數是 11 小時。圖形也顯示最終預算線是 BL_2 (時薪是 $25)，最適選擇在籃 I，最適休閒時數是 15 小時，及最適工作時數是 9 小時。最後，圖形也顯示分解預算線是 BL_d。(BL_d 和最初無異曲線 (U_3) 相切，並與最終預算線 BL_2 平行)，分解商品組合為籃 J，休閒時數是 12 小時，且工作時數為 12 小時。

休閒的替代效果是 −1 小時 (從點 G 到點 J，休閒時間的變動)。休閒的所得效果是 ＋3 小時 (從點 J 到點 I，休閒時間的變動)。因為所得效果大於替代效果，工資率變動對休閒的淨效果是 ＋2 小時。因此，工資率上漲對工作時數的變動為 −2 小時。這說明圖 5.25，當工資超過 $15 時，後彎的勞動供給圖形。

範例 5.7

醫療服務的後彎供給

長久以來，醫院和診所無法吸引足夠的工作人員。他們通常必須以加薪的方式來刺激醫療工作人員的供給。但提高工資率不一定能使勞動供給增加。

在 1991 年，華爾街日報的一篇專欄"醫院診所利用加薪，其它方式招募更多員工"中，曾經描述遭遇的困境。根據這篇專欄，美國醫院協會得到一個結論，"加薪讓麻薩諸塞州的護士荒更加惡化，護士因為加薪，而選擇減少工作時數"。[13]

為什麼會發生這種現象？如先前在圖 5.26 的討論，工資率提高可能導致消費者追求更多休閒，而減少工作時間。換言之，許多護士可能是位於勞動供給曲線後彎的區域。

因為提高工資不見得每次都能夠吸引員工加入，雇主必須依賴其它策略。例如，華爾街日報的專欄提到美國德州大學奧斯汀分校附屬醫學院的安德森癌症研究中心提供員工 $500 紅利，如果他們能夠介紹新進員工並接受"難以接受"的工作。德州休士頓心臟中心，藉調整職位、升遷的方式吸引護士的加入。匹茲堡大學附屬醫院開始實施一項"認養高中"的計畫，鼓勵學生加入健康檢查部門，並補貼這些願意加入計畫、增進工作技術的學生學費。

總之，當替代效果超過所得效果時，勞動供給曲線具正斜率。當工資上漲的所得效果超過替代效果時，勞動供給曲線會有後彎的現象。

5.7 消費者物價指數

消費者物價指數 (consumer price index, CPI) 是美國消費者價格與通貨膨脹趨勢的重要來源之一。通常是用來衡量生活水準的變動，且被廣泛用在公共及私人部門的經濟分析。例如，在消費者與廠商訂立的契約，商品價格通常會反映 CPI 的變動而調整。在工會與雇主間的協商，工資率的調整通常是反映過去或預期未來 CPI 的變動。

CPI 對聯邦政府預算也有重要影響。在支出方面，政府利用 CPI 來調整社會安全支付、公務員退休給付，及其它補貼計畫，如食物券與學校午餐。當 CPI 上漲時，政府支出隨之增加。 CPI 的變動也會影響政府稅收的多寡。例如，個人所得稅級距會隨以 CPI 計算的通貨膨脹作調整。當 CPI 上漲時，稅收會降低。

CPI 的計算並不容易。讓我們建構一個例子，說明何種因素可用來計算 CPI 指數。假設我們考慮一個典型的消費者，只購買兩

---

[13] 華爾街日報 (1991 年 8 月 27 日)，第 1 頁。

種商品，食物與衣服，如圖 5.27 所示。在第 1 年，每單位食物價格 P_{F_1} = \$3 和每單位衣服價格 P_{C_1} = \$8。消費者所得是 \$480，面對的預算線是 BL_1，其斜率為 $-P_{F_1}/P_{C_1} = -3/8$。最適消費組合是籃 A，包含 80 個單位的食物與 30 個單位的衣服。

在第 2 年食物與衣服價格上漲至 P_{F_2} = \$6 與 P_{C_2} = \$9。第 2 年消費者需要多少所得，才能維持與第 1 年相同的滿足水準，亦即，在無異曲線 U_1 上？新預算線 (BL_2) 必須與 U_1 相切，其斜率反映新價格為 $-P_{F_2}/P_{C_2} = -2/3$。在新價格下，食物及衣服在無異曲線的最小成本支出是籃 B，包含 60 單位食物與 40 單位衣服。在新價格下，購買籃 B 的總支出是 $P_{F_2}F + P_{C_2}C$ = \$6(60) + (\$9)(40) = \$720。

原則上，CPI 是衡量支出變動百分比，這個比率讓消費者第 2

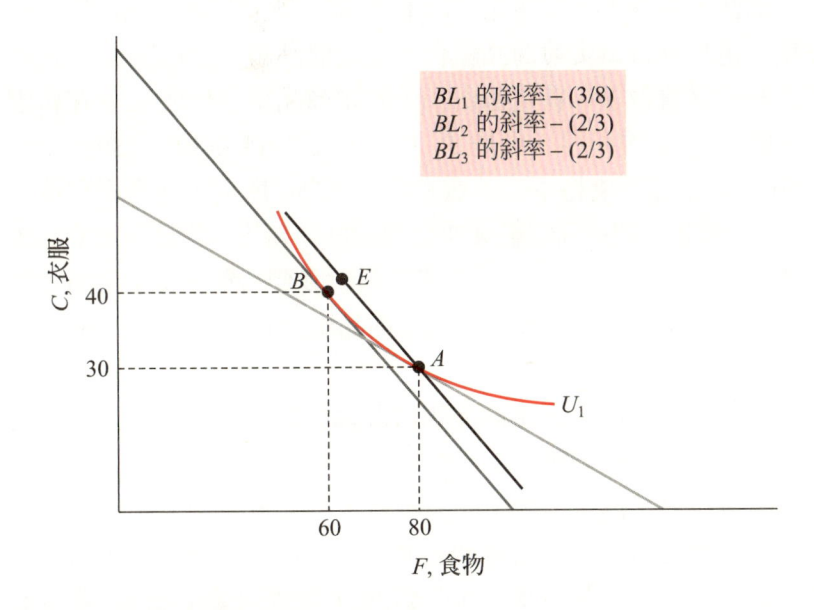

BL_1 的斜率 – (3/8)
BL_2 的斜率 – (2/3)
BL_3 的斜率 – (2/3)

圖 5.27 消費者物價指數的替代偏誤

第 1 年消費者所得是 \$480，食物價格是 \$3，及衣服價格是 \$8。消費者最適選擇是籃 A。第 2 年食物價格上升至 \$6，衣服價格上升至 \$9。在新價格上，消費者要維持原來滿足程度，可以選擇籃 B，支出金額為 \$720。一個理想的生活水準指數是 1.5 (= \$720/\$480)，告訴我們生活水準上升 50%。然而，真實的 CPI 假設相對價格改變，消費者不會以衣服替代食物消費。如果消費者以新價格購買籃 A，其支出將為 \$750。CPI (\$750/\$480 = 1.56) 建議我們，消費者生活水準上升約 56%，高估了實際生活水準的上升。事實上，若消費者在第 2 年的所得是 \$750，他可以選擇在 BL_3 購買籃 E，達到比 U_1 更高的效用水準。

年與第 1 年的滿足程度相同。在這個例子，所需的支出從第 1 年的 \$480 增加至第 2 年的 \$720。"理想"的 CPI 是新支出對舊支出的比率，即 \$720/\$480 = 1.5。換言之，價格上漲，消費者第 2 年會比第 1 年多支出 50%，才能維持與第 1 年相同的滿足水準。第 2 年的"生活費用"比第 1 年高 50%。在建構這個理想 CPI 的過程，我們需要知道當食物價格相對衣服價格上漲，從籃 A 移至籃 B 時，消費者會以衣服替代食物消費。

請注意要計算理想 CPI，政府需要蒐集新舊價格的資料，以及商品組合變動 (消費食物與衣服的數量) 的資訊。但是，考量經濟社會擁有無數的商品與服務數量，有難以計數的資料要蒐集！商品價格隨時變動，要蒐集這種資料是高難度的工作。更困難的是，要蒐集消費者實際購買的商品組合變動的資訊。

因此，事實上，要簡化 CPI 的計算，政府是計算支出比例的改變，足以購買固定的商品組合，固定商品組合是指第 1 年食物與衣服的購買數量。在這個例子，固定商品組合是籃 A。在新價格，購買籃 A 的所得支出是 $P_{F_2}F + P_{C_2}C = (\$6)(80) + (\$9)(30) = \$750$。如果在新價格下，消費者擁有 \$750 所得，他面對預算線 BL_3。如果我們利用固定籃 A 來計算 CPI，新支出對舊支出的比率是 \$750/\$480 = 1.5625。這個指數告訴我們消費者支出必須增加 56.25%，才能夠以新價格購買固定商品組合 (亦即，第 1 年的商品組合)。[14]

這個例子指出，固定商品組合計算指數高估實際生活水準的變化。經濟學家稱這種生活水準的高估為"替代偏誤"。假設消費者仍維持與最初消費一樣的商品組合，CPI 的計算忽略消費者在稍後幾年會替代相對價格較便宜商品的可能性。事實上，如果消費者第 2 年的所得是 \$750 而非 \$720，她能夠選擇的商品組合如 BL_3 的籃 C，達到的滿足程度比籃 A 的要高。

---

[14] 一指數用來衡量，以第 2 年價格購買固定商品組合的支出除以用第 1 年價格購買相同商品組合的支出，稱為拉氏指數。讓我們以文中的例子來計算拉氏指數。令第 1 年與第 2 年的食物價格分別為 P_{F_1} 與 P_{F_2}，第 1 年與第 2 年衣服價格分別為 P_{C_1} 與 P_{C_2}。固定商品組合是第 1 年購買的食物與衣服數量；F 與 C 代表這些數量。拉氏指數 L 為

$$L = \frac{P_{F_2}F + P_{C_2}C}{P_{F_1}F + P_{C_1}C}$$

範例 5.8

消費者物價指數的替代偏誤

長期以來，經濟學家認為消費者物價指數高估了生活水準的變化。在 1990 年代，當國會試圖平衡預算時，CPI 偏誤的議題顯得異常重要。在 1995 年，聯邦準備理事會主席葛林斯班 (Alan Greenspan) 向國會報告 CPI 的官方數據可能高估真實生活水準約 0.5 到 1.5 個百分點，他將這個議題推到最前線。參議院金融委員會特別組成一個小組來研究偏誤的大小。小組的結論是 CPI 高估生活水準約 1.1 個百分點。

雖然替代偏誤的估計值可能不準確，所引起的衝擊卻相當重要。葛林斯班估計，若指數計畫與稅收的通貨膨脹調整，每年減少 1 個百分點，五年後，每年赤字最多可減少 $550 億。管理與預算辦公室估計，在 1996 年的會計年度，CPI 指數增加 1% 會導致政府支出增加 $57 億，而稅收會減少約 $25 億。

長久以來，政府知道需要定期更改"固定商品組合"的內容，以便用於計算 CPI。事實上，商品組合內容大約每 10 年更換一次，最近一次的修正在 2002 年。[15] 因為 CPI 的潛在偏誤，政府持續的尋找合適的方法來改善消費者物價指數的計算。例如，在 1999 年 1 月，新公式是用來抵銷替代偏誤及預期一年約可降低約 0.2% 的 CPI 增加率。

總 結

- 我們可以從消費者偏好與預算線導出個人需求曲線。消費者需求曲線是指，當價格改變時，消費者最適選擇如何改變。我們也可以將需求曲線視為消費者"願意支付"的商品價格。**(LBD 習題 5.2，5.3)**
- 當所得增加，消費者對商品的購買數量增加，此商品是正常財。當所得增加，消費者減少對商品的購買，此商品是劣等財。**(LBD 習題 5.1)**
- 價格改變對數量變動的影響可以分解成兩部分。替代效果，係假設滿足程度不變，價格變動引起商品消費數量的變動。若無異曲線凸向原點 (因邊際報酬率遞減)，替代效果與價格呈反方向變動。如果商品價格下跌，替代效果為正。如果商品價格上漲，替代效果為負。**(LBD 習題 5.4，5.6，5.6)**
- 所得效果是在商品價格不變時，購買力改變引起商品購買數量的變動。若商品為正常財，所得效果可加強替代效果。如果商品是劣等財，所得效果與替代效果呈相反方向變動。
- 假設商品是強烈劣等財，使所得效果大於替代效果，需求曲線會是正斜率。這種商品稱為季芬財。
- 消費者剩餘是消費者購買一商品願意支付的價格與實際支付價格的差異。若所得效果為零，消費者剩餘是衡量消費者購買商品所增加的滿足程度。在圖形上，消費者剩餘是需求曲線以

---

[15] 例如，請見，John S. Greenless and Charles C. Mason, "Overview of the 1998 Revision of the Consumer Price Index," *Monthly Labor Review*, December 1996, p.p 3-9，以及 Moulton, Brent R. "Bias in the Consumer Price Index: What is the Evidence?" *Journal of Economic Perspectives*, Fall 1996.

下，實際商品支付價格以上所圍成的面積。消費者剩餘的變動可以用來衡量價格改變，消費者福利水準的變動。**(LBD 習題 5.7)**
- 利用最適選擇圖形，我們可以用兩個觀點檢視價格變動後的貨幣衝擊：補償變量與對等變量。補償變量衡量在價格下降後消費者願意放棄多少金錢才能維持與價格變動前相同的滿足程度。
- 對等變量是衡量價格變動前，消費者可以得到多少金錢，才能維持與價格變動後相同的滿足水準。
- 若所得效果存在，補償變量不等於對等變量，且這些指標通常與需求曲線以下的面積不同。**(LBD 習題 5.9)**
- 若所得效果很小，對等變量非常接近補償變量。需求曲線以下的面積將是消費者剩餘的良好近似值 (雖然並非完全精確)。
- 所得效果為零，補償變量與對等變量能夠給我們相同的指標，來正確衡量價格改變消費者福利水準的變動。需求曲線以下的面積會等於補償變量，也等於對等變量。**(LBD 習題 5.8)**
- 商品的需求曲線是所有個別消費者需求曲線的水平加總 (假設網路外部效果不存在)。
- 隨波逐流效果是一正的網路外部性。若隨波逐流效果存在，每個消費者對商品的需求數量，會隨更多消費者的購買而增加。鄉愿效果是負的網路外部性。若鄉愿效果存在，商品需求數量會隨更多消費者的購買而減少。

複習題

1. 什麼是商品的價格消費線？
2. 價格消費線與所得消費線有何不同？
3. 正常財的需求所得彈性有何特性？劣等財的需求所得彈性有何特性？
4. 假設無異曲線是凸向原點，且商品價格下跌，替代效果是否導致商品消費數量減少？
5. 假設一消費者只購買三種商品，食物、衣服和房子。這三種商品可否都是正常財？是否都是劣等財？請解釋。
6. 經濟理論是否需要需求曲線始終是負斜率？若否，在什麼情形下，需求曲線可以是正斜率？
7. 何謂消費者剩餘？
8. 兩種不同衡量價格變動引起消費者價值的變動指標是 (1) 補償變量，(2) 對等變量。這兩種指標有何差異？什麼情況下，兩者會相等？
9. 考慮下列四個斜率，何者有正的網路外部性？何者有負的網路外部性？
   (i) 人們喜歡吃熱狗，因為喜歡熱狗的口味。熱狗充滿了醬料。
   (ii) 當 Zack 發現許多人也愛吃熱狗時，他就不再吃熱狗。
   (iii) 莎莉發覺她的朋友喜愛吃熱狗時，她才開始買熱狗。
   (iv) 當個人所得上漲 10% 時，熱狗銷售量減少。
10. 為什麼工資率上升，個人勞動供給會減少 (需要更多休閒)？

問 題

5.1 圖 5.2(a) 指出在三種不同的每週所得：$I_1 = \$40$，$I_2 = \$68$ 與 $I_3 = \$92$ 下，消費者對食物與衣服的最適選擇。圖 5.2(b) 是說明所得變動，消費者的食物需求如何改變。請畫出三條衣服需求曲線 (對應三個不同所得水準)。說明所得變動如何影響消費者衣服的購買量。

5.2 利用圖 5.2(a) 的所得消費線，畫出在食物價格是 \$2 與衣服價格是 \$4 的恩格爾曲線？

5.3 請指出下列敘述為何正確？
(a) 劣等財有一負的需求所得彈性。
(b) 一商品需求所得彈性為負，將會是劣等財。

5.4 若商品需求是完全無價格彈性，對應的價格消費線的圖形為何？請繪圖說明價格消費線。

5.5 Suzie 購買兩種商品，食物與衣服。她的效用函數 $U(x, y) = xy$，其中 x 表食物消費數量，與 y 為衣服消費數量。邊際效用 $MU_x = y$ 與 $MU_y = x$。
(a) 請證明衣服的需求方程式是 $y = I/(2P_y)$。
(b) 衣服是否屬於正常財？請畫出當所得 $I = \$200$ 的衣服需求曲線，並標識為 D_1，請畫出當所得 $I = \$300$ 的衣服需求曲線，並標識成 D_2。
(c) 食物需求對衣服價格的交叉價格彈性是多少？

5.6 卡爾對漢堡和啤酒的偏好以效用函數：$U(H, B) = \min(2H, 3B)$ 表示。他每月所得是 I，而只購買兩種商品。以 P_H 代表漢堡和 P_B 代表啤酒的價格。
(a) 請推導卡爾對啤酒需求為外生變數的函數。
(b) 下列何者可增加卡爾對啤酒的消費：P_H 增加一元，或 P_B 上漲一元。

5.7 大衛的準線性效用函數為 $U(x, y) = \sqrt{x} + y$，其邊際效用是 $MU_x = 1/(2\sqrt{x})$，$MU_y = 1$。
(a) 請求出大衛對 x 需求為 P_x 和 P_y 的函數。證明在最適內部均衡 x 需求與所得水準無關。
(b) 請求出大衛對 y 的需求曲線。y 是否為正常財？當 P_y 上升時，y 的需求有何變化？

5.8 Rick 購買兩種商品，食物與衣服。假設食物對衣服的邊際替代率遞減。令 x 是食物消費數量與 y 是衣服消費數量。若食物價格由 P_{x1} 上升至 P_{x2}。在一圖形中，清楚標識並說明價格變動後的所得與替代效果。對下列每一個案例，都畫圖分析說明：
(a) 案例 1：食物是正常財。
(b) 案例 2：食物需求的所得彈性等於零。
(c) 案例 3：食物是劣等財，但非季芬財。
(d) 案例 4：食物是季芬財。

5.9 瑞吉只消費兩種商品：食物與住家。住家的價格在橫軸，而食物的價格在縱軸，他的住家價格消費線為一垂直線。請畫出兩條符合此條件好的預算線和無異曲線。當住家價格變動時，有關瑞吉的所得與替代效果一定為真的情況是什麼？

5.10 Ginger 的效用函數是 $U(x, y) = x^2y$，其邊際效用函數為 $MU_x = 2xy$ 和 $MU_y = x^2$。他的所得 $I = 240$，而面對的價格 $P_x = \$8$ 和 $P_y = \$2$。
(a) 在價格與所得已知下，請決定 Ginger 的最適商品組合？
(b) 若 y 的價格上漲至 \$8，而 Ginger 的所得不變，x 價格必須下跌多少才能維持與 P_y 變動前相同的滿足水準？

5.11 有些課本定義"奢侈品"是所得彈性大於 1 的商品。假設消費者只購買兩種商品。兩種商品可否都是奢侈品？請解釋。

5.12 史考特消費兩種商品，牛排與啤酒。當牛排價格下跌時，他會多消費牛排與啤酒。請在圖形上 (以無異曲線與預算線) 說明這種消費型態。

5.13 大衛只消費兩種商品，咖啡與甜甜圈。當咖啡價格下跌時，他會購買相同數量的咖啡，但多消費甜甜圈。
(a) 請在圖形上 (以無異曲線與預算線) 說明這種消費型態。
(b) 這種購買行為是否符合準線性效用函數？請解釋。

5.14 假設消費者效用函數 $U(x,y)= xy + 10y$，邊際效用是 $MU_x = y$ 與 $MU_y = x + 10$。商品 x 的價格是 P_x，商品 y 的價格是 P_y，兩者皆為正。消費者所得是 I。(這個習題，指出最適選擇不一定是內部解，有可能是角解。)
(a) 假設消費者一開始處於最適內部均衡點。請證明 x 的需求方程式是 $x = I/(2P_x) - 5$。
(b) 假設 $I = 100$。因為 x 不會是負數，消費者購買商品 x，所支付的最高價格 P_x 是多少？
(c) 假設 $P_x = \$20$ 與 $P_y = \$20$。因為 P_x 會超過 (b) 所計算的價格，請在圖形上說明消費者最適選擇是角點，只購買 y。(事實上，消費者購買 $y = I/P_x = 5$ 單位 y 與 0 單位 x)。
(d) 請比較 (c) 中最適選擇下 x 對 y 的邊際替代率與價格比 (P_x/P_y)。
(e) 假設所得固定在 $I = \$100$，請畫出 x 的需求曲線。x 需求曲線的位置是否受 y 值的影響？

5.15 下圖說明當價格從 P_1 下跌至 P_2 時，消費者剩餘的變動為面積 $ABEC$。如面積可分成長方形 $ABDC$ 和三角形 BDE。簡短描述各個面積的意義，記住消費者剩餘是衡消費者的福利 (因此，消費者剩餘的變動代表消費者福利的改變)。(提示：價格下降也引起消費數量的增加。)

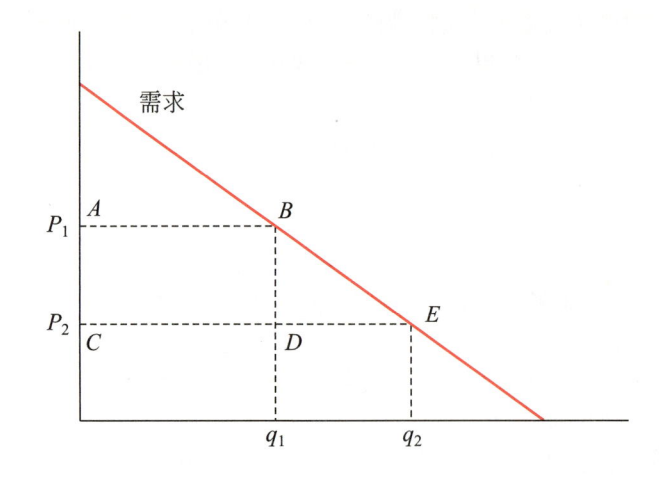

5.16 Lou 對披薩 (x) 和其它商品 (y) 的偏好以 $U(x,y)= xy$ 表示，其邊際效用 $MU_x = y$ 和 $MU_y = x$。他的所得是 $\$120$。

(a) 計算當 $P_x = 4$ 和 $P_y = 1$ 的最適商品組合。
(b) 計算食物價格下跌至 $3 的所得與替代效果。
(c) 計算價格變動的補償變量。
(d) 計算價格變動的對等變量。

5.17 假設租車有兩個市場區隔，商務旅行租車與休閒旅行租車。商務旅行租車的需求函數是 $Q_b = 35 - 0.25P$，其中 Q_b 是商務旅行者的需求數量 (單位：千輛車)，P 是每日租車價格。如果每日價格超過 $140，沒有任何商務租車需求。

休閒旅行租車需求函數是 $Q_v = 120 - 1.5P$，其中 Q_v 是休閒旅行的需求數量 (單位：千輛車)，P 是每日租車價格。若每日價格超過 $80，沒有任何休閒旅遊者會租車。

(a) 請填滿下列不同價格下的租車數量需求。

價格 ($/天)	商務 (千輛車/天)	休閒 (千輛車/天)	市場需求 (千輛車/天)
100			
90			
80			
70			
60			
50			

(b) 請繪出個別市場的需求曲線，及整個市場的需求曲線。
(c) 請以代數寫出市場需求的函數。換言之，指出市場需求數量 Q_m 是 P 的函數。請確定市場需求函數能夠符合 (a) 與 (b) 的答案。
(d) 假設租車價格是 $60，個別市場區隔的消費者剩餘是多少？

5.18 在普羅旺斯，有 1 百萬個消費者喜歡租錄影帶觀賞。每一個消費者有相同的錄影帶需求曲線。假設租賃價格是 P。在任一價格下，市場需求曲線相對個別消費者需求曲線是有彈性或無彈性？(假設沒有網路外部性。)

5.19 假設 Bart 與 Homer 是金山唯一喝 7 喜的人。他們對 7 喜的逆需求曲線分別為 $P = 10 - 4Q_B$ 和 $P = 25 - 2Q_H$，當然兩人都不會消費負的數量。請寫出金山對 7 喜的市場需求為所有可能價格的函數。

5.20 喬治對茶的所得消費線是一垂直線。最適選擇圖形的橫軸是茶，縱軸是其它商品。
(a) 請說明喬治對茶的需求曲線是負斜率。
(b) 當茶每兩從 $9 下跌至 $8 時，每個月消費者剩餘的變動 (亦即，需求曲線以下面積的變動) 為 $30，你是否預期補償變量與對等變量接近 $30？請解釋之。

5.21 考慮課文中討論的休閒與勞動的最適選擇。假設消費者在每小時工資率為 $10，能夠工作 8 小時。超過 8 小時後，每多工作一小時，時薪 $20。
(a) 請在最適選擇圖形，畫出預算線 (提示：預算線並非直線)。
(b) 請繪圖說明每日加班工作四小時的無異曲線。

5.22 泰莉對休閒 (L) 及其它商品 (Y) 的效用函數為 $U(L, Y) = Y + LY$。其邊際效用為 $MU_Y = 1$

$+ L$，$MU_L = Y$。她以 $1 購買其它商品，其所得來自工作收入。不管泰莉的工資為何，請證明他的最適休閒時數始終相同，休閒時數是多少？

5.23 考慮 Noah 對休閒 (L) 及其它商品 (Y) 的效用函數是 $U(L, Y) = \sqrt{L} + \sqrt{Y}$，其邊際效用為 $MU_L = 1/(2\sqrt{L})$，和 $MU_Y = 1/(2\sqrt{Y})$。假設 $P_Y = \$1$。Noah 的勞動供給是否後彎？

6 投入與生產函數分析

6.1
投入與生產函數的介紹

6.2
單一投入的生產函數

6.3
多種投入的生產函數

6.4
要素間的替代性

6.5
規模報酬

6.6
技術進步

他們能夠更好且更便宜嗎?

　　半導體晶片——輕薄,似玻璃般的晶片可用來儲存大量資料——的生產係高成本,極為複雜以及精密技術。[1] 晶圓廠的生產過程有數以百計的生產步驟,興建一座晶圓廠需耗資 $10 到 $20 億。為防止晶片遭受污染,晶圓廠的無菌室要求比醫院手術室乾淨 1000 倍的環境。因為生產過程非常昂貴,且一座晶圓廠只有 3 到 5 年的產品壽命 (因此每天的折舊高達 $1 百萬),半導體廠商必須確保製造過程無誤。這需要謹慎的工廠營運與興建計畫。

---

[1] 這個例子取自於 John Teresko, "Robot Renaissance," *Industry Week* (September 16, 1996),pp. 38-41.

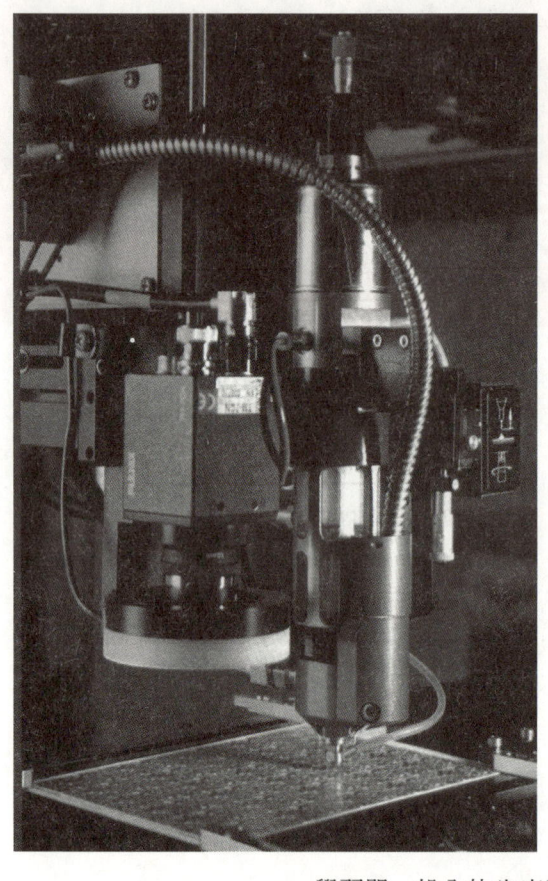

近年來半導體製造的一個重要趨勢是以機器人替代人力執行某些需重複的職務。即使員工使用無塵衣、頭罩及特製鞋，機器人還是比人類工作人員更乾淨，因此可提供更多的晶片產量 (品質良好晶片占總晶片產量的比例)。無塵是非常重要的，因為一個看不見的細小灰塵會造成價值 $20,000 晶圓的毀壞。由於機器人並不便宜，半導體廠商面臨一項重要取捨：從晶質更優良晶片與減少雇用員工人數所節省的成本是否足以支付機器人的投資？某些晶圓廠評估後，認為值得購買機器人，其它廠商則不認為如此。

本章將為學習這種型態的經濟取捨奠下基礎。

章節預習　在本章，你將

- 學習生產函數，其為連結廠商的產出與雇用投入之間的關係。
- 學習單一投入的生產函數，利用此分析發展勞動平均與邊際產量。
- 利用這些概念來研究多種投入的生產函數。
- 分析投入間的替代性並發展替代彈性。
- 檢視特定型態的生產函數。
- 學習有關規模報酬——投入數量的增加如何影響產出數量。
- 學習技術進步的意義，是廠商不需增加投入而增加產出，或減少投入而產出維持固定不變。

6.1 投入與生產函數的介紹

投入　可用來聯合生產商品的資源，如勞動、資本設備和原料。

生產因素　用來生產

商品與服務的生產牽涉到將資源——如勞動力、原料及工廠和機器提供的服務——轉換成最終產品。例如，半導體廠商結合員工提供的服務與晶圓廠提供的資本服務、機器人、設備與原料，如矽砂，生產最終產品晶片。廠商用來生產商品與服務的生產性資源如勞動與資本設備，稱為**投入** (input) 或**生產因素** (factors of production)。生產商品與服務的數量稱為**產出** (output)。

正如半導體晶片的例子指出，廠商通常選擇一種或數種投入來生產一定數量的產出。半導體廠商可以雇用勞工而不使用機器人，或雇用少數勞工及許多機器人來生產一定數量的晶片。**生產函數** (production function) 是廠商選擇不同生產方法來形成生產過程的數學表示。特別是，生產函數告訴我們廠商雇用一定數量的要素投入，所能夠生產最大商品的數量。生產函數可以下式表示：

$$Q = f(L, K) \tag{6.1}$$

其中 Q 為商品數量，L 是勞動雇用量，及 K 是資本雇用量。此式告訴我們，廠商能夠生產商品的最大產量決定於勞動與資本的雇用量。我們可以列出更多種類的投入，但廠商面臨重要的取捨多半集中在勞動與資本兩者之間 (亦即，半導體廠商對勞工與機器人的取捨)。此外，我們只要用兩種投入即可發展出生產函數的主要概念。

式 (6.1) 的生產函數與消費者理論中的效用函數相似。如同效用函數受外生的消費者偏好的影響，生產函數受外生技術條件的影響。隨時間經過，技術條件會改變，這種發生稱為技術進步，而生產函數會跟著移動。第 6.6 節將討論技術進步。在第 6.6 節以前，我們視生產函數是固定且不會改變。

式 (6.1) 的生產函數告訴我們在勞動與資本數量固定下，廠商能夠生產的最大商品數量。當然，沒有效率的管理可能減少廠商的最大可能產量。圖 6.1 描繪出這種可能性，生產函數是單一投入，勞動函數：$Q = f(L)$。在生產函數上或以內的生產點組成公司的**生產集合** (production set)，投入與產出在技術上可行的集合。生產集合內的生產點，如點 A 與點 B，都是**技術無效率** (technically inefficient) (亦即，這些點是廠商雇用勞動生產的商品數量小於能夠生產最大的商品數量)。在生產集合邊界的生產點，如點 C 與點 D，都有**技術效率** (technically efficient)。這些點是廠商在固定的勞動與資本下，盡可能生產的最大商品數量。

若生產函數有反函數，則我們可得函數 $L = g(Q)$，這是生產固定商品數量 Q 所需要最少的勞動數量 L。這個函數稱為**勞動需要函數** (labor requirements function)。例如，若生產函數是 $Q = \sqrt{L}$，則 $L = Q^2$ 是勞動需要函數；因此，要生產 7 單位的產量，廠商至少需要 $7^2 = 49$ 單位的勞動。

商品的資源。
產出 廠商生產的商品或服務數量。
生產函數 在一定投入數量雇用下，廠商可生產最大商品數量的數學呈現方式。

生產集合 投入與產出技術可行性組合的集合。
技術無效率 一生產集合內，廠商得到比以前更少產出的生產點。
技術效率 一生產集合內，廠商從既定勞動雇用量下，盡可能地得到最大產量的生產點。
勞動需要函數 使用最少數量勞動來生產一定數量產出的函數。

圖 6.1 技術效率與無效率

在點 C 與點 D，廠商有技術效率。在勞動雇用量固定下，廠商以 $Q = f(L)$ 盡可能地生產最大商品數量。點 A 與點 B 是技術無效率。它無法從固定勞動得到最大的商品數量。

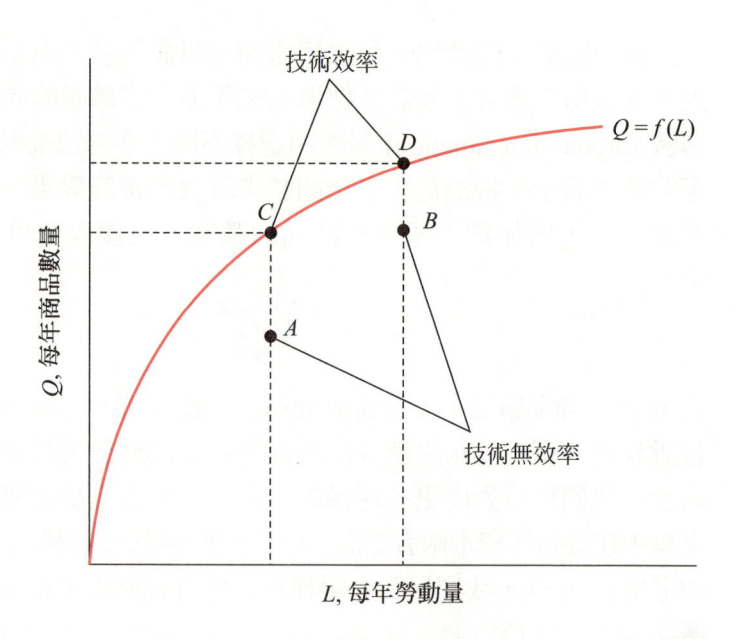

因為生產函數告訴我們，在一定要素投入組合下，可以獲得最大產量，我們有時會將生產函數寫成 $Q \leq (L, K)$，以強調廠商理論上能夠生產的商品數量小於一定投入下的最大可能商品數量。

範例 6.1

競爭孕育效率

利用美國製造業普查的資料 (美國政府每 5 年舉辦一次調查，目的在追蹤製造業產業狀況)，Richard Caves 與 David Barton 研究美國製造業廠商技術效率的程度。[2] 就一典型廠商而言，Caves 與 Barton 實證發現，在勞動與就業水準固定時，實際產量占最大可能產量的比率是 63%。(如果我們以本書的數學符號表示，可得一典型廠商的 $Q/f(L, K) = 0.63$。) 這個實證結果隱含典型美國製造業廠商存在技術無效率現象。

根據 Caves 與 Barton 的說法，決定技術效率的一重要因素是製造業廠商面對其它同業的競爭程度。兩位學者發現製造業廠商沒有面臨國外進口產品的強力競爭，會比較傾向技術無效率，而廠商面臨國外進口產品嚴苛考驗，比較會有技術效率。他們也發現廠商處於高集中比率的產業 (銷售金額集中在少數廠商) 比較容易發生技術無效率，而廠商身處有許多小型競爭者的產業比較會有技術效率。這些研究結果建議競爭壓力——不論來自國外或產業內其它同業——誘使廠商盡可能利用現有生產因素，尋求新的生產方式來生產最大產量，因此廠商會愈接近生產集合的邊界。

---

[2] Richard Caves and David Barton, *Efficiency in U.S. Manufacturing Industries* (Cambridge, MA: MIT Press, 1990).

6.2 單一投入的生產函數

商業報刊充滿對生產力的討論,生產力可解釋成廠商雇用投入能夠獲得的產出數量。我們可以利用生產函數來說明要素投入生產力的一些重要表示方式。要清楚說明這些概念,我們將從最簡單的情況,即商品數量只受單一投入、勞動的影響。

總生產函數

單一投入的生產函數有時稱為**總生產函數** (total product functions)。表 6.1 是半導體生產者的總生產函數。假設一晶圓廠內有固定數目的機器,是說明廠商雇用不同數量的勞動投入 L,每年能夠生產半導體 Q 的數量。

圖 6.2 是將表 6.1 的總生產函數繪製成圖。這個圖形有四個要注意的特性。第一,當 $L = 0$ 時,$Q = 0$。亦即,廠商不雇用勞動,就沒有半導體產出。第二,在 $L = 0$ 與 $L = 12$ 之間,額外增加一單位勞工雇用,產出會以遞增速率上升 (亦即,總產量函數是凸函數)。在這個範圍內,**勞動邊際報酬遞增** (increasing marginal returns to labor)。當勞動邊際報酬遞增時,增加 1 單位勞動雇用使

> **總生產函數** 一種生產函數。單一投入的總生產函數顯示總產出如何受投入水準的影響。

> **勞動邊際報酬遞增** 總生產函數中,隨著勞動增加,總產出以遞增比率增加的區域。

表 6.1 總生產函數

L^*	Q
0	0
6	30
12	96
18	162
24	192
30	150

*L 是每日工作時數 (千),Q 是每日半導體晶片產量 (千顆)

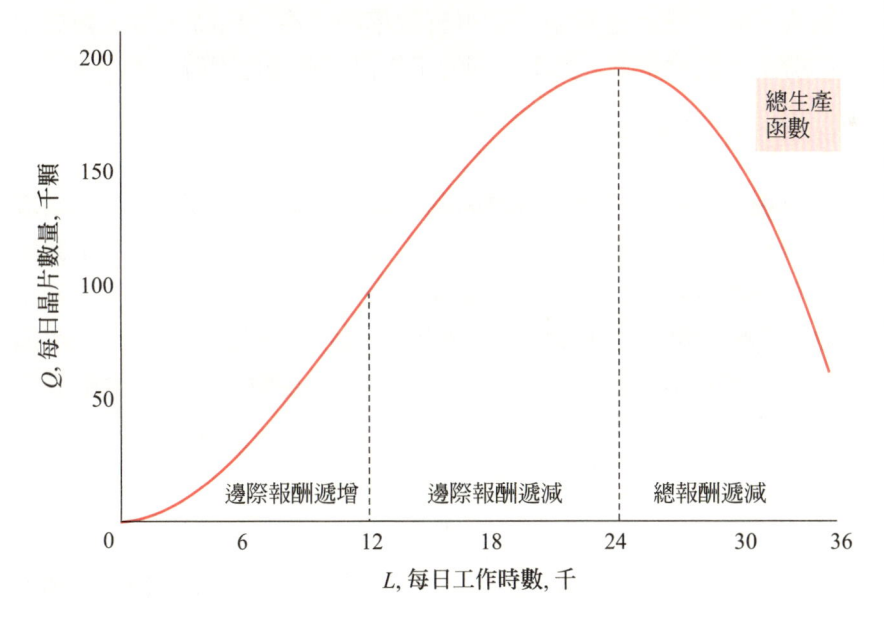

圖 6.2 總生產函數

總生產函數是勞動數量 (L) 與商品數量 (Q) 之間的關係。函數可畫分三個區域:一個區域是邊際報酬遞增 ($L < 12$);一個區域是邊際報酬遞減 ($12 < L < 24$);及一個區域是總報酬遞減 ($L > 24$)。

產出以遞增比率增加。邊際報酬遞增通常會發生的原因是因為勞動專業的分工。一家僅有小型工作團隊的工廠，員工可能要執行多項職務。例如，一位勞工可能要負責原料輸送、機器運轉及檢視成品的良窳。當多增加勞工的雇用，勞工可專業化生產——某些員工只需負責原料輸送；其它人負責機器運轉生產；還有一些人可負責檢視與品質控制。專業化生產可以提高勞工的邊際生產力，因為它可以讓員工從事最有生產力的工作。

第三，介於 $L = 12$ 與 $L = 24$ 之間，額外一單位勞工雇用，會讓產出以遞減速率增加 (亦即，總產量函數是凹函數)。在這個範圍，**勞動邊際報酬遞減** (diminishing marginal returns to labor)。當勞動邊際報酬遞減時，增加 1 單位勞動雇用使產出以遞減比率增加。當廠商透過專業分工已經無法提高員工生產力時，邊際報酬遞減現象開始發生。

勞動邊際報酬遞減
總產量函數中，產出隨著勞動增加，總產出以遞減比率增加。

最後，當勞動數量超過 $L = 24$ 時，增加勞動雇用會使總產出下降。在這個範圍，**勞動總報酬遞減** (diminishing total returns to labor)。當勞動總報酬遞減時，增加勞動數量只會降低總產出。發生總報酬遞減的現象是因為固定規模的製造工廠：若勞工人數愈龐大，員工沒有足夠空間從事有效率的生產。同時，當工廠雇用的勞工人數愈多時，勞工之間的工作協調變得愈困難。[3]

勞動總報酬遞減
總產量函數中，產出隨著勞動增加而減少的區域。

邊際與平均產量

現在我們能夠詳細刻畫廠商勞動投入的生產力。從生產函數可以獲得兩個相關但不同概念的生產力表示方式。第一個是**勞動的平均產量** (average product of labor)，寫成 AP_L。勞動的平均產量是每單位勞動平均生產的商品數量。[4] 這是一般評論者在比較美國勞工與其它勞工生產力時所使用的定義。從數學上看，勞動的平均產量等於

勞動的平均產量
每單位勞動可生產的平均產量。

$$AP_L = \frac{\text{總產量}}{\text{勞動數量}} = \frac{Q}{L}$$

表 6.2 及圖 6.3 是表 6.1 總生產函數的勞動平均產量數據及繪圖說

---

[3] 其它投入如原料也可以有總報酬遞減現象。例如，在未經施肥的田地上施肥，將提高農作物收穫量。但是太多的肥料會燒壞農作物，使產量為零。

[4] 勞動平均產量有時稱為勞動平均實物產量，寫成 APP_L。

表 6.2 勞動的平均產量

L	Q	$AP_L = \dfrac{Q}{L}$
6	30	5
12	96	8
18	162	9
24	192	8
30	150	5

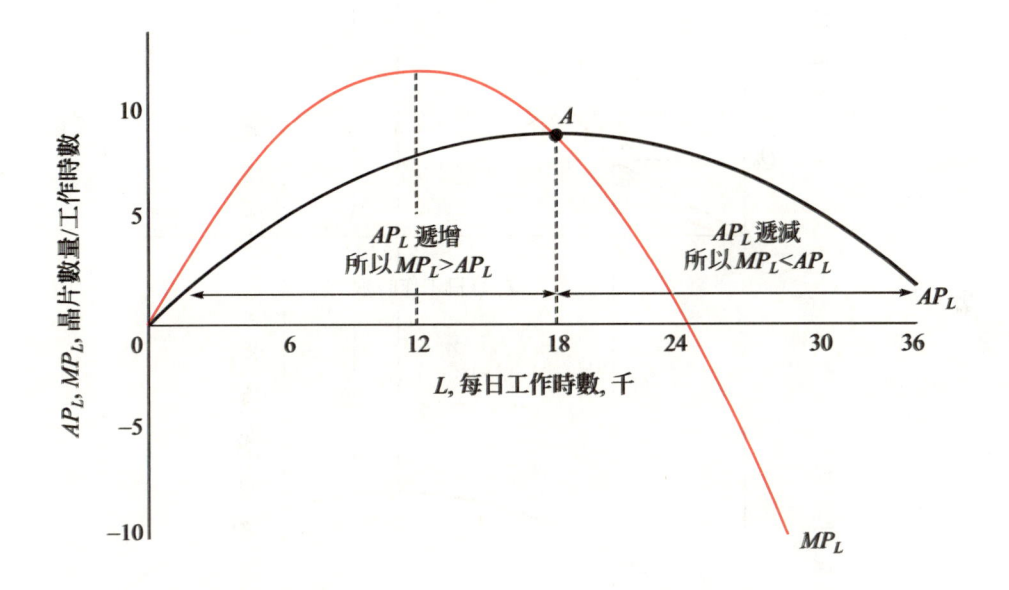

圖 6.3 平均與邊際產量函數

標誌 AP_L 的曲線是平均產量函數。標誌 MP_L 的曲線是邊際產量函數。邊際產量函數在邊際報酬遞增的區域上升 ($L < 12$)，在邊際報酬遞減區域下跌 ($12 < L < 24$)。在總報酬遞減的區域，邊際產量函數成為負數($L > 24$)。在點 A，AP_L 為最大值，$AP_L = MP_L$。

明。其表示廠商平均產量會隨勞動雇用數量變動而改變。在我們的例子，當勞動小於 $L = 18$ 時，平均產量會遞增，反之則會遞減。

圖 6.4 是將總產量線與平均產量線同時畫出。在任何數量 L_0 的勞動平均產出對應從原點出發連結總產量函數 L_0 的斜率，例如，總產量函數的高度在點 A 是 Q_0，勞動數量是 L_0。從原點連到點 A 直線的斜率是 Q_0/L_0，這正是上述方程式所顯示的平均產量 AP_{L_0}。在 $L = 18$ 時，從原點出發的直線斜率值是最大，此即 AP_{L_0} 在這裡達到最高的原因。

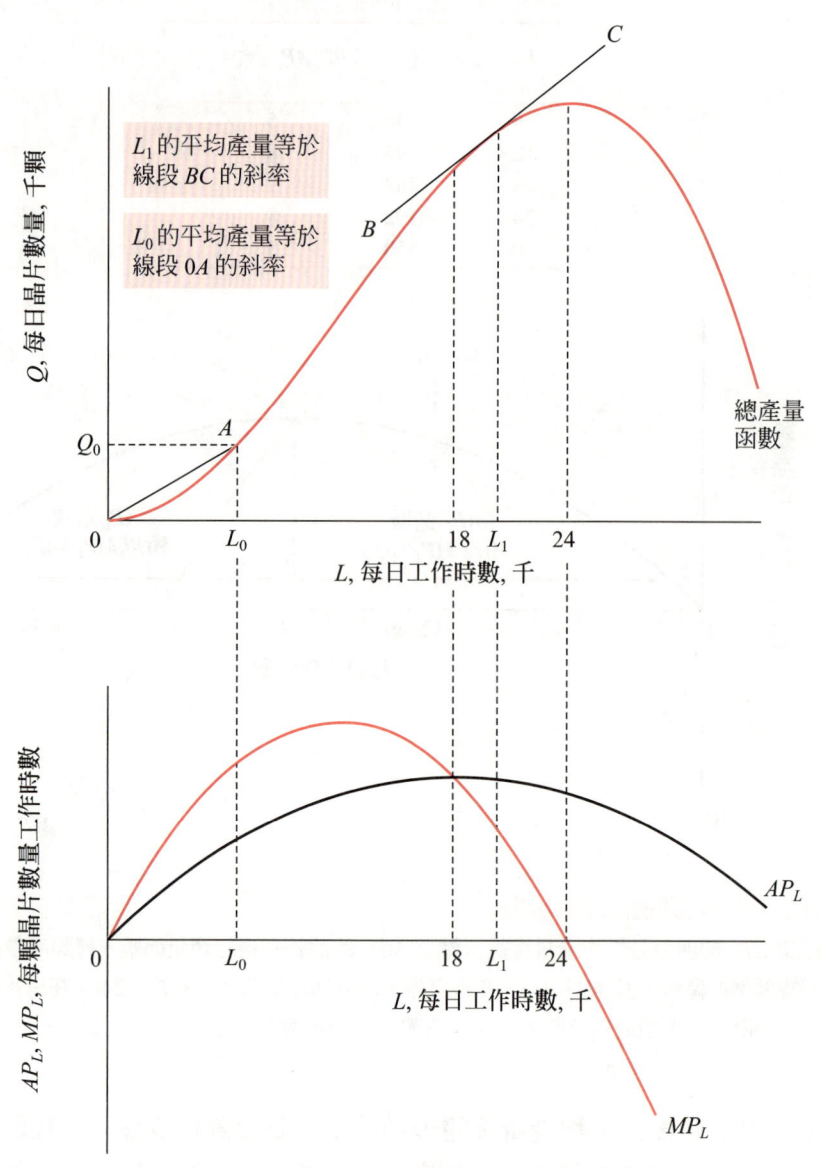

圖 6.4　總產量函數、平均產量函數與邊際產量函數的關係

任何一點的勞動邊際產量等於該點總產量曲線的斜率。任何一點的平均產量等於總產量曲線上該點與原點連線的斜率。

勞動的邊際產量
廠商勞動雇用量改變使得總產量變動的比率。

　　生產力的另一個概念是**勞動的邊際產量** (marginal product of labor)，寫成 MP_L。勞動的邊際產量是廠商多雇用一單位勞動的總產量增加比率：

$$MP_L = \frac{總產量的變動}{勞動數量的變動} = \frac{\Delta Q}{\Delta L}$$

勞動的邊際產量，類似消費者理論的邊際效用概念，且我們可以用圖形說明邊際效用，我們也可以圖形來表示邊際產量曲線，如圖 6.3。在邊際報酬遞增的區域，$0 \leq L < 12$，邊際產量函數是遞增的。當邊際報酬遞減開始，$L > 12$，邊際產量函數是遞減的。當總報酬遞減現象開始發生時，$L > 24$，邊際產量函數會通過橫軸變成負數。如圖 6.4 的上面圖形所示，對應任一勞動數量 L_1 的邊際產量是總產量曲線在切線 L_1 的斜率 (圖上的線段 BC)。因為切線的斜率在總產量曲線上的每一點都不相同，勞動的邊際產量也會改變。

在大多數的生產過程中，當所有其它投入數量固定不變時，生產因素 (如勞動) 的邊際產量最終會下跌。的確，這種現象得自於廠商的實務經驗，所以經濟學家稱為**邊際報酬遞減法則** (the law of diminishing marginal returns)。

邊際報酬遞減法則
在其它投入數量固定不變，隨著一投入使用量的增加，超過某一生產點變動投入邊際產量會開始遞減的法則。

邊際與平均產量的關係

與其它將在本章學習的平均與邊際概念相同 (如平均成本與邊際成本)，平均產量與邊際產量有一系統性關係，圖 6.3 說明此點。

- 當勞動平均產量遞增時，邊際產量大於平均產量。亦即，若 AP_L 隨 L 增加而增加，則 $MP_L > AP_L$。
- 當勞動平均產量遞減時，邊際產量小於平均產量。亦即，若 AP_L 隨 L 增加而減少，則 $MP_L < AP_L$。
- 當勞動平均產量不增減時，因為我們在 AP_L 的最高點 (圖 6.3 的 A 點)，則邊際產量等於平均產量。

邊際產量與平均產量間的關係和任何邊際與平均間的關係相同。想要說明這點，假設你班上同學的平均身高是 160 公分。現在學生邁克進來後，平均身高是 161 公分。邁克的身高是多少？因為平均身高遞增，"邊際身高" (邁克的身高) 必定大於平均身高，若平均高度降至 159 公分，邁克的身高會低於平均值。最後，若邁克加入後平均高度維持不變，他的身高將與班上平均身高相同。

在你的班上，平均與邊際身高之間的關係與圖 6.3 平均與邊際產量間的關係相同。它也會與第 8 章平均與邊際成本間的關係以及第 11 章的平均與邊際收入間的關係相同。

6.3 多種投入的生產函數

單一投入的生產函數在發展重要概念，如邊際與平均產量，以及建立兩者間的關係是非常有用的。然而，要研究廠商實際面對的取捨，如半導體廠商想要以機器人替代勞工，我們需要學習多種投入的生產函數。在本節，我們將繪圖說明多種投入的生產函數，並且探討生產函數內要素投入間替代的可能性。

兩種投入的總產量與邊際產量

要說明多種投入的生產函數，讓我們考慮生產函數需要兩種投入：勞動與資本。這可以用來廣義的描述，半導體廠商企圖使用機器人 (資本) 或勞工 (勞動) 生產晶片的技術可能。

表 6.3 是半導體廠商的生產函數 (或相當於總產量函數)。其中商品數量 Q 受勞動數量 L 與資本數量 K 的影響。圖 6.5 是以三度空間圖形說明這個生產函數。圖 6.5 是一個**總產量丘陵** (total product hill)。總產量丘陵為一三度空間圖形，說明商品數量與廠商雇用的兩種生產因素間的關係。[5]

丘陵上任何一點的高度等於廠商雇用生產因素所生產的商品

總產量丘陵 生產函數的三度空間圖形。

表 6.3　半導體廠商的生產函數 *

	K**					
	0	6	12	18	24	30
L** 0	0	0	0	0	0	0
6	0	5	15	25	30	23
12	0	15	48	81	96	75
18	0	25	81	137	162	127
24	0	30	96	162	192	150
30	0	23	75	127	150	117

* 表格的數字等於不同勞動資本組合所能生產的產出。
** L 是每日勞動工作時數 (千)；K 是每日機器工作時數 (千)，Q 是每日半導體晶片產量 (千顆)。

---

[5] 在圖 6.5，我們畫出總產量丘陵的骨架或架構，所以我們可以在丘陵底下畫線。圖 6.6 是相同的總產量丘陵，但其表面塗滿顏色，並未交叉畫線。

數量。我們沿丘陵可以移動至任何方向，但最簡單的方式是想像移動　成只有兩個方向的移動。從勞動與資本的任一組合開始，往東方會增加勞動雇用量，或往北方移動可增加資本雇用量。當我們向東方或北方移動，我們是沿總產量丘陵表面移動至不同高度，且每一個高度對應特定的商品數量。

當我們固定資本數量在某一水準，如 $K = 24$，並增加勞動數量，會對產出造成何種影響。表 6.3 圈起來的一欄資料指出，如果我們增加勞動雇用，並固定資本數量，產出一開始會增加，但最終會減少 (當 $L > 24$ 時)。事實上，表 6.3 中的 Q 值與表 6.1 的總產量函數的 Q 值是相同的。這表示勞動的總產量函數可以從兩投入的生產函數推導而得，只要將資本固定在某一水準 (在此，$K = 24$)，變動勞動雇用量就可得到相同數據。

我們可以從圖 6.5 得到相同結論。令資本數量固定在 $K = 24$ 且改變勞動雇用量，沿總產量丘陵往東方移動。我們這麼做，可以得到軌跡 ABC，且點 C 為在丘陵的最高點。這個路徑與圖 6.2 的總產量線相似，正如同表 6.3 中 $K = 24$ 的產出數據恰好與表 6.1 一致。

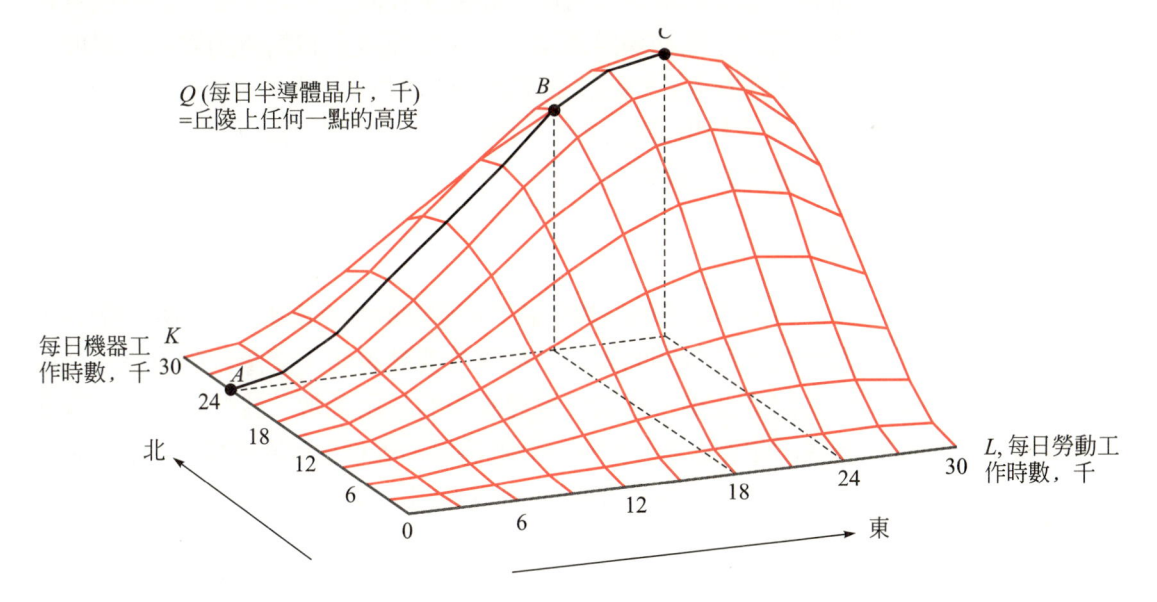

圖 6.5　總產量丘陵

在丘陵任何一點的高度等於對應該點勞動 L 和資本 K 數量所生產的商品數量 Q。

如同總產量函數的概念可推廣至多種投入的生產函數，也可應用邊際產量的概念。要素投入的邊際產量是，假設所有其它投入數量不變情形下，增加一單位要素投入的雇用，所增加的產出變動量。勞動的邊際產量可以寫成：

$$MP_L = \left.\frac{\text{產出數量 } Q \text{ 的變動}}{\text{勞動數量 } L \text{ 的變動}}\right|_{K \text{固定不變}}$$

$$= \left.\frac{\Delta Q}{\Delta L}\right|_{K \text{固定不變}} \tag{6.2}$$

同樣地，資本的邊際產量定義成：

$$MP_K = \left.\frac{\text{產出數量 } Q \text{ 的變動}}{\text{資本數量 } K \text{ 的變動}}\right|_{L \text{固定不變}}$$

$$= \left.\frac{\Delta Q}{\Delta K}\right|_{L \text{固定不變}} \tag{6.3}$$

邊際產量告訴我們，當我們改變一個要素投入雇用量且假設所有其它投入數量不變時，總產量丘陵上升的斜度。在總產量丘陵上任何一點的邊際產量是投入在丘陵上該點變動方向的斜度。例如，在圖 6.5，點 B 的勞動邊際產量——亦即，當勞動雇用量是 18 和資本雇用量是 24——是描述如果我們從點 B 沿丘陵往東方移動，總產量丘陵的斜度。

等產量線

要闡明經濟的取捨，將三度空間的生產函數圖形 (總產量丘陵) 簡化成兩度空間的圖形比較容易清楚說明。就像我們用等高線繪成的無異曲線代表消費者理論中的效用函數，我們也可以用等高線表示生產函數。然而，我們將等高線稱為**等產量線** (isoquants)，等產量意指"相同數量"，因為在同一條等產量線上的任何勞動與資本組合，使廠商生產同樣數量的商品。

等產量線 所有能夠生產一定數量產出的勞動與資本組合的曲線。

讓我們再以表 6.4 (與表 6.3 相同的函數) 的生產函數說明等產量線。從表中我們看到有兩個不同的勞動與資本組合——$(L = 6, K = 18)$ 及 $(L = 18, K = 6)$——都得到 $Q = 25$ 個單位 (其中每一"單位"產出代表一千顆半導體晶片)。因此，這些要素投入組合都在 $Q = 25$ 的等產量線上。

表 6.4　半導體廠商的生產函數

		K^{**}				
		0	6	12	18	24	30
L^{**}	0	0	0	0	0	0	0
	6	0	5	15	25	30	23
	12	0	15	48	81	96	75
	18	0	25	81	137	162	127
	24	0	30	96	162	192	150
	30	0	23	75	127	150	117

* 表格數字等於使用不同勞動與資本組合所能生產的商品數量。
** L 是每日勞動工作時數 (千)；K 是每日機器工作時數 (千)，Q 是每日半導體晶片產量 (千顆)。

圖 6.6 顯示相同等產量線 (相當於圖 6.5) 的概念，說明表 6.4 生產函數的總產量丘陵。假設你從點 A 出發，沿等產量丘陵移動，且目標是維持固定的高度 (亦即，固定的產出數量)。ABCDE 各個點連起來的路徑就是我們要的答案。在這個路徑上的每一個要素投入組合，總產量丘陵的高度為 $Q = 25$ (亦即，所有的要素投入組合都在 $Q = 25$ 的等產量線上)。

從這個例子，我們可以看到等產量線就像地形測量圖上的一條線，如圖 6.7 奧勒岡州的胡德山 (Mt. Hood) 所示。地形測量圖上

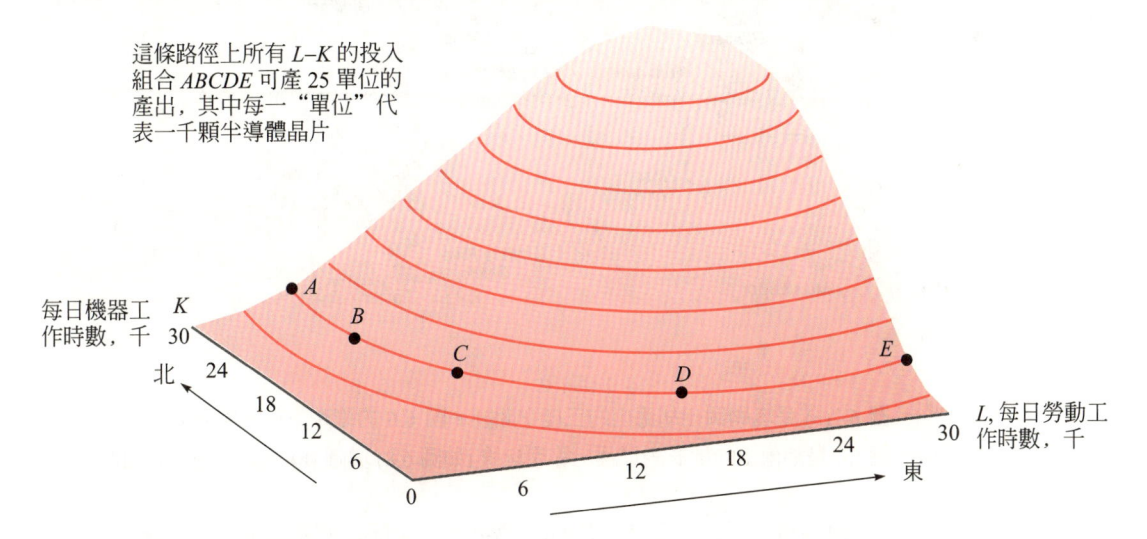

圖 6.6　等產量線與總產量丘陵

假設從點 A 出發，沿丘陵移動而維持高度始終在 25 個單位的產出水準，那麼我們會有路徑 ABCDE 的軌跡連線。這是生產函數 $Q = 25$ 的等產量線。

218 個體經濟學

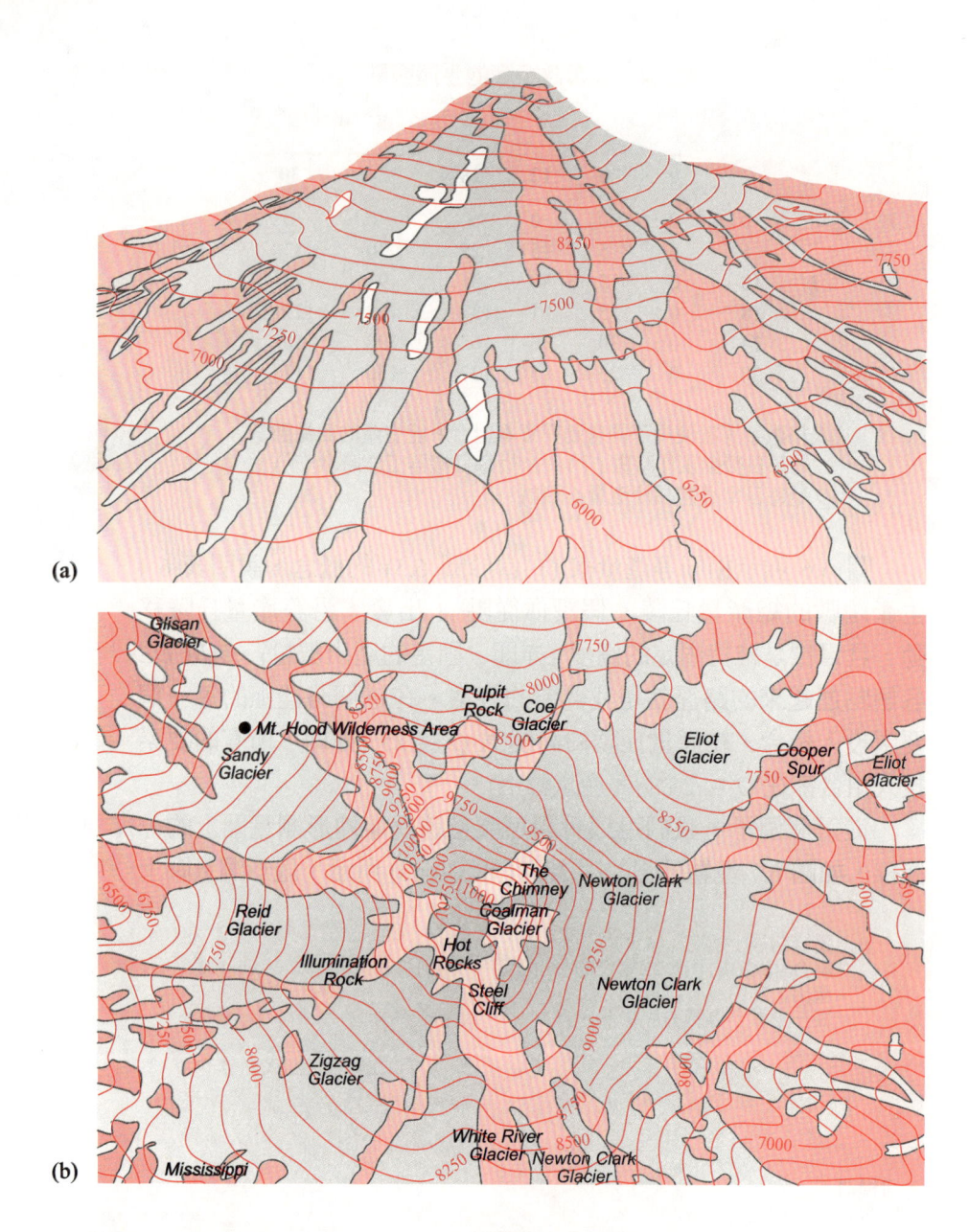

(a)

(b)

圖 6.7 奧勒岡州胡德山的三度空間圖形與地形測量圖

圖 6.7(a) 是奧勒岡州胡德山的三度空間圖。圖 6.6 的總產量丘陵與圖 (a) 十分相似。圖 (b) 是胡德山的地形測量圖。等產量線 (如圖 6.8) 與圖 (b) 的測量圖十分相似。

的一條線是表示線上任何一點的地平面高度都是固定。圖 6.6 的總產量丘陵與圖 6.7(a) 的胡德山三度空間圖形相似，總產量丘陵的等產量線與圖 6.7(b) 的胡德山地形測量圖等高線相似。

圖 6.8 畫出表 6.4 與圖 6.6 生產函數對應的等產量線。圖 6.8 的等產量線是負斜率說明一個重要經濟取捨：廠商能夠以資本替代勞動，且維持產量固定不變。如果我們將這個概念運用到半導體廠商，這告訴我們廠商可以選擇使用大量勞工與少量機器人或使用少數勞工與大量機器人來生產同樣數量的產出。當勞動與資本 (如機器人) 都有正的邊際產量時，資本與勞動間的替代是可能發生的。

任何生產函數都有難以計數的等產量線，每一條等產量線會對應一特定產量水準。在圖 6.8，等產量線 Q_1 對應 25 單位的產量。請注意等產量線上的點 B 與點 D 是對應表 6.4 以陰影凸顯的要素投入組合。當兩種投入都有正的邊際產量，增加每一種要素投入使用量，會提高產出數量。因此，在圖 6.8，Q_1 東北方向的等產量線 Q_2 和 Q_3 對應的產出水準愈高。

等產量線也可以代數方程式及圖形 (如圖 6.8 的等產量線) 的方式呈現。就我們曾討論過的生產函數而言，產出 Q 受兩種投入 (勞動量 L 和資本量 K) 的影響，等產量線的方程式可表示成 K 是 L 的函數。邊做邊學習題 6.1 顯示如何推導這個方程式。

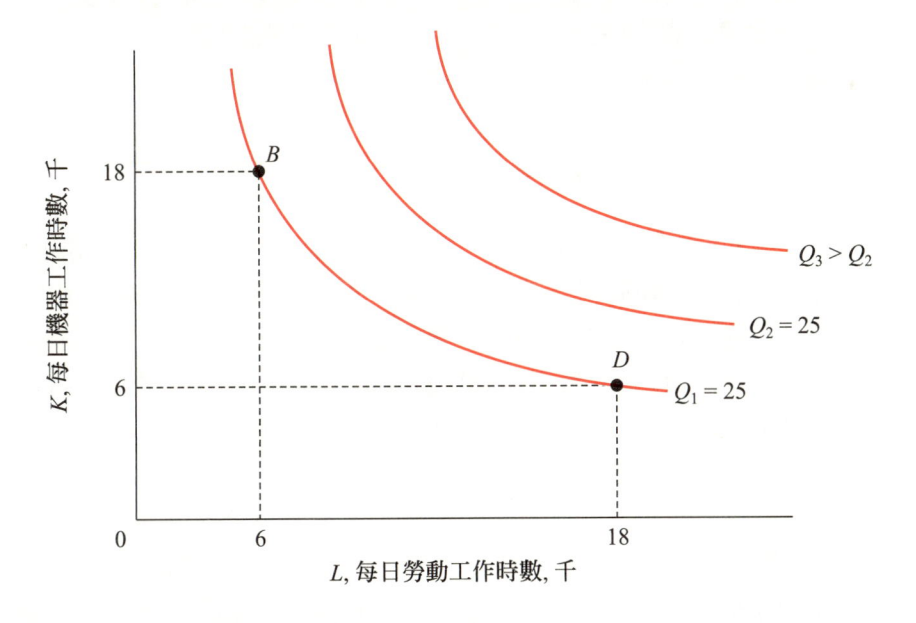

圖 6.8　表 6.4 和圖 6.6 生產函數的等產量線

在等產量線 $Q_1 = 25$ 上的每一勞動與資本投入組合 (尤其是點 B 與點 D)，每日都生產相同的 25,000 顆半導體晶片。當我們移向東北方，等產量線會對應愈來愈高的產量。

邊做邊學習題 6.1

推導等產量線方程式

問題

(a) 考慮一生產函數 $Q = \sqrt{KL}$。當 $Q = 20$ 時，等產量線的方程式為何？

(b) 對任何的產出水準 Q，就相同的生產函數等產量線的一般方程式為何？

解答

(a) $Q = 20$ 的等產量線代表廠商生產 20 單位產出的所有勞動與資本組合的軌跡。當生產函數已知，等產量線上資本與勞動組合必須符合下式：

$$20 = \sqrt{KL} \tag{6.4}$$

要找到 20 單位等產量線的方程式，將式 (6.4) 寫成 K 是 L 的函數。最簡單的方式是式 (6.4) 兩邊都平方，然後移項，可得 $K = 400/L$。這是 20 單位等產量線的方程式。

(b) 在一般的情況，我們從生產函數：$Q = \sqrt{KL}$ 開始。想要找出等產量線的一般方程式，我們在等號兩邊都平方，然後移項，將 K 寫成 L 與 Q 的函數。因此，$K = Q^2/L$。(如果你將 $Q = 20$ 代入上式，你會發現正是上面的答案，20 單位產出的等產量線函數。)

類似問題：6.7 和 6.8

生產的經濟與非經濟區域

圖 6.8 的等產量線是負斜率：在圖中勞動與資本數量的範圍內，當我們增加勞動雇用量時，必須減少資本數量才能維持產品數量固定不變。但現在觀察圖 6.9，其顯示相同的等產量線，當我們擴充圖 6.8 的尺度包括每日勞動與資本數量超過 24,000 勞動工時與機器工時的等產量線。現在等產量線有正斜率與後彎區域的部分。這是什麼意思？

正斜率與後彎區域對應的情況是，投入有負的邊際產量，或早先提到的總報酬遞減。例如，由於有勞動總報酬遞減 ($MP_L < 0$) 時，圖 6.9 的等產量線會發生有正斜率的區域，因為有資本總報酬遞減 ($MP_K < 0$) 時，等產量線會發生後彎現象。若勞動總報酬遞減，則在資本數量固定不變下，當我們增加勞動雇用量時，總產

量會下跌。因此，要維持產量水準固定 (注意，這是指沿同一條等產量線移動)，我們必須增加資本雇用以補償勞動總報酬遞減的損失。

　　追求成本極小的廠商，絕對不會在正斜率或後彎等產量線的區域生產。例如，半導體廠商不會在圖 6.9 的點 A 生產，因為點 A 存在勞動總報酬遞減。原因是廠商可以用較低的成本生產相同的產出如點 E。在勞動邊際產量為負的區域生產，廠商是浪費金錢在沒有生產力的勞工身上。因為這個理由，我們稱等產量線正斜率的區域為**生產的非經濟區域** (uneconomic region of production)。相反地，**生產的經濟區域** (economic region of production) 是指等產量線具負斜率的區域。從現在開始，我們於圖形上只畫出生產的經濟區域。

生產的非經濟區域
正斜率或後彎等產量線的區域。在非經濟區域，至少有一個投入的邊際產量小於零。

生產的經濟區域
等產量線為負斜率的區域。

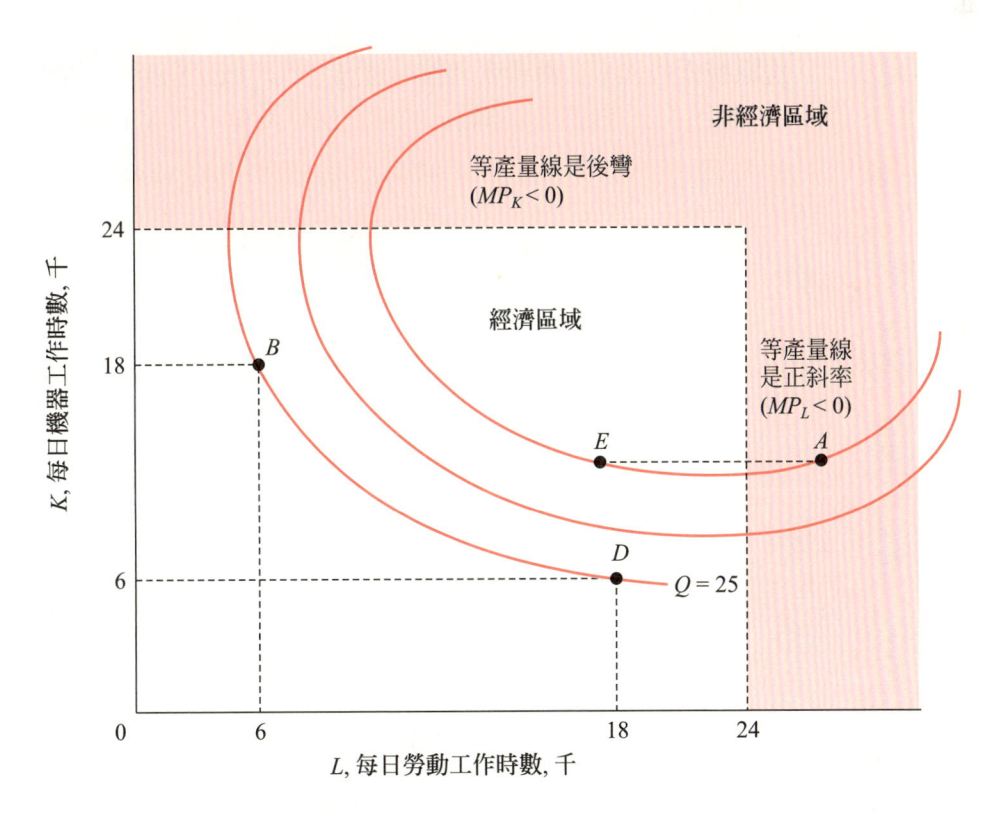

圖 6.9　生產的經濟與非經濟區域
後彎與正斜率的等產量線區域都屬於非經濟區域。在這個區域，其中一個投入的邊際產量是負的。追求成本極小的廠商絕對不會在非經濟區域生產。

邊際技術替代率

半導體廠商計畫投資購買機器人的重點在機器人能夠替代人力的程度。亦即，廠商需要考慮下列的問題：廠商是否應該投資購買兩部機器人來替代一名勞工？要回答這個問題對決定機器人的投資是否值得是相當重要的。

等產量線的"斜度"決定生產過程中，廠商在資本與勞動投入間替代的比率。**勞動對資本的邊際技術替代率** (marginal rate of technical substitution of labor for capital)，寫成 $MRTS_{L,K}$，衡量等產量線的斜度。$MRTS_{L,K}$ 告訴我們下列事情：

勞動對資本的邊際技術替代率 在產出固定不變下，每增加一單位勞動可使資本數量減少的比率。

- 在商品數量固定不變下，增加一單位勞動的雇用，能夠減少資本使用量的比率，或
- 在商品數量固定不變下，減少一單位勞動的雇用，能夠增加資本使用量的比率。

邊際技術替代率與消費者理論的邊際替代率概念相似。正如同商品 X 對商品 Y 邊際替代率是負的無異曲線斜率，因 X 在橫軸和

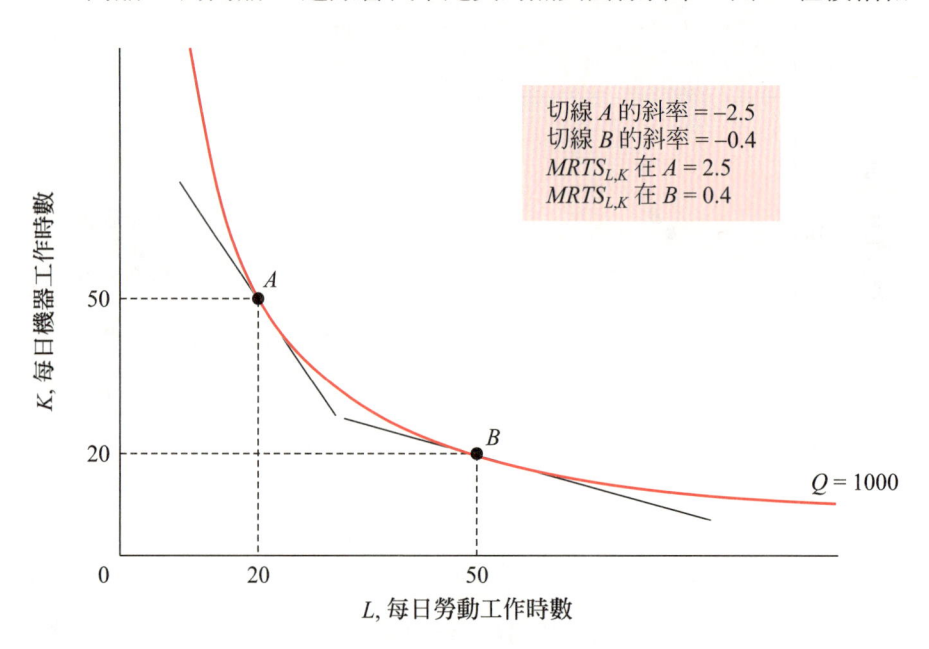

切線 A 的斜率 $= -2.5$
切線 B 的斜率 $= -0.4$
$MRTS_{L,K}$ 在 $A = 2.5$
$MRTS_{L,K}$ 在 $B = 0.4$

圖 6.10　等產量線上的勞動對資本的邊際技術替代率

在點 A，$MRTS_{L,K}$ 是 2.5。因此，廠商能夠以 2.5 機器工時來替代額外新增 1 小時的勞動工時。維持產量 $Q = 1000$ 單位固定不變。在點 B，$MRTS_{L,K}$ 是 0.4。廠商若要維持產量 $Q = 1000$ 不變，可以 0.4 小時的機器工時替代額外新增 1 小時的勞動工時。

Y 在縱軸，邊際技術替代率是負等產量線的斜率，L 在橫軸和 K 在縱軸。等產量線上任何一點的斜率等於通過該點切線的斜率，如圖 6.10 所示。在該點負的切線斜率就等於 $MRTS_{L,K}$。

圖 6.10 顯示等產量線 $Q = 1000$ 的 $MRTS_{L,K}$。在點 A，切線的斜率是 -2.5。因此，在點 A，$MRTS_{L,K} = 2.5$，這意味從這個點開始，我們能夠以 1 小時的勞動工時替代 2.5 小時的機器工時，且產量仍維持在 1000 個單位。在點 B，等產量線的斜率是 -0.4。因此，在點 B，$MRTS_{L,K} = 0.4$，這意味從這個點開始，我們能夠以 1 小時勞動工時替代 0.4 機器工時。

當我們沿圖 6.10 的等產量線向下移動時，等產量線的斜率增加 (亦即，變得比較不陡)，這意味 $MRTS_{L,K}$ 會變得愈來愈小。這個特性稱為**邊際技術替代率遞減** (diminishing marginal rate of technical substitution)。當生產函數呈現邊際技術替代率遞減時，(亦即，當 $MRTS_{L,K}$ 會隨勞動數量 L 的增加而下降)，等產量線是凸向原點 (即，向原點方向內彎)。

邊際技術替代率遞減
隨著勞動沿等產量線增加時，勞動對資本的邊際技術替代率遞減的特性。

我們可以證明 $MRTS_{L,K}$ 和勞動 (MP_L) 與資本 (MP_K) 邊際產量的關聯性。請注意我們以 ΔL 代表勞動雇用量的變動，ΔK 表資本使用量的變動。替代關係所產生的商品數量變動可寫成

$\Delta Q =$ 資本使用量變動引起的產量變動
$\qquad +$ 勞動雇用量變動引起的產量變動

從式 (6.2) 和 (6.3)，我們知道

資本使用量變動引起的產量變動 $= (\Delta K)(MP_K)$
勞動雇用量變動引起的產量變動 $= (\Delta L)(MP_L)$

因此，$\Delta Q = (\Delta K)(MP_K) + (\Delta L)(MP_L)$。沿著既定的等產量線，產出不會改變（亦即，$\Delta Q = 0$）。所以，$0 = (\Delta K)(MP_K) + (\Delta L)(MP_L)$ 或 $-(\Delta K)(MP_K) = (\Delta L)(MP_L)$。重新整理可得：

$$-\frac{\Delta K}{\Delta L} = \frac{MP_L}{MP_K}$$

但 $-\Delta K/\Delta L$ 是負的等產量線斜率，也等於 $MRTS_{L,K}$。因此

$$\frac{MP_L}{MP_K} = MRTS_{L,K} \qquad (6.5)$$

224 個體經濟學

這顯示勞動對資本的邊際技術替代率等於勞動邊際產量 (MP_L) 對資本邊際產量 (MP_K) 的比率。(這個關係與消費者理論中的邊際替代率和邊際效用的關係相似。)

我們以半導體廠商的例子來說明為什麼這個關係如此重要。假設，在現有的要素投入組合下，額外增加 1 單位勞動可增加 10 單位產量，而增加額外 1 單位資本，只能增加 2 單位產量 (亦即，$MP_L = 10$ 與 $MP_K = 2$)。因此，在現有的要素投入組合，勞動的邊際生產力要高於資本的邊際生產力。式 (6.5) 告訴我們，勞動對資本的 $MRTS_{L,K} = 10/2 = 5$，這意味廠商能以 1 單位勞動替代 5 單位資本而不影響產量水準。明顯地，一半導體廠商在做機器人與勞動組合的投資決策前，應該先比較兩種投入的邊際生產力。

邊做邊學習題 6.2
邊際技術替代率與邊際產量的關聯性

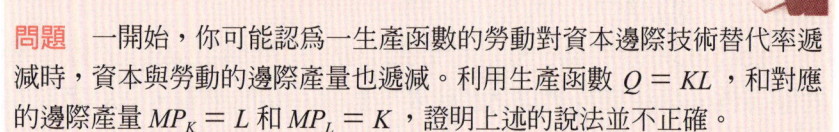

問題 一開始，你可能認為一生產函數的勞動對資本邊際技術替代率遞減時，資本與勞動的邊際產量也遞減。利用生產函數 $Q = KL$，和對應的邊際產量 $MP_K = L$ 和 $MP_L = K$，證明上述的說法並不正確。

解答 首先，注意 $MRTS_{L,K} = MP_L/MP_K = K/L$，當我們沿著等產量線增加 L 和減少 K 時，$MRTS_{L,K}$ 遞減。因此勞動對資本的邊際技術替代率遞減。然而，當 K 增加時 (記得在 MP_K 中，勞動數量固定)，資本邊際產量是固定 (非遞減)。同樣地，勞動邊際產量固定 (再一次地，因為在 MP_L 中，資本數量固定)。這個習題指出，即使勞動與資本邊際產量固定，邊際技術替代率仍有可能遞減。不同的是在分析 $MRTS_{L,K}$ 時，我們沿著等產量線移動，在分析 MP_L 和 MP_K 時，總產量可以改變。

類似問題：6.10

範例 6.2
高技術層次與低技術層次員工的邊際技術替代率

過去 20 年，電腦已成為企業辦公場所的一部分。當這種現象普遍存在時，廠商改變勞動力的組成，以"高技術"勞工取代"低技術"勞工，這些高技術層次勞工擁有使用電腦的知識與經驗。

在 1988－1991 年間，Frank Lichtenberg 利用就業與電腦使用調查，估計電腦設備及電腦相關人員對美國廠商產量水準的貢獻程度。[6] 在 Lichtenberg 的研究中，他曾經估計高技術勞工——電腦與資訊系統人員——對低技術勞工——非電腦與資訊系統相關人員的邊際技術替代率。若典型美國廠商的產出水準固定不變，並假設電腦設備數量也固定不變，則高技術勞工對低技術勞工的 MRTS 約為 6。亦即，一旦廠商決定電腦數量，一名高技術員工能夠替代六名低技術勞工，且產量水準和以前相同。MRTS 如此高的理由是一旦廠商決定購買電腦設備，高技術層次、精通電腦人員的邊際產量要遠高於低技術、不懂電腦人員的邊際生產量。

Lichtenberg 注意到其低技術及高技術人員的 MRTS 估計值符合實體廠商的經驗。例如，他曾提到，當美國大型通訊公司決定將顧客要求服務的設備加以自動化及電腦化，它只雇用 9 位新的程式設計師與資訊系統人員。這些新員工取代 75 位低技術服務的員工。廠商每雇用一位新增的高科技員工，就能夠取代八名低技術的勞工 (75/9 ≈ 8.3)。

6.4 要素間的替代性

半導體廠商考慮在機器人與勞工間做選擇，他們會想要知道兩種投入間的替代難易程度。如果要生產一定數量的產出，是否有許多機器人與勞動雇用組合可供選擇？還是兩種投入間替代機會有限？這個問題的答案將部分決定廠商面臨資本與勞動相對價格改變時，從一種生產模式 (如高的勞動對資本的比率) 到另一種生產模式 (如低的資本對勞動比率) 的能力。在本節，我們將探討廠商在不同生產因素間替代的難易。

以圖形描述廠商的替代機會

讓我們考慮半導體廠商兩種可能的生產函數。圖 6.11(a) 是第一種生產函數，對應於每個月產量 1 百萬顆晶片的等產量線，而圖 6.11(b) 是第二種生產函數，對應於每個月 1 百萬顆晶片的等產量線。

這兩個生產函數相異之處在廠商以勞動替代資本的難易程度。在圖 6.11(a)，假設廠商在點 A 生產，要素投入組合是 100 個勞動工時和 50 個機器工時。在這個點，廠商以勞動替代資本的能力是有限的。即使廠商增加四倍的勞動雇用量，從 100 到 400 個勞動工時，它也只能少量減少資本使用量——從 50 到 45 個機器工時——以固定每月產量在 1 百萬顆晶片。廠商面對圖 6.11(a) 的生產函數也指出廠商面臨相同的困境，勞動與資本間的替代是相當困難

---

[6] F. Lichtenberg, "The Output Contributions of Computer Equipment and Personnel: A Firm-Level Analysis," *Economics of Innovation and New Technology*, 3(3-4, 1995), pp. 201-217.

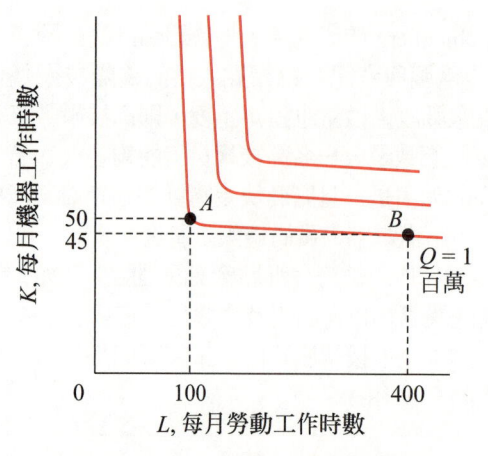

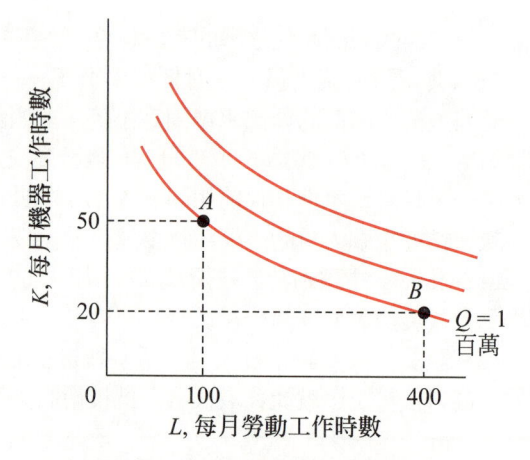

(a) 有限要素，投入替代機會的生產函數

(b) 大量要素，投入替代機會的生產函數

圖 6.11　要素投入替代機會與等產量線形狀

在圖 (a)，從點 A 出發且沿等產量線 $Q = 1$ 百萬 (亦即，假設產出固定)。若廠商大幅增加其中一投入 (L 或 K) 的雇用，它只會微幅減少另一投入的雇用。廠商在勞動與資本間的雇用幾乎無替代性。相反地，在圖 (b)，廠商有豐富的替代機會——亦即，大幅增加一投入的雇用，使得廠商可大幅降低另一投入的雇用，假設產出固定不變。

的。大幅增加機器工時 (亦即，從點 A 沿著等產量線向上移) 只會微幅減少勞動工時。

相反地，圖 6.11(b) 的生產函數指出，廠商的替代機會相當豐富。從在點 A 的產出組合出發，若廠商每個月增加勞動工時從 100 到 400 小時——從 50 到 20 個機器工時——它能夠大幅減少資本使用。同樣地，藉著增加機器工時，它能夠大幅地減少勞動工時。當然，廠商是否願意進行替換是取決於勞動對資本的相對成本 (這個議題將在下一章討論)。但重點是廠商能夠進行大幅度的勞動對資本 (或資本對勞動) 的替換。相對於圖 6.11(a)，圖 6.11(b) 的生產函數，給予廠商更多以勞動替代資本的機會。

半導體廠商可能很想知道以勞動替代資本的機會是有限或豐富。但是要如何區別替代機會？要回答這個問題，請注意在圖 6.11(a)，當我們從點 A 出發沿等產量線向點 B 方向移動，$MRTS_{L,K}$ 變動的異常顯著。只有在接近點 A 的正上方，$MRTS_{L,K}$ 非常地大，幾乎是無窮大，但超過點 A，$MRTS_{L,K}$ 的值突然變動，幾乎接近 0。相反地，圖 6.11(b) 的等產量線，$MRTS_{L,K}$ 變動地較為緩慢。

這告訴我們廠商在要素投入替代的難易程度取決於等產量線

曲線的形狀。具體而言，

- 當生產函數提供有限的要素投入替代機會時，若沿等產量線移動，$MRTS_{L,K}$ 變動相當劇烈。等產量線形狀近乎 L 型，如圖 6.11(a) 所示。
- 當生產函數提供充足的要素投入替代機會時，若沿等產量線移動 $MRTS_{L,K}$ 變動較為緩慢。在這種情況等產量線形狀近乎直線，如圖 6.11(b) 所示。

替代彈性

替代彈性 (elasticity of substitution) 的概念是一數字指標，幫助我們瞭解上一小節討論的廠商要素投入的替代機會。具體而言，替代彈性衡量當我們沿等產量線移動時，勞動對資本的邊際替代率的大小。圖 6.12 說明替代彈性。當廠商以勞動替代資本時，資本數量對勞動數量的比率稱為**資本-勞動比率** (capital-labor ratio)，K/L 會下跌。邊際替代率 $MRTS_{L,K}$ 也會跟著下跌，如上一節的討論。替代彈性通常以 σ 表示，衡量沿等產量線移動時，$MRTS_{L,K}$ 變動 1%，引起資本-勞動比率變動的百分比，替代彈性定義成：

替代彈性 衡量廠商以勞動替代資本的難易程度。它等於沿著同一條等產量線，資本勞動比率變動百分比除以資本對勞動，邊際技術替代率變動百分比。

資本-勞動比率 資本數量對勞動數量的比率。

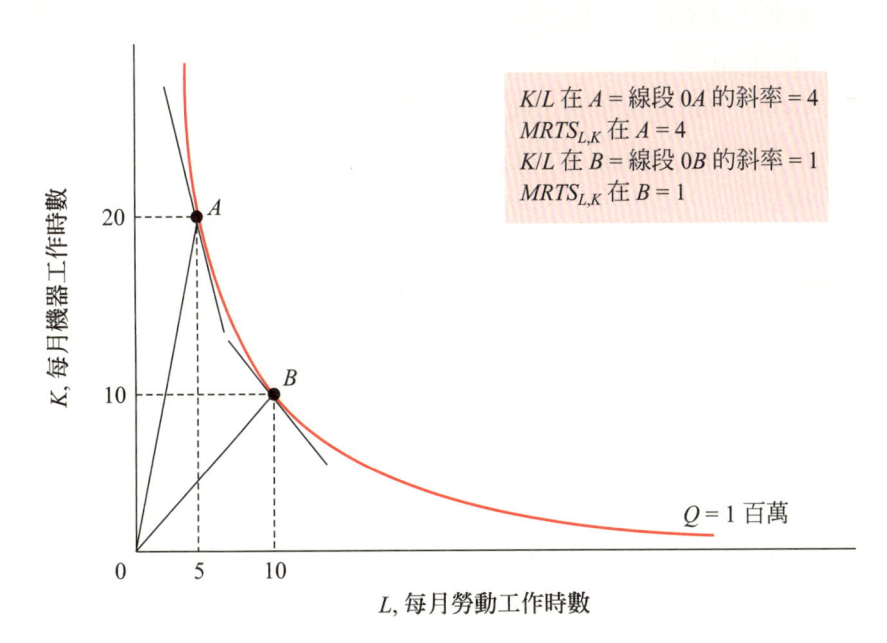

K/L 在 A = 線段 OA 的斜率 = 4
$MRTS_{L,K}$ 在 A = 4
K/L 在 B = 線段 OB 的斜率 = 1
$MRTS_{L,K}$ 在 B = 1

圖 6.12　勞動對資本的替代彈性

從點 A 到點 B 的資本-勞動比率是從 4 下降到 1（− 75%），$MRTS_{L,K}$ 也是如此。因此，勞動對資本的替代彈性在點 A 與點 B 之間等於 1。

$$\sigma = \frac{資本\text{-}勞動比率變動百分比}{MRTS_{L,K} \text{變動百分比}}$$

$$= \frac{\%\Delta(K/L)}{\%\Delta MRTS_{L,K}} \tag{6.6}$$

圖 6.12 說明替代彈性。假設廠商從在點 A 的產出組合 (L = 每月 5 勞動工時，K = 每月 20 機器工時) 到在點 B 組合 (L = 10，K = 10)。點 A 的資本-勞動比率 K/L 等於連結原點到點 A 直線的斜率 ($0A$ 的斜率 = 4)；點 A 的 $MRTS_{L,K}$ 等於等產量線在點 A 斜率的負值 (等產量線斜率 = − 4；因此 $MRTS_{L,K}$ = 4)。在點 B，資本-勞動比率等於 $0B$ 線段的斜率，或 − 1；$MRTS_{L,K}$ 等於等產量線在 B 點的斜率負值，1。從 A 到 B 的資本-勞動比率變動百分比是 − 75% (從 4 降到 1)，如 $MRTS_{L,K}$ 在這兩點間的變動百分比。因此，此區間的替代彈性為 1 (− 75%/− 75% = 1)。

一般而言，替代彈性可以等於零或大於零。替代彈性的重要性為何？

- 若替代彈性接近零，投入間的替代機會幾乎不存在。當 $MRTS_{L,K}$ 的變動幅度很大，如圖 6.11(a) 所示。我們可從式 (6.6) 看出，σ 將趨近於 0。
- 若替代彈性很大，資本與勞動間會有顯著替代性。若 $MRTS_{L,K}$ 變動幅度很小，如圖 6.11(b) 所示，若在式 (6.6)，這對應的是 σ 將會很大。

範例 6.3

德國產業的替代彈性[7]

利用 1970 − 1988 年期間投入與產出數量的資料，Claudia Kemfert 估計德國製造業各產業的資本與勞動替代彈性。表 6.5 列出這些估計彈性係數。

表 6.5 的實證結果指出兩件事。第一，產業替代彈性估計係數小於 1 告訴我們，一般而言，這些產業的資本與勞動投入間，比較難以相互替代。第二，表 6.5 指出資本對勞動的替代程度在某些產業是高於其它產業。例如，鋼鐵生產 (替代彈性等於 0.5)，勞動與資本間的替代程度要高於汽車生產 (替代彈性等於 0.10)。圖 6.13 說明這些結論。鋼鐵生產的等產量線形狀與

---

[7] 這個例子是取自於 "Estimated Substitution Elasticities of a Nested CES Production Function Approach for Germany," *Energy Economics* 20 (1998), pp. 249-264.

圖 6.13(a) 相似，汽車生產的等產量線形狀與圖 6.13(b) 相似。

表 6.5　德國製造業的替代彈性，1970 － 1988

產業	替代彈性
化學業	0.37
採石與水泥業	0.21
鋼鐵業	0.50
汽車業	0.10
造紙業	0.35
食品業	0.66

(a) 德國鋼鐵生產的等產量線　　(b) 德國汽車生產的等產量線

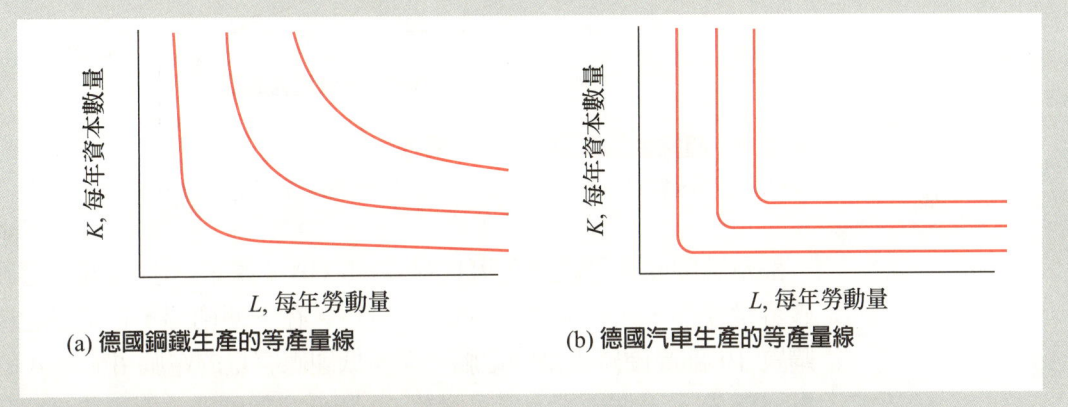

圖 6.13　德國鋼鐵與汽車生產的等產量線
鋼鐵業中較高的勞動對資本替代彈性 [圖 (a)]，隱含勞動與資本在這個產業中比較容易替代，在汽車產業 [圖 (b)]，資本與勞動彼此之間比較難以替代。

特殊生產函數

在比較個體經濟分析中一些常用的特殊生產函數時，等產量線形狀、要素投入間的替代及替代彈性間的關係會特別明顯。在本節，我們將討論四種特殊生產函數：直線型生產函數、固定比例生產函數、科布-道格拉斯生產函數及固定替代彈性生產函數。

直線型生產函數 (完全替代)

在某些生產過程，一投入對另一投入的邊際技術替代率是固定的。例如，製造過程中可能需要燃油或天然氣轉換的能源。在這種情況下，天然氣對燃油的邊際技術替代率是固定的。有時候，廠商可能發現一種設備與另一種設備是相互完全替代。例如，假設廠商選擇兩種不同類型電腦來儲存 200 GB 的公司資料。

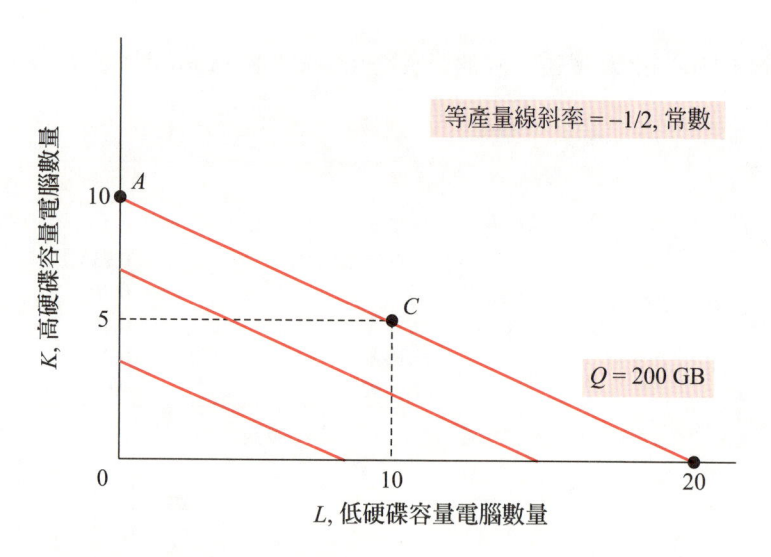

圖 6.14　直線型生產函數的等產量線

直線型生產函數的等產量線是直線。任何位於等產量線上的 $MRTS_{L,H}$ 都是常數。

一部電腦硬碟容量很大，可以存放 20 GB 的資料，另一部電腦硬碟容量較小，只能儲存 10 GB 的資料。在一個極端，它可以選擇購買 10 部高硬碟容量的電腦，而非低硬碟容量的電腦 (圖 6.14 的點 A)。在另一個極端，它可購買 20 顆低容量硬碟，而不買高容量硬碟 (如圖 6.14 的點 B)。或在中間，它可以選購 5 部高硬碟容量的電腦與 10 部低硬碟容量的電腦 (圖 6.14 的點 C)，因為 (5 × 20) + (10 × 10) = 200。

在這個例子，廠商擁有**直線型生產函數** (linear production function) 可表示為 $Q = 20H + 10L$，其中 H 是廠商購買高硬碟容量電腦的數目，L 是低硬碟容量電腦的數目，及 Q 是廠商儲存資料空間的總 GB 數。直線型生產函數是指等產量線是直線。因此，任何等產量線的斜率是固定的，而邊際技術替代率在等產量線上任何一點都是相同。

因為 $MRTS_{L,H}$ 在等產量線上任何一點都是固定，$\Delta MRTS_{L,H} = 0$。利用式 (6.6)，這表示直線型生產函數的替代彈性是無窮大 ($\sigma = \infty$)。換言之，直線型生產函數中的要素投入是完全相互替代。因此，當我們有直線型生產函數，我們可以說要素投入是**完全替代** (perfect substitutes)。在電腦的例子，低硬碟容量與高硬碟容量電腦是完全替代，意味從資料儲存角度看，二部低硬碟容量電腦與一部高硬碟容量電腦一樣好。換言之，廠商能夠以二部低硬碟

直線型生產函數

一生產函數的形式為 $Q = aL + bK$，其中 a 和 b 都是常數且大於零。

完全替代 (在生產)

生產函數的投入具有固定的邊際技術替代率。

容量電腦來完全複製一部高硬碟容量的電腦。

固定比例生產函數 (完全互補)

圖 6.15 是另外一個極端例子：這是水生產函數的等產量線，水的生產因素是氫 (H) 原子與氧 (O) 原子。因為一個水分子是由二個氫原子和一個氧原子構成，要素投入必須以固定比例結合。生產函數的投入，若以固定比例結合稱為**固定比例生產函數** (fixed-proportions production function)，而固定比例生產函數裡的所有投入，彼此間是**完全互補** (perfect complements)。[8] 增加更多數量的氫原子到固定數目的氧原子並不能夠生產更多水分子；增加更多數量的氧原子到固定數目的氫原子，也不能生產更多水分子。因此，水分子的生產數量可從下式獲得：

固定比例生產函數
一生產函數的投入必須以固定比率結合起來生產。

完全互補 (在生產)
在固定比例生產函數的投入。

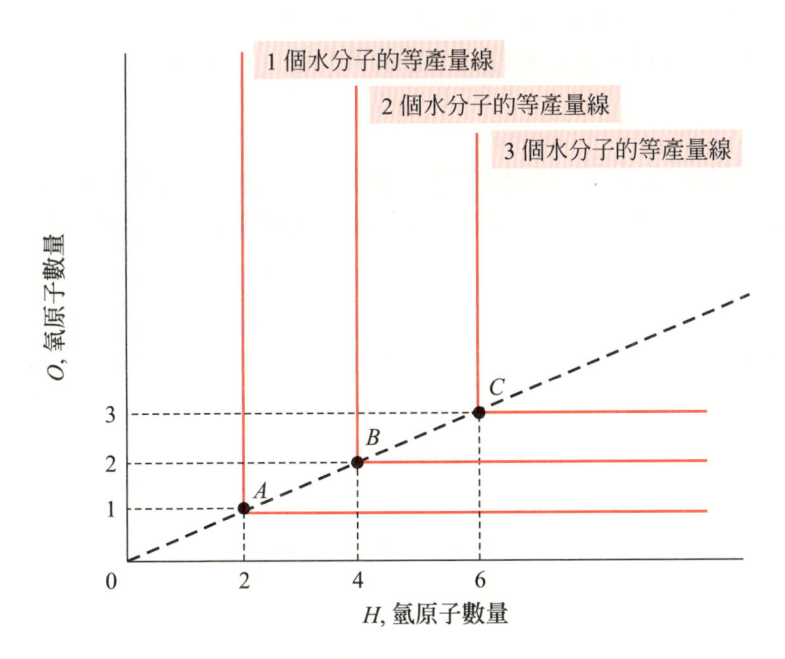

圖 6.15　固定比例生產函數的等產量線

水分子的生產特性是固定比例：二個氫原子 (H) 與一個氧原子 (O) 構成一個水分子。生產函數的等產量線是 L 型，這表示，額外增加一個氧原子並不會多增加一個水分子。除非是二個氫原子結合一個氧原子，成為 2 比 1 的比例，才能生產一個水分子。

---

[8] 固定比例生產函數也稱為**李昂鐵夫生產函數** (Leontief production function)，此生產函數是以經濟學家李昂鐵夫 (Wassily Leontief) 的名字命名。李昂鐵夫曾經用此生產函數來建構總體經濟部門間的生產關係。

$$Q = \min\left(\frac{H}{2}, O\right)$$

其中符號 min 是指"從括弧兩個變數取最小值"。

當生產因素以固定比例結合，替代彈性等於零 (即，$\sigma = 0$)，因為當我們沿等產量線通過直角 (如點 A、B 或 C) 時，固定比例生產函數的邊際技術替代率會從 ∞ 突然變成 0。替代彈性是零的事實告訴我們，當一家廠商面對固定比例生產函數時，它並沒有彈性來調整生產因素間的替代。圖 6.15 的水分子例子可看出此點。為了要生產一個水分子，只有一種切合實際的要素投入組合——二個氫原子與一個氧原子。

通常我們能觀察固定比率的生產過程。生產某些化學材料需要其它化學材料的固定比例搭配，且有時需要加熱。每一輛腳踏車都需要二個輪胎和一個框架。一部汽車需要一個引擎，一個傳動軸和四個輪胎，這些投入無法相互替代。

科布-道格拉斯生產函數

圖 6.16 **科布-道格拉斯生產函數** (Cobb-Douglas production function)，是一個介於直線型生產函數與固定比例的生產函數。科布-道格拉斯生產函數的方程式為 $Q = AL^{\alpha}k^{\beta}$，其中，A、α 和 β 都是常數 (在圖 6.16 這些值分別是 100、0.4 和 0.6)。在科布-道格拉斯生產函數，勞動與資本能夠互相替代。雖然，不像直線型生產函數，當廠商沿等產量線移動時，勞動替代資本比率不需要是固定常數。這表示科布-道格拉斯生產函數的替代彈性是介於 0 與 ∞ 之間。實際上，科布-道格拉斯生產函數任一點的替代彈性都是等於 1。(這個結果可由本章附錄推導而得。)

科布-道格拉斯生產函數 生產函數的形式為 $Q = AL^{\alpha}k^{\beta}$，其中 Q 是從 L 單位勞動和 K 單位資本所得到的產出數量，且 A、α 和 β 皆為常數且大於零。

範例 6.4

生產力的衡量

由於科布-道格拉斯生產函數被視為刻畫真實世界生產過程的合理方式，它常被經濟學家用來檢視投入生產或生產成本。例如，Sandra Black 和 Lisa Lynch 估計科布-道格拉斯生產函數來研究"高績效"工作場所實驗 (如總品質管理或勞工加入決策制定過程) 對美國勞工生產力

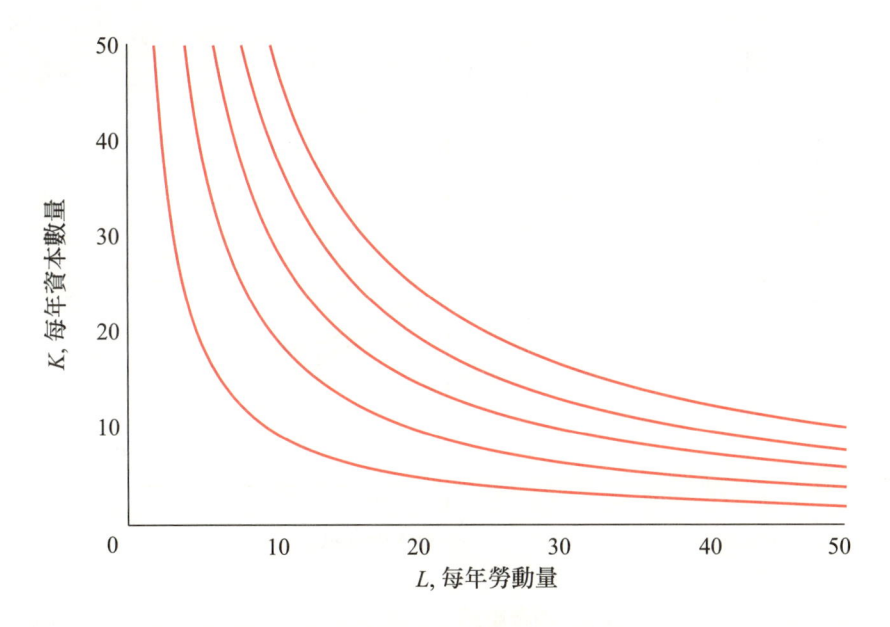

圖 6.16　科布-道格拉斯生產函數的等產量線
科布-道格拉斯生產函數的等產量線是非線性負斜率的曲線。

的影響。[9] 尤其是，Black 和 Lynch 利用 1980 年代末和 1990 年代初的資料來探討科布-道格拉斯生產函數的係數變動是否受廠商採取工作場所實驗影響 (特別是 $Q = AL^{\alpha}K^{\beta}$ 中的勞動生產力)。他們的研究發現並不一致。總品質管理，在 1980 年代末和 1990 年代初被許多廠商採用來增進產品品質或降低生產成本，與勞工品質的增進並無相關。相反地，使用基準評價方式 (亦即，依據其它廠商成功經驗來制訂目標，如降低不良率) 以及讓員工定期參加公司決策會議似乎對員工生產力有正面影響。

固定替代彈性生產函數

有一種生產函數可以包括上面提到三個特殊型態生產函數，稱為**固定替代彈性** (CES) **生產函數** (contant elasticity of substitution (CES) production function)，函數形式如下：

$$Q = \left[aL^{\frac{\sigma-1}{\sigma}} + bK^{\frac{\sigma-1}{\sigma}} \right]^{\frac{\sigma}{\sigma-1}}$$

其中 a、b 與 σ 都是常數且大於零 (σ 是替代彈性)。圖 6.17 指

固定替代彈性生產函數　包含直線型生產函數、固定比例生產函數和科布-道格拉斯生產函數皆為其特例的一種生產函數。

---

[9] S. E. Black and L. M. Lynch, "How to Compete: The Impact of Workplace Practices and Information Technology on Productivity," *Review of Economics and Statistics*, 83(3), (August 2001), pp. 434-445.

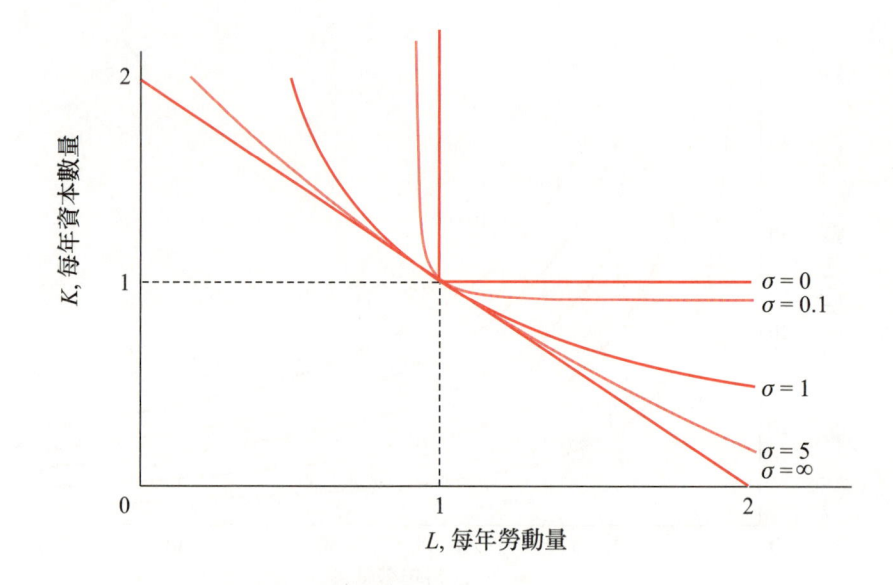

圖 6.17　CES 生產函數的等產量線

圖形是描繪產量 $Q = 1$，在五個不同替代彈性下的等產量線。$\sigma = 0$，等產量線是固定比例生產函數。在 $\sigma = 1$，等產量線是科布-道格拉斯生產函數。在 $\sigma = \infty$。等產量是直線型生產函數。

表 6.6　生產函數的特性

生產函數	替代彈性 (σ)	其它特性
直線型生產函數	$\sigma = \infty$	投入為完全替代，等產量線是直線
固定比例生產函數	$\sigma = 0$	投入是完全互補，等產量線是 L 型
科布-道格拉斯生產函數	$\sigma = 1$	等產量線是曲線
CES 生產函數	$0 \leq \sigma \leq \infty$	包含其它三種生產函數皆為特例，等產量線形狀各有所不同。

出，當 σ 從 0 增加到 ∞ 時，CES 生產函數的等產量線形狀會從固定比例生產函數的 L 型到科布-道格拉斯生產函數的曲線到直線型生產函數的直線。

表 6.6 總結四種不同特殊生產函數的特性。

6.5　規模報酬

在上一節，我們探討廠商生產固定商品數量時，生產因素彼此間替代的可能性。在本節，我們要學習所有生產因素數量的增加，如何影響廠商商品的生產數量。

定　義

當要素投入有正的邊際產量時，當所有投入同時增加——亦即，廠商擴大生產規模，廠商的總產量必須增加。通常，我們會想要知道，當所有投入增加一定數量百分比時，產出會增加多少數量。例如，若勞動工時與機器人工時同時增加一倍，半導體廠商能夠增加多少數量的晶片？**規模報酬** (returns to scale) 的概念告訴我們，當廠商增加所有投入一定百分比時，商品數量能夠增加的百分比：

$$規模報酬 = \frac{\%\Delta\,(產出數量)}{\%\Delta\,(所有投入數量)}$$

> **規模報酬**　當所有投入增加一定百分比，而使產出增加多少百分比的概念。

假設廠商使用兩種投入，勞動 L 與資本 K，來生產商品 Q。現在假設所有投入都"擴大規模"，以相同幅度百分比 λ 增加，其中 $\lambda > 1$ (亦即，勞動數量由 L 增加至 λL，資本數量由 K 增加至 λK)。[10] 令 ϕ 代表商品數量增加百分比的幅度 (亦即，商品數量由 Q 增加至 ϕQ)。則：

- 若 $\phi > \lambda$，我們有**規模報酬遞增** (increasing returns to scale)。在這個例子，所有投入以一定比例增加時，商品數量會以更高的比例增加。
- 若 $\phi = \lambda$，我們有**固定規模報酬** (constant returns to scale)。在這個例子，所有生產因素以一定比例增加時，商品數量會以等比例增加。
- 若 $\phi < \lambda$，我們有**規模報酬遞減** (decreasing returns to scale)。在這個例子，所有生產因素以一定比例增加時，商品數量會以較低比例增加。

> **規模報酬遞增**　所有投入數量以一定比例增加，使得產出以更高的比例增加。
>
> **固定規模報酬**　所有投入數量以一定比例增加，使得產出也以相同比例增加。
>
> **規模報酬遞減**　所有投入數量以一定比例增加，使得產出以較低比例增加。

圖 6.18 說明三種情況。

為什麼規模報酬如此重要？當生產過程呈現規模報酬遞增時，大規模生產讓廠商享有成本優勢。尤其是，單獨一家大型廠商生產一定商品數量的成本會低於兩家相同規模廠商聯合生產相同數量的成本。例如，若兩家半導體製造商，每家可以 $0.10 的成本生產 1 百萬顆晶片，則一家大型半導體廠商就可以用低於 $0.10

---

[10] 因此，所有生產因素數量變動百分比是 $(\lambda - 1) \times 100\%$。

(a) 規模報酬遞增　　(b) 固定規模報酬　　(c) 規模報酬遞減

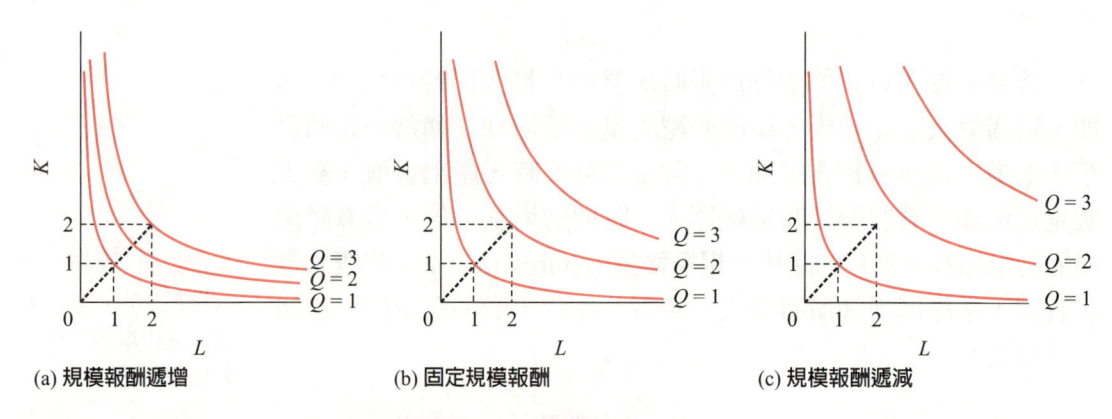

圖 6.18　規模報酬遞增，固定規模報酬，規模報酬遞減
圖 (a) 是規模報酬遞增；資本與勞動數量增加一倍，產出增加幅度超過一倍。圖 (b) 是固定規模報酬。資本與勞動數量增加一倍，產出恰好也增加一倍。圖 (c) 是規模報酬遞減，資本與勞動數量增加一倍，產出增加少於一倍。

的成本生產 2 百萬顆晶片。這是因為，規模報酬遞增使大廠，相對小廠，毋需雇用二倍的勞動與資本投入就可以生產兩倍的商品數量。當大廠相對小廠擁有成本優勢時，市場只存在一家廠商會比有好幾家小廠同時存在更有效率。這種大規模生產的成本優勢是允許廠商能夠管制獨占如電力和油管運輸市場營運的傳統理由。

邊做邊學習題 6.3
科布-道格拉斯生產函數的規模報酬

問題　科布-道格拉斯生產函數，$Q = AL^\alpha K^\beta$ 是規模報酬遞增、固定規模報酬，還是規模報酬遞減？

解答　令 L_1 與 K_1 代表勞動與資本的最初水準，令 Q_1 代表最初產出水準，所以 $Q_1 = AL_1^\alpha K_1^\beta$。現在讓所有要素投入增加相同數量 λ 倍，其中 $\lambda > 1$，令 Q_2 是要素投入改變後的產出水準：$Q_2 = A(\lambda L_1)^\alpha (\lambda K_1)^\beta = \lambda^{\alpha+\beta} AL_1^\alpha K_1^\beta = \lambda^{\alpha+\beta} Q_1$。從上式，我們可以看到，若：

- $\alpha + \beta > 1$，則 $\lambda^{\alpha+\beta} > \lambda$，所以 $Q_2 > \lambda Q_1$ (規模報酬遞增)。
- $\alpha + \beta = 1$，則 $\lambda^{\alpha+\beta} = \lambda$，所以 $Q_2 = \lambda Q_1$ (固定規模報酬)。
- $\alpha + \beta < 1$，則 $\lambda^{\alpha+\beta} < \lambda$，所以 $Q_2 < \lambda Q_1$ (規模報酬遞減)。

這些結論指出指數 α 與 β 的加總 $\alpha + \beta$ 可以決定科布-道格拉斯生產函數是規模報酬遞增、固定規模報酬，或規模報酬遞減。因為這個原因，經濟學家投注大量心力來估計特定產業生產函數的指數總和。

類似問題：6.14，6.15 和 6.16。

範例 6.5

電力生產的規模報酬

規模報酬曾經在電力生產徹底被研究過，有關電力生產規模報酬的第一份研究是由經濟學家 Marc Nerlove 所完成。[11] 利用 1955 年美國 145 個電力事業的資料，Nerlove 估計科布-道格拉斯生產函數中的指數，實證結果顯示指數加總是大於 1。如邊做邊學習題 6.3 的說明，這隱含電力生產呈現規模報酬遞增。其它從 1950 年代與 1960 年代相同產業的資料研究，實證結果也是支持電力生產有規模報酬遞增現象。然而，最近資料的研究 (生產函數並不是科布-道格拉斯形式)，發現電力生產大廠呈現固定規模報酬。[12]

兩種結論可能都正確。如果電力生產在 1950 年代和 1960 年代是規模報酬遞增，但之後是固定規模報酬，我們應該會看到整個 1950 年代和 1960 年代，電力生產規模的大幅成長，且在以後，成長幅度縮小。這正是我們觀察到的事實。在 1960 到 1964 年間，所有電廠的平均容量是 151.7 兆瓦。在 1970 到 1974 年間，新電廠平均容量成長至 400.3 兆瓦。1974 年以後的 10 年，新電廠的平均容量持續成長，但速度趨緩：在 1980 到 1982 年，所有電廠的平均容量是 490.3 兆瓦。[13]

範例 6.6

輸油管的規模報酬

另外一個被廣泛研究規模報酬課題的產業，是透過油管運輸的石油產業。油管產量是在固定期間內透過油管運送石油的數量——通常稱為吞吐量 (throughput)。一定長度的油管吞吐量主要由兩個因素決定：油管大小 (即，油管直徑) 與石油通過油管的馬力 (液壓馬力)。就一固定馬力水準，油管愈大，吞吐量愈大。就一固定輸送油管直徑，馬力愈大，吞吐量愈大。在計畫一條輸送油管，公司可以控制這兩個因素。它可以藉輸油管沿線，抽油站的數目來影響馬力大小。當然，公司可以選擇管徑大小。抽油站相當耗費成本，且管徑愈大，油管成本也愈高，所

---

[11] Marc Nerlove, "Returns to Scale in Electricity Supply," Chapter 7 in Carl F. Christ, ed., *Measurement in Economics: Studies in Honor of Yebuda Grunfeld* (Stanford, CA: Stanford University Press, 1963), pp. 167-198.

[12] 請見 T. G. Cowing, and V. K. Smith, "The Estimation of a Production Technology: A Survey of Econometric Analysis of Steam Electric Generation," *Land Economics* (May 1978), pp. 157-170, and L. R. Christensen and W. Greene, "Economies of Scale in U. S. Electric Power Generation," *Journal of Political Economy* (August 1976), pp. 655-676.

[13] 這些資料來自表 5.3 在 P. L. Joskow and R. Schmalensee, *Markets for Power: An Analysis of Electric Utility Deregulation* (Cambridge, MA: MIT Press, 1983).

以在計畫與興建輸送油管時，公司必須在較大吞吐量帶來的利益與耗費的成本之間做取捨。

不像電力生產的規模報酬是用統計方法估計，輸油管的規模報酬可以用工程法演繹推論而得。運用這種方法，可得科布-道格拉斯生產函數[14]：$Q = AH^{0.37}K^{1.73}$，其中 H 代表液壓馬力，K 為油管大小，Q 表示吞吐量，A 是常數且受不同因素，包括油管長度、油管經過地形差異及石油黏度的影響。因為 H 與 K 的指數加總大於 1，這個生產函數是規模報酬遞增。亦即，如果輸油管直徑與抽油馬力都增加一倍，石油吞吐量的增加會超過一倍。這隱含興建大型油管與大型抽油站，廠商有成本上的優勢。

規模報酬與邊際報酬遞減

區分規模報酬與邊際報酬 (見 6.2 節) 是很重要的。規模報酬涉及所有生產因素數量同時增加的衝擊，而邊際報酬 (亦即，邊際產出) 涉及假設所有其它生產因素數量固定不變，單一生產因素數量，如勞動增加的衝擊。

圖 6.19 說明這個區別。若勞動數量增加一倍，每年從 10 增加到 20 單位，假設每年資本數量固定在 10 單位，我們會從點 A 移至點 B，產出單位每年會從 100 上升至 140。若勞動雇用量從 20

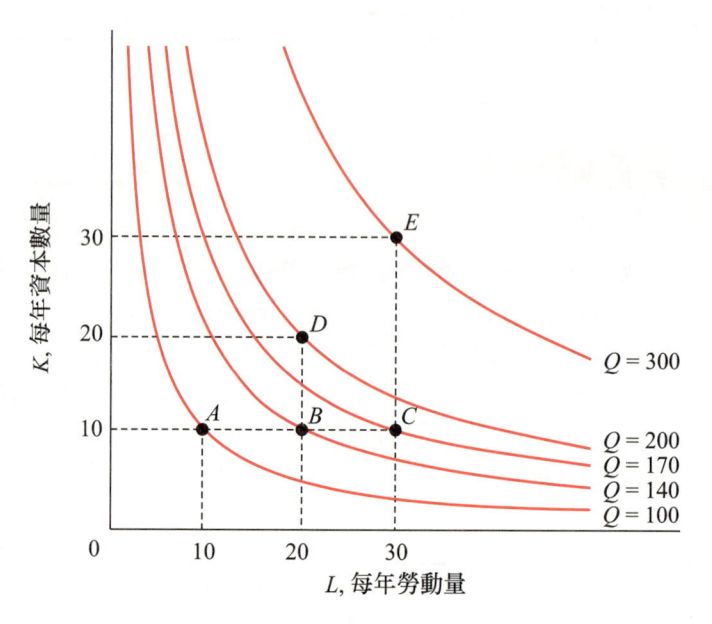

圖 6.19　邊際報酬遞減與規模報酬
這個生產函數呈現固定規模報酬，但勞動的邊際報酬遞減。

---

[14] 這是一個公式的近似式，此公式取自於 L. Cockenboo, *Crude Oil Pipe Lines and Competition in the Oil Industry* (Cambridge, MA: Harvard University Press, 1955).

增加到 30，我們會從點 B 移至點 C，商品數量會增加到 170。在這個例子，我們有勞動的邊際報酬遞減：每增加 10 單位勞動雇用量，商品數量增加幅度愈來愈小。

反之，若勞動與資本數量同時增加一倍，每年從 10 增至 20 單位。我們會從點 A 移至點 D，每年商品數量增加一倍從 100 到 200 單位。若勞動與資本數量增加二倍，從 10 增至 30，我們會從點 A 到點 E，商品數量剛好增加二倍，從 100 增至 300。圖 6.19 的生產函數呈現固定規模報酬，但同時存在邊際報酬遞減。

截至目前為止，我們假設生產函數是固定的，隨時間經過，不會改變。但是隨知識不斷進步，廠商透過經驗累積技術，並積極從事研究發展，廠商生產函數將會改變。**技術進步** (technological progress) 的意義在生產函數會隨時間經過而移動。特別是，技術進步是指廠商能以一定數量的要素投入組合來生產更多的產量，或是以較少的投入生產相同數量產出。

技術進步可以畫分成三種類型：中性技術進步、勞力節省的技術進步及資本節省的技術進步。[15] 圖 6.20 說明**中性技術進步**

6.6 技術進步

技術進步 生產過程的改變使得廠商能以一定數量的投入生產更多的產出或從較少的投入得到相同的產出。

中性技術進步 在不會影響到勞動對資本的邊際技術替代率下，減少勞動與資本雇用而能生產相同數量產出的技術進步。

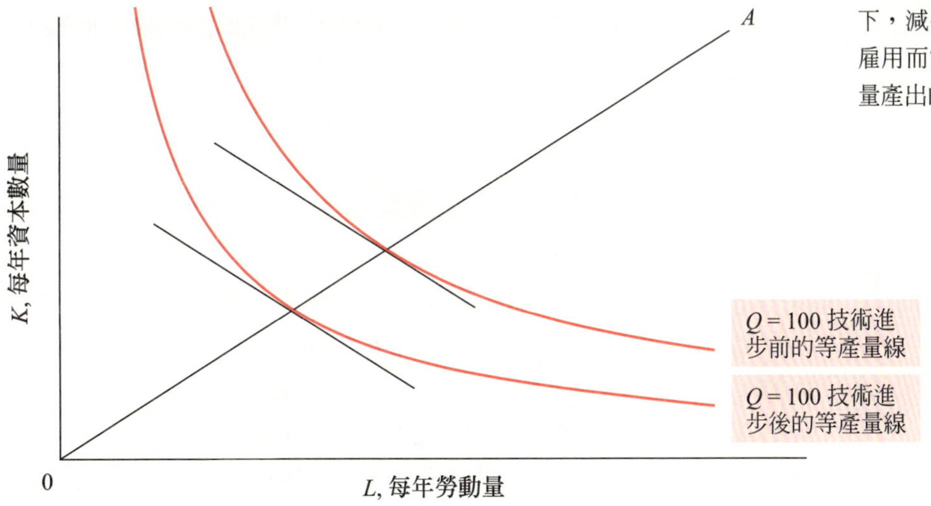

圖 6.20 中性技術進步 ($MRTS_{L,K}$ 固定不變)
在中性技術進步情況下，對應任一產量水準等產量線往內移動，但是 $MRTS_{L,K}$ (等產量線切線斜率的負值) 沿從原點出發的直線，如 0A，下跌維持固定不變。

---

[15] J. R. Hicks, *The Theory of Wages* (London: Macmillan, 1932).

240 個體經濟學

[圖：勞動節省的技術進步示意圖，顯示 Q = 100 技術進步前後的等產量線與從原點出發的直線 OA]

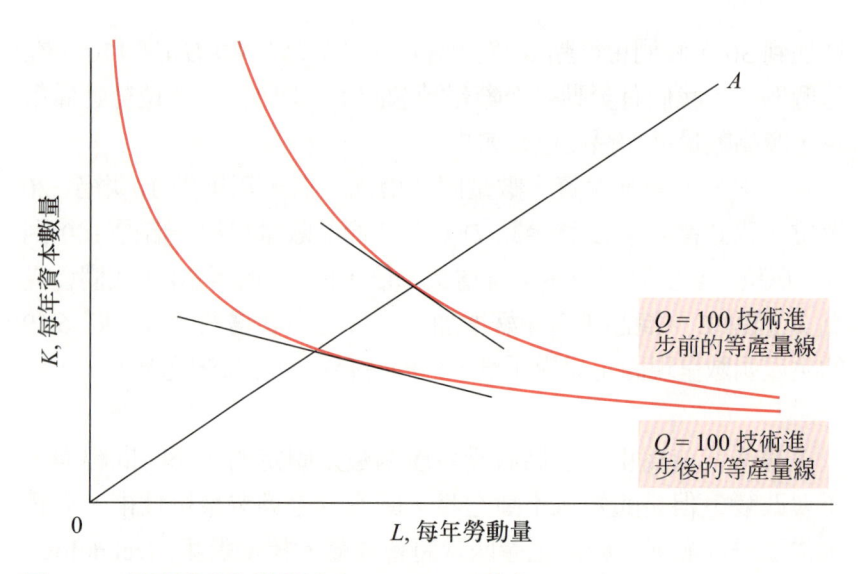

圖 6.21 勞動節省的技術進步 ($MRTS_{L,K}$ 遞減)
在勞動節省的技術進步情況下，對應任一產量水準的等產量線 (這個例子，Q = 100) 往內移動，但是 $MRTS_{L,K}$ (等產量線切線斜率的負值) 沿從原點出發的直線，如 0A，下跌。

(neutral technological progress)。在這個例子，對應一定產出水準的等產量線 (圖上為 100 單位) 向內移動 (表示以較少的勞動與資本投入生產相同數量)，但等產量線的移動，使沿從原點出發的直線 (如 0A) 上的 $MRTS_{L,K}$，勞動對資本的邊際技術替代率並未改變。在中性技術進步情況下，廠商整個等產量線形狀實際上並未改變，每一個等產量線只是對應到更高的產出水準。

勞動節省的技術進步
資本邊際產量相對勞動邊際產量增加的技術進步。

圖 6.21 說明**勞動節省的技術進步** (labor-saving technological progress)。在這種情況下，對應一既定產出水準的等產量線向內移動，但現在沿著從原點出發的直線，等產量線變得比較平坦，代表 $MRTS_{L,K}$ 的值比以前小。你從 6.3 節的討論可以知道 $MRTS_{L,K} = MP_L / MP_K$，所以 $MRTS_{L,K}$ 下降的事實隱含這種類型的技術進步，資本邊際產量增加的比勞動邊際產量更為迅速。當資本設備、機器人，或電腦等科技進步使資本邊際生產力相對勞動邊際生產力上升，勞動節省的技術進步就會發生。

資本節省的技術進步
勞動邊際產量相對資本邊際產量增加的技術進步。

圖 6.22 描繪**資本節省的技術進步** (capital-saving technological progress)。在此，等產量線向內移動，$MRTS_{L,K}$ 增加，代表勞動邊際產量增加的比資本邊際產量更為迅速。例如，若廠商實際 (與潛在) 勞動力的教育水準或技術層次提高，勞動邊際生產力相對資本

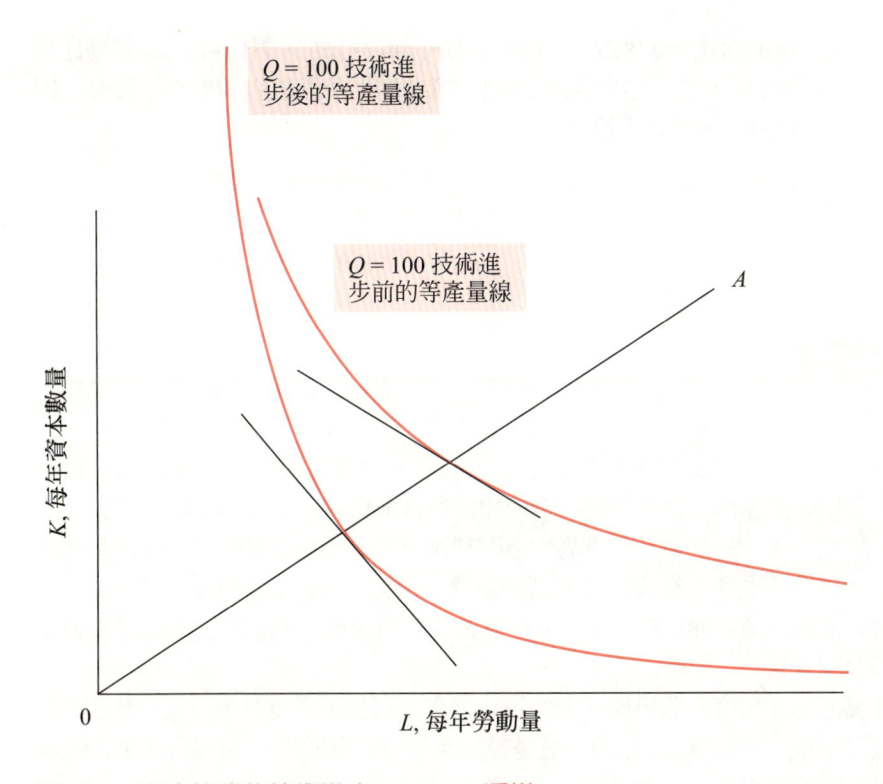

圖 6.22 資本節省的技術進步 ($MRTS_{L,K}$ 遞增)

在資本節省的技術進步情況下，對應任一產量水準的等產量線 (這個例子，$Q = 100$) 往內移動。但是 $MRTS_{L,K}$ (等產量線切線斜率爲負) 沿從原點出發的直線，如 $0A$，上升。

邊際生產力上升，資本節省的技術進步就會發生。

邊做邊學習題 6.4

技術進步

廠商的生產函數最初爲 $Q = \sqrt{KL}$，其中 $MP_K = 0.5(\sqrt{L}/\sqrt{K})$ 和 $MP_L = 0.5(\sqrt{K}/\sqrt{L})$。隨著時間經過，生產函數變成 $Q = L\sqrt{K}$，其中 $MP_K = 0.5(L/\sqrt{K})$ 和 $MP_L = \sqrt{K}$。

問題

(a) 證明這種改變代表技術進步。
(b) 證明這種改變是勞動節省、資本節省或中性？

解答

(a) 對任何正的 K 和 L 而言，更多的 Q 能夠被生產出來。所以這是一種技術進步。
(b) 就一開始的生產函數而言，$MRTS_{L,K} = MP_L/MP_K = K/L$。就最終

生產函數而言，$MRTS_{L,K} = MP_L/MP_K = (2K)/L$。對任何資本-勞動比率而言 (亦即，從原點出發的射線)，第二個生產函數的 $MRTS_{L,K}$ 較高。因此，技術進步是資本節省。

類似問題：6.18、6.19 和 6.20。

範例 6.7

英國製造業的技術進步與生產力成長

Banu Suer 估計英國許多製造業技術進步的本質與幅度。[16] 製造業研究對象包括一般化學、製藥業、油漆、肥皂、清潔劑、合成橡膠、合成樹脂與合成塑膠、染料與塗料及肥料。在英國，這些行業被認為比一般傳統製造業有更高的邊際利潤、高於平均的研究發展支出及高於平均值的專利權獲得。這些行業通常有良好的生產力記錄，但自 1973 年石油危機發生後，勞動生產力明顯地下滑。然而，自 1981 年以來，這些行業的勞動生產力明顯改善，這種現象發生在廠商大幅裁員的期間。

Suer 的實證結果顯示這些研究對象經歷明顯的技術進步。這技術進步並非中性，而是資本邊際產量相對勞動邊際產量上升的緣故 (亦即，這是勞動節省的技術進步)。這些行業中勞動雇用量的大幅減少象徵這種型態的技術進步。

總 結

- 生產函數代表廠商能夠選擇不同技術方法來建構生產過程，它告訴我們廠商能夠生產的最大商品數量是要素投入雇用量的函數。
- 單一投入的生產函數稱為總產量函數。一總產量函數通常有三個區域：**邊際報酬遞增、邊際報酬遞減及總報酬遞減**。
- 勞動平均產量是每單位勞動平均能夠生產的商品數量。勞動邊際產量是當勞動雇用量增加時，總產量變動的比率。
- 邊際報酬遞減法則是指，當一投入使用量 (如勞動) 增加時──其它投入數量，如資本或土地，維持固定不變──則該投入的邊際產量在某一水準之後開始下跌。
- 等產量線描繪二度空間多種投入的生產函數圖形。一等產量線是指雇用不同資本與勞動投入，且生產相同商品數量的軌跡。每一條等產量線都對應一特定產量水準，當我們往東北方

---

[16] Banu Suer, "Total Factor Productivity Growth and Characteristics of the Production Technology in the UK Chemicals and Allied Industries," *Applied Economics*, 27 (1995), pp. 277-285.

向移動，等產量線對應的產量水準會愈來愈高。
- 就某些生產函數而言，等產量線有正斜率與後彎的區域，這個區域稱為生產的非經濟區域。因此，其中一投入有負的邊際產量。生產的經濟區域是等產量線負斜率的區域。
- 勞動對資本的邊際技術替代率告訴我們，假設產量水準不變，每增加 1 單位勞動雇用量所減少資本使用量的比率。從數學上看，勞動對資本的邊際技術替代率是等於勞動邊際產量除以資本邊際產量。
- 等產量線凸向原點呈現邊際技術替代率遞減。當勞動對資本的邊際技術替代率遞減時，額外勞工的雇用所要犧牲的資本數量愈來愈少。
- 替代彈性是衡量等產量線形狀的指標。具體而言，它衡量 $MRTS_{L,K}$ 變動 1% 時，引起 K/L 變動的百分比。
- 有三個重要的特殊生產函數分別是直線型生產函數 (perfect substitutes)、固定比例生產函數 (perfect complements)，及科布-道格拉斯生產函數。每一個都是固定替代彈性生產函數的特例。
- 規模報酬告訴我們，當所有投入都以一定比例增加時，商品數量增加的百分比。若商品數量增加的百分比超過所有投入增加的百分比，我們有規模報酬遞增。若商品數量增加的百分比小於所有投入增加的百分比，我們有規模報酬遞減。若商品數量增加的百分比恰好等於所有投入增加的百分比，我們有固定規模報酬。
- 技術進步是指廠商用一定數量的生產因素，能夠生產更多的商品數量，或相當於用較少的投入生產相同數量的產出。技術進步可以是中性的、勞動節省型或資本節省型，其視在一定資本-勞動比率下，邊際技術替代率是否相同、遞減或遞增而定。

複習題

1. 我們說生產函數是廠商雇用生產因素所能生產的最大商品數量。為什麼在定義中要包含最大這個字？
2. 什麼是勞動需要函數？假設總生產函數擁有如圖 6.2 的"傳統形狀"。請繪出對應的勞動需要函數 (以商品數量 Q 在橫軸，勞動數量 L 在縱軸)。
3. 平均產量與邊際產量的差異為何？你可否畫出平均產量等於邊際產量的總產量函數？
4. 要素投入的邊際報酬遞減與總報酬遞減有何不同？一總產量函數可否呈現邊際報酬遞減現象，但不具總報酬遞減？
5. 當勞動與資本均有正的邊際產量，為什麼等產量線一定是負斜率？
6. 等產量線是否可能相交？
7. 為何追求成本支出最小的廠商不會在等產量線的非經濟區域生產？
8. 何謂替代彈性？其故事為何？
9. 假設電力生產需要兩種投入，資本與勞動。生產函數型態是科布-道格拉斯生產函數。現在有三條等產量線分別對應不同產出水準：$Q = 100{,}000$ 千瓦-小時、$Q = 200{,}000$ 千瓦-小時及 $Q = 400{,}000$ 千瓦-小時。請分別就三種不同假設：規模報酬遞增、固定規模報酬及規模報酬遞減，在圖形上繪出等產量線。

問 題

6.1 廠商使用肥料、勞工及溫室來生產玫瑰花。假設勞動數量與溫室面積固定，肥料數量與玫瑰花產量的關係如下表所示：

每月肥料數量 (公噸)	每月玫瑰花數量
0	0
1	500
2	1000
3	1700
4	2200
5	2500
6	2600
7	2500
8	2000

(a) 當肥料使用量是 4 公噸時，玫瑰花的平均產量是多少？
(b) 使用第 6 公噸肥料的邊際產量是多少？
(c) 總產量函數是否呈現邊際報酬遞減現象？若是，在什麼樣的肥料數量範圍發生邊際報酬遞減？
(d) 總產量函數是否呈現總報酬遞減現象？若是，在什麼樣的肥料數量範圍發生總報酬遞減？

6.2 一廠商需要利用勞動與資本數量 $(L, K) = (7, 6)$ 生產 100 單位的產出。就下列生產函數，指出是否可能一定數量的投入組合生產所需要的產出。若有可能，指出投入組合為技術效率或技術無效率。

(a) $Q = 7L + 8K$
(b) $Q = 20\sqrt{KL}$
(c) $Q = \min(16L, 20K)$
(d) $Q = 2(KL + L + 1)$

6.3 一生產函數為 $Q = 6L^2 - L^3$，請將右表填滿並指出廠商應生產多少才能：
(a) 平均產量達到最大。
(b) 邊際產量達到最大。
(c) 總產量達到最大。
(d) 平均產量為零。

L	Q
0	
1	
2	
3	
4	
5	
6	

6.4 假設磁片的生產函數為 $Q = KL^2 - L^3$，其中 Q 是每年生產磁片的數量，K 是機器工時，L 是勞動工時。

(a) 假設 $K = 600$，請找出 $L = 0$ 到 $L = 500$ 之間的總產量函數。然後，請畫出平均產量與邊際產量曲線。平均產量最大的勞動數量 L 是多少？邊際產量最大的勞動數量是多少？

(b) 假設 $K = 1200$，請重複回答 (a) 的問題。
(c) 當 $K = 600$ 或 $K = 1200$ 時，總產量函數是否有邊際報酬遞增的階段？

6.5 下列敘述正確與否，請評論之？
(a) 若平均產量遞增，邊際產量會小於平均產量。
(b) 若邊際產量小於零，平均產量也會小於零。
(c) 若平均產量大於零，總產量會遞增。
(d) 若總產量遞增，邊際產量也會遞增。

6.6 經濟學家通常會以下列練習來"證明"邊際報酬遞減法則：假設鋼鐵生產需要兩種要素投入：勞動與資本。而生產函數呈現固定規模報酬。因此，如果存在勞動邊際報酬遞增，你和我可以在後院鼓風爐生產所有的鋼鐵。請利用下表生產函數的數據，證明這個結論是正確的 (雖然有邏輯上的謬誤)。正確的結論是指，當生產函數呈現固定規模報酬時，勞動邊際報酬不可能在任何點上都是遞增。

L	K	Q
0	100	0
1	100	1
2	100	4
4	100	16
8	100	64
16	100	256
32	100	1024

6.7 假設生產函數形式如下：$Q = L\sqrt{K}$。請畫出 $Q = 10$、$Q = 20$ 及 $Q = 50$ 的等產量線。這些等產量線是否呈現邊際技術替代率遞減？

6.8 再以軟碟磁片的生產函數為例：$Q = KL^2 - L^3$。
(a) 請畫出生產函數對應的等產量線。
(b) 這個生產函數是否有非經濟區域？為什麼？

6.9 假設生產函數是以下式表示 (其中 a 與 b 是常數且大於零)：$Q = aL + bK$。請問等產量線上任何一點的勞動對資本 ($MRTS_{L,K}$) 的邊際技術替代率是多少？

6.10 你可能覺得當一生產函數具有勞動對資本的邊際技術替代率遞減時，它不能有資本與勞動邊際產量遞增，利用生產函數 $Q = K^2L^2$ 和邊際產量 $MP_K = 2KL^2$ 與 $MP_L = 2K^2L$，證明這並不正確。

6.11 假設一廠商的生產函數為 $Q = KL + K$，其中 $MP_K = L + 1$ 和 $MP_L = K$。在點 A 廠商使用 $K = 3$ 單位資本和 $L = 5$ 單位勞動。在點 B，沿著相同等產量線，廠商只使用一單位資本 L。
(a) 計算點 B 需要多少勞動。
(b) 計算 A 與 B 之間的替代彈性。在此投入範圍內，這個生產函數比科布-道格拉斯生產函數呈現較高或較低的替代彈性？

6.12 勞動在橫軸、資本在縱軸的等產量線上有兩個點 A 和 B。B 的資本-勞動比率是 A 的兩倍。而從 A 移至 B 的替代彈性為 2。$MRTS_{L,K}$ 在 A 和 B 的比率是多少？

6.13 令 B 是自行車的生產數量，且生產因素是自行車骨架 F 與車胎 T。每一部自行車需要二個車胎與一副骨架。
(a) 請畫出自行車生產的等產量線。
(b) 請寫出自行車生產函數的函數形式。

6.14 直線型生產函數 $Q = aK + bL$ 的規模報酬為何？a 和 b 都是常數且大於零。

6.15 李昂鐵夫生產函數 $Q = \min(aK, bL)$ 的規模報酬為何？a 和 b 皆為常數且大於零。

6.16 一廠商利用勞動 L 與原料 M 來生產早餐穀類食品 Q，且生產函數是 $Q = 50\sqrt{ML} + M +$

L。生產函數相關的邊際產量函數是

$$MP_L = 25\sqrt{\frac{M}{L}} + 1$$

$$MP_M = 25\sqrt{\frac{L}{M}} + 1$$

(a) 生產函數的規模報酬是屬於那一種型態 (遞增、遞減或固定)？
(b) 勞動邊際產量是否會經歷遞減階段？若為真，何時會發生遞減階段？勞動邊際產量是否可能為負？若為真，何時為負？

6.17 假設有一 CES 生產函數為 $Q = (K^{0.5} + L^{0.5})^2$。
(a) 替代彈性等於多少？
(b) 生產函數是呈現規模報酬遞增、遞減或固定規模報酬？
(c) 假設生產函數是 $Q = (100 + K^{0.5} + L^{0.5})^2$。請問此生產函數是規模報酬遞增、遞減或固定規模報酬？

6.18 假設廠商一開始的生產函數是 $Q = 500(L + 3K)$，經歷一番組織再造，生產流程的改變，使現在的生產函數是 $Q = 1000(0.5L + 10K)$。
(a) 請說明廠商是否經歷技術進步？
(b) 技術進步是中性、勞動節省或資本節省？

6.19 一廠商最初的生產函數是 $Q = \sqrt{KL}$，其中 $MP_K = 0.5(\sqrt{L}/\sqrt{K})$ 和 $MP_L = 0.5(\sqrt{K}/\sqrt{L})$。隨著時間經過，生產函數變成 $Q = KL$，其中 $MP_L = K$ 和 $MP_K = L$。
(a) 證明這種改變代表技術進步。
(b) 這種改變是勞動節省、資本節省或中性？

6.20 一廠商生產函數最初為 $Q = \sqrt{KL}$，其中 $MP_K = 0.5(\sqrt{L}/\sqrt{K})$ 和 $MP_L = 0.5(\sqrt{K}/\sqrt{L})$。隨著時間經過，生產函數變成 $Q = K\sqrt{L}$，其中 $MP_K = \sqrt{L}$ 和 $MP_L = 0.5(K/\sqrt{L})$。
(a) 證明這種改變代表技術進步。
(b) 這種改變是勞動節省、資本節省或中性？

附錄：科布-道格拉斯生產函數的替代彈性

本附錄將推導科布-道格拉斯生產函數 $f(L, K) = AL^\alpha K^\beta$ 的替代彈性。勞動與資本的邊際產量分別是生產函數對勞動與資本的一階偏微分。(有關偏微分的討論見本書的數學附錄)：

$$MP_L = \frac{\partial f}{\partial L} = \alpha AL^{\alpha-1} K^\beta$$

$$MP_K = \frac{\partial f}{\partial K} = \beta AL^\alpha K^{\beta-1}$$

邊際技術替代率

$$MRTS_{L,K} = \frac{MP_L}{MP_k}$$

利用上面對科布-道格拉斯生產函數偏微分,

$$MRTS_{L,K} = \frac{\alpha AL^{\alpha-1}K^\beta}{\beta AL^\alpha K^{\beta-1}}$$
$$= \frac{\alpha K}{\beta L}$$

重新集項整理,可得

$$\frac{K}{L} = \frac{\beta}{\alpha} MRTS_{L,K} \tag{A6.1}$$

因此,$\Delta(K/L) = (\beta/\alpha) \Delta MRTS_{L,K}$ 或:

$$\frac{\Delta(K/L)}{\Delta MRTS_{L,K}} = \frac{\beta}{\alpha} \tag{A6.2}$$

同時,從式 (A6.1),

$$\frac{MRTS_{L,K}}{(K/L)} = \frac{\alpha}{\beta} \tag{A6.3}$$

現在,利用式 (6.6) 替代彈性的定義

$$\sigma = \frac{\%\Delta(K/L)}{\%\Delta MRTS_{L,K}} = \frac{\Delta(K/L)/K/L}{\left(\frac{\Delta MRTS_{L,K}}{MRTS_{L,K}}\right)}$$

$$= \left(\frac{\Delta(K/L)}{\Delta MRTS_{L,K}}\right)\left(\frac{MRTS_{L,K}}{(K/L)}\right) \tag{A6.4}$$

將式 (A6.2) 與 (A6.3) 代入式 (A6.4) 中,可得

$$\sigma = \frac{\beta}{\alpha} \times \frac{\alpha}{\beta} = 1$$

亦即,科布-道格拉斯生產函數的等產量線上的任一要素投入組合,其替代彈性都等於 1。

7 成本與成本極小

7.1
決策制定的成本概念

7.2
成本極小問題

7.3
成本極小問題的比較靜態分析

7.3
實證與規範分析

7.4
短期成本極小化

附錄
成本極小化的進階課題

自助服務的背後隱藏了什麼？

　　在二十世紀的後半期，自助服務變成某個部分的美國零售版圖一個相當普遍的特徵。[1] 顧客習慣自己加油或在自動提款機 (ATM) 提錢，在習慣由人服務的時代，這種景象是很難想像的。但近年來，在零售和批發業自動化的腳步逐漸加溫。這些日子以來在大多數的機場，你從自動報到的機器得到登機證。大型連鎖店如 Kroger 和 Home

---

[1] This introduction draws from "More Consumers Reach Out to Touch the Screen," *New York Times* (November 17, 2003), pp. A1 and A12.

Deport 設置讓消費者可以自己掃描，包裝商品和付款的機器，速食店，如麥當勞和 Jack-in-the-Box 開始裝設自助點菜的機器取代人工點餐。整體而言，在 2003 年有 13,000 個自助付款機器設置在美國的零售業，這是 2001 年的兩倍。

近年來，自助服務機器的成長因素為何？專家認為其中一個因素是消費者愈來愈與喜歡個人技術，如桌上型電腦、行動電話、PDA 為伍，他們愈來愈願意相信當他們旅行、購物或買速食時的這些機器。但另外一個關鍵因素是技術進步使得廠商可以設置自助服務的機器，好讓消費者能夠像人工服務般正確且快速地執行掃描或點餐功能，而機器設置的成本是雇用勞動的一部分。在效用上，零售商及其它服務業發現，藉著以資本(自己付帳系統)取代人力(出納員)可降低成本。

本章研究成本和成本極小。在本章，我們將介紹一些協助你清楚和有系統地思考成本及其與決策分析的關連，如採用自助付帳系統。有了本章介紹的工具，我們可以更瞭解零售業，如 Kroger 和麥當勞企圖計畫自動化服務比例的本質。

章節複習　在本章，你將

- 學習有關廠商制定決策的不同成本概念，包括外顯和隱含成本、機會成本、經濟和會計成本，以及沉沒和非沉沒成本。
- 利用等成本線的概念(相同總成本的勞動與資本組合)，研究廠商長期成本極小問題。
- 探討廠商成本極小問題的比較靜態分析，瞭解價格或產出變動如何影響問題的解答。
- 研究廠商短期成本極小的問題，包括如何敘述成本，投入需求的比較靜態，以及廠商至少有一個固定投入和一個或一個以上變動投入的案例。

7.1 決策制定的成本概念

管理階層對成本的看法是損益表中的費用支出。政府官員與政策分析師對成本的看法是預算書中的費用項目。消費者將成本視為每個月的帳單及其它費用支出。

但是經濟學家使用廣義的成本概念。對經濟學家而言，成本是放棄其它機會的價值。每週花 20 小時學習個體經濟學的成本是什麼？這是你在 20 小時內從事任何活動的價值 (或許是休閒活動)。使用自己客機在已經訂票客戶的成本為何？除了直接成本如燃料、飛行人員薪資，維修費用，機場使用費，食物和飲料，飛機的飛行成本，還包括將飛機租給其他團體 (如其他航空公司) 所放棄的租金收入。芝加哥維修高速公路的成本是什麼？除了付給建築工人薪資，原料成本與租用設備外，還包括交通不便使駕駛動彈不得的時間成本。

從這個角度看，成本不必然與貨幣支出同義。當航空公司以自己公司的飛機飛行時，它必須支付燃料費、飛機服務人員薪資、維修費用。然而，它並未支付使用自己公司飛機的成本 (亦即，它不必向別家航空公司租用飛機)。因此，在大多數情形下，航空公司使用自己的飛機仍是有成本的，因為它放棄出租飛機給其他公司的收入。

由於並不是所有的成本都涉及到金錢支出，經濟學家會區分為**外顯成本** (explicit costs) 和**隱含成本** (implicit costs)。外顯成本包括直接的貨幣支出，隱含成本則否。例如，飛機對燃料和薪水的支出是外顯成本，而他未租給他人使用所放棄的收入是一種隱含成本。外顯成本加上隱含成本代表航空公司決定以自己的飛機飛行特定路線所放棄的總支出。

機會成本

經濟學家的成本概念是根據**機會成本** (opportunity cost) 而放棄機會的價值。想要瞭解機會成本，想像一決策者如廠商，必須從一些互斥投資方案，每一方案均有貨幣報酬中，選擇最有利投資。一個特定選擇的機會成本是放棄次佳選擇的報酬。

其它選擇的機會成本包括該選擇相關的所有外顯和隱含成本。要說明這個概念，假設你擁有並經營自己的企業。並思考是否在明年要繼續或退出。如果你決定繼續經營，你需要花費 $100,000 雇用勞工，和 $80,000 購買原料設備；若你決定退出，你就不用支付這些費用。此外，每週你要花 80 小時經營企業。你的最佳選擇是在大公司工作相同時數賺取年薪 $75,000。在這個例

外顯成本
牽涉直接金錢支出的成本。

隱含成本
未涉及到金錢支出的成本。

機會成本
當選擇一方案時，放棄次佳方案的代價。

子，明年繼續經營的機會成本是 $255,000。這個金額包括外顯成本 $180,000——對勞動和原料的現金支出；它也包括隱含成本 $75,000——放棄次佳選擇而繼續經營自己企業的所得。

機會成本的觀念是向前看，因爲它衡量的是決策者在決策制定時及之後所放棄的價值。想要說明這點，考慮汽車廠商擁有鋼片存貨價值 $1,000,000。它計畫使用鋼片製造汽車。另一個選擇是，它可以賣給其它廠商。假設廠商購進鋼片後，鋼片價格開始上漲，故若賣給其它廠商，價格是 $1,200,000。因此使用鋼片生產汽車的機會成本是 $1,200,000。在這個例子，機會成本不同於先前購買的成本。

閱讀過第二個範例後，學生有時會問："爲什麼機會成本不是 $200,000：鋼片市場價格 ($1,200,000) 與原始成本 ($1,000,000) 的差額？"畢竟，廠商已經投入 $1,000,000 購買鋼片。爲什麼機會成本不是超過原始購買成本的數額 (這個例子是 $200,000)？要回答這個問題必須記住機會成本是向前看，而非往後看的觀念。想要評估機會成本，我們會問："在決策制定當時，決策者放棄了什麼？"在這種情況，當汽車廠商使用鋼片生產汽車，它放棄的不只 $200,000。廠商排除鋼片轉售所得 $1,200,000 的機會。機會成本 $1,200,000 是衡量廠商決定生產汽車而放棄在公開市場轉售鋼片的機會。

機會成本取決於決策制定

機會成本向前看的本質隱含機會成本隨時間與環境的改變而有所不同。要說明這點，讓我們再回到汽車廠商購買價值 $1,000,000 鋼片的例子。當廠商面對"購買鋼片"或"不購買鋼片"的選擇時，相關的機會成本是購買價格，$1,000,000。這是因爲，如果廠商不買鋼片，它可以節省 $1,000,000。

但是——隨時間經過——一旦廠商購入鋼片且鋼片市場價格發生改變，廠商面對不同的決定："利用鋼片生產汽車"或"在公開市場銷售鋼片"。使用鋼片的機會成本是 $1,200,000，這是廠商放棄在公開市場銷售的報酬。同樣的鋼片，同樣的廠商，但不同的機會成本！機會成本不同是因爲在不同環境下制定不同決策而有不同的機會成本。

機會成本與市場價格

請注意，在這個例子一致的特徵是相關的機會成本在兩個範例都是鋼片的現在市場價格。這並非巧合。從廠商角度看，使用生產性服務投入的機會成本是要素投入的現在市場價格。利用投入所產生服務的機會成本是廠商不使用這些服務所獲得或節省的報酬。廠商有兩種方式能夠"不使用"投入所生產的服務。首先，它可以克制自己不購買這些服務，節省下來的金額正好等於要素投入的市場價格。或它可以在公開市場上轉售未經使用的要素投入。在此情況下，賺取的報酬等於要素投入的市場價格。這兩個案例，要素投入所產生服務的機會成本是這些服務的現在市場價格。

範例 7.1

熔不熔煉？[2]

我們說次佳選擇的機會成本是放棄次佳選擇的報酬。有時候報酬大到你會選擇次佳方案。這種情況發生在 2000 年 12 月的 Kaiser 鋁業。

許多年來，Kaiser 鋁業為全球最大的製鋁公司之一，在美國西北設置兩座煉鋁廠，一座靠近華盛頓州的斯普肯，另一座靠近它科馬。煉鋁廠是用來製造鋁鑄錠的大型工廠。生產鋁需要大量的電力，因此一項煉鋁成本的重要決定因素是電力價格。

在 2000 年 12 月，Kaiser 以每千瓦小時 $23 的價格與哥倫比亞河建立水壩的聯邦電力機構 Bonneville 電力公司 (BPA) 簽訂長期契約。Kaiser 與 BPA 在 1996 年現貨市場電價較低時簽訂合約。(現貨市場電價是買方在公開市場而非以長期契約支付的價格。) 然而，在 2000 年末和 2001 年初，太平洋西北部的電力現貨市場價格飆漲，在 2000 年 12 月和 2001 年 1 月的某些天，平均每千瓦小時價格達 $1,000。[3]

因此 Kaiser 似乎賺了不少：合約使其以低於市價購買電力。但 Kaiser 利用電力煉鋁，其機會成本將因電力價格大漲而上升，因為 Kaiser 與 BPA 的合約允許 Kaiser 有權在市價高漲時轉售電力 (BPA 提供這種選擇權誘使 Kaiser 和其它鋁業公司願意簽訂長期契約)。因此，透過向 BPA 購買電力用於煉鋁廠 (原始目的)，Kaiser 放棄在公開市場轉售的機會。當電力價格大漲時，Kaiser 不轉售所放棄的利潤相當龐大。所以在 2001 年 12 月，Kaiser 決定關閉兩座煉鋁廠，不用 $23 的價格煉鋁，它以每千瓦小時 $ 550 再賣回給 BPA，其價格略低於當時的市價。

Kaiser 不是唯一使用這種策略的廠商，2000 年秋與 2001 年冬不僅電力價格大漲；天然氣

---

[2]. 這個例子取自 "Plants Shut Down and Sell the Energy" *Washington Post* (December 21, 2000), and "Kaiser Will Mothball Mead Smelter," Associated Press (January 14, 2003).

[3]. 2000 年秋天和 2001 年冬天價格在太平洋西北部大漲的原因是加州電力市場危機。太平洋西北與加州的電力市場相互影響，因為加州依賴太平洋西北的水力發電來滿足其部分的電力需求。範例 2.9 曾討論 2000 年和 2001 年的加州能源危機。

價格在這段期間也大漲。愛荷華州蘇城的 Terra Industries 回應這種情況，關閉六座肥料廠，因為它以現貨價格轉售比以長期合約的價格生產肥料要更有利潤。其它密集使用能源的產業也採用相同的策略。

就 Kaiser 公司而言，它並未從新啟用在 2000 年 12 月關閉的工廠。即使電力價格在 2001 年春天和夏天回跌，關廠的因素消失，鋁價在 2001 年跌到 2 年來的新低。結果，Kaiser 認為重新啟用兩座工廠並不經濟。在 2002 年 12 月，Kaiser 宣布出售它科馬的煉鋁廠，在 2003 年 1 月，它宣布將斯普肯的工廠列入後備計畫，打消了工廠在短期間重新啟用的可能性。[4]

經濟成本與會計成本

經濟成本 廠商外顯成本與隱含成本的加總

會計成本 在過去已經發生的總外顯成本

外顯成本與隱含成本區別緊密相關的概念是經濟成本與會計成本的區別。**經濟成本** (economic cost) 與機會成本同義，因此，是與決策攸關過去已經遭遇的外顯和隱含成本的加總。**會計成本** (accounting cost)——出現在會計報表的成本——是過去已經發生的總外顯成本。會計報表是設計成可以讓公司以外人員，如債權人或股東，瞭解的報表——亦即，已經付出的金錢 (如廠商去年實際支付勞動和原料的費用)。這也是為什麼會計報表通常只包括歷史費用——亦即，已經支出的外顯費用 (如廠商在去年對勞工和原料的實際支出)。會計報表不包括隱含成本。如使用工廠的機會成本，因為機會成本通常無法以客觀可驗證的方法加以衡量。因為這個理由，自營小企業通常也未列入雇主自行投入時間的機會成本。因為會計報表是使用歷史成本而非現在市價來記帳，汽車廠商購買鋼片，反映在損益表上的是購買價格 $1,000,000，而不是使用的機會成本 $1,200,000。

相反地，經濟成本包含所有決策攸關的成本。對經濟學家而言，所有決策攸關的成本 (不論隱含或外顯) 都是機會成本，因此列入經濟成本。

範例 7.2

動態隨機存取記憶體晶片的成本[5]

DRAM 是動態隨機存取記憶體的縮寫。DRAM 晶片是矽積體電路為生產個人電腦使用的記憶體。DRAM 是由製造商如三星電子、NEC 與日立生產，且由電腦廠商如康柏與蘋果購

---

[4] 當一廠商如 Kaiser 將其關閉的工廠列為後備時，它將工廠的狀態從等待變成近乎關閉，而且重新開放的成本變得相當昂貴。

[5] 這個範例取自 "The DRAM Industry," a term paper prepared by E. Cappochi, B. Firsov, and L. Pachano, 1997 graduates at the Kellogg School of Management.

買，用以製造個人電腦。

廠商通常是以合約價購買記憶體，合約期間涵蓋三到六個月。例如，電腦廠商康柏電腦與 DRAM 製造商日立議定在三個月內，DRAM 1 MB (1 百萬位元) 的價格是 $25。但是 DRAM 晶片還是有現貨市場，現貨市場 DRAM 報價波動較為劇烈。例如，在 1995 年 12 月到 1997 年 1 月間，DRAM 價格從每 MB 超過 $35 跌至 1 MB $5。[6]

因為現貨市場價格波動幅度劇烈，晶片生產的機會成本並不必然等於晶片的歷史合約價格。相對地，機會成本會等於現貨市場價格，這是廠商轉售 DRAM 存貨到市場上所獲得的報酬。這個機會成本是實際的價格。清算 DRAM 存貨並不是一件困難的事，這種現象稱為倒沖入帳 (backflush)。例如，英特爾在 1995 年 11 月倒沖入帳，係當時它預期個人電腦需求旺盛之際，曾經購進大量的 DRAM 存貨。

在 1996 年年中，晶片價格崩跌，DRAM 買主 (如康柏電腦) 高估消費者對視窗 95 的需求而積存大量高價晶片。他們發現自己正面臨機會成本遠低於當初買進的歷史成本。[7] 這是 DRAM 會計成本高於經濟成本的情況。因此，從這個例子，會計成本不包括隱含成本，且經濟成本包括隱含成本並不必然表示會計成本會小於經濟成本。有時會計成本會高於經濟成本。

沉沒 (無法避免的) 成本與非沉沒 (可避免的) 成本

要分析成本，我們也需要區別沉沒成本與非沉沒成本。當評估成本決策時，決策者只要考慮實際會影響的成本。有些成本已經投入，不論有沒有這個決策，這是已經發生且無法避免的成本。這些成本稱為**沉沒成本** (sunk costs)。相反地，**非沉沒成本** (nonsunk costs) 是做決定以後所發生的成本，如果沒有這個決策，非沉沒成本是可以避免的 (因為這個理由，非沉沒成本也稱為避免成本。) 當評估不同決策時，決策制定者應該忽略沉沒成本，而只考慮非沉沒成本。為什麼？請參考下面的例子。

看場電影是 $7.50。電影放映十分鐘後，你發覺這是部奇糟無比的電影。你將面臨一個選擇：應該離開或繼續觀賞？留下來的相關成本是你可以利用這段時間從事任何活動所帶來的利益。如果十分鐘後電影變得愈來愈好看，離開的相關成本是放棄從電影得到的娛樂效果。離開的相關成本並未包含 $7.50 的票價。這個成本已經沉沒。無論你的決定為何，入場費用已經支付，這筆費用與你決定是否離開應不相關。

沉沒成本
已經發生且無法回收的成本。

非沉沒成本
只有在特定決策已經制定下所遭遇的成本。

---

[6] 範例 2.7 利用供給與需求分析來解釋為何如此。

[7] 根據這個觀察你可能會問，"若機會成本是現貨價格，且現貨價低於合約價，為什麼廠商會事先以簽訂合約方式購買晶片？" 如果個人電腦製造商知道 DRAM 現貨價格會下跌，它們不會用較高的合約價購買。但實際上，這些廠商並不知道合約簽訂後的三到六個月現貨市場價格為何，事實上，簽訂合約的一個重要理由是清除在現貨市場購買生產因素價格的不確定性。在第 15 章，我們將討論為何需要降低風險的理由。

要說明沉沒成本與非沉沒成本間的區別。考慮製造保齡球的運動商品廠商。假設保齡球生產工廠的興建需耗資 $5 百萬。一旦興建完畢,假設工廠屬專業用途而無法移作它用。因此,若運動商品廠商關閉且不生產任何商品,便無法收回當初投入 $5 百萬興建工廠的資金。

- 決定是否興建工廠,$5 百萬是非沉沒成本。這個成本是運動商品廠商決定興建會遭遇的成本。在制定決策的當時,決策者能夠避免這 $5 百萬的支出。
- 在工廠完工後,$5 百萬是沉沒成本。這個成本是運動廠商無論做任何決定都會發生的成本,所以這是無法避免的成本。無論公司決定工廠應繼續生產或關門歇業,運動廠商都應該忽略此項成本。

這個例子說明一個重點:成本是屬於沉沒或非沉沒是取決於正在考慮的決策。要確認一特定決策的成本是沉沒或非沉沒,你始終要問當你作決定後,成本是否會因此改變。若成本發生變動,這些成本是非沉沒成本。成本不因選擇的不同而改變,這些成本是沉沒成本。

範例 7.3

Sparky 不知道(或知道)什麼?[8]

Sparky Anderson 是美國職棒大聯盟最偉大的總教頭之一。他是 1970 到 1978 年辛辛那堤紅人隊和 1979 到 1995 年底特律老虎隊的總教練。他帶領的球隊曾經三次贏得世界大賽冠軍(1975 與 1976 年的紅人隊,及 1984 年的老虎隊)。他是唯一一位在國家聯盟與美國聯盟拿下世界大賽冠軍的總教練。在 2000 年,入選棒球名人堂。

儘管 Sparky Anderson 非常偉大,在決定誰應該是底特律老虎隊的投手,使他在棒球生涯的晚期犯下一個嚴重"沉沒成本"的錯誤。在 1992 年末,老虎隊以每年保證 $5 百萬的合約,簽下投手 Mike Moore,對一個逐漸走下坡的投手而言,這是一筆龐大的金額。無論 Moore 的表現如何差勁,不管他每年出場主投幾局,老虎隊每年必須給付 $5 百萬年薪給 Moore。是錯誤決策嗎?可能是。簽約後的三個球季,Moore 投球內容奇糟無比。主投輸球場次高過贏球場次,每一球季他的自責分 (ERA) 超過 5.00,在那段期間的大聯盟投手榜內是非常糟糕的記錄。在 1993 到 1995 年間,Sparky 還是定期讓 Moore 上場主投。他向記者解釋老虎隊已支付大筆薪資給 Moore,所以他們決定讓 Moore 經常出場主投。

---

[8] 這個例子取自 *The Bill Fames Guide to Baseball Managers Form 1870 to Today* (New York: Scribner, 1997)。

這是一個沉沒成本的謬誤。Sparky 知道不管 Moore 主投與否，老虎隊必須支付每年 $5 百萬。在決定是否讓 Moore 出場主投，Moore 的年薪是沉沒成本。它不應該影響 Sparky 的決定。

為什麼 Sparky 做這種決定？這很難講。在他的棒球生涯中，Sparky 是非常精明的教練，鮮少犯下傷害球隊的錯誤 (類似這種錯誤)。或許他認為這是老虎隊管理高層要他如此做，理由是如此高額薪資卻不讓 Moore 主投是件奇怪的事。或許 Sparky 認為 Moore 最終會走出低潮 (但他始終沒有)。但是如果他因為 Moore 的年薪持續讓 Moore 上場主投，則對那些不渴望成為棒球隊總教頭的人而言，這 有一個重要的功課。不要像 Sparky 一樣，讓沉沒成本影響你的決定。

邊做邊學習題 7.1
利用成本概念在大學校園企業上

想像你要成立點心食品物流的網路公司，在大學校園內運送點心。學生透過網路下訂單買點心如洋芋片及糖果條。你到當地雜貨店購買這些點心，然後送至客戶手中。要成立網路物流公司，每個月你要付給當地的網際網路提供業者 $500，作為使用他們的伺服器及維護自己網站的費用。你也擁有一輛轎跑車 (SUV) 運送點心。每個月車子的分期付款金額是 $300，車子保險費平均每個月是 $100。平均而言，一張訂單要花半個小時完成，汽車費用是 $0.50。[9] 當你下訂單時，你付錢給雜貨店來購買商品。然後，你可以從下訂單的學生手中收到點心費用及運輸點心的費用。如果你不設立網路物流公司，你可以在校園餐廳打工，時薪是 $6。現在，你每週工作五天，從週一至週五。週末，你不接受訂單，而在校園餐廳打工。

問題
(a) 你的外顯成本與隱含成本是多少？你的會計成本與經濟成本是多少？它們之間有何差異？
(b) 上週你購買五大箱的 Fritos 洋芋片，下訂單的學生卻未付款。這筆生意你支付了 $100。你曾與你的上游廠商約定每退回一元商品必須支付 $0.25 的費用。剛好這一週，你發現學校的兄弟會願意付 $55 購買這五大箱 Fritos (他們願意到你的公寓取貨，你不需要大老遠送貨至兄弟會的公寓)。接受訂單的機會成本是什麼 (即，賣五大箱 Fritos 給兄弟會)？你是否應該賣 Fritos 給兄弟會？
(c) 假設你打算縮減營業時間，從五天減少至四天 (週一不接受訂單而到餐廳打工。) 這個決定的沉沒成本是什麼？什麼是非沉沒成本？

---
[9] 為了簡化說明，假設汽車折舊耗損成本，忽略不計。

(d) 你假設你打算結束營業，這個決定的沉沒成本為何？非沉沒成本為何？

解答

(a) 你的外顯成本是直接的貨幣支出。這些包括汽車的分期付款、保險費、網際網路租賃費用、汽油費，及支付雜貨店商品購買的費用。你最主要的隱含成本是時間的機會成本——每小時 $6。

你的經濟成本是外顯成本與隱含成本的加總。你的會計成本包括所有的外顯成本但不包括你花費時間的隱含機會成本。此外，你的會計成本是歷史的 (如去年你所遭遇的真實成本)。因此，若汽油價格自去年以來處於下降階段，你現在的汽油成本絕不會等於你的歷史會計成本。

(b) 接受訂單的機會成本是 $25。這是你賣回給上游廠商能夠獲得的金額，因此代表你賣 Fritos 洋芋片給兄弟會所放棄的成本。因為銷售 Fritos 的價格超過機會成本，你應該接受訂單。

原始購買成本 $100 與機會成本 $25 的差異為 $75，意義為何？它代表你想要滿足原先未接受 Fritos 顧客的淨成本。這是沉沒的企業經營成本。

(c) 這個決定的非沉沒成本是你做決定能夠避免的成本。這些成本包括汽油成本與商品購買成本。(當然，你也可以"避免"銷售商品的收入及運送費用收入。) 此外，你也避免一天的時間機會成本。(週一不營業，你不必放棄校園餐廳打工的機會。)

你的沉沒成本是做決定時無法避免的成本。因為你需要你的 SUV 送貨，你必須支付汽車分期付款與保險費費用。網際網路月租費也是沉沒成本，因為你仍然需要維護你的網站。

(d) 如果你決定歇業，你將避免商品購買與汽車支出成本。因此這些是歇業決定的非沉沒成本。你也能夠避免時間的機會成本，這是非沉沒成本。你可以避免租用網際網路服務的月租費。因此，網路月租費對縮減營業一日而言是沉沒成本，對關門歇業而言則是非沉沒成本。

你的 SUV 的成本屬於何種成本？假設你計畫處理你的 SUV，這表示你可以避免每個月 $100 的保險費，所以保險費是一種非沉沒成本。但是假設你將自己的招牌漆在 SUV 車身上。因為這個理由，及由於大家對購買二手車的謹慎，你只能收取當初購入價格的 30%。因此，退出市場僅能抵銷車款的 30%。這表示 70% 的車款是沉沒的，30% 的車款是非沉沒的。

類似問題： 7.1 和 7.2

7.2 成本極小問題

現在讓我們運用我們已經介紹一些不同的成本觀念，來分析廠商面對的重要問題：如何選擇成本最小的要素投入組合，以生產一定的商品數量。我們在第 6 章曾經討論，廠商能夠雇用不同要素投入組合生產固定商品數量。在廠商能夠選擇的要素投入組合中，廠商追求利潤最大，應該選擇生產成本最小的要素投入組合。尋找生產成本最小的要素投入組合的問題，稱為**成本極小問題** (cost-minimization problem)，而廠商尋求生產一定數量的最小成本，稱為**成本極小廠商** (cost-minimizing firm)。

成本極小問題 找出使廠商生產特定產量的成本最小之生產因素組合的問題。

成本極小廠商 尋求生產既定產量之成本極小廠商。

長期與短期

我們將會學習廠商長期與短期的成本極小問題。雖然長期與短期似乎與時間長短有關，將它們想像成廠商制定決策的彈性是比較有用的分法。廠商制定**長期** (long-run) 決策，面臨一空白地帶 (即，沒有限制)：在長期，它能夠任意改變生產因素的雇用數量。在上一節，當運動商品廠商決定是否興建全新保齡球工廠時，它面臨長期決策。其可自由選擇是否興建工廠，若是，要興建多大的工廠。當它決定興建，廠商能夠同時選擇其它投入數量，如勞動力人數及土地面積。原則上，廠商選擇不興建，可以避免所有要素投入成本，長期決策遭遇的成本一定是非沉沒的。

長期 廠商能夠調整投入數量的期間。

相反地，廠商的**短期** (short-run) 決策是有限制的：在短期，它無法調整某些投入的數量，及/或它不能夠做出與當初決定相反的決策。例如，一旦保齡球工廠興建完成，在一段時間內，它會面臨短期決策，如在一定工廠面積與生產容量限制下，應該雇用多少數量的勞工。

短期 至少有一個投入數量無法改變的期間。

在個體經濟學，短期與長期為一方便的簡化分析觀念，有助於凸顯我們研究的重點。實際上，廠商面對的是連續的"期間"；某些決策比其它決策容易遭遇到"空白地帶"。在這節，我們著重在長期成本極小問題的研究，以仔細分析廠商面臨空白地帶時能夠取捨的要素投入組合。下一節，我們將討論短期成本極小問題來凸顯生產因素使用的限制，如何限制廠商追求成本極小的能力。

長期成本極小化的問題

成本極小問題是第 1 章受限最適化的另一個例子。我們想要追求廠商總成本最小，受限於廠商需要生產一定數量的產出。在第 4 章，我們已經碰到另外二個受限最適化問題的例子：在預算限制下，追求效用極大問題 (效用極大化) 及在效用水準固定情況下，消費者追求支出極小的問題 (支出極小)。你將看到成本極小問題非常類似消費者理論中支出極小的問題。

學習長期成本極小的問題，讓我們假設廠商使用兩種投入：勞動與資本。每一投入都有價格，每一單位勞動服務的價格——也稱為工資率——為 w。每單位資本服務的價格為 r。勞動價格可以是外顯成本或隱含成本。若廠商從公開市場上招募員工 (大多數廠商皆如此)，勞動價格是外顯成本。若雇主自行投入自己的時間，放棄外面的工作機會，勞動價格是隱含成本。同樣地，資本價格可以是外顯成本或隱含成本。如果廠商從別家廠商租賃資本服務 (如公司租用網際網路服務建構網站)，資本價格是外顯成本。若廠商自己擁有資本，且用在企業經營上，而放棄銷售給別人的機會，資本價格是隱含成本。

廠商決定在明年生產 Q_0 單位的產量。在以下幾章，我們將學習廠商如何制定產出決策。現在，商品數量 Q_0 是外生的。(如若公司經理被告知要生產多少商品數量。) 製造業經理面對的長期成本極小化問題是如何在固定產量下，以最低成本方式生產。因此，管理者必須選擇資本數量 K，與勞動數量 L 來追求生產固定 Q_0 單位產量的總成本 $TC = wL + rK$ 最小。這個總成本是廠商雇用勞動與資本所發生的所有經濟成本的總和。

等成本線

現在讓我們試著以圖形來解答廠商成本極小化問題。第一個步驟是畫出**等成本線** (isocost line)。等成本線是具有相同總成本 (total cost, TC) 的勞動與資本投入組合的軌跡連線。等成本線類似消費者理論中的預算線。

等成本線 可以得到相同成本的勞動和資本投入組合的軌跡連線。

例如，考慮一例子，其中每小時勞動價格 $w = \$10$，每小時機器價格 $r = \$20$，及每年總成本 $TC = \$1$ 百萬。等成本線 $\$1$ 百萬可以方程式表示為 $1{,}000{,}000 = 10L + 20K$，上式可以改寫成 $K = 1{,}000{,}000/20 - (10/20)L$。$\$2$ 百萬與 $\$3$ 百萬的等成本線可寫成：$K = 2{,}000{,}000/20 - (10/20)L$ 及 $K = 3{,}000{,}000/20 - (10/20)L$。

一般而言，就任一總成本 TC 與要素投入價格 w 和 r，等成本

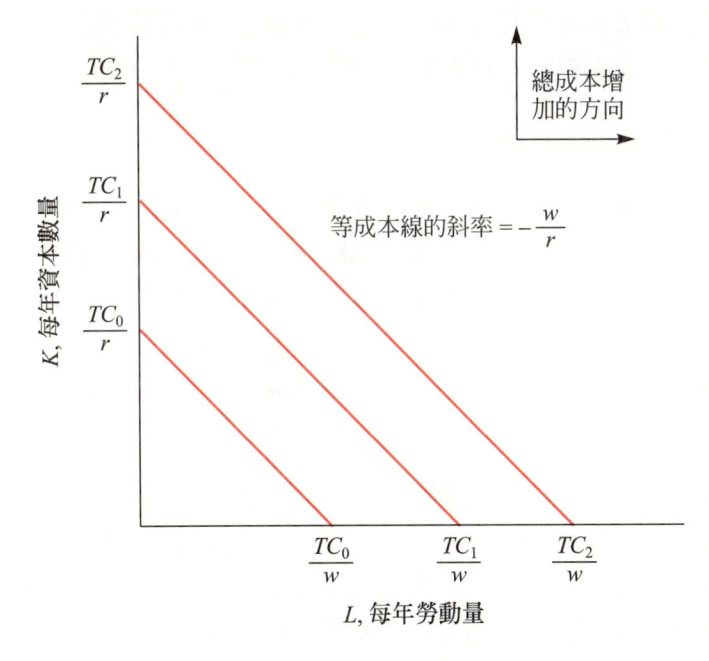

圖 7.1 等成本線

當我們移向東北方時，等成本線會對應更高的總成本水準。所有的等成本線與相同斜率。

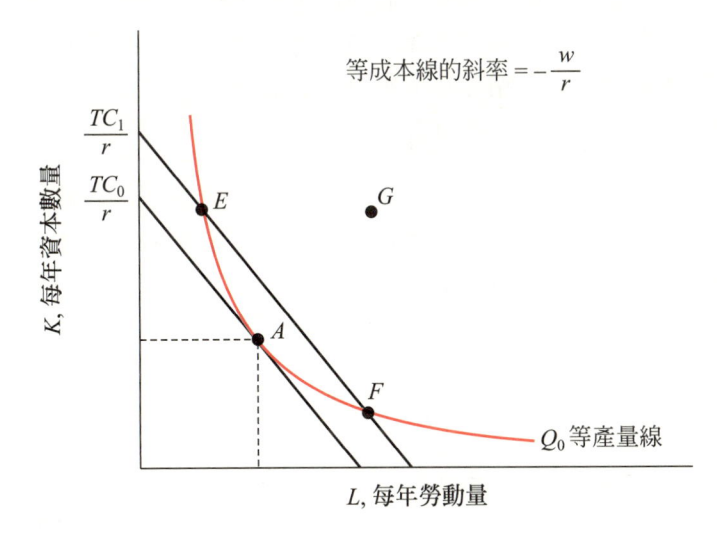

圖 7.2 成本極小的要素投入組合

成本極小的要素投入組合在點 A。點 G 是技術無效率，點 E 與點 F 有技術效率，但兩者皆非成本最小，(廠商可以從 TC_1 移至 TC_0 的點 A，來降低生產成本。)

線的方程式是 $K = TC/r - (w/r)L$。

圖 7.1 畫出不同總成本水準的等成本線 TC_0，TC_1，TC_2，其中 $TC_2 > TC_1 > TC_0$。一般而言，我們會有無數多條等成本線，每一條等成本線都對應一特定總成本水準。圖 7.1 的等成本線具有相同的斜率：當 K 在縱軸與 L 在橫軸時，斜率是 $-w/r$ (負的勞動價格除以資本價格)。任一等成本線 K 軸的截距是對應的總成本除以資本的價格 (就等成本線 TC_0 而言，K 軸截距為 TC_0/r)。同樣地，

等成本線 TC_0 的 L 軸截距是 TC_0/w。注意在圖 7.1，當我們向東北方向移動時，等成本線會對應更高的總成本水準。

長期總成本極小問題的圖解

圖 7.2 畫出等成本線與對應產量水準 Q_0 的等產量線。廠商成本最小問題的最適解是在點 A，恰好是等產量線與等成本線的切點。亦即，所有在等產量線上的要素投入組合中，點 A 提供廠商最低的生產成本。

要證實這點，考慮圖 7.2 的其它要素投入組合，如點 E，F 與 G：

- 點 G 不在等產量線 Q_0 上。雖然這個要素投入組合能夠生產 Q_0 單位產出，利用此點生產，廠商會浪費生產資源 (即，點 G 是無技術效率)。這個點並非最適點，因為點 A 同樣能夠生產 Q_0 單位產出，但是所投入的資本與勞動數量較點 G 少。
- 點 E 與點 F 有技術效率，但它們並非成本極小的要素投入組合，因為它們位於較高成本水準的等成本線而非通點成本極小點 A 的等成本線上。從點 E 移向點 A 或從點 F 移向點 A，廠商能以較低成本生產相同數量的商品。

請注意表示等產量線的斜率在成本最小點 A 等於等成本線的斜率。在第 6 章，我們看到負的等產量線斜率等於勞動對資本的邊際技術替代率 $MRTS_{L,K}$，且 $MRTS_{L,K} = MP_L / MP_K$，前面我們提到等成本線的斜率是 $-w/r$。因此，成本極小的條件發生在：

$$\text{等產量線斜率} = \text{等成本線斜率}$$

$$-MRTS_{L,K} = -\frac{w}{r}$$

$$\frac{MP_L}{MP_K} = \frac{w}{r}$$

(7.1)

$$\text{邊際產量的比率} = \text{投入價格的比率}$$

在圖 7.2，最適要素投入組合 A 是最適內部解。最適內部均衡解包含兩個生產因素數量 ($L > 0$ 與 $K > 0$)，及最適解發生在等成本線與等產量線的切點。式 (7.1) 告訴我們在最適內部均衡解，勞動價格對資本價格的比率等於勞動邊際產量對資本邊際產量的比率。式 (7.1) 最適條件也可以改寫成下列方程式：

$$\frac{MP_L}{w} = \frac{MP_K}{r} \tag{7.2}$$

以這種方式表示，這種條件告訴我們在成本極小的要素投入組合，每一塊錢花在勞動雇用所生產的額外商品數量等於每一塊錢花在資本雇用所生產的額外商品數量。因此，若廠商目標是追求成本極小，"花錢得到的價值"在每一生產因素間都是相同。(這個條件與第 4 章消費者效用極大問題求得的最適條件非常類似。)

要瞭解為何式 (7.2) 必須成立，考慮圖 7.2 非成本極小的要素投入組合，如點 E。在點 E，等產量線的斜率比等成本線的斜率更小。因此，$-(MP_L/MP_K) < -(w/r)$，或 $MP_L/MP_K > w/r$，或 $MP_L/w > MP_K/r$。

這個不等式告訴我們廠商在點 E 生產，能夠額外花費一元多雇用勞動而減少資本雇用，能節省的金額超過一元，如此尚能維持產出水準不變。因為這樣做能夠減少總成本，所以內部要素投入組合，如點 E，不符合式 (7.2)，並不是最適均衡解。

邊做邊學習題 7.2
尋找成本極小的最適內部解

問題 最適要素投入組合符合式 (7.1) [或，相當於式 (7.2)]。但是你要如何計算？要了解如何計算，讓我們思考一個特殊例子。假設廠商的生產函數為 $Q = 50\sqrt{LK}$。對於這個生產函數，勞動與資本的邊際產量函數分別是 $MP_L = 25\sqrt{K/L}$ 及 $MP_K = 25\sqrt{L/K}$。假設每單位勞動價格 w 是 $5，且每單位資本價格 r 是 $20。若廠商每年生產 1,000 個單位的商品，其成本極小的要素投入組合為何？

解答 勞動邊際產量對資本邊際產量的比率 $MP_L/MP_K = (25\sqrt{K/L})(25\sqrt{L/K}) = K/L$。因此，我們的相切條件 [式 (7.1)] 為 $K/L = 5/20$，可以簡化成 $L = 4K$。

此外，要素投入組合必須位於 1,000 個單位的等產量線上 (亦即，要素投入組合必須讓廠商能夠生產 1,000 單位的商品數量)。這意味 $1,000 = 50\sqrt{LK}$，或可簡化成 $L = 400/K$。

當我們求解兩條方程式及兩個未知數，我們可得 $K = 10$ 與 $L = $

40。成本極小的要素投入組合是使用 10 單位的資本與 40 單位的勞動。

類似問題：7.6 和 7.7

角　解

在第 4 章討論消費者行爲的理論時，我們曾經研究過角解：最適解的地方，我們並沒有預算線與無異曲線的切點存在。成本極小問題也會有角解存在。圖 7.3 說明這種可能。生產 Q_0 單位產品的成本極小要素投入組合是在點 A，廠商並未使用任何資本。

在這個角點，等成本線比等產量線更爲平坦，從數學上看，這代表 $-(MP_L/MP_K) < -(w/r)$，或，相當於 $MP_L/MP_K > w/r$。另一種表示方式是

$$\frac{MP_L}{w} > \frac{MP_K}{r} \tag{7.3}$$

因此，在角解點 A，每一塊錢雇用勞動的邊際產量超過每一塊錢雇用資本的邊際產量。若仔細觀察等產量線 Q_0 的其它要素投入組合，你會發現等成本線較等產量線更爲平坦。因此，等產量線 Q_0 上的任一要素投入組合均符合式 (7.3)。沒有使用資本的角解可以被當成是花費額外一元雇用勞動所得到的商品數量大於額外一元雇用資本所得到的商品數量。在這個情況，廠商應該以勞動替代資本，直至資本使用數量等於零爲止。

圖 7.3　成本極小化問題的角解

成本極小問題的要素投入組合是在點 A。在這點，廠商並未使用任何資本。這個例子裡，因爲等產量線比等成本線陡峭，如點 E 與點 F，無法有成本最小要素投入組合，因爲廠商能夠以勞動替代資本而維持固定產出水準，並降低生產成本。

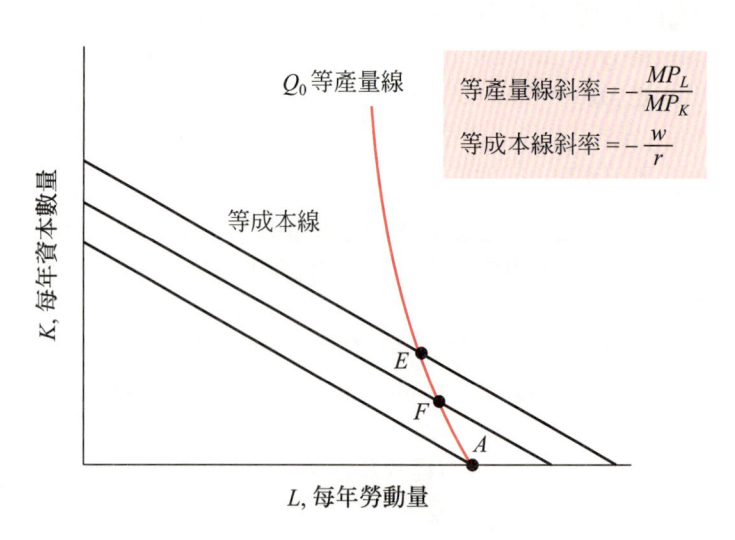

等產量線斜率 $= -\dfrac{MP_L}{MP_K}$

等成本線斜率 $= -\dfrac{w}{r}$

邊做邊學習題 7.3

完全替代下的角解

問題 第 6 章我們曾經看到生產函數是直線型，隱含生產因素之間是完全替代。假設直線型生產函數 $Q = 10L + 2K$。對於這個生產函數 $MP_L = 10$ 與 $MP_K = 2$。假設每單位勞動價格 w 為 \$5，每單位資本價格 r 為 \$2。請求出廠商希望能夠生產 200 單位產出的最適要素投入組合？

解答 圖 7.4 顯示最適要素投入組合為一角解在 $K = 0$。下列說明幫助我們必須要有角解。我們知道，在生產因素間是完全替代時，等產量線上的 $MRTS_{L,K} = MP_L/MP_K$ 是固定常數；在這個例子，其等於 5。但 $w/r = 2.5$，所以沒有任何要素投入組合能夠滿足 $MP_L/MP_K = w/r$。這告訴我們內部最適均衡解並不存在。

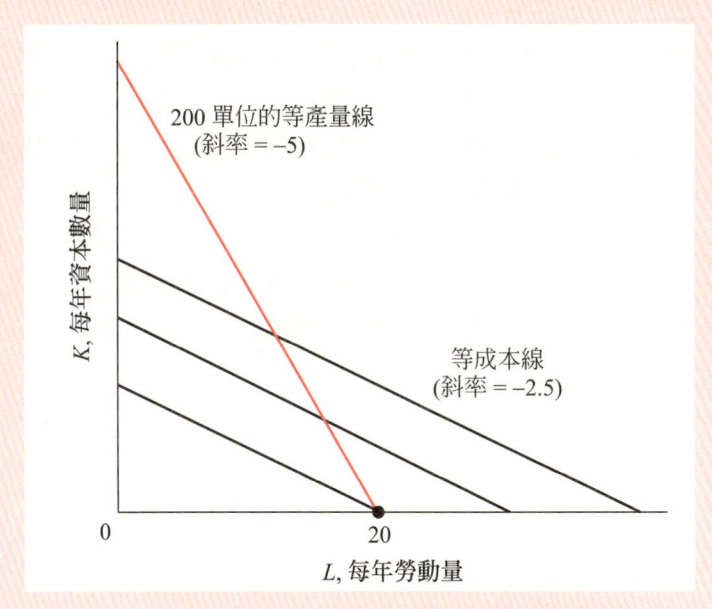

圖 7.4 邊做邊學習題 7.3 的成本極小問題最適解

當資本與勞動是完全替代時，成本極小的最適解是角點。
在這個例子，角解是在 $L = 20$ 與 $K = 0$ 之處。

但是到底是什麼樣的角解？在這個例子，$MP_L/w = 10/5 = 2$，$MP_K/r = 2/2 = 1$，所以每一元勞動邊際產量超過每一元資本邊際產量。這隱含廠商會持續以勞動替代資本，直到不再使用資本為止。因此最適要素投入組合的內容中，$K = 0$。因為廠商希望生產 200 單位產出，$200 = 10L + 2(0)$ 或 $L = 20$。

類似問題： 7.8 和 7.24

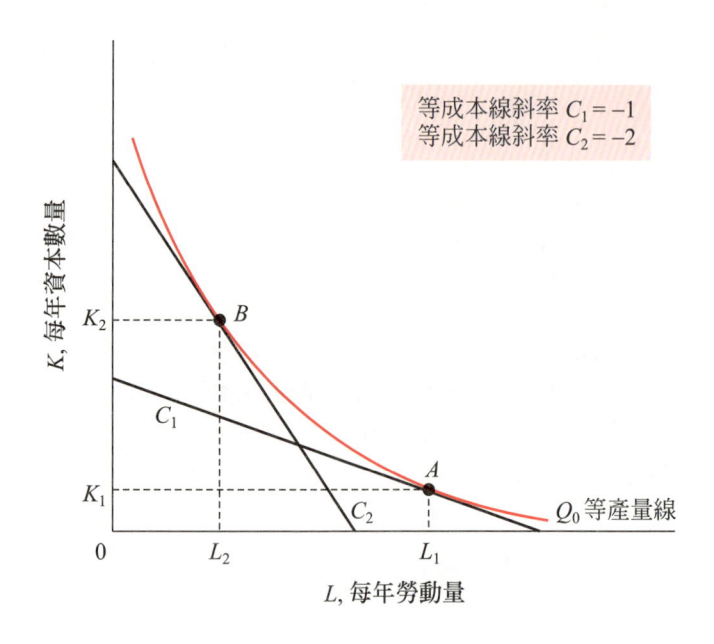

7.3 成本極小問題的比較靜態分析

本章所學習的成本極小問題應該會令你感到似曾相識，因為它非常類似於第 4 章的支出極小化問題。在支出極小問題中，消費者在效用水準固定情形下尋求總支出的最小。在成本極小問題中，廠商在商品數量固定情形下尋求成本最低的要素投入組合。兩個問題的圖形與數學分析都相同。

到目前為止，我們已經以圖形說明廠商成本極小問題的最適解，我們將探討生產因素與產品價格變動如何影響成本極小問題的最適解。

生產因素價格變動的比較靜態分析

圖 7.5 顯示在資本價格 r 固定為 1 與產出數量固定為 Q_0 下，當勞動價格 w 改變時，成本極小問題的比較靜態分析。當勞動價格 w 從 1 增加至 2，成本極小的勞動數量會下跌 (從 L_1 到 L_2)，且成本極小的資本數量會增加 (從 K_1 到 K_2)。因此，勞動價格上升會讓廠商在生產過程中多以資本替代勞動。

在圖 7.5，我們看到勞動價格 w 上升會使等成本線與等產量線的位置改變。當 $w = 1$ 時，切點在點 A (最適投入組合是 L_1, K_1)；當 $w = 2$ 時，切點在點 B (最適投入組合是 L_2, K_2)。因此，由於 $MRTS_{L,K}$ 遞減，等成本線與等產量線的切點是在等產量線的

圖 7.5 勞動價格改變大，成本極小問題的比較靜態分析

在資本價格 $r = 1$ 和產出數量 Q_1 不變下，當勞動價格 $w = 1$ 等成本線是 C_1 和最適投入組合在點 A (L_1, K_1)。當勞動價格 $w = 2$ 時，等成本線是 C_2 和最適投入組合在點 B (L_2, K_2)。勞動價格上漲使得廠商以資本替代勞動。

等成本線斜率 $C_1 = -1$
等成本線斜率 $C_2 = -2$

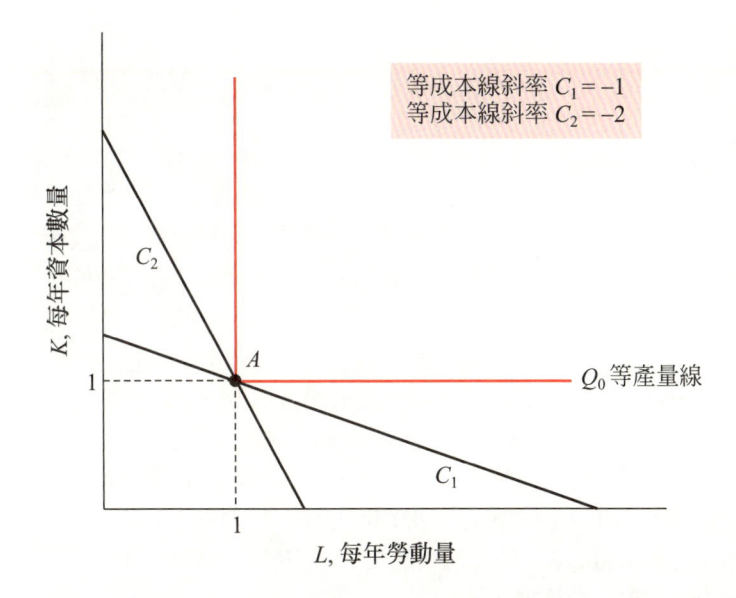

等成本線斜率 $C_1 = -1$
等成本線斜率 $C_2 = -2$

圖 7.6　固定比例生產函數下，成本極小問題的比較靜態分析

資本價格 $r = 1$ 和產出數量 Q_0。固定不變。當勞動價格 $w = 1$ 時，等成本線是 C_1 和最適投入組合在點 A ($L = 1, K = 1$)。當勞動價格 $w = 2$ 時，等成本線是 C_2，最適投入組合仍在點 A。勞動價格上升並未導致廠商以資本替代勞動。

上方 (亦即，勞動數量減少，資本數量增加)。為了要生產既定產出，廠商會使用較多的資本和較少的勞動，因為相對於資本，勞動變得昂貴 (w/r 增加)。依據相同的邏輯，當 w/r 下降，廠商會減少資本與提高勞動，所以切點沿著等產量線向下移。

這個關係是建立於兩個重要假設。第一，在最初的生產因素價格，廠商會雇用正的勞動與資本使用量。亦即，我們不從角解開始。如果這個假設不成立——若廠商最初的生產因素雇用量是零——和生產因素價格上升，廠商會持續不使用該生產因素。因此，成本極小的要素投入數量不會下跌，而是會維持與之前的相同，如圖 7.5 所示。第二，等產量線必須是"平滑"的 (亦即，等產量線沒有拗折點)。圖 7.6 所示為固定比例的生產函數，因此等產量線有拗折點。在這種情況，當我們從角點出發時，勞動價格上升會讓成本極小的勞動數量固定不變。

讓我們總結比較靜態分析結果：

- 當廠商有平滑等產量線和邊際技術替代率遞減，且廠商最初雇用的生產因素數量皆大於零時，生產因素價格上升 (假設產出與其它生產因素價格固定不變)，將引起該生產因素 (成本極小最適均衡解) 數量下跌。
- 當廠商雇用生產因素為零或廠商有固定比例生產函數 (如圖 7.6)，生產因素價格上漲將會使成本極小的生產因素數量不變。

範例 7.4

挪威擁有巨大油輪[10]

以油輪運送原油是具風險性與多變性的事業，曾經被形容成"世界上最大的撲克賭局"。財富累積與消失在油輪事業是異常迅速。例如，歐納西斯 (Aristotle Onassis)，賈桂琳 (Jacqueline Kennedy Onassis) 第二任丈夫，擁有許多油輪而累積鉅額財富。油輪本身是一巨大的鋼鐵船身，若將油輪展開，它會比最高的摩天大樓還要高。油輪價格也是非常昂貴：一艘油輪的造價超過 $5 千萬。

油輪事業的主要參與者是石油公司、私人輪船公司及政府。輪船公司遍佈全世界各地，但傳統上集中在挪威、希臘及香港。在 1970 年代，挪威人是第一個輪船公司投資超級油輪，大型油輪容量超過 200,000 公噸載重量 (DWT)。[11] 在此之前，傳統油輪的容量通常是在 100,000 DWT 以下。因此，在 1980 年代初期，挪威人擁有全世界 15% 的油輪，但總噸數高達 50%。

超級油輪較傳統油輪需要較少比例的勞工。例如，在 1980 年代初期，50,000 DWT 的油輪，船員成本占總成本的 28%，但是 250,000 DWT 的油輪，船員成本占總成本只有 14%。因此，超級油輪較傳統油輪雇用較高的資本對勞動比率。

挪威人曾經是最主動積極採用超級油輪技術的民族，這句話是一個巧合？可能不是。挪威人有強烈的經濟誘因，在航行油輪時以資本替代勞動。挪威國家法律要求挪威油輪必須懸掛挪威國旗，這意味挪威船商較其它懸掛所謂"權宜性旗幟"(通常是利比亞或巴拿馬國家的國旗)，必須給付較高的薪資給船員。此外，挪威政府允許船主自由提列折舊及折扣再投資，這樣可以降低船商資本的有效價格。總之，挪威船商比其它國家的船主面對較高的勞動價格與較

圖 7.7　油輪

挪威人比其它國家的油輪船主面對較高的勞動價格，等成本線斜率較陡 (C_N 的斜率 > C_O 的斜率)，挪威在較高的資本勞動比率 ($K_N/L_N > K_O/L_O$，所以其成本極小的要素投入組合是在等產量線的左上方 (點 A)，而非其它油軸擁有者 (點 B)。

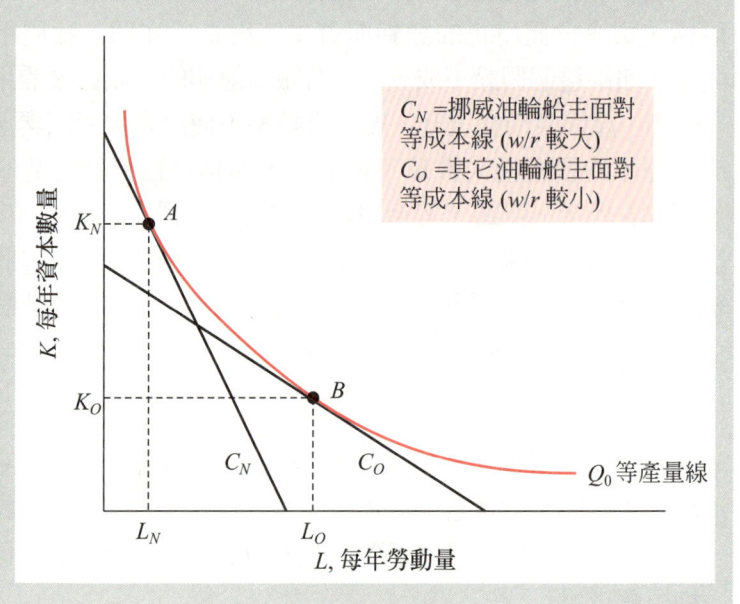

C_N =挪威油輪船主面對等成本線 (w/r 較大)
C_O =其它油輪船主面對等成本線 (w/r 較小)

---

[10] 這個範例主要摘自"The Oil Tanker Shipping Industry in 1983,"Harvard Business School case 9-384-034.
[11] 油輪容量的載重量 10 噸大約是 7 桶原油。

低的資本價格。如圖 7.7 所示，成本極小廠商面對這種情況，會有誘因雇用較高資本對勞動比率，且廠商面對較低勞動價格與較高資本價格，會採取較低資本對勞動比率。早期挪威船商採用超級油輪是符合這些經濟誘因。

注意，這些結果隱含要素投入價格的上漲並不會造成成本極小的要素投入數量增加。

產量變動的比較靜態分析

現在讓我們進行，在投入（資本和勞動）價格不變下，產量 Q 改變時成本極小問題的比較靜態分析。圖 7.8 指出當產出數量 Q 從 100 增至 200 再增至 300 的等產量線。它也顯示三種產量水準下的等成本線。當產量 Q 增加，成本極小最適解會由點 A 移到點 B 再移到點 C。成本極小的最適要素投入組合的軌跡連線稱為**擴張線** (expansion path)。注意當廠商提高產出數量時，成本極小的勞動與資本投入數量都增加，在這種情況，勞動和資本皆為**正常投入** (normal inputs)。若廠商提高產出數量而增加一要素投入的雇用，該要素投入是正常投入。當兩種要素投入都是正常投入，擴張線會是一正斜率曲線。

若其中一投入不是正常投入，而是**劣等投入** (inferior input) ——亦即，隨著產出增加，廠商雇用更少的投入？這種情況發生在

擴張線 在投入價格不變下，隨著產量變動，連結成本極小投入組合的軌跡連線。

正常投入 隨著產出增加，成本極小雇用數量增加的投入。

劣等投入 隨著產出增加，成本極小雇用數量減少的投入。

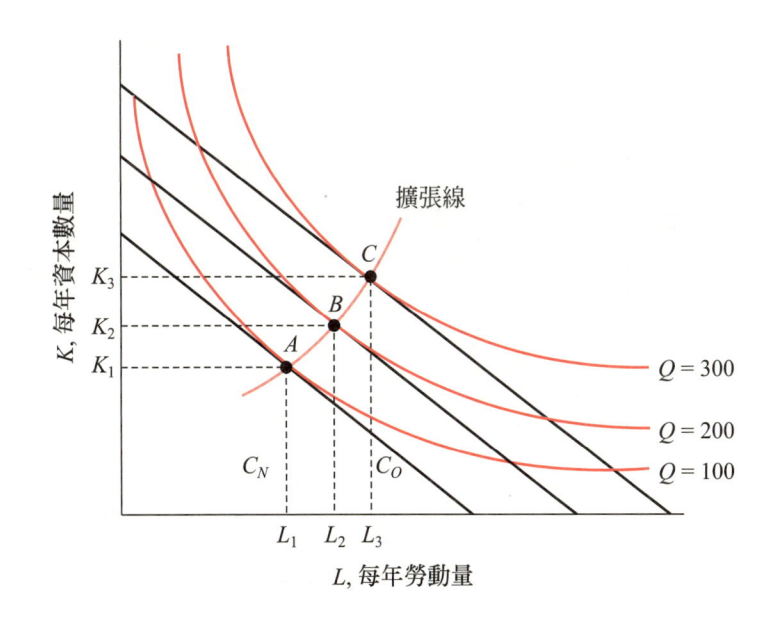

圖 7.8 產出數量變動下，成本極小問題比較靜態分析的正常投入

勞動與資本價格固定不變，當產出數量從 100 增加到 200 再到 300 時，成本極小的要素投入組合在點 A 到點 B 再到點 C。當兩個投入皆為正常投入時 ($L_1 < L_2 < L_3$，和 $K_1 < K_2 < K_3$)，兩個投入數量隨著產量增加而增加，且擴張線斜率為正。

270 個體經濟學

圖 7.9 產量變動下，成本極小的比較靜態分析：勞動是劣等投入

資本與勞動價格固定不變。當產量從 100 增至 200 時，成本極小的要素投入組合沿著等產量線從點 A 移至點 B。若其中一投入 (資本) 是正常投入而另一投入 (勞動) 為劣等投入，則隨著產量增加，正常投入數量也增加 ($K_1 < K_2$)。然而，劣等投入數量減少 ($L_1 > L_2$)，且擴張線斜率為負。

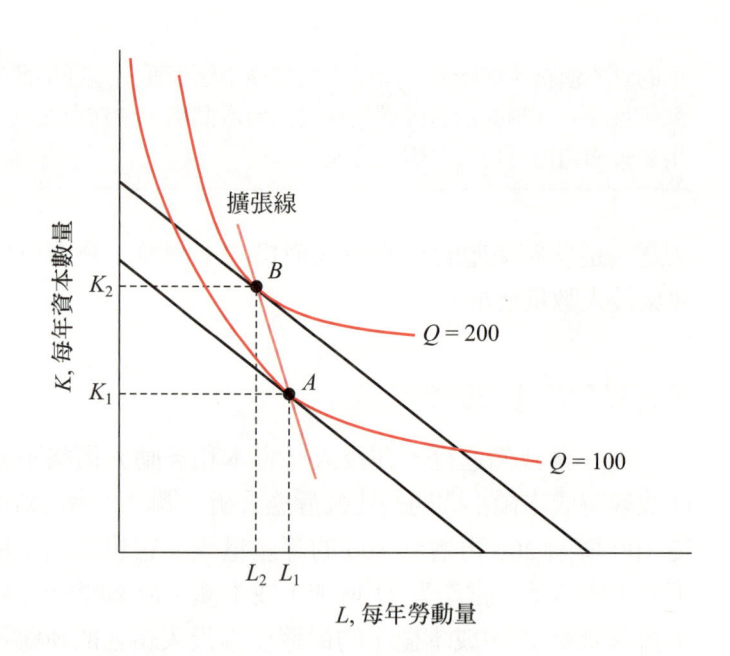

生產過程中大量採用自動化來增加生產，使用更多資本但較少的勞動，如圖 7.9 所示 (在這種情況下，勞動是劣等投入)。當產出數量提高，成本極小的勞動雇用量下跌，我們會說勞動是劣等投入。當其中一個要素投入是劣等投入，擴張線會是負斜率，如圖所示。

當廠商只有雇用兩種要素投入時，兩種要素投入可能同時是劣等投入？假設兩種都是劣等投入，廠商生產更多商品會減少對

圖 7.10 柏克紡織：產出變動的比較靜態分析

勞動價格從 w_0 上升至 w_1 而產量從 Q_0 增至 Q_1。成本極小的要素投入組合從點 A 移到點 B：使用相同數量的勞動與更多數量的資本。(工資上升導致的勞動數量減少，可能由產出增加導致的勞動數量增加所抵銷)。

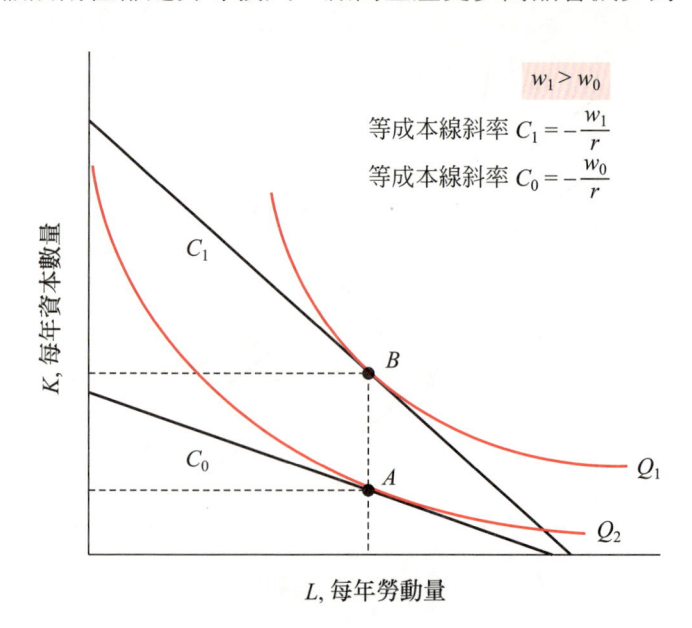

兩種投入的雇用。但是若追求成本極小，廠商必須有技術效率，且若其有技術效率，同時減少兩投入的雇用將會減少產出 (見圖 6.1)。因此，兩種投入不可能都是劣等 (其一或兩者皆為正常投入)。這個分析指出：在直覺上，所有投入的劣等性質無法符合使用生產因素會增加商品數量。

範例 7.5

自動化和要素投入的選擇

在 1990 年代中期，位於北卡羅萊納州柏克郡的柏克紡織遭遇一個問題。[12] 柏克郡是美國失業率最低的鄉鎮之一，且當地廠商競相雇用勞工，使工資上漲。柏克紡織處於高度競爭的國際市場，柏克紡織的管理階層認為高工資將使其處於不利的競爭地位。所以為了要改善成本以提高其競爭性，柏克紡織投入數百萬美元使生產設備自動化。到 1997 年，柏克紡織是紡織業自動化最深的企業之一。

即使柏克紡織自動化其生產過程，勞動雇用人數並未顯著改變。這似乎與圖 7.5 的比較靜態分析相違背，圖上認為柏克紡織應減少勞動雇用。要如何解釋這明顯的矛盾？

結果是在柏克紡織成本極小化問題的過程同時發生兩件事。在 1990 年代中期工資上漲時，它也擴充其海外市場，因此產出也隨之增加。圖 7.10 顯示兩個比較靜態分析同時發生：一為工資上升，另一為產出增加。假設資本和勞動在當時皆為正常投入，若產出不變，工資上升——會使得廠商增加其資本-勞動比率 (亦即，使用更多的資本和更少的勞動)。但是產出不會固定不變——它擴張產出使柏克紡織增加兩種投入的雇用。因此，工資上漲導致勞動的潛在下降可能被產出增加引發的勞動雇用增加所抵銷。

總結比較靜態分析：生產因素需求曲線

我們已經看到成本極小問題的答案是最適要素投入組合：資本數量與勞動數量。我們也看到要素投入組合受廠商生產商品數量，及勞動與資本價格的影響。圖 7.11 所示為另外一種方式總結勞動價格改變如何影響廠商追求成本極小的勞動雇用量。

上面的圖形顯示一開始廠商生產 100 單位的比較靜態分析。資本 r 價格是 $1 且在分析中視為固定不變。工資 w 的起始價格是 $1，而成本最小的要素投入組合在 A 點。

首先，讓我們觀察在產出固定在 100 時，工資從 $1 上升至 $2 的影響。成本極小的要素投入組合在上圖的 B 點。下圖顯示廠商

---

[12] 這個例子取自 John McCurry, "Burke Mills Robotizes Its Dyehouse," *Textile World* 146 (January 1996), 78-79.

272 個體經濟學

圖 7.11 比較靜態分析與勞動需求曲線

勞動需求曲線是指，當勞動價格改變時，追求成本極小廠商如何改變其勞動雇用量。就一固定產出 $Q = 100$ 單位，當每單位勞動價格從 $w = \$1$ 增加至 $w = \$2$ 時，勞動需求會從點 A 沿勞動需求曲線移至點 B。假設每單位勞動價格固定在 $w = \$1$，產量從每年 100 個單位增加至 200 個單位時，整條勞動需求曲線會往右移動，從點 A 移到點 C。

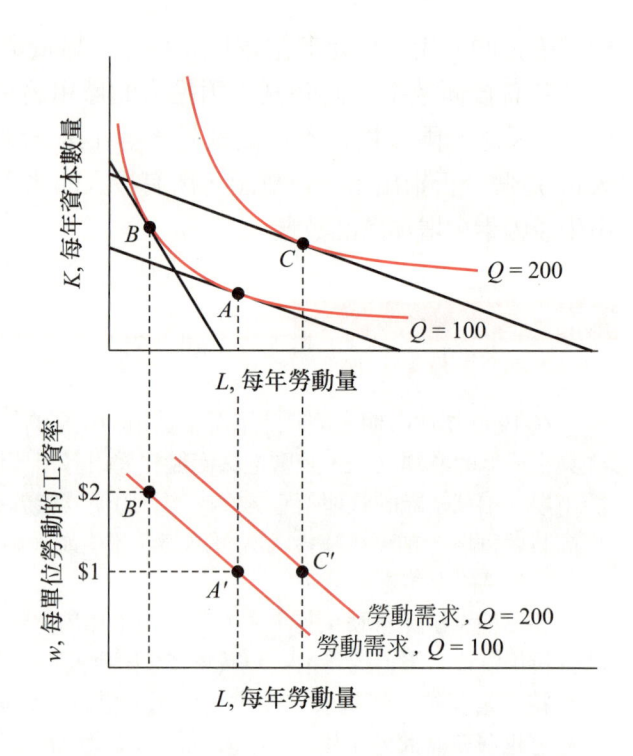

勞動需求曲線
顯示廠商追求成本最小的勞動數量隨著工資變動而變動的曲線。

的**勞動需求曲線** (labor demand curve)：廠商成本極小的勞動數量如何隨著工資的變動而變動。上圖的點 A 移至點 B 對應在產出是 100 時，勞動需求曲線的點 A' 移至點 B'。因此，工資變動促使廠商沿著相同的勞動需求曲線移動。如圖 7.11 所示，勞動需求曲線一般爲負斜率。[13]

現在讓我們來看爲何產出水準的改變 (在生產因素價格不變下) 導致勞動需求曲線的移動。再一次，當工資爲 $\$1$ 和產出是 100 單位時，廠商一開始選擇籃 A。若廠商需要增加生產至 200 單位，而資本和勞動價格不變下，成本最小的要素投入組合是上圖的點 C。上圖的籃 A 移至籃 C 對應下圖的點 A' 移至點 C'。點 C' 是在產出 200 單位的勞動需求曲線上。因此，產出水準的改變讓產出爲 100 的勞動需求曲線移至產出爲 200 的勞動需求曲線。若產出增加和生產因素爲正常投入，該投入的需求將向右移動，如圖 7.11 所示。若產出增加和生產因素爲劣等投入，該投入的需求則向左移動。

---

[13] 如果本文指出，當廠商擁有固定比例生產函數或我們處於成本極小勞動數量爲零的區域，則例外可能發生。這些例子，勞動價格提高，勞動需求數量不會改變。

廠商的**資本需求曲線** (capital demand curve) (廠商成本極小的資本數量如何隨資本價格變動而變動) 能夠以相同的方式說明。

資本需求曲線
顯示廠商的成本極小資本數量如何隨著資本價格變動而變動的曲線。

邊做邊學習題 7.4

從生產函數推導生產因素需求曲線

問題 假設一廠商面對生產函數 $Q = 50\sqrt{LK}$。勞動需求曲線與資本需求曲線各是多少？

解答 我們從式 (7.1) 的相切條件開始：$MP_L/MP_K = w/r$。如邊做邊學習題 7.2 所討論，$MP_L/MP_K = K/L$。因此，$K/L = w/r$，或 $L = (w/r)K$。這是擴張線的方程式 (圖 7.8)。

現在將此關係代入生產函數，並求出 K 是 Q，w 與 r 的函數：

$$Q = 50\sqrt{\left(\frac{r}{w}K\right)K}$$

或

$$K = \frac{Q}{50}\sqrt{\frac{w}{r}}$$

這是資本需求曲線：因為 $L = (r/w)K$，$K = (r/w)L$。因此

$$\frac{w}{r}L = \frac{Q}{50}\sqrt{\frac{r}{w}}$$

或

$$L = \frac{Q}{50}\sqrt{\frac{r}{w}}$$

這是勞動需求曲線。請注意上式中，勞動需求是勞動價格 w 的遞減函數，及資本價格 r 的遞增函數。這是符合圖 7.5 與 7.11 的圖形分析。注意當 Q 增加時 K 和 L 都會增加。因此，勞動與資本都是正常投入。

類似問題：7.9 與 7.16

生產因素需求的價格彈性

剛才我們已經看到生產因素需求曲線如何總結成本極小問題最適解。在第 2 章，我們學習利用需求價格彈性的概念來敘述價格變動，影響商品需求量變動的敏感度。**勞動需求的價格彈性**

勞動需求的價格彈性
成本極小的勞動數量變動百分比除以工資變動的百分比。

(price elasticity of demand for labor) $\epsilon_{L,w}$ 是指勞動價格變動 1% 引起成本極小的勞動數量變動的百分比：

$$\epsilon_{L,w} = \frac{\frac{\Delta L}{L} \times 100\%}{\frac{\Delta w}{w} \times 100\%}$$

或重新集項，且分子分母上下抵銷 100%，可得

$$\epsilon_{L,w} = \frac{\Delta L}{\Delta w} \frac{w}{L}$$

資本需求的價格彈性
成本極小的資本數量變動百分比除以資本價格變動百分比。

同樣地，**資本需求的價格彈性** (price elasticity of demand for capital) $\epsilon_{K,r}$ 是指資本價格變動 1% 引起成本極小資本數量變動的百分比：

$$\epsilon_{K,r} = \frac{\Delta K}{\Delta r} \frac{r}{K}$$

決定生產因素需求的價格彈性的一個重要因素是替代彈性 (見第 6 章)。在圖 7.12，圖 (a) 與 (b) 指出，當替代彈性很小時──亦即，當廠商面對生產因素間替代機會是有限時──勞動價格大幅改變只會引起成本極小勞動數量微幅變動。圖 (a)，我們見到廠商面對的生產函數是固定替代彈性 (CES) 生產函數，替代彈性是 0.25 的比較靜態分析。這種生產函數意謂資本與勞動的替代機會是有限的。結果，勞動價格下跌 50%，從 $w = \$2$ 下跌至 $w = \$1$ (假設資本價格固定在 $r = 1$)，成本極小的勞動數量先增加 8%，從 4.6 增加至 5，如圖 (a) 成本極小的要素投入組合從點 A 移至點 B，以及圖 (b) 的勞動需求曲線所示。在這個例子，勞動需求的價格彈性很小，勞動需求對勞動價格是相對不敏感的。

相反地，在圖 7.12(c)，我們見到廠商面對的生產函數，其替代彈性等於 2 的比較靜態分析。這個生產函數意謂資本與勞動間的替代機會是相當充足的。因此，勞動價格下跌 50%，從 $w = \$2$ 下跌至 $w = \$1$，成本極小的勞動數量從 2.2 增加至 5，是 127% 的增加，如圖 (c) 所示，成本極小要素投入組合從點 A 移至點 B，以及在圖 (d) 的勞動需求曲線。由於資本與勞動間的豐富替代可能，廠商的勞動需求對勞動價格是比較敏感。

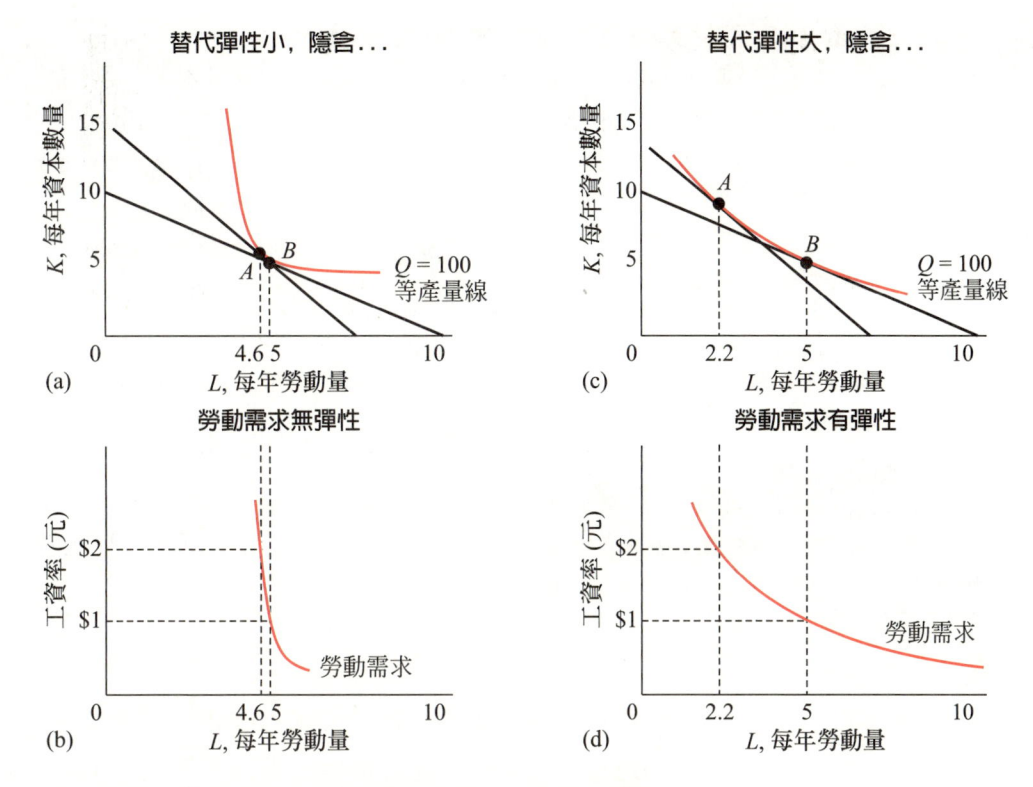

圖 7.12 勞動需求的價格彈性受勞動與資本間的替代彈性影響

在資本價格和產出數量不變下，工資從 $2 跌至 $1。在圖 (a) 和 (b)，替代彈性低 (0.25)，所以工資下跌 50%，勞動數量只增加 8% (亦即，勞動需求對工資相對不敏感，成本極小的要素投入組合只從點 A 移至點 B)。在圖 (c) 和 (d)，替代彈性大 (2)，所以工資同樣下跌 50% 導致勞動數量增加 127%。(亦即，勞動需求對工資較敏感；成本極小的要素投入組合從 A 點移至 B 點幅度較大。)

範例 7.6

阿拉巴馬州的生產因素需求

生產因素的需求在實際產業中是有彈性或無彈性？A. H. Barnett、Keith Reutter 和 Henry Thompson 的研究建議製造業生產因素需求是相對無彈性的。[14] 他們利用 1971－1991 年間的產出，生產因素數量，及生產因素價格的資料，估計阿拉巴馬州四種不同產業：紡織業、造紙業、化學業，和金屬製造業中，成本極小的資本、勞動和電力數量如何隨生產因素價格的變動而改變。

表 7.1 整理出這些發現。我們以紡織業為例，解釋這些數據。表 7.1 告訴我們紡織業中，

---

[14] A. H. Barnett, K. Reutter, and H. Thompson, "Electricity Substitution: Some Local Industrial Evidence," *Energy Economics* 20 (1998), 411-419.

表 7.1　阿拉巴馬州製造業生產因素需求的價格彈性 *

投入產業	資本	生產線勞工	非生產線勞工	電力
紡織業	−0.41	−0.50	−1.04	−0.11
造紙業	−0.29	−0.62	−0.97	−0.16
化學業	−0.12	−0.75	−0.69	−0.25
金屬業	−0.91	−0.41	−0.44	−0.69

* 上述資料取自 A.H. Barnett, K. Reutter, and H. Thompson, "Electricity Substitution: Some Local Industrial Evidence," *Energy Economics* 20 (1998), 411-419 的表。

生產線勞工需求的價格彈性是 −0.50。這表示生產線勞工的工資率上漲 1%，典型阿拉巴馬州的紡織廠將減少成本極小勞動需求數量 0.5%，這隱含生產線勞工需求在阿拉巴馬州的紡織業是價格無彈性的，這意謂成本極小的勞動數量對勞動價格的變動是不敏感的。表 7.1 的生產因素需求彈性估計係數，只有一個不是介於 0 與 −1 之間，這表示在這四個行業中，廠商面臨生產因素價格變動時，不會積極地從事要素投入間的替代。亦即，這些行業的廠商面對的情況比較接近圖 7.12 (a) 和 (b) 而非圖 (c) 和 (d)。

7.4 短期成本極小化

到目前為止，我們研究長期成本極小問題，廠商可自由變動生產因素的數量。在本節，廠商面臨的限制是其中一個或多個生產因素不能變動時 (或許是過去的決策讓改變無法實現)，我們研究短期廠商成本與成本極小化的問題。例如，如前所述，考慮一廠商有兩個投入：勞動與資本。假設廠商無法改變資本數量 $\overline{K}$，即使廠商的產出為零，資本仍固定在 $\overline{K}$，但其仍然能夠變動勞動雇用量 (即，可雇用或解雇勞工)。因此，廠商的總成本是 $wL + r\overline{K}$。

短期成本

固定與變動成本：沉沒與非沉沒成本

短期總成本的兩個元素，wL 與 $r\overline{K}$，兩者間有重要的區別。首先，它們對產出的敏感程度不同。我們即將看到，廠商對勞動的支出 wL 會隨產出的增減而增減。廠商的勞動成本構成**總變動成本** (total variable cost)，隨產出增減而變動的部分。相對地，廠商的資本成本 $r\overline{K}$，並不會隨產出增減而變動。(廠商的資本成本可能是向別的廠商租賃廠房的租金支出，或是貸款興建廠房的分期付款。這些成本並不會隨廠商調整產出水準而改變。) 資本成本構成廠商**總固定成本** (total fix-ed cost) 係指當廠商改變產出時，廠商總成本中固定的部分。

總變動成本
在短期成本極小的要素投入組合下，變動投入如勞動和原料，總支出的加總。

總固定成本
固定生產因素的成本，不會隨著產出變動而變動。

第二，廠商兩類成本的不同在於當廠商決定不生產且產出為零時，成本是沉沒成本或非沉沒成本。這個決定可以用問題表達：廠商不應該生產任何數量的產出，或其應該生產某些產出？就關門歇業的決定而言，廠商的勞動總支出 wL 是非沉沒成本。如果廠商不生產任何產出，它可以避免勞動成本的支出。因為變動成本完全可以避免，它們始終是非沉沒的。反之，廠商的固定資本成本 $r\overline{K}$ 可以是沉沒或非沉沒。若工廠並無其它用途——亦即，若廠商無法找到其他人願意出錢使用工廠，則固定成本是沉沒的。因為廠商在短期無法調整資本數量，即使不生產任何數量，廠商也無法避免任何資本相關的支出 (亦即，若廠商是貸款興建廠房，即使它不打算讓工廠營運生產商品，廠商還是必須支付分期付款的本金與利息。)

固定成本與沉沒成本是否相同？

如前所見，若廠商的產量為零產出，變動成本完全可避免。因此，變動成本是非沉沒的。然而，固定成本並不必然是沉沒的。例如，廠商的資本可能是固定的，它可能每月給付銀行固定費用 $r\overline{K}$ (可視此為抵押貸款)。但廠商或許知道不使用工廠，可以將其出租，每個月收取租金 $r\overline{K}$。由於租金收入可以彌補抵押貸款，廠商可出租工廠而避免所有的固定成本。在這種情況，廠商的固定成本可以避免 (非沉沒)。

另一個例子，考慮工廠的暖氣。只要工廠開工營運，不論生產數量是多少，暖氣費用大概都是一樣 (因此，暖氣成本是固定的)。但是若廠商關廠歇業，它可以關掉暖氣，暖氣成本會消失。暖氣成本是可避免的 (非沉沒) [15]。

圖 7.13 總結這些結論，短期成本可以是

- 變動且非沉沒。(根據定義，如成本對產出敏感。)
- 固定且非沉沒。(這種成本對產出不敏感，若廠商的生產為零產出，則可避免。我們將於第 9 章詳細探討廠商短期選擇生產為零產出對決策的衝擊。)
- 固定且沉沒 (這種成本對產出不敏感，即使廠商的生產為零產

---

[15] 當然，若廠商在員工不在工廠內，可以關掉暖氣，情況會有所不同。現實生活中，工廠的暖氣費用並不會改變很多，因為必須將工廠維持在一固定溫度，讓機器能夠正常運轉，或是調整溫度可能要耗費許多時間。

圖 7.13 短期要素投入與成本的分類

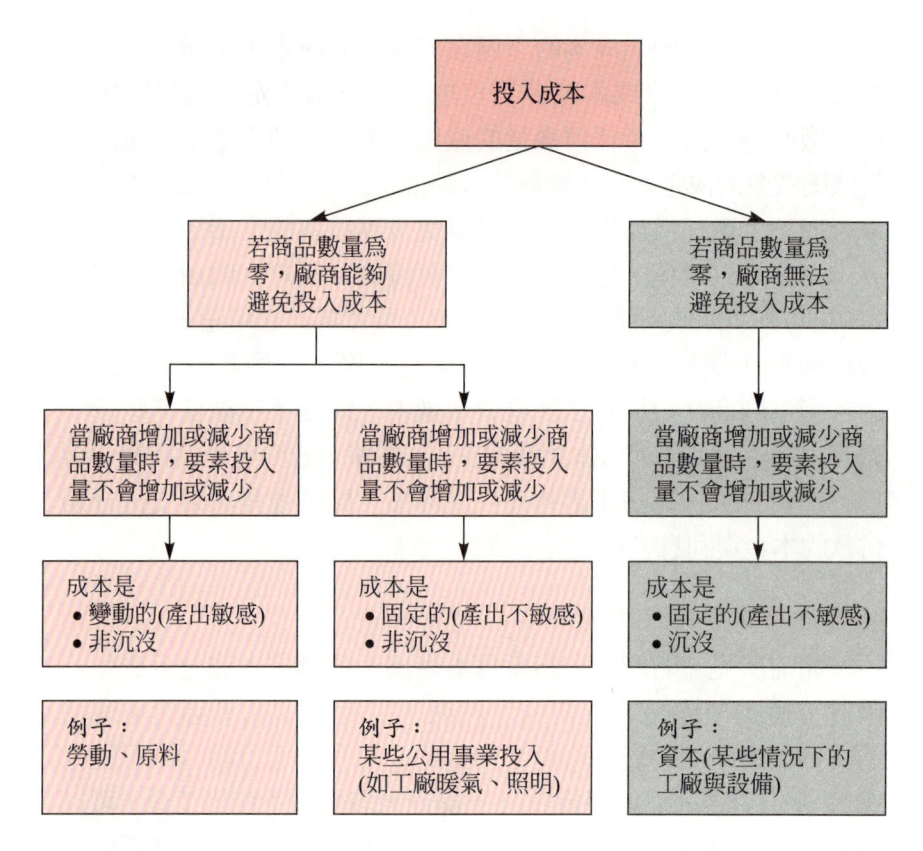

若廠商不生產以及成本隨著產出變動而變動，則成本是變動 (產出敏感) 且非沉沒。若廠商不生產且隨著產出變動而成本不變，則成本是固定 (產出不敏感) 且非沉沒。若廠商不生產且無法避免 (這種成本不會隨著產出變動而變動)，則成本是固定 (產出不敏感) 且沉沒。

```
                          投入成本
                    ┌────────┴────────┐
            若商品數量為零，          若商品數量為零，
            廠商能夠避免             廠商無法避免
            投入成本                 投入成本
        ┌───────┴───────┐                │
  當廠商增加或減少商    當廠商增加或減少商    當廠商增加或減少商
  品數量時，要素投入    品數量時，要素投入    品數量時，要素投入
  量不會增加或減少      量不會增加或減少      量不會增加或減少
        │                  │                  │
   成本是              成本是              成本是
   •變動的(產出敏感)    •固定的(產出不敏感)  •固定的(產出不敏感)
   •非沉沒              •非沉沒              •沉沒
        │                  │                  │
   例子：              例子：              例子：
   勞動、原料          某些公用事業投入    資本(某些情況下的
                       (如工廠暖氣、照明)  工廠與設備)
```

出。)

短期成本極小化

現在讓我們來討論短期廠商追求成本極小的決策。圖 7.14 說明，當廠商希望生產 Q_0 的產出且面臨固定的資本投入 $\overline{K}$ 時，廠商追求成本極小的決策圖形。廠商唯一一個技術效率的投入組合是在點 F，是在資本數量固定在 $\overline{K}$ 水準下，廠商雇用最少數量的勞動而生產產量水準 Q_0。

短期成本極小問題只有一個變動生產因素 (勞動)。因為廠商無法在資本和勞動間相互替代，最適勞動的勞動量與相切條件無關 (亦即，在點 F 沒有任何等成本線與等產量線 Q_0 相切)。相反地，在長期，當廠商可調整兩種投入數量，它會在 A 點生產，是等成本線與等產量線切點。因此圖 7.14 說明，短期成本極小不會等於長期成本極小的要素投入組合，通常，這表示短期廠商的生產成本會高於長期可自由調整生產因素使用量的生產總成本。

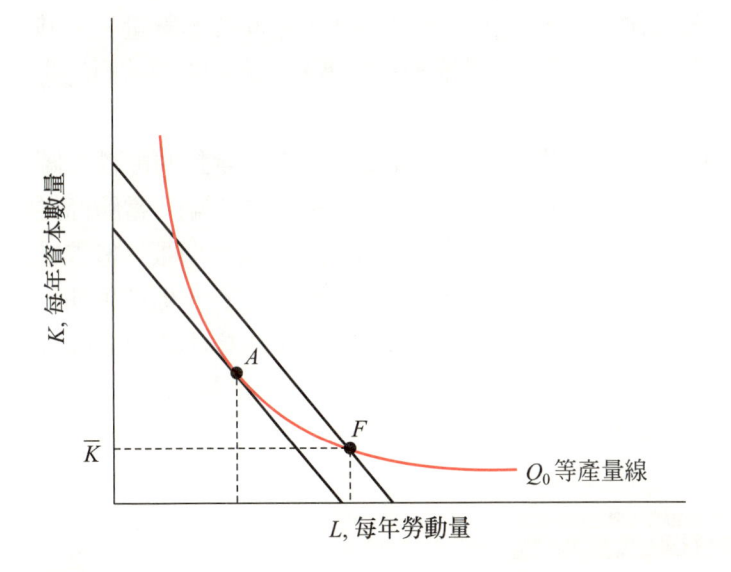

圖 7.14　單一固定生產因素的短期利潤極大化

當廠商資本固定在 $\overline{K}$ 時，短期廠商追求成本極小的最適要素投入組合是在點 F。若廠商能夠自由調整所有的要素投入使用量，成本極小的最適組合是在點 A。

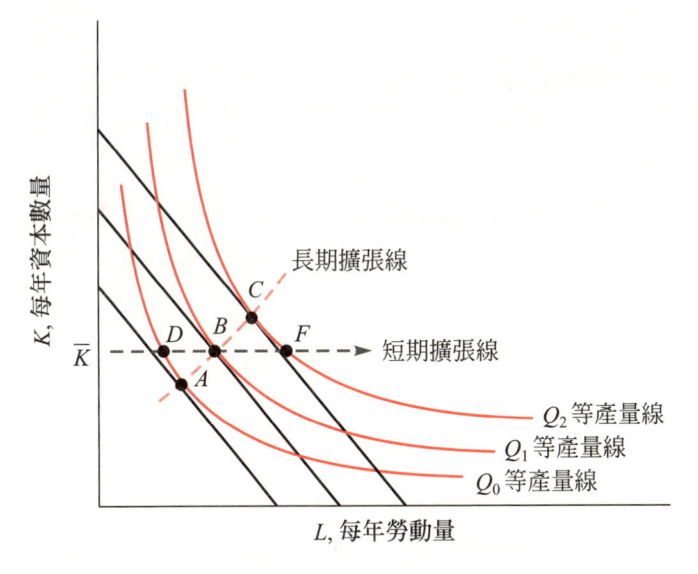

圖 7.15　短期生產因素需求與長期生產因素需求

在長期，當廠商產出水準改變時，成本極小的勞動數量會沿長期擴張線 ABC 移動。在短期，當廠商產量水準改變時，成本極小的勞動數量會沿短期擴張線 DBE 移動。兩條擴張線相交於點 B，這是廠商長期與短期成本極小的要素投入組合。

如圖 7.15 所示。假設廠商需要生產 Q_1。在長期，它將在 B 點生產，自由地選擇資本數量 $\overline{K}$。然而，若廠商在短期必須以 $\overline{K}$ 單位資本生產，它也會選擇在 B 點。在這種情況下，短期成本極小的資本量恰好等於長期成本極小的資本數量。因此，廠商短期的總生產成本與長期總生產成本是一致的。

比較靜態分析：短期生產因素需求與長期生產因素需求

如先前所見，在廠商只使用勞動和資本兩種投入的情況下，長期成本極小的勞動數量會隨生產因素價格的改變而變動 (見 7.3

節的討論)。相反地，在短期，若廠商無法變動其資本數量時，其對勞動的需求不受生產因素價格變動的影響 (如圖 7.14 與前面的文字說明)。

然而，廠商對短期勞動的需求會受商品數量變動的影響。圖 7.15 利用擴張線的概念說明這個關係 (見 7.3 節的討論)。當廠商從 Q_0 增加到 Q_1，再增加至 Q_2 時，沿著長期擴張線長期廠商追求成本極小的要素投入組合從點 A 移至點 B 再移至點 C。但在短期，當資本數量固定在 $\overline{K}$ 時，沿著短期擴張線，成本極小的要素投入組合從 D 點到 B 點再到 E 點。(如前文所言，若產量為 Q_1，點 B 為長期與短期的成本極小要素投入組合。)

邊做邊學習題 7.5

單一變動生產因素的短期成本極小化

問題 假設廠商生產函數是邊做邊學習題 7.2 和 7.4 的 $Q = 50\sqrt{KL}$。廠商的資本數量固定在 $\overline{K}$。廠商追求短期成本極小，會雇用多少數量的勞動？

解答 由於產出固定為 Q 和資本固定為 $\overline{K}$，生產函數只有一個未知 L：$Q = 50\sqrt{L\overline{K}}$。從上式求出 L，可得 $L = Q^2/(2500\overline{K})$。這是短期廠商追求成本極小的勞動數量。

類似問題：7.18，7.19 和 7.20

多個變動生產因素與一個固定生產因素

當廠商擁有的變動生產因素不只一個，短期成本極小化分析非常類似長期成本極小化分析。為了說明，假設廠商使用三種生產因素：勞動 L、資本 K 與原料 M。廠商的生產函數是 $f(L, K, M)$。每單位生產因素的價格分別以 w，r 和 m 表示。再假設廠商的資本數量固定在 $\overline{K}$。廠商的短期成本極小化問題是廠商在生產商品數量固定在 Q_0 下，如何尋找勞動與原料的數量以使總成本 $wL + mM + r\overline{K}$ 最小。

圖 7.16 以圖形分析短期成本極小化問題，藉著畫出兩個變動投入 (橫軸是 L 與縱軸是 M)。圖形顯示對應產出 Q_0 的兩條等成本線和等產量線。如果短期成本極小問題有一最適內部解，成本極小的要素投入組合會是等產量線與等成本線的切點 (圖上 A 點)。

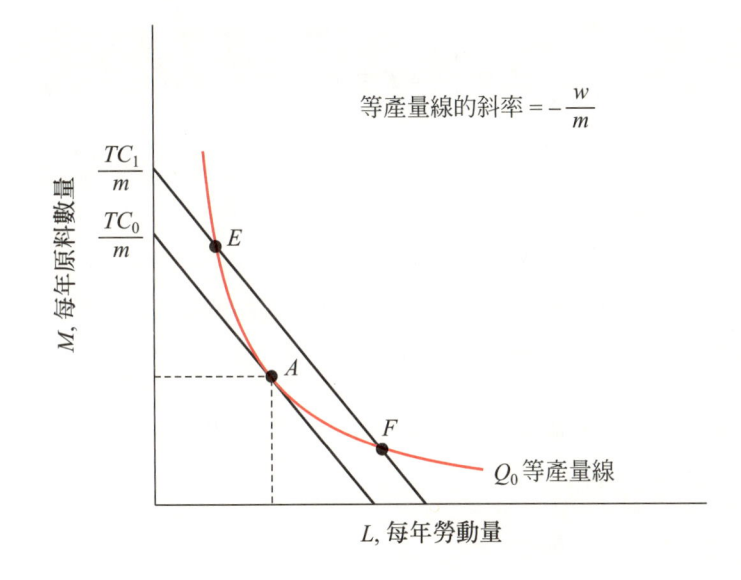

圖 7.16　兩個變動投入與一個固定投入的短期成本極小的要素投入組合

假設廠商希望生產 Q_0 單位的產量。成本極小的要素投入組合在點 A。等產量線 Q_0 與等成本線相切。點 E 與點 F 並非成本極小的要素投入組合，因為廠商可以從 TC_1 移至 TC_0 的點 A，以較低的成本生產相同的數量 Q_0。

在這個切點，我們知道 $MRTS_{L,M} = MP_L/MP_M = w/m$ 或重新集項，$MP_L/w = MP_M/m$。因此，就如同長期的相切條件 [見式 (7.2)]，廠商追求成本極小是讓每一塊錢花在所有變動生產因素的邊際產量都相等。

邊做邊學習題 7.6

兩個變動生產因素的短期成本極小化與生產因素需求函數

假設廠商的生產函數是 $Q = \sqrt{L} + \sqrt{K} + \sqrt{M}$。這個生產函數的勞動、資本及原料邊際產量函數分別是 $MP_L = 1/(2\sqrt{L})$，$MP_K = 1/(2\sqrt{K})$，$MP_M = 1/(2\sqrt{M})$。勞動、資本與原料的產出價格分別是 $w = 1$，$r = 1$，$m = 1$。

問題

(a) 若廠商希望能夠生產 12 單位的商品數量，長期成本極小問題的最適解為何？

(b) 當廠商希望生產 12 單位的商品數量，且資本數量固定在 $K = 4$ 的水準，請問短期成本極小的最適解為何？

(c) 請證明當廠商希望生產 12 單位產出時，廠商在 $K = 4$ 和 $L = 9$ 的成本極小化問題解為何？。

解答

(a) 在此，我們有兩個相切條件，且廠商需要 L，K 和 M 來生產 12 單位的商品數量：

$$\frac{MP_L}{MP_K} = \frac{1}{1} \Rightarrow K = L$$

$$\frac{MP_L}{MP_M} = \frac{1}{1} \Rightarrow M = L$$

$$12 = \sqrt{L} + \sqrt{K} + \sqrt{M}$$

這個系統有三個方程式和三個未知數。聯立方程組的解答可以得到生產 12 單位產出的長期成本極小的要素投入組合：$L = K = M = 16$。

(b) 在 K 固定為 4 單位，廠商必須選擇變動投入，勞動和原料的最適組合。因此，我們的相切條件為在 $K = 4$ 時，需要生產 12 單位產出的 L 和 M。

$$\frac{MP_L}{MP_M} = \frac{1}{1} \Rightarrow M = L$$

$$12 = \sqrt{L} + \sqrt{4} + \sqrt{M}$$

這是兩個方程式，兩個未知數 L 和 M。求解後可得在 $K = 4$ 時生產 12 單位產出的短期成本最小要素投入組合：$L = 25$ 和 $M = 25$。

(c) 在 $K = 4$ 和 $L = 9$ 下，我們並沒有相切條件可決定短期成本最小的 M。相反地，我們可利用生產函數求解在 $L = 9$ 和 $K = 4$：$12 = \sqrt{9} + \sqrt{4} + \sqrt{M}$ 時，生產 12 單位產出的原料數量 M，這隱含 $M = 49$。這是在 $L = 9$ 和 $K = 4$ 時生產 12 單位產出的成本最小原料數量。

下表總結這個習題的結果。除了顯示成本極小問題的解答外，它也顯示廠商最小的總成本：當廠商雇用成本極小投入組合所遭遇的總成本 (記得總成本為 $wL + rK + mM$)。注意，長期的總成本最小，其次為一個固定投入的短期總成本，兩個固定投入的總成本最高。這表示廠商愈能夠彈性地調整其投入，它愈能夠降低其成本。

	勞動數量, L	資本數量, K	原料數量, M	最小總成本
$Q = 12$ 的長期最小成本	16 單位	16 單位	16 單位	$48
當 $K = 4$, $Q = 12$ 的短期最小成本	25 單位	4 單位	25 單位	$54
當 $K = 4$ 和 $L = 9$ 時 $Q = 12$ 的短期最小成本	9 單位	4 單位	49 單位	$62

類似問題：7.20 和 7.21

總　結

- 一決策的機會成本是放棄次佳選擇的報酬。
- 機會成本是向前看的觀念。當衡量一決策的機會成本時，你必須確認未來放棄其它選擇的價值。
- 從廠商角度看，使用生產性投入的機會成本是該要素投入的市場價格。
- 外顯成本是貨幣的直接支付。隱含成本並未涉及到現金支付。
- 會計成本包括外顯成本，經濟成本包含外顯與隱含成本。
- 沉沒成本是已經發生且無法回收的成本。非沉沒成本是在某些選擇下能夠避免的成本。
- 長期是指一段期間長到足以讓廠商調整所有生產因素數量。短期是指一段期間內，至少有一個生產因素數量無法變動。
- 等成本線是指總成本相同的所有要素投入組合的軌跡連線。若將勞動數量畫在橫軸，資本數量畫在縱軸，等成本線的斜率是負的勞動價格對資本價格的比率。
- 在長期成本極小問題的最適解，廠商會調整生產因素數量至邊際技術替代率等於生產因素價格的比率。或相當於生產因素的邊際產量對價格的比例在所有生產因素之間都相等。
- 在成本極小問題的角解，生產因素的邊際產量對價格的比率不一定相等。
- 生產因素價格上漲引起成本極小的因素需求量下跌或維持不變，它絕對不會引起成本極小生產因素需求的上升。
- 若生產因素是正常投入，商品數量的增加會引起成本極小的生產因素數量上升。若生產因素是劣等投入，商品數量的增加會引起成本極小的生產因素數量減少。
- 擴張線總結產出變動引起生產因素變動的資訊。
- 生產因素需求曲線是指當生產因素價格改變時，追求成本極小的廠商願意購買的生產因素數量。
- 一投入的需求價格彈性是成本最小的該投入數量變動百分比除以其價格變動百分比。
- 當投入間的替代彈性較小時，各投入的需求價格彈性也較小。當替代彈性較大時，投入的需求價格彈性也較大。
- 在短期，至少有一個要素投入是固定的。變動成本是對產出敏感——它們隨著產出變動而變動。固定成本對產出不敏感——就所有正的產出水準而言，它們固定不變。
- 所有的變動成本是非沉沒的。固定成本可以是沉沒的 (無法避免的) 或非沉沒的 (若廠商不生產，可以避免)。
- 短期成本極小化問題是，當至少有一個生產因素數量固定時，廠商如何選擇最適要素投入組合。

複習題

1. 某生化科技公司在過去以 \$0.50 的價格購買一批試管。它打算用這批試管來從事蛇細胞無性繁殖的實驗。請解釋為何這批試管的機會成本不會等於當初購買的價格。
2. 你打算開一家公司，在宿舍來提供學生電腦諮詢服務。請舉出數個開公司所遭遇的外顯成本的例子？試舉出數個開公司所遭遇隱含成本的例子？
3. 為什麼成本中的沉沒與非沉沒受決策制定的影響？

4. 請問生產因素價格上漲如何影響等成本線的斜率？
5. 請問廠商追求成本極小的最適解是否有可能不在想要生產的等產量線上？
6. 請解釋為何在廠商追求成本極小的最適要素投入組合，每一元用來雇用勞動的邊際產量等於每一元用來雇用資本的邊際產量。為何在角解時這個條件不一定要成立？
7. 擴張線與生產因素需求曲線的差異為何？
8. 在第 5 章，我們知道在某些情形下，商品可能是季芬財；商品價格的上漲導致需求數量的提高，而非下跌。然而，在成本極小問題中，生產因素價格上漲，絕不會導致生產因素需求數量增加。請解釋為什麼不能有"季芬生產因素"？
9. 在某些情況下，對一固定商品數量，一變動生產因素的短期數量需求 (如勞動) 是否可能等於長期數量需求？

問 題

7.1 電腦商品零售商向製造商購買一部雷射印表機的價格是 $500。在一年內，零售商希望能以高於 $500 的售價賣出，但未能如願。在年底，製造商願意付給零售商原始購買價格的 30% 購回沒有賣掉的雷射印表機。除了製造商，沒有人願意購買任何的雷射印表機。
(a) 在年初，在零售商購買任何印表機之前，雷射印表機的機會成本是多少？
(b) 在零售商購買印表機之後，銷售印表機給潛在客戶的機會成本是多少？(假設這個消費者並未購買印表機，在年底這部印表機還無法售出。)
(c) 假設在年底，零售商仍有大批的印表機存貨。每部雷射印表機的零售價是 $1,200。新型印表機即將問世，沒有人會用這個價格購買舊型印表機。連鎖零售商的行銷部經理認為零售價應該減少 $1,000，每部以 $200 出售。連鎖零售店的店長強烈反對，認為每賣一部就會"損失"$300。店長的論點是否正確？

7.2 摩爾先生擁有一家雜貨店，其收入與成本的報表如下：

收入	$250,000
原料	$25,000
電力	$6,000
員工薪水	$75,000
摩爾的薪水	$80,000

摩爾可選擇關門或將其土地以 $100,000 出租。同時，摩爾在當地超級市場工作的薪水是 $95,000，而在附近餐廳工作的薪水是 $65,000。當然，他只能有一份工作。雜貨店的會計成本是多少？摩爾先生的經濟成本是多少？摩爾先生應否關門？

7.3 顧問公司剛完成酒類製造商的研究報告。它指出每增加一位勞工，能夠提高每天 1000 加侖酒的產量。增加一部發酵機器能夠提高每天 200 加侖酒的產量。勞工每小時的工資是 $10。機器每小時的價格是 $0.25。是否有任何的方法能夠讓廠商降低總生產成本且維持酒的產量不變？若有可能，究竟如何達成？

7.4 一廠商雇用兩種生產因素，資本與勞動來生產商品。廠商的生產函數呈現邊際技術替代率遞減。

(a) 若勞動與資本價格都以相同比例上漲 (如 20%)，成本極小的生產因素數量會如何變動？

(b) 假設資本價格上漲 20% 且勞動價格上漲 10%，成本極小的生產因素數量如何變動？

7.5 課文中提到擴張線是在生產因素價格固定不變下，產出變動引起生產因素數量變動的軌跡。課本並未提到的是，不同的生產因素價格有不同的擴張線。換言之，生產因素如何受產出影響，部分取決於生產因素價格的高低。現在，假設擴張線對應兩個不同生產因素價格組合 (w_1, r_1) 與 (w_2, r_2)。假設在這個生產因素價格組合下，成本極小問題有最適內部解。假設等產量線是平滑曲線且邊際技術替代率遞減。是否有可能擴張線除了在原點 ($K = 0$ 與 $L = 0$) 外，彼此相交？

7.6 假設機體的生產函數是 CES 的函數型態：$Q = (L^{1/2} + K^{1/2})^2$。生產函數的邊際產量分別是 $MP_L = (L^{1/2} + K^{1/2})L^{-1/2}$ 及 $MP_K = (L^{1/2} + K^{1/2})K^{-1/2}$。假設每單位勞動價格是 \$10，每單位資本價格是 \$1。假設廠商希望生產 121,000 單位的機體，請找出成本極小的勞動與資本的數量？

7.7 假設飛機機體的生產函數是科布-道格拉斯函數型態：$Q = LK$。這個生產函數的邊際產量分別是 $MP_L = K$ 及 $MP_K = L$。假設每單位勞動價格是 \$10，每單位資本價格是 \$1。假設廠商希望生產 121,000 單位的飛機機體，請找出成本極小的勞動與資本的數量。

7.8 在大公司處理 10,000 員工薪資可以用一小時的電腦時間 (以 K 表示) 和 0 個員工時間或是 10 小時員工時間 (以 L 表示) 和 0 電腦時間。電腦與員工是完全替代，所以公司也可以用 1/2 小時的電腦時間與 5 小時的員工時間來完成工作。

(a) 請畫出能夠讓公司處理 10,000 位員工薪資的等產量線。

(b) 假設電腦時間每小時 \$5，員工時間每小時 \$7.50。成本極小的 L 與 K 的數量為何？最低的總成本金額是多少？

(c) 在公司發現只需用一名員工處理薪資之前，電腦時間的每小時價格應該是多少？

7.9 假設一生產函數 $Q = LK$，這個生產函數的邊際產量分別是 $MP_L = K$ 及 $MP_K = L$。假設勞動價格等於 w 與資本價格等於 r。請求出生產因素需求曲線的函數。

7.10 一成本極小廠商的生產函數為 $Q = LK$，其中 $MP_L = K$ 和 $MP_K = L$。勞動服務的價格是 w，而資本服務的價格是 r。假設你知道當 $w = \$4$ 和 $r = \$2$，總成本是 \$160。而你被告知工資變動而成為租金率 r 的 8 倍，且廠商可調整其要素投入組合而使產出不變。請問價格變動後之成本極小要素投入組合為何？

7.11 一油漆製造商的生產函數為 $Q = K + \sqrt{L}$。就這個生產函數 $MP_K = 1$ 和 $MP_L = 1/(2\sqrt{L})$。廠商面對的勞工價格 w 每單位等於 \$1，資本服務價格 r 每單位等於 \$50。

(a) 證明廠商不使用資本而生產 $Q = 10$ 的成本極小要素投入組合。

(b) 在 $Q = 10$ 和 $w = 1$ 下，資本價格必須下跌多少才能使廠商雇用正的資本數量？

(c) 在 $w = 1$ 和 $r = 50$ 下，Q 必須增加多少，廠商才能夠雇用正的資本數量？

7.12 一研究員估計產業生產函數中勞動與資本的需求曲線，估計的生產因素需求曲線為 $L = wr^2Q$ 及 $K = w^2rQ$。請問這兩個函數是否為有效的生產因素需求函數？換言之，它們是否符合廠商追求成本極小的行為？

7.13 一製造商的生產函數是 $Q = KL + K + L$，就此生產函數 $MP_L = K + 1$ 和 $MP_K = L + 1$。假設資本服務的價格 r 等於 1，且令 w 為勞動服務的價格，若廠商需要生產 5 單位產出，一廠商追求成本極小的 w 值為何？
(a) 僅雇用勞動
(b) 僅雇用資本
(c) 雇用勞動和資本

7.14 假設一生產函數為 $Q = \min(L, K)$ ——亦即，要素投入為完全互補，請畫出廠商生產 10 單位產出 ($Q = 10$) 的等產量線？

7.15 假設一生產函數為 $Q = K + L$ ——亦即，要素投入為完全替代。就此生產函數，$MP_L = 1$ 和 $MP_K = 1$。請畫出當廠商想要生產 10 單位產出和每單位資本服務價格等於 \$1 ($Q = 10$ 和 $r = 1$) 的勞動需求曲線。

7.16 考慮一生產函數為 $Q = K + \sqrt{L}$。就此生產函數 $MP_L = 1/(2\sqrt{L})$ 和 $MP_K = 1$。請推導 L 和 K 的生產因素需求為要素投入價格 w (勞動服務價格) 和 r (資本服務價格) 的函數。證明在內部最適解 ($K > 0$ 和 $L > 0$)，L 的需求量不受 Q 的影響。這隱含擴張線為何？

7.17 一廠商的生產函數為 $Q = LK$。就此生產函數 $MP_L = K$ 和 $MP_K = L$。廠商一開始面對要素投入價格 $w = \$1$ 和 $r = \$1$ 且生產 $Q = 100$ 單位。後來勞動價格 w 上升至 \$4。請找出每組價格的最適投入組合，並利用這些來計算這個價格區間內的勞動需求價格彈性。

7.18 假設廠商的生產函數是 $Q = 10KL^{1/3}$。廠商的資本數量固定在 $\overline{K}$。請問廠商追求成本極小的最適勞動數量是多少？

7.19 一工廠生產函數 $Q = 2KL + K$。就此生產函數，$MP_K = 2L + 1$ 和 $MP_L = 2K$。勞動服務價格 w 是 \$4，而資本服務價格每單位是 \$5。
(a) 在短期，工廠資本固定在 $\overline{K} = 9$。找出工廠生產 $Q = 45$ 單位的勞動雇用量？
(b) 工廠若不選擇最適資本水準，所必須犧牲的金額是多少？

7.20 假設廠商使用三種生產因素生產商品：資本 K，勞動 L，及原料 M。廠商的生產函數是 $Q = K^{1/3}L^{1/3}M^{1/3}$。這個生產函數的邊際產量分別是 $MP_K = \frac{1}{3}K^{-2/3}L^{1/3}M^{1/3}$，$MP_L = \frac{1}{3}K^{1/3}L^{-2/3}M^{1/3}$，$MP_M = \frac{1}{3}K^{1/3}L^{1/3}M^{-2/3}$。資本、勞動與原料的價格分別是 $r = 1$，$w = 1$，及 $m = 1$。
(a) 假設廠商想要生產 Q 單位產出，請問長期成本極小問題的最適解為何？
(b) 假設廠商想要生產 Q 單位產出及資本固定在 $\overline{K}$，廠商追求成本極小的最適解為何？
(c) 請證明當 $Q = 4$ 長期成本極小的資本數量為 4。若短期資本固定在 $\overline{K} = 4$ 時，請證明勞動與原料數量在短期與長期都一樣。

7.21 考慮邊做邊學習題 7.6 的生產函數：$Q = \sqrt{L} + \sqrt{K} + \sqrt{M}$。就此生產函數勞動、資本和原料的邊際產量分別是 $MP_L = 1/(2\sqrt{L})$，$MP_K = 1/(2\sqrt{K})$ 和 $MP_M = 1/(2\sqrt{M})$。假設勞動、資本和原料的價格分別為 $w = 1$，$r = 1$ 和 $m = 1$。
(a) 若廠商想要生產既定的產出數量 Q，長期成本最小問題的解答為何？
(b) 若廠商想要生產既定的產出數量 Q，在 $K = 4$ 時，廠商的短期成本極小問題解各為何？
(c) 若廠商想要生產 12 單位的產量，在 $K = 4$ 和 $L = 9$ 時，廠商短期成本極小問題的解答為何？

7.22 尖端公司剛完成有關小機件生產過程的研究。它只使用勞動和資本來生產小機件。它認為多增加 1 單位勞動可多生產 200 個小機件。額外一單位資本只增加 150 個小機件。若

現在資本的價格是 $10，勞動的價格是 $25，就當前產出而言，廠商是否雇用最適投入組合？為什麼是或為什麼不是？若否，哪一個要素投入的使用量應該增加？

7.23 廠商的技術具有勞動對資本邊際技術替代率遞減的特性。現在，它用 4 單位資本和 5 單位勞動來生產 32 單位產出。在該點勞動邊際產量是 4 而資本邊際產量是 4。在工資是 1 時，每一單位租用資本的價格是 2。在 $Q = 32$ 時，廠商是否追求長期成本最小？若是，你如何得知答案？若不是，證明為何不是並指出廠商是否應該利用 (i) 較多的資本和較少的勞動，或 (ii) 較少的資本和較多的勞動來生產 32 單位的產出。

7.24 假設藍圖 (B) 的生產過程可由 1 小時的電腦 (C) 或 4 小時的人工 (D) 畫出，(你可假設 C 和 D 為完全替代。因此，例如，廠商也可用 0.5 小時的 C 和 2 小時的 D 生產一張藍圖)。
   (a) 請寫出對應此過程的生產函數 (即，B 為 C 和 D 的函數)。
   (b) 假設電腦時間的價格 (p_C) 是 $10 和人工的工資 ($p_D$) 是 $5。廠商必須生產 15 張藍圖，成本極小的 C 和 D 是多少？在一橫軸為 C 和縱軸為 D 的圖形上，描繪出 15 張藍圖的等產量線和等成本線。

附錄：成本極小化的進階課題

運用受限最適化數學來求解成本極小化問題

本節我們將以受限最適化問題建立長期成本極小化的模型，並利用拉氏乘數求解。

假設只有兩個生產因素，勞動與資本，成本極小化問題可以寫成

$$\min_{(L, K)} wL + rK \tag{A7.1}$$

$$\text{subject to}：f(L, K) = Q \tag{A7.2}$$

拉氏函數可定義成

$$\Lambda(L, K, \lambda) = wL + rK - \lambda [f(L, K) - Q]，$$

其中 λ 是拉氏乘數。這個問題最適內部解 ($L > 0$，$K > 0$) 的條件是

$$\frac{\partial \Lambda}{\partial L} = 0 \Rightarrow w = \lambda \frac{\partial f(L, K)}{\partial L} \tag{A7.3}$$

$$\frac{\partial \Lambda}{\partial K} = 0 \Rightarrow r = \lambda \frac{\partial f(L, K)}{\partial K} \tag{A7.4}$$

$$\frac{\partial \Lambda}{\partial \lambda} = 0 \Rightarrow f(L, K) = Q \tag{A7.5}$$

回憶第 6 章，

$$MP_L = \frac{\partial f(L, K)}{\partial L}$$

$$MP_K = \frac{\partial f(L, K)}{\partial K}$$

聯合式 (A7.3) 與 (A7.4) 可以消去拉氏乘數，所以一階條件變成

$$\frac{MP_L}{MP_K} = \frac{w}{r} \tag{A7.6}$$

$$f(L,K) = Q \tag{A7.7}$$

式 (A7.6) 與 (A7.7) 是兩條方程式與兩個未知數 L 與 K。這兩式與先前利用圖形分析成本極小問題的內部解是相同的。這兩個條件的答案是長期生產因素需求函數 $L^*(Q, w, r)$ 和 $K^*(Q, w, r)$。

對偶性：從生產因素需求函數 "反向求解" 生產函數

上述分析告訴我們如何從生產函數導出生產因素需求函數。但是我們也可以反向求解：如果我們從生產因素需求函數出發，我們能夠刻劃出生產函數的特性且有時可寫出生產函數的方程式。**對偶性** (duality) 是指生產函數與生產因素需求函數的對應關係。

我們以邊做邊學習題 7.4 的生產因素需求函數為例，說明如何反向推導出生產函數。我們用這個例子是因為我們已經知道生產函數，因此，能夠用來驗證推導出來的生產函數是否正確。我們將以三個步驟進行分析：

● **步驟 1**：從勞動需求函數開始，並 "解出" w 是 Q，r 與 L 的函數：

$$L = \frac{Q}{50}\sqrt{\frac{r}{w}}$$

上式可以求出 w 是其它變數的函數，

$$w = \left(\frac{Q}{50L}\right)^2 r$$

● **步驟 2**：將上式 w 是 Q，L 與 r 的函數，代入資本需求函數 $K = (Q/50)\sqrt{(w/r)}$：

$$K = \frac{Q}{50}\left(\frac{\left(\frac{Q}{50L}\right)^2 r}{r}\right)^{1/2}$$

可簡化成 $K = \dfrac{Q^2}{2500\,L}$。

● **步驟 3**：解出 Q 是 L 與 K 的函數：K：$Q = 50K^{1/2}L^{1/2}$

如果你用到邊做邊學習題 7.4，你將看到這的確是推導出生產因素需求函數的生產函數。因此，我們知道從一組生產因素需求函數出發，是可以反向求解出生產函數。亦即，我們已經說明生產函數與生產因素需求函數的對偶性。

或許你會奇怪為何對偶性如此重要。為什麼我們會關心從生產因素需求函數推導出生產函數？在第 8 章討論過長期總成本函數觀念後，我們將討論對偶性的重要。

對偶性 生產函數與生產因素需求函數間的對應關係。

8 成本曲線

8.1
長期成本曲線

8.2
短期成本曲線

8.3
成本的特殊課題

8.4
成本函數的估計

附錄

Shephard's Lemma 與對偶性

如何才能控管成本？

　　1990 年代，中國大陸經濟經歷空前未有的繁榮。在這一片繁榮景象中，有些企業如海信集團成長地非常迅速。[1] 海信，中國大陸最大的電視製造商之一，在 1990 年代中期每年以 50% 的生產速率成長。它的目標是希望從沉睡的巨龍，侷限於國內電視市場，轉型成亞洲家喻戶曉的消費電子巨人。在 2004 年，海信不僅成為中國大陸主要的彩色電視製造商之一，也是個人電腦的主要廠商之一。

　　海信集團及其它數以千計的中國企業關心的是，1990 年代晚期和 2000 年代初期的積極成長策略都面臨產能擴大，如何控制生產成本的問題。當海信生產更多的電視機，毫無疑問地它的成本必定上升。但是成本上升的速度有多快？海信的管理階層希

---

[1] 這個例子是取自 "Latest Merger Boom Is Happening in China and Bears Watching," *The Wall Street Journal* (July 30, 1997), pp. A1 和 A9.

望，當它生產更多的電視機時，每一部電視機的成本能夠下降，亦即，當每年產量擴充時，單位成本能夠下降。

海信集團的主管也需要知道，生產因素價格的改變如何影響生產成本。例如，海信與其它中國大型電視製造商共同競爭，希望能合併小型工廠。這種型態的競爭會提高資本價格。海信必須將這種價格上漲的衝擊計算在總生產成本內。

本章會補充第 7 章不足的部分：成本極小問題的比較靜態分析。成本極小問題——長期與短期——可以得到總成本曲線，平均成本曲線與邊際成本曲線。本章將學習這些曲線。

章節複習 在本章，你將

- 學習成本曲線，顯示成本與產量間關係的長期與短期成本。
- 學習長期平均與邊際成本曲線，及其間的關係。
- 瞭解規模經濟與規模不經濟——平均成本曲線隨著產量增加而下降與上升的情形——包括最小效率規模的概念。
- 分析短期成本曲線，顯示至少一生產因素數量固定下，生產既定產出的最低總成本。
- 學習多角化經濟 (廠商生產多種產品所引起的效率) 和經驗經濟 (由於經驗累積所造成的成本優勢)。
- 學習經濟學家如何估計成本函數，包括固定彈性與 translog 成本函數。

8.1 長期成本曲線

長期總成本曲線

在第 7 章，我們曾經學習廠商長期成本極小問題，並看到成本極小的勞動與資本數量如何受商品數量 Q，及勞動與資本價格 w，和 r 的影響。圖 8.1(a) 所示為電視製造商改變產出數量時，在生產因素價格固定不變下，如何影響最適要素投入組合。例如，當廠商每年生產 1 百萬台電視，成本極小的要素投入組合在點 A，廠商會雇用 L_1 單位的勞動與 K_1 單位的資本。在這個要素投入

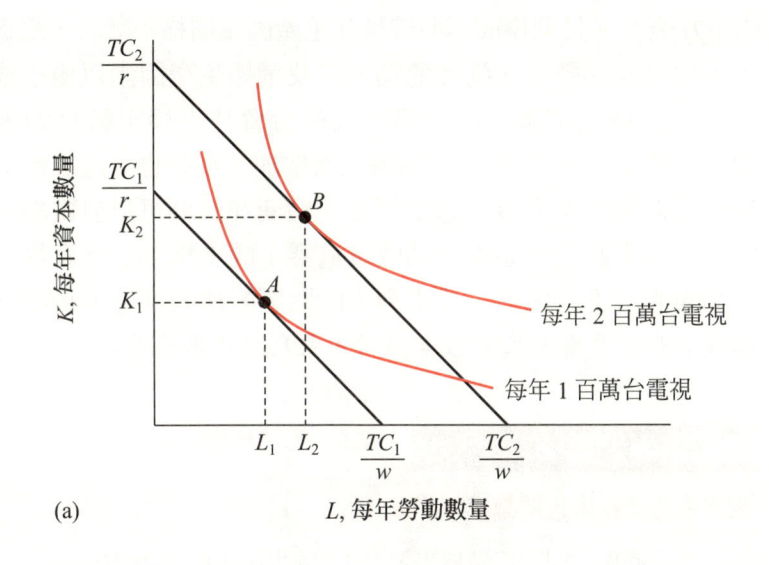

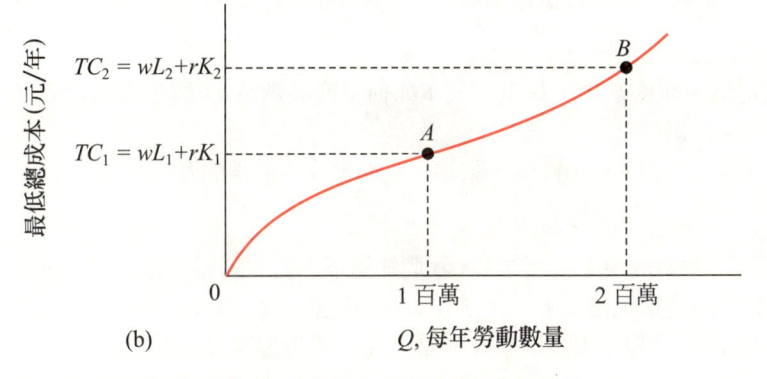

圖 8.1 電視機生產者的成本極小與長期總成本曲線

在勞動價格 w 和資本價格 r 固定不變下，電視機數量每年從 1 百萬台增至 2 百萬台。圖 (a) 的比較靜態分析指出在追求總成本最小的曲線從 TC_1 移至 TC_2 下，成本極小的要素投入組合如何從 A 點移至 B 點。圖 (b) 顯示總成本曲線 $TC(Q)$ 代表產出與極小總成本之間的關係。

組合，廠商的等成本線是對應 TC_1 的總成本，其中 $TC_1 = wL_1 + rK_1$。因此 TC_1 是廠商生產 1 百萬台電視的最低總成本。當廠商每年電視產量由 1 百萬增至 2 百萬台時，等成本線往東北方向上移，成本極小的要素投入組合移至點 B，廠商會雇用 L_2 單位的勞動與 K_2 單位的資本。因此，其最低總成本會上升 (亦即，$TC_2 > TC_1$)。因為廠商是以成本最低的要素投入組合來生產固定商品數量，廠商不可能一方面提高產量，一方面能降低生產成本。

圖 8.1(b) 所示為**長期總成本曲線** (long-run total cost curve)，以

長期總成本曲線

在生產因素價格不變下，顯示總成本如何隨著產出變動而變動，以及選擇所有投入以極小成本的曲線。

$TC(Q)$ 表示。長期總成本曲線是在生產因素價格不變時,最低總成本如何隨商品數量變動而變動,以及選擇生產因素以極小成本的曲線。因為成本極小的要素投入組合會往上移至較高的等成本線,長期總成本線會隨 Q 的增加而增加。我們也知道,當 $Q = 0$ 時,長期總成本為 0。這是因為,廠商在長期可以自由調整所有的生產因素數量,如果商品數量為零,成本極小的要素投入為零勞動與零資本。因此,成本極小的問題的比較靜態分析隱含長期總成本曲線遞增,且當 $Q = 0$ 時,長期總成本等於零。

邊做邊學習題 8.1

從生產函數找出長期總成本曲線

讓我們再次回到邊做邊學習題 7.2 的生產函數 $Q = 50\sqrt{LK}$。

問題

(a) 在這個生產函數中,最低總成本如何受商品數量 Q 與生產因素價格 w 和 r 的影響?

(b) 當 $w = 25$ 與 $r = 100$ 時,請繪出長期總成本曲線的圖形?

解答

(a) 在第 7 章邊做邊學習題 7.4,我們知道下列方程式能夠描述成本極小的勞動與資本數量:$L = (Q/50)\sqrt{r/w}$ 與 $K = (Q/50)\sqrt{w/r}$。要求出最低總成本,我們可以計算廠商雇用成本最低要素投入組合時的總成本:

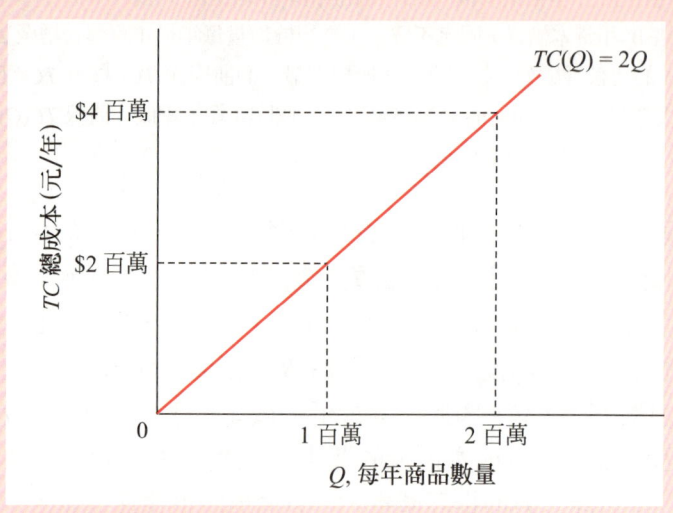

圖 8.2　長期總成本曲線

長期總成本曲線的 $TC(Q) = 2Q$ 的圖形是一直線。

$$TC(Q) = wL + rK = w\frac{Q}{50}\sqrt{\frac{r}{w}} + r\frac{Q}{50}\sqrt{\frac{w}{r}}$$

$$= \frac{Q}{50}\sqrt{wr} + \frac{Q}{50}\sqrt{wr} = \frac{\sqrt{wr}}{50}Q$$

(b) 若將 $w = 25$ 和 $r = 100$ 代入式 (8.3),可得長期總成本曲線的函數:$TC(Q) = 2Q$。圖 8.2 指出長期總成本曲線是一條直線。

類似問題: 8.3, 8.7 和 8.10

當生產因素價格改變時,長期總成本曲線如何移動

若只有一個生產因素價格改變,長期總成本曲線如何移動?

在本章前言中,我們曾討論海信會面臨某些生產因素,如資本價格的上漲。要說明生產因素價格上升如何影響廠商的總成本曲線,讓我們回到電視製造商的成本極小問題的例子。圖 8.3 指出,當資本價格上升時,商品數量與勞動價格固定不變,會有什麼變動。假設一開始,每年生產 1 百萬台電視的最適要素投入組合在等成本線 C_1 上的點 A,每年最低總生產成本是 \$5 千萬。在資本價格上升後,最適要素投入組合點 B 的等成本線 C_3 對應的總成本會高於每年 \$5 千萬。要瞭解為什麼,注意新生產因素價格的 \$5 千萬等成本線與舊生產因素價格的等成本線在橫軸相交。然而,資本價格上升,C_2 會比 C_1 平坦。因此,廠商如果要生產 1 百

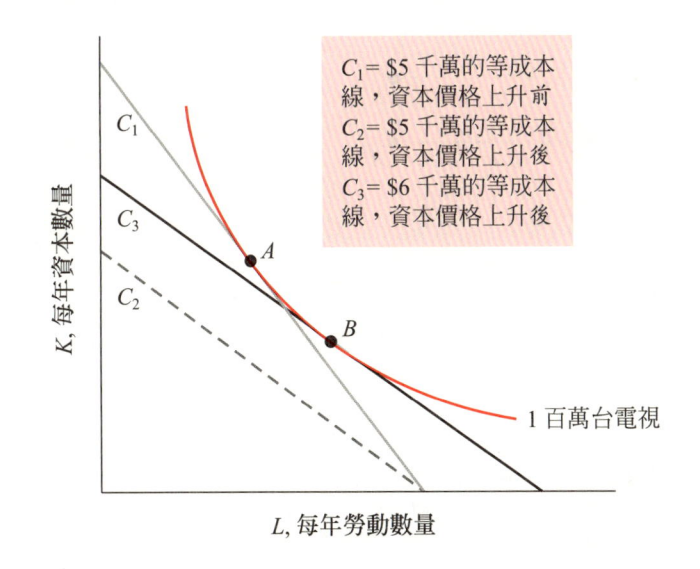

圖 8.3 資本價格改變如何影響生產電視的最適要素投入組合與長期總成本

廠商的長期總成本隨著資本價格上升後而增加。等成本曲線從 C_1 移至 C_3,成本極小的要素投入組合從 A 點移至 B 點。

萬台電視機，他無法在等成本線 C_2 的任何一點生產。相反地，要生產 1 百萬台的電視，廠商必須在這條等成本線的東北方，因此會對應更高的成本 (或許是 $6 千萬)。所以，假設商品數量固定不變，當資本價格上升，最低總成本會隨之提高。[2]

這個分析隱含，就每一個 $Q > 0$ 而言，資本價格的上升會讓新的總成本曲線高於原來的總成本曲線 (當 $Q = 0$ 時，長期總成本仍然是零)。因此，圖 8.4 指出，生產因素價格上升導致長期總成本曲線往上移動。[3]

當所有生產因素價格等比例增加時會如何影響長期總成本曲線？

若資本與勞動價格同時上漲相同百分比，如 10%，長期總成本有何改變？答案是生產因素價格等比例上升，不會影響成本極小的最適要素投入組合而使總成本曲線上移相同比例。

如圖 8.5(a) 所示，在起始的勞動價格 w 與資本價格 r 下，成本最小的要素投入組合在點 A。在生產因素價格上漲 10%，到 $1.10w$ 和 $1.10r$，最適組合仍在點 A。理由是等成本線的斜率並未

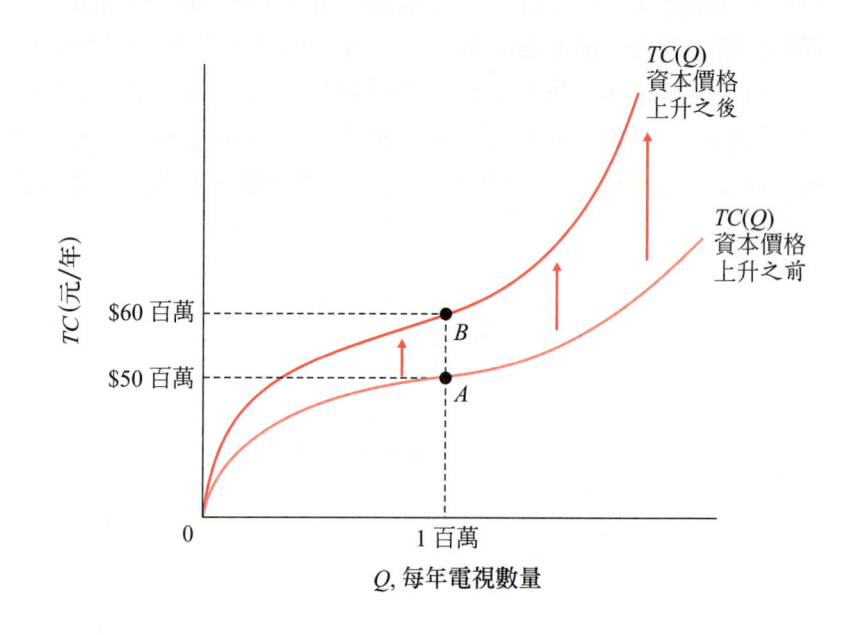

圖 8.4 電視製造商的資本價格改變如何影響長期總成本曲線
資本價格上升會使長期總成本曲線 $TC(Q)$ 向上移動。點 A 和 B 對應圖 8.3 的成本最小的要素投入組合。

---

[2] 一樣的邏輯分析可以說明當資本價格下跌，最低總成本會隨之減少。
[3] 有一種情況是生產因素價格上升不會影響長期總成本曲線。如果廠商一開始在角點生產，生產因素雇用量是零，該生產因素價格上升將不會改變成本最低的最適要素投入組合——因此最低總成本——不會改變。在此例中，生產因素價格上升不會移動長期總成本曲線。

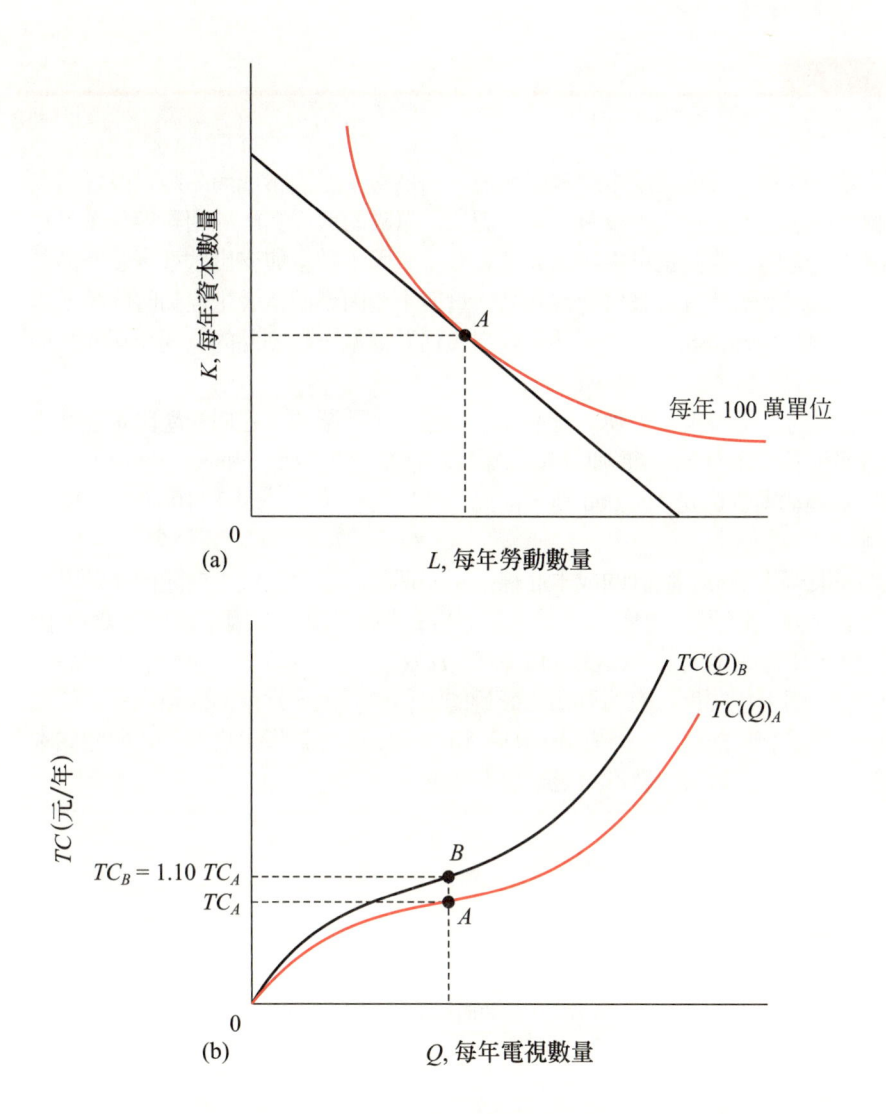

圖 8.5 所有生產因素價格等比例上升如何影響成本極小的要素投入組合

所有生產因素價格上漲 10%，圖 (a) 顯示成本極小要素投入組合固定不變 (在點 A)，因為等成本線斜率不變。圖 (b) 顯示總成本曲線向上移動 10%。

改變 ($-w/r = -1.10w/1.10r$)，所以等成本線與等產量線的切點沒有改變。

圖 8.5(b) 指出生產因素價格上升 10% 使總成本線上移 10%。在價格上漲前，總成本 $TC_A = wL + rK$；在價格上漲後，總成本 $TC_B = 1.10wL + 1.10rK$。因此，$TC_B = 1.10TC_A$ (亦即，就任何 L 與 K 的組合，總成本增加 10%)。

範例 8.1

貨車公司的長期總成本？[4]

跨城鎮貨運事業是一個研究長期總成本的良好環境，因為當生產因素或商品數量改變時，貨運公司能夠迅速調整要素投入組合且不會有太大的困難。駕駛的雇用與解雇相對容易，且貨車可依實際情況作購買或處理。我們也可以找到大量有關生產因素數量與支出水準，及商品數量的資料，所以我們可以利用統計方法來估計當商品數量與生產因素價格發生變動時的總成本變動。Ann Friedlaender 和 Richard Spady 利用這些資料，估計運輸一般商品的貨運公司的長期總成本曲線。

貨運公司有三種主要的生產因素：勞動、資本 (如，貨車)，及柴油。它們的產出是運輸服務，通常以每年運送哩程數來衡量。一噸-哩是指一噸貨物運輸哩程數是一哩。一貨運公司一年拖運 50,000 噸貨物，運輸哩程數是 100,000 哩，因此總產出是一年 50,000 × 100,000，或每年 5,000,000,000 噸-哩。

圖 8.6 是 Friedlaender 和 Spady 估計的成本曲線。正如理論所隱含總成本會隨商品數量的增加而增加。總成本也會隨生產因素價格上漲而增加 (假設其它二個生產因素價格不變)。因此，勞動價格上漲一倍，使總成本曲線 $TC(Q)$ 向上移至 $TC(Q)_L$；資本價格上漲一倍，使總成本曲線上移 [至 $TC(Q)_K$]，但上移幅度沒有勞動價格影響的上移幅度大。當柴油價格上漲一倍，總成本曲線上移的幅度最小 [至 $TC(Q)_F$]。Friedlaender 和 Spady 的分析指出貨運公司的總成本對勞動價格的變動最為敏感，而對柴油價格的變動最不敏感。

圖 8.6 生產因素價格變動如何影響貨運公司的長期總成本曲線

總成本對勞動價格比對資本 (貨車) 價格或柴油變動更為敏感。假設其它要素投入價格不變，勞動價格上漲一倍，使成本曲線上移至 $TC(Q)_L$；資本價格上漲一倍，上漲幅度較小，至 $TC(Q)_K$，以及柴油價格上漲一倍，上漲幅度最小，至 $TC(Q)_F$。

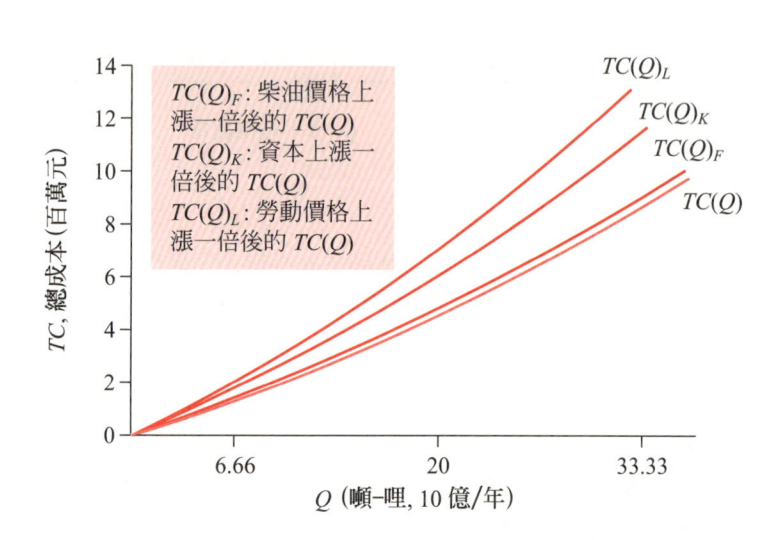

$TC(Q)_F$：柴油價格上漲一倍後的 $TC(Q)$
$TC(Q)_K$：資本上漲一倍後的 $TC(Q)$
$TC(Q)_L$：勞動價格上漲一倍後的 $TC(Q)$

---

[4] 這個例子取自 A. F. Friedlaender, and R. H. Spady, *Freight Transport Regulation: Equity, Efficiency, and Competition in the Rail and Trucking Industries* (Cambridge, MA: MIT Press, 1981)

長期平均成本與長期邊際成本曲線

什麼是長期平均成本與長期邊際成本？

在個體經濟學中,還有兩個相當重要的成本:長期平均成本與長期邊際成本。**長期平均成本** (long-run average cost) 是每單位產出的廠商成本。它等於長期總成本除以商品數量 Q:$AC(Q)=[TC(Q)]/Q$。

長期邊際成本 (long-run marginal cost) 是商品數量增加 1 單位,廠商長期總成本變動的比率:$MC(Q)=(\Delta TC)/(\Delta Q)$。因此,$MC(Q)$ 等於 $TC(Q)$ 的斜率。

雖然長期平均成本與長期邊際成本均由長期總成本推導而得,兩個成本是截然不同的觀念,如圖 8.7 的說明。在任一特定產出水準,長期平均成本等於原點至總成本曲線上該點連線的斜率,而長期邊際成本等於長期成本曲線在該點的斜率。因此,在圖 8.7(a) 總成本曲線上的 A 點,廠商的產出水準是每年 50 單位。平均成本等於 $0A$ 的斜率,或 \$1,500/50 單位=每單位 \$30。相反

> **長期平均成本**
> 廠商每一單位產出的總成本,它等於長期總成本除以總產量。
>
> **長期邊際成本**
> 產出變動對長期總成本變動的比率。

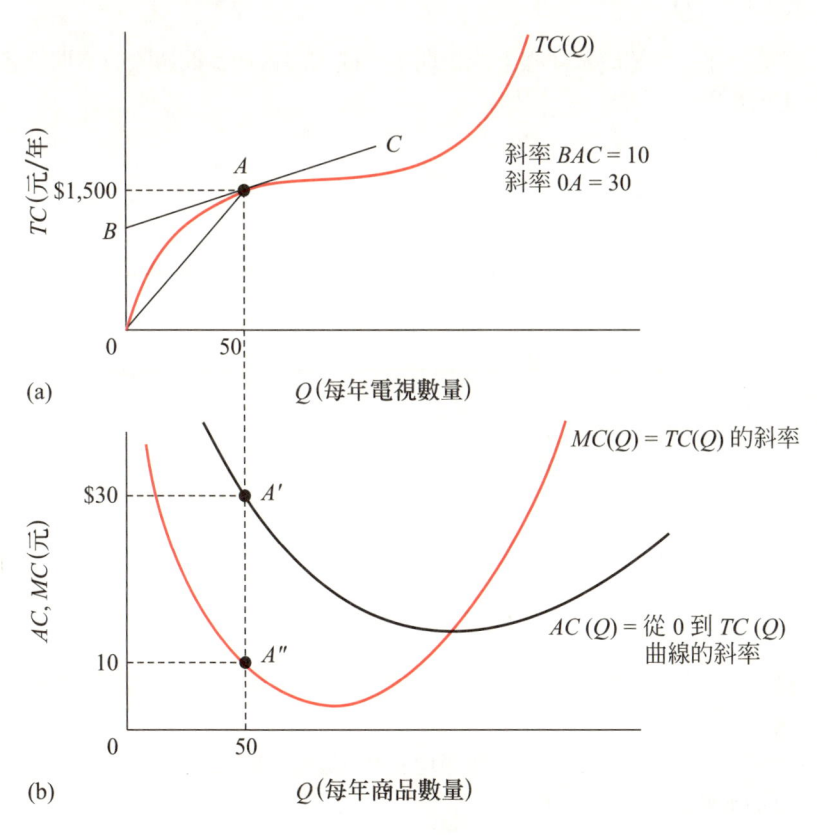

圖 8.7 從總成本曲線推導平均成本與邊際成本

上圖 (a) 是廠商的總成本曲線 $TC(Q)$。圖 (b) 是長期平均成本曲線 $AC(Q)$ 和長期邊際成本曲線 $MC(Q)$,兩者皆從 $TC(Q)$ 推導而得。在圖 (a) 的 A 點,當商品數量是每年 50 單位時,平均成本=線段 $0A$ 的斜率,每單位 \$30。邊際成本=切線 BAC 的斜率=每單位 \$10,在圖 (b),A' 和 A'' 點對應圖 (a) 的 A 點,說明長期總平均和邊際成本曲線。

地，邊際成本在 A 點是 BAC 線的斜率 (總成本曲線在 A 點的切線)；切線的斜率是 10，所以廠商生產 50 單位產量的邊際成本是每單位 $10。

圖 8.7(b) 顯示對應圖 8.7(a) 總成本曲線 $TC(Q)$ 的長期平均成本曲線 $AC(Q)$ 與長期邊際成本曲線 $MC(Q)$。平均成本曲線指出當我們沿著 $TC(Q)$ 移動時，連線如 $0A$ 斜率的改變，而邊際成本曲線指出，當我們沿 $TC(Q)$ 移動時，切線如 BAC 斜率的變動。因此，在圖 8.7(b)，當廠商產出等於每年 50 單位時，平均成本是每單位 $30 ($A'$ 點) 及邊際成本是每單位 $10 ($A''$ 點)，分別對應圖 8.7(a) A 點的 $0A$ 線和 BAC 線的斜率。

邊做邊學習題 8.2

從長期總成本曲線推導長期平均成本與長期邊際成本

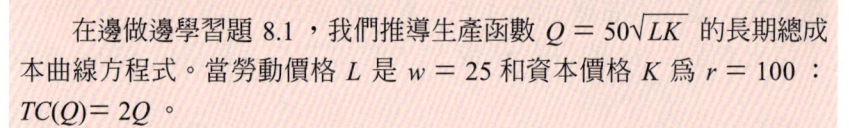

在邊做邊學習題 8.1，我們推導生產函數 $Q = 50\sqrt{LK}$ 的長期總成本曲線方程式。當勞動價格 L 是 $w = 25$ 和資本價格 K 為 $r = 100$：$TC(Q) = 2Q$。

問題 在這個總成本曲線下的長期平均成本曲線與長期邊際成本曲線各是什麼？

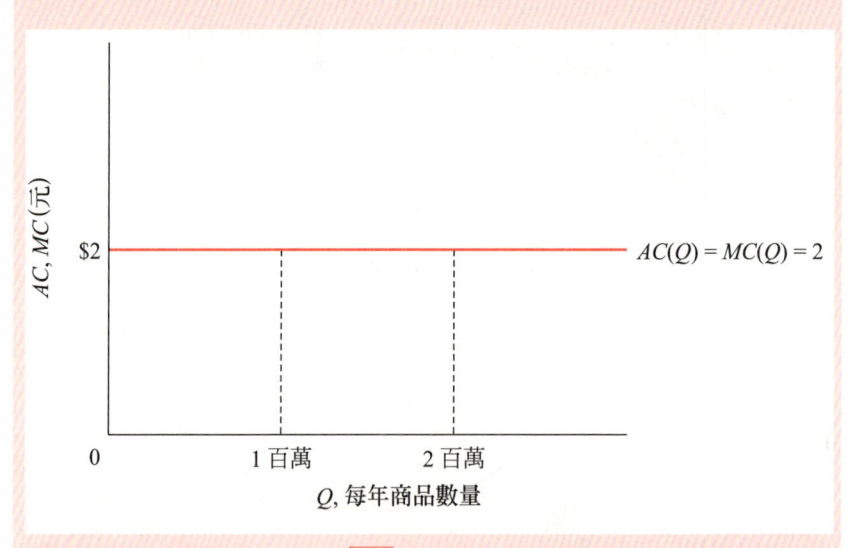

圖 8.8 生產函數 $Q = 50\sqrt{LK}$ 的長期平均成本曲線與長期邊際成本曲線

當 $w = 25$ 和 $r = 100$ 時的長期平均成本曲線與長期邊際成本曲線為每單位 $2 的水平線，且相互重疊。

解答 長期平均成本是 $AC(Q)=[TC(Q)]/Q = 2Q/Q = 2$。請注意平均成本不受 Q 的影響。其圖形是一水平線，如圖 8.8 所示。

長期邊際成本是長期總成本的斜率。在 $TC(Q)= 2Q$ 時，長期總成本的斜率為 2，因此 $MC(Q)= 2$。長期邊際成本也不受 Q 的影響。實際上，它的圖形也是相同的水平線。

這個習題說明一點。當長期總成本曲線是一直線 (如圖 8.2)，長期平均成本等於長期邊際成本，它們的共同圖形是一水平線。

類似問題： 8.4

長期平均成本曲線與長期邊際成本曲線的關係

如同本書其它的平均與邊際概念 (如第 6 章討論的平均產量與邊際產量)，長期平均成本曲線與長期邊際成本曲線有一系統性的關係：

- 若平均成本隨產量增加而減少時，邊際成本小於平均成本：$MC(Q) > AC(Q)$。
- 若平均成本隨產量增加而增加時，邊際成本大於平均成本：$MC(Q) < AC(Q)$。
- 若平均成本不會隨產量增減而變動時，則邊際成本等於平均成本：$AC(Q)= MC(Q)$。

圖 8.9 說明這個關係。

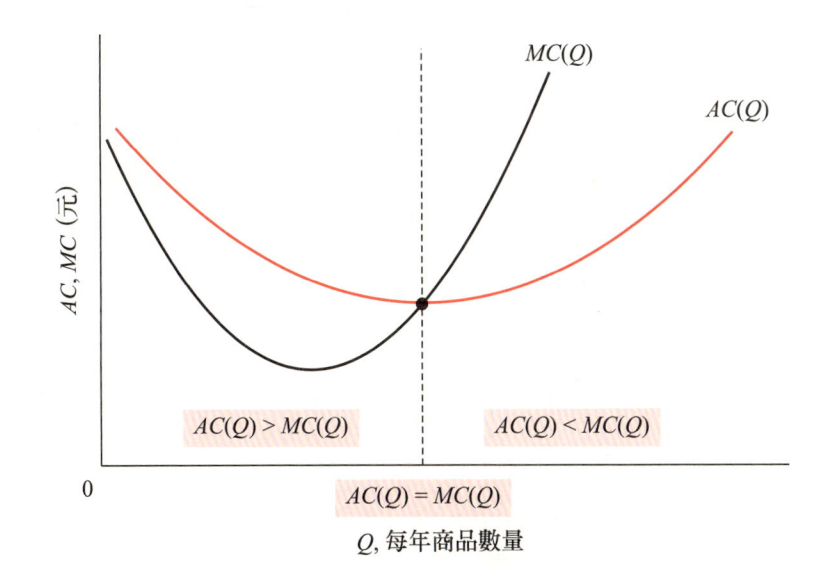

圖 8.9 平均成本與邊際成本的關係

A 點的左邊，隨著產量 Q 的增加，平均成本 AC 遞減，所以 $AC(Q) > MC(Q)$。A 點的右邊，隨著 Q 增加，AC 遞增，故 $AC(Q) < MC(Q)$。在 A 點，AC 是最低點，不會增加或減少，所以 $AC(Q)= MC(Q)$。

範例 8.2

高等教育的成本

你就讀的大學有多大？是一所很大的學校，如俄亥俄州立大學，或是所小學校，如西北大學？那一所學校的每位學生平均成本較低？學校大小是否會影響教育"生產"的平均與邊際成本？

Rajindar 和 Manjulika Koshal 研究學校大小如何影響教育的平均成本與邊際成本。[5] 他們蒐集在 1990 到 1991 年間，美國 195 所大學，每位學生平均成本的資料。[6] 控制不同學校對研究所注重程度的成本差異，Koshal 估計四種不同類型大學的平均成本曲線，分類的標準是每一年授與博士學位的數量及政府對這些博士班學生的補助金額。為了簡化說明，我們只討論全國擁有最大規模研究所的 66 所大學 (如哈佛大學，西北大學，及加州大學柏克萊分校)。

圖 8.10 所示為這類大學的平均與邊際成本曲線。圖形指出直至 30,000 個全時大學部學生之前每位學生的平均成本是遞減的 (這個規模相當於印弟安納州立大學的規模)。因為很少有大學具備如此規模，兩位 Koshal 的研究建議對美國大多數擁有如此大的研究所規模的大學，額外一名學生的邊際成本會低於每位學生的平均成本，因此增加大學部學生人數能夠降低每位學生的平均成本。

這個發現似乎頗為合理。想想你自己念書的學校。已經有圖書館及上課的教學大樓。其有校長和行政人員來管理學校。如果招收更多的學生，這些成本可能不會增加很多。當然，增加學生並不是沒有成本。例如，提供更多課程。但是聘請新老師來教授課程並不是一件困難的事 (如，畢業生)。除非宿舍與教室空間已達飽和，否則新學生的額外成本不會太高。因此，對一所普通大學而言，每名學生的平均成本或許相當高，額外准許一位新生入學的邊際成本通常是相當低的。如果這是真的，平均成本會隨學生人數增加而遞減。

如第 6 章的討論，邊際成本與平均成本的關係就像是任何商品的平均與邊際關係。例如，假設你的個體經濟學老師剛打完最近的小考成績。到上一次為止，你的平均成績是 92 分，你的老師告訴你最近一次考試的成績讓你的平均上升至 93 分。你認為最近一次考試的成績如何？由於你的平均提高，"邊際成績"(最近一次的成績) 一定高於你的平均成績。若你的平均下跌至 91 分，係因為你最近一次的考試成績一定低於平均。若你的平均沒有改變，則你最近一次的考試成績一定與平均成績相同。

規模經濟與規模不經濟

長期平均成本隨著產量改變而變動是兩個重要經濟概念的基

---

[5] R. Koshal and M. Koshal, "Quality and Economies of Scale in High*e*r Education," *Applied Economics* 27 (1995): 773-778.

[6] 要控制因為專業學術品質不同所造成的成本差異，其分析允許平均成本取決於生-師比與學校的排名，排名是以新生入學測驗 SAT 的成績來衡量，在圖 8.10，假設這些變數與全國平均水準相同。

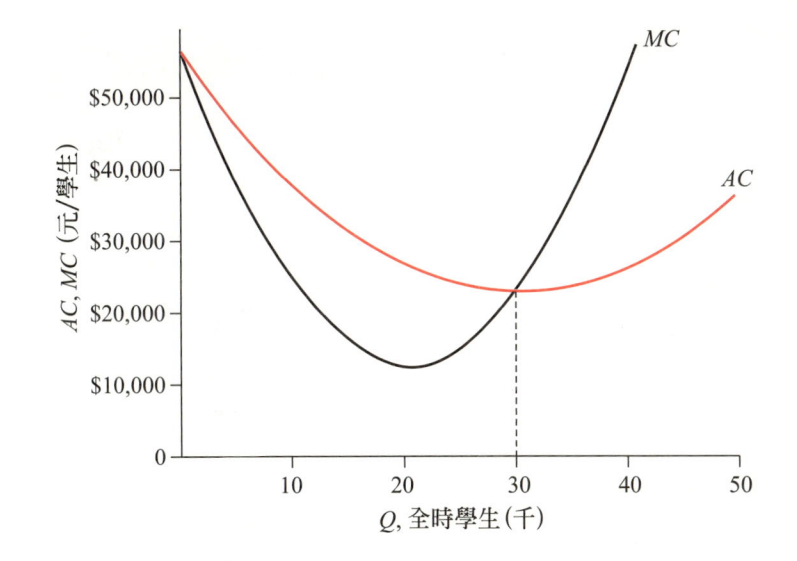

圖 8.10　美國大學教育的長期平均成本曲線與邊際成本曲線

在 30,000 個學生之前，額外一個學生的邊際成本低於平均成本。在這一個數量之前，每位學生的平均教育成本隨數量增加而下跌。超過 30,000 個學生，額外一個學生的邊際成本高於平均成本，因此平均成本會隨學生人數增加而增加。

礎：規模經濟與規模不經濟。一廠商享有**規模經濟** (economies of scale) 是指當商品數量增加時，平均成本下降的狀況。相反地，廠商遭遇**規模不經濟** (diseconomies of scale) 則是敘述相反情況，當商品數量增加時，平均成本上升的狀況。規模經濟的程度能夠影響產業的結構。規模經濟也可以解釋為何在相同產業中，某些廠商能夠賺取較高的利潤。規模經濟的主張通常被用來作為生產相同商品廠商合併的正當理由。[7]

圖 8.11 是許多經濟學家認為象徵實際生活中廠商生產過程的長期平均成本曲線的規模經濟與規模不經濟。就這一條平均成本曲線，最初有規模經濟的階段 (0 到 Q')，然後有一段是水平的平均成本線 (Q' 到 Q'')，然後是規模不經濟的階段 ($Q > Q''$)。

規模經濟的出現有許多原因。它可能來自大量生產時，生產因素的規模報酬遞增 (如，第 6 章範例 6.6 的輸油管案例)。規模經濟也可能來自於勞動的專業分工。當勞工人數隨產出增加而增加時，員工在工作上可以專業化生產，如此通常會提高勞動生產力。專業化也可以消除勞工與設備轉移的時間消耗。這個會降低單位生產成本及提高勞動生產力。

規模經濟也可能是因為廠商雇用**不可細分生產因素** (indivisible inputs)。不可細分生產因素是指生產因素必須有最低數量才可

規模經濟
隨著產出增加，平均成本下降的生產特性。

規模不經濟
隨著產出增加，平均成本增加的生產特性。

不可細分的生產因素
生產因素必須有最低數量才可提供。當廠商生產數量趨近零時，其數量不會減少。

---
[7] 請見 F. M. Scherer and D. Ross, *Industrial Market Structure and Economic Performance* (Boston: Houghton Mifflin, 1990) 第 4 章，有關規模經濟在市場結構與廠商績效的詳細討論。

圖 8.11 現實生活的典型平均成本曲線的規模經濟與規模不經濟

當產量低於 Q' 時，廠商有規模經濟，且產量介於 Q' 與 Q'' 之間，平均成本是水平的，當產量大於 Q'' 時，有規模不經濟。在規模經濟的最低點，$Q = Q'$ 時的產出水準是最小效率規模。

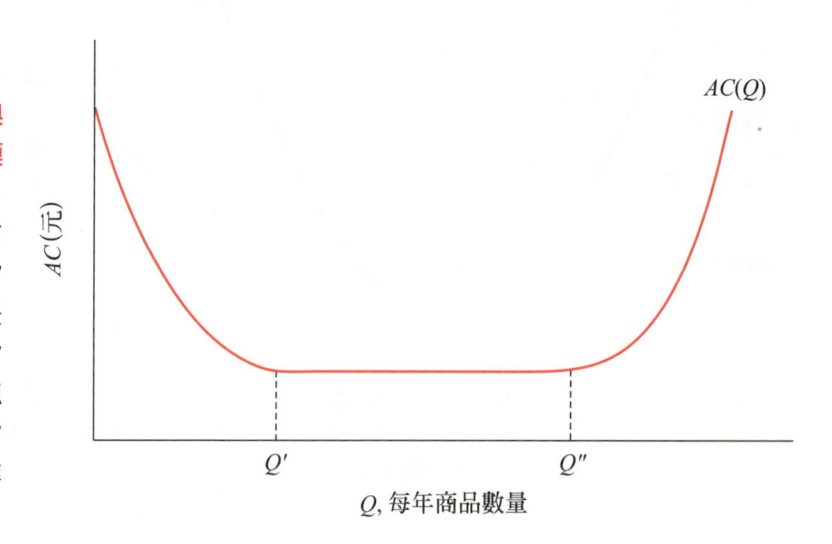

提供；當廠商生產數量趨近於零時，不可細分生產因素數量不會減少。一個不可細分生產因素例子是早餐穀類食品的高速包裝處理機器。即使是最小的生產線，每年會生產 1 千 4 百萬磅的穀類食品。廠商打算每年只生產 5 百萬磅的穀類食品，還是必須購買這種不可細分的生產設備。

不可細分生產因素導致平均成本遞減 (至少在某一產量範圍)，因為當廠商購買不可細分生產因素後，它可以在產量提高時，"均分" 不可細分生產因素的成本。例如，當廠商購買最低規模包裝處理機器來生產每年 5 百萬磅穀類食品時，所遭遇的生產設備總成本與每年生產 1 千萬磅的穀類食品相同。[8] 這會使廠商平均成本下跌。

管理不經濟
產出增加一定比例迫使廠商增加其對管理者支出的增加超過該比例的狀態。

規模不經濟的區域通常被認為是由**管理不經濟** (managerial diseconomies) 所引起 (如圖 8.11 產出大於 Q'' 的區域)。管理不經濟是因為商品生產增加時，管理成本增加的百分比超過產量增加的百分比。要瞭解為什麼會發生管理規模不經濟，想像企業的成功關鍵是掌握在某人的遠見及卓越領導才能 (如企業創辦者)。當企業茁壯成長時，這種有卓越貢獻的人才無法由別的經營人才複製。為了要彌補缺陷，公司可能會雇用額外足夠的管理者而使總成本增加的速度比產量增加速度快，如此會使平均成本上漲。

---
[8] 當然，它可以多購買其它生產因素，如原料，這是可以細分的。

表 8.1　美國不同食物與飲料行業中，MES 佔總產量的百分比

產業	MES 佔總產量的百分比	產業	MES 佔總產量的百分比
甜菜糖	1.87	早餐穀類食品	9.47
蔗糖	12.01	礦泉水	0.08
麵粉	0.68	烘焙咖啡	5.82
麵包	0.12	寵物食物	3.02
罐頭蔬菜	0.17	嬰兒食物	2.59
冷凍食物	0.92	啤酒	1.37
植物性奶油	1.75		

來源：資料取自 J. Sutton, *Sunk Costs and Market Structure: Price Competition, Advertising, and the Evolution of Concentration* (Cambridge, MA: MIT Press, 1991) 表 4.2。

長期平均成本最低點時的商品數量稱為**最小效率規模** (minimum efficient scale) 或 MES (在圖 8.11，MES 是 $Q = Q'$ 的生產規模)。MES 相對市場規模的大小通常能夠指出產業規模經濟的重要性。相對於市場規模而言，MES 愈大，規模經濟的程度就愈高。表 8.1 是美國不同食物與飲料產業間，MES 佔產業產量的比例。[9] 擁有最大的 MES 市場大小比率的產業是早餐穀類食品及蔗糖精煉。這些行業有顯著的規模經濟。擁有最低 MES 市場大小比率的行業是礦泉水與麵包，這些製造業的規模經濟較不顯著。

最小效率規模
長期平均成本曲線最低點的最小生產數量。

範例 8.3

礬土(氧化鋁)精煉的規模經濟[10]

製造鋁包含許多步驟，其中之一是氧化鋁精煉。氧化鋁是一種化學合成，包含鋁和氧原子 (Al_2O_3)。當鋁礦——生產鋁的原料——利用一種稱為拜爾過程 (Bayer process) 的轉化技術，就可以得到氧化鋁。

在精煉氧化鋁過程中會產生規模經濟。表 8.2 列示估計氧化鋁精煉工廠的長期平均成本函數，在此定義成廠商生產數量的函數。當工廠生產數量從每年 150,000 公噸上升一倍至每年 300,000 公噸時，長期平均成本約下跌 12%。Stucky 的研究指出在產量 500,000 公噸以前，長期平均成本是處於下跌的階段。如果這是真的，則鋁精煉工廠的最小效率規模是發生在每年

---

[9] 在這張表，MES 是以產業中等規模工廠的生產量來衡量。中等規模工廠是產量恰好在產業總產量中間的工廠。亦即，50% 的工廠產量低於中等規模工廠，而 50% 工廠產量高於中等規模工廠。MES 的估計數據是根據中等規模工廠產量與 MES 的"工程估計"高度相關而產生。"工程估計"是請教熟悉製造與工程的人事，請他們提供最小效率工廠規模的合理數據。美國產業的中產規模工廠資料係來自美國製造業調查 (U.S. Census of Manufacturing)。

[10] 這個例子的資訊是取自於 J. Stuckey, *Vertical Integration and Joint Ventures in the Aluminum Industry* (Cambridge, MA: Harvard University Press, 1983), especially pp.12-14.

表 8.2　鋁精煉工廠的工廠產能與平均成本

工廠產能 (公噸)	平均成本指數 (在 300,000 公噸時，等於 100)
55,000	139
90,000	124
150,000	114
300,000	100

來源：請見 Stuckey, *Vertical Integration and Joint Ventures in the Aluminum Industry* (Cambridge, MA: Harvard University Press, 1983). 表 1.1

500,000 公噸的產量。

如果廠商瞭解這一點，我們會預期鋁精煉工廠的生產數量每年至少是 500,000 公噸。事實上，這是真的。在 1979 年，北美 10 座鋁精煉工廠的平均產能是每年 800,000 公噸。沒有任何一座工廠的產能超過 130 萬噸。這告訴我們規模不經濟是從這個產出水準開始。

規模報酬與規模經濟

規模經濟與規模報酬緊密相聯，因為生產函數的規模報酬決定平均成本如何隨產出改變而變動。表 8.3 說明三種不同型態的生產函數，其中產出 Q 是單一投入勞動數量 L 的函數。表格顯示三種生產函數與對應的勞動需要函數 (記得在第 6 章提到勞動需要函數是一定數量的產量是勞動數量函數)，以及在勞動價格 w 固定下，總成本與平均成本函數。

表 8.3 說明的規模報酬與規模經濟關係可總結如下：

- 若平均成本隨著產出增加而減少，我們有規模經濟和規模報酬遞增 (如，表 8.3 的生產函數 $Q = L^2$)。
- 若平均成本隨著產出增加而增加，我們有規模不經濟與規模報酬遞減 (如，表 8.3 的生產函數 $Q = \sqrt{L}$)。

表 8.3　規模報酬與規模經濟的關係

	生產函數		
	$Q = L^2$	$Q = \sqrt{L}$	$Q = L$
勞動需要函數	$L = \sqrt{Q}$	$L = Q^2$	$L = Q$
總成本	$TC = w\sqrt{Q}$	$TC = wQ^2$	$TC = wQ$
平均成本	$AC = w/\sqrt{Q}$	$AC = wQ$	$AC = w$
AC 如何隨 Q 而變動？	遞減	遞增	固定不變
規模經濟/不經濟？	規模經濟	規模不經濟	兩者皆非
規模報酬？	遞增	遞減	固定

● 若平均成本隨著產出增加而維持不變，我們沒有規模經濟或不經濟，以及固定規模報酬 (如，表 8.3 的生產函數 $Q = L$)。

範例 8-4

醫院 "後勤部門" 活動的規模經濟

在 1990 年代和 2000 年代初，健康保險事業成為一個熱門話題。其中一個有最重要的趨勢是透過合併，使醫院達到整合的目的。例如，在芝加哥地區，西北紀念醫院與許多地區醫院，如伊文斯頓醫院，合併而形成一所大型綜合醫院，範圍包括芝加哥地區的北部與北岸郊區。

贊成醫院合併者認為合併能夠讓醫院透過 "後勤部門" 規模經濟達到成本節省的目的——這些活動包括洗衣，病房打掃，自助餐廳，影印與印刷服務以及那些不能為醫院創造營收，但醫院又不能沒有的資料處理。反對者聲稱這些成本節省都是假象，醫院合併只會降低地區醫院的良性競爭。美國反托辣斯法依據這項基礎，已經否決許多醫院合併案例。

David Dranove 研究有關醫院後勤部門的規模經濟課題。[11] 圖 8.12 整理出他的研究發現。圖形畫出三種不同活動的長期平均成本曲線：自助餐廳、印刷與影印，及資料處理。產出是以每年可以出院的病人數目來衡量。(每一個活動的平均成本都標準化，指數等於 1，基底是每年 10,000 個病人。) 這些曲線指出不同活動間的規模經濟。自助餐廳有顯著的規模經濟。就印刷與影印而言，平均成本曲線相當平坦。至於資料處理部門，規模不經濟發生在產出水準很低的地方。整體而言，Dranove 認為平均 14 種活動是享有規模經濟，但是在每年 7,500 病人出

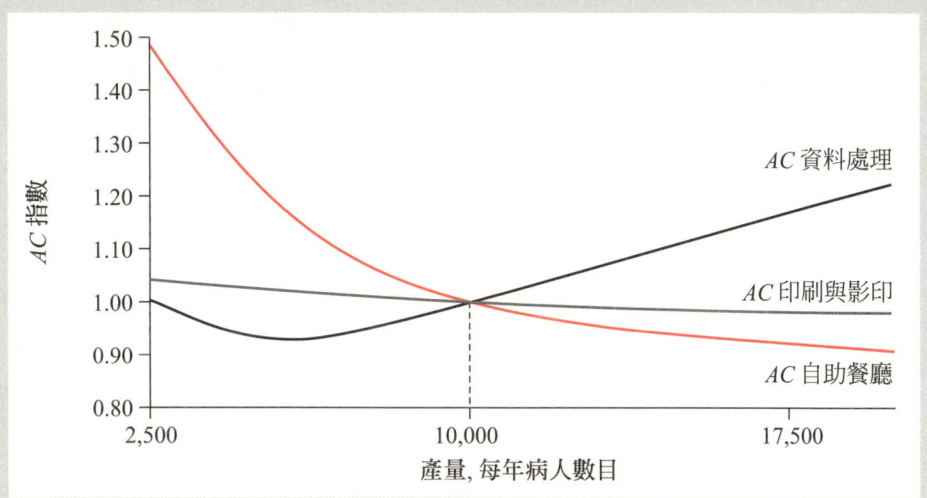

圖 8.12　醫院三個 "後勤部門" 的平均成本曲線

自助餐廳享有顯著的規模經濟。在每年產量超過 5,000 個病人，資料處理部門呈現規模不經濟。印刷與影印部門的平均成本曲線相當平坦，所以並沒有明顯的規模經濟或規模不經濟。

---

[11] "Economies of Scale in Non-revenue Producing Cost Centers: Implications for Hospital Mergers," *Journal of Health Economics* 17 (1998): 69-83.

院時，已經結束規模經濟。這相當於 200 張病床的醫院，以今天標準而言，是屬於中型醫院。Dranove 的分析指出兩家大型醫院合併不可能有後勤部門的規模經濟。這表示除非兩家醫院都是小型醫院，否則醫院合併聲稱能夠降低平均每位病人成本是令人懷疑的。

衡量規模經濟程度：總成本的產量彈性

在第 2 章，我們學過需求彈性，如需求的價格彈性或需求的所得彈性，告訴我們需求數量對影響需求因素，如價格與所得的敏感度。我們也可以利用彈性來告訴我們總成本對影響成本因素的敏感度。一個重要的成本彈性是**總成本的產量彈性** (output elasticity of total cost)，以 $\epsilon_{TC,Q}$ 表示。它是定義成產量變動 1% 時，引起總成本變動的百分比：

總成本的產量彈性
產出變動 1% 引起總成本變動的百分比

$$\epsilon_{TC,Q} = \frac{\frac{\Delta TC}{TC}}{\frac{\Delta Q}{Q}} = \frac{\frac{\Delta TC}{\Delta Q}}{\frac{TC}{Q}}$$

由於 $\Delta TC/\Delta Q =$ 邊際成本 (MC) 以及 $TC/Q =$ 平均成本 (AC)

$$\epsilon_{TC,Q} = \frac{MC}{AC}$$

因此，總成本的產量彈性等於邊際成本對平均成本的比率。

如前所述，長期平均與邊際成本間的關係對應於平均成本 AC 隨產出數量 Q 變動而變動的不同階段。這意味總成本產量彈性告訴我們規模經濟的程度，如表 8.4 所示。

總成本的產量彈性通常可以用來刻畫不同產業規模經濟的性質。例如，表 8.5 顯示印度不同製造業總成本的產量彈性估計值。[12] 鋼鐵業及電力與瓦斯業的產量彈性明顯小於 1，表示有規模經濟的存在。反之，紡織與水泥業廠商的產量彈性略高於 1，

表 8.4　總成本產量彈性與規模經濟間的關係

$\epsilon_{TC,Q}$ 值	MC 和 AC	AC 如何隨 Q 增加而變動	規模經濟/不經濟
$\epsilon_{TC,Q} < 1$	$MC < AC$	減少	規模經濟
$\epsilon_{TC,Q} > 1$	$MC > AC$	增加	規模不經濟
$\epsilon_{TC,Q} = 1$	$MC = AC$	不變	兩者皆非

---

[12] R. Jha, M. N. Murty, S. Paul, and B. Bhaskara Rao, "An Analysis of Technological Change, Factor Substitution, and Economies of Scale in Manufacturing Industries in India," *Applied Economics* 25 (October 1993)：1337-1343。產量彈性估計值列於表 5。

表 8.5　印度不同製造業產量彈性的估計

產業	總成本的產量彈性
鐵與鋼鐵業	0.553
棉花紡織業	1.211
水泥業	1.162
電力與瓦斯業	0.3823

表示有輕微的規模不經濟。[13]

短期總成本曲線

長期總成本曲線指出，當廠商能夠自由調整生產因素使用量時，廠商最低總成本如何隨商品數量的變動而變動。**短期總成本曲線** (short-run total cost curve) $STC(Q)$，是指，當至少有一個生產因素數量固定時，廠商最低總成本如何隨商品數量 Q 的變動而變動。在以下的討論中，我們假設廠商使用的資本數量固定在 $\overline{K}$。短期總成本曲線由兩個部分加總而得：**總變動成本曲線** (total variable cost curve) $TVC(Q)$，和**總固定成本曲線** (total fixed cost curve) TFC——亦即，$STC(Q) = TVC(Q) + TFC$。總變動成本曲線 $TVC(Q)$ 是廠商在成本極小的要素投入組合，如原料和勞動等變動投入的支出總和。總固定成本是等於固定資本服務的成本 (即，$TFC = r\overline{K}$)，因此不會隨產出而變動。圖 8.13 畫出短期總成本曲線，總變動成本曲線，及總固定成本曲線。因為總固定成本與產出無關，其圖形為一水平線，其值為 $r\overline{K}$。因此，$STC(Q) = TVC(Q) + r\overline{K}$，這意謂在每一個產出數量 Q 下，$STC(Q)$ 與 $TVC(Q)$ 的垂直距離為 $r\overline{K}$。

8.2 短期成本曲線

短期總成本曲線
顯示至少有一生產因素數量固定不變下，生產一定產出的最小總成本的曲線。

總變動成本曲線
在短期成本最小要素投入組合下，顯示變動生產因素，如勞動和原料，總支出的曲線。

總固定成本曲線
顯示固定生產因素的成本以及不會隨著產出變動而變動的曲線。

邊做邊學習題 8.3

推導短期總成本曲線

讓我們回到邊做邊學習題 7.2，7.4，7.5 和 8.1 的生產函數，$Q = 50\sqrt{LK}$。

問題　當資本固定在 $\overline{K}$，且生產因素價格分別為 $w = 25$，及 $r = 100$ 時，生產函數相關的短期總成本曲線為何？

---
[13] 紡織業與水泥業的產量彈性估計值並不會明顯異於 1。因此，這些產業呈現固定規模報酬。

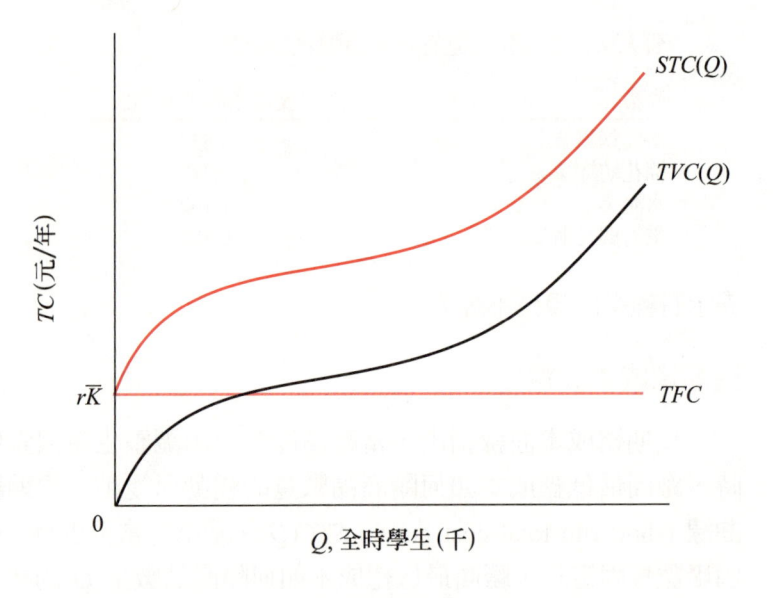

圖 8.13 短期總成本曲線
短期總成本曲線 STC(Q) 是總變動成本曲線 TVC(Q)，及總固定成本曲線 TFC 的加總。總固定成本等於固定資本服務的成本 $r\overline{K}$。

解答 在邊做邊學習題 7.5，我們曾經推導過當資本固定在 $\overline{K}$ 時短期成本極小的勞動數量：$L = Q^2/(2500\overline{K})$。我們可以直接從上式求出短期總成本曲線：$STC(Q) = wL + r\overline{K} = Q^2/(100\overline{K}) + 100\overline{K}$。總變動成本曲線與總固定成本曲線分別如下：$TVC(Q) = Q^2/(100\overline{K})$ 和 $TFC = 100\overline{K}$。

注意，當商品數量 Q 固定不變時，總變動成本會隨著 K 增加而遞減。這是因為，就一固定產量而言，廠商使用較多資本能夠減少勞動的雇用量。因為 TVC 是廠商的勞動支出，其 TVC 會 $\overline{K}$ 的增加而遞減。

類似問題： 8.12 和 8.13

長期與短期總成本曲線的關係

讓我們再一次考慮廠商只使用兩種生產因素，勞動和資本。在長期，廠商能夠自由地變動兩種投入的數量，但在短期資本數量固定。因此，廠商在短期比在長期的限制更大，所以在長期能夠有較小的總成本是合理的。

圖 8.14 顯示在這種情況下，電視製造商的短期與長期成本極小問題。一開始，廠商每年想要生產一百萬台電視。在長期，當廠商可以自由變動兩種投入時，其成本極小的生產點在 A 點，雇用 L_1 單位的勞動和 K_1 單位的資本。

假設廠商期望生產的數量是每年 2 百萬台電視，且在短期，其

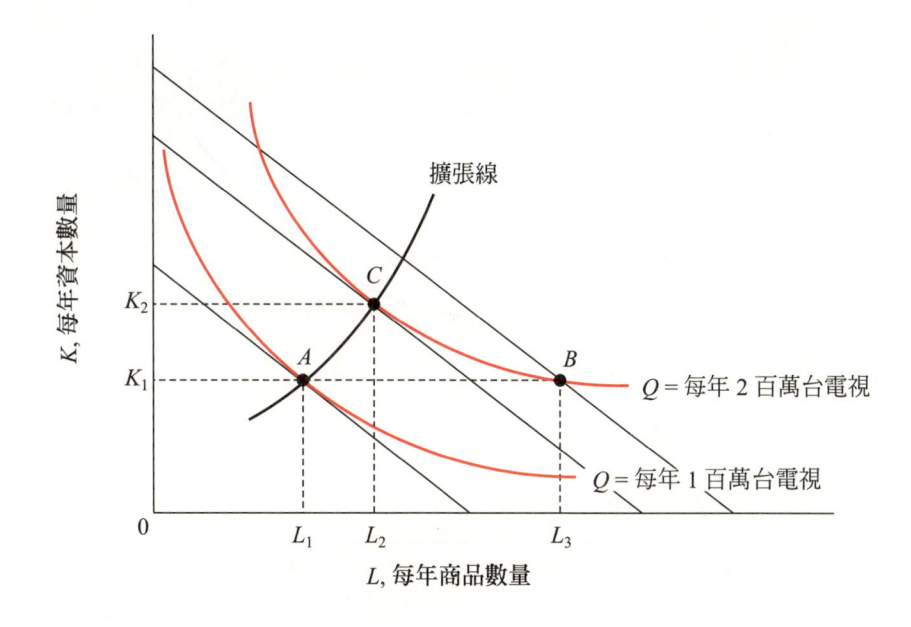

圖 8.14　短期總成本高於長期總成本

起初，廠商生產 1 百萬台電視，若廠商的資本使用量固定在 K_1，其短期與長期成本最低點在點 A。若廠商的產量提高至 2 百萬台電視，而資本數量仍固定在短期的 K_1，此時廠商會在點 B 生產。但在長期，廠商會在較低的等成本線上的 C 點生產，C 點比 B 點低。

資本數量必須固定在 K_1。在這種情況下，它會在點 B 生產。雇用 L_3 單位的勞動和 K_1 單位的資本。然而，在長期，廠商沿著擴張線而在 C 點生產，雇用 L_2 單位勞動和 K_2 單位資本。因為點 B 的等成本線高於點 C 的等成本線，廠商生產 2 百萬台電視的短期總成本會大於長期總成本。

當廠商每年生產 1 百萬台電視，短期的限制是 K_1 單位的資本，A 點是長期與短期的成本極小點。圖 8.15 顯示廠商對應的長期與短期總成本曲線 $TC(Q)$ 和 $STC(Q)$。我們看到除了在 A 點，$STC(Q)$ 與 $TC(Q)$ 相等外，$STC(Q)$ 始終位於 $TC(Q)$ 之上 (亦即，短期成本大於長期成本)。

短期平均成本與邊際成本

如同我們定義長期平均成本與長期邊際成本曲線，我們也可以定義**短期平均成本**(short-run average cost, SAC)與**短期邊際成本**(short-run marginal cost, SMC) 曲線：$SAC(Q)=[STC(Q)]/Q$ 和

圖 8.15 短期與長期總成本曲線的關係
當資本固定在 K_1 時,除了在點 A 外,$STC(Q)$ 始終位於 $TC(Q)$ 之上。在點 A,當廠商每年生產 1 百萬台電視,為長期與短期成本極小的成本最小點。

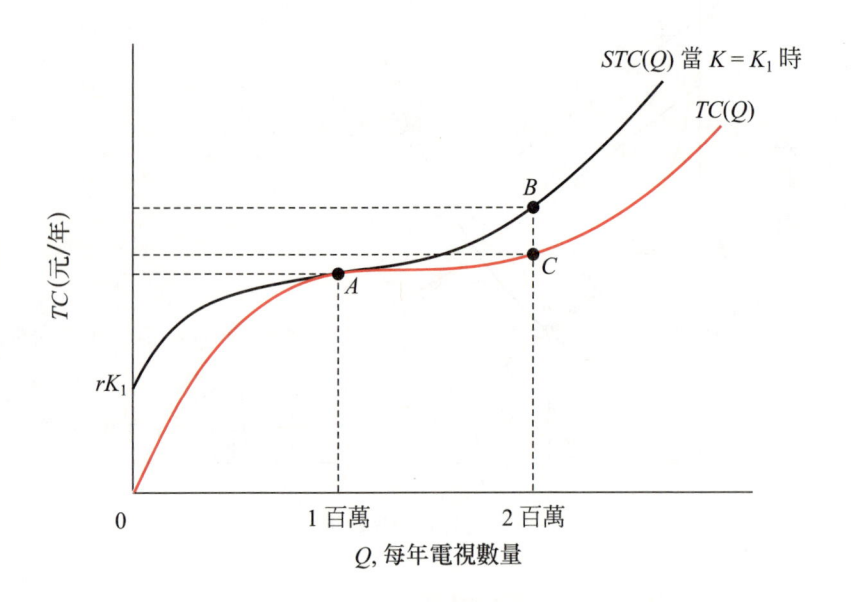

短期平均成本
當至少有一個或多個生產因素固定時,廠商每一單位產出的總成本。

短期邊際成本
短期總成本曲線的斜率。

平均變動成本
每單位產出的總變動成本。

平均固定成本
每單位產出的總固定成本。

$SMC(Q)=(\Delta STC)/(\Delta Q)$。因此,正如同長期邊際成本是長期總成本曲線的斜率,短期邊際成本等於短期總成本曲線的斜率。(請注意在圖 8.15 的點 A,當每年產量是 1 百萬台電視,長期總成本曲線的斜率等於短期總成本曲線的斜率。因此在這個產量下,不僅 $STC = TC$,且 $SMC = MC$。)

此外,正如同我們可將短期總成本可以分成兩個部分(總變動成本與總固定成本),我們也可以將短期平均成本分成兩個部分:**平均變動成本** (average variable cost, AVC) 與**平均固定成本** (average fixed cost, AFC):$SAC = AVC + AFC$。平均固定成本是每單位產出的總固定成本 ($AFC = TFC/Q$)。平均變動成本是每單位產出的總變動成本 ($AVC = TVC/Q$)。

圖 8.16 說明典型的短期邊際成本曲線,短期平均成本曲線,平均變動成本曲線,以及平均固定成本曲線。我們可以"垂直加總"平均變動成本曲線與平均固定成本曲線而得到短期平均成本曲線。[14] 當 Q 變得愈來愈大時,平均固定成本會遞減且趨近於橫軸。這反映出,當產量增加時,固定資本成本會隨產量遞增而"平均分散",使每單位固定成本趨近於零。因為 AFC 會隨 Q 增加

---

[14] 垂直加總是指,對任一商品數量 Q 而言,SAC 曲線的高度等於 AVC 與 AFC 曲線高度的加總。

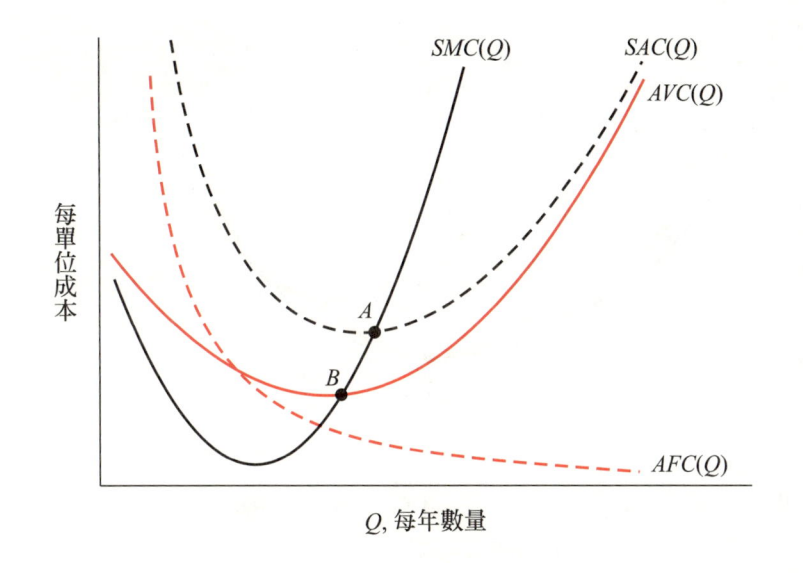

圖 8.16 短期邊際成本曲線與短期平均成本曲線

短期平均成本曲線 $SAC(Q)$ 是平均變動成本曲線 $AVC(Q)$ 與平均固定成本曲線 $AFC(Q)$ 的垂直加總。短期邊際成本曲線是 $SMC(Q)$ 與 $SAC(Q)$ 交於 A 點並與 $AVC(Q)$ 交於 B 點，兩者皆為成本最小點。

而愈來愈小，$AVC(Q)$ 與 $SAC(Q)$ 兩條曲線會愈趨靠近。短期邊際成本曲線 $SMC(Q)$ 會交於短期平均成本曲線與短期平均變動成本曲線的最低點。這個特性和長期邊際成本與長期平均成本的關係相同，同時也反映出任何商品的平均與邊際關係。

長期與短期平均與邊際成本曲線的關係

長期平均成本曲線為一包絡線

長期平均成本曲線沿著對應不同產量與固定生產因素水準的短期平均成本曲線形成一界限 (或信封)。圖 8.17 說明電視製造商的這種情形。廠商的長期平均成本曲線 $AC(Q)$ 是 U 型，短期平均成本曲線 $SAC_1(Q)$，$SAC_2(Q)$，及 $SAC_3(Q)$ 皆是，每一條曲線都對應不同的固定資本水準 K_1，K_2，及 K_3 (其中 $K_1 < K_2 < K_3$)。(移至較高水準的資本，可能意謂廠商的生產規模或自動化程度增加。)

對應任何資本水準的短期平均成本曲線，除了在最適固定資本 (圖上 A，B，D 點) 外，均位於長期平均成本曲線的上方。因此，若資本固定在 K_1，廠商每年生產 1 百萬台電視，它將是成本極小，但如果廠商生產 2 百萬和 3 百萬台電視，則固定資本分別為 K_2 和 K_3，為其成本最小。(實際上，若 K 代表廠商規模，廠商使用固定資本 K_1，生產 2 百萬台電視是高的短期平均成本 \$110，這可能反映小廠排擠掉過多勞工而造成勞動邊際成本的下降。想要達到最小平均成本 \$35，廠商必須提高其工廠規模至 K_2。)

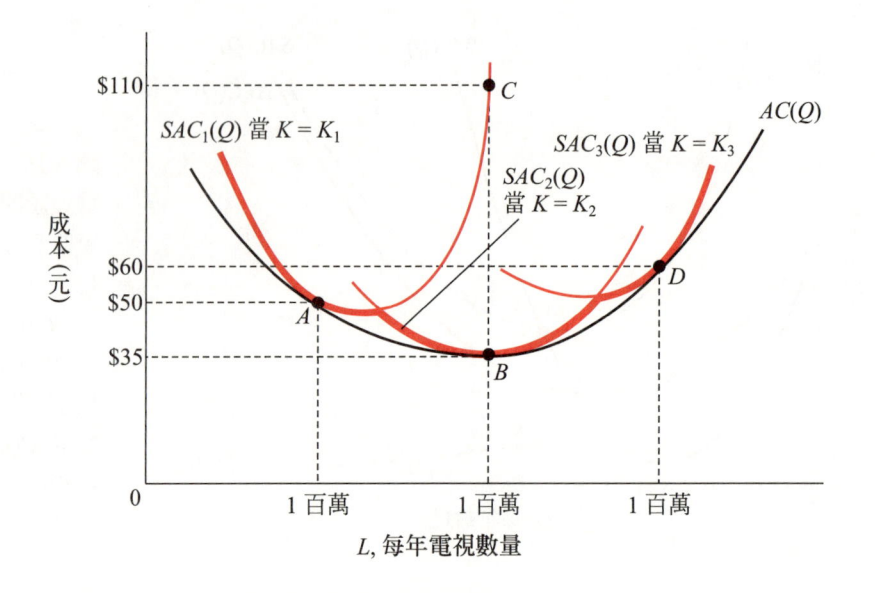

圖 8.17 長期平均成本曲線是一包絡線

短期平均成本曲線 $SAC_1(Q)$，$SAC_2(Q)$ 及 $SAC_3(Q)$，除了在 A，B 和 D 點外，都位於長期平均成本曲線的上方。這表示除了工廠規模在最適水準 (K_1，K_2 或 K_3) 的產出水準外，短期平均成本始終大於長期平均成本。C 點指出廠商使用 K_1 生產 2 百萬台電視的短期生產點。若圖形包括更多的短期曲線，較黑的貝殼形狀的短期曲線將會平滑且與長期曲線一致。

現在觀察圖 8.17 短期成本曲線下緣較深的貝殼形狀，並想像圖形包含愈來愈多的短期曲線。深色界線變得愈來愈平滑 (亦即，愈來愈多淺貝殼而非較少的呆貝殼)，且當短期平均成本曲線的數目增多，深色曲線愈來愈接近長期曲線。因此，你可以將長期平均成本曲線視為無數的短期平均成本曲線的信封下緣。這是為什麼長期平均成本曲線有時稱為包絡線 (envelope curve)。

長期與短期平均與邊際成本何時相等？何時不相等？

圖 8.18 與圖 8.17 的曲線相同，但加上長期邊際成本曲線 $MC(Q)$ 與三條短期邊際成本曲線 $SMC_1(Q)$、$SMC_2(Q)$ 及 $SMC_3(Q)$。圖 8.18 說明短期平均與邊際成本曲線，及長期平均與邊際成本曲線的特別關係。如我們所見，若廠商要生產 1 百萬台電視，在長期，它將選擇工廠規模 K_1。因此，若廠商有一固定工廠規模 K_1，生產 1 百萬台電視的短期要素投入組合與長期要素投入組合相同。在生產 1 百萬台電視，不僅 $SAC_1(Q)$ 與 $AC(Q)$ 相等 (在 A

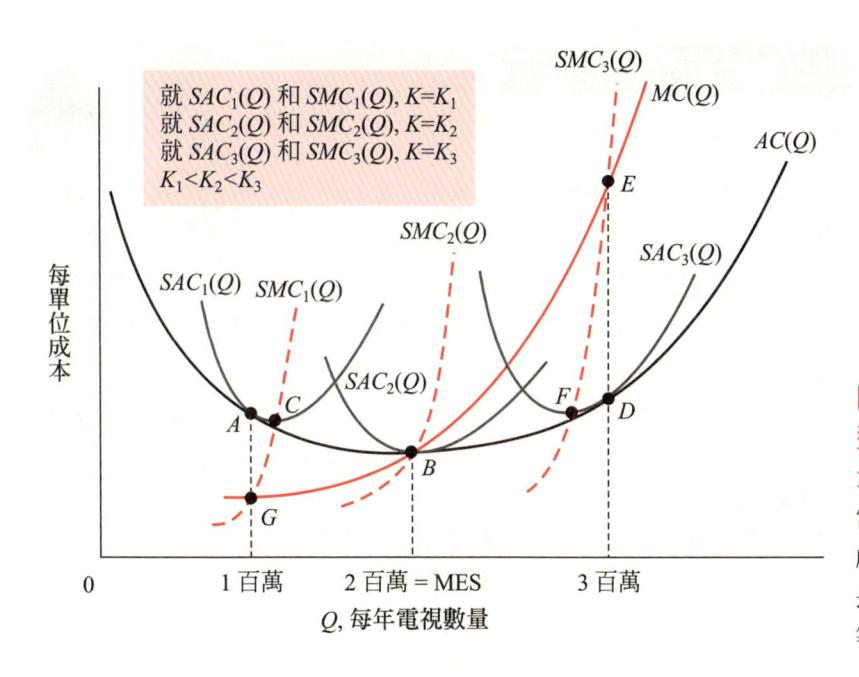

圖 8.18 長期平均與邊際成本，及短期平均與邊際成本的關係

就 $SAC_1(Q)$ 和 $SMC_1(Q)$, $K=K_1$
就 $SAC_2(Q)$ 和 $SMC_2(Q)$, $K=K_2$
就 $SAC_3(Q)$ 和 $SMC_3(Q)$, $K=K_3$
$K_1<K_2<K_3$

當廠商短期與長期平均成本相等時，其短期與長期邊際成本也一定相等。

點)，$SMC_1(Q)$ 與 $MC(Q)$ 也相等 (在 G 點)。

同樣的關係也存在於所有產出水準。例如，若廠商擁有固定工廠規模 K_3，它可以在長期和在短期同樣有效率地生產 3 百萬台電視。因此 $SAC_3(Q)$ 與 $AC(Q)$ 相等 (在 D 點)，而 $SMC_3(Q)$ 與 $MC(Q)$ 也相等 (在 E 點)。

圖 8.18 也說明另一個令人驚訝的短期平均成本曲線特性。在短期與長期平均成本相等時，短期平均成本一般不會達到最低點。例如，在點 A，$SAC_1(Q)$ 等於 $AC(Q)$，兩者皆為負斜率。因為 $SMC_1(Q)$ 低於 $SAC_1(Q)$，$SAC_1(Q)$ 一定下降。$SAC_1(Q)$ 的最低點在 C 點，$SMC_1(Q)$ 等於 $SAC_1(Q)$。同樣地，在 D 點，$SAC_3(Q)$ 等於 $AC(Q)$ 且兩者斜率為正。因為 $SMC_3(Q)$ 大於 $SAC_3(Q)$，$SAC_3(Q)$ 一定上升。$SAC_3(Q)$ 的最低點在 F 點，$SAC_3(Q) = SMC_3(Q)$。

圖形也顯示在短期與長期平均成本相等時，短期平均成本達到最低點。例如，在 B 點，$SAC_2(Q)$ 等於 $AC(Q)$，兩者皆達最低點。因為 $SMC_2(Q)$ 在 B 點與 $SAC_2(Q)$ 相交，$SAC_2(Q)$ 的斜率一定為零。

邊做邊學習題 8.4

短期與長期平均成本曲線的關係

讓我們回到邊做邊學習題 8.1、8.2 與 8.3 的生產函數：$Q = 50\sqrt{LK}$。

問題 在固定資本水準 $\overline{K}$，生產因素價格 $w = 25$ 和 $r = 100$ 下，此生產函數的短期平均成本曲線為何？請畫出 $\overline{K} = 1$，$\overline{K} = 2$，和 $\overline{K} = 4$ 的短期平均成本曲線。

解答 在邊做邊學習題 8.3，此生產函數的短期總成本曲線為：$STC(Q) = Q^2/(100\overline{K}) + 100\overline{K}$。因此，短期平均成本曲線是 $SAC(Q) = Q/(100\overline{K}) + 100\overline{K}/Q$。圖 8.19 顯示 $\overline{K} = 1$，$\overline{K} = 2$，和 $\overline{K} = 4$ 的短期平均成本曲線。它也顯示此生產函數的長期平均成本曲線 (從邊做邊學習題 8.2 推導而得)。短期平均成本曲線為 U 型，而長期平均成本曲線 (水平線) 是短期平均成本曲線的包絡線。

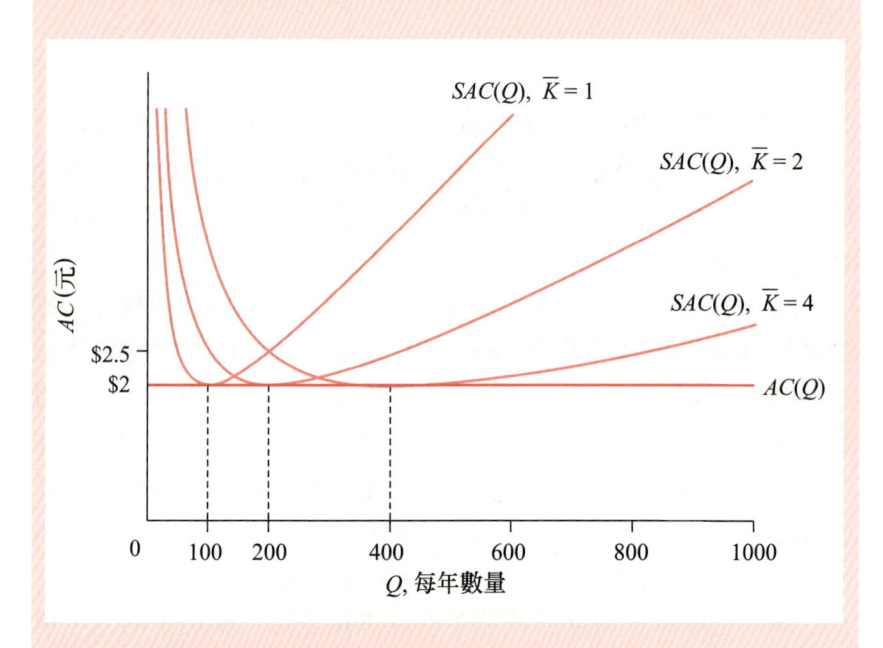

圖 8.19 長期與短期平均成本曲線

長期平均成本曲線 $AC(Q)$ 是一條水平線。它是短期平均成本曲線的信封下緣。

類似問題：8.18 和 8.19。

範例 8.5

找出鐵路成本 [15]

對美國鐵路而言，1990 年代是一個有趣的年代。從正面看，鐵路產業的營運比以前健全許多，而 1960 年代與 1970 年代的破產事件已經結束。有些鐵路公司，如 Burlington Northern，對未來的預期非常樂觀，且在新路線上投資大筆金額。然而，從負面看，美國鐵路服務品質一向不佳，尤其是在運送速度方面。在某些路線，1990 年代晚期鐵路運輸時間甚至比 30 年前的運輸時間還要長。當美國經濟開始復甦後，這些問題在 2003 年再度浮現。其中一位運輸業者宣稱，"我在穀物運輸業有 25 年，這是我所見最嚴重的延遲。"根據產業專家的觀察，一部分的問題是來自於鐵路產業規模縮減太厲害所致。在 1980 年代到 1990 年代間，美國鐵路出售或放棄 55,000 哩的鐵道。根據一位專家指出，鐵路"以太少的鐵道運輸太多的貨物。"

對於鐵路服務品質與鐵路公司如何使用鐵道數目的關心可能會讓你想要知道鐵路生產成本如何受這些因素的影響。例如，增加鐵道是否就能夠降低鐵路的總變動成本？運輸時間縮短是否會提高或降低鐵路營運成本？

一個研究這些問題的方式是估計鐵路的短期與長期平均成本曲線。在 1980 年代，Ronald Braeutigam、Andrew Daughety 和 Mark Turnquist (此後稱 BDT) 曾從事此種研究。[16] 由於有大型美國鐵路公司管理階層的合作，BDT 獲得運輸成本，生產因素價格 (燃料費用，勞動價格)，商品數量，及鐵路服務速度的資料。[17] 利用統計方法，他們估計鐵路的短期總變動成本曲線。在這篇研究中，總變動成本是鐵路每個月的勞動成本，燃料費用，維修費用，鐵路車廂、火車頭，及零件的成本加總。

表 8.6 整理出假設下列變數變動 10% 對總變動成本的衝擊在 (1) 運送數量 (每個月每個車廂承載商品數量)；(2) 鐵路軌道的數量 (以哩計算)；(3) 運送速度 (每節車廂每天運輸里程數)；以及 (4) 勞動、燃料及設備成本。[18] 你可以將鐵道長度哩數視為固定生產因素，如同過去將資本數量視為固定生產因素一樣。鐵路無法因應每個月不同的貨運量而隨時調整鐵道的數量或品質，因此鐵道應該視為固定生產因素。

表 8.6 包括許多有趣的發現。第一，總變動成本，會隨總產量 (運送數量) 及生產因素價格上漲而上漲，這符合第 7 章與本章所學的理論預期。第二，當固定生產因素增加時，總變動成本會減少 (如我們在邊做邊學習題 8.3 的討論)。假設運送數量與運送速度固定不變，鐵道哩數的增加 (或鐵道品質的提高，假設哩數不變) 會使鐵路公司對變動生產因素。例如，在更多的鐵道下 (假設產出與速度不變)，公司會降低主要路線火車擁擠情形及減少火車機廠。結果，可能只需要少數的調度車 (即，較少的勞動) 來控制火車的進出。第三，改善平均速度也能夠降低成

---

[15] 這個例子的第一個部分是摘錄自 "A Long Haul: America's Railroads Struggle to Capture Their Former Glory," *The Wall Street Journal* (December 5, 1997), pp. A1 and A6. 以及 "Railroad Logjams Threaten Boom in the Farm Belt: Delays in Grain Shipments Reduce Potential Profits, May Affect Overall Economy," *The Wall Street Journal* (December 1, 2003), pp . A1 and A6.
[16] R. R. Braeutigam, A. F. Daughety, and M. A. Turnquist, "A Firm-Specific Analysis of Economies of Density in the U. S. Railroad Industry," *Journal of Industrial Economics* 33 (September 1984); 3-20.
[17] 公司的名稱仍然保密，以確保資料的可信度。
[18] 本研究中，鐵路的軌道哩數會反映隨著時間經過，鐵道品質的改變而做調整。

表 8.6 何種因素影響鐵路的總變動成本？

10% 的增加	總變動成本的變動量
產量 (運送數量)	＋3.98%
鐵道哩數 (長度)	－2.71%
運送速度	－0.66%
燃料費	＋1.90%
勞動價格	＋5.25%
設備價格	＋2.85%

資料摘錄自 R.R. Braeutigam, A. F. Daughety, and M. A. Turnquist, "A Firm-Sepcific Analysis of Economies of Density in the U.S. Railroad Industry," *Journal of Industrial Economics*, 33 (September 1984): 3-20. 表 1。不同影響因素變動百分比是以該變數與平均值的變動來計算。

本。雖然這個衝擊並不大，服務的改善不僅可以嘉惠火車乘客，也可以透過總變動成本的減少而讓公司本身蒙受其利。就鐵路而言，較高的速度能夠減少勞工雇用量 (如，只需要較少的火車員工來運送固定數量的貨物)，並能提高火車頭的燃料使用效率。

在估計總變動成本函數的同時，BDT 也估計鐵路公司的長期總成本與長期平均成本曲線。他們的目標是找到最適鐵道哩數總變動成本與總固定成本總和的最小，其中總固定成本是公司擁有固定鐵道哩數下的每月公司機會成本。圖 8.20 所示為 BDT 運用這個方法所估計的平均成本函數。它也畫出兩條不同的短期平均成本曲線，每一條曲線都對應不同的鐵道哩數。(鐵道哩數是以 BDT 所觀察的平均鐵道哩數為代表。) 圖 8.20 的產出單位是 MES 的百分比；研究期間鐵路公司平均產出水準約為 40% 的 MES。因此 BDT 研究建議貨物鐵路公司運送數量增加，加上公司追求成本極小而調整鐵道哩數，在相當大範圍的產出水準內，可以降低平均生產成本。

8.3 成本的特殊課題

多角化經濟

本章專注在只生產一種商品或服務的廠商成本曲線。實際上，雖然很多廠商生產的商品不只一種。對生產兩種商品的廠商而言，總成本會受第一個商品數量 Q_1 與第二個商品數量 Q_2 的影響。我們以 $TC(Q_1, Q_2)$ 來表示廠商成本如何隨 Q_1 與 Q_2 而變動。

在某些情況下，當廠商生產不只一個商品時會有效率產生。亦即，一家生產兩種商品的廠商其製造成本與行銷費用會比兩家廠商各自生產商品的製造成本與行銷費用要來得低些。這種效率稱為**多角化經濟** (economies of scope)，從數學上看，多角化經濟的定義是

多角化經濟
同一家廠商生產固定兩種商品數量的總成本低於兩家廠商各自生產單一產品總成本的生產特性。

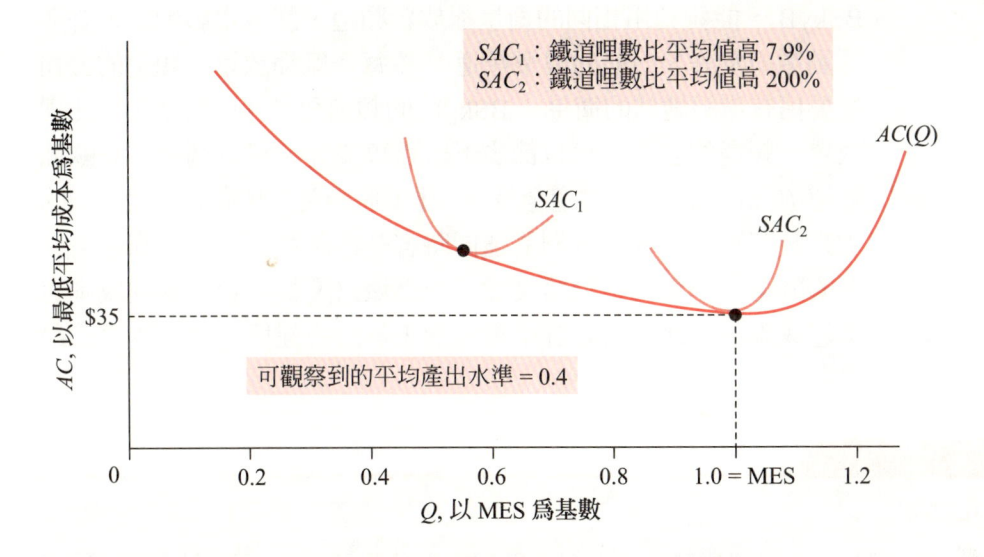

图中标注：
- SAC₁：鐵道哩數比平均值高 7.9%
- SAC₂：鐵道哩數比平均值高 200%
- AC(Q)
- SAC₁
- SAC₂
- $35
- 可觀察到的平均產出水準 = 0.4
- Q, 以 MES 為基數
- AC, 以最低平均成本為基數
- 0, 0.2, 0.4, 0.6, 0.8, 1.0 = MES, 1.2

圖 8.20　鐵路的長期與短期平均成本曲線

兩條不同短期平均成本曲線 SAC₁ 和 SAC₂ 分別對應不同的鐵道哩數 (以資料中可觀察到的鐵道哩數平均值表示)。成本曲線指出，公司追求成本極小而調整鐵道哩數，鐵路公司能夠在現在產量以上的相當大範圍的產出水準，來降低其單位成本。如我們見到其它的 U 型短期成本曲線，長期平均曲線 AC(Q) 是短期曲線的下緣包絡線。

$$TC(Q_1, Q_2) < TC(Q_1, 0) + TC(0, Q_2) \quad (8.1)$$

(8.1) 式等號右邊括弧內的 0 是指單一廠商生產其中一項商品，而不生產另一個商品。有時這些稱為生產商品 1 與商品 2 的**單獨成本** (stand-alone costs)。

直覺上，多角化經濟的存在告訴我們"多樣化"是比"專業化"更有效率。我們可從式 (8.1) 的數學式看出：$TC(Q_1, Q_2) - TC(Q_1, 0) < TC(0, Q_2) - TC(0, 0)$。這是等於式 (8.1)，因為 $TC(0, 0) = 0$，亦即，生產 0 數量兩種商品的總成本等於零。上式的左邊是當廠商已經生產 Q_1 單位的商品 1，其生產 Q_2 單位的商品 2 的額外成本。上式的右邊是當廠商不生產商品 Q_1，而生產 Q_2 的額外成本。若廠商已經生產一種商品，再加入另外一種商品生產的總成本會更低時，多角化經濟就會存在。例如，可口可樂公司再加櫻桃口味可樂於生產線上的成本，如果低於新公司自行生產櫻桃可樂的成本，可口可樂公司就存在多角化經濟。

為什麼會發生多角化經濟？一個重要的理由是廠商有能力用共同的生產因素生產不只一種商品。例如，英國衛星電視公司

單獨成本

單一產品廠商生產商品的成本。

BSkyB，能夠利用相同的衛星播放新頻道，許多電影頻道，許多運動頻道及許多一般的娛樂頻道。[19] 每一家播放單一頻道的公司需要擁有環繞地球的衛星。BSkyB 的頻道藉享共同的衛星，比播放單一頻道的公司，可以節省下數百萬美元。另一個例子是歐洲隧道 (Euro tunnel)，隧道全長 31 哩，通過英吉利海峽連接法國的加來及英國的多佛。歐洲隧道同時容納鐵路與公路。兩條各自分開的隧道，一為高速公路交通，一為鐵路運輸，合併興建成本與營運成本一定比同時容許兩種交通工具的興建與營運成本更為昂貴。

範例 1.1

耐吉的多角化經濟[20]

多角化經濟的一個重要來源是行銷。具有高知名度的品牌的公司有時比不具知名度的公司能夠以較低的成本引進額外的產品。這是因為當消費者不確定產品品質時，他們通常會以品牌來評論產品品質的好壞。這可以讓高知名度廠商在引進新產品時，比不具知名度的廠商享有成本優勢。因為品牌聲譽，高知名度廠商毋需像不具知名度廠商，要花費大筆廣告費用來說服消費者試用其產品。這是一個來自於廠商所有的商品皆可共同"分享"已經建立好的高知名度所帶來利益的多角化經濟範例。

耐吉 (Nike) 是一家卓有聲名的公司，耐吉的 "Swoosh"，這個記號出現在運動鞋和運動衣服上，是現今世代最為人知曉的行銷記號之一。耐吉的 Swoosh 記號是如此地流行，讓耐吉做電視廣告時，毋需提及公司名稱，且他們有信心地讓消費者知道是廣告耐吉的商品。

在 1990 年代晚期，耐吉將注意力轉向運動器材市場，介入的產品如曲棍球棍和高爾夫球。耐吉的目標是希望在 2005 年能夠成為每年 $400 億運動器材市場的主要廠商。這是一大膽的嘗試。運動器材市場是高度區隔化的市場，沒有任何一家公司能夠在每一項產品範圍都有舉足輕重的地位。此外，沒有人會否認耐吉在球鞋和運動服市場的成就，生產高品質曲棍球棍或創新高爾夫球並不像生產士力架 (Sneakers) 巧克力棒與慢跑服般地簡單。因此耐吉似乎不可能在生產或產品設計上達到多角化經濟。

耐吉希望在行銷方面能夠有多角化經濟。這些多角化經濟是植基於毋庸置疑地強力品牌聲譽，與運動器材零售商的緊密關係，並和著名的職業運動選手簽約擔任產品代言，如老虎伍茲 (Tiger Woods) 和 Derek Jeter。耐吉的計畫是發展運動器材，聲稱其產品具創新特性，然後利用已經建立的品質知名度說服消費者，耐吉的產品在技術上優於其它廠牌。如果這個計畫成功，耐吉可以用非常低的成本引進新產品，這比單一公司生產相同運動器材的成本還要低許多。

多角化經濟可以是非常有效的，但其仍有限制。強勢的品牌知名度能夠誘使消費者嘗試接

---

[19] BSkyB (British Sky Broadcasting Group) 是 Rupert Murdoch's News Corporation 的旗下子公司。

[20] 這個例子取自 "Just Doing It: Nike Plans to Swoosh Into Sports Equipment But It's a Tough Game," *The Wall Street Journal* (January 6, 1998), pp. A1 and A10.

受新產品一次，但若結果不如預期或若其品質不佳，它可能很難深入市場或獲得相同成功。耐吉初次涉入運動器材市場便說明了這種風險。在 1997 年 7 月，耐吉在芝加哥運動器材年度商展 "推出" 一項新產品，直排輪。但是當一群直排輪選手穿上耐吉的滑輪鞋在停車場示範表演時，輪子開始脫落。品質問題也發生早年耐吉所推出溜冰鞋。鳳凰城野狼隊曲棍球名星 Jeremy Roenick，拒絕耐吉一張六位數的合約，因為他認為溜冰鞋設計不良且不合腳。有傳言說其它曲棍球選手擔任耐吉代言人，卻使用競爭對手的運動器材。根據美國職業冰球聯盟 NHL 一位經理宣稱 "他們仍然穿著過去習慣使用的品牌，他們只是隨便將 Nike 扔在一旁"。

經驗經濟：經驗曲線

邊做邊學與經驗曲線

規模經濟是指在一段時間內生產大量產品的成本優勢。**經驗經濟** (economies of experience) 是指在一段長時間內經驗累積所得到的成本優勢，或有時稱為邊做邊學 (learning-by-doing)。這正是我們給本書練習題標題的理由——其用來協助學生藉由學習個體經濟學習題來瞭解個體經濟學。

有許多原因會產生經驗經濟。勞工藉重複不斷地執行相同職務來改善績效。工程師通常明瞭整個製造過程而累積產品知識，而能夠設計完美商品。廠商通常增加他們的生產經驗，使其更有能力能夠處理原料。學習的效益通常是更大的勞動生產力 (每一單位勞動投入有更多的商品數量)，較少的瑕疵品，以及更高的原料收穫量 (每一單位原料生產更多的商品數量)。

經驗經濟可以用**經驗曲線** (experience curve) 來說明，係平均變動成本與累積商品數量的關係。[21] 廠商在任何時間內的累積商品數量是從過去到現在商品的總數量。例如，若波音生產的某種機型超音速客機在 2001 年 30 架，在 2002 年 45 架，在 2003 年 50 架，在 2004 年 70 架，以及 2005 年 60 架，則其在 2006 年初的累積商品數量是 30 + 45 + 50 + 70 + 60，或 255 架，平均變動成本與累積商品數量的典型關係是 $AVC(N) = AN^B$，其中 AVC 是生產的平均變動成本，N 代表累積商品數量。在上式，A 與 B 是常數，其中 $A > 0$ 且 B 為負數，介於 -1 與 0 之間。常數 A 是生產第一個單位的平均變動成本，B 為**經驗彈性**(experience elasticity)：累積商品數量變動 1% 引起平均變動成本變動的百分比。

經驗經濟
由於經驗累積所導致的成本優勢，有時稱為邊做邊學。

經驗曲線
平均變動成本與累積商品數量間的關係，其時描述經驗經濟。

經驗彈性
累積商品數量每變動 1% 引起平均變動成本變動的百分比。

---
[21] 經驗曲線也稱為學習曲線 (learing curve)。

經驗曲線的斜率
當累積產量增加一倍時，平均變動成本占最初水準的下跌百分比。

透過經驗所減少的成本幅度，通常以**經驗曲線的斜率** (slope of the experience curve) 來衡量，[22] 經驗曲線的斜率告訴我們，當累積商品數量上漲一倍時，平均變動成本下跌的比例。[23] 例如，若半導體晶片的累積產量增加一倍導致平均變動成本由每 MB $10 下跌至每 MB $8.5，我們可以說晶片的經驗學習曲線斜率是 85%，因為平均變動成本是其原來水準的 85%。以方程式表示為

$$經驗曲線的斜率 = \frac{AVC(2N)}{AVC(N)}$$

斜率與經驗彈性之間有系統性的關連。若經驗彈性等於 B，斜率等於 2^B。圖 8.21 所示為三個不同斜率的經驗曲線：90%，80% 及 70%。斜率值愈小，經驗曲線"愈陡"(亦即，當廠商開始累積經驗後，平均變動成本下跌速度很快)。注意，儘管三條曲線最終會趨於水平。例如，超過累積產量 $N = 40$，無論經驗曲線的斜率是多少，累積經驗的增加對平均變動成本的衝擊很小。在這一個點，大多數的經驗經濟都已經不存在。

許多不同產品的經驗曲線斜率曾被估計出來。斜率中位數的估計值約為 80%，這隱含一典型廠商，如果累積商品數量提高一倍，可以降低平均變動成本約 20%。然而，各廠商間與各產業間的斜率估計值並不相同，所以任何廠商生產過程的斜率通常是介於 70% 到 90% 之間，且可能低到 60% 或高到 100% (即，沒有經

圖 8.21 不同斜率的經驗曲線
斜率愈小，經驗曲線"愈陡"隨經驗累積增加，平均變動成本下跌速度愈快。一旦經驗累積變得很大 (如 $N = 40$) 不論斜率是多少，經驗額外增加，不會讓平均變動成本下跌太多。

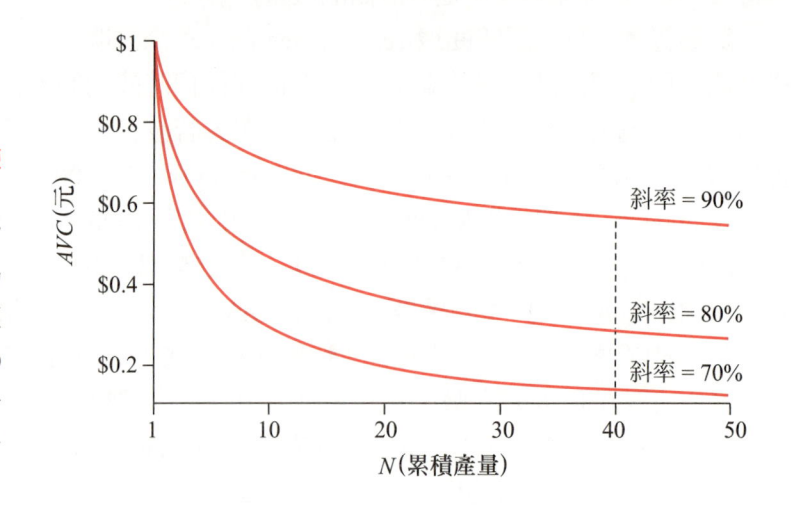

[22] 經驗曲線的斜率也稱為進步比率 (progress ratio)。
[23] 請注意，這裡所用的"斜率"一詞，與平常介紹的直線斜率定義不同。

驗經濟)。

經驗經濟與規模經濟

經驗經濟與規模經濟並不相同。規模經濟是指廠商在一定期間內擴大生產數量，它有能力以較低的單位成本來生產商品。經驗經濟是指隨時間經過，廠商累積經驗使單位成本的降低。即使學習經濟很小，規模經濟效果可以很顯著。這種範例可能是成熟，資本密集的生產過程，如鋁的製造。同樣地，既使規模經濟很小，經驗經濟可能很顯著。如勞力密集產業的手工製造手錶。

廠商無法分辨規模經濟與經驗經濟可能會錯估效益程度的大小。例如，若廠商因為規模經濟而享有較低的平均成本，減少目前的商品生產數量會增加單位成本。如果是經驗累積導致單位成本的下跌，廠商可能會減少目前的產量而不會提高其平均成本。

範例 8.7

經驗降低生產電腦晶片的成本[24]

一個有趣的經驗經濟例子是半導體晶片的生產，記憶體晶片可以用在個人電腦、行動電話，及電子遊戲上。業界共同的信念是半導體晶片的"收穫量"——可用晶片占總晶片數量的比率——在公司獲得更多生產經驗會提高。[25] 矽是一種昂貴的原料，而晶片生產成本主要是受使用矽的多寡來決定。隨經驗累積而收穫量提高的比率是半導體廠商的一項重要資訊。

Harald Gruber 估計一個特殊型態的半導體經驗曲線：電子抹除式唯讀記憶體 (EPROM)。EPROM 晶片的用途是儲存行動電話、呼叫器、數據機、電視遊樂器、印表機及硬碟的程式碼。EPROM 晶片與 DRAM 晶片不同，係 EPROM 是非揮發記憶體，這意味它不像 DRAM 晶片，在沒有電源時仍然可以儲存資料。

Gruber 知道其它因素會影響 EPROM 晶片生產的平均成本，如規模經濟與記憶體容量。在控制這些因素後，Gruber 發現生產 EPROM 晶片是存在經驗經濟的。EPROM 經驗曲線的斜率估計值是 78%。因此，EPROM 晶片累積產量提高一倍，則生產者預期平均變動成本能夠減少至原先水準的 78%。

這是一有趣的發現。EPROM 晶片市場規模小於其它半導體的市場規模，如 DRAM。此外，新一代的 EPROM 晶片通常是每 18 個月出現。相反地，在 1980 年代與 1990 年代間，新一代的 DRAM 晶片是每 3 年出現一次。這表示，EPROM 晶片廠商不可能在經驗曲線"平坦"

---

[24] 這個例子取自 H. Gruber, "The Learning Curve in the Production of Semiconductor Memory Chips," *Applied Economics*, 24 (August 1992):885-894.

[25] 矽晶圓是一片多晶矽，IC 製造過程包括光學顯影，蝕刻，薄膜沈積，最後經過切割，封裝方始完成。

的部分長時間生產。當廠商開始沿經驗曲線"往下移動"而累積經驗時，就會引進新一代的晶片取代舊晶片。這隱含廠商引進新一代晶片而成為領導者時，它會比其它墨守成規的競爭者享有更多的成本優勢。

8.4 成本函數的估計

總成本函數
顯示總成本如何隨著影響總成本的因素，如商品數量與生產因素價格變動而變動的數學關係。

成本驅動因素
影響或"驅動"總成本或變動成本的因素。

假設你想要估計電視製造廠商的總成本如何受到商品數量及生產因素價格的影響。要達成這個目的，你可能要估計經濟學家所謂的**總成本函數** (total cost function)。總成本函數為數學關係，指出總成本如何受其它變數的影響。這些因數有時稱為**成本驅動因素** (cost dirvers)。本章的大部分章節係在分析兩個重要的成本驅動因素：生產因素價格與銷售量 (商品產量)。我們在上一節的討論建議還有另外兩個因素也會影響總成本：多角化 (廠商生產不同種類的商品) 及經驗累積。

在估計成本函數時，許多經濟學家先從廠商或工廠在固定時點上的橫剖面蒐集資料。電視製造廠商的橫剖面資料包括由特定年份的一群製造商或工廠資料，如 2005 年。對於橫剖面資料中的每一個觀察值，你需要總成本與成本驅動因素的數據。包括在你的分析中的成本驅動因素，通常是與你的研究對象有關。在電視製造，規模、經驗累積、勞動工資、原料價格，及資本成本是解釋長期平均成本最重要的因素。

當蒐集了總成本與成本驅動因素資料之後，你可以利用統計方法來建構與估計總成本函數。經濟學家使用最重要的統計方法是複迴歸。這個方法背後的基本概念是找到一個最能配適資料的函數。

固定彈性的成本函數

固定彈性成本函數
總成本對產出與生產因素價格彈性固定的成本函數。

當你運用複迴歸來估計成本函數的一個重要議題是應變數——本例中，應變數是總成本——與自變數，如商品數量與生產因素價格間的函數型式。一個普通的函數型式是**固定彈性成本函數** (constant elasticity cost function)，固定彈性成本函數是總成本，商品數量，及生產因素價格之間的乘積關係。

假設一生產過程使用兩種生產因素，資本與勞動，固定彈性的長期成本函數是 $TC = aQ^b w^c r^d$，其中 a，b，c 和 d 是常數。上式等號兩邊取對數，寫成直線型式：$\log TC = \log a + b \log Q$

$+ c \log w + d \log r$。上式可以運用複迴歸來估計常數 a，b，c，和 d。

固定彈性函數設定的有用特徵是常數 b 為稍早討論的總成本的產量彈性。同樣地，常數 c 與 d 分別是長期成本對勞動與資本價格彈性。這些彈性係數一定是正數，因為先前已經提到生產因素價格上漲將會增加長期總成本。我們也知道 w 與 r 上漲一定百分比會使長期總成本以相同百分比上漲。這隱含常數 c 和 d 的總和等於 1 (即，$c + d = 1$)，要長期總成本函數的估計能夠符合長期成本極小化，這個限制必須滿足。這個限制式很容易就加入複迴歸分析模。

Translog 成本函數

固定彈性成本函數無法允許隨著 Q 的增加平均成本一開始是遞減，然後再遞增的可能性存在 (亦即，規模經濟，接著是規模不經濟)。一個容許這種可能性的成本函數是 **translog 成本函數** (translog cost function)。係假設對數總成本與對數生產因素價格和對數商品數量之間存在二次關係。translog 成本函數型式為：

$$\log TC = b_0 + b_1 \log Q + b_2 \log w + b_3 \log r + b_4 (\log Q)^2 \\ + b_5 (\log w)^2 + b_6 (\log r)^2 + b_7 (\log w)(\log r) \\ + b_8 (\log w)(\log Q) + b_9 (\log r)(\log Q)$$

Translog 成本函數
假設對數總成本與對數生產因素價格之間存在二次關係的成本函數。

這種可怕外觀型式的函數證明是有許多有用的特性。其一，它是任何型式生產函數所推導出成本函數的良好近似式。因此，如果 (通常是如此) 我們並不知道生產函數的特定型式，translog 可能是一個成本函數型式的最佳選擇。此外，translog 成本函數的平均成本曲線是 U 型。因此，它允許規模經濟與規模不經濟同時存在。例如，在圖 8.20 (範例 8.5) 的短期平均成本曲線是以 Translog 函數估計。注意，若 $b_4 = b_5 = b_6 = b_7 = b_8 = b_9 = 0$，translog 成本函數會簡化成固定彈性成本函數。因此，固定彈性成本函數是 translog 成本函數的一個特例。

總　結

- 長期總成本曲線是指最低總成本如何隨產量變動而變動。**(LBD 習題 8.1)**
- 生產因素價格上升會使長期總成本曲線從原點 ($Q = 0$) 往上順時鐘旋轉。

- 長期平均成本是廠商每單位的產出成本。它等於總成本除以商品數量。**(LBD 習題 8.2)**
- 長期邊際成本是長期總成本對產出的變動率。**(LBD 習題 8.2)**
- 長期邊際成本可以大於、小於或等於長期平均成本，其視長期平均成本隨著產出增加而下降、上升或不變而定。
- 規模經濟是描述長期平均成本隨產量增加而遞減的情形。規模經濟的發生是因為生產單位的物理特性，勞動專業分工以及生產因素不可細分所導致。
- 規模不經濟描述長期平均成本隨產量而遞增的情況。規模不經濟的一重要來源是管理不經濟。
- 最小效率規模 (MES) 是長期平均成本最低點的商品數量。
- 規模經濟使廠商享有規模報酬遞增；規模不經濟使廠商遭遇規模報酬遞減；若非規模經濟與規模不經濟，則廠商為固定規模報酬。
- 總成本的產量彈性衡量規模經濟的程度，它是商品數量變動 1% 時，總成本變動的百分比。
- 短期總成本曲線告訴我們最低總成本是商品數量，生產因素價格及固定生產因素數量的函數。**(LBD 習題 8.3)**
- 短期總成本是兩個部分的加總：總變動成本與總固定成本。
- 除了在成本最小的固定投入產出水準外，短期總成本始終大於長期總成本。
- 短期平均成本是平均變動成本與平均固定成本的加總。短期邊際成本是短期總成本對產出的變動率。
- 長期平均成本曲線是短期平均成本的包絡線。**(LBD 習題 8.4)**
- 當一廠商生產兩種商品的成本低於個別廠商各自生產商品的成本加總時，廠商就存在多角化經濟。
- 經驗經濟是指廠商的平均變動成本會隨累積商品數量增加而遞減。經驗曲線告訴我們平均變動成本如何受累積商品數量變動的影響。影響效果的大小通常以經驗曲線的斜率來表示。
- 成本驅動因素是指影響成本的因素，如商品數量或生產因素價格。
- 兩個實際生活使用的成本估計函數是固定彈性成本函數與 translog 成本函數。

複習題

1. 長期成本極小問題最適解與長期總成本曲線的關係是什麼？
2. 請解釋為什麼生產因素價格上漲會引起生產特定產量的長期總成本上漲？
3. 假設勞動價格上漲 20% 且其它生產因素價格維持不變，長期總成本的上漲會超過，等於或低於 20%？若所有生產因素價格皆上升 20%，長期總成本上升會超過，等於，或低於 20%？
4. 勞動價格上漲如何影響長期平均成本曲線的移動？
5. (a) 若平均成本曲線為遞增，邊際成本曲線是否位於平均成本曲線的上方？為什麼如此，或為什麼不是如此？
   (b) 若邊際成本曲線是遞增的，邊際成本曲線是否位於平均成本曲線的上方？為何如此，或為何不是如此？
6. 請畫出圖 8.11 "底部平坦" 長期平均成本曲線對應的邊際成本曲線圖形？

7. 總成本的產量彈性是否可能是負值？
8. 請解釋為何短期邊際成本曲線會與平均變動成本曲線，相交於平均變動成本曲線的最低點？
9. 假設平均變動成本曲線的圖形是水平的，短期邊際成本圖形會是什麼？短期平均成本的圖形會是如何？
10. 假設在每一個工廠規模下，短期平均成本的最低水準都相同，這將告訴你長期平均與長期邊際成本曲線的形狀是什麼？
11. 規模經濟與多角化經濟有何不同之處？一生產兩商品的廠商，是否可能享受多角化經濟，但沒有規模經濟？是否有可能一廠商享有規模經濟，但沒有多角化經濟？
12. 何謂是經驗曲線？經驗經濟與規模經濟有何不同之處？

問　題

8.1 下列未完成的表格顯示廠商生產至 6 單位產出的不同成本，儘可能填滿空格。若無法決定數據，請解釋原因。

Q	TC	TVC	TFC	AC	MC	AVC
1	100					
2		160				
3			20			
4				95		
5					170	
6						120

8.2 下列未完成表格顯示廠商生產至 6 單位產出的不同成本。儘可能填滿空格。若無法決定數據，請解釋原因。

Q	TC	TVC	TFC	AC	MC	AVC
1				100		
2		50	30			
3					10	
4						30
5						
6					80	

8.3 廠商使用勞動與資本來生產商品，其生產函數如下：$Q = LK$。邊際產量是 $MP_L = K$ 和 $MP_K = L$ 假設勞動價格等於 2 與資本價格等於 1。請求出長期總成本曲線與長期平均成本曲線。

8.4 廠商的長期總成本曲線是 $TC(Q) = 1000Q - 30Q^2 + Q^3$。請求出長期平均成本曲線直線圖說明。在那一個商品數量下是最小效率規模？

8.5 一廠商的長期總成本曲線是 $TC(Q) = 40Q - 10Q^2 + Q^3$ 且其長期邊際成本曲線是 $MC(Q) = 40 - 20Q^2 + 3Q^2$。在何種產出範圍，生產函數呈現規模經濟，以及在何種產出範圍，生產函數呈現規模不經濟？

8.6 就下列各個總成本函數寫出總固定成本、平均變動成本和邊際成本 (若未給定)，並畫出平均成本與邊際成本曲線。
   (a) $TC(Q) = 10Q$
   (b) $TC(Q) = 160 + 10Q$
   (c) $TC(Q) = 10Q^2$，其中 $MC(Q) = 20Q$。
   (d) $TC(Q) = 10\sqrt{Q}$ 其中 $MC(Q) = 5/\sqrt{Q}$。
   (e) $TC(Q) = 160 + 10Q^2$，其中 $MC(Q) = 20Q$。

8.7 考慮一兩個生產因素的生產函數，函數型式如下：$Q = (\sqrt{L} + \sqrt{K})^2$。邊際產量函數如下：

$$MP_L = [L^{1/2} + K^{1/2}]L^{-1/2}$$
$$MP_K = [L^{1/2} + K^{1/2}]K^{-1/2}$$

令 $w = 2$ 和 $r = 1$
   (a) 假設廠商需要生產 Q 單位商品數量，請指出成本極小的勞動數量如何受商品數量 Q 的影響。請指出成本極小的資本數量如何受商品數量 Q 影響。
   (b) 請求出廠商長期總成本曲線的函數。
   (c) 請求出廠商長期平均成本曲線的函數。
   (d) 請求出，當資本數量固定在 9 個單位 (即 $\overline{K} = 9$)，短期成本極小問題的最適解。
   (e) 請求出短期總成本曲線，並將短期總成本曲線與長期總成本曲線一起畫在圖形上。
   (f) 請求出相關的短期平均成本曲線。

8.8 每一個三輪車必須以 3 個輪子和 1 個骨架搭配生產。令 Q 是三輪車數目，W 為輪子數目和 F 為骨架數目。輪子價格是 P_W 和骨架價格是 P_F。
   (a) 生產三輪車的長期總成本函數 $TC(Q, P_W, P_F)$ 為何？
   (b) 三輪車生產函數 $Q(F, W)$ 為何？

8.9 一帽子製造商的生產函數為：$Q = \min(4L, 7K)$——亦即，是固定比例生產函數。若 w 是勞動的單位成本和 r 為資本的單位成本。請推導以生產因素價格和 Q 為函數的長期總成本曲線與平均成本曲線。

8.10 一包裝廠的生產函數 $Q = KL + K$，其中 $MP_L = K$，和 $MP_K = L + 1$。假設廠商最適要素投入組合是內部解 (使用正的要素投入量)。請推導出以 W 和 r 為函數的長期總成本曲線。證明若生產因素價格上漲一倍，則總成本也上漲一倍。

8.11 一廠商的線性函數 $Q = 3L + 5K$，$MP_L = 3$ 和 $MP_K = 5$。請推導以 Q 和生產因素價格 w 和 r 的長期總成本函數？

8.12 當一廠商雇用 K 單位資本和 L 單位勞動，它能夠以生產函數 $Q = K\sqrt{L}$ 生產 Q 單位產出。每一單位的資本價格是 20，每一單位勞動價格是 25。資本固定在 5 單位。

(a) 找出廠商短期總成本曲線的方程式。

(b) 在一圖形上，繪出廠商短期平均成本。

8.13 當廠商使用 K 單位資本和 L 單位勞動，它可以生產函數 $Q = \sqrt{L} + \sqrt{K}$ 生產 Q 單位產出。每單位資本價格是 2，而每單位勞動價格是 1。

(a) 資本固定在 16 單位。假設 $Q \leq 4$，廠商短期總成本為何？(提示：廠商需要多少勞動？)

(b) 資本固定在 16 單位。假設 $Q > 4$，找出廠商短期總成本曲線函數？

8.14 考慮一擁有三個生產因素：勞動、資本和原料的生產函數，函數型式如下：$Q = LKM$。邊際產量函數分別是：$MP_L = KM$，$MP_K = LM$，$MP_M = LK$，令 $w = 5$，$r = 1$ 和 $m = 2$，其中 m 是每單位原料的價格。

(a) 假設廠商需要生產 Q 單位商品數量。請指出成本極小的勞動數量如何受商品數量 Q 的影響。請指出成本極小的資本數量如何受商品數量 Q 的影響。請指出成本極小的原料數量如何受商品數量 Q 的影響。

(b) 請求出廠商長期總成本曲線的函數。

(c) 請求出廠商長期平均成本曲線的函數。

(d) 假設廠商需要生產 Q 單位商品數量，而資本數量固定在 50 單位 (即，$\overline{K} = 50$)。請指出成本極小的勞動數量如何受商品數量 Q 的影響。請指出成本極小的原料數量如何受商品數量 Q 的影響。

(e) 當資本數量固定在 50 單位時 (即 $\overline{K} = 50$)，請求出短期總成本曲線的函數，並將短期總成本曲線與長期總成本曲線一起畫在圖形上。

(f) 請求出短期平均成本曲線的函數。

8.15 生產函數 $Q = KL + M$ 的邊際產量 $MP_K = L$，$MP_L = K$ 和 $MP_M = 1$。生產因素 K，L，和 M 的價格分別為 4，16 和 1。廠商目前在長期生產。生產 400 單位產出的長期總成本是多少？

8.16 生產函數 $Q = KL + M$ 的邊際產量 $MP_K = L$，$MP_L = K$，和 $MP_M = 1$。生產因素 K，L 和 M 的價格分別為 4，16，1。廠商目前在短期生產，K 固定在 20 單位。廠商生產 400 單位產出的短期總成本是多少？

8.17 生產函數 $Q = KL + M$ 的邊際產量 $MP_K = L$，$MP_L = K$ 和 $MP_M = 1$。生產因素 K，L 和 M 的價格分別為 4，16 和 1。廠商目前在短期生產，K 固定在 20，M 固定在 40，廠商生產 400 單位產出的短期總成本是多少？

8.18 一短期總成本曲線的函數型式如下：$STC(Q) = 1000 + 50Q^2$ 請求出短期平均成本曲線，短期平均變動成本曲線與短期平均固定成本曲線的函數，並繪圖說明。

8.19 一生產硬碟廠商的生產函數如下：$STC(Q) = \overline{K} + Q^2/\overline{K}$。在同一圖形上，請畫出三個不同工廠規模：$\overline{K} = 10$，$\overline{K} = 20$，和 $\overline{K} = 30$ 的短期平均成本曲線。根據這些圖形，長期平均成本曲線的圖形為何？

8.20 圖 8.18 指出短期邊際成本曲線會位於長期平均成本曲線的上方。然而，在長期，所有的生產因素數量都是變動的，而在短期，只有某些生產因素數量是變動的。基於這個事實，為什麼在所有產量水準下，短期邊際成本不會小於長期邊際成本？

328 個體經濟學

8.21 下列圖形顯示一廠商的長期平均與邊際成本曲線,它也顯示兩個固定資本水準下: $K = 150$ 和 $K = 300$ 的短期邊際成本曲線。就各個工廠規模畫出短期平均成本曲線並簡短曲線的位置以及如何與其它曲線的位置相符。

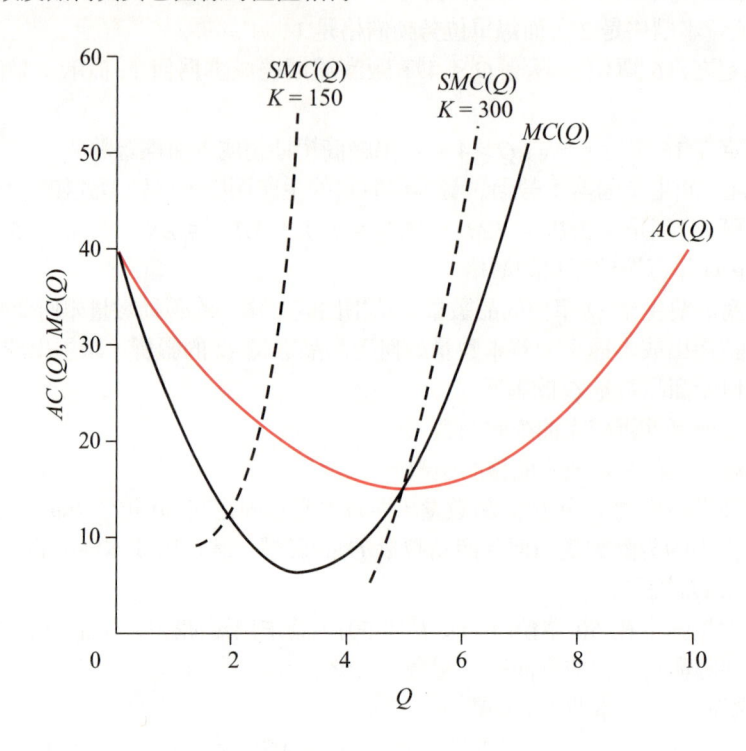

8.22 假設提供衛星電視服務的總成本函數如下所示:

$$TC(Q_1, Q_2) = \begin{cases} 0 & \text{若 } Q_1 = 0 \text{ 與 } Q_2 = 0 \\ 1000 + 2Q_1 + 3Q_2, & \text{其它} \end{cases}$$

其中 Q_1 與 Q_2 分別是一般家庭訂閱運動與電視頻道的數目。是否衛星電視服務的提供呈現多角化經濟?

8.23 鐵路提供客運和貨運服務。下表顯示每年長期總成本 $TC(F, P)$,其中 P 衡量客運量且 F 衡量貨運量。例如, $TC(10, 300) = 1000$,請決定在鐵路公司生產 $F = 10$ 和 $P = 300$ 時,

每年客運和貨運的總成本

		P, 客運服務單位	
		0	**300**
F, 貨運服務單位	0	成本 = 0	成本 = 400
	10	成本 = 500	成本 = 1000

是否具多角化經濟。請簡短說明。

8.24 一研究者宣稱估計出汽車生產的長期總成本曲線。估計函數型式是：$TC(Q, w, r) = 100w^{-1/2}r^{1/2}Q^3$ 其中 w、r 是勞動與資本的價格，請問這是一有效的成本函數——亦即，是否符合廠商長期追求成本極小的行為？為何如此，或為何不是如此？

8.25 某廠商擁有兩個生產裝飾物的工廠。兩座工廠 (i) 生產的產品相同且其生產函數為 $Q_i = \sqrt{K_i L_i}$，$i = 1, 2$。然而，每家工廠短期雇用的資本設備數量不同。尤其是，工廠 1 的 $K_1 = 25$，而工廠 2 的 $K_2 = 100$。生產因素 K 和 L 的價格為 $W = r = 1$。

(a) 假設工廠經理追求生產 Q 單位產出的短期總成本的最小。總產出 Q 為外生且 $Q = Q_1 + Q_2$，而廠商可選擇的是：在工廠 1 生產 Q_1 和工廠 2 的生產 Q_2。每一個工廠的產出比例為何？

(b) 當產出在兩家工廠間做最適分配，請計算廠商短期總成本、平均成本和邊際成本曲線。第 100 個單位裝飾物的邊際成本是多少？125 單位是多少？200 單位是多少？

(c) 在長期企業如何在兩家工廠間做最適分配？找出廠商的長期總成本、平均成本與邊際成本曲線。

附錄：Shephard's Lemma 與對偶性

什麼是 Shephard's Lemma？

讓我們比較第 7 章邊做邊學習題 7.4 與本章邊做邊學習題 8.1 的計算。兩個習題的生產函數都是 $Q = 50\sqrt{KL}$。我們的生產因素需求函數是

$$K^*(Q, w, r) = \frac{Q}{50}\sqrt{\frac{w}{r}}$$

$$L^*(Q, w, r) = \frac{Q}{50}\sqrt{\frac{r}{w}}$$

長期總成本函數是

$$TC(Q, w, r) = \frac{\sqrt{wr}}{25}Q$$

假設 Q 與 r 固定不變，長期總成本函數如何隨勞動價格改變而變動？長期總成本對勞動價格的變動率等於勞動需求函數：

$$\frac{\partial TC(Q, w, r)}{\partial w} = \frac{Q}{50}\sqrt{\frac{r}{w}} = L^*(Q, w, r) \tag{A8.1}$$

同樣地，長期總成本對資本價格的變動率等於資本需求函數。

$$\frac{\partial TC(Q, w, r)}{\partial r} = \frac{Q}{50}\sqrt{\frac{w}{r}} = K^*(Q, w, r) \tag{A8.2}$$

式 (A8.1) 與 (A8.2) 整理的關係並非巧合。它們反映長期總成本函數與生產因素需求函數的一般關係。這個關係稱為 **Shephard's Lemma**。係指總成本函數對生產因素價格的變動率等於相關對應的生產因素需求函數。[26] 從數學上來說，

$$\frac{\partial TC(Q, w, r)}{\partial w} = L^*(Q, w, r)$$

$$\frac{\partial TC(Q, w, r)}{\partial r} = K^*(Q, w, r)$$

Shephard's Lemma 直覺上是合理的：若廠商遭遇每小時工資上漲 \$1，則總工資 (約略) 上漲工資 \$1 乘以勞動雇用量；亦即，總成本增加的比例約略等於勞動需求函數。"約略"的意思是若廠商的目標是追求成本極小，工資 w 的上漲導致廠商減少勞動僱用量而增加資本使用量。Shephard's Lemma 告訴我們 w 微幅變動 (亦即，Δw 非常接近 0)，我們能夠以廠商現在雇用的勞動數量做為總成本上升幅度的良好替代。

對偶性

Shephard's Lemma 有什麼重要性？它提供生產函數與成本函數間的重要關連，這個關連性在第 7 章附錄，我們稱為對偶性。針對 Shephard's Lemma，對偶性內容如下：

- Shephard's Lemma 告訴我們，如果我們知道總成本函數，我們可以推導出生產因素需求函數。
- 反之，在第 7 章附錄我們看到，如果我們知道生產因素需求函數，我們可以"反推"出生產函數的特性 (且甚至可推導出生產函數方程式)。

因此，如果我們知道總成本函數，我們始終能夠"反推"出生產函數的函數型式。從這個角度看，成本函數是生產函數的對偶 (關連) 函數。對任何生產函數而言，會有一成本函數可藉由 Shephard's Lemma 求得，或也能夠經由成本極小問題最適解求得。

這是一有價值的觀察。運用統計方法估計廠商生產函數是困難的。一方面，生產因素價格與總成本的資料要比生產因素雇用量的資料容易取得。一個利用 Shephard's Lemma 研究電力工廠規模經濟的例子是範例 8.5。在這些研究中，研究者運用統計方法估計成本函數。然後，其利用 Shephard's Lemma 與對偶性邏輯來推論生產函數規模報酬的性質。

Shephard's Lemma 的證明

對固定商品數量 Q 而言，令 L_0 與 K_0 是在生產因素價格 (w_0, r_0)，成本極小的要素投入組合，

$$L_0 = L^*(Q, w_0, r_0)$$

Shephard's Lemma 長期總成本函數與生產因素需求函數間的關係：長期總成本函數的變動對生產因素價格的比率等於該生產因素需求函數。

[26] Shephard's Lemma 也可以運用在短期總成本函數與短期生產因素需求函數的關係上。因為這個理由，在這一小節中，我們不會特別強調長期或短期。然而，為了要維持一致的用語，在本章正文與第 7 章都是提到"長期"。

$$K_0 = K^*(Q, w_0, r_0)$$

現在,我們定義 w,r 的函數 $g(w, r)$ 等於

$$g(w, r) = TC(Q, w, r) - wL_0 - rK_0$$

當 $w = w_0$ 與 $r = r_0$ 時,L_0 與 K_0 是成本極小的要素投入組合,所以

$$g(w_0, r_0) = 0 \tag{A8.3}$$

此外,因為 (L_0, K_0) 是在其它不同生產因素價格 (w, r) 的要素投入組合 (L_0, K_0) 不一定是最小成本的最適組合,所以

$$g(w, r) \leq 0 \text{,對 } (w, r) \neq (w_0, r_0) \tag{A8.4}$$

式 (A8.3) 與 (A8.4) 隱含當 $w = w_0$ 與 $r = r_0$ 時,$g(w, r)$ 會達到極大值,因此,這些點上,函數 $g(w, r)$ 對 w 與 r 的偏微分會等於零:

$$\frac{\partial g(w_0, r_0)}{\partial w} = 0 \Rightarrow \frac{\partial TC(Q\ w_0, r_0)}{\partial w} = L_0 \tag{A8.5}$$

$$\frac{\partial g(w_0, r_0)}{\partial r} = 0 \Rightarrow \frac{\partial TC(Q\ w_0, r_0)}{\partial r} = K_0 \tag{A8.6}$$

但是因為 $L_0 = L^*(Q, w_0, r_0)$ 及 $K_0 = K^*(Q, w_0, r_0)$,式 (A8.5) 與 (A8.6) 隱含

$$\frac{\partial TC(Q\ w_0, r_0)}{\partial w} = L^*(Q, w_0, r_0) \tag{A8.7}$$

$$\frac{\partial TC(Q\ w_0, r_0)}{\partial r} = K^*(Q, w_0, r_0) \tag{A8.8}$$

由於 (w_0, r_0) 可以是任何的生產因素價格組合,式 (A8.7) 與 (A8.8) 在任何生產因素價格上皆可成立,這正是 Shephard's Lemma 的證明。

9 完全競爭市場

9.1
什麼是完全競爭

9.2
價格接受廠商的利潤極大化

9.3
如何決定市場價格：短期均衡

9.4
市場價格如何決定：長期市場均衡

9.5
經濟租與生產者剩餘

附錄
利潤極大隱含成本極小

玫瑰花農應種植多少玫瑰？

中尾花卉公司 (Nakao Growers, Inc.) 是美國最大的玫瑰花種植商之一。[1] 1948 年兩位日裔美籍兄弟在加州普慕納 (Pomona) 創立這家公司。當美國人對新鮮玫瑰花的需求增加時，中尾花卉公司也同時成長，增加種植地點為加州的聖塔克魯斯和亞歷桑納州的土桑市。

即使中尾花卉是美國 250 個大型玫瑰種植商之一，其生產量尚不及美國年總產量的 5%。事實上，世界上所有主要種植玫瑰的國家 (哥倫比亞、厄瓜多爾，及美國) 的生產者都屬於小型公司。例如，典型的美國玫瑰花農，產量不及美國總產量的 1%。

相較整個市場，由於規模很小，個別玫瑰花生產者，如中尾，個別花農的生產決

---

[1] 這個範例是實際公司的例子，當然名字並非真名。

策對玫瑰花的市場價格幾乎沒有影響。中尾面臨的重要決策不是制訂玫瑰花價格,而是在市場價格已知下,應該生產多少數量的玫瑰花。中尾花卉是廠商在完全競爭市場營運的一個例子。完全競爭市場包含許多廠商,以相同的價格銷售相同的商品。相對於市場需求,每一家公司的產量都很小,故沒有任何一家公司有衝擊市場價格的能力。

有兩個理由讓我們值得學習完全競爭市場。第一,許多實際生活中的市場——包括大多數農產品,許多礦產 (如銅與黃金),金屬製造,半導體商品,及油輪運輸——類似新鮮玫瑰花市場:其含括為數眾多的小廠商,每一家生產近乎完全相同的商品,每一家廠商獲取生產性資源的能力相同。本章的完全競爭理論將幫助我們瞭解價格的決定及廠商進出市場的動態調整過程。第二,完全競爭市場理論構成個體經濟學其它市場的重要基礎。本章探討的一些重要觀念,如邊際收益與邊際成本在生產決策中所扮演的重要角色,將會運用到稍後幾章的其它市場結構,如獨占與寡占。

章節預習 在本章,你將

- 學習有關完全競爭的四個特性。
- 研究價格接受廠商如何做產出決策以追求利潤最大。
- 先分析在短期,然後再分析在長期是如何決定市場價格。
- 學習經濟剩餘與經濟利潤間的關係。

9.1 什麼是完全競爭

新鮮玫瑰切花市場是完全競爭市場的一個範例,中尾花卉是完全競爭廠商的例子。但究竟是什麼因素構成完全競爭市場?完全競爭廠商有何特殊之處?

完全競爭產業有四個特性:

沒有組織的產業
包括許多買者與賣者的產業,是完全競爭產業的特性之一。

1. 產業是**沒有組織的** (fragmented)。它包括許多買方與賣方。每一位消費者的購買量都很少,其對市場價格的影響幾乎察覺不出。相對於市場需求量,每一家廠商的產量都很小,對於市場價格的影響也察覺不到。此外，每個賣家的生產因素購買量都很少，故無法察覺對生產因素價格的影響。新鮮玫瑰切花市場是沒有組織市場的極佳範例。相較於整個市場規模，即使是大型玫瑰花商，如中尾花卉，也是非常小的廠商。新鮮玫瑰切花的購買者──批發商、經紀商，及花店──也都是規模很小且為數眾多。

2. 廠商生產**同質商品** (undifferentiated products)。亦即，無論生產者是誰，消費者對產品的認知完全相同。當你從本地花店購買一束新鮮玫瑰花時，對消費者而言，玫瑰花是來自中尾花卉或其它生產者並無差異。因為對你而言，這是事實，對批發商與花店也是事實。若最終消費者對不同花農的玫瑰花看不出有何差異，只要能以最好價格買到玫瑰花，批發商與花店對跟誰買進玫瑰花並無所謂。因此玫瑰花是同質產品的一個例子。

同質商品
消費者認知產品的品質完全相同；為完全競爭產業的特性之一。

3. 消費者對市場銷售**價格的完全資訊** (perfect information about prices)。這對玫瑰切花市場特別真實。批發商與花店老闆向花農購買玫瑰花，都清楚明瞭現在的花價。事實上，這些消費者需要對玫瑰花價格瞭若指掌，因為當他們決定向花農購買玫瑰花時，價格是唯一應該被注意的事。

價格的完全資訊
消費者完全瞭解賣方在市場的售價；為完全競爭產業的特性之一。

4. 產業的特性是有**相同獲得資源** (equal access to resources) 的能力。所有廠商──現有廠商及潛在競爭者──都能夠獲得相同的技術與生產因素。當廠商需要時，他們能夠雇用生產因素，如勞動、資本與原料。當廠商不需要時，他們能夠解除使用這些生產因素。這個特性對新鮮玫瑰花產業而言是正確的：生產玫瑰花的技術很容易被瞭解，種植玫瑰花的必須生產因素 (土地、溫室、玫瑰花叢，及勞動) 在健全的市場中是隨時可以取得的。

相同獲得資源
產業裡所有廠商及潛在進入廠商均可獲得相同技術和生產因素的狀態；為完全競爭產業特性之一。

這些特性對完全競爭市場的運作有三個不同的意涵：

● 第一個特性──市場是沒有組織的──隱含賣方與買方是**價格接受者** (price takers)。亦即，廠商制定生產決策時，會視產品價格為已知，且當消費者制定購買決策時，會視市場價格為已知。這個特性隱含當廠商制定生產因素雇用決策時，也會視生產因素價格為已知。[2]

價格接受者
買方或賣方在做購買決策或產出決策時，視產品價格固定。

---

[2] 這是第 7 與第 8 章分析生產因素選擇與成本函數所做的假設。

單一價格法則
在完全競爭產業，買方與賣方所有的交易均以單一共同市價成交。

自由進入
任何潛在進入廠商均可像既有廠商般獲得相同技術和生產因素的特性。

- 第二與第三個特性——廠商生產同質商品與消費者對價格有完全資訊——隱含**單一價格法則** (law of one price)。亦即，買方與賣方間的所有交易只有一個市場價格存在。因為所有廠商的商品都是相同且所有售價都是已知，消費者能夠以市場最低價格來消費商品。沒有任何交易能夠以較高的價格成交。
- 第四個特性——獲得資源的能力相同——隱含產業特性是**自由進入** (free entry) 市場。亦即，若利潤為正，新廠商會加入市場。自由進入並不表示廠商毋需花費任何成本即可加入市場，而是指其與現有廠商都能獲得相同的技術與生產因素。

在本章，我們將發展完全競爭理論皆包括這三個含意：廠商有價格接受者的行為，每一個廠商制定相同的價格，及自由進入市場。為了讓理論發展容易處理，我們將以三個步驟來學習完全競爭：

1. 在下一節，我們要研究價格接受廠商的利潤極大化行為。
2. 其次，當產業裡廠商數目固定 (假設廠商數目很多，如玫瑰花產業的例子，包括數以百計的花農) 時，我們要學習市場價格是如何被決定，這是完全競爭市場的短期均衡分析。
3. 最後，我們要學習自由進入如何影響市場價格，這稱為完全競爭市場的長期均衡分析。

一旦完成這些步驟，我們將建立前後連貫的完全競爭理論。在第 10 章，我們將利用這個理論來探討完全競爭市場如何促進資源分配及創造經濟價值。

9.2 價格接受廠商的利潤極大化

我們對完全競爭產業的分析是從價格接受廠商追求利潤極大的生產決策開始。要做這樣的分析，我們需要簡短地定義何謂經濟利潤。

經濟利潤與會計利潤

在第 7 章，我們曾經區分經濟利潤與會計利潤。經濟成本係衡量廠商雇用生產因素生產與銷售的機會成本。會計成本是衡量廠商生產與銷售商品的歷史成本。

現在讓我們來區分**經濟利潤** (economic profit) 與會計利潤：

經濟利潤
廠商銷售收入與包括機會成本在內總成本的差額。

$$經濟利潤 = 銷貨收入 - 經濟成本$$

$$會計利潤 = 銷貨收入 - 會計成本$$

亦即,經濟利潤是廠商銷貨收入與經濟成本的差額,包括所有相關的機會成本。要說明這點,假設老闆自己經營一家小型顧問公司。在 2004 年,公司賺取的收入是 \$1,000,000,勞動成本與供給費用是 \$850,000。老闆在外面工作的最好機會是另一家公司,一年年薪 \$200,000。公司的會計利潤是 \$1,000,000 - \$850,000 = \$150,000。公司的經濟利潤要扣除老闆工作的機會成本,因此為 \$1,000,000 - \$850,000 - \$200,000 = - \$50,000。這家公司賺取負的經濟利潤 \$50,000 的事實意味老闆自己經營事業會比在外面得到的最佳工作要少賺 \$50,000。我們可以說這家公司"摧毀"老闆 \$50,000 的財富:如果自己經營公司,老闆會比在外面工作少賺 \$50,000。

我們利用相同的邏輯來說明廠商以自有資金融通資本資產的購買 (如房屋、機器和電腦)。為了說明,讓我們回到小型顧問公司的例子並略加修改。假設公司由一位投資者擁有,他並未加入公司每日的營運 (因此,我們毋需擔心老闆時間的機會成本)。老闆投入自己的儲蓄 \$500,000 購買企業營運的資本資產 (如,辦公室、電腦、電話、傳真機等)。假設老闆資金的次佳選擇是投資股票和債券,其報酬率為 12%,或每年 \$60,000。老闆投入資金是希望公司的會計利潤每年至少有 \$60,000。若顧問公司的會計利潤低於 \$60,000,則公司賺取負的經濟利潤。(如前所述) 假設公司每年收入為 \$1,000,000,其原料與勞動成本是 \$850,000,公司的會計利潤是每年 \$50,000,但其經濟利潤是 \$1,000,000 - \$850,000 - \$60,000 = - \$10,000。負的經濟利潤意謂公司並未賺取足夠報酬以補償其在次佳選擇所獲取的報酬。相反地,若顧問公司的會計利潤超過老闆要求的最低報酬 \$60,000,公司將有正的經濟利潤,代表公司賺取的報酬超過其次佳選擇所獲取的報酬。

當我們討論利潤極大化,我們是指經濟利潤極大化。經濟利潤是公司追求的恰當目標。無論是中尾花卉、可口可樂或微軟。

範例 9.1

財富創造者與財富毀滅者

一個經濟利潤常有的衡量指標是**經濟附加價值** (economic value added, EVA)，由金融顧問公司 Stern Stewart 所定義的名詞。要計算 EVA，Stern Stewart 從一家公司的會計利潤開始，減掉公司投資者所要求資本投資的最低報酬。[3] 公司有正的 EVA，其資本投資報酬超過投資者要求的最低報酬。相反地，有負 EVA 的公司，無法給予投資者所要求的最低報酬。能夠持續擁有正 EVA 的公司為其投資者創造財富：公司的市場價值反映在其股價上，會超過資產的投資金額。相反地，一家持續擁有負 EVA 的公司毀滅投資者財富：市場價值低於資產投資成本。

金融顧問公司 Stern Stewart 定期整理追蹤美國公司的 EVA。表 9.1 與 9.2 顯示某些知名公司在 2002 年的 EVA。奇異電器在 2002 年的經濟利潤超過 $59 億。微軟在 2002 年的經濟利潤超過 $22 億，事實上，他們自 1986 年開始，均擁有正的經濟利潤。表 9.1 的廠商是世界上公認最成功的公司之一。

相反地，有些著名的公司在 2002 年的經濟利潤為負——例如，美國線上時代華納，其負經濟利潤超過 $275 億。它的報酬無法達到投資者所要求的最低報酬，而毀滅股東的財富。

表 9.1　財富創造者的排名，2002*

公司	EVA (百萬)
奇異電器	$5,983
默克股份有限公司	$3,872
花旗集團	$2,964
沃爾瑪	$2,928
可口可樂	$2,496
寶鹼	$2,315
微軟	$2,201

* 來源：Stern Stewart EVA/MVA Rankings Data at www.sternstewart.com.

表 9.2　財富毀滅者排名，2002*

公司	EVA (百萬)
AOL 時代華納	− $27,539
AT&T	− $27,116
SBC 通訊	− $ 8,434
IBM	− $ 8,032
摩托羅拉	− $ 5,849
Verizon 通訊	− $ 5,612
通用汽車	− $ 5,065
福特汽車	− $ 4,826

* 來源：Stern Stewart EVA/MVA Rankings Data at www.sternstewart.com.

經濟附加價值　廣泛使用的經濟利潤衡量指標，等於公司的會計利潤減去公司投資者要求其投資資金的最低報酬。

價格接受廠商的利潤極大化產出選擇

我們現在可以來研究價格接受廠商追求利潤最大的問題。假設廠商生產和銷售商品數量 Q，其經濟利潤 (以 π 表示 [4]) 是 $\pi = TR(Q) - TC(Q)$，其中 $TR(Q)$ 是廠商銷售產量 Q 的總收入，$TC(Q)$

---

[3] 由於會計成本是歷史成本且與經濟成本的計算不同，Stern Stewart 計算 EVA 將對會計利潤做了些許調整。

[4] 經濟學家經常用希臘字母 π 代表利潤。在本書，π 並非幾何數字 3.14。

是生產產量 Q 的總成本。總收益是市場價格 P 乘以廠商生產的商品數量：$TR(Q) = P \times Q$。總成本 $TC(Q)$ 是第 8 章討論的總成本曲線；它是在廠商選擇要素投入組合以追求成本極小目標下，生產 Q 單位商品的總成本。

因為廠商是價格接受者，它瞭解自己的產量對市場價格的衝擊根本察覺不到。因此，廠商接受已知的市場價格 P。其目標是選擇商品數量 Q 來追求利潤最大。

要說明廠商的行為，假設中尾花卉預期新鮮玫瑰切花的市場價格是每枝玫瑰花價格 $P = \$1.00$。表 9.3 列出不同產量下的總收益，總成本及總利潤，圖 9.1(a) 為其圖形。

圖 9.1 所示為每個月玫瑰花產量 $Q = 300$ 利潤達到最大 (亦即，每個月 30 萬朵玫瑰)。圖 9.1 也指出總收益是一條直線，斜率等於 1。因此，當我們增加 Q 時，公司的總收益會以固定比率增加，等於市場價格，$\$1.00$。

就任何廠商 (不論價格接受者與否) 而言，總收益隨商品數量變動而變動的比率稱為**邊際收益** (marginal revenue, MR)。其定義成 $\Delta TR / \Delta Q$。就價格接受廠商，銷售額外一單位商品所增加的總收益等於市場價格——亦即，$\Delta TR / \Delta Q = P$。因此，對價格接受廠商而言，邊際收益等於市場價格，或 $MR = P$。

如第 8 章所學，邊際成本 (MC)，成本隨產出變動而變動的比率，其定義方式與邊際收益相同：$MC = \Delta TC / \Delta Q$。圖 9.1 顯示玫瑰花產量介於 $Q = 60$ 與利潤最大產量 $Q = 300$ 之間，廠商生產更多的玫瑰花，利潤就會提高。這個數量範圍內，總收益增加的速度比總成本增加的速度快：$\Delta TR / \Delta Q > \Delta TC / \Delta Q$，或 $P > MC$。

邊際收益
總收入隨著產出變動而變動的比率。

表 9.3 價格接受的玫瑰花生產者的總收益，總成本及總利潤

Q (千朵/月)	TR (千元/月)	TC (千元/月)	π (千元/月)
0	0	0	0
60	60	95	−35
120	120	140	−20
180	180	155	25
240	240	170	70
300	**300**	**210**	**90**
360	360	300	60
420	420	460	−40

圖 9.1 價格接受廠商的利潤極大化

圖 (a) 是每月玫瑰花數量 $Q = 300,000$ 時，廠商利潤極大化的圖形。圖 (b) 指出在此點時，邊際成本是 $MC = P$。當玫瑰花數量 $Q = 60,000$ 時，邊際成本也等於價格，但這一點是利潤極小點。

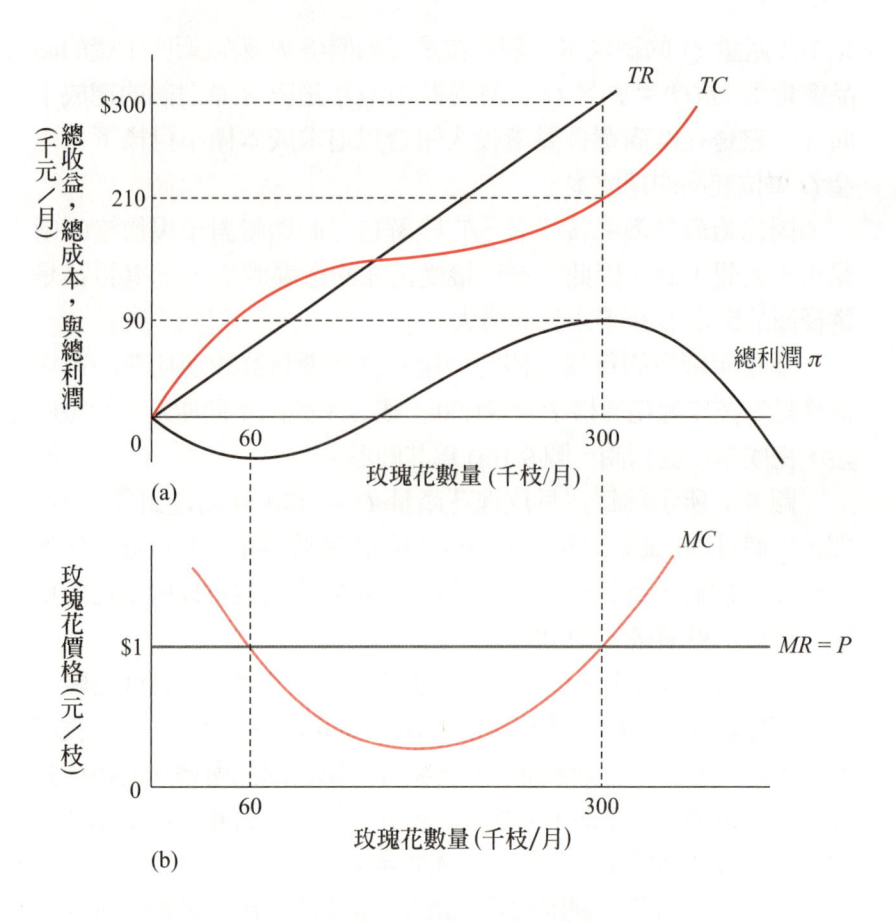

當 $P > MC$ 時，每一次中尾多生產一朵玫瑰，總利潤會上漲 $P - MC$，是額外一枝玫瑰花邊際收益與邊際成本的差額。

圖 9.1 指出當產量大於 $Q = 300$ 時，玫瑰花產量減少，利潤會增加。在這個範圍內減少產量，總成本減少的速度要比總收益減少的速度快——亦即，邊際收益小於邊際成本，或 $P < MC$。當 $P < MC$，每一次中尾減少生產一朵玫瑰花，其利潤會上漲 $MC - P$，是額外一朵玫瑰花邊際收益與邊際成本的差額。[5]

當 $P > MC$ 或 $P < MC$ 時，若中尾都能夠增加利潤，則中尾的生產數量絕對不會是利潤最大的玫瑰花數量。其利潤極大的商品數量必須符合這個條件：

$$P = MC \tag{9.1}$$

---

[5] 或相當於額外一枝玫瑰會降低利潤 $P - MC$。

式 (9.1) 告訴我們，追求利潤極大的完全競爭廠商，會在邊際成本等於市場價格處生產數量 Q^*。

圖 9.1(b) 說明這個條件。中尾的邊際收益曲線是一條在價格等於 \$1.00 的水平線。利潤最大的產量是在 $Q = 300$，這是 MR 曲線與 MC 曲線相交之處。這告訴我們，當中尾面對每枝新鮮玫瑰的市場價格為 $P = \$1.00$ 時，其追求利潤最大的生產決策是每月生產與銷售 300,000 枝玫瑰。

圖 9.1(b) 也說明有另一個數量 $Q = 60$，$MR = MC$。$Q = 60$ 與 $Q = 300$ 的差別是在 $Q = 300$ 時，邊際成本曲線遞增，而在 $Q = 60$ 時，邊際成本曲線是下降的。$Q = 60$ 是否為利潤最大的產量？答案為否。圖 9.1(a) 顯示 $Q = 60$ 代表利潤最小的生產點，而非利潤最大生產點。這說明**價格接受廠商利潤極大化** (profit-maximization conditions for a price-taking firm) 的兩個條件：

- $P = MC$
- MC 必須為遞增的

若其中有一條件不成立，廠商的利潤就不會是最大。廠商能夠藉增加或減少產量以提高利潤。

9.3 如何決定市場價格：短期均衡

上一節指出價格接受廠商，如中尾花卉，追求利潤極大會選擇在邊際成本等於市場價格的地方生產。但市場價格是如何決定的？在本節，我們將學習市場價格在短期如何被決定？短期是指一段期間內 (1) 廠商的數目是固定的，及 (2) 至少有一個生產因素，如工廠規模是固定的 (亦即，資本或土地數量)。例如，在新鮮玫瑰花市場，每個月市場價格的短期波動是由固定數目的廠商 (數以百計的小廠商) 互相交易所決定，每一家廠商擁有固定土地面積，固定數量的溫室，及固定數量的玫瑰花叢。在土地、溫室與玫瑰花叢為固定者，玫瑰花農透過挑選與修剪，及適量的肥料與殺蟲劑來控制玫瑰花產量。這些決策可以影響會有多少數目的玫瑰花來符合一整年的市場需求。

我們會看到個別生產者，如中尾花卉，追求利潤最大的生產決策能夠推導出個別廠商的供給曲線。如果我們將產業中所有廠商的短期供給曲線加總，我們可以得到市場供給曲線。市場價格是由市場供給曲線與市場需求曲線共同決定。

範例 9.2

關閉鑽油平台[6]

固定成本是沉沒或非沉沒 (即,可避免與否) 通常受廠商預期關廠和停止生產的時間長短所影響。為了說明此點,考慮近海鑽油企業,其包括許多大公司 (如殼牌石油) 雇用的獨立承包商在公海鑽油。這些承包商在近海鑽油平台工作。鑽油平台包括一組管理者 (如油井設備的老闆) 工程師、海運人士、以及操作和維護油井設備的工作人員 (如,鑽油工人、起重機工人、技師和電工)。從鑽油承包商的角度看,產量可以在一段時間內 (如一季或一個月) 油井的數目來衡量。鑽油最重要的變動成本包括鑽油設備 (如高速鑽刀)。鑽油平台的固定成本包括維修、食物、醫療、保險、及員工的薪資。員工成本是固定的,因為承包商承諾在一固定期間內 (如一年) 雇用一組工人,因此在那段期間內勞動成本與油井數目並無關聯。

在近海鑽油平台企業,承包商有三種方法可以閒置平台並停止生產:

- **熱堆積**。"熱堆積"平台暫時除後 (或許只是幾週),但仍隨時可動員且在短期間即可重新開始鑽油。藉由熱堆積平台,承包商可避免變動成本,但其它成本依然存在。當平台為熱堆積,所有固定成本是沉沒的。
- **溫堆積**。"溫堆積"平台暫時除後,期間比熱堆積的期間長 (可能是幾個月)。藉由溫堆積平台,承包商可避免所有熱堆積遭遇的成本,並避免部分的維修和勞工成本 (因為某些勞工已經解雇)。當平台是溫堆積,有些固定成本是沉沒的,有些是非沉沒的。
- **冷堆積**。"冷堆積"平台,不工作的期間相當長。平台已經解雇,門也被焊接關閉。當平台是冷堆積,除了保險外,其它固定成本皆可避免。保險是沉沒固定成本,而其它固定成本 (維修、食物、醫療設施、員工成本) 是非沉沒。

在仔細思考固定成本是沉沒 (不可避免) 或非沉沒 (可避免),記得廠商關門決策期間的長短。廠商計畫停止生產的期間愈長,固定成本可避免的部分也會愈多。

價格接受廠商短期成本結構

下面章節的目的是學習如何建構個別廠商的短期供給曲線。要達到這個目的,我們需要探討典型廠商的成本結構。

廠商生產商品數量 Q 的短期總成本是

$$STC(Q) = \begin{cases} SFC + NSFC + TVC(Q), & \text{當 } Q > 0 \\ SFC, & \text{當 } Q = 0 \end{cases}$$

這個方程式包括三種不同種類的廠商成本。

- $TVC(Q)$ 是總變動成本。這是產出敏感的成本。亦即,當廠商增

---

[6] 此範例的資訊來自於 K. Corts, "The Offshore Oil Drilling Industry," HBS case 9-799-11.

加或減少商品數量時，總變動成本會增加或減少。總變動成本包括原料成本與某種類型的勞動成本 (如工廠勞工)。以中尾花卉而言，肥料與殺蟲劑成本將包括在 $TVC(Q)$ 內，因為它們會隨產量增加而增加使用量，也會隨產量減少而減少使用量。若廠商不生產玫瑰花，總變動成本會等於零，因此為非沉沒成本的例子。如果中尾決定不再繼續種植玫瑰，它就能夠避免肥料與殺蟲劑的金錢支出。因此這些成本屬於非沉沒成本。

- SFC 是廠商的**沉沒固定成本** (sunk fixed cost)。沉沒固定成本是固定成本，若廠商歇業且不生產商品，這些成本是無法避免的。因為這個原因，沉沒固定成本稱為**無法避免的成本** (unavoidable costs)。例如，假設花農，如中尾花卉與地主簽有一份長期合約 (如，5 年)，租用土地種植玫瑰，租約規定中尾不得轉租給其他使用者。租賃成本是固定的，因為它不會隨中尾的玫瑰花產量而變動。它是產出不敏感。它也是沉沒的，因為即使中尾不種植任何玫瑰，也無法避免這項成本。[7]

沉沒固定成本
若廠商關門且不生產任何產量，而無法避免的固定成本。

- $NSFC$ 是廠商的**非沉沒固定成本** (nonsunk fixed cost)。非沉沒固定成本是廠商生產任何數量所必須負擔的固定成本，但若其不生產任何數量，便毋需負擔這個成本。非沉沒固定成本和變動成本稱為**可避免成本** (avoidable costs)。以中尾花卉為例，非沉沒固定成本的例子是溫室暖氣成本。不論中尾計畫種植 10 或 10,000 枝玫瑰花，溫室必須保持固定的溫度，所以暖氣成本是固定的 (亦即，它對玫瑰花種植數量是不敏感的)。但是暖氣成本是非沉沒的，因為若中尾不打算在溫室種植玫瑰花，就可以避免這項成本。

非沉沒固定成本
廠商生產正的產出所必須負擔，但不生產則無須負擔的固定成本。

廠商的總固定 (或產出不敏感) 成本 TFC，因此已知 $TFC = NSFC + SFC$。若 $NSFC = 0$，沒有固定成本是非沉沒的。在這種情況下，$TFC = SFC$。這是下一節我們要討論的案例。

價格接受廠商短期供給曲線：所有固定成本都是沉沒成本

在本節，我們用最簡單的例子來推導價格接受廠商的供給曲線，當所有的固定成本都是沉沒的——亦即，$NFSC = 0$，因此 $TFC = SFC$。圖 9.2 畫出玫瑰花產業廠商的短期邊際成本曲線

---

[7] 當然，中尾最終不需要支付租金，但這不是因為今天關門歇業所造成的。反之，一旦租約到期，如 5 年租約，自然不用再付租金。

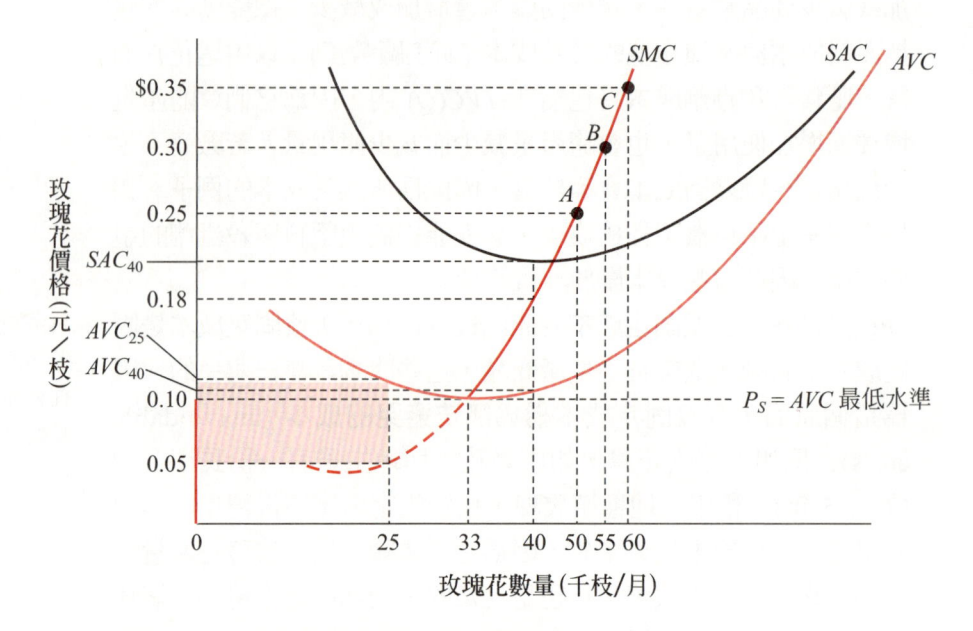

圖 9.2　價格接受廠商的短期供給曲線

廠商短期供給曲線是短期邊際成本高於平均變動成本以上的那一段。我們以 P_S 代表平均變動成本最低的價格。當價格低於平均變動成本時，廠商供給量為零，供給曲線是一對應於縱軸的垂直線 (與縱軸重疊)。

SMC，短期平均成本曲線 SAC，及短期平均變動成本曲線 AVC。

假設新鮮玫瑰花有三種可能的市場價格：每枝 $0.25，$0.30 及 $0.35。如果我們利用上節的利潤極大化條件 $P = MC$，當價格是 $0.25 時，廠商追求利潤最大的產量是每月 50,000 枝玫瑰花 (圖 9.2 的 A 點)。同樣地，當市場價格是 $0.30 與 0.35 時，利潤最大的產量分別是每月 55,000 與 60,000 枝玫瑰花 (分別為 B 點和 C 點)。這些數量的每個點都是廠商短期邊際成本 SMC 等於市場價格 P，或 $P = SMC$。

廠商的**短期供給曲線** (short-run supply curve) 告訴我們當市場價格發生變動時，利潤極大的產量是如何地變動。以圖形看，當價格是 $0.25、$0.30 與 $0.35 時，廠商短期供給曲線與短期邊際成本曲線 SMC 是一致的。因此，點 A，B 和 C 都在廠商的短期供給曲線上。

然而，廠商的短期邊際成本曲線並不必然在所有價格下都是廠商供給曲線。要瞭解為什麼，假設玫瑰價格是 $0.05。若廠商在這個價格下追求利潤極大，它會在價格等於邊際成本處生產，每

短期供給曲線

在廠商無法調整所有生產因素（資本或勞動數量）下，顯示廠商產出隨著價格改變，而變動的供給曲線。

個月玫瑰花數量是 25,000 枝。但在此價格下，廠商遭受損失：它必須支付總固定成本 TFC，以及每生產 25000 朵玫瑰花中的一朵尚損失價格 $0.05 與平均變動成本 AVC_{25} 的差額。亦即，廠商的總損失為 TFC 加 25,000 (AVC_{25} − P) (圖 9.2 陰影面積)。若廠商決定歇業不生產，他的損失只是 (沉沒) 總固定成本 TFC。在價格是 $0.05 時，廠商不生產則可以減少損失。

一般而言，若市場價格 P 低於平均變動成本 $AVC(Q^*)$，廠商最好的決策是關廠歇業以減少損失。產量 Q^* 是 P 等於短期邊際成本的，或 $P < AVC(Q^*)$。

我們現在可以畫出廠商短期供給曲線，我們剛剛看到

- 追求利潤最大的價格接受廠商，若其生產正的商品數量，則會在 P = SMC 處生產，且 SMC 的斜率為正。
- 追求利潤最大的價格接受廠商，絕對不會在 P < AVC 處生產。

因此，廠商絕對不會在 SMC < AVC 以下的 SMC 曲線生產。這個部分是 AVC 曲線最低水準以下的短期邊際成本曲線。若價格低於 AVC 最低點，則廠商的生產數量 Q = 0。

有鑒於此，廠商供給曲線有兩個部分：

- 若市場價格低於 AVC 最低點時——圖 9.2 的 P_S——廠商的供給量為零 (即，Q = 0)。在圖 9.2，P_S 是每枝 $0.10。如圖 9.2 所示，這個部分的廠商供給曲線是垂直的"尖釘"，與縱軸重疊。我們稱 P_S 為廠商的**歇業價格** (shut-down price)，當價格低於 P_S，廠商的生產數量為零。
- 若市場價格高於 P_S 時，廠商將生產正的商品數量。短期供給曲線與短期邊際成本曲線重疊。(若市場價格等於 P_S，則廠商生產 33,000 枝玫瑰與關門無異。在上述兩種情況，其損失為沉沒固定成本。)

這個分析隱含完全競爭廠商遭遇負的經濟利潤時仍可能繼續營業。例如，圖 9.2 顯示當每枝玫瑰花的價格為 $0.18，廠商每個月生產 40,000 朵玫瑰花。因為在這個產量，價格 $0.18 低於對應於每月 40,000 朵玫瑰的短期平均成本 SAC_{40}，廠商遭受損失。然而，因為價格 $0.18 高於每月 40,000 朵玫瑰的平均變動成本 AVC_{40}，廠商的總收益超過總變動成本。因此，藉由繼續生產，廠

歇業價格
短期廠商供給零產量的價格

商能夠抵銷部分都不生產的損失。當然，若玫瑰花農預期 $0.18 的價格會持續下去，只要有足夠的時間，它會縮減工廠規模 (亦即，減少種植玫瑰花的土地)，或其可能甚至完全退出這個產業。

邊做邊學習題 9.1

推導價格接受廠商的短期供給曲線

假設一廠商的短期總成本曲線是 $STC = 100 + 20Q + Q^2$，其中總固定成本是 100，總變動成本是 $20Q + Q^2$。短期邊際成本曲線 $SMC = 20 + 2Q$。所有固定成本都已沉沒。

問題
(a) 平均變動成本 (*AVC*) 的方程式為何？
(b) 平均變動成本的最低水準是多少？
(c) 何謂廠商短期供給曲線？

解答
(a) 如第 8 章所瞭解，平均變動成本是總變動成本除以產量，因此 $AVC = (20Q + Q^2)/Q = 20 + Q$。
(b) 我們知道平均變動成本最低點是在 *AVC* 等於 *SMC* 之處。因此，它是在 $20 + Q = 20 + 2Q$，或 $Q = 0$，若 $Q = 0$ 代入 *AVC* 曲線的方程式 $20 + Q$，我們可得 *AVC* 的最低水準等於 20。
(c) 當價格低於平均變動成本最低水準 20 時，廠商不會生產任何數量。當價格超過 20 時，供給曲線可經由價格等於邊際成本求出 Q 是 P 的函數：$P = 20 + 2Q$，或 $Q = -10 + P/2$，這隱含廠商短期供給曲線，我們以 $s(P)$ 表示，是：

$$s(P) = \begin{cases} 0, & \text{當 } P < 20 \\ -10 + \frac{1}{2}P, & \text{當 } P \geq 20 \end{cases}$$

類似問題：9.6 和 9.7

價格接受廠商短期供給曲線：
有些固定成本是沉沒成本，有些是非沉沒成本

現在讓我們來考慮廠商有某些非沉沒固定成本的可能性。亦即，$TFC = SFC + NSFC$，其中 $NSFC > 0$。如前所述，廠商追求利潤極大的條件是價格等於邊際成本。然而，與前一節例子不同的是當廠商的生產數量為零時的成本有些不同。

要瞭解為什麼，我們首先需要定義新的成本曲線。廠商**平均非沉沒成本** (average nonsunk cost) ANSC，係等於平均變動成本加上平均非沉沒固定成本：$ANSC = AVC + NSFC/Q$。

圖 9.3 指出平均非沉沒成本為 U 型，且介於短期平均成本 SAC 與平均變動成本曲線 AVC 之間。在 ANSC 的最低點 SMC = ANSC。在某種意義上，ANSC 曲線與 SAC 曲線非常相似。

當廠商擁有非沉沒固定成本時，廠商如何修正歇業法則，假設玫瑰的價格是 $0.15，如圖 9.3 所示。若廠商在這個價格上追求利潤極大，它會選擇在價格等於邊際成本處生產，每個月的玫瑰產量是 35,000 枝。但在這個價格，廠商會遭受損失：它會損失沉沒固定成本 SFC，且此外，每生產一枝玫瑰，它將損失價格 $0.15 與平均非沉沒成本 $ANSC_{35}$ 間的差額。相反地，若廠商不生產，其損失只是沉沒固定成本 SFC。亦即，藉由選擇歇業，廠商能夠避免變動成本及非沉沒固定成本。在價格是 $0.15 時，廠商不生產便可以減少損失。果真選擇歇業，廠商能夠避免損失 35,000 ($ANSC_{35}$ − $0.15) (如圖 9.3 陰影面積所示)。

一般而言，若市場價格 P 低於平均非沉沒成本 $ANSC(Q^*)$，Q

> **平均非沉沒成本**
> 平均變動成本與平均非沈沒固定成本的加總。

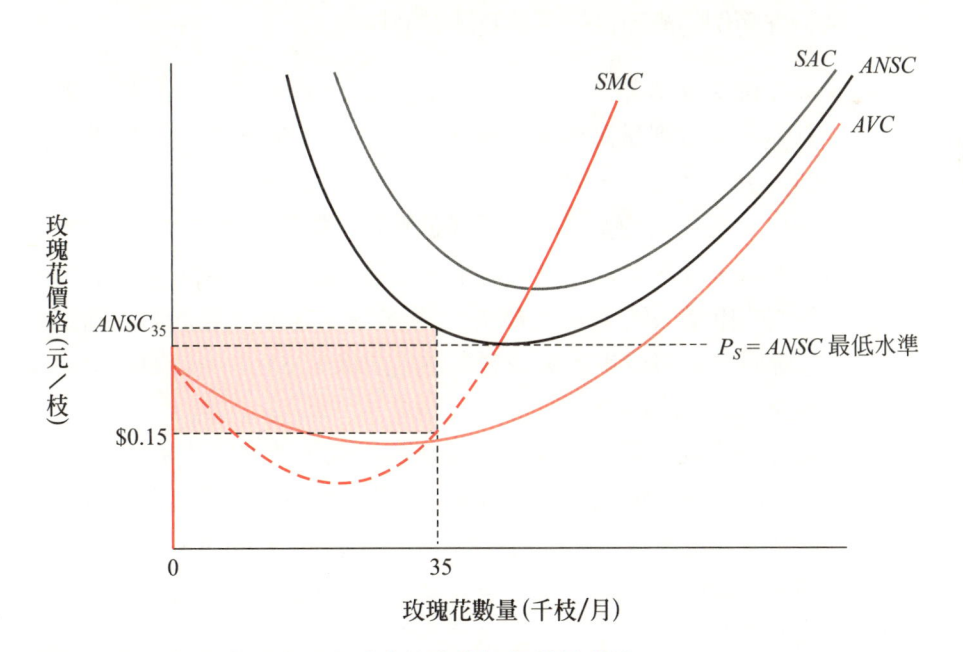

圖 9.3　具有部分非沉沒固定成本的廠商短期供給曲線

歇業價格 P_S 是平均非沉沒成本的最低水準。當市場價格大於 P_S 時，廠商供給曲線與短期邊際成本重疊。當市場價格低於 P_S 時廠商供給曲線是垂直尖釘並與縱軸重疊。

是由 P 等於短期邊際成本的產量 Q^*，$P < ANSC(Q^*)$，廠商最好的決策是歇業以減少短期損失。

我們現在可以畫出廠商短期供給曲線。我們已經看到

- 追求利潤最大的價格接受廠商，若其生產正的商品數量，會在 $P = SMC$ 處生產，且 SMC 斜率為正。
- 追求利潤最大的價格接受廠商，若擁有非沉沒固定成本，當 $P < ANSC$ 時，絕對不會生產任何商品。

因此，廠商絕對不會在 $SMC < ANSC$ 以下的短期邊際成本曲線 SMC 處生產。這是低於 $ANSC$ 最低點的 SMC 曲線部分。這表示若市場價格低於 $ANSC$ 的最低水準——以圖 9.3 的 P_S 表示——廠商生產數量 $Q = 0$。

圖 9.3 所示為玫瑰花農擁有非沉沒固定成本的短期供給曲線。當價格低於平均非沉沒成本最低點時，供給曲線是垂直尖釘，當價格高於平均非沉沒成本最低點時，供給曲線與短期邊際成本曲線一致。

平均非沉沒成本的觀念是相當有彈性，我們可以確認以下三種特殊範例的廠商供給曲線及歇業價格：

- *所有固定成本都是沉沒成本。* 這是上一節所討論的範例。當所有固定成本都是沉沒成本時，$ANSC = AVC$，而我們的歇業法則，$P < ANSC$，變成 $P < AVC$。因此廠商的短期供給曲線是 SMC 高於平均變動成本曲線最低點以上的部分。
- *所有固定成本都是非沉沒成本。* 在這個範例，$ANSC = SAC$。[8] 我們的歇業法則，$P < ANSC$，變成 $P < SAC$。當所有的固定成本都是非沉沒成本，廠商短期供給曲線是 SMC 高於短期平均成本曲線以上的部分。
- *某些固定成本是沉沒成本，某些固定成本是非沉沒成本。* 這是本節所討論的情況。如前所述，廠商的短期供給曲線是 SMC 高於短期非沉沒成本曲線最低點以上的部分。如圖 9.3 所示，當某些，並非所有，固定成本是沉沒成本時，歇業價格 P_S 是在 AVC 最低水準以上，且在 SAC 最低水準以下。

---

[8] 這是因為 $SFC = 0$，因此 $TNSC = TVC + TFC$。結果，$ANSC = (TVC + TFC)/Q$，就等於 SAC。

邊做邊學習題 9.2

當價格接受廠商擁有部分非沉沒固定成本時，短期供給曲線的推導

如邊做邊學習題 9.1，假設廠商短期總成本曲線是 $STC = 100 + 20Q + Q^2$，短期邊際成本曲線是 $SMC = 20 + 2Q$。

問題

(a) 假設 $SFC = 36$，$NSFC = 64$，請求出廠商的平均非沉沒成本曲線？
(b) 平均非沉沒成本的最低水準為何？
(c) 廠商短期供給曲線為何？

解答

(a) 平均非沉沒成本曲線是 $ANSC = AVC + NSFC/Q = 20 + Q + 64/Q$。
(b) 如圖 9.3 所示，當平均非沉沒成本等於短期邊際成本時，平均非沉沒成本達 $ANSC$ 最低的產量：$20 + 2Q = 20 + Q + 64/Q$。求解 Q，我們可得 $Q = 8$。因此，平均非沉沒成本最低點的產量水準是 $Q = $

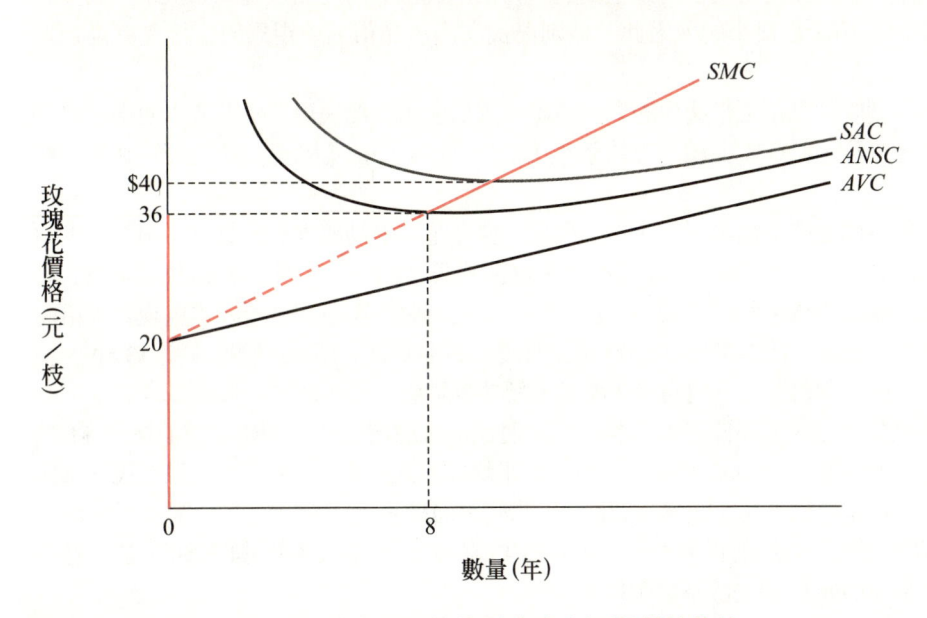

圖 9.4　具部分非沉沒固定成本的價格接受廠商之短期供給曲線

廠商歇業價格是平均非沉沒成本的最低水準，或 $36。當價格高於 $36 時，廠商短期供給曲線與短期邊際成本 SMC 重疊，當價格低於 $36 時，供給曲線是垂直尖釘，與縱軸重疊。當價格介於 $36 與 $40 之間，廠商會繼續生產，但賺取負的經濟利潤。

8。將 $Q = 8$ 代入平均非沉沒成本曲線的方程式，我們能夠得到平均非沉沒水準的最低水準：$ANSC = 20 + 8 + 64/8 = 36$。因此，如圖 9.4 所示，平均非沉沒成本最低水準是每單位 $36。

(c) 如圖 9.4 所示，當市場價格低於 $ANSC$ 最低水準時 (即，$P < 36$)，廠商不會生產任何商品。當價格高於這個水準，價格與邊際成本相等則公司能夠得到利潤最大的產量——亦即，$P = 20 + 2Q$，或 $Q = -10 + P/2$。因此廠商短期供給曲線 $s(P)$ 是：

$$s(P) = \begin{cases} 0, & \text{當 } P < 36 \\ -10 + \frac{1}{2}P, & \text{當 } P \geq 36 \end{cases}$$

當市場價格介於 36 與 40 之間，即使遭受損失，廠商在短期會繼續生產。其營運損失將低於歇業損失。

類似習題：9.8 和 9.9。

範例 9.3

不同價格的玉米產量？[9]

農產品市場通常被視為完全競爭的典型範例。一個農民生產的商品數量，如玉米、大豆或棉花，相對整個商品市場是很小的。因此，個別農民在農產品市場中視為價格接受者是合理的。

圖 9.5 說明典型愛荷華州玉米農民的供給曲線。圖形所示為農民短期邊際成本曲線，短期平均成本曲線以及平均變動成本曲線。經濟學家 Daniel Suits 根據美國農業部的資料建構這些曲線。[10]

若我們假設所有固定成本都是沉沒成本，農民不會在平均變動成本最低點以下的部分供給任何玉米。在圖 9.5，平均變動成本最低水準是每蒲式耳 $1.36。因此，當價格低於 $1.36 時，農民的供給曲線為垂直尖釘。在價格高於 $1.36，供給曲線與短期邊際成本重疊。供給曲線上升地非常迅速。例如，在產量是 52,000 蒲式耳時，每蒲式耳的短期邊際成本是 $3.50，在這個產出水準下，農莊非常接近土地的有效產量，額外多生產一蒲式耳的玉米成本非常高。

當玉米價格高於 $1.36，即使經濟利潤為負，農民仍會繼續生產。例如，在價格是 $1.75 時，利潤最大的玉米產量是 46,000 蒲式耳。價格與平均成本的差距是 $0.81，所以農民在這個價格下生產玉米，每年會損失約 $37,260 (以圖 9.5 的陰影面積表示)。儘管如此，農民最好是生產 46,000 蒲式耳的玉米。如果農民都不生產，其損失為每年的固定成本約 $47,250。農夫選擇生產每年能夠減少 $9,990 的損失故不會選擇歇業。

---

[9] 這個例子取自 Suits, D. B., "Agriculture," Chapter 1 in *The Structure of American Industry*, 9th edition (Adams W. and Brock J. W., eds.) (Englewood Cliffs, NJ: Prentice-Hall), 1995.
[10] 更新到 1991 年的價格。

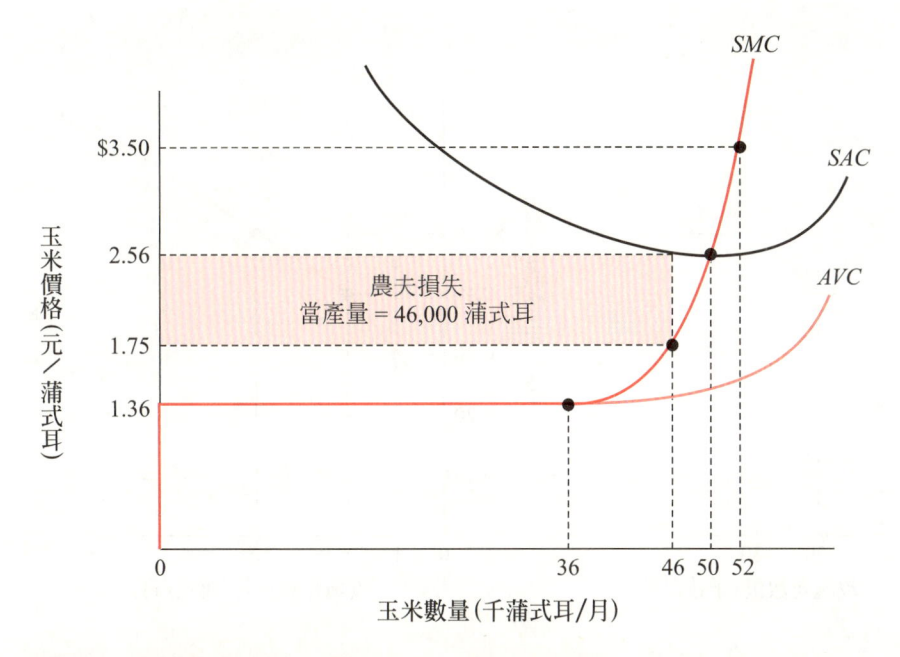

圖 9.5　美國愛荷華州玉米農夫的 1991 年供給曲線

在玉米數量 36,000 蒲式耳之前，短期邊際成本是固定在 $1.36，在數量超過 36,000 蒲式耳，邊際成本上升迅速。當價格高於 $1.36 時，廠商供給曲線與短期邊際成本曲線重疊。當價格低於 $1.36，供給曲線是一垂直尖釘與縱軸重疊。

短期市場供給曲線

我們剛學習推導個別價格接受廠商的短期供給曲線。現在讓我們從個別廠商供給曲線來得到整個產業的供給曲線。

因為廠商的數量在短期是固定的，在任一價格下，市場供給等於個別廠商供給量的水平加總。要說明這種情形，如圖 9.6(a) 所示，假設新鮮玫瑰切花市場包括兩種類型的花農：100 家類型 1 廠商，其短期邊際成本曲線為 ss_1，及 100 家類型 2 廠商，其短期邊際成本曲線為 ss_2。類型 1 廠商的歇業價格是每枝 $0.20 與類型 2 廠商的歇業價格為每枝 $0.40。表 9.4 顯示當每枝玫瑰的價格是 $0.10、$0.30、$0.40 和 $0.50 時，兩種類型廠商生產的玫瑰花數量以及市場的總產量。

圖 9.6(b) 顯示**短期市場供給曲線** (short-run market supply curve) SS。短期市場供給曲線是個別廠商的供給曲線的水平加總。短期市場供給曲線告訴我們市場所有廠商的總和供給。注意圖 9.6 兩個圖形的縱軸變動的單位相同，橫軸變數的單位不同，因為總市場

短期市場供給曲線
在產業內廠商數目固定下，顯示市場所有廠商在不同價格下，所有商品供給量的供給曲線。

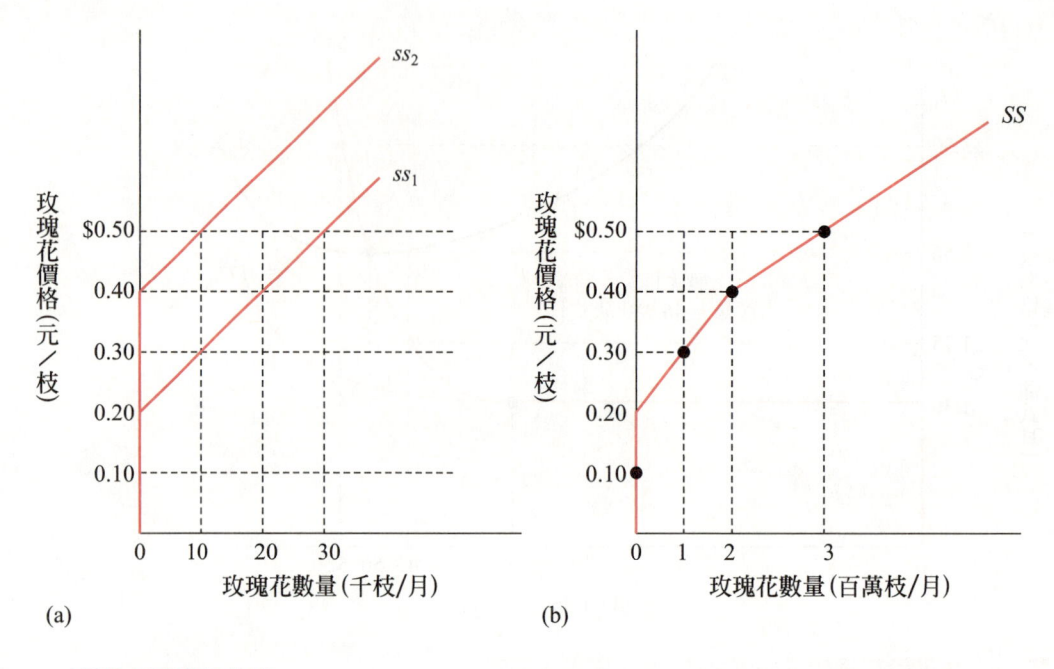

圖 9.6 短期市場供給曲線

圖 (a) 顯示兩種類型廠商的短期供給曲線，ss_1 是每朵玫瑰歇業價格為 $0.20 的廠商短期供給曲線。$ss_2$ 是每枝玫瑰歇業價格為 $0.40 的廠商短期供給曲線。圖 (b) 是短期市場供給曲線 SS 其為圖 (a) 的個別廠商供給曲線的水平加總。當價格介於 $0.20 與 $0.40 之間，市場供給曲線是 ss_1 乘以 100 倍，因為 ss_2 的廠商在價格低於 $0.40 時，並未生產任何玫瑰花。在價格低於 $0.20 時，$SS$ 是垂直尖釘，因為兩家廠商均不會在價格低於 $0.20 處生產。

表 9.4 玫瑰花的短期市場供給曲線

每枝玫瑰的價格	類型 1 廠商	類型 2 廠商	市場
$0.10	100 × 0 = 0	100 × 0 = 0	0
$0.30	100 × 10,000 = 1,000,000	100 × 0 = 0	1,000,000
$0.40	100 × 20,000 = 2,000,000	100 × 0 = 0	2,000,000
$0.50	100 × 30,000 = 3,000,000	100 × 10,000 = 1,000,000	4,000,000

供給的產量遠大於個別廠商的產量。

因為每一家廠商供給曲線與邊際成本曲線重疊 (在價格高於 AVC，廠商會提供正的商品數量)，市場供給曲線是市場供給最後一個單位商品的邊際成本。例如，在圖 9.6，當市場玫瑰花的供給數量是 4 百萬枝，供給第 4 百萬枝玫瑰花的邊際成本是 $0.50，這是必然結果，因為，根據利潤極大化條件，每一個玫瑰花生產者會在市場價格等於最後 1 單位的邊際成本的地方生產。

加總個別廠商供給曲線得到市場供給曲線的過程受限於一個重要的條件：這種方法只有在生產因素價格不會隨商品數量增減而變動的條件下才適用。生產因素價格固定的假設在許多市場都會成立。例如，若廠商雇用非技術性勞工，該產業對非技術勞工的需求相對整個非技術勞動市場是非常小的需求，則產業產量的變動對非技術勞工工資的影響可說是微不足道。

然而，在有些市場的生產因素價格會隨市場產量增減而改變。例如，假設產業雇用其它的產業不會雇用的技術性勞工。當供給量隨價格上升而增加時，技術性勞工需求會增加，導致工資上漲。如果真是如此，每家廠商邊際成本曲線將會上移。更高的邊際成本意謂在任何市場價格下，廠商的供給數量會減少。這隱含商品供給曲線較技術性勞動工資上漲前，對商品價格改變較不敏感。

我們將進一步地在討論市場供給曲線後處理投入價格變動對市場供給的影響。從此以後，除非特別說明，我們將假設投入價格不會隨著產量短期產出數量的變動而改變。

範例 9.4

不同價格的銅產量？

銅的生產遍佈全球。在 2000 年，全球有超過 70 座銅礦，為 29 家公司所擁有。銅產業的分析師蒐集這些銅礦的生產數據與生產成本的相關資料，由於市場上每一家公司的規模都很小，將這些公司視為價格接受廠商是合理的假設。基於這個前提，我們可以用供給曲線來描述這些公司的行為。圖 9.7 畫出個別銅礦的供給曲線 (賓漢峽谷銅礦)，包括美國生產者的供給曲線，及全球供給曲線。[11]

當銅價是 47 美分一鎊時，賓漢峽谷銅礦 (位於猶他州，為 Rio Tinto 公司所有) 的曲線相當平坦，但之後就相當陡峭。在每磅銅價是 70 美分 (1999 年初的市場價格)，賓漢峽谷銅礦的供給數量是每年 28 萬 5 千公噸 (供給曲線上的點 A)。在這個價格，邊際成本上升迅速，且供給曲線接近垂直。

圖 9.7 的供給曲線是美國 17 個銅礦的個別供給曲線水平加總[12] (包括 Rio Tinto 及其賓漢峽

---

[11] 我們是利用 Mine Cost Data Exchange (www.minecost.com) 的資料來建構這些曲線，這個網站是由一家專門研究不同礦產的公司所建立。

[12] 嚴格來說，個別銅礦的供給曲線水平加總，由於具有不同截距，市場供給曲線會有折彎現象，如圖 9.6 所示。然而，當我們將許多供給線 (17 條) 加總，這個折彎曲線會變得比較平滑。圖形中的美國供給曲線是折彎曲線的良好直線近似。同樣地，全球供給曲線是加總 70 個銅礦後的折彎曲線的良好平滑近似曲線。

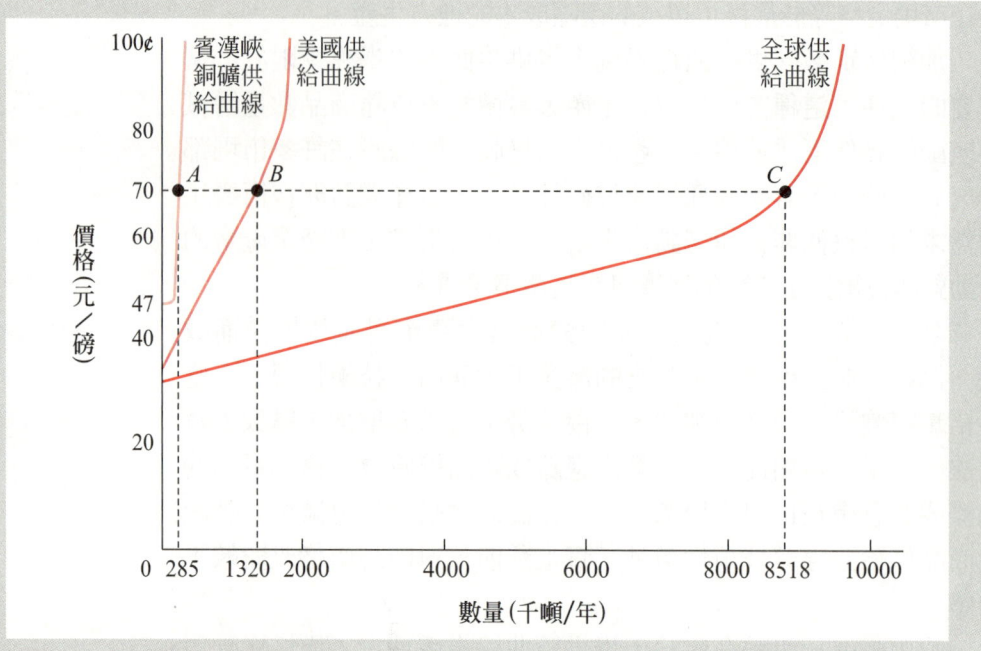

圖 9.7　2000 年銅的供給曲線

賓漢峽谷，美國 17 座銅礦以及全球供給曲線，在達到產能全開後近乎垂直。美國與全球供給曲線正斜率的原因是當價格太低時，某些銅礦不會開採或不會以全力開採銅礦。

谷銅礦)。供給曲線是正斜率的事實告訴我們不同的銅礦有不同的邊際成本。價格愈低，供應銅的礦脈愈少 (例如，在價格低於 45 美分時，只有四家美國的銅礦有正的利潤來生產，賓漢峽谷並不是其中之一)。在價格是每磅 70 美分時，美國生產者將提供每年 132 萬公噸的銅 (在美國供給曲線的 B 點)。這會低於美國銅礦總產能，每年 156 萬公噸，這表示在此價格下，有些銅礦不會開採或不會全部開採。超過每年 156 萬公噸，邊際成本上升迅速，而美國供給曲線接近垂直。

圖 9.7 的全球供給曲線是全球接近 70 座銅礦供給曲線的水平加總。像美國的供給曲線，這條曲線也是正的斜率，因為不同的銅礦有不同的邊際成本。在每磅價格是 70 美分時，全球銅供給約為每年 851 萬 5 千公噸 (供給曲線上的 C 點)。再一次地如同美國的產量，在此價格下，全球產量低於全力開採的產量，每年全球的銅產量大約是 9 百萬公噸。超過這個數量，全球供給曲線變得近乎垂直。

圖 9.7 的三條供給曲線在某特定點後變得近乎垂直的事實代表，在短期，銅的供給無法輕易擴充超過目前產能，即使是個別銅礦 (如賓漢峽谷)、美國或全球銅礦一起也都不行。

完全競爭的短期均衡

短期完全競爭均衡
短期需求量與需求量相等時的市場價格與數量

我們現在可以探討競爭市場中的價格是如何決定的。當供給量等於需求量——亦即，市場供需曲線的交點時，會發生**完全競爭**

(a) 完全競爭廠商

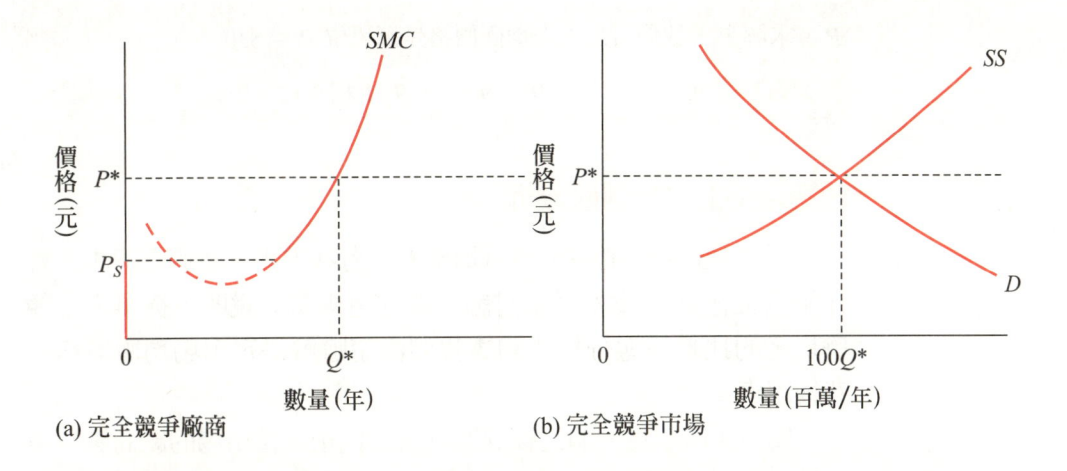

(b) 完全競爭市場

圖 9.8　短期均衡

短期均衡價格是 P^*。在此價格下，市場供給等於市場需求。圖 (a) 顯示一典型廠商生產 Q^*，短期邊際成本等於價格；圖 (b) 顯示總供給量與總需求量在 P^* 時為 $100Q^*$。

的短期均衡 (short-run perfectly competitive equilibrium)。圖 9.8(b) 所示為市場需求曲線 D，與包括 100 個相同生產者的短期市場供給曲線 SS。供給量與需求量相等時，決定均衡價格 P^*。圖 9.8(a) 所示為完全競爭廠商在邊際成本等於市場價格 P^* 時，會選擇生產商品數量 Q^*。因為有 100 家廠商，每家供給 Q^* 單位產出，市場供給 (在價格 P^* 時，等於市場需求) 一定等於 $100Q^*$。

邊做邊學習題 9.3

短期市場均衡

包括 300 家完全相同廠商的市場，已知市場曲線為 $D(P) = 60 - P$。每一家廠商的短期總成本曲線是 $STC = 0.1 + 150Q^2$，且所有的固定成本都是沉沒成本。短期邊際成本曲線是 $SMC = 300Q$，平均變動成本曲線為 $AVC = 150Q$。AVC 的最低水準是 0；因此，只要價格是正的，廠商會繼續生產。(你可以證明畫出 SMC 與 AVC 曲線。)

問題　短期市場均衡價格為何？

解答　當價格等於邊際成本時，我們可以得到每家廠商的利潤最大商品數量：$300Q = P$。因此個別廠商供給曲線 $s(P)$ 是 $s(P) = P/300$。

因為在這個市場有 300 家相同的廠商，短期市場供給曲線為 $300s(P)$。短期市場均衡發生在市場供給等於需求，或 $300(P/300) = 60 -$

P。求解 P，我們可以求得均衡價格是每單位 $P = \$30$。

類似習題：9.7、9.8、9.9、9.10、9.11 和 9.12。

短期均衡的比較靜態分析

圖 9.8(b) 所示的完全競爭均衡看來有些熟悉。我們在第 1 章曾介紹過且在第 2 章做詳細討論。如同這兩章的說明，從事完全競爭均衡的比較靜態分析能夠讓我們清楚瞭解決定市場均衡價格的背後因素。

圖 9.9 所示為一個比較靜態分析的例子。當市場的廠商數目增加時會有什麼影響。更多的廠商加入市場會使短期市場供給曲線向右移動，從 SS_0 移至 SS_1，這表示在任何已知的市場價格下，如每單位 $10，供給量將會增加。因此，廠商數目增加的結果是，價格下跌，均衡數量上升。

圖 9.10 顯示另外一種比較靜態：當市場需求從 D 移至 D' 的衝擊。因為市場需求增加，均衡價格與數量都會上升。

圖 9.10 也指出供給的價格彈性是需求移動引起均衡價格變動幅度的一個重要決定因素。比較圖 (a) 與圖 (b) 發現，若需求曲線移動幅度相同，供給相對無彈性比供給相對有彈性對市場價格的影響愈大。因此，某些產業如油輪的上下起伏至少有一部分可由短期市場供給無彈性來解釋。[13]

圖 9.9 比較靜態分析：增加廠商數目增加

廠商數目增加會使短期供給曲線右移，從 SS_0 右移至 SS_1。這表示在任一市場價格，右移使市場價格下跌，均衡數量上升。

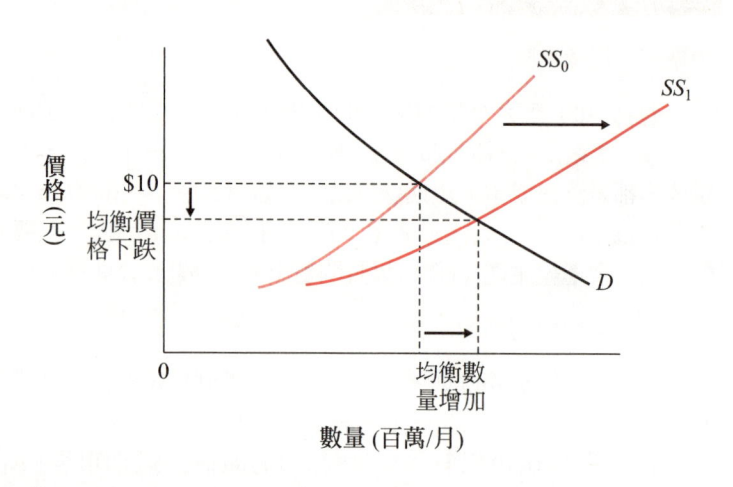

---

[13] 我們將在下一節，長期競爭均衡，詳細討論油輪的例子。

(a) 需求移動的影響；供給相對有彈性

(b) 需求移動的影響；供給相對無彈性

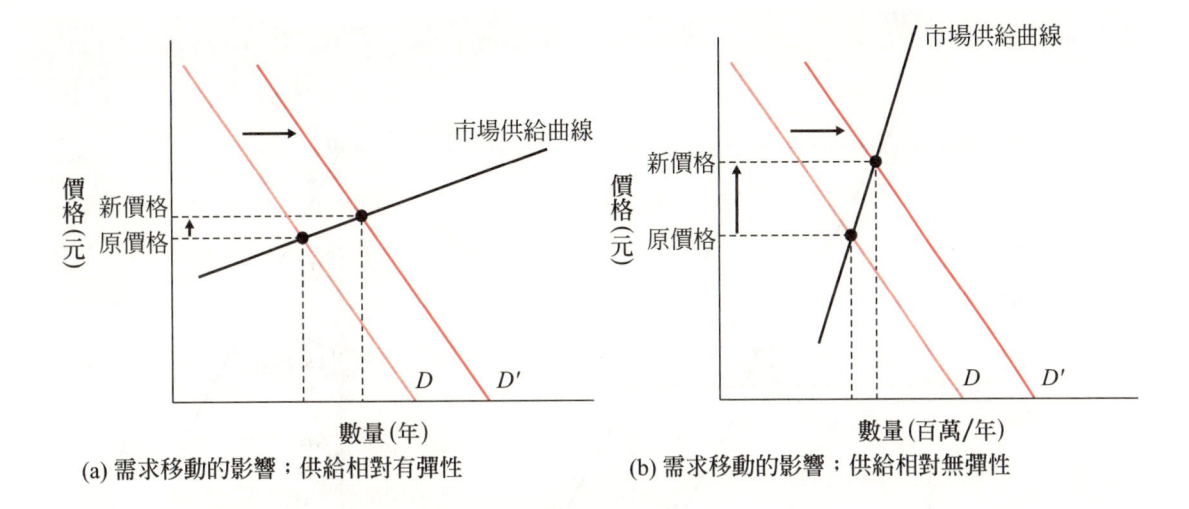

圖 9.10　需求移動對價格的衝擊取決於供給的價格彈性

在圖 (a)，供給是相對有彈性，需求移動對價格影響有限。在圖 (b)，供給是相對無彈性，需求移動相同的幅度對市場均衡價格有顯著的衝擊。

範例 9.5

種植完全競爭玫瑰

圖 9.11 所示為美國在 1991、1992 和 1993 年不同的四個月份：五月、八月、十一月及一月的最後兩週及二月的前兩週，長莖紅玫瑰的批發價格與數量圖形。[14] 這些是 1990 年代初，中尾花卉及其競爭者計畫生產決策所面臨的市場價格。

美國玫瑰花市場需求在一年內的變化是相當固定的。其在七月到十二月的需求量最低，因為在這段期間並沒有以玫瑰花為主要禮物訴求的假日。因為情人節，在一月份的最後兩週和二月份的前兩週其需求達到最高。最後，從四月到六月間因為母親節 (五月中)，且由於婚禮多集中在五月和六月。在圖 9.11，D_{AN} 是八月和十一月的需求曲線，這是需求最低的期間；D_{JF} 是一月底二月初當需求達高峰時的需求曲線；而 D_M 是五月當需求介於其間的需求曲線。

在 1991－1993 年間，供給狀況相當穩定，我們可以利用簡單輕鬆的數學來確認新鮮玫瑰的短期市場供給曲線——亦即，我們利用各年之間需求的移動畫出供給曲線。如圖 9.11 所示，玫瑰的價格在每月數量達到 450 萬朵之前是完全有彈性的，價格為每枝 $0.22。換言之，在這個價格下，玫瑰花農願意供給任何數量的玫瑰。但是在情人節之前，必須超過這個價格，才會誘使花農提供更多數量的新鮮紅玫瑰。

尤其是在情人節前一個月，價格與數量 (平均) 是 $0.55 及 890 萬朵玫瑰。當玫瑰花每個月

---

[14] 資料是取自 "Fresh Cut Roses from Colombia and Ecuador," Publication 2766, International Trade Commission (March 1994) 的表 12 與 17。圖 9.11 是美國與哥倫比亞玫瑰花的加權平均價格。這些價格已經反映在 1991－1993 年間，哥倫比亞貨幣，披索貶值，並反映美國玫瑰花相對哥倫比亞玫瑰花"品質優異"的部分。上述參考文獻每季都報告數量資料。圖 9.11 的月資料是根據哥倫比亞進口玫瑰的季節變動型態求得。

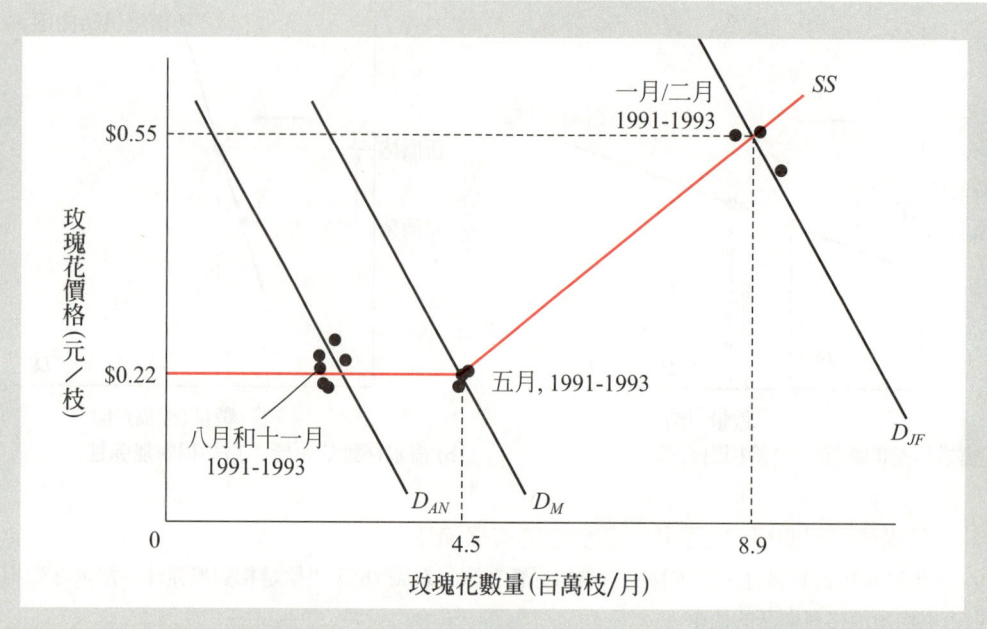

圖 9.11　玫瑰花的短期供給曲線

D_{AN} 是 8 月和 11 月的需求曲線，D_M 是 5 月的需求曲線；和 D_{SF} 是情人節前 1 月到 2 月的需求曲線。在每個月數量是 450 萬朵玫瑰花數量之前，短期供給曲線 SS 是水平的 (完全有彈性)。超過這個數量，供給會增加 (曲線是正斜率的)。

數量介於 450 萬與 890 萬之間，供給曲線的斜率估計為：

$$\frac{\Delta Q^s}{\Delta P} = \frac{(8.9-4.5)}{(55-22)} = 0.1333$$

亦即，價格每上漲 1%，每個月供給數量會增加 13 萬 3 千 3 百朵玫瑰。我們可以利用這個數字計算情人節前一個月，新鮮玫瑰花的供給價格彈性：$\epsilon_{Q^s, P} = 0.1333 \times (55/8.9) = 0.82$。亦即，在情人節前夕，玫瑰花價格每上漲 1%，玫瑰供給數量就會以 0.82% 增加。因此玫瑰花的短期市場供給是相對無價格彈性。

範例 9.6

為何電力價格飆漲：Nord Pool [15]

美國與西歐電力市場解除管制的一個副產品是區域能源交易市場的建立，為電力能夠自由

---

[15] 這個例子是取自 "Nordic Electricity Embraces the Power of the Market," *Financial Times* (January 18, 2000), p.24.

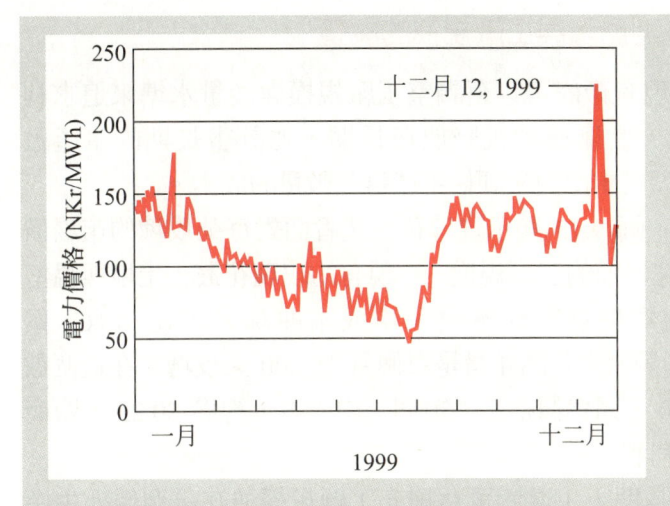

圖 9.12　Nord Pool 交易所的電力價格，1999 年

在 1999 年 1 月到 12 月間 Nord Pool 能源交易所的電力價格。在 12 月初，因斯堪地那維亞半島的嚴寒，使電力價格達於高峰。來源：*Financial Times* (January 18, 2000), p.24。

買賣的市場。Nord Pool 是電力商品交易場所，包含四個國家：瑞典、挪威、芬蘭及丹麥。事實上，它是世界上唯一一個多國電力交易場所，且被視為電力競爭市場的模型。如同任何的競爭市場，Nord Pool 交易所的電力價格是由市場供給與需求共同決定。

圖 9.12 是 Nord Pool 交易所在 1999 年的平均電力價格，電力為每小時兆瓦 (MWh)/挪威克朗 (NKr)。這個圖形令人驚訝的是電力價格在一年當中波動相當頻繁。例如，在十二月初，斯堪地那維亞地區經歷前所未有的嚴寒，當消費者盡力地使用暖爐來溫暖辦公室與自己的住處，使電力需求大幅提高。需求大幅提高的結果，使電力價格，通常每兆瓦小時介於 100 到 150 NKr（每兆瓦小時約 $12.5 到 $18.50），上升至每兆瓦小時超過 200 NKr。

Nord Pool 電力價格在 1999 年十二月初上漲如此劇烈的原因是短期電力供給價格彈性相當地低。在正常使用量下，電力產能已經完全地利用，電廠生產額外電力必須使用後備機組，這些運轉成本要高過平常許多。Euron Nordic Energy (電廠) 副總裁 Thor Lien 解釋為了應付非常時期："一天讓發電機組營運二到四小時，成本是非常昂貴的"。雖然他並不是以經濟術語表示，副總裁 Lien 認為，一旦產能已經完全利用，電力生產者的短期邊際成本會變得異常陡峭。如同我們剛才的討論，陡峭的短期邊際成本曲線意謂短期市場供給曲線是相對無彈性。我們知道，當市場供給是相對無價格彈性，即使是需求微幅改變，也會引起市場價格大幅改變。1999 年十二月 Nord Pool 的電力價格正好能夠適當地說明競爭市場中供給與需求的比較靜態分析。

9.4 市場價格如何決定：長期市場均衡

在短期，廠商是在固定工廠規模下生產，且廠商的數目不會改變。因此，短期完全競爭廠商可以有正的經濟利潤或負的經濟利潤。反之，在長期，現有廠商可以調整其工廠規模且甚至可以退出市場。此外，新廠商可以加入這個產業。在長期，這些因素會使廠商的經濟利潤為零。

現有廠商的長期產量與工廠規模的調整

在長期，現有廠商可以藉調整工廠規模與產量水準來追求利潤最大。因此，當廠商的視野放在長期，並計畫長期的生產數量，它會以長期成本函數來評估生產這些數量的成本。

為了說明，圖 9.13 顯示玫瑰花生產者面對每朵玫瑰的市場價格為 $0.40。在目前的工廠規模——現有的玫瑰花叢，土地與溫室面積——廠商短期邊際成本與平均成本曲線分別是 SAC_0 與 SMC_0。短期利潤極大化的產量是每個月 18,000 朵玫瑰。在這個數量及價格 $0.40，因為價格超過短期平均成本，約為 $0.22，廠商享有正的經濟利潤。

然而，在長期，生產者可藉擴充工廠規模並在這個規模生產更多的玫瑰來增加利潤。圖 9.13 顯示追求長期利潤最大化產出的

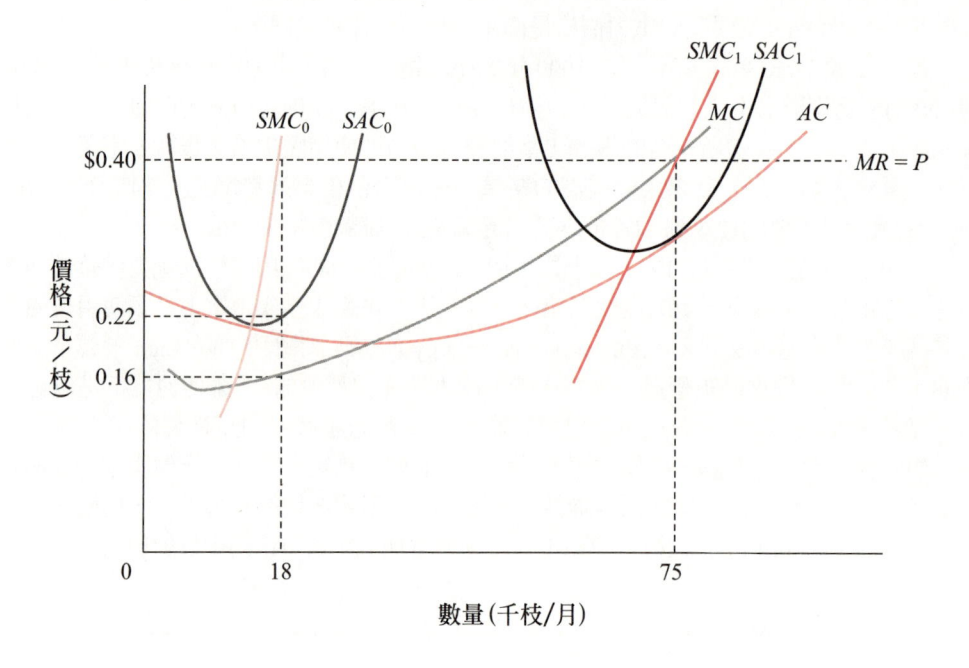

圖 9.13　價格接受廠商的長期產量與工廠規模調整

玫瑰生產者預期的市場價格是 $0.40。現有工廠規模的成本曲線是 SAC_0 與 SMC_0，追求利潤最大，每個月廠商會生產 18,000 朵玫瑰花。在長期要追求利潤最大，它會擴充產量至每個月 75,000 朵玫瑰花，這是價格等於長期邊際成本的地方。要生產這個商品數量，廠商會擴充其工廠規模至成本最低水準。相對應於這個工廠規模的成本曲線是 SAC_1 與 SMC_1 (長期平均成本曲線 AC 可用來與圖 9.14 比較)。

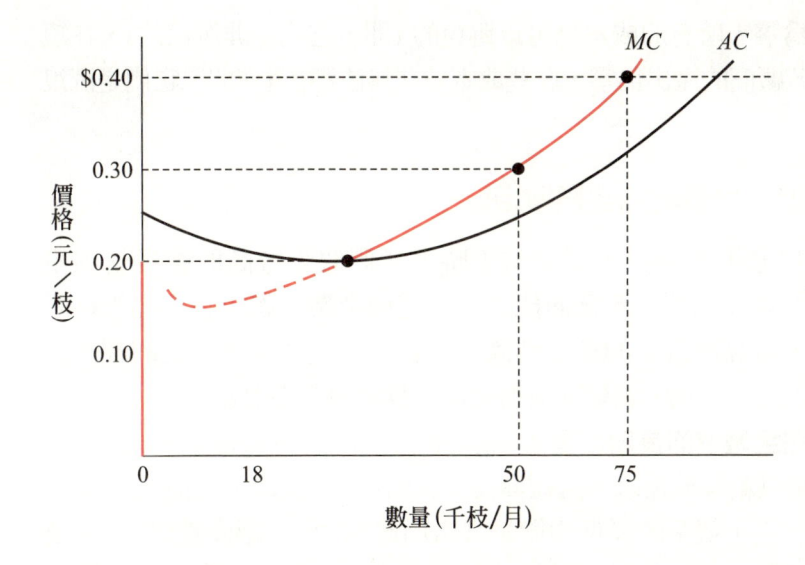

圖 9.14 廠商長期供給曲線
當價格高於長期平均成本最低水準 (約 $0.20) 時，廠商長期供給曲線與長期邊際成本曲線重疊。當價格低於長期平均成本最低水準時，廠商的供給曲線是一垂直尖釘與縱軸重疊。

玫瑰花農預期市場價格上升至每朵 $0.4。[16] 利潤最大化產量 (每月 75,000 朵玫瑰) 是在長期邊際成本等於價格 ($MC = P$，如圖 9.13 所示)。要生產這個數量，廠商的工廠規模是成本最小的產出水準的規模。

廠商長期供給曲線

前面的分析建議廠商的長期供給曲線是其長期邊際成本曲線。這幾乎是正確的。就價格高於長期平均成本最低水準而言 (每朵玫瑰 $0.20，如圖 9.14 所示)，廠商的長期供給曲線與長期邊際成本曲線一致。然而，就價格低於長期平均成本最低水準，廠商不會生產任何產出，其長期供給曲線為一垂直尖釘與縱軸重疊 (代表產出為零)。理由是價格低於長期平均成本，即使調整所有投入以極小成本，仍賺取負的經濟利潤。若廠商預期價格仍維持現行水準，最好的反應方式是退出產業。

建構廠商長期供給曲線的邏輯與建構廠商短期供給曲線的邏輯類似。在兩種情形下，若廠商生產正的商品數量，廠商都是在價格等於邊際成本處生產。在兩種情形下，我們也會問，若選擇不生產是否可以避免成本的損失。兩者的差別是長期若廠商生產

---

[16]. 這個分析假設在長期玫瑰花農面對不變的市場價格，事實上，玫瑰花市場價格可能波動。因此，玫瑰花農長期利潤最大的問題更加複雜。這種複雜問題的分析已超過本書的範圍。

數量為零,所有的成本是可以避免的 (即,它們是非沉沒的),在短期,若廠商的產出為零,有些成本並非無法避免 (亦即,它們是沉沒的)。

自由進入與長期完全競爭均衡

在分析短期完全競爭均衡時,我們假設廠商的數目是固定的。但是在長期,新廠商能夠進入這個產業。如果在市場價格固定下,廠商賺取正的經濟利潤,它會加入這個產業。正的經濟利潤代表加入市場的新廠商有機會能夠為股東創造財富。

完全競爭的長期均衡 (long-run perfectly competitive equilibrium) 是供給等於需求,且廠商沒有誘因加入或退出這個產業。具體而言,完全競爭的長期均衡是當市場價格 P^*,廠商數目 n^*,及廠商產量 Q^* 時,會滿足以下的三個條件:

> **完全競爭長期的均衡**
> 市場供給與需求決定的均衡價格數量,現有廠商沒有誘因退出產業,潛在廠商沒有誘因加入產業。

1. 每家廠商選擇工廠規模與產量水準,使長期利潤達於極大。在價格 P^* 固定下,現有廠商會選擇最適商品生產數量使利潤最大,並選擇最適工廠規模,使成本最小。這個條件隱含廠商長期邊際成本等於市場價格,或 $P^* = MC(Q^*)$

2. 每家廠商的經濟利潤等於零。在價格 P^* 固定下,潛在廠商無法藉加入這個產業而獲取正的利潤。此外,現有廠商不會在這個產業賺取負的經濟利潤,這個條件隱含廠商長期平均成本等於市場價格,或 $P^* = AC(Q^*)$

3. 市場需求等於市場供給。在價格是 P^* 時,市場需求等於市場供給,則廠商數目是 n^*,個別廠商生產數量是 Q^*。這隱含 $D(P^*) = n^*Q^*$,或相當於 $n^* = D(P^*)/Q^*$。

圖 9.15 是以圖形說明這些條件。(圖上的數據係對應邊做邊學習題 9.4。) 因為均衡市場價格同時等於長期邊際成本與長期平均成本。每一家廠商會在長期平均成本的最低點生產。若長期平均成本的最低產量水準是在 Q^*,則廠商是在最小效率規模處生產,如圖 9.15 所示。供給與需求相等的條件隱含廠商最適數目等於市場需求除以最小效率規模產量。

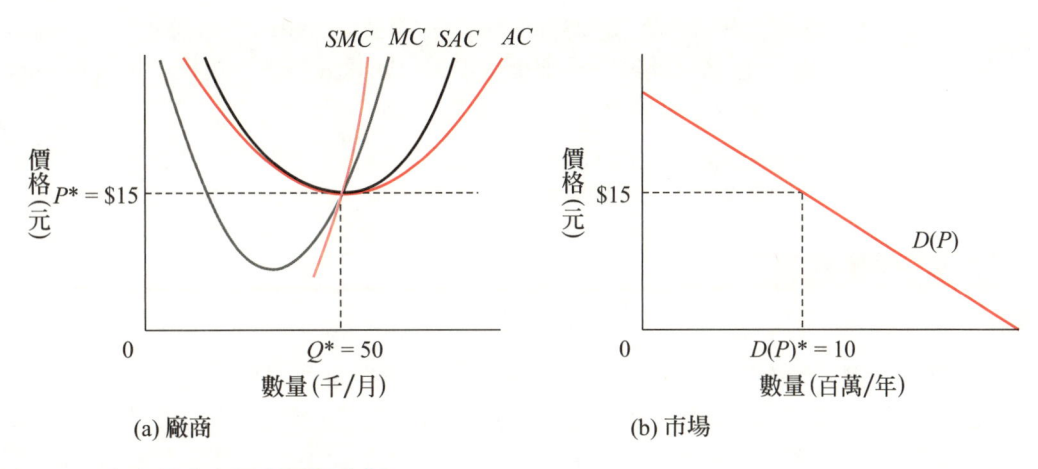

圖 9.15 完全競爭市場的長期均衡

長期均衡價格 P^* 等於長期平均成本的最低水準，在此是每單位 \$15。每一家廠商生產的商品數量 Q^* 等於最小效率規模的產量，在此為 50,000 單位。均衡市場需求數量是 1 千萬個單位。最適廠商數目是 50,000 ($n^* = D(P^*)/Q^* = 10,000,000/50,000 = 200$)。

邊做邊學習題 9.4

計算長期均衡

問題 在完全競爭市場，每一家廠商與潛在競爭者的長期平均成本曲線是 $AC(Q) = 40 - Q + 0.01Q^2$，長期邊際成本曲線是 $MC(Q) = 40 - 2Q + 0.03Q^2$，其中 Q 的單位是千/年。市場需求曲線是 $D(P) = 25,000 - 1,000P$，其中 $D(P)$ 的單位也是千/年。請求出長期均衡價格，每一個廠商的生產數量以及最適廠商家數。

解答 令星號 * 號表均衡值。長期競爭均衡必須滿足下列三條方程式。

$$P^* = MC(Q^*) = 40 - 2Q^* + 0.03(Q^*)^2 \text{ (利潤極大化)}$$
$$P^* = AC(Q^*) = 40 - Q^* + 0.01(Q^*)^2 \text{ (零利潤)}$$
$$n^* = \frac{D(P^*)}{Q^*} = \frac{25,000 - 1,000P^*}{Q^*} \text{ (供給等於需求)}$$

將前兩式聯合求解，我們可以得到每家廠商的均衡產量 Q^*：

$$40 - 2Q^* + 0.03(Q^*)^2 = 40 - Q^* + 0.01(Q^*)^2\text{，或}$$

$Q^* = 50$。因此，每一家廠商在均衡時，每年會生產 50,000 個單位。將 $Q^* = 50$ 代入平均或邊際成本函數，可以得到平均成本最低水準和均衡價格 P^*：$P^* = 40 - 50 + 0.01(50)^2 = 15$。每單位均衡價格是 \$15，同時也是平均成本的最低水準。將 P^* 代入需求函數，可以求出均衡市場需求數量。這是 25,000 － 1,000(15)＝ 10,000，或每年 1 千萬個單位。最適廠商家數爲均衡市場需求除以最小效率規模：10,000,000/50,000 ＝ 200 廠商。

類似問題：9.17 和 9.18

範例 9.7

網際網路存取的正確數目 [17]

你如何使用網際網路存取資訊？你可能是透過學校的電腦中心。或者，像數以百萬計的美國人，透過網際網路提供者或 ISP。ISP 是一家能夠讓你透過電話線路上網的公司。大公司如 AOL 和 AT&T，都有網路存取服務，但是有些你沒有聽過的公司，如 New Visions, Inc 與 Whole Earth 'Lectronic Link 也提供網路存取服務。

完全競爭理論告訴我們，當市場可以自由進入時，廠商的數目可以由市場需求與最小效率規模間的關係來決定。就一固定的最小效率規模而言，市場需求愈大，長期均衡的廠商最適家數愈多。

ISP 市場可以說明這點。ISP 市場的特性是自由進入。要成為一個 ISP 提供者，廠商需要數據機、伺服器，及網路連線。在 1994 年，當網際網路與全球資訊服務網初為人所知時，幾乎沒有 ISP 的存在。到 1998 年春天，美國有超過 6,000 ISP 業者提供網路存取服務。

因為大多數上網者喜歡以當地電話而非長途電話來連接網際網路，加上許多 ISP 屬當地業者而非全國連鎖經營，網路存取市場侷限於一個郡或一大都市的範圍。一般而言，我們可以預期本地市場人口愈多，網際網路存取的需求就愈大。若 ISP 市場符合圖 9.15 所描述的完全競爭市場理論，我們可以預期到本地市場人口數與 ISP 業者家數的正向關係。

如表 9.5 所示，這是我們看到的事實。有 1 到 5 個 ISP 的市場，平均人口是 74,000 人。(通常，這些市場都遠離大都會區，如蒙大拿州與內華達州；在美國本土有 3,110 個提供上網服

表 9.5　ISP 的數目與市場大小，1998*

ISP 數目	平均市場大小(人口)
1 到 5	74,000
6 到 10	110,000
11 到 15	160,000
16 到 20	200,000
21 以上	943,000

來源：取自 Downes 和 Greenstein (1999) 的表 12.2。

---

[17] 這個例子取自 Thomas A. Downes and Shane M. Greenstein, "Do Commercial ISPs Provide Universal Access?" in S. E. Gillett and I. Vogelsang, eds., *Competition, Regulation, and Convergence: Current Trends in Telecommunications Policy Research* (Mahwah, NJ: Lawrence Erlbaum Associates, 1999).

務的當地市場，約有 700 個市場規模是 1 到 5 個 ISP 業者。) 相反地，擁有 21 個或以上 ISP 業者的 1,293 個當地市場 (這些市場包括美國最主要的城市)，其平均人口有 943,000 人。市場規模與 ISP 業者家數的正向關係，正是完全競爭模型所預測的。

長期市場供給曲線

在短期競爭均衡的分析中，均衡價格是由市場需求曲線與短期市場供給曲線的交點所決定。在本節，我們會看到相同的方式來敘述長期均衡：由市場需求曲線與**長期市場供給曲線** (long-run marketsupply curve) 交點所決定。(在本節我們做的假設與短期供給曲線的假設相同——產業的產出變動不會影響生產因素價格。在下一節，我們將看到假設不成立時，如何推導長期供給曲線。)

長期市場供給曲線告訴我們，假設所有長期調整都發生的情形下 (如工廠規模及新廠商加入市場)，在不同市場價格，廠商願意供給的商品總數量。然而，長期市場供給曲線的導出過程不同於短期市場供給曲線的導出過程，個別廠商供給曲線的水平加總。這是因為相對於短期在長期，市場供給隨著廠商進出市場而變動；因此，並沒有固定數目的個別廠商供給曲線可供水平加總。

圖 9.16 顯示如何建構長期市場供給曲線。假設市場一開始是處於長期均衡，價格是 $15。在此價格，每一家廠商會在最小效率規模處生產，每年產量是 50,000 個單位，最適廠商數目是 200 家，所以市場供給量等於每年 1 千萬個單位 (當然，需求量也是每年 1 千萬單位，因為市場是處於均衡狀態)。圖 9.16(a) 的 A 點代表典型廠商在長期均衡的位置。

現在，假設市場需求增加，從 D_0 移至 D_1，如圖 9.16(b) 所示。同時假設需求移動會持續，所以市場將有一個新的長期均衡點。

在短期，市場有 200 家廠商，均衡價格是 $23，每家廠商追求利潤最大的產量是每年 52,000 單位，市場的總供給量與總需求量是 200 × 52,000 ＝每年 1,040 萬個單位。就個別廠商而言，此情形由圖 9.16(a) 的 B 點來表示；就市場而言，是由圖 9.16(b) 的短期供給曲線 SS_0 與新需求曲線 D_1 的交點表示。

在價格是 $23 時，每 200 家廠商賺取正的經濟利潤，為圖 9.16(a) 的陰影面積。正的經濟利潤會吸引新廠商加入，使短期供

長期市場供給曲線
在所有調整 (工廠規模，新加入者) 都發生的情形下，顯示市場在不同價格下願意供給商品數量的曲線。

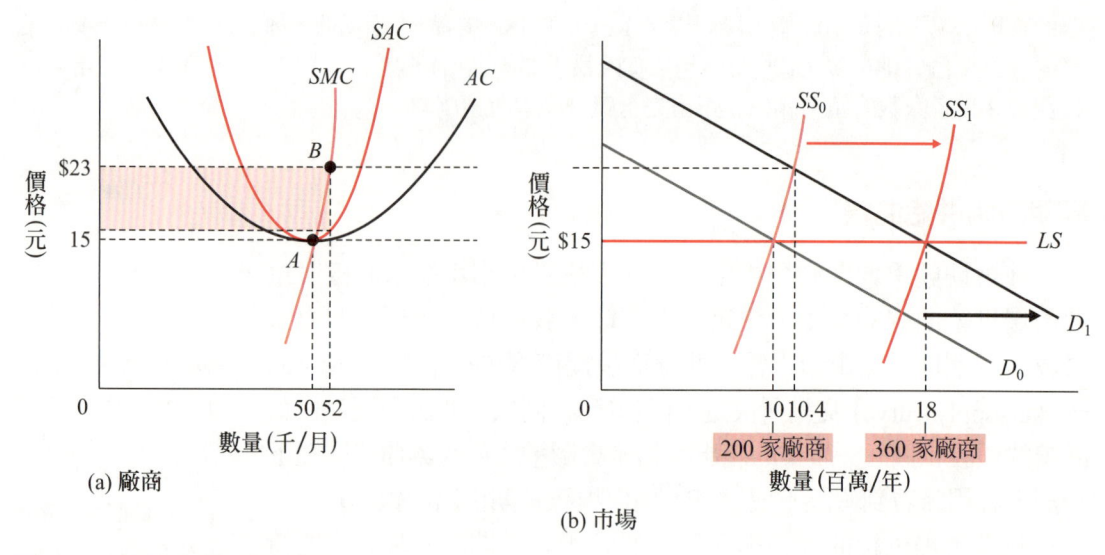

圖 9.16　長期產業供給曲線

產業最初長期均衡價格是每單位 $15。200 家相同廠商，每家生產最小效率規模產量每年 50,000 單位，如圖 (a) 的 A 點所示；因此市場總供給是每年 1 千萬單位 (50,000 × 200 = 1 千萬)。是圖 (b) 的長期供給 LS 與需求曲線 D_0 交點的交點。若需求從 D_0 右移至 D_1，短期均衡價格是 $23，為短期供給 SS_0 與需求曲線 D_1 的交點。在短期，每家廠商在圖 (a) 的 B 點生產 52,000 單位商品，並享有正的經濟利潤，等於陰影面積。賺取利潤的機會誘使新廠商加入，短期供給曲線因此右移，最後至 SS_1。在新的長期均衡，產業現在有 360 家廠商，每一家供給 50,000 單位的商品。長期均衡價格還是 $15，因此，長期供給曲線是一水平線，LS = $15——在長期，所有的市場供給都在此價格提供數量。

給曲線右移。新廠商會持續加入市場直至短期供給曲線移至 SS_1，及價格跌回每單位 $15，如圖 9.16(b) 的 SS_1 和 D_1 的交點所示。在這一點，有 160 家新廠商會進入這個產業，每一家廠商 (新與舊廠商) 追求最大利潤會選擇在最小效率規模生產，每年產量是 50,000 個單位。一旦價格回到 $15，廠商再也沒有誘因進出市場，因為每家廠商的經濟利潤為零。此外，市場也達均衡，因為市場需求在 $15 等於市場總供給 360 × 50,000 ＝每年 1 千 8 百萬個單位的商品。

這個分析指出在長期，一開始完全競爭市場的長期均衡在價格 P，額外的市場需求將在長期由新廠商的加入來滿足。儘管短期均衡價格上升，在長期，新廠商加入的過程將使得均衡價格回到原來的水準。因此，長期供給曲線將是對應長期均衡價格 P 的水平線。在圖 9.16(b) 的 LS 是對應長期平均成本最低水準 $15 的長期市場供給曲線。

範例 9.8

超級油輪市場崩潰時[18]

超級油輪是巨大船隻，用來在國際間運送原油。油輪事業通常被稱為是"世界上最大的撲克賭局"，這個敘述不僅是指進入這個產業所涉及的高風險與高賭注——一艘油輪的造價超過$1億——還包括多彩多姿的人生，如船王歐納西斯與包玉剛，他們因為擁有油輪而累積大量財富。

沒有任何事件能比 1970 年代超級油輪市場的崩潰更能說明油輪事業財富的迅速移轉。圖 9.17 所示為 1973 年到 1976 年間超級油輪運輸服務的現貨價格[19]——委託超級油輪單程運輸的價格。在 1973 年九月，超級油輪航運的現貨價格平均是 W205。但到該年尾，價格重跌至 W50，遠低於超級油輪獲取正的經濟利潤的運價比數 (大約是 W80)。自此之後，儘管有些波動，價格持續下跌，直至在 1975 和 1976 年間跌到相當穩定且低的區間 W20－W30。

發生了什麼事？油輪航運服務的需求取決於全球各國對石油的需求，及生產者與消費者之間的距離。在 1960 年代與 1970 年代初，石油需求成長異常旺盛，多數原油來自中東地區。在 1970 年代初，波斯灣地區原油銷售量每年成長接近 10%，且大多數產業分析師預測這種成長

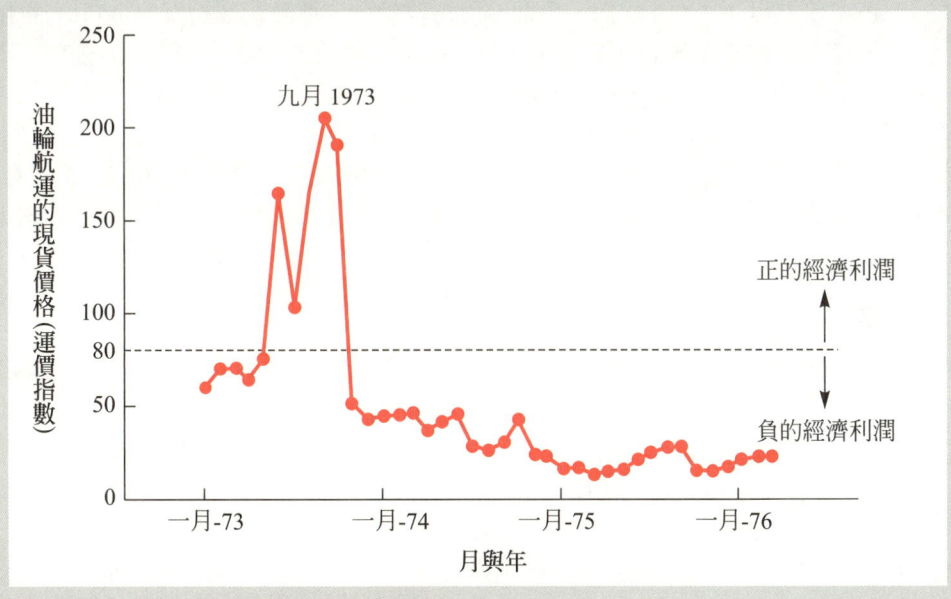

圖 9.17　超級油輪航運服務的現貨價格

來源："*Market Conditions and Tanker Economics* (London:H.P. Drewry, 1976)," 第 14 頁表 2。

---

[18] 此例取自不同的文章，包括 "The Oil Tanker Shipping Industry," Harvard Business School Case 9-379-086；"The Oil Tanker Shipping Industry in 1983," Harvard Business School Case 9-384-035；R. Thomas, "Perfect Competition Among Supertankers:Free Enterprise's Greatest Mistake," Chapter 14 in *Microeconomic Applications* (Cincinnati, OH:South-Western, 1981); and *Market Conditions and Tanker Economics* (London:H. P. Drewry, 1976)。

[19] 價格衡量的單位稱為運價指數 (簡稱 W)。 WS 指數的制定依據是以正常情況下一艘標準船隻的航運服務來計算。

圖 9.18　油輪市場的崩潰，1973-1975

1973 年初秋，油輪服務的需求曲線是 D_0。短期供給曲線是 SS_0，而價格是由兩條線的交點決定 (高於長期供給曲線 LS 所決定的長期均衡價格)。然後油輪航運服務的需求左移至 D_1，接下來，短期供給曲線右移至 SS_1，到了 1975 年價格跌得更深跌至 D_1 和 SS_1 相較的水準。

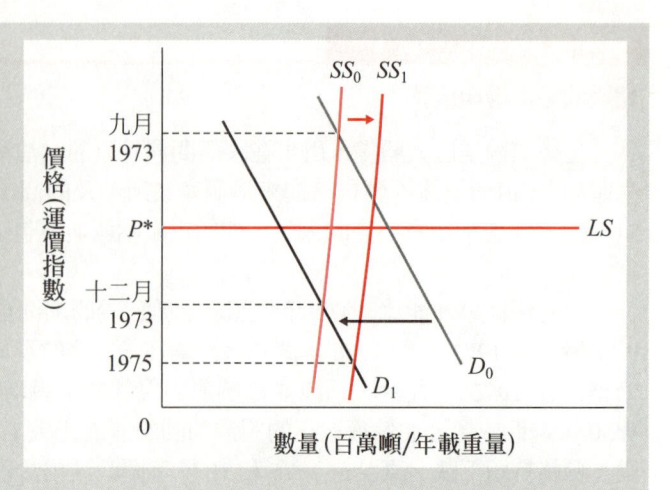

還會持續。在 1973 年的前九個月，石油需求和對油輪需求成長特別強勁。這說明 1973 年夏季原油價格大漲的原因。圖 9.18 說明價格上漲是因為需求移動與產業短期供給曲線 SS_0 相交，所決定的短期均衡的結果。

在 1960 年代末與 1970 年代初，預期油價持續攀升，導致船商投資建造新的油輪。到 1973 年，第一超級油輪首航後的 6 年，全球有將近 400 艘超級油輪，且有 500 艘的訂單預備建造。若市場需求面如預期般能夠實現，油輪總噸數的增加會使市場價格趨向長期市場均衡價格 P^*，超級油輪的經濟利潤為零 (如圖 9.18 的長期供給曲線 LS)。

但需求條件並不如預期。在 1973 年 10 月，以色列與阿拉伯國家開戰，稍後，石油輸出國家組織 (OPEC) 採取對美國石油禁運措施。石油價格巨幅攀升，OPEC 對美國的原油出口驟降。在 1973 年 9 月對油輪航運服務的迫切需求，到了 1973 年 12 月突然全部消失。圖 9.18 以需求曲線左移，從 D_0 移至 D_1 來說明這種現象。在供給曲線為 SS_0 時，油輪航運服務的價格遠低於長期均衡價格 P^*。

1973 年價格的上漲以及該年稍後價格的下跌，波動幅度異常劇烈，是因為超級油輪的短期供給是無彈性的。供給無彈性是因為短期輪船公司面臨有限的選擇來調整其航運量：他們可以藉讓船開得快些或慢些來增加供給或減少供給，但這種策略的效果有限。船商也可以將油輪"束之高閣"稍後再行使用或是以廢船出售。束之高閣的代價很高，且以廢船出售是不可行的，所以除非價格持續低迷，否則這兩種作法都不可行。此外，超級油輪沒有其它用途。特別是，船公司無法將油輪從運送石油改裝，如運送穀類。這些事實隱含短期供給曲線，如 SS_0，在相當大的價格範圍內是接近垂直的。

石油禁運最後宣告解除，但是油輪航運服務的需求在 1974 和 1975 年間依然低靡不振。OPEC 生產的原油價格依舊居高不下，且西方國家，如美國，減少石油消費使需求降低。油輪的壽命可持續很久 (通常是 20 年)，所以在退休前能夠搭載大量貨物。事實上，在 1974 年和 1975 年，當 1970 年代初期下訂的超級油輪開始服務以後，圖 9.18 的短期供給曲線的確往右移動至 SS_1。例如，在 1974 年儘管油輪運價的空前新低，全球油輪總噸數依然增加 18%。這加速價格的下跌。

最後，油輪供給確有調整。在 1977 與 1978 年，超過 2 千萬公噸的油輪以廢船出售。此外，有一半的超級油輪訂單被取消，讓輪船公司損失數百萬美元的訂金與取消訂單的費用。油輪噸數的降低加上原油需求逐漸提高，使油輪運價在 1970 年代末緩步攀升。但是，產業仍然花費超過 10 年的時間來彌補因為 1973 年秋季油輪運價崩跌所造成的損失。

固定成本、遞增成本及遞減成本產業

固定成本產業

在前一節，當我們建構長期供給曲線時是假設新廠商加入，產業產量的擴充並不會影響到生產因素的價格 (如，勞動、原料及資本價格)。結果，當新廠商進入產業，生產者的成本曲線不會移動。這樣的假設是當完全競爭產業對特定生產因素的需求僅占所有產業對該生產因素總需求一小部分。在這種情況下，提高或降低產業對特定生產因素使用量，並不會影響其市場價格。例如，玫瑰花農使用大量的天然氣及其它燃料來加熱溫室。但是其它許多產業也使用這些燃料。因為如此，玫瑰花產量的增加或減少——玫瑰花對燃料需求也有增減——不太可能造成燃料需求太大衝擊，且也不太可能顯著改變燃料的市場價格。

當產業商品數量變動不會影響生產因素價格時，我們有**固定成本產業** (constant-cost industry)，如圖 9.16 描繪的產業是屬於固定成本產業。("固定成本"不等於"固定規模報酬"，如在第 8 章所學的長期平均成本函數是水平直線。圖 9.16 所示為即使廠商不具固定規模報酬，仍然屬於固定成本產業。相反地，廠商能夠有固定規模報酬，但不必然屬於固定成本產業。)

固定成本產業
增加或減少產業產出並不會影響生產因素價格的產業。

遞增成本產業

當產業擴充產量而導致生產因素價格上漲，我們有**遞增成本產業** (increasing-cost industry)。如果廠商使用**產業特屬生產因素** (industry-specific inputs)——只有廠商使用的生產因素產業的成本可能增加。例如，玫瑰花商，如中尾花卉，雇用精通種植玫瑰花的工人專門負責種植玫瑰花，決定肥料與殺蟲劑劑量，計畫收成時間，及培育新品種。精通玫瑰花的工人是很難找到的，那些具有良好的聲譽的師傅更是大家追逐的對象。

圖 9.19 說明遞增成本產業的均衡調整過程。如圖 9.16，假設

遞增成本產業
增加產業產出會提高生產因素價格的產業。

產業特屬生產因素
稀少性生產因素只會被特定產業的廠商雇用而不會被經濟體系其它產業所雇用。

(a) 廠商　　　　　　　　　　　　　(b) 市場

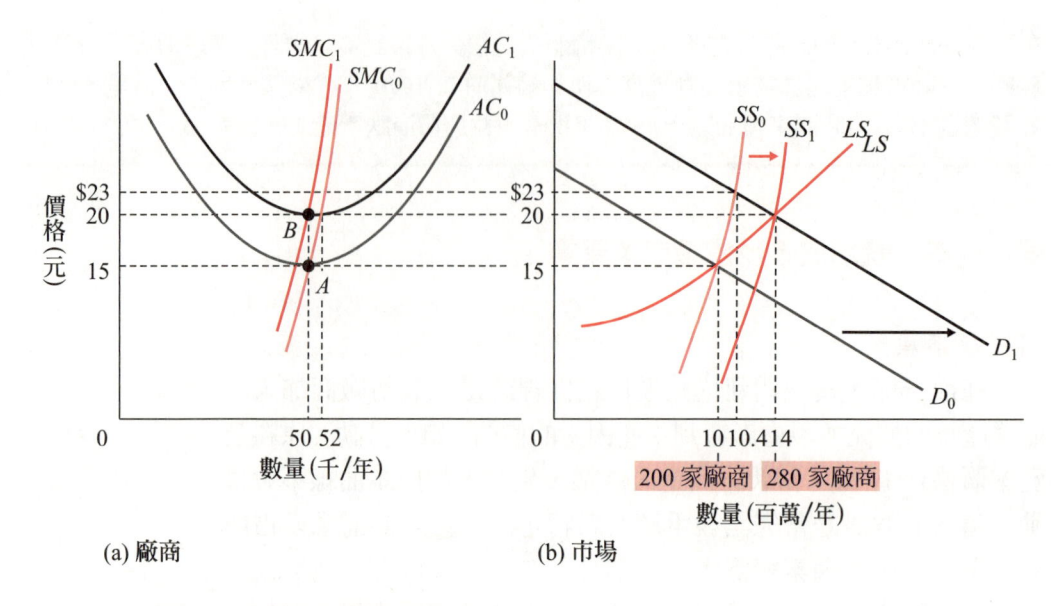

圖 9.19　遞增成本產業的長期供給曲線

假設產業一開始處於長期均衡，價格是 $15。200 家相同廠商，各自在最小效率規模生產，商品數量是每年 50,000 單位，如圖 (a) 的 A 點所示。因此，總市場總供給是每年 1 千萬單位 (50,000 × 200 = 1 千萬)，是圖 (b) 起初需求曲線 D_0 和長期供給曲線 LS 的交點。假設需求增加，需求曲線從 D_0 右移至 D_1。短期均衡價格是 $23，由短期供給曲線 SS_0 與需求 D_1 決定。在短期，每家廠商在圖 (a) 的 B 點，生產 52,000 單位商品並賺取正的利潤。賺取正利潤的機會會使新廠商加入，短期供給曲線因此右移，最後成為 SS_1。當新廠商加入，產業特屬生產因素價格上升，使短期與長期成本曲線往上移如圖 (a) 所示。特別地是，長期平均成本的最低水準由 $15 增加至每單位 $20，在新的長期均衡，產業內有 280 家廠商，每一家各生產 50,000 單位的商品。長期均衡價格是 $20。長期產業供給曲線是正斜率的曲線 LS。

一開始的情形相同。產業一開始的長期均衡價格是 $15，產業中有 200 家廠商，每家生產 50,000 單位的商品 [各家廠商在圖 9.19(a) 的 A 點]。假設市場需求曲線 D_0 右移至 D_1。如圖 9.19(b) 所示。假設沒有新廠商加入，且生產因素價格沒有改變，短期供給曲線是 SS_0。短期均衡價格是 $23，由 D_1 與最初的短期供給曲線 SS_0 的交點決定。在這個價格，經濟利潤為正，吸引新廠商加入，因此使短期供給曲線右移。到目前為止，我們的分析與圖 9.16 相同。

但是現在，當新廠商加入使產業產量擴增時，產業專屬生產因素價格 (如技術精良的師傅) 開始上漲 (例如，當新的玫瑰生產者開始以高薪吸引精通種植玫瑰花的師傅跳槽，他們的薪水會上漲)。生產因素價格上漲會使廠商長期與短期成本函數向上移動，如圖 9.19(a) 所示。[20] [圖 9.19(a) 畫出成本曲線上移且最小效率規模每年 50,000 單位並未改變，如圖 B 點所示，但一般而言，廠商的最小效率規模會隨著生產因素價格改變而改變。新的短期市場供給曲線 SS_1 是發生在所有新廠商已經加入 (280 家廠商) 且生產因素價格在新 (更高) 的水準。新均衡價格是 $20，而市場交易量是每年 1 千 4 百萬單位。短期供給曲線是在廠商數目和生產因素價格固定下所繪出，而長期供給曲線 LS 是考慮新廠商加入與生產因素價格不變下所繪出。

當價格跌至廠商經濟利潤為零時，調整過程便會停止。這時均衡價格是 $20 是新短期供給曲線 SS_1 和新需求曲線的交點。這個價格等於新的長期平均成本 AC_1 最低水準。產業商品數量每年從 1 千萬增加至 1 千 4 百萬。由於每家廠商生產最小效率規模為 50,000 單位，最適廠商家數是 14,000,000/50,000 = 280。因此，會有額外 80 家廠商進入產業。

遞增成本產業的長期市場供給曲線是正斜率，如圖 9.19(b) 的 LS 曲線。正斜率市場供給曲線告訴我們，有必要讓商品價格上升以誘使廠商在長期增加供給數量。價格的上升能夠彌補產業產量提高，導致長期平均成本最低水準上升的費用增加，使生產因素價格上升。

遞減成本產業

產量提高在某些情況下會導致生產因素價格下跌。我們有**遞減成本產業** (decreasing-cost industry)。為了說明，假設產業非常依賴一種特殊電腦晶片做為生產因素。當產業對晶片需求上升時，產業可能會以較低價格買進晶片，因為晶片製造商在大量生產時，能以成本較低的生產方法來生產。在遞減成本產業中，每一家廠商的平均與邊際成本會下跌，並非因為廠商有規模經濟，而是因為廠商生產數量提高，使生產因素價格下跌。

遞減成本產業
增加產業產出使某些生產因素價格下跌的產業。

---

[20] 就玫瑰花農只雇用一位精通種植玫瑰的師傅，師傅的薪水將為固定成本。師傅薪水的增加只會影響 AC 曲線而非 SMC 曲線。圖 9.19(a) 是廠商雇用變動生產因素，為該生產因素價格上漲的圖形。變動生產因素價格上升價會使短期邊際成本曲線上移由 SMC_0 移至 SMC_1，如圖 9.19 所示。

(a) 廠商

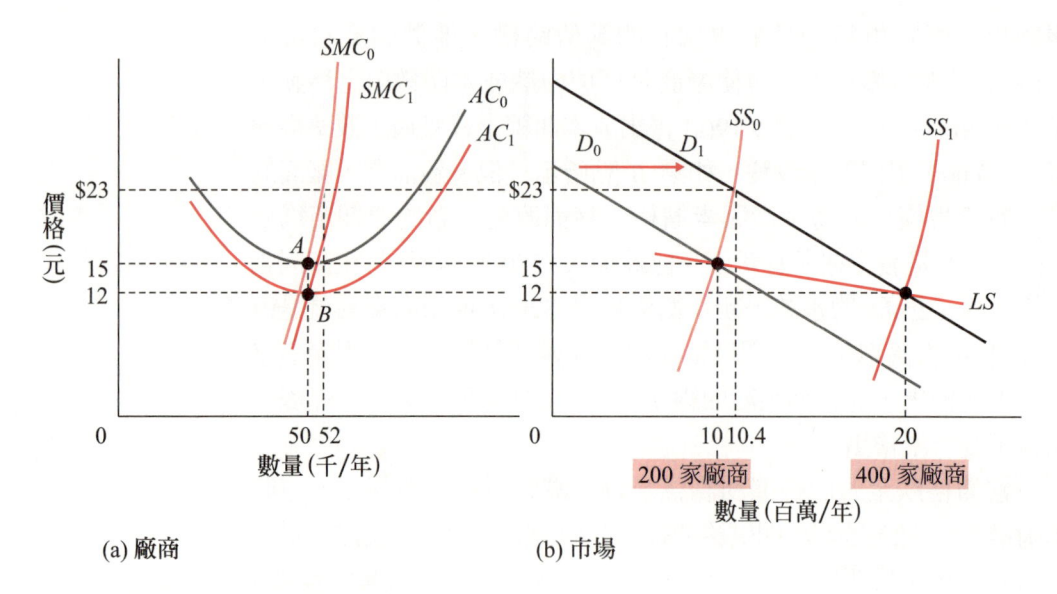

(b) 市場

圖 9.20　遞減成本產業的長期供給曲線

起初，市場包括 200 家相同廠商。在圖 (a) 當市場處於長期均衡價格 $15，廠商每年生產 50,000 單位，和市場總供給為 1 千萬單位，單一廠商均衡在 A 點。當需求增加 (和生產因素價格下跌) 後，每家廠商在 B 點生產，市場處長期均衡，價格是 $12。

在圖 (b)，LS 是長期市場供給曲線。最初均衡是在 LS 和最初需求曲線 D_0 的交點。需求增加使需求曲線從 D_0 移至 D_1。一開始，有 200 家廠商支付起初的生產因素價格，短期市場供給曲線為 SS_0，當額外的 200 家新廠商加入和生產因素價格大跌後，短期供給曲線移至 SS_1。在長期均衡價格是 $12 (在生產因素價格下跌後)，是在 LS 和新需求曲線 D_1 的交點。

圖 9.20 說明在遞減成本產業長期供給曲線 LS 為負斜率。在起初的長期均衡價格 $15，200 家相同廠商，每家每年生產 50,000 單位 [各家廠商在圖 9.20(a) 的 A 點]。一開始，假設沒有新廠商加入且生產因素價格不變，短期供給曲線是 SS_0，若市場需求右移，如圖 9.20(b) 的需求曲線 D_0 到 D_1，短期均衡價格是 $23，在 D_1 和最初短期供給曲線 SS_0 的交點。在此價格下，廠商賺取正的經濟利潤，進入產業的動作開始出現。到目前為止，所有的分析與圖 9.16 和圖 9.19 相同。

然而，透過新加入廠商使產業產出增加時，產業特屬生產因素 (如電腦晶片) 的價格開始下跌，導致各家廠商的短期與長期供給曲線下移，如圖 9.20(a) 所示。(如前述，這個例子假設 AC_0 移至 AC_1，使每家商和最小效率規模仍在每年 50,000 單位，如 B 點所示。) 在新廠商加入和生產因素價格達新 (較低) 水準，新的市場短

期供給曲線 SS_1 有 400 家廠商。新均衡價格是 $12，市場交易數量是每年 2 千萬個單位。長期市場供給曲線是將新廠商加入和生產因素價格改變都考慮進去而繪出 LS；其為負斜率因為在市場生產更多數量時，生產者面對較低的生產因素價格。

完全競爭教導我們什麼樣的功課？

在本節，我們學到自由進入如何影響完全競爭市場長期市場價格的決定。這樣的分析，讓我們看到完全競爭理論的重要意涵：自由進入最終會使經濟利潤為零。這是個體經濟學最重要的觀念之一。它告訴我們當利潤機會存在每一個廠商中間，經濟利潤無法持續許久。這證實企業的箴言"若任何人都能夠做，你就無法賺錢"。完全競爭理論對管理階層的功課是，如果你公司的技術容易被模仿或生產性資源容易被取得，你將自己置於極度風險的環境中。在長期，你的經濟利潤將被稀釋。

範例 9.9

印度的溶劑萃取事業[21]

印度的溶劑萃取事業在 1990 年代初期的事件提供一個遞增成本產業的絕佳範例。溶劑萃取廠商購買油餅——以向日葵、芝麻或芥菜種子壓製而成——並使用己烷溶劑萃取油餅內的油脂。萃取出的油賣給其它廠商，再精煉成食用油，如散花子油或芝麻油，剩下的油餅——稱為去油餅——再賣做餵養牛隻的飼料。

直到 1990 年，印度的萃取溶劑事業是受保護的市場。印度政策嚴格管制產業的進入，並限制產業內廠商的家數。結果，大多數的廠商都賺取正的經濟利潤。

但在 1990 年，印度政府改變政策，開始允許廠商無限制地進入萃取溶劑事業。因為被現有廠商的超額利潤所吸引，許多廠商開始加入這個產業。在 3 年之間，整個產業的總產能增加 60%。

當廠商開始進入，利潤就會下跌。這有兩個原因，第一，當有更多生產者進入市場，產業最終商品(萃取油與去油餅)的價格會下跌。第二，廠商新加入會使重要生產因素價格上漲。當新廠商進入這個市場，油餅的需求——溶劑萃取廠商最主要的原料——上升。廠商間相互競爭，以確保油餅供給無虞。在這段期間，競爭異常慘烈，有些油餅供給業者甚至會與現有溶劑萃取廠商解除契約，以爭取新廠商提供更高的價格，這些新廠商願意以高價獲得油餅的供給。油餅並非是唯一價格上升的生產因素。當更多的廠商進入這個市場，另一個重要的原料，己烷的價格也會上漲。

---

[21] 我們感謝 Amol Patel (1998 年班 MBA，西北大學凱洛格管理學院) 的建議以及對這個範例所做的研究。

> 這個範例說明在遞增成本產業，如印度的溶劑萃取產業，無限制地進入產業會以兩種方式擠壓廠商利潤：新加入者會使最終商品價格下跌，但同時會讓稀少的產業特屬生產因素價格上漲。許多新加入溶劑萃取產業的廠商忽略第二個效果。

9.5 經濟租與生產者剩餘

在前一節，我們學習在價格固定時價格接受廠商如何調整生產決策。我們也探討市場價格是如何被決定的。我們現在想要討論完全競爭廠商與生產因素擁有者 (即，勞動提供者或土地或資本供給者) 如何從經濟活動中獲取利潤。我們將介紹兩個概念說明廠商與生產因素擁有者在完全競爭市場的獲利性：經濟租與生產者剩餘。

經濟租

到目前為止，我們發展的理論是假設所有完全競爭廠商都獲得相同的資源。這反映在我們的假設是現有廠商與潛在廠商皆有相同的長期成本曲線。

但在許多產業，有些廠商能夠獲得不尋常的生產性資源，有些廠商則無法獲得。例如，在玫瑰花產業，數以千計的工人有能力成為精通種植玫瑰的花匠，但是只有技術純熟者才是真正的大師。幸運雇用大師級的玫瑰花商比那些只能雇用一般工人的花商要更有生產力。

經濟租 (economic rent) 衡量供給量有限的不尋常生產性資源所產生的經濟剩餘。具體言之，經濟租等於廠商願意支付給生產因素的最高金額與生產因素**保留價值** (reservation value) 的差額。生產因素保留價值是生產因素擁有者使用生產因素在次佳選擇所能得到的報酬。將此定義以數學式寫出，我們可得：經濟租 $= A - B$，其中

經濟租
供給量有限的不尋常生產因素的經濟報酬。

保留價值
生產因素在次佳選擇使用所得到的報酬。

$A = $ 廠商願意支付給生產因素的最高金額
$B = $ 生產因素擁有使用生產因素在次佳選擇所能夠獲得的報酬

為了要說明這個定義，假設雇用一名傑出玫瑰花匠，廠商願意支付的最高金額——經濟租方程式的 A 項——等於 $105,000。[22] 假

---
[22] 在本節的後面，我們將看到最高願意支付金額是如何決定。

設花匠在玫瑰產業外的次佳選擇是在鬱金香產業幫忙種植，年薪是 $70,000。這是方程式的 B 項。因此，傑出玫瑰花匠的經濟租是每年 $105,000 － $70,000 ＝ $35,000。

經濟租經常與經濟利潤混淆不清。這些概念互有關連但並不相同。為說明二者的差異，讓我們再利用玫瑰花的例子。假設每一個生產玫瑰的花農只需要一名精通種植玫瑰花的花匠。同時假設種植玫瑰花的花匠有兩種：大師與一般師傅。大師級的花匠人數有限──如 20 人，而一般花匠的供給則不虞匱乏。假設兩種型態的玫瑰花匠保留價值是每年 $70,000，並假設所有花匠的年薪正好等於保留價值。

傑出的玫瑰花匠比一般花匠，能用較少的生產因素(勞動、資本、土地、原料) 培育更多的玫瑰。因此，如圖 9.21 所示，相對於雇用一般花匠，玫瑰花生產者以相同的薪水 $70,000 雇用傑出玫瑰花匠，會有較低的平均與邊際成本曲線 [圖 (a) 的 AC' 與 MC' 相對於圖 (b) 的 AC 與 MC]。注意平均成本曲線 AC 與 AC' 有兩個部分：除了種植玫瑰花匠薪水以外的單位成本 (如勞動、原料、土地、資本)，及每單位產量的玫瑰花匠薪水為年薪 $70,000 除以玫瑰花產量。若玫瑰花生產者雇用傑出的玫瑰花匠，廠商真正能夠節省的是除了玫瑰花匠薪水以外的"其它費用"。同時注意，因為花匠的年薪與玫瑰花產量無關 (亦即，花匠薪水是固定成本)，玫瑰花匠的年薪多寡並不會影響玫瑰花農邊際成本曲線的位置。MC 與 MC' 的差額是廠商雇用玫瑰花種植花匠所增加的生產力。

圖 9.21 顯示所有花匠薪資都相同的市場均衡。廠商雇用一般玫瑰花匠的最小效率規模 [圖 (b)]，每年產量 600,000 單位。廠商雇用傑出玫瑰花匠每年生產 700,000 單位的商品，這個生產點是邊際成本曲線 MC' 與均衡市場價格 $0.25 的交點 [圖 (a)]。總需求數量在 $0.25 為 1 億 3 千 4 百萬枝玫瑰 [圖 (a)]。其中，有 20 家雇有傑出花匠的花農生產 20 × 700,000 ＝ 1 千 4 百萬枝玫瑰；剩下的 1 億 2 千萬是由雇用一般花匠的生產者來提供。注意從圖 9.21(a) 知，當廠商支付傑出花匠薪資是 $70,000 時，其平均成本是每朵 $0.20。反之，廠商以相同薪資 $70,000 雇用一般花匠時，其平均成本是每朵 $0.25。因此，雇用一位傑出種植玫瑰花的花匠，玫瑰花農生產每朵玫瑰能夠節省 $0.05。

現在，讓我們來確認傑出花匠雇用所創造的經濟租。根據上

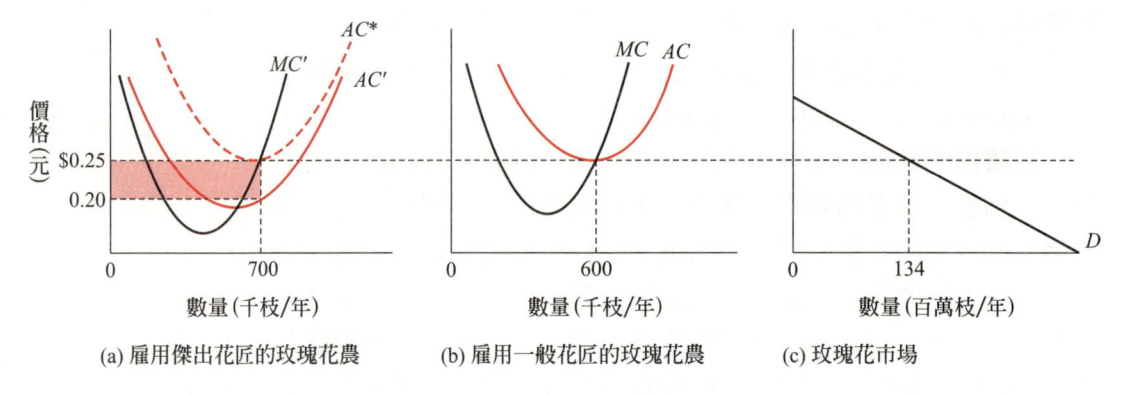

圖 9.21　經濟租

圖 (a) 和 (b) 雇用傑出花匠的玫瑰花農比雇用一般花匠玫瑰花農，有較低的邊際成本 (MC' 相對 MC)。當所有花匠的年薪都一樣時，前者也會有較低的平均成本曲線 (AC' 相對 AC)。在這個例子，每朵玫瑰花的均衡價格 $0.25 有傑出花匠的玫瑰花農經濟租是完全由廠商雇用他或他的經濟利潤 (由圖 (a) 的陰影面積來表示)。但若廠商必須競爭傑出花匠，而其薪水也上漲至每年 $105,000，此為廠商願付的薪資，雇用傑出花匠的廠商成本曲線上移至 $AC*$，一般師傅的成本曲線仍為 AC。在該點，傑出花匠獲取所有他或她創造的經濟租，而廠商的經濟利潤為零。圖 (c) 顯示在均衡價格下，市場需求曲線與玫瑰花的總產量。

述的定義，首先我們要問：廠商雇用一位傑出種植玫瑰花的花匠願意支付的最多金額是多少？廠商願意支付的最高薪資——稱為 S^*——會使廠商的經濟利潤等於零。任何更高的薪資，都會讓玫瑰花農選擇退出產業。從圖 9.21，我們看到廠商支付最高薪資 S^* 會讓平均成本曲線往上移動，由 AC' 上移至 AC^*，所以平均成本等於市場價格每朵 $0.25，數量是 700,000 朵。[23] 亦即，薪資 S^* 恰好可以抵銷傑出花匠所節省的成本每朵 $0.05，而非 $70,000。平均成本曲線上移等於每單位薪資 S^*，$S^*/700,000$ 與平均每單位薪資為 $70,000 或 70,000/700,000，這上移幅度要等於 $0.05。因此：$S^*/700,000 - 70,000/700,000 = 0.05$，或 $S^* = \$105,000$。亦即，玫瑰花生產者雇用傑出花匠，所願意支付的最高薪資是每年 $105,000。經濟租是最高願意支付金額減去花匠的年薪 $70,000：經濟租 = $105,000 - $70,000 = $35,000。經濟租 $35,000 是圖 9.21(a) 的陰影面積。[24]

現在讓我們來計算玫瑰花農的經濟利潤。雇用一般花匠的廠商，其經濟利潤為零。相反地，20 家聘雇傑出花匠的廠商賺取正

---

[23] 請注意，花匠薪資的多寡並不會影響花農邊際成本曲線，所以廠商雇用傑出玫瑰花匠仍舊每年生產 700,000 朵玫瑰花，這是 MC' 曲線 (沒有移動) 與市場價格 $0.25 共同決定。

[24] 這是因面積 $ABCD = (0.25 - 0.20) \times 700,000 = \$35,000$。

的經濟利潤，等於每朵 $0.05 乘以玫瑰花生產數量。這個乘積也等於圖 9.21(a) 的陰影面積。當傑出花匠的薪資等於一般花匠的薪資時，經濟利潤等於經濟租。亦即，每一家雇有精通玫瑰花種植的花匠，獲得所有的經濟租並做為他們的經濟利潤。反之，精通玫瑰花種植的花匠並沒有得到任何因技術純熟所創造的經濟租。對花農而言，以每年 $70,000 的薪資雇用這是幸運的結果，所有的經濟租都是生產者獲得，花匠沒有任何經濟租。

但是假設所有花農競相爭取傑出花匠的雇用。這個市場有些類似職棒大聯盟或 NBA 職籃的爭取自由球員。玫瑰花農間競爭最佳花匠會使花匠的薪資節節上升。如果競爭激烈，傑出花匠的薪資會上漲至 $105,000，為玫瑰花生產者願意支付的最高金額。事實上，雇用傑出花匠的花農，其長期平均成本曲線 AC^* 如圖 9.21。[25] 在長期均衡，這些廠商與雇用一般花匠的廠商相同，賺取經濟利潤為零。雇用傑出花匠所節省的成本恰好被廠商願意支付傑出花匠薪水的增加幅度所抵銷。稀有生產因素的經濟租仍然是陰影面積。在這個情況下，經濟租由傑出花匠獲得。它是超過保留價值 $70,000 的"薪資溢酬"部分。這個面積不是玫瑰花農的經濟利潤。

一般而言，傑出花匠的薪資能夠在 $70,000 與 $105,000 之間。根據這份薪水，玫瑰花農的經濟利潤會介於 $35,000 與 $0 之間。表 9.6 說明這點。表 9.6 指出經濟租就像一個派，或是一個廠商與生產因素所有者能夠分配的剩餘。經濟租始終是 $35,000，但是經濟利潤的多寡是受"經濟租派"分配的影響。

經濟租在廠商與傑出花匠間的分配最終是受資源移動性的影響。如果花匠能夠很容易從一個花農轉到另一個花農，我們預期會有激烈地競相爭取花匠，花匠的薪水接近廠商願意支付的最高金額 $105,000。在這個情況，玫瑰花商的經濟利潤會因為競相爭

表 9.6　經濟租與經濟成本的關係

花匠的薪資	雇用傑出花匠的玫瑰花農的經濟利潤	"薪資溢酬"傑出花匠獲得經濟租的部分	傑出花匠創造的經濟租
$70,000	$35,000	$0	$35,000
介於 $70,000 與 $105,000	$35,000	介於 $0 與 $35,000	介於 $35,000 與 $0
$105,000	$35,000	$35,000	$0

---

[25] 記得邊際成本曲線不受影響是因為花匠的薪水是固定成本。

取花匠而被稀釋 (就如同職業棒球隊爭取有才華及潛力的自由球員，球隊利潤也會被稀釋)。反之，若精通玫瑰花種植的傑出花匠的才能只適用於一特定玫瑰花生產者 (亦即，傑出花匠只有在特定廠商才能創造事業價值，但為別的花農工作，只是一般花匠罷了)，花匠的薪資可能不會上升。如果這是真的，經濟租將會全部成為廠商的經濟利潤。

生產者剩餘

在第 5 章，我們介紹生產者剩餘的概念，你可能還記得消費者剩餘是衡量價格接受的消費者以市場價格購買商品所能享受的淨利益。在第 5 章，我們看到消費者剩餘是需求曲線與市場價格所圍成的面積。

生產者剩餘
衡量生產者以一特定價格生產商品所得到的貨幣利益。

在本節，我們將探討一個類似的概念：價格接受廠商的**生產者剩餘** (producer surplus)。生產者剩餘是生產者在市場銷售商品實際收到與必須收到的願意供給最低金額間的差異。正如消費者剩餘衡量消費者在固定市場價格下，購買商品的淨利益，生產者剩餘是衡量生產者在固定價格下，提供商品的淨利益。

個別廠商的生產者剩餘

要說明個別廠商的生產者剩餘，讓我們以一個簡單的例子開始。假設造船者可以在來年製造一艘船或完全不生產。廠商只要能收到 $5 千萬便願意製造船隻，此為廠商生產船隻的額外成本 (或相當於他不生產的可避免成本)。若市場價格是 $7 千 5 百萬，廠商願意製造船隻。如果生產，它收到額外的收入 $7 千 5 百萬，而遭遇 $5 千萬的額外成本，因此總利潤可增加。廠商的生產者剩餘是 $7 千 5 百萬－$5 千萬＝$2 千 5 百萬。注意生產者剩餘只是廠商總收入與總非沉沒 (即，可避免) 成本的差額。

當然，如我們在本章所見，廠商通常願意多提供一個單位。例如，假設在某年造船商願意生產四艘船。廠商的供給曲線 S，如圖 9.22 所示。廠商建造第一艘船願意收到的金額是 $5 千萬，願意提供第二艘船的最低價格是 $6 千萬，願意提供第三艘船的最低價格是 $7 千萬，願意提供第四艘船的最低金額是 8 千萬。如我們一開始的例子，造船商願意供給的最低價格反映生產船隻的額外成本。若在明年建造兩艘船，廠商需要更高的價格。因為它會利

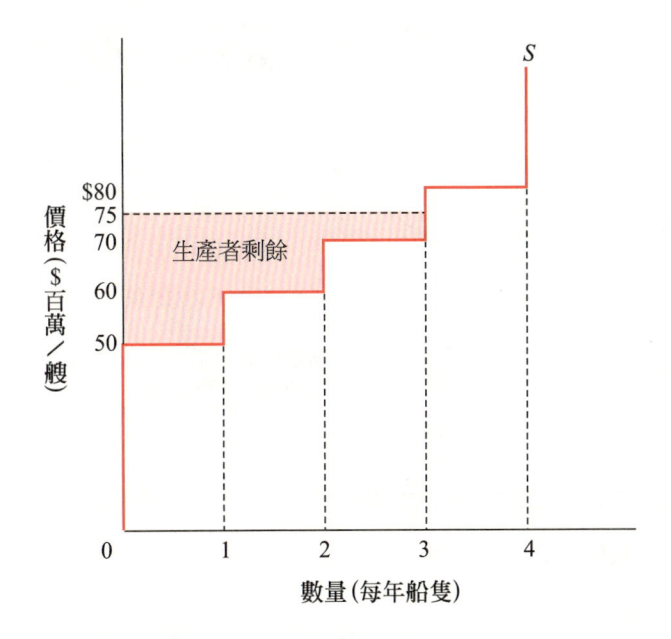

圖 9.22 船商的生產者剩餘

供給曲線 S 顯示廠商必須至少收到每艘 $5 千萬才願意供給一艘船，為了要提供兩艘船，廠商每艘至少要收到 $6 千萬。為了要提供三艘船，廠商至少每艘船要收到 $7 千萬。為了要收到四艘船，廠商至少每艘船要收到 $8 千萬，若船隻市價是每艘 $7 千 5 百萬，船商會提供三條船，船商的生產者剩餘是 $4 千 5 百萬，市場價格與供給曲線所圍成的陰影面積。

用較老的船塢和較老舊的設備 (生產力較低) 來生產兩艘船。同樣地，船商需要更高的金額來生產第三和第四艘船。

假設每艘船隻的市場價格是 $7 千 5 百萬。在此價格下，船隻的供給曲線指出明年它願意建造三艘船。生產者剩餘為何？想要找出答案，你可以將每艘船的生產者剩餘相加。第一艘船的生產者剩餘 (如同以前) 是 $2 千 5 百萬：市場價格 $7 千 5 百萬減去可避免成本 $5 千萬。第二艘船的生產者剩餘是 $7 千 5 百萬減 $6 千萬，或 $1 千 5 百萬，第三艘船的生產者剩餘是 $7 千 5 百萬減 $7 千萬，或 $5 百萬。因此，船商的生產者剩餘是 $2 千 5 百萬 + $1 千 5 百萬 + 5 百萬 = $4 千 5 百萬，為船商總收入與總非沉沒成本的差額。

如圖 9.22 所示，造船廠商的生產者剩餘是介於廠商供給曲線與市場價格間的面積。在這個例子，廠商的供給曲線是一"連串"的階梯，這讓我們很輕易地瞭解每生產一單位的生產者剩餘。然而，生產者剩餘的概念可輕易地運用到一平滑供給曲線的廠商。

圖 9.23 顯示廠商面對邊際成本曲線 MC 和平均非沉沒成本曲線 $ANSC$ 的生產者剩餘。就這家廠商而言，供給曲線在歇業價格 $2 以前為垂直尖釘 $0E$。超過此價格，其為 MC 的實線部分。當市場價格是每單位 $3.50，廠商供給 125 單位。當市價是 $3.50 的

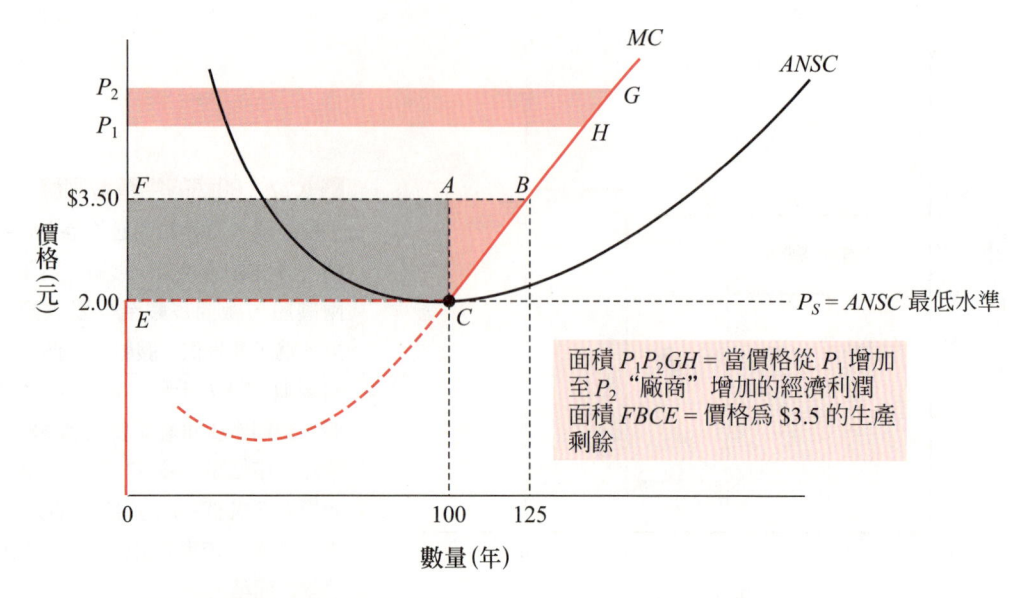

圖 9.23　價格接受廠商的生產者剩餘

價格等於 $3.50 的生產者剩餘是供給曲線與價格所圍成的面積，亦即面積 FBCE。這面積等於廠商銷售 125 的總收益減去總非沈沒成本。當市場價格從 P_1 上升至 P_2 時，生產者剩餘的變動等於長方形 P_1P_2GH 的面積，這是當市場價格從 P_1 上漲至 P_2，廠商經濟利潤的變動所造成。

面積 P_1P_2GH ＝當價格從 P_1 增加至 P_2 "廠商"增加的經濟利潤
面積 FBCE ＝價格為 $3.5 的生產剩餘

生產者剩餘是供給曲線與市場價格圍成的面積，或陰影面積 FBCE。這個面積是兩個部分的加總：長方形 FACE 和三角形 ABC。長方形 FACE 是第 100 個單位的總收入與總非沈沒成本間的差額。因此它代表這 100 單位的生產者剩餘。三角形 ABC 是廠商擴充產量從 100 至 125 所增加的額外收入與額外成本間的差額。因此它代表最後 25 單位的生產者剩餘。就這個範圍的額外每一個單位而言，廠商的利潤是價格與額外單位 MC 的差額，所以三角形面積 ABC 是產出從 100 增至 125 單位所增加的額外利潤。如前所述，市場價格 $3.50 的整體生產者剩餘 (面積 FBCE) 等於廠商供給 125 單位的總收入與總非沈沒成本間的差額。

在短期，當某些固定成本是沉沒成本時，廠商的生產者剩餘與經濟利潤並不相等，但差額是廠商的固定沉沒成本——特別是，經濟利潤等於總收入減去總成本，生產者剩餘等於經濟利潤加上沉沒固定成本。然而，在長期，當所有成本都是非沉沒 (即，可避免的)，生產者剩餘與經濟利潤是相同的。

注意在兩個不同價格下生產者剩餘的差額，等於這兩個價格對應經濟利潤的差額 (因為固定成本不會變動)。因此，例如，在圖

9.23，當價格上漲從 P_1 至 P_2 時，面積 P_1P_2GH 正是廠商經濟利潤增加的部分。

整個市場的生產者剩餘：短期

在短期，廠商的數目固定，市場供給曲線是個別廠商供給曲線的水平加總。因為如此，市場價格與短期市場供給曲線所圍成的面積一定會等於個別廠商生產者剩餘的加總。

圖 9.24 說明市場有 1,000 家相同廠商，每一家廠商在供給曲線 ss。圖 9.24(b) 的市場供給曲線 SS 為個別廠商供給曲線的水平加總。市場供給曲線與價格圍成的面積——整個市場的生產者剩餘——等於市場總收益減所有廠商的總非沉沒成本。例如，當每單位商品的價格是 $10，在圖 9.24(a)，個別廠家生產 200 單位的商品，生產者剩餘等於面積 $ABCD$，在此例等於 $350。[26] 市場總供給在 $10 時，等於 200,000 單位，且市場供給曲線與價格所圍成的面積，面積 $EFGH$，等於 $350,000。這是 1,000 家廠商的生產者剩餘，每一家生產者剩餘都是 $350 ($350,000 = $350 × 1,000)。因此市場的生產者剩餘 $350,000 為 1,000 家廠商的總收益與總非沉沒成本的差額。

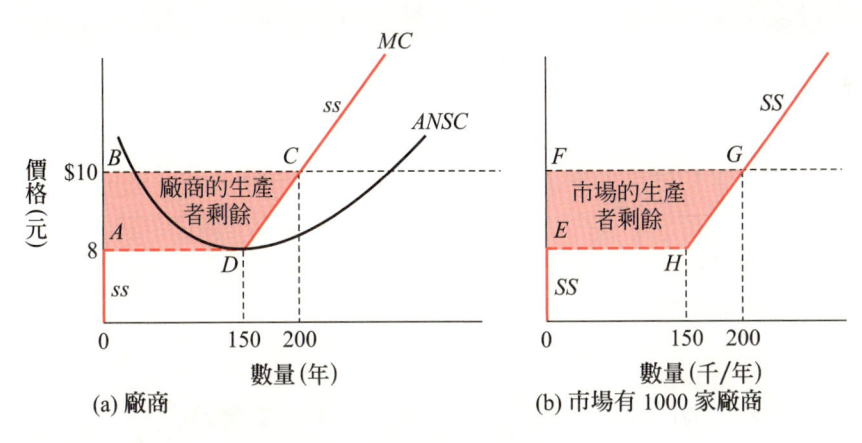

圖 9.24 市場的生產者剩餘：廠商數目是固定的

圖 (a)：廠商的供給曲線是 ss。在價格是 $10，廠商供給 200 個單位的商品，生產者剩餘是面積 $ABCD$。面積等於 $350。圖 (b)：假設產業裡有 1,000 家廠商，市場供給曲線是 SS，在價格是 $10，市場供給是 200,000 單位。而市場的生產者剩餘是面積 $EFGH$，這塊面積等於 $350,000。

---

[26] $ABCD$ 的面積等於 $(10 - 8) \times 150$ 加上 $(1/2) \times (10 - 8) \times (200 - 150)$，等於 350。

範例 9.10

銅礦的利潤

在 1990 代末期，需求減少與價格下跌，震撼國際銅市場。我們可以利用前面所介紹的生產者剩餘的概念，及範例 9.4 提到的國際銅市場供給的特性，說明銅價下跌對產業生產者剩餘的衝擊。

在 1998 年初，銅價大約是一磅 90 美分。到 1999 年初，價格跌至一磅 70 美分，共下跌約 22%。市場生產者剩餘減少的圖形為圖 9.25(b) 的陰影面積 ABCD，面積價值大約是 $35 億。這是顯著地下跌。每磅銅價 90 美分的生產者剩餘──供給曲線與 90 美分價格線所圍成的面積──約為 $65 億。1999 年間，銅價下跌 22%，引起產業生產者剩餘減少約 50%。

產業生產者剩餘下跌的部分原因是某些高成本的礦脈在一磅 90 美分是有利可圖，一磅跌至 70 美分便毫無利潤可言。這些高成本銅礦生產者不是巨幅降低產量就是關門歇業。但是大部分生產者剩餘的下跌是因為許多低成本銅礦生產者──如範例 9.4 的賓漢峽谷銅礦，其供給曲線重新複製於圖 9.25(a)──繼續的在邊際利潤很低的情況，以產能近乎全開的方式生產。當每磅銅價是 70 美分時，這些銅礦廠商的利潤遠低於每磅 90 美分的利潤，利潤減少的部分為陰影面積 EFGH。但繼續開採會比關門歇業，讓生產者賺取較高的利潤。

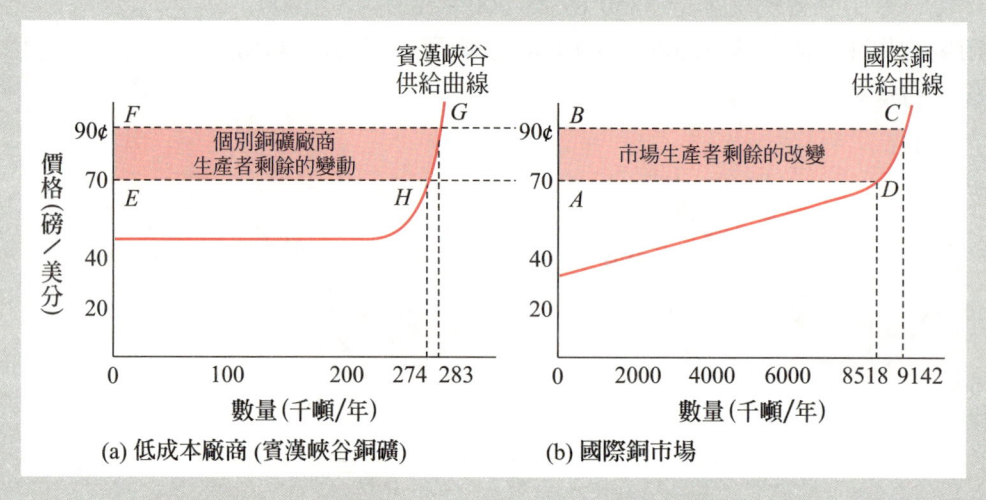

圖 9.25　全球銅市場的生產者剩餘

圖 (b) 的 ABCD 面積是當價格由每磅 90 美分下跌至 70 美分時，市場生產者剩餘減少的部分。這面積約值 $17 億 7 千 4 百萬元。圖 (a) 面積 EFGH 為猶它州賓漢峽谷銅礦，面臨價格下跌，仍堅持在產能全開下，繼續生產，生產者剩餘減少的面積。

邊做邊學習題 9.5

生產者剩餘的計算

假設牛奶的市場供給曲線為 $Q = 60P$，其中 Q 是每加侖價格為 P 元的每年牛奶銷售數量 (以千加侖衡量)。

問題

(a) 當每加侖牛奶價格為 $5 的市場生產者剩餘為何？
(b) 當每加侖牛奶價格從 $2.5 增至 $4.0 時，生產者剩餘增加多少？

解答

(a) 圖 9.26 顯示牛奶的供給曲線。當每加侖價格是 $2.5 時，每月銷售 150,000 加侖的牛奶 [$Q = 60(2.50 = 150$]。生產者剩餘是面積 A，其為供給曲線市場價格圍成的面積。這個面積等於 $(1/2)(2.50 - 0)(150,000) = 187,500$。因此市場的生產者剩餘是每月 $187,500。

(b) 若價格從 $2.5 增至 $4.00，供給量將增至每月 240,000 加侖。生產者剩餘將增加面積 B ($225,000) 和面積 C ($67,500)。因此市場的生產者剩餘每月將增加 $292,500。

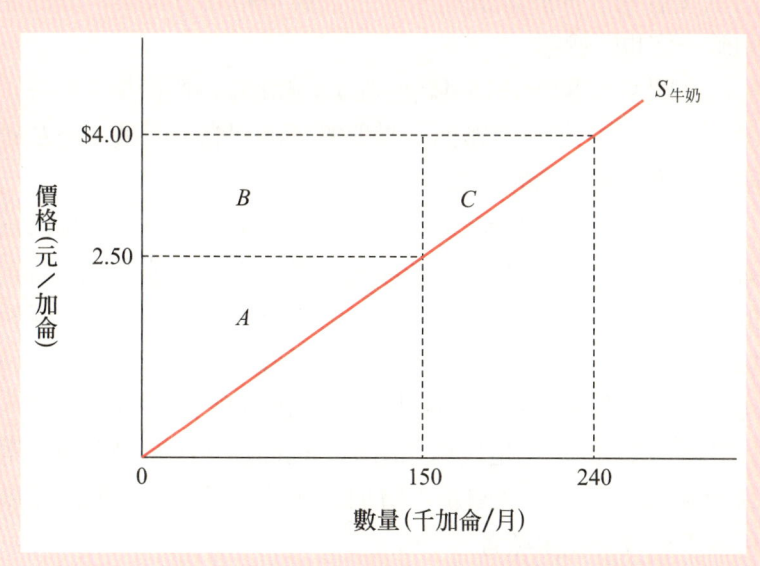

圖 9.26 牛奶市場的生產者剩餘

當每加侖牛奶價格是 $2.50 時的生產者剩餘是三角形面積 A 或 $187,500。若價格從 $2.50 增至 $4.00，生產者剩餘是面積 B ($225,000) 和面積 C ($67,500) 的總和，或 $292,500。

類似問題：9.23 和 9.24

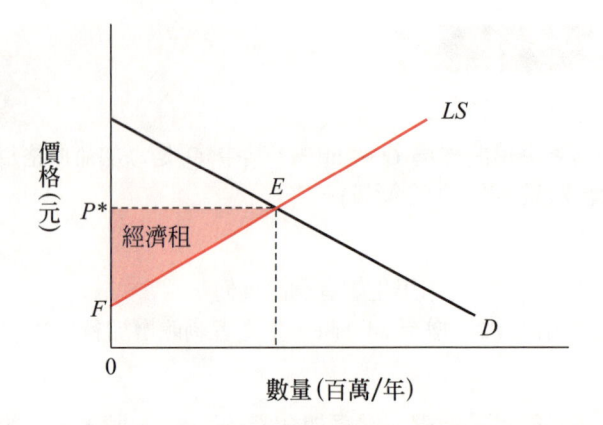

圖 9.27　遞增成本產業下，長期競爭均衡的生產者剩餘

在長期均衡價格為 P^*，因為 $P^* = AC$，每一個廠商的經濟利潤為零。供給曲線與市場價格圍成的面積，面積 ΔFP^*E，等於稀少性生產因素的經濟租。

整個市場的生產者剩餘：長期

在長期均衡，價格接受廠商賺取零經濟利潤。由於廠商在長期的生產者剩餘等於經濟利潤，完全競爭廠商在長期均衡的生產者剩餘一定也等於零。

但在圖 9.27 顯示長期供給曲線 LS 和市場均衡價格間存在一正面積 (FP^*E)。由於所有廠商均賺取零經濟利潤，面積 FP^*E 不能代表產業裡所有廠商的利潤。究竟是什麼？

回顧當完全競爭廠商具有正斜率長期供給曲線，它是因為廠商必須競爭稀少性資源 (玫瑰花產業的傑出花匠)。當我們回顧前一節的討論，競相爭取稀少性資源的結果是生產因素所有者能夠全部擁有經濟租。因此，面積 FP^*E 並不是廠商的經濟利潤 (經濟利潤等於零)。其為產業特屬稀少性生產因素所有者的經濟租。例如，若圖 9.27 的市場是玫瑰花市場，則面積 FP^*E 是超過花藝師傅最低薪水的部分，這個薪水增加的部分可以誘使花藝師傅願意提供技術給玫瑰花生產者。[27]

經濟利潤，生產者剩餘，經濟租

讓我們以下表總結本節所討論的三個績效衡量指標：經濟利潤，生產者剩餘，及經濟租，做為本節的結論。

---

[27].這是遞減成本產業中，負斜率產業供給曲線與市場價格所圍成的面積。想要解釋這個面積，將會超出本書範圍，所以我們不在此討論。

	短期	長期競爭均衡
產業的經濟利潤	＝總收益－總成本	＝總收益－總成本＝0
產業的生產者剩餘	＝總收益－總非沉沒成本	＝總收益－總成本＝0
產業供給曲線與市場價格圍成的面積	＝產業的生產者剩餘	在固定成本產業，面積等於零。在遞增成本產業，面積為正，且等於產業特屬稀少性生產因素擁有者的經濟租。

總 結

- 完全競爭市場有四個特性：廠商生產同質商品，消費者對市場銷售價格有完全資訊，產業是沒有組織的，及所有廠商獲得資源的能力相同。這些特性隱含商品是以單一價格銷售，廠商是價格接受者，廠商能夠自由進入產業。
- 經濟利潤 (非會計利潤) 代表廠商追求利潤最大的合適目標，經濟利潤是廠商銷售收入與總經濟成本，包括所有相關機會成本間的差額。
- 邊際收益是廠商多銷售一單位商品所增加的總收益，或減少一單位商品生產的總收益變動量。
- 價格接受廠商的邊際收益等於市場價格，為一水平線。
- 當邊際收益等於邊際成本，且邊際成本曲線是正斜率時，價格接受廠商的利潤達於極大。
- 若所有固定成本都是沉沒成本，當價格大於平均變動成本時，廠商會生產正的商品數量，歇業價格——價格低於歇業價格，廠商不會生產任何商品——是平均變動成本的最低水準。**(LBD 習題 9.1)**
- 如果有些成本是非沉沒的，當價格大於平均非沉沒成本時，廠商會生產正的商品數量。歇業價格是平均非沉沒成本最低點。**(LBD 習題 9.2)**
- 假設生產因素價格不會隨市場產量改變而變動，短期市場供給曲線是個別廠商供給曲線的加總。
- 短期均衡價格發生在市場需求等於短期市場供給之處。**(LBD 習題 9.3)**
- 供給的價格彈性衡量價格變動 1%，供給數量變動的百分比。
- 在長期，完全競爭廠商能夠調整工廠規模，因此追求利潤最大是在價格等於長期邊際成本之處生產。
- 在長期，自由進入會讓市場價格等於長期平均成本最低水準。若所有廠商都有相同的 U 型長期平均成本曲線，每一家廠商生產的數量會等於最小效率規模。最適廠商家數是由市場總供給與市場總需求共同決定。**(LBD 習題 9.4)**
- 在固定成本產業，當新廠商加入使產業商品數量增加時，並不會影響市場價格。長期市場供給曲線是水平的。
- 在遞增成本產業，當新廠商加入產業量增加時，產業特屬的生產因素價格隨之上漲。長期市場供給曲線是正斜率。在遞減成本產業，長期市場供給曲線斜率為負。
- 稀有生產因素的經濟租是廠商願意支付稀有生產因素的最高價格，與生產因素保留價值的差額。當廠商獲得稀有生產因素的經濟租，它會賺取正的經濟利潤。然而，廠商間彼此競爭稀有資源，會稀釋利潤。在這種情況，經濟租是正的而經濟利潤等於零。
- 生產者剩餘是市場價格以上，供給曲線以下，所圍成的面積。
- 當廠商有沉沒固定成本，生產者剩餘不等於經濟利潤，特別是生產者剩餘等於總收益減總非沉沒成本，經濟利潤等於總收益減總成本。若廠商無固定成本，生產者剩餘等於經濟利潤。
- 在短期市場生產者剩餘是短期供給曲線與市場價格所圍成的面積。它等於市場內個別廠商生產者剩餘的加總。**(LBD 習題 9.5)**
- 在一遞增成本產業，價格與長期供給曲線圍成的面積是衡量稀有生產因素的經濟租，生產因素的價格會因為更多廠商競相爭取而上漲。

複習題

1. 會計利潤與經濟利潤有什麼不同？在何種情況下，廠商能賺取正的會計利潤，和負的經濟利潤？
2. 為什麼完全競爭廠商的邊際收益等於價格？
3. 若價格低於平均變動成本最低水準，廠商是否會生產？若價格低於短期平均成本，廠商是否會生產？
4. 當所有固定成本都是沉沒成本時，廠商的歇業價格為何？當所有的固定成本都是非沉沒成本時，廠商的歇業價格為何？
5. 當市場需求發生外生變動時，供給的價格彈性如何影響短期均衡價格？
6. 假設有兩個完全競爭產業——產業 I 與產業 II。兩個產業面對相同的需求曲線與成本條件，兩個產業不同處在產業 I 的最小效率規模產量是產業 II 的二倍，在完全競爭長期均衡時，那一個產業有更多的廠商？
7. 何謂經濟租？經濟租與經濟利潤有何不同？
8. 個別廠商的生產者剩餘為何？當產業裡廠商數目固定及生產因素價格不會隨產量變動而改變時，市場的生產者剩餘為何？何時 (產業或廠商二者) 的生產者剩餘等於經濟利潤？何時的生產者剩餘與經濟利潤不相等，那一個比較大？
9. 在遞增成本產業的長期均衡，每一家廠商的經濟利潤為零。然而，長期均衡價格與長期供給曲線圍成的面積是正的，這個正的面積為何？
10. 請解釋下列觀念的差異：生產者剩餘，經濟利潤及經濟租。

問 題

9.1 去年會計師為小型藥粧店老闆編製會計報表，其收益和支出的資訊如下 (她居住在免稅國家，毋需擔心稅負的問題)：

收入	$1,000,000
員工薪資 (除雇主外)	$300,000
公用事業支出 (油、電話、水)	$20,000
藥品及其它設備的支出	$500,000

| 給付給自己的薪資 | $100,000 |

　　店主給付給員工的薪資為完全競爭市場工資、公用事業支出、藥和其它設備均以市場價格獲得。藥粧店的房子是自己的，所以無需負擔房租。如果她歇業關門，則可避免所有費用支出，當然也不會有收入。然而，如果她將房屋出租，可得租金 $200,000，她也可去別處上班。另外兩種工作選擇是，當律師賺取薪資 $100,000，或在當地餐館工作賺 $20,000，若她決定經營藥粧店，請決定其會計和經濟利潤，若兩項數據不同，請解釋其差異。

9.2 廠商在完全競爭市場銷售其產品，售價為 $50，廠商的固定成本是 $30。請填滿下表，並指出利潤最大的產出水準。若固定成本從 $40 增至 $60，利潤最大產出水準有何改變？一般而言，固定成本如何影響產出的選擇。

產出 (單位)	總收益 ($/單位)	總成本 ($/單位)	利潤 ($)	邊際收益 ($/單位)	邊際成本 ($/單位)
0	0				
1					50
2					20
3					30
4					42
5					54
6					70

9.3 一廠商在完全競爭市場以 $150 銷售其產品，以下為廠商生產至 6 單位產出的不完整的成本表格。將下表填滿，並計算利潤最大下的利潤水準。

Q	TC	TVC	TFC	AC	MC	AVC
1	200					
2		100				
3					20	
4		240				
5				24		
6	660				160	

9.4 腳踏車修理店收取完全競爭修理價格，每輛腳踏車 $10，廠商的短期總成本函數為 $STC(Q) = Q^2/2$，兩相關的邊際成本為 $SMC(Q) = Q$。
　(a) 若廠商追求利潤最大，其它應該生產多少產量？
　(b) 畫出修理店的總收益、總成本曲線，並在同一圖形上繪出總利潤函數。利用你的圖形，說明 (大約) 各個情況下的利潤最大化產量。

9.5 完全競爭廠商選擇生產利潤最大化的產出，其收益和成本如下：

收益	$200
變動成本	$120
沉沒固定成本	$ 60
非沉沒固定成本	$ 40

計算生產者剩餘和利潤，兩者中何者應用來決定短期是否退出市場？請簡短說明。

9.6 羅倫洗窗服務公司為伊利諾州伊文斯頓市專門清潔住宅窗戶，小型完全競爭廠商。短期總成本函數是 $STC(Q) = 40 + 10Q + 0.1Q^2$，其中 Q 是每天窗戶清洗的數量。短期邊際成本函數是 $SMC(Q) = 10 + 0.2Q$，清洗一扇窗戶的市場價格是 $20。
(a) 若羅倫公司追求利潤最大，它應該洗幾扇窗戶？
(b) 羅倫公司每天利潤最大值為何？
(c) 請畫出 SMC，SAC 與利潤最大的生產數量。在圖形上，請指出利潤最大產量在何處？
(d) 假設固定成本 $40 都是沉沒成本，羅倫公司的短期供給曲線為何？
(e) 若羅倫不清洗窗戶，且將其設備全部出租或銷售一空，因此可以避免固定成本，羅倫公司的短期供給曲線為何？

9.7 門門產業有 20 個生產者，他們有相同的成本函數 $STC(Q) = 16 + Q^2$，其中 Q 是廠商每年的生產數量。短期邊際成本函數是 $SMC(Q) = 2Q$，門門的市場需求曲線是 $D(P) = 110 - P$，其中 P 是市場價格。
(a) 假設所有的固定成本 $16 都是沉沒成本，何者是廠商的短期供給曲線？
(b) 什麼是短期市場供給曲線？
(c) 請求出短期市場均衡價格與均衡數量？

9.8 新聞紙 (用來生產報紙的紙張) 在完全競爭市場中生產，每一家相同廠商的總變動成本 $TVC(Q) = 40Q + 0.5Q^2$，其相關邊際成本 $SMC(Q) = 40 + Q$，廠商固定成本都是非沉沒成本等於 50。
(a) 請計算短期廠商不生產的價格。
(b) 假設產業有 12 家相同廠商，現在新聞紙的市場需求為 $D(P) = 360 - 2P$，其中 $D(P)$ 是價格為 P 的消費數量，請問短期均衡價格是多少？

9.9 鑽油產業有 60 個生產者，他們全部有相同的短期總成本曲線 $STC(Q) = 64 + 2Q^2$，其中 Q 是每月產出，而每月固定成本是 $64，對應的短期邊際成本曲線 $SMC(Q) = 4Q$。假設廠商不生產任何產出，每月固定成本 $64 中的 $32 可以避免。鑽油服務的市場需求為 $D(P) = 400 - 5P$，其中 $D(P)$ 是價格為 P 的每月需求。請找出市場供給曲線，並決定短期均衡價格。

9.10 一完全競爭產業包括兩類型廠商：型 A 廠商有 100 家，型 B 廠商有 30 家。型 A 廠商的短期供給曲線為 $s_A(P) = 2P$，型 B 廠商的短期供給曲線為 $s_B(P) = 10P$，市場需求曲線為 $D(P) = 5{,}000 - 500P$，市場的短期均衡價格是多少？在此價格下，型 A 和型 B 廠商各應生產多少？

9.11 市場包括一群相同的價格接受廠商。每一個廠商的邊際成本曲線是 $SMC(Q) = 2Q$，其中 Q 是個別廠商的每年產量。研究指出若價格超過 $20，每家廠商都會生產，且若價格低於 $20，廠商會歇業關門。市場需求曲線是 $D(P) = 240 - P/2$，其中 P 是市場價格。在此均衡價格，每家廠商生產 20 單位。請問均衡市場價格與產業的最適廠商家數為何？

9.12 木條市場包括許多相同的廠商，每家廠商的成本函數是 $STC(Q) = 400 + 5Q + Q^2$，其中 Q 是廠商每年的產量 (所有的固定成本 \$400 都是沉沒成本)，邊際成本曲線是 $SMC(Q) = 5 + 2Q$。市場需求曲線是 $D(P) = 262.5 - P/2$，其中 P 是市場價格。每家廠商目前的經濟利潤等於零。廠商最適家數是多少？均衡市場價格是多少？

9.13 假設一完全競爭廠商是在短期平均成本曲線正斜率處生產，這隱含廠商的經濟利潤為何？若完全競爭廠商是在短期平均成本曲線負斜率處生產，這隱含廠商的經濟利潤為何？

9.14 一廠商短期供給曲線為

$$s(P) = \begin{cases} 0, & \text{若 } P < 10 \\ 3P - 30, & \text{若 } P \geq 10 \end{cases}$$

廠商邊際成本曲線 $SMC(Q)$ 的各程式為何？

9.15 考慮供給曲線上價格和數量皆為正的生產點，請決定在下列供給曲線下的供給價格彈性值：

(a) 在數量大於零時，為一垂直線。

(b) 價格大於零，為一水平線。

(c) 直線通過原點，斜率為正。

9.16 在 2001 年 2 月 9 日至 15 日的一週，美國玫瑰花市場價格是一朵 \$1.00，且該週的銷售數量是 4,000,000 枝。在 2001 年 1 月 5 日至 11 日的一週，美國玫瑰花市場一朵玫瑰花的價格是 \$0.20，該週銷售數量是 3,800,000 枝。從這些資訊，請求出美國玫瑰花市場供給的價格彈性為何？

9.17 鈷礦屬完全競爭產業，每一個現有廠商和潛在廠商都有相同的 U 型平均成本曲線，平均成本最低為 \$5，產量則為每年 2 百萬噸。鈷金屬的市場需求為 $D(P) = 205 - P$，其中 $D(P)$ 是每噸市場價格為 P 時的每年需求量，單位：百萬。鈷的長期均衡價格是多少？在此均衡價格下，各家廠商會生產多少？現有廠商的家數為何？

9.18 丙烯是用來製造塑膠的原料。丙烯產業是完全競爭，每一位生產者的長期邊際成本函數是 $MC(Q) = 40 - 12Q + Q^2$，長期平均成本函數是 $AC(Q) = 40 - 6Q + Q^2/3$，丙烯市場需求曲線是 $D(P) = 2,200 - 100P$，產業的長期均衡價格是什麼？在均衡價格下，個別廠商的生產數量是什麼？長期競爭均衡下的最適廠商家數是多少？

9.19 假設鈣的全球市場為一完全競爭市場，且所有的現有與潛在廠商近乎相同，考慮下列有關鈣價格的資訊：

- 在 1990 和 1995 年間，市場價格穩定在每磅 \$2。
- 1996 年的前三個月市場價格上漲一倍，達每磅 \$4，並持續至 1996 年年底。
- 1997 和 1998 年，鈣的市價下跌，到 1998 年年底回到 \$2 的水準。
- 在 1998 到 2002 年間，市場價格穩定在每磅 \$2。

假設鈣的生產技術在 1990 到 2002 年間並未改變，且廠商面對的生產因素價格也沒有變動，請解釋 1990 到 2002 年間的價格趨勢？2002 年的生產者家數是否比 1990 年更多？更少？其家數相同？請解釋你的答案。

9.20 礦泉水廠商的長期總成本函數是 $TC(Q) = cQ$，其中 Q 是個別廠商每年生產礦泉水每千公升的數量。市場需求曲線是 $D(P) = a - bP$。請求出長期均衡價格與數量，你能否決定最適廠商家數？如果可以，請問是多少？如果不可以，為什麼不行？

9.21 在固定成本產業中，廠商有 U 型的平均成本曲線，長期供給曲線是一水平線。市場供給曲線並非是個別廠商供給曲線的水平加總。在這種情況下，長期市場供給曲線與短期市場供給曲線並不相同，短期市場供給曲線，在固定成本產業時，是個別廠商短期供給曲線的水平加總，為何長期市場供給曲線與短期市場供給曲線推導過程不相同？

9.22 硬碟廠商的長期平均成本函數是 $AC(Q) = \sqrt{wr}\,(120 - 20Q + Q^2)$，其中 Q 是廠商每年硬碟生產數量，w 是技術純熟生產線員工的工資率，r 是資本的價格，長期邊際成本曲線是 $MC(Q) = \sqrt{wr}\,(120 - 40Q + 3Q^2)$。假設個別廠商的勞動需求是

$$L(Q, w, r) = \frac{\sqrt{r}\,(120Q - 20Q^2 + Q^3)}{2\sqrt{w}}$$

讓我們假設資本價格是固定在 $r = 1$。
(a) 在長期競爭均衡時，廠商會生產多少商品數量？
(b) 在長期競爭均衡時，市場價格是多少？請注意你的答案應該可表示成 r 的函數？
(c) 在長期競爭均衡時，每家廠商對技術純熟員工的需求為何？請將答案寫成是 w 的函數。
(d) 現在，假設市場需求曲線是 $D(P) = 10,000/P$。均衡數量為何？請寫成數量是 w 的函數？
(e) 長期均衡下的最適廠商家數是多少？請寫成 w 的函數？
(f) 利用 (c) 與 (e) 的答案，請寫出產業對技術純熟勞動需求的函數？請寫成是 w 的函數。
(g) 假設純熟勞工的供給曲線是 $\Gamma(w) = 50w$，當純熟技術勞動需求等於勞動供給時，均衡的 w 是多少？
(h) 利用 (g) 的答案，回答 (b)、(d) 與 (e) 以找出長期均衡價格，市場需求數量，及最適廠商家數。
(i) 請重複上面所有的問題，若市場需求曲線為 $D(P) = 20,000/P$。

9.23 一價格接受廠商的供給曲線 $s(P) = 10P$，若市場價格是 \$20，生產者剩餘是多少？當市場價格從 \$20 增至 \$21 時，生產者剩餘變動多少？

9.24 半導體市場包括 100 家完全相同的廠商，個別廠商的短期邊際成本曲線是 $SMC(Q) = 4Q$，目前市場均衡價格是 $P = \$200$。假設所有的固定成本都是沉沒成本，個別廠商的生產者剩餘是多少？整個市場的總生產者剩餘？

9.25 考慮一產業中，是由執行長 (CEO) 來經營公司。有兩種類型的 CEO：傑出與一般。有 100 位傑出的 CEO 及不可計數的一般 CEO，在這個產業。任何一位 CEO 願意在年薪 \$144,000 工作。廠商雇用傑出 CEO 的長期成本函數是

$$TC_E(Q) = \begin{cases} 144 + \frac{1}{2}Q^2, & \text{若 } Q > 0 \\ 0, & \text{若 } Q = 0 \end{cases}$$

其中 Q 是每年商品數量，以千/年表示，而總成本是以每年千元表示，雇用傑出 CEO 廠商的長期邊際成本曲線是 $MC_E(Q) = Q$。其中邊際成本是以每單位千美元表示。雇用一般 CEO 廠商的長期總成本函數為 $TC_A(Q) = 144 + Q^2$。一般 CEO 的年薪是 \$144,000，對應的邊際成本函數是 $MC_A(Q) = 2Q$。市場需求函數是 $D(P) = 7,200 - 100P$。其中 P 是市場價格，$D(P)$ 是市場需求數量，以千/年表示。

(a) 雇用一般 CEO 廠商的最小效率規模是多少？長期平均成本的最小效率規模產量是多少？
(b) 若產業包含一般 CEO 與傑出 CEO，長期均衡價格是多少？
(c) 在長期均衡價格下，雇用一般 CEO 的廠商，會生產多少商品數量？雇用傑出 CEO 的廠商會生產多少數量？
(d) 在長期均衡價格下，需求數量是多少？
(e) 利用 (c) 與 (d) 的答案，長期均衡的最適廠商家數 (雇用一般 CEO) 是多少？
(f) 傑出 CEO 可獲得多少的經濟租？
(g) 若雇用傑出 CEO 的廠商，支付給 CEO 的保留工資是年薪 \$144,000，廠商可賺取多少的經濟利潤？
(h) 假設廠商間彼此競爭雇用傑出 CEO，你預期在長期競爭均衡下，傑出 CEO 的薪資是多少？

附錄：利潤極大隱含成本極小

在第 7 章與第 8 章，我們學習廠商在固定商品數量下，選擇最適要素投入組合，使成本達到最低。在本章，我們學習價格接受廠商，選擇最適商品數量來追求利潤最大。這些分析的關聯性為何？

兩者關係密切。尤其是，利潤極大化的產量選擇隱含成本極小化的要素投入選擇，或簡單地說，利潤最大隱含成本最小。要說明這點，注意我們有兩種方法可學習價格接受廠商利潤最大化的問題：

- **生產因素選擇法**：廠商選擇生產因素組合，透過生產函數來生產商品，我們可以視廠商是選擇生產因素組合 (即，勞動與資本的數量) 來追求利潤最大。
- **商品數量選擇法**：在商品數量固定時，廠商先選擇產量，再選擇生產因素組合，以使總成本最小。

我們在本章是利用商品數量選擇法。為了要說服你接受利潤最大隱含成本最小的說法，我們將證明生產因素選擇法隱含利潤最大廠商一定會雇用成本極小的要素投入組合來生產商品。接著，這種分析隱含商品數量選擇法與生產因素選擇法，雖然分析模式不同，其在分析廠商追求利潤最大時的方法相同。

假設廠商使用兩種生產因素，資本與勞動。生產因素價格分別為 w 與 r。廠商的生產函數是 $Q = f(L, K)$。該廠商在商品市場與生產因素市場都是價格接受者 (亦即，它接受商品市場價格 P 及生產因素價格 w 和 r)。廠商是透過生產函數 $f(L, K)$ 來決定商品數量，則廠商選擇生產因素組合 L 與 K 來追求利潤最大。因此廠商追求利潤極大的問題可以寫成：

$$\max_{(L, K)} \pi(L, K) = Pf(L, K) - wL - rK$$

$Pf(L, K)$ 是廠商總收益(亦即，市場價格乘以商品數量)。後面兩項分別是勞動總成本與資本總成本。變數 $\pi(L, K)$ 代表廠商的總利潤是勞動與資本數量的函數。

利潤極大化隱含兩個條件：

$$\frac{\partial \pi}{\partial L} = P \frac{\partial f}{\partial L} - w = 0 \Rightarrow P = \frac{w}{MP_L} \tag{A9.1}$$

$$\frac{\partial \pi}{\partial K} = P \frac{\partial f}{\partial K} - r = 0 \Rightarrow P = \frac{r}{MP_K} \tag{A9.2}$$

在寫出這些方程式時，我們利用第 6 章與第 7 章經常使用的邊際產量符號。

這兩個條件是追求利潤極大的廠商會選擇最適要素投入組合，(1) 符合額外一塊錢雇用勞動所得到的邊際產量 (MP_L/w) 等於市場價格的倒數，(2) 符合額外一塊錢雇用資本所得到的邊際產量 (MP_K/r) 也等於市場價格。這隱含，在利潤極大的最適要素投入組合下，

$$\frac{MP_L}{L} = \frac{MP_K}{L} \tag{A9.3}$$

但這是第 7 章成本極小的條件。因此，當廠商可能會在不同生產因素組合選擇生產商品，式 (A9.3) 告訴我們追求利潤極大的廠商，會選擇成本極小的要素投入組合。因此，利潤極大隱含成本極小。

10 完全競爭市場的理論應用

10.1
導論

10.2
一隻看不見的手

10.3
貨物稅

10.4
補貼

10.5
價格上限 (最高價格管制)

10.6
價格上限 (最低價格管制)

10.7
生產配額

10.8
農業部門的價格保證

10.9
進口配額與關稅

保證是件好事嗎？

價格與所得保證政策在國際間頗為普遍。在美國，自 1930 年代以後，許多重要的

農業政策就常見保證的足跡。政府每年投入數十億美元的金額，特別是在 1996 年以前，美國國會通過刪除或減少許多政策補貼後。在過去，國會要求農業部門保證約 20 種農產品的價格，包括糖 (甘蔗和甜菜)、棉花、稻米、飼料 (包括玉米、大麥燕麥、黑麥和高粱)、花生、小麥、菸草、牛奶、大豆、和不同種類的油料種子 (如葵花子和芥菜子)。在 1983 到 1992 年間，政府在上述的農業政策支出超過 $1,400 億。

價格保證政策以多種型式出現。例如，在"限耕面積政策"下，小麥或飼料農民同意農民同意限制其耕地面積。政府給予農民以特定價格收購農作物的權利做為交換。若市場價格超過保證價格，農民毋需銷售其產品給政府。但若市場價格低於保證價格，農民可執行銷售的權利。此外，由於限耕政策降低農作物產量，因此，市場價格會高於限制前的均衡價格。

其它政策用來保證其它農產品售價。例如，政府以「配額磅數」是來保證花生價格，限制農民可銷售的花生數量。多年來，國內的糖農依賴限制進口配額的方式來提高美國糖價。政府也限制某些菸農的生產量來支持菸草價格。

由於農產品的生產者和消費者規模都很小，農產品市場通常是完全競爭很好的例子。缺乏價格保證，供需力量將導致競爭均衡和農業資源的效率分配。

章節預習 在本章，你將

- 學習如何分析政府在完全競爭市場不同型式，如貨物稅、生產者補貼、價格上限、價格下限、生產配額、進口關稅和配額的干預。
- 學習政府干預如何使市場偏離均衡，導致市場資源分配扭曲。
- 瞭解干預通常使某些人獲利，某些人受損而導致政策辯論。

10.1 導　論

在分析特定的政府干預之前，預習如何進行分析是很重要的。在本章，我們使用**部分均衡分析** (partial equilibrium)，通常只專注於單一市場。例如，我們檢視租金管制對房屋租賃市場的影響。部分均衡分析並不允許我們分析租金管制對其它市場價格的影響，包括未來租屋市場、家具、汽車和電腦市場。為了要檢視市場的變動如何同時影響所有市場，我們需要**一般均衡** (general equilibrium) 模型。一般均衡分析同時決定所有市場的均衡價格與數量。我們將於第 16 章介紹這種較複雜的分析。部分均衡分析的結論並不一定與一般均衡分析結論相同。儘管如此，部分均衡架構通常可得到有關政府干預的主要結論。

在本章，我們檢視缺乏政府干預的完全競爭市場。如我們在第 9 章所見，在完全競爭市場所有生產者與消費者是沒有組織的；亦即，他們的規模較市場為小，故其為價格接受者。若決策者有能力影響市場價格，我們就無法進行供給與需求的分析。相反地，我們需要適當的市場力量模型，如第 11 章至第 14 章所討論的模型。

一如我們在第 9 章所學，在完全競爭市場，消費者對產品本質與產品價格具有完全訊息。有時政府干預是因為市場無法提供足夠的訊息給消費者。例如，健保部門是一競爭結構，有許多醫療服務的提供者和消費者。但是醫療產品，包括醫療和醫療過程，可以複雜到消費者沒有足夠訊息做正確判斷。政府在這種複雜市場干預目的是保護消費者。

此外，完全競爭並不存在**外部性** (externalities)。消費者或生產者的行為導致產品售價以外成本或利益，外部性通常會出現在市場中。例如，若生產者污染環境則有生產外部性。污染產生社會成本，若無政府干預則會被生產者忽略。當個別消費者對其它消費者造成利益或成本時，則有消費外部性。例如，房屋市場計畫法令的存在是確保房屋擁有者不會從事危害鄰近地區房屋價值的行為。在本章，我們不考慮外部性的影響；反之，我們將於第 17 章說明。

最後，透過本章我們利用消費者剩餘來衡量市場存在干預時，消費者福利的增加或減少。如第 5 章所示，當所得效果很小時 (通常指得是占總預算比例很小的商品)，消費者剩餘的變動可做為價格變動對消費者福利變動的良好指標。然而，我們在第 5 章也見到，消費者剩餘並不全然是衡量價格變動對消費者影響的方

部分均衡分析
在其它市場價格不變下，研究單一市場均衡價格與數量決定的分析。

一般均衡分析
同時決定一每個市場以上均衡價格與數量的分析。

外部性
在價格變動以外，決策者的行為影響其它消費者或生產者福利的效果。

法。就一項具所得效果大的商品，以補償或對等變量，而非消費者剩餘來衡量價格變動對消費者福利變動是相當重要的。

10.2 一隻看不見的手

完全競爭市場的重要特徵之一是：在均衡時，競爭市場的資源分配是有效率地。圖 10.1 說明此點。在競爭均衡，市場價格是 $8，市場每年交易量爲 6 百萬單位 (R 點)。消費者與生產者剩餘的加總爲 VRW，需求曲線 D 以下和供給曲線 S 以上的面積或每年 5 千 4 百萬。

為什麼市場生產 6 百萬單位時有經濟效率？讓我們以為何不生產此產出時未達效率來回答。例如，為什麼市場只生產 4 百萬單位時沒有效率？需求曲線告訴我們消費者願意支付 $12 消費第 4 百萬單位的產出。但供給曲線透露社會生產該單位產出的成本是 $6 (記得，供給曲線指出市場生產下一單位產出的邊際成本)。因此，若生產第 4 百萬單位產出，總剩餘將增加 $6 (即，$12 － $6)。當需求曲線位於供給曲線之上時，多生產一單位產出，總剩餘會增加。若產出從 4 百萬增至 6 百萬單位，總剩餘將增加面積 RNT 或 $6 百萬。

市場生產 7 百萬單位是否有效率？需求曲線指出消費最後一單位願意支付的價格是 $6。但供給曲線指出生產該單位的成本是 $9。因此，若生產第 7 百萬單位，總剩餘將減少 $3 (即，$9 － $6)。當需求曲線位於供給曲線之下，減少產量將可增加總剩餘，

圖 10.1 完全競爭的經濟效率

在競爭均衡，市場價格是每單位 $8，而交易數量是 6 百萬。消費者剩餘是面積 AVR (3 千 6 百萬)，生產者剩餘是面積 AWR (1 千 8 百萬)。供給曲線指出，生產 6 百萬單位的邊際成本是 $8，由於每一位消費者至少願意支付 $8 來消費和每一位生產者願意以 $8 供給商品，市場是有效率地分配資源。在供需曲線已知下，生產者與消費者剩餘達到最大 (5 千 4 百萬)。

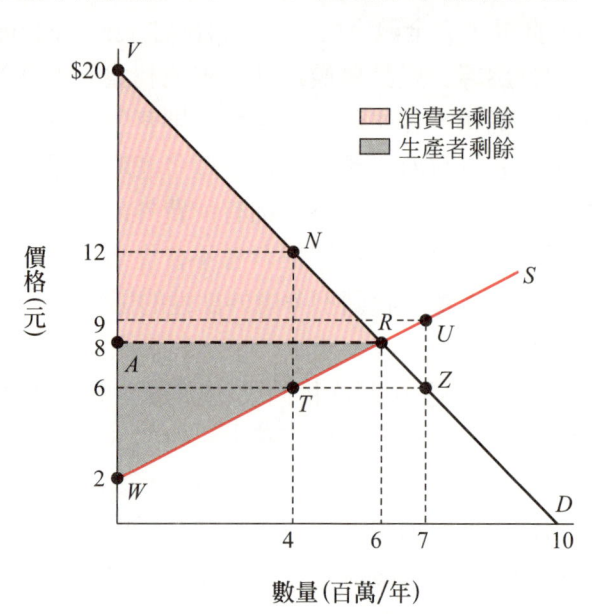

若產出由 7 百萬減至 6 百萬，總剩餘將增加面積 RUZ，或 $150 萬。

總之，生產水準不在 6 百萬將導致總剩餘少於 5 千 4 百萬。供需曲線的交點決定效率產出水準 (總剩餘最大)，亦即，完全競爭的均衡。

這告訴我們第二個重要功課。在一完全競爭市場，每個生產者追求自我利益最大，決定是否加入市場，若決定加入，要決定生產多少以追求生產者剩餘的最大。此外，每位消費者也是追求其自我利益最大，決定購買多少商品以極大效用。社會上並沒有一個是全知的計畫者告訴生產者和消費者如何行動以達到效率產出。儘管如此，完全競爭市場產出是經濟淨利益 (以總剩餘來衡量) 達最大產出。如亞當·斯密在 1976 年的古典論述 (國富論的原因與本質)，就像是有"一隻看不見的手"指導完全競爭市場達到效率的生產與消費水準。

10.3 貨物稅

貨物稅是針對特定商品的稅負，如汽油、酒、菸草或飛機票。經濟學家通常利用部分均衡分析來研究競爭市場中貨物稅的影響。例如，我們可能想要知道汽油稅如何影響消費者支付的價格，以及生產者收到的價格。汽油市場的部分均衡分析視其它商品 (如，汽車、輪胎，甚至冰淇淋) 價格固定。然而，若汽油稅開始課徵，其它商品價格可能改變，部分均衡架構並不會討論這些變動的結果。

當稅負不存在時，競爭市場均衡如圖 10.1 所示。因為市場處於均衡狀態，供給量 (Q^s) 等於需求量 (Q^d)，在圖 10.1，我們看到均衡時 $Q^d = Q^s = 6$ 百萬單位。當稅負不存在，消費者支付的價格 (稱為 P^d) 等於生產者收到的價格 (P^s)。在圖 10.1 的均衡，$P^s = P^d =$ 每單位 $8。

假設政府課徵每單位 $6 的貨物稅。稅負產生消費者支付該商品價格與生產者收到價格間的"稅收差值"。一種思考差距的方式是想像生產者有繳稅的"行政責任"。(此為實務上貨物稅運作的方式。) 若消費者支付每單位 $10，生產者立刻將其中的 $6 轉給政府，剩下的 $4 為其收入。一般來說，生產者收到的價格 P^s 比消費者支付的價格 P^d 少 $6，$P^s = P^d - 6$，或相當於 $P^d = P^s + 6$。這個關係對任何金額均成立：在每單位 T 的稅負下 (本例為 $T =$

圖 10.2 課徵貨物稅的均衡

若政府每單位課徵 $6 的貨物稅，$S$ + $6 的曲線代表當消費者支付邊際成本加上稅負後的價格時，生產者願意供給的數量。需求曲線 D 與 S + $6 曲線的交點決定均衡數量，4 百萬單位，消費者每單位付 $12 ($M$ 點)，政府每單位收到 $6，生產者收到 $6 ($M$ 點)。

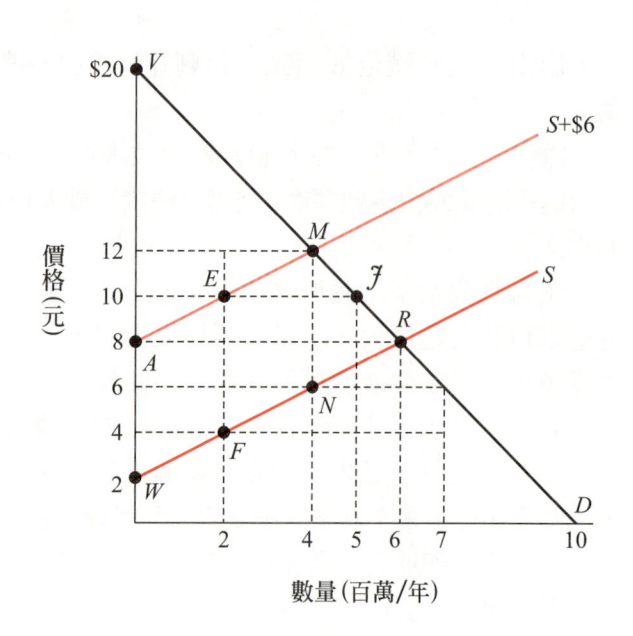

$6)，$P^d = P^s + T$。

在一供給曲線正斜率與需求曲線負斜率的市場，貨物稅效果如下：

- 市場產出低於效率產出 (即未課稅下的產生)
- 消費者剩餘低於未課稅前的水準
- 生產者剩餘低於未課稅前的水準
- 由於課徵稅收，其對政府預算的衝擊為正，由於稅收將分配給經濟社會的人們，其為社會的淨利益之一。
- 稅收將低於消費者剩餘和生產者剩餘減少的部分。因此，稅收將引起經濟淨利益的損失 (無謂損失——見下面的討論)。

一種觀察稅負影響的方式是畫出稅收垂直加於供給曲線的新曲線——例如，圖 10.2 的曲線 S + $6。因為貨物稅的衝擊如同廠商的邊際成本每單位增加 $6，供給曲線垂直上移 $6，此"假想"新供給曲線告訴我們，當消費者支付的價格足以彌補真實供給曲線上的邊際成本加上 $6 的稅負時，生產者將銷售的產出數量。例如，若價格加上稅負為 $10，生產者將供給 2 百萬單位 (圖 10.2 的 E 點)。當消費者支付每單位 $10 的市場價格，生產者只收到扣除稅負後的 $4。真實供給曲線的點 F 指出，當生產者收到稅後價格 $4 時，將提供 2 百萬單位的產出。

圖 10.2 指出，若消費者支付 P^d = $10，市場將不會結清。在

該價格，消費者想要購買 5 百萬單位 (點 J)，但生產者只願意銷售 2 百萬單位 (點 E)。超額需求為 3 百萬單位 (點 E 和 J 間的水平距離)。

課稅後的均衡是在需求與"假想"供給曲線 S + $6 的交點 (M 點)，其中市場均衡數量為 4 百萬單位與消費者支付 $P^d = \$12$。政府每單位課稅 $6，而生產者收到的價格 $P^s = \$6$ (N 點)。

現在我們可以比較稅前與稅後均衡，[2] 利用圖 10.3 來計算消費者剩餘、生產者剩餘、政府稅收、淨經濟利益、和**無謂損失** (deadweight loss) (當稅負課徵時，無人──生產者、消費者或政府均未獲取的存在淨經濟利益)。

未課稅，消費者剩餘是需求曲線 D 以下，且消費者支付價格 ($8) 以上的面積 (消費者剩餘＝面積 A + B + C + E ＝每年 $3 千 6 百萬)。生產者剩餘是真實供給曲線 S 與生產者收到的價格 (也是 $8) (生產者剩餘＝面積 F + G + H ＝每年 $1 千 8 百萬)。稅收為零，因此淨經濟利益是每年 $5 千 4 百萬 (消費者剩餘＋生產者剩餘)，無謂損失並不存在。

課稅後，消費者剩餘是需求曲線以下與消費者支付的價格 ($P^d = \$12$) 以上所圍成的面積 (消費者剩餘＝面積 A ＝每年 $1 千 6 百萬)。生產者剩餘為何？每銷售一單位的生產者剩餘等於生產者收到的淨稅後價格 ($P^s = \$6$) 和該單位邊際成本的差額。由於真實供給曲線代表淨稅後價格與供給量間的關係，我們以真實供給曲線以上與生產者收到的淨稅後價格 (P^s) $6 以上的面積來計算生產者剩餘 (生產者剩餘＝面積 H ＝每年 $8 百萬)。稅收為銷售數量 (4 百萬) 乘以每單位稅收 ($6) (稅收＝包括面積 B + C + G ＝每年 $2 千 4 百萬)。每年的淨經濟利益是 $4 千 8 百萬 (消費者剩餘＋生產者剩餘＋稅收)，所以無謂損失是每年 $6 百萬 (未課稅的淨經濟利益－課稅後的淨經濟利益＝ $5 千 4 百萬－ $4 千 8 百萬)。

無謂損失 $6 百萬的產生是因為稅收減少消費者剩餘 $2 千萬，和生產者剩餘 $1 千萬 (總共 $3 千萬)，稅收增加 $2 千 4 百萬 ($2 千 4 百萬－ $3 千萬＝－ $6 百萬)。在圖 10.3，無謂損失是面積 E (每年 $4 百萬) 和 F (每年 $2 百萬)，兩者皆為課稅前的淨經濟

無謂損失
資源分配無效率所導致經濟淨利益的減少。

---

[2]. 稅前與稅後的比較是第一章所敘述的比較靜態。外生變數是稅率，從 0 增加至每單位 $6，我們可以知道，稅率變動如何引起內生變數的改變 (如交易量、生產者收到的價格、消費者支付的價格)。

400 個體經濟學

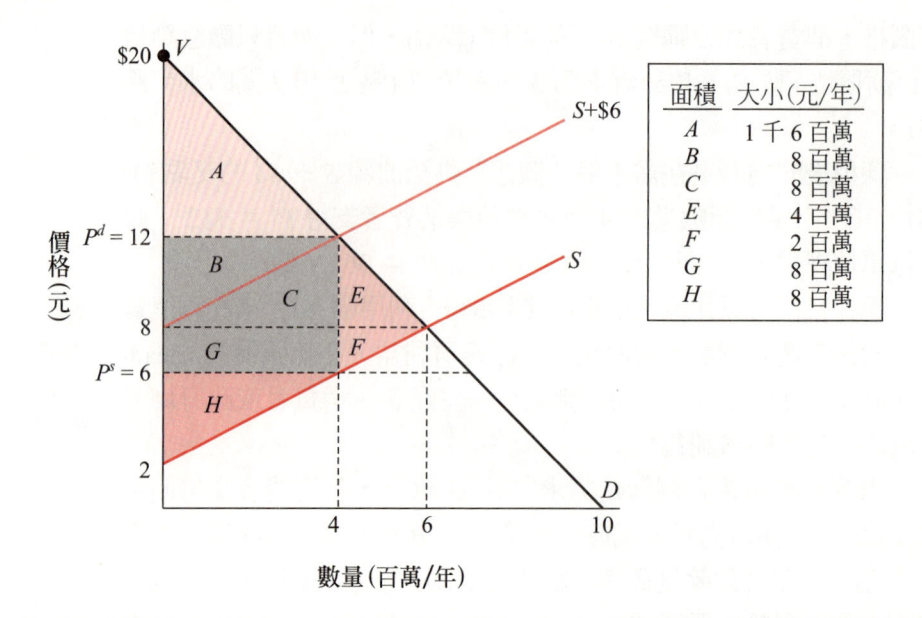

面積	大小(元/年)
A	1 千 6 百萬
B	8 百萬
C	8 百萬
E	4 百萬
F	2 百萬
G	8 百萬
H	8 百萬

	課稅前	課稅後	稅負衝擊
消費者剩餘	($3 千 6 百萬)	($1 千 6 百萬)	(－$2 千萬)
生產者剩餘	($1 千 8 百萬)	($8 百萬)	(－$1 千萬)
政府稅收	0	($2 千 4 百萬)	($2 千 4 百萬)
淨利益 (消費者剩餘＋生產剩餘＋政府稅收)	$5 千 4 百萬	$4 千 8 百萬	－$6 百萬
無謂損失	0	($6 百萬)	($6 百萬)

圖 10.3　$6 貨物稅的衝擊

課稅前，消費者和生產者剩餘的總和為 $5 千 4 百萬。$6 的貨物稅使消費者剩餘減少 $2 千萬，生產者剩餘減少 $2 千 4 百萬，淨利益減少 $6 百萬 (無謂損失)。

利益。面積 E 為消費者剩餘的一部分，面積 F 為生產者剩餘的一部分，因為稅負降低消費者的購買量和生產者的供給量，兩者的利益消失，從 6 百萬單位減少至 4 百萬單位。

潛在的淨經濟利益固定且等於消費者剩餘，生產者剩餘，稅收和無謂損失的加總 (在本例為 $5 千 4 百萬)。然而，真實的淨經濟利益減少的金額等於無謂損失。所有的變動如下表所示：

	消費者剩餘	生產者剩餘	稅收	無謂損失	淨經濟利益
課稅前	$36 百萬	$18 百萬	0	0	潛在：$5 千 4 百萬 真實：$5 千 4 百萬
課稅後	$16 百萬	$8 百萬	$24 百萬	$6 百萬	潛在：$5 千 4 百萬 真實：$4 千 8 百萬

邊做邊學習題 10.1

貨物稅的衝擊

在本習題，我們利用代數決定圖 10.3 的均衡價格與數量。圖 10.3 的供需曲線如下：

$$Q^d = 10 - 0.5P^d$$
$$Q^s = \begin{cases} -2 + P^s, \text{當 } P^s \geq 2 \\ 0, \text{當 } P^s < 2 \end{cases}$$

其中，Q^d 是消費者支付 P^d 的需求量，而 Q^s 是生產者收到 P^s 的供給量。供給方程式的最後一行代表生產者收到的價格每單位少於 $2 的供給量為零。因此，價格介於 0 與 $2 之間，供給曲線位於縱軸上。

問題：
(a) 課稅前，均衡價格與數量是多少？
(b) 假設政府每單位課 $6 的貨物稅，新均衡為何？消費者支付價格為何？生產者收到的價格為何？

解答：
(a) 課稅前，兩個條件必須符合。
   (i) $P^d = P^s$ (無稅收)。因為市場只有一個價格，讓我們稱為 P^*。
   (ii) 同時，市場清結，因此 $Q^d = Q^s$。
       這些條件需要 $10 - 0.5P^* = -2 + P^*$，所以均衡價格 $P^* =$ 每單位 $8。將 $P^* = \$8$ 代入需求或供給方程式可得均衡數量。若我們使用需求方程式，可發現均衡數量為 $Q^d = 10 - 0.5 \times 8 = 6$ 百萬單位。
(b) 在 $6 的貨物稅下，有兩個條件必須符合：
   (i) $P^d = P^s + 6$；消費者支付的價格 P^d 與生產者收到的淨稅後價格 P^s 之間的差距的稅率。
   (ii) 同時，市場達到均衡，所以 $Q^d = Q^s$ 或 $10 - 0.5P^d = -2 + P^s$。
       因此 $10 - 0.5(P^s + 6) = -2 + P^s$，所以生產者收到的每單位價格 $P^s = 6$。消費者支付的每單位價格為 $P^d = P^s + 6 = \$12$。均衡數量係將 $P^d = \$12$ 代入需求方程式：$Q^d = 10 - 0.5P^d = 10 - 0.5(12) = 4$ 百萬單位。(或者，我們可將 $P^s = \$6$ 代入供給方程式。)

類似習題： 10.2、10.5、10.9、10.12 和 10.13

稅收負擔

在一具有正斜率供給曲線與負斜率需求曲線的市場中，貨物

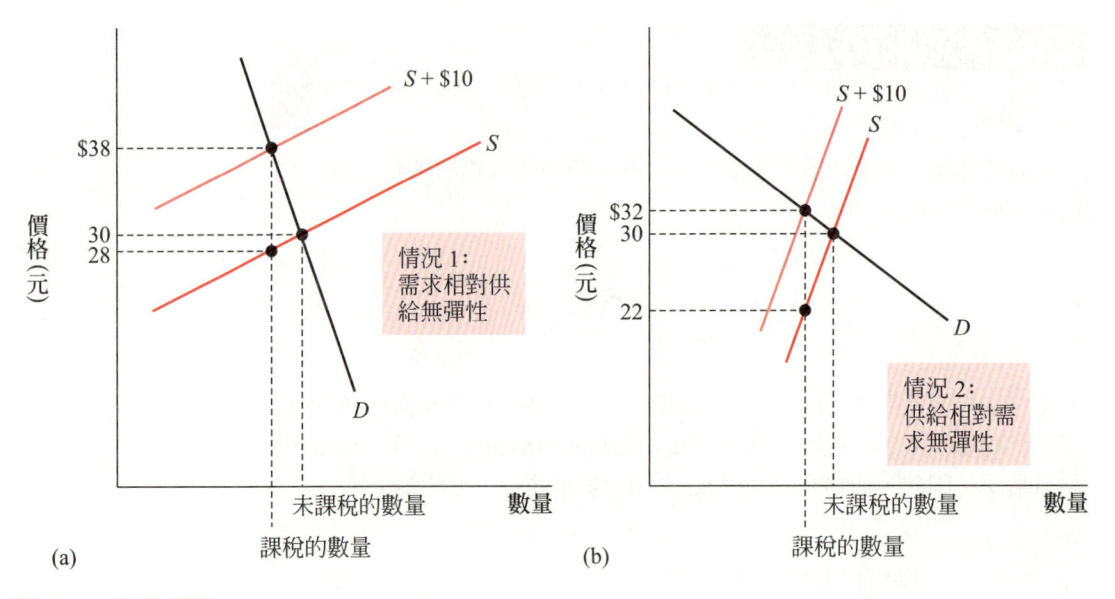

圖 10.4　稅收負擔

在情況 1，需求曲線相對無彈性，$10 的稅負主要由消費者負擔。在情況 2，供給曲線相對無彈性，稅負主要由生產者負擔。

稅收負擔

衡量稅收對市場中消費者支付價格與生產者收到價格的影響。

稅將提高消費者支付的市場價格但降低生產者收到的淨稅後價格。何者價格將因課稅而變化較大：消費者支付的價格或生產者收到的價格？在邊做邊學習題 10.1，消費者支付的價格增加 $4 (從 $8 升至 $12)。生產者收到的價格減少 $2 (從 $8 降至 $6)。**稅收負擔** (incidence of a tax) 是稅負對消費者支付價格與生產者收到價格的影響。稅收負擔或責任由生產者與消費者共同分攤 (在邊做邊學習題 10.1，消費者負擔大部分的稅負)。

稅收負擔受供需曲線形狀的影響。圖 10.4 描繪兩種情況。在兩種情況下，課稅前的均衡價格都是每單位 $30。然而，$10 的稅負在兩個市場的結果大不相同。

在情況 1，需求相對無彈性而供給較有彈性。稅負造成消費者多付 $8，生產者少收 $2。由於需求較無彈性，課稅造成的價格變動大部分由消費者吸收。

在情況 2，供給曲線相對無彈性，而需求曲線較有彈性。因此，課稅對生產者的衝擊較大，生產者少數到 $8，而消費者僅多付 $2。

如這兩種情況所示，若在競爭均衡時需求較供給無彈性，課稅對消費者影響較大，反之，對生產者影響則較大。對價格微幅變動而言,假設供需的價格彈性 $\epsilon_{Q^d,P}$ 和 $\epsilon_{Q^s,P}$ 固定爲合理的假設。這意味我們可總結稅收負擔與供需彈性的數量關係如下:

$$\frac{\Delta P^d}{\Delta P^s} = \frac{\epsilon_{Q^s,P}}{\epsilon_{Q^d,P}} \tag{10.1}$$

式 (10.1) 告訴我們,當價格彈性絕對值相等時,價格變動對消費者和生產者的影響相同 (記住需求價格彈性為負及供給價格彈性為正)。[3] 例如,若 $\epsilon_{Q^d,P} = -0.5$ 及 $\epsilon_{Q^s,P} = 0.5$,則 $\Delta P^d/\Delta P^s = -1$。換言之,若稅率為 \$1,消費者支付的價格將上升 \$0.5,而生產者收到的價格將下跌 \$0.5。

現在假設供給相對需求有彈性 (即,$\epsilon_{Q^d,P} = -0.5$ 和 $\epsilon_{Q^s,P} = 2.0$)。則 $\Delta P^d/\Delta P^s = -4$。在這種情況下,消費者支付價格增加的幅度是生產者收到價格減少幅度的四倍。因此,如果貨物稅是 \$1,消費者支付的價格將增加 \$0.8,而生產者收到的價格將減少 \$0.2。稅收負擔最主要由消費者支付。

式 (10.1) 解釋許多州及聯邦政府稅對許多市場的衝擊。例如,酒與菸草等商品需求相當無彈性,而供給曲線相對有彈性。因此,在這些市場,貨物稅的負擔大部分落在消費者的身上,而非生產者。

範例 10.1

加侖與美元:加侖稅

在 1990 年代末,美國每年約購買 1 千 1 百萬加侖的汽油。汽油零售價格隨著時間經過在不同區域的價格大不相同,但當時消費者支付的平均價格 (P^d) 約為每加侖 \$1.10。通常不僅聯邦政府課徵汽油稅,地方和州政府也課徵汽油稅。因此,各地稅負不一。儘管在某些地方汽油稅接近每加侖 \$0.5,在大多數區域的汽油稅約為每加侖 \$0.3 到 \$0.4。

在一"簡單輕鬆的例子",讓我們假設汽油稅 (T) 是每加侖 \$0.3。這表示生產者收到的價格 (P^s) 約為每加侖 \$0.8。研究顯示,在中期 (如 2 到 5 年) 供需自我價格彈性 $\epsilon_{Q^d,P} = -0.5$ 及 $\epsilon_{Q^s,P} = 0.4$。

利用當前均衡的資訊,讓我們檢視兩個問題:

1. 若不課稅,我們預期的價格與數量是多少?

---

[3] 想要瞭解為何式 (10.1) 正確,考慮一市場稅率微幅變動的影響,假設未課稅之市場均衡價格和數量分別為 P^* 和 Q^*,若稅率微幅變動,$\varepsilon_{Q^d,P} = \Delta Q/\Delta Q^* \cdot P^*/\Delta P^d$,可寫成 $\Delta Q/Q^* = (\Delta P^d/P^*)\varepsilon_{Q^d,P}$,同樣地,$\varepsilon_{Q^s,P} = \Delta Q/Q^* \cdot P^*/P^s$,這意謂 $\Delta Q/Q^* = (\Delta P^s/P^*)\varepsilon_{Q^s,P}$,由於市場清結,稅收會減少 $(\Delta P^d/P^*)\varepsilon_{Q^d,P} = (\Delta P^s/P^*)\varepsilon_{Q^s,P}$,而簡化成 (10.1) 式。

圖 10.5　汽油稅的影響

在每加侖 $0.3 的汽油稅下，消費者每加侖支付 $1.10 (在 R 點)，生產者每加侖收到 $0.8 (在 W 點)。若不課稅，均衡價格是每加侖 $0.94 (在 E 點)，稅收負擔平均由消費者和生產者分攤。

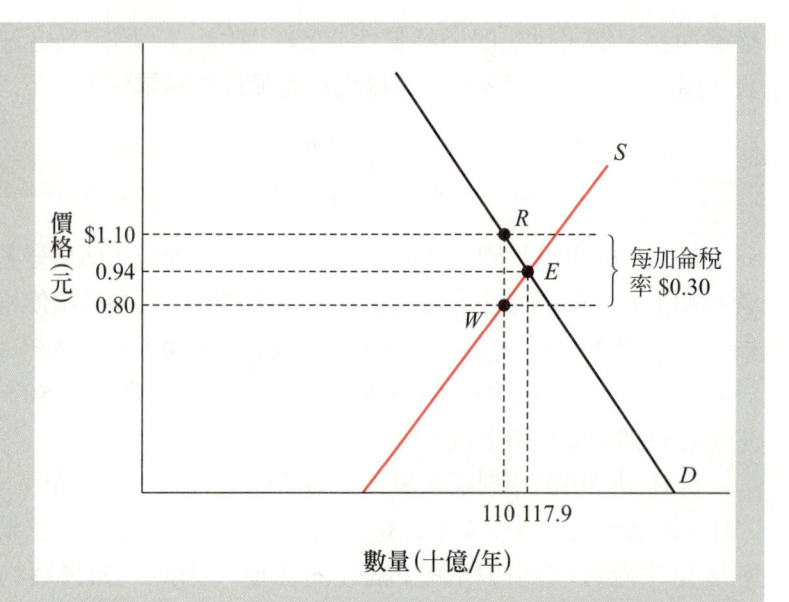

2. 有時對汽油稅的討論指出汽油稅每增加一美分，每年可增加 10 億美元的稅收，至少對每加侖 $0.3 的稅是否合理？

在這個範例，我們假設供需曲線皆為直線，且在均衡時每加侖汽油稅為 $0.3 的彈性值是正確的。首先讓我們決定圖 10.5 中需求曲線通過 R 的方程式，其中價格是 $1,150，數量 (10 億加侖) 為 110。若需求曲線是一直線，則其函數型式為

$$Q^d = a - bP^d \tag{10.2}$$

利用上述數據，讓我們求出式 (10.2) 的係數 a 和 b。根據定義，需求的價格彈性是 $\epsilon_{Q^d, P} = (\Delta Q/\Delta P)(P^d/Q^s)$。在直線型需求曲線中，$\Delta Q/\Delta P = -b$。因此，$-0.5 = -b(1.10/110)$ 或 $b = 50$。現在我們知道 $Q^d = a - 50P^d$。利用 R 點的資料，我們可計算出 a。因此，$110 = a - 50(1.10)$，所以 $a = 165$。需求曲線方程式為 $Q^d = 165 - 50P^d$。

直線型供給曲線 (其中 e 和 f 為常數) 是

$$Q^s = e + 8P^s \tag{10.3}$$

現在，讓我們求出 e 和 f。根據定義，供給的價格彈性是 $\epsilon_{Q^d, P} = (\Delta Q/\Delta P)(P^s/Q^d)$。在式 (10.3)，$\Delta Q/\Delta P = f$。因此，在圖 10.5 的 W 點，$0.4 = f(0.8/110)$ 或 $f = 55$。因此，$Q^s = e + 55P^s$，利用 W 點的資料，我們可以計算 e。因此，$110 = e + 55(0.8)$，所以 $e = 66$。因此，供給曲線方程式是 $Q^s = 66 + 55P^s$。

圖 10.5 畫出供給和需求曲線。若不課稅均衡在 E 點，均衡價格 $P^* = P^s = P^d$ (沒有稅率)。因為市場清結 ($Q^s = Q^d$)，我們知道 $165 - 50P^* = 66 + 55P^*$，所以均衡價格為每加侖 $P^* \approx \$0.94$。若不課稅，市場有 1,180 億加侖的石油出售。

稅負 ($T =$ 每加侖 $0.3) 由消費者與生產者平均負擔。由於供需彈性大致相等，稅負平均分攤並不令人驚訝。課稅後，消費者每加侖支付 $1.10 而非 $0.94，生產者收到 $0.8 而非 $0.94。

第 10 章　完全競爭市場的理論應用　**405**

　　我們可以利用邊做邊學習 10.1 計算不同稅率下，消費者支付的價格，生產者收到的價格及汽油稅的稅收。下表列出汽油稅介於 $0 至 $0.6 的結果 (並未寫出計算過程)。

　　表列指出，若汽油稅每加侖從現行的 $0.3 增加至 $0.4，則汽油稅的稅收增加 $100 億 (每年從 $330 億增至 $430 億)。因此，至少在均衡的附近，每加侖增加 1 美分可增加 10 億的稅收。

　　雖然這個例子讓我們瞭解汽油稅的影響，我們必須記住有一些強烈的假設限制模型的有用性，特別是我們想用來預測大幅稅率變動的影響。首先，即使價格大幅變動，供需曲線仍假設是線性。儘管線性對均衡附近的微小變動相當有效，對大幅波動的預測不見得正確。其次，汽油稅的大幅波動對其它市場價格會有顯著影響。想要研究汽油稅變動對其它市場的影響，我們必須跨越單一市場的部分均衡分析。

每加侖稅率	數量 (十億加侖/年)	生產者收到的價格 (P^s)	消費者支付的價格 (P^dP^d)	稅收 (10 億元/年)
$0.00	117.9	$0.94	$0.94	$ 0.00
$0.10	115.2	$0.90	$1.00	$11.52
$0.20	112.6	$0.85	$1.05	$22.52
$0.30	110.0	$0.80	$1.10	$23.00
$0.40	107.4	$0.75	$1.15	$42.95
$0.50	104.8	$0.70	$1.20	$52.38
$0.60	102.1	$0.66	$1.26	$61.29

10.4 補貼

　　不是對市場課稅，政府可能決定補貼它。我們可將補貼視為負稅收：消費者支付市場價格 P^d，然後政府補貼生產者每單位 T，讓生產者可收到補貼後的價格 P^s，等於 $P^d + T$。正如你所猜測的，補貼的許多影響是稅收影響的反面。

● 相對效率水準，市場將過度生產 (亦即，沒有補貼的供給量)。
● 消費者剩餘將比補貼前高。
● 生產者剩餘將比補貼前高。
● 政府預期的衝擊為負。由於支付補貼的金錢必須來自經濟體系的另外一個地方，政府對補貼支出構成負的總經濟利益。
● 政府對補貼的支出會大於消費者與生產者剩餘的增加。因此，過度生產將會有無謂損失。

　　圖 10.6 顯示每單位 $3 的補貼如何影響圖 10.1 所敘述的市場。在圖 10.6，曲線 $S - \$3$ 是供給曲線垂直減去補貼金額。如同每一位生產者的邊際成本每單位扣掉 $3，供給曲線向下移動 $3。"想像"的供給曲線 $S - \$3$ 告訴我們，當生產者收到的價格

406 個體經濟學

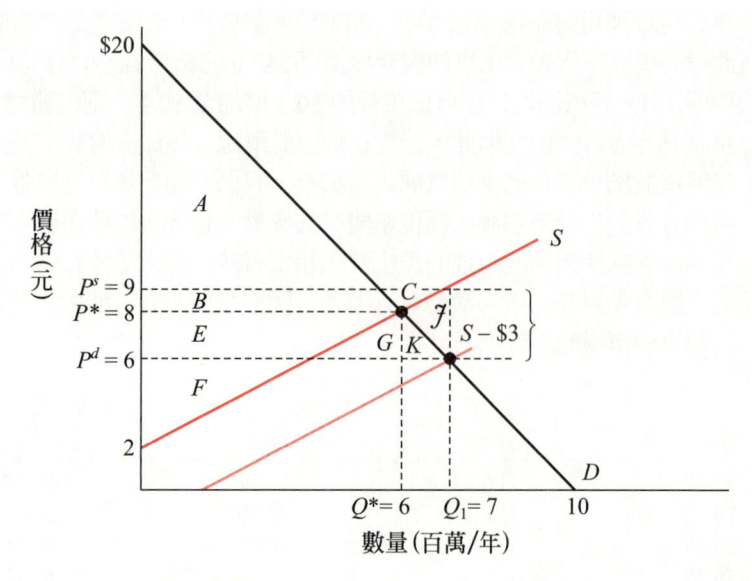

	補貼前	補貼後	補貼的影響
消費者剩餘	$A + B$	$A + B + E + G + K$	$E + G + K$
	(536 百萬)	(549 百萬)	(513 百萬)
生產者剩餘	$E + F$	$B + C + E + F$	$E + C$
	(518 百萬)	(524.5 百萬)	(56.5 百萬)
政府預算的衝擊	0	$-B-C-E-G-K-f$	$-B-C-E-G-K-f$
		(549 百萬)	(-521 百萬)
淨利益 (消費者剩餘+ 生產者剩餘－政府支出)	$A + B + E + F$	$A + B + E + F - f$	$-E + G + K$
	(554 百萬)	(552.5 百萬)	(-51.5 百萬)
無謂損失	0	f(51.5 百萬)	

圖 10.6　補貼 $3 的衝擊

補貼前，消費者剩餘與生產者剩餘總和為 $5,400 萬，市場上最大的淨利益，補貼使消費者剩餘增加 $1,300 萬，生產者剩餘增加 $650 萬，政府預算為 $-$210 萬，淨利益減少 $150 萬 (無謂損失)。

包括消費者支付的價格加上補貼時，生產者所願意提供的數量。

若無補貼，均衡是在需求曲線 D 與供給曲線 S 的交點。在此點，$P^d = P^s = \$8$，市場清結數量為 $Q^* =$ 每年 6 百萬單位，若政府補貼，需求曲線與"想像"供給曲線 $S - \$3$ 交點所決定的均衡數量 $Q_1 =$ 每年 7 百萬單位。在此數量，$P^d = \$6$ 和 $P^s = \$9$ (即，P^d 加 $3 的補貼)。

現在我們利用圖 10.6 來比較補貼前後的均衡以計算消費者剩餘、生產者剩餘、政府預算的衝擊、淨經濟利益和無謂損失。

若無補貼，消費者剩餘是需求曲線以下及消費者支付價格 ($8)

以上的面積 (消費者剩餘＝面積 $A + B$＝每年 \$3 千 6 百萬)。生產者剩餘是供給曲線以上及生產者收到價格 (亦為 \$8) 以下的面積 (生產者剩餘＝面積 $E + F$＝每年 \$1 千 8 百萬)。政府支出為零，因此淨經濟利益是每年 \$5 千 4 百萬 (消費者剩餘＋生產者剩餘)，且無謂損失為零。

若政府補貼，消費者剩餘是需求曲線以下和消費者支付價格 (P^d = \$6) 以下的面積 (消費者剩餘＝面積 $A + B + E + G + K$ = 每年 \$4 千 9 百萬)。生產者剩餘是真實供給曲線 S 以上和生產者收到的補貼後價格 (P^s = \$9) 以上的面積 (生產者剩餘＝面積 $B + C + E + F$＝每年 \$2 千 4 百 50 萬)。政府支出是銷售量 (7 百萬) 乘以每年位補貼價格 (\$3)。(政府支出＝長方形包括面積 $B + C + E + G + K + J$＝每年 \$2 千 1 百萬；注意，在圖 10.6 的表，這代表負的淨經濟利益，因為它必須由經濟體系中別處的稅收來支應。) 淨經濟利益是每年 \$5 千 250 萬 (消費者剩餘＋生產者剩餘－政府支出)，所以無謂損失是每年 \$150 萬。(補貼前之淨經濟利益－補貼後之淨經濟利益＝\$5 千 4 百萬－\$5 千 250 萬。)

無謂損失 \$150 萬 (面積 f) 的發生是因為補貼增加消費者剩餘 \$130 萬和生產者剩餘 \$650 萬 (總共 \$1,950 萬)，而必要的政府支出 \$2,100 萬 (\$1,950 萬－\$2,100 萬＝－\$150 萬)。另一個無謂損失的說法是產量從補貼前的 6 百萬到補貼後的 7 百萬所引起。在這個階段的產量，供給曲線位於需求曲線之上，所以每單位的產出均造成淨利益的減少。由於補貼使得市場相對效率產量而過度生產，因此淨經濟利益下降。

與貨物稅的情況雷同，潛在的淨經濟利益是固定的，且等於消費者剩餘、生產者剩餘、政府預算的衝擊、以及無謂損失的加總，而淨經濟利益的下降幅度正好等於無謂損失。所有的結果均以下表表示：

	消費者剩餘	生產者剩餘	政府預算衝擊	無謂損失	淨經濟利益
補貼前	\$36 百萬	\$18 百萬	0	0	潛在：\$54 百萬 真實：\$54 百萬
補貼後	\$49 百萬	\$24.5 百萬	521	51.5	潛在：\$54 百萬 真實：\$552.5 百萬

> **邊做邊學習題 10.2**
>
> **補貼的影響**
>
> 如邊做邊學習題 10.1 所示,供給與需求曲線為
>
> $$Q^d = 10 - 0.5P^d$$
>
> $$Q^s = \begin{cases} -2+P^s, & \text{當 } P^s \geq 2 \\ 0, & \text{當 } P^s < 2 \end{cases}$$
>
> 其中 Q^d 是當消費者支付 P^d 時的需求量,而 Q^s 是生產者收到的 P^s 的供給量。
>
> **問題** 假設政府提供每單位 \$3 的補貼。請找出均衡數量,消費者支付的價格和生產者收到的價格。
>
> **解答** 在 \$3 的補貼下,均衡時必須符合兩個條件:
> (i) 生產者收到的價格與消費者支付價格間的差距為 \$3 的補貼,$P^d = P^s - 3$ 或相當於 $P^s = P^d + 3$。
> (ii) 此時,市場清結,所以 $Q^d = Q^s$ 或 $10 - 0.5P^d = -2 + P^s$。
>
> 因此,$10 - 0.5(P^s - 3) = -2 + P^s$,所以生產者收到的價格 $P^s = \$9$。消費者支付的均衡價格是 $P^d = P^s - \$3 = $ 每單位 \$6。均衡數量是將 $P^d = \$6$ 代入需求方程式:$Q^d = 10 - 0.5P^d = 10 - 0.5(6) = 7$ 百萬單位。(或者,我們將 $P^s = \$9$ 代入供給方程式。)
>
> **類似問題**: 10.12

10.5 價格上限 (最高價格管制)

有時政府在市場制訂最高可允許的價格,如食物,汽油,原油或租屋。若價格上限低於市場有正斜率供給曲線與負斜率需求曲線的均衡價格,上限會有以下的影響:

- 市場不會清結。商品會有超額需求。
- 相對於效率水準,市場將生產不適 (亦即,在未管制市場的供給量)。
- 生產者剩餘將低於無價格上限之生產者剩餘。
- 部分 (並非全部) 消費者剩餘的減少將移轉給生產者。
- 因為價格上限造成超額需求,消費者剩餘的大小取決於想要購買該商品的消費者。在價格上限,消費者剩餘可能增加或減少。

● 無謂損失將會存在。

讓我們檢視房屋出租的價格上限，數十年來世界上許多城市都存在租金管制。租金管制是在房東向房客收取的租金上訂立法律上限。它們通常起源於戰時通貨膨脹期間，如一次世界大戰的倫敦和巴黎，二次世界大戰的紐約，1960 年代末和 1970 年代初越戰期間的波士頓及類似郊區。

在 1971 年，尼克森總統在全美國訂定工資和物價管制，凍結租金。在管制解除後，許多城市仍然對租金施以價格上限。在 1977 年，威廉·塔克寫道，"在 1970 年代，租金管制似乎是未來的潮流。到 1980 年代中期，全國超過 200 個城市，約占全國 20% 的人口，生活在租金管制下。然而，這是最高峰時期，隨著通貨膨脹壓力解除，租金管制的困擾逐漸褪去。"[4]

圖 10.7 說明特殊型態房屋市場的供給與需求曲線如紐約市的個人套房市場。就不同的出租價格而言，供給曲線 S 顯示房東願意提供的單位，需求曲線 D 代表消費者願意租賃的單位。

若無租金管制，均衡是在供需曲線的交點 (點 V)。在此點，均衡價格是每月 $P^*=1,600$，市場清結數量是 $Q^* = 80,000$ 單位。消費者願意支付的均衡價格 (消費者在需求曲線上介於點 Y 和 V 之間) 將可找到房子，且每一個房東在該價格提供房屋可以滿足市場。

假設政府藉由制定每月 \$1,000 的租金價格做為租金管制。在該價格下，市場不會清結，房東願意提供 5,000 單位 (點 W)，而消費者想要租 14,000 單位 (點 X)。因此，租金管制減少供給 30,000 單位 (80,000 － 5,000) 增加需求 60,000 單位 (14,000 － 80,000)，造成超額需求 90,000 單位 (30,000 ＋ 60,000)。(房屋市場的超額需求通常稱為房屋短缺)。

現在，我們可以利用圖 10.7 計算租金管制存在與不存在的消費者剩餘，生產者剩餘，淨經濟利益及無謂損失。

在沒有租金管制下，消費者剩餘是需求曲線以下與消費者支付價格以上 (\$1,600) 的面積 (消費者剩餘＝面積 $A + B + E$)。生產者剩餘是供給曲線以上與生產者收到價格以上 (\$1,600) 的面積 (生

---

[4] William Tucker, "How Rent Control Drives Out Affordable Housing," Cato Policy Analysis, paper no. 274 (Washington, D.cc.: The Cato Institute, May 21, 1997).

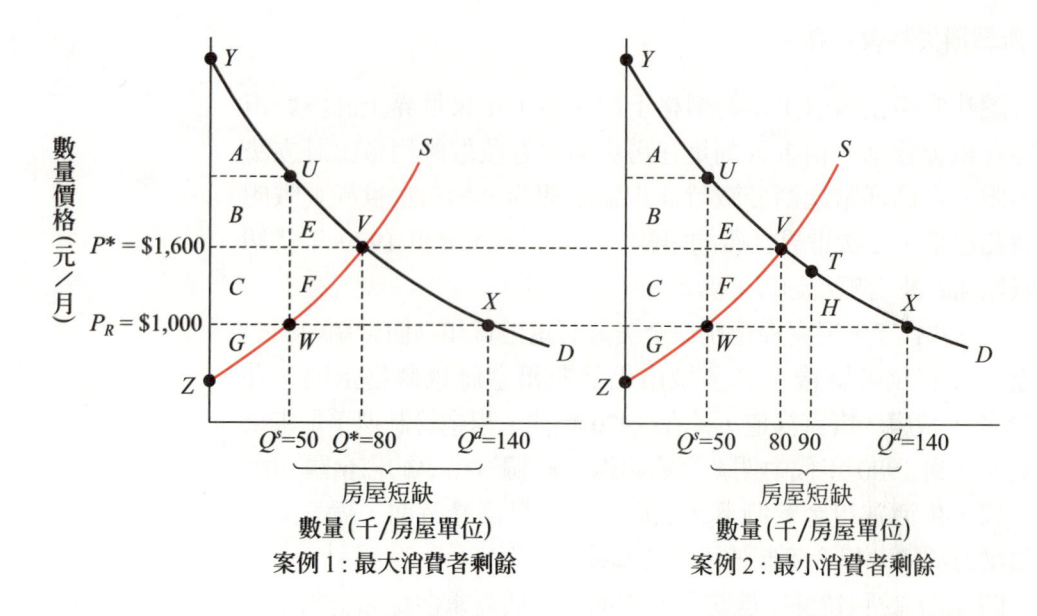

案例 1：最大消費者剩餘　　　　　　案例 2：最小消費者剩餘

	自由市場 (無租金管制)	租金管制		租金管制衝擊	
		案例 1 (最大消費者剩餘)	案例 2 (最小消費者剩餘)	案例 1 (最大消費者剩餘)	案例 2 (最小消費者剩餘)
消費者剩餘	$A+B+E$	$A+B+C$	H	$C-E$	$-A-B-E+H$
生產者剩餘	$C+F+G$	G	G	$-C-F$	$-C-F$
經濟利益 (消費者剩餘+生產者剩餘)	$A+B+C+E+F+G$	$A+B+C+G$	$H+G$	$-E-F$	$-A-B-C-E-F+H$
無謂損失	0	$E+F$	$A+B+C+E+F-H$	$E+F$	$A+B+C+E+F-H$

圖 10.7　租金管制的衝擊

租金管制需要房東每月索取租金不超過 $1,000，沒有租金管制可租 $1,600。這個圖形顯示兩個案例，在兩個案例中，生產者剩餘等於面積 G，案例 1：若所有 50,000 單位都租給願付最高價格的消費者 (在需求曲線上 Y 點和 U 點之間)，租金管制下的消費者剩餘達到最大。無謂損失最小。案例 2：若所有 50,000 單位都租給願付最低價格的消費者 (需求曲線上的 T 點和 X 點之間) 租金管制下的消費者剩餘達到最小，淨經濟利益也最小，且無謂損失最大。

產者剩餘＝面積 $C+F+G$)。淨經濟利益是生產者剩餘加消費者剩餘 (淨經濟利益＝面積 $A+B+C+E+F+G$)，且沒有無謂損失。

若有租金管制，如圖 10.7 所示，我們考慮兩個案例，兩者差異為消費者實際租賃的房屋數量：案例 1 為極大消費者剩餘，而案例 2 為極小消費者剩餘。在兩種案例中，房東提供的房屋數量介於供給曲線上的點 Z 和 W 之間，而生產者剩餘是供給曲線以上和所收到的價格以下 (P^R = $1,000) 之間的面積 (生產者剩餘＝面積 G)。因此，在租金管制下，生產者剩餘減少面積 C + F。生產者剩餘的減少解釋為何強力反對租金管制。

同時在兩個案例中，消費者幸運地租到 50,000 個房屋單位中的一個每月只須付 $1,000 而非 $1,600。生產者收到的所得減少面積 C。

想要瞭解生產者剩餘、消費者剩餘、淨經濟利益和無謂損失如何受租金管制的影響，我們必須承認 140,000 個消費者每月願意以 $1,000 租屋，但只有 50,000 單位可供出租。我們藉假設案例 1，消費者願意支付最高價格承租所有房單位和案例 2，消費者願意支付最低價格承租所有的房屋單位找出消費者剩餘可能的範圍。

- 案例 1 (極大消費者剩餘)。願意支付最高價格的消費者願意承租所有的房屋單位 (亦即，位於需求曲線上 Y 和 U 點間的消費者)。消費者剩餘是需求曲線 Y 和 U 點間的部份以下和消費者支付價格 (P_R = $1,000) 以上的面積 (消費者剩餘＝面積 A + B + C)；這是租金管制下最大可能的消費者剩餘。淨經濟利益＝(面積 A + B + C + E + F + G)−(面積 A + B + C + G)＝面積 E + F。因為租金管制減少供給 30,000 單位，無謂損失會產生，所以消費者剩餘的面積 E，生產者剩餘的面積 F，是社會的損失。

- 案例 2 (極小消費者剩餘)。願意支付最低價格的消費者願意承租所有房子(亦即，需求曲線上 T 和 X 點間的消費者[5]，這意味需求曲線 Y 和 T 點間的消費者無法找到房子，儘管他們每月願意支付的價格超過 $1,000)。消費者剩餘是需求曲線介於 T 和 X 點間的部分以下和消費者支付價格 (P_R=$1,000) 以上的面積 (消費者剩餘＝面積 H)；這是租金管制下最小的消費者剩餘。淨經

---

[5]. 我們並未考慮需求曲線 X 點右邊的消費者，因為即使他們可租到房子也不願在 $1,000 租屋。

濟利益＝消費者剩餘＋生產者剩餘＝面積 $H + G$。無謂損失＝無租金管制的淨經濟利益－租金管制下的淨經濟利益＝(面積 $A + B + C + E + F + G$)－(面積 $H + G$)＝面積 $A + B + C + E + F - H$。無謂損失大於案例 1 (面積為 $A + B + C - H$)，原因為所有房屋分配給消費者引起的無效率。

剛剛考慮的兩個案例定義租金管制下，消費者剩餘與無謂損失的上限和下限。真實的消費者剩餘和無謂損失可能介於兩個極端的案例之間。想要找到消費者剩餘與無謂損失的正確金額，我們需要更多有關房屋實際分配的情形。大多數的教科書描寫價格上限的圖形就如圖 10.7 的案例 1，假設商品在最高願付價格消費者的手中，當消費者能夠很容易地轉售給願付更高價的消費者時，這個假設是合理的，但如範例 10.2 所指出，實際上並不一定成立，即使在最初銷售時，他們也不見得能夠得到此商品。

範例 10.2

房屋管制下誰可租到房子？

如圖 10.7 所示，因為市場在租金管制下並未清結，消費者願付最高價格不必然能租到房子。在案例 1，幸運租到房子的消費者是那些願付最高價格者 (需求曲線上 Y 點和 U 點間的消費者)。然而，案例 2 說明另外一個極端，介於點 Y 和 X 點間的消費者分配到房子；在這個案例，沒有一個願意支付最高價格的消費者能租到房子。在實際的市場，房子以許多方式承租。有些人願意支付高價承租而有些人不願意付低價承租。實證研究如何告訴我們在租金管制下的房子分配情形？

Edward Glaeser 和 Eizo Luttmer 利用 1990 年的調查資料，研究紐約市租金管制的影響 (見 E Glaeser 及 E Luttmer "The Misallocation of Housing under Rent Controls," *The American Economic Review*, September 2003)。因為當時的租金管制並未包括五個房間以下的公寓，作者專注於五個以上房間的房屋。

作者認為有兩種方式可能導致房屋的分配沒有效率。第一，"有可能房子是隨機分配或以排隊方式分配而非以價格分配。第二，租金管制製造人們不想搬家的誘因。"整體而言，他們發現"大約有 20% 的公寓在錯誤人的手上"。這些公寓並未租給最想承租的消費者 (對應於圖 10.7 需求曲線上的 Y 和 U 點)。

Glaeser 和 Luttmer 觀察到"理論學者長期以來知道工資和物價管制可能引起商品分配沒有效率。然而，到目前為止，這個觀察無法製造實證文獻，或甚至進入大部分的經濟學教科書"。他們的研究檢視某一年的一個租金管制城市，且百分比可能隨著不同時間，不同城市而有所不同。然而，研究的確指出租金管制的福利效果。房屋始終分配給最想租的消費者並不是一個很好的假設。

範例 10.3

在網路上賣黃牛票

當美式足球 NFL 開始銷售超級盃門票時，它有許多票面價值 (印在票面上的價格) 遠低於市場價格。NFL 瞭解以面值出售將會有大量的超額需求。它接受一年前的預訂，然後以隨機抽樣方式選擇買票的人。

2004 年，第 38 屆超級盃在休士頓瑞里恩德體育館舉行前的一個月，面值 $500 的門票在許多網站上以 $2,000 到 $3,000 的價格出售。在其它的超級盃，加成甚至更高，市價通常是面值的 10 倍。

隨機抽取到的買者確實幸運，他們可以自己使用或轉售以賺取豐厚利潤，容易取得與活潑轉售市場的存在使得門票很快地到達願付最高價格的觀眾手上。

在 1970 年代，門票的面值和球賽的吸引性，兩種交易成本影響轉售的可能性。第一，在某些州，轉售 ("黃牛票") 是非法的，當罰款金額很高以及當轉售容易被逮到時，法律禁止轉售比較可能生效。即使轉售在許多地區是非法，當罰額甚低或被逮的風險近乎不存在時，轉售相當普遍。第二，轉售者負擔尋找供給者與需求者的交易成本。

在最近幾年，網際網路大大降低兩種交易成本，買賣雙方可以在舒適的家裏或辦公室進行交易。有了網站，賣黃牛票者能夠以非常低的成本進行廣告，以及較在體育館外交易更低的風險交易。

若轉售包括低交易成本，總剩餘將接近最大，如圖 10.7 討論價格上限的案例 1。部分的剩餘到中間商 (賣黃牛票者) 的手中，而非最後持有票者，且淨經濟利益從未從社會上蒸發。

當然，黃牛票通常涉及一定程度的風險，包括門票並不像廣告般真實，或甚至無效。那些支持禁止黃牛的法律通常舉詐欺的例子。若原始門票銷售者或政府機關願意制訂非常嚴格條件，它可能大幅降低轉售。例如，銷售者可將購買者照片放在門票上 (通常是都市運輸系統的月票) 或將購買者姓名寫在門票上，並要求買者攜帶有照片的身份證明 (航空公司通常是如此)。然而，這些措施造成公司成本及法律執行成本大幅提高，且通常難以施行。

在離開租金管制之前，我們注意到政府企圖管制商品價格鮮少能以直接方式運作成功。例如，當房屋出租市場發生短缺時，有些房東可能要求費用或金錢——亦即，對新租屋者要求額外金錢——在同意租屋之前。儘管這些費用是非法的，它們很難被監督，租屋者願意 (雖然不樂意) 支付比價格上限更高的價錢，支付鑰匙費用。房東也承認在超額需求下，即使他們的房屋品質日益下降，仍然可以找到房客。房租管制法律通常要求房屋品質必須維護，但要有效地執行這項意圖是很困難的事。此外，房東也認為在長期房屋能夠從租金控制轉為不受價格管制的用途，如大廈或甚至是停車場。租金管制通常會隨著時間經過，當受管制的房屋擁有者將土地轉作它用時，房屋出租數量將會減少。[7]

範例 10.4

上限與短缺：天然氣市場

在 1954 年美國最高法院裁定 (菲力浦石油公司和威斯康辛) 後，聯邦政府對天然氣跨州交易制訂價格管制，亦即，在某州生產天然氣 (如德州)，而銷售給另外一州的消費者或大廠 (如俄亥俄州)。相反地，本州市場價格 (如在德州生產和消費) 則不受管制。

在這個歷史決策後的許多年後，聯邦能源委員會在天然氣的源頭，即天然氣離開地裡時，制訂價格上限。在 1962 年以前，價格上限高於使跨州市場清結的價格。因此，在 1962 年以前，價格上限沒有約束力，且市場清結。

圖 10.18(a) 說明一市場的價格上限 P_R 高於均衡價格 P^*。在均衡價格，買賣雙方同時達到滿足，且價格上限並未違背。因此，價格上限對市場毫無影響。

在 1970 年代，價格上限變得有約束力且產業出現超額需求。當全球原油價格上漲和許多消費者想要天然氣取暖時，天然氣短缺變得相當嚴重。短缺價格上限，在 1970 年代中期，跨州市場的天然氣清結價格為每一千立方呎 (MCF) 約 \$2。[6] 然而，聯邦管制機構制定每 MCF \$1 為價格上限；如圖 10.8 所示。在價格上限，天然氣供給量 (Q^s) 約為需求量 (Q^d) 的三分之二，使得天然氣跨州市場有嚴重短缺情形。

(a) 無約束的價格上限，1962年之前

(b) 有約束的價格上限，1970年代中期

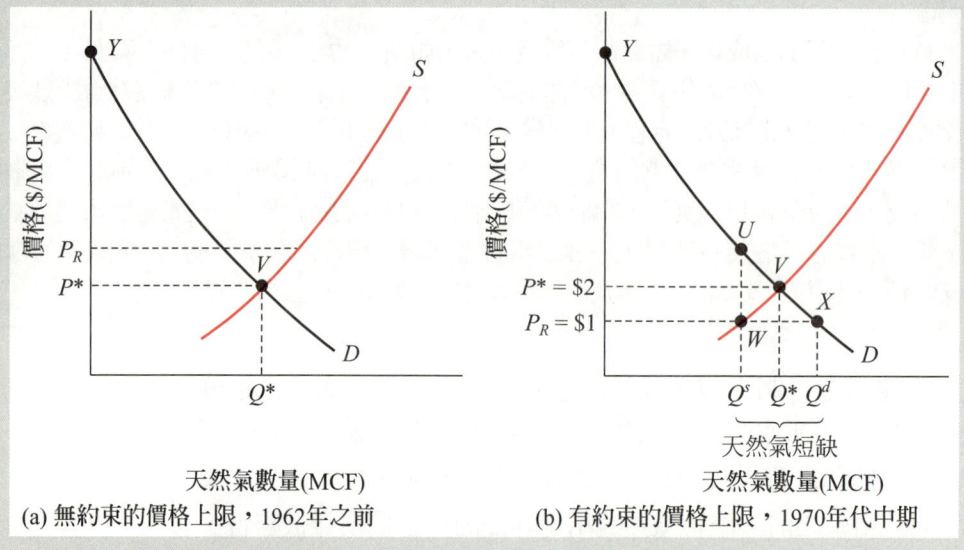

圖 10.8　天然氣的價格上限

圖 (a)：在 1962 年以前，在天然氣跨州市場的價格上限 (P_R) 高於均衡價格 (P^*)。價格上限對市場沒有影響因為市場清結價格低於上限。圖 (b)：在 1970 年代中期，最高可允許價格低於均衡價格上限造成嚴重短缺。無謂損失至少是面積 UVW，而可能高於 UVW。

---

[6] 天然氣在未管制的州內市場以每 MCF \$2 銷售，導致分析師認為若價格上限被移除跨州市場的均衡價格約為 \$2。
[7] 例如，請見 Denton Marks, "The Effects of Partial-Coverage Rent Control on the Price and Quantity of Rental Housing," *Journal of Urhan Economics*, 16 (1984): 360-369.

> 在價格上限，無謂損失是面積 UVW。因為以高價轉售是違法的，在 U 和 X 點間的天然氣某些使用者，取代願付更高價格的消費者。因此，無謂損失可能大於 UVW。
>
> 天然氣的普遍短缺引起全國的注意，尤其是因為住在中西部和東北部的居民，無法買到天然氣來取暖。在某些州，如俄亥俄，許多學校因為天然氣的不足而被迫關門。短缺，加上難以針對數千個生產者制訂價格管制，導致 1978 年開始解除天然氣價格的管制。

我們必須記得價格上限的部分均衡分析有其限制，如圖 10.7 所示。若租金管制是在小型公寓實施，人們找不到小型公寓房間將會找另外一種房屋，如較大的公寓，或甚至一獨棟房子。這將影響其它型態房屋的需求及這些市場的均衡價格。當其它型態的房屋變動時，套房公寓的需求將會移動，加上套房公寓短缺大小的額外影響，以及消費者和生產者剩餘與無謂損失。計算這些額外影響已超過部分均衡分析的範圍，但你應該知道它們相當重要。

價格上限的意外後果會出現在租屋市場及其它許多市場。例如，在 1970 年代對抗通膨時期，尼克森政府對國內石油供給者制訂價格上限，使得國內石油發生短缺。石油的超額需求導致石油進口增加。當石油價格管制在 1971 年實施時，進口只佔全國石油供給量的 25%。隨著時間經過，短缺變得異常嚴重。到 1973 年，進口石油佔美國石油消費的 33%。OPEC 注意到美國對石油進口的依賴，他們讓油價上漲四倍。最終，價格管制持續造成美國更高的通貨膨脹，這與原來的用意背道而馳。[8]

邊做邊學習題 10.3

價格上限的衝擊

如本章先前的邊做邊學習題，供需曲線是

$$Q^d = 10 - 0.5P^d$$
$$Q^s = \begin{cases} -2+P^s, & \text{當 } P^s \geq 2 \\ 0, & \text{當 } P^s < 2 \end{cases}$$

其中 Q^d 是當消費者支付價格為 P^d 的需求量，而 Q^s 是當生產者收到價格為 P^s 的供給量。

---

[8] 請見 George Horwich and David Weimer, "Oil Price Shocks, Market Response, and Contingency Planning," The American Enterprise Institute, Washington, D.C., 1984.

假設政府在市場設定價格上限為 $6，如圖 10.9 所示。

問題
(a) 價格上限的市場短缺數量為何？生產者剩餘是多少？
(b) 假設消費者願意以最高價格購買商品，最大消費者剩餘是多少？淨經濟利益是多少？無謂損失是多少？
(c) 假設消費者以最低願付價格購買商品，最小之消費者剩餘是多少？淨經濟利益是多少？無謂損失是多少？

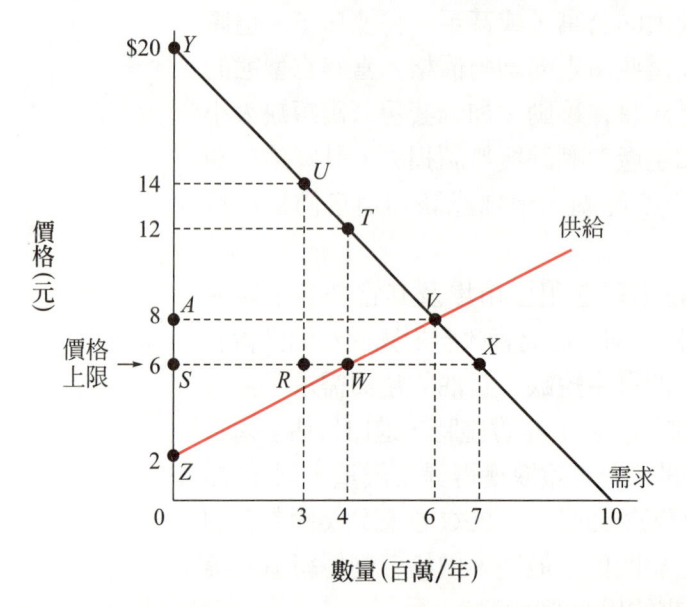

	沒有價格上限	有價格上限 最大消費者剩餘	有價格上限 最小消費者剩餘
消費者剩餘	面積 YAV = $36 百萬	面積 $YTWS$ = $40 百萬	面積 URX = $16 百萬
生產者剩餘	面積 AVZ = $18 百萬	面積 SWZ = $8 百萬	面積 SWZ = $8 百萬
淨利益 (生產者剩餘＋消費者剩餘)	$54 百萬	$48 百萬	$24 百萬
無謂損失	0	$6 百萬	$30 百萬

圖 10.9　$6 價格上限的衝擊

若無價格上限，消費者剩餘與生產者剩餘的總和是 $54 百萬，為市場最大可能的淨利益。若有價格上限，生產者剩餘減少 $4 百萬。當消費者剩餘達到最大時，消費者剩餘增加 $16 百萬而淨利益減少 $6 百萬 (無謂損失)。當消費者剩餘達最小時，消費者剩餘減少 $20 百萬，而淨利益減少 $30 百萬 (無謂損失)。

解答

(a) 在有價格上限下，消費者需求 7 百萬單位(點 X)，但生產者只供給 4 百萬單位 (點 W)。因此，短缺 (即，超額需求) 是 3 百萬單位，等於點 W 和 X 的水平距離。

生產者剩餘是供給曲線 S 以上和價格上限 \$6 以下的面積。這是面積 SWZ = \$8 百萬。

(b) 若最高願付價格 (需求曲線上 Y 點和 T 點之間) 的消費者購買 4 百萬單位，消費者剩餘將為需求曲線以下與價格上限以上的面積。這是面 $YTWS$ = \$40 百萬。

淨經濟利益是消費者剩餘 (\$40 百萬) 與生產者剩餘 (\$8 百萬) 的加總 = \$48 百萬。

無謂損失是無價格上限的淨經濟利益 (\$54 百萬) 與有價格上限的淨經濟利益 (\$48 百萬) 的差距 = \$6 百萬。

(c) 若願付最低價格 (需求曲線上介於 U 和 X 點間的消費者購買 4 百萬單位，消費者剩餘將是需求曲線以下和價格上限以上的面積。這是面積 URX = \$16 百萬。

淨經濟利益是消費者剩餘 (\$16 百萬) 和生產者剩餘 (\$8 百萬) 的加總 = \$24 百萬。

無謂損失是無價格上限的淨經濟利益 (\$54 百萬) 與有價格上限的淨經濟利益 (\$24 百萬) 間的差距 = \$30 百萬。

類似習題：10.1 和 10.11

10.6 價格下限(最低價格管制)

有時政府對商品與服務制訂最低的價格。例如，在許多國家有最低工資法。美國在 1978 年以前，聯邦政府制訂機票價格高於未管制前的價格。

當政府制訂價格下限高於自由市場價格時，我們觀察到市場有正斜率供給曲線與負斜率需求曲線的影響如下：

- 市場沒有清結，商品與服務市場存在超額供給。
- 消費者購買的數量少於自由市場下的數量。
- 消費者剩餘低於無價格下限的消費者剩餘。
- 部分 (並非全部) 消費者剩餘的減少將移轉給生產者。
- 因為價格下限造成超額供給，生產者剩餘的大小決定於生產者實際供給商品的數量。有價格下限的生產者剩餘可能增加或減少。
- 將會有無謂損失。

讓我們開始來研究最低工資法的影響。經濟體系中有許多種類的勞工。有些勞工是沒有技術的，有些是有高度技術的。對具有高度技術的勞工而言，政府制訂的最低工資將遠低於自由市場的均衡工資。最低工資法在該市場將沒有任何影響，因此我們將專注於沒有技術的勞動市場，最低工資將會高於自由市場的工資水準。(在勞動市場中，生產者是提供勞動的勞工，而消費者是購買勞動的雇主——亦即，雇用勞工。)

圖 10.10 說明沒有技術勞動市場的供需曲線。縱軸代表勞動價格，亦即，時薪 w。橫軸衡量勞動人小時數量，L。供給曲線 S 指出在任何工資率下，勞工將提供的時數。需求曲線 D 指出雇主將雇用的勞工小時數。

在沒有最低工資率下，均衡是在供給曲線及需求曲線的交點 (點 V)。在此點，每小時均衡工資是 $w^* = 5$，市場均衡勞動數量 L 是每年 100 百萬小時。每一個勞工願意在均衡工資下提供勞動 (供給曲線上介於 Z 和 V 點的勞工) 將可找到工作，且每一個雇主願意支付該工資 (需求曲線上介於 Y 和 V 點間的雇主) 將可雇用到他想要的勞工。

假設政府實施最低工資法要求雇主每小時至少支付 $6。在這種工資下，勞動市場不會清結，雇主將需求 80 百萬小時的勞動 (點 R)，但勞工想要提供 115 百萬小時 (點 T)。因此，最低工資法降低勞動需求 20 百萬小時 (100 百萬－80 百萬) 和造成超額勞動供給(失業) 35 百萬小時(115 百萬－80 百萬，或水平距離介於 T 點和 R 點間)。失業衡量的不只是需求的減少 (20 百萬小時)；衡量超額勞動供給 (35 百萬小時)。

現在我們可以利用圖 10.10 來計算在最低工資法存在和不存在的情況下之消費者剩餘，淨經濟利益和無謂損失。(注意圖 10.10 分別兩個案例，如下面的解釋。)

在沒有最低工資下，消費者剩餘是需求曲線以下和均衡工資每小時 \$5 以上的面積。在圖 10.10，這是面積 $A + B + C + E + F$。生產者剩餘是供給曲線以上和均衡工資以下所圍成的面積。在圖 10.10 這是面積 $H + I + J$。淨經濟利益是消費者剩餘與生產者剩餘的加總。在圖 10.10，這是面積 $A + B + C + E + F + H + J + I$。

在最低工資法存在下，如我們在圖 10.10 所見，我們將考慮兩

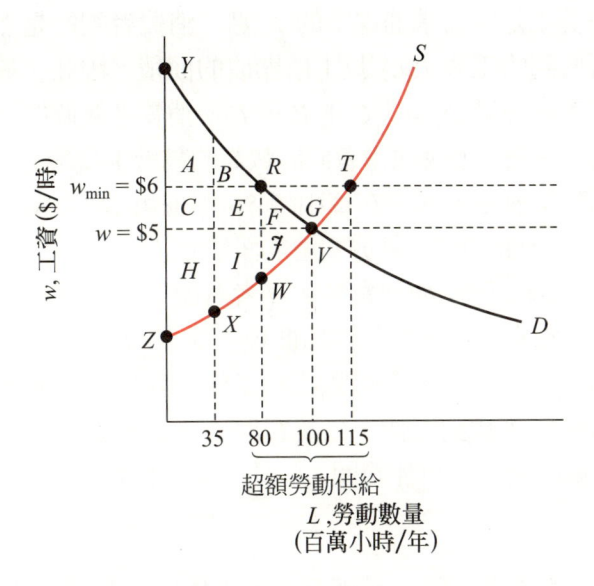

	自由市場 (沒有最低工資)	有最低工資		最小工資的衝擊	
		案例 1 (最大生產者剩餘)	案例 2 (最小生產者剩餘)	案例 1	案例 2
消費者剩餘	$A+B+C+E+F$	$A+B$	$A+B$	$-C-E-F$	$-C-E-F$
生產者剩餘	$H+I+J$	$C+E+H+I$	$E+F+G+I+J$	$C+E-J$	$E+F+G-H$
淨利益 (生產者剩餘+ 消費者剩餘)	$A+B+C+E+F+H+I+J$	$A+B+C+E+H+I$	$A+B+E+F+G+I+J$	$-F-J$	$-C-H-G$
無謂損失	0	$F+J$	$C+H-G$	$F+J$	$C+H-G$

圖 10.10 最低工資法的衝擊

最低工資要求雇主每小時最少支付 $6，在自由市場(即，無最低工資法)，均衡工資是每小時 $5。表格顯示兩種案例 (以下解釋)。消費者在兩種案例中都相等。

　　案例 1：若最有效率的勞工獲得所有工作(供給曲線 S 上介於 Z 和 W 點間的勞工)。最低工資下的生產者剩餘達到最大，淨經濟利益有些下降，已有一些無謂損失。

　　案例 2：若最沒有效率的勞工獲得所有工作 (供給曲線上介於 X 和 T 點間的勞工)。最低工資下的生產者剩餘達到最小，淨經濟利益少於案例 1，而無謂損失大於案例 1。

種情況，差異在於生產者 (即勞工) 實際找到工作的情況：案例 1 極大生產者剩餘，而案例 2 極小生產者剩餘。在兩種案例下，雇主願意雇用的勞工是在需求曲線上的 R 點，消費者剩餘是需求曲線以下及其所收到的工資 ($6) 以上所圍成的面積。因此，最低工資法下，消費者剩餘減少面積 $C+E+F$。消費者剩餘的減少解釋了為何企業經常強力遊說決策者制訂較高的最低工資率。

同時在兩種案例中，雇主在每小時 $6 下雇用 80 百萬小時，並非每小時 $5，因此造成額外成本增加面積 $C+E$。

想要瞭解最低工資法如何影響生產者剩餘，淨經濟利益和無謂損失，我們必須承認所有位於供給曲線上 Z 和 T 點間的勞工都想要工作，但只有一部分的人可以找到工作。我們將透過假設案例 1，最有效率勞工找到工作，以及案例 2，最無效率勞工找到工作。決定生產者剩餘的可能範圍 (亦即，最大生產者剩餘和最小生產者剩餘)。

● 案例 1 (極大生產者剩餘)。最有效率勞工找到工作 (即，位於供給曲線上 Z 和 W 點間的勞工；其它勞工位於 W 和 T 點間，即使願意以每小時 $6 工作也無法找到工作)。生產者剩餘是供給曲線介於 Z 和 W 點間以上的部分以及工資率 ($6) 以下的面積 (生產者剩餘＝面積 $C+E+H+I$）；這是最低工資下的最大生產者剩餘。淨經濟利益＝消費者剩餘＋生產者剩餘＝面積 $A+B+C+E+H+I$。無謂損失＝無最低工資之淨經濟利益－有最低工資淨經濟利益＝(面積 $A+B+C+E+F+H+I+J$)－(面積 $A+B+C+E+H+I$)＝面積 $E+J$。

● 案例 2 (極小生產者剩餘)。最沒有效率的勞工找到工作 (即，供給曲線上介於 X 和 T 點的勞工)，[9] 這意味供給曲線上介於 Z 和 X 點間的勞工，儘管願意以每小時 $6 工作，仍無法找到工作。生產者剩餘是供給曲線介於 X 和 T 點間以上和工資率 (每小時 $6) 以下的面積 (生產者剩餘＝面積 $E+F+G+I+J$)；這是最低工資下的最小可能生產者剩餘。淨經濟利益＝消費者剩餘＋生產者剩餘＝面積 $A+B+E+F+G+I+J$。無謂損失＝無謂最低工資的淨經濟利益－最低工資的淨經濟利益＝(面積 $A+B+C+E+F+H+I+J$)－(面積 $A+B+E+F+G+I+J$)＝面積 $C+H-G$。因為生產者剩餘在無效率勞工取代有效率勞工時較小，無謂損失比案例 1 來得大。

---

[9]. 我們並未考慮供給曲線 T 點右邊的勞工因為他們不願意以時薪 $6 工作。

這兩個案例定義最低工資法下生產者剩餘與無謂損失的上限和下限。實際的生產者剩餘與無謂損失介於這兩個極端之間，其受勞工找到工作的影響。

在分析最低工資法時有許多簡化的假設。首先，我們假設勞工品質不會隨最低工資上升而改變。有時建議雇主能以較高工資雇用勞工。若真是如此，分析需要修正到承認勞工品質會隨工資上漲而改變。同時，一市場的最低工資法可能影響另一個市場的工資，最終影響到許多商品與服務的價格。

最後，在某些產業最低工資法的影響實證研究指出，最低工資法的影響並不像上述競爭市場分析所預測的結論。競爭市場模型預測最低工資法的增加應該會導致一具正斜率供給曲線與負斜率需求曲線的勞動市場中，就業量的減少。然而，David Card 與 Alan Krueger 檢視 1992 年紐澤西州最低工資從 \$4.25 上升至 \$5.05 的影響。[10] 利用速食業的資料，Card 與 Krueger 找不到任何證據支持最低工資的上升會導致產業就業的減少。作者建議這項產業可能非完全競爭，或許是因為雇主在勞動市場非價格接受者，或因為其它原因。

最低工資法影響在不完全競爭市場的研究，以及最低工資法對其它市場的影響已超出本書的範圍，但你應該知道這些複雜的議題是很重要的。

範例 10.5

航空市場價格管制的意外結果

在 1938 到 1978 年間，民用航空委員會 (CAB) 控制跨州航空市場的許多重要特點，包括機票價格與城市間的飛機數量。管制者要求所有的飛機在跨州城市間飛航 (如芝加哥與洛杉磯之間的航線) 均收取相同費用。CAB 也使新廠商難以進入市場。

儘管 CAB 緊密地管制跨州航空服務，它並沒有權力管制州內的服務。在未管制的州內市場 (如舊金山和洛杉磯間的航線)，機票價格比相同距離的跨州市場便宜約 45%。

圖 10.11(a) 說明兩種飛航在可比較市場的成本差異 (如兩條 400 哩路線且有相似需求曲線)。在管制跨州市場的機票價格是 P_{REG}，而在未管制州內路線的機票價格是 P_{UNREG}。

在州內與跨州市場的利潤都很低，但原因不同。在州內市場，未管制價格競爭與相對容易

---

[10] D. Card and Alan Krueger, "Minimum Wanges and Employment: A Case Study of the Fast-Food Industry in New Jersey and Pennsylvania," *The American Economic Review*, vol 84, no. 4(September, 1994), p. 772.

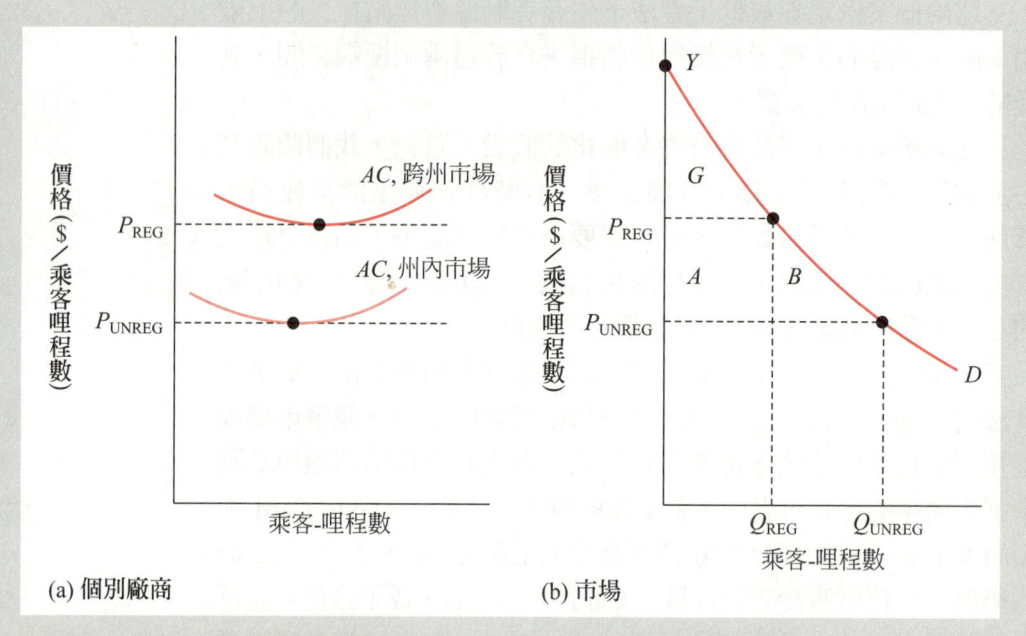

圖 10.11 航空業的最低價格管制

在 1978 年以前，民用航空委員會管制跨州航空市場的許多重要特性，包括機票價格 (P_{REG})。州內航空市場並未管制 (P_{UNREG})，成本與機票價格比可比較的管制市場機票價格低約 45%。

進入市場會稀釋利潤。在跨州市場，因為 CAB 的管制，跨州飛機不能從事價格競爭。他們也不能重組路線來降低成本。沒有強力的價格競爭，工會通常能夠贏得工資大幅的增加。儘管價格被管制，飛機幾乎以非價格競爭方式，為顧客提供昂貴餐點，更多的空服員和提供其它便利設施，企圖吸引更多的乘客而使利潤變薄。航空公司也透過提供更多航班，通常導致"低載客率"，意味飛機經常以大量的空位起飛來相互競爭，管制的最終結果是提高跨州市場的營運成本。

如圖 10.10(b) 的建議，可比較路線的消費者剩餘在州內市場 (面積 $A + B + G$) 比在跨州市場 (面積 G) 要高。若跨州市場的成本和州內市場的成本一樣低，跨州市場的生產者剩餘為面積 A，而管制的無謂損失為面積 B。然而，因為非價格競爭，跨州市場並未獲得生產者剩餘 A。工會獲得部分的面積 A 為高工資，其餘的部分因為航空營運的無效率而造成潛在經濟利益的消失。

在跨州市場的管制解除後，實質 (平減後) 的機票價格大幅下跌，而跨州市場的營運與已觀察到的州內市場營運非常相似。[11]

---

[11] 有關更多航空管制解除的資訊，請見 E. Bailey, D. Graham, and D. Sibley, *Deregulating the airlines* (Cambridge, Mass., MIT Press, 1985), and S. Borenstein, "The Evolution of U.S. Airline Competition," *Journal of Economic Perspectives*, 6(2) (spring 1992).

邊做邊學習題 10.4

價格下限的衝擊

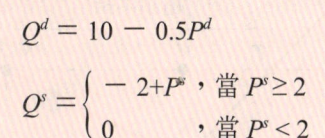

如同本章的邊做邊學習題，供給與需求曲線為

$$Q^d = 10 - 0.5P^d$$

$$Q^s = \begin{cases} -2+P^s, & \text{當 } P^s \geq 2 \\ 0, & \text{當 } P^s < 2 \end{cases}$$

其中 Q^d 是當消費者支付價格是 P^d 時的需求量，Q^s 是當生產者收到價格 P^s 時的供給量。

假設政府在市場制訂價格下限 $12，如圖 10.12 所示。

問題

(a) 市場有價格下限的超額供給是多少？消費者剩餘是多少？
(b) 假設生產者以最低價格銷售商品，最大的生產者剩餘是多少？淨經濟利益是多少？無謂損失是多少？
(c) 假設生產者以最高成本銷售商品，最小的生產者剩餘是多少？淨經濟利益是多少？無謂損失是多少？

解答

(a) 價格下限的存在時，消費者只需要 4 百萬單位 (點 T)，但生產者想要供給 10 百萬單位 (點 N)。因此，超額供給是 6 百萬單位，等於 T 點和 N 點間的水平距離。

消費者剩餘是需求曲線 D 以下和價格下限 $12 以上的面積。這是面積 $YTR = $16 百萬。

(b) 若最有效率供給者 (那些位於供給曲線上介於點 Z 和 W 之間) 生產消費者需要的 4 百萬單位，生產者剩餘是供給曲線以上和價格下限以下的面積。這是面積 $RTWZ = $32 百萬。

淨經濟利益是消費者剩餘 ($16 百萬) 與生產者剩餘 ($32 百萬) 的加總 = $48 百萬。

無謂損失是無價格下限的淨經濟利益 ($54 百萬) 與有價格下限的淨經濟利益 ($48 百萬) 的差距 = $6 百萬。

(c) 若最無效率供給者 (那些位於供給曲線上點 U 和 W 之間) 生產消費者想要的 4 百萬單位，生產者剩餘是供給曲線以上和價格下限以下的面積。這是面積 $MUV = $8 百萬。

淨經濟利益是消費者剩餘 ($16 百萬) 與生產者剩餘 ($8 百萬) 的總和 = $24 百萬。

無謂損失是其價格下限的淨經濟利益 ($54 百萬) 與有價格下限的淨經濟利益 ($24 百萬) 的差距 = $30 百萬。

類似習題：10.1 和 10.3。

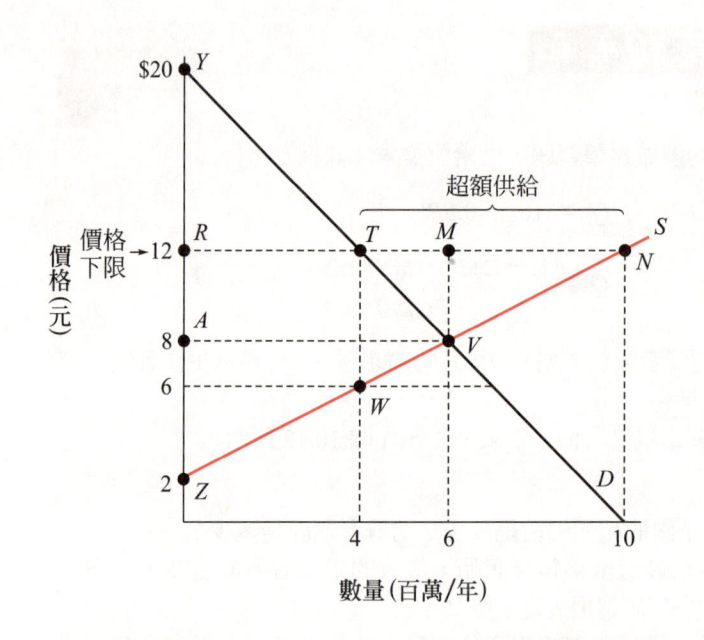

	無價格下限	有價格下限	
		極大生產者剩餘	極小生產者剩餘
消費者剩餘	面積 YAV = $36 百萬	面積 YTR = $16 百萬	面積 YTR = $16 百萬
生產者剩餘	面積 AVZ = $18 百萬	面積 $RTWZ$ = $32 百萬	面積 MNV = $8 百萬
淨利益 (生產者剩餘＋消費者剩餘)	$54 百萬	$48 百萬	$24 百萬
無謂損失	0	$6 百萬	$30 百萬

圖 10.12　$12 價格下限的衝擊

若無價格下限，生產者與消費者剩餘總和為 $54 百萬，最大可能的市場淨利益。若有價格下限，消費者剩餘減少 $20 百萬。當生產者剩餘達於最大時，生產者剩餘增加 $14 百萬而淨利益減少 $6 百萬 (無謂損失)。當生產者剩餘為最小時，生產者剩餘減少 $10 百萬，而淨利益減少 $30 百萬 (無謂損失)。

10.7
生產配額

若政府想要在自由市場中支持一超過均衡價格的價格水準，它可能使用配額來限制生產者能夠供應的數量。配額是限制市場的生產者人數或每一個生產者能夠銷售的數量。

在過去，配額出現在許多農產品市場。例如，政府可限制農民耕種的英畝數。配額也可用在其它產業。在許多城市，政府限制計程車的營運數量，通常導致比未管制時更高的費率。

當政府在一具正斜率供給曲線與負斜率需求曲線的市場實施配額時，我們觀察到以下影響。

- 市場不會清結。商品與服務在市場將有超額供給。
- 消費者將比在自由市場購買更少的商品。
- 消費者剩餘將比無配額時低。
- 有些(並非全部)消費者剩餘的減少將會移轉給生產者。
- 因為配額會有超額供給，生產者剩餘的大小將取決於生產者實際供給商品數量，配額下的生產者剩餘可能增加或減少。[12]
- 存在無謂損失。

圖 10.13 說明生產配額 4 百萬單位的影響，其與圖 10.6 所敘述的市場相同 (圖 10.13 與下列的討論假設最有效率供給者——那些具有最低成本者——供給配額允許的 4 百萬單位。)

在沒有配額時，均衡在 G 點，為供給曲線 S 與需求曲線 D 的交點。在此點，均衡價格是 \$8 和市場清結數量是每年 6 百萬單位。

現在我們比較有配額與無配額的市場，利用圖 10.13 來計算消費者剩餘，生產者剩餘，淨經濟利益，和無謂損失。

在沒有配額下，消費者剩餘是需求曲線以下與消費者支付價格 (\$8) 以上的面積 (消費者剩餘＝面積 $A + B + F$＝每年 \$3600 萬)，生產者剩餘是供給曲線以上和生產者收到價格 (也是 \$8) 以下的面積 (生產者剩餘＝面積 $C + E$＝每年 \$1800 萬)。淨經濟利益是每年 \$5400 萬 (生產者剩餘＋消費者剩餘) 且無謂損失不存在。

在有配額時，消費者每單位支付 \$12 (點 H)。生產者想要在該價格下供給 1000 萬單位但只能限制在配額的 400 萬單位，所以將會有超額供給 600 萬單位。消費者剩餘是需求曲線以下和消費者支付價格 (\$12) 以上的面積 (消費者剩餘＝面積 F＝每年 \$1600 萬)。生產者剩餘是供給曲線以上 (介於 J 點和 F 點間，因為我們假設最有效率生產者生產所有的 400 萬單位) 和生產者收到的價格 (也是 \$12) 以下的面積 (生產者剩餘＝面積 $A + E$＝\$3200 萬/年)，(淨經濟利益是每年 \$4800 萬)(消費者剩餘＋生產者剩餘)，所以無謂損失是每年 \$600 萬 (無配額的淨經濟利益－有配額之淨經

---

[12]. 若最有效率生產者來服務市場，生產者剩餘將在某些配額水準下增加。然而，若配額太低(如，接近零)，生產者剩餘可能真的會減少。

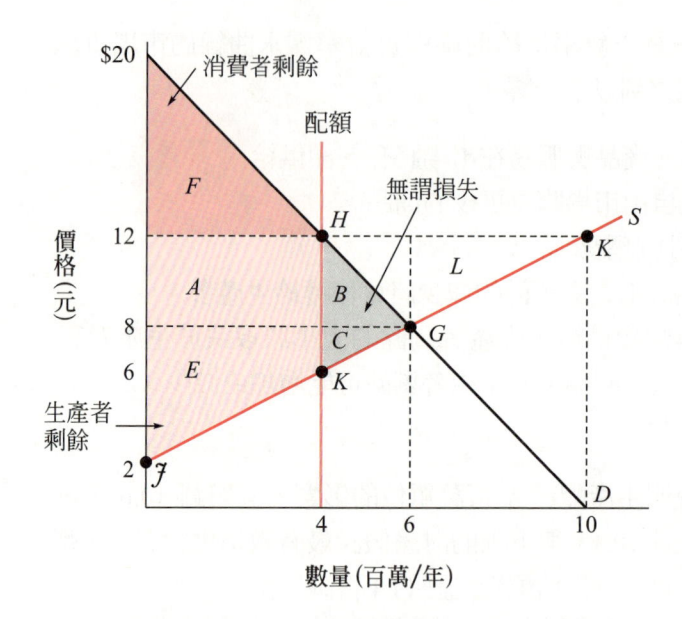

	無配額	有配額	配額的衝擊
消費者剩餘	$A + B + F$ ($36 百萬)	F ($16 百萬)	$-A - B$ ($-$20 百萬)
生產者剩餘	$C + E$ ($18 百萬)	$A + E$ ($32 百萬)	$A - C$ ($14 百萬)
淨利益 (消費者剩餘＋生產者剩餘)	$A + B + C + E + F$ ($54 百萬)	$A + E + F$ ($48 百萬)	$-B - C$ ($-$6 百萬)
無謂損失	0	$B + C$ ($6 百萬)	$B + C$ ($6 百萬)

圖 10.13　生產配額 $4 百萬單位的衝擊

若無配額，生產者與消費者剩餘加總為 $54 百萬，市場可能的最大淨利益，配額減少消費者剩餘 $20 百萬，增加生產者剩餘 $14 百萬，和減少淨利益 $6 百萬 (無謂損失)。

濟利益)。

　　消費者剩餘減少是因為配額支付的價格 $12，遠超過競爭市場均衡價格 $8。生產者剩餘的大小受市場供給者的影響。因為生產者想要在價格 $12 時供給 10 百萬單位，並不保證最有效率生產者供給配額所允許的 4 百萬單位。4 百萬單位可能由沒有效率供給者所提供，如介於供給曲線上 G 和 K 點的生產者間。則生產者剩餘將會大幅降低 (面積 L = $8 百萬)。注意在這種情況下，配額導致生產者剩餘減少，和無謂損失 $30 百萬 (你能否證明？)

範例 *10.6*

計程車的配額

計程車產業有完全競爭的特性。有許多小型計程車服務的消費者且若進入未受管制，將會有許多廠商提供服務。然而，在世界上的許多城市，計程車是受管制的。有時政府的管制方式是以直接的價格管制。比較平常的是，城市限制計程車的營運許可執照。在過去，執照通常是金屬物品 (稱為標章)，是由政府發照來保證駕駛可以提供計程車服務。在今日，標章通常只是文件而已。

有配額城市的計程車費率遠高於允許自由進入城市的費率，一點也不令人驚訝，因為標章的數目限制計程車的供給量。例如，在華盛頓首府，很容易進入市場，且費率甚低，通常只是有配額城市的一半。

標章擁有者將銷售標章給其它潛在駕駛經常存在於市場。如果你想要在市場上開計程車，你必須從現存持有標章者的手中購買。因為配額支持的價格高於均衡價格，標章具有相當的價值。例如，在紐約市，計程車標章在 2002 年時價值 $200,000。

當標章能夠出售時，較有效率的供給者比較無效率的供給者願意支付較高的價格。計程車服務提供者可能是那些擁有最低成本者。這個建議配額制度的無謂損失會在理論上較低的可能範圍內 (亦即，若供需曲線類似圖 10.13 所示，無謂損失將接近面積 $B + C$)。

在最近幾年，許多城市都隨著時間經過增加標章的數量，使得市場更有競爭力。例如，在 1980 年代早期，芝加哥有非常嚴格的配額制度，使得只有兩個主要供應商 (Yellow 和 Checker) 可以提供計程車服務。市政府開始計畫逐漸地在一般時間內增加標章數量。

趨向競爭的政治理由是有趣的。隨著標章數量增加，標章價格將會下跌。擁有標章者通常會組織一個強而有力的利益團體，奮力地反對增加標章數量。然而，這也存在贊成進入的利益團體。低所得民眾使用計程車服務，而他們強烈地偏好提高競爭的計畫。政治人物瞭解計程車消費者可從低費率獲利，而這些計程車的顧客都是投票者。最後，在芝加哥投票者得勝，開始傾向競爭的制度。

有人可能會問為什麼芝加哥不立刻藉由簡單地移除對標章的依賴來解除計程車管制。考慮現存標章擁有者公平性的問題，市政府採取隨著時間經過逐步提高進入的方式。任何在提高進入計畫前購買標章者，將可收到一筆可觀的金額。透過在許多年間計畫的逐步實施，這項計畫允許既存擁有者能夠回收他們對標章投資的大部分金額。

邊做邊學習題 *10.5*

比較貨物稅，價格下限與生產配額的衝擊

在更進一步之前，讓我們比較三種型態導致消費者支付高於自由市場價格的政府干預。本章從頭到尾我們利用圖 10.1 的供需曲線來研究政府干預的影響。我們發現就下列各種干預形式，消費者每單位支付的價格是 $12。

- 貨物稅 $6 (邊做邊學習題 10.1)。
- 價格下限 $12 (邊做邊學習題 10.4)。
- 生產配額 4 百萬單位 (圖 10.13)。

複習和比較這些習題的結果，回答下列問題：

問題
(a) 三種不同情況下的消費者剩餘有何差異？
(b) 我們預期何種型式的干預，生產者會是市場有效率供給者？(在供給者曲線的末端)？
(c) 生產者偏好何種型態的政府干預？
(d) 何種型態的政府干預導致最小的無謂損失？

解答
(a) 因為消費者在各種型態的干預都支付 $12，消費者剩餘在三種情況下均相同。
(b) 因為市場在貨物稅下會清結，市場供給者將會有效率。在價格下限或配額下市場不會清結，因此無效率供給者將會提供整個市場。然而，若配額是由官方證明授權生產 (如範例 10.6 的計程車標章) 且若配額證明可以在競爭市場轉售，則我們預期最終獲得證明的供給者將是有效率的。
(c) 生產者會比較喜歡價格下限而非配額，兩者皆可增加生產者剩餘。生產者最不喜歡貨物稅，因為它將減低生產者剩餘。
(d) 因為三種型態的政府干預下的價格與產出水準皆相同，當市場存在有效率生產者時的無謂損失最小 [有效率生產者提供整個市場的條件總結於解答 (b)]。

類似習題：10.1

這個習題協助我們瞭解為何有共同影響的政策措施 (在此，消費者支付的價格) 在其它方式有顯著地不同。例如，較高的消費者價格並不意味生產者比較好或其它政策措施相同有效率。此外，若市場課徵的稅收可用來降低其它地方的稅負，消費者即使不消費該商品仍然可以獲利。

10.8 農業部門的價格支持

如本章開始所言，價格支持政策在農業部門是普遍的。這些政策通常可以增加農民的生產者剩餘。在美國，產品如大豆、玉米和花生的支持價格通常高於其自由市場水準。因為價格支持政策對納稅人而言是昂貴的，許多政府在過去的十年減少許多像這種政策。然而，仍有許多政策存在，且有時在低價威脅農戶所得時，還可享受政策的敗部復活。

在本節，我們討論兩種用在農業部門的價格支持政策：限耕面積政策與政府購買政策。

限耕面積政策

在限耕面積政策下，政府藉由支付農民金錢請他們不要耕種而給與農民將生產限於自由市場水準以下的誘因。圖 10.14 利用與圖 10.1 相同的供需曲線說明這種政策如何運作。(橫軸是 10 億蒲式耳，因為農業支持政策通常牽涉數十億美元而非百萬美元。) 在均衡時，價格是每蒲式耳 $8，農民每年生產 60 億蒲式耳。

假設政府想要支持每蒲式耳 $10 的價格。不採用配額，它提供農民減少產出到 50 億蒲式耳的誘因，導致消費者支持 $10 的價格。在價格為 $10 時，農民想要生產 80 億蒲式耳，這將產生超額供給 30 億蒲式耳。只要政府補償他們不生產額外的 30 億蒲式耳，他們會願意限制產出至 50 億蒲式耳。若限制產出到 50 億蒲式耳，農民需要的補償金等於他們放棄的生產者剩餘。這筆金額等於圖 10.14 的面積 $B + C + G$，或 $45 億。

政府使消費者剩餘減少 $110 億 (面積 $A + B$) 和增加生產者剩餘 $140 億 (面積 $A + B + G$)。政府的成本是 $45 億 (面積 $B + C + G$)。社會淨利益是消費者剩餘 ($250 億) 加生產者剩餘 ($320 億)，減政府的成本 ($45 億) 或 $525 億。無謂損失是 $15 億 (面積 $B + C$)。

因為政策會導致無謂損失，我們可能會問為什麼政府不乾脆給相當於 $140 億現金的限耕面積政策下的生產者剩餘，然後讓市場在沒有干預下自由運作，以 $8 的價格生產 60 億蒲式耳。這似乎頗為吸引人，因為無謂損失為零。政府將從別處課稅來支付這項政策所需的經費。儘管這種政策是有效率的，民眾發現支付農民 $45 億來減少產出 (並放棄利潤機會) 比給農民 $140 億不做任何事要愉快許多。[13]

---

[13] 當然，我們必須承認若政府課稅來籌稅 $140 億以支付限耕面積政策，它將創造無謂損失。

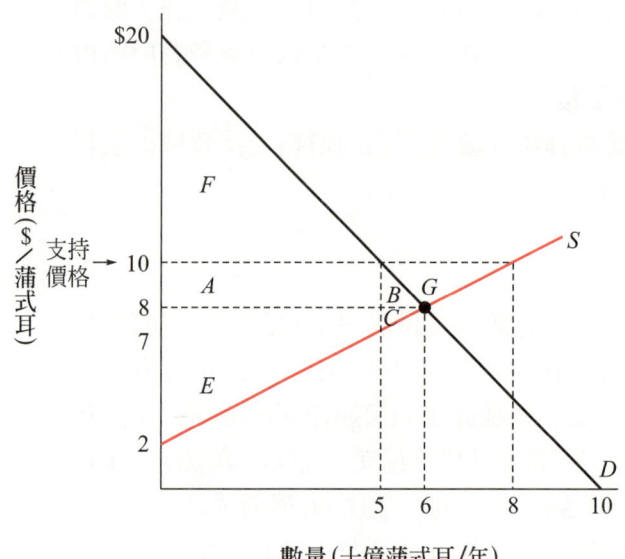

	沒有限耕面積政策	有限耕面積政策	政策衝擊
消費者剩餘	$A+B+F$ ($360 億)	F ($250 億)	$-A-B$ ($-$110 億)
生產者剩餘	$C+E$ ($180 億)	$A+B+C+E+G$ ($-$32 億)	$A+B+G$ ($140 億)
政策預算的衝擊	零	$-B-C-G$ ($-$45 億)	$-B-C-G$ ($-$45 億)
淨利益 (生產者剩餘＋消費者剩餘)	$A+B+C+E+F$ ($540 億)	$A+E+F$ ($525 億)	$-B-C$ ($-$15 億)
無謂損失	零	$B+C$ ($15 億)	

圖 10.14　限耕面積政策的衝擊

政府可藉由提供農民現金以減少耕種面積來支持每蒲式耳 $10 的價格，限制產出至 50 蒲式耳。在沒有限耕面積政策下，消費者與生產者剩餘為 $540 億，市場最大可能淨利益。政策減少消費者剩餘 $110 億增加生產者剩餘 $140 億，對政府預算為負面衝擊 $45 億，且降低淨利益。

政府購買政策

作為政府限耕面積政策的另外一項選擇，政府可以政府購買政策來支付每蒲式耳 $10 的價格。圖 10.15 仍利用圖 10.14 的供給曲線說明此項政策如何運作。在每蒲式耳 $10 的價格下，農民願意生產 80 億蒲式耳，但市場需求只有 80 億蒲式耳。因此，將會

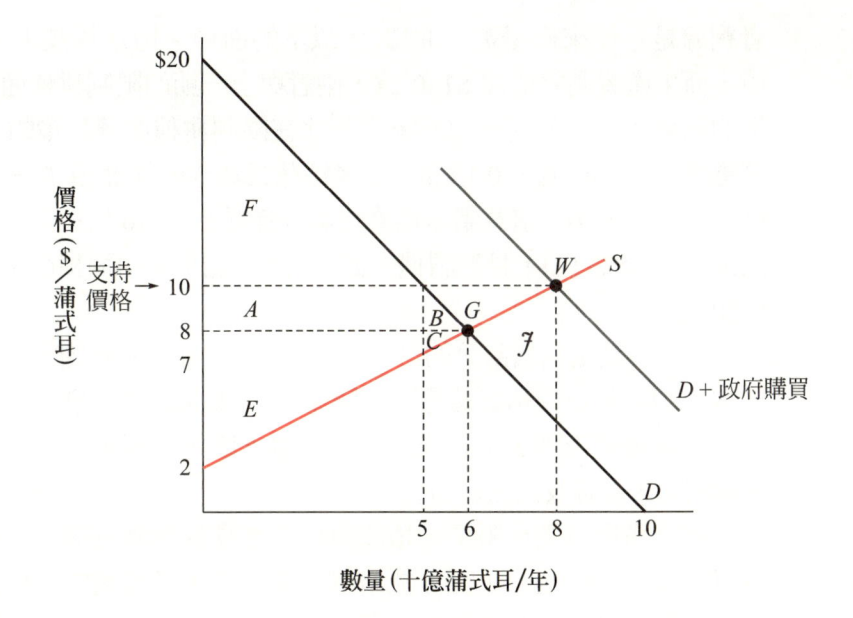

	沒有政府購買政策	有政府購買政策	政策衝擊
消費者剩餘	$A+B+F$ ($360 億)	F ($250 億)	$-A-B$ ($-$110 億)
生產者剩餘	$C+E$ ($180 億)	$A+B+C+E+G$ ($32 億)	$A+B+G$ ($140 億)
政府預算的衝擊	零	$-B-C-G-H$ $-I-J$($-$30 億)	$-B-C-G-H$ $-I-J$($-$30 億)
淨利益 (生產者剩餘＋消費者剩餘)	$A+B+C+E+F$ ($540 億)	$A+E+F-H-I$ $-J$($270 億)	$-B-C-H-I$ $-J$($-$270 億)
無謂損失	零	$B+C+H+I+J$ ($270 億)	

圖 10.15 政府購買的衝擊

在政府購買政策下，政府可以支持每蒲式耳 $10 的價格，買盡超額供給 $30 億蒲式耳。在沒有政府購買政策下，消費者與生產者剩餘總和為 $540 億，市場最大可能淨利益。政策減少消費者剩餘 $110 億，增加生產者剩餘 $140 億，對政府預算負面衝擊 $300 億，且降低淨利益 $270 億(無謂損失)。

有超額供給 30 億蒲式耳。

想要維持每蒲式耳 $10，政府可買進額外的 30 億蒲式耳來消除超額供給。當政府購買加入市場需求 (見圖 10.15 的曲線 D＋政府購置)，均衡價格將為 $10 (在點 W)。在政府購買政策下，消費者剩餘是在原來市場需求曲線 D 以下的面積來衡量將減少 $110 億，而生產者剩餘增加 $140 億，兩者與上一節的限制耕種面積政策的結果相同。然而，政府支出將比在限制耕種面積政策的 $4.5 億更高──$30 億 (30 億蒲式耳×每蒲式耳 $10 ＝面積 $B + C + G + H + I + J$)。這意謂淨經濟利益將會更小 ($270 億與限耕面積政策下的 $525 億)，且無謂損失更大 ($270 億與限耕面積政策下的 $150 億)。

政府可藉由銷售部分的 30 億蒲式耳給世界上其它國家來降低成本 (如以 較低價格賣給需要的國家)。但如果銷售給別的國家的部分回銷美國市場，美國市場價格將會下跌，因而降低農民的生產者剩餘，並違反政策的目標)。

政府購買政策比限種面積政策代價更高且更無效率。[14] 通常政府必須支付超過一美元才能增加一美元的生產者剩餘。儘管如此，許多國家依賴政府購買政策，且他們在政治上比直接給農民現金更令人愉快。

10.9 進口配額與關稅

當商品世界價格低於進口國內市場的均衡價格時，一國的消費者會想要進口商品。這導致許多政府制定進口配額與關稅以便支撐國內的商品價格，特別是在世界價格相當低且不限制進口將傷害國內生產者的情況。配額與關稅導致較高的進口價格，使國內生產者擴充產出賺取更高利潤。在本節，我們將看到配額與關稅增加國內生產者剩餘與降低國內消費者剩餘。我們也會見到這些型式的政府干預透過國內總剩餘 (生產者剩餘加消費者剩餘或淨經濟利益) 的下降而造成無謂損失。

配額限制

配額限制是限制一商品能夠進入一國家的總數量──亦即，配額是限制自由貿易，係允許無限制地進口商。在極端的例子，配額可以是完全禁止商品進口 (即，允許的進口配額為零)；更常見地是，配額限制商品進口數量到某一正數。

圖 10.16 三種情況下的國內商品市場 (與圖 10.15 所敘述者相同)；貿易禁止 (配額＝ 0)，自由貿易 (無配額)，與每年 3 百萬單位

---

[14].若我們以一般均衡來思考，政府在一個部門的政府購買政策可能製造經濟體系其它部門更多的無謂損失，因為必須從其它地方課徵更多的稅收來融通此政策。

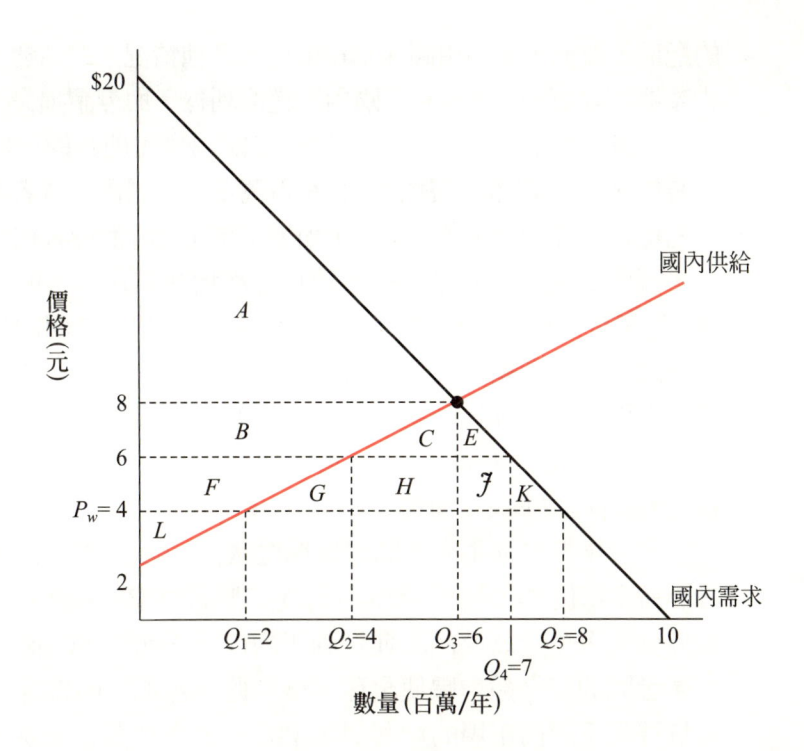

第 10 章　完全競爭市場的理論應用　433

		配額		配額的衝擊	
	自由貿易 (無配額)	貿易禁止 (配額 = 0)	配額 = 每年 3 百萬單位	貿易禁止 的衝擊	配額的衝擊 = 每年 3 百萬單位
消費者剩餘 (國內)	$A+B+C$ $E+F+G+$ $H+J+K$	A	$A+B+C$ $+E$	$-B-C-E$ $-F-G-H$ $-J-K$	$-F-G-H-$ $J-K$
生產者剩餘 (國內)	L	$B+F+L$	$F+L$	$B+F$	F
淨利益 (國內) (消費者剩餘 + 國內生產者剩餘)	$A+B+C+$ $E+F+G+$ $H+J+K+$ L	$A+B+F$ $+L$	$A+B+C+$ $E+F+L$	$-C-E-G$ $-H-J-K$	$-G-H-J-K$
無謂損失	0	$C+E+G$ $+H+J+K$	$G+H+J$ $+K$	$C+E+G$ $+H+J+K$	$G+H+J+K$
生產者剩餘 (國外)	0	0	$H+J$	0	$H+J$

圖 10.16　貿易禁止：自由貿易與每年 3 百萬單位配額的衝擊

在貿易禁止下，市場將處於均衡，每單位價格 $8，和數量 = 每年 6 百萬單位。在自由貿易下，商品將以每單位世界價格 $P_w = \$4$ 銷售，國內供給 2 百萬單位，和進口 6 百萬單位，總量為每年 $Q_5 = 8$ 百萬單位。在每年 3 百萬配額下，政府可支持每單位 $6 的價格，國內供給 4 百萬單位，和進口 3 百萬單位，總量每年為 $Q_4 = = 7$ 百萬單位。與自由貿易相比，貿易禁止降低國內消費者剩餘，增加國內生產者剩餘，降低淨利益，和增加無謂損失；配額也得到相同結論，但幅度沒那麼大，同時也創造國外供給者的生產者剩餘。

的配額。我們可以利用圖 10.16 來比較三種情況下的消費者剩餘、生產者剩餘 (國內與國外)，國內淨經濟利益，與無謂損失。

在完全禁止貿易時，市場均衡是國內供需曲線的交點，每單位價格 $8，市場清結數量每年 6 百萬單位。國內消費者剩餘是需求曲線以下和均衡價格 $8 以上所圍成的面積 (消費者剩餘＝面積 A)，國內生產者剩餘是供給曲線以上和均衡價格以下所圍成的面積 (生產者剩餘＝面積 B + F + L)，國內淨利益是國內生產者剩餘與國內消費者剩餘的加總 (淨利益＝面積 A + B + F + L)，無謂損失是自由貿易下的淨利益 (我們即將在下面見到，為面積 A + B + C + E + F + G + H + I + K + L) 與完全限制貿易下淨利益的差距(無謂損失＝面積 C + E + G + I + J + K)。

假設現在外國生產者願以每單位 R_w = $4 的價格供應商品。我們稱每單位 $4 為世界價格。你應該將世界價格視為恰好可彌補國外生產者生產該商品和運送到國內市場平均成本的價格。國外生產者間的完全競爭驅使全球價格到此一水準。因為世界價格低於無貿易下國內市場的均衡價格 ($8)，國內消費者想要進口該商品，且在自由貿易制度下，他們也能夠如此為之。在 $4 的價格下，國內需求為每年 Q_5 = 8 百萬單位 (在 P_w 和需求曲線的交點)，但國內生產者只願意供給每年 Q_1 = 2 百萬單位 (在 P_w 和供給曲線的交點)。因此，想要滿足國內的需求，就必須進口每年 6 百萬單位 (國內需求 8 百萬單位——國內供給 2 百萬單位＝進口 6 百萬單位)。

自由貿易的衝擊為何？國內消費者剩餘是需求曲線以下和 P_w($4) 以上所圍成的面積 (消費者剩餘＝面積 A + B + C + E + G + H + J + K)，國內生產者剩餘是供給曲線以上和該價格以下所圍成的面積 (生產者剩餘＝面積 L)，國內淨利益是國內消費者剩餘與國內生產者剩餘的加總 (淨利益＝面積 A + B + C + E + F + G + H + J + K + L)，且沒有無謂損失。因此，國內消費者剩餘比在貿易禁止情況下要大，但國內生產者剩餘要小很多。

因為自由貿易下的國內生產者遭受損失，他們通常嘗試限制或禁止進口。我們已經見到透過貿易禁化完全禁止進口會使生產者獲益。現在讓我們檢視透過配額允許每年進口的最大數量限制部份進口的衝擊。

假設政府想要支持國內價格每單位 $6 (是一種妥協，在國內消費者的利益，他們可享受 $4 的低價與國內生產者的利益，他們可從無貿易的高價 $8 中獲利)。想要完成此項目標，政府可以設定配額每年 3 百萬單位，想要瞭解為什麼，注意國內市場的均衡價格是清結市場的價格——亦即，使總供給 (國內與國外) 等於國內需求的價格。在 $6 的價格下，消費者將需求每年 $Q_4 = 7$ 百萬單位 (該價格與需求曲線的交點)，但國內生產者只願意供給每年 4 百萬單位 (在該價格與供給曲線的交點)。因此，為了要在該價格滿足國內需求，每年必須進口 3 百萬單位 (國內需求 7 百萬單位－國內供給 4 百萬單位＝進口 3 百萬單位)。

配額的衝擊為何？國內消費者剩餘是需求曲線以下與價格 $6 以上所圍成的面積 (消費者剩餘＝面積 $A + B + C + E$)，國內生產者剩餘是供給曲線以上和該價格以下所圍成的面積 (生產者剩餘＝面積 $F + L$)，國內淨利益是消費者剩餘與生產者剩餘的加總 (淨利益＝面積 $A + B + C + E + F + L$)，以及無謂損失是自由貿易下的淨利益與配額下淨利益的差額 (無謂損失＝面積 $G + H + J + K$)。此外，國外供給者在配額下享受他們自己的生產者剩餘，因為當他們願意以 $4 的價格銷售時，能夠以 $6 的價格銷售商品。

總之，在配額下，國內消費者剩餘小於自由貿易但高於貿易禁止下的消費者剩餘，生產者剩餘超過自由貿易但低於貿易禁止下的生產者剩餘，以及國外供給獲得一些生產者剩餘。

關　稅

關稅是對進口商品課稅。就像是配額，關稅限制進口，且政府可利用關稅來達到與配額相同的目標——支持國內商品價格。例如，在我們曾討論的市場中，政府藉由課徵每單位 $5 的關稅來禁止進口 (如貿易禁止——即，配額為零)。這將提高進口商品的國內價格至每單位 $9 ($P_w$ 的 $4＋關稅的 $5 = $9)。在這種情況下，因為沒有消費者會在該價格購買，商品進口數量為零 (國內生產者將以 $8 的價格滿足消費者)。因此，若關稅高於無貿易下的國內價格與世界價格的差額 (亦即，若在我們的例子，關稅大於 $4)，進口數量為零。

假設政府想要達成與上一節相同的目標——支持每單位 $6 的國內價格。圖 10.17 顯示政府可藉由設定 $2 的關稅來達成。為什

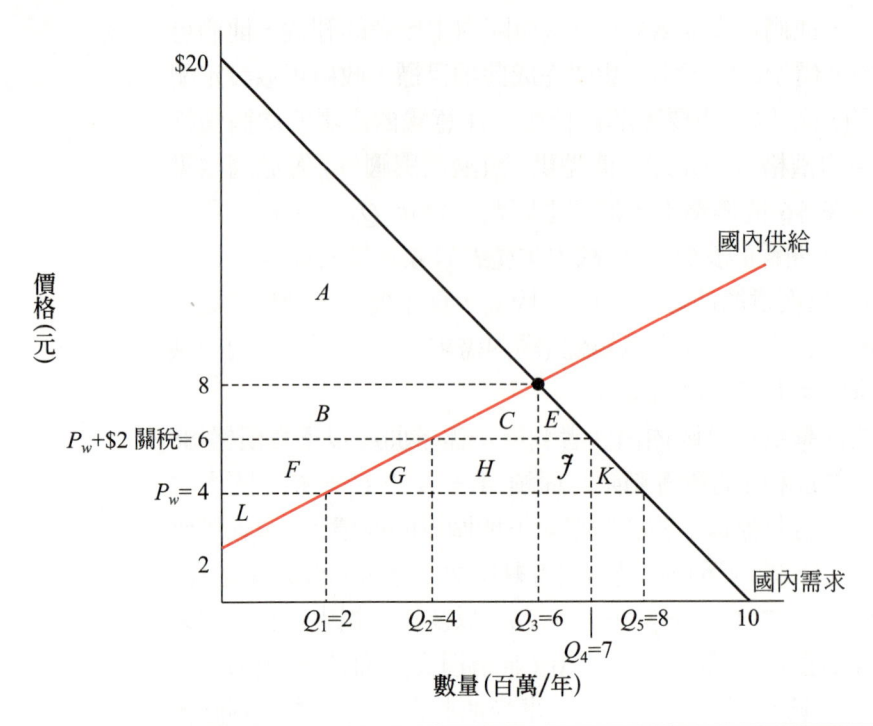

	自由貿易	關稅下	關稅的衝擊
消費者剩餘 (國內)	$A + B + C + E + F + G + H + J + K$	$A + B + C + E$	$-F - G - H - J - K$
生產者剩餘 (國內)	L	$F + L$	F
政府預算的衝擊	0	$H + J$	$H + J$
淨利益 (國內) (國內消費者剩餘＋國內生產者剩餘＋政府預算的衝擊)	$A + B + C + E + F + G + H + J + K + L$	$A + B + C + E$ $F + L$	$-G - H - J - K$
無謂損失	0	$G + K$	$G + K$
生產者剩餘 (國內)	0	0	0

圖 10.17　每單位 $2 的關稅衝擊與自由貿易

在自由貿易下，商品以每單位 $P_w = \$4$ 的世界價格銷售，國內供應 2 百萬單位，和進口 6 百萬單位總數量為每年 $Q_5 = 8$ 百萬單位。藉由課徵每單位 $2 的關稅，政府可支撐每單位 $6 的價格，國內供應 4 百萬單位和進口 3 百萬單位，總數量為每年 $Q_4 = 7$ 百萬單位。與自由貿易相比較，關稅與配額的影響大致相同(見圖 10.16)，但不是為國外生產者創造生產者剩餘，而是為政府製造收入，且政府可用來嘉益國內經濟社會。

麼這種方式可以成功的解釋與為何每年制定 3 百萬單位配額的解釋相同。在 $6 的價格下，消費者將需求每年 $Q_4 = 7$ 百萬單位，但國內生產者每年只願意提供 4 百萬單位。想要滿足該價格下的國內需求，每年必須進口 3 百萬單位。因此，每單位 $2 的關稅得到的均衡與每年 3 百萬單位進口配額的均衡相同。

此關稅的整體衝擊與配額的衝擊頗為相似，並非完全相同。如圖 10.16 與圖 10.17 的表格所示，兩種情況下的國內消費者與國內生產者剩餘相同。但是，在配額下是國外生產者獲利，而在關稅下是對政府預算有正的衝擊。這是因為政府可從關稅中得到收入。這些收入等於關稅 ($2) 乘以進口量 (3 百萬)，或 $6 百萬(兩圖形中的面積 $H + J$)。

因此，關稅正如同配額，國內消費者剩餘小於自由貿易下但高於貿易禁止的國內消費者剩餘，而國內生產者剩餘超過自由貿易下但低於貿易禁止的國內生產者剩餘。此外，相對於配額的情況，政府藉由重新分配關稅收入，經濟體系可以獲益，所以關稅的無謂損失小於配額的無謂損失。

範例 *10.7*

傾 銷

在過去十年，有些國家抱怨其他國家補貼自己的產業來獲得較大的世界市場佔有率。例如，經常被提到日本鋼鐵業者以低於成本的價格在國外的市場銷售 (稱為傾銷)，部分的原因是日本政府的補貼。在這個範例中，我們研究傾銷的影響。

假設鋼鐵運到美國的世界價格是 P_w，為在競爭世界市場的價格，平均成本與邊際成本相等之處。若國外政府提供每單位 $S 的補貼給他們的生產者，國內消費者將能夠以 $P_w - S$ 的價格進口鋼鐵，如圖 10.18 所示。在自由貿易下 (沒有傾銷) 進口為 $Q_3 - Q_2$。然而，在傾銷新的較低的國內價格下，進口擴充為 $Q_4 - Q_1$。

傾銷如何影響國內市場？國內消費者將可獲益：他們的剩餘將增加 $A + B + C + H + I$。然而，國內生產者將會非常不快樂：他們的剩餘將下跌 $A + I$。在其它事情，國內生產者將注意到傾銷使得從事傾銷國家的勞工保有工作，而國內的鋼鐵勞工失業可能上升。這也是為何通常都說傾銷導致工作從國內出口到補貼該產業的國家。

實際上，傾銷的事實很難認定，因為我們需要證明廠商銷售的價格低於成本。特別是在蒐集國外廠商的生產成本資料時可能更加困難。

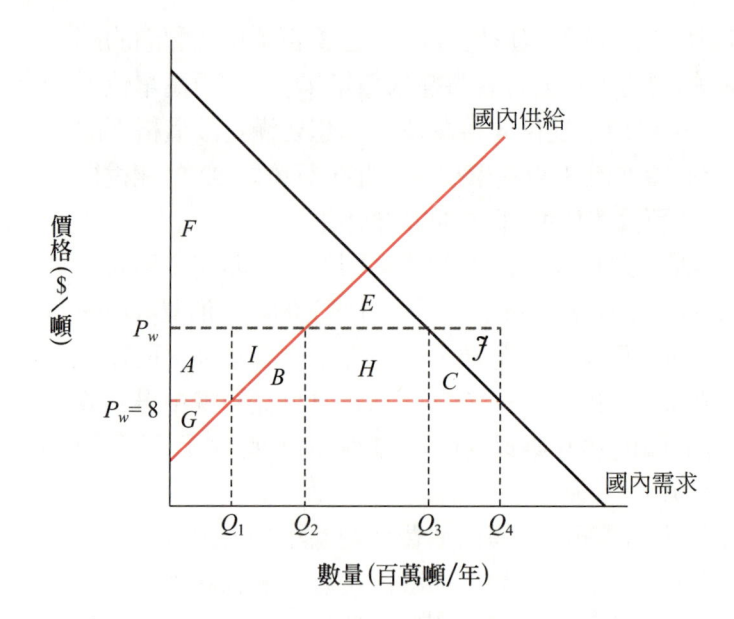

	自由貿易 (沒有傾銷)	傾 銷	傾銷的衝擊
消費者剩餘	$E + F$	$A + B + C + E + F + H + I$	$A + B + C + H + I$
國內生產者剩餘	$A + G + I$	G	$- A - I$
淨利益 (國內) (消費者剩餘＋ 生產者剩餘)	$A + E + F + G + I$	$A + B + C + E + F +$ $G + H + I$	$B + C + H$
國外政府預算 的衝擊	0	$- B - C - H - I - J$	$- B - C - H - I - J$

圖 10.18 傾銷的衝擊

在自由貿易 (無傾銷) 下，國內市場消費 Q_3 百萬噸鋼鐵，以世界價格 P_w 銷售，國內供給 Q_2 百萬噸，而進口 $Q_3 - Q_2$ 百萬噸。在傾銷下，國內消費者將上升至 Q_4 百萬噸而價格下跌至 $P_w - S$，國內只供應 Q_1 百萬噸，而進口增至 $Q_4 - Q_1$ 百萬噸。在國內，傾銷將增加消費者剩餘，降低生產者剩餘和增加淨利益。淨利益的增加部分反映外國政府支付其生產者的補貼金額。

邊做邊學習題 10.6

進口關稅的影響

國內對 DVD 放映機的需求為 $Q^d = 100 - P$ 而國內供給為 $Q^s = P$。Q^s 和 Q^d 衡量 DVD 放映機的數量，單位為千台。現在 DVD 放映機可以世界價格 $20 自由進口。政府計畫對每台進口的 DVD 放映機課徵 $10 的關稅。

問題 若課徵關稅進口量是多少？若政府對 DVD 放映機課徵 $10 的進口關稅，生產者剩餘將如何變動？政府從 DVD 放映機的進口關稅收入為何？

解答 底下的圖形顯示國內的供需曲線。在每單位 $10 的關稅下，國內消費者將以 $30 的價格購買進口 DVD 放映機。他們將需求 70,000 台，而國內供給者生產 30,000 台。因此進口數量是 40,000 台。

在關稅下，國內生產者剩餘將增加面積 G ($280,000)。政府會增加關稅收入面積 E ($40,000)。

類似習題：10.17 和 10.18

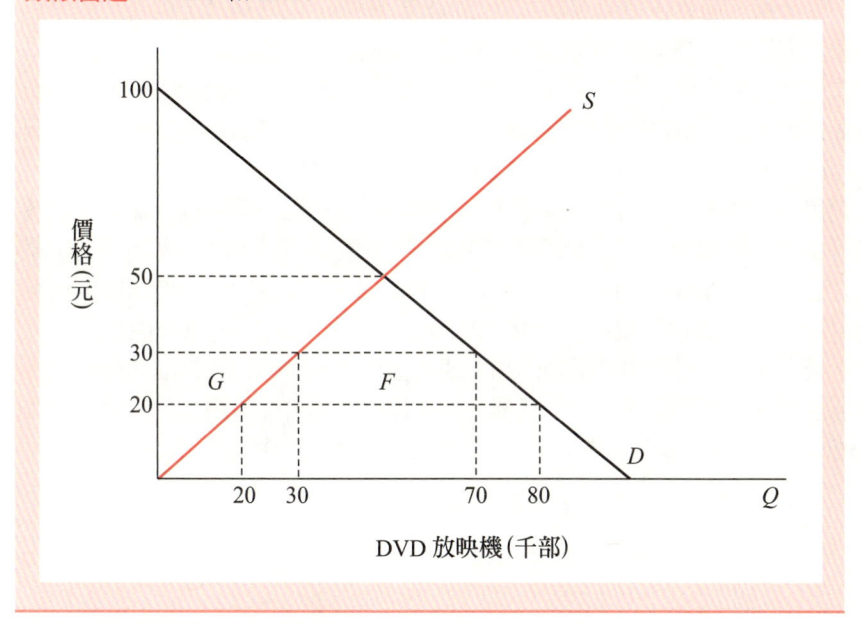

範例 10.8

布希政府 2002 年和 2003 年的鋼鐵關稅 [15]

美國鋼鐵產業受外國競爭的衝擊已超過 40 年。鋼鐵工人的就業受雇於垂直整合廠商，隨著時間經過持續下降，到 2000 年，整體美國鋼鐵廠商的市值剛好只有 100 億，約為當時微軟公司市值的 3%。但隨著二十世紀的結束，和美國經濟步入不景氣，產業的前景似乎變得絕望。當小布希政府即將在 2001 年接掌政權之際，18 家鋼鐵廠商宣布破產，在美國鋼鐵歷史上

---

[15] 這個範例取自於下列來源：Gary Clyde Hufbauer and Ben Goodrich, "Steel Policy: The Good, the Bad, and the Ugly," *Inernational Economics Policy Briefs* (January 2003); Joseph Francois and Laura M. Baughman, "Estimated Economics Effects of Proposed Import Relief Remedies for Steel, report prepared for The Consuming Industries Trade Coalition, www.citac.info/remedy; "After 21 Months, Bush Lifts Tariff on Steel Imports, *New York Times* (December 5, 2003), p. A1; "A Blink form the Bush Administration," *New York Times* (December 5, 2003), p. A25.

一個令人尊敬的名字,伯利恒鋼鐵公司也汲汲可危(在 2001 年 10 月破產)。

身為總統候選人,小布希承諾不會不顧鋼鐵工人,且在入主白宮後鋼鐵業雇主和工會領導者催促小布希政府信守承諾。在 2001 年 6 月,美國貿易代表勞勃·史力克向美國的國際貿易委員會 (ITC) 提出一請求,決定美國鋼鐵廠商是否遭受鋼鐵進口嚴重創傷,1998 年和 2000 年達到高峰。美國 ITC 裁定 16 個產品項目的進口確實造成美國鋼鐵業者的損害,而 ITC 建議小布希政府應該針對那些項目課徵關稅或配額以減輕本國產業的傷害。在 2002 年 3 月,小布希決定對 16 個項目中的 14 項課徵關稅。關稅在 3 年期間會逐漸下降,最終在 2005 年 3 月將完全移除。

鋼鐵消費企業的代表 (如汽車製造業者和家用電器業者,及其它) 嚴詞批評小布希政府的行動。許多批評者認為小布希政府的決定對政治上而言是好的 (協助小布希在三個重要生產鋼鐵的州,俄亥俄州、印第安那州、西維吉尼亞洲都贏得 2000 年選舉),但在經濟上則否。其中有一個重要的組織,消費產業貿易行動聯盟 (CITAC),委託一項建議補救措施的經濟分析報告得到,估計美國經濟體系的無謂損失範圍在 $5 千萬到 $14 億之間。CITAC 的研究也估計,因為關稅,會有 4,400 到 8,900 個生產鋼鐵的工作受到保障,因為更高的鋼鐵價格導致鋼鐵消費廠商減少產出或甚至退出市場,有 21,000 到 44,000 的工作將會消失不見。

美國以外的主要鋼鐵生產國家,特別是在歐盟 (EU) 的國家,也對小布希政府課徵鋼鐵關稅的決定不高興並進行抗議,歐盟向世界貿易組織(WTO) 提出訴訟。在 2003 年秋,WTO 裁定歐洲和亞洲國家允許針對美國課徵報復性關稅。不久,在 2003 年 12 月,小布希政府取消關稅,在 21 個月後提早結束。若課徵關稅的決定是基於政治考量,取消關稅也可能是政治考量:在 WTO 的裁定之後,歐盟威脅要對美國南部和中西部重要各州生產的紡織品和農產品課徵報復性關稅,與歐洲各國進行貿易戰爭的政治代價太高。此外,部分受中國大陸對鋼鐵的強勁需求,鋼鐵價格在 2003 年大漲,鋼鐵產業的情況,本來在 2001 年初相當淒慘,在 23 個月後變得好轉。

總 結

- 在競爭市場每個生產者追求自我利益的最大,決定是否進入市場,若決定加入,要生產多少可使利潤最大。同樣地,每個消費者也追求自我利益的最大,追求效用最大來決定購買多少單位的商品。即使沒有市場計畫者告訴生產者和消費者如何行動,競爭市場的產出使淨利益 (由剩餘的加總來衡量) 達到最大。就好像有一隻"看不見的手"引導競爭市場達到效率的生產和消費水準。
- 政府干預有許多種型式,包括貨物稅、補貼、最低和最高價格管制、生產配額、價格支持政策、進口關稅與配額。就某些型態的政府干預 (如稅負和補貼) 市場將會清結。就其它型態的干預 (如價格上限、價格下限和生產配額) 市場不會清結。當市場不會清結,我們必須瞭解當我們衡量消費者與生產者剩餘時,誰在參與市場。
- 當市場課徵貨物稅時,消費者支付的價格上升幅度通常小於稅額,而生產者收到的價格下跌幅度小於稅額。稅收負擔衡量課稅對消費者支付價格與生產者收到價格的衝擊。當需求相對無彈性和供給相對有彈性時，消費者的稅收負擔餘大於生產者的稅收負擔，當彈性的相對大小剛好相反時，生產者的稅收負擔大於消費者的稅收負擔。

- 政府在競爭市場的干預經常導致無謂損失。無謂損失是一種經濟上的無效率，發生在消費者與生產者無法獲取潛在淨利益。
- 政府在競爭市場的干預通常從經濟體系的一方所得重分配給另外一方。若政府透過關稅或稅負來增加稅收，收入是經濟體系部分的淨利益因為稅收可以重新分配。同樣地，從政府的淨流出是政策的一項成本。
- 貨物稅導致無謂損失因為市場生產少於效率產出水準，課稅降低消費者和生產者剩餘。**(LBD 習題 10.1)**
- 當政府對每一單位產出進行補貼時，市場生產超過效率產出水準，導致無謂損失。補貼增加生產者與消費者剩餘，但這些剩餘低於政府支付補貼的成本。**(LBD 習題 10.2)**
- 在有約束力的價格上限 (即，上限低於自由市場價格)，市場交易數量小於效率水準因為生產者限制供給。市場為在超額需求而願付高價的消費者不見得能買到商品。**(LBD 習題 10.3)**
- 在一有約束力的價格下限 (亦即，下限高於自由市場價格)，市場交易數量小於效率水準因為消費者的購買量減少。市場將有超額供給，而最低成本生產者不見得可提供商品。**(LBD 習題 10.4)**
- 生產配額藉由限制市場產出來提高消費者支付的價格，儘管人們通常預期配額造成生產者剩餘增加，這不必然會發生。因為在配額下，市場不會清結，並不保證最低成本生產者可供應市場。**(LBD 習題 10.5)**
- 限制耕種面積與政府購買政策通常用來支撐農業部門的價格，這些政策使政府付出極大的代價且造成莫大的無謂損失。
- 政府可依靠進口配額與關稅來加強國內供給者的生產者剩餘，這些型式的干預降低消費者剩餘並為國內經濟帶來無謂損失。

複習題

1. 在一競爭市場中，"一隻看不見的手"重要性為何？
2. 若無政府干預，競爭市場的無謂損失是多少？
3. 稅收負擔的意義為何？貨物稅的稅收負擔與市場的供需彈性有何關聯？
4. 在酒類競爭市場中，需求相對無彈性和供給相對有彈性。課徵貨物稅 $T 的生產者負擔較大或消費者負擔較大？
5. 家用產品競爭市場中生產與銷售，當未課稅時，均衡價格是每單位 $100。家用產品的自身需求價格彈性約為 －0.9，而自身供給價格彈性約為 1.2。在評論建議貨物稅每單位 $10 時，報紙寫道 "稅負可將使家用產品價格提高約 $10"。這是合理的結論嗎？
6. 卡斯多尼區的起司製造產業是一競爭市場，有正斜率的供給曲線和負斜率的需求曲線，政府對每公斤起司的生產者補貼 $T。消費者剩餘是否增加？生產者剩餘是否增加？是否存在無謂損失？

7. 是否價格上限總是增加消費者剩餘？是否價格下限總是增加生產者剩餘？
8. 是否競爭市場中的生產配額始終增加生產者剩餘？
9. 為何農業價格支持政策，如限制耕種面積和政府購買政策，通常實施的代價非常高？
10. 若進口關稅與進口配額在一競爭市場中導致相同的價格，何者會造成較大的無謂損失？
11. 當政府課徵每單位 $T 的貨物稅時，市場為何者會清結？
12. 當政府給與生產者每單位 $S 的補貼時，為何市場會清結？
13. 為何市場有生產配額時，不會清結？
14. 在價格下限時，是否最有效率的生產者必定是供給市場者？

問 題

10.1 在一沒有政府干預的競爭市場中，均衡價格是 $10，和均衡數量是 10,000 單位。請解釋在下列各種型式的干預下，市場是否清結？
(a) 市場課徵每單位 $1 的貨物稅。
(b) 政府給付每單位生產 $5 的補貼。
(c) 政府制訂價格下限 $12。
(d) 政府制訂價格上限 $8。
(e) 政府制訂生產配額，只允許生產 5,000 單位。

10.2 在邊做邊學習題 10.1，我們檢視每單位 $6 貨物稅的影響，若貨物稅是 $3，請重覆這個習題。

10.3 光碟片在競爭市場中生產與銷售。當未課稅時，每單位均衡價格是 $20。光碟片的自身需求價格彈性是 －0.5。若 $4 的貨物稅導致光碟片價格上升至 $24，光碟片自身供給價格彈性為何？

10.4 當汽油價格最近達到每加侖 $2.0 時，公共政策制訂者考慮為了消費者來調降每加侖 $0.1 的貨物稅以降低油價。在討論建議減稅方案的影響時，一新聞評論者說減稅的影響應導致油價每加侖約 $1.90，而若油價未下跌此種幅度，一定是石油公司的陰謀維持油價高漲。請評論這項評論。

10.5 範例 10.1 的表格指出若汽油價格每加侖從 $0.3 上升至 $0.4，汽油稅收約增加 $100 億 (從每年 $390 億增至每年 $430 億)。利用範例 10.1 的供需圖形說明當稅負每加侖是 $0.4 時，均衡數量，消費者支付的價格，生產者收到的價格和稅收，如表格所示。請繪圖說明，當汽油稅每加侖 $0.4 時的均衡。

10.6 在一競爭市場中，現在並未課稅，且均衡價格是 $40，市場有正斜率的供給曲線。政府即將課徵每單位 $5 的貨物稅，若需求曲線是
(a) 完全有彈性；
(b) 完全無彈性，生產者收到與消費者支付的價格為何？請以圖形說明。

10.7 在一競爭市場中，現在並未課稅，且均衡價格是 $60。市場有負斜率的需求曲線。政府即將課徵每單位 $4 的貨物稅。若供給曲線是

(a) 完全有彈性；
(b) 完全無彈性，
生產者收到與消費者支付的價格為何？請以圖形說明。

10.8 一競爭市場現在的均衡價格是 $100。需求價格彈性是 -4 而供給價格彈性是 $+2$。若每單位貨物稅是 $3，你預期消費者支付的均衡價格改變多少？你認為生產者收到的價格變動多少？

10.9 假設小鎮上的香菸市場，具有下列的供需曲線：$Q^S = P$ 和 $Q^D = 50 - P$，其中數量單位為 4。假設鎮議會需要籌措 $300,000 的稅收，決定對香菸市場課稅。為了要籌措需要的金額，應該課徵多少貨物稅？

10.10 假設一競爭市場有正斜率的供給曲線和負斜率的需求曲線，兩者皆為線性。市場現有的稅負是 T。假設稅負加倍，無謂損失會增加幾倍？(你可假設在新稅率下，均衡數量為正)

10.11 請見下列描寫競爭市場的圖形。若政府制訂價格上限 P_1，利用下圖的面積，指出
(a) 從這項行動中，消費者最大的獲益。
(b) 從這項行動中，消費者最大的損失。
換言之，從價格上限的制訂，提供消費者剩餘可能變動的上限與下限。

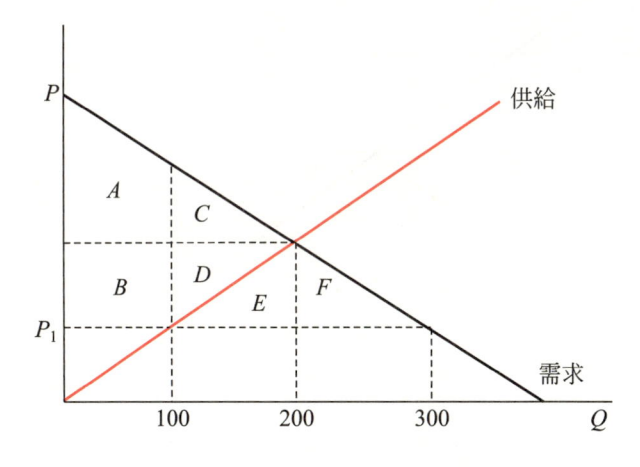

10.12 假設普摩尼亞的玉米市場為一競爭市場。進口與出口都不存在。需求曲線是 $Q^d = 10 - P^d$，其中 Q^d 是當消費者支付價格 P^d 時的需求量 (百萬蒲式耳) 供給曲線是：

$$Q^s = \begin{cases} -4 + P^s, & \text{當 } P^s \geq 4 \\ 0, & \text{當 } P^s < 4 \end{cases}$$

其中 Q^s 是當生產者收到價格為 P^s 時的供給量 (百萬蒲耳式)
(a) 均衡價格與數量是多少？
(b) 在 (a) 的均衡時，消費者剩餘為何？生產者剩餘為何？無謂損失為何？請皆以圖形表示。
(c) 假設政府課徵每單位 $2 的貨物稅以籌措稅收，新的均衡數量為何？買者支付的價格是多少？賣者收到的價格是多少？

(d) 在 (c) 的均衡時，消費者剩餘為何？生產者剩餘為何？政府預算衝擊為何？(此為正數，政府稅收)？無謂損失為何？請都以圖形說明。

(e) 假設政府改變心意，認為玉米收入與普摩尼亞農民的快樂程度有關。稅負移除，且每單位 $1 的補貼給玉米農民，均衡數量是多少？買者支付的價格為何？玉米農民收到的金額 (包含補貼) 為何？

(f) 在 (c) 的均衡時，消費者剩餘為何？生產者剩餘為何？無謂損失為何？請都以圖形說明。

(g) 證明 (b)、(d) 和 (f) 中下列的總和始終相等：消費者剩餘＋生產者剩餘＋預算衝擊＋無謂損失。為何三種情況的總和會相等？

10.13 圖 10.19 顯示香菸市場的供需曲線。若政府未加干預市場均衡價格是每包 $2，而市場交易量是 10 億包。假設政府決定防止吸煙並考慮兩種可能政策將銷售數量減少至 6 億包。

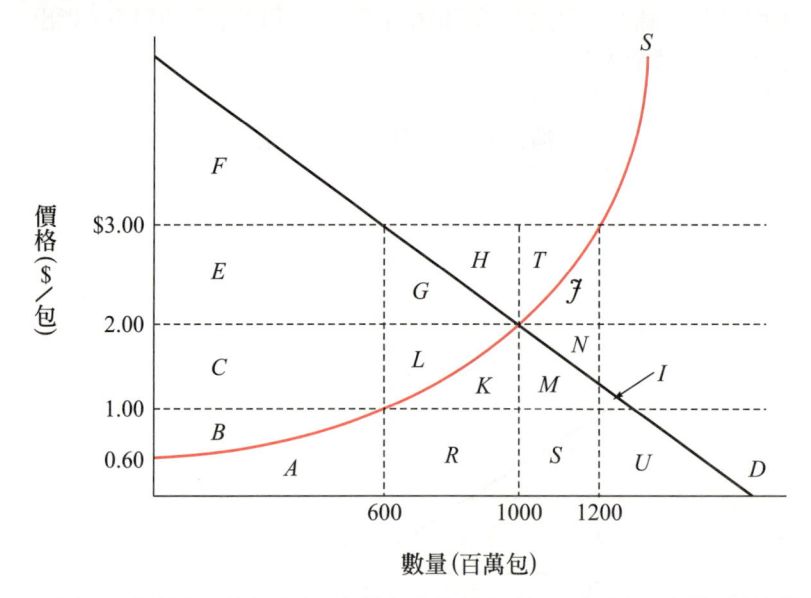

(a) 為達成市場銷售 6 億包政府目標的每單位稅收為何？達成此目標的最低價格是多少？請解釋。

(b) 利用圖形的面積，回答下列空格。

	稅負	最低價格
消費者支付的每包價格為何？		
生產者收到的每包價格為何？		
消費者剩餘的面積為何？		
在此政策下最大可能的生產者剩餘的面積為何？		
在此政策下最小可能的生產者剩餘的面積為何？		
政府收入的面積為何？		
在此政策下最小可能的無謂損失的面積為何？		

圖 10.19　香菸的最低稅負價格

兩個政策為 (i) 對香菸課稅；(ii) 法律制訂香菸最低價格。分析各個政策，利用圖形並填滿空格。

10.14 假設電腦晶片的國內市場需求是 $P^d = 110 - Q^d$，其中 Q^d 是當價格為 P^d 時，國內對晶片的需求量。國內供給是 $P^s = 10 + Q^s$，其中 Q^s 是當國內供給者收到價格 P^s 的國內供給量。外國供給者願意在 \$30 的價格下供給任何數量的晶片，政府考慮三種可能的政策：

政策 I：政府決定禁止晶片進口。
政策 II：允許外國供給者進口晶片 (無關稅)。
政策 III：政府允許進口，但每單位課徵 \$10 的關稅。

請填滿圖 10.20 的空格，賦與數字答案。

政 策	政策 I 禁止進口	政策 II 沒有關稅	政策 III 進口關稅
國內消費多少單位的晶片？			
國內生產多少單位的晶片？			
國內生產者剩餘是多少？			
消費者剩餘是多少？			
政府收入是多少？			

圖 10.20 電腦晶片進口的政府政策

10.15 手提式收音機的國內需求曲線為 $Q^d = 5{,}000 - 100P$，其中 Q^d 是當價格為 P 時的收音機購買數量。收音機的國內供給曲線為 $Q^s = 150P$，其中 Q^s 是價格為 P 的國內的收音機生產數量。假設每台收音機能夠在世界市場以 \$10 的價格買到。國內收音機生產者成功地遊說國會對收音機課徵每台 \$5 的關稅。
(a) 請畫圖說明自由貿易 (無關稅) 均衡。清楚說明均衡價格。
(b) 關稅可增加多少的國內收音機供給者的生產者剩餘？
(c) 政府可收到多少的關稅收入？
(d) 關稅所引起的無謂損失為何？

10.16 假設市場供給曲線為正斜率，而需求曲線完全無彈性。在自由市場價格是每噸 \$30，若市場有貨物稅每噸 \$2，所引起的無謂損失為何？

10.17 假設電視機的國內需求是 $Q = 40{,}000 - 180P$，供給為 $Q = 20P$。若電視機可以 \$160 的價格自由進口，國內市場會生產多少台電視機？若政府課徵每台電視機 \$20 的關稅，國內生產剩餘和無謂損失會變動多少？若關稅為 \$70，又將變動多少？

10.18 假設電視機的國內需求是 $Q = 40{,}000 - 180P$，供給為 $Q = 20P$。現在電視可以 \$160 的價格自由進口。假設政府禁止電視機的進口。生產者剩餘與無謂損失有何變動？

10.19 假設玉米的供需曲線為 $Q^d = 20{,}000 - 5P$ 和 $Q^s = 30P$。假設政府想要將價格設定在每單位 \$300 且準備開始政府購買政策來提高需求。政府需要支出多少才能達此目標？若政府能成功達成目標，總無謂損失是多少？

10.20 假設玉米的供需曲線是 $Q^d = 20{,}000 - 50P$ 和 $Q^s = 30P$。假設政府想要設定價格在每單位 $300 並以限制耕種面積政策來達成目的。政府需要支出多少錢才能達成目標？若政府能成功達成目標，總無謂損失是多少？

11 不完全市場的競爭

11.1
獨占廠商的利潤極大化

11.2
需求價格彈性的重要性

11.3
獨占的比較靜態分析

11.4
多廠獨占

11.5
獨占廠商的福利經濟學

11.6
為何獨占市場能夠存在

11.7
獨　買

廠商如何扮演獨占？

　　高爾夫俱樂部、油田設備及半導體包裝有何相同之處？[1] 它們都是鈹金屬製造的產品。鈹是一種輕金屬，質地堅硬、抗腐蝕、遇熱也不變形。鈹礦砂──稱為鈹礦──可以在礦石、煤炭及火山灰中發現。在美國，鈹礦砂只有一個產地：猶他州中部。

---

[1] 半導體包裝保護晶片以免曝露在空氣中，並讓半導體晶片能夠附著在比較大的設備，如印刷電路板上，包裝也能使半導體晶片散熱並增加晶片運算能力。

為什麼要在個體經濟學中提到鈹金屬？因為鈹金屬市場在美國甚至在全球只有一個供應者：Brush Wellman 公司。Brush Wellman 是一美國公司，其鈹金屬存量可供全球未來六十年的供用量。公司利用鈹製作商品，如 Kyocera America (生產半導體包裝的廠商) 或 Dynacraft Golf (高爾夫球產品製造商)，只能到一個地方購買原料：Brush Wellman。簡言之，Brush Wellman 是鈹金屬礦的獨占廠商。

獨占市場是一個廠商面對許多消費者。純粹獨占廠商並不多見，如 Brush Wellman，許多市場是接近獨占的情況，在單一廠商占有絕大部分的市場。例如，德國公司 Hauni Maschinenbau，占有全球 90% 以上的香菸製造機器市場。另一家德國公司，柯林寶公司 (Konig and Bauer) 供應全球 90% 的紙幣印刷用紙。在美國，吉列公司的刮鬍刀產品銷售量超過 80% (刮鬍刀及刀片)，微軟公司的視窗作業系統在個人電腦的作業系統方面占有率超過 90%。

不同於完全競爭市場的公司，獨占廠商的生產決策對市場價格有絕對的影響，完全競爭廠商對市場價格毫無影響能力。例如，若 Brush Wellman 決定減少生產，鈹金屬價格肯定上漲。當然，Brush Wellman 本身提高鈹價格的幅度有限。在某個價格以後，鈹金屬的購買者會以其它原料 (鎢銅或鋁) 替代。因此，獨占廠商必須知道市場需求曲線的特性──特別是市場需求的價格彈性──會影響市場價格。

當一個經濟單位有能力影響市場價格，我們會說他具有市場力量。在獨占市場中，賣方具有市場力量。然而，買方也可以有市場力量。獨買市場是只有一個買者向許多供給者購買商品，獨買通常出現在生產因素市場，如原料或工業零件。獨買也發生在某些產業，如航空製造。其買方通常是政府單位，如美國國防部或太空總署 NASA。

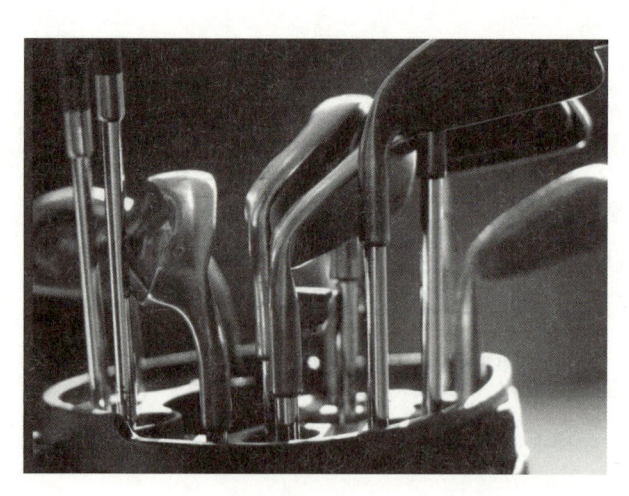

章節預習 在本章，你將

- 分析獨占或獨買廠商的生產與訂價決策
- 顯示如何將獨占分析延伸到多廠獨占

- 比較完全競爭與獨占和獨買的市場均衡
- 顯示獨占與獨買市場如何發生與探討進入障礙的意義

11.1 獨占廠商的利潤極大化

完全競爭廠商對市場價格毫無影響，因此接受固定的市場價格。相反地，獨占廠商如 Brush Wellman 在鈹金屬市場能夠制訂產品的價格。是什麼因素阻止獨占廠商制訂更高的價格？答案是獨占廠商必須將產品市場需求考慮在內：產品價格訂得愈高，商品銷售數量會愈少；價格訂得愈低，商品銷售數量會愈多。因此，獨占廠商的市場需求曲線為負斜率，如圖 11.1 所示。獨占利潤最大的問題是找出數量 (產品銷售數量) 與邊際 (最後一單位的價格與邊際成本的差額) 之間的最適取捨關係。這個數量-邊際取捨的分析邏輯將運用非獨占市場模型 (寡占與壟斷性競爭)，這些市場將在稍後幾章討論。

利潤極大化條件

假設鈹市場的獨占廠商面對圖 11.1 的市場需求曲線 D。市場需求方程式是 $P(Q) = 12 - Q$ (Q 是每年生產鈹金屬每百萬盎斯的數量，P 是每盎斯的售價。) 廠商要銷售 2 百萬盎斯，獨占廠商每盎斯價格應該是 \$10。但是要銷售 5 百萬盎斯，獨占廠商要降低售價至每盎斯 \$7。

當我們沿著獨占廠商的需求曲線移動時，不同的價格與數量組合對應不同的總收益金額。總收益是價格乘以數量，所以在這個例子，$TR(Q) = P(Q) \times Q = 12Q - Q^2$。

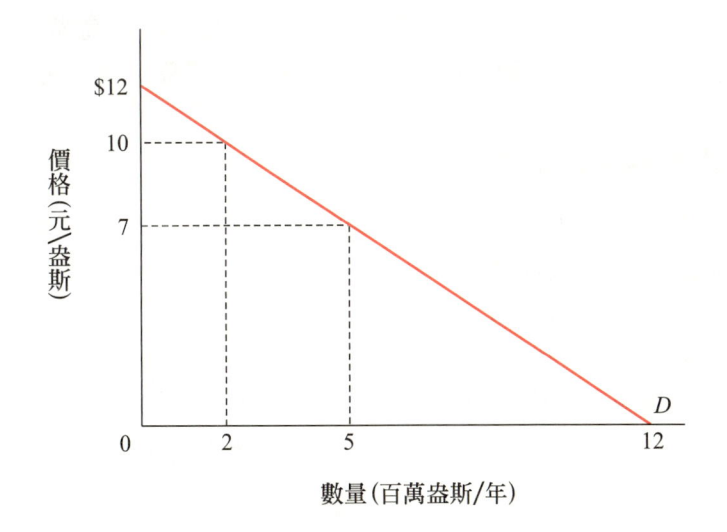

圖 11.1 獨占廠商需求曲線就是市場需求曲線

鈹金屬市場需求曲線是 D。獨占廠商想要銷售更多，必須降價，但在何種數量下，獨占可使利潤最大？

表 11.1 鈹金屬市場獨占廠商的總收益，總成本與利潤

Q (百萬盎斯)	P (元/盎斯)	TR (百萬元)	TC (百萬元)	利潤 (百萬元)
0	12	0	0	0
1	11	11.00	0.50	10.50
2	10	20.00	2.00	18.00
3	9	27.00	4.50	22.50
4	8	32.00	8.00	24.00
5	7	35.00	12.50	22.50
6	6	36.00	18.50	18.00
7	5	35.00	24.50	10.50
8	4	32.00	32.00	0
9	3	27.00	40.50	−13.50
10	2	20.00	50.00	−30.00

讓我們進一步假設獨占廠商的總成本函數是 $TC(Q)=(1/2)Q^2$。表 11.1 列示獨占廠商數量、價格、總收益、總成本，及利潤的資料。圖 11.2(a) 所示為總收益、總成本及利潤的圖形，當 Q 增加，TC 跟著增加。相反地，TR 及利潤一開始隨著 Q 增加而增加，然後下跌。獨占廠商利潤最大的生產點是在利潤曲線的最高點，在 $Q = 4$ 百萬盎斯。

當商品數量小於 $Q = 4$ 百萬時，產量增加，會使總收益增加的速度高於總成本增加的速度，廠商會沿著利潤曲線往最高點移動。如圖 11.2(b) 所示，在這個產量範圍內，獨占廠商的邊際收益會大於邊際成本：$MR > MC$。當數量大於 $Q = 4$ 百萬盎斯，減少產出能提高利潤。在這個產量範圍內，產量減少讓總成本下降的速度比總收益下降的速度快，廠商也會沿利潤曲線向最高點移動。在這個產量範圍內，獨占廠商的邊際收益小於邊際成本：$MR < MC$。

讓我們整理剛剛討論的重點：

- 若廠商在 $MR > MC$ 處生產，獨占廠商的利潤並非最大，因為廠商提高產量，利潤就會增加。
- 若廠商在 $MR < MC$ 處生產，獨占廠商的利潤並非最大，因為廠商降低生產數量，利潤就會提高。
- 因此，獨占廠商無法藉由提高或降低產量來增加利潤的唯一情況是邊際收益一定等於邊際成本。亦即，若 Q^* 是利潤最大的產量，則

(a)

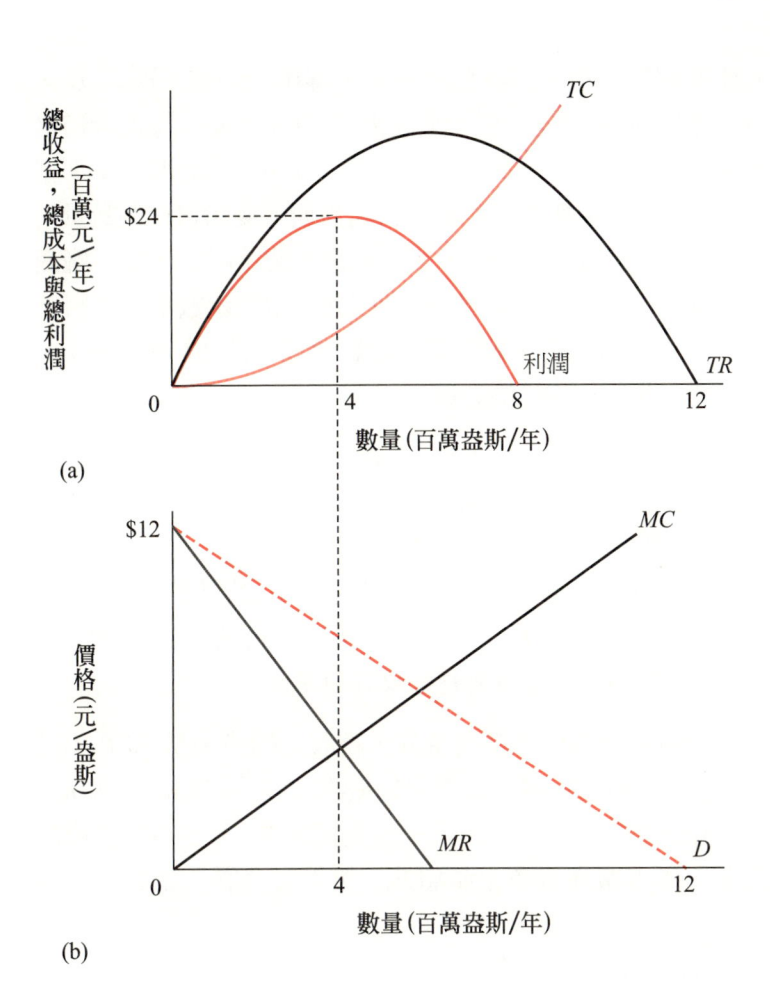

(b)

圖 11.2　獨占廠商的利潤極大化

圖 (a) 總成本會隨 Q 的增加而增加。總收益一開始是增加的，然後再下跌。同樣地，總利潤一開始也是增加，然後下跌。當 Q = 4 百萬盎斯時，獨占廠商利潤達到最大。圖 (b) 顯示獨占廠商利潤最大化的條件是 MR = MC，其為邊際收益曲線與邊際成本曲線的交點，是總利潤最大的生產點。

$$MR(Q^*) = MC(Q^*) \qquad (11.1)$$

式 (11.1) 是**獨占廠商利潤極大化的條件** (profit-maximization condition for a monopolist)。圖 11.2(b) 所示為這個條件的圖形：邊際收益等於邊際成本所決定的產量，其中 MR 與 MC 相交。

式 (11.1) 的利潤極大化條件適用於一般市場，它可以適用在獨占廠商與完全競爭廠商。我們在第 9 章看到，在完全競爭市場，價格接受廠商的最大利潤為邊際收益等於邊際成本 (MC = MR)，如剛才所示，追求利潤最大的獨占廠商必須這麼做。

獨占利潤最大化條件
獨占邊際收益與邊際成本相等處達到利潤最大

進一步觀察邊際收益：邊際單位與超邊際單位

又如同我們在第 9 章的討論，就價格接受廠商而言，邊際收益等於市場價格。然而，對獨占廠商而言，邊際收益並不等於市場價格。要瞭解為什麼，讓我們回到鈹金屬市場的需求曲線 D，如圖 11.3。假設獨占廠商一開始要生產 2 百萬盎斯，每盎斯價格是 $10。在這個價格下，總收益是 2 百萬× $10，即面積 I ＋面積 II。現在假設獨占廠商擴充產能至 5 百萬盎斯。要銷售這個數量，廠商必須調低售價至每盎斯 $7，如市場需求曲線所示。獨占廠商現在的總收益等於面積 II ＋面積 III。因此，當生產數量從 2 百萬盎斯增加至 4 百萬盎斯時，總收益的變動量是面積 III 減面積 I。讓我們來解釋這些面積的經濟意義：

- 當獨占廠商降低售價，面積 III 代表獨占廠商額外銷售 3 百萬盎斯鈹金屬所增加的總收益：$7 ×(5 − 2) 百萬＝ $2 千 1 百萬。多增加的 3 百萬盎斯鈹金屬稱為邊際單位。
- 面積 I 代表獨占廠商原可以在更高的價格 $10 出售的 2 百萬盎斯鈹金屬，所犧牲的總收益：($10 − $7)× 2 百萬＝ $6 百萬。2 百萬盎斯鈹金屬稱為獨占廠商邊際以外的單位

當獨占廠商降低售價並提高產量，總收益的變動量 ΔTR，是從邊際單位獲得的收益與邊際以外單位犧牲的收益的加總：ΔTR ＝面積 III －面積 I ＝ 2 千 1 百萬－ 6 百萬＝ $1 千 5 百萬。或換另一個角度，獨占廠商每多生產額外一單位鈹金屬，總收益會以 $1 千 5 百萬/3 百萬＝每盎斯 $5 的速率上升。

要求出邊際收益的一般表示方式，注意圖 11.3：[2]

圖 11.3　當獨占廠商提高產量時，總收益變動量

每年若獨占廠商從 2 百萬盎斯增加銷售量至 5 百萬盎斯，每盎斯價格必須從 $10 跌至 $7，獨占廠商總收益的增加等於面積 III，而收入在 2 百萬單位 (超邊際單位) 本來可以更高價售出而損失的等於面積 I。因此總收益變動等於面積 III －面積 I。

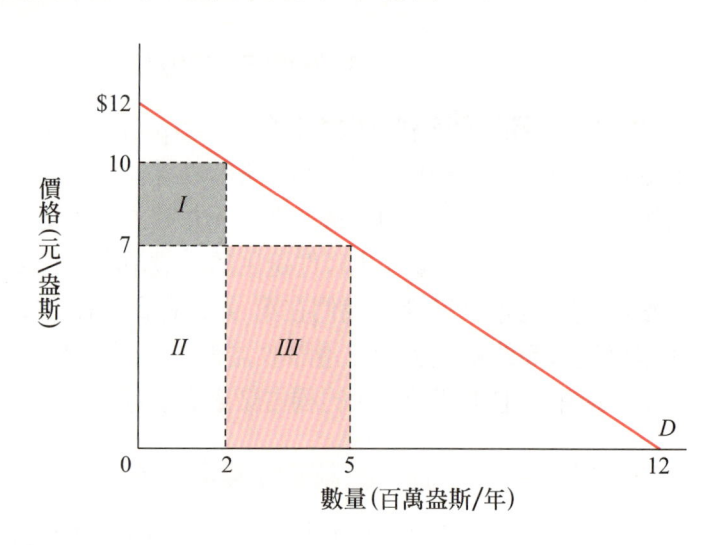

---

[2] 我們將負號放在面積 I 的數學式前面是因為若價格下跌，如圖 11.2 所示，價格的變動是負的。負號的出現可以讓面積的計算為正數。

面積 III ＝價格×數量的變動＝ $P\Delta Q$

面積 I ＝－數量×價格的變動＝－ $Q\Delta P$

因此，獨占廠商總收益的變動量為：ΔTR ＝面積 III －面積 I ＝ $P\Delta Q + Q\Delta P$。

若將總收益變動除以數量的變動，我們可以得到總收益變動對數量變動的比率，或邊際收益：

$$MR = \frac{\Delta TR}{\Delta Q} = \frac{P\Delta Q + Q\Delta P}{\Delta Q} = P + Q\frac{\Delta P}{\Delta Q} \qquad (11.2)$$

式 (11.2) 的邊際收益包括兩個部分。第一個部分，由於 P 是對應更高產量──邊際單位，所引起的收益增加部分。第二個部分，$Q(\Delta P/\Delta Q)$ (是負的，因為 ΔP 是負的)，是對應邊際以外單位價格下跌所導致的收益減少部分。因為 $Q(\Delta P/\Delta Q) < 0$，$MR < P$。亦即，對任何大於 0 的商品數量，邊際收益會小於獨占廠商制訂的商品價格。

當 $Q = 0$ 時，式 (11.2) 隱含邊際收益與價格相等。從圖 11.3 看，這是合理的敘述。假設獨占廠商每盎斯索價 \$12，因此商品銷售數量為 0。若獨占廠商增加產量，其仍然必須調低售價。但從 $Q = 0$ 開始，它沒有邊際以外單位的商品。亦即，式 (11.2) 邊際收益等於市場價格加上 $Q(\Delta P/\Delta Q)$，但當 $Q = 0$ 時，$Q(\Delta P/\Delta Q) = 0$，且邊際收益等於市場價格。

注意邊際收益可以是正或是負。如果銷售額外一單位的總收益增加量小於價格下跌所減少的總收益，邊際收益是負值。實際上，數量愈多，邊際收益愈有可能是負數，因為價格下跌影響更多邊際以外單位 (需要銷售更多的單位) 的衝擊所導致的結果。

平均收益與邊際收益

在前面章節，我們經常比較變數的平均概念與變數的邊際概念 (如，平均產量與邊際產量，平均成本與邊際成本)。對獨占廠商而言，比較平均收益與邊際收益是相當重要的，因為這可以幫助我們解釋為什麼圖 11.4(b) 的邊際收益曲線 MR 不等於市場需求曲線 D [先顯示在圖 11.2(b)]。

獨占廠商的**平均收益** (average revenue) 是總收益除以數量的比

平均收益
平均每單位產出的總收益 (亦即，總收入與產量)

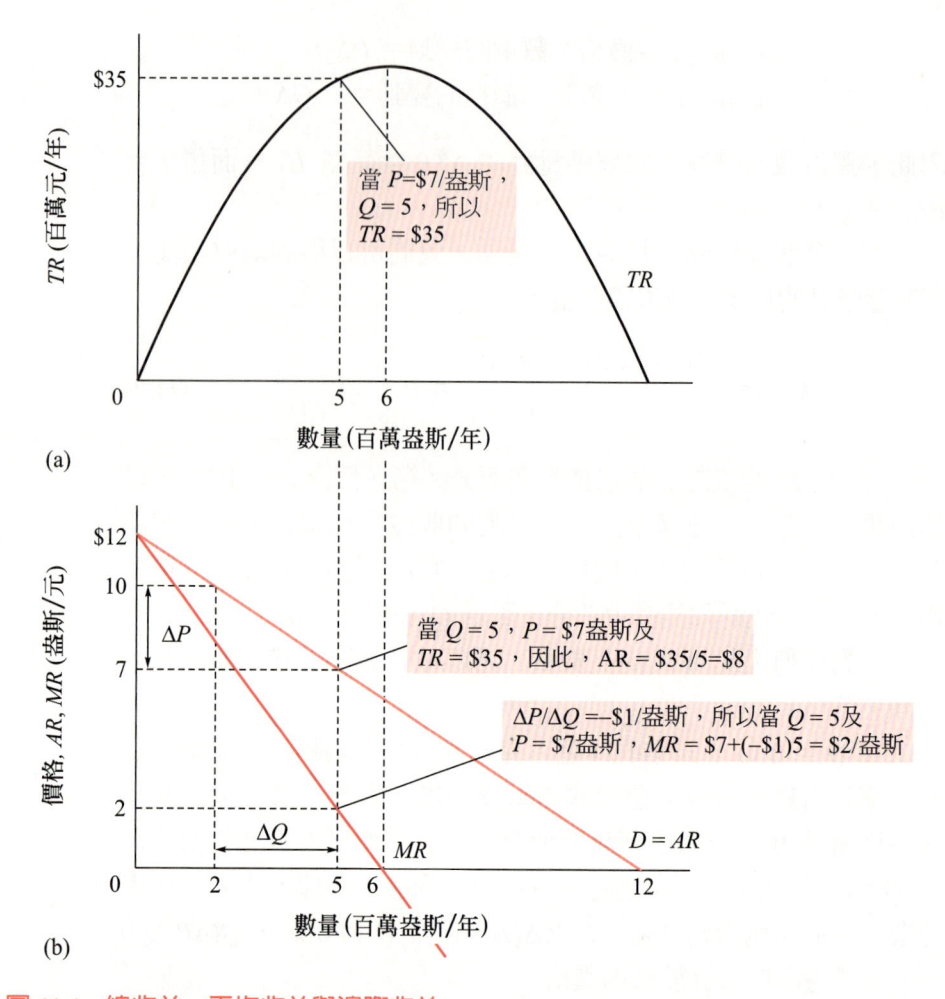

圖 11.4　總收益，平均收益與邊際收益

平均收益曲線 AR 與需求曲線 D 一致。邊際收益曲線 MR 位於需求曲線下方，需求曲線斜率 $\Delta P/\Delta Q = -1$，例如，若價格下跌 \$3 (從 \$10 至 \$7)，數量每年增加 3 百萬盎斯 (從 2 至 5 百萬)，當價格 $P = \$7$ 而數量 $Q = 5$：

- 圖 (a)──總收入 $TR = P \times Q = 7 \times 5 =$ 每年 3,500 萬
- 圖 (b)──平均收益 $AR = TR/Q = 35/5 = 7$

邊際收益 $MR = P + Q(\Delta P/\Delta Q) = 7 + 5(-1) = \$2$

圖 (a) 的總收益在 $Q = 6$ 達到最大，這也是圖 (b) $MR = 0$ 的數量。

例：$AR = TR/Q$。因為總收益等於價格乘以數量，$AR = (P \times Q)/Q = P$。因此，平均收益等於價格。對任何商品數量 Q 而言，獨占廠商制訂的商品價格 $P(Q)$ 是由市場需求曲線來決定，獨占廠商的平均收益曲線與市場需求曲線一致：$AR(Q) = P(Q)$。

綜合上述的觀察與上一節的討論，我們可以看到，若產出爲正 ($Q > 0$)：

- 邊際收益會小於價格 ($MR < P$)。
- 因爲平均收益等於價格，邊際收益會小於平均收益 ($MR < AR$)。
- 因爲平均收益曲線與市場需求曲線一致，邊際收益曲線一定會位於市場需求曲線的下方。

圖 11.4 顯示價格、數量、總收益，平均收益與邊際收益間的關係。

平均收益與邊際收益的關係與本書其它章節提到平均-邊際的關係是一樣的。當某個變數的平均值下跌時，變數的邊際值一定會低於平均值。因爲市場需求曲線是負斜率 (即，下跌)，且平均收益曲線與市場需求曲線一致，邊際收益曲線一定會在平均收益曲線的下方。

邊做邊學習題 11.1

直線型需求曲線的邊際與平均收益

假設市場需求曲線的方程式是 $P = a - bQ$。

問題 平均與邊際收益的方程式是什麼？

解答 平均收益與需求曲線是相同的。因此，$AR = a - bQ$。

利用式 (11.2)，邊際收益是

$$MR(Q) = P + Q\frac{\Delta P}{\Delta Q}$$

現在注意 $\Delta P/\Delta Q = -b$ (因爲 $P = a - bQ$ 是直線型方程式的一般式)。代入方程式中可得：

$$\begin{aligned}MR(Q) &= a - bQ + Q(-b) \\ &= a - 2bQ\end{aligned}$$

因此，直線型需求曲線的邊際收益曲線也是直線。事實上，它與需求曲線 (在 a) 都有相同的縱軸截距 P，且斜率是二倍。這隱含邊際收益曲線與橫軸的交點爲需求曲線與橫軸 (相交於 $Q = a/(2b)$)，當商品數量大於交點的一半時，邊際收益曲線不僅位於需求曲線的下方，其亦爲負。注意圖 11.4(b) 的邊際收益曲線圖形是符合這些特性的。

類似問題： 11.1 和 11.2

以圖形顯示獨占廠商利潤極大化條件

圖 11.5 說明鈹金屬獨占廠商利潤極大化的條件 $MR = MC$。邊際收益曲線是 MR 是遞減的直線，並在所有正的商品數量上都位於需求曲線 D (同時也是平均收益曲線) 的下方。邊際成本曲線 MC 是從原點出發的直線，為平均成本曲線 AC。就所有正的商品數量，邊際成本曲線位於平均成本曲線的上方。

利潤極大的產量是在 MR 與 MC 的交點：每年 4 百萬盎斯。利潤最大的價格是價格在市場需求曲線與數量的交點：每盎斯 \$8 (在這個價格下，需求數量是每年 4 百萬盎斯)。在這個利潤最大的條件下，利潤等於總收益減總成本。總收益是價格 (或平均收益) 乘以數量 (面積 $B + E + F$)，總成本是平均成本乘以數量 (面積 F)。因此，利潤等於面積 $B + E$，或 \$2 千 4 百萬，這個結果與表 11.1 的計算一致。

圖 11.5 說明獨占市場均衡的三個重點：

- 第一，獨占廠商追求利潤最大的商品價格 (\$8) 超過供給最後一單位的邊際成本 (\$4)。這與完全競爭市場的結論不同，其利潤最大的條件是價格等於供給最後一單位的邊際成本。
- 第二，相對於完全競爭廠商的長期均衡，獨占廠商的經濟利潤可以是正的，因為獨占廠商不會面臨潛在廠商自由進入的威脅，會使競爭市場中的經濟利潤為零。
- 第三，即使獨占廠商的售價高於邊際成本，且廠商享有正的經

圖 11.5 獨占廠商利潤極大化條件

利潤最大的商品數量是每年 4 百萬盎斯，這是在 $MR = MC$ 的交點。要銷售該產量獨占廠商將會以每盎斯 \$8 銷售 (如圖需求線 D 所示)。總收益是面積 $B + E + F$。總成本是面積 F。利潤 (總收益減總成本) 是面積 $B + E$，消費者剩餘是面積 A。

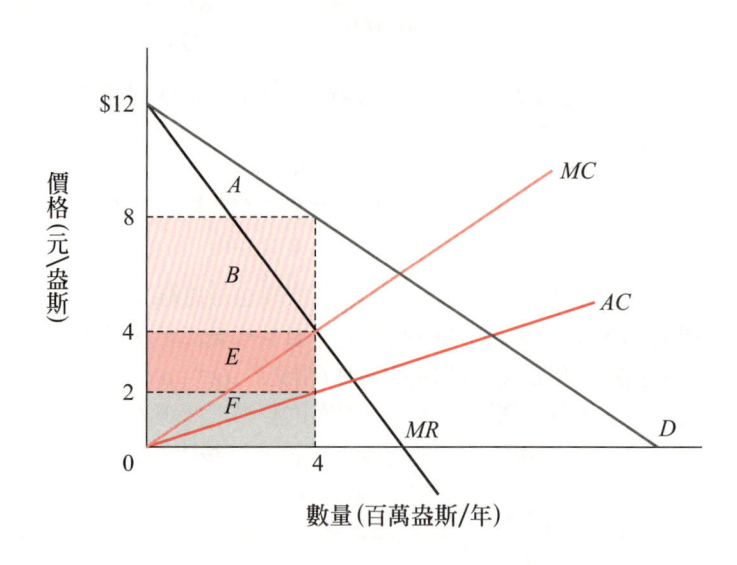

濟利潤，消費者面臨獨占市場均衡仍享有某些利益。均衡產量下的消費者剩餘是圖 11.5 上價格及需求曲線所圍成的面積，或面積 A，等於 \$8 百萬。獨占市場均衡的總經濟利益是消費者剩餘及獨占廠商的生產者剩餘之和，即等於面積 $A + B + E$，或每年 \$3 千 2 百萬。

邊做邊學習題 11.2

應用獨占的利潤最大化條件

在圖 11.5，獨占廠商的市場需求曲線方程式是 $P = 12 - Q$，邊際成本方程式為 $MC = Q$，其中 Q 的單位是百萬盎斯。

問題 獨占廠商利潤極大化的數量與價格是多少？

解答 要回答這個問題，(1) 先找邊際收益曲線，(2) 使邊際收益等於邊際成本，以求出利潤最大的商品數量，及 (3) 將均衡數量代入市場需求方程式，以求出利潤最大的獨占價格。

獨占的需求曲線與邊做邊學習題 11.1 需求曲線 ($P = a - bQ$) 相同。因此，如同該習題，邊際收益曲線的截距與需求曲線相同 (即，12)，且斜率是兩倍：$MR = 12 - 2Q$。利潤最大的商品數量為 $MR = MC$ 或 $12 - 2Q = Q$。因此，利潤極大化的數量是 $Q = 4$ (即，4 百萬盎斯)。將此代入市場需求曲線方程式，可決定獨占廠商利潤極大化價格：$P = 12 - 4 = 8$ (即，每盎斯 \$8)。這些答案與圖 11.5 中圖形求解的獨占廠商利潤最大問題的結論一致。

類似問題：11.5, 11.6, 11.7, 11.8 和 11.9

獨占廠商沒有供給曲線

完全競爭廠商接受固定的市場價格，及選擇利潤最大的商品數量。完全競爭廠商視價格為外生的事實，讓我們可以建構廠商的供給曲線，這是在每一個價格下，廠商願意接受的利潤最大下的產量。

然而，對獨占廠商而言，價格是內生，而非外生。亦即，獨占廠商必須同時決定價格與數量。獨占廠商面對不同形狀的需求曲線，可能會在相同價格下供給兩個不同數量，或在同一數量下有兩個不同的價格。價格與數量的唯一關係是存在於完全競爭廠商中，並不會在獨占廠商模型出現。因此，獨占廠商沒有供給曲

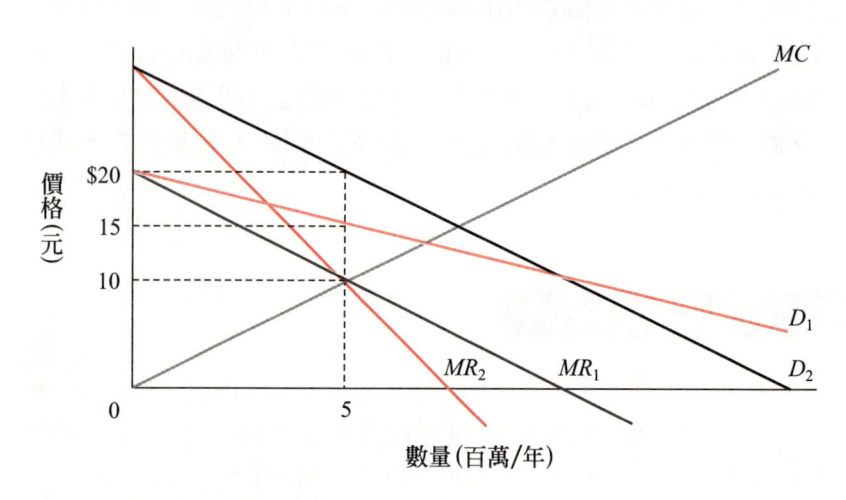

圖 11.6　獨占廠商沒有供給曲線

當需求曲線是 D_1 時，獨占廠商利潤最大的產量是 5，利潤最大的價格是 $15。當需求曲線是 D_2 時，獨占廠商的利潤最大產量還是 5，但利潤最大的價格是 $20。所以，獨占廠商可能銷售同樣的數量而有不同的價格。

線。

　　圖 11.6 說明這種觀點。對需求曲線 D_1 而言，利潤最大的商品數量是每年 5 百萬單位，及利潤最大的價格是每盎斯 $15。若獨占的需求曲線移至 D_2，利潤最大的商品數量仍是每年 5 百萬單位，但是利潤最大價格是現在每單位 $20。因此有可能是，同樣的數量 (如圖 11.6 的 5 百萬單位) 對應不同的需求曲線，而有不同的價格 ($15 和 $20)。因此，獨占廠商沒有唯一的供給曲線。

11.2 需求價格彈性的重要性

　　我們剛剛看到獨占廠商利用市場需求曲線來制訂商品價格。我們也看到獨占廠商追求利潤極大的價格超過最後一單位供給的邊際成本。在本節，我們將深入探討需求曲線如何影響利潤極大的價格與邊際成本差額的性質。具體而言，我們會看到這個差額係受需求價格彈性的影響，兩者的關係是非常密切的。

需求的價格彈性與利潤極大的價格

　　圖 11.7 顯示為什麼需求的價格彈性在獨占廠商利潤極大化條件上扮演如此重要的角色。圖 11.7(a) 是在一特定的獨占市場 A，利潤最大的價格 P_A，及商品數量 Q_A。圖 11.7(b) 是另一個獨占市

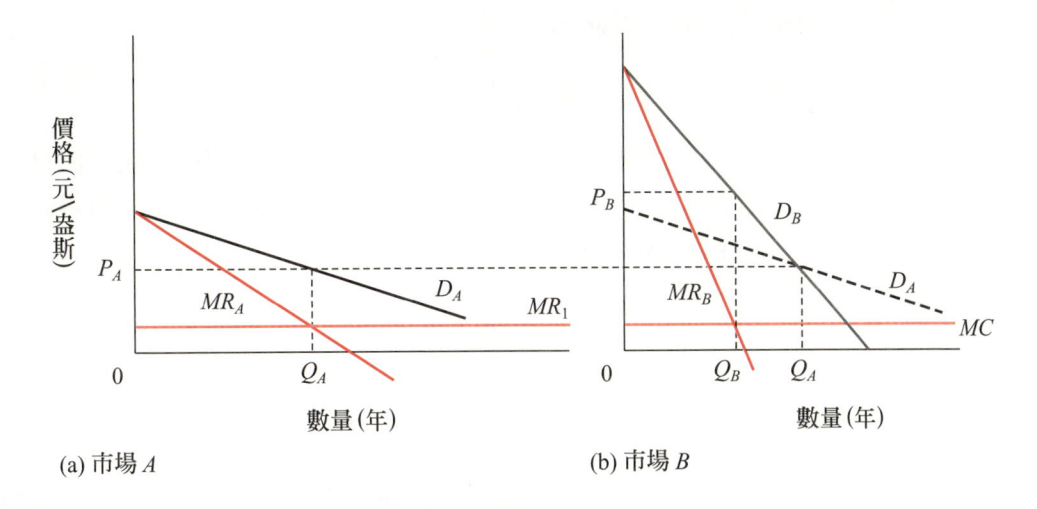

圖 11.7 需求的價格彈性如何影響獨占市場價格

在市場 A，利潤最大的價格是 P_A。在市場 B，需求在 P_A 時，是相對無彈性。在市場 B，利潤最大的價格是 P_B，當需求相對有價格彈性時，獨占廠商利潤最大的價格與邊際成本 MC 間的差距是比較小的。

場 B，需求對價格變動是比較不敏感的，具體言之，市場 B 的需求曲線是將市場 A 的需求曲線定點通過利潤最大價格與產量。亦即，在市場 A 同一個利潤最大價格 P_A 下，相較於需求曲線 D_A，需求曲線 D_B 是價格無彈性。比較兩個市場，我們發現利潤最大價格與邊際成本的差距在市場 A，需求相對有價格彈性，係遠小於市場 B，需求是相對無價格彈性。這告訴我們，需求的價格彈性在獨占廠商，決定價格超過邊際成本幅度上扮演相當重要的角色。

這些觀察建議產業外潛在廠商非直接競爭的重點。任何實際生活中的獨占廠商通常會面對潛在廠商某種程度上的競爭。例如，鈹金屬獨占廠商 Brush Wellman 面對替代金屬的競爭，如鈦和鋁。若獨占廠商的商品有非常相似的替代品，消費者對價格變動相對比較敏感，獨占廠商不太可能在邊際成本上加成太多。廠商會是獨占，但替代產品的威脅迫使獨占廠商不能在邊際成本大幅加成來制訂商品價格。這可以解釋為什麼 Brush Wellman，儘管鈹金屬市場只有它一家廠商，也不敢盡情地提高鈹金屬的售價。例如，在銷售氧化鈹金屬給半導體包裝製造者 Brush Wellman 盡量地將價格壓低接近競爭金屬的價格，如鉛與鎢銅。這反映出需求價格彈性的重要性：制訂過高的價格，Brush Wellman 會將市場拱手讓給其它競爭金屬的廠商。

邊際收益與需求的價格彈性

現在讓我們以方程式來表示需求價格彈性與獨占廠商價格超過邊際成本加成之間的正式關係。第一步，我們要將先前得到的 (式 11.2) 邊際收益重新改寫：

$$MR = P + Q\frac{\Delta P}{\Delta Q}$$

上式可以將邊際收益寫成是需求價格彈性 $\epsilon_{Q,P}$ 的函數：[3]

$$MR = P\left(1 + \frac{1}{\epsilon_{Q,P}}\right) \qquad (11.3)$$

這個方程式表示邊際收益受需求價格彈性的影響。因為 $\epsilon_{Q,P} < 0$，這個方程式也證實我們先前的結論 $MR < P$，它還透露另外一個在需求價格彈性與邊際收入 (和總收益與價格間) 的重要關係，如下表所示：

需求曲線區域	邊際收益與 $\epsilon_{Q,P}$	關 係 總收益與價格
有彈性 ($-\infty < \epsilon_{Q,P} < -1$)	$MR > 0$ [因為 $1 + (1/\epsilon_{Q,P}) > 0$]	獨占可藉由微幅降價 (和增加產量) 來增加總收益
單一彈性 ($\epsilon_{Q,P} = -1$)	$MR = 0$ [因為 $1 + (1/\epsilon_{Q,P}) = 0$]	當價格微幅變動，獨占總收益不會變動
無彈性 ($-1 < \epsilon_{Q,P} < 0$)	$MR < 0$ [因為 $1 + (1/\epsilon_{Q,P}) < 0$]	當獨占可藉由微幅增加價格 (和減產) 來增加總收益

---

[3] 要導出這個方程式，我們先從式 (11.2) 中將 P 提出，可得

$$MR = P\left(1 + \frac{Q}{P}\frac{\Delta P}{\Delta Q}\right)$$

現在記得需求的價格彈性 $\epsilon_{Q,P} = (\Delta Q/\Delta P)(P/Q)$。

因此，$(Q/P)(\Delta P/\Delta Q)$ 是等於 $1/\epsilon_{Q,P}$，亦即，需求價格彈性的倒數。將此關係代入上式可得：

$$MR = P\left(1 + \frac{1}{\epsilon_{Q,P}}\right)$$

表格顯示我們在第 2 章曾討論的需求價格彈性會決定商品價格變動如何影響總收益的變動。圖 11.8 總結直線型需求曲線邊際收益與需求價格彈性的關係。

邊際成本與需求價格彈性：反彈性價格法則

邊際收益與需求的價格彈性給我們另外一種表示獨占的利潤極大化條件之間的關係，根據邊際成本的關係。在式 (11.1)，利潤極大的價格 P^* 與商品數量 Q^*，$MR(Q^*) = MC(Q^*)$。因此，在式 (11.3)：

$$MC(Q^*) = P^* \left(1 + \frac{1}{\epsilon_{Q,P}}\right)$$

若我們令 MC^* 等於 $MC(Q^*)$ 代表利潤最大產量下的邊際成本，我們可得

$$\frac{P^* - MC^*}{P^*} = -\frac{1}{\epsilon_{Q,P}} \tag{11.4}$$

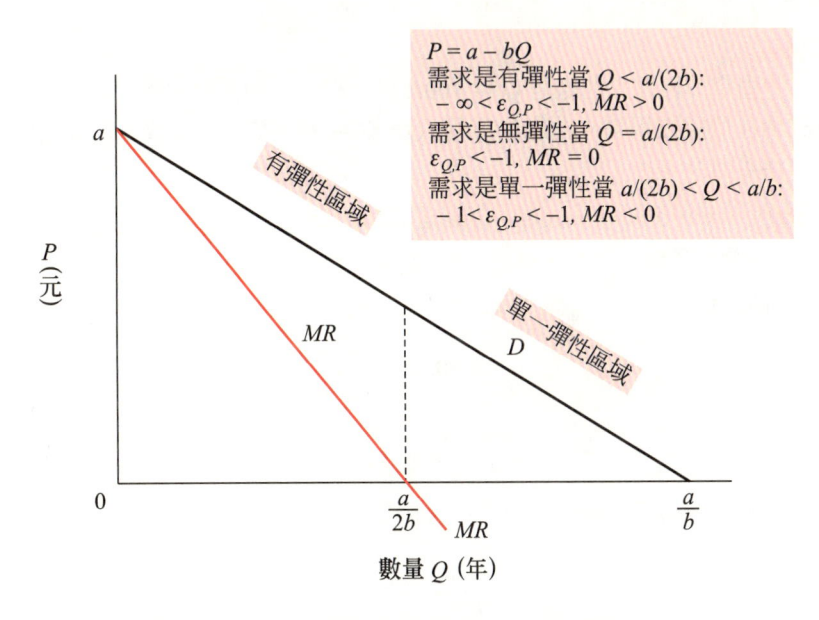

$P = a - bQ$
需求是有彈性當 $Q < a/(2b)$：
$-\infty < \varepsilon_{Q,P} < -1, MR > 0$
需求是無彈性當 $Q = a/(2b)$：
$\varepsilon_{Q,P} < -1, MR = 0$
需求是單一彈性當 $a/(2b) < Q < a/b$：
$-1 < \varepsilon_{Q,P} < -1, MR < 0$

圖 11.8 直線型需求曲線的邊際收益與需求的價格彈性
在需求有彈性的商品數量範圍邊際收益是正的。在需求是無彈性的商品數量範圍，邊際收益是負的。當需求是單一彈性時，邊際收益等於 0 (亦即，MR 與橫軸交點)。

反彈性價格法則 (IEPR) 利潤最大化價格與邊際成本間的差距,以價格百分比表示,等於負的需求價格彈性倒數。

式 (11.4) 等號左邊是獨占廠商最適價格超過邊際成本的加成,表示成價格的百分比。因為這個理由,式 (11.4) 稱為**反彈性價格法則** (inverse elasticity pric-ing rule, IEPR)。 IEPR 說明獨占廠商最適加成,價格超過邊際成本的部分,等於需求價格彈性倒數的負數。IEPR 告訴我們需求的價格彈性在追求利潤極大的獨占廠商應該決定何種商品價格上,扮演極為重要的角色。具體而言,圖 11.7 顯示 IEPR 總結需求價格彈性與獨占市場價格間的關係:獨占廠商的商品需求價格彈性愈大,價格超過邊際成本的最適加成幅度會愈小。

邊做邊學習題 11.3 和 11.4 顯示,若我們知道需求的價格彈性,我們可運用 IEPR 計算利潤最大的獨占價格。

邊做邊學習題 11.3

計算固定彈性需求曲線的最適獨占市場價格

固定需求彈性需求曲線的一般式為 $Q = aP^{-b}$。在曲線上的每個點,需求價格彈性等於 $-b$。[4] 假設獨占的固定邊際成本為 $MC = \$50$。

問題

(a) 若固定彈性需求曲線是 $Q = 100P^{-2}$,獨占最適價格為何?
(b) 現在假設市場需求曲線的方程式是 $Q = 100P^{-5}$ 獨占廠商的最適價格為何?

解答

就習題的兩個部分,我們利用 IEPR [式 (11.4)] 來計算答案。
(a) 需求的價格彈性 $\epsilon_{Q,P} = -2$。因此,

$$\frac{P - 50}{P} = -\frac{1}{-2}$$

$$P = \$100$$

(b) 需求的價格彈性是 $\epsilon_{Q,P} = -5$,因此:

$$\frac{P - 50}{P} = -\frac{1}{-5}$$

$$P = \$62.50$$

---

[4] 如果你忘記固定彈性需求曲線的內容,請複習第 2 章及其附錄。

注意需求愈有彈性，獨占廠商的利潤最大價格會下跌 (假設邊際成本固定不變)。

類似問題：11.13，11.14

邊做邊學習題 11.4
計算直線型需求曲線的獨占市場最適價格

在直線型需求曲線上，需求價格彈性並非固定。儘管如此，我們可以利用 IEPR 計算利潤最大價格 (和計算利潤最大化產量)。同時，我們可以利用式 (11.1)── $MC = MR$ 法則計算出的利潤最大價格與產量結果是一樣的。

假設獨占廠商有固定的邊際成本 $MC = \$50$，其所面對的需求曲線為 $P = 100 - Q/2$ (可以改寫成 $Q = 200 - 2P$)。

問題
(a) 請利用 IEPR 求出獨占廠商利潤最大的價格與產量。
(b) 請利用 $MR = MC$ 條件，求出獨占廠商利潤最大的價格與產量。

解答
(a) 對直線型需求曲線為需求價格彈性可由彈性的一般公式，$\epsilon_{Q,P} = (\Delta Q/\Delta P)(P/Q)$ 來表示。[5] 在本題範例，$\Delta Q/\Delta P = -2$，所以，

$$\epsilon_{Q,P} = -2\frac{P}{Q}$$

因為 $Q = 200 - 2P$，

$$\epsilon_{Q,P} = -\frac{2P}{200 - 2P}$$

因此，此例的 IEPR 為

$$\frac{P - 50}{P} = -\frac{1}{-\left(\frac{2P}{200 - 2P}\right)} = \frac{200 - 2P}{2P}$$

如果我們將等號兩邊乘以 $2P$，可以得到一簡單直線方程式：$2P - 100 = 200 - 2P$，或 $P = 75$。因此，最大利潤獨占價格為 \$75。我們將此價格代入需求曲線 $Q = 200 - 2(75) = 50$，可以求得利潤最大

---

[5] 如果你並不熟悉這種論點，請回到第 2 章複習直線型需求線如何計算需求彈性的相關討論。

的獨占商品數量。

(b) 記得邊做邊學習題 11.1 藉 $MR = MC$ 求解這個問題。在這個例子，直線型需求曲線的型式 $P = a - bQ$，邊際收益 $MR = a - 2bQ$。在這個例子，$MR = 100 - Q$。因為 $MR = MC$ 和 $MC = 50$，$50 = 100 - Q$，或 $Q = 50$。將此數量代回需求曲線就可求得 $P = 100 - 50/2 = 75$。

因此，IEPR 與 $MR = MC$ 條件皆可計算獨占廠商的最適價格與數量。(當時，理應如此。因為 IEPR 是從 $MR = MC$ 條件推導而得)。同時，注意直線型需求曲線上，需求彈性價格並非固定。我們在應用 IEPR 時，必須以 $\epsilon_{Q,P}$ 的一般式開始。

類似問題： 11.7

範例 11.1

口香糖，嬰兒食物與 IEPR

超級市場並非獨占市場，但許多消費者通常每週都到同一家超級市場購物。[6] 這表示超級市場有能力加成價格超過邊際成本，它們很明顯地會利用這種能力。對於大多數的民生消費商品，消費者付給超級市場的零售價格，與超級市場付給供給者(製造商或批發商)的批發價格間的差距約為 10% 至 40%。有趣的是，在大多數的超級市場，許多商品的加成幅度並不相同，且相同商品的加成幅度卻是隨時間經過而相當穩定。例如，在大多數的超級市場，糖果與口香糖的加成幅度經常是介於 30% 到 40% 之間，嬰兒食物與紙尿布的加成經常是低於 10%。

IEPR 能夠協助我們解釋，為何口香糖與糖果的加成幅度和嬰兒食物與紙尿布的加成幅度是如此的不同。零售業者認為口香糖與糖果屬於衝動型購買的物品。亦即，消費者購買這些物品通常是一時衝動或是在超市裡突然興起念頭，通常價格不是主要考量。相反地，零售商相信嬰兒食物與紙尿布並不屬於衝動購買型的物品。他們認為這些商品的消費者會仔細思量其購買決策，且在購買數量上會非常注意價錢。這表示口香糖與糖果的需求是相對無價格彈性，嬰兒食物與紙尿布的需求是相對有價格彈性。如果這是真的，IEPR 隱含我們應該見到的事實：口香糖與糖果的加成幅度高於嬰兒食物與紙尿布的加成幅度。對於這些商品，超市的訂價行為似乎符合 IEPR 的預期。

---

[6] Margaret Slade 研究指出，超市行銷部經理認為不到 10% 的家計單位會在各大超市間進行價格比較，以尋找最低價的商品。對另外的 90% 的消費者，每週到相同的超市購物，他們對超級市場的選擇是受地點 (離住家或工作場所的遠近)，及超市的品質 (如商品種類，產品是否新鮮) 的影響，請見 M. Slade, "Product Rivalry with Multiple Strategic Weapons: An Analysis of Price and Advertising Competition, *Journal of Economics and Management Strategy* (Fall 1995): 445-476。

獨占廠商始終在市場需求曲線有彈性的區域生產

雖然獨占廠商在理論上能夠在市場需求曲線上的任何一點制訂商品價格，追求利潤極大的廠商只會在市場需求曲線有彈性的區域生產(亦即，需求的價格彈性 $\epsilon_{Q,P}$ 介於 -1 與 $-\infty$ 之間)。圖 11.9 說明為何如此。如果你是獨占廠商，並計畫在點 A 生產，點 A 是位於需求相對無價格彈性的區域，你可以藉由提高價格，減少銷售量，並往點 B 移動來提高利潤。當你從點 A 移到點 B，你的總收益增加量是面積 I 與面積 II 的差額，因為生產更少的商品數量，你的總成本也會下跌。如果你的總收益增加且總成本減少，你的利潤會上升。因此，任何位於市場需求無彈性區域的生產點，獨占廠商始終能夠在相對有彈性區域找到一個生產點來享受更高的利潤。

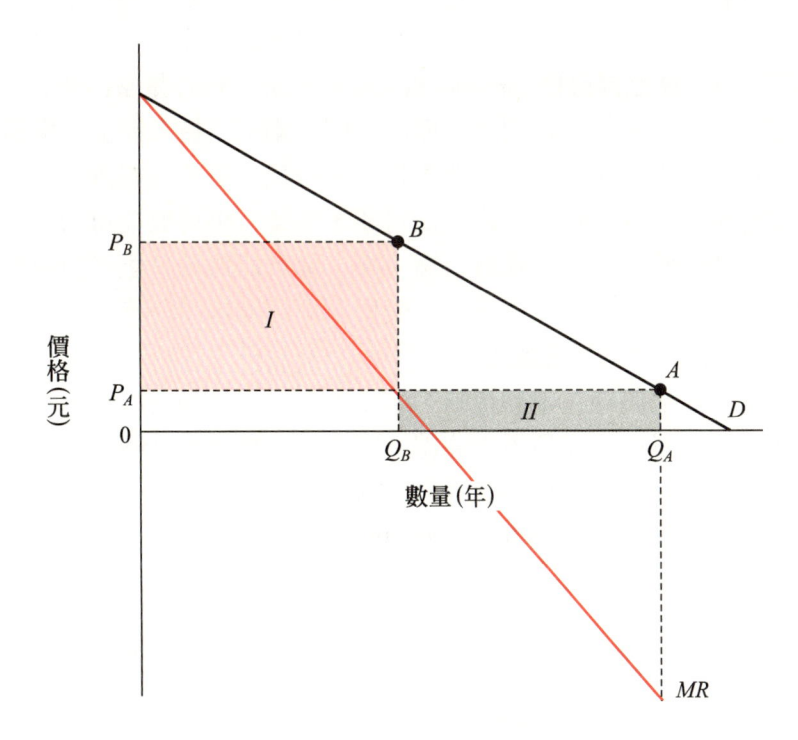

圖 11.9　為何獨占廠商不會在市場需求曲線相對無彈性區域生產

假設獨占廠商一開始在點 A (商品價格 P_A 與數量 Q_A)。這是位於需求曲線 D 無彈性的區域。假設獨占廠商移到需求曲線有彈性的區域點 B，價格提高至 P_B，數量減少至 Q_B。總收益增加的數量是長方形面積 I 減長方形面積 II。同時，獨占廠商的總成本也下跌，因為生產數量比以前要少。因此，獨占廠商的總利潤上升。

我們可以利用 IEPR 來得到相同的結論。要瞭解為什麼,我們從邊際成本大於零的地方開始觀察 (最顯而易見者)。在式 (11.3) 隱含 $1 + 1/(\epsilon_{Q,P})$ 一定為正。但是只要此式為正,必須是需求彈性 $\epsilon_{Q,P}$ 介於 -1 與 $-\infty$ 之間,亦即,需求是相對有價格彈性。因此,IEPR 隱含獨占廠商追求利潤最大,且會在市場需求曲線相對有彈性區域生產與制訂售價。

IEPR 不僅適用於獨占廠商

IEPR 不僅適用於獨占廠商,也可以運用至任何面對負斜率商品需求曲線的廠商。例如,以可口可樂面臨的訂價問題為例。可口可樂在美國可樂市場並不具有獨占地位:百事可樂是一個重要的競爭者。然而,可口可樂與百事可樂並非完全競爭廠商。換言之,若可口可樂提高售價,它不會損失所有客戶給百事可樂,且當其降低價格,它也不會搶走所有百事可樂的消費者。這是因為兩種可樂為**產品異質化** (product differentiation)。條件是當消費者心理認為某些產品的特質與其它產品不同,兩種或更多產品之間就會存在產品差異化,產品之間不是完全替代。有些人喜歡較甜的百事可樂而不喜歡較不甜的可口可樂,即使百事可樂比可口可樂貴,這些消費者會持續購買百事可樂。你可能比較喜歡可口可樂的味道。或是你可能覺得可口可樂與百事可樂味道一樣,但你比較喜歡可口可樂的包裝或廣告。

當產品之間存在差異性時,即使銷售者不是獨占廠商,它們仍要面對負斜率的商品需求曲線。因此銷售異質產品廠商的最適訂價策略可以用類似 IEPR 法則來陳述。例如,可口可樂與百事可樂的最適價格 (分別以 A 與 I 表示) 可以寫成

$$\frac{P^A - MC^A}{P^A} = \frac{1}{\epsilon_{Q_A, P_A}}$$

$$\frac{P^I - MC^I}{P^I} = \frac{1}{\epsilon_{Q_I, P_I}}$$

在這些方程式,ϵ_{Q_A, P_A} 和 ϵ_{Q_I, P_I} 並不是市場需求的價格彈性,而是可口可樂和百事可樂品牌需求的價格彈性。因此,ϵ_{Q_A, P_A} 告訴我們,假設其它影響可口可樂需求因素(包括百事可樂價格) 固定不

產品異質化 在消費者心目中,兩個或多種商品具有不同特質使得產品間有差異而非完全替代。

變，可口可樂需求數量對可口可樂價格的敏感程度。[7]

量化市場力量：Lerner 指數

當廠商面對負斜率需求曲線，可能是因為 (如 Brush Wellman) 它是獨占或 (如可口可樂) 它生產異質商品，廠商對市場價格有某些控制能力。對獨占廠商而言，制訂市場價格的能力係受限於潛在廠商生產替代商品的競爭程度 (亦即，鈦金屬價格會限制 Brush Wellman 制訂鈹金屬市場價格的能力)。在異質商品的例子，廠商的直接競爭者會限制價格制訂的自由度 (亦即，百事可樂會限制可口可樂的訂價策略)。

當廠商能夠控制市場價格，我們說廠商具有**市場力量**(market power)。[8] 注意完全競爭廠商並沒有市場力量。因為完全競爭廠商會選擇在價格等於邊際成本的地方生產，通常，獨占廠商或生產異質商品的廠商，利潤最大價格會超過邊際成本，市場力量的良好指標是價格超過邊際成本的加成百分比，$(P - MC)/P$ (IEPR 的左式)。這個衡量獨占力量的指標是由經濟學家 Abba Lerner 提出，稱為**市場力量的 Lerner 指數** (Lerner index of market power)。

Lerner 指數是介於 0 與 1 之間 (或從 0% 到 100%)。對完全競爭產業而言，指數是零。任何不屬於完全競爭的產業，指數為正。IEPR 告訴我們，在獨占市場均衡時，Lerner 指數與需求的價格彈性兩者存在反向關係。如同我們過去的討論，決定需求價格彈性的一個重要因素是潛在廠商生產替代商品的威脅。如果獨占市場面臨替代產品強力的競爭，Lerner 指數就會很低。換言之，廠商可以是獨占，但其 Lerner 指數很低。

市場力量 個別經濟單位在現行市場影響價格的力量。

市場力量的 Lerner 指數 獨占力的衡量指標：價格超過邊際成本的百分比，$(P - MC)/P$。

範例 11.2

早餐穀類食品產業的市場力量 Lerner 指數

在 1995 年春，兩位美國國會議員，Charles Schumer (稍後成為紐約州的參議員) 和康乃狄克州的 Sam Gejdenson 控告四家美國最大的早餐穀類麥片廠商——家樂氏 (Kellogg)，General Mills，Post 及桂格燕麥 (Quaker Oats)——相互勾結提高售價。他們提出證據，早餐穀類麥片價格在 1983 年到 1990 年間上漲的程度為其它食物價格的一倍，Schumer 敦促大法官 Janet Reno 調查早餐穀類麥片的訂價行為。Schumer 說，"這個產業並沒有真正的競爭存在，我們

---

[7] 請見第 2 章某種程度詳細說明市場需求價格彈性與品牌需求價格彈性間的差異。
[8] 獨占廠商與生產異質商品的寡占廠商並非是唯一具有市場力量的廠商。第 13 章我們即將學到，寡占廠商生產同質商品依然會有市場力量。

以魚子醬的價格消費玉米片的品質。"試問早餐穀類麥片廠商是否有勾結情事發生，Gejdenson 回應："價格是顯而易見的證據。"[9]

為什麼早餐穀類食品價格如此地高？是否因為家樂氏、General Mills、Post 及桂格聯合壟斷的緣故？或是因為產品顯著差異下市場競爭的自然結果？

經濟學家 Aviv Nevo 研究這個問題。[10] 他蒐集穀類麥片價格、產品特性，及消費者本身特性 (如家庭所得) 的資料，他利用這些資料來估計每一個品牌穀類麥片的需求彈性。然後 Nevo 利用估計的彈性係數計算兩種假設情況下的 Lerner 指數：一是生產者聯合起來，行為類似獨占廠商，一是生產者各自在異質商品市場互相競爭。[11] 根據估計需求彈性係數數值，Nevo 的結論是，在勾結穀類麥片產業中，個別品牌的中位 Lerner 指數約為 65 到 75% 之間。在彼此相互競爭的產業情況下，個別品牌的中位 Lerner 指數是在 40 到 44% 間。

這些假設情況下計算的 Lerner 指數與真實產業的有何不同？根據 Nevo 的研究，1990 年代中期，整體穀類麥片產業的真實 Lerner 指數大約是 45%。這是遠低於家樂氏、General Mills、Post 及桂格聯合壟斷，提高售價所計算的 Lerner 指數。我們並沒有否認穀類麥片產業 Lerner 指數為正的事實，指出麥片廠商的確擁有市場力量。但是穀類麥片產業的市場力量是來自於品牌間異質商品的相互競爭而非麥片廠商的相互勾結和聯合壟斷。

11.3 獨占市場的比較靜態分析

我們已經知道追求利潤極大的獨占廠商如何決定價格與商品數量，以及需求價格彈性在價格制訂上所扮演的角色，現在我們可以檢視需求或成本的移動如何影響獨占廠商的決定。

市場需求的移動

比較靜態分析

圖 11.10 說明市場需求曲線右移如何影響獨占價格與數量的選擇。在兩個圖形，我們假設在所有市場價格下，市場需求量提高 (亦即，在原來需求曲線 D_0 和新需求曲線 D_1 不相交下)，需求曲線右移導致邊際收益曲線右移 (MR_0 至 MR_1)。

在圖 11.10(a)，邊際成本 MC 隨商品數量增加而遞增。需求提高會使均衡價格 (從 $10 至 $12) 與數量 (從每年 200 萬至 300 萬) 都增加。

---

[9] 這些摘錄自 "Congressmen Point to Collusion in Cereal Pricing," *Reuters Limited* (March 7, 1995).

[10] A Nevo, "Measuring Market Power in the Ready-to-Eat Breakfast Cereal Indus*try*," *Econometrica*, 69 (March 2001): 307-342.

[11] 在這種情況下計算早餐穀類食品的加成需要用到寡占理論。你將在 13 章學習寡占理論。

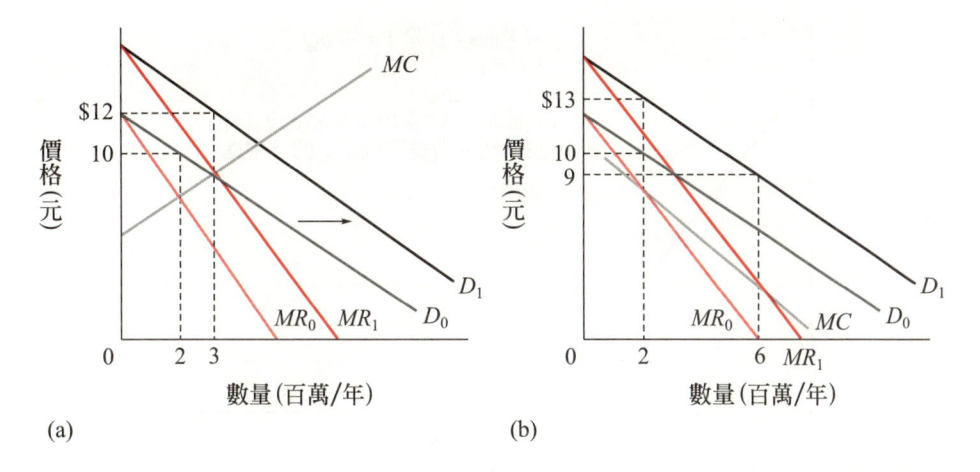

圖 11.10　需求移動如何影響獨占廠商利潤極大的價格與產量
在兩個圖形中，需求曲線右移 (從 D_0 到 D_1) 導致利潤極大的產量增加。在圖 (a)，邊際成本 MC 隨產量增加而增加，利潤最大化價格也上升。在圖 (b)，邊際成本 MC 隨產量增加而減少，利潤最大化價格下降。

　　在圖 11.10(b)，邊際成本隨商品數量增加而遞減。在這個例子，需求提高會使均衡數量增加 (從每年 200 萬至 600 萬)，但均衡價格下跌 (從 $10 至 $9)，即使獨占廠商能夠在一定產量下索取比需求增加前更高的價格。例如，在需求增加前，獨占以 $10 銷售 200 萬單位，在價格增加後，獨占能以 $13 銷售 200 萬單位；然而，獨占不會如此做，因為它能以 $9 銷售 600 萬單位來達利潤最大。圖形顯示，當邊際成本隨產量增加而減少時，需求右移導致獨占廠商降價。

　　一般而言，只要需求曲線右移使邊際收益曲線也右移，市場需求提高會使獨占廠商均衡數量增加。邊際收益曲線的右移保證邊際收益與邊際成本交點所決定的產量會大於原先的均衡數量。同樣地，需求減少伴隨邊際收益曲線左移將會使獨占廠商的均衡數量減少。然而，需求移動對均衡市場價格變動的方向將 (通常) 視邊際成本隨產量增減而定。

獨占中點法則

　　對獨占廠商面對固定邊際成本和直線型需求曲線而言，有一方便的公式可決定利潤最大化價格：**獨占中點法則** (monopoly midpoint rule)。如圖 11.11 所示，獨占中點法則告訴我們最適價格 P^*

獨占中是點法則　說明最適價格是需求曲線從軸截距 (亦即，窒息價格) 與邊際成本曲線縱軸截距中點的法則

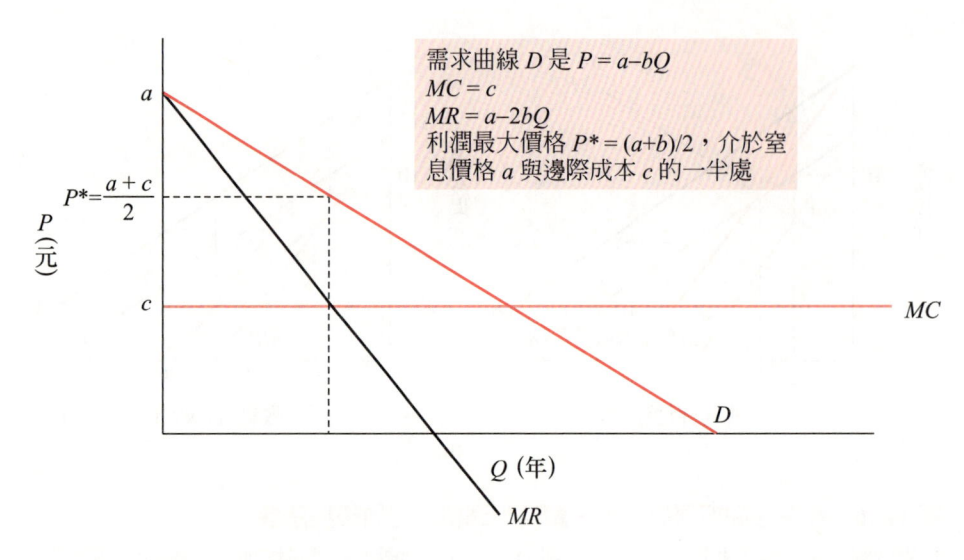

需求曲線 D 是 $P = a-bQ$
$MC = c$
$MR = a-2bQ$
利潤最大價格 $P^* = (a+b)/2$，介於窒息價格 a 與邊際成本 c 的一半處

$$P^* = \frac{a+c}{2}$$

圖 11.11 獨占中點法則

當獨占廠商面臨直線型需求線與固定邊際成本時，利潤最大價格是介於邊際成本曲線縱軸截距曲線 c 與窒息價格 a 間一半的地方。

是介於需求曲線縱軸截距 a 的中點 (亦即，窒息價格)，與邊際成本曲線縱軸截距 c 的中點。這隱含窒息價格增加 Δa 使市場價格上升 ($\Delta a/2$)。(亦即，若窒息價格上升 \$10，獨占廠商將提高價格 \$50。) 因此，如我們在邊做邊學習題 11.5 所見，獨占中點法則可以寫成 $P^* = (a+c)/2$。

邊做邊學習題 11.5

利用獨占中點法則計算最適價格

假設獨占廠商一開始面臨直線型市場需求曲線 $P = a - bQ$ 且固定的邊際成本 $MC = c$ (如圖 11.11 所示)。

問題 獨占廠商利潤最大的價格與商品數量是多少？

解答 就這條直線型需求曲線而言，獨占廠商的邊際收益曲線為 $MR = a - 2bQ$。讓上式的邊際收益與邊際成本相等，求解獨占廠商最適商品數量 Q^*：

$$MR = MC$$
$$a - 2bQ^* = c$$

$$Q^* = \frac{a-c}{2b}$$

我們將最適商品數量 Q^* 代入市場需求方程式，可以求得獨占廠商的最適價格 P^*：

$$P^* = a - b\left(\frac{a-c}{2b}\right) = a - \frac{1}{2}a + \frac{1}{2}c = \frac{a+c}{2}$$

類似問題：11.12

邊際成本的變動

比較靜態分析

IEPR 指出邊際成本增加會提高利潤最大的價格及因需求曲線為負斜率，降低利潤最大的商品數量。圖 11.12 證實這種說法。獨占廠商邊際成本曲線上移會增加價格降低獨占廠商的總產量水準，因為邊際成本增加隱含邊際收益曲線與邊際成本曲線的交點左移和上移。(同樣地，邊際成本的減少會導致獨占廠商利潤最大的產量增加，而使利潤最大的價格下跌。)

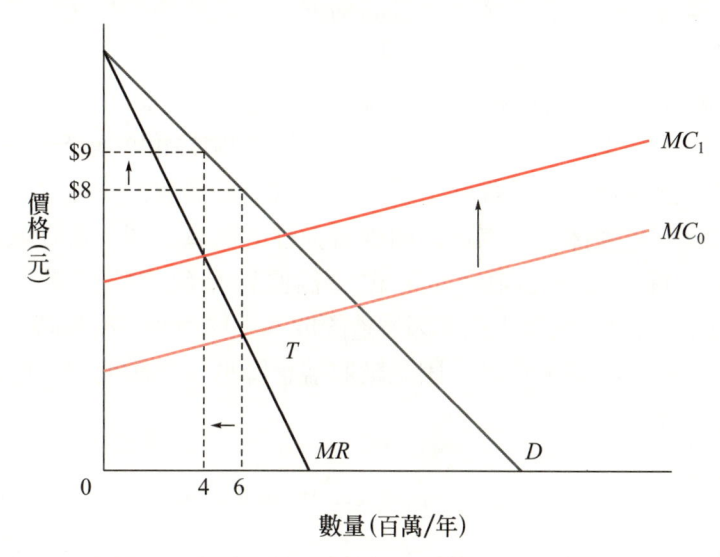

圖 11.12　邊際成本增加如何改變獨占市場均衡
當獨占廠商的邊際成本從 MC_0 增加至 MC_1 時，利潤最大產量從每年 6 百萬單位減少至每年 4 百萬單位，而價格從每單位 $8 增加至每單位 $9。

範例 11.3

可口可樂的聰明販賣機

在 1999 年秋，可口可樂公司透露其正在測試一部"聰明"可樂販賣機，這部機器能夠在天氣熱時自動提高飲料售價。[12] 可口可樂前總裁 Douglas Ivester，注意到在夏季炎熱之時對冷飲的需求相當殷切，並為聰明機器辯護："所以，這是公平的，"他說："[可口可樂] 應該比較貴……機器只是讓這個過程自動化而已。"

獨占中點公式說明為什麼可口可樂公司在夏季，可口可樂公司增加販賣機售價是合理的。可口可樂公司在清涼飲料市場並非獨占廠商，但因為產品存在差異性，它面對負斜率的需求曲線。此外，一項估計可口可樂直線型需求曲線的研究指出，當天氣炎熱時需求曲線的截距會上升。[13] 最後，我們可以合理的假設在販賣機銷售罐裝可樂邊際成本不會受可樂銷售數量的影響 (亦即，邊際成本是固定的)。有了這些條件，獨占中點法則隱含可口可樂公司在炎熱天氣能夠藉提高販賣機的可口可樂售價來增加公司的利潤。

邊際成本移動對總收益的衝擊如何能告訴我們獨占廠商的行為是否符合追求利潤極大的行為

如同範例 11.2 的說明，寡占產業的廠商 (即，產業中僅有少數廠商) 有時會被控訴有勾結的情事。亦即，聯合壟斷的行為類似獨占廠商。除了從文件證據來起訴廠商有一致抬高價格的情形外，是否有其它的方式來證明這種控訴真實存在？答案是有。藉由觀察邊際成本移動對產業總收益的衝擊，我們能夠辯駁廠商有勾結情形存在的宣稱。圖 11.13 說明為何如此。

圖 11.13 說明當鈹金屬獨占廠商 Brush Wellman 面對邊際成本增加從 MC_0 移至 MC_1 時，追求利潤最大的價格策略與總收益變化為何。當邊際成本曲線向上移動時，獨占廠商會減少產量。因為獨占廠商會選擇在市場需求曲線有彈性的區域生產，邊際收益大於零，獨占廠商必須是位於總收益曲線正斜率的區域，如圖 11.13(a) 所示。當獨占廠商因為邊際成本上移而減少產量時，它會沿總收益曲線向下移動，因此總收益會降低。這說明以下的比較靜態結果：[14]

---

[12] "Coke Tests Vending Unit That Can Hike Prices in Hot Weather," *New York Times* (October 28, 1999).

[13] F. Gasmi, J.J. Laffont, and Q.Vuong, "Econometric Analysis of Collusive Behavior in a Soft Drink Market," *Journal of Economics and Management Strategy*, 1 (Summer 1992): 278-311. We summarize this study in Application 2.5 in Chapter 2.

[14] 請見 J. Panzar and J. Rosse, "Testing for Monopoly Equilibrium," *Journal of Industrial Economics* (1987)，有關比較靜態結果應用的進一步探討。

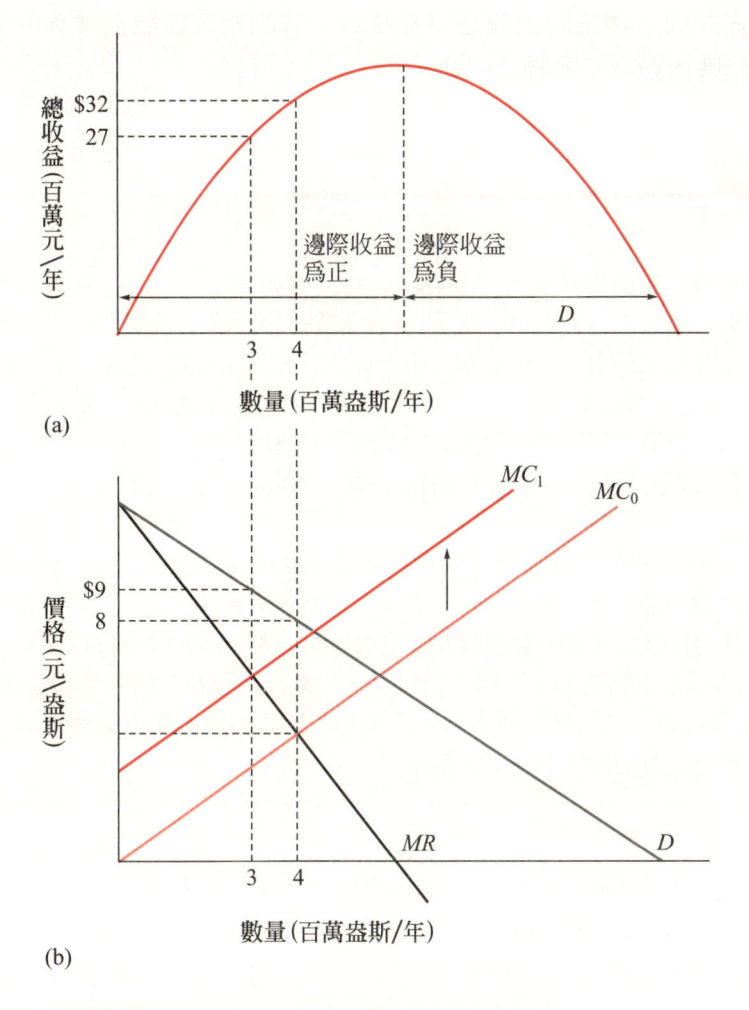

圖 11.13　邊際成本增加一定會減少獨占廠商的總收益

圖 (b) 指出邊際成本曲線上移，讓獨占廠商最適商品數量從每年 4 百萬盎斯減少至 3 百萬盎斯。由於獨占廠商始終在需求曲線有彈性的區域生產，當產量減少時，獨占廠商會在總收益減少的區域生產。因此，利潤最大產量的減少會導致總收益從 $3 千 2 百萬下跌至 $2 千 7 百萬。

- 獨占廠商邊際成本曲線上移會降低廠商的總收益。
- 獨占廠商邊際成本曲線下移會增加廠商的總收益。

我們可以利用這些比較靜態的結果來辯駁非獨占產業的廠商會勾結且聯合壟斷成一追求利潤最大的獨占廠商。例如，假設我們發現聯邦政府對啤酒課徵貨物稅，導致啤酒產業的總收益提高。因為比較靜態分析告訴我們，若啤酒產業的所有酒商聯合成獨占廠商，產業的總收益不會增加，啤酒產業總收益增加的事實建議啤酒廠商不要聯合壟斷。

範例 11.4

香菸製造商沒有煙幕彈

在美國經濟中，香菸產業是廠商高度集中的產業之一。在 1990 年代，前四大廠商的市場占有率超過 92%。在二十世紀大部分的時間，香菸製造商在香菸訂價上扮演舉足輕重的地位。一年有兩次 (通常是 6 月和 12 月)，其中一家大廠會宣布調高香菸售價的意圖，在這些時候，其它製造商也會調整自己品牌香菸的價格。自 1970 年代以來，通常 Philip Morris 或 RJR 兩家公司是價格領導者。這種訂價模式使香菸產業成為美國經濟獲利最高的產業之一。這種成功價格策略不禁讓我們懷疑大香菸製造商是否從事勾結，聯合壟斷成一追求利潤最大的獨占廠商。

Daniel Sullivan 利用前面介紹的比較靜態分析來探討這個問題。[15] 利用統計方法，Sullivan 研究 1955 年到 1982 年間州政府貨物稅的變動如何影響香菸價格，數量及收益。他的研究結論指出，這段期間香菸製造商的行為並不符合聯合壟斷成追求利潤最大的獨占廠商的假設。

若香菸製造商行為並非是追求利潤的卡特爾，為何能有如此高的獲利？如我們將在第 13 章所見到的，一個答案是寡占廠商仍可享有高獲利，即使它們無法獲得與獨占廠商相同的利潤。再一次提醒大家，市場力量與獨占並不是同義字。

11.4 多廠獨占

很多廠商不是只有一座工廠。例如，電力公司，如芝加哥 Commonwealth Edison，通常會使用多個電廠發電及供給電力。獨占廠商理論很容易可以延伸到多廠獨占的情形。我們首先討論獨占廠商擁有兩家工廠的產量決策。然後再討論分析如何應用在卡特爾上。

兩家工廠的產量選擇

假設獨占廠商擁有兩間工廠：邊際成本函數是 MC_1 和 MC_2。獨占廠商的最適商品數量選擇包括兩個部分：總產量應該是多少，及兩家工廠應該如何分配生產？

假設廠商計畫生產商品 6 百萬單位，且一開始兩家工廠是平分產量。圖 11.14 所示為工廠 1 生產 3 百萬單位商品的邊際成本比工廠 2 高：每單位 $6 相對每單位 $3 (點 B 相對點 A)。在這種情形

---

[15] D.Sullivan, "Testing Hypotheses About Firm Behavior in the Cigarette Industry," *Journal of Political Economy* (June 1985): 586-597.

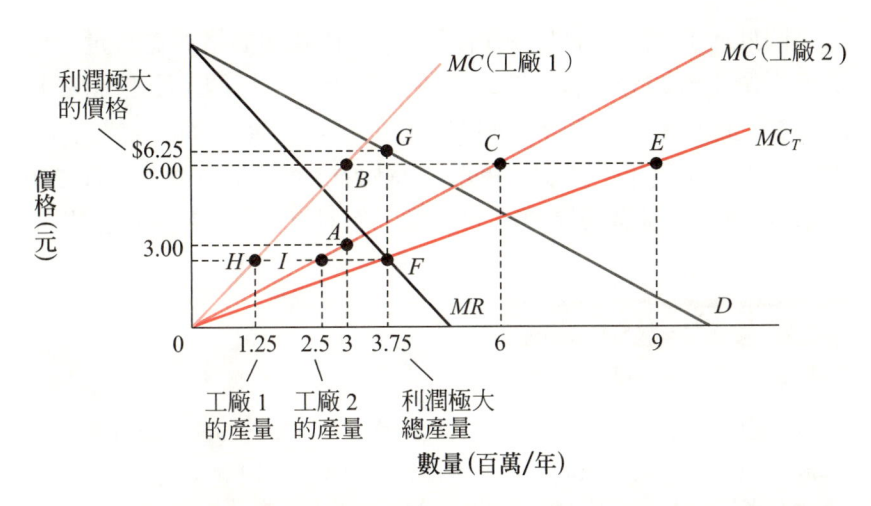

圖 11.14　多廠獨占的利潤極大化

多廠獨占廠商的邊際成本是 MC_T。是個別工廠邊際成本曲線 MC_1 和 MC_2 的水平加總。獨占廠商的最適總產量是決定於 $MC_T = MR$ 的交點，或 375 萬單位的商品。其中，工廠 2 生產 250 萬單位，工廠 1 生產 125 萬單位。獨占廠商利潤最大的商品價格是 $6.25。

下，有一個簡單的方法來降低總成本(廠商總收益固定不變)：提高工廠 2 的產量，並降低工廠 1 的產量，且維持總產量不變，以每單位 $3 來提高工廠 2 的產量，而降低每單位 $6 的工廠 2 產量可以節省生產成本。將工廠 1 的產量重新分配到工廠 2 能夠減少獨占廠商的總生產成本。由於工廠的邊際成本不同，獨占廠商重新分配產量會使利潤增加。我們的結論是，追求利潤最大的獨占廠商會分配產量到工廠間的邊際成本相等為止。

這個觀察讓我們可以建構多廠獨占廠商的邊際成本曲線。我們再以圖 11.14 為例，假設邊際成本每單位的任何可能水準，如 $6。兩家廠商在 $6 的邊際成本水準下，工廠 1 生產 3 百萬單位(點 B)，工廠 2 會生產 6 百萬單位(點 C)。因此，獨占廠商的邊際成本是 $6 時，總產量是 9 百萬單位(點 E)。曲線 MC_T——**多廠獨占的邊際成本曲線** (multiplant marginal cost curve)——是個別工廠邊際成本曲線水平加總的軌跡連線。

已經得到多廠獨占的邊際成本曲線，第一個問題的答案——獨占廠商應該生產多少商品數量——就很容易求出。獨占廠商使邊際收益等於邊際成本，$MR = MC_T$。在圖 11.14，這是在總產量 375 萬單位(點 F)。對應這個產量的最適價格是 $6.25 (點 G)。

多廠邊際成本曲線
個別工廠邊際成本曲線的水平加總

因此，我們已經決定獨占追求最大利潤的價格與總數量。但決定兩個工廠的分工較為複雜。從圖形上看，每個工廠在 MR 和 MC_T 相交處交點所畫的水平線與 MC 的交點生產 (亦即，從點 F)。因此，工廠 1 每年生產 125 萬單位 (點 H)，而工廠 2 每年生產 250 萬單位 (點 I)。邊做邊學習題 11.6 顯示如何以代數得到這些結果。

邊做邊學習題 11.6
多廠獨占的最適價格、產量與分工

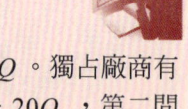

假設獨占廠商面對的市場需求曲線是 $P = 120 - 3Q$。獨占廠商有二間工廠。第一間工廠的邊際成本曲線是 $MC_1 = 10 + 20Q_1$，第二間工廠的邊際成本曲線是 $MC_2 = 60 + 5Q_2$。

問題
(a) 請求出獨占廠商的最適價格與商品數量。
(b) 請求出兩家工廠的最適產量分配。

解答
(a) 首先，讓我們考慮獨占廠商的多廠邊際成本曲線 MC_T。個別工廠邊際成本曲線 MC_1 和 MC_2 的水平加總。求出 MC_T 的方程式，你不能只是將 MC_1 及 MC_2 相加如：$10 + 20Q + 60 + 5Q = 70 + 25Q$，這是不正確的，因為將兩條邊際成本曲線相加是得到邊際成本曲線的垂直加總。要得到水平加總的邊際成本曲線，我們首先必須將個別邊際成本曲線，寫成 Q 是 MC 的函數：

$$Q_1 = -\frac{1}{2} + \frac{1}{20} MC_1$$

$$Q_2 = -12 + \frac{1}{5} MC_2$$

現在我們可將此二式相加而得到 MC_1 和 MC_2 的水平加總：

$$Q_1 + Q_2 = -\frac{1}{2} + \frac{1}{20} MC_T + -12 + \frac{1}{5} MC_T$$

$$= -12.5 + 0.25 MC_T$$

若我們令 $Q = Q_1 + Q_2$ 代表獨占廠商的總產量，我們現在解答 MC_T 的方程式：$Q = -12.5 + 0.25 MC_T$，或 $MC_T = 50 + 4Q$。

現在我們可以讓邊際收益等於邊際成本，求出獨占廠商利潤最大的價格與數量：$MR = MC_T$，或 $120 - 6Q = 50 + 4Q$，或 $Q =$

7，將最適產量代入需求函數可得到最適的商品價格：$P = 120 - 3(7) = 99$。

(b) 要求出獨占廠商總產量下的邊際成本水準，首先最適產量 $Q = 7$，獨占廠商的邊際成本：$MC_T = 50 + 4(7) = 78$。

要求出個別工廠的最適產量，我們必須利用反邊際成本曲線，這能夠告訴我們個別工廠的生產數量，每家工廠在邊際成本 $78 時：

$$Q_1 = -\frac{1}{2} + \frac{1}{20}(78) = 3.4$$

$$Q_2 = -12 + \frac{1}{5}(78) = 3.6$$

因此，獨占廠商的商品總產量 $Q = 7$，工廠 1 生產 3.4 個單位，工廠 2 生產 3.6 個單位。

類似問題：11.16 和 11.17

卡特爾的利潤最大化

卡特爾 (cartel) 是一群生產者相互勾結共同決定市場的價格與產量。歷史上一個最有名 (或聲名狼藉) 的卡特爾，是石油輸出國家組織，或 OPEC，其成員國包括世界上最大的石油生產者，如沙烏地阿拉伯、科威特、伊朗與委內瑞拉。有時卡特爾是被政府准許的。例如，在 1980 年代初期，日本有 17 家電纜製造商得到日本通產省的許可形成一卡特爾組織。卡特爾明確的目標是減少產業總產量以提高商品售價及增加利潤。

卡特爾 一群生產者聯合決定市場價格與產量

當卡特爾依成員的期望運作時，它就像是單一獨占廠商，追求產業利潤的最大。卡特爾面臨的問題是如何在不同成員間分配產量，這問題與多廠獨占廠商如何在不同工廠間分配產量的問題是一樣的。因此，卡特爾利潤極大化的條件與多廠獨占廠商利潤極大化的條件完全一致。為說明起見，假設卡特爾僅有兩位成員，其邊際成本函數是 $MC_1(Q_1)$ 與 $MC_2(Q_2)$。在利潤極大化最適解，卡特爾分配產量的原則是成員之間的邊際成本相等，且整個產業的邊際收益會等於共同的邊際成本。從數學角度看，令 Q^* 為卡特爾組織的最適總產量，令 Q_1^* 與 Q_2^* 是個別卡特爾成員的最適

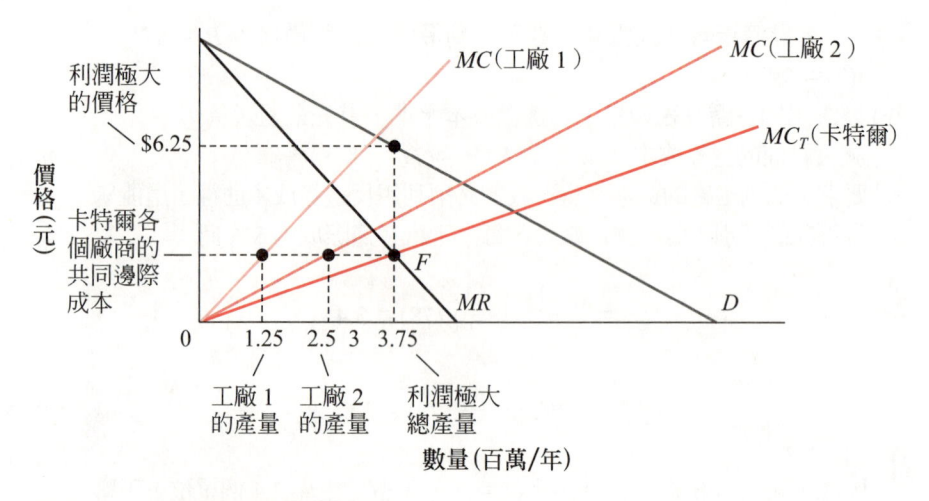

圖 11.15　卡特爾的利潤極大化

卡特爾的邊際成本曲線是 MC_T，它是卡特爾組織各個成員的邊際成本曲線 MC_1 和 MC_2 的水平加總。卡特爾追求利潤最大的總產量是在 $MC_T = MR$，或 375 萬單位。其中廠商 2 生產 250 萬單位，廠商 1 生產 125 萬單位，卡特爾利潤極大的商品價格是 $6.25。

產量，我們可以將卡特爾利潤極大化的條件以下式表示：[16]

$$MR(Q^*) = MC_1(Q_1^*)$$
$$MR(Q^*) = MC_2(Q_2^*)$$

圖 11.15 (與圖 11.14 的曲線相同) 說明卡特爾追求利潤極大化的最適解。在這個例子，利潤最大的卡特爾產量是每年 375 萬個單位。利潤最大的價格是每單位 $6.25 (如同圖 11.14，卡特爾追求利潤最大的問題與多廠獨占相同)。然後卡特爾會以成員問題邊際成本都相等的方式來分配產量。注意廠商擁有較高的邊際生產成本 (廠商 1) 會分配到較少的總產量 (125 萬單位，相對廠商 2 的 250 萬單位)。因此，卡特爾並不必然是均分總產量給個別成員。低邊際成本廠商相對高邊際成本廠商，提供較高比例的卡特爾利潤最大總產量。

---

[16] 我們也可以將卡特爾利潤最大條件寫成 IEPR 的方式，其中 P^* 為卡特爾最適價格：

$$\frac{P^* - MC_1(Q_1^*)}{P^*} = \frac{P^* - MC_2(Q_2^*)}{P^*} = -\frac{1}{\epsilon_{Q,P}}$$

範例 11.5

OPEC 如何分配生產？

為了要提高原油的國際價格，OPEC 會員國必須限制產量，否則原油供給將超過國際間對原油的需求。因此每個會員國必須遵守產量配額。例如，在 1982 年，OPEC 制定每日 1 千 8 百萬桶原油的產量限制，在 1979 年每日原油產量是 3 千 1 百萬桶。原油價格維持在每桶 $34。除了沙烏地阿拉伯 (OPEC 組織最大的原油生產者)，每個成員國都有一個產量配額。沙烏地阿拉伯常藉調整產量來維持油價。

原油的邊際成本受石油是否開採的影響。例如，沙烏地阿拉伯原油的邊際成本通常會低於奈及利亞或印尼的原油。由於每個國家的開採成本不同，一個有趣的問題是 OPEC 生產配額是否符合卡特爾分析的預測。這個問題沒有明確的答案，因為每個地區邊際成本的正確估計無法獲得。然而，我們可以根據每桶原油的平均成本將原油開採地區分類。Stephen Martin 重新整理證據指出，在 1980 年代中期，大部分 OPEC 原油產量是來自平均每桶原油開採成本 $2 到 $4 的區域，而不是來自於平均開採成本 $2 的區域。[17] 這表示 OPEC 產量配額分配的方式並不符合卡特爾利潤極大化的行為。Martin 的看法，"儘管 OPEC 在 1973 到 1986 年間享有巨額經濟利潤，形成獨占廠商將會更好"。

11.5 獨占廠商的福利經濟學

在第 10 章，我們看到完全競爭市場中，廠商追求利潤最大會使社會福利 (淨經濟效益) 達於極大。我們也看到任何產量偏離完全競爭均衡時會發生無謂損失。我們即將看到，獨占均衡與完全競爭均衡不會相等。因為這個原因，獨占均衡會產生無謂損失。

獨占均衡不同於完全競爭均衡

圖 11.16 顯示完全競爭市場均衡。競爭均衡價格是每單位 $5.00，其中產業供給曲線 S 與需求曲線 D 相交。市場均衡數量是 1000 個單位。

假設這個產業形成獨占 (我們可以想像成是一個廠商合併所有完全競爭廠商。讓某些關門歇業而讓某些繼續營業)。現在回顧第 9 章和第 10 章曾經提到，產業供給曲線是提供商品到市場上的邊際成本。例如，如圖 11.16 所示，假設完全競爭產業提供 600 個單位的商品，供給曲線告訴我們生產第 600 個單位的邊際成本是 $3。當整個產業變成獨占市場時，產業供給曲線 S 現在成為獨占廠商的邊際成本曲線 MC。根據這些條件，利潤最大獨占均衡是

---

[17] S.Martin, *Industrial Economics: Economic Analysis and Public Policy* (New York: Macmillan, 1988), pp.137-138.

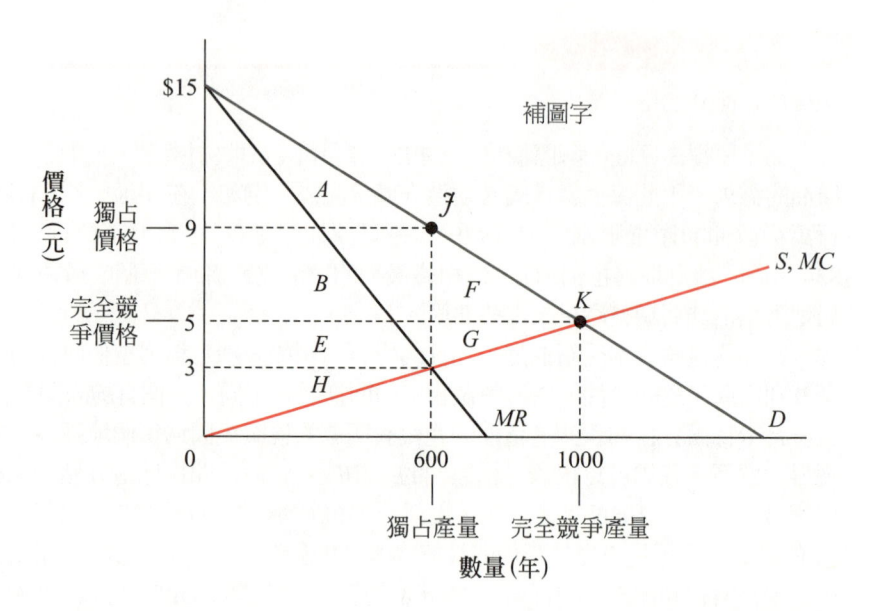

[圖 11.16 顯示獨占均衡與完全競爭均衡的比較圖，縱軸為價格(元)，橫軸為數量(年)。圖中標示獨占價格為 $9，完全競爭價格為 $5，獨占產量為 600，完全競爭產量為 1000。需求曲線 D 從 $15 向下延伸，MR 為邊際收益線，S, MC 為供給/邊際成本線。圖中標示區域 A、B、E、F、G、H，以及獨占均衡點 J 和完全競爭均衡點 K。]

	完全競爭	獨占	差異
消費者剩餘	$A + B + F$	A	$-B - F$
生產者剩餘	$E + G + H$	$B + E + H$	$B - G$
淨經濟效益	$A + B + E + F + G + H$	$A + B + E + H$	$-F - G$

圖 11.16　獨占均衡與完全競爭均衡

利潤最大的獨占均衡產量是每年 600 單位，而利潤最大的獨占均衡價格是每單位 $9。在獨占均衡時，消費者剩餘是 A，生產者剩餘是 $B + E + H$。在完全競爭市場裡，均衡產量是 1000 個單位，均衡價格是每單位 $5。競爭市場的消費者剩餘是 $A + B + F$，生產者剩餘為 $E + G + H$。因此，獨占的無謂損失是 $F + G$。

在 $MR = MC$，每單位價格 $9 及商品數量 600 單位的交點。我們從圖 11.16 可以看出獨占均衡 (點 J) 與完全競爭均衡 (點 K) 是如何地不同：獨占均衡價格高於完全競爭均衡價格，而獨占廠商供給量低於完全競爭產業供給。

獨占的無謂損失

　　獨占與完全競爭均衡的差異如何影響獨占市場的經濟效益？在圖 11.16，利潤最大獨占廠商的消費者剩餘是面積 A。獨占廠商的生產者剩餘是獨占廠商商品價格與生產每一單位邊際成本差距的累積金額。這相當於面積 $B + E + H$。因此，獨占均衡的淨經

濟利益是 $A + B + E + H$。在完全競爭市場，消費者剩餘是面積 $A + B + F$，且生產者剩餘是面積 $E + G + H$。因此完全競爭均衡的淨經濟利益是 $A + B + E + F + G + H$。

圖 11.16 的表格比較獨占與完全競爭的淨經濟利益。它顯示完全競爭的淨經濟利益超過獨占的淨經濟利益等於面積 $F + G$。這個差異稱為**獨占的無謂損失** (deadweight loss due to monopoly)。此無謂損失與第 10 章所見的無謂損失雷同。它代表完全競爭均衡的淨經濟利益與獨占均衡淨經濟利益間的差異。在圖 11.16，獨占無謂損失發生的原因是獨占廠商並未生產 600 到 1000 單位之間的商品，在這個產量範圍內消費者願意付的價格 (以需求曲線代表) 超過邊際成本。生產這些單位可以增加總經濟利益，但是會降低獨占廠商的利潤，因此獨占廠商不會生產這些商品數量。

獨占的無謂損失 市場為完全競爭淨經濟利益與獨占均衡的淨經濟利益的差異。

競租活動

圖 11.16 的表格可能低估獨占的無謂損失。因為獨占廠商通常都賺取正的經濟利潤，你可以預期廠商有獲取獨占力量的誘因。例如，在 1990 年代，有線電視產業花費數百萬美元遊說國會立法管制衛星轉播服務的播出頻道，限制其與傳統有線電視競爭的能力。這種創造或保護獨占力量的活動稱為**競租活動** (rentseeking activities)。競租活動的支出代表獨占廠商一項重要的社會成本。

當獨占廠商的潛在利潤 (圖 11.16 的面積 $B + E + H$) 愈大，廠商從事競爭活動的誘因愈強。事實上，獨占利潤代表廠商為保護獨占地位，在競租活動所願意支付的最高金額。如果廠商支出這筆最高金額，獨占的無謂損失是獨占利潤 $B + E + H$ 與傳統無謂損失 $F + G$ 的總和。若獨占廠商從事競租活動來獲得或保有獨占地位，$F + G$ 代表獨占無謂損失的下限，$B + E + F + G + H$ 表獨占無謂損失的上限。

競租活動 創造或保護獨占力量的活動。

我們已經學習利潤極大的獨占廠商如何決定最適價格與商品數量。且因最適價格與產量與完全競爭均衡的價格與產量不同，我們看到獨占均衡會產生無謂損失。然而，獨占如何在第一時間出現？例如，為什麼 BSkyB 公司在英國衛星轉播服務市場享有獨占地位？為什麼微軟視窗作業系統在個人電腦作業系統有接近 100% 的市場占有率？在本節，我們將探討為什麼獨占市場能夠存

11.6 為何獨占市場能夠存在？

在？要探討之前，首先要研究自然獨占的概念。然後，我們再探討進入障礙的意義。

自然獨占

自然獨占 在任何相關的產出水準下，單一廠商生產商品數量的總成本低於兩或兩個以上的廠商聯合成本的成本。

若市場為**自然獨占** (natural monopoly)，在產業的任一適當水準下，單一廠商生產商品數量的總成本小於兩個或兩個以上廠商聯合生產的總成本。一個很好的自然獨占範例是衛星電視轉播。例如，若有兩家廠商平分 5 千萬訂戶的衛星轉播市場，每一家必須購買、發射，及維修衛星來提供轉播服務給 2 千 5 百萬個訂戶。但是若只有一個廠商提供服務，提供給 2 千 5 百萬訂戶的衛星與提供給 5 千萬訂戶的衛星在功能上沒有什麼不同。亦即，衛星成本是固定的：它不會隨訂戶人數的增加而增加。單一廠商只需要一個衛星就能夠服務整個市場，兩個不同廠商需要兩個衛星來服務相同客戶人數的市場。

圖 11.17 顯示自然獨占市場。市場需求曲線是 D，每家廠商的生產技術導致的長期平均成本是遞減的曲線 AC。對每年產量小於 10,000 單位的任何產出，單一廠商生產成本會小於兩家或兩家廠商生產同樣數量的總成本。要說明為什麼，考慮每年產量水準為 $Q = 9,000$ 單位。單一廠商生產 9,000 單位的總成本為 $TC(9,000) = 9,000 \times AC(9,000) = \$9,000$，因為 $AC(9000) = \$1$。假設我們將這個產量平分給兩家廠商。因為 $AC(4,500) = \$1.2$，生產總成本將成為 $9,000 \times AC(4,500) = \$11,800$。因此，分開 9,000 單位的商品數量給兩家廠商生產的總成本要大於只給一家廠商生產 9,000 單位的總成本。

注意，在圖 11.17，在需求曲線上，有些產量水準是兩家生產的聯合成本要比單一生產便宜 (如 $Q = 12,000$)。然而，這種商品數量只會在價格低於平均成本最低水準下出現。因此，它們不會有正的利潤。在所有相關的市場需求水準下——亦即，所有市場需求水準都可創造正的利潤——由單一廠商來服務整個市場的總生產成本可達最低水準。

如果一家廠商能夠比兩家或兩家以上的廠商以比較低的成本供給整個市場，我們可以預期市場最終會變成獨占。這正是英國衛星轉播市場出現的狀況。在 1990 年代初有兩家廠商同時進入市場：英國衛星轉播公司與 Sky Television。但是一個市場有兩家廠

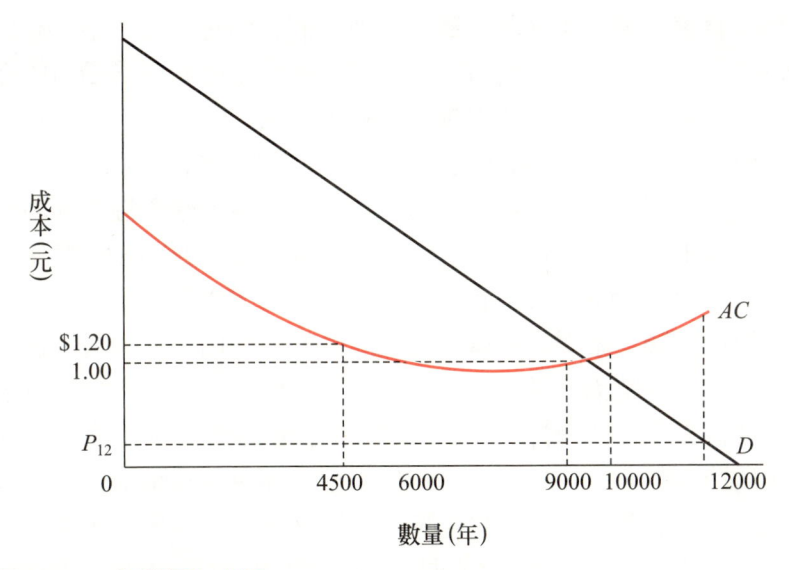

圖 11.17 自然獨占市場

在任何低於 10,000 單位的產量，由單一廠商來生產的成本最低。例如，單一廠商可以每單位 $1 的平均成本來生產 9,000 單位的商品數量。兩家廠商，每家生產 4,500 單位的平均成本是 $1.20。兩家廠商生產 12,000 單位商品的總成本會低於由單一廠商生產的總成本。然而，這個產量導致廠商虧損，理由是購買 12,000 單位的價格 P_{12} 小於平均成本的最低水準。

商，則沒有一家有利潤可言。事實上，在某些時點上，兩家廠商每天損失超過 $1 百萬。最後，這兩家公司合併，成立衛星電視獨占廠商 BSkyB，且自合併以後，就開始享受經濟利潤。

圖 11.17 的分析隱含有關自然獨占市場的兩個重點。第一，自然獨占的必要條件是在某些產量範圍內，平均成本會隨產量增加而下跌。亦即，自然獨占市場必須有規模經濟。在衛星轉播的例子，衛星的固定成本與基礎建設有顯著的規模經濟。第二，市場是否屬於自然獨占不僅受技術條件 (曲線 AC 形狀) 的影響，也受需求狀況的影響。當需求較低時，市場可能是自然獨占，但當需求較高時則否。這可以解釋為何英國衛星轉播市場只有一家廠商 (BSkyB)，而比較大的美國市場則存在許多競爭者。

進入障礙

自然獨占是更一般化現象的一個例子，稱為**進入障礙** (barriers to entry)。進入障礙是指某些因素能夠讓現有廠商賺取正的經濟利潤，且同時讓潛在廠商不能獲利而無法進入這個產業。完全競爭

進入障礙 允許現有廠商賺取經濟利潤而使新廠商進入產業無法獲利的因素。

市場沒有進入障礙：當現有廠商賺取正的利潤時，該產業會有新廠商加入，最終使利潤為零。但是進入障礙是廠商成為獨占的必要條件。沒有進入障礙的保護，獨占廠商或卡特爾享有正的經濟利潤便會吸引新的市場加入者，而競爭會稀釋產業的利潤。

進入障礙可以是結構性，法律性或策略性。**結構性進入障礙** (structural barriers to entry) 是指現有廠商擁有成本或行銷優勢使新廠商無法進入產業而與現有廠商競爭。規模經濟與市場需求的互動導致自然獨占市場是結構性進入障礙的一個例子。網路拍賣市場提供另一個結構性進入障礙的例子，這個市場是基於網路外部性。如同在第 5 章曾注意者，當廠商生產的商品愈受消費者喜愛，消費人數愈多時，正的網路外部性會存在。網路拍賣領導廠商 eBay 非常受到消費者的青睞，因為該網站提供各式各樣的商品，且通常有許多賣家提供相同的商品。拍賣者如 eBay 因為有許多賣者，eBay 十足的交易量是 eBay 公司吸引拍賣者上網很重要的原因。這種網路外部性產生明顯的進入障礙。一個新加入者企圖建立自己的拍賣網站 (像 eBay 一樣賺取交易的佣金)，會面臨到相當大的挑戰：缺乏 eBay 所擁有的忠實上網拍賣者，新網站無法吸引到足夠的人數。這個進入障礙的存在解釋為什麼知名網際網路公司，包括亞馬遜及雅虎，發現很難建立自己的拍賣網站，可與 eBay 相抗衡。

法律性進入障礙 (legal barriers to entry) 是指政府以法律保護現有廠商，避免潛在廠商的競爭。專利權是一個重要的法律性進入障礙。政府管制也能創造法律性進入障礙。例如，在 1994 到 1999 年間，美國政府規定任何企業或個人必須先向 Network Solutions 註冊網域才能擁有自己的網站。

策略性進入障礙 (strategic barriers to entry) 是指現有廠商採取明確動作阻止潛在競爭廠商進入產業。一個策略性進入障礙的例子是公司積極地建立自己的聲譽來建立品牌領導地位，以避免潛在廠商的巧取豪奪 (例如，新廠商會想要以價格戰的方式進入市場)。在 1970 年代，Polaroid 積極地反擊柯達公司想要進入拍立得市相機場，便是這種策略的說明。

結構性進入障礙 現有廠商擁有成本或需求優勢而使新廠商無法進入產業的進入障礙。

法律性進入障礙 現有廠商受法律保護以避免競爭的進入障礙。

策略性進入障礙 現有廠商採取明確動作以阻止潛在廠商進入產業的進入障礙。

範例 11.6

美國司法部與微軟公司

在 1998 年 10 月到 1999 年 6 月，美國最有名且最成功的企業，微軟公司被控違反美國反托辣斯法。美國政府起訴微軟利用策略壟斷個人電腦 (PC) 作業系統市場。美國地方法院的意見是，"微軟……從事一致的行動來保護應用性進入障礙，因此保障其獨占地位…威脅不同種類，包括網景的網路瀏覽器，昇陽的爪哇程式。這些行動直接傷害消費者權益，且很容易辨識所造成的傷害。"[18]

法院所說的應用性進入障礙是什麼意思？這句話重複地出現在法院的主張。法院使用應用性進入障礙一詞是敘述根據正的網路外部性所形成的個人電腦作業系統的進入障礙。依據法院的意見，這個障礙讓微軟視窗在個人電腦作業系統享有獨占地位。法院以下列陳述來形容應用性進入障礙：

為數眾多的人使用視窗作業系統，使這項產品更具吸引力。大量使用視窗作業系統，讓企業客戶更想要使用新進員工馬上可以熟悉的作業系統，且其也能夠吸引專業使用者，因為他們能夠使用共同的軟體並與其它同事或其它機構分享。需求視窗作業系統而享有正的外部性的主要理由是：大多數使用 PC 都是安裝視窗作業系統，如此會強迫 ISV (撰寫應用軟體的公司) 必須撰寫與視窗作業系統相容的軟體……大量應用軟體的出現，因此更加深對視窗作業系統的需求，擴大微軟優勢，最終得 ISV 變成撰寫微軟相容軟體為其首要工作內容。自我增強循環通常稱為 "正面回饋循環"。

對微軟而言是正面回饋循環，對潛在競爭者而言是惡性循環。微軟的強勢市場地位為 ISV 撰寫相容軟體創造誘因，對那些有抱負，市場佔有率相當低的競爭者而言，ISV 撰寫相容軟體的成本非常龐大，更不容易發展出視窗作業系統的替代產品。

法院的意見——這是微軟在 2001 年案件解決之前強烈反對的意見——許多微軟的行動是針對競爭者，如網景與昇陽，企圖保存應用性進入障礙。例如，在 1995 年夏，微軟企圖說服網景公司放棄發展以網際網路應用軟體為平台的視窗瀏覽器。法院相信微軟的作法是要除去應用性進入障礙的威脅，以保持視窗軟體的優越地位。

11.7 獨買

獨買市場 (monopsony market) 是指市場只有一個買者，而有許多賣者，我們稱這個單一買者為獨買廠商。例如，直到 1976 年，美國職棒大聯盟的球員不能夠同時與一支以上的球隊洽談簽約事宜。因此，每一支聯棒球隊在球員市場是獨買廠商。在這個例子，獨買廠商可以是一家公司，為生產因素的唯一購買者。或獨買廠商可以是個人或組織，為最終商品的唯一購買者，例如，

獨買市場 只有一個買者和許多賣者的市場。

---

[18] 這段引述自 *United States of America v. Microsoft*, United States District Court for the District of Columbia, Findings of Fact. 第 204 頁。

美國政府是美國軍隊制服市場的獨買廠商。在本節，我們將研究生產因素市場的獨買廠商行為。

獨買利潤最大化條件

勞動的邊際生產收益
廠商額外增加雇用一單位勞工所得到的額外收益。

讓我們假設廠商的生產函數中只有一個生產因素 L。廠商總產量是 $Q = f(L)$。例如，你可以將 L 想成是煤礦坑雇用的礦工人數。若煤礦規模是固定的，每個月煤礦生產數量只受礦工雇用數量 L 的影響。假設這家公司在煤炭市場是完全競爭廠商 (即，它是在國內或全球市場銷售煤炭)，因此接受市場價格 P 為固定。煤礦公司的總收益是 $Pf(L)$。**勞動的邊際生產收益** (marginal revenue product of labor)——寫成 MRP_L——是指廠商額外雇用一單位勞工所增加的總收益。因為廠商在其產出市場是價格接受者，邊際生產收益是市場價格乘以勞動的邊際產量：$MRP_L = P \times MP_L = P(\Delta Q/\Delta L)$。

現在假設煤礦是該區域勞動唯一的雇主。因此，它是勞動市場的獨買廠商。煤礦礦坑所處地區的勞動供給數量為圖 11.18 的勞動供給曲線 $w(L)$，這告訴我們在任一工資的勞動數量。這條曲線也可以用反函數型式解釋：它告訴我們在一定數量的勞動下，廠商必須提供的工資水準。

勞動邊際支出 廠商多雇用一單位勞動，總成本增加的比率。

因為勞動供給曲線斜率為正，獨買廠商知道當它想要雇用更多勞工時，它必須支付較高的工資。例如，若獨買廠商想要在每週 4000 小時的勞動，每週再多雇用 1000 小時的勞動，它必需將工資從每小時 $10 提高至每小時 $12 才能如願，如圖 11.18 所示。廠商的總成本是廠商在勞動的總支出：$TC = wL$。廠商的**勞動邊際支出** (marginal expenditure on labor) 是指廠商多雇用一單位勞動，總成本增加的比率。圖 11.18 顯示額外的成本包含兩個部分：面積 I 與面積 II。面積 I ($w\Delta L$) 代表廠商多雇用勞動額外增加的成本。面積 II ($L\Delta w$) 是原本每小時只需支付 $10，現在每小時卻必須提高時薪雇用所有的勞動額外增加的成本。因此勞動的邊際支出是：

$$ME_L = \frac{\Delta TC}{\Delta L} = \frac{\text{面積 } I + \text{面積 } II}{\Delta L}$$

$$= \frac{w\Delta L + L\Delta w}{\Delta L}$$

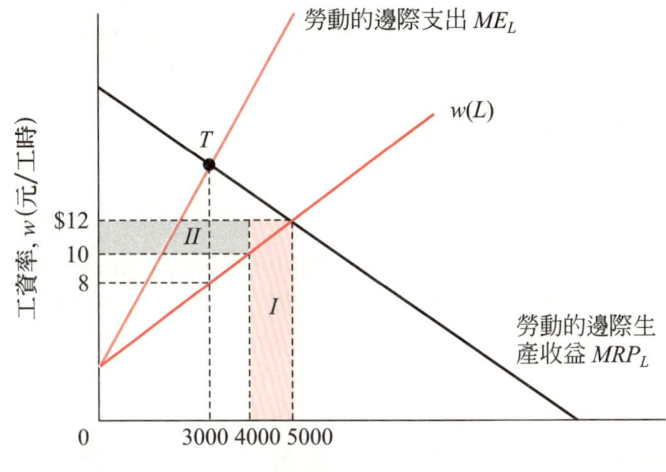

圖 11.18　獨買的利潤最大化

追求利潤最大的獨買廠商會在勞動邊際生產收入等於勞動邊際支出 MRP_L 和 ME_L 的交點處雇用勞工 $L = 3000$ 小時/週。為了使勞工提供勞動動力，而要得到均衡供給數量的工資是每小時 $8。

$$= w + L\frac{\Delta w}{\Delta L}$$

因為勞動供給曲線是正斜率，$\Delta w/\Delta L > 0$。邊際支出曲線會位於勞動供給曲線的上方，如圖 11.18 所示。

煤礦廠商的利潤極大化問題是選擇一個勞動數量 L 使總利潤 π 最大；利潤是總收益減總成本：$\pi = Pf(L) - w(L)L$。追求利潤最大的廠商會選擇勞動邊際生產收入與勞動邊際支出相等處雇用勞動：$MRP_L = ME_L$。圖 11.8 中，利潤最大是發生在勞動數量等於每週 3000 小時之處。要得到這樣的勞動供給量，廠商需要支付每小時 $8 的工資，這是小於 $L = 3000$ 時的勞動邊際支出水準，為圖上的 T 點。

若獨買廠商每週雇用超過 3,000 個小時，為何無法達到利潤最大？考慮其雇用第 4,000 個單位勞動將發生何事。如圖 11.18 所示，當 $L = 4,000$ 時，$ME_L > MRP_L$。該單位勞動的額外支出超過該勞工生產所創造的收入，廠商最好不要雇用該單位勞動 (或任何超過 3,000 個小時的勞動數量)。

同樣地，廠商也不會想要雇用低於 3,000 個小時的勞動，若廠商只雇用 2,000 個單位，額外一單位勞動所帶來的收入超過額外的

支出 ($MRP_L > ME_L$)。

邊做邊學習題 11.7

計算獨買市場的均衡

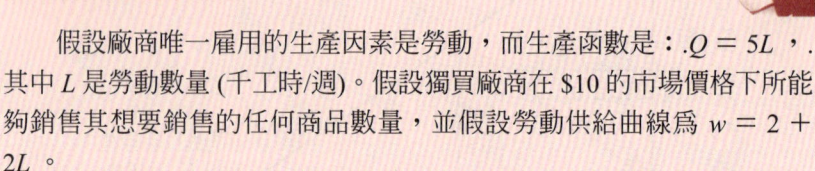

假設廠商唯一雇用的生產因素是勞動，而生產函數是：$Q = 5L$，其中 L 是勞動數量 (千工時/週)。假設獨買廠商在 $10 的市場價格下所能夠銷售其想要銷售的任何商品數量，並假設勞動供給曲線為 $w = 2 + 2L$。

問題 請求出獨買市場的利潤最大化條件。

解答 獨買廠商追求利潤最大是在勞動邊際生產收益與勞動邊際支出相等之處雇用勞動。

勞動的邊際支出為 $ME_L = w + L(\Delta w/\Delta L)$，其中 $\Delta w/\Delta L$ 是勞動供給曲線的斜率。在這個例子，$\Delta w/\Delta L = 2$。現在我們可將 $\Delta w/\Delta L$ 數值與勞動供給曲線所給定的 w 值代入 ME_L 方程式：$ME_L = (2 + 2L) + 2L = 2 + 4L$。

勞動的邊際生產收益曲線 MRP_L 為價格 ($10) 乘以勞動的邊際產量 $MP_L = \Delta Q/\Delta L = 5$。因此，$MRP_L = 10 \times 5 = 50$。

當 ME_L 等於 MRP_L 時：$2 + 4L = 50$ 或 $L = 12$。同時我們將此結果代回從勞動供給曲線：$w = 2 + 2(12) = \$26$。因此，獨買廠商利潤最大化條件是以每小時 $26 的工資率雇用 12,000 小時的勞工。

類似問題： 11.20 和 11.21

獨買的反彈性訂價法則

獨占均衡條件 $MR = MC$，導致反彈性訂價法則 (IEPR)。獨買均衡條件 $MRP_L = ME_L$，也可以得到反彈性訂價法則。這個法則的關鍵彈性是勞動供給彈性 $\epsilon_{L,w}$，定義為勞動工資上漲 1%，引起勞動供給數量變動的百分比。[19]

獨買市場的 IEPR 是

$$\frac{MRP_L - w}{w} = \frac{1}{\epsilon_{L,w}}$$

上式的經濟意義為，邊際生產收益與工資差距變動百分比等於勞動供給彈性的倒數。

---

[19] 這是類似第 2 章與第 9 章討論的供給的價格彈性。

為何 IEPR 如此重要？一個重要的原因是這個條件明顯區分獨買勞動市場與完全競爭勞動市場。在完全競爭勞動市場中有許多廠商會雇用勞動，且每一家廠商都接受市場既定的勞動價格 w。因此每家公司在追求利潤的極大會選擇在勞動生產收益等於工資時雇用勞動：$MRP_L = w$。相反地，在獨買勞動市場，獨買廠商給付的工資會低於邊際生產收益。IEPR 告訴我們工資低於邊際生產收益的部分是決定於勞動供給彈性的倒數。

獨買的無謂損失

正如同獨占會產生無謂損失，獨買也會有。為何會如此，我們以圖 11.19 做說明：獨買煤礦公司給付的工資率是每小時 $8，應用的勞動數量是每週 3,000 個小時 (與圖 11.18 所述者相同)。在獨買市場，煤礦廠商是勞動服務的"消費者"，勞工是勞動服務的"生產者"。煤礦公司的利潤等於總收入減勞動總支出。銷售商品的總收益是勞動邊際生產收益曲線 MRP_L 以下至最適勞動供給 3000 的範圍，或面積 $A + B + C + D + E$。廠商的勞動總成本是面積 $D + E$，所以煤礦廠商利潤，或相當於其消費者剩餘為面積 $A + B + C$。

勞動供給者的生產者剩餘是實際收到的總工資減勞動供給的總機會成本。總工資是面積 $D + E$。勞動供給的機會成本是以勞動供給曲線來衡量。勞動供給曲線 $w(L)$ 以下至勞動數量 3000 圍成的面積——面積 E——代表勞動供給者願意提供勞動的總報酬，這對應於勞工在對外最佳機會所收到的經濟價值。這個對外機會可能是休閒或遷移到另一個地區，找到工作的報酬。因此，生產者剩餘是面積 $D + E - E =$ 面積 D。生產者剩餘加消費者剩餘 (淨經濟利益) 因此等於面積 $A + B + C + D$。

若勞動市場是完全競爭而非獨買，市場的勞動清算價格是每小時 $12，且均衡勞動數量是每週 5000 小時。因此，獨買市場相對完全競爭市場的結果會有生產因素的低度就業——在本例是勞動——的情形出現。在完全競爭的勞動市場中，消費者剩餘等於面積 $A + B + F$，生產者剩餘等於面積 $C + D + G$。如圖 11.19 的表格所示，獨買廠商將一部分的剩餘從生產因素所有者的手中移轉至生產因素購買者——在這個例子，是從礦工手中移到煤礦廠商。因為獨買廠商相對完全競爭廠商雇用較少的生產因素，會產生無

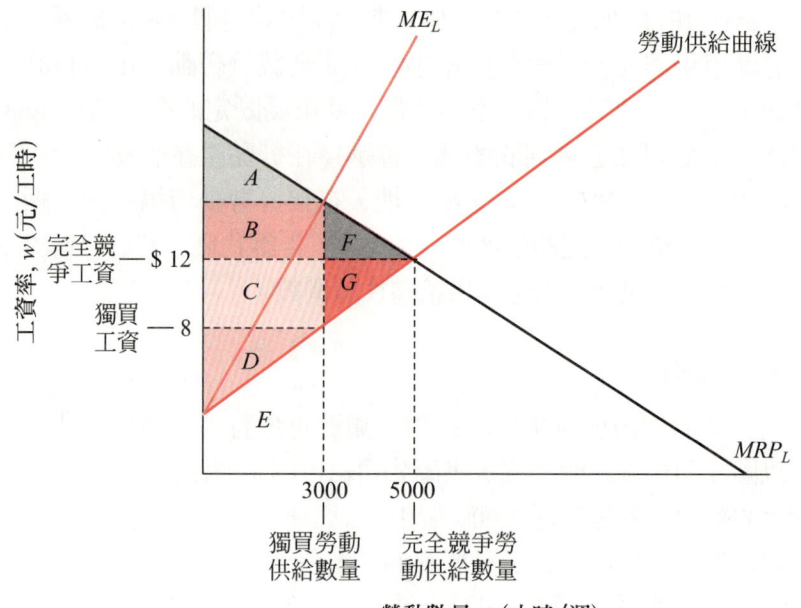

	完全競爭	獨買	獨買的影響
消費者剩餘	$A + B + F$	$A + B + C$	$C - F$
生產者剩餘	$C + D + G$	D	$-C - G$
淨經濟效益	$A + B + C + D + F + G$	$A + B + C + D$	$-F - G$

圖 11.19 獨買均衡與完全競爭均衡

利潤最大的獨買勞動數量等於每週 3,000 小時與每小時工資等於 $8 之處。相反地，在完全競爭的勞動市場，均衡勞動數量是每週 5,000 小時，均衡工資率是每小時 $12。在獨買均衡淨經濟利益是 $A + B + C + D$，完全競爭勞動市場淨經濟利益是 $A + B + C + D + F + G$。因此，獨買市場的無謂損失是 $F + G$。

謂損失。圖 11.19 的表格指出這個無謂損失是面積 $F + G$。

範例 11.7

護士市場的獨買力量[20]

通常，一段時間，我們會在報上見到護士短缺的新聞。在過去，這種護士荒讓醫院實施一些有創意的政策來招募護士。例如，在 1990 年代初，德州大學奧斯汀校區 M. D. Anderson 癌症中心對能夠成功聘雇護士的員工，每人給予 $500 的獎勵。[21]

---

[20] 這個例子取自 D. Sullivan, "Monopsony Power in the Market for Nurses," *Journal of Law and Economics*, 32 (October 1989):S135-S178.

[21] 這個數據是來自華爾街日報的工作週報專欄 (*Work Week column*)(8 月 27 日，1991 年)。

護士短缺的現象通常被認為護士市場是獨買市場的證據。因為獨買均衡條件是邊際生產收益大於工資，獨買的醫院希望能以現行市場工資來雇用更多的護士。然而，它不希望以提高工資來雇用更多的護士，因為額外聘雇一位護士的收益會遠低於必需支付醫院現有護士的高工資。

護士市場是獨買市場嗎？在只有一家醫院的地區 (例如，印地安納州的布魯明頓市)，地區醫院確實是當地社會護士就業的唯一選擇，因此地區醫院是獨買廠商是合理的假設。在超過一家醫院的大都市，都會醫院協會通常會有工資標準政策，幫忙協助建立護士的工資水準。有些人認為這些政策讓醫院變成護士市場的"買方卡特爾"，因此醫院能夠享有如獨占廠商般的超額利潤。

曾在範例 11.4 研究香菸產業的學者 Daniel Sullivan，估計醫院在護士市場獨買力量的程度。根據 1980 年代初期，美國醫院提供的護士薪水與就業人數的資料，Sullivan 估計護士邊際生產收益與工資的差距幅度。他發現這個差距幅度顯著異於零，即使在主要都會地區仍存在顯著差異。這個差距在長期與短期都存在。這個證據符合在獨買均衡時，邊際生產收益與工資的差異是受反彈性訂價法則的影響。

總 結

- 獨占市場包括一個賣者面對許多買者。
- 在價格制訂上，獨占廠商必須考慮市場需求曲線：價格制訂愈高，能夠銷售的數量愈少。價格制訂愈低，能夠銷售的數量愈高。
- 獨占廠商利潤最大的條件是邊際成本等於邊際收益。**(LBD 習題 11.2)**
- 獨占廠商的邊際收益包括兩個部分：第一部分對應銷售邊際單位所增加的收益 (等於市場價格)。第二個部分是負的，對應價格下跌，銷售邊際以外單位收益減少的部分。
- 當產出為正，獨占廠商邊際收益小於平均收益，而邊際收益曲線位於市場需求曲線以下。
- 獨占廠商沒有供給曲線。
- 反彈性訂價法則 (IEPR) 說明利潤最大的價格與邊際成本的差距，除以價格，等於負的市場需求價格彈性的倒數。**(LBD 習題 11.3，11.4)**
- IEPR 隱含一追求利潤極大的獨占廠商面臨正的邊際成本時，只會在需求曲線有彈性的區域生產。
- 當廠商能夠控制市場價格時，我們說它只有市場力量。IEPR 不僅適用於獨占廠商，也適用於任何具有市場力量的廠商，如在異質商品產業相互競爭的廠商。
- 假設需求提高 (亦即右移) 導致邊際收益曲線右移，需求提高會使獨占廠商的均衡產量增加。獨占市場價格可能上升或下跌。**(LBD 習題 11.5)**
- 邊際成本上升 (上移) 將提高獨占廠商利潤極大化價格並降低利潤極大化數量。
- 追求利潤極大的多廠廠商會將商品數量分配到每一家工廠的邊際成本都相等為止。多廠獨占廠商的利潤最大條件是邊際收益等於總邊際成本。總邊際成本是個別工廠邊際成本的水平加總。**(LBD 習題 11.6)**

- 卡特爾與多廠獨占追求利潤極大化的條件相同。因此，為極大總利潤，並非所有卡特爾成員均生產相同產出。
- 獨占廠商的均衡產量會低於完全競爭廠商的均衡產量，這隱含獨占價格會產生無謂損失。競租活動(創造或保護獨占力的活動)會增加無謂損失。
- 獨占市場因為市場是自然獨占(廠商總成本低於多個廠商的總成本)或因為進入障礙，而使得新廠商進入市場無利可圖而存在。
- 獨買市場包括一個買者和許多賣者。
- 獨買市場的 IEPR 說明投入的邊際生產收益與價格間的差距，占價格百分比等於投入供給彈性的倒數。
- 一追求利潤最大的獨買廠商，會在生產因素的邊際生產收益與邊際支出相等的地方，雇用生產因素。獨買廠商購買生產因素所支付的價格是由生產因素供給曲線決定。**(LBD 習題 11.7)**
- 就像獨占市場一樣，獨買均衡相對完全競爭市場均衡也會有無謂損失。

複習題

1. 為什麼獨占廠商面對的需求曲線是市場需求曲線？
2. 完全競爭廠商的邊際收益等於市場價格。為什麼在所有商品數量大於零時，獨占廠商的邊際收益會小於市場價格？
3. 為什麼在某些商品數量水準下，獨占廠商的邊際收益可以小於零？為什麼在市場需求無彈性時，邊際收益是負的？
4. 假設獨占廠商的邊際成本在所有產量下，都大於零。
   (a) 是或非：當獨占廠商在市場需求曲線無彈性區域生產時，藉由減少產量，獨占廠商能夠提高利潤。
   (b) 是或非：當獨占廠商在市場需求曲線有彈性的區域生產時，生產更多的商品可以提高廠商的利潤。
5. 在獨占廠商利潤最大的產量下，獨占廠商的總收益是否達到最大？請解釋原因。
6. 何謂 IEPR？它與獨占廠商利潤最大化條件，$MR = MC$ 的關係為何？
7. 試評估下列敘述：豐田正面臨其它廠商在全球汽車市場的競爭；因此豐田沒有市場力量。
8. 多廠獨占廠商運用何種法則在各工廠間分配產量？多廠完全競爭廠商是否也是運用相同原則分配產量？
9. 為何獨占均衡會產生無謂損失？
10. 獨買廠商與獨占廠商有何不同？一廠商可否同時是獨占廠商與獨買廠商？
11. 獨買廠商的邊際支出函數為何？為什麼在生產因素數量大於零時，獨買廠商的邊際支出會超過生產因素價格？
12. 為何獨買均衡會產生無謂損失？

問題

11.1 假設市場需求曲線是 $Q = 100 - 5P$。

(a) 什麼是市場需求曲線的反函數？
(b) 獨占廠商的平均收益函數是什麼？
(c) 對應市場需求曲線的邊際收益函數是什麼？

11.2 獨占廠商市場需求曲線為 $P = 40 - 2Q$。
(a) 廠商的邊際收益為何？
(b) 廠商最大可賺取的收益為何？

11.3 證明需求價格彈性為 -1 若且唯若邊際收益為零。

11.4 假設英特爾公司在巴西的半導體市場是獨占廠商。在 2005 年，它面對的市場需求曲線為 $P = 9 - Q$。其中 Q 是每年銷售上百萬顆半導體的數量。假設你並不知道英特爾的生產成本。若英特爾為追求利潤最大的獨占廠商，在 2005 年時，它是否會在巴西銷售 7 百萬顆半導體？

11.5 獨占市場需求曲線為 $Q = 1,000 - 20P$，獨占廠商的固定邊際成本為 \$8，獨占利潤最大化價格為何？

11.6 假設聯合航空在芝加哥與內布拉斯加州的奧瑪哈市飛行航線具有獨占地位。在冬季期間 (12 月 – 3 月)，這條航線的每月需求是 $P = a_1 - bQ$。在夏季期間 (6 月 – 8 月)，每月需求是 $P = a_2 - bQ$，其中 $a_2 > a_1$，假設聯合航空的邊際成本函數在冬季與夏季是完全一樣，且與乘客人數 Q 無關，聯合航空在夏季的票價是否會比冬季票價高？

11.7 假設獨占廠商銷售商品的總成本函數為 $TC = 1,200 + 0.5Q^2$，邊際成本函數是 $MC = Q$，市場需求曲線的方程式是 $P = 300 - Q$。
(a) 請找出獨占廠商追求利潤極大的價格與商品數量。此獨占廠商是否享有正的經濟利潤？
(b) 請計算獨占廠商利潤最大下的需求價格彈性，請同時計算利潤最大的商品數量所對應的邊際成本水準。並證明 IEPR 成立。

11.8 一獨占廠商面臨商品需求曲線 $P = 210 - 4Q$，起初的邊際成本 $MC = 10$。
(a) 請計算獨占廠商利潤最大的商品數量，並求出在最適價格下的總收益水準。
(b) 假設獨占廠商的邊際成本增加至 $MC = 20$。請證明獨占廠商的總收益會下跌。
(c) 假設完全競爭市場內所有廠商的邊際成本 $MC = 10$。請求出完全競爭產業長期價格與商品數量。
(d) 假設所有廠商的邊際成本增加至 $MC = 20$，請證明邊際成本上漲會使產業總收益上升。

11.9 獨占市場需求為 $P = 120 - 2Q$，其固定成本是 300，前 15 單位的邊際成本是 10 ($MC = 10$，$0 \leq Q \leq 15$)，若想要生產超過 15 個單位，它必須支付加班費給員工，其邊際成本是 \$20，廠商最多可賺取的利潤為何？

11.10 一獨占廠商面臨的市場需求函數為 $P = 100 - Q + I$，其中 I 是獨占市場消費者的平均所得。假設我們知道獨占廠商的邊際成本函數並非負斜率。假設消費者所得提高，獨占廠商的商品價格會上升，下跌還是維持固定不變？

11.11 兩個獨占廠商在不同的市場具有相同的邊際成本函數，而邊際成本假設與商品數量無關。

(a) 假設兩家廠商面對的直線型需求曲線相互平行，那一家廠商有比較高的加成 (P 對 MC 的比率)：需求曲線比較接近原點的廠商或是遠離原點的廠商？

(b) 假設兩家廠商面對的直線型需求曲線有相同的縱軸截距，但不同的斜率。那一個獨占廠商有比較高的加成：斜率較平緩的需求曲線或較陡峭的需求曲線？

(c) 假設兩家廠商面對的直線型需求曲線有相同的橫軸截距但不同的斜率。那一個廠商有比較高的加成：斜率較平緩的需求曲線或較陡峭的需求曲線？

11.12 假設一獨占廠商面對的市場需求函數為 $P = a - bQ$，邊際成本函數為 $MC = c + eQ$，假設 $a > c$ 和 $2b + e > 0$。

(a) 請推導獨占廠商最適商品數量與價格，請寫成參數，a、b、c 與 e 的函數。

(b) 請證明 c 的增加 (邊際成本平行上移) 或 a 的減少 (需求曲線平行往左移動)，會降低均衡的商品數量。

(c) 請證明當 $e \geq 0$ 時，a 的增加會提高均衡價格。

11.13 假設獨占廠商面對的需求函數是 $Q = 1000P^{-3}$。獨占廠商價格超過邊際成本的最適加成是多少？

11.14 假設獨占廠商的逆需求函數為 $P = 100Q^{-1/2}$，價格超過邊際成本的最適加成為何？

11.15 下圖顯示一特定產業獨占廠商的平均成本與邊際成本曲線，若廠商追求利潤最大產出範圍為何？你可以自行繪圖然後儘可能得到答案。

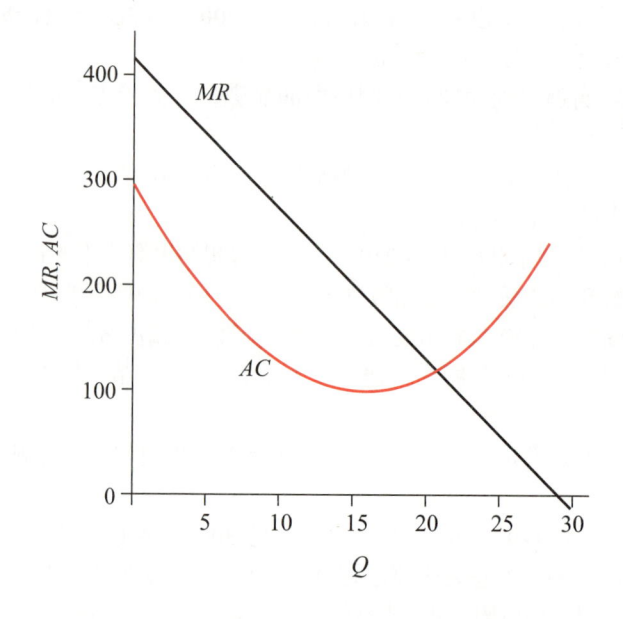

11.16 假設吉列公司在墨西哥的刮鬍刀市場有獨占地位。墨西哥刮鬍刀市場需求曲線為 $P = 968 - 20Q$。其中 P 是刀片的價格 (美分)，Q 為每年刮鬍刀片的需求數量 (百萬片)。吉列有兩家工廠專門生產墨西哥市場需要的刀片：一家是位於加州的洛杉磯 (L.A.)，另一家是在墨西哥市。在 L.A. 的工廠，吉列可以邊際成本每片 8 美分生產任何想要生產的數量。令 Q_1 與 MC_1 代表 L.A. 工廠的產量與邊際成本，我們有 $MC_1(Q_1) = 8$。墨西哥廠的邊際成本函數為 $MC_2(Q_2) = 1 + 0.5Q_2$。

(a) 請求出吉列公司面臨整個墨西哥市場，利潤最大的價格與商品數量。吉列公司將如何在墨西哥工廠與美國工廠間分配產量？

(b) 假設吉列的 L.A. 廠邊際成本是 10 美分而非 8 美分，請問 (a) 的答案有何改變？

11.17 市場需求是 $P = 64 - (Q/7)$，多廠獨占三個工廠，其邊際成本函數為：

$$MC_1(Q_1) = 4Q_1$$
$$MC_2(Q_2) = 2 + 2Q_2$$
$$MC_3(Q_3) = 6 + Q_3$$

(a) 求出各個工廠的利潤最大化價格和產出。

(b) 若 $MC_2(Q_2) = 4$，(a) 的答案有何變化？

11.18 假設市場需求是 $P = 100 - 2Q$，獨占廠商的邊際成本函數是 $MC = \frac{1}{2}Q$。

(a) 請計算獨占廠商利潤最大的價格與商品數量。

(b) 請計算在完全競爭假設下，供給曲線 $P = (1/2)Q$ 的最適價格與商品數量。

(c) 請比較獨占市場與完全競爭市場 (邊際成本訂價法) 的生產者剩餘與消費者剩餘。獨占市場的無謂損失是多少？

(d) 假設市場需求曲線是 $P = 180 - 4Q$。獨占市場的無謂損失現在是多少？到底有什麼原因能夠解釋為何 (d) 的答案與 (c) 的答案之間的差異？

11.19 商品需求曲線為 $P = 100 - Q$，獨占邊際成本是 $MC(Q) = Q$，$Q \leq 30$，市場最大供給量為 $Q = 30$。亦即，就 $Q > 30$，邊際成本是無限的。

(a) 獨占廠商最大利潤化價格為何？

(b) 市場因為獨占所造成的無謂損失為何？

11.20 煤礦公司的生產函數是 $Q = L/2$。其中 L 是礦工人數，Q 是總產量。廠商在商品市場是價格接受者，而現行市場價格是 $32，廠商在勞動市場是獨資者，面臨勞動供給曲線是 $w = 4L$。

(a) 請問獨買廠商邊際支出函數 ME_L 為何？

(b) 請計算獨買廠商的最適礦工雇用人數。獨買廠商必須支付什麼樣的薪資水準才能夠吸引足夠的礦工？

(c) 獨買廠商的無謂損失是多少？

11.21 醫院在小城的醫護產業為一獨買廠商，在其利潤最大化的投入組合，醫療照護的供給彈性為 $+1$。相對廠商給付給員工的工資，勞動邊際收益的大小為何？

12 獲取剩餘

12.1
獲取剩餘

12.2
第一級差別訂價：從每一個消費者賺取更多

12.3
第二級差別訂價：數量折扣

12.4
第三級差別訂價：不同市場區隔不同訂價

12.5
搭　售

12.6
廣　告

為什麼你的票價比我便宜得多？

在 1997 年 10 月 15 日，聯合航空 815 班機從芝加哥飛往洛杉磯。在波音 757 的客機上共有 204 名乘客，平均支付機票的價格是 $775。然而，同一班飛機機票的實際價格的波動幅度卻非常劇烈。如表 11.1 所示，815 號班機也沒有例外。[1] 有些乘客的機票價格超過 $2,000。有些乘客沒有付任何費用，他們是利用累積哩程計畫來獲得機票。

為什麼大多數航空公司會提供這麼多的票價？一部分的原因是某些乘客搭乘頭等

---
[1] "IBM's Deep Blue Takes to the Skies," 芝加哥論壇報，N 節(11.17,1997).

艙，有些人是乘坐經濟艙。但這並非事實的全部。即使在相同的艙等，坐相似的座位，享受相同的服務，機票價格變動幅度還是很大。例如，815 號班機上，經濟艙乘客的票價有 34 位低於 $199，有超過 23 位是介於 $400 與 $599 間。

　　航空公司認為任何一班飛機會有不同類型的乘客，有些是商務旅行者，即使面對高票價，他還是必須在特定時間內飛到特定的地點。其它乘客，如全家出外旅遊，對機票價格就相當敏感。為了要避免支付過高的機票價格，他們願意改變假期旅行的時間或甚至改變旅行目的地。他們可能願意在幾個星期前或幾個月前就預訂機票。

　　因此航空公司對一平衡行動。航空公司想要填滿空位，因為空位無法創造收益。它可以事先以低價銷售許多空位。然而，飛機可能就沒有任何位置來滿足最後一分鐘願意付高價的旅客。當航空公司知道其能夠藉變動機票價格來影響乘客人數時，航空公司就有市場力量。它運用收益管理系統，以追求更大利潤的方式來銷售機票。收益管理協助航空公司決定各個艙等應該有多少座位。

　　在第 11 章我們看到擁有市場力量的廠商管理要比完全競爭廠商管理要複雜許多。在完全競爭市場，管理者無法控制投入或產出的價格。他們能夠決定的是生產因素的購買數量及商品的生產數量。然而，在商品市場有市場力量的廠商必須考慮需求的影

表 12.1　聯合航空班機 815 的機票價格

票價	乘客人數	預先購買的天數
$2000 或以上	18	12 天
$1000–$1999	15	14 天
$800 – $999	23	32 天
$600 – $799	49	46 天
$400 – $599	23	65 天
$200 – $399	23	35 天
$199 以下	34	26 天
$0	19	–

響。例如，要選擇理想的票價，航空公司必須瞭解需求數量與機票售價的關係。這樣能夠讓航空公司比完全競爭廠商獲取更多的剩餘。

章節預習 在本章，你將

- 將說明擁有市場力量的廠商如何藉差別訂價來獲取更多的剩餘——亦即，差別訂價是對消費者購買相同的商品索取不同的價格。因此這些廠商比索取單一價格的獨占廠商能獲取更多剩餘。
- 將學習三種不同類型的差別訂價，並說明差別訂價如何影響利潤，及消費者剩餘與生產者剩餘的總和。
- 若廠商將兩種相關的商品搭配在一起包裹出售，廠商如何獲得更多的剩餘。
- 我們將檢視如何利用廣告，一種非價格競爭，來創造與獲取剩餘。雖然廣告能夠提高商品的需求它是昂貴的。我們將說明若廠商想要爭取更多的剩餘，它應該如何決定廣告支出水準與最適價格水準。

12.1 獲取剩餘

在第 11 章，我們看到例子中獨占廠商對所有消費者索取一致的價格。為了追求利潤最大，獨占廠商面對負斜率需求曲線 D 時，他想要生產與銷售商品數量 Q_m，因為這個產量會使邊際收益 MR 等於邊際成本 MC；獨占廠商的商品價格訂在 P_m，因為這會引導消費者購買商品數量 Q_m。在這種情況下，如圖 12.1 所示，獨占廠商獲得的生產者剩餘是面積 $G + H + K + L$。獨占廠商並未獲取以面積 $E + F$ 表示的消費者剩餘 (消費者獲取這些利益)。此外，無謂損失，以面積 $J + N$ 表示，代表有一些潛在經濟利益存在，這些潛在利益既不屬於生產者也不屬於消費者所有。無謂損失的產生是因為需求曲線上的點 A 與點 B 之間，他們不會以 P_m 購買商品，即使他們願意以仍大於或等於邊際成本 (即，價格介於 P_m 和 P_1 間) 的低價購買。

差別訂價 (price discrimination) (針對不同消費者索取不同價格) 提供獨占廠商或任何具市場力量的廠商有機會索取不同價格以爭取更多的剩餘。差別訂價有三種基本類型：

- **第一級差別訂價**。是指廠商嘗試對每一單位的商品，針對消費者的保留價格 (亦即，消費者願意支付的最高價格來制訂商品價

差別訂價 針對不同消費者購買相同商品或服務索取不同價格。

第一級差別訂價 企圖針對每一單位商品索取消費者保留價格 (消費者購買該單位願意支付的最高價格)。

圖 12.1 獨占市場下的單一價格與第一級差別訂價

一追求利潤極大的獨占廠商索取單一價格會選擇在數量 Q_m 生產與價格 P_m 銷售。生產者剩餘是面積 $G + H + K + L$。但是，有些消費者剩餘 (面積 $E + F$) 不在生產者手中。此外，無謂損失 (面積 $J + N$) 既不是生產者獲得也非消費者獲得。

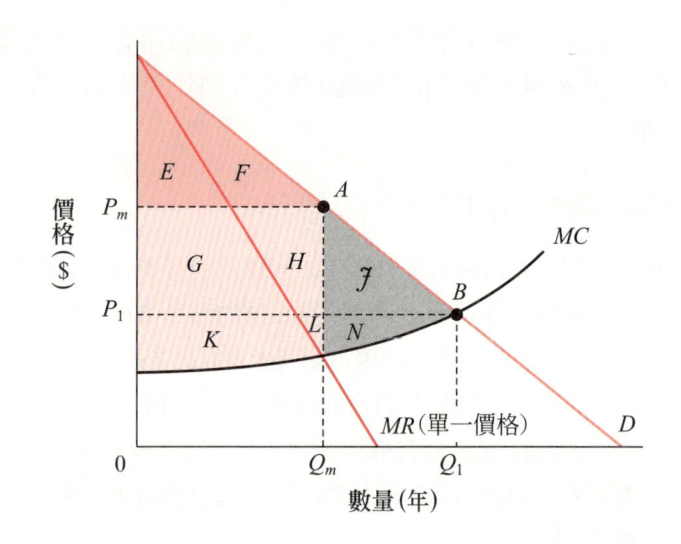

第二級差別訂價
提供消費者數量折扣的方案。

第三級差別訂價
針對不同消費者或區隔索取不同價格。

格)。例如，當廠商在拍賣會上銷售商品時，它會企圖讓消費者競標，出價最高者便獲得該項商品，賣方希望售價能夠接近消費者願意支付的最高價格。

- **第二級差別訂價**。廠商提供消費者數量折扣——若消費者多消費，單價將下跌。例如，消費者購買 1 至 9 套遊戲軟體，電腦軟體廠商可能每套收費 $50，購買 10 至 99 套，每套收費 $40，100 套以上則每套 $30。

- **第三級差別訂價**。廠商有能力在市場上分辨不同消費族群或消費區隔，各人有不同的需求曲線。要追求利潤極大，廠商可以在每一個市場區隔中讓邊際收益等於邊際成本或利用 IEPR 反彈性訂價法則制定每一個市場區隔的商品價格[2] (第 11 章的 IEPR)。例如，若航空公司知道商務飛行市場區隔的需求，它就能夠對市場索取不同價格——如，航空公司商務旅行者的票價是 $500，搭乘經濟艙的休閒旅遊者的票價是 $200。

廠商進行差別訂價以獲取更多剩餘的商品市場必須符合下列特性：

- 廠商有市場力量來實施差別訂價。換言之，廠商面對的需求曲線必須是負斜率的。若廠商沒有市場力量，其為價格接受者，

---

[2] 在第 11 章的反彈性訂價法則：$(P_i - MC_i)/P_i = -1/\epsilon_{Q_i, P_i}$，其中，$P_i$ 是商品 i 的價格，MC_i 是邊際成本，ϵ_{Q_i, P_i} 是廠商商品 i 的自我需求的價格彈性，反彈性訂價法則是廠商面對負斜率需求曲線時，另一種決定最適商品數量 (邊際收益等於邊際成本) 的表示方式。

因此它沒有能力針對不同數量的商品索取不同的價格。如我們在第 11 章的建議，市場力量是存在於許多市場中。在許多產業只有少數的生產者，每一個生產者都有部分控制商品價格的能力。例如，在航空產業，每家公司都知道，若降低票價可以吸引更多消費者上門。即使航空公司不是獨占廠商，它仍擁有市場力量。

● 廠商必須擁有消費者購買商品願意支付價格的資訊。廠商必須知道不同消費者間的保留價格或需求彈性。

● 廠商能夠禁止轉售或套利。若廠商無法禁止轉售，消費者可以低價買進並做一個中間人，高價賣出給願意支付高價的消費者。在這種情況，獲取剩餘者為中間人而非廠商，轉售會讓差別訂價無效。

12.2 第一級差別訂價：從每一個消費者賺取更多

要瞭解第一級差別訂價，最好的方式是將需求曲線當成消費者願意支付價格的曲線。因為需求曲線上的任何一點是代表消費者購買單位所願意支付的價格。由於需求曲線是負斜率，消費者購買第一個單位商品願意支付的價格會高於購買第二個單位商品願意支付的價格。當消費者購買數量愈多，願意付的價格會愈低。

第一級差別訂價從賣方觀點看是理想的。若銷售者能夠完全實施第一級差別訂價，他可以索取的價格正是消費者願意支付的最高價格。[3]

假設你擁有特殊品牌的牛仔褲，且市場上所有消費者都是你的客戶。當每一個消費者走進商店，你能夠看穿她的腦袋知道她心裡購買一條牛仔褲願意支付的價格。一旦所有的消費者都在你的店裡，你將知道牛仔褲的需求曲線，如圖 12.2 所示 (圖形與圖 12.1 的曲線相同)。

你要如何訂價才能使利潤最大？你會向消費者索取最高的保留價格 (需求曲線金字塔最頂端的消費者)，這個價格恰好等於她的保留價格。例如，假設她願意付 $100 向你購買一條牛仔褲。你會

---

[3] 因為這個原因有些教科書稱第一級差別訂價為完全差別訂價。
[4] 從比較精緻的角度看，你會注意到消費者的保留價格是 $100 時，如果你向她索取 $100，買或不買牛仔褲對她而言是沒有差別的。若要讓她有誘因購買，你可以將牛仔褲價格訂為 $99.99，她會有 $0.01 的消費者剩餘，而你幾乎獲得所有的剩餘。從實際角度觀察，我們將假設，牛仔褲價格是 $100 時，她會購買牛仔褲。

	一致價格	第一級差別訂價
消費者剩餘	$E + F$	0
生產者剩餘	$G + H + K + L$	$E + F + G + H + J + K + L + N$
總剩餘	$E + F + G + H + K + L$	$E + F + G + H + J + K + L + N$
無謂損失	$J + N$	0

圖 12.2　單一價格與第一類差訂價

單一價格下，生產者以 P_m 銷售 Q_m，生產者沒有獲取所有消費者剩餘，有無謂損失。廠商的銷售數量是 Q1 每一單位的商品銷售，價格都等於邊際成本。生產者針對每一單位商品索取消費者最高的保留價格。

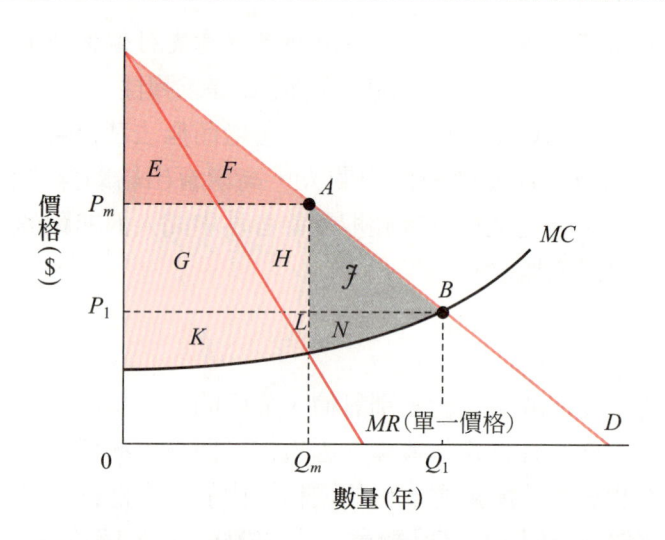

向她索取 $100，並獲得所有的剩餘。[4] 同樣地，假設第二高保留價格的消費者願意以 $99 向你購買牛仔褲，你會向該消費者索取 $99，並將所有剩餘據為己有。如果你能夠完全差別訂價，每一單位商品價格會等於消費者購買單位商品的保留價格。

你會賣出多少條牛仔褲？如果你的邊際成本與需求曲線如圖 12.2 所示，你將銷售 Q_1 單位。因為一直到商品數量 Q_1 之前，銷售每一單位商品所收到的價格會超過生產該單位的邊際成本，你會銷售 Q_1 單位的商品。你將不會銷售更多的數量，因為多賣一單位商品的邊際成本會大於廠商收到的價格。你的生產者剩餘是需求曲線與邊際成本曲線所圍成的面積 (面積 $E + F + G + H + J + K + L + N$)。[5] 消費者沒有任何剩餘，因為生產者已經獲取所有的剩餘。

我們可以利用這個例子來說明上述差別訂價的三個先決條件。第一，賣方必須擁有市場力量——亦即，設計師牛仔褲需求曲線是負斜率。賣方在名牌牛仔褲市場不必是獨占廠商，因為其它

---

[5] 在第 9 章我們知道，生產者剩餘是總收益與非沉沒成本間的差額。這裡，我們假設所有固定成本都是沉沒成本。

商店可以銷售其它設計師品牌牛仔褲。

第二，賣方必須知道不同消費者願意支付的價格。在這個例子，我們假設只要看每一個消費者的額頭，就知道願意支付的價格。在實際生活中，很難知道消費者願意支付的價格。如果你詢問消費者願意支付的價格，她不會告訴你真話，如果她怕你索取與保留價格相同的價格。消費者願意告訴你的是較低的願付價格，所以她可以獲得消費者剩餘。通常賣方會依據消費者特徵來推估願意支付的價格，如居住與工作地點，穿著或談吐，薪水及擁有什麼樣的汽車。這些資訊並不會完全勾勒出消費者願意支付價格的全貌，但能夠協助獲取比沒有這些資訊更多的剩餘。

第三，賣方必須禁止轉售。在這個例子，假設走進店內消費者的保留價格在 $50 或以下。那些等在店外的消費者願意支付的價格高於留在店內的消費者。若牛仔褲價格低於 $50，買到牛仔褲的消費者可以做為中間人。他們只要走出商店並轉賣給那些願意支付更高價格的消費者。因為轉售，你將無法獲得某些剩餘。相反地，中間人將獲取這些剩餘。

如我們在圖 12.2 的觀察，當獨占廠商索取單一價格時會有無謂損失。第一級差別訂價的無謂損失是多少？在圖 12.1，注意每一位購買到商品的消費者 (Q_1 左邊的消費者)，願意支付的價格會超過或等於商品的邊際成本。每一個沒有買到商品的消費者 (Q_1 右邊的消費者)，願意支付的價格會低於邊際成本。完全第一級差別訂價因此導致經濟效率的產量——換言之，完全第一級差別訂價沒有無謂損失。[6]

邊做邊學習題 12.1

單一訂價第一級差別訂價的剩餘計算

在本題，我們會看到一獨占廠商實施第一級差別訂價會比採取單一價格獲取更多的剩餘。假設獨占廠商的邊際成本固定在 $MC = 2$，且面對的需求曲線 $P = 20 - Q$。圖 12.3 畫出需求曲線與邊際成本曲線。假設廠商沒有固定成本。

---

[6] 雖然完全第一級差別訂價導致效率市場 (無無謂損失)，並非每一個人都滿意這個結果。尤其是消費者對所得分配的結果一點也不高興，因為所有的剩餘都歸向生產者。效率並不見得對市場參與者是 "公平" 或，"公正"。有關兩者衝突的詳細討論，請見 Edward E. Zajac, *Political Economy of Fairness* (Cambridge, Mass.: MIT Press, 1995)。

圖 12.3　獲取剩餘：單一訂價第一級差別訂價

在單一價格下，廠商生產 9 單位 (對應於邊際收益 MR 和邊際成本 MC 的交點)，它以每單位 $11 銷售，獲取所生產者剩餘是 $81 (等於面積 RTMZ)。在第一級差別訂價下，廠商生產 18 單位 (對應於 MC 和需求曲線 D 的交點) 獲得的生產者剩餘是 $162 (等於面積 WXZ)。

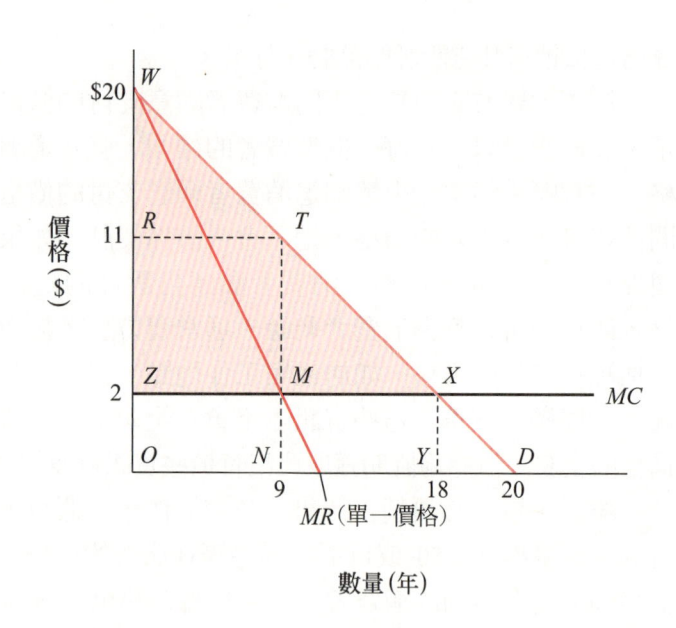

問題

(a) 假設差別訂價不允許實施 (或不可能存在)，則生產者剩餘是多少？
(b) 假設廠商能實施完全第一級差別訂價，請問生產者剩餘會是多少？

解答

(a) 邊際收益曲線是 $MR = P + (\Delta P/\Delta Q)Q = (20 - Q) + (-1)Q = 20 - 2Q$。要找到最適商品數量，必須讓邊際收益等於邊際成本。因此，$20 - 2Q = 2$，或 $Q = 9$。代入需求曲線，我們求得 $P = 20 - 9 = 11$。

　　因為沒有固定成本，生產者剩餘 (PS) 是收益減總變動成本，即等於邊際成本乘以數量，或 $2Q$。由於收益是價格乘以數量，$PS = PQ - 2Q = (11)(9) - 2(9) = 81$。在圖 12.3，生產者剩餘是收益 (面積 ORTN) 減變動成本 (邊際成本曲線以下的面積 OZMN)。因此生產者剩餘是面積 RTMZ。

(b) 在第一級差別訂價下，廠商會在需求曲線等於或大於邊際成本曲線的地方生產。亦即，它將生產的數量對應於需求曲線和邊際成本的交點：$20 - Q = 2$，或 $Q = 18$。總收益是需求曲線所有生產單位所圍成的面積 (面積 OWXY)，即等於 198 (三角形面積 WXZ 加四方形面積 OZXY)。總變動成本是邊際成本乘以數量：$2(18) = 36$。

　　生產者剩餘是總收益減總變動成本：$198 - 36 = 162$。在圖 12.3，生產者剩餘對應面積 OWXY (總收益)減面積 OZXY (總變動成本) ＝面積 WXZ (生產者剩餘)。

　　因此，第一級差別訂價生產者剩餘 $81。

類似問題：12.2，12.3，12.4 和 12.5。

邊做邊學習題 12.2

第一級差別訂價的邊際收益

在第 11 章我們曾經看到，採單一訂價的獨占廠商，其邊際收益曲線是 $MR = P + (\Delta P/\Delta Q)Q$。

問題 當廠商實施完全第一級差別訂價時，邊際收益曲線在那裡？廠商選擇的商品數量是否就是邊際收益等於邊際成本下的產量？

解答 以文字敘述，單一訂價下的邊際收益 $MR = P + (\Delta P/\Delta Q)Q$ 告訴我們邊際收益是兩個效果的加總。當廠商多銷售一個單位的商品時，(1) 收益會上升，因為廠商收到下一個單位商品的價格 P，及 (2) 收益會減少，因為對所有已經賣出的產量 Q，價格會下跌 $\Delta P/\Delta Q$。

在實施第一級差別訂價後，只有第一個效果存在。當廠商多銷售一單位商品時，它會收到該單位的價格 P。然而，當廠商銷售額外商品數量時，它不必降低先前賣出所有商品的價格。所以第一級差別訂價的邊際收益曲線正好是 $MR = P$。邊際收益曲線與需求曲線重疊。

在第一級差別訂價，在圖 12.2，賣方會選擇邊際收益等於邊際成本的地方生產。但現在是在邊際成本與需求曲線相交的地方 ($Q = 18$) 生產。在這一個商品數量，銷售最後一單位的邊際收益為價格($2)。廠商的利潤達到最大，因為在這一個單位，邊際收益恰好彌補邊際成本。廠商生產的商品數量絕對不會低於 18，因為邊際收益大於邊際成本。同樣地，廠商銷售的商品數量也不會超過 18 個單位，因為這樣會使邊際收益小於邊際成本。

第一級差別訂價的例子不勝枚舉。思考當你經過跳蚤市場，或嘗試買車或房屋時會發生什麼事。賣方通常會依據對消費者的觀察嘗試評估你願意支付的價格。賣方一開始出的價錢會超過你願意支付的價格，但他會調整價格，並觀察且更瞭解你。(當然，你會想要找出賣方願意提供的最低價格，藉此增加自己的消費者剩餘！) 拍賣也是設定成讓銷售價格盡量接近買方願意付的價格。一件藝術品或一塊土地得標者並不必然付最高願意支付的價格，賣方藉買方彼此間的競爭，期望能獲得更多的剩餘。

範例 12.1

第一級的教育

美國大學教育是昂貴的。在許多私立大學，4 年學費會超過 $10 萬，在州立大學，通常會超過 $5 萬。學校自然會關心學生的家長是否能夠負擔如此龐大的費用。

有些獎助學金是依據學生成績，決定是否給與。但更多的是，大學部的助學金是依據學生家庭經濟狀況而定。大學學費的來源可以是家庭儲蓄所得與預期所得，及教育成本。

大專院校如何決定你願意為大學教育支付多少學費？在申請獎助學金以前，學生必須提供家庭經濟狀況的資訊，如美國聯邦學生補助表 (FAFSA)。學校是利用政府提供的公式來計算一個家庭預計要花費的大學教育金額。這稱為預期家庭支出 (Expected Family Contribution, EFC)。若 EFC 等於或大於大學學費，則學生就沒有資格申請大多數獎助學金。然而，若大學學費超過 EFC，學生就有資格申請獎助學金，甚至可以申請金額補助。

當學校根據你的經濟狀況來決定獎助金額時，它們是在實行第一級差別訂價。雖然沒有任何一家大學是獨占廠商，每一所大學都知道教育需求曲線是負斜率。當學雜費 (宿舍，飲食，學費扣掉獎助學金) 下跌時，上大學的學生人數會增加。要進行差別訂價，學校必須要有學生願意支付價格的資訊。儘管學校無法明確知道家庭願意支付學費的正確金額，這個金額可能與 EFC 高度相關。最後，大學院校很容易可以禁止"轉售"，因為你不能將入學許可轉賣給其他人。

12.3 第二級差別訂價：數量折扣

在許多市場中，消費者在一段時間內購買的商品及服務數量不只一個。例如，在一個月內，消費者會消費許多單位的水與電力。搭乘捷運上班者每個月搭乘的天數不只一次。許多飛機乘客都是經常旅行者。

賣方知道消費者商品需求曲線是負斜率的。換言之，當消費者持續購買相同商品時願意支付的價格會下跌。賣方或許可以利用數量折扣的方式來獲得更多的剩餘。

然而，並不是每一種數量折扣都是差別訂價的產物。通常賣方提供數量折扣是因為銷售大量商品的成本比較低。例如，四人份的披薩價格通常會低於兩個兩人份披薩的價格總和。勞動、烘烤及包裝成本，與披薩尺寸關係不大。這種訂價方式只是反映大尺寸披薩的每盎斯成本比較低的事實。

第二級差別訂價的數量折扣特性為何？第二級差別訂價的一個顯著特性是消費者支付的價格受兩個或兩個以上價格的影響，例如，許多消費者以多重費率 (兩個或多個以上的價格或費率) 購買電信服務。因此，你可以每個月付 $20 (預付費) 打電話，即使你一通電話都沒打。此外，你可以付每通 5 分鐘打國內電話 (使用費)。

在本節，我們將考慮兩種銷售者可利用數量折扣來獲取剩餘的方式。首先，我們將檢視整批訂價法 (如 12.1 節討論的電腦軟體廠商對遊戲的訂價制度)。然後我們將更詳細地檢視基本訂費與使用者付費。

整批訂價法

假設電力市場只有一個消費者，消費者的需求曲線與邊際成本曲線示於圖 12.3：需求為 $P = 20 - Q$，邊際成本為 $MC = 2$，如圖 12.4 所示。在邊做邊學習題 12.1，利潤最大的單一價格是每單位電費 $P = \$11$。在此價格，消費者購買 9 單位，生產者獲得生產者剩餘 \$81。

現在假設廠商提供數量折扣——例如，消費者購買前 9 單位，每單位 \$11，每額外一單位只要 \$8。從圖 12.4 所見，在這種情形下，消費者購買額外 3 單位，總共 12 個單位。廠商獲得額外的生產者剩餘 \$18 (面積 JKLM)，總生產者剩餘為 \$99。

這個例子的訂價方式是**整批訂價** (block tariff)。(多重費率的一種，因為它包括兩個價格，前 9 單位為一價格，額外的單位為另一價格)。我們可以看到這種型態的數量折扣代表第二級差別訂價，因為廠商的固定成本在 \$2——亦即，廠商不會銷售更多的數量而使成本下降 (不像上述披薩的例子)。

整批訂價 第二級差別訂價的一種，消費者在第一個整段的產出 (在一定數量內) 消費者付一個價格，而在第二階段消費付另外一個價格。

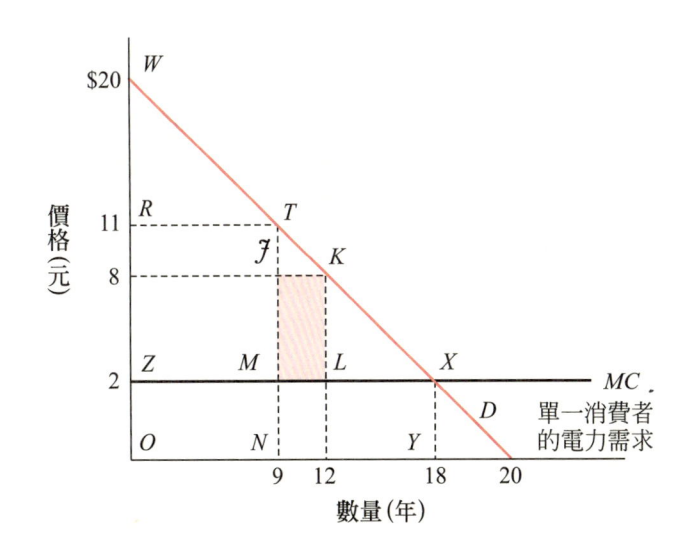

圖 12.4 單一訂價與第二級差別訂價

在單一訂價方式下，廠商的生產者剩餘是 \$81 (等於面積 RTMZ) 在整批訂價方式下，消費者購買前 9 個單位，每單位價格是 \$11。之後，額外購買一單位的價格是 \$8。這個例子的第二級差別訂價使廠商獲取的生產者剩餘是 \$99 (等於面積 RTMZ 加 JKLM)。

現在我們可以問：廠商的最適整批的訂價為何 (使生產者剩餘達於極大的費率)？為簡化分析，我們假設廠商的費率只有兩種。

在圖 12.5 (如圖 12.4 的需求和邊際成本曲線)，P_1 和 Q_1 代表第一區段的最適價格和數量，P_2 和 Q_2 代表第二區段的最適價和數量。計算最適整批訂價的步驟有三：

1. 以 Q_1 表示 Q_2。
2. 以 Q_1 表示 PS。
3. 找出 Q_1 值來極大 PS，利用此值計算 P_1 和 Q_2，並利用 Q_2 計算 P_2。

步驟 1：線段 BE 是第一區段 Q_1 的消費者需求曲線。這個部分的邊際收益曲線是線段 BN。因為第二區段是以單一價格銷售，最適數量是對應於邊際收益曲線與邊際成本曲線 MC 的交點，在 Q_2。因為需求曲線是線性，邊際收益曲線的斜率是需求曲線斜率的二倍，而 Q_2 是 Q_1 和 18 的中間，(在第 11 章求獨占中點法則所示──見邊做邊學習題 11.5)。亦即，$Q_2 = (Q_1 + 18)/2$。

步驟 2：生產者剩餘是總收益減總變動成本。第一區段的收益是 $P_1 Q_1$，第二區段的收益是 $P_2(Q_2 - Q_1)$，總變動成本是 $2Q_2$。因此，生產者剩餘 $PS = P_1 Q_1 + P_2(Q_2 - Q_1) - 2Q_2$。需求函數告訴我們 $P_1 = 20 - Q_1$ 和 $P_2 = 20 -$

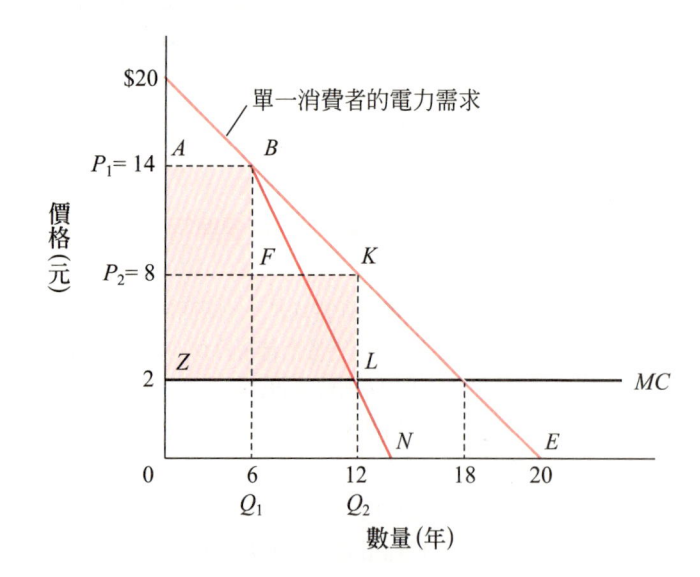

圖 12.5 以第二級差別訂價最適化生產者剩餘

在最適整批訂價方式下 (假設只有兩個區段)，消費者購買前 6 個單位，廠商每單位收取的價格是 $14。6 個單位以後，每單位的價格是 $8。廠商獲取的生產者剩餘是 $108 (等於陰影面積 ABFKLZ)。

Q_2，意味 $PS = (20 - Q_1)Q_1 + (20 - Q_2)(Q_2 - Q_1) - 2Q_2$。可簡化成 $PS = -(3/4)(Q_1 - 6)^2 + 108$。

步驟 3：因為 $-(3/4)(Q_1 - 6)^2$ 對除 6 以外任何 Q_1 均為負值，當其為負，PS 達到最大(在 108)。因此，第一區段的最適數量 $Q_1 = 6$ 單位電力。最適價格 $P_1 = 20 - 6 = \$14$；第二區段最適量是 $Q_2 = (6 + 18)/2 = 12$ 單位，最適價格 $P_2 = 20 - 12 = \$8$；最大生產者剩餘是 $108。[7]

在這個例子，第二段差別訂價的整批訂價法 (假設有兩個區段) 比單一訂價的生產者剩餘多了 $27 ($108 及 $81)。

邊做邊學習題 12.3

差別訂價下的利潤增加

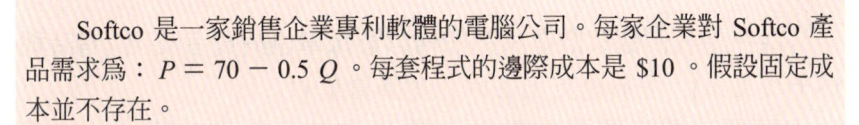

Softco 是一家銷售企業專利軟體的電腦公司。每家企業對 Softco 產品需求為：$P = 70 - 0.5Q$。每套程式的邊際成本是 $10。假設固定成本並不存在。

問題

(a) 若 Softco 以單一價格銷售，利潤極大化價格為何？銷售數量為何？利潤為何？

(b) Softco 想要知道實施差別訂價是否可增加利潤。假設 Softco 第一區段的價格及數量與 (a) 相同。求出第二區段利潤極大化的價格和數量。

(c) 你認為 Softco 是否應該採取不同於 (b) 的差別訂價以增加利潤？請解釋原因。

解答

(a) 每個消費者的邊際收益為 $MR = 70 - Q$。令 $MR = MC$：$70 - Q = 10$，或 $Q = 60$ 可得最適數量利潤極大化單一價格 $P = 70 - 0.5(60) = \$40$。收益為 $PQ = \$40(60) = \$2{,}400$。因為每單位邊際成本是 $10，且無固定成本，總成本是 $600。利潤為 $1,800。

(b) 在第一區段 $P_1 = \$40$ 和 $Q_1 = 60$ 單位。換言之，Softco 銷售前 60 單位的價格是 $40。

---

[7] 我們可利用微積分求出最適整批訂價的費率。如上所述，$PS = (20 - Q_1)Q_1 + (20 - Q_2) \cdot (Q_2 - Q_1) - 2Q_2$。若我們令 PS 對 Q_1 的偏微分等於 0，我們可得 $Q_2 = 2Q_1$。若我們令 PS 對 Q_2 的偏微分等於 0，我們可得 $18 - 2Q_2 + Q_1 = 0$。然後我們求解兩條方程式兩個未知數，可得 $Q_1 = 6$ 和 $Q_2 = 12$。我們可從此計算整批訂價與生產者剩餘。

> 在第一區段的價格和數量已知下，如何找到第二區段的最適價格和數量？我們可以 $P = 70 - 0.5(60 + Q_2) = 40 - 0.5 Q_2$ 做為超過 $Q_1 = 60$ 的邊際意願支付。相關的邊際收益為 $MR = 40 - Q_2$。第二區段利潤極大化是 $MR = MC$：$40 - Q_2 = 10$，故 $Q_2 = 30$ 和 $P_2 = 40 - 0.5(30) = \$25$。
>
> 總之，Softco 以 \$40 銷售前 60 單位，超過 60 單位則以 \$25 出售第一區段的利潤為 \$1,800 與 (a) 同。第二區段額外收益是 $P_2Q_2 = (25)(30) = \$750$。第二區段額外成本是 \$300。因此，第二區段增加利潤 \$450。
>
> (c) 問題 (b) 在已知第一區段價格是 \$40 下，計算第二區段最適價格。然而，如課文介紹，Softco 第一區段採取不同訂價可增加利潤。我們將此做為章節後的習題計算第一區段最適價格。
>
> **類似問題**：12.6 和 12.8。

現在讓我們觀察數量折扣如何影響每單位消費者支出 (有時稱為平均支出)，等於總支出 E 除以總購買量 Q。

只要消費者購買的數量少於 6 單位，每單位購買價格是 \$14。這個情況下，消費者總支出是 \$14Q。當購買量大於 6 個單位時，總支出是 $\$14(6) + \$8(Q - 6)$：

$$E = \begin{cases} \$14Q, & 若 Q \leq 6 \\ \$84 + \$8(Q - 6), & 若 Q > 6 \end{cases}$$

因此，消費者平均支出為

$$\frac{E}{Q} = \begin{cases} \$14, & 若 Q \leq 6 \\ \dfrac{\$84 + \$8(Q - 6)}{Q}, & 若 Q > 6 \end{cases}$$

任何支出函數如上式所述都是非線性函數。一條**非線性支出曲線** (nonlinear outlay schedule) 是隨購買數量的不同，平均支出曲線會隨之改變。因為廠商針對不同的數量針對消費者索取不同的價格，第二級差別訂價會運用到非線性支出曲線的觀念。圖 12.6 是非線性支出例子的說明。只要消費者購買的數量小於 6 單位，平均支出曲線 AO 為一水平線是每單位 \$14。對於額外的數量，平均支出曲線為負斜率 (平均支出會下跌)。因此，若消費者購買 8 單

非線性支出曲線
平均支出隨購買量不同而變動的曲線。

圖 12.6 非線性支出曲線

在圖 12.5 的整批訂價方式下，當購買數量小於或等於 6 單位時，平均每單位支出是固定 (每單位 $14)。若消費者購買的商品數量超過 6 單位，平均支出會下跌。由於平均支出曲線不是直線，所以，我們稱為非線性支出曲線。

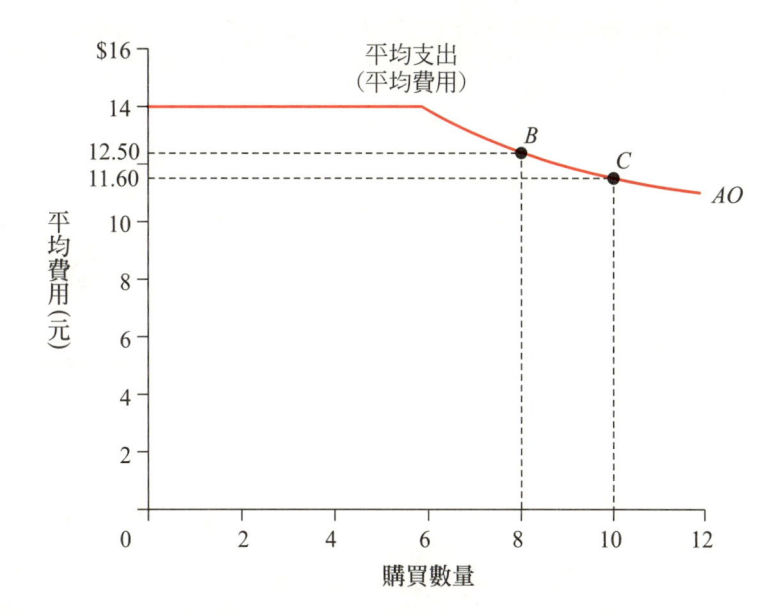

位。平均支出是每單位 $12.5 (點 B)；若消費者購買 10 單位，平均支出跌至每單位 $11.60 (點 C)。

範例 12.2

電力整批價格

當電力公司以整批價格方式出售電力時，它並不知道每個消費者的需求線。然而，它卻知道某些消費者的電力需求會比其他人高。它也知道每一位消費者的需求曲線是負斜率，價格下跌會刺激更多的電力消費。

假設市場有兩個消費者，大哥與小弟，其電力需求曲線示於圖 12.7。若電力公司對所有電力費用採相同的價格 P_1，小弟每個月會消費 Q_{1S} 的電力，大哥會消費 Q_{1L} 的電力。但假設電力公司實施整批訂價方式的措施是，電力消費在 Q_{1L} 單位以內的價格是 P_1，任何消費者消費的電力超過 Q_{1L}，會以較低的整批價格 P_2 來消費。整批訂價如何影響電力公司，大哥與小弟？

小弟並不會有任何改變，因為他消費的電力不足以享受到低價的 P_2。他仍以 P_1 來消費 Q_{1S} 的電力，因此消費者剩餘與單一訂價法的消費者剩餘相同。但是，大哥會擴充電力消費，從 Q_{1L} 增加至 Q_{2L}。消費者剩餘會提高，如面積 I。因為其生產者剩餘提高，如面積 II，電力公司享受比以前更多的利潤。

這個範例說明整批訂價法的潛在利益。若我們從單一訂價法出發，整批訂價法會使資源的分配更有**柏拉圖優勢** (Pareto superior)。柏拉圖優勢的資源分配是指市場上至少有一個參與者比

柏拉圖優勢　資源分配使得市場至少有一個參與者比以前好，而沒有人比以前差。

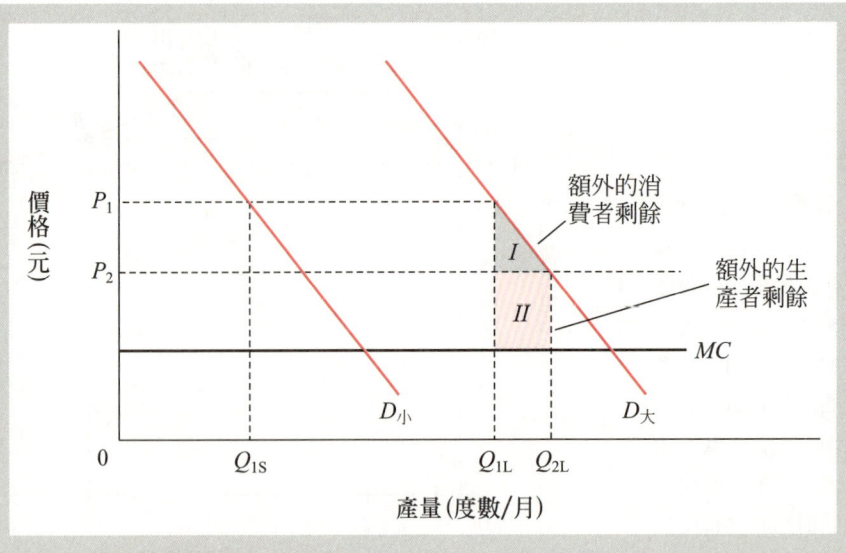

圖 12.7　電力整批價格的利益
在每單位電力的單一價格 P_1 下，小弟購買 Q_{1S} 單位而大哥購買 Q_{1L} 單位。在整批價格下 (Q_{1L} 單位前為 P_1，額外購買的價格為 P_2)。小弟的情況不會改變：他們以 P_1 購買 Q_{1S} 單位。而有相同的消費者剩餘。大哥現在總共購買 Q_{2L} 單位。他的消費者剩餘增加面積 I，而公司的生產者剩餘增加面積 II。

以前好，且沒有人變得更差。[8]

基本訂費與使用者付費

在 12.3 節一開始，我們考慮消費者每月預付費用 $20 購買電話服務 (剛好可以使用電話) 以及每打一通電話付一次費用，一通 $0.05 的例子。你可瞭解這是一個考慮消費者每通電話平均成本的數量折扣例子。若消費者每個月打兩通電話，帳單為 $20 + 0.10 = $20.10，而平均每通電話支出為 $10.05。相反地，若消費者每個月打 200 通電話，帳單為 $20 + $10 = $30，但是平均每通電話支出僅有 $0.15。

電話公司如何利用基本訂費與使用者付費來獲取更多剩餘？

---

[8] 對這個課題更深入的討論，請見 R.D. Willig, "Pareto Superior Nonlinear Outlay Schedules," *Bell Journal of Economics*, 9 (1978): 56-69。在電力市場有關非線性曲線柏拉圖優勢的討論最清楚。當電力使用者是企業廠商且在某些市場上相互競爭時，柏拉圖優勢的討論會變得有些複雜。其中一個複雜情況是數量折扣的整批訂價方式會讓大型沒有效率的廠商比小型較有效率的廠商有更低的生產成本。柏拉圖優勢是以義大利經濟學家 Vilfredo Pareto (1848-1923) 為名。

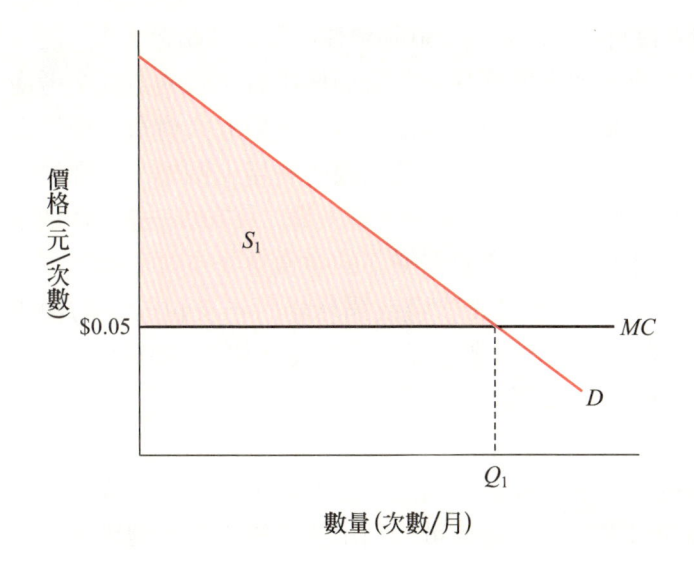

圖 12.8 電話基本訂費或使用者付費

每一個消費者對電話的需求曲線是 D，電話公司每通電話的邊際成本是 $0.05，如果電話公司每通電話收費 $0.05。消費者每個月打電話的次數是 Q_1，消費者剩餘是 S_1。電話公司實施基本訂費方式，幾乎可以獲取消費者剩餘。只要基本訂費略低於 S_1，消費者會繼續購買電話服務。

令市場中所有的消費者都完全相同。每一個消費者對電話服務的需求如圖 12.8 所示。假設電話公司的邊際成本是每通 $0.05。若電話公司每通電話收費 $0.05，公司將不會遭遇任何無謂損失。消費者每個月打電話的次數是 Q_1，消費者剩餘是 S_1。電話公司實施每月基本訂費方式就可獲取消費者剩餘。只要基本訂費低於 S_1 元，消費者會繼續購買電話服務。

在這個例子，若公司制訂的訂購費率為 S_1，消費者訂購與否沒有差別。為了要使每一個消費者都訂購，公司制訂的費率可略低於 S_1，因此可獲取所有的剩餘。

然而，在實際生活中，廠商無法輕易獲取所有剩餘的原因有二。第一，消費者之間的需求都不相同。若公司提高訂購與使用費率從需求較高的消費者身上獲取更大的剩餘，那些較少需求的消費者將不會訂購。因此廠商需要瞭解有多少消費者擁有較高的需求以及有多少消費者擁有較低的需求。

此外，儘管公司知道有不同型態的消費者，它可能不清楚那一個消費者對電話的需求較大或較小。因此公司通常會提供一系列的訂購與使用的費率，然後允許各個消費者自行挑選最佳組合。例如，行動電話電信公司可提供每月月租費 $20 和每通 $0.25 使用費的組合。它也可以提供每月月租費 $30 和每通 $0.2 使用費的組合。消費者預期每月打的電話次數少於 200 次會偏好第一個組合。消費者每月打電話超過 200 通會偏好第二個組合。[9]

你還會在什麼地方遇到基本訂費與使用者付費的方式？考慮俱樂部的會員。基本訂費是俱樂部向會員收取的入會費。使用者付費是每次你使用俱樂部設施必須負擔的費用。例如，當你加入音樂俱樂部，你通常會支付一筆會員費，當你每次買一張 CD 或卡帶時再支付另外的費用。鄉村俱樂部的會員會先支付一筆基本入會費，當你每次使用高爾夫球場或網球場時再支付一定的使用費。某些網際網路服務提供業者每個月索取一定的連線費用，然後再向你收取每一分鐘的網路使用費。

12.4 第三級差別訂價：不同市場區隔不同售價

若廠商可以分辨市場中不同的消費群體，或區隔，或能夠估計每個區隔的需求曲線，廠商可以利用第三級差別訂價設定每個的利潤極大化價格。

二個不同市場區隔，兩個價格

舉一個第三級差別訂價的例子。考慮鐵路運輸煤與穀物的不同運輸費率。在美國，鐵路運輸費率在 1980 年代已解除管制，[10] 因為鐵路公司對不同種類商品索取不同的費率。然而，煤與穀物都是大宗物品；它們不需特別包裝，可直接倒入車廂。因為一節車廂裝載的煤數量與穀物數量相同 (通常是 100 公噸)，所以運輸這兩種商品的邊際成本是一樣的。[11] 但是鐵路公司對煤的運費收取是穀物運費的二到三倍。為什麼會是這樣？

答案是煤與穀物的運輸需求不同所造成的差異。在穀物運輸上，鐵路會面臨大型平底船與貨車的強力競爭。例如，穀物從愛荷華州運送到紐奧良市港口，可經由密西西比河的大型平底船運輸，或高速公路的貨櫃運輸。因此，穀物運送的鐵路需求對鐵路運輸費率是相當敏感的。圖 12.9(b) 說明鐵路公司面對這種對價格

---

[9] 有關第二級差別訂價的更多討論，請見 Robert B. Wilson, *Nonlinear Pricing* (New York: Oxford University Press, 1992), and S. J. Brown and D. S. Sibley, *The Theory of Public Utility Pricing* (New York: Cambridge University Press, 1986).

[10] 有關鐵路產業管制的改革討論，請見 Ted Keeler, *Railroads, Freight, and Public Policy* (Washington, D.C.: The Brookings Institution, 1983), and Tony Gomez-Ibanez and Cliff Winston eds, *Transportation Economics and Policy: A Handbook in Honor of John Meyer* (Washington, D. C.: The Brookings Institution: 1999).

[11] 我們可以用許多方法來衡量鐵路運輸的產量。在美國，一個常見的衡量單位是"公噸-哩"，它是指運送一噸商品一哩的距離，在其它國家，產量通常以"公噸-公里"來衡量。

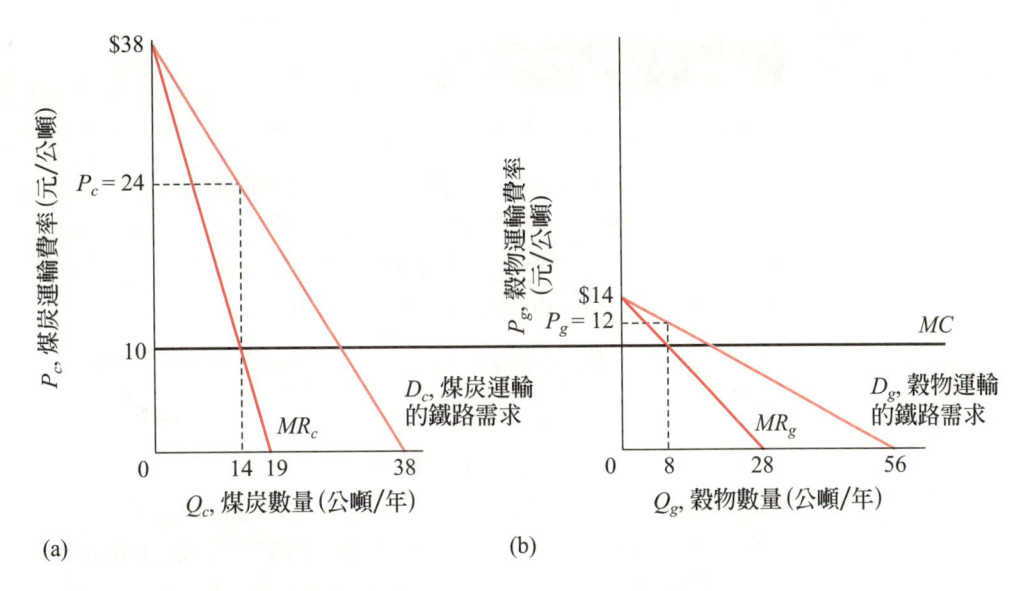

圖 12.9　煤與穀物鐵路運輸的費率訂價

煤運輸對鐵路的需求比穀物運輸對鐵路需求較無價格彈性。煤運輸比較依賴鐵路，因此，比較願意承擔較高的運費。利用第三級差別訂價的概念，鐵路公司對煤運輸的利潤高於穀物運輸以極大化價格，即使穀物運輸與煤運輸的邊際成本近乎相同。

敏感型態的需求曲線 D_g。如果鐵路公司對穀物運輸索取高價，許多運送者將不會選擇鐵路運輸。

相反地，通常煤的運輸距離相當長 (如，從生產煤的懷俄明州運送到生產電力的阿肯色州與路易斯安那州)，鐵路運輸在長距離運輸上比貨櫃運輸有成本優勢。此外，從水路運輸煤的選擇很少，因為大多數的煤礦並不靠近運河或可航行的水道。故來自大型平底船運輸的競爭有限。圖 12.9(a) 說明煤對鐵路運輸的需求曲線 D_c。煤運輸者較穀物運輸者更依賴鐵路運送服務，它們比較願意支付更高的鐵路運輸費率。

圖 12.9 反映假設運送煤或穀物的邊際成本相同 ($10)。但因為價格敏感度的不同，藉由煤炭利潤最大價格是 $24 (每噸-哩 $24)(藉由 $MR = MC$)，高於穀物 (每噸-哩 $12)。如本例所示，鐵路公司在煤與穀物運輸實施差別訂價一點也不困難。一旦公司知道兩種商品對鐵路運輸需求，其可進行差別訂價，不必擔心轉售問題。他們知道誰會購買地區性運輸服務 (如電力公司) 以及誰會購買穀物運輸。電力公司需要購買煤，絕對不可能找到比鐵路運輸費率更便宜的交通工具。

邊做邊學習題 12.4

鐵路運輸的第三級差別訂價

假設鐵路公司面對煤炭運輸和穀物運輸的需求曲線如圖 12.9 所示。對煤，$P_c = 38 - Q_c$，其中 Q_c 是煤炭運輸費率 P_c 時的煤炭運輸數量。穀物，$P_g = 14 - 0.25Q_g$，其中 Q_g 是指穀物運輸費率 P_g 時的穀物運輸數量。兩種商品運輸的邊際成本假設為 $10。

問題 令邊際收益與邊際成本相等，試求煤與穀物運輸的利潤最大化費率？

解答 由於煤的邊際收入曲線為 $MR_c = 38 - 2Q_c$，當我們讓邊際收入等於邊際成本：$38 - 2Q_c = 10$，或 $Q_c = 14$。將此代入煤需求曲線方程式，我們求得 $P_c = 38 - 14 = 24$。煤運輸的利潤極大化費率是 $24。

就穀物而言，邊際收益曲線為 $MR_g = 14 - 0.5 Q_g$。讓我們讓邊際收益等於邊際成本：$14 - 0.5 Q_g = 10$，或 $Q_g = 8$。將此代入穀物需求曲線方程式，我們求得 $P_g = 14 - 0.25(8) = 12$。穀物運輸的利潤極大化費率為 $12。

類似問題：12.10，12.11，12.12，12.13，12.16 和 12.17

範例 12.3

實施差別訂價的往前整合

在本章的一開始，我們指出廠商實施成功的差別訂價，必須防止商品轉售。一個實施差別訂價的有趣策略是往前整合，係指廠商進入與下游客戶相同的領域。例如，在 1990 年代中期，中央處理器製造商英特爾考慮往前整合開始進入個人電腦的生產領域 (個人電腦廠商是英特爾的客戶)。

直至 1930 年代，Alcoa 一直是生產鋁錠的獨占廠商，其利用向前整合策略從事差別訂價和防止轉售行為。[12] Aloca 知道在某些領域上鋁特別有用，因為它特有的金屬特性。例如，它是一種輕金屬，能夠做為飛機機翼製造的原料。它也具有 "張力" 的特性 (負重時能夠伸展的程度)，使其在橋樑鋼樑製造上具有特別的優勢。由於在這些用途上沒有其它的材料能夠取代鋁，Alcoa 知道將鋁原料銷售給飛機機翼與橋樑鋼纜製造公司是相對無彈性的。

在其它商品的生產，鋁較不具有生產優勢。例如，鋁可以用來生產湯鍋與炒菜鍋。但銅、鋼，及鑄鐵都可以替代鋁。廚房用具生產廠商對鋁原料的需求是相對有彈性的。

Alcoa 希望能夠實施第三級差別訂價，以高價銷售鋁原料給鋼纜與飛機製造公司，以低價

---

[12] 請見 Martin Perry, "Forward Integration by Alcoa: 1888 — 1930," *The Journal of Industrial Economics*, 29(1980): 37-53.

銷售鋁給廚房用具生產廠商。然而，Alcoa 知道，若以兩種不同價格銷售鋁錠，可能會出現轉售的問題。若 Alcoa 宣佈廚具生產廠商能以較低價格買進鋁錠，每一個購買者 (包括鋼纜與飛機機翼製造公司) 都會宣稱自己是廚具製造者。即使 Alcoa 知道那一個廠商是廚具製造者，它也無法防止該廠商以低價買進鋁錠，以高價轉售給飛機機翼製造公司。

為防止轉售情事發生，Alcoa 決定自行生產鍋碗瓢盆 (亦即，往前整合至廚房用具生產領域)。它可以低價提供鋁給自己的廚房用具生產部門，它不再以低價在市場上銷售任何鋁錠。唯一的市場價格是高價。藉垂直整合，Alcoa 能夠實施差別訂價且防止轉售行為。

篩　選

你是否感到奇怪，為什麼有些生產者，如電影院、航空公司、捷運公司，及餐廳，通常會給年長者與學生某種程度的折扣優惠？這個問題的一個可能答案是這種差別訂價行為能夠為生產者獲取更多剩餘。[13] 大多數的學生及許多老年人，尤其是退休者，收入是有限的。學生與年長者較全職工作者有更多的時間逛街。因此，學生與年長者通常對商品與服務的需求是相對有彈性。反彈性訂價法則建議廠商面對這些消費者應該制訂較低的價格。

生產者通常利用可以觀察到的消費者特性，如年齡與學生證做為**篩選** (screening) 機制。篩選根據消費者的特性 (1) 廠商能夠觀察到的 (如年齡或學生證)，及 (2) 想要觀察卻無法觀察與另外一些消費者有強烈相關的特性 (如願意支付的價格或需求彈性)。例如，當電影院經理走進櫃台想要知道消費者的需求彈性或願意支付的價格，但是她無法直接得到這些資訊。如果她詢問消費者願意付多少錢觀賞電影，消費者可能會說謊，如果經理知道他願意支付高價看一場電影，則電影院經理有可能會收取比較高的票價。

然而，電影院經理能夠觀察消費者特性，如消費者年齡或學生證。大多數的學生與年長者擁有較高的需求彈性，所以電影院經理可以針對這些消費族群收取較低的價格。為了防止套利，電影院經理可以要求在消費者進入戲院時出示證明文件來證明他們的身份。

篩選　根據消費者特性 (1) 廠商可觀察 (如年齡或狀態) 和 (2) 廠商無法觀察但與消費者特性有關 (如願意付的價格或需求彈性) 來分辨消費者的過程。

---

[13] 當然，還有其它提供優惠給年長者與學生的理由。例如，捷運的管理當局認為優惠這些乘客是基於一種高尚的理由，或許是讓這些消費族群更有購買力來消費其它商品。

範例 12.4

飛機票價的制定

航空公司通常有不同的機票價格，正如我們在本章一開始的序言看到聯合航空 815 號班機。第三級差別訂價是航空公司用來填補空位，追求最大利潤的策略之一。即使服務同艙等旅客的邊際成本相同，航空公司通常對同一艙等，如經濟艙的旅客收取不同的價格。因為不同乘客願意支付的機票價格並不相同。例如，以休閒旅遊為目的乘客通常在幾週前，甚至幾個月前，就先預訂機位，他們會找到最便宜的價格。休閒旅遊者通常願意為了便宜票價而決定他們的目的地。因此，休閒旅遊者通常對機票價格比較敏感，特別是發生在全家出遊的情況。

相反地，以商務出差的乘客通常對機票價格較不敏感。當公司需要你於週一早上 8 點在倫敦參加一個重要會議時，即使票價非常昂貴，乘客還是必須搭飛機出差。

航空公司知道市場有不同的消費族群。它知道商務旅遊者的需求較不具彈性，而大多數的休閒旅遊者需求相對有彈性，利用反彈性訂價法則，航空公司會向商務旅遊者索取較高的票價。

航空公司如何實施差別訂價？一個區分乘客的方式，是對廉價機票做某種程度的限制。例如，航空公司明瞭商務旅行者通常無法事先得知倫敦的會議，而休閒旅遊者可以在好幾個月前就計畫旅遊。商務旅遊者通常不會在週六夜停留在目的地，而休閒旅遊者比較願意在週六夜停留，特別是週六過夜能夠讓他們得到更便宜的機票。因此航空公司會利用低價機票來限制事先購買且願意度過週末的旅客以過濾旅客。

邊做邊學習題 12.5

機票價格的制定

根據表 2.2，商務旅遊者支付一般航空票價的需求彈性估計值是 $\epsilon_{Q_B, P_B} = -1.15$，而休閒旅遊者需求的價格彈性為 $\epsilon_{Q_V, P_V} = -1.52$。[14] 假設航空公司藉由設定商務旅遊者的價格 P_B 和休閒旅遊者的價格 P_V。面對這些需求彈性想要利用第三級差別訂價來極大化利潤。同時也假設航空公司面對兩種型態的旅客有相同邊際的成本 MC。

問題 利用反彈性價格法則 [IEPR，見式 (11.4)] 來決定價格比率 P_B/P_V。

解答 IEPR 告訴我們 $(P_B - MC)/P_B = -(1/\epsilon_{Q_B, P_B})$。現在將 ϵ_{Q_B, P_B} 值代入上式，並求解 MC：$MC = 0.13 P_B$。

IEPR 也告訴我們 $(P_V - MC)/P_V = -(1/\epsilon_{Q_V, P_V})$。將 ϵ_{Q_V, P_V} 值代入上式，並求解 MC，可得：$MC = 0.342 P_V$。

現在我們讓兩個 MC 式相等：$0.13 P_B = 0.342 P_V$。重新安排，可

---

[14] 因為美國國內航線多數沒有商務艙，商務旅遊者都是乘坐經濟艙等的座位。

得 $P_B/P_V = 0.342/0.130 = 2.63$。

因此，航空公司想要追求最大利潤，經濟艙的一般旅遊者票價應該是休閒旅遊者支付廉價機票的二到三倍 (機票的詳細價格是決定於邊際成本的水準)。

類似問題：12.14 和 12.15

在每天的生活中還有許多篩選的例子：包括兩個範例：跨期差別訂價及折價券與折扣。

跨期差別訂價。許多服務的價格在季節或日期有不同的收費，或在產品延後所存續的時間。例如，電話公司通常在上班日的時間收取較高的電話費用，當它們知道公司與消費者必須在上班時間接洽業務。同樣地，電價在一天當中是不同的，電力公司通常在尖峰用電時段收取較高的電費。

此外，消費者可能希望自己是"領先潮流者"，要擁有最新的電腦產品、購買最新一代家庭音響系統或看最新的電影。賣方知道這些消費者願意多付費用以早一點享受新產品，因此利用時間 (預售) 做為篩選機制，許多新引進的商品價格高人一等。例如，當電子計算機在 1960 年代開始問世時，消費者通常要花數百元購買一部有四項功能的計算機 (加、減、乘、除四項功能)。幾年後，這種簡單計算機變得非常便宜。[15] 我們可以在今天個人電腦看到這樣的價格趨勢。通常一新款電腦的價格在一年內可能會下跌 50%。

當然，差別訂價並不是廠商對新商品制訂高價的唯一理由。商品價格隨時間經過下跌是因為製造成本的降低。當電腦晶片價格下跌時，使用該晶片的電腦價格預期也會下跌。同時，當更新、更高倍速的電腦問世後，舊型電腦的需求將會減少，導致舊型電腦價格下滑。

折價券與折扣。幾乎所有星期天的報紙都附有折價券，讓你能以較低價格買某些特定商品。有些品牌通常對新產品提供折價券優惠，如食物、寵物食品、衛生紙及牙膏。如果你有折價券，你所支付的淨價格 (零售價減折價券的價格) 會低於商品的零售價格。

---

[15] 請見 N. Stokey, "Intertemporal Price Discrimination," *Quarterly Journal of Economics*, 94(1979): 355-371.

折扣與折價券很相似，但通常是附在你所購買的商品包裝上。例如，售價 $5.00 的電池外包裝上印有一份問卷，只要你填好問卷的問項寄回給製造商，就能得到 $1.50 的折扣。

研究人員指出，折價券與折扣通常用在消費產品市場。基本的觀念是：品牌經理知道那些願意花時間蒐集折價券且願意郵寄折扣表格的消費者，通常比那些沒有蒐集折價券的消費者對商品價格比較敏感。[16] 換言之，折價券與折扣都是篩選機制的一種。廠商提供較低的淨價格給那些需求價格彈性較高的消費者。

同樣地，差別訂價並非是廠商提供折價券與折扣的唯一理由。例如，廠商可能藉提供折價券誘使消費者嘗試新產品，希望因此打開知名度，增加銷售量。

12.5 搭售

搭售 只有在消費者同意購買另一產品(被搭售產品) 允許消費者購買產品的銷售方式

另外一個廠商用來獲取剩餘的技巧是搭售。**搭售** (tying，又稱 tie-in sales) 是指一種銷售習慣，只有在另一種商品 ("被束縛"的商品) 購買下，才能購買某種商品 ("束縛"的商品)。

通常搭售在消費者希望購買商品的頻率不同時出現。例如，某廠商擁有某種獨特功能的影印機專利。這個專利讓廠商擁有某些市場力量，因為專利禁止其它廠商銷售同型商品。廠商想要實施差別訂價。它對每個月影印 15,000 張的消費者收取較高的價格，對每個月只影印 4,000 張的消費者收取較低的價格。然而，廠商不可能知道消費者實際影印的數量。

廠商如何利用在影印機生產的市場力量獲取更多剩餘？廠商可以將影印機與影印材料搭配銷售，如影印紙。例如廠商能夠用 "必要合約" 銷售影印機，亦即，這項合約要求消費者向廠商同時購買影印機與所有的影印紙。當影印紙價格高過製造成本時，廠商能夠賺取高額利潤。

正如影印機的例子，搭售可以讓廠商從束縛的商品，擴充其市場力量到被束縛的商品。如果搭售並不存在，廠商可能無法從影印紙市場賺取任何超額報酬。影印紙市場充滿競爭，因為影印紙的生產並無特別的技術。若廠商期望影印紙售價超過競爭市場價格，其必須確定消費者不會從其它公司購買影印紙。例如，廠

---

[16] 許多研究行銷的文獻指出消費者使用折價券購買商品通常比不用折價券，有較高的需求價格彈性。例如，請見 Narasimhan C., "A Price Discrimination Theory of Coupons," *Marketing Science* (spring 1984): pp. 128-147。

商可能知會消費者，只有在使用該公司提供的影印紙，影印機仍可享有合約保護的策略來加強搭售的效果。[17]

搭售的約定經常導致爭議。電腦印表機製造廠商希望使用者能購買原廠墨水匣。印表機製造商認為搭售是有必要的，因為原廠墨水匣不會損壞印表機或使印表機卡紙，為了保護廠商聲譽，像這種品質管制是有必要的。其它想要銷售墨水的廠商認為搭售違反反托辣斯法的禁止別人在市場出售相同產品的規定。因為涉及鉅額的利潤，搭售約定的爭論最終還是在法庭解決。

在美國，有關搭售約定的法律是 Clayton 法案第 3 節。這個法律在過去已經累積不少案例說明。實際上，法院經常必須決定什麼是搭售商品的相關市場，以及估計賣方的市場佔有率。有些必要合約是合法的，特別是當賣方的搭售產品僅有很小的市場占有率。如 F. M. Scherer 指出，"低市場占有率的賣方所協議的必要契約有相當大的機會躲避反托辣斯法的控訴，且並非所有被起訴的合約都是非法的。"[18] 然而，在其它案例，搭售是違法的。例如，當麥當勞銷售特許給加盟廠商時，它不能要求加盟店向自己購買供應品，如餐巾紙與杯子。加盟店可以向任何廠商購買，只要商品符合麥當勞設定的標準就可以。

範例 12.5

配合搭售

在 1930 年代，計算事物都是使用穿孔卡片。這是一種薄的硬紙板能夠被許多機器使用。卡片以打卡機器輸入資料，製表機與排列機用來處理資料及讀卡以記錄產量。IBM 是這些機器的主要製造廠商，但並沒有銷售自己的計算機，IBM 將機器租給顧客，並要求他們使用 IBM 的穿孔卡片。IBM 穿孔卡片的收費遠超過其它廠商穿孔卡片的價格。這種配售安排，IBM 在穿孔卡片銷售上賺取超額利潤，通常這些顧客願意為電腦服務支付最高價格。

IBM 明白，如果他的客戶向其它廠商購買穿孔卡片，搭售合約將會失效。為了防止發生這種情況，IBM 在租賃機器時附有但書，若客戶使用非 IBM 製造的穿孔卡片，租賃合約將會取消。

在這樁有名的反托辣斯訴訟案例，IBM 辯稱搭售的約定能夠確保卡片合乎最高的品質。[19] 它認為有瑕疵的卡片會損壞計算機，導致計算錯誤，進而毀損 IBM 的聲譽。最高法院駁回

---

[17] 針對使用量大的消費者收取較高價格稱為計量 (metering)。印表機通常有一個馬錶計算影印張數。當影印公司例行維修時，從馬錶上可以讀出影印的總份數。

[18] 請見 F. M. Scherer, *Industrial Market Structure and Economic Performance*, (Chicago: Rand McNally, 1980), pp. 585-586.

[19] *International Business Machines Corp. v. U.S.* 298 U.S. 131(1936).

IBM 的申訴。法院發現其它廠商製作的卡片也符合 IBM 的標準。法院讓 IBM 自行制定卡片的品質標準，但是命令 IBM 允許客戶向其他符合標準的廠商購買卡片。

整批出售

整批出售 搭售的一種，廠商要求消費者購買一產品，同時也要購買另一產品。

整批出售 (bundling) 是搭售的一種，指消費者購買商品必須整批交易，不能分開購買。例如，當你訂閱有線電視時，你必須"整個"購買所有的頻道，而不是逐一訂閱每一個頻道。當你到迪士尼樂園玩時，在入口購買的門票包括入場券及所有設施的玩樂許可。[20] 電腦廠商賣給你的個人電腦包括電腦硬體 (中央處理器) 及顯示器。

為何廠商有時會以兩個或更多的商品搭配來整批出售？當消費者對兩種商品有不同偏好 (願意支付的價格不同) 及廠商無法進行差別訂價時，整批出售可以增加利潤。要知道整批出售如何提高生產者剩餘，假設有一家公司銷售兩種不同商品，電腦與顯示器。生產電腦的邊際成本是 $1,000，顯示器的邊際成本是 $300。

為了簡化，假設市場只有兩位消費者，但廠商不可做差別訂價。表 12.2 指出每位消費者購買電腦與顯示器所願意支付的價格。兩位消費者都想要購買新的電腦與顯示器。但是，二者可能只想買新的電腦 (或許他已經有顯示器) 或只想買新的顯示器 (或許搭配舊電腦使用)。顧客 1 願意付 $1,200 購買電腦與 $600 購買顯示器。顧客 2 願意付 $1,500 購買電腦與 $400 購買顯示器。

首先，若廠商並未以整批出售方式銷售電腦與顯示器，讓我們檢視其能夠賺取多少利潤。電腦價格 (P_c) 應該是多少？若廠商

表 12.2　當消費者偏好是負相關時，整批出售能夠增加利潤

	保留價格 (最高願意付的價格)	
	電　腦	顯示器
顧客 1	$1,200	$600
顧客 2	$1,500	$600
邊際成本	$1,000	$300

---

[20] 整批出售是搭售的一種，但並非所有的搭售均為整批出售。例如，如前所述，搭售的約定是需要消費者同時購買影印機與影印紙。機器與紙張並非整批出售，因為消費者可以只買影印紙而不必一定要買影印機。相反地，在迪士尼樂園整批出售的範例中，消費者不能只買入門票而不買各種遊樂設施的許可門票。遊客也不能只買遊樂設施許可而不買入門票。

將每部電腦價格訂為 $P_c =$ \$1,500，它只能賣出一部電腦 (給顧客 2)，賺取利潤 \$500 (等於價格 \$1,500，減去電腦的邊際成本 \$1,000)。[21] 若廠商將每部電腦價格訂為 $P_c =$ \$1,200，它能夠賣出兩部電腦 (每位顧客一部電腦)，賺取利潤 \$400 (每部電腦的利潤 \$200)。所以它應該將電腦價格訂為 \$1,500。

顯示器價格 (P_m) 應該是多少？若廠商訂成 $P_m =$ \$600，它只能賣出一部顯示器 (給顧客 1)，與賺取利潤 \$300 (等於顯示器價格 \$600，減去顯示器邊際成本 \$300)。若廠商訂為 $P_m =$ \$400，它能夠銷售兩部顯示器 (每位顧客一部顯示器)，賺取利潤 \$200 (每部顯示器利潤 \$100)。

若沒有整批出售，廠商最適的電腦與顯示器價格分別是 $P_c =$ \$1,500 和 $P_m =$ \$600。總利潤是 \$800。其中 \$500 是來自電腦的銷售利潤，\$300 是來自顯示器的銷售利潤。

現在來討論電腦與顯示器整批出售的情況，將兩種商品以單一包裹方式出售。其最大利潤是多少？顧客 1 願意支付最高價格 \$1,800 購買整個包裹，顧客 2 願意支付的最高價格是 \$1,900。若整批售價是 $P_b =$ \$1,900，只有顧客 2 會購買。收益是 \$1,900，成本是 \$1,300 (\$1,000 的電腦成本和 \$300 的顯示器成本)。因此，利潤是 \$600。

然而，廠商將整批售價訂為 $P_b =$ \$1,800，其利潤可以提高。每銷售一個包裹，利潤是 \$500，等於收益 \$1,800，減去總成本 \$1,300。兩個消費者都會購買，總利潤會是 \$1,000。因此，電腦廠商整批售價訂為 $P_b =$ \$1,800，可以享有最大利潤。整批出售可以讓利潤從 \$800 (無整批出售) 增加到 \$1,000 (有整批出售)。

為何整批出售能夠增加廠商利潤？關鍵在消費者的需求是負相關。負相關是指顧客 2 比顧客 1 願意支付較高的價格購買電腦，顧客 1 比顧客 2 願意付更高的價格購買顯示器。藉由整批出售方式，廠商能夠誘使消費者接受他們本來不願意同時購買兩種商品的事實，而一起買進兩種商品。

想要知道為何消費者負相關是很重要的，讓我們來看看若消費者需求為正相關的情況是如何。假設消費者需求如表 12.3 所

---

[21] 顧客 1 的保留價格是 \$1,500，嚴格地說，若廠商將電腦價格訂為 $P_c =$ \$1,500，顧客 1 買或不買電腦並無差別。這裡我們假設，當價格等於最高願付價格時，消費者會購買電腦 (廠商總是可以將電腦價格削價 1 美分來成功銷售電腦)。

表 12.3　當消費者偏好是正相關時，整批出售無法增加利潤

	保留價格 (最高願意付的價格)	
	電　腦	顯示器
顧客 1	$1,200	$400
顧客 2	$1,500	$600
邊際成本	$1,000	$300

示。在此的消費者偏好是正相關，因為顧客 1 比顧客 2 願意支付更高的價格購買兩種商品，電腦與顯示器。

若廠商並未以整批出售方式促銷來實現最大利潤，將電腦價格訂為 $1,500 則銷售給每部電腦的利潤是 $500。只有顧客 2 會在這個價格購買電腦。廠商在顯示器市場能夠賺取的最高利潤是 $300，這筆利潤意謂廠商將顯示器價格訂為 $600。只有顧客 2 願意購買。總利潤是 $800。(你應該可以輕易證明，以低價銷售電腦或顯示器來吸引顧客 1，會導致利潤減少。)

若廠商以整批出售方式來促銷電腦與顯示器，則整批售價是 $2,100，其賺得利潤是 $800。因此，整批出售並不能增加廠商利潤。

混合式整批出售

事實上，廠商通常會讓消費者個別購買與整批購買。例如，你向戴爾電腦訂購的電腦，可以有顯示器，或沒有顯示器。這種方式稱為混合式整批出售。要瞭解為什麼混合式整批出售是廠商可賺取最大利潤的策略，我們以表 12.4 的例子加以說明。在這個例子，有四位消費者，每一位都願意付 $1,700 購買一組電腦。他

表 12.4　混合式整批出售能夠提高利潤

	保留價格 (最高願意付的價格)	
	電　腦	顯示器
顧客 1	$900	$800
顧客 2	$1,100	$600
顧客 3	$1,300	$400
顧客 4	$1,500	$200
邊際成本	$1,000	$300

們的需求是負相關，係因消費者願意支付較高的價格購買電腦，就願意付較低的價格買顯示器。然而，我們即將看到，廠商只提供訂價 $1,700 的整批出售方式，它無法賺取最大利潤。

想要知道什麼是最佳策略，讓我們考慮三種選擇。

- 選擇 1：無整批出售。若廠商沒有整批出售，電腦價格是 $1,300 與顯示器價格是 $600，利潤可以達於最大。當電腦價格是 $1,300 時，顧客 3 與顧客 4 會購買電腦。廠商銷售兩部電腦的利潤是 $600，因為每部電腦價格是 $1,300，每部電腦的成本是 $1,000。當顯示器價格是 $600 時，顧客 1 與顧客 2 會購買。廠商銷售兩部顯示器的利潤也是 $600，因為每個顯示器售價 $600，每個顯示器的邊際成本是 $300。總利潤是 $1,200。
- 選擇 2：純粹整批出售 (只銷售整組電腦)。若廠商將電腦與顯示器搭配做整批出售，售價為 $1,700。所有的消費者均會購買整組電腦。廠商銷售一組電腦的利潤是 $400 (收益 $1,700 減邊際成本 $1,300)。因此總利潤是 $1,600。
- 選擇 3：混合式整批出售。這種方式是指廠商提供消費者三種選擇。其銷售電腦一個價格 (P_c)，顯示器一個價格 (P_m)，以及顯示器與電腦搭配成一組電腦，整批出售的價格 (P_b)。

為什麼在這個例子廠商的最適策略是提供混合式整批出售？當消費者願意支付的價格低於商品的邊際成本時，這個訂價策略並不鼓勵消費者購買該商品。

注意顧客 1 只願意付 $900 購買電腦，這是低於電腦的邊際成本。所以廠商將電腦賣給顧客 1 並不會獲利。如果顧客 1 以 $1,700 購買整組電腦，廠商可賺取 $400 利潤 (亦即，收益 $1,700 減成本 $1,300)。如果顧客 1 選擇購買整組電腦，消費者剩餘等於零。

然而，若廠商將顯示器分開賣給顧客 1，就可賺取利潤。廠商可以藉分開的顯示器訂價，讓消費者享受更多的消費者剩餘，則消費者會有誘因購買顯示器。若廠商將顯示器單獨訂價為 $799，顧客 1 會購買顯示器，廠商也可賺取利潤 $499。當消費者單獨購買顯示器而非整組電腦時，廠商的利潤會提高 ($99)。消費者只購買顯示器，福利也會提高，消費者剩餘等於 $1 (等於消費者購買顯示器願意支付的價格 $800，減顯示器價格 $799)。所以廠商會將

顯示器價格訂為 $P_m = \$799$。

同樣地，顧客 4 只願意付 \$200 購買顯示器，這個價格低於顯示器的邊際成本。因此單獨將顯示器賣給顧客 4，廠商不會有利潤。顧客 4 只以 \$1,499 購買電腦他會覺得比較高興 (賺取 \$1 的消費者剩餘)，而非用 \$1,700 購買整組電腦 (消費者剩餘等於零)。分開銷售電腦給顧客 4 可為廠商創造 \$499 的利潤，相較於顧客購買整組電腦只為廠商創造 \$400 的利潤。廠商會將電腦的價格訂為 $P_c = \$1,499$。

最後，顧客 2 與顧客 3 有負相關需求。此外，他們分開購買所願意支付的價格超過生產的邊際成本。因此廠商應該以整批出售方式，將整組電腦賣給顧客 2 與顧客 3。整組電腦的售價應該訂成 $P_b = \$1,700$。

總之，在混合式整批出售方式下，顧客 4 會單獨購買電腦，顧客 1 會單獨購買顯示器，顧客 2 與顧客 3 會購買整組電腦。總利潤是 \$1,798。在混合式整批出售下，廠商的利潤會高於非整批出售的利潤 (\$1,200) 或只有整批出售的利潤 (\$1,600)。

12.6 廣 告

本章到目前為止，我們已經檢視廠商如何利用訂價策略獲取更多的剩餘。我們現在也將探討擁有市場力量的廠商如何利用非價格策略，如選擇產品廣告，來創造與獲取剩餘。

藉由廣告，銷售者希望對其商品的需求增加，需求曲線往右移動，在市場中創造更多的剩餘。然而，廠商也必須明白廣告耗費成本。只有選擇正確的廣告水準，廠商可以盡可能地獲取更多的剩餘。

圖 12.10 說明廣告的效果，假設廠商無法實行差別訂價，且廣告支出只影響廠商的固定成本，並不會影響產品的邊際成本 (亦即，其邊際成本曲線不會受到廣告支出的影響，應該是合理的假設)。

若廠商未從事任何廣告。需求曲線與邊際收益曲線分別是 D_0 與 MR_0。平均成本曲線與邊際成本曲線分別為 AC_0 與 MC。廠商的最適生產數量是 Q_0，最適價格為 P_0。在沒有任何廣告支出下廠商所能賺取的最大利潤為面積 $II + III$。

若廠商在廣告上支出 A_1，商品需求曲線往右移動至 D_1，則邊際收益曲線變成 MR_1。因為廣告使廠商總成本增加，平均成本曲

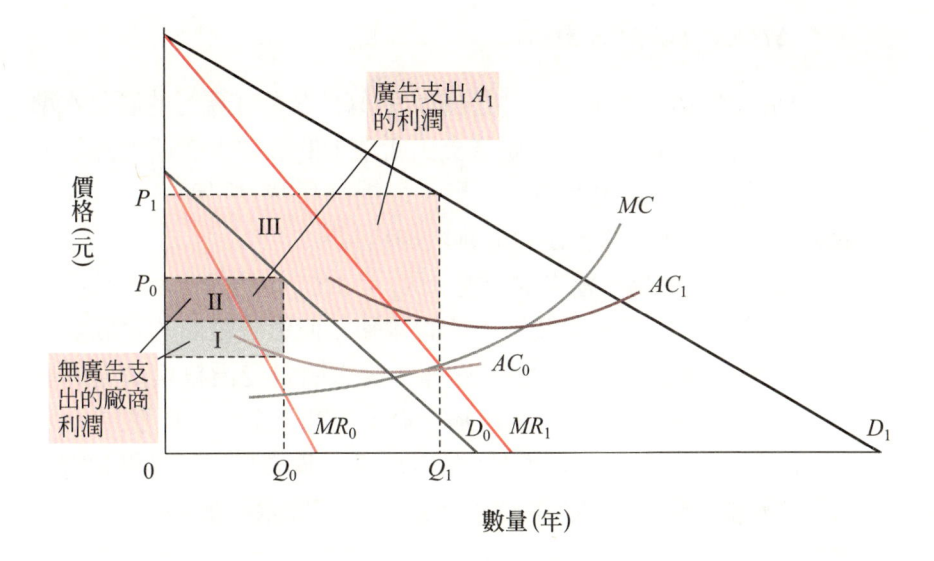

圖 12.10　廣告的效果
當廠商沒有任何廣告時 $(D_0, MR_0, AC_0, Q_0, P_0)$，利潤最大面積 $I + II$。假設廠商花費 A_1 元從事廣告促銷 $(D_1, MR_1, AC_1, Q_1, P_1)$，廠商最大利潤為面積 $II + III$。

線上移至 AC_1。廠商追求最大利潤，會在價格 P_1 生產商品數量 Q_1。就圖上的需求曲線與成本曲線，廠商從事廣告促銷顯然會提高獲利能力。當廠商花費 A_1 在廣告時，廠商賺取的最大利潤提高為面積 $II + III$。

對追求最大利潤的廠商從事廣告活動 (廣告支出 $A > 0$) 而言，且生產 Q 的商品數量大於零 ($Q > 0$)，必須滿足兩個條件：

1. 當產量 Q 是最適水準時，銷售最後一單位所增加的總收益 $\Delta TR/\Delta Q$ (亦即，邊際收益 MR_Q)，必須等於生產最後一單位的邊際成本 $\Delta TC/\Delta Q$ (以 MC_Q 表示)。$MR_Q = MC_Q$ 是第 11 章提到的獨占廠商的最適數量選擇法則。我們可以利用反彈性訂價法則將最適數量選擇改寫成

$$\frac{P - MC_Q}{P} = -\frac{1}{\epsilon_{Q,P}} \tag{12.1}$$

其中 P 是商品價格，$\epsilon_{Q,P}$ 是廠商的商品需求價格彈性。

2. 當廣告支出 A 是最適水準時，最後一元廣告支出的邊際收益 $\Delta TR/\Delta A$ (以 MR_A 表示)，必須等於額外一元的廣告支出的邊際成

本 $\Delta TC/\Delta A$ (以 MC_A 表示)。

為什麼 $MR_A = MC_A$ 是利潤最大的條件？若在現行的廣告水準 $MR_A > MC_A$，額外一單位廣告支出所增加的收益大於所增加的成本。因此，廠商藉增加廣告支出，以提高利潤。同理，若 $MR_A < MC_A$，廠商減少廣告支出也能夠增加利潤。

我們可以用另一種方式表達 $MR_A = MC_A$，假設商品價格固定不變。首先，我們會問廣告水準的變動如何影響廠商的總收益？若商品需求函數是 $Q(P, A)$，亦即，需求數量受價格與廣告的影響。廠商的總收益是 $TR = PQ(P, A)$。當廣告支出微幅增加 (ΔA) 時，總收益的變動 (ΔTR) 等於價格 (P) 乘以廣告支出變動引起需求數量的變動 (ΔQ)。因此，$\Delta TR = P\Delta Q$，等號兩邊都除以 ΔA，我們可以得 $\Delta TR/\Delta A = P(\Delta Q/\Delta A)$。因為 $\Delta TR/\Delta A = MR_A$，廣告的邊際收益是 $MR_A = P(\Delta Q/\Delta A)$。

然後我們再問，廣告水準的變動如何影響廠商的總成本？總成本為 $TC = C(Q(P, A)) + A$，額外一元廣告支出的邊際成本是 $\Delta TC/\Delta A = MC_A$。當廠商微幅增加廣告支出 ($\Delta A$) 時，總成本會發生兩種變動：廣告支出會增加 ΔA，需求數量會上升 ΔQ。當廠商生產額外的商品數量時，生產成本會上升 $(MC_Q)(\Delta Q)$。因此額外廣告支出對總成本的衝擊是 $\Delta TC = MC_Q(\Delta Q) + \Delta A$。若等號兩邊都除以 ΔA，可得 $\Delta TC/\Delta A = MC_Q(\Delta Q/\Delta A) + 1$。因為 $\Delta TC/\Delta A = MC_A$，廣告的邊際成本是 $MC_A = MC_Q(\Delta Q/\Delta A) + 1$。

因為 $MR_A = MC_A$，我們可令二式相等：$P(\Delta Q/\Delta A) = MC_Q(\Delta Q/\Delta A) + 1$。

現在考慮指標稱為廣告的需求彈性 (寫成 $\epsilon_{Q,A}$)，衡量廣告支出增加 1% 時，需求數量變動的百分比：$\epsilon_{Q,A} = (\Delta Q/\Delta A)(A/Q)$，我們可改寫成 $\Delta Q/\Delta A = Q\epsilon_{Q,A}/A$。將此式代入 $\Delta Q/\Delta A$ 可得

$$P\left(\frac{Q\epsilon_{Q,A}}{A}\right) = MC_Q\left(\frac{Q\epsilon_{Q,A}}{A}\right) + 1$$

兩邊都乘以 A：

$$PQ\epsilon_{Q,A} = MC_Q Q\epsilon_{Q,A} + A$$

兩邊都除以 $\epsilon_{Q,A}$：

$$PQ = MC_Q Q + \frac{A}{\epsilon_{Q,A}}$$

重新整理，並提出 Q：

$$Q(P - MC_Q) = \frac{A}{\epsilon_{Q,A}}$$

兩邊都除以 Q：

$$P - MC_Q = \frac{1}{\epsilon_{Q,A}} \frac{A}{Q}$$

然後再除以 P：

$$\frac{P - MC_Q}{P} = \frac{1}{\epsilon_{Q,A}} \frac{A}{PQ} \qquad (12.2)$$

因為式 (12.1) 和式 (12.2) 等號左邊方程式完全相同 (Lerner 指數)，其必為真：

$$-\frac{1}{\epsilon_{Q,A}} = \frac{1}{\epsilon_{Q,A}} \frac{A}{PQ}$$

兩邊都乘以 $\epsilon_{Q,A}$，可得

$$\frac{A}{PQ} = -\frac{\epsilon_{Q,A}}{\epsilon_{Q,P}} \qquad (12.3)$$

　　式 (12.3) 等號右邊是廣告支出 A 占銷售收入 PQ 的比率。等號右邊是負的廣告需求彈性與自身需求價格彈性的比率。如果你思考這個方程式，你會發覺這個關係式很合乎商業現況。假設你觀察兩個市場有幾乎相同的自身需求價格彈性，但是廣告需求彈性差異頗大。當市場對廣告支出是高度有彈性時，你可以預期廣告-銷售收入比率會高於廣告的需求彈性較低市場的廣告-銷售收入比率。[22]

---

[22] 有關廣告效果的早期重要文獻，及本節一些重要的結論，請見 R. Dorfman, and P. Steiner, "Optimal Advertising and Optimal Quality," *American Economic Review*, 44 (December 1954).

> **邊做邊學習題 12.6**
>
> **加成與廣告-銷售比率**
>
> 　　假設你擁有一家烹調精緻的牛排餐廳，且你的目標是尋求餐廳利潤極大。你的市場調查指出自身需求的價格彈性大約是 -1.5，且你的廣告需求彈性是 0.1。假設即使牛排價格與廣告支出水準改變，這些彈性仍然固定不變。
>
> **問題**
> (a) 請解釋廣告的需求彈性的意義。
> (b) 若餐廳目標是尋求最大利潤，牛排價格超過邊際成本的加成應該是多少？你的廣告對銷售的比率應該是多少？
>
> **解答**
> (a) 廣告的需求彈性 $\epsilon_{Q,A} = 0.1$，隱含廣告支出增加 1%，會刺激牛排需求數量增加 0.1%。
> (b) 反彈性訂價法則，式 (12.1) 為 $(P - MC_Q)/P = -1/\epsilon_{Q,P} = (1/1.5) = 2/3$。因此 $P - MC_Q = (2/3)P$，或 $P = 3MC_Q$。牛排價格應該是邊際成本的三倍。根據式 (12.3)，最適廣告-銷售收入比率為 $A/(PQ) = -\epsilon_{Q,A}/\epsilon_{Q,P} = (-0.1)/(-1.5) = 0.067$。因此，你的廣告費用應該是銷售收入的 6.7%。
>
> **類似問題**： 12.20

總　結

- 具有市場力量的廠商有能力影響市場價格且獲取剩餘 (亦即，增加利潤)，廠商不一定要是獨占廠商才能有市場力量。重要的是廠商面對負斜率的需求曲線。
- 一個廠商獲取剩餘的方法是透過差別訂價——亦即，針對產品索取一個以上的價格。差別訂價有三種基本型態：第一級差別訂價，第二級差別訂價和第三級差別訂價。廠商要實施差別訂價，必須符合三個條件：廠商必須有市場力量，廠商必須知道不同消費者的保留價格或需求彈性，以及廠商要能夠防止轉售或套利行為發生。
- 在第一級差別訂價下，廠商針對每一單位的商品收取的價格等於消費者購買該單位商品的保留價格。邊際收益曲線等於需求曲線。第一級差別訂價讓廠商獲取所有剩餘。**(LBD 習題 12.1 與 12.2)**
- 在第二級差別訂價下，廠商提供數量折扣給消費者。數量折扣可以是一種整批價格 (兩個區塊)，是指消費者在第一個區塊 (固定商品數量以內)，支付某個商品價格，並在第二個區塊 (超過某個固定商品數量)，支付另一個商品價格。若以基本訂費與使用者付費的型式出現。消費者支付是一種入會費 (基本訂費)，然後消費者購買商品所需支付的價格 (使用費)。**(LBD 習題 12.3)**

- 在第三級差別訂價下，廠商有能力分辨市場中不同的消費群體，或區隔，然後在每個區隔內，制訂邊際收益等於邊際成本時的最適價格，或相當於利用反彈性訂價法則，求取各區隔內的最適商品售價。在各個市場區隔內的商品價格是單一價格，但各個區隔卻不盡相同。**(LBD 習題 12.4 與 12.5)**
- 要實施第三級差別訂價，廠商有時可以利用篩選來推論不同消費者的保留價格或需求彈性。篩選是根據消費者特性予以分類，廠商能夠直接觀察 (如年齡或身份)，以及無法直接觀察卻希望知道的特性 (如願付價格或需求彈性)。
- 搭售是指消費者同意在必要合約購買特定商品 (被束縛商品)，才能夠購買想要消費的商品 (束縛商品)。消費者可以購買被束縛商品而毋需搭配購買束縛商品，但無法成立。搭售通常能讓廠商從束縛商品擴充其市場力量到被束縛商品。
- 整批出售要求消費者必須購買整個包裹。消費者不能夠分開購買某樣商品。當消費者之間有負向相關的需求，整批出售能夠提高廠商利潤。"混合式整批出售"為消費者可以選擇整批購買或單獨購買，這種方式可以增加廠商利潤。
- 廣告能夠刺激商品需求，廠商就能夠獲取更多的剩餘。然而，廣告所費不貲。當廠商需要同時決定產量與廣告水準時，它必須滿足 (1) 商品的邊際收益等於邊際成本，以及 (2) 廣告的邊際收益等於邊際成本。當廠商達到利潤最大時，廣告-銷售比率等於 －1 乘以廣告需求彈性與自身需求彈性的比率。**(LBD 習題 12.6)**

複習題

1. 為什麼廠商必須具備市場力量才能進行差別訂價？
2. 請問廠商是否必須是獨占廠商，才能進行差別訂價？
3. 若廠商希望成功實施差別訂價，為什麼一定要禁止轉售行為？
4. 請問第一級，第二級與第三級差別訂價三者間有何不同之處？
5. 在第一級差別訂價時，為什麼邊際收益曲線與需求曲線完全一樣？
6. 若一追求利潤最大的獨占廠商實施差別訂價，請問無謂損失是多少？
7. 請問單一價格與非單一 (非線性) 價格間有何差異？試舉一非線性價格的例子。
8. 假設花生醬公司針對公司兩種產品：花生顆粒花生醬與無花生顆粒花生醬索取單一價格。請問第三級差別訂價能否增加利潤？差別訂價是否讓廠商福利水準降低？
9. 請問篩選機制如何協助廠商進行差別訂價？
10. 為什麼廠商想要採取搭售契約？請問搭售與整批出售兩者有何差異？
11. 請問整批出售如何提高廠商利潤？在什麼情況下，整批出售無法增加廠商利潤？
12. 即使廠商知道廣告促銷會使需求曲線右移，為什麼它仍然決定不廣告？若廠商決定廣告促銷商品，請問是那些因素決定最適廣告支出水準。

問題

12.1 下列何者是第一級，第二級，或第三級差別訂價的例子？
  (a) 差別訂價雜誌的發行者對個人訂戶收取 $75 的年費，對圖書館收取 $300 的年費。
  (b) 美國政府將墨西哥灣沿岸土地以拍賣方式出租。石油公司競標爭取土地開發與石油開採的權利。

(c) Ye Oled 鄉村俱樂部高爾夫球場前 9 洞的收費是 $12，後 9 洞的收費是 $9，打完 18 洞後，再多打 6 洞，只要 $6。

(d) 電話公司的長途電話費從週一到週六，每分鐘是 $0.10；在週日，每分鐘是 $0.05。

(e) 一張電腦磁片是 $10，一次買三張是 $27，一次買 10 張是 $75。

(f) 當你從紐約飛往芝加哥時，如果你在 14 天前購票，飛機票價是 $250。如果你在旅行當天購買機票，票價是 $350。

12.2 假設一追求利潤極大的獨占廠商面對的需求曲線是 $P = 20 - Q$，其中 Q 是商品數量，P 是商品價格。廠商的總成本函數是 $TC = 24 + Q^2$，固定成本是沉沒成本，邊際成本曲線 $MC = 2Q$。

(a) 若差別訂價不可能存在。廠商的利潤是多少？生產者剩餘是多少？

(b) 假設廠商能夠實施完全差別訂價，利潤是多少？生產者剩餘是多少？

(c) 當廠商實施完全差別訂價而非單一價格時，其生產者剩餘可以增加多少？

12.3 假設獨占廠商面對的需求曲線是 $P = 20 - Q$，其中 Q 是商品數量，P 是商品價格，廠商的總成本函數是 $TC = F + Q^2$，其中 F 是固定成本，邊際成本是 $MC = 2Q$。

(a) 追求利潤最大的獨占廠商採取單一訂價方式，當賺取的經濟利潤為零時，F 值是多少？

(b) 追求利潤最大的獨占廠商採取完全差別訂價方式，當賺取的經濟利潤為零時，F 值是多少？

12.4 提供整個市場數量的廠商其總變動成本 $TVC = Q^2$。相關的邊際成本是 $MC = 2Q$。廠商面對的市場需求為 $P = 40 - 3Q$。

(a) 假設一廠商追求利潤最大且制定單一價格，價格為何？

(b) 假設廠商打算實施完全第一級差別訂價。相較於 (a) 單一價格的利潤最大化價格，利潤可增加多少？

12.5 產業存在自然獨占的需求程式為 $P = 100 - Q$，邊際收益則為 $MR = 100 - 2Q$。獨占的固定成本 F，總變動成本 $TVC = 20Q$。因此，相關的邊際成本是固定且為 20。

(a) 假設廠商制定單一價格以追求利潤最大，廠商賺取零利潤的最大 F 值是多少？

(b) 假設廠商能夠實施完全第一級差別訂價。廠商賺取零利潤的最大 F 值是多少？

12.6 霍爾是高爾夫球廠商，藉著提供數量折扣，他想要增加收益。假設霍爾高爾夫球的需求方程式為 $P = 100 - Q$，其邊際成本是 $MC = 10$。假設霍爾銷售第一區塊 Q_1 單位的價格是每單位 P_1 元。

(a) 若 $Q_1 = 20$ 和 $P_1 = 80$，請求出第二區塊的利潤最大化數量和每單位價格。

(b) 若 $Q_1 = 30$ 和 $P_1 = 70$，請求出第二區塊的利潤最大化數量和每單位價格。

(c) 若 $Q_1 = 40$ 和 $P_1 = 60$，請求出第二區塊的利潤最大化數量和每單位價格。

(d) 在 (a) 到 (c) 的三個選項中，那一個費率可使霍爾的利潤達到最大？

12.7 假設你是生產小飾品的一個獨占廠商，總成本函數 $C(Z) = F + 50Z$，其中 F 代表廠商的固定成本。你的邊際成本是 $MC = 50$。同時假設小飾品市場只有一個消費者，其需求函數為 $P = 60 - Z$。

(a) 若你針對小飾品使用每單位固定價格，利潤最大化價格爲何？在此價格下，賺取正利潤的最小 F 值爲何？

(b) 假設你索取的每單位價格等於邊際成本 $P = MC = 50$。在此價格下，消費者去購買多少數量？請以圖形說明 (畫出個別需求曲線和邊際成本)。

(c) 現在考慮消費者除基本訂價外還支付費率 S。若你在 (b) 也制定使用費，當消費者願意留在市場時，你可以索取的最大固定費用爲何？

(d) 若你採用 (c) 的訂價策略，賺取正利潤的 F 值爲何？此與 (a) 小題答案有何關聯？

(e) 假設現在小飾品市場存在 N 個消費者，個別消費者的需求函數爲 $P = 60 - Z$。若你採用上述的非線性訂價策略，賺取正利潤的最大值爲何？請以 N 來表示你的答案。

12.8 在邊做邊學習題 12.3 (c)，我們對 Softco 公司所建議的第一區塊和第二區塊的利潤最大化架構並非 60 單位以 $40 銷售，超過 60 單位以 $25 銷售。請求出利潤最大化的架構。

12.9 考慮一電力市場有 100 個完全相同消費者，個別需求函數爲 $P = 10 - Q$。電力固定成本爲 1,200，而固定邊際成本是 2。一管制者想要引進兩部分費率，其中 S 是固定基本訂費而 m 是每單位電力消費的使用費。在廠商賺取零經濟利潤下，管制者應該如何制定 S 和 m 以極大消費者和生產者利潤？

12.10 假設 Acme 製藥公司，發明一種治療普通感冒的新藥。在歐洲與美國本土，Acme 都有藥廠，且生產新藥的邊際成本是 $10，假設 Acme 沒有固定成本。在歐洲，新藥的需求函數是 $Q_E = 70 - P_E$，其中 Q_E 是歐洲人對新藥的需求數量。P_E 是新藥在歐洲的價格。在美國新藥的需求函數是 $Q_U = 110 - P_U$，其中 Q_U 是美國人對新藥的需求數量，P_U 是新藥在美國的價格。

(a) 若廠商實施第三級差別訂價，Acme 的目標若爲追求利潤最大，新藥在美國與歐洲的價格應該是多少？

(b) 假設差別訂價行爲是違反法律，所以 Acme 只能採取單一訂價方式，利潤最大的價格是多少？廠商賺取的利潤是多少？

(c) 請問差別訂價或單一訂價，何者的總生產者剩餘加總消費者剩餘最大？Acme 是否會在歐洲與美國兩地都銷售新藥？

12.11 現在將問題 12.10 稍做改變。假設歐洲人對新藥的需求下跌至 $Q_E = 30 - P_E$。若廠商無法實施差別訂價，Acme 是否仍會在歐洲與美國兩地都銷售新藥？

12.12 我們將問題 12.10 稍做改變。假設歐洲人對新藥需求變成 $Q_E = 55 - 0.5P_E$。請問第三級差別訂價能否提高廠商利潤？

12.13 讓我們再度回到問題 12.10 Acme 藥廠的例子。假設美國與歐洲對新感冒藥的需求，如問題 12.10 所示。請問廠商利潤是在第三級差別訂價或沒有差別訂價下，那一個利潤比較高？

12.14 我們有另一個方法求解邊做邊學習題 12.5。記得邊際收益可寫成 $MR = P + (\Delta P/\Delta Q)Q$，等號右邊將價格 P 提出，邊際收益可寫成 $MR = P[1 + (\Delta P/\Delta Q)(Q/P)] = P[1 + (1/\epsilon_{Q,P})]$。因爲第三級差別訂價需要每個市場區隔中的邊際收益等於邊際成本。航空公司追求利潤最大的一般機票價格與特惠機票價格，必須符合 $MR_R = MR_V = MC$ 的條件 (記得兩個票價的旅客服務邊際成本是一樣的)。因此，$P_R[1 + (1/\epsilon_{Q_R, P_R})] = P_E[1 + (1/\epsilon_{Q_E, P_E})] = MC$。

請證明如何推導出這個答案。

12.15 Cigliano J. ("Price and Income Elasticities for Airline Travel:The North Atlantic Market," *Business Economics*, September, 1980) 估計在北大西洋市場商務旅行的一般 (未打折) 的需求價格彈性是 $\epsilon_B = -1.3$。他也估計休閒旅遊的需求價格彈性是 $\epsilon_V = -1.8$。假設大西洋航空公司面對這些價格彈性,且彈性值固定,亦即,他們不會變動價格。因為兩者皆為經濟艙價格,你可假設商務和休閒旅遊的邊際成本相同。假設航空公司面對這些彈性值,想要制定 P_R (一般商務旅遊者來回機票) 和 P_V (休閒旅遊者來回機票) 以追求利潤最大。若來回機票的邊際成本是 200,廠商應索取何種價格?

12.16 油管運輸石油從煉油廠的點 A 到點 R 和 T。輸油到每一個目的地的邊際成本是 $MC = 2$。油管的固定成本是 160。從點 A 到點 B 的輸油需求是 $Q_R = 100 - 10P_R$,其中 Q_R 是當 P_R 為每單位輸油價格時的運輸量。從 A 到 T 點的油管需求在 $P_T \leq 12$ 時,為 20 單位,若 $P_T > 12$,消費者在 T 點將向別家購買,需求量為零。需求曲線如下圖所示。

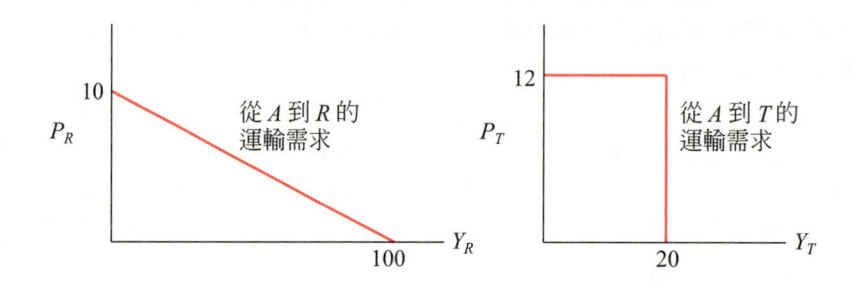

(a) 若廠商無法實施差別訂價 (所以針對兩個市場都採單一價格) 利潤最大化費率為何?廠商可實現的利潤為何?
(b) 若廠商可實施第三級差別訂價來極大利潤,利潤最大化價格為何?廠商可實現利潤是多少?

12.17 一廠商以固定邊際成本 $MC = 2$ 銷售產品。假設有一群消費者的需求曲線為 $P_1 = 16 - Q_1$。而另一群的需求曲線為 $P_2 = 10 - (1/2)Q_2$。
(a) 若廠商可以針對兩個市場進行差別訂價,每一群消費者應該支付多少價格?(你可以利用邊做邊學習題 11.5 的獨占市場法則)。
(b) 若廠商無法進行差別訂價,而必須針對消費者索取相同價格 $P_1 = P_2 = P$。利潤最大化價格為何?
(c) 那一群消費者可從差別訂價中獲利?
(d) 若 $P_1 = 10 - Q_1$,那一群消費者可從差別訂價獲利?

12.18 假設你是唯一一家位於歐洲的旅行社,代理北極圈的旅遊。你知道只有三個消費者願意去北極旅遊。旅行社提供兩種旅遊服務,機票加酒店,一張來回機票與 Igloo (冰屋) 飯店住宿。Igloo 飯店一晚住宿的成本是 300 歐元,來回機票一張也是 300 歐元。假設你並未將兩種商品搭配做整批出售,消費者可能只向你購買機票並不會住在飯店內。消費者也可能用另外方式到達北極圈 (如搭私人飛機),但會選擇住在 Igloo 飯店。三位消費者對這兩種服務的保留價格如下表所示：

	保留價格 (歐元)	
顧客	機票價格	飯店
1	100	800
2	500	500
3	800	100

(a) 若你並未搭配機票與飯店做整批出售，請問最適機票價格 (P_A) 與最適飯店住宿價格 (P_H) 為何？利潤是多少？

(b) 若你純粹只賣整批出售 (機加酒)，請問最適整批售價 P_b 為何？利潤又是多少？

(c) 若你提供混合式整批出售，請問分開的機票與飯店住宿的最適價格 (P_A 與 P_H)，以及最適整批售價 (P_b) 為何？利潤又是多少？

12.19 你在小鎮上開設唯一一家的速食餐廳提供漢堡和薯條。小鎮上只有兩群消費者，其中之一為艾特金斯減肥法的消費者，另一為區域飲食法的消費者，兩群消費者對各項產品的願付價格如下表所示。為簡化分析，假設各項產品的邊際和固定成本為零。

消費者	漢堡	薯條	漢堡加薯條
艾特金斯減肥法	$8	$x	$(8 + x)
區域飲食法	$5	$3	$8

(a) 若 $x = 1$，且你不願將兩產品搭售，利潤最大化價格 P_B 和 P_F 為何？請計算總剩餘。

(b) 現在假設 $x > 0$，相反地，假設你雇用一經濟學家，她告訴你利潤最大化的組合套裝價格 (漢堡加薯條) 是 $8。而你採個別銷售 (並不提供組合套餐) 你的薯條利潤極大化價格將大於 $3，利用此種資訊，$x$ 的價格範圍為何？

12.20 假設你擁有一家生產運動鞋的公司。市場調查指出自身需求的價格彈性估計是 -3，廣告需求彈性估計是 0.5。假設這些彈性估計值，在大多數的價格與廣告支出水準下，是固定不變的。

(a) 請問運動鞋價格超過邊際成本的最適加成是多少？

(b) 請問公司的廣告-銷售比率是多少？

13 競爭與市場結構

13.1 市場結構的種類

13.2 齊質商品寡占

13.3 強力廠商市場

13.4 異質商品寡占

13.5 壟斷性競爭

附錄 Cournot 均衡與反彈性訂價法則

競爭始終相同嗎？若否，為什麼不是？

你在校園裡可以買到那一個品牌的可樂？如果你是新墨西哥大學或 Rhode Island 大學的學生，你可以買到百事可樂，但買不到可口可樂。如果你是愛荷華、堪薩斯，或密蘇里大學學生，你可以買到可口可樂，但買不到百事可樂。可口可樂與百事可樂在過去十五年競相爭取與美國各大學簽合約，只能擺設自家的販賣機。例如，在 1992 年，百事可樂公司付給賓州州立大學 \$1 千 4 百萬，成為合法在校園可以販賣的飲料。在此合約下，沒有任何其它的蘇打飲料能夠在賓州州大的 21 個校區販賣。為了不讓百事可樂勝過自己，可口可樂在 1994 年付給明尼蘇達大學 \$2 千 8 百萬，成為校園內唯一的清涼飲料供應者，並且可以在運動比賽地點與學校餐廳懸掛可口可樂標誌。這筆

$2 千 8 百萬是用在獎學金學生活動與女子曲棍球隊。

百事可樂與可口可樂間的"可樂戰爭"說明市場存在少數廠商的競爭行為，這些廠商的獲利深受其它廠商的影響。此外，可口可樂與百事可樂銷售異質商品。雖然大多數消費者視可口可樂與百事可樂為相似的產品，少數人認為它們是完全一樣的商品。事實上，許多消費者對百事可樂與可口可樂有強烈的品牌忠誠度。就是這種想要在消費者年輕時建立品牌忠誠度的需要，百事可樂與可口可樂才會費盡心機與美國大學簽下合法唯一供應飲料的合約。

是什麼樣的動力造成市場只存在少數廠商，銷售不完全相同的商品，彼此相互競爭的行為？我們在第 9 章的完全競爭理論與第 11 章的獨占理論都無法說明兩個可樂巨人間的競爭戰事。

章節預習 在本章，你將

- 專注於前面並未討論的市場結構，包括同質商品寡占，強力廠商，異質商品寡占和壟斷性競爭。
- 瞭解廠商家數，廠商退出市場難易程度，及商品之間的差異如何造成市場結構的不同。
- 分析市場結構如何影響競爭的本質和結果。

13.1 市場結構的種類

市場結構有二個重要的層面：廠商家數與商品差異程度。[1] 表 13.1 顯示不同特性的組合會有不同的市場結構。從表格一端，完全競爭市場，有為數眾多的廠商，到寡占市場，只有少數幾家廠商，再到另外一端的獨占市場，只有一家廠商。表格由上而下，從市場內的廠商銷售完全相同或近乎相同的商品，到異質商品市場，消費者認為廠商銷售的商品各有特色。表格同時指出各個市場結構的相關經濟理論，並提供屬於該市場的一些例子。(記得在第 9 章我們已學過完全競爭市場。在第 11 章我們已學過獨占市場)。

在本章，我們將學習即將遭遇的四種市場結構。

---

[1] 回顧第 11 章的序言，及我們曾簡短討論異質商品的概念。

表 13.1　市場結構的種類

產品差異程度	廠商家數 許多	少數	一個強力廠商	一家
廠商生產同質產品	**完全競爭** (第 9 章) 例子： 新鮮玫瑰市場	**齊質商品寡占** 例子： 美國的鹽市場	**強力廠商** 例子： 德國的長途電話市場	**獨　占** (第 11 章) 例子： 網路的網域名稱註冊 *
廠商生產異質產品	**壟斷性競爭** 例子： 地區性的醫師市場	**異質商品寡占** 例子： 美國可樂市場	沒有應用理論	

* 直到 1999

- 在**齊質商品的寡占市場** (homogeneous products oligopoly markets)，少數廠商銷售近乎完全相同特性、獨特功能、形象與 (終極的) 價格的商品。例如，在美國的鹽產業，Morton Salt、Cargill 與 IMC Salt 競爭銷售相同化學化合物 (氯化鈉)。在全球的半導體晶片市場，如 DRAM，許多大型廠商如三星、NEC 與 Lucky Goldstar 銷售的晶片，其產品特性與功能幾乎完全相同。

- 在**強力廠商市場** (dominant firm market)，廠商占有市場大部分的份額，但還有其它許多小廠存在市場，每家銷售完全相同的商品。德國的長途電話服務市場是強力廠商市場的一個好範例：許多小公司 (如 Mobilcom 與 VIAG Interkom) 在這個市場競爭，但 Deutsche Telekom 占有大部分的市場。

- 在**異質商品寡占市場** (differentiated products oligopoly markets)，是指少數廠商銷售的產品彼此可以替代。但它們之間也有些差異，包括產品特性、功能、包裝及形象。例子包括美國的清涼飲料市場，其中可口可樂與百事可樂是競爭對手，在美國早餐穀類食品市場的家樂氏、桂格燕麥及 General Mills，其佔有率超過 85%，在日本的啤酒市場為朝日、三寶樂、麒麟、與三多利幾乎占有日本 100% 的啤酒銷售。

- **壟斷性競爭** (monopolistic competition) 是指市場存在許多廠商生產異質商品給許多消費者。地區性市場的錄影帶出租店、乾洗店及醫療服務都是壟斷性競爭市場的例子。

齊質商品寡占市場　少數廠商銷售完全相同特性、功能、形象和價格的市場

強力廠商市場　一廠商占有大部份價額，同時與其它廠商相互競爭，它們銷售完全相同商品的市場

異質商品寡占市場　少數廠商銷售的產品彼此之間可相互替代但在產品特性，包裝和形象上又有些顯著差異的市場

壟斷性競爭　許多廠商生產異質商品給許多消費者的市場

13.2 齊質商品寡占

在完全競爭與獨占市場，廠商不需擔心其競爭者的反應。在獨占市場，獨占廠商沒有競爭對手。在完全競爭市場，每家廠商規模小到根本無法影響其它廠商。相反地，寡占市場的主要特性是競爭依賴性：每家廠商的決策會明顯影響競爭者的利潤。例如，在動態隨機存取記憶體市場，三星 (Samsung) 知道銷售 DRAM 晶片的利潤會受其它競爭廠商，如 NEC 與 Lucky Goldstar 的 DRAM 產量影響。如果三星的競爭者增加產量，DRAM 市場價格會下跌；若其減少產量，市場價格會上漲。三星公司決定在現有工廠設備下生產多少晶片數量或決定擴充現有廠房或興建新的晶圓廠時，其管理者必須事先預測 NEC、Lucky Goldstar 與其它大晶圓廠可能的生產數量。因此，寡占市場一個最主要問題是廠商之間彼此相互依存的程度如何影響廠商的行為。回答這個問題能夠替幫助我們瞭解寡占市場結構對廠商產品價格、產量水準及利潤的衝擊。

寡占的 Cournot 模型

因為寡占廠商彼此相互影響的方式有許多種，個體經濟學提供許多寡占市場模型。不同的理論突顯出廠商之間互動與相互影響的不同假設。Augustin Cournot 在其 1838 年的著作 *Researches into the Mathematical Principles of the Theory of Wealth* 一書中發展出第一個寡占理論。[2] 雖然 Cournot 的寡占模型是以數學表示的個體經濟學，包括需求獨占，及稅負，他的寡占理論是書中最有原創性的部分，且對經濟學的領域造成最大的衝擊。

Cournot 廠商的利潤極大化

雙占市場 市場只有兩家廠商

Cournot 模型屬於齊質商品寡占。Cournot 一開始考慮的是**雙占市場** (duopoly market)：市場只有兩家廠商。在 Cournot 的雙占市場，兩家廠商生產礦泉水。為使 Cournot 理論更有現代感，令兩家廠商三星及 Lucky Goldstar (LG) 生產 DRAM 晶片。

假設三星與 LG 的 DRAM 品質完全相同且他們的邊際成本也相同，所以兩家廠商制訂相同的 DRAM 價格。廠商唯一需要決定

---

[2] A Cournot, "On the Competition of Producers," Chapter 7 in *Researches into the Mathematical Principles of the Theory of Wealth*, translated by N. T. Bacon (New York: Macmillan, 1897).

的是要生產多少商品數量。每一家廠商同時且非合作地 (廠商之間沒有溝通或勾結情事) 自行選擇自己的產量，且不知對市場計畫 (不會彼此監視)。一旦二家廠商選擇其產量，市場價格即刻調整來清算市場。亦即，在廠商的生產數量固定，每家廠商收取的價格等於消費者願意購買商品所支付的價格。

每家廠商的產出抉擇受市場價格的影響，而市場價格決定於兩家廠商的總產量——亦即，直至廠商制訂產出決策，市場價格才會被決定。因此，每家追求利潤最大廠商的生產數量會受預期對手廠商生產數量的影響。因此，三星先預測 LG 的生產數量，再選擇一個產量水準以實現利潤最大，而 LG 先預測三星的生產數量，再選擇一產量水準，以實現其利潤極大化。在 Cournot 模型，兩家廠商都是數量接受者。

圖 13.1(a) 所示為三星的產量選擇問題。假設三星預期 LG 生產 50 單位。**剩餘需求曲線** (residual demand curve) D_{50} 為市場價格與三星產量間的關係。剩餘需求曲線是指其它廠商生產數量固定下 (在本例，50 單位) 市場價格與廠商數量間的關係。剩餘需求曲線 D_{50} 是市場需求曲線 (D_M) 左移，左移幅度等於 LG 的產量 50 單

剩餘需求曲線 在 Cournot 模型中，當敵對廠商生產數量不變下，市場價格與生產數量間關係的曲線。

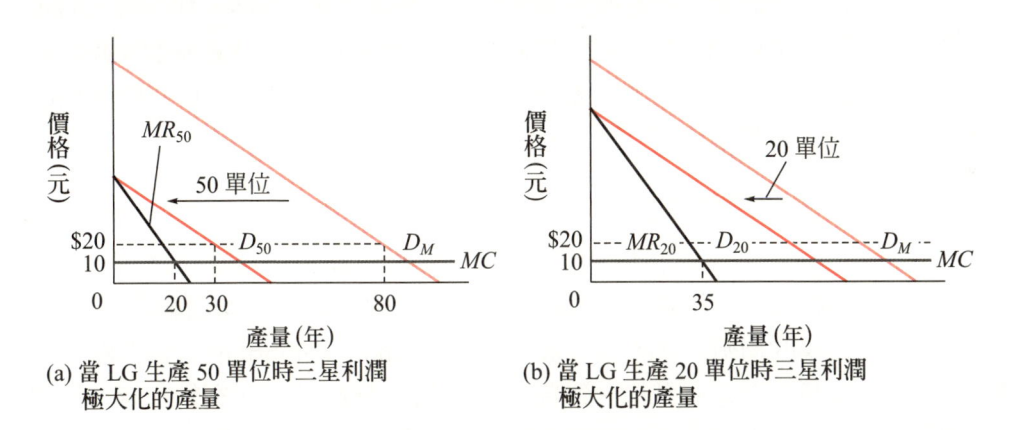

圖 13.1 Cournot 模型的利潤極大化與最適價格的決定

圖 (a) 顯示當三星生產 30 單位，與 LG 生產 50 單位時，市場價格是 $20。當 LG 生產 50 單位時，三星的剩餘需求曲線是 D_{50}，它是市場需求曲線往左方移動 50 單位後。剩餘需求曲線是在 LG 產量 50 單位下，三星公司生產 DRAM 的價格-數量軌跡的連線。面對剩餘需求曲線，三星利潤最大的生產數量是 20 單位，這個最適生產點是由邊際收益 MR_{50} 與邊際成本 MC 的交點。這個產量水準是在 LG 生產 50 單位，三星的最佳反應。圖 (b) 顯示在 LG 生產 20 單位，三星面對的剩餘需求曲線 D_{20} 與邊際收益曲線 MR_{20}。當 $MR_{20} = MC$，三星公司已達利潤最大，此時商品數量是 35 單位。

位。如此可確使三星的產量加 LG 的產量，50 單位，剩餘需求曲線 D_{50} 上的價格等於聯合兩家廠商產出沿著市場需求曲線所對應的價格。例如，當三星生產 30 單位與 LG 生產 50 單位時，剩餘需求曲線上的價格是 $20，這個價格也是總產量為 80 單位時，市場需求曲線 D_M 上的價格。MR_{50} 是需求曲線 D_{50} 所對應的邊際收益曲線。它與剩餘需求曲線的關係與獨占廠商需求曲線與對應邊際收益曲線的關係是一樣的。

相對三星面對剩餘需求曲線下，當它選擇產量時，決策行為是類似獨占廠商的行為。因此三星會選擇在 MR_{50} 等於邊際成本 MC 處 (在此係假設邊際成本固定在每單位 $10)。利潤最大化的商品數量是 20 單位。因此 20 單位的產量是三星面對 LG 產量 50 單位的**最佳反應** (best response)。Cournot 廠商的最佳反應是對手產量固定時利潤最大的商品數量。圖 13.1(b) 顯示，當 LG 產量為 20 單位，三星的最佳反應是生產 35 單位。

對每一個 LG 可能的生產選擇，我們可以在圖 13.1 找出三星追求利潤最大下的商品數量。圖 13.2 的 R_S 曲線整理出三星追求利潤最大的產量選擇。R_S 曲線稱為**反應函數** (reaction function)。它告訴我們廠商面對競爭廠商產量的最佳反應 (亦即，利潤最大的產量選擇)。圖 13.2 也畫出 LG 的反應函數 R_{LG}。[3] 注意兩個反應函數都是負斜率。因此，當對手商品生產數量提高時，每家廠商利潤最大的產量會減少。

Cournot 市場均衡

在完全競爭下，市場均衡的關鍵特點是一旦廠商達到市場均衡便沒有任何誘因會偏離利潤極大化的決策。這個結論是 Cournot 市場的均衡：在 **Cournot 均衡** (Cournot equilibrium)，每個廠商的產量水準是面對其它廠商產量的最佳反應 (亦即，在均衡時，每個廠商是在其它廠商產量固定下追求其最大利潤)。因此，沒有廠商會懊悔自己的產出決策。[4]

在圖 13.2，Cournot 均衡發生在點 E，即兩條反應函數的交

最佳反應 在競爭廠商產量固定，廠商利潤最大化的產出水準。

反應函數 就對手廠商各個可能的行動下，顯示廠商最佳反應 (亦即，利潤最大化的產出或價格) 的圖形。

Cournot 均衡 在其它廠商產量固定，各個廠商選擇利潤最大化產量的寡占市場均衡。

---

[3] 若廠商完全相同，為何其反應函數不同？原因為，在圖 13.2，橫軸代表三星的產出，縱軸代表 LG 的產出。將兩者的曲線繪於同一圖形上，一廠商似乎是另一廠商的相反。幾何上看，兩個反應函數完全相同 (如做邊學習題 13.1 所示)。

[4] 在第 14 章你將見到 Cournot 均衡是聶徐均衡的一個特例。因為這個原因，有些教科書稱 Couront 均衡為 Cournot-Nash 均衡或數量上的聶徐均衡。

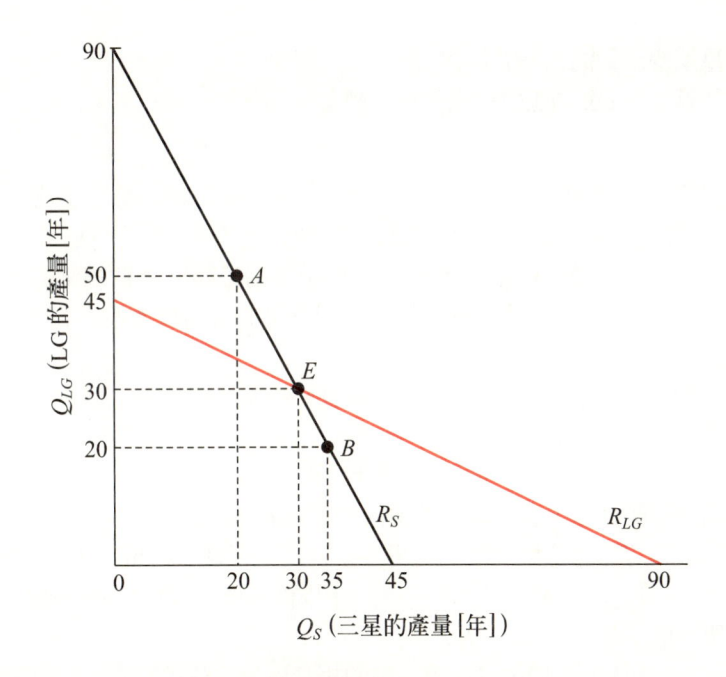

圖 13.2 Cournot 反應函數與均衡

R_S 是三星反應函數。R_{LG} 是 LG 的反應函數。Cournot 均衡是在兩條反應函數的交點點 E。R_S 線的 A 點和 B 點表示若 LG 生產 20 單位和 50 單位時，三星的最佳反應；這些點對應於圖 13.1 利潤最大化的生產點。

點——亦即，每家廠商生產 30 單位。我們知道這就是均衡點，因為我們先看 R_S 當 LG 生產 30 單位時，三星最佳反應是生產 30 單位。然後我們看 R_{LG} 當三星生產 30 單位時，LG 的最佳反應是生產 30 單位。因此，當每家廠商都生產 30 單位商品時，如前所述，任何一家廠商都不會對各自的產量選擇有事後遺憾的感覺。

邊做邊學習題 13.1

Cournot 均衡的計算

圖 13.1 的市場曲線 D_M 為 $P = 100 - Q_1 - Q_2$，其中 Q_1 是三星生產的商品數量，Q_2 為 LG 的產量水準。每家廠商的邊際成本是 $10。

問題

(a) 試問當 LG 的產量水準是 50 單位時，三星追求利潤最大的產量水準是多少？

(b) 試問當 LG 的產量水準是 Q_2 時，三星利潤最大的產量為何 (亦即，三星反應函數的方程式為何)？
(c) 請計算 Cournot 均衡的市場價格與數量。

解答
(a) 我們可以利用第 11 章獨占理論的概念來計算三星的最佳反應。當 LG 生產 $Q_2 = 50$ 時，三星的剩餘需求曲線是 $P = 100 - Q_1 - 50 = 50 - Q_1$。這是直線型需求線，所以相關的邊際收益曲線 ($MR$) 是 $MR = 50 - 2Q_1$。這項邊際收益等於三星的邊際成本時可得 $50 - 2Q_1 = 10$，或 $Q_1 = 20$。
(b) 三星的剩餘需求曲線是 $P = (100 - Q_2) - Q_1$，其中加上括弧是凸顯三星將對手產量視為固定。這是直線型剩餘需求曲線的截距是 $(100 - Q_2)$，斜率為 -1。從第 11 章我們知道，對應的邊際收益曲線有相同的縱軸截距，且斜率為其兩倍，或 $MR = (100 - Q_2) - 2Q_1$。當邊際收益等於邊際成本時，可得三星的反應函數：$(100 - Q_2) - 2Q_1 = 10$，或 $Q_1 = 45 - Q_2/2$。(利用相同的邏輯，我們能夠計算 LG 反應函數：$Q_2 = 45 - Q_1/2$。)
(c) Cournot 均衡發生於兩條反應函數的相交處。當我們聯立求解兩家廠商的反應函數時，即可得到均衡產量 (你應該能夠輕鬆計算出聯立方程式的均衡解是 $Q_1 = Q_2 = 30$)。我們求得均衡市場價格 P^* 係將均衡數量代入市場需求曲線方程式求得：$P^* = 100 - 30 - 30 = 40$。

類似問題：13.1，13.2，13.3，13.4

廠商如何達到 Cournot 均衡？

Corunot 理論為寡占的靜態模型：它並沒解釋廠商如何達到 Cournot 均衡的產出選擇。

這兩家廠商是否需要無所不知的？或許不用。根據圖 13.3，三星公司管理階層思考方式如下：

> 讓我們處於在 LG 的立場，我們看到 LG 生產的 DRAM 數量絕對不會超過 45 單位，因為不論我們生產多少數量，LG 的產量超過 45 單位，其利潤不會最大。我們從 LG 的反應函數 R_{LG}，可以得到這個結論，因為 R_2 不會"超過" $Q_2 = 45$。[5]

如果他們是聰明的，三星管理者的決定會是：

> 在 LG 不會生產超過 45 的情形下，我們至少應該生產 22.5 單位，為什麼？因為我們知道在 LG 決不會生產超過 45 單位下，從 R_S 任

---
[5] 在第 14 章，我們將學習賽局理論，我們稱數量大於 $Q_2 = 45$ 是劣勢策略。

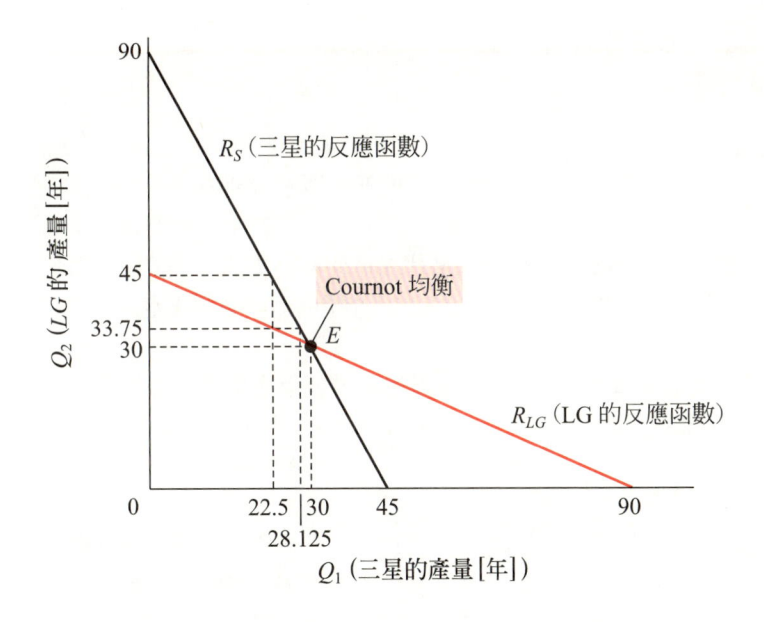

圖 13.3 廠商如何達到 Cournot 均衡

三星認為 LG 生產數量會低於 45 單位。這會誘使三星至少生產 22.5 單位。三星瞭解 LG 將知道三星的動作，因此得到的結論是 LG 生產數量將低於 33.75 單位。這會誘使三星公司至少生產 28.125 單位。這個思考過程會持續下去，直至三星公司的結論是 LG 會生產 30 單位導致三星生產 30 單位。若 LG 的想法與三星相同，兩家公司均會選擇生產 30 單位。

何產量低於 22.5，自己絕對無法達到利潤最大。

但是三星的管理者可以更深入的思考：

> 我們應該假設 LG 的思考方式與我們相同——畢竟，他們和我們一樣的聰明。但若 LG 會想到我們至少會生產 22.5 單位，從 R_{LG} 我們知道，LG 的產量絕對不會超過 33.75。

當然，三星管理者能夠再進一步思考：

> 在 LG 產量不會超過 33.75 的情形下，我們至少應該生產 28.125。為什麼？因為從 R_S 我們知道，在 LG 決不會生產超過 33.75 單位下，任何數量低於 28.125 絕對不會是自己的利潤最大。

當然，你知道這會往那一個方向進行？當三星的管理者經過深思自己與 LG 追求利潤最大的行為後，他們會持續刪除選擇的產量水準直至到達 Cournot 均衡，各自生產 30 單位為止。[6] 這是一個複雜的推理過程，但這不會比聰明棋手或橋手在與聰明對手比賽時更複雜。從這個角度看，Cournot 均衡是當兩家廠商完全瞭解彼此的依存關係，且相信對手理性選擇下的自然結果。

---

[6] 在第 14 章，我們將學習賽局理論，這種求解賽局的方法稱為刪除劣勢策略。

範例 13.1

玉米糖漿產能擴充符合 Cournot 均衡

波特 (Michael Porter) 與史賓塞 (Michael Spence) 有關玉米加工處理產業的研究是 Cournot 模型用到實際世界市場的應用。[7] 玉米加工處理產業的廠商是將玉米經過處理製成玉米粉或玉米糖漿。這個產業直到 1970 年代初一直是穩定的寡占產業，但在 1972 年發生一重要事件：高果糖玉米糖漿 (HFCS) 變得有商業市場。HFCS 能夠用來替代白糖使產品更甜，如清涼飲料。在糖價預期上漲時，HCFS 的市場地位逐漸加重。在玉米加工處理產業的廠商必須決定是否擴充產能來符合預期需求的增加。

波特與史賓塞藉由建立依據深入研究產業內 11 個主要競爭者的競爭模型研究產能擴充過程。然後他們利用這個模型來計算玉米糖漿處理產業的 Cournot 均衡。在這個均衡，各廠的產能選擇是預期對年產能選擇的最適反應，以及從這些最適選擇所產生的產業總產能也符合廠商依據其決策的預期。

根據他們的分析，波特與史賓塞的結論是產業的均衡，在 HFCS 商業化後，適度擴充產能至原有產業是最佳的結果。表 13.2 顯示模型預測的產能擴充與實際產業產能擴充的比較。

雖然並不完美，波特與史賓塞計算的均衡非常接近產業實際產能的擴充，尤其是在 1973 與 1974 年。他們的研究建議 Cour-not 模型，當我們應用到特定的產業，能夠正確地描述齊質商品寡占產業的動態產能擴充過程。

表 13.2　玉米產業的產業能擴充

	1973	1974	1975	1976＋	總利潤
實際產能擴充*	0.6	1.0	1.4	6.2	9.2
預測產能擴充	0.6	1.5	3.5	3.5	9.1

＊10 億磅

Cournot，完全競爭與獨占均衡

在上面三星-LG 的例子，Cournot 均衡價格 $40 超過每家廠商的邊際成本 $10。因此，Cournot 均衡並不會等於完全競爭均衡。一般而言，Cournot 廠商擁有市場力量。

但這並不表示他們可以達到獨占或勾結均衡。回顧在我們的例子，Cournot 均衡的產業總產量是 60 單位，每家廠商生產 30 單位，如圖 13.4 (E 點) 所示。這個產出並非最大的產業利潤。這個市場的獨占均衡是發生在邊際收益與邊際成本相等處，其中市場商品數量是 45 單位，獨占的均衡價格是 $55。[8] 若三星與 LG 勾結

---

[7] M. Porter and A. M. Spence, "The Capacity Expansion Decision in a Growing Oligopoly: The Case of Corn Wet Milling," in J.J.McCall ed., *The Economics of Information and Uncertainty* (Chicago, IL: University of Chicago Press. 1982), pp. 259-316.

[8] 你應該能夠證明出這個結果。

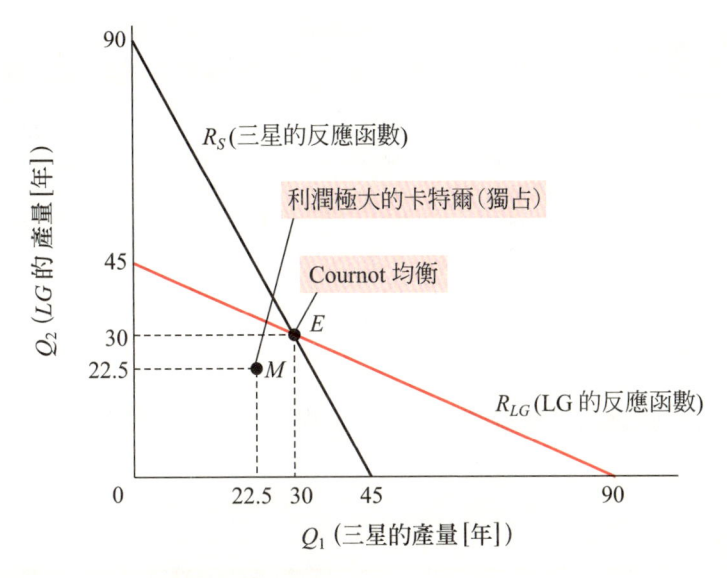

圖 13.4　Cournot 均衡與獨占均衡

若三星與 LG 聯合壟斷成追求利潤最大的卡特爾組織，總產量是 45 單位。兩家廠商各自平分生產 22.5 單位。卡特爾或獨占的結果 (點 M)，與 Cournot 均衡 (點 E) 並不相同。

形成追求利潤最大的卡特爾組織，在這個市場價格，他們會平分市場，每家生產的數量為 22.5 單位 (M 點)。若各自追求自己的利潤最大，廠商生產的產量會比形成卡特爾組織的產量還大。這是寡占產業一個重要的特性。追求自我利益，並不必然代表產業整體利益會達於最大。

兩家廠商無法達到勾結的結果是因為下列的理由。當一家廠商，如三星擴充其產量，它降低市場價格時，因此減少 LG 的銷售收益。三星並不關心對手的收益是否減少，因為它追求的是自我利潤的最大，而非整體產業的利潤。因此，三星會比在最大產業利潤最大下，更積極擴充其產能。若所有的廠商都是如此為之，市場價格必定比獨占價格更低。

廠商銷售額佔整體產業銷售額比例愈小，私人利益與擴充產能導致的收益損失差距就會愈大。這指出當產業裡廠商家數愈多，Cournot 均衡會愈遠離獨占均衡。表 13.3 說明均衡價格，利潤與產量在 Cournot 模型內的需求和成本曲線與三星-LG 的範例相同。[9] 廠商的平均價格與利潤會隨著廠商數目的增加而減少。在市

---

[9] 在邊做邊學習題 13.2，你會學到如何計算多廠的 Cournot 均衡。

表 13.3　不同廠商家數的 Cournot 均衡

廠商家數	價格	市場數量	平均每家廠商利潤	總利潤
1 (獨占)	$55.0	45.0		$2,025
2	$40.0	60.0	$900	$1,800
3	$32.5	67.5	$506	$1,519
5	$25.0	75.0	$225	$1,125
10	$18.2	81.8	$ 67	$ 669
100	$10.9	89.1	< $1	$ 79
∞ (完全競爭)	$10.0	90.0	0	0

場擁有無數廠商的極端例子中，各家廠商及產業的利潤均為零。

範例 13.2

甚少或沒有利潤的銅產業[10]

在 1990 年代晚期，全球銅產業經歷了艱困時期。產業分析師認為廠商必須減少產量、提高價格水準，才能讓廠商賺取利潤。但是大多數的廠商不願意減少生產數量，為什麼？

Rio Tinto 多元化資源公司，是全球大型銅礦公司之一，總裁解釋：「對個別公司是合理的行為，對整體產業卻是瘋狂愚蠢的行為。」其意指，大多數公司不減少生產數量，對公司本身是好的，但是當沒有人減少產量，整個產業都會受傷。即使個別公司減少產量會降低市場供給而導致市場價格上漲，降低產量的公司無法獲得價格上漲的全部利益。大部分的利益流向未降低產量的競爭者，且現在能以更高價格出售。因此降低產量會為其它廠商創造額外收益，但是決定關閉礦脈的廠商卻遭受損失，因為現在的銷售量比未關閉前要少。這是顛倒的收益毀損效果！

Rio Tinto 繼續地開採銅礦。因為是市場上生產成本較低的廠商之一，即使面臨 1990 年代後期低迷的銅價，Rio Tinto 仍享有利潤。Rio Tinto 希望有些競爭者最後撐不下去而率先減少產量。「顛倒的收益毀損效果」的冷酷邏輯告訴我們，這個其中希望終將成空。

邊做邊學習題 13.2

兩家或兩家以上廠商直線型需求線 Cournot 均衡的計算

假設包括 N 家相同廠商的市場，其市場需求曲線為 $P = a - bQ$，每家廠商的邊際成本 c。

---

[10] 這個例子是取自 "Rio Tinto may Hold Back on Production Cuts," *Financial Times* (Friday, February 26, 1999), p.36.

問題

(a) Cournot 均衡下的每家廠商數量為何？

(b) 均衡的數量與價格分別為何？

解答

(a) 任何一家廠商 (稱為廠商 1) 的剩餘需求曲線是 $P = (a - bX) - bQ_1$，其中 X 是其它 $N-1$ 家廠商的聯合產出。因此，廠商 1 的邊際收益曲線是 $MR = (a - bX) - 2bQ_1$。當其邊際收益等於邊際成本時，我們求解廠商 1 的反應函數：$(a - bX) - 2bQ_1 = c$，或

$$Q_1 = \frac{a - c}{2b} - \frac{1}{2}X$$

因為每家廠商完全相同，都生產相同數量。因此，X 為 $N-1$ 乘以 Q_1，所以

$$Q_1 = \frac{a - c}{2b} - \frac{1}{2}[(N-1)Q_1]$$

要求解各家廠商的 Cournot 均衡產量。我們求解 Q_1 (我們可寫成 Q^*，代表任意一家廠商的產量)：

$$Q^* = \frac{1}{(N+1)}\left(\frac{a-c}{b}\right)$$

(b) 市場總產量是 N 乘以 Q：

$$Q = \frac{N}{(N+1)}\left(\frac{a-c}{b}\right)$$

想要找到均衡市場價格，我們將此值代入需求曲線方程式中：

$$P = a - b\frac{N}{(N+1)}\left(\frac{a-c}{b}\right) = \frac{a}{N+1} + \frac{N}{N+1}c$$

當 N 愈大時，$N/(N+1)$ 愈接近 1，Cournot 均衡產量會趨近完全競爭均衡產量，Cournot 均衡價格會愈接近邊際成本 c。

類似問題：13.6 與 13.7

在邊做邊學習題 13.1 和前一章的其它邊做邊學習題，你看到獨占，Cournot 雙占和完全競爭如何計算個別廠商與市場的均衡數量與價格。若我們在邊做邊學習題做相同的計算，我們得到表 13.4 的結果。如表所示，這三種市場結構可視為 N 家廠商 Cournot

表 13.4　均衡的比較

市場結構	價格	市場數量	每家廠商平均產量
獨占	$\frac{1}{2}a + \frac{1}{2}c$	$\frac{1}{2}\left(\frac{a-c}{b}\right)$	$\frac{1}{2}\left(\frac{a-c}{b}\right)$
Cournot 雙占	$\frac{1}{3}a + \frac{2}{3}c$	$\frac{2}{3}\left(\frac{a-c}{b}\right)$	$\frac{1}{3}\left(\frac{a-c}{b}\right)$
N-廠商 Cournot 寡占	$\frac{1}{N+1}a + \frac{N}{N+1}c$	$\frac{N}{N+1}\left(\frac{a-c}{b}\right)$	$\frac{1}{N+1}\left(\frac{a-c}{b}\right)$
完全競爭	c	$\frac{a-c}{b}$	幾乎是零

寡占的特殊例子，其中 $N = 1$ (獨占)，$N = 2$ (Cournot 雙占) 及 $N = \infty$ (完全競爭)。

Cournot 均衡與 IEPR

在第 11 章與 12 章，我們看到獨占廠商利潤最大化的條件如何以反彈性訂價法則 (IEPR) 表示：

$$\frac{P^* - MC}{P^*} = -\frac{1}{\epsilon_{Q,P}}$$

上式的左邊 (獨占價格與邊際成本的差距是價格的百分比)，我們在第 11 章稱為 Lerner 指數，也稱為邊際貢獻百分比 (PCM)。因此，這個方程式說明獨占追求利潤最大是讓 PCM 等於市場需求價格彈性倒數的乘以 -1。修正的 IEPR 運用到 N 家完全相同廠商和邊際成本為 MC 的 Cournot 寡占時，則每家廠商在 Cournot 均衡時的 PCM 為：

$$\frac{P^* - MC}{P^*} = -\frac{1}{N} \times \frac{1}{\epsilon_{Q,P}}$$

這個修正後的 IEPR 提供市場結構與寡占廠商如何表現之間的連結。它隱含產業包含的廠商數目愈多，邊際貢獻百分比愈小。(這與表 13.3 的結果相互印證。) 記得在第 11 章，Lerner 指數 (或 PCM) 通常被用來衡量市場力量。因此 Cournot 模型隱含市場存在愈多的競爭廠商，市場力量會愈小。

寡占的 Bertrand 價格競爭模型

在 Cournot 模型,每家廠商選擇商品生產數量,市場總產量決定市場價格。另一方面,我們可以假設每家廠商選擇商品價格,且在這個價格下,產業能夠滿足所有的需求。這個競爭模型是法國數學家 Joseph Bertrand 在 1883 年溫習 Cournot 書籍時首先提出。[11] Bertrand 批評 Cournot 數量接受行為的假設,他認為一個更合理的寡占模型是每家廠商各自選擇商品價格,並將其它廠商選擇的價格視為固定。一旦廠商選擇好價格,他們會調整生產來滿足市場需求。[12] 如果廠商生產完全相同的商品,擁有最低商品售價的廠商將席捲整個市場,其它的廠商則無法生存。

讓我們回到三星-LG 的例子來說明 Bertrand 價格競爭。**Bertrand 均衡** (Bertrand equilibrium) 是指當接受其它廠商制訂好商品價格後,每家廠商選擇利潤極大化的商品價格。回顧圖 13.2,在 Cournot 均衡時,每家廠商生產 30 單位商品且商品價格為 $40 (圖 13.5 的點 E)。這是否也是 Bertrand 均衡?答案是否定的。要瞭解為什麼,可以思考圖 13.5 的三星訂價問題。若三星接受 LG 的價格固定在 $40,三星的需求曲線 D_S 是對應市場需求曲線 D_M 在 $40 以下實線部分,且在 $40 以上與縱軸重疊。若三星調整售價稍低於 LG 的價格為 $39,它將接收所有 LG 的客戶,並多增加一單位銷售。因此,三星的售價比以前低,卻擁有比以前更多的銷售量做為價格降低的補償。結果,三星的利潤提高,為面積 B (銷售額外 DRAM 的利益) 減去面積 A (原 30 單位本來可以 $40 出售,現在只能降價出售的利潤損失)。

但是三星的 $39 與 LG 的 $40 都不是均衡價格,因為 LG 可以削價來搶走三星的客戶。事實上,只要兩家廠商的售價超過共同的邊際成本 $10,其中一家廠商始終能夠以削價做為手段來提高自己的利潤。這隱含 Bertrand 模型唯一可能的均衡是每家廠商讓商品售價等於邊際成本 $10。在這個價格,沒有任何一家廠商能夠變動價格而比以前過得更好。若每家廠商進一步降低售價,每

> **Bertrand 均衡** 在各家廠商選定價格下,每家廠商選擇利潤最大化的價格。

---

[11] J.Bertrand, book reviews of Walras's *Theorie Mathematique de la Richese Sociale and Cournot's Researches sur les Principes Mathematiques de la Theorie des Richesses*, reprinted as Chapter 2 in A. F. Daughety ed., *Corunot Oligopoly: Characterization and Applications* (Cambridge: Cambridge University Press, 1988).

[12] Bertrand 說:"將 (數量) 視為自變數,(Cournot) 假設一家廠商改變生產數量,另一家廠商會維持固定不變,反之亦然。"參考文獻同上,頁 77。

圖 13.5　Bertrand 價格競爭

若 LG 的 DRAM 價格是 $40，三星面對的需求曲線是虛線 D_S。藉訂價 $39，三星可增加利潤面積 B 減面積 A。這告訴我們每家廠商索價 $40，並生產 30 單位並非 Bertrand 均衡。

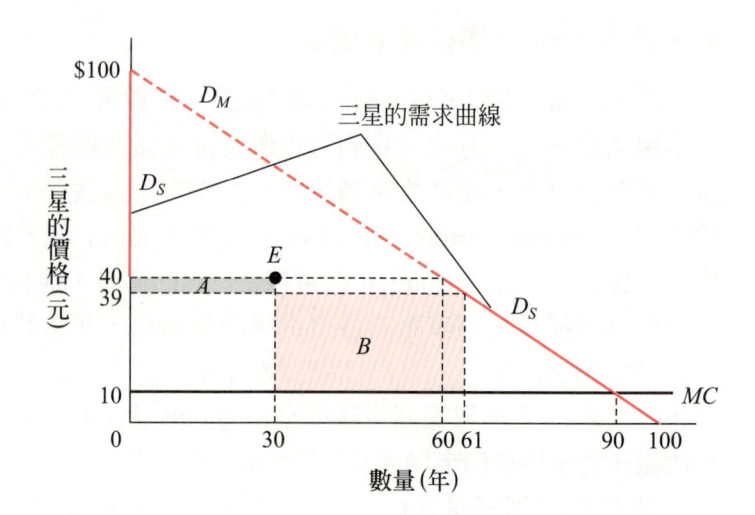

銷售一單位，他們就損失一單位的收入。若其中一家廠商提高售價，其將損失所有客戶。因此，在 Bertrand 均衡，$P = MC = \$10$，且市場需求是 90 單位。因此，不像兩家廠商的 Cournot 均衡，兩家廠商的 Bertrand 均衡與為數眾多廠商的完全競爭均衡，兩者的結論相同。

為什麼 Cournot 與 Bertrand 均衡不同？

Cournot 與 Bertrand 模型對寡占競爭下的商品價格，生產數量與廠商利潤有全然不同的結論。在 Cournot 模型，均衡價格高於邊際成本，且當市場內競爭廠商家數增加時，Cournot 均衡價格才會趨近完全競爭均衡價格。相反地，在 Bertrand 模型，即使兩家廠商彼此競爭，也會導致完全競爭均衡相同的結果。為何這些模型如此不同，及其如何運用到實際世界？

其中一個差異是 Cournot 與 Bertrand 模型在不同的時間點出現。Cournot 模型可視為長期產能擴充。從這個角度來看，廠商先選擇產量，然後在產量固定下，彼此再做價格競爭。這種"兩階段"競爭 (先選擇產量，然後再選擇價格) 的作法與 Cournot 數量均衡的結果可以被證明是完全相同的。[13] 相反地，Bertrand 模型可以想成是，當兩家廠商在任何價格均大於或等於邊際成本

---

[13] 在某些情況下，Cournot 均衡可以是"兩階段賽局"的結論 (兩階段是指廠商先選擇產量，然後選擇價格) 是來自 D.Kreps, and J. Scheinkman, "Quantity Precommitment and Bertrand Competition Yield Cournot Outcomes," *Bell Journal of Economics*, 14 (1983), pp. 326-337.

時，都有足夠的產能來滿足市場需求的短期價格競爭。

另一個瞭解 Cournot 與 Bertrand 模型的差異是兩者對競爭對手反應預期做了不同的假設。Cournot 模型的假設是廠商視對手產量為固定，一個解釋是廠商相信競爭者會對價格變動做即時調整，使生產數量固定不變。在某些產業是合理的預期，如礦業與化學處理業，因為這些產業的廠商價格調整的速度高於產量調整的速度。因此，若廠商在 Cournot 市場中降低商品價格，它不能預期能夠"搶走"競爭對手的客戶。因為搶走客戶不會發生，Cournot 廠商不像 Bertrand 廠商那麼積極。因此，Cournot 均衡結論雖不像獨占廠商的結果，仍會有正的利潤，且價格會超過邊際成本。

相反地，當商品是完全替代時，Bertrand 競爭廠商認為微幅調低售價能吸引競爭對手的客戶上門，且知道有足夠的產能可以滿足額外需求的增加。這個假設在一個市場是合理的。2000 年初期美國航空產業有過多的過剩產能。許多航空公司在當時認為，除非它們的票價比競爭對手低否則無法招攬乘客。(當然，若所有廠商都是這樣想，每家廠商會競相削價來搶走對手的客戶，價格會跌至邊際成本。)

寡占的 Stackelberg 模型

在數量制訂的 Cournot 模型，假設兩家廠商同時選定數量。然而，在某些情況，假設一家廠商比另一家廠商制訂決策是比較自然的情況。若我們將產量視為產能水準時這個假設特別自然。在許多寡占產業，產能擴充決策並非同時發生而是按照次序產出。例如，1950 年代和 1960 年代的美國渦輪發電機產業，西屋和 Allis-Chalmers 通常都在產業領導者奇異公司擴充產能之後才做出重大的產能擴充。[14]

寡占的 Stackelberg 模型 (Stackelberg of oligopoly) 是關於一家廠商為產量領導者，先選定其產量，其它廠商做為追隨者，在領導者先行後再決定其數量。為了要說明 Stackelberg 模型，我們繼續利用 DRAM 市場的例子，但現在我們假設三星 (廠商 1) 是 Stackelberg 領導者，先選定產量，LG (廠商 2) 為 Stackelberg 追隨者，在領導者制訂決策後再選擇其產出。

寡占的 Stackelberg 模型 一家廠商做為領導者先選定其產量，而其它廠商做為追隨者的情況。

---

[14] 參見第 11 章 Ralph Sultan, *Pricing in the Electrical Oligopoly, Volume II* (Cambridge, MA: Harvard University Press) 1975.

我們首先藉思考追隨者利潤最大化的問題來分析 Stackelberg 模型。追隨者 LG 觀察領導者選定的產量 Q_1，選擇利潤最大化來對應此產量。對應任何三星選定 Q_1 的 LG 利潤最大化是來自於 Cournot 模型的 LG 反應函數。我們在邊做邊學習題 13.1 推導出此反應函數：$Q_2 = 45 - Q_1/2$，其圖形 R_{LG} 示於圖 13.6。

現在讓我們考慮三星將如何因應。若它瞭解 LG 的行為是追求利潤最大，它將承認 LG 會依據其反應函數 R_{LG} 而選擇產出水準。這意謂實際上三星藉選擇產量能 Q_1，將產業置於競爭對手的反應函數上。例如，我們可從圖 13.6 看到若三星選擇 $Q_1 = 15$，則 LG 將選擇 37.5 單位的產量，該產業最終會在 A 點。反之，若三星選擇 $Q_1 = 60$，則 LG 會選擇的產量為 15，產業最終在 F 點。

三星會選擇何種產出？它會選擇利潤最大化的產出。要說明這個利潤最大化產出的位置，圖 13.6 右上方表格顯示沿著 LG 反應函數上不同生產點的市場價格與三星的利潤。例如，在 A 點 (其中三星生產 15 單位和 LG 的最佳反應是生產 37.5 單位)，市場價格是每單位 $100 - 15 - 37.5 = \$47.5$，三星的利潤等於 ($\$47.5 -$

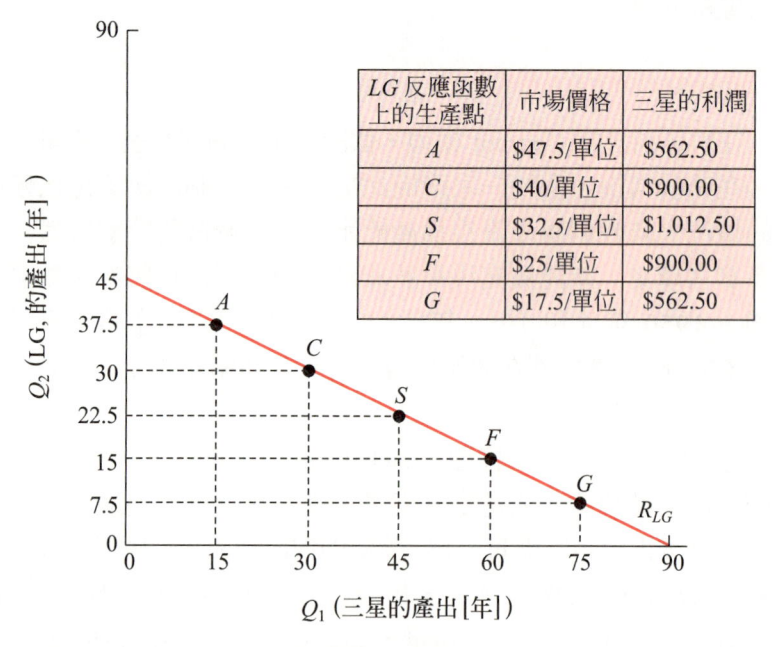

LG 反應函數 上的生產點	市場價格	三星的利潤
A	\$47.5/單位	\$562.50
C	\$40/單位	\$900.00
S	\$32.5/單位	\$1,012.50
F	\$25/單位	\$900.00
G	\$17.5/單位	\$562.50

圖 13.6　Stackelberg 模型與追隨者利潤最大

R_{LG} 線是 LG 的反應函數。右上表格顯示在此反應函數上的不同點，三星的利潤和市場價格。在 Stackelberg 模型，領導者 (三星) 在追隨者 (LG) 反應函數上選擇使自己利潤最大的生產點。這發生在 S 點。

$10) \times 15 = \$562.50$。在這些點中,帶給三星最大利潤的生產點為 S 點,三星在此點生產 45 單位的產出,而誘使 LG 生產 22.5 單位的產出。

我們可以一些計算來證明此點。記得市場需求曲線的方程式為 $P = 100 - Q_1 - Q_2$。但因為 Q_2 已經選定,所以 $Q_2 = 45 - Q_1/2$,市場價格最終決定於三星的數量選擇:$P = 100 - Q_1 - (45 - Q_1/2)$ 或 $P = 55 - Q_1/2$。此式可視為 Stackelberg 領導者所面對的剩餘需求方程式,它告訴領導者在考慮追隨者對數量選擇的反應後,市場價格是該數量選擇的函數。

求出三星最適選擇現在變得很直接。對應領導者的剩餘需求,我們可確認邊際收益曲線,並求出使邊際收益與邊際成本相等的產量。相關的邊際收益曲線是 $MR = 55 - Q_1$,邊際收益等於三星的邊際成本,可得

$$55 - Q_1 = 10 \text{,或 } Q_1 = 45$$

對應於領導者的產量,追隨者選擇產出水準 $Q_2 = 45 - 45/2 = 22.5$。

注意 Stackelberg 均衡結果 (點 S) 與 Cournot 均衡結果 (點 C) 並不相同。不同於 Cournot 結果,其為對稱,Stackelberg 的結果,領導者比追隨者生產更多產出 (事實上恰好兩倍)。實際上,即使 Stackelberg 結果下的市場價格低於 Cournot 結果下的市場價格 (比較市場價格在圖 13.6 的 S 點和 C 點),領導者的利潤在 Stackelberg 結果高於其在 Cournot 均衡。這告訴我們寡占廠商先選擇產出可以獲利。此種利益來自何處?實際上,領導者三星藉由先選定產量可以 "操弄" LG 的產出而得到利益。特別是,當三星選定的產量大於其在 Cournot 均衡的產量,它迫使 LG 掉入一種情境,LG 的最適選擇是選擇其產量低於其在 Cournot 均衡下的產量。(我們可以從 LG 的反應函數斜率為負看出。) 為何 LG 掉入此種情境的直覺想法可以從想像 LG 的經理知道三星在點 S 生產較大產量時的反應得知。

哇,三星決定生產 45 單位的產出;那是很大的產量。產量如此之大,市場價格不可能高於 \$55,如果真得這麼高,我們將不會生產![$P = 100 - 45 = 55$]。這將使我們陷入困境。若我們與三星生產相同產量,或接近其水準的產量,市場價格將會很低,這對我們

來說是一個壞消息。坦白說,三星並沒有給我們太多活動的空間。對我們而言,最佳的狀況是在產出上保守;當然,我們不像三星的市占率高,但至少可讓市場價格維持在一較合宜的水準。在三星的那些傢伙,比我們先行且趕在我們前面,真是給我們重擊。

寡占的 Stackelberg 模型是序列賽局的一個特例,在賽局中一參賽者比另一參賽者先行。我們將在第 14 章學習序列賽局,並且可以看到賽局中先行的能力有其策略價值。

13.3 強力廠商市場

在某些產業,單一一家廠商占有大部分的市場——經濟學家稱為強力廠商——與市場占有率低的許多小廠商競爭。例如,德國的 Deutsche Telekom 公司在 1999 年擁有 64% 的長途電話市場。另一個最大的競爭者 Mobilcom 只有 10% 的市場。[15] 將時間拉回過去,U.S. Steel 曾經是美國鋼鐵產業的強力廠商,Alcoa 曾是美國鋁產業的強力廠商。

圖 13.7 說明強力廠商的價格制訂模型。市場需求為 D_M。強力廠商制訂市場價格,並與一群處於競爭邊緣的小廠商共同瓜分市場。這些邊緣廠商生產相同商品,且行為類似完全競爭廠商:接受市場決定的價格,並各自生產自己的商品數量。曲線 S_F 為邊緣競爭廠商的供給曲線。[16]

強力廠商的問題係在考慮價格如何影響邊緣廠商供給數量下追求利潤的最大。要解答這個問題,我們需要先確認強力廠商的剩餘需求曲線 D_R,這告訴我們,在不同價格下強力廠商能夠銷售的數量。我們將每一價格下的市場需求減邊緣廠商供給,就可得到 D_R。例如,在價格為 $35,市場需求是 90 單位,價格接受的邊緣廠商會提供 10 單位。強力廠商在價格 $35 的剩餘需求是 80 單位。因此點 A 是曲線 D_R 上的一點。藉確定每一個價格下 D_M 與 S_F 的水平距離,我們可以繪出完整剩餘需求曲線的軌跡。當價格低於每單位 $25,邊緣廠商不會提供商品,且強力廠商的剩餘需求曲線與市場需求曲線重疊。在 $75 時,強力廠商的剩餘需求縮減至零,而邊緣廠商提供整個市場需求。

強力廠商利潤極大的最適數量與價格,是在邊際收益曲線 MR_R

---

[15] 請見 "Deutsche Telekom Phone Home," *New York Times* (February 26, 1999), pp. C1-C2.
[16] 若邊緣競爭廠商數目固定,S_F 為邊緣廠商邊際成本曲線的水平加總,因此 S_F 的縱軸截距是邊緣廠商供給正的商品數量的最低價格。

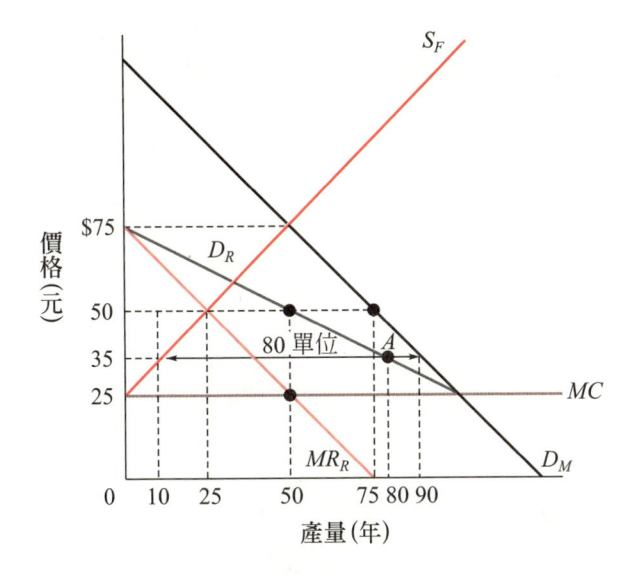

圖 13.7 強力廠商市場

強力廠商的剩餘需求曲線是 D_R。它是市場需求曲線 D_M 與邊緣廠商供給曲線 S_F 的水平差距。強力廠商利潤最大產量是 50 單位。對應的利潤最大化價格為 $50。在這個價格下，邊緣廠商供給數量是 25 單位。

與邊際成本曲線 MC 的相交處 (圖 13.7 的 $25)。我們看到強力廠商的最適數量是每年 50 單位，利潤極大化價格是每單位 $50。從剩餘需求曲線上，對應數量 50 單位的商品價格，$P = \$50$。我們利用剩餘需求曲線而非市場需求曲線來決定價格，原因是剩餘需求曲線告訴我們強力廠商在不同價格下，能夠銷售多少商品數量。

當價格是 $50 時，市場需求是每年 75 單位，邊緣競爭廠商提供 25 單位。將價格訂在 $50，這個價格是邊緣廠商願意供給最低價格 $25 的兩倍，強力廠商撐起價格使邊緣廠商享有正的利潤。當然，如我們剛才所述，這個最大利潤價格讓強力廠商賺取的利潤等於 ($50 － $25)× 50，或每年 $1,250。

圖 13.8 顯示，當額外邊緣廠商加入市場使邊緣競爭廠商家數增加對價格與產量有何影響。邊緣廠商的供給曲線會向右旋轉，從 S_F 到 S_F' (在既定價格下，邊緣廠商供給更多產出)。這將引起強力廠商的剩餘需求曲線向左旋轉，從 D_R 到 D_R' (強力廠商在既定價格下供給較少產出)。結果，強力廠商的利潤最大化價格為每單位 $42，而不是每單位 $50。其供給數量仍是 50 單位，但邊緣廠商的供給數量從 25 增加至 33。[17] 強力廠商的市場占有率從 67% 下跌至 60%，利潤也從 $1,250 下跌至 $833。

---

[17] 強力廠商利潤極大化的數量仍維持在 50 單位的原因，是因為這個例子需求曲線與邊緣廠商供給曲線的位置所造成。通常邊緣廠商供給曲線的移動會改變強力廠商利潤極大化的產量。

558　個體經濟學

圖 13.8　當邊緣競爭廠商數目增加時的強力廠商市場

當邊緣廠商家數增加時，邊緣廠商供給曲線往右旋轉至 S'_F，進而導致剩餘需求曲線往左旋轉至 D'_R。強力廠商新的利潤極大化產量是 50 單位，而利潤極大化的商品價格是 $42。在此價格下，邊緣廠商供給 33 單位，市場總需求是 83 單位。

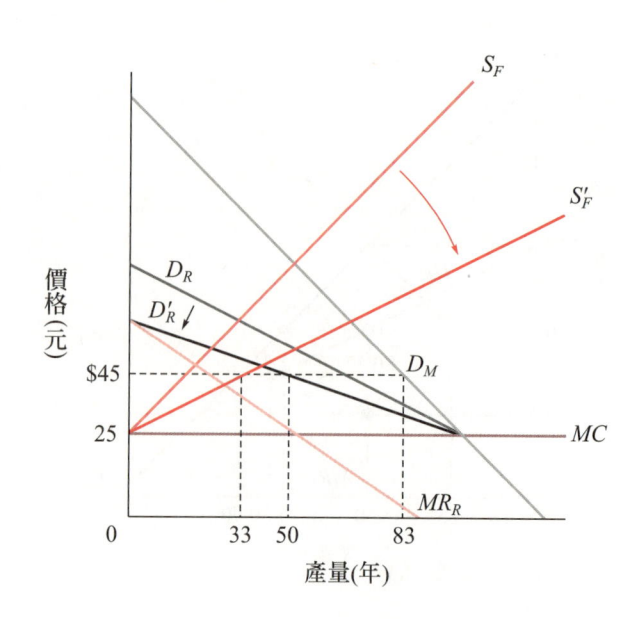

限制訂價　強力廠商將價格訂在利潤最大化價格以下以降低邊緣廠商的擴張速率。

在這種情形，為什麼強力廠商不採取措施阻止邊緣廠商進入市場？商品價格 $50 與 $42 在特定時點上 (如某一年) 會使強力廠商利潤達到最大。但是若邊緣廠商進入市場的家數是依據現在市場價格，則強力廠商可能會採取**限制訂價** (limit pricing) 策略，強力廠商讓價格低於利潤最大的商品價格，以阻止邊緣廠商的加入市場。[18] 在限制訂價下，強力廠商犧牲其今天的利潤以確保將來更高的利潤。

當現行市場的高價吸引邊緣競爭廠商快速加入市場時，限制訂價策略顯得更吸引人。[19] 當強力廠商從"長期觀點"角度思考並在制定決策時強調未來重要性超過現在利潤的考量，也會使限制訂價有吸引力。最後，當強力廠商較競爭對手有明顯的成本優勢時，限制訂價策略是有吸引力的。成本優勢能夠讓強力廠商制訂低價阻止邊緣廠商加入，同時毋須犧牲當前太多的利潤。

---

[18] 這是一個有趣的問題——已超過本書範圍——為什麼邊緣廠商加入的速度受現行市場價格的影響。一個可能是現有邊緣廠商依靠本期利潤來融通其擴張計畫，而降低售價意謂本期利潤減少，某些廠商可能無法融通其產能擴充計畫。然而，這種說法是很微妙的 (當然，若擴張是有利可圖，為什麼邊緣廠商不去向銀行融資)，所以最好在其它進階課程，如產業經濟與公司理財中探討。

[19] 有關限制訂價問題的觀察取自 D. Gaskins, "Dynamic Limit Pricing:Optimal Pricing Under the Threat of Entry," *Journal of Economic Theory*, 3(September 1971): 306-322.

範例 13.3

美國鋼鐵公司的強力廠商訂價[20]

美國鋼鐵集團 (U. S. Steel group) 中的 USX 公司是年銷售額超過 $60 億的美國最大鋼鐵公司之一。但從市占率看，它占美國國內鋼鐵市場低於 15%。在過去某一個期間看，U.S. Steel 曾經更大。事實上，當 U.S. Steel 在 1901 年成立時 (當時為合併)，它生產美國市場中 66% 的鋼錠。在當時，U.S. Steel 是典型的強力廠商。

然而，如表 13.5 所示，U.S. Steel 的市場占有率開始下滑，到了 1930 年代中，下跌到 33% 的市場占有率。根據經濟歷史學家 Thomas K. McCraw 與 Forest Reinhardt 的說法：

> 有三十年時間 [1900－1930]，U.S. Steel 採取的訂價與投資策略讓市場占有率逐漸降低。其策略不是提高進入鋼鐵產業的進入障礙，而是降低進入障礙。它並沒有努力維持現有市場，也沒有利用鋼骨結構與壓延市場的新興成長機會使自己更加茁壯。

為什麼 U.S. Steel 沒有採取積極的限制訂價策略來減緩對手廠商的擴張？我們對強力廠商訂價的討論說明這個問題。研究美國鋼鐵產業歷史的學者認為，在第二次世界大戰 (1941－1945) 以前，U.S. Steel 相對競爭廠商並沒有明顯的成本優勢。F.M. Scherer 寫道，"雖然有些鋼鐵工廠有較低的生產成本，平均而言，USS 鑄造鋼鐵的成本不會低於潛在或現存的競爭對手。"[21] 此外，Scherer 指出，在二十世紀初要進入鋼鐵產業耗費時日。這需要建立整合型鋼鐵廠，且並不容易 (在那段日子) 獲得融通資金或可靠的鋼鐵原料來源。

結果，對 U.S. Steel 而言，避開積極的限制訂價策略而改採強力廠商模型建議的較低鋼鐵售價可能是合理的。我們從圖 13.8 看到，邊緣廠商的相繼進入市場，隱含強力廠商的市場占有率會隨時間經過而逐漸降低，Hideki Yamawaki 提供某些統計數據證明 U.S. Steel 的行為確實如此。[22] 利用那個時期的鋼鐵價格與產量資料 (U.S. Steel 與競爭對手的資料)，Yamawaki 指出 U.S. Steel 的訂價決策實際受到邊緣生產者市場占有率的影響。他也指出 U.S. Steel 制訂的鋼

表 13.5　U.S. Steel 的市場占有率，1901－1935

年	市場占有率	年	市場占有率
1901	66%	1920	46%
1905	60%	1925	42%
1910	54%	1930	41%
1915	51%	1935	33%

---

[20] 這個例子是受 Scherer 對美國鋼鐵產業研究的激勵。F.M. Scherer 在其著作 *Industry Structure, Strategy, and Public Policy* (New York: HarperCollins, 1996) 的第 5 章，對 U.S. Steel 公司的歷史與強力廠商訂價行為有更全面與更詳細的探討。課文中的引述與表 13.5 的數據是來自 T.K. McCraw, and F. Reinhardt, "Losing to Win: U.S. Steel's Pricing, Investment Decisions, and Market Share, 1901－1938," *Journal of Economic History* XLIX (September 1989), pp. 593-619.

[21] F.M. Scherer, *Industry Structure, Strategy, and Public Policy* (New York; HarperCollins, 1996), p. 155.

[22] H. Yamawaki, "Dominant Firm Pricing and Fringe Expansion: The Case of the U.S. Iron and Steel Industry, 1907-1930," *The Review of Economics and Statistics*, 67 (August 1985): 429-437.

鐵售價明顯影響邊緣廠商的鋼鐵產量及邊緣鋼鐵廠商擴充的速度。根據這個證據，我們可以得到一個結論，強力廠商模型的邏輯能夠良好解釋從 1900 到 1940 年美國鋼鐵產業的競爭動態過程。

13.4 水平異質商品寡占

在許多市場，如啤酒、早餐穀類食品，汽車及清涼飲料，消費者認為廠商銷售的商品之間是有區別的。在這些市場，我們說廠商生產異質商品。在本節，我們由第 11 章約略討論過的，我們將深入觀察異質商品，並探討異質商品寡占廠商如何相互競爭。

什麼是異質商品？

經濟學家將異質商品區分成兩種型態：垂直異質商品與水平異質商品。**垂直異質** (vertical differentiation) 是有關劣等性或優越性。當消費者認為某商品比另一商品好或壞時，兩者是垂直異質。金頂電池與非原廠商品牌電池有垂直差異，因為金頂電池可使用更久。這使金頂電池毫無疑問地優於私有品牌電池。

水平異質 (horizontal differentiation) 是有關替代性。A 與 B 兩項商品，當 A 與 B 價格相等時，有些消費者認為 B 不是 A 的良好替代品，而持續購買 A，即使在 A 的價格高於 B，消費者仍購買 A，或其它消費者認為 A 不是 B 的良好替代品，而繼續購買 B，即使 B 的價格高過 A 的價格，消費者仍會購買 B，則 A 與 B 存在水平異質。健怡可口可樂與健怡百事可樂是有水平異質。有些消費者認為健怡百事可樂不是健怡可口可樂良好的替代品，其它人認為健怡可口可樂不是健怡百事可樂的良好替代品。

水平異質與垂直異質是異質商品的兩種不同型態。例如，所有消費者都認為金頂電池比商家品牌電池好，其使用時間是一般電池的兩倍，但是若所有消費者認為兩個商家品牌電池等於一個金頂電池，雖有垂直異質，並沒有水平異質。[23] 若商家品牌電池價格不到金頂電池價格的一半，所有消費者都會購買商家品牌電池。相反地，儘管有少數人提出有力證據證明健怡可口可樂的品

垂直異質 針對兩種商品，消費者認為一商品比另一商品較好或較差的情況。

水平異質 某些消費者視一產品不是另一產品的良好替代者，即使價格較高，仍會購買該商品的情況。

---

[23] 以第 4 章與第 5 章的語言而言，消費者對金頂電池與商家品牌電池的無異曲線是直線型。實際上，消費者因為便利性的緣故，不會讓一顆金頂電池等於兩顆商家品牌電池，一持續較久的一顆電池比兩顆電池所占空間要少，且不必經常更換，為了簡化分析，在此我們忽略便利性的因素。

質比健怡百事可樂好，某些消費者仍有品牌忠誠度，因此並不認為兩產品是完全替代。這些牌子的可樂是水平異質但非垂直異質。

水平異質對本章所學的寡占與壟斷性競爭理論而言是一個相當重要的概念。當廠商銷售水平異質商品時，它們會有負斜率的需求曲線。如圖 13.9 所示。

在圖 13.9(a)，為水平異質微弱的需求曲線，廠商的需求對商品價格及其對手的價格的改變相當敏感。價格微幅上漲 (從 $30 到 $35) 會誘使消費數量大幅減少 (從 40 到 20 單位)。競爭者調降售價會使該廠商商品需求顯著下跌，它會引起廠商需求曲線從 D 到 D' 大幅度向左移動。

在圖 13.9(b)，是需求曲線是強烈水平異質的情形，廠商的需求對自身價格與競爭者價格變動較不敏感。廠商本身價格微幅上升 (從 $30 到 $35) 只會引起數量小幅減少 (從 40 到 38 個單位)，競爭者價格微幅調降也只會造成廠商的產品銷售數量微幅下降，這可由需求曲線小幅從 D 左移到 D'' 來說明。

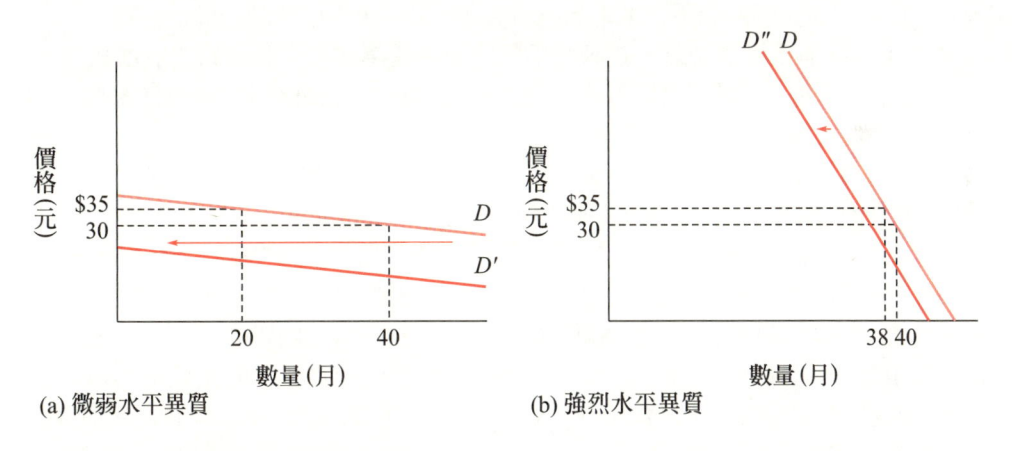

圖 13.9　水平異質與廠商需求曲線

在圖 (a)，水平異質比較微弱。廠商面對的需求曲線 D 是負斜率，但需求數量對價格變動是敏感的。當價格以一定幅度變動時，從 $30 到 $35。假設競爭者價格不變，會導致需求數量大幅的降低。此外，當競爭者降低售價，廠商需求曲線從 D 左移至 D'，且大幅度的往左移動。相反地，在圖 (b)，水平差異比較強烈，廠商需求對自身價格改變，並不那麼敏感，且當競爭者降價時，廠商需求曲線左移幅度並沒有這麼大從 D 到 D''。

範例 13.4

蘋果很好但微軟視窗更好 [24]

在 1980 年代後期，蘋果電腦是美國經濟再生的一個象徵，從 1986 到 1989 年，公司的投資報酬超過資本成本 27%。華爾街人士都喜歡蘋果電腦，投資者蜂擁買進公司股票。在電影阿甘正傳 (Forrest Gump) 裡，丹尼爾上尉將阿甘捕蝦船的盈餘投資購買蘋果電腦的股票——然後阿甘變成一個百萬富翁 (從果園裡，他說)。

但在十年內，蘋果電腦分崩離析。蘋果電腦總裁 John Sculley 在 1993 年被解僱。其繼任者，Michael Spindler 在 1996 年被解聘，他的繼任者，Gil Amelio 在 1997 被解僱。在 1996 年，公司損失 $8 億 1 千 6 百萬。在 1997 年，公司損失 $10 億 4 千萬。

蘋果電腦的崩跌是一個複雜的故事，牽涉到經濟與個人因素。但其中一個失敗的重要原因是在 1990 年代初麥金塔電腦與在英特爾晶片和微軟作業系統的 IBM 相容個人電腦的產品差異縮減。在 1989 年，你可以很清楚辨識 Mac 與 PC 之間的差異。Mac 是非常容易使用，以圖形為介面，且完全由滑鼠控制。IBM 相容的 PC 使用令人混淆且繁瑣的 DOS 作業系統。正如當時一位分析師說，"大部分的 IBM 與相容電腦使用者'忍受'他們的機器，而蘋果客戶'喜愛'他們的 Mac。"[25]

一直到 1990 年，個人電腦市場呈現清楚的水平異質。經常使用數值計算者會偏好英特爾中央處理器的電腦，因為它的運算能力很強，企業用戶通常偏好 IBM-相容個人電腦，因為許多 "殺手級" 的軟體如 Lotus 1-2-3 與文書處理軟體 Word Perfect 都與 DOS 相容。家庭用戶，特別是家有小孩的使用者，喜愛使用蘋果電腦，因為其容易上手。繪圖設計者也喜愛 Mac，因為其優越的桌上排版與多媒體功能。這種強烈的水平異質讓蘋果電腦能夠像前總裁 John Sculley 說的 50-50-50 法則：若蘋果電腦每個月能銷售 50,000 部 Mac，且毛利率有 50%，則蘋果電腦每股股價會是 $50。[26]

但是在 1990 年視窗 3.0 上市則侵蝕這種水平異質。視窗 3.0 仍然比蘋果電腦的作業系統差，但是較原來的 DOS 跨進一大步。突然間，IBM 相容的個人電腦變得容易使用。對許多消費者，尤其是家庭用戶，使用 IBM 相容個人電腦工作，其親和程度已經 "足夠"。

產品差異程度的縮小使蘋果電腦受傷非淺。在 1980 年代的後半段，導致 IBM-相容個人電腦價格下跌。低成本組裝電腦廠商，如戴爾電腦與蓋特威 (Gateway) 進入市場並利用價格與既有品牌廠商，如 IBM，進行削價競爭，導致 PC 的價格下滑。一直到 1990 年代初，Mac 與 PC 之間水平異質程度相當強烈，所以蘋果電腦並未被這場價格戰波及。對多數使用者而言，便宜的組裝電腦不是精緻麥金塔的良好替代品，因此，如圖 13.9(b) 所示，蘋果電腦需求曲線僅受 PC 價格下跌微幅影響。但是當視窗作業系統問世後，便宜組裝廠商情況大好。在 1991 年，蘋果電腦發現自己深受所謂 "Wintel" 生產者價格戰的嚴重威脅。其因應之道是將 Mac 系列產品全部降價，並讓古典麥金塔價格低於 $1,000。但是在個人電腦產業中，蘋果電腦的邊際成本頗高，即使降價，它也無法賺取很多利潤。此外，儘管有低價的麥金塔，Wintel 市場因

---

[24] 這個例子取自 *Apple Computer 1992*, Harvard Business School Case 9-792-081 and J. Carlton, *Apple: The Inside Story of Intrigue, Egomania, and Business Blunders* (New York: Times Business), 1997.

[25] *Apple Computer* 1992, p. 7.

[26] 毛利率是指商品售價是平均成本之間的差額，通常是表示成售價的百分比。

為商業軟體與遊戲的大量出現，獲得巨大的推動力，廣為大眾喜愛。

最終蘋果電腦放棄價格戰的企圖，並使自己成為個人電腦產業中有適當賣點的廠商。它相當成功 (且非常鮮艷) 的 iMac 使其恢復某些先前的產品差異。蘋果電腦現在積極改善營運效率。但蘋果電腦在少數市場區隔仍是最強的 (如桌上排版，教育市場)。這些市場只是廣大 PC 市場的一小部分。在 1998 年，蘋果電腦的創始人之一 Steve Job 回蘋果電腦任董事長一職。他發展出一系列令人眼睛為之一亮的優雅電腦以及吸引大眾目光的新產品，如 iPod，協助公司恢復聲譽。然而，只要視窗作業系統，維持 "夠好" 的程度，蘋果電腦發現很難大幅增加市場占有率。

水平異質商品的 Bertrand 價格競爭模型

讓我們現在來研究廠商在異質商品市場如何制訂商品價格。要達到這個目的，讓我們回到 Bertrand 價格制訂模型，並運用到水平異質商品上。[27] 為了要特別說明這個模型，讓我們考慮一個產品差異非常明顯的市場：美國可樂市場。

Farid Gasmi、Quang Vuong，與 J.J. Laffont (GVL) 利用統計方法來估計可口可樂 (廠商 1) 與百事可樂 (廠商 2) 的需求曲線：[28,29]

$$Q_1 = 64 - 4P_1 + 2P_2 \qquad (13.1)$$
$$Q_2 = 50 - 5P_2 + P_1 \qquad (13.2)$$

GVL 也估計出可口可樂與百事可樂的邊際成本分別是 \$5 與 \$4。[30] 根據這些需求曲線與邊際成本，各家廠商應該制定什麼樣的價格？

如同 Cournot 模型，均衡是發生在每家廠商在對手反應固定情形下追求利潤的最大。可樂市場均衡的邏輯與 Cournot 模型均衡的邏輯相似，所以我們先推導廠商的價格反應函數──亦即，廠商利潤極大化的價格是對手價格的函數。

---

[27] 我們也可以研究異質商品市場的 Cournot 數量決定模型。正如在同質商品 Cournot 模型得到與 Bertrand 模型不同的均衡結果，異質商品的 Cournot 數量決定模型也會與本節探討的 Bertrand 模型，得到不同的均衡價格。在問題 13.22，你會有機會來證明此點。

[28] 這個範例的使用是受我以前的同事 Matt Jackson 所激勵。Matt Jackson 在 Kellogg 管理研究所教授個體經濟學。

[29] F. Gasmi, Q. Vuong, and J. Laffont, "Econometric Analysis of Collusive Behavior in a Soft-Drink Market," *Journal of Economics and Management Strategy* (Summer 1992): 277-311。為了讓數字看起來比較簡單，我們將 GVL 的估計值 (取自文章的第 10 個模型) 四捨五入至整數。他們的文章中，價格經過通貨膨脹調整，且以美元表示，而數量的單位是百萬。一單位是 10 箱，一箱是 12 罐。

[30] 這些都是以美元表示，生產數量的單位是十箱可樂。

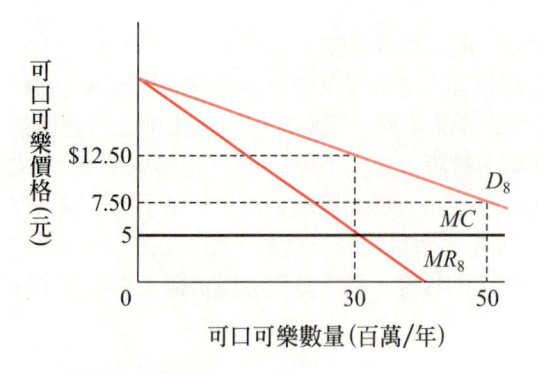

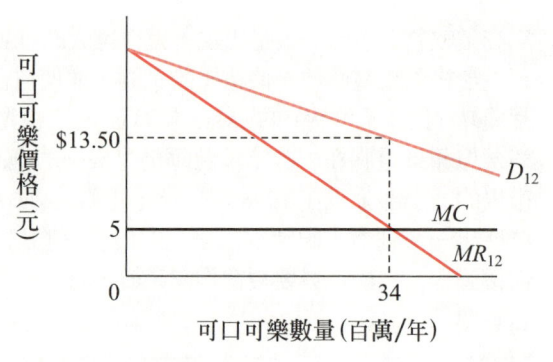

(a) 當百事可樂價格 =$8 時，
可口可樂利潤極大化問題

(b) 當百事可樂價格 =$12 時，
可口可樂利潤極大化問題

圖 13.10　可口可樂利潤最大的價格制訂

MC 是可口可樂的邊際成本曲線，圖 (a)：當百事可樂價格是 $8 時，可口可樂需求曲線是 D_8。其對應的邊際收益曲線是 MR_8。可口可樂利潤極大化的價格是 $12.50，利潤極大化的數量是每年 3000 萬單位。圖 (b)：當百事可樂價格是 $12 時，可口可樂的需求曲線是 D_{12}。其對應的邊際收益曲線是 MR_{12}，可口可樂利潤極大化的數量是 3400 萬單位，價格是 $13.50。這些結果可用來畫出可口可樂的反應函數，如圖 13.11 所示。

考慮可口可樂的問題。圖 13.10(a) 是百事可樂將價格訂為 $8 時，可口可樂的需求曲線為 D_8。這條曲線告訴我們，在百事可樂固定為 $8 時，可口可樂面臨不同價格能夠銷售的數量 [注意 D_8 符合式 (13.1)]。例如，若可口可樂訂價為 $7.5 時，可口可樂可以銷售 5000 萬單位。當可口可樂的邊際收益 MR_8 等於邊際成本 MC 時，其利潤最大化的產量是 30 單位。要銷售這個數量，可口可樂必須將價格訂為 $12.50。因此，$12.50 是可口可樂面對百事可樂價格 $8 的最佳反應。圖 13.10(b) 指出，當百事可樂價格為 $12 時，可口可樂的最佳反應是將價格訂成 $13.50。

這些結果提供畫出可口可樂價格反應函數的資料，我們可以推導百事可樂的數據，畫出百事可樂的價格反應函數。圖 13.11 所示為可口可樂與百事可樂的反應函數：R_1 所示為可口可樂利潤最大化的價格如何隨百事可樂價格變動而變動。R_2 表示百事可樂利潤最大化的價格如何受可口可樂價格的影響。注意在圖 13.10 所示的可口可樂利潤極大化價格，($P_1 = $12.50，$P_2 = 8) 與 ($P_1 = $13.50，$P_2 = 12)，都是位於 R_1 上的點 (並未特別在圖 13.11 標示)。注意，兩條反應函數都是正斜率。因此，競爭對手價格愈低，你的價格也愈低。

在 Bertrand 均衡 (點 E)，在其它廠商價格固定下，每家廠商選

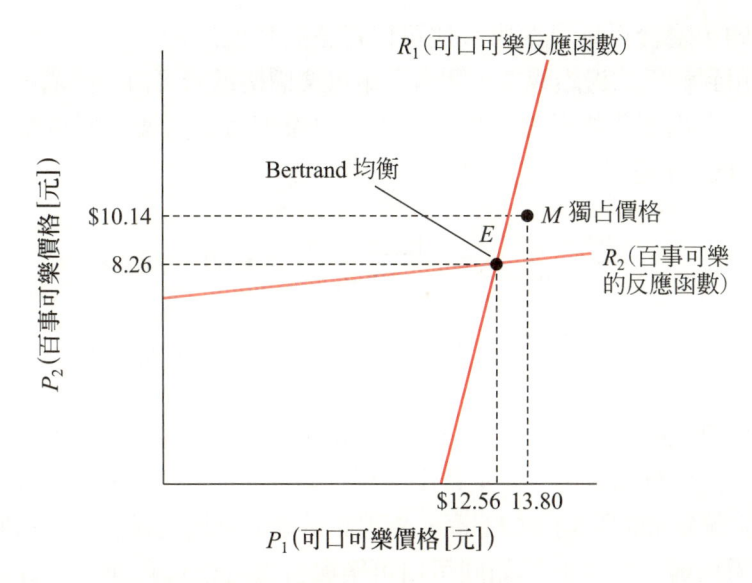

圖 13.11 可口可樂與百事可樂的 Bertrand 均衡

可口可樂反應函數是 R_1。百事可樂的反應函數是 R_2，Bertrand 均衡是在兩條反應函數的交點 (點 E，其中可口可樂價格是 $12.56，百事可樂價格是 $8.26)。這與獨占均衡 (點 M，其中可口可樂價格是 $13.8，百事可樂價格是 $10.14) 不同。

擇自己的價格以追求利潤極大。[31] 如圖 13.11 所示，均衡是在兩條反應函數相交之處 ($P_1^* = 12.56$，與 $P_2^* = 8.26$)。將這些均衡價格代入需求函數。我們可以計算出可口可樂與百事可樂的均衡數量：$Q_1^* = 30.28$ 百萬單位 與 $Q_2^* = 21.26$ 百萬單位。事實上，在 GVL 研究期間 (1968－1986) 的真實平均價格 (貨膨脹調整)：可口可樂是 $12.96，百事可樂是 $8.16。對應的實際購買數量 $Q_1 = 30.22$ 百萬單位與 $Q_2 = 22.72$ 百萬單位。因此，Bertrand 模型，當運用到 GVL 估計的需求曲線時，的確可以說明美國可樂市場兩大廠商的實際訂價行為。

百事可樂的均衡價格遠低於可口可樂的價格，重要的理由有二。第一，百事可樂的邊際成本係低於可口可樂。第二，更重要的是，百事可樂需求的價格彈性大於可口可樂 (如表 2.7 所示)。[32] 由於我們知道 (從第 11 章) 沿負斜率需求曲線的利潤極大化，隱含反彈性訂價法則 (IEPR)，運用 IEPR 到可口可樂與百事可樂的訂價

---

[31] 正如 Cournot 均衡，你將在第 14 章看到 Bertrand 均衡也是鼐徐均衡的特殊範例。因為這個原因，有些教科書稱 Bertrand 均衡為鼐徐的價格均衡 (Nash equilibrium in prices)。

[32] 由於 GVL 是依據實際平均價格來計算需求價格彈性，如果你依據均衡價格來計算彈性，這些估計值不會完全等於範例 2.5 的估計值，但也不會相去太遠。

問題，隱含百事可樂應該比可口可樂有較低的加成。較低的加成運用到較低的邊際成本，隱含百事可樂價格低於可口可樂價格。

在均衡價格已知情形下，可口可樂與百事可樂邊際貢獻百分比 (PCM) 是

$$\frac{P_1^* - MC_1}{P_1^*} = \frac{12.56 - 5}{12.56} = 0.60 \text{，或 } 60\%$$

$$\frac{P_2^* - MC_2}{P_2^*} = \frac{8.26 - 4}{8.26} = 0.52 \text{，或 } 52\%$$

可口可樂的 PCM 隱含可口可樂每銷售一元，其中有 61 美分能夠用來支付行銷費用、營業費用、利息與稅。這個 PCM 比一般美國製造業廠商的平均 PCM 高。[33] 因此這個例子說明異質商品如何軟化價格競爭。當商品如同可口可樂與百事可樂具有強烈異質特性時，以削價做為搶走競爭對手客戶的手段比商品是完全替代時，相對沒有效果。當然，可口可樂與百事可樂必須花下鉅資才能達到強烈異質商品。兩家公司投入數以百萬計美元在美國市場廣告他們的可樂，且正如同在本章序言中的討論，兩家公司在大學校園競相相爭唯一代理權，以建立年輕學子的品牌忠誠度。

即使水平異質能夠軟化價格競爭，Bertrand 均衡價格並不會等於獨占價格 (亦即，百事可樂與可口可樂勾結的聯合利潤最大的價格)。如圖 13.11 所示 (點 M)，這些獨占價格為可口可樂的 $13.80 與百事可樂的 $10.14。在 Cournot 模型，追求利潤極大的獨立寡占廠商的均衡與獨占廠商均衡並不一致，因為每家廠商獨立做價格決策，沒有一家廠商會將對手廠商價格下跌的負面效果或價格上漲的正面效果考慮在內。

邊做邊學習題 13.3

水平異質商品 Bertrand 均衡的計算

假設可口可樂與百事可樂的需求曲線分別為 $Q_1 = (64 + 2P_2) - 4P_1$

---

[33] 我們利用美國製造業調查 (U.S. Census of Manufacturing) 來計算經常使用的 PCM 估計：

$$PCM \approx \frac{\text{銷售收益} - \text{原料成本} - \text{工廠薪資}}{\text{銷售收益}}$$

這個方程式是以原料成本與勞動成本來替代邊際成本。從過去的歷史數據看，對美國所有製造廠商而言，PCM 約在 23% 到 25% 之間。

第 13 章　競爭與市場結構　**567**

和 $Q_2 = (50 + P_1) - 5P_2$。[這對應於式 (13.1) 和 (13.2) 重新整理後，括弧用來強調廠商視為固定的項目。] 可口可樂的邊際成本是每單位 \$5，而百事可樂的邊際成本是每單位 \$4。

問題

(a) 當百事可樂的價格為 \$8 時，可口可樂利潤極大化的價格為何？
(b) 可口可樂的價格反應函數為何 (亦即，當百事可樂價格固定在 P_2 時，可口可樂利潤極大化的價格)？
(c) 請計算在 Bertrand 均衡時，百事可樂與可口可樂的利潤極大化價格與數量？

解答

(a) 將 $P_2 = 8$ 代入可口可樂需求曲線，可以得到 $Q_1 = (64 + 2(8)) - 4P_1 = 80 - 4P_1$，或 $P_1 = 20 - 0.25Q_1$。對應的邊際收益曲線是 $MR = 20 - 0.5Q_1$。等於可口可樂邊際成本時可得 $20 - 0.5Q_1 = 5$，或 $Q_1 = 30$。將上式代入可口可樂的需求曲線，可以求出 $P_1 = 20 - 0.25(30)$，或 $P_1 = 12.50$。因此，當百事可樂價格 \$8 時，可口可樂的利潤極大化價格為 \$12.5。

(b) 可口可樂的需求曲線 P_1 是 $P_1 = (16 + P_2/2) - Q_1/4$。對應的可口可樂的邊際收益曲線是 $MR = (16 + P_2/2) - Q_1/2$。等於邊際成本時可以求得 $(16 + P_2/2) - Q_1/2 = 5$，或 $Q_1 = 22 + P_2$。將上式代入可口可樂的需求函數，可以得到 $P_1 = (16 + P_2/2) - (22 + P_2)/4$，或 $P_1 = 10.5 + P_2/4$。這是可口可樂的價格反應函數。(注意我們可以用相同的方法從百事可樂剩餘需求曲線開始得到百事可樂的價格反應函數，如此便可得 $P_2 = 7 + P_1/10$)。

(c) 當兩條反應函數相交時 (亦即，兩條曲線相交時)，可以得到 Bertrand 均衡。因此，我們可以聯立求解二家公司的反應函數；$P_1 - P_2/4 = 10.5$ (重新整理後的可口可樂反應函數) 和 $P_2 - P_1/10 = 7$ (重新整理後的百事可樂反應函數)，或 $P_1^* = \$12.56$ 與 $P_2^* = \$8.26$。將這兩個均衡價格代回兩家公司的需求曲線，可以求得 Bertrand 均衡數量：$Q_1^* = 30.28$ 單位和 $Q_2^* = 21.26$ 單位。

類似問題：13.21，13.22，13.23

範例 *13.5*

海底隧道與海峽渡輪

　　現在工程史上一個令人印象深刻的偉大事蹟是 32 哩長的英法海底隧道，連結法國的

Calais 與英國的 Dover。擁有與經營英法海底隧道的公司 Eurotunnel (ET)，主要提供兩項服務：乘客服務與貨運服務。ET 的乘客服務，稱為 Le Shuttle，是在隧道的起始點，你將車子開上特別設計的軌道車上，然後火車會將你的車子(人在車裡) 經過海底隧道運送至另一端的終點站。[34] ET 的貨運服務，是將貨車開上特別設計的軌道車，然後火車再將貨車運送至隧道的另一端。ET 的這兩種服務，都是與通過英利海峽的渡輪競爭。當 Chunnel 開始營運後，有兩家主要的渡輪公司：英國的 Britain P&O 與瑞典的 Sweden Stena Line。因此，他們搭載 80% 的跨海乘客與貨運服務。自英法海底隧道通車後，這兩家公司合併經營跨海業務，與 ET 競爭，形成雙占。

在 Chunnel 營運前，John Kay，Alan Manning 與 Stefan Szymmanski (KMS) 利用價格競爭的 Bertrand 模型分析 ET 與渡輪公司 (他們將其簡化成一家廠商) 在貨運服務市場價格競爭的可能結果。利用 1987 年 ET 公司的發起說明書 (準備給投資者與貸款銀行的未來營運計畫書) 及某些有根據的簡單猜測，KMS 估計 ET 公司與渡輪公司的價格反應函數，如圖 13.12 所示他們預測的 Bertrand 均衡價格分別是海底隧道 £87 與過海渡輪 £150。這些 ET 均衡價格與渡輪均衡價格的大幅差異反映出 KMS 估計 ET 貨運服務的邊際成本遠低於渡輪貨運服務的邊際成本。

KMS 的分析建議 ET 在跨海運輸市場會成為一可怕的競爭者。在海底隧道通車後兩年，ET 貨運市場占有率為 44%，而渡輪是 40%。到 2002 年，ET 的跨海貨運市場占有率成長超過 50%，貨運服務成為 ET 最賺錢的部門。

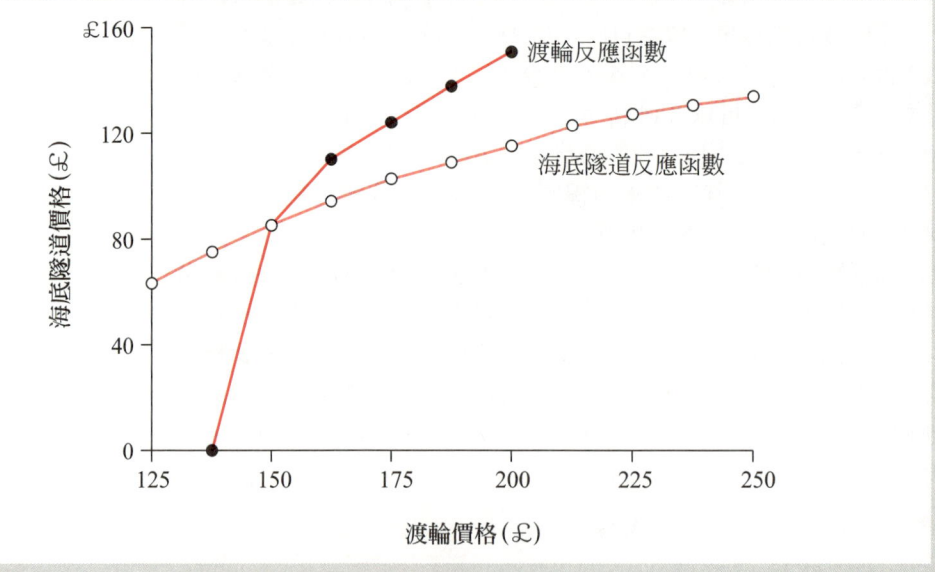

圖 13.12　Bertrand 均衡：海底隧道與渡輪

海底隧道與渡輪的反應函數曲線。Bertrand 均衡發生在海底隧道價格 £87 與渡輪價格 £150 相交處。來源：圖 18.17 取自 "Pricing the Tunnel," in J. Kay, *The Business of Economics* (New York: Oxford), 1996。

---

[34] 這種服務也擴及大客車運輸。

13.5 壟斷性競爭

壟斷性競爭市場有三個不同的特點。[35] 第一，市場是沒有組織的——它包括許多買者與賣者。第二，市場可以自由地進出——任何廠商能夠雇用其需要的生產因素 (勞動、資本等)，當他們不需要時，可以隨時釋出。第三，廠商能生產水平異質商品——消費者視廠商的商品為不完全代替。

地區性的零售業與服務業通常具有這些特性。例如，以位於伊利諾州伊文斯頓市的餐廳業為例。這個市場是高度沒有組織——例如，在伊文斯頓電話簿的黃頁，有幾乎五頁的餐廳名單。伊文斯頓市的餐廳也能夠自由加入或退出。潛在餐廳業者能夠輕鬆地租到空間，獲得廚房器具，及僱用侍應生。比較 1999 年與 2004 年電話簿黃頁的餐廳名稱，發現有明顯的不同。當時機很好時，新餐廳會營業。當一家餐廳不賺錢時，它會關門歇業。

市場沒有組織以及自由進出也是完全競爭市場的特色。但是不像完全競爭廠商，伊文斯頓市的餐廳有明顯的商品差異。當地有不同類型的餐廳 (如中國菜、泰式料理、義大利菜、素食) 能夠滿足消費者不同的口腹之慾。有些餐廳是正式的，有些餐廳是休閒路線。且每家餐廳的地點對附近居住或工作的人都能夠方便找到，但對住在其他區必須開車數十哩的消費者卻是不容易找到這些餐廳。

壟斷性競爭市場的短期與長期均衡

在選擇商品價格時，壟斷性競爭廠商的行為非常類似上節提到的異質商品寡占廠商的行為。即使市場是沒有組織的，因為異質商品的特色，每家廠商的需求曲線仍為對負斜率。將其它廠商的價格視為固定，每家廠商會在邊際收益等於邊際成本的地方實現利潤最大的目標。

圖 13.13 說明壟斷性競爭市場中的典型廠商利潤極大化問題。我們的廠商面對需求曲線 D。當廠商沿這條需求曲線追求利潤極大時，商品價格是 $43，生產數量是 57 單位。價格 $43 是面對市場其它廠商價格的最佳反應。如同異質商品寡占的 Bertrand 模型，當每家廠商面對所有其他廠商價格而選擇最佳反應的價格時，市場達到均衡狀態。假設市場上每一家廠商將價格訂為 $43

---

[35] 壟斷性競爭理論是由經濟學家 Edward Chamberlin 在他的書 *The Theory of Monopolistic Competition* (Cambridge, MA: Harvard University Press), 1933 所提出。

圖 13.13 壟斷性競爭的利潤極大化與短期均衡

每家廠商面對需求曲線 D，追求利潤極大會選擇在邊際收益等於邊際成本處生產。利潤極大化價格是 $43，而產量 57 單位，這是一短期而非長期均衡，因為價格超過平均成本。利潤大於零會吸引新廠商加入市場。

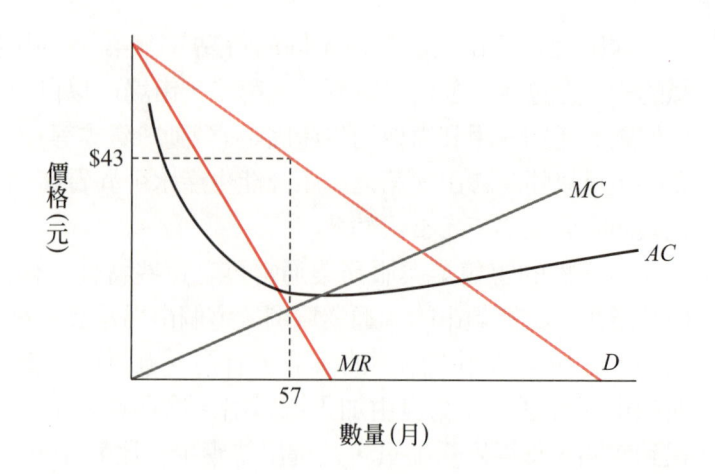

圖 13.14 壟斷性競爭的長期均衡

當廠商加入壟斷性競爭市場，廠商需求曲線會向左移動，從 D 到 D'。在長期均衡時，廠商賺取零利潤。這發生在價格 $20 與數量 $47 之處。在這一點，廠商需求曲線 D' 恰好與平均成本相切，廠商賺取零經濟利潤。

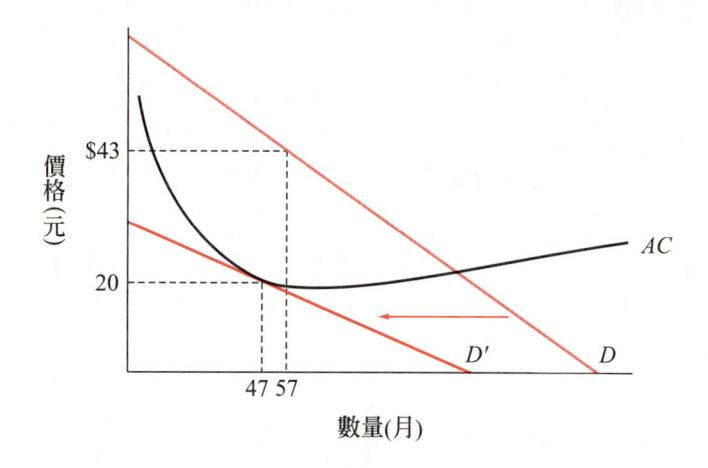

時，可以滿足這個條件 (亦即，我們假設市場每家廠商均相同)。

然而，壟斷性競爭與異質商品寡占有什麼差異？最主要的差異在壟斷性競爭市場能夠允許廠商自由進出。若市場存在利潤機會，新廠商會加入市場爭取利潤。在圖 13.13，商品價格 $43 超過廠商的平均成本，這意謂市場內典型廠商賺取正的經濟利潤。圖 13.13 的情況構成短期均衡——廠商在對手反應已知情況下，達到利潤極大——但這不是一個長期均衡。因為廠商將會加入市場以賺取超額利潤。

當更多的廠商進入市場，每家廠商占有總需求的比例將下跌——亦即，這會引起廠商的需求曲線左移。自由進入與廠商需求曲線的左移會持續到廠商賺取的經濟利潤等於零時才停止。在圖 13.14，這發生在價格等於 $20 處。當平均產業價格是 $20 時，各

家廠商需求曲線 D' 與其平均成本曲線 AC 相切。換言之，廠商收到的價格與變動成本的差額恰好支付固定成本與企業開張的前置成本。在這種情況下，潛在廠商沒有誘因再進入市場。

需求的價格彈性，加成，與市場廠商家數

在壟斷性競爭市場，自由進入與退出決定最終有多少廠商會留在市場內競爭。圖 13.15 說明長期均衡的兩種可能結果。

在市場 A，消費者在選擇廠商時，對價格差異是很敏感的。在這種市場的廠商面對高度價格彈性的需求曲線。在長期均衡 (需求曲線 D 與平均成本曲線 AC 相切)，價格與邊際成本間的加成 $(P^* - MC)$ 很小，且廠商生產的商品數量較大。反之，在市場 B，消費者面對眾多競爭廠商，對價格差距不是很敏感，所以廠商對價格敏感度低於市場 A。在長期均衡時，價格與邊際成本間的加成很大，且每家廠商生產的商品數量較少。若在均衡時，消費者在市場 A 與市場 B 的總購買數量相同，市場 B 會比市場 A 有更多的廠商家數，因為市場 B 的廠商比市場 A 的廠商銷售更少數量的緣故。

當更多廠商加入時，商品價格是否下跌？

當我們稍早在本章研究 Cournot 模型時，我們知道市場內廠商

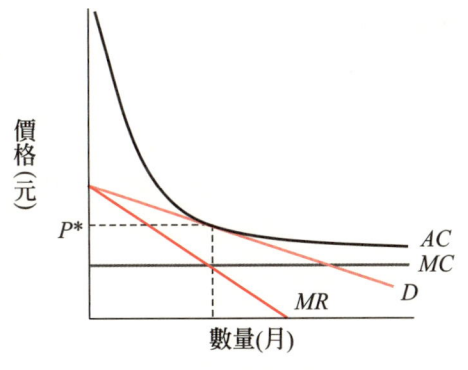

(a) 市場 A 面對相對有彈性需求 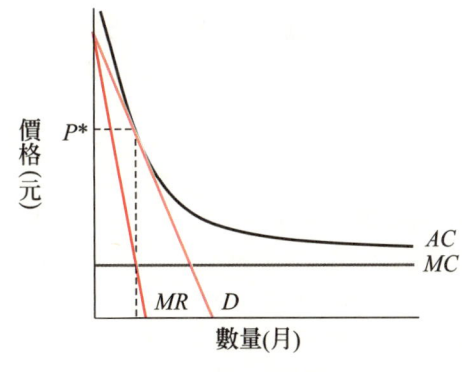　　(b) 市場 B 面對相對無彈性需求

圖 13.15　需求的價格彈性與均衡市場結構
在市場 A，廠商面對相對有彈性的需求曲線，在長期均衡時，價格與邊際成本之間的加成 $P^* - MC$ 很小，且每一家廠商的產量很大。在市場 B，廠商面對相對無彈性的需求曲線。在長期均衡時，價格與邊際成本間的加成很大，每一家廠商生產的商品數量很少。

家數愈多，均衡價格會下跌。圖 13.14 描繪的壟斷性競爭市場有同樣的情形。在圖形上，更多的廠商進入市場導致市場價格下跌。

但是這並不必然如此。要知道為什麼，考慮圖 13.16，所示為壟斷性競爭市場的長期均衡價格是 $50。現在假設所有廠商都經歷平均成本的下跌 (以圖中的 AC 下跌至 AC' 為表示)。在價格為 $50，廠商現在享有正的經濟利潤，故鼓勵額外廠商的加入市場。當回到長期均衡時，廠商再次賺取零經濟利潤，但是在每單位最高價格 $55 之處。更多的廠商加入，會使均衡價格上漲！

為何會發生這種情形？一個理由是新廠商會吸引一部分現有廠商的客戶——那些沒有品牌忠誠度的消費者會在競爭廠商間游走——讓現有廠商保留少部分的核心忠誠顧客。事實上，額外廠商的加入會將現有廠商推向更狹窄的利基市場。例如，在都市地區的錄影帶出租市場，新錄影帶出租店的出現會使現有錄影帶出租店損失住得較遠的顧客。錄影帶出租店的賣點與對象是附近幾條街的消費者。這些仍然光顧這家錄影帶出租店的客戶是因為地點便利性的緣故。另一個理由是愈來愈多的商店加入市場，讓消費者要知道與比較所有錄影帶的出租價格比較困難。因為缺乏效率的逛街比較，消費者對錄影帶出租價格變得比較不敏感。以上的這些因素，讓一般廠商的需求曲線隨著愈多廠商的加入，變得愈陡，如圖 13.16 所示。當需求隨新廠商加入而移動時，每一家廠商的產量會沿新的平均成本曲線移往更高點，結果是各家的商品數量大幅減少。在新的長期均衡點，有更多的廠商在市場內生產，但是每家廠商的規模比以前小，且索價比以前高。

圖 13.16 在壟斷性競爭下，廠商家數提高會提高均衡價格

市場初始的長期均衡是在價格 $50 處且每家廠商面對的需求曲線 D。若廠商平均成本曲線從 AC 下移至 AC'。愈來愈多廠商加入市場，個別廠商需求曲線會從 D 移至 D'。透過更多的廠商加入市場，新的長期均衡價格 ($55) 會比以前的均衡價格更高。

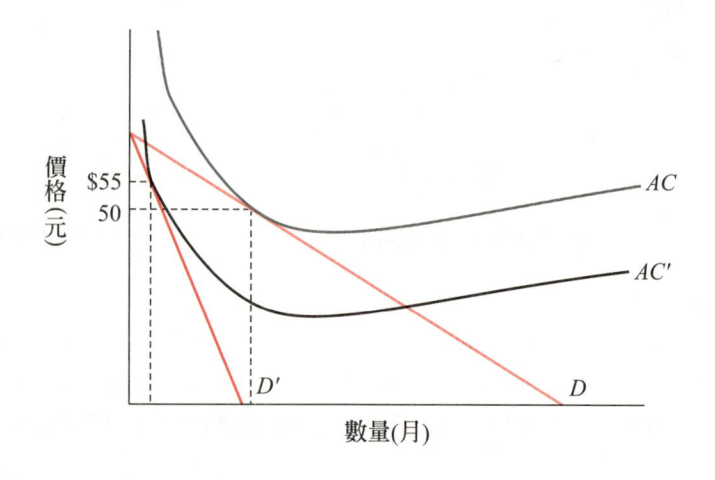

範例 13.6

酒或玫瑰

　　如果你翻開當地電話簿 (Yellow Pages)，你會發現當地的花店數目比賣酒商店的數目要多。例如，在 1998 年，伊利諾州伊文斯頓市的電話簿 (包括伊文斯頓市與芝加哥北岸的許多衛星城市) 列出 124 家花店，但只有 31 家賣酒的商店。你可以看到在印第安納州布魯明頓市也有類似的情形。電話簿：列出 26 家花店，但是只有 14 家賣酒商店。

　　為何如此？這些數據是否告訴我們玫瑰花需求明顯地比酒類的需求高？可能不是。事實上，一般美國家庭每年可能支出較多的金錢在一般酒類、啤酒，與烈酒上，而不是在購買玫瑰花。反之，地方零售市場結構的型態可能反映 (或至少部分反映) 圖 13.15 的邏輯，[36] 隱含當廠商可以自由加入，市場內的廠商能夠獲得較高加成，價格超過邊際成本，應該包含許多小廠商，市場內廠商擁有較低的加成，應該是廠商規模較大但家數較少。在高加成市場，如圖 13.15 的市場 B，廠商不需要達到高銷售額來因應新開張的前置成本與企業營運的固定成本。許多廠商屬於這種市場，且在自由進入，廠商會進入這個產業。在低加成市場，如圖 13.15 的市場 A，廠商需要高銷售業績才能支付新開張的前置成本與企業營運的固定成本。為數較少的廠商屬於這種市場，所以即使能夠自由進入，只有少數廠商會加入。

　　在零售業，價格與邊際成本間的加成，最佳的近似替代變數是毛利率 (gross margin)，係代表商品價格與零售業者成本的差額，通常以價格的百分比表示。(毛利率曾在範例 13.4 討論和定義過。) 一般花店的毛利率都超過 40%。相反地，經銷酒類商店的毛利率通常低於 20%。圖 13.15 的邏輯告訴我們，在其它條件不變下，一般地方零售市場，花店的家數應該比賣酒商店的家數多，正如我們對伊文斯頓市與布魯明頓市的觀察。它也建議我們應該看到更多的珠寶店 (毛利率是 50%) 與較少的麵包店 (毛利率是 40%)。更多的麵包店與較少的五金雜貨店 (毛利率在 20% 與 30% 之間)。在伊利諾州伊文斯頓市與印弟安納州布魯明頓市的情況的確如此：伊文斯頓市的電話簿列出 101 家珠寶店，60 家麵包店，與 26 家五金雜貨店。布魯明頓市的電話簿列出 36 家珠寶店，16 家麵包坊與 13 家五金雜貨超市。請翻閱你們家的電話簿，檢視這種型態是否在你居住的城市出現。

範例 13.7

當家庭醫生很難找到時

　　地區性醫生市場是壟斷性競爭的良好範例。不同醫生生產不同商品，且進入與退出市場並不困難。Mark Pauly 與 Mark Satterth-waite 研究美國 92 個都會區醫師人數與價格間的關係。[37] 在控制影響病人平均診療費用的人口與市場因素後，Pauly 與 Satterthwaite 發現每一平方哩家庭醫生人數 (地區性市場家庭醫生人數的衡量指標) 的增加與平均診療費用的增加有關。換言

---

[36] 當然，它也反映其它因素，如兩種不同零售業的成本差異，花店與酒類商品提供的種類，及啤酒與一般酒類也可以在便利商店及超商購買的事實。

之，市場存在愈多廠商，商品價格也愈高。

如何解釋這些發現？Pauly 與 Satterthwaite 發現尋找醫生的途徑，主要是透過親戚、朋友或同事的介紹。在當地市場僅有少數的醫生 (例如，三或四位醫生)：搜尋是容易的：每個醫生可能在市場上都頗具口碑。大多數人可能對醫生都有很好的認識，且很清楚其收費標準。然而，在有許多醫生的當地市場，消費者可能不容易將不同醫生的每一項資訊都做蒐集比較。結果，消費者搜尋變得非常沒有效率。因為消費者無法進行有效地比較，他們可能對擁有許多醫生的市場需求是相對無彈性的需求。在這種市場，個別醫生面對的需求曲線會比較像圖 13.16 的 D' 而非 D。

想要探討消費者搜尋效率是否與觀察到的價格走勢有關，Pauly 與 Satterthwaite 檢視在人口數眾多城市中，有大量新興人口 (因此對當地醫師資訊缺乏瞭解) 的醫師診療費是否高於僅有少數新移入居民的醫師診療費。答案是肯定的。這個證據加上他們所蒐集的其它證據，建議消費者搜尋過程的效率性是當地醫師診療費的一個重要決定因素。

總　結

- 在齊質商品寡占中，少數廠商銷售近乎完全相同的商品。在強力廠商市場，一家廠商占有大部分市場而與其它許多小廠競爭，所有廠商銷售近乎完全相同的商品。在異質商品寡占中，少數廠商銷售異質商品。在壟斷性競爭，許多廠商銷售異質商品。
- 齊質商品寡占的 Cournot 模型假設廠商視競爭對手的產量固定，然後選擇產量以追求利潤極大化。在 Cournot 均衡，每家廠商的產出是所有其它對手產量的最佳反應，沒有廠商會事後遺憾他們的產量選擇。**(LBD 習題 13.1，13.2)**
- Cournot 模型是指廠商只做唯一一次生產決策。Cournot 均衡是廠商完全瞭解且同時做唯一一次的生產決策，並完全相信競爭對手是理性的自然結果。
- Cournot 廠商具市場力量，Cournot 均衡價格會低於獨占價格，但高於完全競爭價格。**(LBD 習題 13.2)**
- 若產業擁有為數眾多的廠商，Cournot 均衡的產業產出上升而均衡市場價格下降。
- 我們可以利用修正後的反彈性訂價法則 (IEPR) 敘述 Cournot 均衡。
- 在齊質商品寡占的 Bertrand 模型，每家廠商接受對手廠商制定的價格，再選擇利潤極大化的價格。若所有廠商擁有相同固定的邊際成本，Bertrand 的均衡價格等於邊際成本。
- 我們能夠以兩種角度讓 Cournot 與 Bertrand 模型所預測不同的均衡結果有一致的邏輯。第一，Cournot 模型可以當成是長期產能的競爭，Bertrand 模型可以當成是廠商短期價格的競爭。第二，兩個模型在每家廠商預期對手行動上，做不同的假設。
- 在 Stackelberg 寡占模型中，一家廠商 (領導者) 先做數量決策。其它廠商 (跟隨者) 觀察該產出，然後再做數量決策。
- 在 Stackelberg 模型中，領導者通常比在 Cournot 均衡下生產更多產出，而跟隨者比在

---

[37] M. Pauly and M. Satterthwaite,"The Pri Tcing of Primary Care Physicians' Services: a Test of the Role of Consumer Information," *Bell Journal of Economics*, 12 (1982): 488-506.

Cournot 均衡時生產更少產出。藉著先生產，領導者可以操縱跟隨者的產出決策而獲利，結果，領導者比在 Cournot 均衡下獲得更高利潤。
- 在強力廠商市場，強力廠商首先考慮邊緣競爭廠商供給曲線，然後再制定利潤極大化的商品價格。若邊緣廠商供給隨時間經過而增加，強力廠商的市場占有率與商品價格均會下跌。為了防止此種情形，強力廠商會採取限價策略。
- 當消費者毫無疑問地認為一商品比另一商品較好或較壞時，則兩商品存在垂直異質。當某些消費者認為該商品不是另一商品的良好替代品，且其它消費者持相反意見時，則兩商品存在水平異質。
- 在異質商品的 Bertrand 均衡，均衡價格會超過邊際成本。當廠商之間存在明顯水平異質時，價格與邊際成本的差距將會很大。**(LBD 習題 13.3)**
- 壟斷性競爭市場包含許多廠商，每家廠商面對負斜率的需求曲線。當每家廠商接受對手決定的價格後，再選擇利潤極大化的價格時，我們說廠商已達短期均衡。在壟斷性競爭市場的長期均衡，自由進入會使廠商的經濟利潤為零。
- 在某些情況下，更多廠商加入壟斷性競爭市場會造成比未加入前更高的長期均衡價格。

複習題

1. 請解釋為什麼在兩個廠商的 Cournot 均衡，沒有任何一家廠商在觀察競爭對手的商品數量後，對自己的產量選擇沒有任何的遺憾？
2. 何謂反應函數？為什麼反應函數的交點是 Cournot 均衡？
3. 為什麼 Cournot 均衡價格低於獨占價格？為什麼 Cournot 均衡價格高於完全競爭價格？
4. 請解釋寡占的 Bertrand 模型與 Cournot 模型之間的差異。在同質商品寡占時，兩個模型對均衡價格相對邊際成本的預測為何？
5. 在寡占的強力廠商模型，邊緣競爭廠商到底扮演何種角色？為什麼增加邊緣廠商家數會導致利潤極大化的價格下跌？
6. 垂直異質商品與水平異質商品的不同之處是什麼？
7. 試解釋在異質商品寡占的 Bertrand 模型，為何商品異質程度會提高價格與邊際成本間的加成？
8. 壟斷性競爭產業的特性為何？請提供一壟斷性競爭產業的例子。
9. 為什麼壟斷性競爭長期均衡的廠商需求曲線與其平均成本曲線相切？若需求曲線"通過"平均成本曲線，為何不能是長期均衡？

問 題

13.1 在下列小題中，令市場需求曲線為 $P = 70 - 2Q$，且假設所有銷售者可以固定邊際成本 $c = 10$，和零固定成本生產。
(a) 若市場為完全競爭，均衡價格與數量為何？
(b) 若市場由獨占廠商控制，均衡價格和數量是多少？獨占廠商可賺取多少利潤？
(c) 現在假設艾咪和比爾為 Cournot 雙占廠商，Cournot 均衡價格為何？總市場產出為何以及各家廠商賺取的利潤是多少？

13.2 一同質商品雙占廠商面對市場需求函數是 $P = 300 - 3Q$，其中 $Q = Q_1 + Q_2$ 兩家廠商有相同的固定邊際成本 $MC = 100$。
  (a) 當廠商 2 每年生產 50 單位時，廠商 1 追求利潤極大的商品數量是多少？當廠商 2 每年生產 20 單位商品時，廠商 1 利潤極大化的商品數量是多少？
  (b) 請求出兩家廠商的反應函數與繪在圖形上。
  (c) Cournot 均衡的廠商商品數量是多少？市場價格是多少？
  (d) 若市場是完全競爭，則均衡價格是多少？
  (e) 若兩家廠商勾結形成卡特爾，則均衡價格是多少？
  (f) 試問 Bertrand 均衡價格是多少？
  (g) 當某廠商的邊際成本是 100，而另一家廠商的邊際成本是 90 時，Cournot 均衡數量與產業價格是多少？

13.3 傑克與安東在花生市場相互競爭。傑克非常有效率地生產花生，其邊際成本很低為 $c_Z = 1$；但是，安東的邊際成本固定為 $c_A = 10$。若花生市場需求是 $P = 100 - Q$，請找出每個競爭者 Cournot 均衡的價格，數量和利潤水準？

13.4 讓我們考慮一市場有兩家數量制訂者的廠商，其市場需求曲線為 $Q = 4000 - 40P$。廠商 1 的固定邊際成本等於 $MC_1 = 20$。而廠商 2 的固定邊際成本為 $MC_2 = 40$。
  (a) 試求出各廠商的反應函數。
  (b) 試求出 Cournot 均衡數量及 Cournot 均衡價格。

13.5 一齊質商品雙占包含兩家廠商，每家廠商的邊際成本曲線是 $MC = 10 + Q_i$，$i = 1$，2，市場需求曲線是 $P = 50 - Q$，其中 $Q = Q_1 + Q_2$。
  (a) 請問 Cournot 均衡數量與市場價格是多少？
  (b) 若兩家廠商聯合壟斷，形成一追求利潤極大的卡特爾，請問市場均衡價格是多少？
  (c) 若廠商是價格接受者，請問市場均衡價格是多少？

13.6 假設郵輪假期需求為 $P = 1200 - 5Q$，其中 Q 是市場為 P 之乘客總人數。
  (a) 市場一開始只有三個銷售者，阿爾發旅遊，貝它全球和麗星郵輪。每家公司有相同固定邊際成本，每位乘客 \$300。請找出每一個公司的對稱 Cournot 均衡價格和產出。
  (b) 現在假設貝它全球和麗星郵輪宣布合併成一家。它們宣稱合併可節省成本，使邊際成本低於 \$300。假設合併後公司天星，其邊際成本 $c < 300$，相對問題 (a)，c 值為多少可提高消費者剩餘？

13.7 一齊質商品寡占包含兩家廠商，每家都有一固定邊際成本 $MC = 5$，市場需求曲線是 $P = 15 - Q$。
  (a) 請問 Cournot 均衡數量與價格是多少？假設每家廠商的固定成本為零，請問均衡時，各家廠商利潤是多少？
  (b) 假設廠商 1 與廠商 2 進行合併，邊際成本仍維持在 $MC = 5$。新的 Cournot 均衡數量與價格是多少？合併後的廠商利潤是大於或小於兩家廠商在原來均衡下的聯合利潤？請解釋合併對廠商利潤的影響？

13.8 假設產業的需求價格彈性 $\epsilon_{Q,P} = -3$ (當產業沿需求曲線移動時，請將需求彈性固定為

－3)。產業內廠商的邊際成本是每單位 $10，假設產業包含 5 家廠商。在 Cournot 均衡時，請問 Lerner 指數是多少？

13.9 萬寶龍是 Cournot 雙占市場的一家廠商，它與它的主要競爭者西華面對一負斜率需求曲線，每家廠商的邊際成本固定且與產出無關。請指出下列如何影響萬寶龍與西華的反應函數，以及 Cournot 均衡數量。

(a) 安全專家開始建議所有的居家者需要安裝廚房用品以取代煙幕偵測器。
(b) 萬寶龍與西華的產品由白金製成，每一個產品需用 1 公斤的白金。白金的價格上升。
(c) 萬寶龍公司的固定成本上升。
(d) 政府針對西華的產品課稅，但對萬寶龍產品並未課稅。

13.10 一產業包含兩個 Cournot 廠商銷售同質產品，其市場需求曲線為 $P = 100 - Q_1 - Q_2$。每家廠商的邊際成本為每單位 $10。

(a) 請找出 Cournot 均衡數量和價格。
(b) 若廠商勾結成獨占，均衡價格與數量為何？
(c) 假設廠商 1 和 2 簽訂下列合約。廠商 1 同意支付廠商 2 每單位產出 (廠商 1 生產) T 元。同樣地，廠商 2 同意支付廠商 1 每單位產出 (廠商 2 生產) T 元。此金額恰好可以符合政府對交叉授權的規定，廠商 1 支付廠商 2 權利金以使用其專利。廠商 2 支付廠商 1 權利金以使用其專利。要達到此一 Cournot 均衡的勾結結果的 T 值為何？
(d) 畫出此狀況下的反應函數圖形？

13.11 考慮一寡占市場，其廠商選擇產量。逆市場需求曲線為 $P = 280 - 2(X + Y)$，其中 X 是廠商 1 的產量而 Y 為廠商 2 的產量。每一家廠商的邊際成本是 40。

(a) 各家廠商的 Cournot 均衡產出是多少？Cournot 均衡的市場價格是多少？各家廠商利潤為何？
(b) 當廠商 1 為領導者時，Stackelberg 均衡為何？Stackelberg 均衡價格為何？各家廠商利潤為何？

13.12 考慮一市場需求為 $P = 18 - X - Y$，其中 X 是廠商 1 的產出，而 Y 為廠商 2 的產出。廠商 1 的邊際成本是 3，廠商 2 的邊際成本是 6。

(a) 請求市場的 Cournot 均衡產出，各家廠商利潤為何？
(b) 請求出廠商 1 為領導者的 Stackelberg 均衡。各家廠商的利潤為何？

13.13 考慮一市場有兩個廠商，其中一個為 Stackelberg 領導者，另一為跟隨者，如我們所知，這意謂各家廠商會選擇數量 X (領導者) 和 Y (跟隨者)。想像你決定一特殊直線型需求曲線和邊際成本的 Stackelberg 均衡。請指出 X 與 Y 如何隨著我們"擾亂"下列方式的最初情況而變動？

(a) 領導者的邊際成本下降，但跟隨者的邊際成本固定不變。
(b) 跟隨者的邊際成本下降，但領導者的邊際成本固定不變。

13.14 假設鈷金屬的市場需求曲線是 $Q = 200 - P$。假設產業內有 10 家廠商，每家廠商的邊際成本是每單位 $40。請問各家廠商的 Cournot 均衡是多少？市場均衡價格是多少？

13.15 讓我們考慮與上一題相同的例子，但現在假設產業有一個強力廠商，Braeutigam Cobalt (BC)，其邊際成本是每單位 $40，產業裡還有 9 家邊緣生產者，每家的邊際成本是 $MC = $

$40 + 10q$，其中 q 是典型邊緣生產者的鈷產量。假設所有生產者的固定成本是零。
(a) 請問邊緣競爭廠商的供給曲線為何？
(b) 請問 BC 的剩餘需求曲線為何？
(c) 請求出 BC 利潤極大化的價格與商品數量。在均衡價格下，BC 的市場占有率是多少？
(d) 當邊緣競爭廠商家數是 18 而非 10 家時，請重複 (a) 到 (c)。

13.16 蘋果的 iPod 是許多追求小巧可攜式 MP3 播放器者的選擇之一。假設蘋果電腦的邊際成本為 4。市場需求為 $Q = 200 - 2P$。
(a) 若蘋果電腦為一獨占廠商，找出最適價格和數量。其利潤是多少？
(b) 現在假設有競爭邊際價格接受廠商 12 家。各家的總成本函數為 $TC(q) = 3q^2 + 20q$，對應的邊際成本是 $MC = 6q + 20$。求出邊際廠商的供給函數 (提示：一競爭廠商是沿著歇業點以上的邊際成本曲線供給產出)。
(c) 若蘋果電腦是強力廠商面臨市場上邊緣廠商的競爭，現在的最適產出是多少？邊緣廠商將銷售多少單位？市場價格以及蘋果電腦的利潤為何？
(d) 畫出 (c) 答案的圖形。

13.17 布蘭妮製作流行音樂唱片，其總成本函數為 $TC(Q) = 8Q$。流行音樂唱片的市場需求是 $P = 56 - Q$。假設有一競爭邊緣的價格接受流行音樂製作人，其總供給函數 $Q_{邊緣} = 2P - y$，其中 $y > 0$，為整數。若布蘭妮為一強力廠商，且將價格訂為 16，請求 (i) y 值，(ii) 布蘭妮的產出水準以及 (iii) 競爭邊緣廠商的產出水準。

13.18 讓我們考慮課文提到的可口可樂與百事可樂的例子。
(a) 請解釋為何兩家廠商的反應函數都是正斜率。亦即，為什麼百事可樂價格上漲，可口可樂利潤極大化價格也上漲？為什麼可口可樂價格上漲，百事可樂利潤極大化價格也上漲？
(b) 請解釋為什麼百事可樂利潤極大化價格似乎對可口可樂價格，相對不敏感？亦即，為什麼百事可樂反應函數如此平坦？

13.19 讓我們再次地回到課文中百事可樂與可口可樂的例子。利用反應函數的圖形，說明以下問題對均衡價格的影響：
(a) 可口可樂的邊際成本增加。
(b) 就任何可口可樂與百事可樂的價格組合，百事可樂需求上升。

13.20 當廠商選擇產量時，如 Cournot 模型的分析，反應函數具負斜率，然而，當廠商選擇價格時，如異質商品 Bertrand 模型的分析，反應函數具正斜率。為什麼產量反應函數與價格反應函數會有如此的差異？

13.21 假設傑瑞和泰迪是名牌洋傘的唯二銷售者，消費者視洋傘為異質商品，為簡化分析，假設每一個銷售者的邊際成本為零。當傑瑞索價為 P_J 和泰迪索價為 P_T。消費者從傑瑞處購買的洋傘為

$$q_J = 100 - 3P_J + P_T$$

同樣地，泰迪面臨的需求曲線為

$$q_T = 100 - 3P_T + P_J$$

在圖形上，繪出各個銷售者的最佳反應函數，均衡價格爲何？各個銷售者賺取的利潤爲何？

13.22 聯合航空與美國航空均有飛行芝加哥與舊金山的航線，它們的需求函數爲 $Q_A = 1000 - 2P_A + P_U$ 和 $Q_U = 1000 - 2P_U + P_A$。

Q_A 與 Q_U 分別是每天美國航空與聯合航空的乘客人數。每架飛機的邊際成本是每位乘客 \$10。

(a) 若美國航空將票價訂爲 \$200，聯合航空的需求曲線與邊際收益曲線爲何？當美國航空將票價訂爲 \$200 時，聯合航空利潤極大化的票價是什麼？

(b) 假設美國航空現在將票價訂爲 \$400，請重複 (a)。

(c) 請導出美國航空與聯合航空的價格反應曲線方程式。

(d) 試問 Bertrand 均衡是多少？

13.23 在異質商品市場中，三家廠商相互以 Bertrand 價格競爭。各家廠商的邊際成本爲零。每一家廠商的需求曲線如下所示：

$$Q_1 = 80 - 2P_1 + P_{23}$$
$$Q_2 = 80 - 2P_2 + P_{13}$$
$$Q_3 = 80 - 2P_3 + P_{12}$$

其中 P_{23} 是廠商 2 與 3 索取價格的平均值，P_{13} 是廠商 1 與 3 索取價格的平均值，而 P_{12} 是廠商 1 與 2 索取價格的平均值 [如 $P_{12} = 0.5(P_1 + P_2)$]。試問各家廠商的 Bertrand 均衡價格爲何？

13.24 加泰隆尼亞鞋市場爲一獨占廠商提供鞋子。加泰隆尼亞的鞋需求爲 $Q = 10 - P$，其中 Q 是每年百萬雙鞋 (左腳與右腳)，P 是一雙鞋的價格。製鞋的邊際成本固定，且每雙是 \$2。

(a) 加泰隆尼亞獨占廠商賣鞋的價格爲何？鞋子購買數量是多少？

(b) 加泰隆尼亞決議鞋商的獨占力並非是一件好事。受到許多年前美國政府將微軟一分爲二的激勵，加泰隆尼亞創造兩家廠商：一家賣右腳鞋子，另一家賣左腳鞋子，令 P_1 是右腳鞋商的售價，而 P_2 是左腳鞋商的售價。當然，消費者仍然想要買一雙鞋 (左腳和右腳)，所以一雙鞋子的需求仍舊爲 $10 - P_1 - P_2$。若你認爲如此，這意謂右腳鞋商賣 $10 - P_1 - P_2$ 隻右腳鞋子，而左腳鞋商賣 $10 - P_1 - P_2$ 隻左腳鞋子。因爲一雙鞋的邊際成本是每雙 \$2。右腳鞋商每隻鞋的邊際成本是 \$1，左腳鞋商的每隻鞋邊際成本是 \$1。

(i) 請推導右腳鞋商的反應函數 (P_1 以 P_2 表示)。請以相同方式推導左腳鞋商的反應函數。

(ii) 鞋子的 Bertrand 均衡價格是多少？鞋子的購買數量是多少？

(iii) 鞋子獨占情形一分爲二是否可改善消費者福利？

注意：想要瞭解這個問題對微軟反托拉斯案的潛在相關性，你可能有興趣閱讀 Paul Krugman, "The Parable of Baron von Gates," *New York Times* (April 26, 2000)。

13.25 (進階問題) 重新考慮習題 13.22，除了假設美國航空與聯合航空，視對手的數量固定，而非視對手的票價為固定。也就是，假設美國航空與聯合航空是 Cournot 競爭廠商而非 Bertrand 競爭廠商。對應問題 13.22 需求函數的兩家航空公司反需求函數分別是 [38]

$$P_A = 1{,}000 - \frac{2}{3} Q_A - \frac{1}{3} Q_U$$

$$P_U = 1{,}000 - \frac{2}{3} Q_U - \frac{1}{3} Q_A$$

(a) 假設美國航空選擇每日搭載乘客 660 人，亦即 $Q_A = 660$，請問聯合航空利潤極大化的乘客人數是多少？假設美國航空每日搭載 500 位乘客，請問聯合航空利潤極大化的乘客人數？
(b) 請求出兩家航空公司的數量反應函數。
(c) 請問兩家航空公司 Cournot 均衡數量是多少？兩家航空公司的均衡價格是多少？
(d) 為什麼本問題的 Cournot 均衡與上一個問題的 Bertrand 均衡不同？

13.26 讓我們想像本地的零售市場是一壟斷性競爭。每家廠商 (及潛在競爭者) 完全相同且面臨的邊際成本與產量無關，固定為每單位 $100。每家廠商每月的固定成本是 $300,000。因為每家既存廠商瞭解自己面對的需求價格彈性為 -2，反彈性訂價條件隱含每家廠商利潤最大化價格是 $(P - 100)/P = 1/2$ 或 $P = 200$。若各家廠商索取相同價格，它們將平均整個市場需求為每個月 96,000 單位。
(a) 在長期均衡時，市場有多少家廠商？
(b) 若每家廠商面對的需求價格彈性是 $-4/3$ 且索取利潤最大化價格每單位 $400，你的答案有何變動？

附錄：Cournot 均衡與反彈性訂價法則

在 Cournot 均衡，每家廠商的邊際成本等於其邊際收益曲線對應其剩餘需求曲線：

$$P^* + \frac{\Delta P}{\Delta Q} Q_i^* = MC , \ i = 1 , 2 , \cdots , N \tag{A.1}$$

其中 Q_i^* 是廠商 i 的均衡商品數量。重新整理式 (A.1) 可得

$$\frac{P^* - MC}{P^*} = - \frac{\Delta P}{\Delta Q} \frac{Q_i^*}{P^*} \tag{A.2}$$

將式 (A.2) 等號右邊的分子與分母都乘以 Q^* 可得

$$\frac{P^* - MC}{P^*} = -\left(\frac{\Delta P}{\Delta Q} \frac{Q^*}{P^*} \right) \frac{Q_i^*}{Q^*} \tag{A.3}$$

現在注意 $(\Delta P/\Delta Q)(Q^*/P^*) = 1/\epsilon_{Q,P}$ (亦即，是需求價格彈性的倒數)。此外，注意 Q_i^*/Q^* 為廠商

---

[38] 將兩家航空公司的需求函數聯立求解，可以得到反需求函數，是以 P_A 與 P_U 為乘客人數 Q_A 與 Q_U 的函數。

i 的均衡市場份額。若所有廠商完全相同,則每家廠商將公平地均分市場。因此,$Q_i^*/Q^* = 1/N$。我們因此可以將式 (A.3) 的 Cournot 均衡條件寫成是修正後反彈性訂價法則:

$$\frac{P^* - MC}{P^*} = -\frac{1}{\epsilon_{Q,P}} \times \frac{1}{N} \tag{A.4}$$

14 賽局理論與策略行為

14.1
聶徐均衡的觀念

14.2
重複囚犯兩難賽局

14.3
依序-行動賽局與策略行動

賽局裡有什麼東西？

在 1990 年代後期，本田 (Honda) 與豐田 (Toyota) 必須決定是否在北美興建汽車裝配工廠。[1] 藉由增加更高的產能，各家廠商能夠在美國與加拿大銷售更多的汽車。在面對它時，決定增加產能似乎是合理的。本田與豐田在北美銷售汽車都為公司帶來利潤，且每家公司銷售更多的汽車將可以賺更多錢。[2] 但由於北美洲汽車市場的需求成長並不強勁，兩家公司興建新廠與提高產量的決策可能會使競爭車種 (如 Honda Civic 與 Toyota Corolla) 的車價比未建新廠前更低。有可能兩家公司都建新廠似乎比都不建新廠要來得更糟。因此每家公司的決策因為自己與競爭對手間的相互糾纏而更加複雜。每一家廠商必須考慮對手的可能反應。

賽局理論是個體經濟學的分支，為有關競爭情況的最適決策制訂分析，係指每個決策者的行為會對競爭廠商的財富造成重大的衝擊。雖然賽局一詞聽起來有些輕浮，

---

[1] 例如，請見 "Detroit Challenge: Japanese Car Makers Plan Major Expansion of American Capacity" *Wall Street Journal* (September 24, 1997), p. A1.

[2] 此外，本田與豐田在美國興建新廠可以免除汽車進口關稅，同時，藉由興建美國工廠，本田與豐田可以避免美國政客的批評，因為是由美國工人來製造汽車。

有許多有趣的情況能以賽局方式研究。本田與豐田間的互動競爭是一個例子。賽局理論能多方面運用到其它的社會互動，包括拍賣會的買方競爭，國家間的核武裝備競賽，角逐選舉的候選人競爭。

我們這一章的目的是介紹賽局理論的重要觀念，讓你更瞭解與欣賞賽局理論能夠運用到各種不同的競爭情況。在許多方式，你已經在第 13 章開始學習賽局理論，你在上一章所學到的大多數寡占理論(如 Cournot, Bertrand) 都是賽局理論模型的特殊例子。本章是希望你能植基於該基礎上，裝備自己有關賽局基本觀念與工具，使你有能力分析實際生活發生的競爭互動。

章節預習 在本章，你將

● 分析簡單賽局以使瞭解聶徐均衡的概念。
● 學習有關優勢與劣勢策略，單純與混合策略。
● 學習如何在不同型態的賽局找到聶徐均衡。
● 瞭解某些種類的賽局如何導致參賽者合作而另一些賽局則否。
● 瞭解限制你的一些選擇如何能有策略價值。

14.1 聶徐均衡的觀念

賽局理論 個體經濟學的分支，有關在競爭情況下最適決策的分析。

策略 賽局中參賽者面臨每一個可以知道的情況下，將會採取行動的計畫。

簡單賽局

要介紹**賽局理論** (game teory) 重要觀念，我們先從最簡單的賽局開始分析：單次，同時行動賽局。在這種賽局，是兩個或兩個以上參賽者同時間做單獨一次的決策。為了說明，考慮序言所介紹的豐田 (Toyota) 與本田 (Honda) 在北美汽車市場的相互競爭。記得各家廠商面臨的決策為是否需要在北美洲興建新的汽車裝配工廠。表 14.1 敘述各家廠商擴充產能的潛在衝擊。每家廠商有兩個選擇或**策略** (strategies)——興建新廠或不興建——這給我們有四種產能擴充結果。一個參賽者在賽局中的策略是參賽者面對每一個可能發生的情況所採取的行動。在單次，同時行動賽局，策略是簡單的：他們只有一個決策。

第 14 章 賽局理論與策略行為

表 14.1 豐田與本田產能擴充賽局 *

		豐田	
		興建新廠	不建新廠
本田	興建新廠	16, 16	20, 15
	不建新廠	15, 20	18, 18

(報酬以百萬元計算)

在表 14.1，每一個組合的第一個數字是本田的年經濟利潤 (以百萬美元計)；第二個數字是豐田的年經濟利潤(以百萬美元計)。[3] 這些利潤代表賽局的報酬：在不同策略組合下，每位參賽者預期獲取的金額。表 14.1 的報酬顯示參賽者間相依存的程度：豐田的報酬受本田決策的影響，反之亦然。在賽局理論，參賽者無法控制自己的命運。表 14.1 的報酬數據為虛構，但卻真實地反映出當時兩家公司的動態競爭。

聶徐均衡

賽局理論尋求回答一個問題：何謂一場賽局可能的結果？賽局理論是利用**聶徐均衡** (Nash eguilibrium) 的概念來確認賽局"可能結果"。聶徐均衡是指，在其它參賽者策略選定情況下，每個參賽者選擇報酬最高的策略。這與第 13 章我們用來定義 Cournot 均衡 (寡占數量制訂) 與 Bertrand 均衡 (寡占價格制訂) 的觀念相同。事實上，這兩種均衡觀念都是聶徐均衡的特殊範例。

在這個賽局中，各家廠商的聶徐均衡策略是"興建新廠"。

聶徐均衡 在其它參賽者策略選定的情況下，賽局中每一個參賽者選擇最高報酬策略的狀況。

- 假設豐田已決定興建新工廠，本田最佳反應也是興建新工廠：若本田決定興建，利潤為 $1600 萬，但是如果其決定不新廠，利潤只有 $1500 萬。(注意：就"列"參賽者本田而言，我們是在兩列間進行比較。)
- 假設本田已決定興建新工廠，豐田最佳反應是興建新廠：如果豐田決定興建，它可獲得利潤 $1600 萬，但若其決定不蓋新廠，利潤只有 $1500 萬。(注意：就"行"參賽者豐田而言，我們們是在兩行間做比較。)

---

[3] 在這個表格及本章所有其它表格，我們都使用下列的決定。第一個數字是在表格左邊的參賽者──稱為列參賽者。第二個數字是表格上面的參賽者──稱行參賽者。

為什麼膴徐均衡代表賽局的合理結果？或許最令人信服的特性是膴徐均衡是自我實現的結果。若每個參賽局預期其它參賽者選擇自己的膴徐均衡策略，實際上，他們都將選擇其膴徐均衡策略。在膴徐均衡時，則預期會等於結果——預期行為與真實行為收斂。這在非膴徐均衡結果時不會成立，表 14.1 的賽局可為說明。若豐田 (愚蠢地) 預期本田不會興建新廠，而自己決定興建新工廠，則本田——追求自我利益最大情況下——將推翻豐田的預期，決定興建新工廠，使豐田汽車得到比預期結果更糟糕的真實結果。

囚犯兩難

豐田汽車與本田汽車的產能擴充賽局說明膴徐均衡一個值得注意的特點。膴徐均衡的結果並不必然是參賽者聯合利潤極大的結果。豐田與本田最好的結果是都不興建新工廠。然而，理性追求自我利益的最大，導致各個參賽者選擇的行動最終會傷害集體利益。

囚犯兩難 所有參賽者的集體利益與個別參賽者的自我利益間緊張的賽局情況。

集體利益與個人利益間的衝突通常稱為**囚犯兩難** (prisoner's dilemma)。在表 14.1 的賽局，如同第 13 章的 Cournot 數量制訂與 Bertrand 價格制訂模型，都是囚犯兩難賽局的特殊範例——膴徐均衡不會與參賽者集體報酬最大的結果一致。囚犯兩難係源於下列的故事：一犯罪事件有兩名嫌疑犯，David 及 Ron，被警察逮捕並分開拘禁。警方並沒有實際證據來起訴他們，警方給每一個囚犯機會自首並招認其它的嫌疑犯。他們告訴嫌犯若無人認罪，兩人會被判輕刑而只在監獄服刑 1 年。若兩人都認罪，兩人會被判較重刑罰，但因為合作，法官會從輕量刑，每人入監服刑五年。但如果一人認罪而另外一人不認罪，認罪者轉為污點證人將無罪釋放，另一人則判入獄十年。表 14.2 顯示賽局的報酬，入獄年限為負的報酬。

表 14.2　囚犯兩難賽局

		David 認罪	David 不認罪
Ron	認罪	−5, −5	0, −10
	不認罪	−10, 0	−1, −1

這個賽局的聶徐均衡是兩個嫌疑犯都認罪。若 David 認罪，Ron 認罪比不認罪的刑期更輕。在均衡時，即使兩人最好都不認罪且只服刑 1 年，最終兩個嫌疑犯都認罪且各判五年監獄服刑。

囚犯兩難在社會科學領域被廣泛研究。心理學家、政治學家、社會學家，及經濟學家都認為囚犯兩難是相當有用的觀念。因為它正確描述日常生活中個人利益與集體利益間的緊張關係。例如，廠商之間的價格戰開打，即使最後這個產業裡的所有廠商都受到傷害。候選人間從事"攻擊性文宣"，即使惡意攻訐與相互不信任導致勝選者將來無法有效管理也在所不惜。囚犯兩難賽局幫助我們瞭解為什麼那些明顯沒有生產力的結果竟然會發生。

優勢策略與劣勢策略

優勢策略

在表 14.1 的豐田與本田賽局中，找到聶徐均衡是容易的，因為對各家廠商而言，不管其它對手的策略為何 (即，若豐田決定興建新工廠，本田也決定興建工廠，可獲得 $1600 萬，而非 $1500 萬；若豐田決定不蓋新工廠，本田興建新廠可得 $2000 萬；如果不建只能得到 $1800 萬)，"興建新廠"比"不建新廠"要好。在這種情形下，我們說"興建新廠"是**優勢策略** (dominant strategy)。優勢策略是指不論對手如何選擇，參賽者會選擇對自己最有利的策略。當一參賽者有優勢策略時，這個策略是參賽者的聶徐均衡策略。

優勢策略 不管其它參賽者的策略為何，參賽者選擇對自己最好的策略。

在許多賽局，優勢策略並非不可避免。在許多賽局，有些或所有的參賽者並沒有優勢策略。例如，以表 14.3 印度汽車市場的 Ambassador 與 Marutti 兩家公司產能擴充為例。在這個市場，Marutti 的規模要比 Ambassador 大，且車子的品質比較好。因此，不論產能擴充計畫為何，Marutti 的利潤遠比 Ambassador 高出許多。

在這個賽局中，Marutti 並沒有優勢策略。若 Ambassador 決

表 14.3　Marutti 與 Ambassador* 的產能擴充賽局

Ambassador

Marutti	興建新廠	不建新廠
興建新廠	12, 4	20, 3
不建新廠	15, 6	18, 5

(報酬以百萬元計算)

定興建新廠,則 Marutti 不建新廠會比較好,但如果 Ambassador 決定不興建工廠, Marutti 會選擇興建。 Marutti 雖缺乏優勢策略,仍會有聶徐均衡: Ambassador 興建新廠,而 Marutti 不建新廠。想知道為何如此,注意若 Ambassador 決定興建, Marutti 的最佳反應是不建:如果不興建, Marutti 獲得 1,500 萬盧比,如果興建,則只能獲得 1,200 萬盧比。且若 Marutti 不興建, Ambassador 的最佳反應是興建:若其決定興建新廠,它可獲得 6 百萬盧比,但若決定不興建,只能賺 5 百萬盧比。

知道 Marutti 如何選擇策略是有趣的。若 Marutti 能夠想像報酬矩陣,它應該明白自己沒有優勢策略,而 Ambassador 有("興建")。因此, Marutti 應該能夠推理,知道 Ambassador 將選擇優勢策略,在此情況下, Marutti 應該選擇"不興建"。聶徐均衡是這個賽局的自然結果,因為 Marutti 的主管——"設身處地"站在對手的角度思考——會思考出其競爭對手會選擇優勢策略,然後讓 Marutti 無法行動。在賽局中設身處地從對手價值出發——是指從對手角度思考,並非自己的角度——是賽局理論最重要的功課之一。 Barry Nalebuff 與 Adam Brandenberger 稱此為以他人為中心的推理,相對於以自我為中心的推理,以自我為中心的推理是完全從自己的觀點來看世界。[4]

範例 14.1

除了律師外眾人皆為輸家

現代美國社會被批評有過多的訴訟案件。個人與廠商似乎愈發地依賴律師為其解決爭端。但是,就像普遍的認知,如果這種對訴訟的依賴有顯著的社會成本,為什麼自由市場經濟為律師創造如此多的生意?

Orley Ashenfelter 與 David Bloom 兩位經濟學家的研究,提供一個可能的答案。[5] 他們認為,決定是否聘請律師來解決爭端是囚犯兩難賽局的結果。雙方私下解決或聘請仲裁者來解決歧異,對爭議的雙方均有利。但如果一方認為聘請律師會大幅提高勝訴的機率,則聘請律師是划算的,聘請律師將是一個優勢策略。但是當雙方都如此為之,爭端的解決與聘用律師與否就沒有關係,且律師費用使雙方福利水準比以前低。

為了要測試這個理論, Ashenfelter 與 Bloom 分析從 1981 到 1984 年紐澤西州公務人員的

---

[4] B.J.Nalebuff, and A.M. Brandenberger, *Coopetition*, (New York: Currency Doubleday), 1996.
[5] O. Ashenfelter and D. Bloom, "Lawyers as Agents of the Devil in a Prisoner's Dilemma Game," NBER Working Paper No. W4447 (September 1993).

薪資爭議。他們也研究有關賓州被解僱工人權利問題的工會訴訟記錄。在兩種案例中，他們發覺有強烈證據顯示聘請律師是一項優勢策略，且聘請律師的決策導致囚犯兩難。例如，根據紐澤西州的資料，當一方聘用律師時，成功說服仲裁者接受其所提薪資建議的機率上升約 50 到 75%，當雙方都聘請律師時，勝算機率維持在 50%，表示聘用律師的利益會因為對方也聘用律師而相互抵銷。

聘請律師的可能性是一種囚犯兩難的聶徐均衡，意謂讓社會減少訴訟是一件很困難的工作。律師絕對無意減少他人對其法律服務的需求。囚犯兩難的邏輯建議，即使整個社會的福利水準會因為不聘用律師而提高，爭議的一方仍有強烈的誘因聘用律師。

劣勢策略

優勢策略的相反是**劣勢策略** (dominated strategy)。不論對手的策略如何，當參賽者有另外一個策略能夠帶來更高報酬，此一策略即為劣勢。在表 14.1，每名參賽者只有兩個策略，如果一個策略是優勢的，另一個策略一定是劣勢。然而，在參賽者的策略超過兩個，他會有劣勢策略，但不一定會有優勢策略。

確認劣勢策略有時能夠幫助我們在沒有優勢策略的賽局中推想出聶徐均衡，要說明這種情況，讓我們回到本田-豐田的賽局，但現在假設每家廠商有三種策略：不興建、興建小廠或興建大廠。表 14.4 顯示這些策略下的報酬。

在這個賽局中，沒有一個參賽者有優勢策略。三個策略的賽局中尋找聶徐均衡似乎比二個策略者要令人沮喪。但注意對每個參賽者而言"興建大廠"是劣勢策略。不論豐田如何選擇，本田選擇"興建小廠"要比"興建大廠"好。同樣地，不論本田如何選擇，豐田選擇"興建小廠"總比"興建大廠"好。若每個參賽者都會考慮對手的報酬——亦即，若每個參賽者以他人為中心推理——兩家公司應該得到一個結論，即對手不會選擇"興建大廠"。若每個參賽者都假設對手不會選擇"興建大廠"(且自行剔除"興建大廠"的策略)，則表 14.4 的 3×3 賽局會縮減成表 14.5 的 2×2 賽局，與表 14.1 的賽局相同。這個縮減後的賽局，每個參賽者現在有一個優勢策略："興建小廠"。藉剔除劣勢策略，我們能夠找出每個參賽者的優勢策略，然後，讓我們在全部賽局中求出聶徐均衡：[6] 每家公司是興建小廠。(你可以直接從表 14.4 得到這個

劣勢策略 不管其它參賽者採取何種策略，參賽者的另一策略能夠帶來更高報酬的策略。

---

[6] 這是與第 13 章的邏輯相同，當我們提到 Cournot 均衡時，我們說均衡是三星與 LG 單次賽局的自然結果。

表 14.4　豐田與本田修正後的產能擴充賽局 *

	豐田 興建大廠	豐田 興建小廠	豐田 不建新廠
本田 興建大廠	0, 0	12, 8	18, 9
本田 興建小廠	8, 12	16, 16	20, 15
本田 不建新廠	9, 18	15, 20	18, 18

(報酬以百萬元計算)

表 14.5　刪除劣勢策略後，豐田與本田修正後的產能擴充賽局 *

	豐田 興建小廠	豐田 不建新廠
本田 興建小廠	16, 16	20, 15
本田 不建新廠	15, 20	18, 18

(報酬以百萬元計算)

結論：若二者都選擇"興建小廠"，其它公司的最佳反應是選擇"興建小廠"。)

結論：藉由確認優勢策略與剔除劣勢策略來尋找聶徐均衡

我們可以將本節的主要結論總結如下：

- 當兩位參賽者都有優勢策略，那些策略將構成賽局的聶徐均衡。
- 若只有一位參賽者有優勢策略，該項策略將是參賽者的聶徐均衡策略。我們可以藉尋找其它參賽者面對第一位參賽者優勢策略的最佳反應，找出其它參賽者的聶徐均衡策略。
- 若兩位參賽者都沒有優勢策略，但二者都有劣勢策略，我們通常能夠藉剔除參賽者的劣勢策略，且因而能夠簡化賽局分析。

邊做邊學習題 14.1

找出聶徐均衡：可口可樂與百事可樂

表 14.6 顯示在不同的可口可樂與百事可樂價格下，兩家公司不同利潤的組合。

問題　求出這個賽局的聶徐均衡。

表 14.6　可口可樂與百事可樂的價格競爭 *

可口可樂

	$10.50	$11.50	$12.50	$13.50
百事可樂 $6.25	66, 190	68, 199	70, 198	73, 191
$7.25	79, 201	82, 211	85, 214	89, 208
$8.25	82, 212	86, 224	90, 229	95, 225
$9.25	75, 223	80, 237	85, 244	91, 245

(報酬以百萬元計算)

表 14.6a　在確認百事可樂優勢策略與劣勢策略後，可口可樂與百事可樂的價格競爭 *

可口可樂

	$10.50	$11.50	$12.50	$13.50
百事可樂 $6.25	66, 190	68, 199	70, 198	73, 191
$7.25	79, 201	82, 211	85, 214	89, 208
$8.25	82, 212	86, 224	90, 229	95, 225
$9.25	75, 223	80, 237	85, 244	91, 245

(報酬以百萬元計算)

解答　我們首先可以找出優勢策略。對百事可樂而言，$8.25 的價格是優勢策略，因為不論可口可樂選擇的價格為何，百事可樂在第 3 列的報酬──價格 $8.25──始終高於其它列的報酬。因此，其它三個價格 ($6.25，$7.25，及 $9.25) 是百事可樂的劣勢策略。我們注意在表 14.6a 所畫線通過這些劣勢策略，將它們剔除。

若可口可樂認為百事可樂將選擇其優勢策略，可口可樂的最佳反應是將價格訂為 $12.50 (可口可樂最高報酬在第 3 行)。

百事可樂將價格訂為 $8.25 與可口可樂將價格訂為 $12.50 的價格組合就是這場賽局的鼏徐均衡。(這正是我們在第 13 章討論的可口可樂-百事可樂價格競爭。)

類似問題：14.3，14.5

超過一個以上的聶徐均衡賽局

前面我們學習的賽局只有一個聶徐均衡。但某些賽局會有超過一個以上的聶徐均衡。擁有一個以上聶徐均衡的著名範例是膽小鬼 (Chicken)：有兩個青少年想在朋友面前證明他們的男子氣概。他們各自坐上自己的車子，在馬路的兩端，開始以極危險的高速朝對方急駛。若其中一輛車子突然轉向，另一輛未轉向的車子 (即繼續衝向對方) 便證明他有男子氣概，在朋友面前成為英雄，另外一人就很丟臉 (是一個"膽小鬼")。若兩人皆突然轉向，則什麼都沒證明：兩人都不會丟臉，但也沒人成為英雄。若兩人都未轉向，他們會互相衝撞，且可能受傷殘廢或死亡。

表 14.7 顯示兩名青少年路加與司迪克玩膽小鬼賽局的報酬。這個賽局有兩個聶徐均衡。第一個是路加突然轉向而司迪克未轉向。另一個是路加未轉向而司迪克突然轉向。要證明第一個是聶徐均衡，注意若路加突然轉向，司迪克最好是不轉向 (報酬是 10) 較突然轉向 (報酬是 0) 為好。若路加的策略是不轉向，司迪克最好是轉向 (報酬為 −10)，而非不轉向 (報酬為 −100)。

膽小鬼賽局在現實生活中是否會發生？在 1950 年代與 1960 年代，許多人認為膽小鬼賽局很能夠描述美國與蘇聯兩個核子強權間如何展開核武競賽。美國甘迺迪總統的國務卿 Dean Rusk 在古巴飛彈危機時曾經說過一句名言 "我們已經眼球對眼球，戰事一觸即發，而其它人是在旁邊眨眨眼"，說明在冷戰期間一場高賭注的膽小鬼賽局如何展開。雖然不夠戲劇化，但是膽小鬼賽局在經濟學中非常普遍。當兩家廠商在一個市場競爭而市場獲利只足夠一家廠商生存。(在第 11 章，我們稱為自然獨占市場。) 膽小鬼賽局的聶徐均衡告訴我們一家廠商最終會退出市場而只有另一家生存。

現在你已經看過許多賽局——有些是有單一聶徐均衡，有些是超過一個以上的聶徐均衡——你可能想要知道是否有一系統性的步

表 14.7　膽小鬼賽局

		司迪克 突然轉向	司迪克 不轉向
路加	突然轉向	0, 0	−10, 10
路加	不轉向	10, −10	−100, −100

第 14 章　賽局理論與策略行為　**593**

驟可在賽局中確認聶徐均衡。這就是我們將在邊做邊學習題 14.2 學到的功課。

範例 *14.2*

中軌道上的膽小鬼：在北美贏得衛星廣播戰役[7]

在 2000 年代中到末期，北美 (美國和加拿大) 軌道上的衛星電訊市場是一場高賭注膽小鬼賽局的例子。如同衛星電視，衛星廣播包括收音機藉許多圍繞地球軌道衛星提供訊號傳輸。衛星廣播包括提供收音機聽眾將近一百多個完美收訊品質良好的頻道給不同偏好者。這項服務特別吸引必須經過許多地方以及經過許多地區性電台的長途駕駛 (如貨車)。自 2001 年後二家公司 XM 衛星廣播系統和 Sirius 衛星廣播系統──競爭北美地區方興未艾的衛星廣播市場。

衛星廣播的特性是高固定成本與低邊際成本，因為一旦公司成功發射衛星且取得節目轉播權 (如轉播美式足球或 NASCAR 賽車)，額外增加一個家庭訂戶的邊際成本相對地低。衛星廣播成本結構的重要意涵是收支平衡，它需要擁有相當數目的收視戶。儘管衛星廣播市場在 北美地區有廣大的潛在客戶群市場 (一項研究指出 2011 年將有 2000 萬訂戶)，仍不足以讓超過一家以上的廠商獲取利潤。(在 2004 年年中，XM 或 Sirius 仍處虧損狀態。) 讓這個問題更加嚴重的是，Sirius 與 XM 二家使用不相容的技術。如果你有時想要從一家換到另一家，你訂閱 Sirius 廣播所需要的接收器 (你可向車商，電器行或汽車經銷商購買) 無法用來接收 XM 的廣播系統。因為不知道那一家公司最終能成功生存，可能使消費者不願意投資 $150 購買接收器，這使得兩家廠商在市場共同獲利變得愈發困難。

基於這些事實，北美衛星廣播市場是自然獨占。若是，XM 和 Sirius 的"戰爭"可以用來瞭解"膽小鬼"賽局。表 14.8 顯示我們如何利用賽局理論來預測主宰北美地區衛星廣播市場戰役的可能結果。在表中，兩家公司，XM 和 Sirius 可以選擇留在市場或退出。表格中的報酬是公司在不同競爭環境下假想的累積報酬。[8] (為了方便說明) 若我們假設市場只有一家廠商可

表 14.8　XM 與 Sirius 的膽小鬼賽局 *

		Sirius	
		加入	退出
XM	加入	−200, −200	300, 0
	退出	0, 300	0, 0

(報酬以百萬元計算)

---

[7] 這個例子取自 "Satellite Radio: Winning the Competitive Skirmishes," *Satellite News*, Vol. 27, No. 21 (May 24, 2004) and "XM, Sirius Eye Pristine Radio Market in Canada" *Satellite News*, Vol. 27, No. 15 (2004 年，4 月 5 日)。

[8] 技術上來講，表 14.8 的報酬是廠商從 2004 年開始到未來的預期利潤的折現值。一連串利潤的折現值是將公司預期未來各期利潤，以適當的貼現率，折算成今天的價值。一般來說，折現的觀念是十年後的一元會小於一元的價值。你可以在基本公司理財教科書找到折現值計算的介紹。你可參考 R. A. Brealey and S. C. Myers, *Principles of Corporate Finance* (New York: McGraw-Hill, 1998)。

以賺取利潤。兩家都決定留在市場將遭遇鉅額損失。然而，若一家退出，另一家將可獲利。

表 14.8 的賽局有兩個鼂徐均衡：一個是 XM 選擇"加入"而 Sirius 選擇"退出"，另一個均衡是 Sirius 選擇"退出"，而 XM 選擇"加入"。賽局理論本身無法告訴我們那一個鼂徐均衡可能發生。我們需要知道參賽者與當時情況的更多資訊，才能夠預測誰會勝出。

在北美的衛星廣播，XM 目前贏得戰役。在 2001 年 9 月開始傳送訊號，2004 年春的訂戶有 170 萬，而 Sirius 有 40 萬。到目前為止，兩家公司企圖發動戰爭以爭取新訂戶 (例如，Sirius 最近與美式足球 NFL 簽約轉播主場以外每個球隊的比賽)。但是，若衛星廣播仍無法抓住消費者的想像力，且北美地區市場仍然有限，膽小鬼賽局的邏輯建議其中一家廠商最終將會"突然轉向"和退出市場 (即，尋找合併對手)。在未來的五到十年內看到這種動態競爭將是有趣的。

範例 14.3

銀行擠兌

如果你曾經看過電影風雲人物 (Wonderful Life)，你可能記得喬治與瑪麗貝利剛結婚的情景 (詹姆史都華與唐納瑞德飾演)。當他們準備搭火車去度蜜月時，有人告訴喬治："銀行發生擠兌！"接下來的場景是，喬治的家族事業 (貝利兄弟建築貸款銀行是屬於儲蓄貸款協會) 面對一大群急著提款的客戶。不像 1930 年代經濟大蕭條時期，許多銀行緊閉大門，喬治盡量地將建築與貸款銀行大門打開。他懇求存款大眾不要擠兌，或至少只提出他們需要付帳單的金額。

銀行擠兌似乎是過去美國的一種現象，但是他們還是一個令人好奇的現象。為什麼這種現象會發生？是不理性恐懼與歇斯底里的結果，還是一種大眾心理不正常的反應？好像都是，如果所有存款大眾都頭腦清楚，他們會清楚明白沒有銀行擠兌對大家都好。銀行能夠繼續營運，而存款大眾最終能將錢拿回。或有其它事件發生的緣故？銀行擠兌是否符合存款者理性行為？賽局理論指出最後一個問題的答案是肯定的。

表 14.9 顯示銀行擠兌的簡單賽局理論分析。假設有兩個人將 $100 存入貝利建築與貸款銀行。建築與貸款銀行接受這筆存款並進行投資 (或許承做房屋貸款)，如果兩位存款者將錢放在銀行一年 ("不提領")，他們能夠將存款領回，並加入 $10 利息，總報酬是 $110。若兩人同時將錢提出 (擠兌)，銀行必須清算其投資，然後關門歇業。在這種情形，每位存款者只能拿回每一元中的 25 美分。若一位存款者計畫提款而另一位不提款，銀行必須清算投資並關門歇業。計畫提款者可領回 $50，但倒霉的未提款者會損失所有的銀行存款。

表 14.9　銀行擠兌賽局 *

		存款人 2 提款	存款人 2 不提款
存款人 1	提款	25, 25	50, 0
存款人 1	不提款	0, 50	110, 110

(報酬以百萬元計算)

就像膽小鬼賽局，銀行擠兌賽局有兩個聶徐均衡。第一個是兩位存款者將錢存放在銀行。若存款人 2 選擇"不提款"，存款人 1 選擇"不提款"是比較好的策略 ($110 的報酬相對於 $50 的報酬)，對存款人 1 而言，情況也是如此，第二個聶徐均衡是兩位參賽者都將存款提出。若存款人 2 選擇"提款"，存款人 1 的最佳反應也是相同。

如同膽小鬼賽局，賽局理論無法告訴我們那一個均衡會發生，但它教導我們會發生銀行擠兌。即使我們假設所有存款大眾行為理性與銀行擠兌會使所有存款者權益受損，銀行擠兌現象還是會發生。因此，就像是囚犯兩難賽局，個人追求效用極大的行為並不必然會是所有參賽者集體利益極大的結果。

邊做邊學習題 14.2

找出賽局中的所有聶徐均衡

問題 如表 14.10 所示，試問賽局的聶徐均衡為何？

表 14.10　聶徐均衡為何？

		參賽者 2		
		策略 D	策略 E	策略 F
參賽者 1	策略 A	4, 2	13, 6	1, 3
	策略 B	3, 10	0, 0	15, 2
	策略 C	12, 14	4, 11	5, 4

表 14.10a　參賽者 1 和參賽者 2 的最佳反應

		參賽者 2		
		策略 D	策略 E	策略 F
參賽者 1	策略 A	4, 2	⑬, ⑥	1, 3
	策略 B	3, ⑩	0, 0	⑮, 2
	策略 C	⑫, ⑭	4, 11	5, 4

解答 一般而言，求出賽局聶徐均衡的第一個步驟是確認優勢策略與劣勢策略，並設法簡化賽局，如同我們在邊做邊學習題 14.1 所做的分析。但是在這場賽局，參賽者沒有優勢策略或劣勢策略。(在進到下一階段前，你應該先行證明。) 因此，我們無法利用前述相同的分析法。

相反地，我們以三個步驟求出這場賽局中所有的聶徐均衡。

步驟 1：首先找出參賽者 1 面對參賽者 2 三個可能策略的最佳反應。表 14.10a 上圈起來報酬的策略。

步驟 2：讓我們求出參賽者 2 面對參賽者 1 三個可能策略的最佳反應。表 14.10a 以正方形圈起來報酬的策略。

步驟 3：記得在聶徐均衡時，每一個參賽者面對其它參賽者策略選定情況下，選擇報酬最高的策略。在表 14.10a，是每一個有畫圓圈與正方形的利潤組合。因此，在這個例子，我們有兩個聶徐均衡，一是參賽者 1 選擇策略 A 而參賽者 2 選擇策略 E。另一是參賽者 1 選擇策略 C 而參賽者 2 選擇策略 D。

我們剛剛學到的步驟──先確認參賽者 1 面對參賽者 2 所有策略的最佳反應，然後再確認參賽者 2 面對參賽者 1 所有策略的最佳反應，然後再看最佳反應同時出現的情況──是確認賽局中所有聶徐均衡的一般方法。

類似問題：14.1，14.2，14.4，14.6，14.7，14.8

混合策略

在 1999 年 7 月，美國與中國大陸在女子世界盃足球錦標賽的冠軍決賽戰成 0－0 平手。大會規則決定，雙方球員以射門來決定勝負，罰踢的過程到最後只剩下一名美國球員的射門。如果這位美國球員射門成功，美國隊會贏得冠軍；若中國隊守門員擋住這個球，球賽將會繼續進行，且中國大陸有可能在罰踢贏得勝利而得到冠軍。美國踢球員與中國守門員必須在瞬間做出決定。球應該踢向左邊還是右邊？守門員應該撲向左邊還是右邊？若中國守門員撲的方向與美國球員瞄準的方向相同，射門會被擋住。兩隊還是平手，且罰踢射門仍然繼續。如果中國球門猜測錯誤，美國隊會得分並贏得冠軍。(或許你還記得，美國隊最後一位罰踢的球員 Brandi Chastain 確實踢進這一球，使美國隊贏得冠軍。)

表 14.11 所示為美國隊與中國大陸隊在最後一回合的報酬矩

表 14.11　1999 年女子世界盃足球賽的美國踢球員與中國守門員

		美國踢球員	
		瞄準右邊	瞄準左邊
中國守門員	撲向踢球員右邊	0, 0	－10, 10
	撲向踢球員左邊	－10, 10	0, 0

陣。贏得比賽，讓美國隊得到 10 的報酬。輸掉比賽，讓中國隊得到 −10 的報酬。若兩隊平手，每隊的報酬 (在這一回合) 為 0。

這場賽局似乎沒有聶徐均衡。若中國守門員認為美國球員會踢向右邊，守門員的最佳策略是撲向踢球員的右邊。但若美國球員認為中國守門員會撲向踢球員的右邊，踢球者的最佳策略是踢向左邊。若踢球員瞄準左邊，守門員的最佳策略是撲向踢球員左邊。

這個賽局說明**單純策略** (pure strategy) 與**混合策略** (mixed strategy) 的對比。單純策略是指在賽局所有可能的行動中做一特定選擇。美國足球員在兩個單純策略做選擇：" 瞄準右邊 " 與 " 瞄準左邊 "。反之，在混合策略下，參賽者依據事先設定的機率選擇兩個或兩個以上的單純策略。[9] 即使有些賽局在單純策略沒有聶徐均衡，每一個賽局在混合策略至少有一個聶徐均衡。表 14.11 的比賽能夠說明這個重點：這個賽局在單純策略並沒有聶徐均衡。但在混合策略，存在一個聶徐均衡。美國踢球員 " 瞄向右邊 " 的機率是 1/2，與 " 瞄向左邊 " 的機率是 1/2。中國守門員 " 撲向右邊 " 的機率為 1/2，與 " 撲向左邊 " 的機率為 1/2。若美國踢球員認為中國守門員撲向右邊或左邊的機率分別是 1/2，美國踢球員瞄準左邊或右邊的機率最多是 1/2。同樣地，若中國守門員認為美國踢球員瞄向右邊或左邊的機率是 1/2，守門員選擇撲向右邊或左邊的機率最多是 1/2。因此，當每一位參賽者選擇這些混合策略時，每一位參賽者是在其它參賽者行動已知情形下，做對自己最有利的選擇。

在混合策略形式下有聶徐均衡的事實說明不可預測性能有策略價值。當對手能夠預測你的行動，你的對手可以利用你的脆弱而使你受到傷害。長期以來，運動比賽如棒球、足球及網球的球員都知道這點，而世界盃比賽的範例將它闡釋的非常清楚。若踢球者知道守門員撲球的方向，只要瞄準另一方輕鬆得分。這是不可預測性的價值，混合策略說明這種價值如何在賽局理論中呈現。

結論：在兩個參賽者的同時行動賽局中尋找聶徐均衡

我們能夠以五個步驟來總結本節所學到，如何在兩個參賽者

單純策略 從參賽者賽局所有可能的選擇中，做一特定選擇。

混合策略 根據事先設定的機率，選擇兩個或兩個以上的單純策略。

---
[9] 因為這個理由，混合策略有時稱為隨機策略。

相同行動賽局裡確認聶徐均衡。

1. 若兩個參賽者都有優勢策略，這些會構成聶徐均衡策略。
2. 若一位參賽者，如參賽者 1 有優勢策略，這是該參賽者的聶徐均衡策略。然後我們找出參賽者 2 面對參賽者 1 的優勢策略的最佳反應，以確認參賽者 2 的聶徐均衡策略。
3. 若參賽雙方都沒有優勢策略，我們可以持續剔除每個參賽者的劣勢策略來簡化賽局，然後尋找聶徐均衡策略。
4. 若參賽雙方都無劣勢策略，確認參賽者 1 對參賽者 2 每個策略的最佳反應，然後參賽者 2 對參賽者 1 每個策略的最佳反應。在以表格表示的賽局中，聶徐均衡是參賽者 1 最佳反應與參賽者 2 最佳反應同時出現的場所。(這種方法保證能夠確認所有單純策略的聶徐均衡，是在邊做邊學習題 14.2 呈現。)
5. 如果步驟 4 的方法無法發現任何單純策略的聶徐均衡——亦即，若單純策略的賽局中並不存在聶徐均衡，如世界盃女足賽——我們可以在混合策略中求得聶徐均衡。

14.2 重複囚犯兩難賽局

囚犯兩難賽局的主要功課是個人追求利潤極大並不必然產生賽局中所有參賽者集體利潤的最大。但是囚犯兩難是單次賽局，你或許想知道若相同的參賽者不斷重複賽局，結果會有什麼不同。當我們允許參賽者重複互動時，我們開啓一個可能性，即參賽者可能將本期的決定與上期對手的反應連在一起。這擴大參賽者能夠採取策略的可能性，且我們將看到，這能夠改變賽局的結果。

考慮表 14.12 的囚犯兩難，說明重複賽局的衝擊。對每一位參賽者而言，"作弊"是優勢策略。但是當兩位參賽者"合作"時，參賽者的集體利潤達到最大。在單次賽局，聶徐均衡是指兩位參賽者都選擇"作弊"的策略。

但是現在假設兩位參賽者將重複地玩這個賽局，到可預見的將來。在這種情形下，有可能兩位參賽者達到的均衡是雙方互相合作。要瞭解爲什麼，假設參賽者 1 認爲參賽者 2 將採取下列的策略："開始選擇'合作'，且只要參賽者 1 合作，他會持續採取相同策略，如果參賽者 1 第一期選擇'作弊'，參賽者 2 在第二期將選擇作弊，且在第二期以後都選擇作弊"。當然，如果參賽者 2

表 14.12　囚犯兩難賽局

		參賽者 1 作弊	參賽者 1 合作
參賽者 2	作弊	5, 5	14, 1
	合作	1, 14	10, 10

以後都選擇作弊，參賽者 1 可能會在每期都選擇作弊。參賽者 2 的策略有時稱為"嚴厲反制"策略，因為其中一位參賽者作弊一次將使接下來的賽局，雙方合作永遠地決裂。

　　圖 14.1 說明，每期都選擇合作，參賽者 1 能夠確保每期都收到 $10 的報酬。相反地，若參賽者 1 作弊，本期他會得到 $14 的報酬，且接下來每期他只能得到 $5 的報酬。那一種策略較好？沒有參賽者 1 如何評估現在與未來報酬的額外資訊，我們無法確定那種策略較好。但是若參賽者 1 對未來報酬的權數要大於現在報酬的權數，參賽者 1 會選擇繼續合作而非作弊。[10] 這說明在重複囚

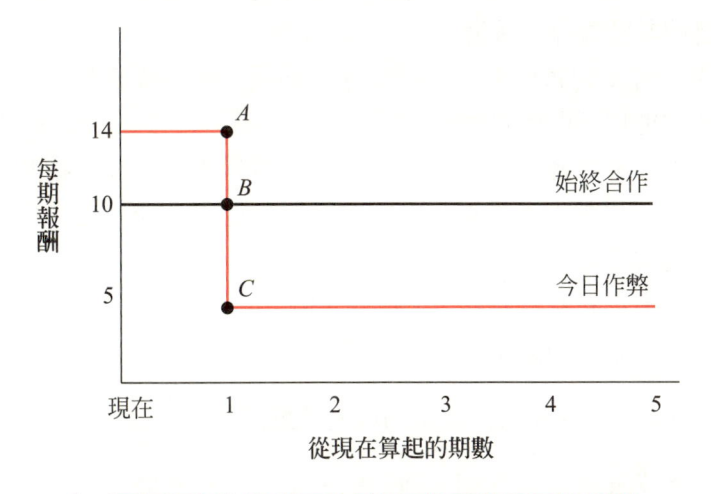

圖 14.1　在"嚴厲反制"策略下的重複囚犯兩難賽局的報酬

若參賽者 1 今天作弊，他收到的報酬是以淺色線表示，若其今日與將來都選擇合作，他能夠收到的報酬以深色線表示。線段 AB 的距離代表作弊的一次獲利，線段 BC 的距離代表參賽者 1 各個接續報酬的減少，因為參賽者 2 會報復參賽者 1 作弊的行為。

---

[10] 我們可以給參賽者在未來與現在報酬適當權數，以方便計算參賽者報酬的現值。註 8 稍微討論現值的觀念。

犯兩難賽局的某些情況下，每位參賽者從追求自我利益出發會導致囚犯合作的結果。

嚴厲反制策略並不是唯一能夠在重複囚犯兩難賽局達到合作結果的策略 (在範例 14.4，我們討論另一種策略，以牙還牙)。引導合作策略的共同特性是它必須懲罰對手的作弊。例如，在重複囚犯兩難賽局，參賽者自願合作的必要條件是參賽者預期如果他作弊，對手最終會採取報復行動。最終對手報復的期望及未來利潤的減少超過第一期利潤的增加 (以圖 14.1 的線段 BC 的長度表示)，提供參賽者維持合作態度的誘因。即使作弊是單次賽局的優勢策略，必要條件將確使持續合作是重複囚犯兩難賽局的最適結果。

有鑑於此，當參賽者處於重複囚犯兩難賽局時，對他們持續合作態度的可能性做一般敘述是有可能的。具體而言，以下條件能夠加強合作的可能性：

- 參賽者有耐心。亦即，他們視未來報酬與現在報酬一樣地重要。對耐心參賽者而言，相對於作弊的短期獲利，懲罰的負面影響使其感覺深受威脅。
- 參賽者間互動相當頻繁。這隱含"期間"的長度很短，且作弊的單次獲利顯得相當短暫。
- 作弊很容易被抓到。這與期間縮短的效果大致相同：廠商無法在長時間作弊而不被抓到，因此發覺自己不合作行為的短暫獲利迅速消失。
- 作弊的單次利益相對較小。例如，圖 14.1 的 AB 長度與作弊的最終成本 BC 長度相比，顯得相對較小。

反之，以下的條件使合作結果的可能性遞減：

- 參賽者沒有耐心。亦即，他們認為本期報酬的價值顯然比未來報酬更為重要。
- 參賽者間互動並不頻繁。這隱含"期間"的長度較長，且參賽者作弊的單次獲利能享受較長久的時間。
- 作弊很難抓到。當這是真的，廠商作弊被逮到的時間會拉長，且能夠享受作弊帶來利益的時間也比較長。
- 作弊的單次利益比作弊的真實成本要大。

範例 14.4

格殺勿論，給自己與別人生存空間或以牙還牙[11]

戰壕戰是醜陋且殘忍的。西部前線在第一次世界大戰期間，盟軍 (法國和英國) 與德軍對峙時，顯然是如此。Robert Axelrod 曾經提到，在死傷非常慘重的環境下，一種不尋常某種程度的合作出現。Axelrod 引述一位當時英國軍官的說法：

> 當他看到處於德國陣地的士兵在步槍射程範圍內走來走去，感到非常地震驚。我軍士兵似乎沒有注意到這種現象。我私下決定，當我們接收時要處理這件事，這種事不應該被容許。這些人顯然不知道有戰事正在進行。雙方明顯遵守一種政策"活著而且讓他們活著"。

Axelrod 繼續指出這些狀況不是偶發事件。他寫道，"'活著而且讓他們活著的系統'在戰壕戰經常存在，儘管高階軍官盡最大的努力阻止，儘管因戰鬥所激起的強烈情感，不管軍隊殺或被殺的邏輯，不管高階指揮能夠輕易壓制任何地區停止協定的努力。"

Axelrod 解釋西部前線戰壕戰的"合作"行為是一種重複囚犯兩難賽局的結果。在前線的任何一點，兩個參賽者是盟軍與德軍陣營 (營是一種軍事單位，包括大約 1000 人)。在任何一天，其中一營能夠執行"射殺"策略，這是對應表 14.12 的"作弊"策略。或者，它可以執行"活著而且讓他們活著"策略，這相當於表 14.12 的"合作"。Axelrod 認為，就每個陣營而言，"射殺"是優勢策略。這是因為各營會被戰地指揮官命令到最前線作戰 (如，與敵方在壕溝作戰)。執行"射殺"策略，一營能夠減弱對手火力，這在發生大規模戰役時可增加己方存活的機率。同時，雙方都執行"活著且讓他活著"會比射殺對方，對雙方士兵都比較好。因此敵對雙方在西部前線的"賽局"結構是囚犯兩難。

但是如果"射殺"是營優勢策略，為什麼合作仍會發生？Axelrod 認為，理由是敵對陣營的囚犯兩難賽局是一重複賽局。戰壕戰與其它戰爭方式不同，因為每一邊都要好幾個月面對相同的敵軍。雖然盟軍與德營間的合作是意外發生的 (如，在不尋常大雨的日子，戰爭無法進行)，相同面孔的營隊士兵緊密互動，使其一旦開始合作後，願意繼續地合作下去。

一個特別能夠維持敵對陣營持續合作的策略是"**以牙還牙**" (tit-for tat) 策略。在這個策略下，你會採用你的對手在上一期所採取的策略。沿西部前線，雙方都有默契，若一方節制自己，另外一方也會克制。反之，若一方開火，另一方會以相同的方式反擊。一個士兵這樣寫道：

> 轟炸敵方壕溝背後的道路，背後應該擠滿配給車輛與水車，炸成血跡斑斑、屍橫遍野，這就像小孩玩遊戲般…。但就整體而言，是西線無戰事。畢竟，如果你切斷敵軍補給線，它的對策很簡單：他會設法切斷你的補給線。

"以牙還牙"策略可以推到極端。一位士兵寫道：

---

[11] 此例的資料大都來自 Robert Axelrod 的著作 *The Evolution of Cooperation* (New York: Basic Books, 1984) 第 4 章。

若英軍轟炸德軍，德軍還擊，則雙方死傷均等：若德軍轟炸壕溝的最前線，殺死五名英國士兵，英軍槍手也會反擊，殺死五名德國士兵。

使用以牙還牙策略意謂各方瞭解一次積極的行動會招致一次積極的回應。在選擇如何戰鬥，各方陣營會衡量射殺對方的短期利益與破壞默契的長期成本之間的利弊得失。面對這種取捨，西方前線的許多雙方軍營會選擇合作。

最後，當一次世界大戰即將結束，西部戰線的合作規範被打破。理由是盟軍與德軍指揮官採取一些步驟來停止雙方策略性的停火協定。(在這層意義上，最高指揮官是類似反托辣斯官員企圖瓦解企業策略性的聯合壟斷。) 尤其是，軍隊長官開始組織大規模，經常性的突襲行動，並要求突擊隊員在壕溝殺死敵軍。這改變囚犯兩難賽局的報酬，所以"射殺"變得比"活著而且讓他活著"更吸引人。由於大規模與經常性突襲，傳統的"殺或被殺"的標準再度出現。在戰爭結束之時，雙方都陷入不休止的殺戮戰場。

以牙還牙 當你的對手在上一期所採取的策略，你將在本期採取同樣的策略對付你的競爭對手。

重複兩難賽局的分析教導我們一個重要的功課：在競爭情況下，你必須預測競爭者的反應。如果你所處的情況是你必須與相同的競爭者重複地互動，則預期對手可能的反應是很重要的。特別是，你需要明白，當你採取的行動被解釋成作弊時，對手可能會有什麼樣的反應。例如，如果你是一家企業，決定削價來提高市場占有率，你必須預期到競爭對手是否能偵測到你的削價行為，競爭對手是否以同樣的削價來回應，若果真如此，你的競爭者會以多長的時間來回應。藉由忽略這些競爭者的反應，從不同型式的不合作行為中，你會有高估潛在利益的風險。你也會讓自己陷入耗費成本的價格戰中，而抹殺你從與對手削價競爭的暫時利得。

範例 14.5

丟擲比賽，而非相互丟擲：日本相撲比賽的勾結[12]

相撲是獨特的日本式摔角，許多人在地上相互摔角競爭。大約在 1000 多年前發展出來，是一種日本神道的致敬儀式，相撲的規則相當簡單：第一位選手不用腳而用其它的部位觸地，或第一位選手先離開圓圈就算輸掉比賽。相撲比賽時間甚短，有時只有幾秒，很少能超過一分鐘。每年在日本，有六個重要的相撲錦標賽，有超過 60 位選手與賽，每位選手在 15 天內參加 15 場比賽。

最近幾年，這項運動被指出有一些相撲選手互相勾結以決定比賽結果。儘管這項指控從未

---

[12] 這個例子取自 M. Duggan and S. D. Levitt, "Winning Isn't Everything: Corruption in Sumo Wrestling," *American Economic Review*, 92(4) (December 2002): 1594-1605.

第 14 章　賽局理論與策略行為　**603**

被證實，卻無法輕忽；因為日本現行的排名制度操縱比賽的強烈誘因確實存在。一名贏得 15 場比賽的選手排名將會上升，排名上升將可獲得鉅額收入，以及崇高的社會地位。在這種誘因結構下，"位於汽球上"(接近贏的情況，如 7 勝 7 敗) 的選手會有強烈的誘因賄賂勝算很大的選手要他故意輸掉比賽。

　　經濟學家 Mark Duggan 和 Steven Levitt 利用日本在 1989 到 2000 年的每一場正式相撲比賽的資料來研究勾結在相撲比賽的議題。他們尋找操縱的"跡象"，實際上，是問：若存在操縱比賽，我們預期數據將會如何呈現？若無系統性操縱比賽，將不會從數據觀察到什麼現象？且若有人觀察這些現象，是否其它看似可信的解釋會被排除？Duggan 和 Levitt 找到非常有力操縱比賽的證據，例如，他們發現，有超乎尋常多的選手恰好 8 勝 (贏得比賽所需的數目)，這超過一般所預期的數字。此外，他們發現正處於勝出選手的機率在錦標賽的最後一天特別高。

　　一個另類解釋這些發現的解釋是正處於勝出的相撲選手特別努力想要贏得第八場以保證勝出記錄，亦即，他們"加快腳步"並找到贏得方式。一個辨別這種假說與勾結假說的方法是利用重覆囚犯兩難模型的結論。該模型告訴我們選手維持勾結的機率應該與選手互動及其將來再度配對的機率為正向關係。Duggan 和 Levitt 的發現符合這項預測。例如，他們發現，若某選手在過去經常與另一名選手配對比賽，即將勝出的次數將會大幅增加。此外，他們發現一位處於職業生涯最後一年的 (在未來不太可能再參加比賽) 相撲選手，當他處於即將勝出階段時，比較不可能大幅增加勝出次數。這些現象符合勾結假說，但我們不會看到若選手處於勝出階段將會付出額外的努力。儘管 Duggan 和 Levitt 沒有找到"確鑿的證據"指出相撲比賽存在勾結，他們的間接證據仍然非常有說服力，且建議日本舉辦相撲比賽的機構應該對比賽被操縱的跡象特別謹慎。

範例 14.6

戰爭的代價[13]

　　在 1993 年哥斯大黎加的香菸產業，一家廠商曾錯誤估算對手的反應，這是說明廠商失策的絕佳例子。1993 年最著名的香菸價格戰發生在美國，當 Philips Morris 開始其"萬寶路星期五"價格戰。鮮為人知的哥斯大黎加價格戰，也是由 Philips Morris 開啟戰端，比美國本土價格戰早發生幾個月，且持續的時間更久。

　　在 1990 年代初期，兩家廠商壟斷哥斯大黎加的香菸市場：Philip Morris，有 30% 的市場占有率，與 B.A.T.，占有市場的 70%。市場包含三種區隔：高價、中等價格、與平價 (VFM)。Philip Morris 是高價與中等價位的品牌領導廠商 (分別是萬寶路與 Derby)。相反地，B.A.T. 是以 Delta 壟斷平價香菸市場。

　　整個 1980 年代，哥斯大黎加繁榮的經濟促使香菸需求穩定地成長。結果，B.A.T. 與 Philip Morris 都能夠維持香菸價格上漲幅度超過通貨膨脹率。然而，在 1980 年代末期，市場發生變化。在哥斯大黎加健康議題降低香菸需求，這種趨勢對中等價位與高價香菸的衝擊遠大於

---

[13] 我們要感謝 Andrew Cherry (MBA 1998 年凱洛格管理學院) 提供這個範例。

對平價香菸的衝擊。在 1992 年，B.A.T. 從 Philip Morris 手中搶占一部分市場，這是 1982 年以來的第一次。Philip Morris 公司面臨需求成長減緩與市場占有率下降的雙重威脅。

在 1993 年的 1 月 16 日，Philip Morris 將萬寶路與 Derby 香菸的價格降價 40%。降價的時點是精心規畫而非隨意任選。Philip Morris 知道 B.A.T. 的存貨在年底假期後會降低，且如果跟隨降價或進行削價，則 B.A.T. 並沒有足夠的香菸來滿足市場突然大增的需求。Philip Morris 也是在星期六早上開始降價，它預期當地 B.A.T. 的管理階層無法即刻回應，因為必須與倫敦母公司先做仔細的評估與考量。

然而，B.A.T. 反應的速度令 Philip Morris 大吃一驚。在幾個鐘頭內，B.A.T. 將其 Delta 的菸價下降 50%，根據產業分析師的觀察，這個價格剛好超過 Delta 的邊際成本一點。當 Philip Morris 在週六早上發動價格戰，B.A.T. 在週六下午已經讓經銷商以新價格出售香菸。

隨之而來的價格戰持續 2 年之久。菸價下跌使整體香菸銷售量增加 17%，但市場占有率並未改變。在 1994 年年底價格戰結束後，Philip Morris 在哥斯大黎加香菸市場的占有率並未改變，其銷售額比價格戰未開打前下跌約 $8 百萬。B.A.T. 損失的更多——$2 千萬——但是它得以保有 Delta 的市場占有率，並維持與價格戰前相同的價格差距。

為什麼 Philip Morris 要這樣做？在 1990 年代初，Philip Morris 搶走 B.A.T. 在其它中美洲國家，如瓜地馬拉的一部分市場。或許它認為在哥斯大黎加也能獲得相同勝利。然而，如果它預期 B.A.T. 會迅速反應，就會明瞭降價並不會增加市場占有率。不論 Philip Morris 行動的背後動機為何，這個範例凸顯競爭對手的迅速回應，會讓降價的利益完全失效。若廠商明白這個要點且眼光放遠，則利用價格做為競爭武器的誘因將會消弭無蹤。

14.3 依序-行動賽局與策略行為

依序-行動賽局
一參賽者(先行者)比另外一位參賽者(次行者)先採取行動的賽局。次行者先觀察先行者的行動再決定自己應該採取的行動。

到目前為止，我們學習的賽局是參賽者同時做決策。然而，在許多有趣的賽局，參賽者能夠比其它參賽者提早行動。這些稱為**依序-行動賽局** (sequential-move games)。在依序-行動賽局，一名參賽者 (第一位行動者) 比另一位參賽者 (第二位行動者) 先採取行動。在決定採取任何行動前，第二名行動者會先觀察第一位行動者採取的行動。(第 13 章討論的 Stackelberg 寡占模型是序列行動賽局的特例。) 我們即將看到在依序-行動賽局中，有能力先行採取行動者有時會有明顯的策略價值。

依序-行動賽局的分析

要知道如何分析依序-行動賽局，讓我們回到表 14.4 的本田與豐田的同時行動產能擴充賽局 (為了恢復你對該賽局的記憶，表 14.13 所示為報酬矩陣)。

回顧本田與豐田賽局的聶徐均衡是選擇 "興建小廠"。

表 14.13　豐田與本田的產能擴充賽局 *

	豐田		
	興建大廠	興建小廠	不建新廠
本田　興建大廠	0, 0	12, 8	18, 9
興建小廠	8, 12	16, 16	20, 15
不建新廠	9, 18	15, 20	18, 18

(報酬以百萬元計算)

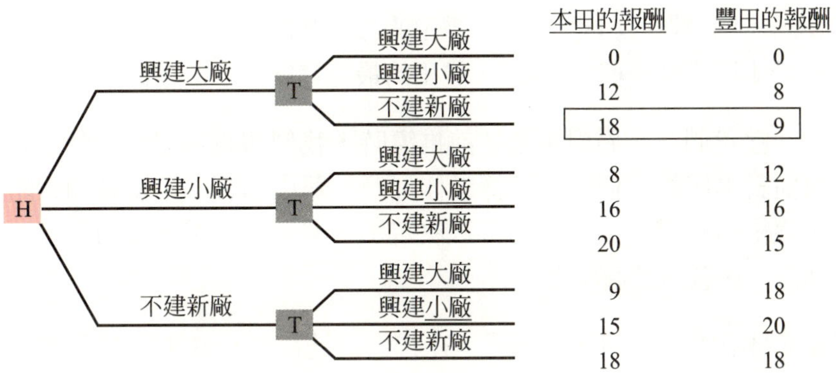

本田的報酬	豐田的報酬
0	0
12	8
18	9
8	12
16	16
20	15
9	18
15	20
18	18

圖 14.2　豐田與本田依序行動產能擴充賽局的賽局樹

本田首先行動，並從三種策略進行選擇；(在觀察過本田汽車選擇後)，豐田汽車接著採取行動。對本田做的任何決策而言，豐田有三個產能擴充選擇。假設豐田將做最佳反應 (報酬最高)，本田最大報酬是 "興建大廠"，當豐田的最佳反應為 "不建新廠"。

但現在假設本田能夠在豐田做決策之前先制訂決策 (或許是因為它加速決策制訂過程)。我們現在面對依序-行動賽局，其中本田是第一個行動者而豐田是第二個行動者。要分析依序-行動賽局，我們利用**賽局樹** (game tree)，畫出賽局中每位參賽者能夠選擇的不同策略，及已選擇策略的順序。圖 14.2 所示為產能擴充賽局的賽局樹。在任何賽局樹，行動的順序是從左到右。因為本田為第一位行動，它是在最左邊的位置。對每一項本田可能的行動，賽局樹再畫出豐田可能採取的行動。

要分析圖 14.2 的賽局樹，有一種便利的方法稱為**倒推法** (backward induction)。當你利用倒推法求解依序-行動賽局時，你是

賽局樹　顯示參賽者在一賽局裡可採行的策略以及策略選擇順序的圖形。

倒推法　從賽局樹的尾端求解序列行動賽局且求出各個決策點最適決策的步驟。

先從賽局樹的尾端開始，然後就每一個決策點 (以有顏色方塊表示)，你可以找到參賽者在該點的最適決策。你要繼續這個過程一直到賽局的起始點為止。倒推法的思考過程具有吸引人的特性，它使分析容易處理，讓我們將複雜賽局分解成能夠處理的方式。

要在這個範例運用倒推法，我們必須找出豐田面對本田三個可能選擇的最適決策："不建新廠"、"興建小廠"，及"興建大廠"(在圖 14.2，豐田最適選擇是底下畫線者)：

- 若本田選擇"不建新廠"，豐田最適選擇是"興建小廠"。
- 若本田選擇"興建小廠"，豐田的最適選擇是"興建小廠"。
- 若本田選擇"興建大廠"，豐田的最適選擇是"不建新廠"。

當我們在賽局樹由後往前推導時，我們假設本田預期豐田會由面對本田的三個策略選擇最佳反應。藉由確認本田從各個策略所獲得的利潤，然後我們可以決定那一個策略會帶給本田最高的利潤，在豐田最適反應下：

- 若本田選擇"不建新廠"，在豐田最適反應已知下，其利潤是 $1,500 萬。
- 若本田選擇"興建小廠"，在豐田最適反應已知下，其利潤為 $1,600 萬。
- 若本田選擇"興建大廠"，在豐田最適反應已知下，其利潤為 $1,800 萬。

因此，當本田選擇"興建大廠"能夠實現最大利潤。這場賽局的聶徐均衡是本田選擇"興建大廠"與豐田選擇"不建新廠"。在這個均衡，本田汽車的利潤是 $1,800 萬，豐田汽車的利潤是 $9 百萬。

注意依序-行動賽局的聶徐均衡與同時行動賽局的聶徐均衡明顯的不同 (二者都選"興建小廠")。的確，在依序-行動賽局，若本田與豐田同時做產能擴充選擇，本田的均衡策略（"興建大廠"）是劣勢策略。為什麼在本田成為第一位行動者後，行為是如此的不同？因為在依序-行動賽局，廠商決策問題是時間有關：豐田能夠看到本田的決策，而本田會依賴豐田的理性反應。這使本田能夠逼迫豐田進入一個角落。藉由自己要興建大廠的策略選擇，本田讓豐田的最佳反應是不建新廠。相反地，在同時-行動賽局，豐田無法事先得知本田的決定，因此本田無法逼迫豐田放手。因為這樣，本田選擇"興建大廠"係無法像在依序-行動賽局中令人接受。

邊做邊學習題 14.3
進入賽局

Avinash Dixit 與 Barry Nalebuff 在一本令人愉悅的賽局理論著作 *Thinking Strategically* 中寫道，"一個機靈的木匠能將樹 (tree) 變成桌子 (table)；一個聰明的策略家知道如何將桌子變成一顆樹。"[14] 你在這個習題，我們將以簡單的進入賽局來說明他們的理論。

假設你擁有一家公司，正考慮要進入數位相機市場，你將會與柯達公司硬碰硬的接觸 (柯達目前是市場的獨占廠商)。柯達公司能以兩種方法因應：其進行價格戰或達成和解。你可以大規模或小規模的方式加入市場。表 14.14 顯示出你與柯達公司在不同市場策略開展下的報酬矩陣。

表 14.14　進入數位相機市場

	柯達 和解	柯達 打價格戰
你 小規模	4, 20	1, 16
你 大規模	8, 10	2, 12

(報酬以百萬元計算)

問題　你應該以大規模或以小規模方式加入這個市場？

解答　如果你與柯達公司同時選擇策略，聶徐均衡是你選擇"大規模"進入市場，而柯達選擇"進行價格戰"。你可以很輕鬆地知道，"大規模"是優勢策略。依據你的選擇，柯達的反應是進行價格戰。在這個聶徐均衡時，你的利潤是每年 $2 百萬。

但是如果你讓賽局成為依序-行動賽局，將可享有更高利潤。圖 14.3 為賽局樹，如果你能夠在柯達公司決定前先決定你的生產規模。若你選擇"大規模"生產，柯達公司的最佳反應，正如我們剛才所見是選擇進行價格戰，且你獲得報酬為每年 $2 百萬。但是如果你選擇"小規模"生產，柯達的最佳反應是達成"和解"，則你可獲得每年 $4 百萬的

---

[14] A. Dixit and B. Nalebuff, *Thinking Strategically* (New York: Norton), 1991, p.122

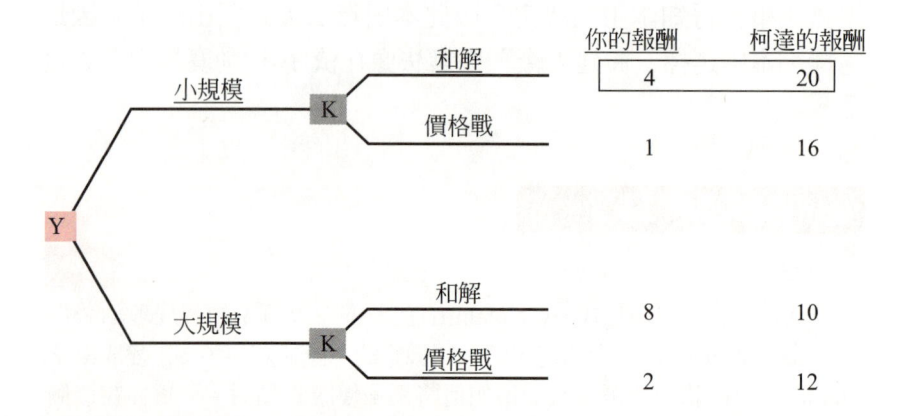

```
                                       你的報酬    柯達的報酬
                         和解            4          20
                小規模  ┌─────
                    ┌─K
                    │   └─────
                    │     價格戰       1          16
            Y ──┤
                    │
                    │         和解     8          10
                    │  ┌─────
                大規模 ─K
                        └─────
                          價格戰       2          12
```

圖 14.3　進入數位相機事業的賽局樹

你第一個行動，先決定以小規模或大規模公司進入市場。然後，柯達公司可以達成和解或進行價格戰的方式回應。你的最佳選擇是以小規模生產方式加入市場。柯達公司的回應是達成"和解"。

報酬。因此，如果你能夠第一個行動，你的最適策略是"小規模"生產。依序-行動賽局的聶徐均衡是對你而言，是以小規模生產加入市場，而柯達公司的反應是達成和解。

類似問題：14.12, 14.14, 14.17

限制某選擇的策略價值

　　在依序-行動產能擴充賽局，本田預先承諾選擇一特定行動，而豐田有彈性地因應本田的行動。但是，本田的均衡利潤是豐田的兩倍。廠商能夠事先選擇策略要比廠商只能保持彈性得到更多的利潤。

　　這說明一個奧妙的重點。限制選擇的策略行動可以讓參賽者福利增加，或換言之，沒有彈性能擁有價值。這是因為廠商的承諾能更改競爭者的預期，因此讓競爭者做出對自己有利的決策。在本田-豐田賽局中，當本田預先承諾自己選擇明顯較差的策略（"興建大廠"），它改變豐田汽車預期將選擇的行動。如果本田並未做此項承諾，豐田將明瞭本田的最佳策略是選擇"興建小廠"，而導致豐田也選擇"興建小廠"。藉預先承諾採取較積極策略來興建大型汽車裝配廠，本田讓豐田比較沒有興趣擴充產能，當產業達到均衡時，本田的利潤比同時-行動賽局聶徐均衡的利潤要大。

　　歷史上的將軍都瞭解沒有彈性的價值，著名的範例為征服墨西哥阿茲特克帝國皇帝蒙地祖馬的征服者，西班牙人卡爾特斯 (Hernan Cortes)。當卡爾特斯在墨西哥登陸時，他命令部下燒毀所有船隻且只留下一艘。卡爾特斯並非精神錯亂，此舉是否有意且經過詳細計算：藉由剔除撤退的唯一方法，卡爾特斯的軍隊沒有選擇，只好奮戰求取勝利。根據卡斯提洛詳細記載征服阿茲特克歷史的墨西哥被征服的眞實歷史一書中提到，"卡爾特斯曾說我們現在除了上帝外沒有任何的外援，因爲我們已經沒有船隻回到古巴。因此我們必須依賴我們自己的寶劍與堅毅求勝的心。"[15]

本田優先選擇擴充產能與卡爾特斯決意鑿穿船隻都是**策略行動** (strategic move) 的例子。策略行動是你在賽局較早階段採取的行動，在稍後會改變競爭對手的行爲，且對你比較有利。[16] 在生意場上，每天都有許多策略行動的案例。決定商品如何在市場定位("我們應該瞄準廣大市場或高級金字塔市場？")，如何支付主管報酬 ("是否根據市場獲利或市場占有率來支付紅利給主管？")，及有關商品的相容性 ("是否應該讓我們的商品與對手商品相容？") 都是策略行動的範例，因爲它們都能對日後競爭對手如何展開競爭有重大影響。[17] 例如，公司決定商品走金字塔消費路線，擁有的策略價值是減少與競爭對手間激烈的價格廝殺。即使金字塔策略會限制產品潛在市場的多寡，這仍有其價值存在。

策略行動在商業以外的領域仍然重要。例如，以色列政府長久以來的政策是不與——在某些情況下——恐怖分子妥協。這種承諾的目的是要阻止恐怖組織利用挾持人質做爲誘使以色列政府讓步的策略，如釋放恐怖組織成員。這個政策握在以色列政府手上，在特殊情況下，這種絕對不與敵人溝通的策略可能是不智的。但是若無條件式的拒絕妥協能夠阻止恐怖份子行動以改變賽局，則這種沒有彈性的作法會有龐大的策略價值。

策略行動 參賽者在賽局的稍早階段採取行動且會改變參賽者以及其它參賽者的行爲，在賽局的稍後階段會對第一位參賽者有利。

---

[15] 這個引述來自 Richard Luecke 的著作 *Scuttle Your Ships Before Advancing And Other Lessons from History on Leadership and Change for Today's Managers* (New York: Oxford University Press), 1994 第 2 章。

[16] 這個專有名詞是由 Thomas Schelling 在其著作 *The Strategy of Conflict* (Cambridge, Mass.: Harvard University Press, 1960) 中所杜撰創造的。

[17] 請見 J. Tirole, *Theory of Industrial Organization* (Cambridge, Mass.: MIT Press, 1988) 有關這些與其它許多策略行動的詳細分析。D. Besanko, D. Dranove, and M. Shanley, *Economics of Strategy* (New York: Wiley, 2004) 第 7 章，包含策略行動在商業市場的一些非正式討論。

要讓策略行動順利運作，它必須是可以看見的，能夠瞭解的與無法轉向的。在產能擴充賽局，豐田必須觀察與瞭解本田已經承諾"興建大廠"的策略。否則，這個行動是不會影響豐田的決策。不可轉向是讓策略行動值得信賴的必要條件。豐田必須相信本田不會違背當初興建大廠的承諾。這是很重要的，因為在我們簡單的例子裡，本田的理想行動是虛張聲勢讓豐田誤以為本田打算選擇"興建大廠"，因此導致豐田選擇"不興建新廠"，然後本田最後是決定"興建小廠"。例如，本田宣佈要實行大規模產能擴充計畫，並冀望豐田放棄產能擴充的決策。一旦這種情況發生，本田將規模縮小興建小廠。若本田以這種方法虛張聲勢且得到結果("興建小廠"，"不建新廠")，本田可獲得利潤 $2 千萬，若其選擇"興建大廠"的利潤只有 $1 千 8 百萬。當然，豐田應該明白這種情況，並恫嚇地宣稱，如果本田採取積極策略，它將會立即因應。除非本田的宣稱能有值得信賴的行動背書。

什麼能夠讓策略行動無法轉向？一項因素是策略行動創造一項特殊專業資產——這個資產無法輕易地挪為他用。為了說明假設空中巴士，希望能夠超越競爭對手波音公司，決定在波音公司做任何決策之前，投資發展下個世代的超級噴射客機。[18] 空中巴士公司投資數十億美元建造超級噴射客機的設備與工廠是非常專業的。一旦這些投資已經投入，工廠設備無法移作別的用途。在這種情況下，一旦空中巴士興建廠房製造超級噴射客機，它便不可能會後悔而關閉整個工廠，除非是競爭情況變得很糟以致無法回收平均非沉沒成本。資產的專業本質隱含空中巴士大部分的成本是沉沒成本，所以平均非沉沒成本很小。這會讓空中巴士有強烈的經濟誘因不會將策略行動轉向。不可轉向特性在波音與空中巴士發展超級噴射客機的競爭中顯得特別重要，因為大多數市場分析師認為市場不足以讓兩家廠商同時獲利。

契約也能讓不可轉向生效。一個最著名的範例是消費者最惠條件 (most favored customer clause, MFCC)。若賣方在銷售契約上包含這項條款，賣方銷售給一個買者的商品價格競爭者必須也以同樣價格賣給其它消費者。例如，若賣方以低於市場行情的價格搶走競爭者的客戶，契約載明 MFCC 條款可讓買方以相同折扣購

---

[18] 超級噴射客機是非常大的客機可搭載 500 或 600 位乘客。最大的商業客機波音 747，只能搭載 400 位乘客，空中巴士的確決定發展空中巨無霸，A380。

買。MFCC 使折扣變得"昂貴",且因為這個原因,它能夠創造一個值得信賴的承諾,折扣不會低於市場行情價。

有時公開宣稱採取行動的陳述("我們計畫從現在開始的六個月,引進現有產品的改良與新產品")讓廠商無法轉向。然而,要讓這件事成真,顧客與競爭者必須明白該公司無法實踐承諾,後果便不堪設想,對手會認為這種談話是廉價,不值得相信,並對這種承諾打折扣。其實該公司的主管是冒了極大的風險。當公司無法實現它的公開陳述,且清楚看到公司主管的下場與公司聲譽受損程度時,公開宣稱的可信度可以再加強。在電腦軟體產業,在現有廠商,如微軟,宣佈新產品上市日期是頗為常見的一個動作,小公司或新廠商比較不可能做公開宣佈。這可能是與下列事實有關:新進廠商在消費者與電腦雜誌專業意見 (新產品評鑑的重要專欄) 眼中的可信度遠不如現有廠商的可信度。因為這個原因,小公司比較願意做誇張的陳述,而現有大廠有過去成功的記錄加上輸不起的心理,所以公開宣稱的可信度會比較接近事實。若無法實踐承諾,將顏面盡失或使公司及其高階主管的聲譽受損。

範例 14.7

不可轉向的飛行

在現實生活中,企業制定決策是如何的不能轉向?Ming-Jer Chen 與 Ian MacMillan 預備在航空產業研究中回答這個問題。[19] 他們請求航空公司主管與產業分析師 (如,金融分析人員與學者專家),評比航空公司採取不同競爭行動,不可轉向的程度。根據實際參與產業與產業觀察者的意見,他們知道合併/併購,轉運航空站的投資,及次要航線與小公司通勤飛機的策略聯盟,都有高度的不可轉向特性。決定放棄一條航線,提高旅行社的佣金,廣告促銷,及訂價決策都被產業觀察者與高階主管視為最容易轉向的行動。

Chen 與 MacMillan 假設當原來行動難以轉向時,競爭者比較不可能配合航空業者的競爭行動。其邏輯是類似本章的本田-豐田案例。當一家廠商承諾採取積極性策略愈值得信賴時,競爭者愈有可能以較不積極的策略回應。這個邏輯建議當一家航空公司預先選擇併購別家業者以擴充航線比航空公司從事短期促銷或廣告策略的決策較不可能引發競爭對手採取同樣的策略。Chen 與 MacMillan 透過一篇詳細研究航空業者競爭行動與反競爭行動的報告來測試其所做的假設,發表於重要的航空產業期刊 *Aviation Daily* 上,資料期間涵蓋 8 年 (1979－1986)。

---

[19] M-J Chen and I.C. MacMillan, "Nonresponse and Delayed Response to Competitive Moves: The Role of Competitor Dependence and Action Irreversibility," *Academy of Management Journal*, 35, (1992): pp.539-570.

一般而言，他們的求證結果支持其所做的假設：相對比較容易轉向的行動，競爭者比較不會採取相同策略回應比較難以轉向的行動。這篇文章指出，削價特別容易引起反應，競爭者會迅速降價來回應。即使是與降價相同或更高轉向的程度，Chen 與 MacMillan 發現競爭業者比較容易對降價做出反應。

總　結

- 賽局理論是經濟學的一支，它是分析，假設所有決策者都是理性，且每人企圖預期競爭者的反應與行動，參賽者的最適決策行為。
- 賽局的聶徐均衡發生在，假設其它參賽者策略選定情況下，每位參賽者會選擇最高報酬的策略。**(LBD 習題 14.1，14.2)**
- 囚犯兩難賽局說明自我利益與集體利益的衝突。在囚犯兩難賽局的聶徐均衡，即使選擇合作行動是集體利益的最大，參賽者會選擇"非合作行動"。
- 優勢策略是不論對手如何選擇，參賽者會選擇對自己最好的策略。劣勢策略是不管對手如何選擇，參賽者能夠找到報酬較高的策略。
- 當一賽局中兩位參賽者皆有優勢策略，這些策略將確定聶徐均衡。若一參賽者有優勢策略，聶徐均衡是另一參賽者面對該策略的最佳反應。若兩位參賽者皆無優勢策略，我們可藉由消除劣勢策略來找到聶徐均衡。
- 在許多賽局中，某些或所有參賽者沒有優勢策略也沒有劣勢策略，而某些賽局，如膽小鬼賽局，可能有超過一個以上的聶徐均衡。想要在任何賽局中找到聶徐均衡，首先找到參賽者 1 面對參賽者 2 策略的最佳反應，然後再找參賽者 2 面對參賽者 1 策略的最佳反應，然後再找出最佳反應同時出現之處。
- 純粹策略是賽局所有策略中一個特定的策略。在混合策略下，參賽者根據事先知道的機率，選擇兩個或多個純粹策略。在混合策略下，每一場賽局至少有一個聶徐均衡。
- 在重複囚犯兩難賽局，參賽者在均衡時，會選擇相互合作。當參賽者有耐心，互動相當頻繁，作弊容易被抓到及作弊的單次獲利很小時，合作的可能性大增。
- 依序-行動賽局的分析，透露賽局中第一位行動的參賽者能夠擁有策略價值。**(LBD 習題 14.3)**
- 策略行動是指在賽局一開始，你先採取改變自己行為的策略，競爭者接著所採取的策略會對你比較有利。策略行動能夠限制參賽者的彈性，因此能有策略價值。

複習題

1. 什麼是聶徐均衡？為什麼不是聶徐均衡的策略是賽局不可能的結果？
2. 試問囚犯兩難賽局有何特殊之處？是否本章的每個賽局都是囚犯兩難賽局？
3. 試問優勢策略與劣勢策略有何不同？為什麼賽局中參賽者不會選擇劣勢策略？
4. 膽小鬼賽局有何特殊之處？請問膽小鬼賽局與囚犯兩難賽局有何差異之處？

5. 即使賽局不存在優勢策略，是否仍有聶徐均衡？即使沒有一位參賽者有劣勢策略，是否仍有聶徐均衡存在？
6. 請問純粹策略與混合策略有何不同？
7. 即使在單次囚犯兩難賽局中，非合作是優勢策略，在重複囚犯兩難賽局，參賽者是否仍有可能合作？
8. 請問想要增加重複囚犯兩難賽局的合作可能性的條件為何？
9. 請問同時-行動賽局與依序-行動賽局的差異為何？
10. 何謂策略行動？為什麼策略行動一定要無法轉向才能有策略價值？

問　題

14.1 下列賽局的聶徐均衡為何？

		參賽者2 左	參賽者2 右
參賽者1	上	2, 6	8, −5
參賽者1	下	0, 9	12, 3

14.2 忽略混合策略，下列賽局是否有聶徐均衡？是否有一個以上的聶徐均衡？若有，請指出？

		參賽者2 西	參賽者2 東
參賽者1	北	2, 1	1000, 900
參賽者1	南	3, 2	2, 1

14.3 下列賽局中，參賽者是否有優勢策略，若有請指出？參賽者是否有劣勢策略，若有請指出？賽局的聶徐均衡為何？

		參賽者2 左	參賽者2 中	參賽者2 右
參賽者1	上	15, 12	14, 8	8, 10
參賽者1	下	13, 11	12, 9	5, 14

14.4 在巴西軟性飲料市場中，可口可樂與百事可樂互相競爭。每家廠商決定是否採取積極廣告策略，亦即相較去年，增加更多的媒體與告示板廣告，或節制策略。亦即與去年相同的廣告支出水準。每個策略的相關利潤如下：

		百事可樂	
		積極	節制
可口可樂	積極	$100, $80	$170, $40
	節制	$80, $140	$120, $100

請問賽局的聶徐均衡是什麼？這個賽局是否屬於囚犯兩難賽局？

14.5 朝日與麒麟是日本兩家最大的啤酒銷售廠商。在日本，這兩家廠商在各款啤酒都是慘烈競爭。下表是在不同啤酒售價下，各個廠商的利潤：

		麒麟啤酒			
		¥630	¥660	¥690	¥720
朝日啤酒	¥630	180, 180	184, 178	185, 175	186, 173
	¥660	178, 184	183, 183	192, 182	194, 180
	¥690	175, 185	182, 192	191, 191	198, 190
	¥720	173, 186	180, 194	190, 198	196, 196

(a) 請問朝日啤酒是否有優勢策略？麒麟啤酒是否有優勢策略？
(b) 朝日啤酒與麒麟啤酒是否有劣勢策略：請找出並確認是那一個策略？
(c) 假設朝日啤酒與麒麟啤酒不會選擇你在 (b) 確認的劣勢策略 (你可以將劣勢策略畫掉)，在剔除劣勢策略後，請證明朝日啤酒與麒麟啤酒另外還有劣勢策略？
(d) 假設朝日啤酒與麒麟啤酒不會選擇你在 (c) 確認的劣勢策略。在剔除劣勢策略後，朝日啤酒與麒麟啤酒是否有優勢策略？
(e) 請問賽局的聶徐均衡為何？

14.6 假設有一賽局如下表所示：

		參賽者 2	
		左	右
參賽者 1	上	1, 4	−100, 3
	下	0, 3	0, 2

(a) 請問賽局中的聶徐均衡為何？
(b) 如果你是參賽者 1，你將如何玩這個賽局？

14.7 現在是 2099 年，人類終於在月球建立殖民據點。阿爾卡特 (法國通訊設備公司) 與諾基亞 (芬蘭電訊設備公司) 嘗試決定是否在月球上投資第一個通訊衛星系統。市場只夠容許一家廠商獲利。兩家公司必須投下鉅資才能夠在月球建立手機通訊網路。下表是兩家公司進入月球市場的報酬矩陣：

請找出賽局中所有的聶徐均衡？

	諾基亞 加入	諾基亞 不加入
阿爾卡特 加入	−1000, −1000	500, 0
阿爾卡特 不加入	0, 500	0, 0

14.8 露西和瑞奇計畫週六晚上的活動。他們可以去看芭蕾或拳擊賽。兩人的決策相互獨立，儘管你可從下表得知。若他們做相同的事，可獲取某些利益，忽略混合策略，賽局中是否存在聶徐均衡？若存在請指出為何？

	瑞奇 芭蕾	瑞奇 拳擊
露西 芭蕾	100, 30	−90, −90
露西 拳擊	−90, −90	30, 100

14.9 假設市場需求為 $P = 130 − Q$。
(a) 若兩家廠商在市場上相互競爭，且邊際成本 $c = 10$，請找出每家廠商的 Cournot 均衡產出和利潤？
(b) 若只有一家廠商且邊際成本為 $c = 10$，請找出獨占利潤和產出？
(c) 利用 (a) 和 (b) 的資訊，建立 2×2 的報酬矩陣，其策略為 Cournot 產量或一半的獨占產量。
(d) 問題 (c) 的賽局聶徐均衡為何？

14.10 考慮下列賽局，其中 $x > 0$：

	廠商 2 高價	廠商 2 低價
廠商 1 高價	140, 140	20, 160
廠商 1 低價	$90 + x, 90 − x$	50, 50

(a) 兩廠商皆有優勢策略之 x 值為何？在此情況下的聶徐均衡為何？
(b) 只有一家廠商有優勢策略之 x 值為何？這種情況下的聶徐均衡為何？
(c) 沒有一家廠商有優勢策略之 x 值為何？忽略混合策略，這種情況下是否有聶徐均衡？

14.11 聶徐教授宣布他將在課堂上隨機選出兩名學生，傑克和吉兒拍賣一張 $20 的鈔票。每個學生私下將標價寫在紙上；出高價者得標 (若是平手，每人各得 $10)。但令人為難的是，不管誰贏，每個學生都得支付他或她寫下的價格。假設每個學生當天只有 2 張 $1 在其口袋，所以可能的策略是開價 $0，$1，或 $2。

(a) 寫出一 3×3 報酬矩陣來描述此賽局？
(b) 兩位學生是否有任何劣勢策略？
(c) 賽局的聶徐均衡為何？
(d) 假設傑克和吉兒可向班上其它同學借錢，所以每個人都有 $11 可競爭。($11, $11) 是否為聶徐均衡？

14.12 考慮下列有關錄影帶製造商新力公司和電影製片商哥倫比亞公司的賽局。每家廠商必須決定是用新力製造的 Beta 或 VHS。哥倫比亞公司的電影可供租賃或出售。

哥倫比亞公司

新力公司	Beta	VHS
Beta	20, 10	0, 0
VHS	0, 0	10, 20

(a) 將注意力放在純粹策略。兩家廠商是否有優勢策略？賽局的聶徐均衡為何？
(b) 賽局中是否存在混合策略的聶徐均衡？若存在，請指出為何？
(c) 將注意力再度放在純粹策略，但現在為序列行動賽局，而新力公司為第一位行動者。賽局中的聶徐均衡為何？

14.13 在美國職棒總冠軍世界大賽中，凱利伍德是投手，羅德蓋茲是打擊者。目前羅德蓋茲的球數是 2 好 3 壞。伍德決定是否要投直球或曲球。羅德蓋茲決定是揮棒或不揮棒。假設伍德投快速直球而羅德蓋茲並未揮棒，投手確定得到好球，打擊者被三振出局。但是，若羅德蓋茲揮棒，則很有可能擊出一支安打。若伍德投曲球而羅德里茲揮棒，很有可能羅德里茲會被三振。假設伍德投曲球，羅德蓋茲並未揮棒，很有可能是四壞球，而羅德蓋茲被保送上一壘。(假設保送與安打的機率一樣)

下表是兩位參賽者不同選擇的報酬矩陣：

亞歷克斯羅德蓋茲

凱利伍德	揮棒	不揮棒
快速直球	−100, 100	100, 100
曲球	100, −100	−100, 100

(a) 請問在單純策略下，賽局是否有聶徐均衡？
(b) 請問在混合策略下，賽局是否有聶徐均衡？若有，請指出策略為何？

14.14 臺紙與華紙在碳纖維市場中相互競爭。兩家廠商銷售品質完全相同的碳纖維，以一般市價銷售該商品。每家廠商面臨的挑戰是決定產能擴充策略，華紙與臺紙採取的策略如下圖所示。

華紙

	不擴充	微幅擴充
不擴充	$1,013, $1,013	$844, $1,125
臺紙 微幅擴充	$1,125, $844	$900, $900
大幅擴充	$1,013, $506	$675, $450

下列問題是關於這個選擇。

(a) 假設大家都知道產業的長期需求很強勁。根據這個觀點，臺紙與華紙面對不同擴充產能策略的報酬如下所示。若兩家廠商同時做產能決策，每家廠商的產能納許均衡為何？

(b) 同樣地，假設每家廠商面對的報酬如表格所示，但假設臺紙承諾可以先做產能擴充決策。亦即，它可以選擇不擴充，微幅擴充或大幅擴充。華紙觀察臺紙選擇然後再做自己的選擇 (不擴充或微幅擴充)，序列行動產能賽局的納許均衡為何？

14.15 波音公司與空中巴士公司在競爭新加坡航空公司的訂單。每家公司能夠提供每架 $1 千萬的客機或每架 $5 百萬的客機。若兩家公司提供相同的價格，新加坡航空會平分訂單，50 – 50。若一家公司提供的價格高於另一家公司提供的價格，低價公司會得到整筆訂單。下列表格是波音公司與空中巴士公司預期從這筆交易所能獲得的利潤。

波音公司

	P = $5 百萬	P = $1 千萬
空中巴士公司 P = $5 百萬	30, 30	270, 0
P = $1 千萬	0, 270	50, 50

(報酬以百萬元計算)

(a) 請問賽局的納許均衡為何？

(b) 假設波音公司與空中巴士公司預期每季，從現在到可預見的將來都有訂單競標。每一季，每家廠商的報酬與提供的價格如上表所示。各家航空公司提供的飛機售價是公開資訊。假設空中巴士做以下的公開陳述：

為了要支撐公司毛利，在以後的每一季，我們在飛機價格制訂上，要像有遠見與睿智政治家，不會用殺價來贏得訂單。然而，如果對手佔我們的便宜，我們會放棄這個政策，並在每一季都強力爭取訂單。

波音公司正在為其以後的訂價策略傷腦筋。請問你會推薦波音公司制訂什麼樣的價格？**重要提示**：為了要評估報酬，假設波音公司與空中巴士每季即刻收到報酬 (因此，若在下一季波音公司採取 $5 策略，空中巴士採取 $10 策略，則波音公司即刻收

到 $2 億 7000 萬的利潤)。此外，假設空中巴士與波音公司以下列方式評估未來利潤：從下一季開始每季收到 $1 的現值，等於本季一次收到 $40 的報酬。

(c) 假設飛機訂單是一年而非一季一次。亦即，空中巴士與波音公司今年會相互競爭訂單 (報酬如上表所示)，但下一年不會有任何競爭動作。假設各家廠商從下一年開始，每年收到一元的現值，等於這一年收到 $10 的報酬。同時，假設空中巴士會遵守上述的公開聲明，請問你會建議波音公司在全年和以後訂什麼樣的價格？

14.16 考慮一買者在下一個月將決定是否從一獨占廠商購買商品。廠商的廣告是它提高品質商品 (價格是根據廣告而來)。然而，藉由以低品質零件替代高品質零件，廠商可降低銷售給消費者的商品品質，如此為之，廠商可降低商品製造的變動與固定成本。消費者在購買時無法觀察到商品品質，因此，消費者並無法分辨商品品質的好壞。只有在開始使用後，消費者才知道商品品質的高低。

廠商與消費者從買賣商品所得到的報酬如下：

		廠商	
		銷售高品質商品	銷售低品質商品
消費者	購買	$5, $6	$-4, $12
	不購買	$0, $-4	$0, $-1

消費者的報酬 (消費者剩餘) 是第一個數字；廠商的報酬 (利潤) 是第二個數字。

利用上表回答下列問題：

(a) 若只玩一次，買賣雙方在賽局的聶徐均衡策略為何？

(b) 讓我們再次假設賽局只玩一次 (亦即消費者最多只買一次)。但假設賽局開始前，廠商無法提供保證，若消費者購買商品而不滿意時，支付補償是 W。廠商提供高品質商品且消費者願意購買的最小 W 值為何？

(c) 除了保證外，讓我們允許存在消費者重複購買的可能性。特別是，假設消費者購買該商品並曉得她買到高品質商品，下個月她會再買回來。的確，只要前一個月購買的商品屬高品質，每個月她都會持續購買 (直到永遠！)。然而，若消費者意外地覺得不愉快——亦即，若廠商在某一個月銷售低品質商品——從此以後，她不再購買該商品。假設廠商知道消費者會如此行為。此外，讓我們想像廠商以下列方式評估利潤：下個月開始收到 $1，且每個月都收到 $1 的總價值與這個月即刻收到 $50 的總價值相同，廠商會提供高品質或低品質商品？

14.17 寡占產業中，有兩家廠商互相競爭，廠商 1 是規模比較大的廠商，正在計畫擴充產能，我們以兩種策略"積極"與"消極"來表示。"積極"策略是大規模擴充產能，積極搶占市場，"消極"策略是不擴充產能。廠商 2 是規模較小廠商，也正在考慮產能擴充策略；它也有兩種策略："積極"與"消極"可供選擇。下表是兩家廠商採取不同策略所面對的利潤：

(a) 若兩家廠商同時決定策略，請問聶徐均衡為何？

		廠商 2	
		積極	消極
廠商 1	積極	25, 9	33, 10
	消極	30, 13	36, 12

(b) 若廠商 1 是第一位行動者並信守產能擴充策略，廠商 1 的最適策略為何？廠商 2 的最適策略為何？

15 不完全資訊與風險

15.1
描述風險結果

15.2
評估風險結果

15.3
承擔與消除風險

15.4
分析風險性決策

15.5
拍　賣

我贏的機率為何？

　　沒有一家公司能夠像亞馬遜網路書店 (Amazon.com)，做為網際網路商業化的象徵。在 1995 年 7 月，32 歲的傑夫貝佐斯建立"地球最大的書店"。亞馬遜網路書店現在提供 CD、錄影帶、DVD、玩具、消費性電子商品，及拍賣品。對某些消費者而言，亞馬遜網路書店是他們第一個也是唯一目的地。

　　但是如果你投資亞馬遜的股票會發生什麼事？假設 1999 年 8 月，你買進 $1,000 亞馬遜股票。圖 15.1 所示為投資 $1,000 在一年內市場價值的變化。首先，你的投資水漲船高，這項投資價值到 1999 年 12 月已接近 $2,400。然而，在 12 個月剩下的期間，股價漲跌互見，從未回到 12 月的高點，最後下跌至每股 $600。在 12 個月內，你投資在亞馬遜網路書店的股票損失約 $400。若你持有股票的時間加長，其價值將繼續波動。

在 2001 年 10 月，遭遇 9/11 恐佈攻擊在科技泡沫破滅後的不景氣，你的投資價值只有 $117，損失的價值接近 88%。但是，到 2004 年 10 月，你的股票又反彈至每股 $915。

亞馬遜網路書店的股票提供一個風險的絕佳範例。投資亞馬遜網路書店的股票就像在有霧的岸邊玩滑板。你知道它會忽上忽下，但你無法預測上坡與下坡何時出現，及其坡度為何。雖然亞馬遜網路書店的股票或許是極端例子，經濟生活卻充滿風險狀況：當企業引進新商品時，它面臨失敗的風險；當職業球隊以昂貴合約簽進自由球員時，他們面臨戰績不佳的風險；駕駛自己的汽車時，面臨車禍的風險；當競價者參加網路拍賣會競標商品時，他們面臨得標價格過高的風險。

本章預習 本章是有關風險與不完全資訊的討論。在本章，你將

- 學習以工具與觀念來敘述風險，包括彩券和機率。
- 瞭解我們如何描述個人不喜好承擔風險的偏好狀況。
- 分析不完全資訊下的決策制訂。
- 改善資訊取得後的經濟價格評估。

圖 15.1 投資 $1,000 在亞馬遜網路書店股票的價值，1999 年 8 月－2000 年 8 月
在 1999 年 8 月買進 $1,000 的亞馬遜網路書店股票。在 1999 年 12 月上升至 $2400，但在 2000 年 5 月下跌至 $600。

第 15 章 不完全資訊與風險 **623**

我們介紹這些觀念與工具的目的是要幫助你更瞭解風險與不完全資訊在經濟環境，如保險與拍賣市場所扮演的角色。我們也希望本章的這些觀念與工具能夠讓你在日常生活中制訂更好的決策——這些決策或許是有關於應該接受什麼樣的工作，是否應該購買以網路為主體公司的股票，如亞馬遜網路書店，或在拍賣網站應該出價多少，如 eBay 或雅虎。

假設你剛買進一家公司的股票，如亞馬遜網路書店。你無法知道這支股票明年的表現如何——價格可能上升或下跌——所以股票是有風險的。但是以這筆金額投資股票的風險與投資其它事業的風險有何不同？這個問題的答案牽涉到風險的結果。在本節，你將學到三個描述風險結果的觀念：機率分配、期望值，及變異數。

15.1 敘述風險結果

樂透彩券與機率

即使你不知道你的股票明年的價格將是多少，你仍然能夠敘述它可能是多少。特別是，假設在未來的一年，下列三件事其中的一件可能會是你的 $100 投資結果：

- 價格上升 20% 到 $120 (結果 *A*)。
- 價格維持固定不變 (結果 *B*)。
- 價格下跌 20% 到 $80 (結果 *C*)。

你投資在網路股票是**樂透** (lottery) 的一個例子。在現實生活，樂透是一種機會的遊戲。在個體經濟學，我們用樂透來敘述任何事件——投資股票，大學美式足球賽結果，旋轉俄羅斯輪盤——其結果是不確定的。

樂透彩券 結果是不確定的事件。

關於樂透的敘述有三個結果：*A*，*B*，與 *C*。一張樂透特定結果出現的**機率** (probability) 是這個結果發生的可能性。若在 10 個機會中有 3 次出現結果 *A*，我們說 *A* 的機率是 3/10，或 0.30。若結果 *B* 是 10 次機會中出現 4 次，我們說 *B* 的機率是 4/10，或 0.40。若 10 次機會中有 3 次會出現結果 *C*，*C* 的機率是 0.30。樂透的**機率分配** (probability distribution) 敘述樂透所有可能出現的報酬與其相關的機率。圖 15.2 的長條圖顯示網路公司股價的機率分配。每一個長條代表樂透一個可能的結果，且每一長條的高度

機率 樂透產生特定結果的可能性。

機率分配 樂透所有可能報酬與其相關機率的描述。

圖 15.2 樂透的機率分配

結果 A (股票價格上升 20%，到 $120) 的機率是 0.30，結果 B (股票價格固定不變，在 $100) 的機率是 0.40，結果 C (股票價格下跌 20%，到 $80) 的機率是 0.3。

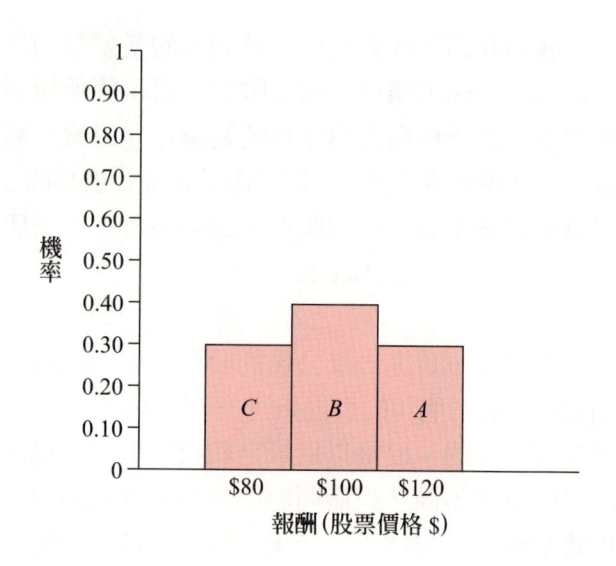

是衡量結果發生的機率。對任何樂透而言，可能發生結果的機率有兩個重要特性：

- 任何一項特定結果的機率是介於 0 與 1 之間。
- 所有可能結果的機率總和等於 1。

這些機率與機率分配來自何方？有些機率是來自可預測的自然法則。例如，若你丟擲一枚銅板，出現正面的機率是 0.5。你可以藉重複丟擲來證明出現正面的機率。當你丟擲的次數夠多 (100 或 200 次)，你將看到出現正面的相對次數大約是 50%。

然而，並非所有的風險事件都像丟擲銅板。有許多事件，很難推導出特定結果的機率值。例如，你如何知道你的股票價格上漲 20% 的機率是 30%？你的評估並非不可改變的自然法則，而是你對事件發生的主觀認定。反映風險事件主觀認定的機率稱為**主觀機率** (subjective probabilities)。主觀機率也必須符合上述兩個機率特性。然而，不同決策者可能對相同風險事件會有不同的認知，而導致不同的發生機率。例如，一投資者可能比你對未來預期更樂觀，而有下列事件機率：

主觀機率 反映風險事件主觀信念的機率。

- A 的機率 = 0.50 (10 個機會中有 5 個，股票價格會上升 20%)。
- B 的機率 = 0.30 (10 個機會中有 3 個，股票價格固定不變)。
- C 的機率 = 0.20 (10 個機會中有 2 個，股票價格將下跌

20%)。

這些主觀機率與你認定的主觀機率不同，但它們仍然符合兩個機率法則：每一個機率介於 0 與 1 之間，且其加總皆等於 1。

期望值

在已知你的風險投資可能結果的相關機率時，你期望能夠獲得多少報酬，亦即，什麼是投資的**期望值** (expected value)？樂透的期望值是樂透創造的平均報酬。我們以網路股票的例子來說明：

期望值 衡量樂透創造平均報酬。

$$\begin{aligned}期望值 = & A\ 的機率 \times 發生\ A\ 的報酬 \\ & + B\ 的機率 \times 發生\ B\ 的報酬 \\ & + C\ 的機率 \times 發生\ C\ 的報酬\end{aligned}$$

運用這個公式，我們得到：

$$\begin{aligned}期望值 &= (0.30 \times 120) + (0.40 \times 100) + (0.30 \times 80) \\ &= 100\end{aligned}$$

網路股票的期望值是可能發生報酬的加權平均，其中每個報酬的權數是各個報酬發生的機率值。一般而言，若 A，B，$\cdots$，Z 是一張樂透的可能報酬的集合，則樂透的期望值可以寫成下式：

$$\begin{aligned}期望值 = & A\ 的機率 \times 發生\ A\ 的報酬 \\ & + B\ 的機率 \times 發生\ B\ 的報酬 + \cdots \\ & + Z\ 的機率 \times 發生\ Z\ 的報酬。\end{aligned}$$

如同擲銅板的例子，樂透的期望值是衡量，若樂透重複許多次，你能夠得到的平均報酬。如果你重複地以相同金額投資購買樂透，並將你的投資報酬加以平均，這個平均報酬與樂透的期望幾乎沒有什麼差別。

變異數

假設你有兩個投資選擇——$100 投資在網路公司股票或 $100 投資在公用事業的股票 (電力公司或自來水公司)。圖 15.3 所示為兩家公司股價的機率分配。兩家股票的期望值相同：$100 (你應該能夠證明)。但是，網路股票的風險程度比公用事業股票更高，因為公用事業股票的價格大都維持在 $100，但網路股價上漲與下跌的可能性較高。換言之，投資者購買網路股可能比買公用事業股賺得更多或賠得更多。

變異數 樂透彩券所有可能結果平方差與機率平方加權的平方總和。

我們衡量樂透的風險程度的變數稱為**變異數** (variance)。樂透的變異數是樂透所有可能結果平方差與機率的加權總和。一個可能結果的平方差是該結果的樂透報酬與樂透期望值差異的平方。以下是如何計算網路投資的變異數，可能結果如圖 15.3(a) 所示：

1. 計算期望值 (EV)：在這個例子，如上一節所示，EV ＝ $100。
2. 求出樂透每一個可能結果；將平方差乘以對應機率可以求出加權機率平方差：

- 結果 A (報酬 $120) 的平方差＝(報酬－ EV)^2 ＝($120 － $100)^2 ＝ $400。
  結果 A 機率加權平方差＝ 0.30 × $400 ＝ $120。
- 結果 B (報酬 $100) 的平方差＝(報酬－ EV)^2 ＝($100 － $100)^2 ＝ $0。
  結果 B 機率加權平方差＝ 0.40 × $0 ＝ $0。

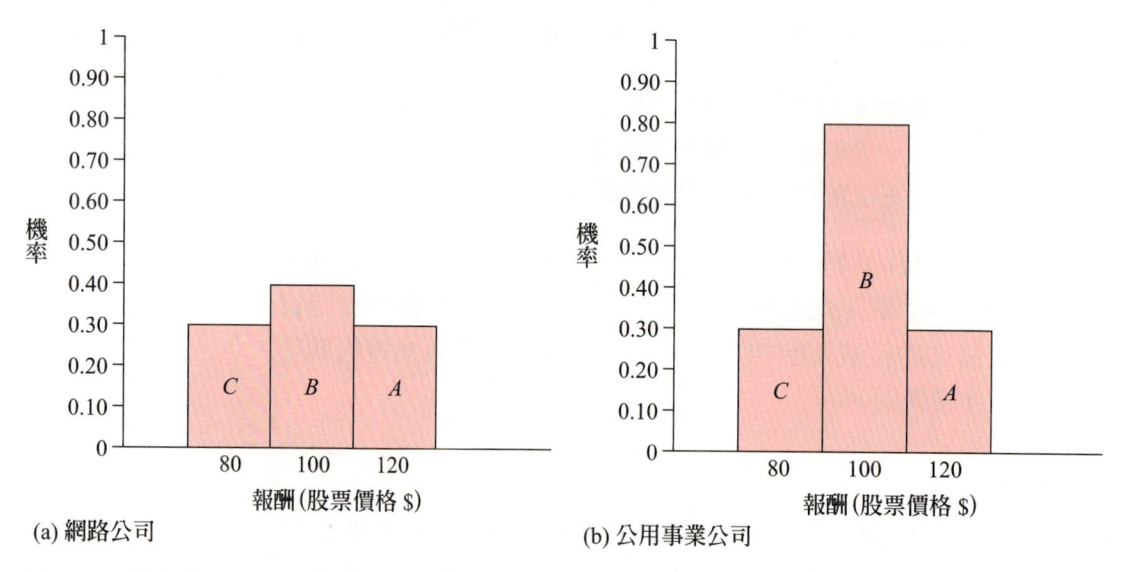

(a) 網路公司　　　　　　　　　　(b) 公用事業公司

圖 15.3　機率分配，風險和變異數

網路公司投資的風險高於公用事業投資的風險。真實結果與預期結果 (兩項投資的結果 B) 不同，在網路投資中 10 個裡有 6 個，在公用事業投資中 10 個僅有 2 個。這反映於變異數的不同 (網路投資為 $240，而公用事業投資為 $80)。

- 結果 C (報酬 $80) 的平方差＝(報酬－ EV)² ＝($80 － $100)² ＝ $400。

  結果 C 機率加權平方差＝ 0.30 × $400 ＝ $120。

3. 加總機率加權平方差可得變異數：

   變異變＝ $120 ＋ $0 ＋ $120 ＝ $240。

若我們對公用事業投資做相同的計算，可能結果如圖 15.3(b) 所示，我們求出的變異數為 $80。[1]

這些結果我們可以從圖 15.3 直接看出。公用事業投資的風險低於網路投資，因為公用事業投資 10 個結果中有 8 個等於期望值而網路投資 10 個結果只有 4 個等於期望值。

另外一種衡量樂透風險程度的變數是**標準差** (standard deviation)，係變異數開根號後的數值。因此，網路股票的標準差是 $\sqrt{240}$ ＝ 15.5。公用事用股票的標準差是 $\sqrt{80}$ ＝ 8.9。

如果一張樂透的變異數大於另一張樂透的變異數，則第一張樂透的標準差會大於第二張樂透的標準差。因此，有關機率分配的相對風險程度，標準差與變異數均提供相同的資訊。

標準差　變異數的開根號。

15.2 評估風險結果

在上一節，我們看到如何以機率分配、期望值與變異數來敘述風險結果。在本節，我們將探討決策者面對不同機率分配與不同風險程度，如何評估與比較不同的投資方案。特別是，我們將利用第 3 章所學的效用函數來衡量各個投資方案在不同風險下，投資者所能獲得的利益。

效用函數與風險偏好

想像你自己即將踏出校門，且有兩個工作機會等著你。一個會是進入大型且有規模的公司。在這家公司，你每年年薪 $54,000。第二個機會是進入新設的小型網路公司。因為這家公司目前處於虧損狀態，你只能獲得象徵性的年薪 $4,000 (亦即，你幾乎是免費工作)。然而，若公司在來年獲利，公司會給你 $100,000

---

[1] 我們定義偏離是實際報酬減預期報酬差額平方的理由，是當 EV 大於報酬 (如兩項投資的結果 C)，差額為負數。若我們以差額而非平方差計算兩項投資的變異數，兩種情況下的變異數都將為零 (你可以數學證明)。因此，我們將會造成模糊不清而非顯露兩項投資不同的風險特性。

的紅利。根據你對網路公司前景的評估，你 0.50 的機率你能獲得紅利，且有 0.50 的機率你會一無所有。依據現有兩家公司的薪資資料，你會接受那一個工作？[2]

你面臨一個有趣的問題。在大公司上班，你的薪水是固定且能夠獲得──亦即，收到 $54,000 的機率是 1.0 (沒有其它可能性出現)，故期望值為 1.0 × $54,000 = $54,000。你在網路創始公司的薪水是一種樂透的型式──0.5 的機率獲得 $4,000 與 0.5 的機率獲得 $104,000，所以期望值是 (0.5 × $54,000)＋(0.5 × $10,400)＝$54,000。因此，兩家公司的期望值相同。即使如此，你不見得認為這兩個工作機會是完全相同的。畢竟，如果你收到紅利可能迅速致富，你也可能面臨相當大的風險，最後只拿到 $4,000。反之，大公司的薪水是沒有任何風險存在。

我們如何在具有不同風險程度的各個投資方案間進行選擇？一個方法是利用效用函數的概念。在第 3 章，效用是衡量消費者

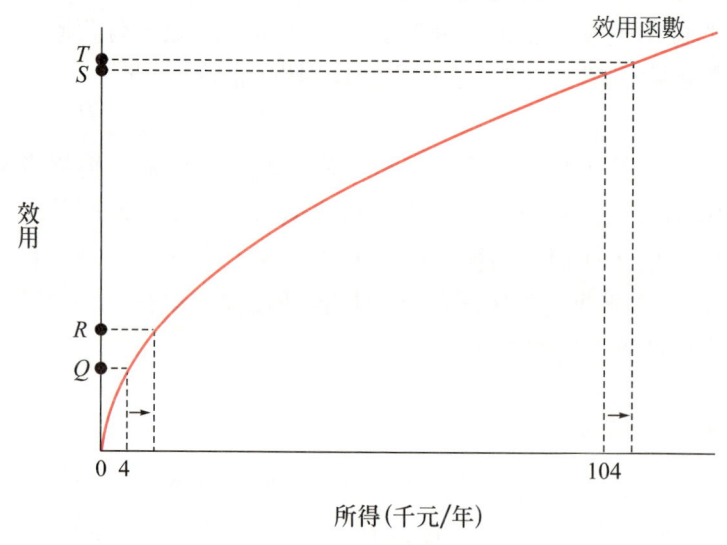

圖 15.4　邊際效用遞減情形下的效用函數

邊際效用是遞減的，因為所得增加造成效用增加的幅度在所得較低時比所得較高時為大：當所得水準較低 ($4,000)，效用增加的幅度為點 R 到點 Q 的距離；當所得水準較高 ($104,000)，同樣幅度的所得增量，會使效用水準增加較少的幅度為點 S 到點 T 的距離。

---

[2] 在實際生活裡，你不僅要評估兩家公司現在的年薪，你還要考慮各家公司長期報酬的前景。毫無疑問地，你也必須思考兩個工作的非貨幣方面的屬性，如工作的性質、工作時數、地點、還有其它。

購買商品與服務組合所獲得的滿足程度。圖 15.4 所示為效用水準 U 與所得水準 I 的函數關係。這個效用函數是所得的遞增函數，故你偏好更多的所得。它也呈現邊際效用遞減 (這是第 3 章曾經討論過的觀念)，因為所得增加時，額外一單位所得增加導致效用的增加愈來愈小。因此，當你的所得較低 (如，$4,000)，所得增加引起效用水準的增加幅度等於從 Q 點到 R 點的距離。然而，當你的所得較高 (如，$104,000)，相同幅度的所得增加引起效用水準增加的幅度等於從 S 點到 T 點的距離。

圖 15.5 顯示我們如何利用效用函數評估兩個工作機會：

- 你在大公司工作的效用水準是對應點 B，其中你的所得是 $54,000，且達到效用水準是 230——亦即，$U(54,000) = 230$。
- 你在新公司工作且沒有收到紅利時，效用水準是對應的點 A。其中你收到的所得是 $4,000，達到效用水準是 60——亦即，$U(4,000) = 60$。
- 當你在新公司上班並獲得紅利時，效用水準是對應的點 C。其中你的所得是 $104,000，達到效用水準為 320——亦即，

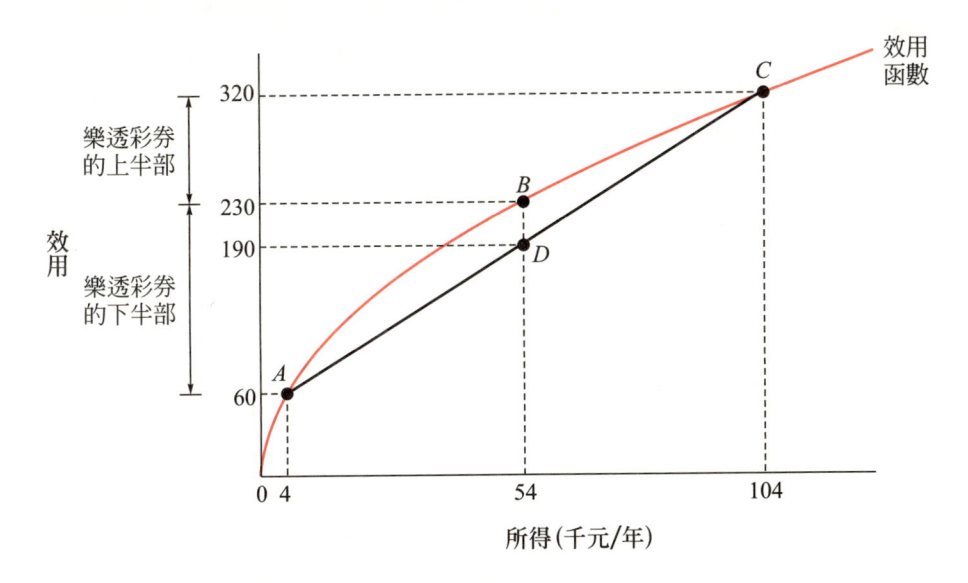

圖 15.5　風險厭惡決策者的效用函數與預期效用

如果你接受大公司的工作機會，效用水準是 230 (點 B)。如果你接受網路公司的工作，有 0.50 的機率獲得效用水準為 320 (點 C，若你賺取 $104,000)，及 0.50 的機率獲得效用水準為 60 (點 A，若你賺 $4000)，得到的預期效用是 190 (點 D)。因為大公司報酬的預期效用會超過網路公司報酬的預期效用，你將會接受大公司的工作。

預期效用 決策者從樂透彩券收到報酬的效用水準預期值。

$U(104,000) = 320$。

- 在新公司你的**預期效用** (expected utility) (亦即，如果你在網路公司上班所獲得效用水準的期望值) $= [0.5 \times U(4,000)] + [0.5 \times U(104,000)] = (0.5 \times 60) + (0.5 \times 320) = 190$。這是對應點 D。

一般而言，一張樂透的預期效用是決策者從樂透所獲得報酬的相關效用水準的預期值。因此，若 A，B，…，Z 代表樂透的可能報酬，則樂透的預期效用是：

預期效用 = A 的機率×發生結果 A 報酬的效用
  + B 的機率×發生結果 B 報酬的效用 +… **(15.1)**
  + Z 的機率×發生結果 Z 報酬的效用

圖 15.5 的分析顯示，儘管兩家公司的期望報酬相同，你在新公司工作的預期效用要低於大公司工作所獲得的效用。如果你是依據圖 15.5 的效用函數來評估你的前景，你絕對會偏好大公司的工作機會。

風險厭惡 決策者在相同期望值下，比較喜歡確定事物而非樂透的特性。

圖 15.4 與圖 15.5 的效用函數所描繪的決策者偏好是屬於**風險厭惡** (risk averse)，一風險厭惡者在確定事物與樂透有相同期望報酬下，會比較喜歡確定事物而不喜好樂透。在上述範例中，風險厭惡決策者，會偏好大公司的確定薪水，而不喜歡網路公司具有風險程度的薪水。一般而言，呈現邊際效用遞減的效用函數 (如圖 15.5 的效用函數) 隱含在確定事物與樂透預期報酬相同時，確定事物的效用將超過樂透的預期效用。要瞭解為何如此，注意若你到新公司上班，樂透的上半部是 ($104,000 − $54,000)，比大公司工作會多出 $50,000 的所得 ($54,000 − $4,000)，則賭局的下半部是你收到的所得會比大公司工作所得少 $50,000 ($54,000 − $4,000)。因為邊際效用遞減，樂透下半部效用的減少幅度 (230 − 60 = 70) 會大於上半部效用增加的幅度 (320 − 230 = 90)，如圖 15.5 所示。因為邊際效用遞減，樂透下半部讓決策者受傷的程度要超過樂透上半部讓他獲益的程度。這會使得決策者偏好確定事物。

邊做邊學習題 *15.1*
計算風險厭惡決策者兩種樂透的預期效用

考慮圖 15.3 的兩種樂透。它們有相同的期望報酬，但是第一種樂透

(投資網路公司股票) 比第二種彩券 (投資公用事業股票) 有較大的變異數。這告訴我們第一種樂透的風險程度比第二種樂透高。假設一風險厭惡的決策者擁有效用函數：$U(I) = \sqrt{100I}$，其中 I 代表樂透的報酬。

問題 請問決策者比較喜歡那一張樂透——亦即，那一種樂透有比較高的預期效用？

解答 我們利用式 (15.1) 計算各張樂透的預期效用：

投資網路股票預期效用
$$= 0.30\sqrt{8,000} + 0.40\sqrt{10,000} + 0.30\sqrt{12,000}$$
$$= 0.30(89.4) + 0.40(100) + 0.30(109.5) = 99.7$$

投資公用事業預期效用
$$= 0.10\sqrt{8,000} + 0.80\sqrt{10,000} + 0.10\sqrt{12,000}$$
$$= 0.10(89.4) + 0.80(100) + 0.10(109.5) = 99.9$$

因為投資公用事業公司股票有比較高的預期效用，風險厭惡決策者會比較喜歡投資公用事業股票而非網路公司股票。這說明一個特性：若樂透 L 與 M 的預期報酬相同，但是樂透 L 的變異數低於樂透 M 的變異數，風險厭惡決策者會偏好 L 而非 M。

類似問題：15.5 和 15.6

風險中立與風險愛好的偏好

風險厭惡只是決策者面對風險可能有的態度之一。決策者也有可能是**風險中立** (risk neutral) 或風險愛好。當決策者是風險中立時，他或她只是依據期望值來比較樂透，因此確定事物與具相同期望值的樂透是無差異的。要瞭解為何如此，請注意風險中立決策者擁有直線型效用函數，$U = a + bI$，其中 a 是非負的常數，且 b 是正數。考慮樂透的報酬是 I_1 與 I_2，且對應的機率分別是 p 與 $1 - p$。樂透的預期效用 EU 是

$$EU = p(a + bI_1) + (1 - p)(a + bI_2)$$
$$= a + b[pI_1 + (1 - p)I_2]$$

括弧裡的方程式為樂透的期望值 EV，所以 $EU = a + bEV$。因此，當期望值等於確定事物報酬 (亦即，當 $EV = 1$)，預期效用等於確定事物效用 (亦即，$EU = U$)。

回到工作機會的例子，我們看到如果你是風險中立，對你而

風險中立 決策者根據樂透預期值比較樂透因此在確定事物與樂透兩者皆有相同期望值下並無差異的特性。

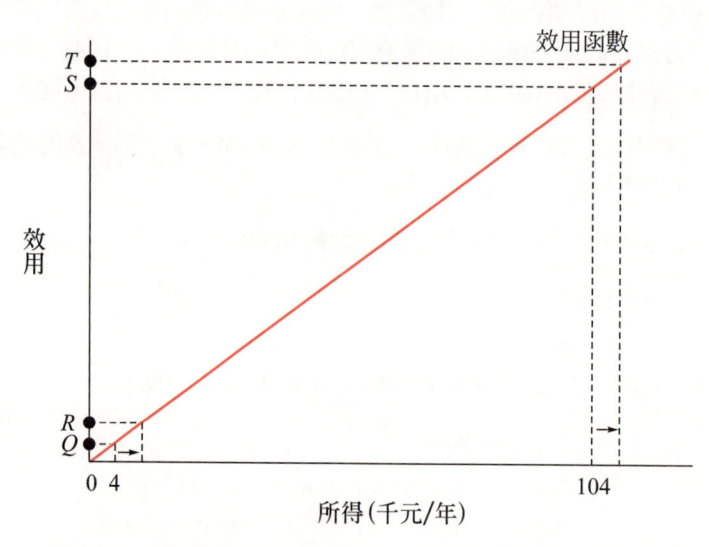

圖 15.6　風險中立決策者的效用函數

風險中立決策者的效用函數是一直線，所以邊際效用是固定的。不論決策者的所得水準是多少，一定數量的所得變動所引起效用的變動幅度都是一樣。(即，Q 點到 R 點的距離與 S 點到 T 點的距離相同。)

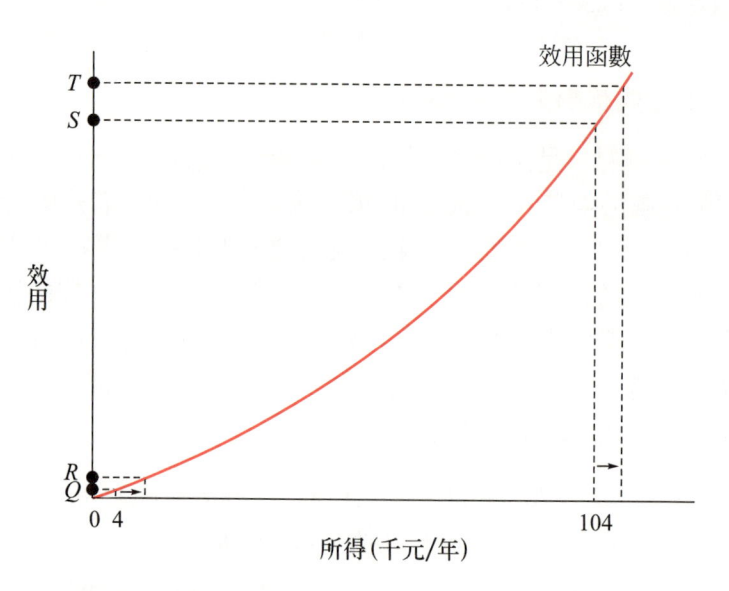

圖 15.7　風險愛好決策者的效用函數

風險愛好決策者的效用函數圖形呈現邊際效用遞增。隨決策者所得提高，一定數量所得的變動將導致效用變動幅度愈來愈大。(即，Q 點到 R 點的距離小於 S 點到 T 點的距離。)

言，在大公司工作的確定收入 $54,000 與網路公司工作的預期收入 $54,000 是沒有差異的。圖 15.6 所示為風險中立者的效用函數。因為效用函數是一條直線，代表所得的邊際效用是固定的——亦即，不管決策者的所得水準是多少，任何一定數量的所得變動所引起效用的變動是固定的。

當決策者是**風險愛好** (risk loving)，他或她比較喜好樂透，而不喜歡具有相同期望值的確定事物。在求職的例子，接受新公司工作的預期效用會超過接受大公司工作的預期效用。如圖 15.7 所示，風險愛好決策者的效用函數呈現邊際效用遞增——亦即，在隨決策者所得的提高，一定數量所得的增加引起邊際效用增加的幅度愈來愈大。

風險愛好 決策者在相同期望值下，較喜歡樂透而非確定事物的特性。

邊做邊學習題 15.2

計算兩種樂透的預期效用：風險中立與風險愛好決策者

假設兩個決策者考慮投資兩種樂透的變異數，如圖 15.3 所示。一決策者是風險中立，其效用函數：$U(I) = 100I$，另一決策者是風險愛好，其效用函數 $U(I) = 100I^2$，其中 I 代表樂透的報酬。

問題
(a) 風險中立決策者偏好那一種樂透？
(b) 風險愛好決策者偏好那一種樂透？

解答
(a) 就風險中立決策者而言

  投資網路公司的預期效用
  $= 0.30(8,000) + 0.40(10,000) + 0.30(12,000) = 10,000$

  投資公用事業公司的預期效用
  $= 0.10(8,000) + 0.80(10,000) + 0.10(12,000) = 10,000$

因為投資兩種股票有相同的預期效用，風險中立決策者對擁有那一家公司股票是沒有差別的。注意每個樂透的預期效用等於 100 乘以各個樂透的期望值。這說明一般特性：對一風險中立決策者而言，樂透預期效用的排列順序正好對應樂透期望值的排列順序。

(b) 就風險中立決策者而言

  投資網路公司的預期效用
  $= 0.30(100)(80^2) + 0.40(100)(100^2) + 0.30(100)(120^2)$

$$= 1,024,000$$

投資公用事業公司的預期效用
$$= 0.10(100)(80^2) + 0.80(100)(100^2) + 0.10(100)(120^2)$$
$$= 1,008,000$$

風險愛好決策者偏好投資網路公司股票，因為風險性高的股票有較高的預期效用。這說明一個特性：若樂透 L 與 M 有相同的期望值，但是樂透 L 比樂透 M 有較高的變異數，愛好決策者會偏好 L，而不是 M。

類似問題： 15.7

15.3 承擔與消除風險

我們現在已經看過如何利用期望值與變異數來敘述樂透的風險程度。我們也看到如何計算樂透的預期效用以決定個人的偏好。最後，我們看到如何利用效用函數來刻畫個人對風險的態度 (風險厭惡，風險中立，或風險愛好)。

雖然一個人可以想成是風險中立者或風險愛好者，經濟學家認為在面對重大決策，如是否應該購買汽車保險或個人應該投資多少比例的財富在股票市場，大多數人行為都是風險厭惡。例如，即使對大多數人而言，嚴重撞車的機率相對很小 (在任何一年內應該是小於 50 − 50)，為什麼大多數車主仍願意每個月支付保費保車撞險？答案是當車子遭遇損傷時，我們大多數是風險厭惡者。我們相信，當我們知道車子受到碰撞，小額保險費會讓我們心裡不焦慮且有平安，保險公司會支付車子的修復與零件的替換。然而，個人不會奮力從他們生活中完全消除風險。有些汽車駕駛人購買汽車保險時會有很高的自付額 (亦即，保險政策載明有些損傷不理賠，車主必須負擔部分金額)，許多人至少會投資一部分的財富在股票市場。

所以什麼時候風險厭惡者會選擇承擔風險，以及什麼時候會選擇消除風險？在本節，我們探討這個問題將首先介紹風險溢酬的觀念，然後再檢視風險厭惡者購買保險的誘因。

風險溢酬

在求職例子，我們看到，若你是風險厭惡者，你會偏好大公司的確定所得，而不喜歡新公司的風險性所得。然而，我們"假設"這個例子是你在新公司工作的期望報酬等於大公司工作的確定報酬。如果你新公司工作的期望報酬大於大公司工作的薪水，你可能偏好網路公司風險性薪水，而不喜歡大公司的確定薪水。如圖 15.8 所示。圖形顯示當新公司工作的期望報酬是 $54,000，大公司提供的確定年薪是 $29,000，你在新公司的預期效用 (點 D) 會超過大公司工作的效用 (點 F)。這說明一個重點：假設賭局的預期報酬遠高於確定事物的報酬，風險偏好決策者可能會偏好賭局，而較不喜好確定事物。換言之，若額外報酬可以補償風險承受，風險厭惡決策者將選擇承擔風險。

這個報酬應該是多少，我們以樂透的**風險溢酬** (risk premium) 代表者。風險溢酬是樂透期望報酬與確定事物報酬之間的最低差額，且能夠讓決策者在樂透與確定事物間是無差異的。想要知道此為何意，想像風險厭惡者在樂透與確定事物間做選擇，且確定事物的報酬等於樂透的預期報酬。假設確定事物的報酬減少。我們只降低一點點的報酬——決策者可能還是偏好確定事物而非樂透。但是現在假設確定事物報酬繼續減少——在某個點上，決策者

風險溢酬 樂透期望值與確定事物報酬間的必要差額使決策者在樂透與確定事物間並無差異。

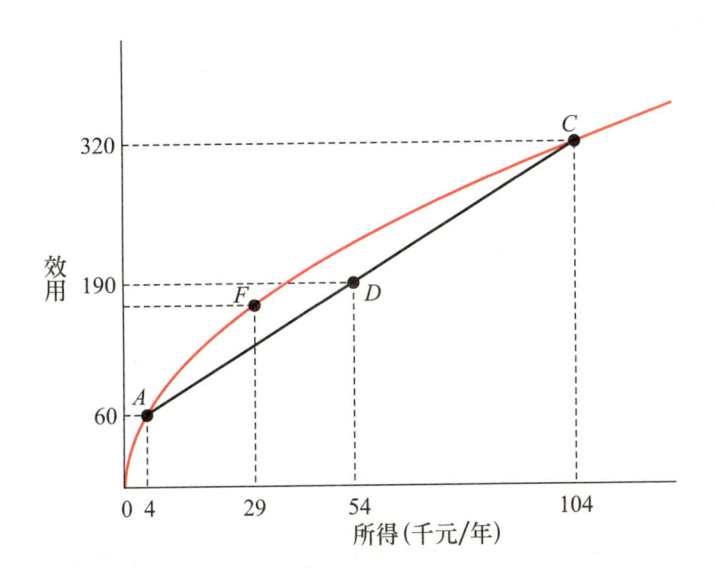

圖 15.8 風險厭惡決策者可能偏好樂透而不喜歡確定事物

假設大公司給付的年薪是 $29,000，網路公司工作的預期效用 (點 D) 會超過大公司工作的預期效用 (點 F)。在這個情形下，你會偏好樂透而非確定事物 (與圖 15.5 相比)。

對確定事物和樂透同樣喜歡 (亦即，兩者之間無差異)。風險溢酬告訴我們決策者的偏好在某一個點會發生。風險溢酬是確定事物報酬必須減少的幅度，讓風險厭惡決策者在樂透與報酬降低的確定事物之間是無差異的。樂透有兩個報酬 I_1 與 I_2，相關的機率是 p 與 $1-p$，我們可由下列方程式求出風險溢酬 (RP)：[3]

$$pU(I_1)+(1-p)U(I_2)= U(pI_1 +(1-p)I_2 - RP)$$

$pI_1 +(1-p)I_2$ 是樂透 (稍早在 15.2 節敘述) 的期望值 (EV)，故此方程式成為

$$pU(I_1)+(1-p)U(I_2)= U(EV - RP) \tag{15.2}$$

回到求職的例子，圖 15.9 所示為如何以圖形求出風險溢酬。樂透的期望值 (在新公司的工作) 是 $54,000，對應於點 D，其效用＝190。當它們有相同效用時，你將不會有任何差異。效用 190 (對應於效用函數的 E 點) 是當公司給付薪水 $37,000 的效用水準。(我們將在邊做邊學習題 15.3 學習如何試算風險溢酬)。因此，風險

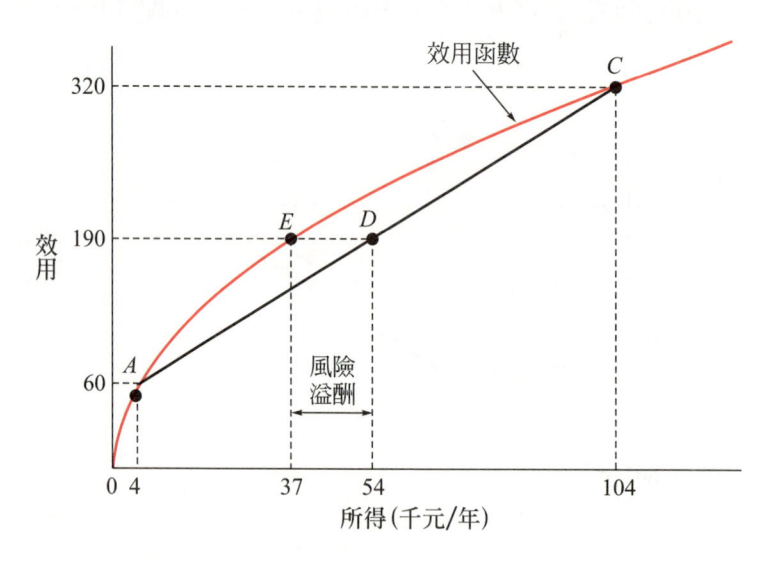

圖 15.9　風險厭惡決策者的風險溢險

假設大公司提供的年薪是 $37,000。你在新公司與大公司之間的選擇是無差異的，因為兩個工作的效用相同 (190)。風險溢酬是以 ED 的長度表示，等於 $17,000。

---

[3] 公式推導太複雜，不會在此列出。

溢酬——當你在確定事物與樂透之間無差異時，樂透預期報酬與確定事物報酬之間的差額——為 $17,000 ($54,000 － $37,000)。

這意味若大公司確實提供給你年薪是 $37,000，藉由超過風險溢酬只有在新公司提供給你的期望報酬超過大公司提供的薪水，才會選擇到新公司上班。(換言之，預期薪水至少要是 $54,001 才能讓你喜歡新公司並承擔風險)。

決定風險溢酬的一項重要因素是樂透的變異數。若兩種樂透的期望值相同但變異數不同，則擁有較高變異數的樂透需要較大的風險溢酬。這隱含個人承擔風險愈大，風險厭惡者承擔風險所需要的補償報酬就愈高。

邊做邊學習題 15.3
從效用函數中計算風險溢酬

讓我們回到剛討論的新公司樂透例子，並假效用函數是 $U = \sqrt{I}$。(這與圖 15.9 的圖形類似)。

問題
(a) 試求出新公司工作的風險溢酬。
(b) 假設新公司不提供任何薪水，但如果達到預期成長目標，會支付你 $108,000 的紅利。(請證明這個報酬的期望值是相同，但變異數則較先前提供報酬的變異數更大)。這個報酬的風險溢酬是多少？

解答
(a) 回顧式 (15.2)：$pU(I_1)+(1-p)U(I_2) = U(EV - RP)$。同時，也回憶新公司的薪水其中一份報酬 ($I_1$) 是 $10,400。另一份報酬 ($I_2$) 為 $4,000，每份報酬的機率為 0.50，期望值是 $54,000。我們利用方程式 (15.2) 求出 RP：

$$0.50\sqrt{104,000} + 0.50\sqrt{4,000} = \sqrt{54,000 - RP}$$
$$192.87 = \sqrt{54,000 - RP}$$

等號左右兩邊平方，可得 $37,199 = \$54,000 - RP$，或 $RP = 16,801$。

(b) 在這種情況，$I_1 = \$0$。$I_2 = \$108,000$，所以式 (15.2) 成為 $0.50\sqrt{0} + 0.50\sqrt{108,000} = \sqrt{54,000 - RP}$，或 $RP = 27,000$。(當樂透變異數——即，風險性——上升時，風險溢酬也會上升)。

類似問題：15.10 和 15.11

風險厭惡者何時會選擇消除風險？保險需求

我們的風險溢酬分析告訴我們，只有在補償性報酬夠大時，風險厭惡者纔會承擔風險。風險厭惡的邏輯也協助說明風險厭惡者會購買保險來消除風險的情況。

為了說明，假設你是風險厭惡者且你剛購買一部新車。如果萬事如意——汽車一如預期的好且你沒有任何車禍——你將有 $50,000 所得能夠用來購買一年你會消費的商品與服務。然而，若你發生車禍且沒有保險，你預計要花 $10,000 的修理費。這讓你只有 $40,000 可供消費其他商品與服務。假設發生車禍的機率是 0.05，所以沒有意外的機率是 0.95。因此，如果你未購買保險，你是面對樂透：5% 的機會，可支配所得是 $40,000，與 95% 的機會，可支配所得是 $50,000。

現在假設你有機會能夠以每年 $500 的總成本購買最高額度 $10,000 的保險 ($500 稱為保險費)。在這份保險契約裡，在你不幸發生車禍，保險公司同意支付 $10,000 的修車費用。這份保險合約有兩個值得注意的特點。第一，如果你發生車禍，保險公司全部理賠你的任何損失 (最高額度 $10,000)。[4] 第二，其為**公平訂價合約** (fairly priced insurance policy)。一份公平訂價保險合約是保險費等於承諾保險支付的期望值。因為有 5% 的機會保險公司會支付 $10,000，以及有 95% 的機會，它不會做任何支付，承諾保險支出的期望值是 (0.05 × $10,000)×(0.95 × 0)＝ $500。[5] 若保險公司以這種合約銷售給許多與你有類似意外風險的消費者，保險公司預期在這些合約上會達到收支平衡。

我們利用風險厭惡的邏輯來告訴你應該即刻購買這個保險。如果你購買保險，你可獲得

- $50,000 － $500 ＝ $49,500，若無車禍發生
- $50,000 － $500 － $10,000 ＋ $10,000 ＝ $49,500，若發生車禍

因此保險契約能夠消除所有風險，並使你有可支配所得 $49,500 來購買商品與服務。若你未買保險，你將獲得

公平訂價保險合約
保險費等於承諾保險支付期望值的保單

---

[4] 以保險業術語而言，我們說這個合約會全額理賠你的任何損失。

[5] 另外一種描述公平訂價契約的方式是平均保額的保險費支出 ($500/$10,000)，等於意外發生的機率。

- $50,000，若無車禍發生
- $40,000，若發生車禍

在這種情況下，你的消費期望值是 (0.95 × $50,000)＋(0.05 × $40,000)＝ $49,500。因此，你未購買保險的消費期望值等於你購買保險的消費確實數值。因為風險厭惡決策者偏好確定事物，而不喜歡有相同期望值的樂透，你將偏好購買可以提供損失全額理賠的公平保險契約，而非都不買保險。

邊做邊學習題 15.4

願意支付的保險

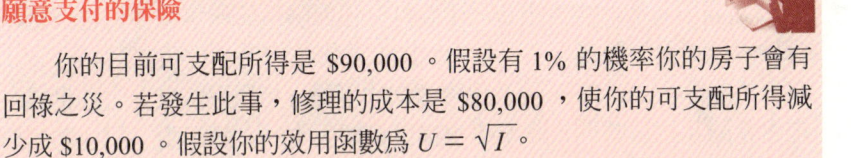

你的目前可支配所得是 $90,000。假設有 1% 的機率你的房子會有回祿之災。若發生此事，修理的成本是 $80,000，使你的可支配所得減少成 $10,000。假設你的效用函數為 $U = \sqrt{I}$。

問題
(a) 你是否願意支付 $500 購買全額保險？
(b) 為了防止損失，你願意支付的最高保險費用為何？

解答
(a) 若你不購買保險，你的預期效用為 $0.99\sqrt{90,000} + 0.01\sqrt{10,000} = 298$。若你以 $500 購買保險，你的可支配所得是 $89,500，不管你的房子是否發生火災。(你的保單成本是 $500，但若發生火災，保險公司將補償你 $80,000 的修理成本)。因此，你的購買保險的預期效用是 $\sqrt{89,500} = 299.17$。因為你購買保險的效用高於未買保險的預期效用，你將會以 $500 購買保險。
(b) 令 P 為保費。若你購買保險，你的預期效用是 $\sqrt{90,000 - P} = 298$ 或 $90,000 - P = 88,804$，這隱含 $P = \$1,196$。因此，你願意支付的最高保費為 $1,196。

類似問題：15.13，15.14 和 15.15

保險市場的不對稱資訊：道德風險與逆向選擇

如果你擁有一部汽車並詳細閱讀汽車保險合約。你可能會發現有一項稱為自付額。自付額是讓車主負擔車禍損失的部分金額(即，第一個 $1,000)，保險公司則負擔其他損害賠償金額。自付額

不對稱資訊 一家比另一家更清楚知道自己特性或行動的狀況。

將保險契約從完全保險轉成部分保險。[6]

為什麼保險契約有自付額條款？一個重要原因是存在**不對稱資訊** (asymmetric information)，是指一方比另一方更清楚自己的行動或個人特性。在保險市場，有兩種重要的不對稱資訊：道德風險，發生在被保險者採取隱藏行動而影響意外發生的機率，及逆向選擇，發生在一方擁有意外或損失風險的隱藏資訊。

範例 15.1

為何有人提供保險？

我們剛剛見到風險厭惡的消費者有需求保險的誘因。但是為何有人有提供保險的誘因？你可能會猜測，如果風險厭惡能夠解釋保險需求，則風險愛好的偏好能夠解釋保險供給。難道，保險供給者真的是參加一場賭局，賭被保險人不會發生意外？但保險供給的答案要比這個更精緻，保險供給並不是要保險供給者是風險愛好者。簡短回顧保險歷史有助於說明此點。

Peter Bernstein 在其著作 *Against the Gods* 論及風險觀念的歷史，指出保險業在古代世界有其根源存在。[7] 例如，在古希臘及羅馬時期，職業工會提供初期版本的人壽保險。這些團體要求其會員貢獻一部分金錢到一個共同基金 (pool)，這個基金是提供金錢援助給那些突然死亡會員的家庭生活使用。在中古世紀的義大利，當農民創立合作組織來保障惡劣天氣所造成的歉收，農作物保險的初期版本便開始出現。在這種安排下，一個地區因為好天氣使農作物豐收的農夫能夠補償另一個地區天氣惡劣導致農作物歉收的農民。史上最有名的保險公司 Lloyds of London 於 1771 年成立，當時在勞依茲咖啡店做生意的一群人 (勞依茲會社) 承諾以他們個人財富為其他人與其客戶遭遇的損失背書。這群支付保險費給會社的人包括船主、商人，及房屋擁有者。

這些歷史範例說明保險的基本原則：一群未遭受損失的人支付金錢給那些遭受損失的人。在現代經濟社會，保險公司如保德信與 State Farm 實際上是這個過程的中介機構。例如，State Farm 會利用上個月你所繳的汽車保險理賠給其它車主這個月不幸的車禍意外損失。

從這個角度看，基本上，保險是一群人的風險分擔，使這群人中的任何一位成員不會承擔過度的風險。因為如此，即使所有人都是風險厭惡，保險市場仍會出現，保險市場出現的必要條件是在某種程度上，個人承擔的風險與他人是互相獨立的。亦即，當個人 (或一群人) 遭受損失時，必定會有另外一群人不會遭受損失。這對存在標準型式保險的所有風險——車禍、火災、疾病，及死亡，通常是正確的。風險獨立並未符合的一個著名範例是安德魯颶風，在 1992 年橫掃佛羅里達州。當時，整個佛州的企業與家庭受損極為嚴重，該州的產物保險公司幾乎無法理賠，有些保險公司甚至遭遇嚴重金融危機。但是這個案例是個例外，並非正常的情形。大部分情形，因為風險分擔是可能的保險市場，運作良好：當某些人遭受損失，其它人必須以某種方式提供金錢來補償損失。

---

[6] 健康保險契約的共同支付條款也是如此。共同支付是讓被保險者必須負擔醫療費用一部分事先設定的比例 (如 10% 或 $10)。

[7] 請見 Bernstein, P. L., *Against the Gods: The Remarkable Story of Risk*, (New York: John Wiley & Sons), 1996.

隱藏行動：道德風險

假設你購買一份公平訂價保險契約可完全理賠你發生車禍的任何損失。現在你知道你是保全險，你會有多小心？小心的程度可能不會像你未保全險時的小心。或許你會開快車，或在天候狀況不佳時開車比較粗心大意。可能你比較沒有那麼小心防範你的車子被偷或人為破壞 (即，停在馬路上，而不是停在車庫)。當你投保全險導致粗心開車的淨效果是你遭受損失的機率上升。或許損失發生的機率不是 10%，而是 15 或甚至 20%。

這說明**道德風險** (moral hazard) 的觀念，係敘述個人買保險後會比他或她未保險前更粗心大意的一種現象。因為保險公司無法監看保單持有人每日的行蹤——他們的行動是隱藏的——一旦它將保單賣給你，它就無法改變你的行為。這是保險公司會面臨的問題，因為道德風險的可能性會直接影響公司利潤。記得前面提到的保險契約，若發生事故的機率是 10%，恰好讓保險公司能收支平衡，若被保險人因為有全額保險而顯得鹵莽大意，使損害受傷的機率上升至 20%，保險公司將會賠錢。

保險公司對付道德風險問題的一種方式是要求被保險人證明意外發生的原因不是他或她的疏忽或鹵莽大意所造成，則保險公司才會理賠。但是要實施這種條款是不切實際的，保險公司必須對每樁意外進行鉅細靡遺地調查，即使其真的這樣做——個人很容易隱瞞事實真相 ("我真的沒有超速！")，保險公司是很難得到真相的。

一個對保險公司比較好的對策是提供小心駕駛的誘因。自付額是誘因的一種。如果你知道發生車禍，你將負擔部分的修理費用，則你會更專心地小心駕駛。這意味，保險公司在競相爭取風險厭惡消費者時，保險公司會面臨有趣的取捨。保險必須完全足夠 (亦即，它要能夠涵蓋預期損失的大部分)，以使個人願意購買保險，自付額度必須夠大才能提供適當誘因，才能讓人們更加小心。

道德風險 保險者買保險後比買保險前更粗心的現象。

隱藏資訊：逆向選擇

逆向選擇 (adverse selection) 是為什麼保險契約通常不涵蓋全險的另一種解釋。道德風險是指保險契約對被保險人小心程度誘因的影響，逆向選擇是指保險費多寡如何影響個人購買保險的種類。特別是，逆向選擇意味提高保險費率會提高被保險整體的風

逆向選擇 保費提高使得購買保險者整體風險提高的現象。

險。

一樣米養百種人。某些人是有經驗或小心的駕駛人，但有些人沒經驗或不小心常導致高風險意外發生。當然，保險公司瞭解這種情形，這就是為什麼某類駕駛人 (例如，年輕人) 比其它類型駕駛人 (超過 30 歲者) 面臨較高的汽車保險費率。

但是保險公司能夠做的只是區分高風險與低風險。即使是在相同的類型，每個人的風險特性可能大不相同，潛在保單購買者的天生風險程度相關資訊通常是隱藏的。無法分辨購買保險個人的風險程度將為保險公司創造潛在問題且會產生逆向選擇問題。例如，考慮一銷售醫療保險的公司。對固定保費而言，一張完全理賠個人醫藥費的保險契約會比較吸引容易生病的高危險群 (如，因為遺傳或生活習慣) 客戶投保，比較不容易吸引健康、不易生病低危險群客戶投保。這種保險契約讓保險公司難以提供。你可能很想知道提高保險費是否能讓保險公司的成本降低。但當保險公司提供相同的保險契約給所有的客戶且無法分辨個人生病的風險程度，提高保險費讓事情變得更糟：高風險客戶將繼續購買保險 (因為對他們而言是非常有價值的)，但有些低風險客戶會仔細思考而決定不再買健康保險。[8] 提高保險費率以抵銷保險契約的預期成本，逆向影響那些仍然願意購買全額醫療保險的潛在消費者 (因此有逆向選擇)。

保險公司面對逆向選擇如何能夠賺錢？一個方法是提供客戶一份序列不同的保單內容，讓潛在客戶選擇她們最喜歡的保險契約。一份具有高自付額與低保費的保險契約會吸引那些認為自己生病機率低的人投保，一張保單有低自付額與高保費會比較容易吸引高生病機率的人投保。另外一個保險公司對付逆向選擇的方法是將保險銷售給一群人。例如，若公司所有員工參加強制性全公司的健康保險計畫，保險公司提供的團體保險會面臨高與低風險機率的個人。相同的保單以個人的方式銷售，則低風險個人可能選擇不購買健康保險，因此逆向影響那群購買保險者的組合。

---

[8] 或低風險個人會尋求比較便宜的抉擇，如加入健身俱樂部。

15.4 分析風險性決策

現在讓我們分析決策者面對風險時如何選擇行動或計畫。我們將以**決策樹** (decision tree) 的觀念來進行討論，是用來敘述決策者面臨的選擇，及風險事件。當決策者面臨風險時，這是一個確定最適計畫的有用工具。

決策樹 描述決策者所有可能選擇以及在每一個時點發生風險事件的圖形。

決策樹基本分析

我們以一簡單範例來說明決策樹如何被用來在不同風險事件中進行。假設一家石油公司在北海靠近岸邊的地方發現新的油田。它可以興建兩種型式的鑽油平台：大規模產能的設備與小規模產能的設備。石油公司想要建立設備的大小是受油田原油產量多寡的影響：

- 假設油田很大，廠商興建……
  ——大規模設備，廠商利潤是 $5 千萬。
  ——小規模設備，廠商利潤是 $3 千萬。
- 假設油田很小，廠商興建……
  ——大規模設備，廠商利潤是 $1 千萬。
  ——小規模設備，廠商利潤是 $2 千萬。

在這個例子，若廠商確定知道油田很大，則它會興建大規模產能設備，如果它確定知道油田很小，它會興建小規模產能設備。但令石油公司並不知道油田的大小。它認為油田很大的機率是 0.50，油田很小的機率則為 0.50。

圖 15.10 說明石油公司的決策樹。決策樹有四個基本部分：

- **決策點**：決策點是指決策者面對特定的決策，在圖形中是以 □ 表示。從決策點出發的每一個分枝對應決策者可能選擇的行動。
- **機會點**：機會點是指決策者面對特定的樂透，在圖形中以 ○ 表示。每一個從機會點出發的分枝對應樂透可能的結果。
- **機率**：每一個結果都有相關機率。所有出發的可能結果機率總和必須等於 1。
- **報酬**：每個分枝在決策賽最右邊均對應一個報酬。報酬是每個可能的選擇與風險結果的價值。若決策者是風險中立，報酬是貨幣價值。若決策者是風險厭惡或風險愛好，報酬是貨幣價值

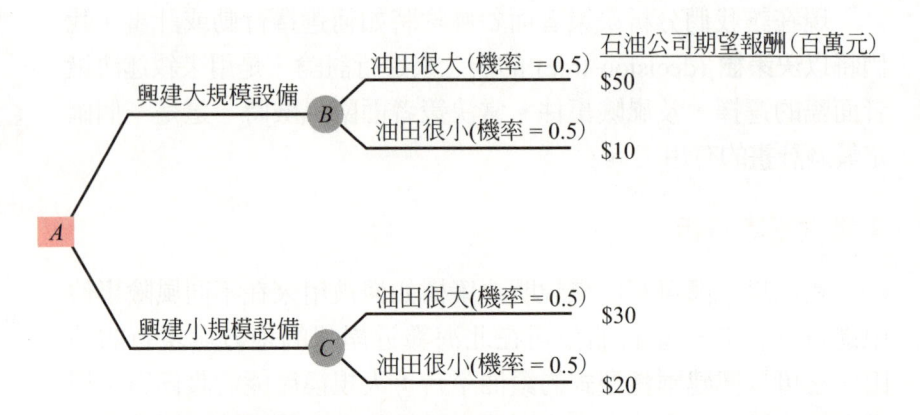

```
                                    油田很大(機率 = 0.5)   石油公司期望報酬(百萬元)
                 興建大規模設備                              $50
                              B     油田很小(機率 = 0.5)
        A                                               $10

                                    油田很大(機率 = 0.5)   $30
                 興建小規模設備
                              C     油田很小(機率 = 0.5)
                                                        $20
```

圖 15.10　石油公司設備大小決策的決策樹

點 A 是決策點，石油公司能夠有兩個選擇——興建大規模或小規模設備。機會點 B 和點 C 描述，而其兩種可能結果的樂透 (大油田或小油田，兩者機率各為 0.5)。公司 (即，利潤) 報酬受點 A 的決策與真實結果的影響。

的效用。

現在將這些概念運用在圖 15.10 的石油公司決策樹上。首先，假設公司是風險中立，所以報酬代表貨幣價值 (亦即，公司在每一個結果的真實利潤)。[9] 決策點 A 代表公司工廠設備規模大小的決策，從決策點延伸的兩個分枝代表廠商的兩個選擇 ("興建大規模設備"與"興建小規模設備")。機會點 B 和機會點 C 代表廠商面臨的樂透受點 A 決策的影響。每個樂透有兩個可能結果，以機會點延伸出來的分枝表示 ("大油田"和"小油田")，且個別結果機率為 0.50。公司的利潤決定於點 A 的決策及對應樂透的真實結果。亦即，若公司決定在點 A 興建大型規模設備，公司利潤是 $5 千萬 (如果油田很大)，或利潤是 $1 千萬(如果油田很小)；如果廠商在點 A 決定興建小規模設備，公司利潤是 $3 千萬 (如果油田很大)，或 $2 千萬(若油田很小)。

想要選擇最適行動計畫，石油公司開始計算每個樂透期望值來評估其價值，[10] 然後選擇在點 A 樂透最高期望值的決策。因此，公司藉由往回推，從右至左的方式來評估決策樹。這稱為摺回決策樹，與第 14 章用來分析賽局樹的向後推理過程相同。

---
[9] 如果我們假設廠商是風險厭惡，我們必須有特定效用函數並評估各個結果的利潤效用值是多少。
[10] 假設廠商是風險厭惡，我們必須利用效用函數來評估機會點 B 的預期效用。

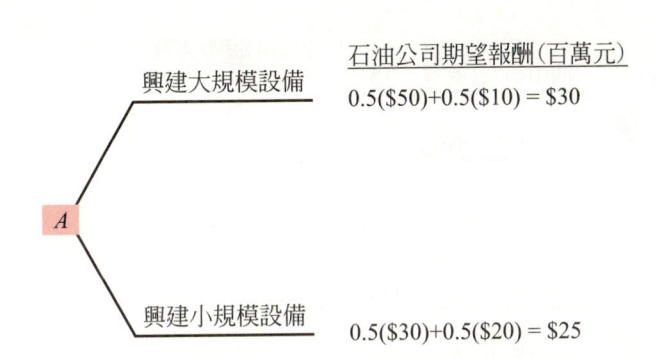

第 15 章　不完全資訊與風險　**645**

```
                              石油公司期望報酬(百萬元)
       興建大規模設備
                              0.5($50)+0.5($10) = $30
    ┌─
 ┌─┐
 │A│
 └─┘
    └─
       興建小規模設備
                              0.5($30)+0.5($20) = $25
```

圖 15.11　石油公司工廠設備大小決策：摺回決策樹

比較此圖形與圖 15.10。我們有 (1) 機會點的期望報酬替代機會點樂透的石油公司決策樹然後 (2) 將樂透的預期報酬摺圖。現在我們很容易看出石油公司最佳決策是興建大規模設備。(該決策導致較高報酬。)

機會點 B 的樂透期望值是 (0.5 × $5 千萬)＋(0.5 × $1 千萬)＝$3 千萬。機會點 C 的樂透期望值為 (0.5 × $3 千萬)＋(0.5 × $2 千萬)＝ $2,500 萬。這顯示於圖 15.11，我們將每一個樂透的預期取代每一個結果的報酬期望值以簡化決策樹。我們將決策樹摺回來以後，以這種方式隱藏機會點讓我們即刻知道石油公司的最適決策是興建大規模設備。

依序決策的決策樹

圖 15.10 和圖 15.11 的決策樹很容易分析，因為決策者只面對一個決策。但有時決策者面臨序列的決策或必須在某個機會事件結果發生後做決策。要說明這種比較複雜設定的決策樹分析，讓我們在石油公司的例子加入額外決策。廠商仍然能夠決定興建大規模設備或小規模設備，但假設在決定設備大小之前，它也能夠進行地震測試來決定油田面積的大小。假設，地震測試的成本為零且 100% 準確。[11] 廠商是否應該進行測試，若是，則測試後廠商利潤會增加多少？

我們以圖 15.12 的決策樹來回答這些問題。從決策點 A 出發的最上面兩個分枝與圖 15.10 及圖 15.11 完全相同，決策樹的第三個分枝代表新的選擇：在興建設備前先進行地震測試。如果廠商進行測試，它將知道油田面積是大或小，以機會點 D 來敘述。測試

---

[11] 在下一節，我們將討論測試需要耗費成本 (實際情況) 的決策問題分析。

646 個體經濟學

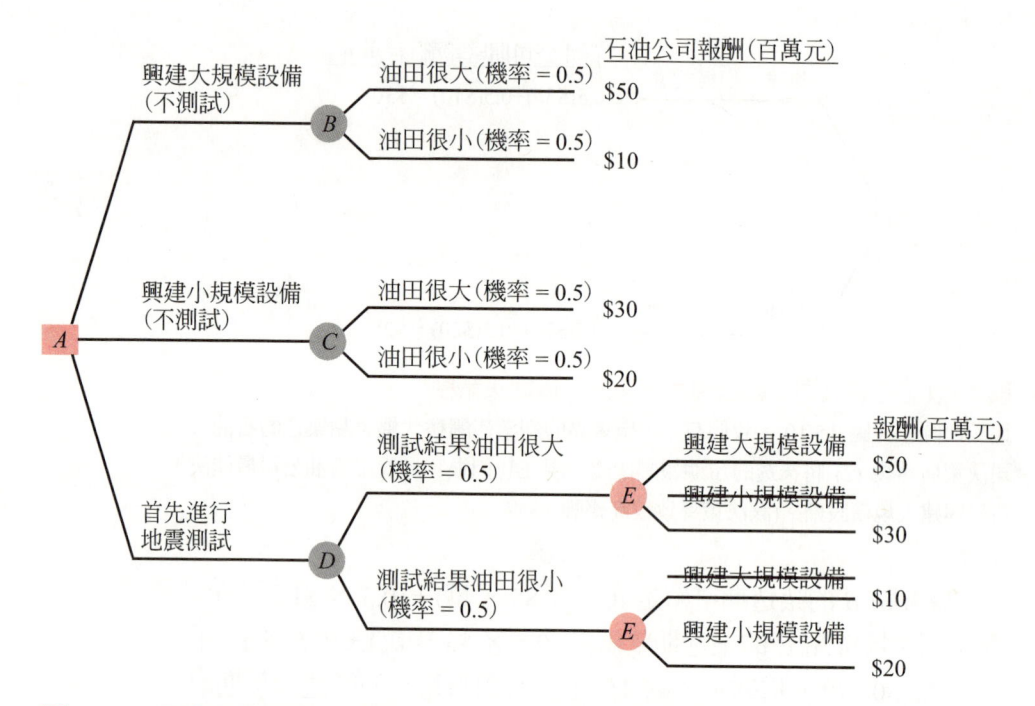

圖15.12　石油公司設備大小決策的決策樹：地震測試選擇

比較這個圖形與圖 15.10。現在石油公司有一免費地震測試選擇的決策樹。進行地震測試選擇導致機會點 D 指出測試有兩種可能結果決策點 E 與 F 代表。若我們比較這些決策點上的相關報酬，我們可劃掉較差的選擇。然後，我們可以計算樂透的預期報酬，摺回決策樹，並找出公司的最適決策 (見圖 15.13)。

的結果是機會點，因為在公司進行測試前，它並不知道結果會是什麼。

在我們的例子，測試有兩個可能結果，每一個的機率都是 0.50 且每一個都導致另一個決策：

- 若測試知道油田很大，廠商面臨的決策以決策點 E 表示，公司選擇興建大規模設備 (將賺取 $5 千萬)，或小規模設備 (將賺 $3 千萬)。
- 若測試知道油田很小，公司面臨的決策以決策點 F 表示，在這種情形下，廠商可能選擇興建大規模設備 (將賺 $1 千萬報酬)，或小規模設備 (將賺取 $2 千萬報酬)。

決策點 E 和 F (不像決策點 A) 不會導致樂透但直接導致有報酬的結果。因此，在摺回決策樹的過程 (從右至左)，我們無法計算這些決策的報酬，相反地，將簡單地比較真實報酬。很清楚地，決策點 E 的較佳決策是興建大規模設備 (測試知道是大油田)，決策點 F 的較佳決策是興建小規模設備 (測試知道是小油田)。我們將較差結果畫掉，如圖 15.12 所示。如此做可將機會點 D 變成簡單兩個結果和報酬的樂透，每個機率是 0.50。若測試知道是大油田與廠商興建大規模設備，報酬是 $5 千萬；若測試知道是小油田且廠商興建小規模設備，報酬是 $2 千萬。樂透的預期報酬是 (0.5 × $5 千萬)+(0.5 × $2 千萬)= $3500 萬。

現在我們能夠簡化決策樹，如圖 15.13 所示，我們再一次地以每一個樂透的預期報酬取代每一個結果的報酬，再摺回樂透的預期報酬。再一次地，決策樹很容易評估：決策點 A 最適決策是進行地震測試，因為決策導致最高預期報酬 ($3,500 萬和 $3 千萬，不測試且興建大規模設備的預期報酬及 $2,500 萬，不測試且興建小規模設備的預報酬)。因此，石油公司的最適行動計畫總結如下：

● 進行地震測試。
● 若測試後確認油田面積很大，則興建大規模設備。
● 若測試後確認油田面積很小，則興建小規模設備。

這個例子說明分析與建構決策樹的基本步驟。

1. 首先繪出序列的決策與風險事件。
2. 對各個決策，確認決策者能夠制定的不同選擇。
3. 對每個風險事件，確認可能結果。
4. 設定風險事件的發生機率。
5. 確認所有可能決策與風險結果組合的報酬。

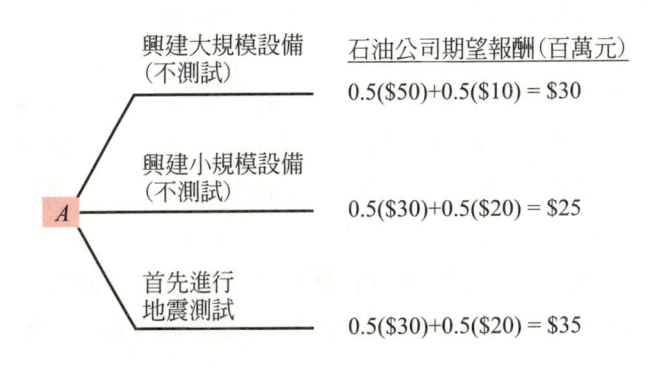

```
                興建大規模設備        石油公司期望報酬(百萬元)
                 (不測試)
                                    0.5($50)+0.5($10) = $30

                興建小規模設備
                 (不測試)
         A                          0.5($30)+0.5($20) = $25

                 首先進行
                 地震測試
                                    0.5($30)+0.5($20) = $35
```

圖 15.13 摺回決策樹對測試選擇下石油公司設備大小決策

圖形顯示，比較本圖與圖 15.12 摺回決策樹使得石油公司行動的最佳計畫是 制定設備大小前，先進行地震測試。

6. 最後，藉摺回決策樹求出最適序列決策。要如此做，你必須先確認各個機會點的樂透期望值，並決定各個決策點的最高期望報酬。然後你將最高期望報酬數值對應到你設定決策點。

資訊的價值

當我們面對風險決策時，決策者可以利用資訊來幫助他們降低或甚至消除風險。資訊的價值是反映在石油公司在鑽油井前會先花錢進行地震測試，消費產品公司會在全國鋪點銷售前先花錢測試新產品的接受度，及總統候選人在積極投入競選前會先花錢進行民意測驗與成立民意調查委員會。我們剛學到的決策樹分析能夠協助我們確認資訊的經濟價值。

讓我們總結整理石油公司的決策樹分析範例：

- 當石油公司無法進行地震測試時，它的最適行動是興建大規模設備。這個行動的期望報酬是 $3 千萬。
- 當石油公司能夠免費進行地震測試時，其最適行動是實施地震測試。若測試結果顯示油田面積很大，公司應該興建大規模設備。如果測試結果顯示油田面積很小，公司應該興建小規模設備。這個行動的期望報酬是 $3,500 萬。
- 因此，當廠商能夠免進行地震測試時，它的期望報酬是比無法進行測試多 $5 百萬。

完全資訊價值 當決策者可──免費──進行測試而顯示風險事件結果時，決策者期望報酬增加的價值。

這個例子說明**完全資訊的價值** (value of perfect information, VPI)，係指當決策者能夠──免費──進行測試而顯示風險事件結果時，決策者期望報酬增加的價值。在鑽油的例子，VPI 為 $5 百萬，是決策者進行零成本地震測試的期望報酬與決策者最適決策未進行測試的期望報酬間的差距。

為什麼完全資訊有價值？這不是如你先前的猜測，因為個人是風險厭惡。我們可以由兩種方式來理解。第一，即使地震測試透露出油田的真實的規模，它並未消除決策者的風險：在進行測試前，結果是不確定的，因此對決策者是有風險。第二，風險厭惡本身無法說明完全資訊的價值，因為即使我們假設公司是風險中立，VPI 仍然為正。

完全資訊有價值，因為它讓決策者修正決策以面對石油的情況。在我們的範例，石油公司能夠以鑽油設備規模配合油田面積

第 15 章　不完全資訊與風險　**649**

大小 (當它面對大油田時，大規模設備可實現極大利潤，在面臨小油田時，小規模設備能實現最大利潤)，它會認為是最佳行動。

VPI 告訴我們廠商進行完全資訊測試所願意支付的最高金額。簡單地說，它是廠商願意購買水晶球的價錢。在這種情況，若地震測試需花費 $4 百萬，公司應該進行測試：它支付 $4 百萬測試，但測試的實際價值是 $5 百萬。相反地，若測試成本是 $7 百萬，就不值得進行測試。石油公司最好是不要進行地震測試來選擇最佳行動。

範例 15.2

實質選擇權革命與 VPI[12]

商業週刊雜誌稱它為 "公司理財上的革命性觀念"。有兩位學者認為這個方法的威力是 "開始改變許多產業的經濟 '等式'"。[13] 一位顧問說，有了這個方法，"不確定性具有成為你的朋友，而非敵人的潛力。"

這些引述都是在說實質選擇權 (real option) 的觀念。當決策者有機會為資訊修正決策，將來又可以收到這個資訊，實質選擇權就會存在。[14] 在圖 15.12 的決策樹，從事地震測試為石油公司創造一個實質選擇權：它使得石油公司能夠根據測試結果制定新設備規模的決策。VPI 是實質選擇權的額外價值，它是油田本身及以外的價值。亦即，VPI 告訴我們，如果石油公司能夠制訂有條件式決策 (若公司進行測試) 與制訂無條件式決策 (若公司不進行測試)，兩者間期望報酬的差額。一般而言，實質選擇的價值與 VPI 的分析相當類似，通常我們能夠用決策樹分析來決定實質選擇權的價值。[15]

在商業世界，愈來愈多廠商利用實質選擇權分析來決定機會創造的利益，這個機會是來自修正當前決策而享有未來資訊：

- 石油公司 Anadarko Petroleum 與 Chevron 利用地震測試的實質選擇權分析，制定如何競標墨西哥灣原油租約的決策。
- 空中巴士與波音公司提供航空公司客戶，如英國航空與聯合航空取消或縮減訂單的選擇。當航空服務需求突然下跌時，航空公司會利用這些選擇權。空中巴士公司最近開始利用實質選擇權分析，決定這些提供客戶選擇的額外價值。
- 惠普電腦 (Hewlett-Packard, H-P) 為國外市場量身訂做某些商品 (如噴墨印表機)。傳統上，它會在工廠量身訂做產品 (如它會為法國市場製造噴墨印表機，為德國市場製造噴墨印表機，

---

[12] 這個範例取自 "Exploiting Uncertainty: The Real-Options Revolution in Decision Making," *Business Week* (June 7, 1999).

[13] M. Amram, and N. Kulatilaka, *Real Options: Managing Strategic Investment in an Uncertain World* (Boston: Harvard Business School Press, 1999).

[14] 實質 (real) 這個字是用來區分一般定義的選擇權財務金融較狹窄的定義，金融選擇權 (financial option)。金融選擇權有許多類型，其中一個是股票的買權 (call options)。你擁有一張買權，是指你有權但沒有義務，可以事先協商的價格買進股票。

[15] 對非常複雜情況而言，在財務金融領域，有其它方法能夠用來衡量實質選擇權的價值。Amram 與 Kulatilaka 提供有關這些技巧的簡單敘述。

及其它……) 然後再以成品運送至國外市場。但這是一項具風險的策略，因為國外市場需求難以預測，H-P 通常猜測，不是運送過多就是過少印表機。為降低風險，H-P 決定將部分組裝印表機運送至海外大型倉庫，然後在訂單確定後再行量身製造，運送到特定市場。這會增加 H-P 的生產成本，但這種方式讓他們有機會在國外需求確定下，修正印表機生產數量以配合國外對某型印表機的需求。H-P 利用實質選擇權分析來決定這個策略是否值得生產成本的提高。

當實質選擇權理論在真實企業運作變得愈來愈流行時，加入資訊價值的決策樹分析將是真實企業評估實質選擇權價值的一個重要工具。

15.5 拍賣

在經濟地圖上，拍賣是引人注目的部分。自 1990 年代中期以來，許多國家 (如美國、英國，與德國) 利用拍賣銷售部分電波給通訊服務，如大哥大與無線網際網路業者。(我們將在範例 15.4 詳細討論其中一種電波的拍賣。) 其它國家，如墨西哥，利用拍賣將國營事業民營化，如鐵路與電話公司。當然，現在任何人都可以透過網際網路進行拍賣，有些公司如 e-Bay，使線上拍賣成為最快速成長的電子商務。

經濟學家研究拍賣已有多年，且已經有成熟的個體經濟理論闡釋。拍賣牽涉的參賽者較少，而決策制定面臨不確定性。因此拍賣的分析包括第 14 章討論的賽局理論與本章討論的資訊與不確定的觀念。因為這個原因，拍賣的討論提供一個整合兩章某些觀念的很好方式。

拍賣種類與喊價環境

拍賣方式

拍賣有許多不同的方式。可能其中最著名的方式 (或許因為它經常在電影或電視上敘述) 是**英國式拍賣** (English auction)。這種方式是，參與者大聲喊價，且每個參與者增加他或她的標價，一直到喊價最高者贏得競標物品為止。另一種常見的拍賣方式是**最高價暗標拍賣** (first-price sealed-bid auction)，每位喊價者繳交一張標單，不知道別人的標價。標價最高者贏得競標物品，支付的價格等於他或她的標價。還有另一種拍賣方式是**次高價暗標拍賣** (second-price sealed-bid auction)，在紐西蘭即以這種方式銷售空中波段。如同最高價暗標拍賣，每位喊價者繳交一張標單，出價最高者得標。然而，得標者支付的金額等於標單的第二高價。最後，

英國式拍賣 參與者大聲喊價且每個參與者增加他或她的標價，一直到喊價最高者贏得標的物為止。

最高價暗標拍賣 每個喊價者繳交一張標單，且不知別人的標價。最高標價者得標並支付價格等於他或她的標價。

在**荷蘭式下降拍賣** (Dutch descending auction)，通常用在銷售農產品，如菸草與花卉 (包括荷蘭的鬱金香，這解釋為何有這種拍賣名稱)，商品銷售者會宣佈一個價格，然後逐步降價直到有買家表示願意在該價格購買為止。

私人價值與共同價值

拍賣也能夠分類成私人價值或共同價值。當購買者有**私人價值**(private values) 時，每位喊價者有其自己對標的物的私人價值判斷。你知道這項物品對你的價值是多少，但你不知道這項物品對其它喊價者的價值是多少。一般以為銷售古董或藝術品時喊價者有私人價值。對這些物品而言，個人對物品價值會有個人價值的評估，即使發現別人有不同的價值判斷，也不可能改變他們的心意。在私人價值設定下，你的態度是，"我不管你怎麼想，我就是喜歡那張畫。"

當購買者有**共同價值** (common values) 時，物品對所有購買者有相同的天生價值，但沒有任何買者知道確實價值是多少。為了說明，想像你的經濟學教授攜帶一只裝滿美金現鈔的手提箱，到班上準備拍賣。手提箱內美元的貨幣價值對每位同學都是一樣，但沒有人知道裡面究竟有多少錢。共同價值的假設成功地刻畫出某些物品，如原油開採租約或美國國庫券的價值。在共同價值設定，我們經常假設喊價者有機會獲得該物品的估計價值 (即，你可以有 30 秒鐘看手提箱裡的鈔票)。你的估計通常是該物品價值的最佳猜測。在這種情形下，如果你知道別人的估計值，你可能會改變自己對該物品的估計。特別是，若稍後你發現其它喊價者的估計值都比你的估計值低時，你可能會向下修正你對該物品的估計值。

當喊價者有私人價值時的拍賣

要研究拍賣的喊價行為，首先假設喊價者有私人價值。我們將探討三種不同拍賣方式：最高價暗標拍賣，英國式拍賣，及次高價暗標拍賣。我們的目標是觀察拍賣規則如何影響喊價者行為，以及拍賣能夠為賣方籌得多少收入。

最高價暗標拍賣

假設你與其它喊價者在 eBay 上競爭購買古董餐桌。同時，(1)

次高價暗標拍賣 每個標價者繳交一張標單，且不知別人的標價，最高標價者得標但支付價格等於第二高價。

荷蘭式下降拍賣 商品銷售者宣佈一價格然後逐步降低價格直到買者宣布願意在該價格購買為止。

私人價值 每位喊價者在拍賣會中對標的物的個人價值判斷。

共同價值 所有買家拍賣會中銷售物品有其發生價值，但並沒有一個買者知道真實價值為何。

假設這張桌子值 $1,000。亦即,最高你願意購買這張餐桌的價格是 $1,000。(2) 你並不曉得潛在喊價者的評價。同時 (3) 你相信某些喊價者的評價超過 $1,000,某些評價低於 $1,000。

在決定喊價策略時,標單上寫 $1,000 似乎是再自然不過的事。畢竟,這是古董餐桌對你的價值,盡可能出高價,會讓你贏的機率達到最大。然而,這並不是你的最佳策略。在最高價暗標拍賣方式,喊價者最適策略是繳出的標價低於最高願意購買的價格。

要瞭解為何如此。讓我們探討當你將標價由 $1,000 降為 $900 會發生什麼事。在不知道其它喊價者的價錢時,你無法確定這樣的動作會有什麼樣的後果。然而,你贏得拍賣標的物的機率可能會下降。假設圖 15.14 的曲線 S 表示你的標價與贏得拍賣的機率(稍後,我們會提到 S 的由來)。如果你喊價 $1,000,你的付款期望值——你的喊價乘以贏得拍賣的機率——是面積 $A + B + C + D + E + F$。(從現在直到本節結束,我們假設喊價者風險中立——依據期望值來評估成本及利益)。相反地,若你喊價 $900,你的預

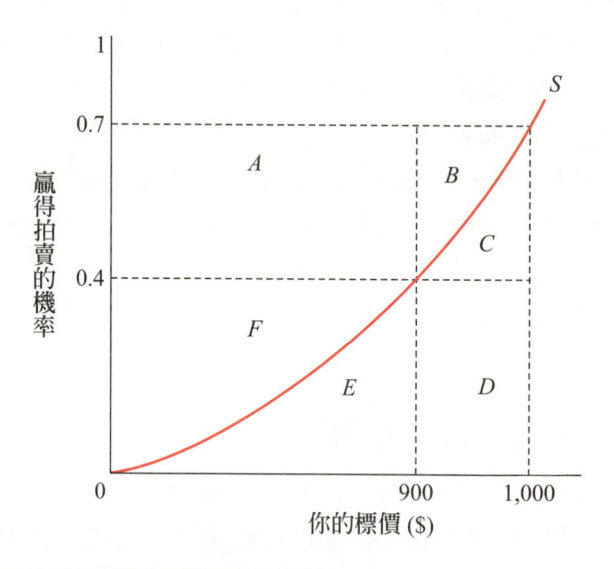

圖 15.14 最高價暗標拍賣的最適標價

曲線 S 顯示你的標價與贏得拍賣機率間的關係。若你喊價 $1,000,你的預期付款及預期利潤是 $A + B + C + D + E + F$,所以你的預期利潤為零。若你喊價 900,你的預期付款是面積 $E + F$。和預期利益是 $D + E + F$,所以你的預期利潤是 D。你最好喊價 $900 而非 $1000。

表 15.1　在最高價暗標拍賣下，不同標價的比較

	標　價	
	$1,000	$900
預期利益	A + B + C + D + E + F	D + E + F
預期付款	A + B + C + D + E + F	E + F
預期利潤	0	D

期付款是面積 $E + F$。(表 15.1 整理這些情況。) 因此，在標價 $900，你的預期付款會下降，減少的部分為面積 $A + B + C + D$，原因有二：第一，若你贏得拍賣，你付的標價較低；第二，你贏得拍賣標的物的機率比較低。期望付款減少是件好事，但是當你降低你的標價，也降低你贏得拍賣的預期利益。你的預期利益是你的 $1,000 乘以贏的機率。當你喊價 $1,000 時，預期利益是面積 $A + B + C + D + E + F$，但當你喊價 $900，你的預期利益只剩面積 $D + E + F$。因此，你的預期利益會下跌面積 $A + B + C$。所以是否值得稍微降低標價？答案是肯定的，因為當你稍微降低標價，你的預期付款下跌幅度會超過預期利益下跌的幅度，你稍微降低標價的淨利益 (預期利潤) 是面積 D，相較於喊價 $1000 的預期利潤為零。當你的標價略低於你的真實評價，則贏得拍賣的機率會降低，但如果你贏得拍賣標的物，你能夠省下許多錢且遠超過付款。

你應該降低多少標價？這與曲線 S 的形狀有關，S 的形狀取決於你對其它喊價者競標策略的瞭解程度，它又決定於你對他們評價的信念。在競標賽局的聶徐均衡，每個參賽者藉猜測喊價者的評價及其均衡競標行為間的關係──圖 15.14 的曲線 S──形成估計標價與贏得拍賣機率的關係。[16] 在均衡時，這些猜測必須與喊價者的真實行為一致。(我們在邊做邊學習題 15.4 說明最高價暗標拍賣的聶徐均衡競標策略。)

在 N 個喊價者，每個喊價者的聶徐均衡策略將是繳交的標價等於 $(N - 1)/N$ 乘以參賽者真實評價。注意不論有多少喊價者，出價最高的喊價者贏得拍賣，且支付的價格低於喊價者最高願意支付的價格。此外，參與拍賣的喊價者人數愈多，均衡標價會上升。

---
[16] 記得第 14 章的聶徐均衡，賽局中每位參賽者是假設其它參賽者策略固定，追求自己利益的最大。

邊做邊學習題 15.5

在擁有私人價值的最高價暗標拍賣方式下，證明你的聶徐均衡

在最高價暗標拍賣下，兩名女士 (喊價者 1 與喊價者 2) 競爭購買一件物品，有其私人價值的評估。每人認為其它喊價者的評價介於 $0 到 $200。換言之，他們相信 $0 的評價與 $1 的評價，$2 的評價或 $3 的評價，直至 $200 都有可能。就像是一轉輪數字 0-200，0 和 200 都在輪子的頂端：輪子可能傳到某個數字的機會和另一數字相同。

問題 試證明每位參賽者的聶徐均衡標價等於真實計價的二分之一。

解答 因為每位喊價者對他人評價有相同的信念，他們的最適標價策略將會一樣。因此，我們只需要證明喊價者 1 的聶徐均衡喊價是她評價的二分之一——亦即，我們需要證明喊價者 1 相信喊價者 2 繳交的標價，等於喊價者 2 真實評價的一半，則喊價者 1 將繳交其對物品真實評價一半的標價。我們可以下面證明。

若喊價者 1 預期喊價者 2 的標價為喊價者 2 真實評價的二分之一，則喊價者 1 認為喊價者 2 的標價可能介於 0 與 $100 之間 (現在輪盤只有 100 個數字。)

因此，若喊價者 1 繳交的標價等於 Q，其中 $Q \leq 100$，喊價者 1 贏得拍賣的機率是 $Q/100$。我們可以藉著先假設喊價者 2 的喊價已被預期——亦即，標價介於 0 與 100——然後考慮喊價者 1 的可能標價。例如，若喊價者 1 繳交的標價是 $50，則有 50% 的機率 (即，喊價者 2 將繳交比較高的標價，有 50% 的機率，喊價者 2 會繳交較低的標價)，且 $Q/100 = 0.50$。若喊價者 1 的標價是 $30，她贏的機率 = 0.30 (亦即，有 70% 的機率，喊價者 2 會繳交較高的標價，而有 30% 的機率，喊價者 1 會繳交較低的標價) 和 $Q/100 = 0.30$。以此類推。(與輪盤類似，輪盤停在小於等於 20 的機率是 20/100 或 0.20。)

現在假設喊價者 1 對標的物的真實評價是 $60。(任何數字都可成立。) 在此情況下，喊價者 1 的總利潤是獲得標的物的預期利益減預期付款。她的預期利益為評價乘贏得拍賣的機率 = $(60 \times Q/100)$，她的預期付款是其標價乘以贏得拍賣的機率 = $(Q \times Q/100)$。因此，喊價者 1 的利潤 = $(60 \times Q/100) - (Q \times Q/100) = (0.60 - 0.01Q)Q$。

喊價者的利潤方程式類似第 11 章所見的直線型需求曲線的總收益 [亦即，一直線型需求函數 $P = a - bQ$，總收益 = $(a - bQ)Q$]。因此，喊價者的邊際利潤方程式為 $0.60 - 0.02Q$ (類似第 11 章推導直線型需求曲線的邊際收益，$a - 2bQ$)。在喊價者 1 的最大利潤的最適標價，邊際利潤為零：$0.60 - 0.02Q = 0$，或 $Q = 30$。

因此，就任意評價 (在本例，$60)，我們已經見到，若喊價者 1 認為喊價者 2 將繳交喊價者 2 真實評價一半的標價，則喊價者 1 將會繳交的標價為喊價者 1 真實評價的一半。

類似問題：15.20

英國式拍賣

現在讓我們來考慮英國式拍賣。假設你與另一位喊價者相互競爭購買古董餐桌，對你的私人價值是 $1,000。你並不知道，你的對手對餐桌真實評價是 $800，若拍賣會主持人以 $300 底標開始競標，你將如何競標？

當買方擁有私人價值時，你在英國式拍賣的優勢策略是只要標價低於你的最高願付價格，你就持續競標。[17] 要瞭解為什麼，假設你的對手剛大聲喊出 $450，而拍賣會主持人準備接受 $1 的增加。很顯然，你應該提高標價至 $451：最糟的情況是其他喊價者再往上加 $1，任何其它情況已經不會比現在這種情況更糟了。最好的情形是其他喊價者退出，而你以這個價格 ($451) 獲得古董餐桌，遠低於你願意支付的價格。

若兩位參賽者採取競標策略一直到標價等於他們願意支付的最高價格為止，則對餐桌評價最高者將贏得拍賣 (在本例，就是你)，你支付的價格剛好略微超過次高喊價者的評價。在這個範例，當你的標價是 $801 時，你的對手會退出。結果，你能夠以 $801 的價格購買價值 $1,000 的古董餐桌。

次高價暗標拍標

現在假設賣方利用次高價暗標拍賣方式銷售古董餐桌。你應該繳交什麼樣的標價？這種拍賣方式似乎比英國式拍賣或最高價暗標拍賣要複雜許多。有趣的是，賽局理論再次清楚有效的理想競標行為：每位喊價者的優勢策略是繳交的標價等於購買該物品願意支付的最高價格。亦即，若你對古董餐桌的評價是 $1,000，則你繳交 $1,000 的標價至少與其它可能的標價是一樣的好——或甚至可能更好——不論你認為對手將繳交什麼樣的標價。要瞭解為什麼，考慮你的選擇：

● 若你的標價小於最大願付價格 $1,000，你可能會贏，或你可能

---
[17] 請見第 14 章有關優越策略的討論。

不會贏，這取決於其他參賽者的評價。但不論如何，你提高標價至 $1,000 不會讓自己受傷，因為若你贏得競標，你支付的是次高喊價者的競標價格而非自己的標價。提高你的標價可能幫助你贏得拍賣標的物。因此，任何低於最高願付價格的標價將會比正好等於最高願付價格的標價要差。

- 你的標價超過最高願付價格 $1,000，如 $1,050，又會如何？這似乎頗為吸引人，因為你不用真正支付你的標價。問題是這個策略並未對你有所幫助，且它有時會傷害你。若你的對手計畫喊價超過 $1,050，提高標價從 $1,000 到 $1,050 並不能幫助你；反正你已經輸了。如果你的對手標價低於 $1,000，若你將標價設為 $1,000 將讓你贏得拍賣，再一次提高你的標價也沒什麼幫助。若對手的標價介於 $1,000 與 $1,050 之間，你將贏得桌子，但支付的價格超過餐桌對你的價值。你最好是喊價 $1,000 且不要贏得餐桌。因此，任何標價超過你的最高願付價格將會比正好等於最高願付價格的標價不會更好且有時更差。

若每位參賽者都採取優勢策略，繳交的標價等於其最高願意支付的價格，你將繳交的標價等於 $1,000，你的對手 (我們假設為 $800) 繳交的標價是 $800。如同英國式拍賣，你將贏得拍賣，且你支付的價格——$800——幾乎等於英國式拍賣下的價格 $801。令人驚訝的是，次高價暗標拍賣，即使規則與英國式拍賣規則不同，卻為賣方創造幾乎相同的收益。(差異的發生是因為在英國式拍賣中，我們限制競標價格每次增加 $1。一般而言，英國式拍賣與次高價暗標拍賣得標者支付價格的差異，完全受競標價格增量多寡的影響。在理論的極端，若喊價的增量異嚐小，而件拍賣的價格將會相同。)

收益等價

我們已經看到在三種拍賣型式 (最高價暗標拍賣，英國式拍賣與次高價暗標拍賣)，當購買者有私人價值，且所有的參賽者都採取晶徐均衡策略，有最高願付價格的喊價者贏得競標。我們也見到：

- 在最高價暗標拍賣方式，贏得拍賣的喊價者所支付的標價小於其購買該物所願意支付的最高價。
- 在英國式拍賣方式與在次高價暗標拍賣方式，贏得拍賣的喊價者所支付的價錢等於所有喊價者中的次高評價。

因此，每個方式都成功確認最高評價的買者，但是賣方獲得的收益 (得標者) 低於最高評價。很明顯地，賣者收益在英國式與次高價拍賣——所有參加拍賣會的喊價者的次高評價——也是賣者在最高價暗標拍賣與所有其它型態拍賣當買方擁有私人價值且遵循轟徐均衡時。這種令人驚訝的結果 (在此太難以推導) 稱為**收益等價定理** (revenue equivalence theorem)：當喊價者有私人價值時，所有的拍賣方式通常將為賣方創造相同的收益，這個收益等於參與拍賣會中所有參賽者的次高評價。

當喊價者有共同價值時的拍賣：贏家的咀咒

當喊價者有共同價值時，一個喊價者有私人價值不會發生的複雜情況，**贏家的咀咒** (winner's curse) 出現：得標者在共同價值拍賣時支付的競標價格可能超過物品的本來價值。要瞭解這種現象如何發生，假設你的經濟學教授攜帶一箱裝滿美元現鈔的手提箱到班上並準備拍賣。每一位學生都有機會窺看手提箱內的現金，並自行估計其價值。你估計提箱裡有 $150，這表示最高你願意競標的金額。當然，你的同學也會估計，且可能和你的估計不同。讓我們假設這些估計值如圖 15.15 的鐘形曲線分配。曲線的高度代表不同估計值的相對次數。曲線是以物品真實本來價值為中心 (亦即，手提箱內現金的真實金額，為 $80)，因為假設高估與低估相互抵銷是很自然地。

假設你的教授是以最高價暗標拍賣方式銷售手提箱內的現金。如果你與你的同學隱藏真喊價，正如同你在拍賣會中擁有私人價值，標價的分配將是另外一個鐘形曲線 (圖 15.15 的實線曲線)，從估計值分配曲線向左移動。現在假設你繳交的標價是 $100，估計值的 2/3。讓你滿心喜悅，你的標價最高並贏得手提箱。但當你數算手提箱的鈔票，發覺你花費 $100 卻贏得 $80 的獎品。你剛經歷贏家的咀咒。

圖 15.15 幫助說明贏家咀咒的現象。[18] 贏得拍賣的標價是從喊價分配曲線的右邊尾端取出。如圖 15.15，得標者高估該物品的價

收益等價定理 當拍賣會中的參與者擁有私人價值，一般而言任何拍賣型式，都會為賣者創造相同的收益。

贏家的咀咒 贏家在共同價值拍賣中可能支付的競標價格超過物品真實價值。

---

[18] 這個圖形是根據 M. Bazerman 及 W. F. Samuelson, "I Won the Auction But Don't Want the Prize," *Journal of Confict Resolution*, 27, 4 (December 1983): 618-634 的圖形而來。

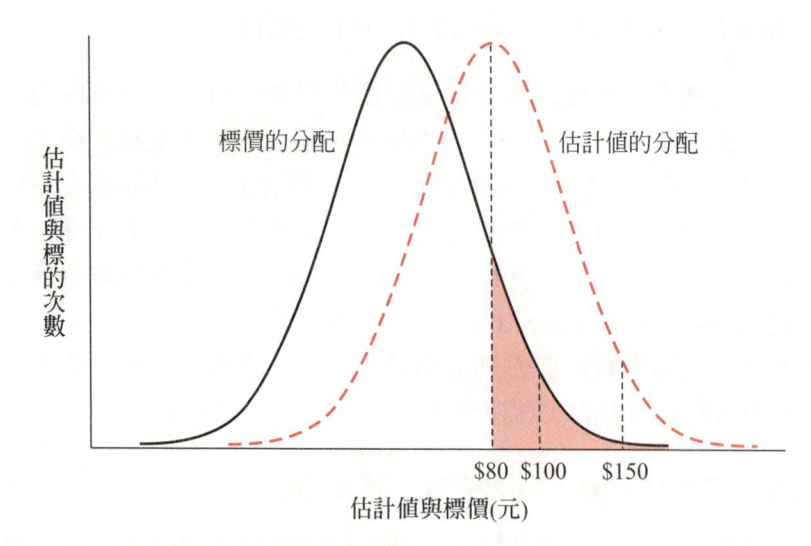

圖 15.15　共同價值拍賣的贏家咀咒

虛線的鐘形曲線代表中心的眞實金額是 $80 時，教授手提箱內美金的估計值分配。實線鐘形曲線顯示，在擁有人私人價值喊價者隱藏標價時，學生喊價下的標價分配。贏得標價得標價格將低於標價分配的右半部且可能在陰影區域內，其標價大於物品眞實價值。任何喊價者位於鐘形曲線的陰影區域而能得標者。果眞如此，喊價者會遭受贏家的咀咒。

值，即使喊價者略微降低其標價，得標的標價仍然落入一區域內(如圖 15.15 的陰影區域)，其中得標價格超過物品的眞正價值。

你要如何做才能避免贏家的咀咒？在第 14 章的賽局理論中有一個重要的功課是你應該做前瞻性思考。你應該預期如果你贏得拍賣，這是因爲你對標的物的估價最高，你應該調整你的喊價行爲。例如，在手提箱拍賣，你應該以下列方式思考：

- 我估計手提箱內現金的價值是 $150。
- 但是如果我贏得拍賣，這表示我的估計值高於其他人估計值，這意謂物品的眞實價值可能低於 $150。
- 因爲我的目標是贏得拍賣，而非支付超過物品眞實價值的金錢。我的估計值不應該是 $150，而是低於 $150，例如，$a \times$ $150，其中 $a < 1$。

你的估計值 a 取決於喊價者的人數多寡。假設班上有 29 個其他的學生。要決定你的喊價金額，你應該問自己："如果我知道我的估計值 $150 是 30 人中的最高，我對該物品本來價值的最佳猜測會是多少？"答案是物品真實價值必須遠低於 $150——例如，$85。[19] 這個修正後的物品估計值應該是你設計競標策略的起始點。起始點的說法係因當你考慮賽局中其他喊價者的競標行為時，你希望能夠再度縮減你的估計值 (如同你在私人價值拍賣的行為)。重點是，贏家咀咒的可能性應使你的競標行為比私人價值拍賣的競標行為更加地保守。

範例 15.3

教室裡的贏家咀咒[20]

如果你的經濟學教授真的攜帶一個手提箱的現金到教室，你認為會發生什麼事？你認為班上同學是否會遭受贏家的咀咒？Max Bazerman 與 William Samuelson 兩位教授在波士頓大學的一些 MBA 課程上進行這項實驗，他們使用的是一罐 1 美分與 5 美分的硬幣，而非一手提箱的紙鈔。但是實驗與我們剛剛敘述的過程相同。學生猜測罐子裡的金額 (總共價值 $8 的硬幣，為了要讓學生有動機做出正確猜測，猜測金額接近真實數字，將可獲得特別獎品)。然後學生是參加最高價暗標拍賣，每名繳交其願意支付的金額做為標價。

Bazerman 與 Samuelson 發現學生系統性地被贏家的咀咒現象所困擾。在他們進行的 48 場拍賣中，平均得標價是 $10.01，得標者損失 $2.01。這個結果更是令人驚訝，因為學生估計罐內的金額是在分配曲線的左邊。平均估計值是 $5.13，比真實金額少 $2.87。因此，這些拍賣中贏家的咀咒好像是在特異功能下運作。儘管相對於真實價值是低估物品的真正價值，，學生們仍過度競標。若學生的估計沒有偏誤——亦即，物品真實價值等於 $5.13——得標者真正的損失會是 $4.88 ($10.01 − $5.13)。

功課：小心贏家咀咒！在拍賣會上，積極競標的誘惑是強烈的。如果你無法征服它，你可能會後悔得到勝利。

贏家的咀咒隱含若喊價者調整其競標策略來避免它時，增加更多的喊價者會讓喊價者更為保守。這與私人價值拍賣相反，喊價者人數愈多，拍賣會中聶徐均衡的標價會愈高。為何當參與拍賣人數愈多，你的競標行為可能會愈保守？讓我們從這個角度思考：何時你比較有可能對一項物品有過度樂觀的估計——只有三人的拍賣會，或有 300 人的拍賣會的得標者？在第一種情況，若你贏得拍賣，你的估計值一定超過其他兩人的估計值。在第二種情況，你的估計值必須超過 299 個喊價者。當你是 300 人中的最高

---

[19] 想要精確算出物品最有可能的真實價值需要應用進階機率理論才能求出。
[20] 這個範例取自 M. Bazerman, and W. F. Samuelson, "I Won the Auction But Don't Want the Prize," *Journal of Conflict Resolution*, 27, 4 (December 1983): 618-634

660　個體經濟學

喊價者，比你是三個人中的最高喊價者更有可能得到過度膨脹的估計值。

範例 15.4

"史上最大的拍賣"[21]

根據美國紐約時報專欄作家 William Safire 的說法，這是"史上最大的拍賣"，且其銷售的是"有價值的稀薄空氣"。Safire 談的是美國聯邦通訊委員會 (FCC) 在 1994 年 12 月到 1995 年 3 月舉行的拍賣會，拍賣物品是部分電磁波譜的執照。[22] 這是歷史上曾舉行最大的公家拍賣。當拍賣會結束時，FCC 籌得資金超過 $77 億，這些執照賣給通訊服務公司如 AT&T，Sprint，GTE 及 PacTel，故它們可以提供一系列的無線通訊服務如呼叫器，手機，及無線資料傳輸給客戶使用。

經濟學家對 FCC 的頻譜拍賣特別感到有趣，因為拍賣規則是由三位賽局理論學者設計：史丹福大學的 Paul Milgrom 與 Robert Wilson，及德州大學的 Preston McAfee。FCC 的拍賣方式是同時上昇拍賣，FCC 在同一時間提供許多執照 (在 1994 年 12 月到 1995 年 3 月間的拍賣中，FCC 賣出 99 張寬頻執照──51 個大都會地區各賣兩張 30 MHz 的執照，其中洛杉磯、紐約與華盛頓只有一張執照)。[23] 競標舉行許多回合，每個喊價者對有興趣的地區同時遞交標單。例如，一家廠商可以競標，包括紐奧良、艾爾帕索、及圖沙等地的執照。當沒有任何新的競標出現在任何銷售的執照時拍賣就會結束。這種特殊的拍賣方式總共舉行 112 回合，時間長達四個多月。

同時上昇拍賣方式有許多特性是設計來協助對抗因懼怕贏家的咀咒而產生的扭曲競標行為。由於標價是上升的，廠商能夠觀察競爭者的競標過程，且得以對其它的標價做出回應。這種方式有些類似英國式拍賣，協助減輕喊價者對贏家咀咒的恐懼。假設拍賣是單次暗標拍賣，買方為了避免贏家的咀咒，在競標策略上可能會過度的小心。澳洲與紐西蘭的寬頻執照拍賣是採取單次暗標拍賣，結果他們籌得令人心碎的金額。因為執照是同時拍賣而不是一次一張，廠商有尋找最佳執照組合的彈性。例如，Ameritech (中西部的區域性通訊公司) 加入拍賣，希望獲得中西部大都會地區 (克里夫蘭與印第安那波里斯) 的執照以建立區域網路。若執照是一次拍賣一張，Ameritech 必須競標一張執照 (如，克里夫蘭市場)，且不知道稍後是否能夠贏得另一張互補性執照 (如，印第安那波里斯市場)。這也會產生贏家咀咒的恐懼，導致過度小心的競標。

拍賣的結果如何？大贏家是 AT&T，贏得 21 張執照，及 Sprint 長途電話公司與其它三家有線電視，TCI，ComCast 及 Cox 的策略聯盟公司 WirelessCo，贏得 29 張執照。在大多數觀察者眼中，拍賣是極度成功的。Peter Crampton 非常仔細地研究 FCC 的拍賣，他說："相對以樂透或比較聽證會的方式分配執照，藉由拍賣發放執照的方式有跳躍式的進步。市場競爭是將執照放在最有效率運用的公司手上。廠商、消費者，及納稅大眾均可獲益。"

---

[21] 這個說明大都來自 P. Crampton,"The FCC Spectrum Auctions: An Early Assessment,"*Journal of Economics and Management Strategy*, 6, 3 (Fall 1997): 431-495。

[22] 正式名稱是 MTA 寬頻波譜拍賣。

[23] 在這些市場，兩個執照中的一個是用來獎賞引用先進通訊技術的廠商。

若在暗標拍賣中，喊價者因應贏者咀咒的可能性而略降標價，從拍賣者的觀點看，你可能想知道是否最高價暗標拍賣是最佳拍賣方式。結果是當喊價者有共同價值時，對賣方比較好的拍賣方式是英國式拍賣，喊價者能夠看到其他喊價者的競標價格。在英國式拍賣中，當競標過程進行時，喊價者能夠修正其對該物品的意見。如果你一開始對物品價值的估計值較低，其他喊價者持續積極競標的事實，將會讓你對該物品的真正價值估計向上修正。因此，這讓你與其他喊價者在回應贏者咀咒時，減少標價向下修正的誘因。賽局理論分析能夠證明物品拍賣者的平均收益，在英國式拍賣會比最高價暗標拍賣，次高價暗標拍賣及荷蘭式拍賣都要高。[24] 這可以部分解釋為何英國式拍賣在現實世界是如此的盛行。

總　結

- 樂透是任何一個事件，結果是不確定的，這個不確定性是以機率分配到樂透各個可能結果來描述。機率值是介於 0 與 1 之間，所有可能性的機率加總等於 1。
- 有些機率是客觀的從自然律而來 (如硬幣出現正面的機率是 0.5)，而其它機率是主觀的，反映某人的信念 (如相信股價會上升或下跌的機率)。
- 樂透的期望值是衡量樂透創造的平均報酬。
- 樂透的變異數是樂透風險的衡量指標──刻畫樂透可能結果與樂透期望值的平均偏離程度。
- 效用函數可用來評估決策者對不同事物風險性。決策者可能是風險厭惡，風險中立或風險愛好。
- 風險厭惡決策者偏好確定事物，不喜歡有相同期望值的樂透。風險厭惡決策者依據預期效用來評估樂透彩券且其效用函數呈現邊際效用遞減。**(LBD 習題 15.1)**
- 風險中立決策者在確定事物與相等期望值的樂透間並無差異，依據報酬的期望值來評估樂透其效用函數呈現固定邊際效用。**(LBD 習題 15.2)**
- 風險愛好決策者有相同期望值，偏好樂透而非確定事物。依據預期效用來評估樂透，他的偏好是以邊際效用遞增的效用函數來描述。**(LBD 習題 15.2)**
- 風險溢酬是樂透期望值與確定事物報酬的必需差額，而風險溢酬讓決策者在樂透與確定事物，兩者之間的選擇是無差異的。**(LBD 習題 15.3)**
- 公平的保險政策是保險價格等於損害理賠的期望值。一風險厭惡者始終偏好購買公平的全險契約。
- 保險公司必須處理不對稱資訊。引起的風險 (如，包括自負額在保險單內)。不對稱資訊以兩種型式出現，道德風險 (在保險公司不知情下，保險人可能以增加風險的方式行動) 與逆向

---

[24] 當喊價者是風險中立與他們是風險厭惡時，都成立。

選擇 (在保險公司不知情下，增加保費可能增加整體被保險人的風險)。
- 決策樹是一種圖形，描寫決策者面臨的選擇及每一個時間點上，可能發生的風險，我們分析決策樹的方式是從樹的最右邊開始，然後往回，此過程為決策樹摺回。
- 完全資訊的價值 (VPI) 是當決策者能夠——免費——進行試驗且透露出風險事件的結果，決策者預期報酬增加的幅度。
- 在經濟學中，拍賣相當重要。拍賣有許多種不同的方式，包括英國式拍賣，最高價暗標拍賣，次高價暗標拍賣，荷蘭式降價拍賣。拍賣也可以根據喊價者是否有私人價值或共同價值來分類。
- 在最高價暗標私人價值拍賣中，喊價者最適策略是參與者的競標價格低於購買該物品最高願意支付的價格 (全額受其它喊價者的影響)。**(LBD 習題 15.4)**
- 在有私人價值的英國式拍賣中，喊價者的優越策略是，只要標價小於最高願付價格，就持續競標。假設所有喊價者都是如此進行，擁最高價的喊價者將贏得拍賣，且支付的價格 (幾乎) 等於所有喊價者的次高評價。
- 在擁有私人價值的次高價暗標拍賣中，喊價者的優勢策略是繳交的標價等於她或他最高願付的價格。
- 在三種型式的拍賣中，擁有最高願付價格的喊價格得標。而賣者收入始終低於所有減價者的最高評價。收益等價定理是，當買方有私人價值，任何一種拍賣方式，都會遵循聶徐均衡策略。實際上，平均而言，賣者收益將等於所有參加拍賣會的喊價者中的次高評價。
- 在共同價值拍賣，喊價者一定很擔心贏家的咀咒——得標者的競標價格超過物品的本來價值。要避免贏家的咀咒，在任何一種拍賣，喊價者在制定喊價策略時，應該對其估計值予以適當折扣。賣者在共同價值拍賣的最佳選擇是英國式拍賣，它比其它型式創造更高的平均收入。

複習題

1. 為什麼樂透所有可能結果的機率加總必須等於 1？
2. 何謂樂透的期望值？何謂變異數？
3. 樂透的預期效用與期望值有何不同？
4. 試解釋為何邊際效用遞減隱含決策者為風險厭惡者。
5. 假設風險厭惡決策者面臨兩種樂透的選擇。樂透 1 與 2 有相同的期望值，但樂透 1 的變異數比樂透 2 的變異數大。試問風險厭惡決策者偏好那一種樂透？
6. 何謂風險溢酬？決定風險溢酬大小的因素為何？
7. 何謂公平保險？為什麼風險厭惡消費者總是願意購買公平的全險？
8. 在決策樹中，請問機會點與決策點有何不同？
9. 為何完全資訊有價值，即使風險中立決策者面對完全資訊？
10. 請問拍賣會中，喊價者有私人價值與喊價者有共同價值，兩者間的差異為何？
11. 何謂贏家的咀咒？為什麼贏家的咀咒會出現在共同價值拍賣而不會出現在私人價值拍賣？
12. 為什麼在共同價值拍賣中，保守競標是聰明的作法？

問 題

15.1 假設一樂透彩券面臨三種可能結果：-10 的報酬，0 的報酬，及 $+20$ 的報酬，各個結果的機率分別是 0.2，0.5 與 0.3。
(a) 請畫出樂透的機率分配圖形。
(b) 請計算樂透的期望值。
(c) 請計算樂透的變異數與標準差。

15.2 假設你丟擲一個銅板。若出現正面，你獲得 \$10；若出現反面，你輸 \$10。
(a) 請計算這個樂透的期望值與變異數。
(b) 現在，假設我們做以下的修正：你丟擲兩枚公正硬幣。若兩枚硬幣都出現正面，你獲得 \$10。若是一個正面與一個反面，你沒輸沒贏——報酬為 \$0。若兩枚硬幣都出現反面，你輸 \$10。請證明此樂透的期望值與 (a) 計算的期望值相同，但是變異數小於 (a) 計算的變異數 (提示：兩枚公平硬幣都出現正面的機率是 0.25，都出現反面的機率是 0.25)。為什麼第二個樂透的變異數比較小？

15.3 考慮兩種樂透彩券。每種樂透的結果相同：1，2，3，4，5 或 6。第一種樂透的出現結果是相同的。在第二種樂透，0.4 的機率出現結果 3，0.4 的機率出現結果 4。其它結果各為 0.05。那一種樂透的變異數較高。

15.4 考慮一樂透有五個報酬：\$9，\$16，\$25，\$36 和 \$49，每個結果發生機率相同。假設決策者的效用函數為 $U = \sqrt{I}$。這個樂透的期望值為何？

15.5 假設效用函數的型式為 $U = \sqrt{50I}$。考慮一個樂透提供的報酬為 \$0，對應的機率是 0.75，與報酬為 \$200，對應的機率是 0.25。
(a) 試繪出效用函數的圖形，所得 I 是介於 \$0 與 \$200 之間。
(b) 試證明樂透的期望值等於 \$50。
(c) 試問樂透的預期效用為何？
(d) 若你收到一確定報酬 \$50，則效用為何？此效用會大於或小於樂透的預期效用？根據這些問題的答案，請問你是否為風險厭惡決策者？

15.6 你有一效用函數 $U = 2I + 10\sqrt{I}$。你正考慮兩個工作機會。第一個工作確定支付 \$40,000 的薪水，第二個工作支付底薪 \$20,000，但有可能拿到 \$40,000 紅利，你相信有 0.50 的機率拿到紅利。
(a) 每一個工作的期望值為何？
(b) 那一個工作有較高的預期效用？
(c) 根據 (a) 和 (b)，你是否為風險厭惡者？

15.7 考慮 A 與 B 兩種樂透。若你購買樂透 A，會有 0.90 的機率得到 \$0 的報酬與 0.10 的機率，得到 \$400 的報酬。如果你買樂透 B，有 0.5 的機會得到 \$30 的報酬與 0.5 的機會得到 \$50 的報酬。
(a) 請證明兩種樂透的期望值相同，但樂透 A 的變異數大於樂透 B 的變異數。
(b) 假設你的效用函數是 $U = \sqrt{I + 500}$，請計算兩種樂透的預期效用。如果你的效用函數是 $U = \sqrt{I + 500}$，請問你是屬於風險中立、風險厭惡，或風險愛好？
(d) 假設你的效用函數是 $U = (\sqrt{I + 500})^2$。請計算兩種樂透的預期效用。若你有這種效用函數，請問你是風險厭惡，風險中立或風險愛好？

15.8 試畫出下列效用函數的圖形，橫軸是所得水準 I，I 介於 \$0 與 \$100 之間。根據這些圖形，請指出決策者的風險偏好：風險厭惡，風險中立，或風險愛好？

(a) $U = 10I - (1/8)I^2$

(b) $U = (1/8)I^2$

(c) $U = \log(I + 1)$

(d) $U = 5I$

15.9 假設 I 代表所得。你的效用函數是 $U = 10I$，只要 I 小於或等於 300。假設你面臨一選擇，確定 \$300 所得與一樂透，0.5 的機率有 \$400 所得以及 0.5 的機率有 \$200 的所得。

(a) 畫出效用函數。

(b) 樂透的期望值為何？

(c) 你喜歡那一個樂透？

(d) 你是風險厭惡，風險中立或風險愛好？

15.10 假設你的效用函數是 $U = \sqrt{I}$。請計算問題 15.7，描述兩種樂透的風險溢酬。

15.11 你的效用函數為 $U = 10 \ln I$，其中 I 代表投資的貨幣報酬。你正在考慮一投資，若成功將給 \$100,000 的報酬，若失敗將給付 \$20,000 的報酬。兩者發生的機率相同。此樂透的風險溢酬是多少？

15.12 假設一家庭擁有 \$100,000 價值的財產 (電腦、音響、視聽設備、珠寶等)。這個家庭面對遭竊的機率是 0.10。如果竊盜發生，這個家庭必須花費 \$20,000 彌補替代被偷的物品。假設它可以購買 \$500 的全險以得到全額理賠。

(a) 試問這個家庭應否購買保險？

(b) 若保險費是 \$1500，應否購買保險？若保險費是 \$3,000，應購買保險？

(c) 試問這個家庭最高願意支付的保險費率是多少？請問你的答案與風險溢酬有何關係？

15.13 若你依然健康，你預計可賺取 \$100,000 的所得。相反地，若你變成殘障，而可能兼職，你的平均所得將降至 \$20,000。假設你認為有 5% 的機率變成殘障，此外，你的效用函數為 $U = \sqrt{I}$。請問你最高願付以全額保障若成為殘障是多少的保費？

15.14 你是一個比較小心注重安全的駕駛。發生事故的機率只有 1%，若你發生意外修理成本和其它交通工具的費用將使你的可支配所得從 \$100,000 降為 \$60,000，汽車碰撞險會全額補償你的損失。價格為每涵蓋 \$1 須付 \$0.1。最後假設你的效用函數是 $U = \sqrt{I}$。

你在考慮兩種選擇：買一個 \$1,000 的自負額，而提供 \$5,900 的保額或買一全額保險。第一種保險的費用是 \$5,900，第二種保險的費用是 \$6,000，你喜歡那一個保險？

15.15 考慮風險厭惡決策者的市場，其效用函數為 $U = \sqrt{I}$。每一個決策者所得為 \$90,000，但面臨災害損失 \$50,000。每個決策者能夠買全險來補償她或他的損失。保單費用為 \$5,900，假設每一個決策者碰到災難的潛在機率不同為 q。

(a) 決策者購買保險的最小 q 值為何？

(b) 若保險公司將保費從 \$5,900 提高至 \$27,500，最小的 q 值為何？

15.16 一廠商考慮推出新產品。新產品的推出需投資 \$1 千萬 (包括行銷費用和新設備成本)。新產品有其風險因為需求可能高也可能低。若廠商不推出新產品，其報酬為 0。以下是推出新產品的可能報酬。

結果	機率	推出新產品的報酬
高需求	0.5	$2 千萬
低需求	0.5	−$1 千萬

(a) 請畫出決策樹以顯示公司從那些決策及所得到的報酬。仔細分別決策點和機會點。

(b) 假設廠商為一風險中立決策者,它將採取何種行動?這行動的預期報酬為何?

15.17 小型生物科技公司發明出一種燙傷處理的新藥,很有市場開發潛力。公司必須決定自行生產或將其賣給大藥廠生產,每一種行動的報酬,決定於美國食物與藥物管理局 (FDA) 是否准予上市,FDA 是美國核發新藥上市的管理單位。(FDA 是根據藥物對人體測試反應的結果來做決定。) 公司必須在 FDA 之前做決定。下表是藥品廠商預期能夠得到的報酬:

		決策	
結果	機率	權利賣給別人	自行生產
FDA 同意	0.20	$10	$50
FDA 不同意	0.80	$ 2	−$10

(a) 試畫出決策樹來表示公司面臨的決策及採取這些決策的報酬。請仔細分辨決策樹中的機會點與決策點。

(b) 假設生物科技公司是一風險中立廠商,它會選擇什麼行動?這個行動的期望報酬是多少?

15.18 考慮與問題 15.16 相同的問題,但假設廠商能以零成本測試市場是否為高需求。廠商的 VPI 是多少?

15.19 承問題 15.17。假設生物科技公司能夠——免費——進行測試。測試結果將透露 FDA 是否同意新藥上市。請問生物科技公司的 VPI 是多少?

15.20 在有私人價值的最高價暗標拍賣會上,你正與另一位喊價者競標某項物品。你的評價與競爭對手的評價南轅北轍。亦即,這是一個私人價值拍賣。你認為競爭對手的評價是介於 0 與 $500 之間。你自己的評價是 $200。如果你預期對手遞交的標單價格是他評價的二分之一。因此,你認為對手的標價是介於 0 與 $250 之間。根據這些資訊,假設你遞交標價 Q,贏得拍賣的機率是你的標價超過對手標價的機率。因此,這個機率是 $Q/250$。(請不要擔心公式從何而來,你只要代入不同的 Q 值來說服你自己,這是合理的公式。) 贏得拍賣的利潤=(200 −標價)×得標的機率。試證明真實評價一半的標價策略是你追求利潤最大的回應。